Kundenstudie

Bedarf an Dienstleistungen zur Unterstützung des Wohnens von Menschen mit Behinderung

RHOMBOS

Bibliografische Information der Deutschen Nationalbibliothek
Die Deutsche Nationalbibliothek verzeichnet diese Publikation in der Deutschen Nationalbibliografie; detaillierte bibliografische Daten sind im Internet über http://dnb.d-nb.de abrufbar

Umschlag: Ralf Mischnick, www.elementarfilm.de, Berlin

RHOMBOS-VERLAG
Kurfürstenstr. 17
D-10785 Berlin
www.rhombos.de
verlag@rhombos.de
Verkehrsnummer: 13597

Druck: PRINT GROUP Sp. z o.o.
Printed in Poland

ISBN 978-3-941216-28-0

Monika Seifert

Kundenstudie

Bedarf an Dienstleistungen zur Unterstützung des Wohnens von Menschen mit Behinderung

Abschlussbericht

RHOMBOS

Forschungsprojekt „Kundenstudie – Bedarf an Dienstleistungen zur Unterstützung des Wohnens von Menschen mit Behinderung"

Katholische Hochschule für Sozialwesen Berlin (KHSB)
Köpenicker Allee 39-57
10318 Berlin
http://www.khsb-berlin.de

Kontakt: monikaseifert@gmx.de

.

Mitwirkende

Projektteam

Projektleitung: Prof. Dr. Monika Seifert
Wissenschaftliche Mitarbeit: Dr. Birgit Steffens
Studentische Hilfskräfte: Elke Kuchinke (01/2007-09/2008); Selma Pfennigwerth (03/2008-06/2009)

Kooperationspartner

Dr. Heidrun Metzler, Forschungsstelle „Lebenswelten behinderter Menschen", Universität Tübingen
Reinald Purmann, Paritätischer Wohlfahrtsverband, Landesverband Berlin

Projektbeirat

Sylvia Brinkmann, Angehörige
Prof. Dr. Reinhard Burtscher, Katholische Hochschule für Sozialwesen Berlin
Christa Frauenberger, Arbeiterwohlfahrt, Landesverband Berlin
Angelika Ghaeni-Scheunemann, Eltern beraten Eltern von Kindern mit und ohne Behinderung
Uwe Hoppe†, Bezirksamt Marzahn-Hellersdorf
Dr. Christiane Kieslich, Bezirksamt Tempelhof-Schönbeberg
Ursula Klippel, Spastikerhilfe eG
Uwe Lehmann, Senatsverwaltung für Integration, Arbeit und Soziales
Mechtild Lutze, Lotse Berlin
Martin Marquard, Landesbeauftragter für Menschen mit Behinderung
Jutta Moltrecht, Vertreterin des diakonischen Trägerbereichs
Kurt Nelius, Senatsverwaltung für Stadtentwicklung
Jeanette Pella, leben lernen Wohnstätten gGmbH
Dr. Johannes Schädler, Zentrum für Planung und Evaluation Sozialer Dienste (ZPE), Universität Siegen
Dr. Martin Theben, Rechtsanwalt (Beiratsmitglied bis 2008)
Yvonne Tenner-Paustian, Bezirksamt Pankow

Freie Mitarbeit in ausgewählten Bereichen

Dipl.-Heilpäd. Janna Harms, Dipl.-Heilpäd. Michael Komorek, Dipl.-Päd. Florian Kiuppis; Dipl.-Päd. Elisabeth Lawonn; Berit Gleitsmann, Sarah Gude, Nadine Richert

Diplom- und Bachelorarbeiten zu ausgewählten Themenfeldern

Juliane Bloß, Christian Bösing, Heike Braun, Silke Fritzsch, Markus Jankowski, Elke Kuchinke, Christoph Sasse, Josefine Schwandt, Stefanie Wenzel

Praxisprojekt „Leben im Quartier"

22 Frauen und Männer mit Behinderung (aus Datenschutzgründen ohne Namen)

Studierende der KHSB: Christian Bösing, Josefine Böwe, Bernadett Gazsi, Jenny Gmerek, Katharina Grub, Felix Iben, Marie Hartmann, Kathleen Hofmann, Markus Jankowski, Steffi Mrotzek, Antje Neumann, Karin Rogner, Rafael Pomm, Friederike Scholz, Diana Streich, Melanie Vahlert, Stefanie Wenzel, Sandra Winterfeld;

Dipl.-Heilpäd. Janna Harms, Dipl.-Heilpäd. Michael Komorek

Förderer des Forschungsprojekts

Deutsche Behindertenhilfe – Aktion Mensch e. V., Bonn
Heidehof-Stiftung GmbH, Stuttgart
D. Ludwig Schlaich Stiftung, Waiblingen
Franz-Neumann-Stiftung für Behinderte, Berlin

Inhaltsverzeichnis

Lesetipp:

Zur schnellen Orientierung steht am Ende jedes Kapitels eine Zusammenfassung.

Grußwort

Wenn es endlich ganz selbstverständlich ist, verschieden zu sein, wäre das Ziel der inklusiven Gesellschaft erreicht. Berlin hat den Anspruch, ein offenes Gemeinwesen zu sein, in dem jeder Einzelne dazugehört und in dem Ausgrenzungen aufgrund von sozialer Lage, Herkunft, Alter oder auch Behinderung überwunden werden.

Aber – welche Schritte sind konkret notwendig, um diesen Prozess weiter zu fördern?

Frau Prof. Dr. Monika Seifert und ihr Team in der Katholischen Hochschule für Sozialwesen in Berlin haben im mehrjährigen Forschungsprojekt „Kundenstudie" eine sehr detaillierte Bestandsaufnahme dokumentiert, sie haben kritische Fragen analysiert und weitreichende Vorschläge für eine zukünftige Gestaltung dieses Bereiches des Sozialen Berlins gemacht.

Dabei haben die Forscherinnen sich konsequent auf die Perspektive von Menschen mit Behinderungen und ihrer Angehörigen eingelassen und die vorhandenen Strukturen daraufhin überprüft, ob sie diesen Wünschen und Vorstellungen genügen.

Wie kann die von der Forschergruppe beschriebene Zukunft eines inklusiven Gemeinwesens erreicht werden? Aus der Sicht des PARITÄTISCHEN Wohlfahrtsverbandes Berlin möchte ich zwei positive Entwicklungskräfte benennen, die unser Verband gerne auch in Zukunft unterstützen will:

- Das eine ist die Entwicklung und Förderung des Bürgerschaftlichen Engagements des Ehrenamtes. Diese Ressource der Zivilgesellschaft kann Menschen mit Behinderungen wichtige Räume der Teilhabe im Gemeinwesen ermöglichen jenseits der professionell gestalteten „Sonderwelten".

- Ebenso wichtig ist der Bereich der inklusiven Bildung, d. h. der Schaffung und Stärkung von Angeboten lebenslangen Lernens gerade auch für Menschen mit Lernbehinderungen. Denn – Bildung ist die Basis von allem. Ausgrenzungen im Bildungsbereich sind daher zu überwinden und unser Verband möchte sich gerade auch in diesem Bereich besonders einmischen.

So soll die „Kundenstudie" nicht nur gelesen werden, sondern sie soll auch Anregungen geben, Visionen zu entwickeln für die künftige Gestaltung eines großen Bereiches der sozialen Arbeit in Berlin – aus der Sicht der „Kunden". Dies ist keine Aufgabe der Politik allein, sondern schließt alle Akteure unseres Gemeinwesens ein. Dafür kann die „Kundenstudie" ein Kursbuch sein.

Prof. Barbara John
Vorstandsvorsitzende
Der PARITÄTISCHE Wohlfahrtsverband
Landesverband Berlin e. V.

Berlin, Frühjahr 2010

Grußwort

Spätestens die Ratifizierung der UN-Behindertenrechtskonvention durch die Bundesregierung im Jahr 2009 fordert Politik und Träger der Behindertenhilfe zur Überprüfung ihrer Praxis und zur Praxisentwicklung heraus. Die Realisierung des Rechts von Menschen mit Behinderung auf selbstbestimmte Teilhabe am Leben der Gesellschaft birgt Anfragen an die Strukturen des Hilfesystems und die Form der Unterstützungsleistungen. Unterstützen diese Strukturen die Möglichkeit der selbstbestimmten Alltagsgestaltung und der sozialen Einbindung in das Wohnumfeld oder leisten sie unbedacht der Separierung und Ausgrenzung von Menschen Vorschub? Für die selbstbestimmte Alltagsgestaltung ist die Wohnform von zentraler Bedeutung. Aber können Menschen mit Behinderung entsprechend ihren Wünschen die Wohnform wählen? Die Behindertenrechtskonvention fordert dazu auf, dieses Wahlrecht zu gewährleisten. Was müssen Träger der Behindertenhilfe und Kommunalpolitiker über die wohnbezogenen Wünsche und Bedarfe von Menschen mit Behinderung wissen?

Die vorliegende Studie will auf diese Fragen geprüfte Antworten geben. Sie ist das Ergebnis eines Forschungsprojekts, das von 2007 bis 2009 an der Katholischen Hochschule für Sozialwesen Berlin durchgeführt wurde. Das Projekt untersuchte in einem mehrperspektivischen Ansatz, welche Vorstellungen vom selbstbestimmten Wohnen Menschen mit einer Behinderung haben, wie Angehörige diese Wünsche sehen und von welchen Sichtweisen das Verwaltungssystem bestimmt ist.

Es ist die Stärke der Untersuchung, dass sie die Sichtweisen und Perspektiven der verschiedenen Betroffenen und Akteure sorgfältig erhebt und zueinander in Beziehung setzt. Sie bietet differenzierte Einblicke in einen vielschichtigen Lebenszusammenhang. Gestützt auf die Ergebnisse der Befragungen legt sie Anregungen zur Praxis- und Politikentwicklung vor, die auf unterschiedlichen Ebenen die Entwicklung von Unterstützungsformen fördern, die Teilhabe ermöglichen.

Ich wünsche der Studie die Aufmerksamkeit von Politik, von Betroffenen, von Trägern der Behindertenhilfe und von Studierenden der Heilpädagogik und Sozialen Arbeit und hoffe, dass sie den Anstrengungen zur Umsetzung des Leitbilds einer inklusiven Gesellschaft dienlich ist.

Prof. Monika Treber
Rektorin
Katholische Hochschule für Sozialwesen Berlin

Berlin, April 2010

Geleitwort

Die „Kundenstudie“ ist Auftragsforschung im besten Sinne!

Die Projektgruppe „Kundenstudie“ an der Katholischen Hochschule für Sozialwesen in Berlin unter Leitung von Frau Prof. Dr. Monika Seifert hat sich ihren Auftraggeber selbst gewählt: Die Perspektive von Menschen mit Behinderungen, ihrer Angehörigen und Freunde, also die „Kundenperspektive“ bestimmte das erkenntnisleitende Interesse. Die „Aktion Mensch“ hat dieses innovative Vorhaben dann möglich gemacht!

Forschungen zu Leistungen der Eingliederungshilfe, zumal aus der Sicht der Menschen mit Behinderungen, sind in der Bundesrepublik Deutschland bezeichnenderweise Mangelware. An der Relevanz des Themas kann dies nicht liegen: Nahezu 200.000 Menschen werden in der Bundesrepublik Deutschland in Formen des Betreuten Wohnens betreut und gefördert, zehntausende Fachkräfte sind in Einrichtungen und Diensten dieses Bereiches tätig und der wachsende gesellschaftliche Aufwand beträgt viele Milliarden Euro.

Einer Empfehlung der OECD zufolge, sollen für die Evaluation von Projekten der Entwicklungshilfe mindestens 2 Prozent eingeplant werden: Nur so kann sichergestellt werden, dass die Projekte zielgerichtet laufen, dass sie erfolgreich sind und an den Bedürfnissen der Partner anknüpfen.

Übertragen auf die Rehabilitationsforschung im Bereich der Eingliederungshilfe wäre dies ein mittlerer zweistelliger Millionenbetrag für die Forschungs- und Entwicklungsarbeit in diesem Feld. Dieses Missverhältnis von geringen Ressourcen für Forschung, wissenschaftliche Analyse und dem hohen Aufwand der Leistungserbringung führt leicht zu einer „Praxislastigkeit“ oder „Betriebsblindheit“ der Einrichtungen und Dienste für Menschen mit Behinderungen, aber auch bei der Verwaltung und Politik. Man kann sogar von einer Stagnation der Fachdiskussion sprechen! So gibt es Veröffentlichungen zu (neu) gesetzten Politikzielen, z. B. zur Umsetzung des „Trägerübergreifenden Persönlichen Budgets“, zur UN-Konvention oder zur Inklusion als Sozialstrategie. Zwar sind solche entfernten „Orientierungssterne“ wichtig, sie ersetzten aber nicht den Brückenbau in die Alltagspraxis.

Die „Kundenstudie“ kann für alle Beteiligten im Bereich der Eingliederungshilfe eine solche Brücke bauen. Wie können Veränderungsprozesse an der Praxis der Einrichtungen und Dienste anknüpfen und zukunftsgerichtete Entwicklungsmöglichkeiten schaffen? – Und: Wie sehen die „Kunden“ die „Angebote“, die häufig ohne Alternative sind?

Ohne kritische Reflektion und wissenschaftliche Analyse besteht die Gefahr, dass die Mittel (also die Angebote für Menschen mit Behinderungen) Selbstzweck werden und sich verselbstständigen. Die Planung besteht dann darin, immer mehr vom Gleichen zu schaffen mit dem Argument, dieses habe sich in der Vergangenheit ja bewährt...

Aber quantitative Aspekte beim Ausbau einer Versorgungsstruktur stehen heute endgültig nicht mehr im Mittelpunkt, sondern es geht um Qualitäten: Was heißt „Individualisierung der Eingliederungshilfe“ tatsächlich, wie können sich Angebote in das Gemeinwesen mit einbeziehen und – so wie wir stolz darauf sind, die „Anstalt“ als Lebensort für Menschen mit Behinderungen unumkehrbar überwunden zu haben – was bringt die fachliche Weiterentwicklung für die Wohnheime für Menschen mit Behinderungen?

Frau Prof. Dr. Seifert hatte in den 90er Jahren an einer großen Studie im Land Berlin gearbeitet, die wichtige Grundlagen für die 1994 von der Senatsverwaltung für Soziales vorgelegte „Wohnentwicklungsplanung“ geschaffen hatte. Die Kundenstudie knüpft an diese Erfahrungen an, zieht aber den Fokus nicht auf den Ausbau, sondern auf die innovative Weiterentwicklung der Wohnangebote für Menschen mit Behinderungen.

Programmatisch (wenn natürlich auch kritisch problematisiert) ist der gewählte Titel „Kundenstudie“, der deutlich macht, dass die Menschen das Ziel und der Zweck der Angebote sind und sie daher die Richtung der Entwicklung vorgeben müssen. Ein ganz wichtiger Beitrag dabei ist der „Nueva-Ansatz“ aus Österreich, der Nutzern von Angeboten der Eingliederungshilfe die Bewertung der Ergebnisqualität überträgt.

Es gibt genug Themen und Ansätze für weitere „Kundenstudien“.

Unser Dank gilt den Finanziers dieses Forschungsvorhabens, allen voran der „Aktion Mensch“!

Dipl.-Psych. Reinald Purmann
Fachreferent
Der Paritätische Wohlfahrtsverband
LV Berlin

Berlin, im Frühjahr 2010

Vorwort

Das Forschungsprojekt *„Kundenstudie" – Unterstütztes Wohnen in Berlin* entstand auf Initiative des Fachausschusses Behindertenhilfe der LIGA der Spitzenverbände der Freien Wohlfahrtspflege in Berlin, unterstützt durch die Senatsverwaltung für Integration, Arbeit und Soziales. Nach mehrjähriger Forschungsarbeit liegt nun eine differenzierte qualitative Analyse des gegenwärtigen Stands der Behindertenhilfe im Bereich des Wohnens von Menschen mit geistiger und mehrfacher Behinderung im Land Berlin vor.

Ausgangspunkt war die Frage nach der konkreten Umsetzung der Leitideen Selbstbestimmung und Teilhabe am Leben in der Gesellschaft, die durch die UN-Behindertenrechtskonvention normative Bedeutung erlangt haben. In einem mehrdimensionalen Forschungsdesign wurden aktuelle Entwicklungen und Handlungsbedarfe aus unterschiedlicher Perspektive betrachtet und in Eckpunkten für ein Strategiekonzept verdichtet, das konkrete Maßnahmen auf der Ebene des Individuums und seiner Lebenswelt sowie auf der Ebene des Hilfesystems und des Sozialraums benennt. Dabei finden individuelle Bedarfslagen Berücksichtigung, die z. B. durch Alter und Geschlecht, den kulturellen Hintergrund oder die Behinderung bedingt sind. Angesichts der Komplexität des Berichts ist jedem Hauptkapitel zur schnellen Orientierung eine kurze Zusammenfassung mit Handlungsempfehlungen vorangestellt. Das erste Kapitel gibt einen Überblick über zentrale Erkenntnisse.

Die Ergebnisse der KUNDENSTUDIE geben vielfältige Impulse zur Weiterentwicklung der wohnbezogenen Unterstützungsleistungen. Sie basieren auf den Erfahrungen, Vorstellungen und Einschätzungen von Menschen mit Behinderung und ihren Angehörigen sowie von Expertinnen und Experten in Verantwortungsbereichen innerhalb und außerhalb der Behindertenhilfe und Vertreterinnen und Vertretern der Bezirks- und Senatsverwaltungen. Ihnen allen sagen wir für Ihre Bereitschaft zur Mitwirkung herzlichen Dank!

Bemerkenswert ist die große Zahl der behinderten Menschen, die an der Studie beteiligt waren. Über 250 Frauen und Männer mit Behinderung haben an Fragebogenerhebungen, Interviews und Workshops mitgewirkt. Dadurch konnten – im Sinne partizipativer Forschung – ihre subjektiven Erfahrungen in ihrer Lebenswelt und ihre Veränderungsvorschläge ermittelt werden. Zentrale Ergebnisse der KUNDENSTUDIE werden in einer separaten Broschüre in leichter Sprache verfasst und verbreitet, damit die Impulse auch von den Betroffenen aufgegriffen und umgesetzt werden können.

An der Erhebung und Analyse der Daten sowie an der Organisation und Durchführung der Projektaktivitäten waren viele Menschen beteiligt. Mein besonderer Dank gilt Dr. Birgit Steffens, die als wissenschaftliche Mitarbeiterin die Projektaktivitäten mit großem Engagement durchgeführt bzw. unterstützt und die konzeptionelle Arbeit durch konstruktive fachliche Impulse aus der sozialraumorientierten Sozialen Arbeit bereichert hat. Das Themenfeld „Migration und Behinderung" wurde von Janna Harms bearbeitet, Michael Komorek hat projektbezogene Erhebungen zum Handlungsfeld „Alter und Behinderung" durchgeführt. Elke Kuchinke und Selma Pfennigwerth gaben als studentische Hilfskräfte durch ihre umsichtige und kompetente Unterstützung den Projektaktivitäten einen verlässlichen Rahmen. Der multidisziplinär zusammengesetzte Projektbeirat hat die Durchführung der Studie mit wertvollen Anregungen und kritischen Diskussionen konstruktiv begleitet. Besonders hervorheben möchte ich die kontinuierliche Unterstützung der Projektarbeit durch unsere Kooperationspartner, Frau Dr. Metzler (Universität Tübingen) und Herrn Purmann (Paritätischer Wohlfahrtsverband Berlin).

Allen Genannten sagen wir an dieser Stelle herzlichen Dank für die Mitwirkung am Projekt. Der Dank schließt alle anderen Mitwirkenden ein, die nicht namentlich genannt wurden.

Ohne die großzügige Unterstützung der Förderer des Forschungsvorhabens wäre die breit angelegte Durchführung des Projekts nicht möglich gewesen. Wir danken Aktion Mensch, die durch die Förderung des zukunftsweisenden Projekts ein Signal für neue Wege in der Behindertenhilfe gesetzt hat, sowie der Heidehof-Stiftung, der D. Ludwig Schlaich Stiftung und der Franz-Neumann-Stiftung für Behinderte.

Wir hoffen, dass die Erkenntnisse der KUNDENSTUDIE auf fruchtbaren Boden fallen und Anstoß für Diskussionen und Strategien zur Verbesserung der Teilhabe von Menschen mit geistiger und mehrfacher Behinderung geben.

Für das Projektteam:

Prof. Dr. Monika Seifert
Projektleitung der KUNDENSTUDIE
Katholische Hochschule für Sozialwesen Berlin

Berlin, April 2010

I Ergebnisse der Kundenstudie im Überblick

Das Forschungsprojekt Kundenstudie – Unterstütztes Wohnen in Berlin hat in einem mehrdimensionalen und mehrperspektivischen Untersuchungsdesign den gegenwärtigen qualitativen Stand der Berliner Behindertenhilfe im Bereich des Wohnens von Erwachsenen mit geistiger und mehrfacher Behinderung untersucht und Eckpunkte für ein Strategiekonzept zur Weiterentwicklung der Strukturen und Prozesse entwickelt. Die Fokussierung auf Menschen mit geistiger Behinderung resultiert aus der Erfahrung, dass Menschen mit kognitiven Einschränkungen in unserer Gesellschaft noch immer nicht als gleichberechtigte Bürger/innen wahrgenommen werden. Sie nehmen nicht selbstverständlich am Leben in der Gemeinde teil. Insbesondere Menschen mit schweren Behinderungen sind in den Straßen weitgehend unsichtbar – trotz vielfältiger Bemühungen der Behindertenhilfe durch gemeindeintegrierte Wohnangebote und Aktivitäten im Stadtteil ihre Einbeziehung in die Gesellschaft zu fördern. Im Folgenden werden wesentliche Ergebnisse zusammengefasst und der Handlungsbedarf skizziert.

1 Ausgangslage

Die im SGB IX gesetzlich verankerten Zielsetzungen der Behindertenhilfe „Selbstbestimmung und gleichberechtigte Teilhabe am Leben in der Gesellschaft“ markieren einen Perspektivenwechsel vom institutionsorientierten Hilfesystem zur personzentrierten Hilfeplanung, die die Bedürfnisse und Interessen des behinderten Menschen und sein Eingebunden-Sein in die Gemeinde in den Mittelpunkt stellt. Mit Inkrafttreten des Gesetzes hat der mehrdimensionale Behinderungsbegriff des bio-psycho-sozialen Modells der WHO Eingang in das Sozialrecht gefunden, dem zufolge Behinderung nicht allein als persönliches Merkmal, sondern als „Beeinträchtigung der Teilhabe“ zu definieren ist. Daraus leitet sich als Auftrag der Behindertenhilfe ab, Beeinträchtigungen aufzuheben und Teilhabe zu stärken.

Programmatische Bedeutung für die Weiterentwicklung des Hilfesystems hat das „Übereinkommen der Vereinten Nationen über die Rechte von Menschen mit Behinderungen“, das seit dem 26. März 2009 in Deutschland verbindliche Grundlage für das nationale Recht ist. Es beschreibt Eckpunkte einer inklusiven Gesellschaft, in der Menschen mit Behinderung als gleichberechtigte Bürger/innen das Recht auf eine selbstbestimmte Teilhabe am Leben in der Gesellschaft haben. Für die hier vorliegende Studie ist vor allem Art. 19 der Behindertenrechtskonvention von Bedeutung, nach dem im Bereich des Wohnens das Wunsch- und Wahlrecht zu gewährleisten ist. Niemand ist verpflichtet, in besonderen Wohnformen zu leben. Zugleich wird auf die Ressourcen des Gemeinwesens verwiesen, z. B. Dienstleistungen und Einrichtungen für die Allgemeinheit, die i. S. der Zielperspektive Inklusion zu nutzen oder den Bedürfnissen behinderter Menschen entsprechend zu gestalten sind. Die Vorgaben stellen das System der Behindertenhilfe, in dem nach wie vor stationäre Einrichtungen und spezielle Dienste dominieren, vor erhebliche Herausforderungen.

Die erforderliche Neuorientierung der Behindertenhilfe stößt auf ökonomisch bedingte Gegenkräfte, die die Hoffnung auf grundlegende Änderungen dämpfen. Im Jahr 2008 sind die Sozialhilfeausgaben bundesweit um 5 % gestiegen; mehr als die Hälfte der Ausgaben entfiel auf die Eingliederungshilfe für Menschen mit Behinderung. Vor dem Hintergrund der Engpässe bei der Finanzierung der Leistungen und der veränderten fachlichen Ansprüche an das Hilfesystem erscheint eine Reform der Eingliederungshilfe unausweichlich. Zentrale Herausforderung der nächsten Jahre ist eine Neuausrichtung der Hilfestrukturen, vor allem die Abkehr von der Trennung der Leistungsangebote nach ambulant und stationär und die Hinwendung zu personzentrierten Hilfearrangements.

Gegenwärtiges System der Wohnversorgung im Land Berlin

Das gegenwärtige System der Wohnversorgung für Menschen mit geistiger und mehrfacher Behinderung im Land Berlin bietet eine geeignete Grundlage für eine Weiterentwicklung der Unterstützungsleistungen unter der Leitorientierung Inklusion. Es zeichnet sich aus durch einen kontinuierlichen quantitativen Ausbau der Angebote, einen großen Anteil an ambulant unterstützten Wohnformen und einen hohen Grad an Differenzierung, der auch spezifischen Hilfebedarfen Rechnung trägt. Die Trägerpluralität gewährt Chancen für Vielfalt und Flexibilität bei der Gestaltung der Angebote. Zum Stichtag 13.01.2009 nahmen insgesamt 7.212 Erwachsene mit geistiger/körperlicher Behinderung Wohnangebote der Behindertenhilfe in Anspruch, davon lebten 46 % in Heimen, 54 % in ambulant unterstützten Wohnformen. Gegenüber 2007 ist die Zahl der Nutzer/innen von Wohnangeboten um 19 % gestiegen, insbesondere im ambulanten Bereich. In Einrichtungen für behinderte Kinder, Jugendliche und junge Erwachsene wurden im Jahr 2009 insgesamt 376 Heranwachsende betreut. Hier hat gegenüber 2007 eine Abnahme der Plätze um 15 % stattgefunden. 90 Menschen mit Behinderung wurden 2009 in Pflegeheimen bzw. Pflegeabteilungen mit Versorgungsvertrag nach SGB XI betreut; gegenüber 2007 ist in Einrichtungen dieser Art eine Steigerung der Plätze um 13 % zu verzeichnen.

Eine durch die langjährige „Insel-Lage" von Westberlin bedingte und nach dem Fall der Mauer bis heute fortgesetzte Praxis ist die Auswärtsunterbringung von Berliner Bürgerinnen und Bürgern mit Behinderung in anderen Bundesländern. Zum Stichtag 31.07.2009 waren 3.274 Frauen und Männer mit Behinderung außerhalb Berlins untergebracht (alle Behinderungsarten).[1] Fast drei Viertel von ihnen erhielten Eingliederungshilfe, ein Viertel Hilfe zur Pflege. Unter den auswärts untergebrachten Personen waren 1.888 Eingliederungshilfeempfänger/innen mit geistiger und körperlicher Behinderung. 95 % von ihnen wurden in stationären Einrichtungen betreut; die Zahl ist seit der Wende um 50 % gestiegen. Die Gründe für die Auswärtsunterbringung, die zugleich Aufschluss über bestehende Defizite in der Versorgungsstruktur geben könnten, werden nicht systematisch erfasst.

Vor dem Hintergrund der auch in Berlin kontinuierlich steigenden Ausgaben für die Eingliederungshilfe wurde im Jahr 2006 in allen Bezirken das Fallmanagement eingeführt, das die Rolle des Sozialamts als fach- und finanzverantwortlichem Leistungs- und Rehabilitationsträger im Prozess der Leistungs- und Ausgabensteuerung stärkt, unter besonderer Berücksichtigung der Effizienz und Effektivität der Leistungen der Eingliederungshilfe. Parallel zur Weiterentwicklung der Wohnangebote und der Neuausrichtung der Steuerung im Land Berlin wurden im Berichtszeitraum mehrere Projekte angestoßen, die im Bereich des Wohnens neue Perspektiven eröffnen. Dazu gehören u. a. die Erprobung des Evaluationsverfahrens NUEVA, in dem Nutzer/innen mit Lernschwierigkeiten aktiv als Akteure bei der Evaluation von Einrichtungen der Behindertenhilfe beteiligt sind (vgl. CANDUSSI & FRÖHLICH 2005), die Einrichtung der „Berliner Clearingstelle für Menschen mit geistiger Behinderung", deren Aufgabe eine multiprofessionell ausgerichtete fachliche Unterstützung und Klärung einer bedarfsgerechten Versorgung von geistig behinderten Menschen mit psychischen Erkrankungen und/oder Verhaltensauffälligkeiten im Bereich Wohnen ist (vgl. VOß et al. 2009), und die Studie zur „Ausdifferenzierung der Leistungen in stationären Wohnheimen für Menschen mit geistigen/körperlichen Behinderungen in Berlin" (HAMMERSCHICK), in deren Mittelpunkt die Leistungen zur Gestaltung des Tages stehen, unter besonderer Berücksichtigung eines zeitbasierten Systems zur Entgeltbemessung.

Perspektiven

Die in der UN-Behindertenrechtskonvention vorgegebene Leitorientierung Inklusion erfordert Veränderungen im Denken und Handeln und eine politische Strategie zu ihrer Umsetzung. Im Bericht der Bundesregierung über die Lage behinderter Menschen und die Entwicklung ihrer Teilhabe vom 17. Juli 2009 wird die Behindertenrechtskonvention zum maßgeblichen Orientierungsrahmen für die Behindertenpolitik deklariert. Der Koalitionsvertrag der neuen Bundesregierung vom 26. Oktober 2009 bestätigt die Konvention als Leitlinie künftiger gesetzgeberischer Maßnahmen und stellt die Entwicklung eines Aktionsplans zur Umsetzung der UN-Konvention in Aussicht.

1 Nach Fertigstellung des vorliegenden Berichts wurde bekannt, dass sich die Gesamtzahl der auswärts untergebrachten Personen mit Behinderung inzwischen weiter erhöht hat (Angaben der Senatsverwaltung für Integration, Arbeit und Soziales zum 30.03.2010).

2 Fragestellung und methodischer Ansatz

Mit dem Ziel der Stärkung der Teilhabe von Menschen mit geistiger und mehrfacher Behinderung am Leben in der Gesellschaft und der Entwicklung eines inklusiven Gemeinwesens befasst sich das Forschungsprojekt KUNDENSTUDIE – UNTERSTÜTZTES WOHNEN IN BERLIN (Laufzeit 2007–2009) mit Fragen der *Weiterentwicklung der Strukturen und Prozesse der Behindertenhilfe im Bereich des Wohnens*. Theoretischer Rahmen ist die Internationale Klassifikation der Funktionsfähigkeit, Behinderung und Gesundheit (ICF[2]) der Weltgesundheitsorganisation (WHO), die wesentliche Teilhabedimensionen einschließlich der sie bedingenden Kontextfaktoren beschreibt und damit die Basis für eine umfassende Analyse von teilhabefördernden oder -hemmenden Umweltfaktoren bietet. Der Begriff Teilhabe wird mehrdimensional verstanden: Er umfasst die politische Teilhabe durch aktive Mitwirkung an gesellschaftlichen Entwicklungen und die soziale, kulturelle und materielle Teilhabe an Lebensbereichen. Beeinträchtigungen der Teilhabe bzw. des Einbezogen-Seins in Lebenssituationen und Lebensbereiche resultieren aus einer unzureichenden Passung zwischen den Bedürfnissen und Unterstützungsbedarfen einer Person und ihrer Umwelt.

Für die Neuausrichtung der Hilfen sind drei *Leitprinzipien* handlungsleitend: die Lebensweltorientierung, die Partizipation des Hilfeadressaten und die Gemeinwesenorientierung. Grundlegende Anregungen für die Neuorientierung des professionellen Handelns unter der Leitidee Inklusion gibt das *Fachkonzept Sozialraumorientierung*, das im Bereich der Jugendhilfe bereits in vielen Kommunen etabliert ist und zunehmend auch im Arbeitsfeld der Stadtentwicklung an Bedeutung gewinnt. Der Ansatz richtet die Aufmerksamkeit nicht einseitig auf die Arbeit mit dem Individuum, sondern bezieht die Ressourcen der Gemeinde bzw. des Stadtteils und seiner Bewohner/innen mit ein. Zentrale Elemente sind die *Betroffenenaktivierung, Kooperation* und *Vernetzung*. Ausgehend von den individuellen Bedürfnissen und Interessen strebt sozialräumliches Arbeiten die Verbesserung der Lebenssituation und der Möglichkeiten zur Teilhabe am Leben in der Gemeinde an. Neben der Hilfe zur Selbsthilfe i. S. von Empowerment ist Ressourcenarbeit auf persönlicher, sozialer und infrastruktureller Ebene erforderlich. Aktivitäten auf *Systemebene* betreffen die Organisation von Einrichtungen und Diensten sowie Verwaltungen, z. B. Organisationsstrukturen, interne Prozesse, Ziele, das professionelle Selbstverständnis und Finanzierungsstrukturen. Im Interesse individueller Unterstützungsarrangements, die den Bedürfnissen und dem Willen der Adressaten entsprechen und zu ihrer Lebenswelt passen, hat die *Flexibilität des Hilfesystems* einen besonderen Stellenwert. Grundprinzipien des sozialräumlichen Denkens und Handelns sollten im Qualitätsmanagement verankert sein.

Im Kontext der Veränderung der Hilfesysteme erlangt das *nachbarschaftliche Zusammenleben* als Handlungsfeld zunehmend Bedeutung. Erkenntnissen der Stadtsoziologie zufolge ist in sozial homogenen Quartieren die Wahrscheinlichkeit intensiver Nachbarschaftsbeziehungen höher als dort, wo eine geplant heterogene Zusammensetzung zu Toleranz oder Integration führen soll. Qualität und Freiwilligkeit persönlicher Beziehungen sind wichtiger als die Frage nach der räumlichen Struktur. Vor diesem Hintergrund haben sich im städtischen Raum neue Formen von Nachbarschaften entwickelt, die den Sozialraum erweitern oder anders strukturieren, z. B. „entlokalisierte" und „inszenierte" Nachbarschaften (vgl. HÄUßERMANN & SIEBEL 2004). Dennoch hat der soziale Nahraum insbesondere für Menschen mit geringen Kommunikations- und Mobilitätsmöglichkeiten, z. B. für Kinder und alte Menschen, für Frauen mit Kindern und für Menschen mit Behinderung, auch heute noch eine wichtige Funktion. Bei der Förderung des nachbarschaftlichen Zusammenlebens kommt den Wohnungsbauunternehmen eine teilhabefördernde Rolle zu. *Strukturelle Voraussetzungen* zur Verbesserung der Teilhabe sind *Hilfeplanverfahren*, in denen Strategien zur Stärkung der Teilhabe als spezifischer Unterstützungsbedarf anerkannt werden, *Angebotsstrukturen*, die auch bei hohem Unterstützungsbedarf selbstbestimmtes Leben und Wohnen inmitten der Gemeinde ermöglichen, *Personalentwicklungskonzepte*, die die Qualifizierung für sozialräumliche Aufgaben implizieren, *Finanzierungssysteme*, die zur Realisierung

2 ICF = International Classification of Functioning, Disability and Health (WHO)

individueller Unterstützungsarrangements beitragen und zudem fallunspezifische Arbeit berücksichtigen, *Regional- und Stadtplanungen*, die die Belange behinderter Menschen selbstverständlich integrieren, und eine *soziale Infrastruktur*, die Solidarität fördert.

Im Rahmen der skizzierten theoretischen und handlungsbezogenen Grundlagen zum *Paradigma der Teilhabe* konzentrieren sich die *Forschungsschwerpunkte* der KUNDENSTUDIE auf vier Aspekte:

- Qualität der gegenwärtigen Dienstleistungen im Bereich des Wohnens unter der Leitorientierung Inklusion,
- Stellenwert der Partizipation der Nutzer/innen bei der Planung und Evaluation der Unterstützungsleistungen,
- Bedeutung des Sozialraums in der Arbeit mit Menschen mit geistiger und mehrfacher Behinderung,
- Weiterentwicklung der wohnbezogenen Unterstützungsleistungen und Strukturen unter veränderten fachlichen, ökonomischen und gesellschaftlichen Bedingungen.

Die *Forschungsaktivitäten* umfassen landesweite Erhebungen zu strukturellen und konzeptionellen Aspekten wohnbezogener Hilfen und Untersuchungen auf Bezirksebene (Tempelhof-Schöneberg, Marzahn-Hellersdorf und Pankow). In den Bezirken standen die Wohnbedürfnisse und Wohnvorstellungen der Betroffenen, exemplarische Angebots- und Sozialraumanalysen sowie stadtteilbezogene Praxisprojekte im Mittelpunkt.

Dem *mehrperspektivischen Ansatz* des Forschungsprojekts entsprechend waren verschiedene Personengruppen in die Untersuchungen involviert: Menschen mit Behinderung, Angehörige, Mitarbeiter/innen im Bereich des Wohnens, Anbieter wohnbezogener Einrichtungen und Dienste, Vertreter/innen der Senats- und Bezirksverwaltungen sowie Experten und Expertinnen aus unterschiedlichen Verantwortungsbereichen innerhalb und außerhalb der Behindertenhilfe. Als *Untersuchungsinstrumente* kamen quantitative und qualitative Verfahren zur Anwendung: Fragebögen, Interviews und Methoden sozialraumorientierter sozialer Arbeit (Praxisprojekt „Leben im Quartier“). Darüber hinaus wurden Bezirkskonferenzen durchgeführt mit dem Ziel, auf struktureller Ebene Entwicklungen anzustoßen, die die Lebenssituation und Lebensperspektiven von Menschen mit geistiger und mehrfacher Behinderung nicht nur als Aufgabe der Behindertenhilfe, sondern auch als Aufgabe des Stadtteils begreifen.

3 Wohnbedürfnisse von Menschen mit Behinderung

Zur Ermittlung ihrer Wohnbedürfnisse wurden insgesamt *253 Frauen und Männer mit geistiger und mehrfacher Behinderung*, die in betreuten Wohnformen bzw. in ihrer Herkunftsfamilie leben, zu ihren Erfahrungen und Vorstellungen befragt. Als Erhebungsverfahren kamen Fragebögen, Interviews und Workshops zur Anwendung. Schwerpunkte der Befragung waren die Einschätzung der aktuellen Wohnsituation und der Teilhabe am allgemeinen Leben, soziale Beziehungen und Kontakte, Wohnwünsche und Zukunftsperspektiven. An der *Fragebogenerhebung*, die schwerpunktmäßig in Tempelhof-Schöneberg und Marzahn-Hellersdorf durchgeführt wurde, haben sich 207 Personen im Alter von 16 bis 78 Jahren beteiligt, darunter 12 Personen mit nicht-deutscher Herkunftssprache. Fast 80 % der Beteiligten gehen regelmäßig einer Arbeit oder Beschäftigung nach, überwiegend im Arbeitsbereich einer Werkstatt für behinderte Menschen. Einzelne sind auf dem allgemeinen Arbeitsmarkt tätig. 11 % befinden sich im Ruhestand; 6 % gehen noch zur Schule (Schule mit sonderpädagogischem Förderschwerpunkt bzw. Berufsschule mit sonderpädagogischen Aufgaben). An den *Interviews und Workshops* nahmen 46 Frauen und Männer teil.

Rund die Hälfte der Befragten äußert volle *Zufriedenheit mit der gegenwärtigen Wohnsituation*; rund ein Drittel ist teilweise zufrieden, fast 10 % sind unzufrieden. Eine differenzierte Betrachtung der Antworten nach Wohnform macht Unterschiede bei den Bewertungen sichtbar: Während in Wohngemeinschaften und Wohnheimen jeweils rund 60 % voll zufrieden sind, gibt weniger als die Hälfte der Personen im Betreuten Einzelwohnen an, voll zufrieden zu sein (48 %). Selbst gesetzte Bewertungskriterien sind u. a. die Beschaffenheit und die Lage der Wohnung, das Zusammenleben in der Gruppe einschließlich des Verhältnisses zum Gruppenpersonal, die Freizeitgestaltung, soziale Beziehungen und Kontakte sowie Möglichkeiten zur Selbstbestimmung. Neben vielen positiven Erfahrungen wurde eine Reihe negativer Beispiele genannt, die bei der Weiterentwicklung der Angebote zu beachten sind. Kritische Äußerungen zum Leben in der eigenen Wohnung beziehen sich vor allem auf die jeweils gegebenen Wohnbedingungen und das soziale Umfeld, sie stellen nicht die Wohnform an sich in Frage. Dem gegenüber betreffen Kritikpunkte am Leben in Wohngruppen eines Heims oder in Wohngemeinschaften eher systembedingte Aspekte, z. B. das oftmals konfliktreiche Zusammenleben mit Menschen, die nicht selbst als Mitbewohner/innen ausgewählt wurden, und das Verhalten von Betreuerinnen und Betreuern. Bei den in den Familien[3] lebenden Personen ist die Zufriedenheit am größten. Varianten des Zusammenlebens mit den Angehörigen streuen zwischen harmonischem Miteinander, gegenseitigem Verstehen und ständig angespannter Atmosphäre.

Dem jeweiligen Wohnsetting entsprechend sind die Möglichkeiten zur *selbstbestimmten Alltagsgestaltung* in der eigenen Wohnung am größten (93 %) und in Wohnheimen am niedrigsten (56 %). Trotz der unterschiedlichen Spielräume für Selbstbestimmung geben vier Fünftel der Befragten in betreuten Wohnformen an, dass sie genügend selbst bestimmen oder entscheiden können. Allerdings erleben fast 40 %, dass ihre *eigene Meinung* nur manchmal oder nie ernst genommen wird. *Ansprechpartner bei Problemen* sind am häufigsten die Mitarbeiter/innen, in deutlichem Abstand Eltern, Mitbewohner/innen und Freund/in. Auffällig ist, dass der Heimbeirat nur von 8 % der befragten Heimbewohner/innen bei Problemen zu Rat gezogen wird. Dieser Sachverhalt lässt den Schluss zu, dass die Arbeit von Heimbeiräten in den Einrichtungen noch zu wenig als Instrument zur Vertretung der Interessen der Bewohner/innen bekannt ist. Eine neutrale Anlaufstelle bei Beschwerden gibt es i. d. R. nicht. Die Unterstützung bei Problemen durch nicht zur Familie gehörende gesetzliche Betreuer/innen wird häufig als unzureichend erlebt.

Die *räumliche und funktionale Integration* ist bei einem großen Teil der Befragten realisiert. Versorgungs- und Dienstleistungen im Wohnumfeld, öffentliche Verkehrsmittel sowie soziale und kulturelle Angebote werden genutzt. Im Bereich der *sozialen Integration* bestehen teilweise erhebliche Defizite. Kontakte mit Menschen mit Behinderung und Familienangehörigen überwiegen. Einzelne Heimbewohner/innen haben keine Freunde außerhalb der Einrichtung. Die *Freizeitaktivitäten* innerhalb und außerhalb des Wohnbereichs sind vielfältig und zeigen Parallelen zu Freizeitvorlieben von Menschen ohne Behinderung. Spezielle Freizeitangebote der Behindertenhilfe werden nur von einem kleineren Teil der Befragten als häufig genutzte Freizeitaktivität genannt, allerdings ist bei den mitgeteilten Aktivitäten teilweise nicht eindeutig erkennbar, ob es sich um ein allgemeines oder ein spezielles Angebot für Menschen mit Behinderung handelt. Bevorzugte Freizeitpartner/innen sind Freunde und Freundinnen bzw. Partner oder Partnerinnen, an zweiter Stelle Betreuer/innen, Mitbewohner/innen und Eltern. Einige unternehmen nichts außerhalb ihres Wohnbereichs. Von den in der Familie lebenden Frauen und Männern wird teilweise bedauert, dass zu wenig Unterstützung bei der Gestaltung der Freizeit zur Verfügung steht, weil Einzelfallhilfen nicht mehr bewilligt wurden. Das *Verhältnis zur Nachbarschaft* wird überwiegend positiv beschrieben. Es entspricht weitgehend der „Normalität" des Lebens in Nachbarschaften, die durch Grußbeziehungen und gelegentliche Unterhaltungen gekennzeichnet ist. Die *soziale Einbindung ins Wohnumfeld* ist nur unzureichend gelungen. Fast die Hälfte der Befragten hat keinen Ort in der Nähe, an dem sie sich mit anderen treffen und gemeinsam etwas unternehmen können. Rund 40 % hätten gern mehr Kontakte mit Leuten in ihrer Wohngegend. Fast zwei Drittel kennen Einsamkeitsgefühle aus eigener Erfahrung. Bei mehreren Frauen und Männern gehören *Diskriminierungen* zum Alltag.

Auf die Frage „Wie würden Sie gern wohnen?" antwortet mehr als die Hälfte der Befragten, dass sie zufrieden sind, wie es ist. Dem gegenüber gibt es in allen Wohnformen Frauen und Männer, die *Veränderungsbedarf* signalisieren: 42 % der Frauen und Männer in betreuten Wohnformen und 48 % der in ihren Herkunftsfamilien lebenden Personen möchten anders wohnen als jetzt. Die Veränderungswünsche zielen auf das *Leben in einer eigenen Wohnung* mit der individuell not-

3 Im Rahmen dieses Berichts ist mit dem Begriff „Familie" immer die Herkunftsfamilie gemeint. Personen, die in Gast- oder Pflegefamilien leben, waren nicht in die Untersuchung einbezogen. Nur eine der befragten Personen gab an, bei einer Dauerpflegemutter zu wohnen, die zugleich ihre gesetzliche Betreuerin ist.

notwendigen Assistenz, in sozialen Bezügen und einem sozialen Umfeld, das eine gute Infrastruktur bietet und nicht durch eigene Probleme belastet ist („überfordertes Wohnumfeld").

Von den Möglichkeiten eines *Persönlichen Budgets* zur Finanzierung der wohnbezogenen Unterstützung haben vier Fünftel der Befragten noch nichts gehört; mehr als die Hälfte würde gern Näheres darüber erfahren. Das *Interesse an Weiterbildung* ist groß, vor allem im ambulant betreuten Wohnen. Die Bildungswünsche beziehen sich auf Kompetenzen, die die Chancen zur Partizipation in allen Lebensbereichen stärken können.

Als wichtige Orientierungspunkte für die *Weiterentwicklung des Wohnens von Menschen mit Behinderung* nennen die Befragten das Leben inmitten der Gesellschaft, Selbstbestimmung, angemessene Unterstützung, Wahl- und Entscheidungsmöglichkeiten, Bedürfnisorientierung und einen respektvollen Umgang mit Menschen mit Behinderung. Im Betreuten Einzelwohnen sollte es mehr Angebote gegen Vereinsamung sowie Prävention bei Suchtgefahr geben. So werden z. B. weitere Treffpunkte für Menschen mit Behinderung gewünscht, auch Partnerkontaktmöglichkeiten, und ein besserer Anschluss an die Nachbarschaft. Erforderlich seien zudem mehr und bessere Informationen zu Wohnmöglichkeiten und ein breiteres Netz von Ansprechpartnern. Im Einzelnen wird mehr *Partizipation* gefordert, z. B. Informationen über anstehende Veränderungen und Beteiligung an Gesprächen, freie Meinungsäußerung und Wahlmöglichkeiten beim Wohnen. Einige Frauen und Männer signalisieren Bereitschaft, sich für andere zu engagieren. Mit Blick auf die *Gesellschaft* werden vor allem mehr Akzeptanz von Menschen mit Behinderung, Freundlichkeit und Respekt, Gleichberechtigung, Integration und Gewaltfreiheit für notwendig erachtet.

Aus den Aussagen der befragten Frauen und Männer mit Behinderung können Handlungsbedarfe in unterschiedlichen Bereichen und auf unterschiedlichen Ebenen abgeleitet werden. Notwendige Wieterentwicklungen betreffen zum einen Aktivitäten, die auf der interaktionalen Ebene den *Empowerment-Prozess* von Menschen mit Behinderung unterstützen, damit sie ihr Recht auf Selbstbestimmung und Partizipation in allen Lebensbereichen wahrnehmen können. Dazu gehören die Stärkung des Selbstvertrauens von Menschen mit Behinderung und ihrer Fähigkeiten zur Selbstbehauptung, das Respektieren ihrer persönlichen Meinungen und Lebensentwürfe sowie die Erweiterung der Selbstbestimmungsmöglichkeiten bei der Gestaltung des Alltags, insbesondere bei Heimbewohnerinnen und -bewohnern. Weiter sind auf der strukturellen Ebene Maßnahmen zur *Verbesserung der Teilhabechancen* für diesen Personenkreis zu entwickeln. Sie betreffen die Teilhabe an Kommunikation, Information und Beratung, an Bildung, an sozialen Beziehungen, am Leben im Stadtteil, an Interessenvertretung und an der Qualitätsentwicklung der Dienstleistungen.

4 Wohnvorstellungen und Erfahrungen von Angehörigen

Zur Ermittlung der Wohnvorstellungen von Angehörigen, die (mit wenigen Ausnahmen) mit ihren erwachsenen geistig behinderten Töchtern und Söhnen zusammenleben, wurden Fragebogenerhebungen, Interviews und ein Workshop durchgeführt. An der *Fragebogenerhebung*, die exemplarisch in Tempelhof-Schöneberg und Marzahn-Hellersdorf stattfand, waren *70 Angehörige* zwischen 25 und 83 Jahren beteiligt, überwiegend Frauen. Ergänzend wurden *Einzel- und Gruppeninterviews mit 25 Eltern* (20 Mütter, 5 Väter) und ein Workshop mit 24 Angehörigen durchgeführt.

Fast alle Befragten sind der Meinung, dass ihre behinderten Angehörigen mit dem *Wohnen in der Familie* voll oder überwiegend zufrieden sind. Positiv bewertet werden vor allem die jeweils gegebenen Wohnverhältnisse, die soziale Einbindung in der Nachbarschaft und die Qualität der familiären Unterstützung. Kritische Aspekte beziehen sich auf mobilitätsbedingte Probleme hinsichtlich der Größe und Ausstattung der Wohnung und der Umfeldbedingungen, die mangelnde Förderung der Selbstständigkeit und Eigenverantwortung im Elternhaus und das Fehlen sozialer Kontakte. Teilweise werden eigene Belastungen der Eltern im Zusammenleben mit dem erwachsenen behinderten Kind thematisiert und die unzureichende Unterstützung im Alltag. Insbesondere Eltern von mehrfach behinderten Töchtern und Söhnen beklagen, dass für individuelle Freizeitaktivitäten keine ausreichende Assistenz zur Verfügung steht. Eltern, deren Sohn oder Tochter bereits das Elternhaus verlassen hat, beurteilen das *Wohnen in betreuten Wohnformen* überwiegend positiv.

Beim Wohnen in einer eigenen Wohnung wird die Förderung der Selbstständigkeit und Selbstbestimmung hervorgehoben, beim Leben in Gruppen das Zusammenleben mit Menschen gleichen Alters und ähnlicher Interessenslagen und die abwechslungsreiche Freizeitgestaltung. Kritik am Heim bezieht sich u. a. auf eine teilweise unzureichende Gesundheitssorge bei schwerer Mehrfachbehinderung, mangelnde Transparenz der Arbeit, hohe Personalfluktuation, unzumutbare Gruppenzusammensetzungen und fehlende Mitwirkungsmöglichkeiten von Angehörigen.

Das *persönliche soziale Netz* von Menschen mit Behinderung, die in ihren Familien leben, ist häufig auf Eltern, weitere Verwandte und einzelne Freunde sowie Bekannte oder Nachbarn beschränkt. Freizeitaktivitäten innerhalb der Wohnung werden überwiegend allein gestaltet; Aktivitäten außerhalb finden teils gemeinsam mit den Eltern, teils in Begleitung von Einzelfallhelfern statt. Zu ehrenamtlich Tätigen besteht nur selten Kontakt. Die *Integration ins Wohnumfeld* ist nach Aussage der Befragten nur bei der Hälfte der behinderten Angehörigen gegeben, ein Viertel ist teilweise integriert. Nachbarn verhalten sich überwiegend freundlich, direkte Kontaktaufnahmen sind jedoch nicht alltäglich. Als günstige *Bedingungsfaktoren* für die Integration ins Wohnumfeld erweisen sich das Vorhandensein tragfähiger sozialer Netze der Familie und das gemeinsame Leben und Lernen von Kindern mit und ohne Behinderung als Basis für das Fortbestehen der dort gewachsenen Beziehungen auch im Erwachsenenalter. Mehr als die Hälfte der Eltern schätzt die Möglichkeiten, Freunde zu finden, für ihre Töchter und Söhne als eher gering ein. Drei Viertel der behinderten Menschen haben keinen Ort in ihrer Nähe, an dem sie regelmäßig andere Leute treffen. Über die Hälfte der befragten Eltern hat den Eindruck, dass ihre Söhne und Töchter sich manchmal, teilweise auch häufig, einsam fühlen. Sie wünschen sich für ihre Töchter und Söhne mehr Kontakte im Wohnumfeld bzw. im Stadtteil, vor allem zu Gleichaltrigen.

Vorschläge zur *Verbesserung der sozialen Einbindung* beziehen sich auf Anforderungen an die behinderten Menschen selbst (mehr Eigenaktivität, mehr Präsenz im Kiez) und an Nachbarn, Freunde, Altersgenossen, Partner und bereits bestehende Gemeinschaften sowie an Assistenzdienste und vermittelnde Personen als „Brückenbauer". Strukturell seien die Entwicklung passender Angebote und die Öffnung von kulturellen Einrichtungen und von Vereinen außerhalb der Behindertenhilfe für Menschen mit Behinderung wünschenswert. Viele Eltern können sich wegen permanenter Belastungen oder altersbedingter Einschränkungen kaum selbst für die soziale Einbindung ihrer erwachsenen Kinder ins Wohnumfeld engagieren. Fast die Hälfte der Befragten würde es begrüßen, wenn *ehrenamtlich Engagierte* regelmäßig mit ihren Söhnen oder Töchtern etwas unternehmen. *Diskriminierende Erfahrungen* gehören noch nicht der Vergangenheit an; besonderer Handlungsbedarf besteht in diesem Zusammenhang bei Menschen mit herausfordernden Verhaltensweisen.

Mehrere Eltern weisen darauf hin, dass das Wohnquartier nicht nur Ort der Freizeit und des Wohnens, sondern auch der *Arbeit* ist. Ergänzend zu den Angeboten der Werkstatt für behinderte Menschen sollte es alternative Beschäftigungsmöglichkeiten geben, viele Ressourcen im Stadtteil seien noch nicht entdeckt oder genutzt. Auch Träger der Behindertenhilfe sollten stärker als bisher Menschen mit Behinderung innerhalb ihrer Organisation beschäftigen.

Bei den *Vorstellungen der Eltern zum künftigen Wohnen* ihrer Töchter und Söhne wird am häufigsten das Wohnen mit den Eltern genannt (25 %). Beim Wohnen außerhalb der Familie werden *gemeinschaftliche Wohnformen* mit individueller Unterstützung bevorzugt, insbesondere in integrativer Zusammensetzung, im Einzelfall auch im Heim. Neben einer guten Infrastruktur wird der *Integration in das soziale Umfeld* große Bedeutung beigemessen. Dabei haben die Anerkennung des behinderten Menschen und die Qualität der persönlichen Beziehungen einen hohen Stellenwert. Die Wohnvorstellungen von Angehörigen unterscheiden sich, je nach Lebensalter, Lebenssituation und Lebenserfahrungen. Auf der Basis der Interviewaussagen wurden *sechs Typen* von Eltern identifiziert, deren Vorstellungen jeweils hinsichtlich des erforderlichen Dienstleistungsbedarfs zu spezifizieren sind:

(1) Eltern, die das Zusammenleben in der Familie als das Modell der Zukunft ansehen → *Präferenz „Leben in der Familie"*;

(2) Eltern, die beim Zusammenleben in der Familie externe Unterstützung in Anspruch nehmen, um dem Sohn oder der Tochter größtmögliche Selbstbestimmung im Alltag zu ermöglichen: → *Präferenz „Familie plus"*;

(3) Eltern, die Wohnangebote der Behindertenhilfe als positive Alternative zum häuslichen Leben in Anspruch nehmen: → *Präferenz „Wohnformen der Behindertenhilfe"*;

(4) Eltern, die bestehende Wohnangebote in Anspruch nehmen und sich kritisch-konstruktiv für Weiterentwicklungen engagieren:
→ *Präferenz „Wohnformen in Bewegung"*;

(5) Eltern, die neue individuell passende und sozial eingebundene Wohnarrangements anstreben: → *Präferenz „Wohnen in Nachbarschaften"*;

(6) Eltern mit Migrationshintergrund, die spezifische Unterstützungsbedarfe beim Wohnen haben: → *Präferenz „Kultursensible Unterstützungsangebote"*.

Mehrere Interviewpartner/innen halten eine *Wohnvorbereitung* für sinnvoll. Dabei geht es vor allem um die Sensibilisierung der behinderten Menschen für eigene Wohnbedürfnisse und die Entwicklung von Vorstellungen über Wohnmöglichkeiten, die den eigenen Ideen nahe kommen, sowie um das Kennenlernen von Leuten, die sich mit den gleichen Fragen beschäftigen und mit denen möglicherweise der Weg aus dem Elternhaus gemeinsam beschritten werden könnte.

Für die Realisierung der Wohnvorstellungen und der erforderlichen Unterstützung sind die *Bedarfsermittlung* durch die zuständigen Behörden und die Finanzierung von zentraler Bedeutung. Erfahrungen mit dem Fallmanagement werden von Angehörigen teils positiv, teils negativ bewertet. Kritik wird u. a. an der Qualität der Beratung, der Bearbeitungsdauer der Anträge und der Reduzierung der Stunden für die Einzelfallhilfe sowie an uneinheitlichen Verfahrensweisen in den Bezirken geübt. Außergewöhnliche Belastungen von Familien würden zu wenig beachtet. Zudem ist nach Meinung der Befragten die Beteiligung des behinderten Menschen an den Gesprächen teilweise verbesserungsbedürftig. Das *Persönliche Budget* wird in den Familien bislang kaum in Anspruch genommen. Nahezu jedem Fünften der Befragten ist die Finanzierungsform nicht bekannt. Nur ein kleiner Teil der Familien ist daran interessiert, künftig für die Unterstützung ihres Angehörigen ein Persönliches Budget zu nutzen; 38 % würden dies eventuell tun. Mehrfach wird bedauert, dass auf Trägerseite bislang nur punktuell Strategien zur zügigen Erprobung des neuen Finanzierungsmodells entwickelt wurden.

Über die persönliche Situation hinaus äußern die Angehörigen Vorstellungen für das Wohnen von Menschen mit geistiger Behinderung in Zukunft. Unter dem Motto „integriert, aber auch beschützt" sprechen sie sich für ein möglichst eigenständiges gemeinwesenintegriertes Wohnen mit viel Freiraum für eigene Bedürfnisse und der jeweils erforderlichen Assistenz im häuslichen oder pflegerischen Bereich aus. Besonderer *Handlungsbedarf* besteht nach Aussage der Befragten bei der Unterstützung und Beratung von Familien, bei der Realisierung von innovativen Wohnmodellen und der Mitwirkung von Angehörigen bei der Angebotsentwicklung, bei der Erschließung von Ressourcen des Stadtteils und bei der Praxis des Fallmanagements.

5 Entwicklungen im Bereich Wohnen – Sicht der Behindertenhilfe

Zur Ermittlung der Einschätzungen und Erfahrungen im Feld der Berliner Behindertenhilfe wurden eine schriftliche Befragung von Anbietern wohnbezogener Einrichtungen und Dienste sowie Interviews mit weiteren Experten und Expertinnen aus unterschiedlichen Verantwortungsbereichen durchgeführt. *36 Träger* haben an der *Fragebogenerhebung* teilgenommen, das entspricht einer Rücklaufquote von 69 % (52 Adressaten). Zum Zeitpunkt der Befragung wurden die Wohnangebote der beteiligten Träger von 4.784 Erwachsenen mit geistiger und mehrfacher Behinderung in Anspruch genommen, davon 2.595 im stationären Bereich und 2.189 im ambulanten Bereich. Die Angebote sind strukturell und konzeptionell unterschiedlich gestaltet und berücksichtigen spezifische Unterstützungsbedarfe. Besonderer *Handlungsbedarf* besteht nach Einschätzung der Befragten im Bereich der wohnbezogenen Hilfen für geistig behinderte Menschen im Alterungsprozess, bei psychischen Erkrankungen und bei hoher Pflegebedürftigkeit. Erforderliche Veränderungen bzw. Weiterentwicklungen betreffen insbesondere die Personalentwicklung, die Finanzierung von Leistungen, die medizinische Versorgung und die konzeptionellen Grundlagen. Zunehmend werden Wohnmöglichkeiten und Unterstützungsleistungen für junge Menschen mit fehlender sozialer Kompetenz bzw. starken Verhaltensauffälligkeiten, Suchterkrankungen, Delinquenz oder Psychiatrie-Erfahrungen nachgefragt, häufig aus sozial benachteiligten Milieus kommend.

Weiterentwicklungen der Angebote orientieren sich an veränderten Nachfragen hinsichtlich der zu unterstützenden Personengruppen, der Wohnformen und der konzeptionellen Ansprüche. Nutzerbezogene Anforderungen an die Dienstleistungen und kostenbedingte Veränderungen im Personalbereich haben bereits zu deutlichen Veränderungen der Personalstruktur geführt, veränderte fachliche Anforderungen an die Mitarbeitenden lassen einen hohen Qualifizierungsbedarf erwarten. Die Realisierung innovativer Wohnkonzepte erfolgt jedoch zögerlich. Es besteht die Tendenz, strukturell eher am hergebrachten Angebot festzuhalten. Die Einrichtung teilhabestärkender offener Angebote in den Bereichen Freizeit, Bildung, Beratung und Assistenz ist nur bei einem kleineren Teil der Anbieter im Blick; nur jeder zweite orientiert die Weiterentwicklung der Angebote an Erfordernissen des Persönlichen Budgets. Nach Aussage der Befragten ist die Umsetzung innovativer Konzepte und die alltägliche Arbeit mit den Klientinnen und Klienten mit vielerlei *Hemmnissen* konfrontiert, die in bestehenden rechtlichen Regelungen und administrativen Vorschriften sowie in kostendämpfenden Maßnahmen begründet sind.

Bei der *fachlich-konzeptionellen Zielsetzung* künftiger Angebote haben die Leitideen Selbstbestimmung und Inklusion sowie das Erproben neuer *personbezogener Unterstützungsarrangements* Priorität. Zur Verbesserung der Teilhabe werden die strukturelle Verankerung der Partizipation von Menschen mit Behinderung in Entwicklung und Evaluation der Dienstleistungen und eine sozialraumorientierte Ausrichtung der Arbeit für wichtig erachtet. Die Umsetzung erfordere offene und flexible Hilfestrukturen und eine Koordination und *Vernetzung regionaler Angebote* unter Gewährleistung der *Wahlfreiheit* der Nutzer/innen. Unter dem *Primat der Kundenorientierung* wird es für erforderlich gehalten, bei der Weiterentwicklung des Berliner Versorgungssystems die Vorstellungen der Klientinnen und Klienten einzubeziehen.

Als besondere Herausforderung für die nächsten Jahre wird die Entwicklung einer adäquaten *Tagesstruktur* für Menschen mit Behinderung in ambulant unterstützten Wohnformen gesehen, die aus Altersgründen keiner regelmäßigen Arbeit mehr nachgehen. Zudem erfordere der zunehmend höhere *Pflegebedarf* in Einrichtungen der Behindertenhilfe eine Anpassung der Strukturen in Bezug auf Standards, Qualifikationen und Interdisziplinarität. Hinsichtlich der Einrichtung von Pflegeheimen oder -abteilungen mit Versorgungsvertrag nach SGB XI vertreten die befragten Anbieter unterschiedliche Positionen, von der absoluten Ablehnung über Mischformen und modellhafte Erprobung bis hin zur Zustimmung. Mehrfach wird auf die Problematik der *Auswärtsunterbringung* von Berliner Bürgerinnen und Bürgern mit geistiger Behinderung hingewiesen, die einer Lösung bedarf. Mit Blick auf eine *Gesamtplanung für das Land Berlin* wird eine Definition sozialpolitischer Zielsetzungen und Schwerpunkte gefordert, die Orientierung bei der Weiterentwicklung der Angebote bieten. Sie sollten in einem gemeinsamen Diskussionsprozess von Verantwortungsträgern und Akteuren in unterschiedlichen Bereichen erarbeitet werden. Die Frage der Kosten habe nach wie vor hohe Priorität, dürfe aber nicht programmatische Diskussionen über die Ziele in den Hintergrund drängen.

Die Aussagen aus dem Feld der Behindertenhilfe zeigen *Handlungsbedarf* in unterschiedlichen Bereichen. Dabei kommt der Partizipation von Menschen mit Behinderung, der bedarfsgerechten Weiterentwicklung der Versorgungsstrukturen, der regionalen Verortung und der landesweiten Sozialplanung bzw. Teilhabeplanung besondere Bedeutung zu.

6 Kundenorientierung – Sicht der Verwaltung

Zur Klärung der Frage, in welcher Form das Leitprinzip Kundenorientierung im alltäglichen Verwaltungshandeln umgesetzt wird, wurden *Interviews mit sieben Fallmanagerinnen und Fallmanagern* durchgeführt, die in den Sozialämtern von drei Berliner Bezirken tätig sind. Schwerpunkte waren die Berücksichtigung der individuellen Wünsche der Leistungsberechtigten, Hilfen im Bereich des Wohnens, die Passgenauigkeit der Leistungen, subjektiv befriedigende und belastende Faktoren in der Arbeit des Fallmanagements und Verbesserungsvorschläge. Zu weiteren Perspektiven fanden ergänzend *Gespräche mit Vertretern der Sozialverwaltung des Berliner Senats* statt.

Der im Berliner Handbuch für Fallmanager/innen in der Eingliederungshilfe formulierte theoretische Ansatz trägt dem *Wechsel von der institutionsbezogenen zur personzentrierten Hilfe* Rechnung. Die Ermittlung des Hilfebedarfs in unmittelbarem Kontakt mit dem Leistungsberechtigten bringt nach Aussagen der Befragten eine neue Qualität in die Bearbeitung der Angelegenheiten. Die Schulungen zu Beginn ihrer Tätigkeit als Fallmanager/innen habe ihnen eine andere Sichtweise auf Menschen mit Behinderung und ein anderes berufliches Selbstverständnis vermittelt.

Nach den Erfahrungen in der Praxis des Fallmanagements orientieren sich die *Wohnwünsche* der behinderten Menschen und ihrer Angehörigen überwiegend am bestehenden Angebotsspektrum; häufig seien Entscheidungen hinsichtlich der Wohnform bereits vor dem Erstkontakt mit dem Fallmanagement durch anderweitige Beratung getroffen. Gegenüber neuen Wohnkonzepten besteht auf Seiten der Fallmanager/innen grundsätzlich Offenheit. Allerdings könne nicht jeder Nachfrage im Bezirk Rechnung getragen werden. *Angebotslücken* bestehen insbesondere bei autistischer Symptomatik, bei sogenannten Doppeldiagnosen und bei Suchtverhalten.

Die Fallmanager/innen schätzen den ihnen zugestandenen Ermessensspielraum, der im Einzelfall zu individuellen Lösungen führen kann. Das Ziel der *„passgenauen Hilfe“* sei allerdings schwer erreichbar, weil persönliche Wünsche im Rahmen der gegebenen Möglichkeiten oftmals nur bedingt realisiert werden können. Wenn keine Leistung bewilligt werden kann, werden Möglichkeiten der Unterstützung durch freiwillig Engagierte oder Familienangehörige in Erwägung gezogen. Für die *Versorgung von älter werdenden Menschen mit Behinderung und steigendem Pflegebedarf* wird eine Betreuung in Einrichtungen bzw. Gruppen mit Versorgungsvertrag nach SGB XI für angemessen gehalten; sie werde der individuellen Bedarfslage gerecht und entlaste den Sozialhilfeträger. Die Umsetzung werde allerdings durch Interventionen Dritter (z. B. Sozialpsychiatrischer Dienst oder Träger) häufig erschwert und zudem durch die gegenwärtige Rechtslage nicht unterstützt. Auch *bei schwerst mehrfach behinderten Menschen in jüngerem Alter* sei die Gewährung von Eingliederungshilfe häufig nicht begründbar.

Die *Rahmenbedingungen* des Fallmanagements werden zum Teil als verbesserungsbedürftig eingeschätzt. Unter den gegebenen Bedingungen können nach den Erfahrungen der ersten Jahre nicht alle Aufgaben mit der erwarteten Intensität durchgeführt werden. Auch die Verknüpfung der Tätigkeit des Fallmanagements mit Einsparvorgaben wird von einzelnen Befragten als problematisch bezeichnet. Der Spardruck wird allerdings nicht in jedem Bezirk in gleicher Schärfe erlebt. *Vorschläge zur Verbesserung* beziehen sich u. a. auf die Vereinheitlichung der Vorgehensweise in den Bezirken, die Einrichtung eines internetbasierten Informationspools zu den im Bezirk vorhandenen Angeboten für unterschiedliche Bedarfslagen, einschließlich aktuell freier Platzkapazitäten. Im Einzelfall wird eine Veränderung im Aufgabenspektrum gewünscht, z. B. durch Verlagerung der Zuständigkeit für Verwaltungstätigkeiten. Auch eine Überprüfung der Angemessenheit der hohen Fallzahlen wird für erforderlich gehalten. Mehrere Fallmanager/innen streben eine Intensivierung der Kooperation mit den Mitarbeitenden von Einrichtungen und Diensten an; auch die Zusammenarbeit mit dem Jugendamt sollte verbessert werden. Darüber hinaus wird eine Mitwirkung der Fallmanager/innen bei bezirklichen Planungen als sinnvoll erachtet, bei denen sie ihr Wissen über den Bedarf einbringen könnten. Besonderer *Handlungsbedarf* wird im Bereich der Weiterentwicklung der Angebotsstruktur und der Ermittlung des Hilfebedarfs gesehen. Nach Einschätzung der befragten Senatsvertreter sollten bei der *Weiterentwicklung der Leistungen im Bereich des Wohnens* die Flexibilisierung der Angebotsstrukturen, die Öffnung und Standardisierung der heiminternen tagesstrukturierenden Angebote, leistungsrechtliche Aspekte, träger- und ressortübergreifende Kooperationen sowie die wohnortnahe Versorgung besondere Berücksichtigung finden.

7 Teilhabe von behinderten Menschen mit Migrationshintergrund

Rund ein Viertel der Berliner Bevölkerung hat einen Migrationshintergrund. Die Vielzahl der Menschen nicht-deutscher Herkunft prägt nicht nur das Zusammenleben in der Stadt, sondern erfordert die *interkulturelle Öffnung* von Einrichtungen und Diensten. Träger der Behindertenhilfe stehen vor der Herausforderung, bei der Gestaltung der Angebote die kulturelle Vielfalt zu berücksichtigen und Zugangshindernisse, die auf kulturellen oder ethnischen Unterschieden beruhen, zu beseitigen. Unter der Leitorientierung Inklusion sind Unterstützungsleistungen zu entwickeln, die es Menschen ermöglichen, in ihren sozialen und kulturellen Bezügen ihren Bedürfnissen entsprechend zu leben und gleichberechtigt am Leben in der Gesellschaft teilzuhaben. Das *Teilhabepostulat* der Behindertenhilfe entspricht im Kern den Zielperspektiven des *Nationalen Integrationsplans der Bundesregierung und dem Berliner Integrationskonzept* für Menschen mit Migrationshintergrund.

Im Vergleich zu anderen Bereichen der sozialen Arbeit setzt die Entwicklung von *interkulturellen Konzepten und Angeboten* in der Behindertenhilfe verzögert ein. Um Einblick in aktuelle Entwicklungen in diesem Feld zu gewinnen, wurden im Rahmen der KUNDENSTUDIE Befragungen und *Interviews* mit Akteuren im Feld der Behindertenhilfe und anderer sozialer Dienste, mit geistig behinderten Menschen nicht-deutscher Herkunft und ihren Angehörigen sowie mit Migrantenorganisationen geführt. Dabei standen behinderte Menschen türkischer Herkunft im Vordergrund. Die Einbeziehung der *Sichtweisen der Betroffenen und von Mitgliedern sozialer Dienste für Migranten und Migrantenselbstorganisationen* trägt dazu bei, den in der öffentlichen Debatte vorherrschenden Blickwinkel der Mehrheitsgesellschaft auf die Bevölkerung mit Migrationshintergrund um Perspektiven aus der türkischen Community auf die Mehrheitsgesellschaft zu ergänzen. Dadurch wird stereotypen Vorstellungen über Familien mit türkischem Migrationshintergrund entgegengewirkt. Sie stellen keine einheitliche Gruppe dar.

In der bundesweiten Debatte um die interkulturelle Öffnung von Einrichtungen und Diensten ist die Situation von *Menschen mit geistiger Behinderung* bislang kaum thematisiert. Auch bei Migrantenorganisationen gibt es nur wenige Projekte, die sich für die Verbesserung der Teilhabe dieses Personenkreises einsetzen. Im *Land Berlin* engagieren sich einzelne Beratungsstellen von Migrantenvereinen und Angehörigenselbsthilfegruppen in diesem Feld. Interkulturelle Ansätze in der Behindertenhilfe befinden sich in der Entwicklung, vereinzelt kommt es zu Kooperationen mit Akteuren im Bereich der Migration. Als Keimzelle für weitere Vernetzungen arbeitet seit 2008 das Fachforum „Menschen mit Behinderung und Zuwanderungsgeschichte in Berlin" des Berliner Landesverbands der Arbeiterwohlfahrt, an dem Vereine, Verbände und Institutionen der Behindertenhilfe und des Migrationsbereichs sowie Vertreter von Selbsthilfegruppen, Migrantenorganisationen und der Fachverwaltungen beteiligt sind.

Die Aussagen der befragten Akteure der türkischen Community geben Hinweise für die Entwicklung von *kultursensiblen Angeboten für Menschen mit geistiger Behinderung und ihre Familien*, die die Vielfalt der Lebensentwürfe und die Unterschiedlichkeit der Werte respektieren und zugleich die Teilhabechancen der behinderten Menschen stärken. Die Zusammenarbeit mit Familien der Gastarbeitergeneration ist häufig durch unterschiedliche Werthaltungen geprägt: Während die Arbeit der Behindertenhilfe eher an Werten wie Individualität und Selbstbestimmung orientiert ist, legt ein Teil der Familien türkischer Herkunft, die traditionell orientiert sind, eher Wert auf familiäre Verbundenheit und Fürsorge. Entsprechend gehört es zum Selbstverständnis vieler Familien, dass Menschen mit Behinderung auch im Erwachsenenalter innerhalb ihrer *Herkunftsfamilie* betreut werden, was mit zunehmendem Alter des Kindes nicht selten zur Überforderung der Familie führt, insbesondere der Frauen. Die Suche nach Entlastung durch externe Hilfen kann durch befürchtete soziale Sanktionen von Seiten der Community und der Familie erschwert sein. Ein Auszug in eine betreute Wohnform wird eher selten in Betracht gezogen. Vor allem bei leichterer Behinderung richten sich Zukunftsgedanken häufig auf eine Heirat, die dem behinderten Menschen eine Versorgung durch den Partner oder die Partnerin sichert.

Bedingt durch die demografische Entwicklung bahnen sich in den letzten Jahren Veränderungen an. Zuwanderer der ersten Generation können mit zunehmendem Alter immer weniger die Betreuung des behinderten Angehörigen leisten. Hier ist nach Aussagen der Vertreter/innen der türkischen Community in den nächsten Jahren eine große *Nachfrage* an Anbieter der Behindertenhilfe zu erwarten. Um die Inanspruchnahme von wohnbezogenen Hilfen zu erleichtern, sind auf unterschiedlichen Ebenen *Zugangsbarrieren* abzubauen, vor allem Informationsdefizite, Sprachbarrieren und bürokratische Hemmnisse. Notwendig sind zielgruppenspezifische Beratungs- und Informationsangebote, niedrigschwellige Kontakt- und Begegnungsstätten und die Einbeziehung von Ressourcen der türkischen Community (z. B. bilinguale Kompetenz, Lotsendienste, bestehende Netzwerke im Stadtteil). Die Aktivitäten erfordern eine enge Zusammenarbeit zwischen der Behindertenhilfe und den Migrantenorganisationen. Auch die *Gestaltung wohnbezogener Hilfen* ist im Austausch mit den Familien und unterstützenden Vereinen und Verbänden aus dem Migrationsbereich vorzunehmen. Ausgangspunkt sind die Bedürfnisse und Interessen der behinderten Menschen und ihrer Familien. Dabei ist der familiäre Zusammenhalt eine Ressource, die im Interesse der sozialen Teilhabe in der professionellen Arbeit zu berücksichtigen ist.

Die interkulturelle Öffnung ist eine Herausforderung für die gesamte *Organisation*. Sie erfordert die Verankerung des Prinzips im Leitbild der Institution, eine Sensibilisierung der Mitarbeitenden, die Erarbeitung von Konzepten, Leitlinien und Evaluationskriterien, die Aufnahme interkultureller Standards im Prozess der Qualitätsentwicklung und der Personal- und Organisationsentwicklung, die Förderung interkultureller Kompetenz, Kundenorientierung und Abbau von Zugangsbarrieren sowie trägerinterne und trägerübergreifende Kooperation und Vernetzung (vgl. DEUTSCHER CARITASVERBAND 2006).

Die Integration von Zugewanderten ist ein Prozess, der alle Akteure der Behindertenhilfe betrifft. Gleichzeitig bedeutet die sozialpolitische Leitidee der Inklusion auch die Öffnung von sozialen Institutionen der Migranten-Communities für Menschen mit geistiger Behinderung. Nach Aussagen der Befragten besteht besonderer *Handlungsbedarf* hinsichtlich der Objektivierung der Integrationsdebatte in der Behindertenhilfe, der konzeptionellen Verankerung der interkulturellen Ausrichtung von Diensten, der lebensweltlichen Orientierung der Arbeit sowie der Vernetzung der Behindertenhilfe und dem Migrationsbereich. Stadtteilorientierung und interkulturelle Öffnung sind zusammenzudenken. Zudem ist die Selbstvertretung der Betroffenen zu stärken. Bestehende Diskriminierungen sollten sichtbar gemacht werden.

8 Teilhabe aus sozialräumlicher Perspektive

Am Beispiel der Bezirke Tempelhof-Schöneberg, Marzahn-Hellersdorf und Pankow wurden im Rahmen der KUNDENSTUDIE Aspekte von Teilhabe aus sozialräumlicher Perspektive betrachtet. Zugangswege waren vorliegende sozialstrukturelle Daten, Befragungen von Menschen mit Behinderung und von Anbietern der Behindertenhilfe sowie Interviews mit Mitarbeitenden von Einrichtungen und Diensten, weiteren Experten und Expertinnen der Behindertenhilfe und der Sozialen Arbeit sowie mit Vertretern stadtteilorientierter Dienste. Kernstück der Untersuchungen waren stadtteilbezogene Praxisprojekte in den genannten Bezirken, bei denen die individuellen Erfahrungen von Menschen mit geistiger Behinderung in ihrem Wohnquartier im Mittelpunkt standen. Darüber hinaus haben aus sozialräumlicher Perspektive die Handlungsfelder „Psychosoziale Versorgung“ und „Teilhabe im Alter“ besondere Beachtung erfahren.

Der *Blick auf den Sozialraum* eröffnet für die Behindertenhilfe neue Perspektiven, die beispielhaft auf mehreren Ebenen konkretisiert wurden. Schwerpunkte waren die Bedeutung des Sozialraums als Struktur, als individueller Erfahrungsraum, als professioneller Handlungsraum und als Planungsraum. Die Analysen zeigen die Komplexität des *Bedingungsgefüges* auf, das für die Stärkung der Teilhabechancen von Menschen mit Behinderung relevant ist. Handlungsfelder bestehen in unterschiedlichen Bereichen: angefangen bei der *Entwicklung von Quartieren* über *Unterstützungsstrukturen* für Menschen mit Behinderung, *Kooperation und Vernetzung* von Anbietern sozialer Einrichtungen und Diensten und anderen Organisationen, *Beteiligungsstrukturen* und *ressortübergreifende Aktivitäten* bis hin zu *individuellen Vorstellungen* zur Verbesserung der Teilhabe in subjektiv bedeutsamen Lebensbereichen sowie *Qualifizierungsbedarfen* bei den professionell Tätigen und Anforderungen an die Bezirke zur *Entwicklung lokaler Teilhabepläne*.

Deutlich wird, dass der städtische Raum durch die Vielfalt seiner Quartierskulturen und Beteiligungsstrukturen gute Chancen zur sozialen Einbindung von Menschen mit Behinderung bietet, die jedoch teilweise ungenutzt bleiben, weil sich das *System der Behindertenhilfe* als eigenständiger Raum entwickelt hat, der Separationstendenzen begünstigt. Vorhandene *Beteiligungsstrukturen* in den Bezirken sind für Menschen mit geistiger Behinderung kaum erschlossen, obwohl auf Seiten der stadtteilbezogenen Einrichtungen Offenheit für gemeinsame Projekte zur regionalen Einbindung des Personenkreises besteht. Die *politische Dimension von Teilhabe* **i. S.** von Mitwirkung in Angelegenheiten, die für behinderte Menschen selbst und für andere bedeutsam sind, z. B. im Rahmen bürgerschaftlichen Engagements oder in Gremien, wird Menschen mit geistiger Behinderung bislang nicht zugestanden.

Im Bereich des Wohnens gibt es viele Aktivitäten von Akteuren der Behindertenhilfe zur Verbesserung der *sozialen Integration im Wohnumfeld* und zur Erschließung von sozialen und kulturellen Angeboten, sie werden aber nicht systematisch umgesetzt. Bedingt durch *leistungsrechtliche Vorgaben* und die *mangelnde Finanzierung von fallunspezifischer Arbeit* ist die Arbeit mit Menschen mit Behinderung nach wie vor auf die Unterstützung von Individuen fokussiert, die Ressourcen des Sozialraums und teilhabefördernde Aktivitäten auf Systemebene sind dabei weitgehend ausgeblendet. Vorhandene *fachliche Konzepte* der Behindertenhilfe, die den Leitideen Selbstbestimmung, Empowerment und Gemeindeintegration verbunden sind, werden nur punktuell mit dem Fachkonzept Sozialraumorientierung verknüpft, das in der Sozialen Arbeit als Grundprinzip der Gemeinwesenarbeit gilt und viele *Ansatzpunkte für inklusive Prozesse* in der Region bietet. In Interviews mit Menschen mit geistiger Behinderung wurde deutlich, dass sie sich mit ihrem Bezirk identifizieren, wenn sie Gelegenheit zur Aneignung von Räumen und zur Entwicklung sozialer Kontakte haben und gesellschaftlich anerkannte Rollen übernehmen können. Sie sind von innerbezirklichen Disparitäten hinsichtlich sozialstruktureller Belastungen unmittelbar oder mittelbar betroffen und bedürfen der Unterstützung beim Umgang mit diskriminierenden Alltagserfahrungen.

Die Ergebnisse der Aussagen unterschiedlicher Personengruppen in den ausgewählten Regionen und der sozialräumlichen Analysen zeigen *Handlungsbedarf* im Bereich der Angebotsentwicklung, der Erschließung von Ressourcen des Stadtteils für Menschen mit geistiger Behinderung, der Interessenvertretung und des Engagements für das Gemeinwesen, der Kooperation und Vernetzung und der regionalen Teilhabeplanung.

9 Handlungsbedarf

Die Ergebnisse der KUNDENSTUDIE zeichnen ein differenziertes Bild von der Zufriedenheit der Nutzer/innen mit den Unterstützungsleistungen im Bereich des Wohnens von Menschen mit geistiger und mehrfacher Behinderung und ihren Wünschen zur Veränderung der gegenwärtigen Situation. Deutlich wird, dass das Leben in sozialen Bezügen und den individuellen Bedürfnissen entsprechende Wohnarrangements inmitten der Gesellschaft einen zentralen Stellenwert haben.

9.1 Anforderungen aus der „Kundenperspektive“

Nahezu die Hälfte der befragten Frauen und Männer mit geistiger und mehrfacher Behinderung möchte die gegenwärtige Wohnsituation verändern.

- ➔ Die Veränderungswünsche zielen auf das *Leben in einer eigenen Wohnung* mit der individuell notwendigen Assistenz, in sozialen Bezügen und einem sozialen Umfeld, das eine gute Infrastruktur bietet und nicht durch eigene Probleme belastet ist („überfordertes Wohnumfeld"). Wohngemeinschaften, Wohnheime und das Zusammenleben mit Angehörigen sind für den größten Teil der Veränderungswilligen keine Option.
- ➔ Wichtige *Orientierungspunkte* für die Weiterentwicklung des Wohnens von Menschen mit Behinderung sind nach Ansicht der Befragten: Leben inmitten der Gesellschaft, Selbstbestimmung, angemessene Unterstützung, Wahl- und Entscheidungsmöglichkeiten, Bedürfnisorientierung und ein respektvoller Umgang mit Menschen mit Behinderung.
- ➔ Die *Informationen* über Möglichkeiten des Wohnens und über die Finanzierung der Unterstützungsleistungen durch ein Persönliches Budget sowie das *Netz von Ansprechpartnern* werden als verbesserungs- bzw. als erweiterungsbedürftig erachtet.
- ➔ Das *Interesse an Weiterbildung* ist groß, insbesondere hinsichtlich der Entwicklung von Kompetenzen, die die Chancen zur *Partizipation in allen Lebensbereichen* und zum *selbstständigen Wohnen* stärken können.

Die Vorstellungen von Eltern zum künftigen Wohnen ihrer behinderten Angehörigen weichen in Teilbereichen von den Wünschen der Betroffenen ab.

- ➔ Ein Viertel der befragten Angehörigen hält das *Wohnen im Elternhaus* für am besten geeignet, da hier den individuellen Bedürfnissen Rechnung getragen werden könne.

- ➔ Zur Verbesserung der Teilhabe am Leben in der Gemeinde werden flexible *Assistenzdienste* und das Einbeziehen von *freiwillig Engagierten* für erforderlich gehalten.
- ➔ Beim Wohnen außerhalb der Familie bevorzugen die Angehörigen *gemeinschaftliche Wohnformen* mit individueller Unterstützung, teilweise mit integrativer Zusammensetzung, im Einzelfall auch im Heim.
- ➔ Neben einer guten *Infrastruktur* wird der *Integration in das soziale Umfeld* große Bedeutung beigemessen.
- ➔ Innovative Wohnvorstellungen von Angehörigen erfordern die *Entwicklung individuell passender Unterstützungsarrangements*.
- ➔ Angehörige mit Migrationshintergrund wünschen für ihre behinderten Töchter und Söhne *kultursensible Unterstützungsangebote*.
- ➔ Frauen und Männer mit *schweren Behinderungen* sind nach den Erfahrungen ihrer Angehörigen in besonderer Weise von Ausgrenzung bedroht.

Die Aussagen der Befragten lassen sich in elf Punkten zu einem Profil verdichten, das Wohnkonzepte der Zukunft kennzeichnet:

Wohnkonzepte der Zukunft ....

- zielen auf ein möglichst selbstbestimmtes Leben in einer eigenen Wohnung im Verbund mit tragfähigen sozialen Bezügen innerhalb und außerhalb des Wohnbereichs,
- grenzen niemanden aus,
- trennen die Zuständigkeiten für die Wohnung und die Unterstützungsleistungen,
- nehmen bei der Planung und Umsetzung des Vorhabens die Strukturen des Sozialraums in den Blick,
- sind integraler Teil des nachbarschaftlichen Zusammenlebens,
- nutzen das Wohnumfeld als ein Quartier, dessen Ressourcen zu erschließen sind,
- unterstützen die Menschen mit Behinderung bei der Wahrnehmung ihrer Rolle als Nachbarn und Bürger/innen der Gesellschaft,
- benötigen Finanzierungsformen, die die Leistungen der Eingliederungshilfe und der Pflegeversicherung integrieren,
- profitieren von einem „Hilfe-Mix“, das freiwilliges Engagement, professionell Tätige und anders Tätige integriert,
- erfordern ein hohes Maß an Flexibilität und Kreativität bei der Organisation der Unterstützungsleistungen,
- verankern die Partizipation von Menschen mit Behinderung als integralen Bestandteil von Prozessen zur Weiterentwicklung von Strukturen und Unterstützungsleistungen.

9.2 Entwicklungsbedarf aus fachlicher Sicht

Notwendige Meilensteine auf dem Weg zu einem *inklusiven Gemeinwesen* sind die Weiterentwicklung der Strukturen und die Befähigung aller Beteiligten zur Realisierung inklusiven Denkens und Handelns i. S. des Ansatzes „enabling community“ (HAAS & TREBER 2009).

Zentraler Bezugspunkt für die Unterstützungsleistungen für Menschen mit geistiger und mehrfacher Behinderung ist das *Postulat der Teilhabe*. Auf der Basis der Behindertenrechtskonvention der Vereinten Nationen hat das Postulat eine normative Bedeutung, an der sich regionale Planungen zu orientieren haben. Teilhabe realisiert sich auf der individuellen, der kollektiven, der strukturellen und der politischen Ebene. Strategien zur Weiterentwicklung der Dienstleistungen müssen darum sowohl die individuelle Ebene als auch die Systemebene und die ethischen Grundprinzipien des Zusammenlebens in der Gesellschaft in den Blick nehmen.

Aus den Aussagen der Menschen mit Behinderung und ihrer Angehörigen lässt sich im Verbund mit den Aktivitäten, Erfahrungen und Einschätzungen der an den Erhebungen beteiligten Akteure in unterschiedlichen Verantwortungsbereichen der *Entwicklungsbedarf in wohnbezogenen Bereichen des Systems Behindertenhilfe* ableiten. Wesentliche Ansatzpunkte für die Weiterentwicklung werden im Folgenden thesenartig zusammengefasst.

Versorgungssystem

- Die bundesweit anerkannte Spitzenposition des Landes Berlin bei der Umsetzung des *Grundsatzes „ambulant vor stationär"* hat strukturelle Mängel. Für geistig behinderte Menschen mit hohem Hilfebedarf ist die ambulante Unterstützung unter den gegebenen Rahmenbedingungen der Wohnversorgung keine Option; das *Wunsch- und Wahlrecht* gilt für diesen Personenkreis nur eingeschränkt.
- Lebensphasen- oder krankheitsbedingt *zunehmender Hilfebedarf* wird zum Risikofaktor für das Verbleiben im vertrauten Wohnbereich. Unter den gegebenen Rahmenbedingungen werden Problemlagen oftmals durch den Wechsel in stationäre Wohnformen „gelöst" (im Einzelfall in Pflegeeinrichtungen), eine *Systementwicklung* zur Anpassung an sich verändernde Bedarfslagen findet nur ansatzweise statt.
- Das differenzierte System der Wohnangebote der Behindertenhilfe im Land Berlin hat Lücken, die Leistungsberechtigte der Eingliederungshilfe auf *Einrichtungen in anderen Bundesländern* verweisen. Eine systematische Erfassung der Gründe für die Auswärtsunterbringung, die Aufschluss über bestehende Versorgungsdefizite geben und eine *fachliche Steuerung* zur Vermeidung der Verschiebung von Problemlagen ins Bundesgebiet ermöglichen würde, erfolgt nicht.
- Das System der Behindertenhilfe ist für die *Versorgung „neuer" Personengruppen* mit eher sozial bedingten Problemlagen (Verhaltensprobleme, Sucht, Delinquenz, psychiatrische Erkrankungen) nicht vorbereitet. Die *Versäulung der Hilfesysteme* (Jugendbereich, Psychiatriebereich, Behindertenbereich) verhindert eine professionsübergreifende Vernetzung im Sinne einer Integrierten Versorgung.

Leitorientierung

- Die *aktuellen Leitideen* Inklusion, Partizipation, Teilhabe, Sozialraumorientierung und Selbstbestimmung sind in den Einrichtungen und Diensten i. d. R. konzeptionell verankert, werden in der Praxis jedoch nicht systematisch umgesetzt. Positive Beispiele beruhen auf dem Engagement einzelner Träger oder Personen.
- Die Möglichkeiten zur *Selbstbestimmung im Alltag* werden von den befragten Menschen mit Behinderung in allen Wohnformen überwiegend als zufriedenstellend erlebt; die Anerkennung des behinderten Menschen als *gleichwertigen Partner* und die Respektierung seiner Vorstellungen und Meinungen sind auf interaktionaler Ebene jedoch nicht selbstverständlich gewährleistet.
- Die *Teilhabe am Leben in der Gesellschaft* wird durch *Teilnahme* an freizeitbezogenen, kulturellen oder sportlichen Aktivitäten und durch Inanspruchnahme von Dienstleistungen im Wohnumfeld realisiert. Die *soziale Einbindung ins Gemeinwesen* ist nur punktuell gelungen; in manchen Stadtteilen gehören *Diskriminierungen* zum Alltag von Menschen mit geistiger Behinderung.
- Die Träger vertreten engagiert die Interessen von Menschen mit Behinderung. Die *Partizipation* von Menschen mit geistiger Behinderung an Prozessen von Planung und Evaluation in Einrichtungen und Diensten der Behindertenhilfe oder einrichtungsübergreifenden Gremien wird bislang jedoch nur ansatzweise umgesetzt.
- Rechtlich verankerte Formen der *Mitwirkung im Heim* werden in der Praxis nicht dem Anspruch entsprechend genutzt.
- Um das Recht auf Partizipation in Gremien und Selbsthilfegruppen i. S. von *Empowerment* wirksam wahrnehmen zu können, benötigen Menschen mit geistiger Behinderung Unterstützung (→ Konzept „unterstützte Partizipation").

Bedarfsermittlung

- Der *theoretische Ansatz* des Fallmanagements entspricht dem aktuellen Fachdiskurs auf hohem Niveau. Zwischen dem Anspruch des Fallmanagements und der Umsetzung in der Praxis gibt es im Einzelfall gravierende *Diskrepanzen*, insbesondere bei hohem Hilfebedarf.
- Das Fallmanagement der Eingliederungshilfe wird in den Bezirken unterschiedlich gehandhabt; damit ist eine *Ungleichbehandlung von Leistungsberechtigten* vorprogrammiert.
- Die Verknüpfung der Optimierung der Hilfen für den einzelnen Leistungsberechtigten mit der Maßgabe der Reduzierung von Fallkosten bewirkt eine *Entwertung der programmatischen Zielsetzung der „passgenauen Hilfen"*, die sich an den Wünschen und Interessen des Leistungsberechtigten orientiert.
- Der umfassende Teilhabebegriff der WHO (ICF), der den theoretischen Rahmen des Fallmanagements prägt, wird bei der Feststellung des Hilfebedarfs von Menschen mit schweren Behinderungen nur rudimentär rezipiert, mit dem *Risiko der Ausgrenzung von Frauen und Männern mit hohem Hilfe- und Pflegebedarf aus der Eingliederungshilfe*.
- Die *Auswärtsunterbringung* von Berliner Bürgerinnen und Bürgern mit Behinderung in Einrichtungen anderer Bundesländer ist – im Falle eines nicht selbst gewählten Wegzugs – Ausdruck einer *Missachtung des Leitprinzips der Teilhabe*. Die Verknüpfung von Auswärtsunterbringungen mit einer Entlastung des bezirklichen Eingliederungshilfebudgets leistet der Fortführung der langjährigen Praxis Vorschub.
- Das in Berlin modellhaft erprobte *trägerübergreifende Persönliche Budget* eröffnet Chancen zur Realisierung von mehr Individualität und Teilhabe am Leben in der Gesellschaft. Die zögerliche Inanspruchnahme der neuen Finanzierungsart der Hilfen durch Menschen mit geistiger und mehrfacher Behinderung ist nicht allein in den bundesweit unzureichenden Rahmenbedingungen begründet (z. B. fehlende Finanzierung einer Budgetassistenz), sondern auch in *unzureichender Information des Adressatenkreises* und *unzureichender Entwicklung der Kompetenzen dieses Personenkreises zur Inanspruchnahme des Persönlichen Budgets* sowie in *unzureichender Vorbereitung auf die Umsetzung der Inanspruchnahme auf Seiten der Leistungserbringer*.

Weiterentwicklung der Angebote

- Die Anbieter der Behindertenhilfe haben konkrete Vorstellungen zu notwendigen Veränderungen. *Neue Anforderungen an die Behindertenhilfe*, die mit den Stichworten demografischer Wandel, Verhältnis Eingliederung/Pflege und Wechsel von der angebotszentrierten zur personzentrierten Perspektive umrissen werden können, sind jedoch mit den bestehenden Strukturen nur unzureichend zu bewältigen. Es fehlen *Instrumente und Konzepte für individuellere Formen des Wohnens*. Die Tendenz des *Festhaltens an bestehenden Angebotsstrukturen* überwiegt.
- Die bestehenden *Vernetzungsstrukturen mit sozialen Einrichtungen und Diensten der Region* bedürfen der Intensivierung. Beteiligte halten einen kontinuierlichen fachlichen Austausch, die gegenseitige Nutzung von Angeboten und die Bündelung von Aktivitäten zur Schaffung trägerübergreifender ergänzender Angebote, integrativer Projekte oder Spezialisierungen in einzelnen Bereichen für sinnvoll.
- Es fehlt eine *Gesamtplanung* für das Land Berlin mit klarer *Definition sozialpolitischer Zielsetzungen* und Schwerpunkte, die Orientierung bei der Weiterentwicklung der Angebote bieten. Sie sollten in einem gemeinsamen Diskussionsprozess von Verantwortungsträgern und Akteuren in unterschiedlichen Bereichen erarbeitet werden.

Inklusionsfördernde Strukturen und Konzepte

- Die *Teilhabe von Menschen mit Behinderung* ist nicht allein Aufgabe der Behindertenhilfe, sondern der lokalen Akteure in unterschiedlichen Handlungsfeldern und Verantwortungsbereichen.
- Der städtische Raum bietet durch die Vielfalt seiner Quartierskulturen und Beteiligungsstrukturen gute Chancen zur sozialen Einbindung von Menschen mit Behinderung. Viele Ressourcen bleiben jedoch ungenutzt, weil das System der Behindertenhilfe sich als *eigenständiger Raum* entwickelt hat, der *Separationstendenzen* begünstigt.

- Die Behindertenhilfe bietet in allen Lebensbereichen (Wohnen, Arbeit, Freizeit, Bildung) *Alternativen zu den Ressourcen im Stadtteil*, so dass die Notwendigkeit, gemeinsam mit den lokalen Akteuren ein inklusives Gemeinwesen i. S. der Behindertenrechtskonvention der Vereinten Nationen zu entwickeln, weder aus der Perspektive der allgemeinen Bevölkerung noch der Vertreter/innen der Behindertenhilfe zwingend erscheint.
- Die Arbeit mit Menschen mit Behinderung ist nach wie vor auf die *Unterstützung von Individuen* fokussiert, die *fehlende Finanzierung fallunspezifischer Arbeit* verhindert eine systematische Öffnung in den Sozialraum.
- *Sozialraumorientierte Aufgaben* werden praktiziert, sie sind jedoch kaum strukturell verankert. Das Engagement ist in hohem Maße abhängig von der Motivation einzelner Personen oder Personengruppen.
- *Bürgerschaftliches Engagement* wird als „Türöffner" in die Gemeinde genutzt, ist aber nur bei etwa der Hälfte der befragten Anbieter konzeptionell verankert. Vorbehalte auf Seiten hauptamtlicher Mitarbeiter/innen gegenüber ehrenamtlich Tätigen erschweren die Einbindung freiwilliger Ressourcen beim Erschließen des Sozialraums.
- *Fachliche Konzepte der Behindertenhilfe*, die mit den Leitideen Selbstbestimmung, Empowerment und Gemeindeintegration verbunden sind, werden nur punktuell mit dem *Fachkonzept Sozialraumorientierung* verknüpft, das in der Sozialen Arbeit als Grundprinzip der Gemeinwesenarbeit gilt und viele Ansatzpunkte für inklusive Prozesse in der Region bietet.
- Vorhandene *Beteiligungsstrukturen* in den Bezirken sind für Menschen mit geistiger Behinderung kaum erschlossen, obwohl auf Seiten der stadtteilbezogenen Einrichtungen Offenheit für gemeinsame Projekte zur regionalen Einbindung des Personenkreises besteht.
- Teilhabe wird innerhalb der Behindertenhilfe überwiegend als soziale Teilhabe verstanden, die *politische Dimension von Teilhabe* i. S. von Mitwirkung in Angelegenheiten, die für Menschen mit Behinderung selbst und für andere bedeutsam sind, z. B. im Rahmen bürgerschaftlichen Engagements oder in Gremien, wird nur ansatzweise unterstützt.
- Menschen mit geistiger Behinderung sind von innerbezirklichen Disparitäten hinsichtlich *sozialstruktureller Belastungen* unmittelbar oder mittelbar betroffen und bedürfen der Unterstützung beim Umgang mit *diskriminierenden Alltagserfahrungen*.
- *Inklusives Denken* ist in der Behindertenhilfe nicht selbstverständlicher Bestandteil bei der Planung und Realisierung von Angeboten. Die *Mitwirkung an regionalen Planungen* wird nicht systematisch praktiziert, *Schnittstellen zu anderen Hilfesystemen* werden nur ansatzweise genutzt (z. B. Jugendhilfe, Altenhilfe, Psychiatrie). Mitarbeitende von Einrichtungen und Diensten sind für *sozialraumbezogene Aufgaben* im Rahmen ihrer Ausbildung nur unzureichend vorbereitet.
- In der *Debatte um die interkulturelle Öffnung* von Einrichtungen und Diensten ist die Situation von Menschen mit geistiger Behinderung bislang kaum thematisiert. Auch bei Migrantenorganisationen gibt es nur wenige Projekte, die sich für die Verbesserung der Teilhabe dieses Personenkreises einsetzen. *Interkulturelle Ansätze in der Behindertenhilfe* befinden sich in der Entwicklung.
- Unter der *Leitorientierung Inklusion* sind Unterstützungsleistungen zu entwickeln, die es behinderten Menschen mit Migrationshintergrund ermöglichen, in ihren sozialen und kulturellen Bezügen ihren Bedürfnissen entsprechend zu leben und gleichberechtigt am Leben in der Gesellschaft teilzunehmen. Die Entwicklung *kultursensibler Angebote* erfordert eine enge Zusammenarbeit mit Migrantenorganisationen und -verbänden.

10 Ansätze zur Weiterentwicklung

Zur Weiterentwicklung der gegenwärtigen Situation sind Maßnahmen auf unterschiedlichen Ebenen notwendig, die den Handlungsfeldern Individuum/Lebenswelt und Hilfesystem/Sozialraum zugeordnet werden können (Tab. I-24). Im Handlungsfeld *Individuum und Lebenswelt* geht es um die Stärkung der individuellen Ressourcen der behinderten Menschen, um die Erweiterung ihres persönlichen Netzwerks, das Erschließen von Ressourcen im Stadtteil zur Verbesserung der Teilhabechancen und die Mitwirkung an Hilfeplanverfahren und an Gremien, die sich für die Interessen von Menschen mit Behinderung, die Weiterentwicklung von Angeboten und das Zusammenleben im Stadtteil engagieren. Im Handlungsfeld *Hilfesystem und Sozialraum* stehen die Organisationsentwicklung, die Entwicklung von Unterstützungsstrukturen, die die Teilhabe fördern, die Kooperation und Vernetzung der lokalen Akteure sowie die Steuerung und Finanzierung der Hilfen im Vordergrund. Im Folgenden werden die Schwerpunktbereiche erläutert und durch exemplarische Maßnahmen konkretisiert, die als Indikatoren für die Bewertung des ist-Stands und die Ermittlung des Handlungsbedarfs genutzt werden können. Sie sind Bestandteil eines Strategiekonzepts, dessen Konturen abschließend dargestellt werden.

➔ Der Fragestellung der Kundenstudie entsprechend stehen bei allen Maßnahmen zur Gewährleistung der Teilhabe von Menschen mit Behinderung spezifische Unterstützungsbedarfe von *Menschen, die leistungsrechtlich als „geistig behindert" bezeichnet werden*, im Mittelpunkt, auch wenn dies nicht immer explizit genannt wird. Mitglieder der Selbsthilfegruppen „Mensch zuerst" (People First) empfinden die Bezeichnung „geistig behindert" als diskriminierend, sie präferieren den Begriff „Menschen mit Lernschwierigkeiten". Darum wird bei den Empfehlungen zur Stärkung der Teilhabechancen dieses Personenkreises überwiegend der Begriff *Lernschwierigkeiten* verwendet. Dabei muss nicht eigens betont werden, dass inklusionsfördernde Maßnahmen für Menschen mit Lernschwierigkeiten auch anderen Menschen mit Beeinträchtigungen der Teilhabe zugutekommen.

Handlungsfelder im Überblick	
Handlungsfeld: **Individuum und Lebenswelt**	Handlungsfeld: **Hilfesystem und Sozialraum**
➔ Individuelle Ressourcen • Selbstvertretung • Erwachsenenbildung • Beratung und Unterstützung • Individuelle Teilhabeplanung	**➔ Organisationsentwicklung** • Leitkonzept • Personalentwicklung • Organisationsstrukturen • Qualitätsmanagement • Regionale Verortung • Öffentlichkeitsarbeit
➔ Persönliches Netzwerk • Kontakt- und Begegnungsstätten • Nachbarschaftliches Zusammenleben	**➔ Unterstützungsstrukturen** • Inklusionsfördernde Infrastruktur • Teilhabestärkende Wohnkonzepte
➔ Ressourcen im Stadtteil • Individuelle Erfahrungen und Interessen • Lokale Infrastruktur • Gemeinsame Projekte • Bürgerschaftliches Engagement • Öffentlichkeitsarbeit	**➔ Kooperation und Vernetzung** • Ressortübergreifende Aktivitäten • Zusammenarbeit zwischen Behindertenhilfe und anderen sozialen Organisationen • Stadtteilkonferenzen
➔ Partizipation • Barrierefreie Information und Kommunikation • Handreichung „Unterstützte Partizipation" • Mitwirkung in Einrichtungen, Diensten, Gremien der Behindertenhilfe • Mitwirkung auf Bezirks- und Landesebene • Rolle der Angehörigen	**➔ Steuerung und Finanzierung** • Örtliche Teilhabeplanung • Neue Steuerungsmodelle • Leistungsvereinbarungen • Individuelle Hilfeplanung • Inklusionsfördernde Leistungen • Kombimodelle für innovative Wohnprojekte • Individuelle Unterstützungsarrangements im Familienverband
➔ Flankierende Maßnahmen Öffentlichkeitsarbeit – Verbandsaktivitäten – Ausbildung, Weiterbildung, Organisationsberatung – ressortübergreifende Vernetzung – Monitoring, Dokumentation, Evaluation	

Tab. I-24: Handlungsfelder im Überblick

10.1 Handlungsfeld: Individuum und Lebenswelt

Der Handlungsbedarf auf der Ebene der Individuen kann auf die *Teilhabe-Formel* verdichtet werden: Individuelle Ressourcen stärken – Soziale Netzwerke entwickeln – Ressourcen im Stadtteil erschließen – Partizipation realisieren.

Individuelle Ressourcen stärken

Menschen, die als geistig behindert bezeichnet werden, haben vielfach ein Selbstbild entwickelt, das ihre Einschränkungen in den Vordergrund stellt. Ihre Biografie ist geprägt durch Erfahrungen der Fremdbestimmung, des Nicht-Verstanden-Werdens, der Ablehnung und Ausgrenzung und des Anders-Seins. Eine Schädigung ihrer *Identität* ist jedoch kein zwangsläufiges Ergebnis negativer Erfahrungen, der der behinderte Mensch passiv ausgeliefert ist (vgl. SCHUPPENER 2009). Entwicklungsverläufe sind im Kontext der sozialökologischen Bedingungen zu sehen, die eine positive Identitätsbildung fördern oder hemmen können.

Identitätsstärkende Sozialisationsbedingungen bieten die Basis für ein selbstbestimmtes Leben. Professionelles Handeln hat in diesem Zusammenhang eine aktivierende Funktion i. S. einer Ermöglichungspädagogik. Die Ergebnisse der KUNDENSTUDIE lassen im Bereich der Stärkung des Selbstwertgefühls erheblichen Handlungsbedarf erkennen. Viele Frauen und Männer berichten, dass ihre persönliche Meinung im Wohnalltag nicht respektiert wird, dass ihre Probleme in Bewohnergremien nicht lösungsorientiert diskutiert werden, dass sie nur unzureichend über neuere Entwicklungen bei den Unterstützungsleistungen informiert und bei der Planung von Veränderungsprozessen und bei der Evaluation der Unterstützungsleistungen nur punktuell einbezogen werden. Sie brauchen im individuellen *Empowerment-Prozess* Unterstützung. Empowerment-Prozesse finden auf der Ebene des Subjekts oder in Gruppen sowie in Beteiligungskontexten auf der Ebene von Organisationen und Politik statt, überwiegend in sozialraumbezogenen Zusammenhängen (vgl. RÖH 2009).

Zur Stärkung der Kompetenzen zur Selbstvertretung und Partizipation haben *Erwachsenenbildungsangebote* eine zentrale Bedeutung. Die gegenwärtige Situation im Bereich der Erwachsenenbildung für Menschen mit Lernschwierigkeiten ist in Berlin unbefriedigend (vgl. ACKERMANN & AMELUNG 2009). Bildungskurse für diese Zielgruppe werden überwiegend in Einrichtungen der Behindertenhilfe vorgehalten. Die bezirklichen Volkshochschulen nehmen sie nur punktuell als Adressaten von Bildungsangeboten wahr – ein Tatbestand, der den weitgehenden Ausschluss von Menschen mit sogenannter geistiger Behinderung vom tertiären Bildungssektor dokumentiert. Zur Verbesserung der Situation hat sich in 2009 ein „Berliner Aktionsbündnis Erwachsenenbildung und Behinderung (BAEB)“ konstituiert, an dem Volkshochschulen, Bildungsträger, Vertreter/innen von Anbietern und Verbänden der Behindertenhilfe und der Verwaltung, Hochschullehrer, Menschen mit Behinderung, Elterninitiativen und andere Personen beteiligt sind.

Seit Mitte der 1990er Jahre gibt es in Berlin erste Ansätze für *Selbstvertretungsgruppen* von Menschen mit Lernschwierigkeiten (People-First – Mensch zuerst), deren Existenz bis heute jedoch nicht ins Bewusstsein der Öffentlichkeit gelangt ist.

Menschen mit Lernschwierigkeiten sind bislang nicht selbst in bezirklichen Gremien vertreten, die sich für die Belange von Menschen mit Behinderung engagieren.

➔ Exemplarische bezirksbezogene Maßnahmen

- o Unterstützen der Bildung von Selbstvertretungsgruppen von Menschen mit Lernschwierigkeiten;
- o Angebote der Volkshochschulen zur Erwachsenenbildung für Menschen mit Lernschwierigkeiten zur Entwicklung bzw. Stärkung ihrer Kompetenzen zur selbstbestimmten Gestaltung des Alltags und zur sozialen, kulturellen und politischen Partizipation;
- o Einrichtung einer unabhängigen niedrigschwelligen Anlaufstelle für Menschen mit Lernschwierigkeiten an allgemein zugänglichen stadtteilbezogenen Einrichtungen bzw. Diensten (Angebote: z. B. Treffpunktcafé, Information und Beratung im Bereich Wohnen, Arbeit, Bildung, Freizeit; Peer Counseling; Vermittlung von Assistenz-, Begleit- und Hilfsdiensten; Persönliche Zukunftsplanung; Beschwerdestelle; Informationsveranstaltungen).

Persönliches Netzwerk erweitern

Trägfähige soziale Beziehungen sind eine zentrale Dimension von Lebensqualität. Ergebnisse der KUNDENSTUDIE zeigen, dass der Wunsch nach einem Freund/Partner oder einer Freundin/Partnerin sowie nach mehr Kontakt mit Leuten im Stadtteil einen großen Stellenwert hat.

→ Exemplarische bezirksbezogene Maßnahmen

- Einrichtung bzw. Ausbau von Treffpunkten im Wohnquartier, z. B. integrative Cafés und Begegnungsstätten mit kulturellen Angeboten, Arbeitsplätzen für Menschen mit Behinderung und Kontaktbörsen zur Partnervermittlung;
- Initiieren von „Patenschaften" für Menschen mit schweren Behinderungen, die ihre sozialen Kontakte nicht selbst organisieren können;
- Entwicklung von Wohnungsbaukonzepten und -strukturen zur Förderung des nachbarschaftlichen Zusammenlebens mit Menschen mit Lernschwierigkeiten.

Ressourcen im Stadtteil erschließen

Die Einbindung von Menschen mit Behinderung in den Stadtteil gelingt am ehesten, wenn sie in sozialen Rollen wahrgenommen werden, die die Gemeinsamkeiten von Menschen mit und ohne Behinderung dokumentieren.

→ Exemplarische bezirksbezogene Maßnahmen

- Inanspruchnahme von allgemeinen sozialen, kulturellen und sportlichen Angeboten durch Menschen mit Lernschwierigkeiten;
- Initiieren bzw. Intensivieren von Kontakten von Menschen mit Lernschwierigkeiten zu Kirchengemeinden, Vereinen, Bürgerinitiativen oder Nachbarschaftstreffs;
- Vermittlung von freiwillig engagierten Personen zur Begleitung und Unterstützung von Menschen mit Lernschwierigkeiten bei Aktivitäten im Stadtteil durch die bezirklichen Freiwilligenagenturen;
- Einbindung der Bereitschaft von Menschen mit Lernschwierigkeiten zum Engagement für das Gemeinwohl bei Aktivitäten im sozialen, kulturellen und sportlichen Bereich.

Partizipation realisieren

Das Motto des Europäischen Jahrs der Menschen mit Behinderung 2003 „Nichts über Menschen mit Behinderung ohne Menschen mit Behinderung" ist das Kernstück von Inklusion. Auf Landes- und Bezirksebene ist ihre Mitwirkung auf der Basis des Berliner Landesgleichstellungsgesetz (LGBG) strukturell verankert. Der Landesbeauftragte und die 12 Bezirksbeauftragten für Menschen mit Behinderung werden durch einen Landesbeirat und 12 Bezirksbeiräte unterstützt, deren Mitglieder aus dem Kreis der Berliner Behindertenverbände und -initiativen kommen. Darüber hinaus wurden bei allen Senatsverwaltungen Arbeitsgruppen eingerichtet, an denen neben Vertreterinnen und Vertretern der Verwaltung und der Bezirksbeauftragten der Landesbeauftragte für Menschen mit Behinderung und mehrere Menschen mit Behinderung mitwirken. Menschen mit Lernschwierigkeiten sind in diesen Beiräten i. d. R. nur indirekt vertreten. Auch in Gremien von Verbänden der Behindertenhilfe sowie in Einrichtungen und Diensten gehört die Partizipation von Frauen und Männern mit Lernschwierigkeiten noch nicht zum Standard, wird aber zunehmend angestrebt. Um dem Personenkreis eine wirksame Beteiligung zu ermöglichen, müssen Barrieren abgebaut werden, die die Partizipation erschweren.

→ Exemplarische bezirksbezogene Maßnahmen

- Barrierefreie Information und Kommunikation auf der Ebene der Verwaltungen, Organisationen und Verbände durch Gestaltung von Materialien und Medien in leichter Sprache;
- systematische Beteiligung von Menschen mit Lernschwierigkeiten in bezirklichen Gremien, die Angelegenheiten von Menschen mit Behinderung und ihres Stadtteils betreffen (z. B. Behindertenbeiräte, Ausschüsse), unter Gewährleistung der notwendigen Assistenz bei der Vorbereitung, Teilnahme und Nachbereitung der Sitzungen i. S. einer „unterstützten Partizipation";

- o Nutzen der bestehenden Internetseite für Menschen mit Lernschwierigkeiten als Instrument der bezirklichen und überbezirklichen Kooperation und Vernetzung von Selbsthilfeinitiativen (http://www.kugelfisch-berlin.de);
- o Verankerung der Mitwirkung von Menschen mit Lernschwierigkeiten an Planungs- und Evaluationsprozessen in Einrichtungen und Diensten der Behindertenhilfe unter Gewährleistung der notwendigen personellen und materiellen Assistenz (u. a. Aufbereitung und Erläuterung der Inhalte in leichter Sprache);
- o Entwicklung von Beteiligungsstrukturen zur Einbindung von Angehörigen von Menschen mit Lernschwierigkeiten in Planungs- und Evaluationsprozesse von Einrichtungen und Diensten der Behindertenhilfe.

10.2 Handlungsfeld: Hilfesystem und Sozialraum

Der Handlungsbedarf auf der Ebene des Hilfesystems und im Sozialraum umfasst Aspekte der Organisationsentwicklung, der Einrichtung teilhabefördernder Unterstützungsstrukturen, der Kooperation und Vernetzung sowie der Steuerung und Finanzierung. Auch hier werden jeweils exemplarische Maßnahmen benannt, ausführlichere Darstellungen finden sich in Kap. X des Abschlussberichts.

Organisationsentwicklung

Die Umsetzung der Leitidee Inklusion erfordert von den Anbietern der Behindertenhilfe eine Neuorientierung im Bereich der Dienstleistungen und der Strukturen. Eine gemeinsam getragene Philosophie i. S. einer Corporate Identity ist Motor für die Entwicklung innovativer Konzepte. Von zentraler Bedeutung ist der Wandel der Rolle der Mitarbeitenden im System sozialer Unterstützungsleistungen. Eingebunden in eine Anerkennungskultur werden gemeinwesenbezogene Strategien und Projekte entwickelt, die die Teilhabe von Menschen mit Behinderung fördern.

→ Exemplarische Maßnahmen

- o Ausrichtung der Qualität der Dienstleistungen auf die Stärkung der selbstbestimmten Teilhabe am Leben in der Gesellschaft;
- o Orientierung an der Ergebnisqualität, der Nutzerzufriedenheit und am Verbraucherschutz (u. a. Evaluation mit dem NUEVA-Konzept);
- o strukturelle Verankerung der Mitwirkung von Menschen mit Behinderung in allen relevanten Bereichen;
- o konzeptionelle Verankerung der interkulturellen Öffnung;
- o Benennung eines Beauftragten für Sozialraumorientierung (Konzeptentwicklung, Begleitung und Unterstützung der Umsetzung sozialraumorientierter Projekte);
- o Qualifizierung der Mitarbeitenden von Diensten und Einrichtungen der Behindertenhilfe für sozialraumbezogene Aufgaben (z. B. Gemeinwesenarbeit, „Networking", Einbeziehen von Freiwilligenengagement, interkulturelle Kompetenz);
- o Einbeziehung von Menschen mit schwersten Behinderungen und herausforderndem Verhalten in inklusive Prozesse;
- o kontinuierliche Beteiligung an bezirklichen Planungsprozessen.

Unterstützungsstrukturen

Basis der Entwicklung von Unterstützungsstrukturen sind kleinräumige Sozialraumanalysen, die innerbezirkliche Disparitäten abbilden. Die Analysen zeigen Ansatzpunkte für Maßnahmen zur Weiterentwicklung der Infrastruktur und der Wohnangebote unter inklusiver Perspektive.

→ Exemplarische Maßnahmen

- o Inklusionsfördernde Infrastruktur (z. B. Öffnung von Freizeit- und Bildungsangeboten, Vereinen, Initiativen, öffentlichen Institutionen und Dienstleistungen für alle Menschen mit Behinderung, Assistenz- und Begleitdienste für Menschen mit Lernschwierigkeiten, ärztliche und psychosoziale Versorgung für Menschen mit herausfordernden Verhaltensweisen im Bezirk, Erschließen von Arbeits- und Beschäftigungsmöglichkeiten im Stadtteil);

- kundenorientierte Information und Beratung durch unabhängige und niedrigschwellige Beratungsangebote für Menschen mit Lernschwierigkeiten;
- teilhabestärkende Wohnkonzepte (Kooperation mit Wohnungsbaugesellschaften zur Entwicklung stadtteilintegrierter Wohnmodelle, z. B. in Form Hausgemeinschaften, Mehrgenerationenwohnen oder Wohnanlagen i. S. einer „Vielfaltsgemeinschaft"; Erprobung von Unterstützungsformen mit einem „Hilfe-Mix" aus professionellen und informellen Hilfen, z. B. familiäre, nachbarschaftliche, ehrenamtliche, vor- und nebenberufliche Hilfen; kultursensible Gestaltung wohnbezogener Dienstleistungen für behinderte Menschen mit Migrationshintergrund; Entwicklung von alternativen Wohnkonzepten unter Einbeziehung des Persönlichen Budgets, auch für behinderte Menschen mit hohem Hilfebedarf);
- systematische Analyse der Auswärtsunterbringungen von Berliner Bürger/innen mit Behinderung in Einrichtungen anderer Bundesländer und Berücksichtigung der Angebotslücken bei der Weiterentwicklung des Hilfesystems.

Kooperation und Vernetzung

Die Entwicklung eines inkludierenden Gemeinwesens ist gemeinsame Aufgabe verschiedener Fachbereiche. Zur Abstimmung bzw. Verzahnung von Aktivitäten und Planungen im Bezirk sind Maßnahmen zur Entwicklung von Kooperations- und Vernetzungsstrukturen und zur Einrichtung von stadtteilbezogenen Foren, die die Weiterentwicklung inklusiver Ansätze im Bezirk zum Ziel haben, erforderlich.

→ Exemplarische Maßnahmen

- Ressortübergreifende Aktivitäten (z. B. Kooperationen mit sozialraumorientierten Projekten der Integrationspolitik, der Stadtentwicklung oder der Jugendhilfe);
- Zusammenarbeit von Anbietern der Behindertenhilfe und anderer sozialer Organisationen (z. B. Einrichtungen von Arbeitsgruppen für die Belange von Menschen mit Lernschwierigkeiten; Durchführung von gemeinsamen zielgruppenübergreifenden Projekten; Erschließen niedrigschwelliger Zugänge zu behinderten Menschen mit Migrationshintergrund durch Kooperationsbeziehungen mit Migrantenselbstorganisationen);
- Stadtteilkonferenzen zur Diskussion und Initiierung von Strategien zur Verbesserung der Teilhabechancen von Menschen mit Lernschwierigkeiten im Bezirk.

Steuerung und Finanzierung

Die im Fachdiskurs der Behindertenhilfe angestrebten personzentrierten Leistungen sind im gegenwärtigen System der Behindertenhilfe kaum realisierbar. Notwendig ist eine grundlegende Erneuerung der Finanzierungssysteme und eine Novellierung der gesetzlichen Rahmenbedingungen des SGB XII. Bemühungen, unter den gegebenen Bedingungen erste Schritte in Richtung einer inklusiven Stadt zu machen, stoßen darum schnell an Grenzen (vgl. STEINHART 2007).

→ Exemplarische Maßnahmen

- Durchführung örtlicher Teilhabeplanungen in den Bezirken;
- Entwicklung neuer Steuerungsmodelle, die über individuelle Unterstützungsleistungen hinaus auch fallunspezifische Arbeit im Gemeinwesen berücksichtigen
- Integration sozialraumbezogener Aufgaben in Leistungsvereinbarungen;
- Entwicklung von „Kombimodellen" (Finanzierungsmix) zur Realisierung innovativer Wohnkonzepte, die Menschen mit hohem Unterstützungsbedarf integrieren;
- Verbesserung der Rahmenbedingungen des Fallmanagements (z. B. Fallzahlen);
- Weiterentwicklung der partizipativen Gestaltung der Bedarfsfeststellung durch Entwicklung von Verfahren, die die Mitwirkung von Menschen mit Lernschwierigkeiten erleichtern.

10.3 Flankierende Maßnahmen

Die skizzierten Prozesse bedürfen der Unterstützung durch berlinweite Maßnahmen, z. B. auf der Ebene der Öffentlichkeitsarbeit, der Verwaltung, der Verbände und der Ausbildung, sowie der fachlichen Begleitung.

→ Exemplarische Maßnahmen

- Einrichtung eines „Kompetenzteams für Inklusion" auf Senatsebene zur Förderung und Koordinierung von Aktivitäten zur Umsetzung der UN-Behindertenrechtskonvention;
- Durchführung von Kampagnen zur Implementierung des Inklusionsgedankens in der Bevölkerung;
- Einrichtung eines verbandsübergreifenden Inklusionsbüros zur Unterstützung des Entwicklungsprozesses auf dem Weg zur Inklusion durch Stärkung der Selbstvertretung von Menschen mit Behinderung, Beratung und Vernetzung von Inklusionsprojekten sowie Information und Öffentlichkeitsarbeit;
- Konzeptionelle und finanzielle Unterstützung inklusionsfördernder Aktivitäten in den Stadtteilen durch die Fachverbände der Behindertenhilfe;
- Unterstützung der Rahmenstrategie Soziale Stadtentwicklung der Senatsverwaltung für Stadtentwicklung unter Einbeziehung der Belange von Menschen mit Behinderung;
- Intensivierung des fachpolitischen Dialogs zur interkulturellen Öffnung von Einrichtungen und Diensten;
- Verankerung inklusionsfördernder Konzepte und Qualifikationen in der Aus- und Weiterbildung an Fachschulen, Hochschulen, Universitäten und Fortbildungsinstituten.

Der Prozess der Inklusion in den Stadtbezirken Berlins wird – auf der Basis der Behindertenrechtskonvention der Vereinten Nationen – durch ein *Monitoring* begleitet, das die beschriebenen Empowerment-Prozesse auf Seiten der Menschen mit Lernschwierigkeiten, die Stärkung der Teilhabechancen und laufende Inklusionsprozesse im Gemeinwesen beobachtet. Dabei ist eine Zusammenarbeit mit der unabhängigen Monitoring-Stelle zur Umsetzung der UN-Behindertenrechtskonvention am Deutschen Institut für Menschenrechte anzustreben. Der Landesbeauftragte für die Belange von Menschen mit Behinderung dokumentiert bezirksbezogen beispielhafte Projekte zur Umsetzung der UN-Konvention. Innovationsprozesse mit der Zielperspektive Inklusion werden wissenschaftlich evaluiert.

11 Eckpunkte für ein Strategiekonzept

Die Ergebnisse der KUNDENSTUDIE machen deutlich, dass trotz gemeindeintegrierter Wohnangebote und vielfältiger gemeinwesenbezogener Aktivitäten und Projekte die soziale Einbindung von Menschen mit geistiger und mehrfacher Behinderung in den Stadtbezirken unterschiedlich entwickelt ist. Ein fachlicher Diskurs über mögliche bzw. notwendige Strategien für eine inklusive Ausrichtung der Arbeit mit Menschen mit Behinderung findet bislang nur ansatzweise statt. Was fehlt, ist ein auf Konsens basierender *Orientierungsrahmen* für die Zielsetzung und Gestaltung der Hilfen unter der Zielperspektive Inklusion einschließlich der Verankerung der *Partizipation* von Menschen mit Behinderung als integraler Bestandteil des Prozesses.

Zur strukturellen und konzeptionellen Weiterentwicklung der gegenwärtigen Unterstützungsleistungen im Bereich des Wohnens werden im Folgenden *Eckpunkte eines Strategiekonzepts* vorgestellt, das die Ziele des Veränderungsprozesses und Maßnahmen der Umsetzung beschreibt. Es ist mit Verfahren verknüpft, die die Prozesse auf den Weg bringen, transparent und überprüfbar machen und auf Nachhaltigkeit angelegt sind (Abb. I-95).

Ausgangspunkt ist eine *politische Beschlussfassung*, die sich an den Vorgaben der UN-Behindertenrechtskonvention orientiert und als Querschnittsaufgabe der Berliner Verwaltungen umzusetzen ist (horizontale Achse). Sie umfasst Maßnahmen auf Landes- und Bezirksebene (vertikale Achse), die im Rahmen eines Senatsberichts für den Zeitraum von fünf Jahren begründet und im nächsten Behindertenbericht in einer *Handlungsstrategie* konkretisiert werden sollten.

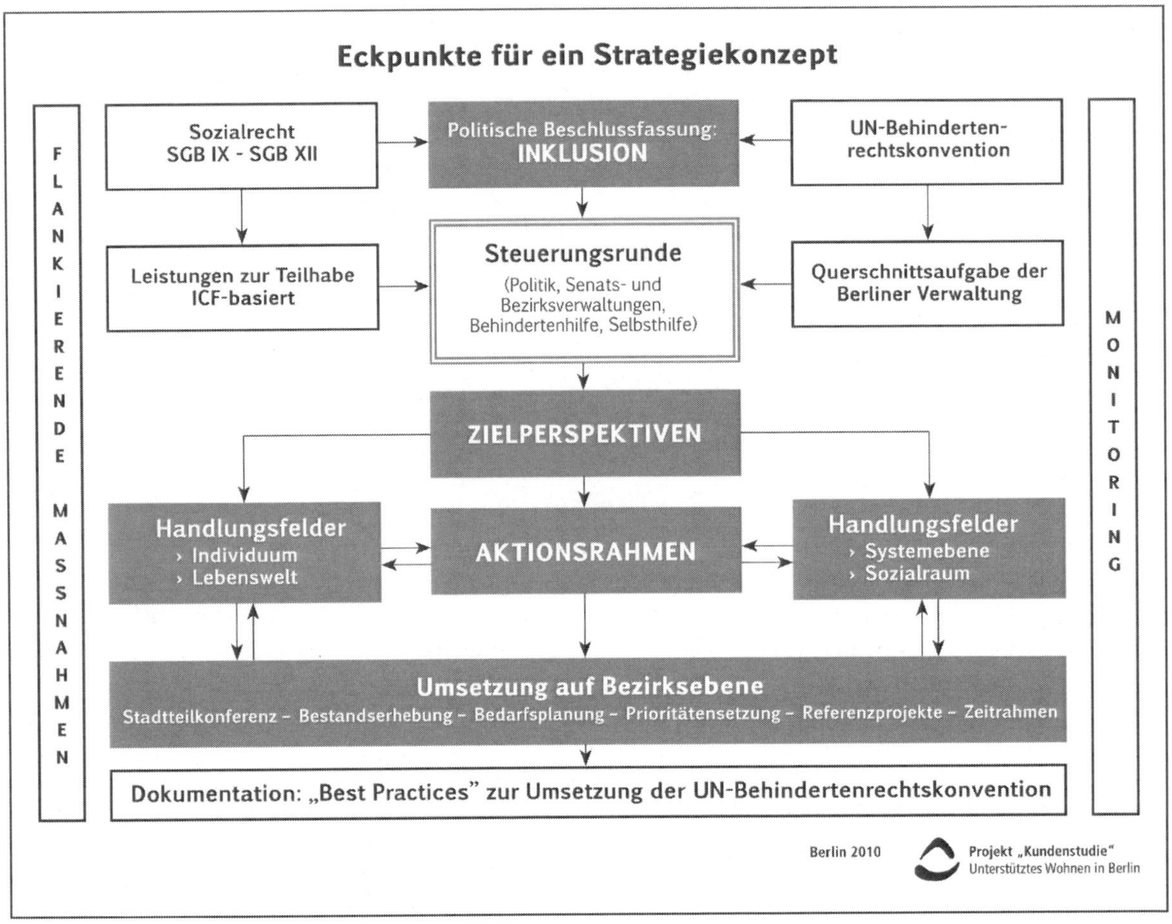

Abb. I-95: Strategievorschlag der KUNDENSTUDIE

Maßnahmen auf Landesebene

1. Bildung einer ressortübergreifenden *Steuerungsrunde* zur gemeinsamen Strategieentwicklung (Politik, Senats- und Bezirksverwaltungen, Träger und Verbände der Behindertenhilfe, Selbsthilfeinitiativen von Menschen mit Behinderung und Angehörigen u. a.);
2. Formulierung von *Zielperspektiven*;
3. Festlegung von *Handlungsfeldern*, die auf der Ebene der Individuen und ihrer Lebenswelt sowie auf Systemebene unter Einbeziehung des Sozialraums teilhabebegünstigende Strukturen, Verfahren und Konzepte zusammenführen;
4. Festlegung von *Zielsetzungen* und *Maßnahmen* in jedem Handlungsfeld einschließlich der Definition von *Erfolgskriterien*;
5. Erstellung eines *Aktionsrahmens* in ressortübergreifender Verantwortungspartnerschaft, der den Akteuren bei der Umsetzung des Inklusionskonzepts Raum für Modifizierungen und Veränderungen lässt, um eine Passung zu den jeweiligen Gegebenheiten vor Ort herzustellen; dabei geht es weniger um die Erstellung eines Plans, der umzusetzen ist, sondern um die „Institutionalisierung von Planung als kontinuierlichen Veränderungsprozess" (vgl. ROHRMANN 2009);
6. Entwicklung von *Anreizsystemen* zur Umsetzung des Inklusionskonzepts.

Jedem Handlungsfeld sind *Schwerpunktbereiche* mit exemplarischen *Maßnahmen* zugeordnet, die auf der Basis der Ergebnisse der KUNDENSTUDIE für die Umsetzung der Leitorientierung Inklusion besondere Bedeutung haben. Mögliche Maßnahmen wurden oben konkretisiert (Tab. 24).

Bei der weiteren Bearbeitung des Strategiekonzepts sind *Indikatoren* zu definieren, die die Umsetzung der Maßnahmen messbar machen.

Um die Vielfalt der Berliner Bezirke und gewachsene Strukturen angemessen berücksichtigen zu können, ist eine *regionale Ausrichtung* der Aktivitäten erforderlich. Die Beteiligung am Strategiekonzept zur lokalen Teilhabeplanung sollte durch *Bezirksamtsbeschlüsse* und *Beschlüsse der Bezirksverordnetenversammlung* festgelegt werden.

Maßnahmen auf Bezirksebene

- Einrichtung von *Planungskonferenzen* (Stadtteilkonferenzen) mit den Aufgabenfeldern Bestandserhebung, Bedarfsplanung, Prioritätensetzung, Beschließen von Referenzprojekten, Festlegung eines Zeitrahmens;
- Entwicklung und Durchführung von *Referenzprojekten* in jedem Bezirk;
- Dokumentation von „*Best Practices*" zur Umsetzung der Behindertenrechtskonvention;
- *Berichterstattung* gegenüber dem Senat.

Die den *Schwerpunktbereichen* zugeordneten Maßnahmen können als Kriterien zur Überprüfung des Ist-Stands in der Region verwendet werden. Aus den Ergebnissen werden *Handlungsstrategien* entwickelt, die bereits bestehende Ressourcen integrieren. Dabei sind spezifische Aspekte aufgrund des Lebensalters, des Geschlechts, der Art und des Umfangs des Unterstützungsbedarfs sowie des kulturellen Hintergrunds zu berücksichtigen. Anregungen zur Gestaltung der Umsetzung bieten sozialraumbezogene Ansätze der Sozialen Arbeit und Erkenntnisse der Stadtsoziologie sowie bereits bestehende inklusive Praxisprojekte. Ergänzend sind landesweit *flankierende Maßnahmen* durchzuführen, z. B. im Rahmen von Öffentlichkeitsarbeit, Verbandsaktivitäten, Qualifizierungsmaßnahmen und Organisationsberatung. Die Umsetzungsprozesse in den Bezirken werden indikatorengeleitet durch ein *Monitoring* begleitet.

Ressortübergreifende Maßnahmen

In einigen Bereichen des hier vorgeschlagenen Konzepts ergeben sich *Schnittstellen zu sozialraumbezogenen Ansätzen der Berliner Verwaltungen*, die für die Stärkung der Teilhabechancen von Menschen mit Behinderung nutzbar gemacht werden könnten. Hier ist insbesondere die ressortübergreifende „Rahmenstrategie Soziale Stadtentwicklung" zu nennen, die auf eine integrierte, am Sozialraum orientierte Bedarfsplanung und Stadtentwicklungspolitik zielt, bei der auch Akteure der Zivilgesellschaft wie Vereine, Unternehmen oder Schulen in zu erarbeitende Stadtteilkonzepte und -projekte eingebunden werden (PROJEKTGRUPPE RAHMENSTRATEGIE SOZIALE STADTENTWICKLUNG 2009). Weitere Impulse bieten das Berliner Integrationskonzept „Vielfalt fördern – Zusammenhalt stärken" (SENATSVERWALTUNG FÜR INTEGRATION, ARBEIT UND SOZIALES 2007) und das Konzept der Sozialraumorientierung in der Berliner Jugendhilfe (vgl. BRÜNJES 2006). Ressortübergreifende Kooperationen können zielgruppenübergreifend den Prozess der Inklusion im Land Berlin befördern. Menschen mit Behinderung werden in den genannten Konzepten nur vereinzelt am Rande erwähnt, sind aber im inklusiven Ansatz immer mitgedacht.

12 Perspektiven

Das Zukunftsprojekt Inklusion ist eine gesamtgesellschaftliche Aufgabe, die das Zusammenwirken aller Akteure erfordert: Menschen mit Behinderung und ihre Angehörigen und Freunde, engagierte Bürger/innen, Selbstvertretungsorganisationen, Vereine und Initiativen, die Leistungserbringer und Leistungsträger sowie Verantwortungsträger in der Kommune, in Politik, Wohnungswirtschaft und Stadtentwicklung. Unter der Prämisse „das Gemeinwesen mitdenken" müssen die Erfahrungen und das Wissen aus unterschiedlichen Bereichen in Praxis, Verwaltung und Theorie miteinander verzahnt und wirksam werden. Nur so kann eine tragfähige Basis für einen gelingenden Alltag von Menschen mit Behinderung inmitten der Gesellschaft entstehen.

Die Ergebnisse der KUNDENSTUDIE geben Impulse, wie die Stadt – als lernendes System – sich dem Ziel einer inklusiven Stadt annähern kann, einer Stadt, in der sich alle Menschen willkommen fühlen, in der Verschiedenheit wertgeschätzt und individuelle Interessen und Bedürfnisse beachtet werden, eine Stadt, in der die Bürgerrechte für jeden gesichert sind, unabhängig vom Alter, vom Geschlecht, vom kulturellen Hintergrund oder einer Behinderung. Inklusion schließt niemanden aus. In diesem Zusammenhang ist dem Personenkreis der Menschen mit spezifischen Unterstützungsbedarfen besondere Aufmerksamkeit zu widmen. Das vorgelegte Strategiekonzept zur qualitativen Weiterentwicklung der Dienstleistungen im Bereich des Wohnens von Menschen mit geistiger und mehrfacher Behinderung ergänzt die Arbeit der „Ressortübergreifenden AG UN-Behindertenkonvention", die im Juli 2009 auf Initiative der Senatsverwaltung für Integration, Arbeit und Soziales eingerichtet wurde. Aufgabe der Arbeitsgruppe ist die Ermittlung eines konkreten Umsetzungs- und Handlungsbedarfs im Land Berlin unter Beteiligung aller Senatsressorts und von Vertreterinnen und Vertretern der Menschen mit Behinderung. Die Ergebnisse zu erforderlichen Änderungen bei Gesetzen und Regelungen sind Gegenstand des Berichts des Senats über die Umsetzung der UN-Konvention (Drs. 16/2109) an das Abgeordnetenhaus, der Ende März 2010 vorgelegt werden sollte. Um der im Rahmen der KUNDENSTUDIE erarbeiteten Inklusionsstrategie eine politische Basis zu geben, sollten zentrale Erkenntnisse in die zu erwartenden Gesetzesänderungen und Ausführungsvorschriften einfließen. Nur so können die dargestellten Ansätze zur Verbesserung der Teilhabe von Menschen mit geistiger und mehrfacher Behinderung nachhaltige Wirkung entfalten.

II Ausgangslage und Entwicklungen im Berichtszeitraum

In der Behindertenhilfe haben sich in den vergangenen Jahren Entwicklungen vollzogen, die grundlegende Auswirkungen auf die Wohn- und Lebenssituation sowie die Lebensperspektiven von Menschen mit geistiger und mehrfacher Behinderung haben bzw. haben werden. Leitbild ist ein inkludierendes Gemeinwesen, in dem sich alle Menschen willkommen fühlen, in dem Verschiedenheit wertgeschätzt und individuelle Interessen und Bedürfnisse beachtet werden, in dem die Bürgerrechte für jeden gesichert sind, unabhängig vom Alter, vom Geschlecht, vom kulturellen Hintergrund oder von der Art und vom Ausmaß einer Behinderung. Motor der Entwicklungen sind

- Forderungen von Menschen mit Behinderung für ein selbstbestimmtes Leben inmitten der Gesellschaft,
- das Engagement von Angehörigenverbänden und -initiativen für eine inkludierende Gesellschaft,
- fachliche Impulse aus dem westlichen Ausland zu Wohnkonzepten (Supported Living), Verfahren der Hilfeplanung (Person-centered Planning) und gemeinwesenorientierten Ansätzen (Community Care, Community Living) sowie zur Stärkung der Selbstvertretung von Menschen mit Lernschwierigkeiten (People First / Mensch zuerst),
- die Gleichstellungsgesetze des Bundes und der Länder und das Allgemeine Gleichbehandlungsgesetz,
- die im SGB IX verankerten Zielperspektiven Selbstbestimmung und Teilhabe am Leben in der Gesellschaft,
- Vereinbarungen auf europäischer und internationaler Ebene, die Einfluss auf die Gesetzgebung und die Behindertenpolitik der beteiligten Länder haben, insbesondere die UN-Behindertenrechtskonvention.

1 Leitorientierung der Behindertenhilfe

Seit Mitte der 1990er Jahre wurde in der deutschen Behindertenhilfe ein *Paradigmenwechsel* vollzogen, der mit einer grundlegenden Veränderung der Sichtweisen auf Menschen mit Behinderung verknüpft ist: Sie sind nicht länger Objekt wohlwollender Fürsorge, sondern Akteure im Kontext ihrer Lebensplanung und Alltagsgestaltung. Sie sind nicht mehr Empfänger von Hilfen sondern Nutzer von Dienstleistungen – mit Anspruch auf eine Qualität, die fachlichen Standards entspricht. Sie sind Bürgerinnen und Bürger unserer Gesellschaft – mit dem Recht auf Teilhabe. Vor diesem Hintergrund hat bei der Weiterentwicklung des Hilfesystems die *Einbeziehung der Menschen mit Behinderung* zentrale Bedeutung:

> „Qualität muss von der einzelnen Person erlebt und mitgestaltet werden können. Wir haben kein Recht, für die Betroffenen zu definieren, was für sie gut und qualitätsvoll ist. Dieses Handeln birgt die Gefahr der Bevormundung, der fürsorglichen Belagerung. Notwendig ist eine Perspektive, die Lebenssouveränität fördert – also eine Empowerment-Perspektive – und die ist ohne weitestgehende Einbeziehung der Betroffenen nicht vorstellbar." (KEUPP 2000, 15)

Die Veränderung der Sichtweisen entspricht den langjährigen Forderungen der *Selbsthilfeverbände* von Menschen mit Behinderung. Exemplarisch seien die „Interessenvertretung Selbstbestimmt Leben – ISL e. V." und „Mensch zuerst – Netzwerk People First Deutschland e. V." genannt. Auch Angehörigenverbände und -initiativen engagieren sich bundesweit für das selbstbestimmte Leben von Menschen mit Behinderung inmitten der Gesellschaft.

Im Jahr 2001 hat der Paradigmenwechsel im *SGB IX* (2001) seinen Niederschlag gefunden. Die Zielsetzungen *„Selbstbestimmung und gleichberechtigte Teilhabe am Leben in der Gesellschaft"* (§ 1 SGB IX) markieren einen Perspektivenwechsel vom institutionsorientierten Hilfesystem zur personzentrierten Hilfeplanung, die die Bedürfnisse und Interessen des behinderten Menschen und sein Eingebundensein in die Gemeinde in den Mittelpunkt stellt. Als wesentliches Instrument zur Realisierung personzentrierter Leistungen wurde das Persönliche Budget als neue Leistungsform verankert, das auch trägerübergreifend erbracht werden kann. Seit 2008 besteht ein Rechtsanspruch auf die Inanspruchnahme eines Persönlichen Budgets; die zur Umsetzung erforderlichen Dienste (z. B. Assistenzdienste in den Bereichen Wohnen, Arbeit, Freizeit, Kultur und Bildung, ambulante medizinisch-pflegerische, psychosoziale und therapeutische Dienste, unabhängige Beratungs- und Vermittlungsangebote sowie Krisendienste) sind in vielen Regionen erst unzureichend entwickelt.

Mit Inkrafttreten des SGB IX hat zugleich der mehrdimensionale *Behinderungsbegriff* des bio-psycho-sozialen Modells der WHO (ICF[1]) Eingang in das Sozialrecht gefunden. Behinderung wird nicht länger allein als persönliches Merkmal sondern als „Beeinträchtigung der Teilhabe" definiert:

> „Menschen sind behindert, wenn ihre körperliche Funktion, geistige Fähigkeit oder seelische Gesundheit mit hoher Wahrscheinlichkeit länger als sechs Monate von dem für das Lebensalter typischen Zustand abweichen und daher ihre Teilhabe am Leben in der Gesellschaft beeinträchtigt ist. Sie sind von Behinderung bedroht, wenn die Beeinträchtigung zu erwarten ist." (§ 2 SGB IX)

Anzumerken ist, dass – trotz des Bezugs zur ICF – im Behinderungsbegriff des SGB IX weiterhin ein Kausalzusammenhang zwischen der Funktionseinschränkung des Individuums und seiner gesellschaftlichen Teilhabe konstatiert wird. Die WHO stellt dem gegenüber die *Wechselwirkung* zwischen persönlichen Faktoren und den jeweils gegebenen sozialen und ökologischen Kontextfaktoren in den Vordergrund. Eine negative Wechselwirkung kann zu Einschränkungen der Teilhabe, konkret: des Einbezogenseins in Lebenssituationen bzw. Lebensbereiche, führen.

Daraus leitet sich als *Auftrag der Behindertenhilfe* ab, Beeinträchtigungen aufzuheben und Teilhabe zu stärken. Mit dieser Aufgabenstellung rücken Strukturen und Prozesse im sozialen Umfeld und im Gemeinwesen in den Blick, die die Teilhabechancen stärken oder hemmen können. Trotz des grundsätzlichen Anrechts auf Teilhabe erweist sich Behinderung nach wie vor als Risikofaktor für Ausgrenzung. Indikatoren dafür sind z. B. eingeschränkte soziale Kontakte, Diskriminierungserfahrungen, geringere Chancen im Bildungssystem, erschwerte Zugänge zu Information und Kommunikation, zu Dienstleistungen und zum allgemeinen Arbeitsmarkt (vgl. WANSING 2005).

Das Ziel des selbstbestimmten Wohnens wird durch den bundesweiten Trend zur „Ambulantisierung" unterstützt. Damit wird der bereits seit 1984 im Bundessozialgesetz verankerte Grundsatz des Vorrangs ambulanter Hilfen umgesetzt, der in den 1990er Jahren unter Mehrkostenvorbehalt gestellt und 2005 ins SGB XII aufgenommen wurde – mit der Maßgabe, dass der Vorrang ambulanter Hilfen nicht gilt, „wenn eine Leistung für eine geeignete stationäre Einrichtung zumutbar und eine ambulante Leistung mit unverhältnismäßigen Mehrkosten verbunden ist" (§ 13 SGB XII). In der Konsequenz sind Menschen mit geistiger Behinderung und hohem Hilfebedarf weiterhin auf stationäre Einrichtungen verwiesen – von wenigen Ausnahmen abgesehen, in denen von diesem Personenkreis ein trägerübergreifendes Persönliches Budget in Anspruch genommen wird. Diese Einschränkung unterscheidet die Situation in Deutschland deutlich vom anglo-amerikanischen Konzept „Supported Living", das für alle behinderten Menschen unabhängig von Art und Umfang des Hilfebedarfs ambulante Unterstützungsleistungen vorsieht (vgl. LINDMEIER & LINDMEIER 2001).

Zielperspektive Inklusion

Programmatische Bedeutung für die Weiterentwicklung der Behindertenhilfe hat das *„Übereinkommen der Vereinten Nationen über die Rechte von Menschen mit Behinderungen"* (Behindertenrechtskonvention – BRK), das seit dem 26. März 2009 in Deutschland verbindliche Grundlage für das nationale Recht ist. Das auf den Menschenrechten basierende Übereinkommen beschreibt Eckpunkte einer inklusiven Gesellschaft, in der Menschen mit Behinderung als gleichberechtigte Bürger/innen das Recht auf eine selbstbestimmte Teilhabe am Leben in der Gesellschaft haben. Ziel ist die *vollständige und wirksame gesellschaftliche Partizipation und Inklusion* (Art. 3 BRK; „full and effective participation and inclusion in society"). Selbstbestimmung und das Eingebundensein in soziale Bezüge sind im Verständnis der Konvention untrennbar miteinander verwoben.

Im Kontext der Fragestellung der KUNDENSTUDIE ist vor allem Art. 19 BRK von Bedeutung, nach dem bezüglich der Wohnform das Wunsch- und Wahlrecht zu gewährleisten ist. Zugleich wird auf die Ressourcen des Gemeinwesens verwiesen, z. B. Dienstleistungen und Einrichtungen für die Allgemeinheit, die i. S. der Zielperspektive Inklusion zu nutzen oder den Bedürfnissen behinderter Menschen entsprechend zu gestalten sind.

---

1 Internationale Klassifikation der Funktionsfähigkeit, Behinderung und Gesundheit der WHO (http://www.dimdi.de)

Übereinkommen der Vereinten Nationen über die Rechte von Menschen mit Behinderungen
Artikel 19: Unabhängige Lebensführung und Einbeziehung in die Gemeinschaft (community)

Die Vertragsstaaten dieses Übereinkommens anerkennen das gleiche Recht aller Menschen mit Behinderungen, mit gleichen Wahlmöglichkeiten wie andere Menschen in der Gemeinschaft zu leben, und treffen wirksame und geeignete Maßnahmen, um Menschen mit Behinderungen den vollen Genuss dieses Rechts und ihre volle Einbeziehung in die Gemeinschaft (inclusion) und Teilhabe an der Gemeinschaft (participation) zu erleichtern, indem sie unter anderem gewährleisten, dass

- a *Menschen mit Behinderungen gleichberechtigt die Möglichkeit haben, ihren Aufenthaltsort zu wählen und zu entscheiden, wo und mit wem sie leben, und nicht verpflichtet sind, in besonderen Wohnformen zu leben;*
- b) *Menschen mit Behinderungen Zugang zu einer Reihe von gemeindenahen Unterstützungsdiensten zu Hause und in Einrichtungen sowie zu sonstigen gemeindenahen Unterstützungsdiensten haben, einschließlich der persönlichen Assistenz, die zur Unterstützung des Lebens in der Gemeinschaft und der Einbeziehung in die Gemeinschaft sowie zur Verhinderung von Isolation und Absonderung von der Gemeinschaft notwendig ist;*
- c) *gemeindenahe Dienstleistungen und Einrichtungen für die Allgemeinheit Menschen mit Behinderungen auf der Grundlage der Gleichberechtigung zur Verfügung stehen und ihren Bedürfnissen Rechnung tragen.*

Die Vorgaben der UN-Behindertenrechtskonvention stellen die Behindertenhilfe vor erhebliche Herausforderungen. Nach wie vor ist das *Hilfesystem*, insbesondere für Menschen mit geistiger Behinderung, im Wesentlichen ein Sondersystem, in dem *stationäre Einrichtungen* dominieren. Im Laufe des Jahres 2007 wurden bundesweit 175.752 Menschen mit Behinderung in Heimen betreut (alle Bundesländer ohne Bremen); das sind zwei Drittel der Empfänger von Hilfen zum selbstbestimmten Leben in betreuten Wohnmöglichkeiten.[2] Nach Angabe des Ersten Heimberichts des Bundesministeriums für Familie, Senioren, Frauen und Jugend gab es im Jahr 2003 im gesamten Bundesgebiet 5.100 Heime für behinderte Menschen, 60 % davon sind Einrichtungen für Menschen mit geistiger Behinderung (BMFSJ 2006, 230). Daneben sind in mehreren Bundesländern spezielle Pflegeeinrichtungen für behinderte Menschen entstanden, z. B. in Westfalen-Lippe:

> „Im Zuständigkeitsbereich z. B. des Landschaftsverbandes Westfalen-Lippe entstanden bisher 31 Pflegeeinrichtungen bzw. Pflegeabteilungen mit insgesamt 1.873 Plätzen mit Versorgungsvertrag für pflegebedürftige behinderte Menschen. Dabei wurden in der Regel Teilbereiche der Behinderteneinrichtungen, in denen faktisch die Pflege im Vordergrund stand, als Pflegeeinrichtung zugelassen. Denkbar für die Zukunft sind auch besondere Abteilungen, die an zugelassenen Pflegeeinrichtungen angegliedert sind.“ (BMFSFJ 2006, 233)

Die Autoren des Heimberichts gehen davon aus, dass die Zahl behinderter Menschen in stationären Einrichtungen der Behindertenhilfe bundesweit deutlich zunehmen wird. Die Prognose stützt sich auf das frühere Eintrittsalter in Heime und die höhere Lebenserwartung von Menschen mit Behinderung, auf das Ungleichverhältnis zwischen Zu- und Abgängen (bei einem Durchschnittsalter von ca. 40 Jahren verlassen weniger Menschen die Einrichtung als Plätze für Neuaufnahmen benötigt werden) und auf die generelle Zunahme von Menschen mit Behinderung, insbesondere Menschen mit psychischen Erkrankungen und schwerst mehrfach behinderte Menschen unter 30 Jahren.

Ambulant betreutes Wohnen inmitten der Gemeinde ist für Menschen mit geistiger Behinderung in den meisten Bundesländern noch unterentwickelt. Im Laufe des Jahres 2007 erhielten 10.654 behinderte Menschen ambulante Betreuung in Wohngemeinschaften und 81.961 in einer eigenen Wohnung (alle Bundesländer ohne Bremen).[3] Nach Angaben des Berlin-Instituts für Bevölkerung und Entwicklung (BERLIN-INSTITUT 2009b) ist der Ausbau des ambulant betreuten Wohnens mit rund 12 % in Sachsen-Anhalt am geringsten vorangeschritten, Berlin steht mit über 50 % an oberster Stelle; bundesweit wird von einem Durchschnittswert von rund 30 % ausgegangen. *Kommunale Dienstleistungen und Einrichtungen* sind in der Regel nur unzureichend auf den Personenkreis eingestellt.

2 Statistisches Bundesamt (2009): Statistik der Sozialhilfe – Eingliederungshilfe für behinderte Menschen 2007

3 Statistisches Bundesamt (2009): Statistik der Sozialhilfe – Eingliederungshilfe für behinderte Menschen 2007

Gesellschaftliche Tendenzen

Trotz der zu erwartenden Umsetzungsschwierigkeiten ist die Behindertenrechtskonvention der Vereinten Nationen ein Meilenstein, hinter den es kein Zurück mehr gibt: Inklusion ist Menschenrecht. Das Signal fällt allerdings in eine Zeit, in der eine Neuorientierung auf *ökonomisch bedingte Gegenkräfte* stößt, die die Hoffnung auf grundlegende Änderungen in der Behindertenhilfe dämpfen (vgl. DAHME & WOHLFAHRT 2009). Im Jahr 2008 sind die Sozialhilfeausgaben bundesweit um 5 % gestiegen; mehr als die Hälfte der Ausgaben entfiel – wegen steigender Fallzahlen – auf die Eingliederungshilfe für Menschen mit Behinderung. Weitere Steigerungen sind aufgrund der demografischen Entwicklung zu erwarten.

Die Kostenexplosion im Sozialbereich ist eingebettet in *krisenhafte Entwicklungen* im Bereich der öffentlichen Haushalte, des Arbeitsmarkts, des Wohlfahrtsstaats und des gesellschaftlichen Zusammenhalts. Die Lebensumstände vieler Menschen haben sich drastisch verschlechtert. Soziale Ungleichheiten erscheinen verschärft, Exklusionsrisiken nehmen zu – nicht nur für sogenannte Randgruppen. Sie finden ihren Ausdruck in einer Veränderung der Mentalitäten gegenüber schwächeren Bevölkerungsgruppen und im Schwinden von Solidarität. So hat z. B. eine Untersuchung von HEITMEYER & ENDRIKAT im Jahr 2007 ergeben, dass etwa ein Drittel der Deutschen tendenziell der Aussage zustimmte, dass sich eine Gesellschaft wenig nützliche Menschen nicht leisten könne; etwa ein Viertel stimmte der Aussage zu, dass moralisches Verhalten ein Luxus sei, den wir uns nicht mehr leisten können (vgl. HEITMEYER & ENDRIKAT 2008, 62). *Ökonomistische Einstellungen* wie die genannten beziehen sich primär auf Langzeitarbeitslose und Obdachlose, schließen aber in Teilbereichen auch Menschen mit Behinderung sowie Migrantinnen und Migranten mit ein:

> „Vorurteile und Ressentiments dürften vor allem gegenüber Geistigbehinderten existieren. Wenn diese Menschen arbeiten, dann häufig in Behindertenwerkstätten – und damit außerhalb der marktwirtschaftlichen Konkurrenz. Zudem erzeugen sie oft Kosten für die Solidargemeinschaft, da sie einer besonderen Versorgung bedürfen. Schließlich können in diesem Kontext auch Migranten zu Objekten der Abwertung werden, etwa wenn sie aufgrund ihrer oft niedrigen schulischen und beruflichen Qualifikation als Belastung für das soziale Netz angesehen werden." (HEITMEYER & ENDRIKAT 2008, 68)

Die gesellschaftlichen Entwicklungen stehen in krassem Gegensatz zu den Vorstellungen einer inklusiven Gesellschaft, die keinen ausschließt. Vor diesem Hintergrund erscheint es zwingend, auch innerhalb der Behindertenhilfe nach Wegen zu suchen, die unter den gegebenen Bedingungen *Inklusionsprozesse* anregen können. Dabei ist immer mitzudenken, dass eine Stadt nicht allein durch Veränderung der Strukturen zur „inklusiven Stadt" wird. In gleicher Weise bedeutsam ist die soziale Dimension, die die Qualität des Zusammenlebens bedingt. Das bedeutet für die Behindertenhilfe, stärker als bisher zielgruppenübergreifend den Sozialraum in den Blick zu nehmen und sich gemeinsam mit lokalen Akteuren für eine Verbesserung des sozialen Zusammenhalts und der Lebensbedingungen vor Ort zu engagieren – unter Einbeziehung der Belange von Menschen mit schweren Behinderungen, die nicht für sich selbst sprechen können:

> „Die Personengruppe der schwerbehinderten Menschen gibt (…) den Prüfstein dafür ab, in wie weit sich sozial- und behindertenpolitische Akteure von Marktzwängen frei machen und eine Wohlfahrtsstaatlichkeit entwickeln können, in der soziale Staatsbürgerrechte selbstverständlich auch denjenigen gewährt werden, denen der Verkauf ihrer Arbeitskraft nicht mehr möglich oder noch nie möglich war – und zwar ohne den Preis von Diskriminierung und gesellschaftlicher Isolation. An dieser Stelle erweist sich die Politik als widerständig und als Herausforderung für die gesamte Sozialstaatsdebatte." (WALDSCHMIDT 2007, 73)

2 Novellierung der Eingliederungshilfe

Vor dem Hintergrund der Engpässe bei der Finanzierung der Leistungen für Menschen mit Behinderung und der veränderten fachlichen Ansprüche an das Hilfesystem werden in den letzten Jahren auf unterschiedlichen Ebenen notwendige Weiterentwicklungen der Eingliederungshilfe diskutiert (vgl. SCHÄDLER & ROHRMANN 2009). Im Mittelpunkt steht eine Neuausrichtung der Hilfestrukturen, vor allem die Abkehr von der Trennung der Leistungsangebote nach ambulant und stationär und die Hinwendung zu personzentrierten Unterstützungsarrangements (vgl. u. a.

DEUTSCHER LANDKREISTAG 2007, DEUTSCHER VEREIN 2007, ARBEITS- UND SOZIALMINISTERKONFERENZ – ASMK 2009, Gemeinsames Positionspapier der Bundesbehindertenbeauftragten und verschiedener Behindertenorganisationen zu den Vorschlägen der ASMK 2008[4]).

Für die künftige Entwicklung in den Bundesländern sind die *„Eckpunkte für ein Reformgesetz zur Weiterentwicklung der Eingliederungshilfe im SGB XII“*, die am 25./26. November 2009 auf der 86. Arbeits- und Sozialministerkonferenz (ASMK) beschlossen wurden, von besonderer Bedeutung. Als vordringlich zu behandelnde Schwerpunkte einer Novellierung des Leistungsrechts werden die Entwicklung bundesweit einheitlicher und auf Partizipation beruhender Verfahren der Bedarfsermittlung und des Teilhabemanagements, die Trennung der Leistungen zum Lebensunterhalt einschließlich Wohnen von den Fachleistungen der Eingliederungshilfe, die Förderung des (trägerübergreifenden) Persönlichen Budgets und die Teilhabe am Arbeitsleben auf dem allgemeinen Arbeitsmarkt sowie die Abgrenzung der Eingliederungshilfe zu Leistungen der Pflegeversicherung und zur Hilfe zur Pflege genannt.

Angestrebt werden *personzentrierte Teilhabeleistungen* unter Beachtung des Selbstbestimmungsrechts des behinderten Menschen und ein *durchlässiges und flexibles Hilfesystem*, das den individuellen Bedarfen entsprechend genutzt werden kann. Ausdrücklich wird betont, dass für Menschen mit hohem Unterstützungsbedarf komplexe Leistungen gesichert sein müssen. Ein *nationaler Aktionsplan* zur Umsetzung der Behindertenrechtskonvention soll mit den verschiedenen Strategien der Länder und Kommunen verzahnt werden und alle Handlungsebenen und -akteure einbeziehen, einschließlich der Zivilgesellschaft:

> „Diese umfassende Neuausrichtung bedarf der Zusammenarbeit aller Handlungsebenen – national, regional, kommunal – sowie der professionellen und zivilgesellschaftlichen Akteure, insbesondere der betroffenen Menschen mit Behinderungen selbst.“ (ASMK 2009, 1)

Mit Blick auf die Fragestellung der KUNDENSTUDIE ist der Abschnitt *„Förderung individueller Wohnformen und inklusiver Sozialraum“* von besonderem Interesse:

> „Die Neuausrichtung der Eingliederungshilfe muss durch den Aus- und Aufbau sozialräumlicher Unterstützungsstrukturen begleitet werden. Wesentliche Elemente des Sozialraums sind die Barrierefreiheit, ehrenamtliche Strukturen, „Hilfe-Mix-Strukturen“, wohnortnahe Begegnungs- und Beratungsstrukturen, eine Vielfalt an Wohnformen, Fachdienste zur Sicherstellung der Versorgung und zur Erbringung der fachlichen Leistungen sowie Netzwerkstrukturen. Familiäre Strukturen sind zu unterstützen. Um bedarfsgerechte Leistungen erbringen zu können, ist eine Kooperation der Leistungsträger und -anbieter unabdingbar. Zur Realisierung eines inklusiven Sozialraums sind auch Regelungen in den Ländern erforderlich. Der schon bestehende Prozess zur Schaffung eines inklusiven Sozialraums – auch im Rahmen der Daseinsvorsorge – wird zügig fortgesetzt, damit so schnell wie möglich ausreichende Grundstrukturen vorhanden sind.“ (ASMK 2009, 5f.)

DAHME & WOHLFAHRT (2009) verweisen darauf, dass angesichts der öffentlichen Finanzlage gegenüber dem raschen Aufgreifen der Botschaft der UN-Behindertenrechtskonvention durch Politik und Verwaltung Vorsicht geboten sei:

> „Die Interessenvertretungen von Menschen mit Behinderung stehen auf jeden Fall vor der Aufgabe, die strategische Orientierung auf eine inklusive Behindertenhilfe auf ihre materiellen Konsequenzen hin zu prüfen und Versorgungsdefizite sichtbar zu machen. In einer Zeit, in der die Kommunen ihre Aufgaben der Daseinsvorsorge nur eingeschränkt wahrnehmen können, ist in Sachen Kommunalisierung auf jeden Fall Vorsicht geboten. Der gerade in Angriff genommene Umbau der Behindertenhilfe verdankt sich jedenfalls nicht der plötzlichen Wahrnehmung ihrer Exklusion durch die bestehenden Hilfeformen, sondern dem Zweifel an der zukünftigen Finanzierbarkeit der Hilfen. Das sollte die Euphorie der gegenwärtigen Diskussion ein wenig bremsen.“ (DAHME & WOHLFAHRT 2009, 170)

Die Autoren fordern Träger und Einrichtungen im Sozialsektor und ihre Verbände auf, sich mit Blick auf die organisatorischen Strukturen, die sozialpolitische Positionierung und das Lobbying neu aufzustellen, ihre *Anwaltsfunktion* stärker wahrzunehmen und Strategien zu entwickeln, die die Klienten zur Artikulation und politischen Durchsetzung ihrer Interessen zu befähigen.

Im Zusammenhang mit der in Aussicht genommenen Reform der Eingliederungshilfe ist auch die *Neufassung des Pflegebedürftigkeitbegriffs in der sozialen Pflegeversicherung* von Bedeu-

4 http://www.behindertenbeauftragter.de

tung. Das vom Institut für Pflegewissenschaften (IPW) an der Universität Bielefeld entwickelte neue Begutachtungsassessment (NBA) zur Feststellung der Pflegebedürftigkeit ist ein Meilenstein auf dem Weg zu einer differenzierteren Betrachtung der Lebenslage von Menschen, die von pflegerischer Unterstützung abhängig sind (vgl. WINGENFELD et al. 2008). Es bündelt wesentliche Aspekte aus national und international anerkannten Pflegemodellen und Assessment-Instrumenten in differenziert strukturierten Modulen, die auch die Lebenswelt und Kontextfaktoren sowie den Aspekt der Teilhabe in den Blick nehmen, und weitet damit die bislang übliche eng verrichtungsorientierte Praxis der Begutachtung aus. Dabei ergeben sich viele Schnittstellen zu Handlungsfeldern der Eingliederungshilfe, aber auch grundlegende Unterschiede, z. B. in den Bezugspunkten für die professionelle Arbeit, die Auswirkung auf die Teilhabechancen von Menschen mit Behinderung haben.

Es ist abzusehen, dass eine einseitige Ausrichtung der Betreuung und Begleitung des behinderten Menschen auf der Basis des erweiterten Pflegebedürftigkeitsbegriffs die Teilhabechancen beeinträchtigt. Pädagogische Zielsetzungen bleiben unberücksichtigt, z. B. die Förderung von Bildung, Autonomie, Selbstbestimmung und Empowerment. Kompensatorische Hilfen überwiegen. Erforderlich ist ein einheitliches partizipativ angelegtes Begutachtungsinstrument zur Feststellung des teilhabebezogenen Unterstützungsbedarfs auf der Basis der Kategorien des Teilhabekonzepts der ICF. Bei der Entwicklung eines solchen Instruments ist die Abgrenzung zwischen Teilhabe und Pflege fachwissenschaftlich zu diskutieren mit dem Ziel, die Eigenständigkeit der Eingliederungshilfe im Verhältnis zur Pflege zu fundieren und leistungsrechtlich handhabbar zu machen. Integraler Bestandteil dieses Instruments sollte eine differenzierte Darstellung von umwelt- und personbezogenen Kontextfaktoren sein, die Ansatzpunkte für die zur Stärkung der Teilhabe zu gewährenden Hilfen aufzeigen.

3 Wohnbezogene Angebote für Menschen mit Behinderung in Berlin

Im Land Berlin bieten die strukturellen Bedingungen eines Stadtstaats gute Voraussetzungen zur Umsetzung der Zielperspektiven Selbstbestimmung und Teilhabe am Leben in der Gesellschaft: Die wohnbezogenen Angebote für Menschen mit Behinderung sind im städtischen Raum integriert, teils in innerstädtischen Bereichen, teils in Randgebieten, mit unterschiedlich gut ausgebauter Infrastruktur und unterschiedlich realisierter Barrierefreiheit im öffentlichen Nahverkehr, im Stadtgebiet und in Gebäuden.

Das System der Wohnversorgung für Menschen mit geistiger und mehrfacher Behinderung zeichnet sich aus durch einen *kontinuierlichen quantitativen Ausbau* der Angebote, einen vergleichsweise *großen Anteil an ambulant unterstützten Wohnformen* und einen *hohen Grad an Differenzierung*, der auch spezifischen Hilfebedarfen Rechnung trägt. Die Trägerpluralität bietet Chancen für Vielfalt und Flexibilität bei der Gestaltung der Angebote. Seit 1997 gibt es die *Beratungs- und Vermittlungsstelle LOTSE BERLIN*, die in Zusammenarbeit mit den Berliner Anbietern von Einrichtungen und Diensten der Behindertenhilfe Menschen mit Behinderung dabei unterstützt, eine den individuellen Bedürfnissen entsprechende Wohnmöglichkeit zu finden. In jährlichen Sachberichten werden Schwerpunkte der Arbeit dargestellt und Lücken im Versorgungssystem aufgezeigt, die bei der Weiterentwicklung der Angebote berücksichtigt werden sollten.

Aufgrund der seit Jahren auch in Berlin kontinuierlich steigenden Ausgaben für die Eingliederungshilfe wurde im Jahr 2006 in allen Bezirken das *Fallmanagement* eingeführt. Es stärkt die Rolle des Sozialamts als fach- und finanzverantwortlichem Leistungs- und Rehabilitationsträger im Prozess der Leistungs- und Ausgabensteuerung unter besonderer Berücksichtigung der Effizienz und Effektivität der Leistungen der Eingliederungshilfe. An die Stelle der herkömmlichen Sachbearbeitung in Form von Kostenübernahmen nach Aktenlage ist der Dialog mit dem Leistungsberechtigten getreten, in dem die individuellen Wünsche und Interessen ermittelt werden sollen.

> „Das Fallmanagement in der Eingliederungshilfe zielt auf einen Kulturwandel und Paradigmenwechsel hinsichtlich der Rolle des Sozialhilfesachbearbeiters ab, die in der bisherigen Praxis häufig auf die Realisierung der von anderen am Geschäftsprozess beteiligten Akteuren vorbereiteten Entscheidungen im Rahmen der Bescheiderteilung, Kostenübernahme und Zahlbarmachung „*reduziert*" war." (Handbuch für Fallmanager/innen nach SGB XII 2006, 21)

Die Entscheidungskompetenz über die Bewilligung von Maßnahmen liegt beim Fallmanager bzw. bei der Fallmanagerin. Sie sind angehalten, eine „Balance zwischen der maßgeschneiderten Leistungsgewährung für den Menschen mit Behinderung und der Steuerung der Transferausgaben" herzustellen, unter Beachtung von Einsparvorgaben, die sich an den durchschnittlichen personbezogenen Ausgaben der Eingliederungshilfe orientieren. Die Fallmanager/innen haben somit eine Schlüsselfunktion hinsichtlich der Unterstützungsleistungen zur Realisierung der Teilhabe von Menschen mit geistiger Behinderung.

3.1 Entwicklung und aktueller Stand

Die Wohnangebote für Menschen mit geistiger Behinderung haben im Land Berlin in den vergangenen 30 Jahren eine bemerkenswerte Entwicklung genommen. Nachdem in den 1980er Jahren erste Berichte zur Wohnsituation von Menschen mit Behinderung und den Entwicklungsbedarf im damaligen Westberlin vorgelegt wurden[5], erfolgte Anfang der 1990er Jahre im Rahmen der *BERLIN-FORSCHUNG (1993)* erstmals für beide Teile der Stadt eine umfangreiche Bestandsaufnahme und Bedarfsschätzung im Bereich des Wohnens (SEIFERT 1993; SEIFERT 1994). Die an der Freien Universität durchgeführte Studie beschreibt die Unterschiede der Versorgungsstrukturen im West- und Ostteil der Stadt nach der Wiedervereinigung. Im *westlichen Teil der Stadt* war seit der politischen Beschlussfassung von 1978 mit dem Ziel der Normalisierung der Lebensbedingungen ein differenziertes, den jeweiligen Bedürfnissen entsprechendes Wohnangebot entstanden. Es gab Heime unterschiedlicher Art und Größe: vom Vollzeitheim über Wohnheime mit externen Tagesangeboten bis zum Kleinstheim sowie Kurzzeitheime zur Entlastung der Familien. Daneben bestand schon damals ein im Vergleich zum übrigen Bundesgebiet großes Angebot für ambulant betreutes Wohnen: Wohngemeinschaften, Einzel- und Paarwohnen, auch Wohnen für geistig behinderte Eltern mit Kind. Das Wohnangebot reichte jedoch nicht aus, vor allem für Menschen mit schweren Behinderungen fehlten geeignete Wohnmöglichkeiten. Fast 10 % der Menschen mit geistiger Behinderung waren zum damaligen Zeitpunkt in Kliniken und Pflegeheimen fehlplatziert (365 Personen), trotz der Enthospitalisierungsbemühungen in den 1980er Jahren. Viele Erwachsene mit schweren Behinderungen lebten noch in ihren Familien, die z. T. schon seit Jahrzehnten die Betreuung leisteten und der Aufgabe nicht auf Dauer gewachsen waren.

Im *östlichen Teil der Stadt* waren aufgrund der Magistratsbeschlüsse von 1986/87 in jedem Bezirk Stadtbezirkszentren für Rehabilitation eingerichtet worden, die für die medizinische, pädagogische und berufliche Rehabilitation der im Bezirk lebenden Menschen mit „Schädigungen" zuständig waren. Zum Angebot gehörten auch Heime für geschütztes Wohnen und Formen des betreuten Wohnens für selbstständigere Menschen mit Behinderung. Schwerer geistig und mehrfach behinderte Menschen fanden in den staatlichen Heimen keinen Platz. Nur kirchliche Einrichtungen nahmen auch diesen Personenkreis auf. Ein großer Teil der schwer behinderten Menschen wurde als sogenannte „Komplexgeschädigte" bzw. „nicht förderungsfähige Pflegefälle" in Kinderkliniken, psychiatrischen Einrichtungen oder Alten- und Pflegeheimen untergebracht, wo sie über Jahre nur pflegerisch versorgt und kaum oder gar nicht gefördert wurden. Im Jahr 1991 lebten im Ostteil der Stadt 25 % der Menschen mit geistiger Behinderung in klinischen oder pflegerischen Einrichtungen (962 Personen).

➔ Im **Jahr 1991** wurden insgesamt 1.936 Menschen mit geistiger/körperlicher Behinderung in Berliner Heimen betreut, einschließlich der Heime für Kinder, Jugendliche und junge Erwachsene; 522 lebten in ambulant betreuten Wohnformen (vgl. SEIFERT 1993).

Der in der Bestandsaufnahme der BERLIN-FORSCHUNG prognostizierte Wohnplatzbedarf wurde Grundlage der Planungen des Berliner Senats (vgl. WOHNBERICHT 1994[6]). Unter Einbeziehung von Schätzwerten für den Personenkreis der Menschen mit körperlichen Behinderungen sollten bis zum Jahr 2000 insgesamt ca. 1.600 Wohnplätze für erwachsene Menschen mit geistigen

5 ABGEORDNETENHAUS VON BERLIN: Drucksache 9/2195 (1984); Drucksache 10/1853 (1987); Drucksache 10/2764 (1988)

6 ABGEORDNETENHAUS VON BERLIN (1994): Bericht über die Wohnversorgung erwachsener geistig und/oder körperlich behinderter Menschen in Berlin. Wohnbericht 1994. Drucksache 12/5076.

und/oder körperlichen Behinderungen geschaffen werden, davon 1.000 Plätze in Heimen und 600 Plätze in Wohngemeinschaften (WG).

Mehr als zehn Jahre später wurden im Rahmen der von Jochen HAMMERSCHICK durchgeführten *CON_SENS-STUDIE (2005)* eine weitere umfangreiche Bestandserhebung und eine Bedarfsprognose bis zum Jahr 2015 vorgenommen. Die Studie zeigte auf, dass die Zahl der Heimplätze in 2004 in etwa der Planung von 1994 entsprach. Dem gegenüber war der Bedarf an ambulant unterstützten Wohnformen ungefähr dreimal so hoch als Mitte der 1990er Jahre erwartet.

➔ Im **Jahr 2004** wurden insgesamt 3.435 Menschen mit geistiger/körperlicher Behinderung in Berliner Heimen betreut (davon 445 in Heimen für Kinder, Jugendliche und junge Erwachsene), 2.374 lebten in ambulant betreuten Wohnformen (vgl. HAMMERSCHICK 2005).

Die CON_SENS-STUDIE (HAMMERSCHICK 2005, 29) kommt zu dem Schluss, dass die Anzahl der behinderten Menschen im Wohnen aufgrund des in Berlin erforderlichen Bedarfs von 5.364 im Jahr 2004 auf über *rd. 7.190 behinderte Menschen im Jahr 2015* steigen wird.[7] Das entspricht einer jährlichen Steigerungsrate von 3 %. Grundlage der Prognosedaten zum Zuwachs in den Wohnformen für geistig behinderte Menschen im Zeitraum von 2005 bis 2015 waren einerseits die jährlichen Abgänge aus Schulen mit den sonderpädagogischen Förderschwerpunkten „Geistige Entwicklung“ und „Körperliche und motorische Entwicklung“ und Eckwerte des Jahres 2004 zu Zugängen und Abgängen in den einzelnen Altersgruppen sowie der jährlichen Verschiebung der „Bestandsfälle“ in die jeweils höhere Altersgruppe, unter Berücksichtigung der Einwohnerprognose des Statistischen Landesamtes Berlin.

Der in der CONS_SENS-STUDIE (HAMMERSCHICK 2005) aufgezeigte Trend setzt sich weiter fort:

➔ Im **Jahr 2009** lebten in Berlin 3.658 Menschen mit Behinderung in Heimen (davon 376 in Einrichtungen für Heranwachsende) und 3.930 Personen in ambulant unterstützten Wohnformen (SENATSVERWALTUNG FÜR INTEGRATION, ARBEIT UND SOZIALES 2009).

Der Überblick über die Entwicklung der Wohnangebote nach Veröffentlichung des letzten Berliner Behindertenberichts (2006) lässt erkennen, dass der *rasante Anstieg im Bereich des ambulant unterstützten Wohnens* vor allem auf die steigende Nachfrage im Betreuten Einzelwohnen (BEW) zurückzuführen ist (Abb. 1).

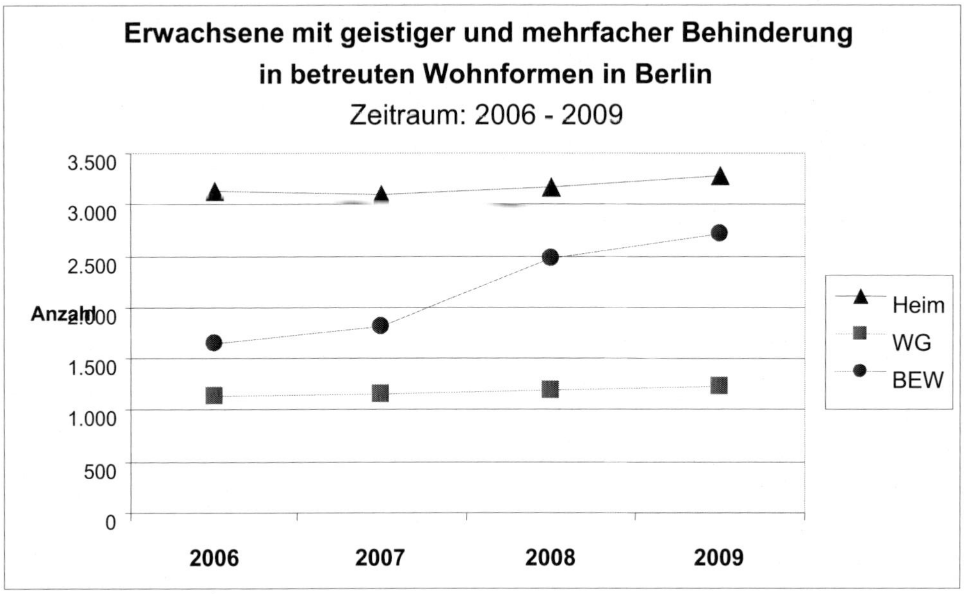

Abb. 1: Entwicklung des betreuten Wohnens in Berlin (2006–2009)

7 In diese Zahl sind rund 300 Personen einbezogen, um die sich größenordnungsmäßig die Zahl der auswärts Untergebrachten verringern würde, wenn der durch „Neufälle“ entstehende Bedarf in Berlin gedeckt werden könnte. Ansonsten reduziere sich der Bedarf in Berlin auf rund 6.890.

Während das Wohnen im Heim und in Wohngemeinschaften im Zeitraum 2006-2009 nur einen leichten Anstieg verzeichnet, stiegen die Zahlen im Betreuten Einzelwohnen um mehr als 1000.

Ursache für den starken Zuwachs im Betreuten Einzelwohnen ist das Zusammentreffen von *programmatischen Entwicklungen* im Bereich der Behindertenhilfe, die nach dem Vorbild im westlichen Ausland dem selbstbestimmten Wohnen Priorität einräumen, mit *neuen Rechtsgrundlagen*, die das selbstständige Wohnen unterstützen (z. B. seit 1995 die Soziale Pflegeversicherung – SGB XI, seit 2008 das Persönliche Budget – SGB XII in Verbindung mit SGB IX) und *ökonomisch bedingten sozialpolitischen Vorgaben*, die das bereits seit Jahrzehnten im BSHG (heute SGB XII) verankerte Prinzip „ambulant vor stationär" nunmehr zur Leitlinie der Leistungsträger deklariert haben, sowie *Veränderungen bei den nachfragenden Personengruppen* (Zunahme von Personen mit leichten intellektuellen Einschränkungen und psychischen bzw. sozialen Problemlagen). Heute zeichnet sich die Berliner Versorgungsstruktur *bundesweit durch den höchsten Anteil an ambulant unterstützten Wohnformen* aus (vgl. BERLIN-INSTITUT 2009b, 41).

Veränderungen der Angebotsstruktur für Erwachsene im Zeitraum 2007–2009

Tab. 1 ermöglicht eine differenzierte Betrachtung der quantitativen Entwicklung der *Wohnangebote* während der Projektlaufzeit der KUNDENSTUDIE (2007-2009). Demnach nahmen zum Stichtag 13.01.2009 insgesamt *7.212 Erwachsene* mit geistiger, körperlicher und mehrfacher Behinderung Wohnangebote der Behindertenhilfe in Anspruch. Damit ist der von CON_SENS (2009, 26) für 2015 prognostizierte Wohnplatzbedarf von rd. 7.200 Plätzen in allen Wohnformen bereits in 2009 erreicht. 3.282 Frauen und Männer lebten zum angegebenen Zeitpunkt in Heimen (104 Wohnheime, 43 Träger) und 1.224 in betreuten Wohngemeinschaften. 2.706 Personen wurden in eigenen Wohnungen ambulant betreut. Das *Verhältnis ambulant zu stationär* beträgt 54:46. Mit diesem Wert steht Berlin im Vergleich mit anderen Bundesländern an der Spitze. Für eine Kurzzeitunterbringung von behinderten Erwachsenen standen in 2009 sechs Herbergsplätze zur Verfügung; zwei Jahre zuvor lag die Platzzahl mit 28 Plätzen deutlich höher. Die Reduzierung kann sich nachteilig auf die Situation von Familien auswirken, die ihre erwachsenen Töchter und Söhne zu Hause betreuen und von Zeit zu Zeit der Entlastung bedürfen, insbesondere bei schwerer Behinderung des Angehörigen.

Eine Analyse der *Veränderungen im Erwachsenenbereich* zeigt, dass die Wohnplätze insgesamt im Zeitraum von 2007 bis 2009 um 1.162 Plätze zugenommen haben[8], das entspricht einer *Steigerung von 19 %* (durchschnittlich jährlich: 10 %). Der starke Anstieg ist durch die Zunahme im *ambulanten Bereich* von 33 % (968 Personen; p. a. 16 %) bedingt gegenüber 6 % im *stationären Bereich* (194 Personen; p. a. 3 %). Eine differenzierte Betrachtung der Zuwächse im ambulanten Bereich ergibt im *Betreuten Einzelwohnen* eine Steigerung um 50 % (898 Personen; p. a. 25 %), bei den *Wohngemeinschaften* um 6 % (70 Plätze; p. a. 3 %).

Nach Aussage der zuständigen Senatsverwaltung steht die *Zunahme der Heimplätze* um durchschnittlich jährlich 3 % u. a. mit der seit 2006 geltenden Begrenzung des Unterbringungs- und Betreuungsangebots in Wohneinrichtungen für behinderte Kinder-, Jugendliche und Erwachsene bis zur Vollendung des 21. Lebensjahres in Zusammenhang (Anpassungszeitraum bis Ende 2009). Sie habe zu einer verstärkten Aufnahme junger behinderter Erwachsener, die noch nicht zu einer eigenständigen Lebensführung in der Lage waren, in Wohnheime für Erwachsene geführt. Auch geistig behinderte junge Frauen und Männer, die nicht länger in ihren Familien versorgt werden konnten, gehörten zum Kreis der Neuaufnahmen.

Natürliche Abgänge habe es in den Wohnheimen für geistig/körperlich bzw. mehrfach behinderte Erwachsene im Zeitraum von 2007 bis 2009 kaum gegeben. Darüber hinaus kann angenommen werden, dass die stärkere Zunahme der Heimplätze mit der steigenden Zahl älterer Menschen in Zusammenhang steht, die wegen zunehmenden Betreuungs- und Pflegebedarfs aus ambulant betreuten Wohnformen in stationäre Einrichtungen wechseln oder aus Familien mit alt werdenden Eltern in eine betreute Wohnform umziehen.

---

8 Quelle: Angaben der Senatsverwaltung für Integration, Arbeit und Soziales zu vereinbarten Plätzen im Wohnen für Menschen mit einer geistigen, körperlichen oder mehrfachen Behinderung

Vereinbarte Plätze im Wohnen für Menschen mit einer geistigen, körperlichen oder mehrfachen Behinderung in Berlin									
	2007 (Stand: 2.2.2007)	**2008** (Stand: 7.1.2008)	**2009** (Stand: 13.1.2009)		**Zuwachs: 2009 zu 2007**				
Wohnen für Erwachsene	absolut	pro 1.000 Einw. über 18 Jahre[9]	absolut	pro 1.000 Einw. über 18 Jahre[10]	absolut	pro 1.000 Einw. über 18 Jahre[11]	absolut	in % gesamt	in % jährlich
Betreutes Wohnen im Heim (Erwachsene)	3.088	1,06	3.172[12]	1,09	3.282[13]	1,11	194	6,3	3,1
Ambulant betreutes Wohnen	2.962	1,02	3.666	1,25	3.930	1,34	968	32,7	**16,3**
davon: *Betreutes Einzelwohnen* *Wohngemeinschaften*	 *1.808* *1.154*		 *2.476* *1.190*		 *2.706* *1.224*		 *898* *70*	 *49,7* *6,1*	 ***24,8*** *3,0*
Wohnplätze Erwachsene gesamt	**6.050**	**2,08**	**6.838**	**2,34**	**7.212**[14]	**2,45**	**1.162**	**19,2**	**9,6**
Verhältnis ambulant zu stationär	**49:51**		**54:46**		**54:46**		seit 2008: ambulant überwiegt stationär		
Herbergen für Erwachsene	28		6		6		seit 2007: Abbau von 22 Plätzen		
Wohnen für Kinder, Jugendliche und junge Erwachsene									
Betreutes Wohnen im Heim	433		409		370		Abnahme der Plätze um 14,5 % (63 Plätze)		
Modellprojekt	6		6		6		Platzzahl gleichbleibend		
Wohnplätze Heranwachsende gesamt pro 1.000 Einwohner unter 18 Jahre	**439** 0,88		**415** 0,84		**376** 0,77		Abnahme der Plätze um 15,7 % (63 Plätze).		
Herbergen für Heranwachsende	10		10		10		Platzzahl gleichbleibend		

Tab. 1: Entwicklung der Platzzahlen im Wohnen (2007–2009)

Die Anzahl der neu hinzugekommenen 1.162 Nutzer/innen von Wohnangeboten ist doppelt so hoch wie die in der Bedarfsprognose der CON_SENS-STUDIE (HAMMERSCHICK 2005, 25) angegebene Zahl von 559 für die Jahre 2007-2009 erwarteten Zugängen. Eine mögliche Erklärung für die Diskrepanz kann in der *Veränderung der Personenkreise* bei der Nachfrage liegen. Die trägerübergreifende Wohnplatzvermittlungsstelle LOTSE BERLIN hat seit 2002 mehrfach in den jährlichen Sachberichten auf die Zunahme von Anfragen für sogenannte Problemgruppen hingewiesen, z. B. junge Erwachsene mit leichter geistiger Behinderung oder Lernbehinderung, die zuvor in Einrichtungen für Heranwachsende betreut wurden (zuletzt im Sachbericht 2008[15]). Darunter sind u. a.

9 31.12.2006: 3.404.037 Einwohner, davon 500.044 Personen unter 18 J. und 2.903.993 Personen über 18 J. (Amt für Statistik Berlin-Brandenburg: Statistischer Bericht 2006)

10 31.12.2007: 3.416.255 Einwohner, davon 494.381 Personen unter 18 J. und 2.921.874 Personen über 18 J. (Amt für Statistik Berlin-Brandenburg: Statistischer Bericht 2007)

11 31.12.2008: 3.431.675 Einwohner, davon 491.235 Personen unter 18 J. und 2.940.440 Personen über 18 J. (Amt für Statistik Berlin-Brandenburg: Statistischer Bericht 2008)

12 incl. der 5 Wohnheime mit 181 Plätzen außerhalb Berlins mit Berliner Vereinbarung

13 incl. der 4 Wohnheime mit 154 Plätzen außerhalb Berlins mit Berliner Vereinbarung

14 Angabe ohne Modell Tagesstruktur (seit 2009, bisher 2 Träger mit Vereinbarung, 47 Plätze)

15 http://www.lotse-berlin.de/sachberichte.php

sozial auffällige junge Männer ohne berufliche oder schulische Einbindung, Menschen mit fehlender sozialer Kompetenz bzw. starken Verhaltensauffälligkeiten, Menschen mit Suchterkrankungen (z. B. Alkohol), delinquentem Verhalten oder Psychiatrieerfahrungen. Ein großer Teil von ihnen kommt aus sozial benachteiligten Milieus, z. T. mit Missbrauchs- und Gewalterfahrungen als Opfer und/oder als Täter. Dieser Personenkreis wurde in der CON_SENS-Bedarfsprognose bestenfalls am Rande erfasst, weil bei der Berücksichtigung von Schulabgängen nur die Schulen mit den sonderpädagogischen Förderschwerpunkten „Geistige Entwicklung" und „Körperliche und motorische Entwicklung" einbezogen waren. Der „neue" Personenkreis hat erfahrungsgemäß überwiegend Schulen mit den sonderpädagogischen Förderschwerpunkten „Lernen" oder „Emotionale und soziale Entwicklung" besucht. Weitere Erklärungen können in Verselbstständigungstendenzen junger Erwachsener mit geistiger Behinderung liegen, die zu einem früheren Zeitpunkt als in der Vergangenheit das Elternhaus verlassen, sowie in veränderten Haltungen von Angehörigen hinsichtlich eines möglichst selbstbestimmten Lebens ihrer Töchter und Söhne außerhalb der Familie.

Vergleiche mit Entwicklungen in anderen Bundesländern gestalten sich wegen jeweils anderer Ausgangsbedingungen schwierig, insbesondere durch die unterschiedlichen Regelungen der Zuständigkeiten zwischen den örtlichen und den überörtlichen Trägern der Sozialhilfe. Zudem liegen zu den einzelnen Bundesländern i. d. R. nur übergreifende Aussagen zu den Hilfen in stationär und ambulant betreuten Wohnmöglichkeiten vor, ohne Differenzierung der Leistungen nach Behinderungsart. So haben z. B. die durchschnittlichen jährlichen Veränderungen im *stationären Bereich* für *alle Behinderungsarten* in den Bundesländern im Zeitraum von 2002-2006 eine Spannweite zwischen -1,2 % in Sachsen und +2,6 % in Niedersachsen und im Saarland; die Steigerung in Berlin wird mit 0,8 % angegeben (LANDSCHAFTSVERBAND RHEINLAND 2009,37; TRANSFER-Expertise). Für die durchschnittlichen jährlichen Steigerungsraten im *ambulanten Bereich* variieren die Werte im gleichen Zeitraum zwischen 0,2 % in Sachsen und 35 % im Saarland; der Berliner Wert liegt bei +3 %. Höhere oder niedrigere Steigerungsraten geben keine Auskunft über das im jeweiligen Bundesland erreichte Niveau der „Ambulantisierung". So liegt z. B. der Anteil ambulanter Leistungen an allen Leistungen im Saarland – trotz hoher Steigerungsrate – bei 20 %, während Sachsen mit sehr geringer Steigerungsrate einen Anteil ambulanter Leistungen von 25 % aufweist. Berlin hat nach Angabe der TRANSFER-Expertise bei relativ geringer Steigerungsrate im genannten Zeitraum den höchsten Anteil ambulanter Leistungen (52 %).

Anfang 2010 hat die BUNDESARBEITSGEMEINSCHAFT DER ÜBERÖRTLICHEN TRÄGER DER SOZIALHILFE (BAGÜS) Erhebungen zur Entwicklung der Fallzahlen in der Eingliederungshilfe im *gesamten Bundesgebiet* vorgelegt. Die durchschnittlichen jährlichen Steigerungsraten im *stationären Bereich für erwachsene Leistungsempfänger* sind in Berlin deutlich höher als die durchschnittliche Steigerungsrate in diesem Bereich im gesamten Bundesgebiet; im *ambulanten Bereich* sind die Steigerungsraten nur geringfügig höher. Bei dem Vergleich ist allerdings zu beachten, dass die BAGÜS-Daten – im Gegensatz zu den Berliner Daten – nicht auf Leistungsempfänger mit geistiger, körperlicher und mehrfacher Behinderung beschränkt sind, sondern alle Behinderungsarten umfassen. Dieser Sachverhalt lässt den Schluss zu, dass die tatsächlichen Unterschiede größer als im Folgenden dargestellt sind. Die BAGÜS-Erhebung (2010) nennt für den *stationären Bereich* im Zeitraum von 2007-2008 eine Steigerung von 0,52 %, in Berlin liegt die durchschnittliche jährliche Steigerung im gleichen Zeitraum bei 3 %. Für den *ambulanten Bereich* nennt die Erhebung der überörtlichen Sozialhilfeträger für 2007-2008 eine jährliche Steigerung von 14 %, in Berlin liegt die Steigerungsrate bei 16 %. Die überörtlichen Sozialhilfeträger weisen darauf hin, dass die Gesamtbetrachtung keine Rückschlüsse auf die Fallzahlentwicklung in den einzelnen Bundesländern zulässt, da diese von Region zu Region sehr unterschiedlich ist.

Dem Überblick in Tab. 1 ist zu entnehmen, dass die *Nutzungsdichte* pro 1.000 Einwohner/innen über 18 Jahre im Bereich der *stationären Angebote* in Berlin im Berichtszeitraum (2007-2009) relativ konstant (1,06-1,11) blieb; im *ambulant betreuten Wohnen* hat die Dichte zugenommen (1,02-1,34). Vergleichsdaten zur Nutzungsdichte pro 1.000 Einwohner/innen bietet die Studie „Selbständiges Wohnen behinderter Menschen – Hilfen aus einer Hand", die das ZENTRUM FÜR PLANUNG UND EVALUATION SOZIALER DIENSTE (ZPE) der Universität Siegen für Nordrhein-Westfalen vorgelegt hat (vgl. SCHÄDLER et al. 2008, 101f. und 151f.): Im Jahr 2007 lag die Dichte der wohnbezogenen Hilfen für Erwachsene mit geistiger Behinderung im *ambulanten Bereich* im

Rheinland bei 0,27 und in Westfalen-Lippe bei 0,35, im stationären Bereich lag der Wert im Rheinland bei 1,51 und in Westfalen-Lippe bei 1,57. Nach Berechnungen der KUNDENSTUDIE befanden sich die Berliner Dichtezahlen im gleichen Jahr im ambulanten Bereich mit 1,02 deutlich über denen in Nordrhein-Westfalen, im stationären Bereich für Erwachsene lagen sie mit einem Wert von 1,06 unter den NRW-Werten. Für eine fachliche Bewertung der Dichtezahlen im Sinne einer „angemessenen" Versorgungsstruktur gibt es aktuell keine aussagekräftigen Prüfkriterien.

Entwicklung der wohnbezogenen Angebote für Heranwachsende

Tab. 1 ist zu entnehmen, dass im Jahr 2009 In Einrichtungen für behinderte Kinder, Jugendliche und junge Erwachsene *376 Heranwachsende* betreut wurden. Ein Vergleich mit 2007 (439 Personen) zeigt eine *Abnahme der Plätze um 15 %* (63 Plätze). Dieser Sachverhalt kann ein Indiz dafür sein, dass familienunterstützende Maßnahmen eine Heimaufnahme von behinderten Kindern und Jugendlichen verhindern oder zumindest hinauszögern können. Zu diesen Maßnahmen gehört u. a. das Angebot an Herbergsplätzen zur Kurzzeitunterbringung. Die Zahl der Herbergsplätze für Heranwachsende wurde im Zeitraum von 2007 bis 2009 nicht verändert (10 Plätze). Die Abnahme der Plätze in den Heimen für Heranwachsende kann allerdings auch in der Verlegung der dort betreuten jungen Erwachsenen in Heime für Erwachsene oder in einer Umwandlung von Kinder-/Jugendeinrichtungen in Erwachsenenheime begründet sein. Im Jahr 2009 standen drei ehemalige Einrichtungen für Heranwachsende mit insgesamt 55 Plätzen aufgrund veränderter Altersstrukturen nicht mehr für den Kinder- und Jugendbereich zur Verfügung. Ob diese Plätze vollständig oder nur teilweise im Leistungstyp Wohnheim für Erwachsene angeboten werden, wurde im Rahmen der KUNDENSTUDIE nicht ermittelt.

Die Zahl von 376 behinderten Kindern und Jugendlichen in Heimen (Stand: 31.01.2009) erscheint gemessen an der Gesamtzahl von 491.235 Heranwachsenden bis unter 18 Jahre[16] im Land Berlin gering. Eine Berechnung des Anteils der Heimbewohner/innen unter 18 Jahren an der *Gesamtzahl der Einwohner/innen* ergibt, dass *von 10.000 Einwohnerinnen und Einwohnern ein behindertes Kind in einem Heim für behinderte Heranwachsende* lebt. Bezogen auf die *Gesamtzahl der Unter-18-Jährigen in Berlin* ergibt sich, dass acht von 10.000 Kindern und Jugendlichen in einem Heim für behinderte Heranwachsende betreut werden.

Vergleichsdaten zum Anteil der Heimbewohner/innen im Kindes- und Jugendalter an der Gesamtbevölkerung liegen aus Baden-Württemberg vor. Nach einer Umfrage des KOMMUNALVERBANDS FÜR JUGEND UND SOZIALES BADEN-WÜRTTEMBERG – KVSJ (2008) lebten zum Stichtag 31.12.2007 in diesem Bundesland insgesamt 1.176 junge Menschen in Heimen für Kinder, Jugendliche und junge Erwachsene mit geistigen und mehrfachen Behinderungen, das sind 1,1 Personen pro 10.000 Einwohner/innen. Der Anteil entspricht nahezu exakt den Berliner Werten: Zum gleichen Zeitpunkt (Stand: 07.01.2008) waren in Berlin 415 Kinder und Jugendliche in Heimen für Heranwachsende untergebracht, das entspricht einem Anteil von 1,2 Personen pro 10.000 Einwohner/innen (alle Altersgruppen).

Als *Gründe* für die Heimaufnahme von behinderten Kindern und Jugendlichen nennt der KVSJ-Bericht Belastungs- und Überforderungssituationen der Familien, die in der Regel multifaktoriell bedingt sind, z. B. durch den Schweregrad der Behinderung (hoher Pflege- und Unterstützungsbedarf, herausfordernde Verhaltensweisen), familiäre Problemlagen (instabile Familien mit geringen ökonomischen und sozialen Ressourcen) und Gefährdungen des Kindeswohls (Vernachlässigung, Verwahrlosung, Gewalt, sexueller Missbrauch, Suchterkrankung der Eltern). Schwerpunkte der Fachdiskussion zur Weiterentwicklung der Hilfen in diesem Bereich betreffen in erster Linie die Frage nach fördernden und hemmenden Rahmenbedingungen, die es Familien ermöglichen, sich den Herausforderungen im Zusammenleben mit einem behinderten Kind zu stellen, nicht die weitere Ausgestaltung der Heimversorgung (KOMMUNALVERBAND FÜR JUGEND UND SOZIALES BADEN-WÜRTTEMBERG 2008, 20).

16 Das sind 14,3 % der Gesamtbevölkerung (3.431.675), Dichte pro 10.000 Einwohner/innen: 1431 Kinder/Jugendliche; Stichtag: 31.12.2008; Amt für Statistik Berlin-Brandenburg: Statistisches Jahrbuch 2009

Inanspruchnahme des Persönlichen Budgets

Der Bezirk Friedrichshain-Kreuzberg hat im Zeitraum von 2004-2007 als Modellprojekt am wissenschaftlich begleiteten bundesweiten Projekt „Trägerübergreifendes Persönliches Budget“ teilgenommen. Während der Projektlaufzeit wurden 88 Persönliche Budgets bewilligt (auch in anderen Bezirken), darunter 22 Trägerübergreifende Persönliche Budgets (überwiegend Leistungen der Sozialhilfe und der Pflegeversicherung); 15 % der Budgetnehmer/innen hatten eine geistige Behinderung (METZLER et al. 2007). Seit 2008 besteht ein Rechtsanspruch auf das Persönliche Budget. Nach anfangs zögerlicher Nutzung der neuen Finanzierungsart der Leistungen wurden bis zum Frühjahr 2010 für Persönliche Budgets in der Hilfe zur Pflege 130 und in der Eingliederungshilfe 220 Personen gemeldet[17]. In einzelnen Fällen werden beide Leistungen gewährt. Zum Anteil der Budgetnehmer/innen mit geistiger Behinderung liegen keine verlässlichen Zahlen vor.

Versorgung von behinderten Menschen mit hohem Pflegebedarf

Angesichts der demografischen Entwicklung sieht sich die Behindertenhilfe bei zunehmender Pflegebedürftigkeit alt werdender Menschen mit Behinderung, aber auch wegen der Zunahme schwer mehrfach behinderter Menschen im jüngeren Erwachsenenalter vor neue Herausforderungen gestellt. Grundsätzlich umfasst die *Eingliederungshilfe* für Bewohner/innen einer vollstationären Einrichtung der Behindertenhilfe die notwendige Pflege (§ 55 SGB XII). Entsprechend wird im Berliner Behindertenbericht (2002, 132) konstatiert:

> „Grundsätzlich besteht unabhängig vom Lebensalter Anspruch auf Eingliederungshilfe. Ältere Menschen mit einer geistigen Behinderung sollen deshalb solange wie möglich in ihrer vertrauten Umgebung wohnen bleiben. Das Altenpflegeheim ist für diesen Personenkreis in der Regel nicht die geeignete Wohn- und Betreuungsform.“

Um die *Pflegekompetenz* der Mitarbeiter/innen in den Einrichtungen der Eingliederungshilfe zu stärken, gehen Träger in Berlin unterschiedliche Wege (z. B. Vorhalten eines eigenen Pflegedienstes, Einrichtung eines gesundheitsbezogenen Dienstes zur Beratung/Qualifizierung der Mitarbeitenden, Anwendung eines Instruments zur Feststellung des pflegerischen Bedarfs und gesundheitlicher Risiken als integraler Bestandteil der Hilfeplanung).

Wenn die Pflege in einer Einrichtung der Eingliederungshilfe nicht mehr sichergestellt werden kann, kann gem. § 55 SGB XII eine Verlegung in eine Pflegeeinrichtung mit Versorgungsvertrag nach § 72 SGB XI vorgenommen werden, unter angemessener Berücksichtigung der Wünsche des behinderten Menschen. Um für behinderte Menschen, die in Pflegeeinrichtungen versorgt werden, möglichst adäquate Bedingungen zu schaffen, wurden in einer Anlage des mit den Pflegekassen abgeschlossenen Rahmenvertrags gem. § 75 Abs. 1 und 2 SGB XI zur vollstationären Pflege (2008) Konditionen für die pflegerische Versorgung und Betreuung von Menschen mit geistiger und mehrfacher Behinderung festgelegt. Das Angebot steht behinderten Menschen aller Pflegestufen offen. Die Vereinbarung ist bei Eltern von behinderten Kindern auf Kritik gestoßen. Sie befürchten eine Zunahme der Unterbringung behinderter Menschen in Pflegeheimen und haben im Rahmen der Elterninitiative „Teilhabe für alle“ beim Abgeordnetenhaus von Berlin eine Petition eingereicht, in der eine Rücknahme der genannten Anlage zum Personenkreis der Menschen mit geistiger Behinderung gefordert wird.

Nach Aussage der Senatsverwaltung für Integration, Arbeit und Soziales wurden im Jahr 2009 von drei Trägern insgesamt *90 Pflegeplätze für Menschen mit Behinderung in Pflegeheimen bzw. Pflegeabteilungen mit Versorgungsvertrag nach SGB XI* angeboten. Gegenüber 2007 hat in Einrichtungen dieser Art eine Steigerung der Plätze um 13 % stattgefunden.

3.2 Unterbringung außerhalb Berlins

Die seit dem Bau der Mauer im Jahr 1961 bestehende „Insel-Lage“ des Westteils der Stadt hatte zur Folge, dass über einen Zeitraum von nahezu 30 Jahren nur ein begrenztes Territorium und ein noch im Wachsen begriffenes System von Wohnangeboten für Menschen mit Behinderung

17 Auskunft des Bezirksamts Friedrichshain-Kreuzberg vom 15.04.2010

zur Verfügung standen. Das führte dazu, dass ein größerer Teil der behinderten Menschen mit spezifischen Unterstützungsbedarfen in Heimen außerhalb Berlins untergebracht werden musste. Im Einzelfall erfolgte die Inanspruchnahme von auswärtigen Wohnplätzen auch auf Wunsch von Eltern, die z. B. anthroposophisch orientierte Heimkonzeptionen (Dorfgemeinschaften) bevorzugten, die es in Berlin nicht gab. Vor der Wiedervereinigung im Jahr 1990 waren rund 1.200 Personen mit geistiger/körperlicher Behinderung außerhalb Berlins untergebracht. In der Folgezeit stieg die Zahl kontinuierlich an. Im Jahr 2002 wurden 1.600 Bürger/innen mit geistiger/körperliche Behinderung in stationären Wohneinrichtungen anderer Bundesländer betreut, im Jahr 2004 waren es 1.650 (vgl. HAMMERSCHICK 2005). Eine Veröffentlichung der Personenzahlen durch die zuständigen Stellen erfolgte nicht. In den Berliner Behindertenberichten von 2000, 2002 und 2006 wird der Tatbestand eher beiläufig erwähnt: „Nicht erfasst sind die Berliner Bürger und Bürgerinnen, die seit den 50er Jahren in anderen Bundesländern untergebracht sind und wo das Land Berlin ausschließlich als Sozialhilfeträger auftritt."

Zum Stichtag 31.07.2009 waren *3.274 Berliner Bürger/innen mit Behinderung außerhalb Berlins* untergebracht (alle Behinderungsarten).[18][19] Davon erhielten 73 % *Eingliederungshilfe* (2.401 Personen) und 27 % *Hilfe zur Pflege* (873 Personen). Im Bereich der *Eingliederungshilfe* wurden 91 % stationär betreut, im Bereich der *Hilfe zur Pflege* rund 99 %.

Tab. 2 zeigt die Verteilung der Hilfearten nach Behinderungsart und Wohnform.

Auswärts untergebrachte Berliner Bürger/innen mit Behinderung (Stand: 31.07.2009)[20]			
	stationär	ambulant	gesamt
Eingliederungshilfe (73 %)			
geistige/körperliche Behinderung	1.801[21]	87	1.888[22]
% von Wohnform	*95 %*	*5 %*	*100 %*
% von Behinderungen	*82 %*	*42 %*	*79 %*
seelische Behinderung	392	121	513
% von Wohnform	*76 %*	*24 %*	*100 %*
% von Behinderungen	*18 %*	*58 %*	*21 %*
alle Behinderungen	**2.193**	**208**	**2.401**
% von Wohnform	*91 %*	*9 %*	*100 %*
% von Behinderungen	*100 %*	*100 %*	*100 %*
Hilfe zur Pflege (27 %)			
alle Behinderungen	**868**	**5**	**873**
% von Wohnform	*99 %*	*1 %*	*100 %*
Personen gesamt	**3.061**	**213**	**3.274**
	94 %	*6 %*	*100 %*

Tab. 2: Auswärtsunterbringung (alle Behinderungsarten)

18 Mitteilung des Bezirksamts Lichtenberg von Berlin (Abt. Soziales, Materielle Hilfen nach SGB XII) vom 25.01.2010

19 Nach Fertigstellung des vorliegenden Berichts wurde bekannt, dass sich die Gesamtzahl der Auswärtsuntergebrachten bis *Anfang 2010* weiter erhöht hat (Angaben der Senatsverwaltung für Integration, Arbeit und Soziales zum 30.03.2010).

20 Angaben der für Auswärtsunterbringungen zuständigen Stelle im Sozialamt des Bezirksamts Lichtenberg von Berlin (Abt. Materielle Hilfen nach SGB XII) vom 25.01.2010

21 Für *Anfang 2010* wird von der Senatsverwaltung für Integration, Arbeit und Soziales eine höhere Zahl von Personen mit geistiger/körperlicher Behinderung, die in *auswärtigen Heimen* untergebracht sind, genannt: *2.129 Personen* (Angaben der Senatsverwaltung zum 30.03.2010)

22 Für *Anfang 2010* wird von der Senatsverwaltung für Integration, Arbeit und Soziales eine höhere *Gesamtzahl* von auswärts untergebrachten Personen mit geistiger/körperlicher Behinderung genannt: *2.162 Personen* (Angaben der Senatsverwaltung zum 30.03.2010)

Der Darstellung ist zu entnehmen, dass im Jahr 2009 im Bereich der *Eingliederungshilfe* 95 % der auswärts untergebrachten *Menschen mit geistiger/körperlicher Behinderung* in Heimen lebten, 5 % erhielten ambulante Hilfen. Bei den *Menschen mit seelischer Behinderung* lag der Anteil der Heimunterbringungen zu diesem Zeitpunkt bei 76 %; fast ein Viertel erhielt ambulante Unterstützung. Die *Hilfe zur Pflege* (alle Behinderungsarten) wurde fast ausschließlich in stationären Pflegeeinrichtungen gewährt; der Anteil der Personen mit geistiger/körperlicher Behinderung in diesem Bereich wurde nicht ermittelt.

Angaben zu den *aufnehmenden Bundesländern* werden im Kennzahlenvergleich 2007 der überörtlichen Träger der Sozialhilfe nur bis zum Jahr 2004 angegeben. Zu diesem Zeitpunkt hatte der größte Teil der insgesamt 2.117 auswärts untergebrachten Berliner Leistungsberechtigten (alle Behinderungsarten) einen Wohnplatz in *Brandenburg* gefunden (22 %). Da Brandenburg die Berliner Landesgrenzen umschließt, fällt eine landesüberschreitende Inanspruchnahme von Wohnangeboten durch Berliner Bürger/innen grundsätzlich nicht aus dem Rahmen. Der Anteil von 22 % erscheint dennoch relativ hoch (466 Personen). Als weitere aufnehmende Bundesländer werden *Niedersachsen* (17 %; 360 Personen), *Schleswig-Holstein* und *Bayern* mit jeweils 16 % (jeweils 339 Personen) und – mit jeweils unter zehn Personen – die Stadtstaaten *Hamburg* (7 Personen) und *Bremen* (2 Personen) sowie das *Saarland* (5 Personen) genannt. Der aktuelle Stand wurde nicht ermittelt. Es ist anzunehmen, dass die gegenwärtige Verteilung der Auswärtsuntergebrachten prozentual vergleichbar ist.[23]

Entwicklung der Auswärtsunterbringung im zeitlichen Vergleich

Im Kontext der Fragestellung der KUNDENSTUDIE stehen die Menschen mit geistiger und mehrfacher Behinderung im Mittelpunkt. Unter Bezugnahme auf die Daten der CON_SENS-STUDIE (HAMMERSCHICK 2005, 7) und Angaben der zuständigen Verwaltung wird darum im Folgenden exemplarisch die Entwicklung der Unterbringung von Leistungsberechtigten der Eingliederungshilfe mit geistiger/körperlicher Behinderung in Heimen außerhalb Berlins betrachtet. Unterbringungen in Pflegeeinrichtungen bleiben wegen unzureichender Datenlage unberücksichtigt.

Im Jahr *2009* wurden *1.801 Personen mit geistiger/körperlicher Behinderung in stationären Wohneinrichtungen außerhalb Berlins* betreut. Damit ist die Zahl der auswärts untergebrachten Personen seit der Wende (1990: 1.200 Personen) bis heute um 50 % gestiegen (Zunahme: rd. 600 Personen). Dazu kommen 87 Frauen und Männer mit geistiger/körperlicher Behinderung, die außerhalb Berlins ambulant betreut werden. Die *Gesamtzahl* der auswärts untergebrachten Menschen mit geistiger/körperlicher Behinderung liegt somit gegenwärtig bei *1.888 Personen*. Die in Pflegeheimen anderer Bundesländer aufgenommenen Personen sind in der Zahl nicht enthalten.

Ein *zeitlicher Vergleich* der Auswärtsunterbringungen in den letzten 20 Jahren zeigt im Zeitraum 2002-2009 gegenüber den vorhergehenden 12 Jahren einen Rückgang des jährlichen prozentualen Zuwachses um 1 % (Tab. 3).

Eine detaillierte Betrachtung lässt Unterschiede in einzelnen Phasen erkennen:

- So liegt im Zeitraum von **1990 bis 2005** eine relative Konstanz bei den durchschnittlichen jährlichen Steigerungsraten im stationären Bereich von plus/minus 3 % vor.
- Auffällig ist, dass sich die Quote **zwischen 2002 und 2005** gegenüber den Vorjahren erhöht hat auf einen jährlichen Zuwachs von durchschnittlich 50 Personen pro Jahr gegenüber jährlich durchschnittlich 33 Personen im vorhergehenden Zeitraum.
- Im Zeitraum von **2005 bis 2007** ist die Zahl der Auswärtsuntergebrachten in etwa gleich geblieben. Dieser Sachverhalt kann einerseits in der Weiterentwicklung der innerstädtischen Angebote für spezifische Problemlagen begründet sein, andererseits in einer Zunahme der „natürlichen Abgänge“ bei den außerhalb Betreuten, die teilweise bereits seit mehreren Jahrzehnten in Einrichtungen anderer Bundesländer leben.

23 Nach Angaben der Senatsverwaltung für Integration, Arbeit und Soziales zum 30.03.2010 erfolgten Auswärtsunterbringungen in allen Bundesländern. Die meisten Berliner Bürger/innen mit geistiger/körperlicher Behinderung befanden sich Anfang 2010 in Heimen der folgenden Bundesländer (n = 2.129): Brandenburg (31 %), Niedersachsen (16 %), Bayern (14 %), Schleswig-Holstein (11 %), Baden-Württemberg (8 %) und Nordrhein-Westfalen (6 %).

- Im Zeitraum von **2007 bis 2009** nimmt die Anzahl mit einer durchschnittlichen jährlichen Steigerungsrate von 1,4 % wieder zu, das entspricht einem durchschnittlichen jährlichen Zuwachs von 25 Personen. Konkret: Jeden Monat sind durchschnittlich mindestens zwei Personen mit geistiger/körperlicher Behinderung in ein Heim außerhalb Berlins gezogen – ohne Berücksichtigung von Fluktuationen bei den „Bestandsfällen".

Anzahl der in *stationären Wohneinrichtungen der Eingliederungshilfe* außerhalb Berlins untergebrachten Personen mit *geistiger/körperlicher Behinderung* im zeitlichen Vergleich[24]

Zeitraum / Personenzahl	Zuwachs		Durchschnittlicher prozentualer Zuwachs / Jahr	Durchschnittlicher Zuwachs der Personenzahl / Jahr	Quelle
	absolut	in %			
1990: 1.200 P. **2002:** 1.600 P.	400	33,3 % *(in 12 J.)*	**2,8 %**	**33**	con_sens 2005
2002: 1.600 P. **2009:** 1.800 P.	200	12,5 % *(in 7 J.)*	**1,8 %**	**29**	con_sens 2005 BA Lichtenberg
2002 - 2005	150	9,4 %	3,1 %	50	con_sens 2005
2005 - 2007	0	0 %	0 %	0	con_sens 2005 BA Lichtenberg
2007 - 2009	50	2,9 %	1,4 %	25	BA Lichtenberg

Tab. 3: Auswärtsunterbringung im zeitlichen Vergleich

Bei den Auswärtsunterbringungen der *Personen mit seelischer Behinderung* hat es im Zeitraum von 2007 bis 2009 im *stationären Bereich* der Eingliederungshilfe eine Abnahme um 124 Plätze gegeben, das entspricht einer Reduzierung von 24 %. Dem gegenüber haben sich die *ambulanten Hilfen* der Eingliederungshilfe außerhalb Berlins bei diesem Personenkreis mehr als verdoppelt (2007: 50 Personen; 2009: 121 Personen). – Die Unterbringung (alle Behinderungsarten) in *stationären Pflegeheimen außerhalb Berlins* hat eine Reduzierung von 882 Plätzen in 2007 auf 868 Plätzen in 2009 erfahren, das entspricht einer Abnahme um 1,6 % (14 Plätze).

Zusammenfassend kann festgehalten werden, dass trotz der differenzierten Weiterentwicklung der Wohnangebote im Land Berlin in den letzten 20 Jahren *keine Reduzierung* der Auswärtsunterbringungen erreicht wurde. Die *Gründe* für die Notwendigkeit einer Auswärtsunterbringung sind nicht transparent, da bislang keine systematische Erfassung der Prozesse der Entscheidungsfindung erfolgt, die zugleich Aufschluss über bestehende Defizite in der Versorgungsstruktur geben könnte.[25] Damit fehlen verlässliche Grundlagen für die Weiterentwicklung der Hilfestrukturen in Berlin. Möglicherweise ist ein (eher geringer) Teil der Auswärtsunterbringungen auf konzeptionelle Ansprüche von Angehörigen zurückzuführen, z. B. hinsichtlich ländlich orientierter Wohnangebote. Ein größerer Teil dürfte dem Personenkreis zugerechnet werden, der aufgrund spezifischer Unterstützungsbedarfe zur Zeit in Berlin kein entsprechendes bzw. kein ausreichendes Angebot findet (z. B. bei herausfordernden Verhaltensweisen und psychischen Erkrankungen) – ein Sachverhalt, auf den in den jährlichen Sachberichten der Vermittlungsstelle LOTSE BERLIN mehrfach hingewiesen wurde.

Auch wenn die durchschnittlichen jährlichen Steigerungsraten bei den Auswärtsunterbringungen seit 2005 niedriger sind als in den Jahren davor, ist eine Anzahl von *rund 1.900 Personen, die keinen geeigneten Platz innerhalb Berlins gefunden haben*, beträchtlich und bedarf einer öffentlichen Diskussion. Fakt ist, dass die gegenüber dem Vorjahr jeweils zusätzlich außerhalb Berlins in Anspruch genommenen Plätze nicht mit der absoluten Zahl der geistig behinderten Berliner

24 Alle Daten sind gerundet.

25 Am Institut für Rehabilitationswissenschaften der Humboldt-Universität zu Berlin (Abt. Geistigbehindertenpädagogik) werden gegenwärtig anhand einer Stichprobe (ca. 10 %) aus rund 1.900 Akten von auswärts untergebrachten Menschen mit Behinderungen die Begründungen für eine Auswärtsunterbringung analysiert (bis zum Jahr 2007).

Bürger/innen identisch sind, die jährlich in andere Bundesländer verbracht werden. Viele der zum Teil seit Jahrzehnten in auswärtigen Heimen betreuten Berliner/innen mit Behinderung sind vermutlich inzwischen verstorben. Das heißt: Bei der Berechnung der Zahl der „neuen" Auswärtsunterbringungen pro Jahr müssten die natürlichen Abgänge jeweils berücksichtigt werden. Um das tatsächliche Ausmaß der Unterbringungen außerhalb Berlins einschätzen zu können, sind detaillierte Analysen der Bewegungen in diesem Feld erforderlich. Von einer eindeutigen Verbesserung der Lage kann nur gesprochen werden, wenn die Zahl der jährlich neuen Auswärtsunterbringungen deutlich erkennbar und kontinuierlich abnimmt. Immerhin machen die auswärts in Anspruch genommenen Heimplätze für Menschen mit geistiger/körperlicher Behinderung ein Drittel aller Heimplätze für diesen Personenkreis aus, für die das Land Berlin als Sozialhilfeträger zuständig ist. Es ist davon auszugehen, dass nur ein (in seiner Größenordnung nicht transparenter) Teil davon als sogenannte „Altlast" aus dem letzten Jahrhundert oder als freie Wahl der Betroffenen deklariert werden kann. Situationen, in denen der Wegzug nicht auf eigenen Wunsch erfolgt, sind mit der Leitorientierung Inklusion nicht vereinbar.

Angesichts der steigenden Ausgaben für die Eingliederungshilfe ist die Vermutung nicht von der Hand zu weisen, dass für die *nicht erfolgte Abnahme der Auswärtsunterbringungen* nicht nur fachliche oder kapazitätsbedingte Gründe ausschlaggebend sind, sondern auch ökonomische. Die dem Berliner Fallmanagement immanente Koppelung der Leistungsgewährung mit Einsparvorgaben hinsichtlich der durchschnittlichen personbezogenen Ausgaben der Eingliederungshilfe zeigt hier Auswirkungen, die dem fachlichen Anspruch einer wohnortnahen Vermittlung von Unterstützungsleistungen und in der überwiegenden Zahl der Fälle wohl auch dem im SGB IX (§ 9) verankerten Wunsch- und Wahlrecht zuwiderlaufen. Jede auswärts untergebrachte Person entlastet das bezirkliche Eingliederungshilfebudget, da die Kosten von zentraler Stelle übernommen werden.

Auf die grundsätzliche Problematik der mangels geeigneter Wohnmöglichkeiten in Berlin in anderen Bundesländern untergebrachten Personen wurde bereits in der CON_SENS-STUDIE (HAMMERSCHICK 2005) hingewiesen. So könne z. B. der Berliner Sozialleistungsträger keinen unmittelbaren Einfluss auf das Leistungsspektrum und deren Qualitäten nehmen, da die Zuständigkeit für die Leistungs-/Vergütungs- und Qualitätsvereinbarungen nach dem Wegzug des behinderten Menschen aus Berlin bei anderen Sozialleistungsträgern liegt. Zudem sei der Aspekt möglicher Einsparungen durch Auswärtsunterbringung nur bedingt zutreffend:

> „In diesem Zusammenhang ist auch das oftmals genannte Argument, in anderen Bundesländern sind die Vergütungssätze ja geringer und so lassen sich Kosten einsparen, sehr gefährlich, denn dabei ist in jedem Fall zu berücksichtigen, dass Wechsel zwischen den einzelnen Wohnformen in Berlin wesentlich leichter zu realisieren sind, als dieses bei Berliner behinderten Menschen in Wohnheimen in anderen Bundesländern der Fall ist.[26] Darüber hinaus wird auch durch jeden behinderten Menschen, der aus Berlin kommt und in anderen Bundesländern betreut wird, ein Finanztransfer (Berlin zu Bundesland x) ausgelöst, was bei 1.650 behinderten Menschen und rd. 35.000 Euro[27] jährlich zu einem Betrag von rd. 58 Millionen Euro führt." (HAMMERSCHICK 2005, 29)

Hinsichtlich der *Prognose* für die Bedarfsentwicklung im Bereich des Wohnens von Menschen mit geistiger/körperlicher Behinderung bis zum Jahr 2015 kommt die CON-SENS-STUDIE (HAMMERSCHICK 2005, 26) zu dem Schluss, dass sich die Anzahl der geistig/körperlich behinderten Menschen, die in anderen Bundesländern in stationären Wohneinrichtungen betreut werden, von 1.650 Personen im Jahr 2004 bis zum Ende des Jahres 2015 in der Größenordnung von 280 bis 310 Fälle *verringern* wird – vorausgesetzt, dass der Bedarf von jährlich durchschnittlich 30 „Neufällen" mit Wohnangeboten in Berlin gedeckt werden kann. Das entspräche einer durchschnittlichen jährlichen Verringerung von 1,65 %. Das Land Berlin hat zur Halbzeit des Prognosezeitraums den Weg der Reduzierung der Auswärtsunterbringungen noch nicht eingeschlagen. Auch die von con_sens (2005) angesprochene zweite mögliche Variante einer *Konstanz* der Zahlen, falls die „Neufälle" die natürlichen Abgänge außerhalb nicht übersteigen, ist mit Ausnahme der Phase von 2005 bis 2007 bis heute nicht erreicht; die Zahlen steigen weiterhin.

26 trifft nicht zu für den Berlinnahen Bereich, auch Speckgürtel genannt.

27 Datenquelle Kennzahlenbericht der überörtlichen Träger der Sozialhilfe.

3.3 Projekte im Bereich Wohnen

Parallel zur quantitativen Weiterentwicklung der Wohnangebote wurden im Berichtszeitraum in der Berliner Behindertenhilfe mehrere wohnbezogene Projekte angestoßen, die neue Perspektiven eröffnen. Beispielhaft seien drei Projekte genannt, die jeweils unterschiedliche Zielgruppen im Blick haben: den Empowerment-Prozess von Menschen mit Behinderung, die Qualifizierung von Mitarbeitenden in der Arbeit mit geistig behinderten Menschen mit psychischen Erkrankungen und/oder Verhaltensauffälligkeiten und die Träger von Wohnheimen mit interner Tagesstruktur.

- Von besonderer Bedeutung für die Stärkung der Teilhabe von Menschen mit geistiger und mehrfacher Behinderung ist das seit 2009 von einigen Berliner Trägern erprobte österreichische *Evaluationsverfahren NUEVA*. Das Verfahren misst die Qualität von Wohnangeboten aus der Sicht der Nutzerinnen und Nutzer (vgl. CANDUSSI & FRÖHLICH 2005). Evaluatorinnen und Evaluatoren sind Menschen mit Lernschwierigkeiten und Behinderung. Zugleich ist Berlin Partner im Europäischen Projekt UNIQ, das sich zum Ziel gesetzt hat, das NUEVA-Verfahren in europäischen Ländern zu verbreiten.[28] Die Beteiligung am NUEVA-Verfahren stärkt die Nutzer/innen in ihrer Rolle als kritische Verbraucher/innen. Sie setzt Empowerment-Prozesse in Gang, die die Beteiligten befähigen, ihre Rechte wahrzunehmen. Das im Oktober 2009 vom Berliner Senat verabschiedete *„Gesetz über Selbstbestimmung und Teilhabe in betreuten gemeinschaftlichen Wohnformen (Wohnteilhabegesetz – WtG*), das nach Beratung und entsprechendem Beschluss durch das Berliner Abgeordnetenhaus am 1. April 2010 in Kraft treten wird, hat die Rechte der Bewohner/innen entsprechend gestärkt.
- Von 2007 bis 2010 läuft das *Modellprojekt „Berliner Clearingstelle für Menschen mit geistiger Behinderung“*, ein Kooperationsprojekt zwischen der Senatsverwaltung für Integration, Arbeit und Soziales und dem Evangelischen Krankenhaus Königin Elisabeth Herzberge (KEH). Aufgabe der multiprofessionell arbeitenden Begutachtungsstelle war die fachliche Unterstützung und Klärung einer bedarfsgerechten Versorgung von geistig behinderten Menschen mit psychischen Erkrankungen und/oder Verhaltensauffälligkeiten im Bereich Wohnen. Es wurden neue Wege zur einzelfallbezogenen Unterstützung dieses Personenkreises entwickelt. Der Abschlussbericht des Projekts liegt vor.
- Von 2007 bis 2008 hat Jochen HAMMERSCHICK eine Studie zur *„Ausdifferenzierung der Leistungen in stationären Wohnheimen für Menschen mit geistigen/körperlichen Behinderungen in Berlin“* durchgeführt. Schwerpunkt der Studie waren die Leistungen zur Gestaltung des Tages (interne Tagesstruktur), unter besonderer Berücksichtigung eines zeitbasierten Systems zur Entgeltbemessung.

4 Aktuelle Herausforderungen

Die in der UN-Behindertenrechtskonvention vorgegebene *Leitorientierung Inklusion* erfordert Veränderungen im Denken und Handeln. Kern ist die selbstverständliche unbedingte Zugehörigkeit von Menschen mit Behinderung als Bürger und Bürgerinnen der Gesellschaft, unabhängig von Art und Umfang des Unterstützungsbedarfs. Vielerorts sind bereits erste Schritte auf dem Weg zu einem inklusiven Gemeinwesen zu verzeichnen (vgl. DEUTSCHE HEILPÄDAGOGISCHE GESELLSCHAFT – DHG 2008; Dokumentation der Fachtagung zur „Kundenstudie“ 2010). Die Entwicklungen werden flankiert durch *Forschungsprojekte*, die durch Untersuchungen ausgewählter Fragestellungen Strategien auf dem Weg ins Gemeinwesen der Zukunft aufzeigen. Beispielhaft seien die Arbeiten des Zentrums für Planung und Evaluation Sozialer Dienste der Universität Siegen (ZPE) und des Zentrums zur interdisziplinären Erforschung der »Lebenswelten behinderter Menschen« der Universität Tübingen (Z.I.E.L.) genannt sowie ausgewählte Studien zu speziellen Fragestellungen.

Die Studien an der Universität Siegen (ZPE) haben vorwiegend die *Weiterentwicklung der Versorgungsstrukturen im Rahmen einer kommunalen Teilhabeplanung* im Blick (vgl. ROHRMANN 2009). Die auf organisationssoziologischen Ansätzen basierenden Strategien einer örtlichen

28 http://www.nueva-network.eu/cms/de/UNIQ/

Teilhabeplanung sind in einigen Kommunen in Nordrhein-Westfalen bereits umgesetzt. Mit Blick auf die bundesweiten Entwicklungen der letzten Jahre beschreiben SCHÄDLER & ROHRMANN (2009) auf kommunaler Ebene drei wesentliche Strategien für die Entwicklung wohnbezogener Hilfen für Menschen mit Behinderungen, die auf jeweils unterschiedlichen Problemdefinitionen basieren und unterschiedliche Wirkungen für die beteiligten Akteure haben. Neben den Szenarien der „Ambulantisierung" (Zuordnung zu Hilfeformen entsprechend dem jeweiligen Hilfebedarf) und der „Sektoralen Reform" (Aufhebung der Unterscheidung zwischen stationären und ambulanten Leistungsformen) wird als dritter möglicher Weg der Behindertenpolitik das Szenario „Inklusives Gemeinwesen" aufgezeigt, das Teilaspekte der anderen Szenarien integriert, aber nicht zum Kernstück der Planungen macht:

> „Das Szenario ‚Inklusives Gemeinwesen' geht nicht von den Strukturfragen der Leistungserbringung im Rahmen der Eingliederungshilfe aus, sondern blickt auf das Gesamtgeschehen, das durch staatliche und zivilgesellschaftliche Anstrengungen inklusiv, d. h. teilhabefördernd zu gestalten ist, so, dass institutionelle Ausgrenzungen möglichst vermieden werden." (SCHÄDLER & ROHRMANN 2009, 71)

Die Studien an der Universität Tübingen (Z.I.E.L.) setzen dem gegenüber an der Perspektive der Menschen mit Behinderung an und konkretisieren *Möglichkeiten einer zeitgemäßen Behindertenhilfe auf der strukturellen, konzeptionellen und handlungspraktischen Ebene* (vgl. METZLER & RAUSCHER 2004). Schlüsselbegriffe für die Weiterentwicklung des Hilfesystems sind die Ressourcenorientierung sowie die Gemeinwesen- und Sozialraumorientierung. Als zukunftsweisend werden situations- und personbezogene Unterstützungsarrangements empfohlen, die Selbsthilfe, Bürgerengagement, Sponsoring und professionelle Dienstleistungen integrieren. Ziel ist eine solidaritätsfördernde Infrastruktur, deren Realisierung als gemeinsame Aufgabe von Kommunen, sozialen Diensten und Einrichtungen, Selbstvertretungs- und Angehörigenorganisationen, Vereinen und lokalen Akteuren in unterschiedlichen Bereichen zu begreifen ist. Darüber hinaus sind weitere wohnbezogene Studien mit jeweils unterschiedlichen Schwerpunktsetzungen zu nennen, die im Rahmen dieses Berichts – soweit sie für die Fragestellung relevant sind – einbezogen werden.

Die Umsetzung von Inklusion kann jedoch nur gelingen, wenn sie zur *politischen Strategie* erklärt wird. Einzelne Bundesländer haben bereits damit begonnen, die Behindertenpolitik an der Zielperspektive Inklusion auszurichten. Eine Vorreiterrolle nimmt das Land *Schleswig-Holstein* ein. Hier hat die Landesregierung selbst eine breite Debatte zu Inklusion angestoßen und bereits im Frühjahr 2007 ein Gesamtkonzept vorgestellt, das die selbstverständliche Teilhabe von Menschen mit Behinderung an allen gesellschaftlichen Bereichen zum Ziel hat:

> „Inklusion ist ausgerichtet auf die Stärkung der Selbstkompetenz, der Selbstvertretung und der Autonomie („Empowerment"), der Selbstbestimmung und der Partizipation. Eine „inklusive Gesellschaft" lässt Ausgrenzungen nicht zu, eine Teilung der Gesellschaft in Menschen mit und ohne Behinderung wird nicht akzeptiert. Inklusion umsetzen heißt: gesellschaftliche Veränderungen im Denken und Handeln anzustoßen. Diese Veränderungen bewirken, dass Menschen mit Behinderung wahrgenommen, anerkannt und selbstverständlich akzeptiert werden. (...) Politik für Menschen mit Behinderung ist eine Querschnittsaufgabe. Im ersten Schritt erfolgt die Umsetzung des Gesamtkonzepts im Bereich der Sozialpolitik." (MINISTERIUM FÜR SOZIALES, GESUNDHEIT, FAMILIE, JUGEND UND SENIOREN DES LANDES SCHLESWIG-HOLSTEIN: Politik für Menschen mit Behinderung – Zwischenbilanz Januar 2009, 16)

Bei den vom Sozialministerium unterstützten Leitprojekten ist die Einrichtung eines „Inklusionsbüros" besonders hervorzuheben, zu dessen Arbeitsschwerpunkten die Stärkung der Selbstvertretung von Menschen mit Behinderung, die Vernetzung unterschiedlicher Inklusionsprojekte, das Anstoßen gesellschaftlicher Veränderungsprozesse sowie Informations- und Öffentlichkeitsarbeit gehören. Weitere Projekte befassen sich mit Impulsen für bürgerschaftliches Engagement zur Stärkung der Teilhabe von Menschen mit Behinderung am Leben in der Gemeinde, mit Handlungsstrategien zur Umsetzung von Teilhabe auf regionaler Ebene und mit dem Aufbau von Kooperations- und Vernetzungsstrukturen sowie mit neuen Wohnformen. Auch eine Beratungsstelle für Inklusionsprojekte wurde initiiert, die sich als Kontakt-, Anlauf- und Schnittstelle für soziale Organisationen und Initiativen versteht, die ihre Unterstützungsleistungen für Menschen mit Behinderung inklusiv gestalten möchten.

In *Rheinland-Pfalz* hat der Landesbehindertenbeauftragte zur konkreten Umsetzung der UN-Behindertenrechtskonvention auf seiner Internetseite ein Forum eingerichtet, in dem praktische

Beispiele gesammelt werden, die die Wirkung der Konvention im Rahmen von Projekten oder Veränderungsprozessen konkretisieren. Zudem will das rheinland-pfälzische Sozialministerium im Frühjahr 2010 einen Aktionsplan zur Umsetzung der UN-Behindertenrechtskonvention vorstellen (vgl. Pressemitteilung vom 2.12.09).

Die *Bundesregierung* hat die UN-Behindertenrechtskonvention in ihrem „Bericht über die Lage behinderter Menschen und die Entwicklung ihrer Teilhabe" vom 17. Juli 2009 zum maßgeblichen *Orientierungsrahmen für die Behindertenpolitik* deklariert. Mit der innerstaatlichen Förderung und Überwachung der Umsetzung wurde das Deutsche Institut für Menschenrechte (DIMR) beauftragt. Staatlicher Ansprechpartner ist das Bundesministerium für Arbeit und Soziales, das mit den Landesministerien kooperiert. Für die Koordinierung mit den Verbänden und Organisationen behinderter Menschen und den in Ländern und Kommunen zuständigen Behindertenbeauftragten ist der Beauftragte der Bundesregierung für die Belange behinderter Menschen zuständig. Die neue Bundesregierung hat im Koalitionsvertrag vom 26. Oktober 2009 die UN-Konvention als Leitlinie künftiger gesetzgeberischer Maßnahmen bestätigt und die Entwicklung eines *Aktionsplans zur Umsetzung der UN-Konvention* in Aussicht gestellt:

> „Wir treten für eine tatsächliche Teilhabe von Menschen mit Behinderungen am gesellschaftlichen Leben ein. Unser Ziel ist, die Rahmenbedingungen für Menschen mit und ohne Behinderungen positiv zu gestalten. Voraussetzung hierfür ist u. a. die Barrierefreiheit in allen Bereichen von Schule über Ausbildung bis zum Beruf sowie von Verkehr über Medien und Kommunikationstechnik bis hin zum Städtebau. Politische Entscheidungen, die Menschen mit Behinderungen direkt oder indirekt betreffen, müssen sich an den Inhalten der UN-Konvention über die Rechte der Menschen mit Behinderungen messen lassen. Deshalb werden wir einen Aktionsplan zur Umsetzung der UN-Konvention über die Rechte von Menschen mit Behinderungen entwickeln." (Koalitionsvertrag der Bundesregierung 2009, 85f.)

Notwendige Basis für die Umsetzung der in der UN-Konvention formulierten Grundsätze ist die seit langem geforderte Reform der Eingliederungshilfe. Der vordringliche Handlungsbedarf wurde von Experten aus unterschiedlichen Verantwortungsbereichen der Politik und der Verbände diskutiert, Eckpunkte liegen vor. Ob die Reform der Eingliederungshilfe in dieser Legislaturperiode tatsächlich auf der Agenda der Bundesregierung steht, dazu gibt es im Koalitionsvertrag der CDU, CSU und FDP vom Oktober 2009 keine Aussage.

5 Zusammenfassung

Die im SGB IX gesetzlich verankerten Zielsetzungen der Behindertenhilfe „Selbstbestimmung und gleichberechtigte Teilhabe am Leben in der Gesellschaft" markieren einen Perspektivenwechsel vom institutionsorientierten Hilfesystem zur personzentrierten Hilfeplanung, die die Bedürfnisse und Interessen des behinderten Menschen und sein Eingebundensein in die Gemeinde in den Mittelpunkt stellt. Mit Inkrafttreten des Gesetzes hat der mehrdimensionale Behinderungsbegriff des bio-psycho-sozialen Modells der WHO Eingang in das Sozialrecht gefunden, dem zufolge Behinderung nicht allein als persönliches Merkmal, sondern als „Beeinträchtigung der Teilhabe" zu definieren ist. Daraus leitet sich als Auftrag der Behindertenhilfe ab, Beeinträchtigungen aufzuheben und Teilhabe zu stärken.

Programmatische Bedeutung für die Weiterentwicklung des Hilfesystems hat das „Übereinkommen der Vereinten Nationen über die Rechte von Menschen mit Behinderungen", das seit dem 26. März 2009 in Deutschland verbindliche Grundlage für das nationale Recht ist. Es beschreibt Eckpunkte einer inklusiven Gesellschaft, in der Menschen mit Behinderung als gleichberechtigte Bürger/innen das Recht auf eine selbstbestimmte Teilhabe am Leben in der Gesellschaft haben. Für die hier vorliegende Studie ist vor allem Art. 19 der Behindertenrechtskonvention von Bedeutung, nach dem im Bereich des Wohnens das Wunsch- und Wahlrecht zu gewährleisten ist. Niemand ist verpflichtet, in besonderen Wohnformen zu leben. Zugleich wird auf die Ressourcen des Gemeinwesens verwiesen, z. B. Dienstleistungen und Einrichtungen für die Allgemeinheit, die i. S. der Zielperspektive Inklusion zu nutzen oder den Bedürfnissen behinderter Menschen entsprechend zu gestalten sind. Die Vorgaben stellen das System der Behindertenhilfe, in dem nach wie vor stationäre Einrichtungen und spezielle Dienste dominieren, vor erhebliche Herausforderungen.

Die erforderliche Neuorientierung der Behindertenhilfe stößt auf ökonomisch bedingte Gegenkräfte, die die Hoffnung auf grundlegende Änderungen dämpfen. Im Jahr 2008 sind die Sozialhilfeausgaben bundesweit um 5 % gestiegen; mehr als die Hälfte der Ausgaben entfiel auf die Eingliederungshilfe für Menschen mit Behinderung. Vor dem Hintergrund der Engpässe bei der Finanzierung der Leistungen und der veränderten fachlichen Ansprüche an das Hilfesystem wird auf unterschiedlichen Ebenen die Notwendigkeit einer Reform der Eingliederungshilfe diskutiert. Im Mittelpunkt steht eine Neuausrichtung der Hilfestrukturen, vor allem die Abkehr von der Trennung der Leistungsangebote nach ambulant und stationär und die Hinwendung zu personzentrierten Hilfearrangements.

Das gegenwärtige System der Wohnversorgung für Menschen mit geistiger und mehrfacher Behinderung im Land Berlin bietet eine geeignete Grundlage für eine Weiterentwicklung der Unterstützungsleistungen unter der Leitorientierung Inklusion. Es zeichnet sich aus durch einen kontinuierlichen quantitativen Ausbau der Angebote, einen großen Anteil an ambulant unterstützten Wohnformen und einen hohen Grad an Differenzierung, der auch spezifischen Hilfebedarfen Rechnung trägt. Die Trägerpluralität gewährt Chancen für Vielfalt und Flexibilität bei der Gestaltung der Angebote. Zum Stichtag 13.01.2009 nahmen insgesamt 7.212 Erwachsene mit geistiger/körperlicher Behinderung Wohnangebote der Behindertenhilfe in Anspruch, davon lebten 46 % in Heimen, 54 % in ambulant unterstützten Wohnformen. Gegenüber 2007 ist die Zahl der Nutzer/innen von Wohnangeboten um 19 % gestiegen, insbesondere im ambulanten Bereich. In Einrichtungen für behinderte Kinder, Jugendliche und junge Erwachsene wurden im Jahr 2009 insgesamt 376 Heranwachsende betreut. Hier hat gegenüber 2007 eine Abnahme der Plätze um 15 % stattgefunden.

Angesichts der demografischen Entwicklung sieht sich die Behindertenhilfe bei zunehmender Pflegebedürftigkeit alt werdender Menschen mit Behinderung, aber auch wegen der Zunahme schwer mehrfach behinderter Menschen im jüngeren Erwachsenenalter vor neue Herausforderungen gestellt. Die Berliner Träger sind bestrebt, entsprechend § 55 SGB XII die Pflegekompetenz der Mitarbeiter/innen in den Einrichtungen der Eingliederungshilfe zu stärken. Parallel dazu werden Konzepte entwickelt, die die Inanspruchnahme der vollen Leistungen der Pflegeversicherung ermöglichen, z. B. in Form eines Persönlichen Budgets. 90 Menschen mit Behinderung wurden 2009 in Pflegeheimen bzw. Pflegeabteilungen mit Versorgungsvertrag nach SGB XI betreut; gegenüber 2007 ist in Einrichtungen dieser Art eine Steigerung der Plätze um 13 % zu verzeichnen.

Eine durch die langjährige „Insel-Lage" von Westberlin bedingte und nach dem Fall der Mauer bis heute fortgesetzte Praxis ist die Unterbringung von Berliner Bürgerinnen und Bürgern mit Behinderung in anderen Bundesländern. Zum Stichtag 31.07.2009 waren 3.274 Frauen und Männer mit Behinderung außerhalb Berlins untergebracht (alle Behinderungsarten). Fast drei Viertel von ihnen erhielten Eingliederungshilfe, ein Viertel Hilfe zur Pflege. 95 % der insgesamt 1.888 auswärts untergebrachten Eingliederungshilfeempfänger/innen mit geistiger/körperlicher Behinderung wurden in stationären Einrichtungen betreut, ihre Zahl ist seit der Wende um 50 % gestiegen. 5 % der Personen mit geistiger/körperlicher Behinderung erhielten ambulante Eingliederungshilfe. Die Gründe für die Auswärtsunterbringung sind nicht transparent. Bislang gibt es keine systematische Erfassung der Prozesse der Entscheidungsfindung, die zugleich Aufschluss über bestehende Defizite in der Versorgungsstruktur geben könnte.

Vor dem Hintergrund der auch in Berlin kontinuierlich steigenden Ausgaben für die Eingliederungshilfe wurde im Jahr 2006 in allen Bezirken das Fallmanagement eingeführt, das die Rolle des Sozialamts als fach- und finanzverantwortlichem Leistungs- und Rehabilitationsträger im Prozess der Leistungs- und Ausgabensteuerung stärkt. Dabei haben die Effizienz und die Effektivität der Leistungen besonderes Gewicht. Parallel zur Weiterentwicklung der Wohnangebote und der Neuausrichtung der Steuerung im Land Berlin wurden im Berichtszeitraum mehrere Projekte angestoßen, die im Bereich des Wohnens neue Perspektiven eröffnen. Dazu gehören u. a. die Erprobung des Evaluationsverfahrens NUEVA, in dem Nutzer/innen mit Behinderung als Evaluatoren und Evaluatorinnen in Einrichtungen der Behindertenhilfe tätig sind (vgl. CANDUSSI & FRÖHLICH 2005), die Einrichtung der „Berliner Clearingstelle für Menschen mit geistiger Behinderung", deren Aufgabe eine multiprofessionell ausgerichtete fachliche Unterstützung und Klärung einer bedarfsgerechten Versorgung von geistig behinderten Menschen mit psychischen Erkrankungen und/oder Verhaltensauffälligkeiten im Bereich Wohnen ist (vgl. VOSS ET AL. 2009), und die Studie zur „Ausdifferenzierung der Leistungen in stationären Wohnheimen für Menschen mit geistigen/körperlichen Behinderungen in Berlin" (HAMMERSCHICK), in deren Mittelpunkt die Leistungen zur Gestaltung des Tages stehen, unter besonderer Berücksichtigung eines zeitbasierten Systems zur Entgeltbemessung.

Die in der UN-Behindertenrechtskonvention vorgegebene Leitorientierung Inklusion erfordert Veränderungen im Denken und Handeln. Vielerorts sind bereits erste Schritte auf dem Weg zu einem inklusiven Gemeinwesen zu verzeichnen. Die Umsetzung von Inklusion kann jedoch nur gelingen, wenn sie zur politischen Strategie erklärt wird. Einzelne Bundesländer haben begonnen, die Behindertenpolitik an der Zielperspektive Inklusion auszurichten. Im Bericht der Bundesregierung über die Lage behinderter Menschen und die Entwicklung ihrer Teilhabe vom 17. Juli 2009 wird die Behindertenrechtskonvention der Vereinten Nationen zum maßgeblichen Orientierungsrahmen für die Behindertenpolitik deklariert. Der Koalitionsvertrag der neuen Bundesregierung vom 26. Oktober 2009 bestätigt die Konvention als Leitlinie künftiger gesetzgeberischer Maßnahmen und stellt die Entwicklung eines Aktionsplans zur Umsetzung der UN-Konvention in Aussicht.

III Fragestellung, Bezugsrahmen und methodischer Ansatz der Studie

Die im ersten Kapitel skizzierten aktuellen Entwicklungen der bundesdeutschen Behindertenhilfe und der gegenwärtigen wohnbezogenen Angebote für Menschen mit geistiger und mehrfacher Behinderung im Land Berlin setzen den Rahmen, in den das Forschungsprojekt KUNDENSTUDIE – UNTERSTÜTZTES WOHNEN IN BERLIN eingebettet ist: Einerseits programmatische Vorgaben durch die UN-Behindertenrechtskonvention und die in Aussicht genommene Novellierung der Eingliederungshilfe, andererseits gewachsene Strukturen einer differenzierten Angebotslandschaft im Bereich Wohnen, deren konzeptionelle und strukturelle Weiterentwicklung gefordert, aber durch die angespannte Finanzlage der Stadt zugleich eingeengt ist und deren Umsetzung sich in einem gesellschaftlichen Kontext vollzieht, in dem die Exklusionsrisiken für Menschen mit Behinderung wieder zunehmen.

Aus diesem Konglomerat unterschiedlicher Interessenslagen wurde die *Fragestellung* des Forschungsvorhabens abgeleitet:

➔ **Wie ist die Weiterentwicklung der Strukturen und Prozesse der Behindertenhilfe im Bereich des Wohnens zu gestalten, damit die Teilhabe von Menschen mit geistiger und mehrfacher Behinderung am Leben in der Gesellschaft gestärkt und die Entwicklung eines inklusiven Gemeinwesens begünstigt werden?**

Die Forschungsschwerpunkte konzentrieren sich auf Aspekte der Qualität der Dienstleistungen unter der Leitorientierung Inklusion. Dabei kommt der Unterstützung der sozialen, kulturellen, organisationsbezogenen und politischen Partizipation der Menschen mit Behinderung und der Rolle des Sozialraums besondere Bedeutung zu.

Die Fokussierung auf *Menschen mit geistiger Behinderung* resultiert aus der Erfahrung, dass Menschen mit kognitiven Einschränkungen in unserer Gesellschaft noch immer nicht als gleichberechtigte Bürger/innen wahrgenommen werden. Sie nehmen nicht selbstverständlich am Leben in der Gemeinde teil. Insbesondere Menschen mit schweren Behinderungen sind in den Straßen weitgehend unsichtbar – trotz vielfältiger Bemühungen der Behindertenhilfe durch gemeindeintegrierte Wohnangebote und Aktivitäten im Stadtteil ihre Einbeziehung in die Gesellschaft zu fördern.

Vor diesem Hintergrund standen im Sinne *partizipativer Forschung* (vgl. FLIEGER 2003) die Sichtweisen von Menschen mit Behinderung und ihrer Angehörigen als Expertinnen und Experten in eigener Sache im Mittelpunkt. *Theoretischer Bezugsrahmen* der Untersuchungen sind der international anerkannte Teilhabeansatz der WHO (ICF) und sozialraumbezogene Ansätze in unterschiedlichen Fachdisziplinen.

1 Zur Zielgruppe

Die Bezeichnung des im Mittelpunkt der Studie stehenden Personenkreises als „geistig behindert" und seine Rolle als „Kunden" im Dienstleistungsprozess werden in Selbsthilfeverbänden und im Fachdiskurs kritisch diskutiert. Darum soll an dieser Stelle in knapper Form das Verständnis der KUNDENSTUDIE dargelegt werden.

„Geistige und mehrfache Behinderung"

Der Begriff „geistige und mehrfache Behinderung" entspricht dem *leistungsrechtlichen Sprachgebrauch* im Land Berlin. Im Berliner „Handbuch für Fallmanager/innen der Eingliederungshilfe nach SGB XII" wird der Personenkreis folgendermaßen definiert:

> *„Geistig wesentlich behinderte Menschen im Sinne des § 53 Abs. 1 Satz 1 des Zwölften Buches Sozialgesetzbuch sind Personen, die infolge einer Schwäche ihrer geistigen Kräfte in erheblichem Umfange in ihrer Fähigkeit zur Teilhabe am Leben in der Gesellschaft eingeschränkt sind." (§ 2 Eingliederungshilfe-Verordnung VO-EH)*

„Eine Mehrfachbehinderung liegt dann vor, wenn eine Person mehrere Behinderungen hat. Neben den kognitiven sind häufig auch die sprachlichen Leistungen sowie das Hör- und/oder Sehvermögen beeinträchtigt. Außerdem können zusätzliche Verhaltensauffälligkeiten, Anfallsleiden oder organische Schädigungen auftreten. Eine Grundbehinderung kann auch eine Mehrfachbehinderung nach sich ziehen.“ (Handbuch Fallmanagement 2006, 54)

Die Definition der Eingliederungshilfe-Verordnung stellt – wie bereits zum Behinderungsbegriff des SGB IX angemerkt – die individuelle Beeinträchtigung (hier: kognitive Beeinträchtigung) in einen *ursächlichen* Zusammenhang mit Einschränkungen bei der Teilhabe am Leben in der Gesellschaft. Ergänzend wurden im Berliner Handbuch für Fallmanager/innen als Grundlage für das Gutachten zum Gesamtplan nach § 58 SGB XII die Klassifizierung der geistigen Behinderung nach der ICD-10-GM (Internationale statistische Klassifikation der Krankheiten und verwandten Gesundheitsprobleme. 10. Revision) und der multidimensionale Ansatz der ICF[29] (WHO: Internationale Klassifikation der Funktionsfähigkeit, Behinderung und Gesundheit) aufgenommen. Der WHO-Ansatz verortet die Funktionsbeeinträchtigungen einer Person in einem *Wechselwirkungsprozess* zwischen Individuum und Umwelt und wirkt somit defizitorientierten Zuschreibungen entgegen.

Wegen seiner *diskriminierenden Wirkung* wird der Begriff „geistige Behinderung“ in Selbsthilfegruppen (z. B. „Mensch zuerst – Netzwerk People First Deutschland e. V.“) und Elternverbänden (z. B. „Lebenshilfe für Menschen mit geistiger Behinderung“) sowie im wissenschaftlichen und fachlichen Diskurs in Frage gestellt. Ein kurzer angemessener Begriff, der eine Zuschreibung vermeidet, aber den spezifischen Unterstützungsbedarf nicht nivelliert, ist bislang nicht gefunden. Um die kritische Distanz zum Begriff „geistige Behinderung“ zu dokumentieren, wird – je nach Theoriehintergrund – häufig auf Umschreibungen zurückgegriffen, z. B. „Menschen, die als geistig behindert gelten“, „Menschen, die geistig behindert genannt werden“, „Menschen, die wir geistig behindert nennen“, „Menschen mit sogenannter geistiger Behinderung“, oder – den Vorstellungen der Selbsthilfegruppen entsprechend – „Menschen mit Lernschwierigkeiten“.

Auf die *gesellschaftliche Bedingtheit von Behinderung* hat u. a. Wolfgang JANTZEN hingewiesen. Geistige Behinderung sei eine soziale Konstruktion, die durch das lebensgeschichtlich geprägte Zusammenwirken persönlicher und umweltbezogener Faktoren erzeugt wird:

> „Geistige Behinderung als soziale Konstruktion bedeutet nicht, dass die Biologie keine Rolle spielen würde. Ganz im Gegenteil. Sie versetzt geistig behinderte Menschen in ein anderes Verhältnis zu den Menschen und zur Welt und damit zur Möglichkeit des Aufbaus von Sprache, Kultur und Identität. Und dieses Verhältnis dauert das ganze Leben. Allerdings ist es nicht mehr die Biologie, die in diesem Prozess die führende Rolle spielt, sondern die Fähigkeit der jeweiligen Umgebung, ihre Ausdrucksweisen so zu normalisieren, dass jeder behinderte Mensch auf jedem Niveau und in jedem Lebensabschnitt besondere Möglichkeiten der Teilhabe entwickeln kann. Geschieht dies nicht, so entwickeln sich behinderte Menschen in *kultureller*, in *sprachlicher* und in *dialogischer* Isolation.“ (JANTZEN 1999, 211)

Ein solches Verständnis von „geistiger Behinderung“ liegt der KUNDENSTUDIE zugrunde. Die von JANTZEN hervorgehobene „Fähigkeit der jeweiligen Umgebung“, behinderten Menschen unabhängig vom jeweiligen Entwicklungsniveau und Alter Möglichkeiten der Teilhabe zu eröffnen, trifft die Zielsetzung des Forschungsprojekts im Kern. Sie bezieht sich nicht allein auf die Ebene der Interaktion und Beziehung, sondern auf alle Lebensbereiche. Wenn im vorliegenden Bericht der im Leistungsrecht verankerte Begriff „geistige Behinderung“ (im Textverlauf synonym mit „Menschen mit Behinderung“) verwendet wird, ist das hier dargelegte Verständnis immer mitzudenken.

„Kundenstudie“

Der Name des Forschungsprojekts „Kundenstudie“ soll die *Priorität der Betroffenenperspektive* deutlich machen (vgl. KEUPP 2000). Aus dem *Blickwinkel des behinderten Menschen* dient der Begriff „Kunde“ der Kennzeichnung seiner Rolle: Er artikuliert seinen Unterstützungsbedarf, nimmt die Dienstleistungen in Anspruch und prüft deren Qualität vor dem Hintergrund seiner Interessen. Aus dem *Blickwinkel der Anbieter* ist der Begriff *Ausdruck des Verhältnisses zwischen dem Leistungsberechtigten und dem Leistungserbringer*. Die Dienstleistung orientiert sich an den

29 ICF = International Classification of Functioning, Disability and Health

Bedürfnissen, Wünschen und Interessen des behinderten Menschen. In diesem Kontext wird die Kundenorientierung zum Qualitätsmerkmal der Angebote.

Dennoch wird die *Verwendung des Begriffs „Kunde"* im Zusammenhang mit sozialen Dienstleistungen als *problematisch* diskutiert. Sie kennzeichne die Ökonomisierung im Sozialbereich und verschleiere den Kern der Dienstleistungsprozesse für behinderte Menschen in Abhängigkeitsverhältnissen, in denen es – so Iris BECK – primär um das Eröffnen oder Begrenzen von Lebenschancen gehe:

> „Die distanzierende und bestehende Abhängigkeiten doch eher verdeckende Sprache vom Kunden, von Effizienz, von lukrativen Bereichen in der Qualitätsdebatte scheint mir ein Beleg für die zunehmende Ökonomisierung im Sozialbereich zu sein." (BECK 1999, 41)

Vorbehalte der Behindertenhilfe heben darauf ab, dass insbesondere bei Menschen mit geistiger Behinderung die Übernahme der Rolle eines souveränen Kunden nur bedingt vorstellbar sei. Als Gründe werden u. a. Schwierigkeiten bei der Artikulation eigener Interessen genannt sowie familiär und institutionell erlebte Bevormundung, die Anpassungsleistungen honoriert. Zudem biete das gegenwärtige System der Behindertenhilfe diesem Personenkreis nur begrenzte Wahlmöglichkeiten, von autonomen Entscheidungen bei der Auswahl von Unterstützungsleistungen könne bislang kaum die Rede sein. Darum erscheint die Verwendung des Begriffs „Nutzer" der tatsächlichen Situation angemessener.

Andere betrachten den Kundenbegriff als *zukunftsträchtig*, da seine Anwendung bei Menschen mit geistiger Behinderung Maßnahmen einfordert, die die Kompetenzen zur Wahrnehmung der Kundenrolle stärken und Bedingungen schaffen, die die Realisierung des Kundenstatus unterstützen. Auf der *individuellen Ebene* geht es um Qualifizierung des Personenkreises für die Rolle als Kunden durch Erwachsenenbildung und durch ein pädagogisches Handeln, das dem Empowerment-Ansatz verpflichtet ist. Das heißt konkret: Möglichkeiten schaffen, die individuellen Bedürfnisse zu erkennen, die eigenen Kräfte, Fähigkeiten und Ressourcen zu entdecken, das Leben selbst zu gestalten und sich für die eigenen Rechte und Interessen einzusetzen, um größtmögliche Kontrolle über das eigene Leben und uneingeschränkte Teilhabe am Leben in der Gesellschaft zu erhalten (vgl. STARK 1996; THEUNISSEN 2000). Auf der *kollektiven Ebene* steht die Entwicklung und Unterstützung von Selbsthilfe-Initiativen (People First) und auf der *Ebene der Institutionen und Dienste* die Verankerung der Mitwirkung bei der Planung und Evaluation der Unterstützungsleistungen im Vordergrund. Auf der *strukturellen Ebene* sind durch Veränderung der Hilfe- und Partizipationsstrukturen die notwendigen Voraussetzungen zur Wahrnehmung der Kundenrolle zu schaffen. Auf *gesellschaftlicher Ebene* geht es um die Verbesserung der sozialen Akzeptanz durch die Übernahme kulturell angesehener Rollen, hier der Kundenrolle. Dieser Aspekt kommt z. B. durch die Inanspruchnahme eines Persönlichen Budgets zum Tragen, indem dem Verbraucherschutz eine zentrale Bedeutung beigemessen wird. Die Budgetassistenz ist in diesem Zusammenhang ein Instrument zur Realisierung der Teilhabe an gesellschaftlich anerkannten Rollen.

Im Kontext stadtteilbezogener Sozialer Arbeit mit benachteiligten Bevölkerungsgruppen gilt der Begriff Kunde als *unbrauchbar*. Er Begriff könne in einigen Bereichen der öffentlichen Verwaltung sinnvoll sein, aber nicht im Bereich der gestaltenden Arbeit in einer Kommune, da er im Kern „kein demokratiefördernder Begriff" ist:

> „Eine Kundin wird bedient – sie wird aktiviert, sie wird nicht angeregt. Demokratie lebt aber von Beteiligung, und gerade heute müssen möglichst viele öffentliche Instanzen genau dazu anregen. Wenn die Menschen statt dessen bedient werden, erhalten sie keinen Impuls mehr, ihre Dinge selbst in die Hand zu nehmen." (HINTE & TREEß 2007, 56)

Zudem seien die Bürger/innen im Rahmen von kommunalen Projekten der sozialen Arbeit immer Ko-Produzenten, gute Arbeit in einem Beteiligungsprojekt geschehe immer mit ihnen und durch sie.

Inzwischen wurde der Kundenbegriff unter der Maßgabe „passgenauer" Hilfen als Bestandteil des „Neuen Steuerungsmodells" der öffentlichen Verwaltung und der Politik auch von Sozialleistungsträgern übernommen. So kommentiert z. B. die für die Eingliederungshilfe für behinderte Menschen zuständige Berliner Senatsverwaltung für Arbeit, Integration und Soziales im Handbuch für

Fallmanager/innen der Eingliederungshilfe nach SGB XII (2006) den Begriff als *stimmig*, weil er der neuen Sicht der Leistungsträger auf Menschen mit Behinderung entspreche. Das neue Verständnis des sozialhilferechtlichen Verhältnisses sei geprägt durch eine Hinwendung zu personenorientierten und individualisierbaren Beratungs- und Leistungsangeboten, bei denen der behinderte Menschen als gleichberechtigter Partner gilt. Grundlage einer qualitativ hochwertigen Leistungsgewährung sei die Kundenorientierung („Kunden-Lieferanten-Verhältnis"):

> „Eine Entwicklung zur Kundenorientierung bedeutet, alle Aktivitäten an den Wünschen des Kunden auszurichten und die erreichte Kundenzufriedenheit (z. B. selbständige Lebensführung) zum alleinigen Maßstab für die Qualität der eigenen Leistung zu machen. Dies setzt ein systematisches Erfassen der Kundenwünsche bzw. der Kundenzufriedenheit und Ergebnisqualität voraus." (Handbuch Fallmanagement 2006, 20)

Die unterschiedlichen Positionen machen deutlich, dass der Begriff „Kunde" als Kennzeichnung der Rollen von Leistungsträger, Leistungserbringer und Leistungsempfänger mit Blick auf die mehrdimensionale Fragestellung des Forschungsprojekts zu kurz greift. Er wird daher im vorliegenden Bericht nur dann verwendet, wenn es im Kontext angezeigt ist.

2 Bezugsrahmen

Als theoretischer Rahmen für die Bearbeitung der Fragestellung der KUNDENSTUDIE hat die *Internationale Klassifikation der Funktionsfähigkeit, Behinderung und Gesundheit (ICF)* der Weltgesundheitsorganisation (WHO) grundlegende Bedeutung (vgl. DIMDI 2005). Sie beschreibt wesentliche Teilhabedimensionen einschließlich der sie bedingenden Kontextfaktoren und bietet damit die Basis für eine umfassende Analyse von teilhabefördernden oder -hemmenden Umweltfaktoren. Weitere Ansatzpunkte bieten *teilhabebezogene Konzepte aus den westlichen Industrieländern*, insbesondere aus dem anglo-amerikanischen und dem skandinavischen Raum. Auf der Handlungsebene werden zunehmend *gemeinwesenorientierte Ansätze der Sozialen Arbeit* rezipiert und für die Behindertenhilfe fruchtbar gemacht. Damit erhält der durch das Normalisierungsprinzip vor rund 40 Jahren in Gang gekommene Prozess der Gemeindeintegration eine neue Qualität.

2.1 Teilhabe im ökologischen Kontext

Der Begriff Teilhabe umfasst die *politische Teilhabe* durch aktive Mitwirkung an gesellschaftlichen Entwicklungen und die *soziale, kulturelle und materielle Teilhabe* an Lebensbereichen, deren Realisierung von den zur Verfügung stehenden Ressourcen und den individuellen Interessen abhängig ist. Iris BECK (2008) sieht den Teilhabeansatz in engem Zusammenhang mit dem sozialwissenschaftlichen *Lebenslagenkonzept*:

> „*Lebenslagen* sind der durch äußere Faktoren konstituierte Handlungsspielraum zur Entfaltung und Befriedigung von Bedürfnissen und Interessen und zur Herausbildung eines Lebensstils. Man kann Lebenslagen auch als das Gesamt der sozialen Chancen eines Menschen bezeichnen. Sie lassen sich unterteilen in den Versorgungs- und Einkommensspielraum; Kontakt- und Kooperationsspielraum; Lern- und Erfahrungsspielraum; Muße und Regenerationsspielraum, den Partizipationsspielraum. Die *Lebensbedingungen* – also das Einkommen, die Wohnung, die sozialen Beziehungen usw. – bilden die externen Ressourcen der Bedürfnisbefriedigung. Sie können dafür vor- oder nachteilig sein, je nachdem, in welcher Position ich mich im Gefüge der Macht und Kontrolle in der Gesellschaft befinde. Andererseits muss ich die Ressourcen auch erst mal nutzbar machen, der ‚Spielraum' wird vom Einzelnen oder Gruppen (z. B. der Familie) ganz unterschiedlich genutzt. Das Vorhandensein eines Vereins sagt nichts darüber, ob und wie ich ihn nutzen kann oder will. Dafür sind Bedingungen auf Seiten des Individuums wichtig, aber die Ressource muss auch vorhanden und zugänglich sein." (BECK 2008, 47)

Das Konzept der Lebenslagen verdeutlicht, dass die Teilhabechancen von Menschen mit Behinderung durch eine Vielzahl von Faktoren bedingt sind, die in unterschiedlichen Systemen angesiedelt und in einem komplexen Wirkzusammenhang miteinander verwoben sind. Der behinderte Mensch nimmt in diesem als *ökologischer Kontext* bezeichneten Wirkgeflecht eine *aktive Rolle* ein (vgl. BRONFENBRENNER 1981). Potenzielle Teilhabechancen werden nur dann genutzt, wenn sie für den Einzelnen subjektiv bedeutsam und zugänglich sind bzw. wenn er die zur Teilhabe benötigte Assistenz erhält. So ergeben sich *interindividuell unterschiedliche Teilhabeprofile in Lebensbereichen*.

Einen geeigneten Rahmen zur differenzierten Betrachtung der *Bedingungsfaktoren von Teilhabe* bietet das bio-psycho-soziale Modell der WHO (ICF), das sich am ökologischen Ansatz orientiert. Basis ist ein mehrdimensionales Konzept zur Beschreibung der Komponenten von Gesundheit, das Körperfunktionen und -strukturen, Aktivitäten und die Teilhabe an Lebenssituationen sowie personbezogene und umweltbezogene Kontextfaktoren integriert (Abb. 2).

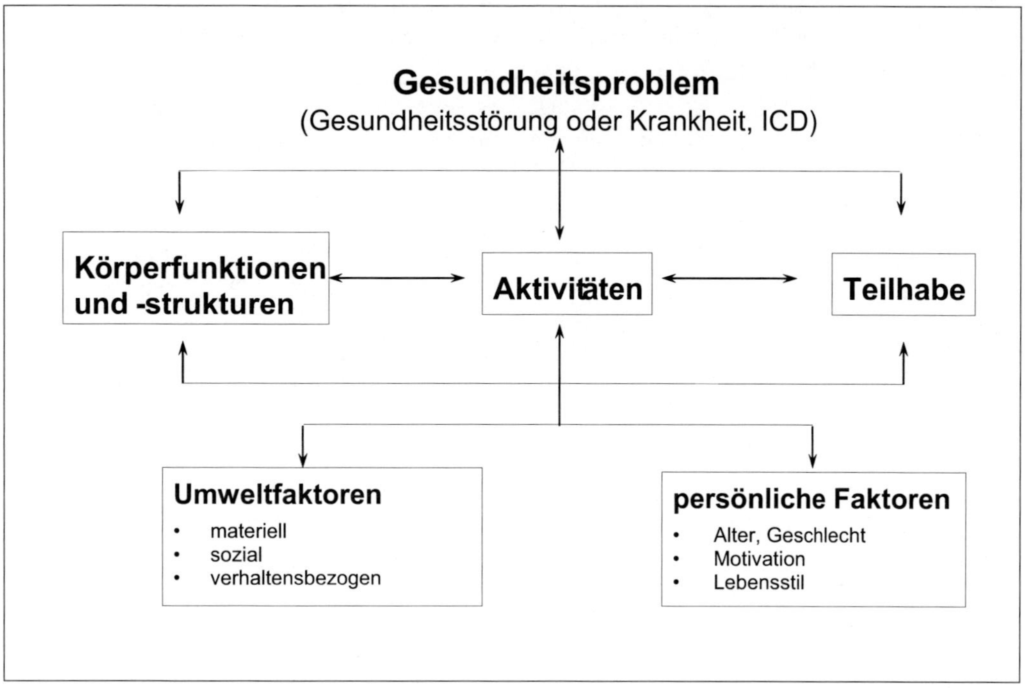

Abb. 2: Bio-psycho-soziales Modell der Weltgesundheitsorganisation

Die Komponenten stehen miteinander in Wechselwirkung und sind für die *funktionale Gesundheit* eines Menschen relevant:

> „Eine Person ist funktional gesund, wenn – vor dem Hintergrund ihrer Kontextfaktoren –
> 1. ihre körperlichen Funktionen (einschließlich des mentalen Bereichs) und Körperstrukturen denen eines gesunden Menschen entsprechen (*Konzept der Körperfunktionen und -strukturen*),
> 2. sie all das tut oder tun kann, was von einem Menschen ohne Gesundheitsproblem (ICD) erwartet wird (*Konzept der Aktivitäten*),
> 3. sie ihr Dasein in allen Lebensbereichen, die ihr wichtig sind, in der Weise und dem Umfang entfalten kann, wie es von einem Menschen ohne gesundheitsbedingte Beeinträchtigung der Körperfunktionen oder -strukturen oder der Aktivitäten erwartet wird (*Konzept der Partizipation [Teilhabe] an Lebensbereichen*).“ (DIMDI 2005,4; Hervorhebungen durch das Projektteam)

Teilhabe wird als *Einbezogensein in Lebenssituationen* definiert. Sie realisiert sich in folgenden Bereichen: Lernen und Wissensanwendung, allgemeine Aufgaben und Anforderungen, Kommunikation, Mobilität, Selbstversorgung und häusliches Leben sowie interpersonelle Interaktionen und Beziehungen, bedeutende Lebensbereiche (z. B. Bildung, Arbeit/Beschäftigung, wirtschaftliche Transaktionen), Gemeinschafts-, soziales und staatsbürgerliches Leben.

Der Grad der Realisierung von Teilhabe ist abhängig von den jeweils gegebenen Umweltbedingungen oder persönlichen Faktoren. Zu den *personbezogenen Kontextfaktoren* zählen z. B. Alter und Geschlecht, der soziale Hintergrund, Bildung und Beruf, die ethnische Zugehörigkeit, der Lebensstil, sozialisationsbedingte Faktoren und Bewältigungsstile, lebensgeschichtliche und gegenwärtige Erfahrungen, allgemeine Verhaltensmuster und das individuelle psychische Leistungsvermögen. Die *Umweltfaktoren* umfassen zum einen die *Ebene des Individuums*, seine unmittelbare, persönliche Umwelt (häuslicher Bereich, Arbeitsplatz), seine sozialen Kontakte (Familienmitglieder, Freunde, Kollegen, Nachbarn, Professionelle, Vorgesetzte u. a.). Dazu kommen *materielle Gegebenheiten* (z. B. Produkte und Technologien, die im Alltag verwendet werden) sowie *natürliche und vom Menschen veränderte Gegebenheiten* (z. B. Flora, Fauna; Geräusche, Licht). Zum anderen betreffen sie die *Ebene der Gesellschaft*, z. B. formelle und informelle soziale Strukturen, Dienste und übergreifende Ansätze oder Systeme in der Gemeinschaft oder Gesellschaft, die einen Einfluss auf Individuen haben:

> „Dieser Aspekt umfasst (1) Organisationen und Dienste bezüglich der Arbeitsumwelt, kommunalen Aktivitäten, Behörden und des Kommunikations- und Verkehrswesens sowie informelle soziale Netzwerke und (2) Gesetze, Vorschriften, formelle und informelle Regeln, Einstellungen und Weltanschauungen." (DIMDI 2005, 22)

Beeinträchtigungen der Teilhabe bzw. des Einbezogenseins in Lebenssituationen und Lebensbereiche resultieren aus einer unzureichenden Passung zwischen den Bedürfnissen und Unterstützungsbedarfen einer Person und ihrer Umwelt.

2.2 Bedingungen für gelingende Teilhabe

> „Soziale Beziehungen und Netzwerke sind Voraussetzung, Mittel und Wirkung gesellschaftlicher Inklusion zugleich." (WANSING 2005, 92)

Die Leitidee Inklusion erfordert eine Neuausrichtung der professionellen Arbeit in Diensten und Einrichtungen der Behindertenhilfe sowie Veränderungen der strukturellen Bedingungen und der Steuerung und Finanzierung der Leistungen. Sie erweitert das seit den 1990er Jahren im Vordergrund stehende Selbstbestimmungsparadigma, das für den Wechsel des professionellen Selbstverständnisses (von der Betreuung zur Begleitung) notwendig und richtungsweisend war, in Teilbereichen aber die Bedeutung sozialer Bezüge in den Hintergrund treten ließ:

> „Die individuumbezogene Perspektive bedarf der Ergänzung durch eine *sozialräumliche Perspektive*, die die Gestaltung des Gemeinwesens in den Blick nimmt. Die Feststellung und Reklamierung von individuellen Hilfen zur Integration und Partizipation (...), ihre Legitimationen und legislativen Absicherungen laufen ins Leere, wenn nicht gleichzeitig die Gestaltung der Infrastruktur der nahen sozialen Räume, in denen Partizipation und Integration alltagspraktisch verwirklicht werden müssen, in Angriff genommen wird. Personenbezogene Hilfen bedürfen der Stützung durch entsprechende sozialräumliche Strukturen: Lebenschancen konstituieren sich nur in einem ausgewogenen Verhältnis von individuellen Optionen und sozialen Einbindungen (DAHRENDORF 1979)." (THIMM & WACHTEL 2002, 25)

Für die *Neuausrichtung der Hilfen* nennt THIMM (2005) drei Leitprinzipien:

- *Lebensweltorientierung:* Das System der Hilfen ist konsequent auf die alltäglichen Lebensbedingungen des Einzelnen auszurichten, auf sein näheres soziales Umfeld, in dem sich sein alltägliches Leben vollzieht und in dem sich unterschiedlichste Menschen als Mitmenschen erfahren können.
- *Partizipation:* Die Orientierung am individuellen Unterstützungsbedarf steht im Vordergrund. Dabei ist ein Höchstmaß der Beteiligung der Hilfeadressaten an der Ausgestaltung der Hilfestrukturen auf allen Ebenen sicherzustellen.
- *Gemeinwesenorientierung:* Organisatorische Konsequenzen sind Deinstitutionalisierung, Dezentralisierung und Regionalisierung der Hilfen. Handlungsleitend ist die Orientierung an nahen Sozialräumen mit einer Vielfalt an unterschiedlichen Sozialbeziehungen.

Impulse für die Weiterentwicklung bieten *gemeindeorientierte Ansätze* aus dem Feld der sozialen Arbeit, Psychologie und Psychiatrie, die bereits in den 70er Jahren entwickelt, aber von der Behindertenhilfe kaum beachtet wurden:

> „Mitte der 80er Jahre lagen fast sämtliche theoretischen und konzeptionellen Bausteine einer gemeindenahen Versorgung vor. Studien zu sozialen Netzwerken, Belastung und Bewältigung, zu Selbsthilfe, Ehrenamt und De-Institutionalisierung gingen einher mit der Dezentralisierung von Angeboten, der Etablie-

rung von Selbsthilfe-Beratungsstellen und Kontaktstellen und Interventionsansätzen wie der Gemeinwesenarbeit in der sozialen Arbeit; das Konzept der Schlüsselpersonen in der Gemeinde stammt z. B. aus den frühen 70er Jahren. Allerdings blieb vieles davon nahezu unbemerkt vom Mainstream der Behindertenhilfe und findet erst jetzt eine breitere Rezeption.“ (BECK 2008, 45/46)[30]

Seit der Jahrtausendwende werden im Fachdiskurs der Behindertenhilfe verstärkt gemeinwesenbezogene Ansätze aus dem anglo-amerikanischen Raum rezipiert, die dem Personenkreis der Menschen mit Behinderung besondere Aufmerksamkeit widmen, z. B. „Community Care“ (vgl. SCHABLON 2009; ASELMEIER 2008), „Community Living“ (KNUST-POTTER 1998), „Supported Living“ (vgl. LINDMEIER/LINDMEIER 2001; ASELMEIER 2003). Sie haben ihre Wurzeln im Normalisierungsprinzip, der Gemeindepsychiatrie und der Gemeinwesenarbeit und sehen ihre Aufgabe darin, Menschen mit Behinderung dabei zu unterstützen, ein Leben nach eigenen Vorstellungen zu führen (Wohnen, Arbeit, Bildung, Freizeit) und als gleichberechtigte Bürger/innen am Leben in der Gemeinde zu partizipieren. Die direkten Unterstützungsleistungen werden flankiert durch eine kontinuierliche Lobbyarbeit, die Entwicklung der Gemeinde und eine Flexibilisierung des Hilfesystems. Einen zentralen Stellenwert haben Unterstützungsleistungen durch informelle Netzwerke und innerhalb der allgemeinen Strukturen des Gemeinwesens. Sie tragen dazu bei, die gesellschaftliche Position von Menschen mit Behinderung zu stärken. Professionelle Unterstützung wird überall dort geleistet, wo die Unterstützung durch das eigene soziale Netzwerk und die Hilfe durch reguläre Einrichtungen nicht ausreichen.[31] Parallel zur Diskussion über innovative gemeinwesenbezogene Ansätze wurden Konzepte zur regionalen Teilhabeplanung entwickelt und in einzelnen Regionen umgesetzt (vgl. ROHRMANN 2009; SCHÄDLER & ROHRMANN 2009).

2.2.1 Handlungsebene Sozialraum

Zur Neuorientierung des beruflichen Selbstverständnisses gibt der Ansatz der Sozialraumorientierung Anregungen, der in der Sozialen Arbeit im Bereich der Jugendhilfe in vielen Kommunen bereits etabliert ist (vgl. HINTE & TREEß 2007) und auch im Arbeitsfeld der Stadtentwicklung an Bedeutung gewinnt (vgl. BECKER 2006). Er richtet die Aufmerksamkeit nicht einseitig auf die Arbeit mit dem Individuum, sondern bezieht die Ressourcen der Gemeinde bzw. des Stadtteils und seiner Bewohner/innen mit ein. Zentrale Elemente sind die Betroffenenaktivierung, Kooperation und Vernetzung.

FRANZ & BECK (2007) haben Grundlagen und Methoden verschiedener sozialraumorientierter Ansätze für die Arbeit mit Menschen mit Behinderung aufbereitet und Schnittstellen zwischen den Reformansätzen der Behindertenhilfe und der Sozialen Arbeit aufgezeigt, die wechselseitig wirksam werden können. Deutlich wird, dass der *Begriff Sozialraum* nicht einheitlich definiert ist. Er wird einerseits als Synonym für das *soziale Netzwerk* eines Menschen genutzt, das sich in der konkreten Lebenspraxis entwickelt und nicht an geografische Räume gebunden ist, andererseits als Bezeichnung für das *Wohnumfeld*, das Wohnquartier, in dem man einander kennt und dessen Orte dem Einzelnen vertraut sind. Zudem findet der Begriff als *Verwaltungskategorie* Anwendung, z. B. zur Kennzeichnung von Bezirken oder Stadtteilen.

Innerhalb der Behindertenhilfe wird der Ansatz der Sozialraumorientierung bereits in mehreren Bundesländern in Praxisprojekten erprobt (vgl. DEUTSCHE HEILPÄDAGOGISCHE GESELLSCHAFT 2008; THEUNISSEN & SCHIRBORT 2006; THEUNISSEN & SCHWALB 2009). Er trägt u. a. im Bereich

30 Iris BECK (2008) erinnert in diesem Zusammenhang daran, dass eine allein auf das Individuum ausgerichtete Pädagogik schon in den Anfängen der Heil- oder Behindertenpädagogik vor 150 Jahren als unzureichend erkannt wurde. Bereits im ersten Lehrbuch für Heilpädagogik von 1861 (GEORGENS & DEINHARDT) werde die Auffassung vertreten, dass die Heilpädagogik ihr Ziel verfehle, wenn sie nur am Fehler des Einzelnen operiert und nicht gleichzeitig die Fehler bekämpft, die Folge von Erziehungsfehlern oder gesellschaftlicher Verhältnisse seien: „Der Defekt ist also *gleichzeitig ein individuelles und soziales Problem*, ein Zusammenhang, der aber in der Folge weder in der Fachkonstitution noch in Theorie und Praxis zum Tragen kam. Die personale Orientierung geriet historisch einerseits zur individualisierten Förderung und andererseits auf Jahrzehnte zur eng auf Persönlichkeitsprobleme reduzierten Defektlehre. So gesehen, kehrte in den 70er und 80er Jahren die mehrperspektivische Sicht auf Behinderung in gewisser Weise zurück; doch wesentlich wurde sie dann erst in die Fachdiskussion der Behindertenpädagogik eingeführt und nachfolgend breiter begründet.“ (BECK 2008, 45)

31 Dieser Ansatz wird u. a. in der Aktion Menschenstadt des Behindertenreferats des Ev. Stadtkirchenverbandes Essen verfolgt (vgl. v. LÜPKE 2008).

von Arbeit und Beschäftigung erste Früchte, z. B. im Patenschaftsmodell der Bamberger Lebenshilfe Werkstätten für behinderte Menschen, das über systematische Netzwerkarbeit auf Dauer angelegte Außenarbeitsplätze für Menschen mit geistiger Behinderung schafft, die keine oder nur geringe Chancen auf eine sozialversicherungspflichtige Vermittlung auf den allgemeinen Arbeitsmarkt haben (vgl. EICHNER 2007; BASENER & HÄUßLER 2008). Beobachtungen zufolge wird der Begriff Sozialraumorientierung jedoch mangels differenzierter Kenntnis der Grundlagen und Prinzipien des Arbeitsansatzes in der Praxis zunehmend inflationär gebraucht.

Fachkonzept Sozialraumorientierung

Das Fachkonzept Sozialraumorientierung, das vom Institut für Stadtteilbezogene Soziale Arbeit und Beratung (ISSAB) der Universität Essen entwickelt wurde, hat seine Wurzeln in den 1970er Jahren, im Arbeitsprinzip Gemeinwesenarbeit[32]:

> „Arbeitsprinzip Gemeinwesenarbeit – das meint eine zu entwickelnde, zu entfaltende Grundorientierung, Haltung, Sichtweise professionellen Handelns, eine grundsätzliche Herangehensweise an soziale Probleme, wo auch immer im Bereich sozialer Berufsarbeit im weitesten Sinne." (BOULET et al. 1980, 156)

Das Fachkonzept integriert Elemente aus unterschiedlichen Ansätzen. Dazu gehören nach FRÜCHTEL et al. (2007, 22; Textbook)

- das Konzept der *Lebensweltorientierung*, „das Betroffene immer als erfahren und prinzipiell kompetent in ihrem aus Bewältigung und Scheitern zusammengesetzten Alltag sieht. Ziel ist der gelingendere Alltag, durch Emanzipation aus bislang praktizierter Routine oder durch höhere Verfügbarkeit bislang strukturell vorenthaltener Ressourcen";
- das Arbeitsprinzip der *Gemeinwesenarbeit*, das eine „Mensch-in-Umwelt-Perspektive" vertritt. „Menschen sind mitbestimmt von sozialen, ökonomischen, kulturellen, administrativen Verhältnissen und können – wenn es gelingt, individualisierende Problemerklärungen zu überwinden und Betroffenenkooperationen zu schaffen – auf diese Verhältnisse einwirken";
- das *Empowerment*, „das Menschen Raum und Mut verschafft, ihre eigenen Angelegenheiten selbst in die Hand zu nehmen, ihre eigenen Kräfte zu entdecken, einzusetzen und den Wert selbst erarbeiteter oder solidarisch erkämpfter Lösungen schätzen zu lernen. Insbesondere das Stärkemodell hat in der Fallarbeit wesentlichen Einfluss auf sozialraumorientierte Arbeit im Einzelfall";
- das Konzept des *„Sozialen Kapitals"*, das „neben der ökonomischen, der rechtlichen und der professionellen Dimension (...) die ressourcenschweren sozialen Wechselbeziehungen zwischen Menschen in den Mittelpunkt stellt";
- das Konzept der *Organisationsentwicklung*, „wonach Organisationen und Verwaltungen primär als Ergebnisse sozialen Handelns und damit sinnbezogen konstruiert und zielbezogen veränderbar begriffen werden. Das Wesen einer zur Organisation gewordenen Verstetigung ist (...) vor allem die Anpassungsleistung an sich permanent verändernde Umwelten und Innenwelten der Organisation";
- Konzepte der *Neuen Steuerung*, die aus betriebswirtschaftlicher Perspektive „von Sozialarbeit und Sozialadministration Accountability, Wirksamkeitsnachweise und Effizienz verlangen".

Sozialraumorientierte Arbeit will dazu beitragen, *Lebensbedingungen* so zu gestalten, „dass Menschen dort entsprechend ihren Bedürfnissen zufrieden(er) leben können" (HINTE 2009, 21). Um dieses Ziel zu erreichen, ist eine konsequente *Ausrichtung der Arbeit an den Interessen und am Willen der Menschen* unabdingbar. Das Konzept verknüpft somit die individuelle Perspektive mit einer sozialökologischen, auf Veränderungen von Verhältnissen zielenden Perspektive:

> „Die Suche nach dem Willen der Menschen (manche sagen: Interessen oder Bedürfnisse) führt zu dem aktiven Subjekt, das eine eigene Weltsicht, einen eigenen Willen hat, der ihm zwar nicht immer im klassisch bürgerlichen Sinne reflexiv bewusst ist, den es aber im Kontakt zu Partnern, die es als wollendes Subjekt mit spezifischen Interessen akzeptieren, entdecken und formulieren kann." (HINTE 2009, 22)

Aufgabe der professionellen Unterstützer/innen ist es, Bedingungen für solche Dialoge zu schaffen und sie zu organisieren. Diesen Anspruch vertritt auch der personzentrierte Ansatz der Be-

32 Die Wurzeln der Gemeinwesenarbeit reichen bis ins 19. Jahrhundert zurück (vgl. STEIN 2007)

hindertenhilfe, der sich an den Bedürfnissen, Wünschen und Interessen des Einzelnen orientiert. Ein wichtiger Unterschied liegt darin, dass im Konzept der Sozialraumorientierung die Äußerung von *Wünschen* als eher kontraproduktiv interpretiert wird:

> „Ein Wunsch ist eine Einstellung, aus der heraus ich erwarte, dass ein bestimmter für mich erstrebenswerter Zustand durch die Aktivität einer anderen Person oder einer Institution, über die ich keine Verfügungs- und Steuerungsmacht habe, hergestellt wird. Eine Wunschhaltung ist immer gekennzeichnet durch den Mangel an eigener Tätigkeit sowie durch die angefragte/erbetene/geforderte Aktivität von anderen. – Der Wille ist eine Haltung, aus der heraus ich selbst nachdrücklich Aktivitäten an den Tag lege, die mich dem Erreichen eines von mir erstrebten Zustands näher bringen. Dabei habe ich einige Ressourcen zur Erreichung des Zustands selbst in der Hand. Welche konkreten Schritte das sein können und wer dabei in welchem Umfang welche Unterstützung leisten kann, ist Gegenstand des kooperativen Prozesses und des daraus folgenden Kontrakts." (HINTE & TREEß 2007, 46)

Die Bandbreite des Fachkonzepts Sozialraumorientierung ist in fünf *Prinzipien* zusammengefasst (vgl. HINTE & TREEß 2009):

1. Orientierung an Interessen und am Willen,
2. Unterstützung von Eigeninitiative und Selbsthilfe,
3. Konzentration auf die Ressourcen der Menschen und des Sozialraums,
4. Zielgruppen- und bereichsübergreifende Sichtweise,
5. Kooperation und Koordination.

Die Prinzipien geben wichtige Anhaltspunkte, wie die Teilhabechancen von Menschen mit Behinderung in Wohnquartieren gestärkt werden können. Dabei bestehen Schnittstellen zur Theorie und Praxis der Behindertenhilfe (vgl. SEIFERT & STEFFENS 2009).

FRÜCHTEL et al. (2007; Textbook) haben zentrale *Handlungsfelder* des Konzepts Sozialraumorientierung im sogenannten SONI-Schema auf zwei Ebenen dargestellt: Auf der *Ebene der Lebenswelt* sind die Handlungsfelder „Individuum" und „Netzwerk" verortet, auf *Systemebene* die Felder „Sozialstruktur" und „Organisation" (Tab. 4).

Ebene des **Systems**: Intervention als Steuerung des Hilfesystems	**Sozialstruktur/ Gesellschaft** **Aktivierung und Einmischung:** Erschließung politischer und ethischer Ressourcen statt Individualisierung sozialer Probleme.	**Organisation/ Hilfesystem** **Sozialräumliche Steuerung:** Erschließung institutioneller Ressourcen. Flexibilisierung und Demokratisierung statt Standardisierung.
Ebene der **Lebenswelt**: Intervention als Interaktion mit Adressaten	**Netzwerk/ Gemeinwesen** **Fallunspezifische Arbeit:** Erschließung sozialer Ressourcen. Feldbezug statt aussondernder Verengung auf den „Fall".	**Individuum/ Fallarbeit** **Stärkemodell:** Erschließung individueller Ressourcen. Arbeit mit dem Willen statt Entwertung.

Tab. 4: SONI-Modell der Sozialraumorientierung (erstellt nach FRÜCHTEL 2010, 96)

Beide Ebenen verkörpern eine jeweils andere Unterstützungskultur (vgl. FRÜCHTEL 2010). Während die lebensweltliche Hilfe überwiegend aus solidarischen Motiven im Rahmen alltäglicher zwischenmenschlicher Beziehungen erbracht wird und oftmals mit Reziprozitätserwartungen verknüpft ist, beruhen die Leistungen des Hilfesystems auf einem Rechtsanspruch, der i. d. R. durch Leistungs- und Vergütungsverträge zwischen Leistungsträger und Leistungserbringer geregelt ist. Die überwiegend standardisierte Hilfeform (z. B. stationäre oder ambulant betreute Wohnformen) wird im Rahmen eines Bedarfsfeststellungsverfahrens nach möglichst objektiven Kriterien festgelegt. Die Vorstellungen des Leistungsberechtigten werden berücksichtigt, soweit sie in das bestehende System passen:

> „Die beabsichtigten Effekte sind eine berechenbare Qualität, die der Logik der bedarfsfeststellenden Instanz folgt, und eine Hilfe im Einbahnstraßen-Format: einer hilft, dem anderen wird geholfen. Die Nebenwirkungen dieser sozialstaatlichen Rechtsansprüche sind allerdings nicht zu unterschätzen. Die Hilfe durch Hilfeexperten birgt immer das Risiko, dass deren Hilfelogik sich gegen die lebensweltliche Hilfelogik durchsetzt und letztere ersetzt oder gar zersetzt. So unentbehrlich die staatliche Intervention hier sein mag, sie bringt nicht nur Vorteile mit sich, sondern begründet eine wachsende Abhängigkeit vom Hilfesystem. Die Verfahrensbeteiligten werden, allen Mitwirkungsgeboten des Sozialrechtes zum Trotz, Verfahrensunterworfene." (FRÜCHTEL 2010, 89)

Handlungsfeld „Individuum“

Grundlegende Voraussetzung der Arbeit ist, Menschen mit Behinderung mit Respekt und als Experten ihrer Lebenswelt zu betrachten, ihre Themen und Bedarfe des Alltags ernst zu nehmen und aufzugreifen, ihren Willen aufzuspüren und auf einer Subjekt-Subjekt-Ebene mit ihnen gemeinsam Ziele zu entwickeln. Oft ist es ein langer Bewusstsein bildender Weg herauszufinden, was der Einzelne will. Menschen mit kognitiven Beeinträchtigungen benötigen häufig Unterstützung, ihre Bedürfnisse zu erkennen, sie zu artikulieren und sich im Rahmen ihrer Möglichkeiten selbst aktiv für die Realisierung ihrer Interessen zu engagieren – ein Prozess des Empowerment. Ein geeignetes, an den Stärken des Individuums ansetzendes Instrument zur Ermittlung des Ziels und der Schritte zum Erreichen dieses Ziels ist die Persönliche Zukunftsplanung, bei der Unterstützerkreise aus Laien und Professionellen beteiligt sind und informelle Ressourcen eine wichtige Rolle spielen (vgl. BOBAN & HINZ 1999; EMRICH et al. 2006; LINDMEIER 2006).

Ziel des *Empowerment-Prozesses* ist die gleichberechtigte Partizipation an allen subjektiv bedeutsamen Lebensbereichen. Menschen mit Behinderung sollen überall sichtbar und wirksam sein, abhängig von den individuellen Möglichkeiten und Interessen – z. B. als Nachbar oder als Kunde im Supermarkt, als Mitglied im Sportverein, als Arbeitskollege, als Teilnehmer einer Selbsthilfegruppe, einer Mieterinitiative oder einer Planungskommission in der Gemeinde. Durch ihre Präsenz in kulturüblichen alltäglichen Zusammenhängen nehmen sie *soziale Rollen* ein, die die Gemeinsamkeit von Menschen mit und ohne Behinderung dokumentieren. Von besonderer Bedeutung sind Aktivitäten, die dem Gemeinwohl dienen, weil sie das gesellschaftliche Bild von Menschen mit geistiger Behinderung verändern können: Indem sie sich selbst für andere engagieren (z. B. älteren Nachbarn bei der Entsorgung von Altpapier behilflich sind), demonstrieren sie, dass sie nicht nur auf Unterstützung angewiesen sind, sondern auch Unterstützung geben können.

Einen besonderen Stellenwert in der Arbeit mit Menschen mit geistiger Behinderung haben der *Aufbau und der Erhalt sozialer Beziehungen*. Das soziale Netzwerk dieses Personenkreises ist hinsichtlich Umfang und Intensität deutlich geringer als bei Menschen ohne Behinderung. Eine ressourcenorientierte Ausrichtung der professionellen Arbeit, die die Entwicklung, Stärkung und Erweiterung des persönlichen Netzwerks in den Blick nimmt (z. B. Familie, Freunde, Nachbarn) kann diesen Sachverhalt kompensieren und so einen Beitrag für mehr Lebensqualität leisten.

Die Einbindung in die Gemeinde kann zudem durch *bürgerschaftliches Engagement* erleichtert werden – im Verbund mit der Eigeninitiative der behinderten Menschen und der Unterstützung durch nahe stehende Personen oder Professionelle. Freiwillig Engagierte haben das Potenzial, weitere soziale Ressourcen in der Gemeinde zu erschließen und dazu beizutragen, Vorurteile gegenüber Menschen mit Behinderung abzubauen (vgl. ROß 2006; ROß 2007; DRABENT 2002). Informelle Netzwerke können die professionelle Betreuung jedoch nur ergänzen, nicht ersetzen. Positive Effekte für Inklusion sind vor allem dann zu erwarten, wenn das bürgerschaftliche Engagement im Sinne eines Freiwilligenmanagements systematisch professionell begleitet wird.

Bundesweit ist eine wachsende Bereitschaft zu freiwilligem Engagement zu verzeichnen, auch im sozialen Bereich. Ergebnisse des zweiten Freiwilligen-Surveys des BUNDESMINISTERIUMS FÜR FAMILIE, SENIOREN, FRAUEN UND JUGEND (2005) zeigen, dass im Jahr 2004 36 % der Bundesbürger/innen über 14 Jahren freiwillig engagiert waren, Tendenz steigend. Diese Entwicklung bestätigt die Annahmen von Klaus DÖRNER (2006), dass jeder Mensch nicht nur ein „gesund-egoistisches Selbstbestimmungsbedürfnis“, sondern auch das „Bedürfnis nach Bedeutung, für andere notwendig zu sein“ hat und dass man den Bürgerinnen und Bürgern Gelegenheit geben müsse, sich für behinderte Menschen zu engagieren – durch einen lange überfälligen Wechsel vom „profizentrischen“ zum „bürgerzentrischen“ Paradigma. Damit wäre ein wichtiger Schritt in Richtung Inklusion getan.

Allerdings ist Aufmerksamkeit geboten, da auch die Sozialpolitik die Bedeutung informeller sozialer Netze erkannt hat und unter ökonomischen Interessen zu nutzen weiß. So ist z. B. im Berliner Behindertenbericht von 2006 im Kapitel „Selbst- und Nachbarschaftshilfe“ zu lesen:

> „Diese gesellschaftlich nützliche, freiwillig und ausschließlich oder überwiegend unentgeltlich geleistete Arbeit führt zu nicht unerheblichen Einsparungen bzw. zur Vermeidung zusätzlicher Kosten im Sozial- und Gesundheitssystem.“ (Berliner Behindertenbericht 2006, 138)

Dabei wird oft übersehen, dass bürgerschaftliches Engagement für Inklusion nicht *weniger* beruflich tätige Fachkräfte erforderlich macht mit der Gefahr einer schleichenden Entprofessionalisierung, sondern *andere* Fachkräfte, nämlich solche „mit erweiterten Kompetenzen“ (vgl. Roß 2007). Ein Beispiel:

> „Statt in einer Komplexeinrichtung eine neue Sporthalle zu bauen, könnte die Frage lauten: Wie können es die Menschen mit Behinderungen, die HeilpädagogInnen der Einrichtung, die ehrenamtlichen TrainerInnen des örtlichen Sportvereins, weitere engagierte Vereinsmitglieder, die Gemeinde und der Handwerksbetrieb, der den Verein sponsort, gemeinsam schaffen, BewohnerInnen der Einrichtung am sportlichen und geselligen Leben des Vereins teilhaben zu lassen?“ (Roß 2007, 36)

Handlungsfeld „Netzwerk“

Neben der Pflege und Erweiterung des persönlichen sozialen Netzwerks des behinderten Menschen gilt es, *fallunspezifisch* Gelegenheiten zu schaffen, die Chancen zur Integration bieten. Das bedeutet, sich für Entwicklungen im Wohnquartier zu interessieren, Kontakte zu knüpfen und zu pflegen, die im Bedarfsfall genutzt werden können, z. B. bei der Suche nach Freizeit-, Bildungs- oder Arbeitsmöglichkeiten, die individuell passen. Die *Vernetzung mit lokalen Akteuren* kann Ausgangspunkt für ein gemeinschaftliches Engagement zur Verbesserung unbefriedigender Verhältnisse sein (z. B. fehlende Treffpunkte) oder Zugänge zu bislang verschlossenen Räumen öffnen.

Die *Öffnung in den Sozialraum* bedeutet Annäherung an ein vielfältiges Spektrum an soziokulturellen Angeboten verschiedenster Anbieter, das verfügbar, überschaubar und zugänglich zu machen ist. Neben den Anbietern der Behindertenhilfe bestehen auch *zielgruppenübergreifend* Schnittstellen, z. B. zur Altenhilfe, zur Jugendhilfe oder zu Kultur- und Freizeiteinrichtungen. Um die regionalen Angebote kennen und einschätzen zu lernen und ggf. Angebotsüberschneidungen abzustimmen, gewinnt *Kooperation* an Gewicht. Das Rollenverständnis von Mitarbeitenden ändert sich, sie werden zum Moderator, Koordinator, „Manager“; dies schließt auch Aushandlungsprozesse mit der Ebene der Verwaltung und Politik ein. Am Netzwerk beteiligten Personen, die wegen des vorherrschenden Systems spezialisierter Einrichtungen und Angebote bislang wenig Erfahrungen im Umgang mit Menschen mit geistiger Behinderung haben, sollte bei Bedarf von Mitarbeitenden der Behindertenhilfe Beratung und Unterstützung angeboten werden.

Handlungsfeld „Organisation“

In diesem Feld geht es um Anforderungen an Träger von Einrichtungen und Diensten sowie Verwaltungen, die das Fachkonzept Sozialraumorientierung in ihre Arbeit integrieren wollen. Erforderliche Veränderungen betreffen z. B. „Organisationsstrukturen, interne Prozesse bzw. Routinen, Ziele, Unternehmenspolitik, professionelles Selbstverständnis, Ausstattung sowie das Zusammenspiel funktional unterschiedlicher, aufeinander bezogener Organisationen, insbesondere im Hinblick auf Finanzierung, Finanzcontrolling und kooperative Zielentwicklung“ (Früchtel et al. 2007, 25; Textbook). Von besonderer Bedeutung ist die *Flexibilität* gegebener organisatorischer Bedingungen, damit den Bedürfnissen und dem Willen der Adressaten entsprechende und zu ihrer Lebenswelt *passende Lösungen* gefunden werden können anstelle standardisierter Angebote, die eher den Interessen der Organisation dienen.

Grundprinzipien des sozialräumlichen Denkens und Handelns sollten im *Qualitätsmanagement* verankert sein. Budde et al. (2006, 14) regen als Grundlage für die Überprüfung der Anwendung der Prinzipien eine Checkliste zur Selbstevaluation an. Die Schwerpunkte beziehen sich u. a. auf die systematische Ermittlung des Willens und der Interessen der Adressaten und Adressatinnen, die Gewährleistung ihrer Mitwirkung in Angelegenheiten ihres Lebens, die Ermittlung und Nutzung ihrer persönlichen Ressourcen, das Vorhandensein von Kenntnissen über sozialräumliche Ressourcen in der Institution und über Möglichkeiten ihrer Kombination mit institutionellen Leistungen, die bereichsübergreifende Nutzung von Ressourcen des Sozialraums und Verfahren zur Kooperation mit dort angesiedelten relevanten Institutionen.

Handlungsfeld „Sozialstruktur"

Um der Individualisierung sozialer Probleme entgegen zu wirken, gilt es, sich im Interesse einer *Verbesserung der Lebenslagen* benachteiligter Bürger/innen auf unterschiedlichen Ebenen aktiv und offensiv an der Lösung sozialer Probleme im Wohnquartier zu beteiligen, unter Einbeziehung der Betroffenen. Empfohlen wird eine „neue Haltung" gegenüber den anderen Funktionssystemen:

> „Statt mit Forderungen konfrontiert zu werden, müssen die anderen Systeme mit (neuen) Informationen, die Zusammenhänge zwischen Problemlagen von Gruppen und systemeigenen Prinzipien und Routinen benennen, konstruktiv 'irritiert' werden. Dann muss die Interessenkorrespondenz zwischen mehreren Systemen beschrieben und die Verantwortung geteilt werden. Zudem soll die Präsentation gelungener Projekte gemeinsame Aktivitäten empfehlen." (FRÜCHTEL et al. 2007, 173; Textbook)

Vergleichbar mit dem *Index für Inklusion* im Kindertagesstätten- und Schulbereich könnte nach den Vorstellungen der Autoren perspektivisch gemeinsam mit lokalen Akteuren ein „Kriterienset" entwickelt werden, das Integrationsleistungen der Gemeinden in unterschiedlichen Dimensionen misst. Um Anreize für Initiativen zu geben, sollten Aktivitäten zur Verbesserung der Integration von Menschen mit Behinderung mit finanziellen Zuschüssen unterstützt werden.

Fazit

Sozialräumliches Arbeiten ist immer *zielgerichtet*. Es geht um die Verbesserung der Lebenssituation und der Möglichkeiten zur Teilhabe am Leben in der Gemeinde, den individuellen Interessen entsprechend. Um Grundlagen und Strukturen für die Selbsthilfe zu schaffen, ist Ressourcenarbeit auf persönlicher, sozialer und infrastruktureller Ebene erforderlich. Neben der *Aktivierung der Betroffenen* durch Hilfe zur Selbsthilfe umfassen die Aktivitäten auch die *Arbeit im Feld*, z. B. zur Verbesserung von Umfeldbedingungen (Barrierefreiheit, öffentlichkeitswirksame Maßnahmen zur Stärkung der sozialen Akzeptanz u. a.) und die *Kooperation mit lokalen Akteuren*, strukturell und fallbezogen. Die Aktivitäten zur Verbesserung von Teilhabechancen sind nachhaltig und auf *Verstetigung* ausgerichtet. Es geht nicht allein darum, in einer gemeinsamen Einzelaktion engagierter Bürger eine Platzbegrünung zu verwirklichen oder eine Bürgerinitiative ins Leben zu rufen, auch wenn solche Aktionen als ein Baustein neben vielen anderen sinnvoll sind. Verstetigung zeigt sich an einer *Änderung des sozialen Klimas im Sozialraum*, und das ist das Ergebnis eines projekt- und themenunspezifischen Prozesses jahrelanger Aktivierung und Erkundung auch wechselnder Interessen. Die Qualität der sozialräumlichen Arbeit bemisst sich an der Verbesserung der Teilhabe sowie der Rolle des Einzelnen im Gemeinwesen (vgl. MÖLLER 2002).

2.2.2 Leben in Nachbarschaften

Unter der Leitorientierung Inklusion und der Veränderung der Hilfesysteme wird das Leben in Nachbarschaften zunehmend die sozialräumliche Arbeit von Mitarbeitenden der Behindertenhilfe tangieren. SCHABLON (2009c, 295) beschreibt im Rahmen seiner vergleichenden Untersuchung von in Deutschland praktizierten Community-Care-Projekten den „Wechselbezug einer Vielfaltsgemeinschaft innerhalb einer Quartiersnachbarschaft" als wesentliches Element einer *gelingenden Gemeinweseneinbindung*. In diesem Sinne bezeichnet auch DÖRNER (2007) die Nachbarschaft als „Herzstück der Gesellschaft", der eine zentrale Rolle als Solidarität stabilisierende Institution zukomme:

> „Nachdem der 100-jährige Modernisierungsfortschritt uns vermuten ließ, Nachbarschaft sei als vormodern überholt, ist unsere Einsicht ein Geschenk der Zunahme der Alten und Chroniker, dass wir diese, das Gemeinwesen auch im Übrigen verlebendigende Kostbarkeit dringender brauchen als je zuvor." (DÖRNER 2007, 93/94)

Das Zusammenleben in Nachbarschaften bietet – so DÖRNER – den Nährboden für das Wachsen von *Solidarität für die Gemeinschaft*. Grundlegende Prämisse sei eine streng territorial definierte Verantwortung, die zwar jenseits der Grenze lebende Menschen ausschließt, dafür aber *alle* im Territorium lebende und hingehörende Menschen einbezieht – ohne Sortierung nach Beeinträchtigungsarten, die im Bereich der sich immer weiter spezialisierenden Hilfen üblich ist. Dabei sollte sich die Größe eines Nachbarschafts-Sozialraums am „Wir-Gefühl" der Bürger/innen orientieren, das in der Regel auf gemeinsamen Erfahrungen beruht, z. B. im Einzugsbereich einer Schule oder einer Kirchengemeinde.

Klaus von LÜPKE (1994) sieht in Nachbarschaftssiedlungen einen Raum, in dem das Ideal einer *Vielfaltsgemeinschaft* gelebt werden könnte:

> „Die Modellvorstellung von einer Nachbarschaftssiedlung: Hundert bis zweihundert Menschen wohnen um einen gemeinsamen Innenhof herum und gestalten ihr Zusammenleben bewusst mit dem Element gegenseitiger Hilfeleistung aus: Wohnungen verschiedener Größe, der Innenhof als geschützter Spiel- und Begegnungsplatz, für Gärten und für Muße. Die Hofsiedlung insgesamt liegt mitten im städtischen Umfeld; Familien und Einzelne, Kinder, Jugendliche, Erwachsene und alte Menschen; Menschen ohne Behinderung und mit Behinderung – in einer Zusammensetzung wie sie etwa der Verteilung in der Gesamtbevölkerung entspricht; gemeinsame Ausgestaltung des Zusammenlebens, Absprachen zu Gemeinschaftsaktivitäten und zu gegenseitigen Hilfeleistungen (in Kooperation mit beruflichen, bezahlten Helferkräften)." (v. LÜPKE 1994, 29)

Im Rahmen von *städtebaulichen Programmen* gibt es inzwischen zahlreiche Wohnanlagen, die versuchen, dem Modell einer Vielfaltsgemeinschaft näher zu kommen. Ein Beispiel sind Bauten, die als sogenanntes „Mehrgenerationenwohnen" firmieren. Hier wird versucht, Menschen in unterschiedlichen Lebenslagen und Lebensphasen durch eine *gemeinschafts- und kommunikationsfördernde architektonische Gestaltung* zusammenzuführen. Die Vorstellung, man könne durch städtebauliche Gestaltung funktionierende Nachbarschaften herbeiführen, erfüllen sich nach Erkenntnissen der Stadtsoziologie jedoch nur punktuell:

> „Nachbarschaften ergeben sich nicht einfach, weil Menschen nebeneinander wohnen. Wenn sie sich mögen, wenn sie etwas miteinander anfangen können und wollen, dann entwickelt sich auch eine aktive Nachbarschaft – in anderen Fällen eben nicht." (HÄUßERMANN & SIEBEL 2004, 115)

Daraus kann abgeleitet werden, dass in sozial homogenen Quartieren die Wahrscheinlichkeit intensiver Nachbarschaftsbeziehungen höher ist als dort, wo die geplant heterogene Zusammensetzung zu Toleranz oder Integration führen soll. Qualität und Freiwilligkeit persönlicher Beziehungen sind wichtiger als die Frage nach der räumlichen Struktur.

Vor diesem Hintergrund haben sich im städtischen Raum *neue Formen von Nachbarschaften* entwickelt, die den Sozialraum erweitern oder anders strukturieren (vgl. HÄUßERMANN & SIEBEL 2004):

- Wenn im unmittelbaren Umfeld keine aktive Nachbarschaft entsteht, suchen sich Stadtbewohner/innen an anderer Stelle Partner, denen sie sich durch gemeinsame Interessen verbunden fühlen. Auf diese Weise entstehen sogenannte „*entlokalisierte Nachbarschaften*" – eine Entwicklung, die auch das soziale Netzwerk von Menschen mit Behinderung bestimmt.
- Weiterhin sind Tendenzen zur „*Inszenierung von Nachbarschaften*" zu beobachten: Stadtbewohner/innen konstruieren auf der Basis von gemeinsamen Lebensstilen *selbst* nachbarschaftliche soziale Netze in einem engen räumlichen Kontext, z. B. Hausgemeinschaften. Die Beteiligten möchten durch die selbst gewählte Gemeinschaft die Anonymität und Isolation in der Stadt aufbrechen oder bestimmte Aufgaben haushaltübergreifend organisieren (u. a. Kinderbetreuung). Dadurch werden z. B. berufstätige Frauen entlastet. Sichtbare Begleiterscheinung solcher individuellen Konstruktionen von Nachbarschaften ist die Ausgrenzung nicht erwünschter Nachbarn.

Trotz der Entwicklung neuer Formen von Nachbarschaft hat der *soziale Nahraum* nach Erkenntnissen der Stadtsoziologie für manche Menschen auch heute noch eine wichtige Funktion, insbesondere für *Menschen mit geringen Kommunikations- und Mobilitätsmöglichkeiten*, z. B. für Kinder und alte Menschen sowie für Frauen mit Kindern.[33] In diesem Sinn sind in den letzten Jahren auch von Anbietern der Behindertenhilfe Formen „inszenierter Nachbarschaft" ent-wickelt worden. Als Beispiel sei ein Hamburger Projekt genannt, in dem von einer Initiative interessierter Bürger/innen eine „dörfliche Nachbarschaft in der Stadt mit Platz für alle Lebensphasen" entwickelt wurde, in der auch Hausgemeinschaften für Menschen mit Behinderung integriert sind (vgl. RÖSNER 2008). Die behinderten Menschen waren in die Planungen einbezogen.

Bei der Förderung des nachbarschaftlichen Zusammenlebens spielen *Wohnungsbauunternehmen* eine wichtige Rolle:

> „Neben der barrierefreien, ökologischen und Lebensqualität steigernden Gestaltung von Wohnräumen, Häusern und Außenanlagen können Wohnungsbauunternehmen und Wohnungsbau-Genossenschaften auch Inklusionsverstärker sein, wenn sie ihre Arbeit als wesentlichen Beitrag zur Gemeinwesen- und Sozialraumentwicklung verstehen." (HAAS & TREBER 2009, 7)

Insbesondere in Quartieren mit einem hohen Anteil an Bewohnerinnen und Bewohnern mit Migrationshintergrund sind Aktivitäten von Wohnungsbaugesellschaften zur Förderung des Zusammenlebens zwischen Einheimischen und Zuwanderern von Bedeutung (vgl. VERBUNDPARTNER „ZUWANDERER IN DER STADT" 2005). Beispielhaft sei das Projekt „Gut miteinander wohnen!" der Berliner Wohnungsbaugesellschaft GESOBAU AG genannt, in dem im Jahr 2006 in Kooperation mit Freien Trägern u. a. eine „Nachbarschaftsetage" eingerichtet wurde, die den Bewohner/innen einer Großsiedlung kostenlos zur Verfügung steht. Sie bietet soziale Unterstützung, fördert nachbarschaftliche Austauschprozesse und informelle Netze einschließlich der Vermittlung ehrenamtlicher Hilfen. In einem weiteren Projekt der Wohnungsbaugesellschaft („Gemeinsam, statt einsam") engagieren sich arbeitslose Jugendliche auf MAE-Basis für ältere Menschen, die bei der Mobilität Unterstützung brauchen; dadurch wird zugleich der Austausch zwischen den Generationen gefördert. Menschen mit geistiger Behinderung sind nach Aussage von Helene BÖHM, die im Sozialmanagement des Unternehmens tätig ist, willkommen:

> „Wir verstehen in unserem Unternehmen Integration als Integration arbeitsloser, behinderter, alter Menschen, junger Menschen, Kinder, Menschen mit Migrationshintergrund usw. So, wie wir Wohnungen für breite Schichten der Bevölkerung anbieten, unterstützen wir auch auf vielfältigste Weise das Zusammenleben in unseren Beständen. Dafür wurde ein sechsstelliges Budget freigesetzt. (...) Das einzige, was ich in diesen zweieinhalb Jahren noch nie auf dem Tisch hatte, war eine Kooperationsanfrage von einem Träger, der mit Menschen mit Behinderung arbeitet. Warum eigentlich? Besteht kein Bedarf hinsichtlich einer Kooperation zur Teilhabe behinderter Menschen in Fragen der nahen Wohn- und Lebensweltgestaltung und wäre ein Wohnungsunternehmen nicht ein möglicher Partner? (...) Ich würde mich freuen, wenn in Zukunft mal irgendjemand auf uns zukommt. Denn auch gehandicapte Menschen sind unsere Kunden. Und je mehr wir über sie wissen, desto besser können wir auf ihre Bedarfe eingehen." (Dokumentation der Fachtagung zur Kundenstudie 2009, 123)

2.2.3 Strukturelle Voraussetzungen

Der Wandel von der institutionsbezogenen zur lebensweltlichen personbezogenen Orientierung erfordert eine Veränderung und Weiterentwicklung der gegenwärtigen angebotsorientierten Hilfestrukturen zu einem *nachfrageorientierten dezentralisierten offenen Unterstützungssystem*:

> „Mit offenen Hilfen sollen behinderten Menschen in verschiedenen Lebensbereichen und Lebensphasen, in denen ein Unterstützungsbedarf auftritt, Angebote gemacht werden, die sie nicht aus dem gesellschaftlichen Alltag ausgrenzen. Offene Hilfen sollen Menschen mit Behinderungen ermöglichen, unabhängig von ihrem behinderungsspezifischen Unterstützungsbedarf einen möglichst ‚normalen', weitgehend selbstbestimmten Alltag in ihrer angestammten bzw. gewünschten Lebenswelt aufrecht zu erhalten." (ROHRMANN et al. 2001, 21)

33 Hier setzt das vom Bundesministerium für Familie, Senioren, Frauen und Gesundheit geförderte Projekt „Mehrgenerationenhäuser" an: Es sollen Netzwerke geschaffen werden, um verschiedene Bevölkerungsschichten zusammenzubringen, die sonst keine oder wenig Möglichkeiten dafür haben. Neben lokalen Angeboten für Kleinkinder, Schüler und Ältere mit Tagesbetreuung und ambulanter Beratung eröffnet sich vor allem auch Kinderlosen oder Menschen, deren Angehörige weit entfernt wohnen, Möglichkeiten, Netzwerke zur Alltagsbewältigung zu knüpfen und soziale Beziehungen aufzubauen. Projekte wie diese könnten auch für Menschen mit geistiger Behinderung Chancen zur Beteiligung eröffnen.

Strukturelle Voraussetzungen zur Verbesserung der Teilhabe sind:

- **Hilfeplanverfahren**, in denen Strategien zur Stärkung der Teilhabe als spezifischer Unterstützungsbedarf anerkannt werden,
- **Angebotsstrukturen**, die – unabhängig von Art und Ausmaß des Unterstützungsbedarfs – selbstbestimmtes Leben und Wohnen inmitten der Gemeinde ermöglichen,
- **Personalentwicklungskonzepte**, die die Qualifizierung für sozialräumliche Aufgaben implizieren,
- **Finanzierungssysteme**, die zur Realisierung individueller Unterstützungsarrangements beitragen und zudem fallunspezifische Arbeit berücksichtigen,
- **Regional- und Stadtplanungen**, die die Belange behinderter Menschen selbstverständlich integrieren,
- eine soziale **Infrastruktur**, die Solidarität fördert.

Perspektivisch sollte – so WANSING (2005) – die bislang vorherrschende „Kompensationslogik" des Rehabilitationssystems, nach der „Menschen mit besonderen Unterstützungsbedarfen im Vorfeld als ‚ausgegrenzt', in diesem Fall als ‚behindert' adressiert werden müssen, um dann kompensatorische Lösungen erhalten zu können", im Interesse einer „präventiven Logik" aufgelöst werden, die Ausgrenzung von vornherein verhindert bzw. minimiert:

> „Die Lebenschancen von Menschen mit Behinderung entscheiden sich wesentlich, *bevor* sie ausgegrenzt werden. Rehabilitationspolitik muss sich dementsprechend zu einer umfassenden Gesellschafts- und Lebenslagenpolitik wandeln, die auf die Gestaltung einer verlässlichen und barrierefreien Infrastruktur für alle Bürgerinnen und Bürger zielt und Personen mit besonderen Exklusionsrisiken jene Ressourcen an die Hand gibt, die ihre (Re-)Inklusionschancen erhöhen. Dies lässt sich in aller Konsequenz nur realisieren, wenn gesellschaftliche Inklusion als politikfeldübergreifendes Aufgabengebiet verstanden wird, das alle gesellschaftlichen Leistungssysteme umfasst." (WANSING 2005, 195)

3 Untersuchungsverfahren

Die inhaltlichen Schwerpunkte der Untersuchung stehen in engem Zusammenhang mit den skizzierten Entwicklungen der Behindertenhilfe im Bundesgebiet und im Land Berlin und den Eckpunkten einer am *Paradigma der Teilhabe* orientierten Gestaltung der Hilfen, die als Bezugsrahmen des Forschungsvorhabens beschrieben wurden. Sie können in vier *Themenfeldern* gebündelt werden:

1. Einschätzung der **gegenwärtigen Angebote** im Bereich Wohnen unter Berücksichtigung unterschiedlicher Bedarfslagen und Lebensphasen;
2. Stellenwert der **Nutzerperspektive** bei der Planung und Evaluation der Unterstützungsleistungen;
3. Bedeutung des **Sozialraums** in der Arbeit mit Menschen mit geistiger und mehrfacher Behinderung;
4. Empfehlungen zur **Weiterentwicklung** der Dienstleistungen und Strukturen im Bereich Wohnen unter veränderten fachlichen, ökonomischen und gesellschaftlichen Bedingungen.

Die Forschungsaktivitäten umfassen *landesweite Erhebungen* und differenzierte *Untersuchungen in ausgewählten Berliner Bezirken*. Ein Überblick über die Untersuchungsfelder und ihre Einbettung in den theoretischen und sozialpolitischen Kontext ist in Abb. 3 dargestellt.

Dem *mehrperspektivischen Ansatz* des Forschungsprojekts entsprechend waren verschiedene Personengruppen in die Untersuchungen involviert: Menschen mit Behinderung, Angehörige und professionell in der Behindertenhilfe oder anderen Bereichen tätige Personen. Als Untersuchungsinstrumente kamen qualitative und quantitative Verfahren zur Anwendung. Tab. 5 zeigt die *Erhebungsverfahren* im zeitlichen Verlauf sowie die jeweilige Untersuchungsregion und den Rücklauf der Datenerhebung im Überblick:

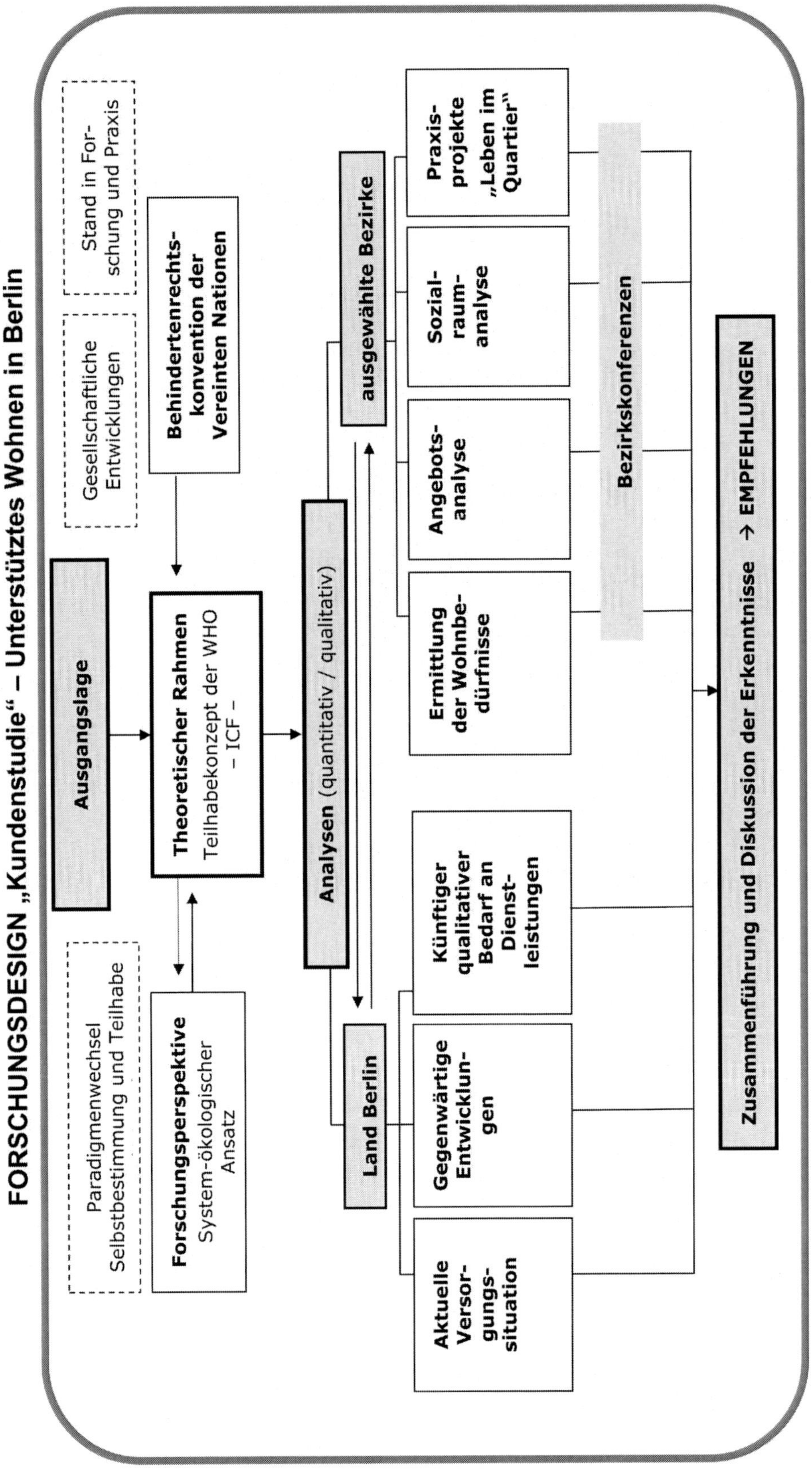

Abb. 3: Forschungsdesign der Kundenstudie

Datenquellen[34] (PP = Praxisprojekt)	Region (■ Tempelhof-Schöneberg ■ Marzahn-Hellersdorf ■ Pankow □ Berlin gesamt)			Beteiligte	Adressaten		Zeitschiene									
					Rück-lauf	Ge-samt	2007				2008				2009	
							I.	II.	III.	IV.	I.	II.	III.	IV.	I.	II.
MENSCHEN MIT BEHINDERUNG																
Fragebogen „Wohnen“	96	105	5	207	45 %	458										
Workshops (incl. PP)				26	-	-										
Interviews (incl. PP)				68	-	-										
ANGEHÖRIGE																
Fragebogen „Wohnen“	37	31	1	70	18 %	383										
Workshop				24	-	-										
Interviews (incl. PP)				25	-	-										
ANBIETER IM BEREICH WOHNEN																
Fragebogen „Wohnen“				36	69 %	52										
Fragebogen „Alter“				16	80 %	20										
Workshop				37	-	-										
Interviews				13	-	-										
MITARBEITER IM BEREICH WOHNEN																
Umfrage „Pers. Budget“				25	15 %	163										
Interviews (PP)	7	5	4	16	-	-										
WEITERE EXPERTEN UND LOKALE AKTEURE																
Umfrage „Migration“				12	50 %	24										
Interviews				48	-	-										
Bezirkskonferenzen	100	ca. 40	ca. 25	170 (rund)	-	-										

Tab. 5: Die Untersuchungsverfahren im Überblick

34 Die bezirksbezogenen Angaben liegen bei den Fragebogenerhebungen jeweils unter der Gesamtzahl der Teilnehmenden, weil einzelne Personen keine Angaben zum Bezirk gemacht haben. Bei den Angaben zu den an verschiedenen Erhebungsverfahren beteiligten Personen gibt es Überschneidungen (z. B. Beteiligung an Workshop und Interview oder am Fragebogen). Darum ist die Gesamtzahl der beteiligten Personen jeweils geringer als die Summe der genannten Zahlen.

3.1 Landesweite Erhebungen

Schwerpunkte der landesweiten Untersuchungen waren Erhebungen zur aktuellen Versorgungssituation, zu gegenwärtigen Entwicklungen der Behindertenhilfe und zum Handlungsbedarf im Bereich des Wohnens von Menschen mit geistiger Behinderung. Adressaten waren Menschen mit geistiger Behinderung und Angehörige, Träger von Diensten und Einrichtungen im Bereich Wohnen sowie Expertinnen und Experten aus unterschiedlichen Verantwortungsbereichen innerhalb und außerhalb der Behindertenhilfe. Eine vollständige Erhebung der aktuellen Versorgungsstrukturen im Bereich des Wohnens war nicht angestrebt, da entsprechende Untersuchungen bereits im Vorfeld der KUNDENSTUDIE durchgeführt wurden (CON_SENS 2005).

Fragebogenerhebung: Anbieter wohnbezogener Einrichtungen und Dienste

Im Zeitraum vom 1. Oktober 2007 bis zum 30. November 2007 wurde eine Befragung von Anbietern der Behindertenhilfe im Bereich Wohnen durchgeführt. An der Befragung beteiligten sich *36 Träger* (von 52 Adressaten); das entspricht einem Rücklauf von 69%. Die Befragung wurde als Online-Fragebogen mit technischer Unterstützung der Universität Siegen auf einer eigens dafür eingerichteten Website durchgeführt. Schwerpunkte der Anbieterbefragung waren

- Strukturdaten zu den gegenwärtigen Angeboten des Trägers,
- Handlungsansätze bei spezifischen Unterstützungsbedarfen,
- Veränderungstendenzen im Nachfrageverhalten,
- Planungen für die Weiterentwicklung der Angebote und der konzeptionellen Grundlagen,
- regionale Aktivitäten,
- Perspektiven der Behindertenhilfe unter den gegebenen Bedingungen.

Um möglichst differenzierte Aussagen zu erhalten, wurden die überwiegend geschlossenen Fragen des Fragebogens durch offene Fragen ergänzt. Die Befragung erfolgte entsprechend den datenschutzrechtlichen Bestimmungen für personenbezogene Daten anonym. Die Daten wurden über das Statistikprogramm SPSS 12.0 für Windows erfasst und ausgewertet.

Interviews: Menschen mit Behinderung, Angehörige, Mitarbeitende, Experten

Zur Erkundung der Erfahrungen und Wohnvorstellungen wurden mit insgesamt *68 Frauen und Männern mit Behinderung* Gruppeninterviews in Begegnungsstätten und Tischgespräche in Freizeitklubs sowie Einzelinterviews geführt.[35] Sie wurden durch leitfadengestützte Einzel- und Gruppeninterviews mit insgesamt *25 Müttern und Vätern* ergänzt. Inhaltliche Schwerpunkte waren: die aktuelle Wohnsituation, Vorstellungen zur Gestaltung bzw. Veränderung der Wohnsituation, das soziale Netzwerk und die Einbindung ins Wohnumfeld sowie Zukunftsvisionen.

Zusätzlich wurden 44 Einzelinterviews und 6 Gruppeninterviews mit insgesamt *62 Experten* aus unterschiedlichen Verantwortungsbereichen (Behindertenhilfe, Verbände, Vereine, Senats- und Bezirksverwaltung, Wissenschaft, lokale Akteure) zu folgenden Themenkomplexen geführt:

- Gesamtsituation der Behindertenhilfe in Berlin
    - Entwicklungen der Berliner Behindertenhilfe in den letzten fünf Jahren,
    - Einschätzung des aktuellen Handlungsbedarfs,
    - gegenwärtige Aktivitäten im Land Berlin zur Veränderung von Strukturen/Angeboten im Bereich Behindertenhilfe,
    - Perspektiven für die Weiterentwicklung und Ansatzpunkte für Teilhabe.
- Spezielle Aspekte der Verwaltung auf Senats-/Bezirksebene
- Spezielle fachliche Fragestellungen
    - Schwere Behinderung und psychische Erkrankungen[36]
    - Menschen mit Behinderung im Alter[37]

35 Die Teilnehmer/innen am Praxisprojekt „Leben im Quartier“ sind inbegriffen. Ein Teil der Interviews wurde im Rahmen von Diplomarbeiten geführt (vgl. BRAUN 2008; KUCHINKE 2008; SCHWANDT 2008; SASSE 2008).

36 Fünf Interviews wurden im Rahmen der Diplomarbeit von Dipl.-Heilpäd. Juliane BLOß geführt.

37 Durchführung der Interviews zum Thema „Alter“: Dipl.-Heilpäd. Michael KOMOREK

- Menschen mit Behinderung und Migrationshintergrund[38]
- Sozialraumorientierung
- Einzelfallhilfe[39]

Die *Dauer der Interviews* umfasste – bezogen auf alle interviewten Zielgruppen – eine Spanne von einer halben Stunde bis ca. 90 Minuten. Im Einzelfall wurde der Zeitrahmen überschritten. Die Interviews erfolgten freiwillig, die Anonymisierung der Aussagen wurde zugesichert. Mit Zustimmung der Interviewpartner/innen wurden die Interviews aufgezeichnet und vollständig transkribiert. Die verbalen Daten wurden computergestützt mit dem Programm zur qualitativen Datenanalyse MAXQDA ausgewertet. Die Datenauswertung erfolgte in Anlehnung an die strukturierende qualitative Inhaltsanalyse nach MAYRING (2008).

Workshops: Menschen mit Behinderung, Angehörige, Anbieter

Zur Vorstellung des Forschungsvorhabens und zur Diskussion projektrelevanter Fragen wurden mit den drei zentralen Zielgruppen Workshops veranstaltet:

- **Kick-off-Workshop für Anbieter der Berliner Behindertenhilfe** im Bereich Wohnen zum Thema „*Zukunft gestalten statt reagieren – ein kundenorientiertes Projekt (nicht nur) der Behindertenhilfe*" (14. Sept. 2007). Teilnehmer/innen: Geschäftsführer, Wohnstättenleiter, Projektleiter, Qualitätsbeauftragte, Wohnbetreuer. Schwerpunkte der Diskussion: In welche Richtung müssen Strukturen und Handlungsansätze in und außerhalb der Behindertenhilfe entwickelt werden, um die Teilhabechancen von Menschen mit geistiger Behinderung zu erhöhen? Welche Rahmenbedingungen sind erforderlich? Welche Chancen bietet das Projekt KUNDENSTUDIE zur Initiierung zukunftsweisender Ansätze? Der Workshop wurde durch einen Vortrag mit dem Titel „*Auf dem Weg zur kundenorientierten Vernetzung*" eingeleitet (Hugo MENNEMANN, Münster).
- **Workshop für Angehörigen-Initiativen und interessierte Angehörige** von Menschen mit geistiger und mehrfacher Behinderung zum Thema "*Wohnperspektiven von Erwachsenen mit geistiger und mehrfacher Behinderung*" (2. Nov. 2007). Hier erhielten Angehörigen-Initiativen die Möglichkeit, ihre Arbeit und mögliche Ideen zur konzeptionellen und strukturellen Weiterentwicklung der Wohnangebote für Erwachsene mit geistiger Behinderung in Berlin vorzustellen und sich mit anderen Eltern auszutauschen. Der Workshop wurde durch ein Impulsreferat zum Thema „*Beispiele gelungener Teilhabe*" eingeleitet (Heidrun METZLER, Tübingen).
- **Workshop für Menschen mit geistiger Behinderung** zum Thema „*Wohnen wie Sie es möchten!?*" (12. April 2008). Im Mittelpunkt standen Erfahrungen von Menschen mit Behinderung beim Wohnen außerhalb der Familie und ihre Vorstellungen und Wünsche zur Veränderung der Situation. Auch die Auftakt- und Abschlussveranstaltungen der Praxisprojekte wurden in Form von Workshops durchgeführt, bei denen persönliche Erfahrungen bei der Teilhabe im Wohnquartier im Mittelpunkt standen.

3.2 Untersuchungen in ausgewählten Bezirken

Die Untersuchungen und Aktivitäten in ausgewählten Bezirken sind – in Ergänzung zu den landesweiten Erhebungen – als Kernstück des Forschungsvorhabens zu verstehen. Sie ermöglichen eingehendere sozialräumlich orientierte Analysen und tragen damit dem Sachverhalt Rechnung, dass Wohnbedürfnisse von Menschen mit Behinderung und deren Realisierung im regionalen Kontext zu betrachten sind.

Nach einer Vorauswahl von fünf Bezirken, die aufgrund von expertenbasierten Vorannahmen und in Abstimmung mit dem Projektbeirat im Kontext der Fragestellung der KUNDENSTUDIE für vertiefende Untersuchungen geeignet schienen, wurden *Auswahlkriterien* zusammengestellt, die die endgültige Festlegung erleichtern sollten. Die Kriterien umfassten *Strukturdaten der Behindertenhilfe* und *stadtteil- und teilhabebezogene Aspekte* (Tab. 6).

38 Durchführung der Interviews zum Thema „Migration": Dipl.-Heilpäd. Janna HARMS

39 Zum Thema Einzelfallhilfe liegt eine Untersuchung von ZIMMERMANN et al. (2009) vor. Darum wird der Themenbereich im vorliegenden Bericht der KUNDENSTUDIE nicht vertiefend behandelt.

Kriterien zur Auswahl der Bezirke	
Versorgungsstrukturen der Behindertenhilfe	**Stadtteil- und teilhabebezogene Aspekte**
• Dichte der Leistungsberechtigten in Wohneinrichtungen/pro 1.000 Einwohner • Angebotsdichte im Bereich Wohnen für Menschen mit geistiger Behinderung • Verhältnis ambulante/stationäre Wohnangebote • Dichte weiterer Angebote (Arbeit, Beratung, Freizeit) • Trägerpluralität • Innovative Projekte • Kooperationsbereitschaft der Akteure	• Sozialstrukturdaten (Bezirksprofil) • (Soziale) Infrastruktur • Aufenthaltsqualität des öffentlichen Raums • Bürgerschaftliches Engagement • Partizipationskultur • Innovative Projekte • Stadtteilbezogene Strukturen (z. B. Nachbarschaftsheime, Gebiete des Programms „Soziale Stadt", Pilotbezirk gesamtstädtische Rahmenstrategie Soziale Stadtentwicklung Berlin)

Tab. 6: Kriterien zur Auswahl der Bezirke

Die Kombination der Daten erfolgte vor dem Hintergrund, dass sozialstatistische Daten nur bedingt den Merkmalen entsprechen, an denen Menschen die Lebensqualität oder auch Problemlagen im Kiez festmachen. So spielen bei der qualitativen Bewertung von Quartieren häufig weitere Faktoren eine Rolle, wie funktionierende Nachbarschaften, gegenseitige Hilfe, bürgerschaftliches Engagement, die Aufenthaltsqualität des öffentlichen Raums und eine gute Infrastruktur – von Grünanlagen über Geschäfte, in denen der tägliche Einkauf erledigt werden kann, bis zu sozialen Angeboten und Bildungseinrichtungen. Zwischen beiden Kategorien bestehen Schnittstellen, die für die Stärkung der Teilhabechancen Bedeutung haben.

Anhand dieses Rasters wurden mit vorliegenden Daten aus Statistiken, Studien und Datenbanken[40] für die in die engere Auswahl genommenen Bezirke *Bezirksprofile* erstellt. Fachliche Einschätzungen von Experten und Expertinnen, die mit den bezirklichen Gegebenheiten hinsichtlich der sozialräumlichen Strukturen und der Spezifika der Behindertenhilfe vertraut sind, präzisierten und ergänzten die vorliegenden Daten. Die Auswahl der Bezirke erfolgte auf der Basis der ausgewählten Daten in Anlehnung an das Verfahren „House of Quality" (HoQ), das unterschiedliche Interessenslagen integriert und eine projektbezogene Gewichtung der Kriterien ermöglicht.[41] So konnten die Bezirke entsprechend der jeweils gewünschten, teilweise kontrastierenden Konstellation ausgewählt werden: Tempelhof-Schöneberg, Marzahn-Hellersdorf und Pankow. Die Untersuchungen wurden unter Berücksichtigung der Bezirksprofile hinsichtlich Schwerpunktsetzung und Umfang der Analysen in den Bezirken jeweils unterschiedlich gewichtet Abb. 4 gibt einen Überblick über die Projektbausteine auf Bezirksebene, die Adressatenkreise und Methoden.

40 Quellen: „Bestands- und Bedarfserhebung Wohnen für Menschen mit einer Behinderung in Berlin, con_sens GmbH (November 2005); Datenbank „Angebote für Menschen mit geistigen und/oder körperlichen Behinderungen in Berlin", LOTSE BERLIN (Juli 2006); „Sozialstrukturatlas Berlin 2003", Senatsverwaltung für Gesundheit, Soziales und Verbraucherschutz (März 2004); „FIS-Broker", Online-Zugriff auf Karten, Pläne und andere Daten, Senatsverwaltung für Stadtentwicklung (Hardcopy vom 10.05.2007); „Kiezatlas", Internetgestützte Datenbank zur sozialen und kulturellen Infrastruktur, Verband für sozial-kulturelle Arbeit, Landesgruppe Berlin e. V. (Hardcopy vom 10.05.2007); Veröffentlichungen des Amtes für Statistik Berlin-Brandenburg; Websites der Senatsverwaltung für Integration, Arbeit und Soziales, der Senatsverwaltung für Stadtentwicklung, der Bezirke Berlins und des Bund-Länder-Programms „Soziale Stadt" u. a.

41 Das Verfahren ist ein Instrument zur Qualitätsentwicklung, das 1966 vom Japaner Yoji Akao zur erfolgreichen Entwicklung oder Auswahl von Dienstleistungen und Produkten entwickelt und zunächst in der Auto- und Hardwareindustrie eingesetzt wurde. Es findet inzwischen auch in der Behindertenhilfe Anwendung, z. B. zur Entscheidungsfindung bei der Auswahl von Betreuungsalternativen für einen Leistungsberechtigten (vgl. unveröff. Vortrag von Michael NAGY, SRH Fachhochschule Heidelberg, auf dem Strategie-Workshop der Deutschen Heilpädagogischen Gesellschaft - DHG im März 2007)

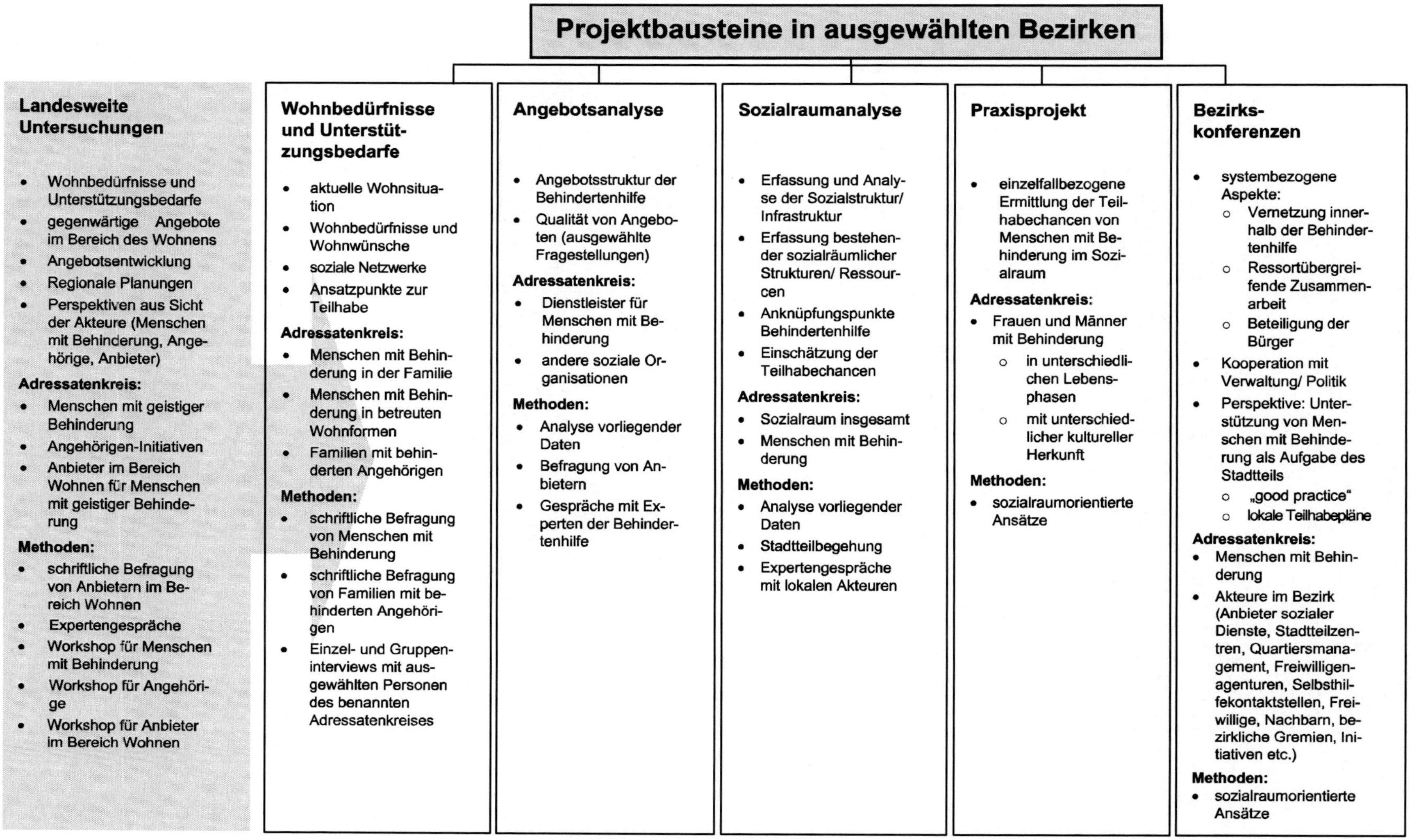

Abb. 4: Forschungsaktivitäten in ausgewählten Bezirken

Vor Beginn der Untersuchungen wurde das Forschungsvorhaben den Sozialstadträten der Bezirke sowie leitenden Mitarbeiterinnen und Mitarbeitern der Sozialämter, den bezirklichen Behindertenbeauftragten und bezirklichen Gremien, die sich mit Angelegenheiten behinderter Menschen befassen, vorgestellt. Dadurch wurde eine Vertrauensbasis geschaffen, die eine gute Kooperation in projektrelevanten Zusammenhängen zur Folge hatte.

3.2.1 Ermittlung der Wohnbedürfnisse

Um den qualitativen Entwicklungsbedarf der Unterstützungs- und Dienstleistungsangebote aus Nutzerperspektive zu konkretisieren, wurden in *Tempelhof-Schöneberg* und *Marzahn-Hellersdorf* Fragebogenerhebungen und Interviews mit Menschen mit Behinderung und Angehörigen durchgeführt.

Fragebogenerhebungen

Die Fragebogenerhebungen erfolgten zeitlich versetzt im Zeitraum vom 1. Dezember 2007 bis zum 30. Juni 2008. Zentrale Schwerpunkte waren die Einschätzung der gegenwärtigen Wohnsituation, Erfahrungen im Wohnumfeld und Wohnvorstellungen für die Zukunft.[42] Der *Fragebogen für Menschen mit Behinderung* richtete sich an Frauen und Männer in Familien und in betreuten Wohnformen (Wohnheim, Wohngemeinschaft, Betreutes Einzelwohnen). Er wurde in leichter Sprache verfasst und mit Piktogrammen illustriert. Da bei der Planung des Wohnens außerhalb der Familie die Vorstellungen der Eltern eine wichtige Rolle spielen, wurden ergänzend *Fragebogenerhebungen bei Eltern* durchgeführt, deren behinderte Töchter und Söhne im Elternhaus leben. Die Zusendung bzw. Weiterleitung der Fragebögen an Familien erfolgte auf der Basis des datenschutzrechtlich abgesicherten Adressmittlungsverfahrens teils über die zuständige Behörde (Tempelhof-Schönberg), teils über Werkstätten für behinderte Menschen (Marzahn-Hellersdorf) und über Schulen mit dem Förderschwerpunkt Geistige Entwicklung (in beiden Bezirken). Im Bereich der Werkstatt war es zudem möglich, die Befragung von Werkstattmitarbeitern und -mitarbeiterinnen, die in der Familie leben, durch das Projektteam innerhalb der Werkstatt durchzuführen. Bei den Befragungen in betreuten Wohnformen assistierten überwiegend Studierende bei der Beantwortung der Fragen. Die Beteiligung war freiwillig.

Die *Rücklaufquote* lag bei den *Fragebögen für Menschen mit Behinderung* bei 45 % (207 von 458 ausgegebenen Bögen). 93 % der Befragten gaben an, dass sie beim Ausfüllen des Fragebogens unterstützt wurden, überwiegend von Projektmitarbeiterinnen und Studierenden (66 %), gefolgt von Angehörigen oder anderen nahe stehenden Personen (22 %) und professionellen Bezugspersonen (5 %). Bei den *Fragebögen für Angehörige* lag der Rücklauf bei 18 % (70 von 383 versandten Bögen).

Interviews

Die bezirksbezogenen *Interviews mit Menschen mit Behinderung* fanden überwiegend im Rahmen der Praxisprojekte „Leben im Quartier" statt, die in allen drei Bezirken durchgeführt wurden. Schwerpunkte waren die gegenwärtige Wohnsituation, der Stand der Teilhabe in den Bereichen Wohnalltag, soziale Beziehungen, Leben im Stadtteil und Freizeitaktivitäten sowie Veränderungswünsche. Die Gespräche wurden individuell gestaltet und – den jeweiligen Möglichkeiten entsprechend – über mehrere Termine verteilt. So war ein intensiveres Eingehen auf die Erfahrungen und Einschätzungen der Befragten möglich. – In den *Interviews mit Eltern* standen Erfahrungen hinsichtlich der Teilhabe ihrer behinderten Töchter und Söhne im Wohnquartier, das soziale Netzwerk und Vorstellungen zu deren künftiger Wohnsituation im Mittelpunkt. In mehreren Gesprächen wurden die spezifischen Unterstützungsbedarfe von Menschen mit schweren Behinderungen und/oder herausforderndem Verhalten thematisiert. Bei einigen Eltern-Interviews war der bzw. die behinderte Angehörige anwesend; sie wurden soweit möglich ins Gespräch einbezogen.

42 Die inhaltliche Gestaltung der Fragebögen orientierte sich in Teilbereichen an den von METZLER & RAUSCHER (2004) verwendeten Befragungsinstrumenten.

3.2.2 Angebots- und Sozialraumanalyse

Die Angebotsanalyse wurde schwerpunktmäßig in *Tempelhof-Schöneberg* und *Pankow* zu den Themenfeldern „Migration und Behinderung", „Alter und Behinderung" sowie „Psychosoziale Versorgung" durchgeführt. Dabei standen auf der strukturellen und konzeptionellen Ebene teilhabebezogene Aspekte im Mittelpunkt, u. a. die Bereitschaft, auf veränderte Bedarfe und die Zielvorgaben des SGB IX qualitativ zu reagieren, die Vernetzung und Durchlässigkeit der Angebote sowie ihre regionale Ausrichtung. Als Untersuchungsverfahren kamen überwiegend *Interviews* mit Expertinnen und Experten sowie lokalen Akteuren zur Anwendung. In *Pankow* wurde zusätzlich eine *Fragebogenerhebung* zu Dienstleistungen für Menschen mit Behinderung im Alter mit den Schwerpunkten Angebotsstruktur, konzeptionelle Grundlagen, Sozialraumorientierung und Anforderungen an Mitarbeiter/innen zur Anwendung.

Im Bereich der Sozialraumanalyse wurden in allen drei Bezirken beispielhaft vorliegende Daten zur Sozialstruktur und Infrastruktur sowie zu sozialräumlichen Ressourcen, die Anknüpfungspunkte für die Behindertenhilfe bieten könnten, erfasst. In *Tempelhof-Schöneberg* wurden darüber hinaus *Interviews* mit lokalen Akteuren zu Möglichkeiten der Einbindung von Menschen mit Behinderung in Regelstrukturen und soziale Netze geführt und eine Stadtteilbegehung realisiert.

3.2.3 Praxisprojekt und Bezirkskonferenzen

Am Praxisprojekt „Leben im Quartier" nahmen *22 Menschen mit Behinderung* aus allen drei Bezirken teil. 16 Frauen und Männer leben in betreuten Wohnformen, sechs bei ihren Familien. Projektteilnehmer/innen wurden über mehrere Wochen durch Studierende der Katholischen Hochschule für Sozialwesen Berlin begleitet. Ziel war, die konkrete Einbindung der Beteiligten in ihrem Wohnquartier zu erkunden, unter besonderer Berücksichtigung der persönlichen Erfahrungen und Sichtweisen. Das methodische Vorgehen orientierte sich an *sozialraumorientierten Konzepten* der Sozialen Arbeit (u. a. Gespräche, Kiezgänge), die in gemeinsam erstellten *Persönlichen Teilhabenetzkarten*, *Persönlichen Kiezkarten* und *Persönlichen Teilhabeplänen* ihren Niederschlag fanden. Ausschnitte aus dem Stadtteilprojekt in *Tempelhof-Schöneberg* wurden in einem *Film* dokumentiert.

Ergänzend zu den Aktivitäten mit den Projektteilnehmerinnen und -teilnehmern wurden leitfadengestützte Interviews mit ihren Betreuerinnen und Betreuern und – bei den in der Familie lebenden Personen – mit den Eltern geführt. In den insgesamt *16 Mitarbeiter-Interviews* ging es neben ergänzenden Informationen zu den am Projekt teilnehmenden Frauen und Männern primär um fachliche Fragen zur Teilhabe und zum Stellenwert sozialraumorientierter Ansätze in der Arbeit. In den *Eltern-Interviews* standen die Einschätzung der Teilhabe des Sohnes oder der Tochter am allgemeinen Leben und Vorschläge zur Verbesserung der Einbindung von Menschen mit Behinderung ins Wohnumfeld im Mittelpunkt.

Mit der Durchführung von *Bezirkskonferenzen* wurde auf struktureller Ebene das Ziel verfolgt, Entwicklungen anzustoßen, die die Lebenssituation und Lebensperspektiven von Menschen mit geistiger und mehrfacher Behinderung nicht nur als Aufgabe der Behindertenhilfe, sondern auch als Aufgabe des Stadtteils begreifen. Ausgehend von bezirksbezogenen Forschungsergebnissen der KUNDENSTUDIE, die mit lokalen Akteuren diskutiert wurden, wurden auf den Konferenzen Ideen zur Verbesserung der Teilhabe behinderter Menschen in unterschiedlichen Lebenszusammenhängen zusammengetragen und Wege und Impulsgeber zur nachhaltigen Umsetzung vereinbart.

3.3 Güte der Daten

Die Güte sozialwissenschaftlicher Theorien und Methoden wird im Rahmen qualitativer Forschung als Grad ihrer *Angemessenheit an die empirische Realität und an das Erkenntnisziel* definiert (vgl. LAMNEK 1989). Angemessenheit heißt in diesem Sinn: Übereinstimmung von Erkenntnisziel, angewandter Methode in Datenerhebung und Datenanalyse und dem Gegenstand der Untersuchung. Das Erkenntnisziel der KUNDENSTUDIE ist die *Identifizierung von Bedingungsfaktoren*, die die Teilhabe von Menschen mit geistiger und mehrfacher Behinderung am Leben in der

Gesellschaft stärken. Sie sollen Grundlage für die Weiterentwicklung der Strukturen und der Dienstleistungen im Bereich des Wohnens sein. Vor diesem Hintergrund war es angezeigt, ein mehrdimensionales und mehrperspektivisches Untersuchungsdesign zu entwerfen, das sowohl quantitative als auch qualitative Verfahren umfasst und unterschiedliche Akteure im Bereich des Wohnens von Menschen mit Behinderung einbezieht.

Im Mittelpunkt der Datenerhebung stand die *subjektive Perspektive von Menschen mit geistiger Behinderung*. Sie wurden im Sinne partizipativer Forschung auf unterschiedlichen Ebenen aktiv an der Untersuchung beteiligt. Vor diesem Hintergrund bemisst sich die Güte der Daten in besonderer Weise daran, inwieweit bei der Gestaltung der Untersuchungsinstrumente und des Prozesses der Datenerhebung Bedingungen beachtet werden, die das Verstehen der Fragen erleichtern und Unterstützung bei der Beantwortung geben.

In der Fachliteratur wurde die Interviewfähigkeit dieses Personenkreises lange Zeit in Frage gestellt (vgl. HAGEN 2007). Sie könnten z. B. abstrakte Zusammenhänge nur eingeschränkt verstehen; zudem bestehe die Tendenz zu sozial oder institutionell erwünschtem Antwortverhalten. Inzwischen besteht Konsens darüber, dass Menschen mit geistiger Behinderung kompetente Gesprächspartner sind – vorausgesetzt, dass die Interviewsituation entsprechend gestaltet ist. Gute Erfahrungen liegen mit Gruppendiskussionen und mit Interviews im konkreten Geschehen vor. Das Gespräch sollte in vertrauter Umgebung stattfinden, im Einzelfall gibt die Anwesenheit einer vertrauten Person Sicherheit, z. B. eines Freundes oder Arbeitskollegen. Eher kontraproduktiv kann sich die Anwesenheit von Mitarbeitenden oder Eltern auswirken. Hinsichtlich der *Interviewtechnik* erweisen sich qualitative Verfahren wie das problemzentrierte Interview nach WITZEL (1982) als besonders geeignet, weil sie den Befragten Raum für eigene Sichtweisen lassen und eine flexible Anpassung an die „Erzähllogik" des Interviewten zulassen (HAGEN 2007). Obwohl grundsätzlich von einer hohen Verstehenskompetenz auszugehen ist, die sich nicht unmittelbar aus dem verbal verwendeten Wortschatz erschließt, ist die Formulierung der Fragen in leichter Sprache erforderlich, einschließlich notwendiger Erläuterungen. Günstige Auswirkungen auf das gegenseitige Verstehen sind zu beobachten, wenn der/die Interviewende gute Kenntnisse über die Lebenswelt der Interviewpartner/innen hat.

Die benannten Anforderungen an die Interviewführung wurden im Rahmen der KUNDENSTUDIE weitgehend berücksichtigt. Die Interviewer/innen wurden im Rahmen eines vorangehenden Seminars auf die Aufgabe vorbereitet. Teilweise wurden unterstützende Medien genutzt, z. B. Bildkarten. Zudem wurden die empfohlenen Interviewformen, wie Gruppeninterviews und Befragungen im konkreten Geschehen, überwiegend umgesetzt. Die Grundprinzipien der Interviewführung mit Menschen mit geistiger Behinderung fanden auch bei den Fragebogenerhebungen in der Face-to-Face-Kommunikation Beachtung. Keine Aussagen können hinsichtlich möglicher Beeinflussung des Antwortverhaltens durch unterstützende Mütter oder Väter gemacht werden. Die Vermutung liegt nahe, dass einige der Befragten wegen der größeren Abhängigkeit beim häuslichen Zusammenleben z. B. bei Zufriedenheitsfragen eher sozial erwünscht antworteten. Bei einem Vergleich von Bögen beider Adressatengruppen, die in *einem* Umschlag aus der selben Familie zugeschickt worden waren, wurden bei Einschätzungs- und Zukunftsfragen teilweise unterschiedliche Antworten gefunden – ein Sachverhalt, der für eine eigenständige Beantwortung der Fragen durch die behinderten Menschen spricht.

Kritisch anzumerken ist, dass die Wahl der Erhebungsinstrumente den in die Untersuchung einbezogenen Personenkreis auf jene Menschen konzentriert, die in der Lage sind, verbal zu kommunizieren, wenngleich auf unterschiedlichem Niveau. Die Annäherung an die subjektive Perspektive von *Menschen mit schwereren Behinderung*, die nicht oder kaum für sich selbst sprechen können, erfordert andere methodische Zugangsweisen, wie sie beispielsweise in der Kölner Studie zur Lebensqualität von Menschen mit schweren Behinderungen in Heimen praktiziert wurden (vgl. SEIFERT et al. 2001; SEIFERT 2002). Ein solches Vorgehen konnte wegen der begrenzten Projektlaufzeit nicht in die vorliegende Studie integriert werden.

4 Zusammenfassung

Das Forschungsprojekt KUNDENSTUDIE – UNTERSTÜTZTES WOHNEN IN BERLIN befasst sich mit der Frage, wie die Weiterentwicklung der Strukturen und Prozesse der Behindertenhilfe im Bereich des Wohnens zu gestalten ist, damit die Teilhabe von Menschen mit geistiger und mehrfacher Behinderung am Leben in der Gesellschaft gestärkt und die Entwicklung eines inklusiven Gemeinwesens begünstigt werden. Als theoretischer Rahmen für die Bearbeitung der Fragestellung hat die Internationale Klassifikation der Funktionsfähigkeit, Behinderung und Gesundheit (ICF) der Weltgesundheitsorganisation (WHO) grundlegende Bedeutung. Sie beschreibt wesentliche Teilhabedimensionen einschließlich der sie bedingenden Kontextfaktoren und bietet damit die Basis für eine umfassende Analyse von teilhabefördernden oder -hemmenden Umweltfaktoren. Der Begriff Teilhabe umfasst die politische Teilhabe durch aktive Mitwirkung an gesellschaftlichen Entwicklungen und die soziale, kulturelle und materielle Teilhabe an Lebensbereichen, deren Realisierung von den zur Verfügung stehenden Ressourcen und den individuellen Interessen abhängig ist. Beeinträchtigungen der Teilhabe bzw. des Einbezogenseins in Lebenssituationen und Lebensbereiche resultieren aus einer unzureichenden Passung zwischen den Bedürfnissen und Unterstützungsbedarfen einer Person und ihrer Umwelt.

Für die Neuausrichtung der Hilfen sind drei Leitprinzipien handlungsleitend: die Lebensweltorientierung, die Partizipation des Hilfeadressaten und die Gemeinwesenorientierung. Grundlegende Anregungen für die Neuorientierung des professionellen Handelns unter der Leitidee Inklusion gibt das Fachkonzept Sozialraumorientierung, das vom Institut für Stadtteilbezogene Soziale Arbeit und Beratung (ISSAB) der Universität Essen entwickelt wurde und im Bereich der Jugendhilfe in vielen Kommunen bereits etabliert ist. Auch im Arbeitsfeld der Stadtentwicklung gewinnt der Ansatz an Bedeutung. Er richtet die Aufmerksamkeit nicht einseitig auf die Arbeit mit dem Individuum, sondern bezieht die Ressourcen der Gemeinde bzw. des Stadtteils und seiner Bewohner/innen mit ein. Zentrale Elemente sind die Betroffenenaktivierung, Kooperation und Vernetzung. Ausgehend von den individuellen Bedürfnissen und Interessen strebt sozialräumliches Arbeiten die Verbesserung der Lebenssituation und der Möglichkeiten zur Teilhabe am Leben in der Gemeinde an. Neben der Hilfe zur Selbsthilfe i. S. von Empowerment ist Ressourcenarbeit auf persönlicher, sozialer und infrastruktureller Ebene erforderlich. Aktivitäten auf Systemebene betreffen die Organisation von Einrichtungen und Diensten sowie Verwaltungen, z. B. Organisationsstrukturen, interne Prozesse, Ziele, das professionelle Selbstverständnis und Finanzierungsstrukturen. Im Interesse individueller Unterstützungsarrangements, die den Bedürfnissen und dem Willen der Adressaten entsprechen und zu ihrer Lebenswelt passen, hat die Flexibilität des Hilfesystems einen besonderen Stellenwert. Grundprinzipien des sozialräumlichen Denkens und Handelns sollten im Qualitätsmanagement verankert sein.

Im Kontext der Veränderung der Hilfesysteme erlangt das nachbarschaftliche Zusammenleben als Handlungsfeld zunehmend Bedeutung. Erkenntnissen der Stadtsoziologie zufolge ist in sozial homogenen Quartieren die Wahrscheinlichkeit intensiver Nachbarschaftsbeziehungen höher als dort, wo eine geplant heterogene Zusammensetzung zu Toleranz oder Integration führen soll. Qualität und Freiwilligkeit persönlicher Beziehungen sind wichtiger als die Frage nach der räumlichen Struktur. Vor diesem Hintergrund haben sich im städtischen Raum neue Formen von Nachbarschaften entwickelt, die den Sozialraum erweitern oder anders strukturieren, z. B. „entlokalisierte" und „inszenierte" Nachbarschaften. Dennoch hat der soziale Nahraum insbesondere für Menschen mit geringen Kommunikations- und Mobilitätsmöglichkeiten, z. B. für Kinder und alte Menschen, für Frauen mit Kindern und für Menschen mit Behinderung, auch heute noch eine wichtige Funktion. Bei der Förderung des nachbarschaftlichen Zusammenlebens kommt den Wohnungsbauunternehmen eine teilhabefördernde Rolle zu.

Strukturelle Voraussetzungen zur Verbesserung der Teilhabe sind Hilfeplanverfahren, in denen Strategien zur Stärkung der Teilhabe als spezifischer Unterstützungsbedarf anerkannt werden, Angebotsstrukturen, die – unabhängig von Art und Ausmaß des Unterstützungsbedarfs – selbstbestimmtes Leben und Wohnen inmitten der Gemeinde ermöglichen, Personalentwicklungskonzepte, die die Qualifizierung für sozialräumliche Aufgaben implizieren, Finanzierungssysteme, die zur Realisierung individueller Unterstützungsarrangements beitragen und zudem fallunspezifische

Arbeit berücksichtigen, Regional- und Stadtplanungen, die die Belange behinderter Menschen selbstverständlich integrieren, und eine soziale Infrastruktur, die Solidarität fördert.

Im Rahmen der skizzierten theoretischen und handlungsorientierten Grundlagen zum Paradigma der Teilhabe konzentrieren sich die Forschungsschwerpunkte der KUNDENSTUDIE auf vier Aspekte: Einschätzung der gegenwärtigen Angebote im Bereich Wohnen unter Berücksichtigung unterschiedlicher Bedarfslagen und Lebensphasen, Stellenwert der Nutzerperspektive bei der Planung und Evaluation der Unterstützungsleistungen, Bedeutung des Sozialraums in der Arbeit mit Menschen mit geistiger und mehrfacher Behinderung und Entwicklung von Eckpunkten zur Weiterentwicklung der Dienstleistungen und Strukturen im Bereich Wohnen. Die Forschungsaktivitäten umfassen landesweite Erhebungen zu strukturellen und konzeptionellen Aspekten wohnbezogener Hilfen und Untersuchungen auf Bezirksebene (Tempelhof-Schöneberg, Marzahn-Hellersdorf und Pankow). In den Bezirken standen die Wohnbedürfnisse und Wohnvorstellungen der Betroffenen, exemplarische Angebots- und Sozialraumanalysen sowie stadtteilbezogene Praxisprojekte im Mittelpunkt.

Dem mehrperspektivischen Ansatz des Forschungsprojekts entsprechend waren verschiedene Personengruppen in die Untersuchungen involviert: Menschen mit Behinderung, Angehörige, Mitarbeiter/innen im Bereich des Wohnens, Anbieter wohnbezogener Einrichtungen und Dienste, Vertreter/innen der Senats- und Bezirksverwaltungen sowie Experten und Expertinnen aus unterschiedlichen Verantwortungsbereichen innerhalb und außerhalb der Behindertenhilfe. Als Untersuchungsinstrumente kamen quantitative und qualitative Verfahren zur Anwendung: Fragebögen, Interviews und Methoden sozialraumorientierter sozialer Arbeit (Praxisprojekt „Leben im Quartier“). Darüber hinaus wurden Bezirkskonferenzen durchgeführt mit dem Ziel, auf struktureller Ebene Entwicklungen anzustoßen, die die Lebenssituation und Lebensperspektiven von Menschen mit geistiger und mehrfacher Behinderung nicht nur als Aufgabe der Behindertenhilfe, sondern auch als Aufgabe des Stadtteils begreifen.

IV Wohnbedürfnisse von Menschen mit Behinderung

Eine wesentliche Konsequenz des Paradigmas der Teilhabe ist die Hinwendung von einer Angebotsorientierung zu einer Nachfrageorientierung. Konkret: Die Angebote im Bereich des Wohnens müssen den Wünschen und Bedürfnissen von Menschen mit Behinderung, in welcher Weise sie teilhaben wollen, Rechnung tragen. Die Ermittlung der Wohnbedürfnisse der Nutzer/innen von Angeboten als Grundlage für die Angebotsplanung steckt vielerorts noch in den Anfängen. Nur 28 % der im Rahmen der KUNDENSTUDIE befragten Anbieter (n = 36) führen Nachfrageanalysen bzw. Kundenbefragungen als Basis ihrer Planungen durch.

Die *Zufriedenheit* mit den jeweils gegebenen Lebensbedingungen ist ein wichtiger Indikator bei der Beurteilung der *Wirkungen der Dienstleistungen für Menschen mit Behinderung*. Als Kerndimensionen für ein zufriedenstellendes Leben werden im international anerkannten Lebensqualität-Konzept personenbezogene, umweltbezogene und gesellschaftlich bestimmte Aspekte genannt, die miteinander in Wechselwirkung stehen und viele Schnittstellen zum Teilhabekonzept der WHO aufweisen (vgl. SCHALOCK & VERDUGO 2002, zit. nach SCHÄFERS 2008, 35):

- *Emotionales Wohlbefinden* (Selbstkonzept, Selbstwertgefühl, Freiheit von subjektiver Belastung, Spiritualität u. a.);
- *Soziale Beziehungen* (Intimbeziehungen, Freundschaften, Familie, soziale Unterstützung u. a.);
- *Materielles Wohlbefinden* (persönlicher Besitz, Einkommen, finanzielle Lage, Verfügung über Güter und Dienstleistungen u. a.);
- *Persönliche Entwicklung* (Lern- und Bildungsmöglichkeiten, Kompetenzen, alltägliche Aktivitäten u. a.);
- *Physisches Wohlbefinden* (Gesundheitszustand, Ernährungszustand, Mobilität, Möglichkeiten der Erholung u. a.);
- *Selbstbestimmung* (Wahl- und Mitbestimmungsmöglichkeiten, persönliche Kontrolle, Selbstverantwortlichkeit, persönliche Ziele und Werte u. a.);
- *Soziale Inklusion* (Übernahme sozialer Rollen, Zugang zu unterschiedlichen Lebensbereichen, Partizipation am Gemeindeleben u. a.);
- *Rechte* (Privatsphäre, würdevolle Behandlung, Nichtdiskriminierung, Mitsprache und Mitwirkungsrechte u. a.).

Im Rahmen der KUNDENSTUDIE kann nur ein Teil der genannten Dimensionen in den Blick genommen werden. Die Zufriedenheitsbefragungen sind auf ausgewählte Aspekte im *Lebensbereich Wohnen* fokussiert. Der Begriff Wohnen wird jedoch nicht eng auf den *Wohnalltag* in einer Wohnung oder Wohngruppe bezogen. Unter der Prämisse „Wohnen heißt Leben" wird über die Mikrosystemebene hinaus die *Teilhabe am Leben in der Gemeinschaft und der Gesellschaft* betrachtet, um auf der Basis der Zielperspektiven des SGB IX und der UN-Behindertenrechtskonvention Ansatzpunkte für teilhabebezogene Unterstützungsleistungen zu ermitteln.

Orientierungspunkt für die Weiterentwicklung der Hilfen ist die subjektive *Perspektive der Hilfeadressaten*:

> „Eine an lebensweltlichen Bedarfslagen ausgerichtete Bedarfsplanung muss (...) danach fragen, was Menschen brauchen, um in einer Gemeinde oder Region unter (...) allgemeinen Ziel- und ihren persönlichen Zukunftsperspektiven leben zu können, und nicht nach dem, was sie brauchen (dürfen) innerhalb eines (sich nicht verändernden) Angebots." (BECK 2002, 53)

Vor diesem Hintergrund wurden in der vorliegenden Studie Menschen mit geistiger Behinderung als Experten in eigener Sache auf unterschiedlichen Ebenen und mit unterschiedlichen Methoden in die Datenerhebung einbezogen. Schwerpunkte der Befragungen waren die Einschätzung der aktuellen Wohnsituation und der Teilhabe am Leben in der Gemeinschaft, soziale Beziehungen, Wohnwünsche und Zukunftsperspektiven.

Insgesamt haben *253 Menschen mit geistiger und mehrfacher Behinderung* an der Studie mitgewirkt, davon 58 % Männer und 42 % Frauen.

1 Personenkreis

Im Folgenden werden zunächst die demografischen Daten der Personen dargestellt, die sich an der Fragebogenerhebung beteiligt haben. Ihre Aussagen bilden den Schwerpunkt der Ergebnisdarstellung. Danach werden die Interviewteilnehmer/innen vorgestellt, deren Erfahrungen und Meinungen die Fragebogenergebnisse punktuell ergänzen.

1.1 Teilnehmer/innen der Fragebogenerhebung

An der Fragebogenerhebung waren *207 Personen mit geistiger und mehrfacher Behinderung* beteiligt, davon 51 % Männer und 49 % Frauen. Zwölf Personen (6 %) kommen aus Familien mit nicht-deutscher Herkunftssprache, überwiegend türkisch, im Einzelfall vietnamesisch, thailändisch und tschechisch. Die Fragebogenerhebung erfolgte schwerpunktmäßig in den Bezirken Tempelhof-Schöneberg (96 Personen) und Marzahn-Hellersdorf (105 Personen). Zusätzlich wurden fünf Personen aus Pankow einbezogen, die am stadtteilbezogenen Praxisprojekt mitgewirkt haben. Einer der Befragten kannte den Namen seines Wohnbezirks nicht.

Die *Altersverteilung* hat eine Spannweite von 16 bis 78 Jahren (Abb. 5). Der Altersdurchschnitt der Gesamtstichprobe (n = 202) liegt bei 35 Jahren. Am stärksten vertreten sind die 21 bis unter 30-jährigen Personen (35 %). Fünf Personen gaben ihr Alter nicht an.

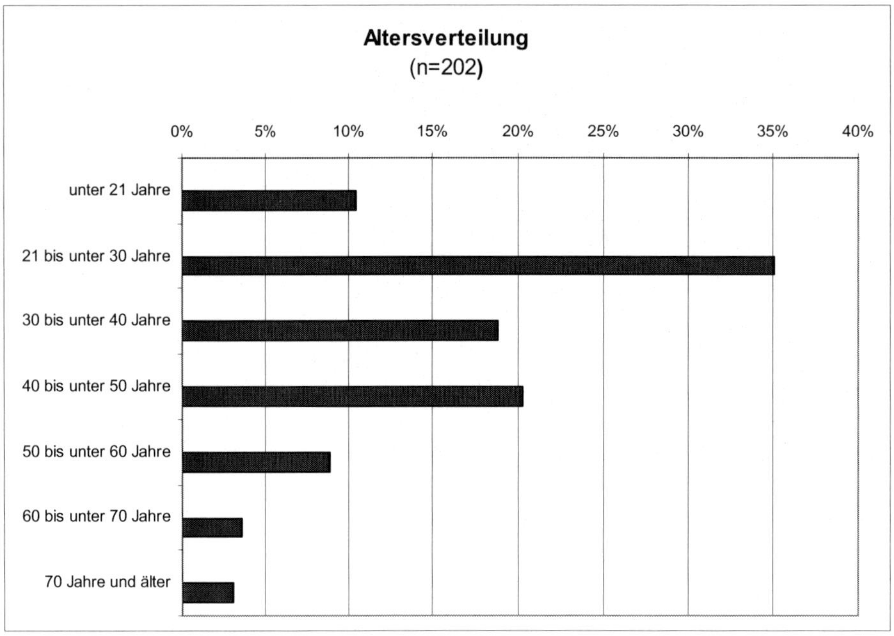

Abb. 5: Alter der Befragten

In fast allen Altersgruppen überwiegt die Anzahl der Männer (Abb. 6). Nur bei den Älteren ab 50 Jahre sind Frauen und Männer in gleicher Zahl vertreten.

79 % der 207 Befragten gehen regelmäßig einer *Arbeit oder Beschäftigung* nach (164 Personen). Der weitaus größte Teil (65 %) arbeitet im Arbeitsbereich einer Werkstatt für behinderte Menschen einschließlich Außenarbeitsplätze (Abb. 7). Zehn Frauen und Männer (5 %) sind auf dem allgemeinen Arbeitsmarkt tätig. In Fördergruppen sind fünf Personen beschäftigt (2 %). 14 Personen (7 %) gehen regelmäßig anderen Tätigkeiten nach, überwiegend im Ausbildungsbereich; im Einzelfall werden genannt: Tagesstrukturierender Bereich, Praktikum, Integrationsfirma, Arbeit im Krankenhaus oder einer Kantine (ohne Angaben zum jeweiligen Beschäftigungsstatus), *MAE* (= Arbeitsgelegenheiten mit Mehraufwandsentschädigung im Rahmen öffentlich geförderter Beschäftigung in Berlin) und *„Schwarzarbeit"*. Neun Personen (4 %) haben keine Arbeit oder Beschäftigung, etwa die Hälfte von ihnen ist 20 bis 28 Jahre alt.

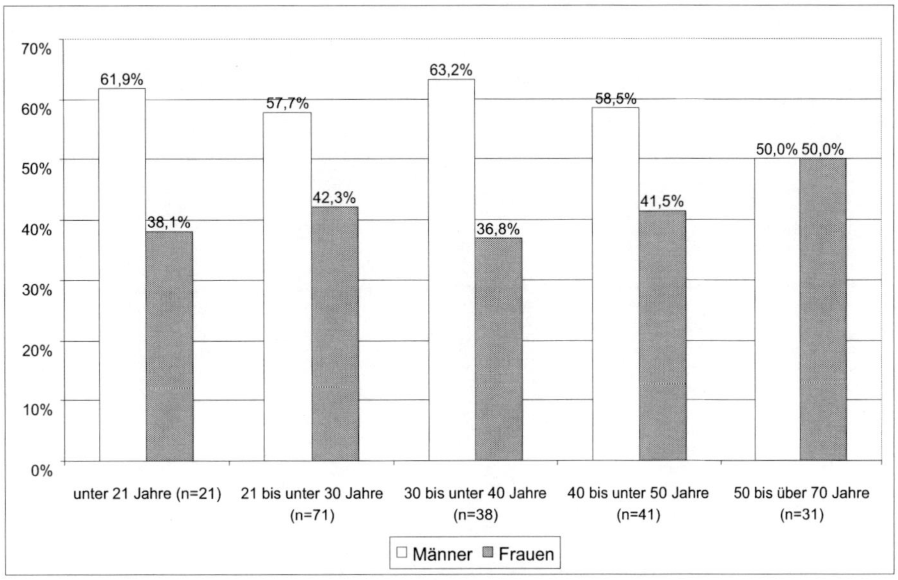

Abb. 6: Altersverteilung nach Geschlecht

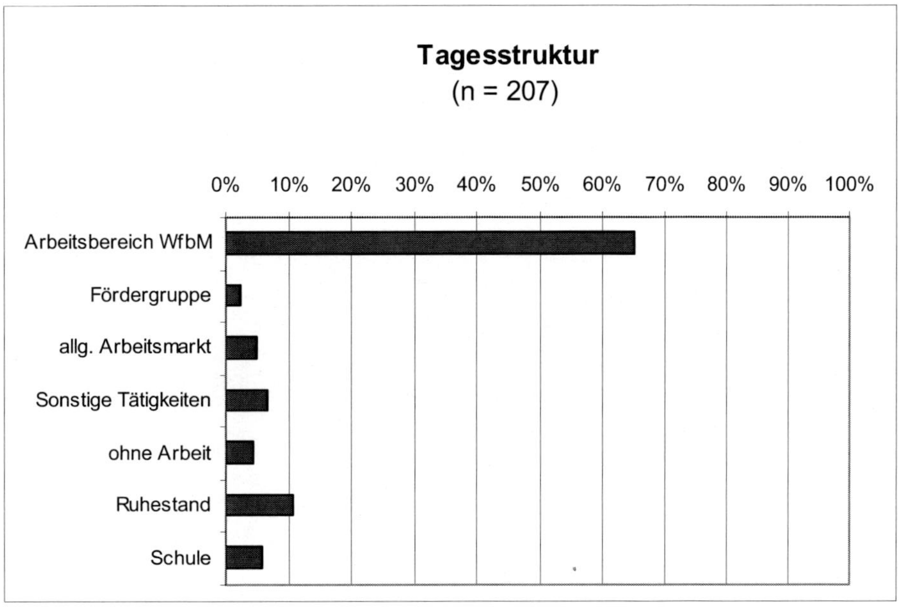

Abb. 7: Tagesstruktur

Sie sind teils auf der Suche nach einem Arbeitsplatz auf dem allgemeinen Arbeitsmarkt oder nach einer Ausbildungsmöglichkeit (z. B. im Hauswirtschaftsbereich), teils haben sie gesundheitliche Probleme, die der Aufnahme einer regelmäßigen Arbeit entgegenstehen. Die anderen Personen ohne Arbeit sind zwischen 33 und 46 Jahren alt. Hier werden keine näheren Gründe für die Arbeitslosigkeit genannt, im Einzelfall kann ein Zusammenhang mit psychischen Problemen angenommen werden. 22 Frauen und Männer (11 %) befinden sich im Ruhestand; zwölf Personen (6 %) gehen noch zur Schule (Schule mit sonderpädagogischem Förderschwerpunkt bzw. Berufsschule mit sonderpädagogischen Aufgaben).

1.1.1 Unterstützungsbedarf

Die Einschätzung des Unterstützungsbedarfs bezieht sich auf vier zentrale Lebensbereiche: *Wohnen* (z. B. Unterstützung bei der Körperpflege, beim Essen, im Haushalt, beim Umgang mit Geld), *Freizeit* (z. B. Begleitung bei Unternehmungen außerhalb der Wohnung), *Arbeit* (z. B. Anleitung, Erklärungen, Hilfestellung) und *Lernen* (Abb. 8).

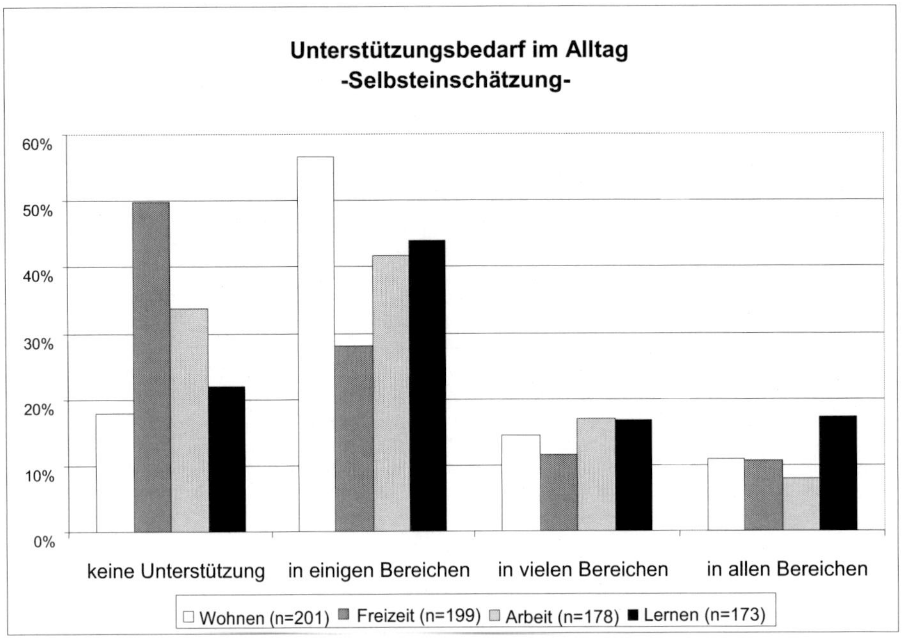

Abb. 8: Unterstützungsbedarf

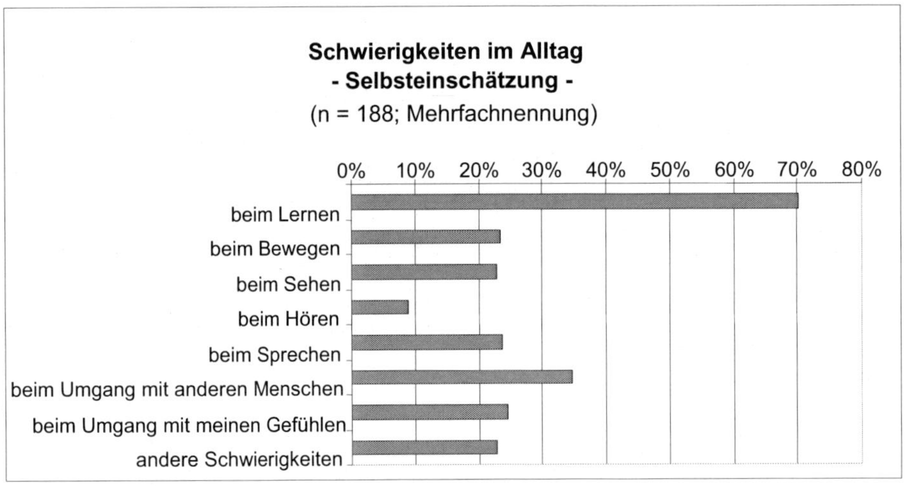

Abb. 9: Schwierigkeiten im Alltag

Ein großer Teil der Befragten erlebt sich selbst als in vielen Bereichen recht selbstständig. Insbesondere im Bereich *Freizeit* benötigt die Hälfte der Befragten keinerlei Unterstützung. Bei der *Arbeit* kommt ein Drittel (34 %) ohne Unterstützung aus. Dem gegenüber gibt mehr als die Hälfte (57 %) an, beim *Wohnen* in einigen Bereichen nicht allein klar zu kommen, ein Viertel (25 %) ist hier auf Hilfe in vielen oder allen Bereichen angewiesen. Im Vergleich mit der Einschätzung eigener kognitiver Schwierigkeiten bei der Bewältigung des Alltags (vgl. Abb. 9) erscheinen die Angaben zum Unterstützungsbedarf beim *Lernen* realistisch: 44 % sehen Unterstützungsbedarf in einigen Bereichen, 34 % in vielen oder allen Bereichen, nur 22 % brauchen nach eigener Einschätzung beim Lernen keine Unterstützung. Hilfebedarfsgruppen wurden nicht erfragt, weil sie den behinderten Menschen in betreuten Wohnformen meist nicht bekannt und zudem – bezogen auf ihre Alltagswirklichkeit – zu abstrakt sind. Für Personen, die in ihren Familien leben, haben Hilfebedarfsgruppen keine Relevanz.

Erschwernisse bei der Gestaltung des Alltags

Mit Blick auf die individuelle Disposition der Beteiligten wurde nach Erschwernissen bei der alltäglichen Lebensgestaltung gefragt, nach evtl. Schwierigkeiten beim Lernen (sogenannte „geistige

Behinderung"), beim Bewegen, beim Sehen oder Hören, beim Sprechen, beim Umgang mit anderen Menschen oder den eigenen Gefühlen und weiteren Problemen bei der Alltagsbewältigung. Mehrfachnennungen waren möglich.

188 der insgesamt 207 Beteiligten haben diese Frage beantwortet. Die meisten Nennungen beziehen sich auf *Schwierigkeiten beim Lernen* (70 %). Im Hinblick auf die Zielgruppe der Befragung (Menschen mit Behinderung, die gem. § 2 Eingliederungshilfe-VO als „geistig behindert" bezeichnet werden) erscheint der Wert allerdings gering. Dieses Ergebnis kann einerseits im Zusammenhang damit stehen, dass viele Menschen, die als geistig behindert diagnostiziert wurden, nicht als solche bezeichnet werden wollen (vgl. u. a. die Forderungen der Selbsthilfegruppen „Mensch zuerst – Netzwerk People First Deutschland e. V.", http://www.people1.de), andererseits ist nicht auszuschließen, dass sich auch Menschen an der Erhebung beteiligt haben, die eher dem Personenkreis mit „Lernbehinderung" zuzuordnen sind.

An zweiter Stelle stehen mit mehr als einem Drittel der Nennungen *Schwierigkeiten im Umgang mit anderen Menschen* (35 %). Dieser Sachverhalt berührt grundlegende Probleme der Interaktion zwischen Menschen mit geistiger und ohne geistige Behinderung, die im Einzelfall auch mit emotionalen Befindlichkeiten der behinderten Menschen zusammenhängen können und/oder Verhaltensauffälligkeiten (einer der Befragten kennzeichnet sein besonderes Problem mit der Anmerkung *„aggressiv, straffällig"*; ein anderer merkt an: *„Aggression, wenn man auf meinen Gefühlen rumtrampelt")*. Die emotionale Komponente gewinnt zusätzlich Gewicht durch den relativ hohen Anteil von Personen, die *Schwierigkeiten im Umgang mit den eigenen Gefühlen* angegeben haben (25 %), die Hinweise auf psychische Probleme geben können. Im Einzelfall werden Antriebslosigkeit und Nervosität genannt.

Jeweils fast ein Viertel der Befragten gibt Schwierigkeiten beim *Sehen* (davon 4 Personen blind), beim *Sprechen* oder beim *Bewegen* an. 11 % sind auf einen Rollstuhl angewiesen. 7 % nehmen in der Familie oder in betreuten Wohnformen regelmäßig einen ambulanten Pflegedienst in Anspruch. 9 % sind beim *Hören* beeinträchtigt.

Zusätzlich werden eine Reihe *weiterer Schwierigkeiten* genannt, die Auswirkungen auf die Alltagsbewältigung haben. An erster Stelle stehen hier *alltägliche Anforderungen*, wie Zimmerpflege, Haushaltsführung, Hygiene, Essverhalten, Freizeitgestaltung, Orientierung im Straßenverkehr, Zurücklegen weiter Wege, Bewegen in der Öffentlichkeit und Probleme durch mangelnde Lese- und Schreibkompetenzen. Besonders häufig werden im Zusammenhang mit den alltäglichen Anforderungen Schwierigkeiten bei Kontakten mit Behörden und beim Umgang mit Geld genannt. Weitere Schwierigkeiten beinhalten *personenbezogene Aspekte*, z. B. der Umgang mit körperlichen Beeinträchtigungen (Spastik, Epilepsie, Diabetes, *„allein lebensunfähig"*), psychische Probleme oder Persönlichkeitsmerkmale. Beispiele: *„Schüchternheit" „Ängste vor Neuem und Ungewohntem"*, *„zu gutmütig"*, *„manchmal Wutanfälle (kleine)"*, *„manchmal vergesslich, benötige Erinnerung"*, *„Rauchen abgewöhnen"*, *„Verliebtsein"*.

Die genannten Aspekte zur Einordnung des Personenkreises und seines Unterstützungsbedarfs aufgrund persönlich beschriebener Schwierigkeiten, die teilweise auf Beeinträchtigungen von Körperstrukturen und -funktionen basieren, teilweise interaktional und kontextuell begründet sind, können den ICF-Dimensionen für Partizipation/Teilhabe zugeordnet werden. Erkennbar zu überwindende *Barrieren für die Teilhabe* liegen in den Bereichen „Lernen und Wissensanwendung" (hier: Kulturtechniken, Orientierung, Umgang mit Geld), „Allgemeine Aufgaben und Anforderungen" (hier: Alltagsgestaltung, Umgang mit Stress und anderen psychischen Anforderungen), „Kommunikation" (hier: sprachlicher Austausch), „Mobilität" (hier: Bewegungskompetenzen, Bewältigung von Wegen, Hilfsmittel, z. B. Rollstuhl), „Selbstversorgung" (hier: Hygiene, Essen u. a.), „Häusliches Leben" (hier: Haushaltstätigkeiten), „Interpersonelle Interaktionen und Beziehungen" (hier: soziales Umfeld, Umgang mit anderen Menschen), „Bedeutsame Lebensbereiche" (hier: Arbeit/Beschäftigung, Berufsbildung). Barrieren, die dem Bereich „Gemeinschafts-, soziales und staatsbürgerliches Leben" zuzuordnen wären, wurden von den Befragten bei der Beschreibung von Schwierigkeiten nicht spontan erwähnt. Sie waren Gegenstand der Befragung zum Thema Einbindung in das Gemeinwesen, deren Ergebnisse an einer anderen Stelle dieses Kapitels dargestellt werden.

1.1.2 Gegenwärtige Wohnsituation

Abb. 10 gibt einen Überblick über die Wohnsituation der an der Studie beteiligten Personen.

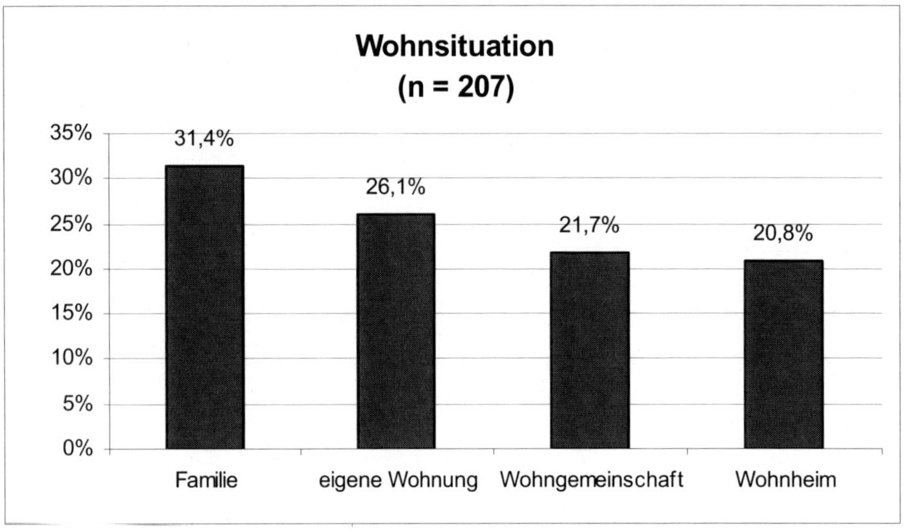

Abb. 10: Wohnsituation der Befragten

Fast ein Drittel (31 %) der 207 Befragten lebt in der *Herkunftsfamilie*, überwiegend mit beiden Eltern zusammen, vereinzelt beim Vater, bei der Mutter, bei der Schwester oder einer Pflegemutter. Etwa ein Fünftel wohnt im *Heim* (21 %). Fast die Hälfte (48 %) erhält beim Wohnen ambulante Unterstützung, davon 22 % in einer *Wohngemeinschaft* (WG) und 26 % in der *eigenen Wohnung* (Betreutes Einzelwohnen – BEW). Die an der Untersuchung beteiligten *Personen mit nichtdeutscher Muttersprache* sind in allen Wohnformen vertreten.

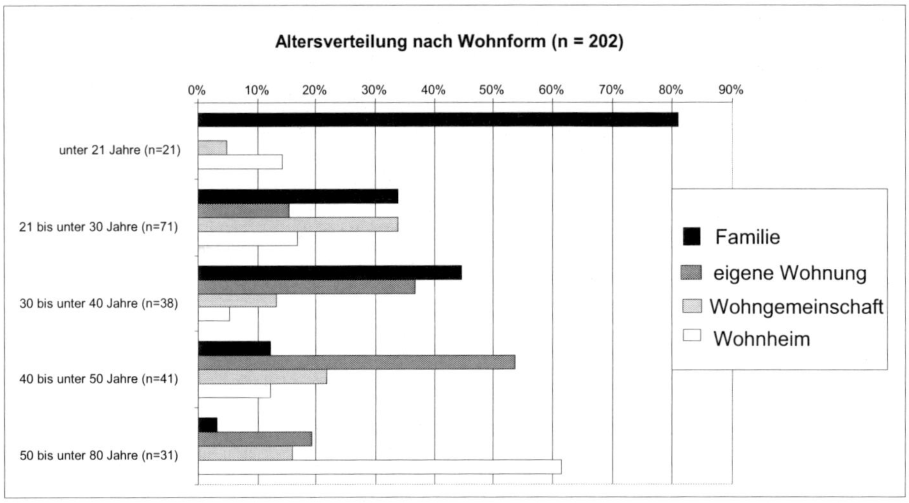

Abb. 11: Altersverteilung nach Wohnform

Ein Vergleich der Verteilung der *Wohnformen nach Alter* zeigt, dass relativ viele Menschen mit Behinderung bis zum Alter von 40 Jahren in ihren Familien wohnen (Abb. 11).

Bei den 30- bis unter 40-Jährigen ist es fast die Hälfte (45 %), die noch im Elternhaus lebt. Bei den 40- bis unter 50-Jährigen wird überwiegend das Betreute Einzelwohnen in Anspruch genommen (54 %), danach gewinnt das Wohnheim immer stärker an Bedeutung. Dies muss nicht zwingend Ausdruck des zunehmenden Unterstützungsbedarfs bei alt werdenden Menschen sein. Zum Zeitpunkt der Heimaufnahme gab es bei diesem Personenkreis meist keine Alternative zum Heim. Lebensläufe von beteiligten älteren Menschen bestätigen diese Annahme. Mangelnde Alternativen in früherer Zeit liefern auch Erklärungen dafür, dass einige der älteren Heimbewohner/innen Kompetenzprofile haben, die unter den heutigen Bedingungen andere betreute Wohnformen für geeignet erscheinen lassen. Für fünf der insgesamt 207 Befragten liegen keine Altersangaben vor.

Auch wenn in dieser Studie nur ein kleiner Teil der in Berlin lebenden Menschen mit geistiger und mehrfacher Behinderung einbezogen ist, ergeben sich aus dem Überblick *Fragen für die Weiterentwicklung der Angebote*, die in engem Zusammenhang mit dem Älterwerden der Frauen und Männer in Zusammenhang stehen und auch pflegebezogene Aspekte tangieren: Wie wird der Übergang der heute 40-Jährigen in andere Wohnformen gestaltet, welche Unterstützung ist notwendig? Wie wird den veränderten Bedürfnissen der heute in eigenen Wohnungen ambulant unterstützten 50-Jährigen künftig Rechnung getragen? Welche zusätzlichen Hilfebedarfe ergeben sich mit zunehmendem Alter bei den heute über 50-Jährigen in allen Wohnformen? Welche Unterstützung brauchen die über 40-Jährigen, die noch in ihren Familien leben? Insbesondere die letzte Frage ist bislang innerhalb der Behindertenhilfe kaum thematisiert.

1.2 Teilnehmer/innen der Interviews

Zur Vertiefung der Ergebnisse der Fragebogenerhebung wurden ergänzend Einzel- und Gruppeninterviews durchgeführt, zum Teil zu speziellen Fragestellungen wie zur Arbeit von Heimbeiräten oder zum Persönlichen Budget (vgl. KUCHINKE 2008; SCHWANDT 2008; SASSE 2008; BRAUN 2008). Beteiligt waren *46 Menschen mit geistiger und mehrfacher Behinderung* im Alter zwischen 19 und 70 Jahren (25 Männer, 21 Frauen). Sie leben in unterschiedlichen Bezirken, teils in eigener Wohnung (mit oder ohne professionelle Unterstützung), in einer Wohngemeinschaft oder im Heim, teils in ihrer Familie. Die meisten arbeiten in Werkstätten für behinderte Menschen (davon einzelne in Außenarbeitsplätzen oder Fördergruppen). Mehrere sind auf dem allgemeinen Arbeitsmarkt tätig oder beziehen eine Erwerbsunfähigkeitsrente. Die Interviews fanden in Freizeitklubs, im Rahmen von Workshops oder im persönlichen Wohnbereich statt.

Im Folgenden werden die Ergebnisse der Befragungen dargestellt. Alle quantitativen Daten und ergänzenden Aussagen stammen aus der Fragebogenerhebung. Qualitative Daten aus den Interviews und Workshops werden jeweils entsprechend gekennzeichnet. Um die Menschen mit Behinderung möglichst authentisch zu Wort kommen zu lassen, werden an vielen Stellen Zitate integriert. Da sich die Lebens- und Alltagsbedingungen in betreuten Wohnformen und in Familien unterscheiden, werden die Wohnerfahrungen und Wohnwünsche zunächst getrennt nach gegenwärtigem Lebensort dargestellt und anschließend hinsichtlich ihrer Gemeinsamkeiten und Unterschiede analysiert.

2 Wohnerfahrungen und Wohnwünsche in betreuten Wohnformen

142 Personen mit geistiger und mehrfacher Behinderung leben in betreuten Wohnformen in unterschiedlicher Trägerschaft (Abb. 12): 30 % im *Heim* (43 Personen), 32 % in einer *Wohngemeinschaft* (45 Personen), 38 % in einer *Einzelwohnung* mit ambulanter Unterstützung (54 Personen).

Über die Hälfte der Personen im *Betreuten Einzelwohnen* lebt allein (57 %). 30 % wohnen mit Partner/in oder Freund/in zusammen, im Einzelfall mit einem behinderten Geschwister. Drei Personen leben mit ihrem Kind in einer betreuten Wohnung, davon ein Mann allein mit seinem Kind und zwei Frauen mit Partner und Kind (in einer der Familien lebt ein weiteres Kind im Heim). 13 % der Personen im Betreuten Einzelwohnen teilten nicht mit, ob sie in ihrer Wohnung allein oder mit anderen zusammen wohnen.

Die ambulante Unterstützung in einer eigenen Wohnung erfolgt überwiegend durch Mitarbeiter/innen von Einrichtungen und Diensten der Behindertenhilfe. Im Einzelfall erhalten die allein lebenden Frauen und Männer *Unterstützung durch Familienangehörige* oder gesetzliche Betreuer/innen – ein Sachverhalt, der in der Diskussion über Unterstützungsleistungen für Menschen mit geistiger und mehrfacher Behinderung bislang kaum im Blick ist. Bei den Hilfeleistungen durch Eltern stellt sich die Frage, welche individuellen Lösungen möglich sind, wenn Mütter und Väter nicht mehr in der Lage sind, sich um die Töchter und Söhne zu kümmern.

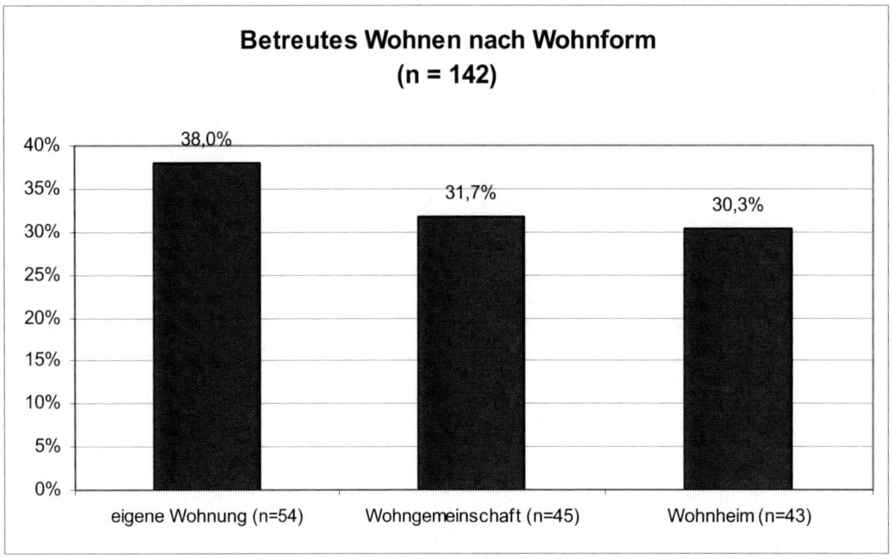

Abb. 12: Betreutes Wohnen – Wohnsituation nach Wohnform

Die Verteilung der Personen in betreuten Wohnformen nach *Geschlecht* zeigt folgendes Bild: 59 % der Befragten sind Männer, 41 % Frauen. Der größere Anteil der Männer korrespondiert mit Ergebnissen der „Bestands- und Bedarfserhebung Wohnen für Menschen mit einer Behinderung in Berlin“ (HAMMERSCHICK 2005), nach denen der Anteil der Männer in betreuten Wohnformen bei 56 % und der der Frauen bei 44 % lag. In der hier vorliegenden Studie ist der Anteil der Männer im Betreuten Einzelwohnen mit 70 % besonders hoch (Abb. 13).

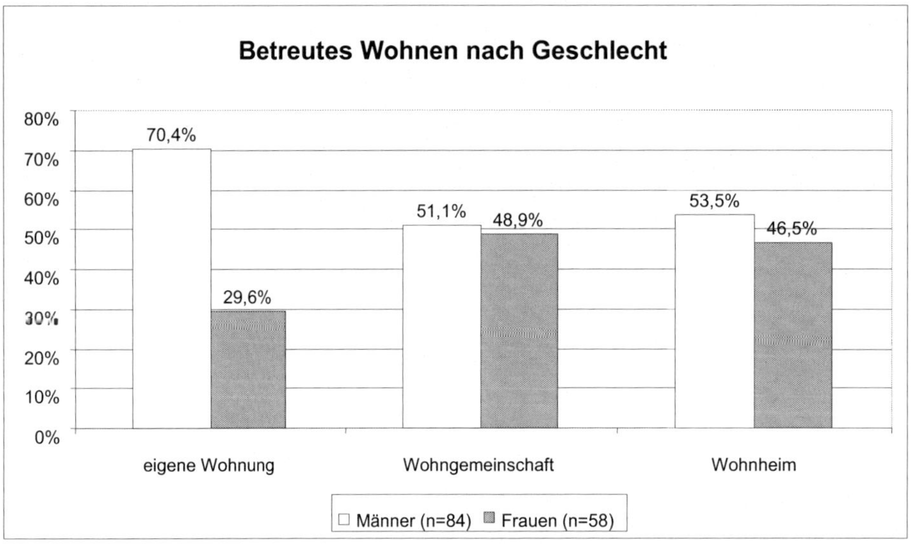

Abb. 13: Betreutes Wohnen – Wohnformen nach Geschlecht

In den Wohngemeinschaften und Wohnheimen ist die Geschlechterverteilung annähernd gleich, der Männeranteil beträgt hier 51 % bzw. 54 %.

Der Überblick zur *Altersverteilung* in den genannten Wohnformen (Abb. 14) ergibt einen hohen Anteil der 21- bis unter 30-Jährigen in Wohngemeinschaften und der 40- bis unter 50-Jährigen im Betreuten Einzelwohnen.

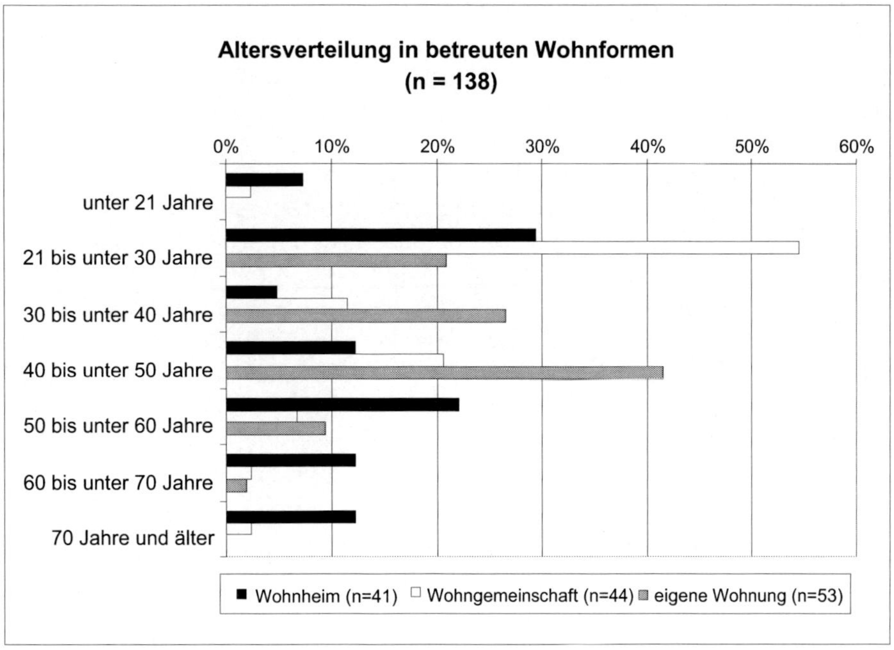

Abb. 14: Betreutes Wohnen – Altersverteilung nach Wohnform

Dazwischen ist eine deutliche Zunahme derjenigen zu verzeichnen, die in einer eigenen Wohnung leben. Bezogen auf Lebensphasen kann angenommen werden, dass WG-Bewohner/innen ab dem 30. Lebensjahr häufig ins Betreute Einzelwohnen wechseln. Aussagen von an der Studie beteiligten Frauen und Männern, die in einer eigenen Wohnung leben, bestätigen diese Annahme. Ab dem 50. Lebensjahr steigt der Anteil der Personen, die im Heim betreut werden. Vier Personen können keiner Altersgruppe zugeordnet werden, da sie ihr Alter nicht angegeben haben.

Das *Durchschnittsalter* der beteiligten Personen beträgt 39 Jahre. Es ist in den Wohnheimen am höchsten (43 J.) und in den Wohngemeinschaften am niedrigsten (33 J.). Im Betreuten Einzelwohnen liegt es bei 39 Jahren. Die Werte zum Durchschnittsalter der Wohnheimbewohner/innen und Personen im Betreuten Einzelwohnen entsprechen den in der CON_SENS-STUDIE (2005) ermittelten Werten (Zeitpunkt der Erhebung: 2004). Nur in den Wohngemeinschaften ist der Altersdurchschnitt um fünf Prozentpunkte niedriger. Der Vergleich lässt den Schluss zu, dass die an der KUNDENSTUDIE beteiligten Personen aus dem Feld der betreuten Wohnformen im Großen und Ganzen dem Altersdurchschnitt aller Nutzer/innen von Wohnangeboten der Behindertenhilfe entsprechen.

2.1 Zufriedenheit mit der gegenwärtigen Wohnsituation

Die subjektive Einschätzung der Wohnsituation erfolgt jeweils im Kontext von lebensgeschichtlichen Erfahrungen, aktuellen Lebenslagen und Befindlichkeiten sowie persönlichen Werten und Zielen. Von daher werden gleiche Lebensverhältnisse unterschiedlich wahrgenommen und bewertet. Die Antworten der Befragten spiegeln eine *differenzierte Wahrnehmung* ihrer Wohnsituation. Sie relativieren die verbreitete Annahme, dass Menschen mit geistiger Behinderung bei Einschätzungsfragen zu sozial erwünschten Antworten neigen und sich überwiegend zufrieden zeigen. Ursachen für die beobachtete Tendenz zu sozial erwünschten Antworten werden zum einen in einem sozialisationsbedingt überwiegend angepassten Verhalten des Personenkreises gesehen, zum anderen in der fehlenden Kenntnis von Alternativen zur eigenen Lebenssituation, die als Vergleichsmaßstab herangezogen werden könnten. Zudem werden hohe Zufriedenheitswerte bei Menschen mit geistiger Behinderung als Anpassung an die jeweils gegebenen und für diese Personengruppe typischen Lebensbedingungen interpretiert. Sie können auch in einer resignativen Haltung begründet sein, die aus der Erfahrung resultiert, dass Veränderungen nicht zu erwarten sind. Vor diesem Hintergrund sind im Rahmen von sogenannten Nutzerbefragungen bei Menschen mit geistiger Behinderung auch geringfügige Äußerungen von Unzufriedenheit von besonderer Bedeutung.

Die von diesen Vorannahmen eher abweichenden Ergebnisse der KUNDENSTUDIE sind im *Zusammenhang mit dem differenzierten System der Wohnversorgung* im Land Berlin zu sehen. Den Leitideen Selbstbestimmung und Gemeindeintegration wird hier durch den hohen Anteil des ambulant unterstützten Wohnens auf *struktureller Ebene* deutlich stärker Rechnung getragen als in den meisten anderen Bundesländern, so dass Alternativen zur gegenwärtigen Wohnsituation für die Menschen mit Behinderung als Maßstab für die Bewertung der eigenen Situation und der Artikulierung von Veränderungswünschen erkennbar sind. Zudem ist auf der *interaktionalen Ebene* der *Wandel des professionellen Selbstverständnisses* wirksam, das zunehmend die Perspektive der Betroffenen in den Mittelpunkt stellt und damit das Selbstbewusstsein der behinderten Menschen stärkt. Vor diesem Hintergrund sind die überwiegend differenzierten Wahrnehmungen der eigenen Alltagswirklichkeit bei einem großen Teil der Befragten Ausdruck einer *veränderten Selbstwahrnehmung der Menschen mit Behinderung*. Insbesondere im ambulant betreuten Wohnen ist zu beobachten, dass Klienten und Klientinnen zunehmend ihre Rolle als „Kunden" von Dienstleistungen erkennen und – im Sinne von Empowerment – ihre Wohnbedingungen kritisch reflektieren. Dieser Sachverhalt findet in der KUNDENSTUDIE seinen Niederschlag in den *Zufriedenheitsaussagen* der Befragten.

56 % der Frauen und Männern, die *Wohnangebote der Behindertenhilfe* in Anspruch nehmen, sind mit ihrer jetzigen Wohnsituation voll zufrieden; 35 % sind nur teilweise zufrieden, 9 % sind unzufrieden (n = 142).

➔ Bei den in der *Herkunftsfamilie* lebenden Personen sind 83 % voll zufrieden, 17 % nur teilweise (n = 65).

➔ Die Zufriedenheitswerte der *Gesamtpopulation der Befragten* (n = 207) zeigen folgendes Bild: 65 % sind zufrieden, 29 % sind nur teilweise zufrieden, 6 % sind unzufrieden.

In Längsschnittuntersuchungen im Rahmen der *Sozialberichterstattung in Deutschland* wurden Werte für die *durchschnittliche Zufriedenheit mit der Wohnsituation in West und Ost* ermittelt. Sie zeigen seit der Wende mit geringfügigen Schwankungen in West und Ost eine *relative Konstanz*[43]: Im Jahr 1991 lag der Wert auf einer Skala von 0 (= ganz und gar unzufrieden) bis 10 (= ganz und gar zufrieden) in den *westlichen* Bundesländern bei 7,8, der gleiche Wert wurde für 2008 ermittelt. In den *östlichen* Bundesländern lag er im Jahr 1991 bei 6,9 gegenüber 7,7 in 2008; hier hat eine Steigerung der Zufriedenheit um 0,8 stattgefunden.[44]

Auch die *durchschnittliche allgemeine Lebenszufriedenheit* hat sich im gleichen Zeitraum nur geringfügig verändert: Sie ist in den *westlichen* Bundesländern um 0,3 Prozentpunkte gesunken (2008: 6,96; 1991: 7,33) und in den *östlichen* Bundesländern um 0,5 Prozentpunkte gestiegen (2008: 6,54; 1991: 6,04).[45] Neben der relativen Konstanz der Werte über einen langen Zeitraum sind die geringen Unterschiede zwischen den Zufriedenheitswerten in West und Ost bemerkenswert. Sie bestätigen, dass die jeweils gegebenen Lebensbedingungen von den Befragten nicht anhand objektiver Kriterien, sondern im Kontext *subjektiver* Erfahrungen und Einstellungen bewertet werden.

Eine *relative Zeitstabilität* zeigt sich auch in *Zufriedenheitsaussagen der allgemeinen Bevölkerung in westlichen Industrienationen*: Die allgemeine Lebenszufriedenheit liegt hier im Durchschnitt zwischen 70 bis 80 %. Der von dem australischen Lebensqualitätsforscher Robert A. CUMMINS ermittelte und theoretisch fundierte Sachverhalt der über Zeiträume und Länder hinweg etwa gleichbleibenden Bewertung der allgemeinen Lebenszufriedenheit wird als *„Homöostase subjektiven Wohlbefindens"* bezeichnet (vgl. SCHÄFERS 2008, 46). Weitere Theorien begründen gleichbleibende Zufriedenheitswerte durch die menschliche *Anpassungsfähigkeit* mit der Variabilität des internen Vergleichsstandards oder mit der Veränderung des Anspruchsniveaus. Das Aufrechterhalten des subjektiven Wohlbefindens steht in Wechselwirkung mit der Verfügbarkeit externer und interner Ressourcen:

43 SOEPMONITOR HAUSHALT, 32

44 Bei einer Gegenüberstellung der Daten der KUNDENSTUDIE mit den Werten des SOZIO-OEKONOMISCHEN PANELS/SOEP ist zu beachten, dass sich die Zufriedenheitswerte der Sozialberichterstattung auf Wohnsettings ohne professionelle Alltagsbegleitung beziehen und von daher nur bedingt einen Vergleich zulassen.

45 SOEPMONITOR PERSON, 101

„Durch dieses Anpassungsstreben sind Menschen darauf angelegt, ein gewisses Niveau subjektiven Wohlbefindens unter variierenden Lebensbedingungen aufrechtzuerhalten. Hier spielen die verfügbaren Ressourcen eines Individuums eine wesentliche Rolle, da sie eine Pufferfunktion ausüben, um die (potenzielle) Wirkung aversiver Lebensbedingungen auf das subjektive Wohlbefinden abzufedern." (SCHÄFERS 2008, 57)

Eine *differenzierte Betrachtung* der Zufriedenheitsbekundungen der in der vorliegenden Studie befragten Frauen und Männer nach Wohnform zeigt, dass vor dem Hintergrund individuell unterschiedlicher Bewertungskriterien *Abstufungen bei den Zufriedenheitsäußerungen* vorgenommen werden (Abb. 15): Während in *Wohngemeinschaften* und *Wohnheimen* jeweils rund 60 % voll zufrieden sind, gibt weniger als die Hälfte der Personen im Betreuten Einzelwohnen an, voll zufrieden zu sein (48 %).

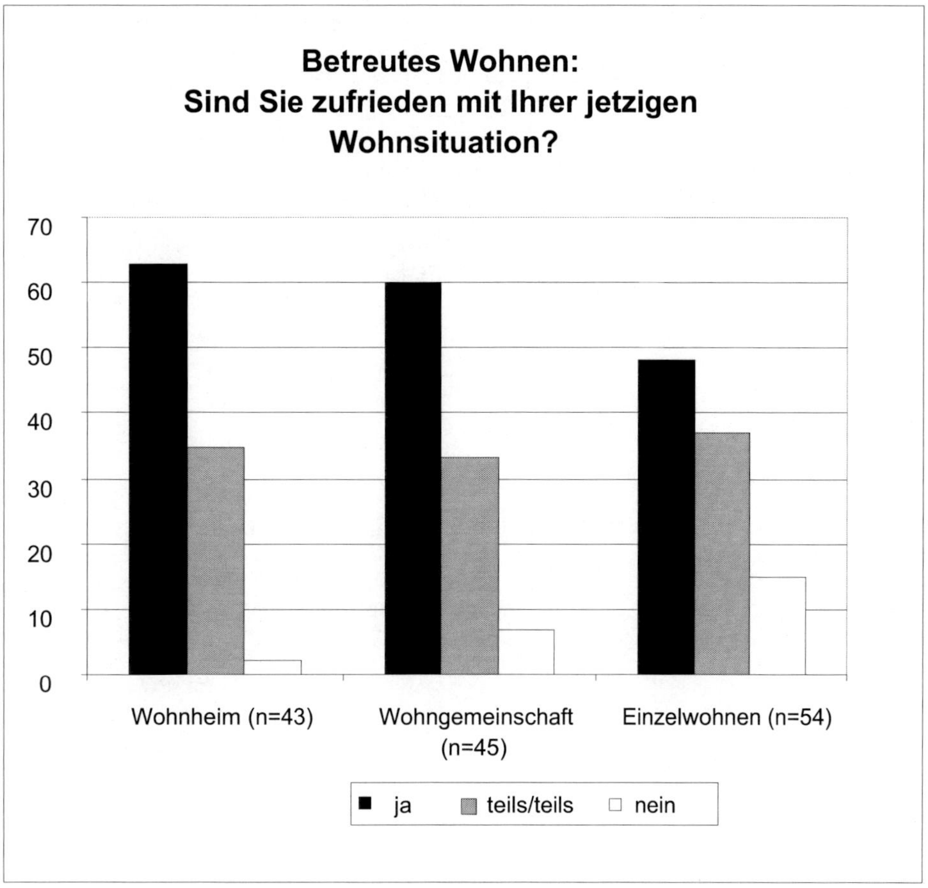

Abb. 15: Betreutes Wohnen – Zufriedenheit nach Wohnform

Die *geringeren Zufriedenheitswerte im Betreuten Einzelwohnen* stehen auf den ersten Blick in Widerspruch zu der im Fachdiskurs vertretenen Annahme, dass beim Wohnen in der eigenen Wohnung das höchste Maß an Selbstbestimmung und damit eine hohe Zufriedenheit erreicht wird. Darum ist es notwendig, die Bedingungsfaktoren, die Einfluss auf die Zufriedenheit haben, genauer zu betrachten. Zur Konkretisierung der Zufriedenheitsangaben wurde daher gefragt, ob es etwas gibt, was den Beteiligten richtig gut oder überhaupt nicht gefällt. Um die möglichen Antworten nicht einzuengen, wurden anstelle vorgegebener Antwortoptionen jeweils offene Fragen gestellt. Dabei war die Annahme leitend, dass spontan geäußerte Aspekte die subjektiv bedeutsamsten sind. Fast 90 % der Befragten nannten Beispiele für positive Erfahrungen im Wohnalltag. Die Antworten wurden in Kategorien zusammengefasst (Tab. 7).

Was gefällt Ihnen richtig gut an Ihrer Wohnsituation? (Rangfolge nach Häufigkeit der Nennung jeweils relevanter Aspekte)		
Wohnheim (n = 37)	**Wohngemeinschaft** (n = 35)	**Eigene Wohnung** (n = 45)
Wohnung (12) Mehrfach wird das eigene Zimmer hervorgehoben, im Einzelfall auch ein eigenes Bad sowie „*Nordseebücher*" und „*Bilder von S-Bahn und U-Bahn*" im Zimmer.	**Gemeinschaft erleben** (16) Am häufigsten wird das Zusammenleben in der WG genannt. Die WG-Bewohner/innen schätzen u. a. die angenehme Atmosphäre, den Zusammenhalt, die gegenseitige Hilfe, gemeinsame Unternehmungen („*gemeinsames Kochen, viele Unternehmungen, Grillen*"), und „*dass wir uns alle gut vertragen*" sowie „*nette Mitbewohner, gute Gespräche*", „*gute Stimmung, ohne Zanken*".	**Wohnumfeld** (22) Als besonders positiv wird eine ruhige Umgebung mit Bäumen, Grünflächen, guter Verkehrsanbindung und guter Infrastruktur erlebt. Im Einzelfall werden zusätzlich kurze Wege zum „*Treffpunkt*" eines Trägers und zur Werkstatt sowie die Nähe zu den Eltern genannt.
Freizeitgestaltung außerhalb (10) Hier werden beliebte Aktivitäten genannt, z. B. spazieren gehen, Eis essen, „*Einladungen von der Kirche*" und Urlaub.	**Wohnung** (9) Als angenehm wird u. a. die „*schöne Wohnung*" und die „*schöne Einrichtung*" erlebt; eine Person, die auf einen Rollstuhl angewiesen ist, hebt die Ebenerdigkeit hervor.	**Wohnung** (17) Von vielen wird schon die Tatsache, allein zu wohnen, als hoher Wert gesehen. Besonders hervorgehoben werden die eigenen Sachen in der Wohnung, ein eigener Balkon, eine schöne Aussicht („*die Aussicht aus dem 5. Stock*" – „*Wohnen mit Blick auf die Gärten hinter dem Haus*"). Eine Person, die auf einen Rollstuhl angewiesen ist, schätzt die Größe der Wohnung („*kann mit dem Rollstuhl überall wenden*").
Freizeitgestaltung zu Hause (8) Erholung, Radiohören, Fernsehen sind u. a. beliebte Beschäftigungen im Wohnbereich, einmal wird ein „*eigenes Star-Wars Zimmer*" genannt.	**Freizeitgestaltung außerhalb** (9) Hier werden beliebte Unternehmungen genannt, z. B. Kaufhausbesuche mit den Betreuern, Ausflüge und Urlaub machen. Einer findet das Segeln gut.	**Selbstbestimmung** (9) Der eigene Haushalt, die Eigenverantwortung und die Freiheit bei der Gestaltung des Alltags werden sehr geschätzt. Beispiele: "*dass ich alleine bestimmen kann, wie ich lebe und auf niemanden Rücksicht nehmen muss*" – „*kann machen, wozu man Lust hat*" – „*dass ich allein nach Hause kommen kann, entspannen kann, meine Ruhe habe, kommen und gehen, wann man will*"- „*Abendbrot essen, wann man will, was man will*".
Gemeinschaft erleben (8) Das Zusammenleben in der Wohngruppe wird von einigen als sehr positiv erlebt („*die Wohngruppe ist super*", „*die Leute sind okay*"), im Einzelfall wird das Wohnheimfest als gute Gelegenheit gesehen, Leute kennen zu lernen.	**Verhältnis zu Betreuern** (8) Das gute Verhältnis zu den Betreuern wird von mehreren hervorgehoben („*Betreuer sind nett, sie sind für einen da*"). Besonders geschätzt wird im Einzelfall, „*dass ich einen Betreuer habe, zu dem ich gehen und mich unterhalten kann*" und „*dass wir als Menschen behandelt werden und nicht als psychisch Kranker/behinderter Mensch*". Eine Person findet gut, dass es „*keine Non-Stopp-Betreuung*" gibt.	**Freizeitgestaltung** zu Hause (5) Alle heben die Ruhe hervor, die sie genießen und die Entspannung ermöglicht.

Tab. 7: Positive Erfahrungen im Wohnen

Was gefällt Ihnen richtig gut an Ihrer Wohnsituation? (Rangfolge nach Häufigkeit der Nennung jeweils relevanter Aspekte)		
Wohnheim (n = 37)	Wohngemeinschaft (n = 35)	Eigene Wohnung (n = 45)
Soziales Umfeld (3) Die Antworten präzisieren, was hinsichtlich sozialer Beziehungen besonders gefällt: „*angerufen werden*“, „*Freunde sind nicht weit weg*“, „*zum Freund runtergehen*“.	**Wohnumfeld** (7) Hier wird überwiegend die ruhige Lage, z. T. im Grünen, als angenehm bezeichnet, im Einzelfall auch der gute Anschluss an öffentliche Verkehrsmittel.	**Soziale Beziehungen** (4) Das Zusammenleben mit der Freundin, der Partnerin oder dem Verlobten wird als sehr positiv erlebt, im Einzelfall auch regelmäßige Besuche aus dem Verwandtenkreis.
Wohnumfeld (3) Hier wird der Garten hervorgehoben, der u. a. zum Grillen genutzt wird, sowie die ruhige Umgebung.	**Selbstbestimmung** (3) Positiv wird die selbstständige Gestaltung des Wohnalltags (z. B. „*nach Hause kommen, wann man will*“) und die Mitbestimmung bei der Gestaltung der Gemeinschaftsräume erwähnt.	**Soziales Umfeld** (3) Es wird als angenehm beschrieben, nette Nachbarn zu haben.
Verhältnis zu Betreuern (2) Es gefällt vor allem, „*dass man mit den Betreuern reden kann*“ und dass sie etwas mit den Bewohnern/Bewohnerinnen unternehmen („*Die Betreuer machen mehr mit uns*“).	**Freizeitgestaltung zu Hause** (2) Hier gefällt im Einzelfall, „nach Feierabend in der Wohnung ausruhen können“ oder Musik hören.	**Tiere** (3) Für einige Alleinlebende haben Haustiere in ihrem Alltag eine soziale Funktion („*Wenn ich nach Hause komme und mein Hund mich begrüßt. Ich bin froh, dass ich meinen Hund habe. Er ist eine Unterstützung für mich.*“)
Selbstbestimmung (2) Nur zwei Personen erwähnen die Selbstbestimmung als positive Erfahrung im Wohnbereich (z. B. „*kann machen, was ich will*“).	**Soziales Umfeld** (2) Die Antworten heben den Stellenwert von sozialen Beziehungen hervor. Dazu gehört z. B. „*viele Freunde in der Umgebung und der WG*“ zu haben und „*dass ich mit meiner Freundin zusammen wohne*“.	**Verhältnis zu Betreuern** (1) Hier wird hervorgehoben, dass die Betreuer nett sind und „*gut mit einem umgehen*“ können.
Arbeit/Beschäftigung (2) Eine Arbeit oder Beschäftigung zu haben wird im Einzelfall als subjektiv bedeutsamer Teil des Tages genannt.	**Gutes Essen** (1)	
Haushaltstätigkeiten (1) Das „*Einkaufen mit den Betreuern*“ ist angenehm.	**Kontakt zu den Eltern** (1)	

Tab.7: Positive Erfahrungen im Wohnen (Fortsetzung)

Die Häufigkeit der Nennungen pro Kategorie lässt Prioritäten erkennen, die Aufschluss darüber geben, welche Aspekte für die individuelle Lebensqualität besondere Bedeutung haben.

Die Rangfolge der *positiven Aspekte des Wohnens* verdeutlicht, dass die Beschaffenheit der Wohnung bei allen einen hohen Stellenwert hat. In *Wohnheimen* sind Freizeitaktivitäten sehr beliebt und das Leben in Gemeinschaft wird geschätzt. Möglichkeiten der Selbstbestimmung und das Verhältnis zu den Betreuern werden vergleichsweise selten genannt. Bei den *Wohngemeinschaften* steht das Erleben von Gemeinschaft an erster Stelle. Deutlich häufiger als in Wohnheimen und im Betreuten Einzelwohnen wird hier zudem das Verhältnis zu Betreuern als positiv bewertet. Auch Freizeitaktivitäten außerhalb sind beliebt. Möglichkeiten zur Selbstbestimmung werden auch hier eher selten lobend hervorgehoben – im Gegensatz zum *Betreuten Einzelwohnen*, wo Aspekte der Selbstbestimmung am dritthäufigsten genannt werden. Oberste Priorität haben hier allerdings das Wohnumfeld und die Wohnung selbst. Sozialen Beziehungen kommt bei den in einer eigenen Wohnung Lebenden ein größeres Gewicht zu als in den anderen Wohnformen. Abweichend von Wohnheimen und Wohngemeinschaften nennen sie auch Tiere als wichtige Wohnungsgenossen.

Die interviewten Freizeitklub-Besucherinnen, die in Wohngemeinschaften leben, schätzen insbesondere das eigene Zimmer als Rückzugsraum. Notwendige Absprachen mit den Betreuern werden von den meisten akzeptiert und nicht als störend empfunden. Interviewpartner/innen aus dem Betreuten Einzelwohnen, die zuvor in Wohngemeinschaften gelebt haben, genießen es besonders, *„keinen Stress"* mehr durch Mitbewohner/innen oder durch Ämterpläne und Pflichten zu haben und Besuch bekommen zu können, wie sie wollen. Sie finden es gut, wenn Freunde in der Nähe wohnen, weil durch kurze Wege spontane Treffen möglich sind. Die *Unterstützung* im Alltag wird von fast allen für ausreichend gehalten. Einzelne Alleinlebende wünschen mehr Unterstützung bei der Alltagsgestaltung und bei Geld- und Behördenangelegenheiten sowie bei persönlichen Entscheidungen *(„Ratschläge")* und alltäglichen Dingen, z. B. beim Kochen oder bei der Wäsche *(„die Wäsche stapelt sich")* oder bei der Körperpflege *(„Rücken schrubben")*.

Negative Erfahrungen kamen am häufigsten im Betreuten Einzelwohnen zur Sprache (67 %), am wenigsten in Wohnheimen (46 %). In Wohngemeinschaften gab rund die Hälfte der Befragten an, dass ihnen manches im Wohnalltag nicht gefällt (52 %). Tab. 8 zeigt im Überblick die wichtigsten spontan genannten Aspekte, die mit Unbehagen verbunden sind. Besonders hervorzuheben ist folgender Sachverhalt: Obwohl das Leben in Gemeinschaft in *Wohnheimen und Wohngemeinschaften* als positive Erfahrung bezeichnet wurde, steht das häufig konfliktreiche Zusammenleben in Gruppen in beiden Wohnformen auch bei den negativen Aspekten des Alltags an erster Stelle, besonders häufig in Wohngemeinschaften. Bei beiden Wohnformen wird auch das Verhalten von Betreuerinnen und Betreuern kritisch kommentiert.

Interviewpartner/innen in Freizeitklubs, die in Wohngemeinschaften leben, bestätigen entsprechende negative Erfahrungen. Neben Streitereien, Konflikten und Lärm in der Gruppe bemängeln sie, dass ihre Privatsphäre durch unerwünschte Besuche von Mitbewohnern häufig missachtet wird. Zudem würden die Betreuer/innen immer wieder Phasen des persönlichen Ausruhens der Bewohner/innen durch Erinnerung an die Ausführung von Gruppenämtern stören, die ohnehin von manchen ungern ausgeführt werden (z. B. Kochen oder Einkaufen). Einige WG-Regeln werden als unangemessen erlebt, zumal einzelne Betreuer/innen manche der Regeln selbst nicht beachten (z. B. Rauchen innerhalb der Wohnung). Mitarbeiter/innen seien oftmals mit anderen Dingen beschäftigt, die z. T. nichts mit ihren eigentlichen Aufgaben zu tun haben; dadurch sei die Zeit für Bewohner/innen oft knapp. Einzelne Interviewpartner/innen in den Freizeitklubs vermissen eine Verabschiedung der Betreuer/innen nach Dienstschluss. Regelmäßig stattfindende Bewohnerversammlungen werden als anstrengend und inhaltlich wenig Gewinn bringend bezeichnet.

Bei Personen, die in *eigener Wohnung* leben, werden vor allem die Beschaffenheit der Wohnung und das Wohnumfeld einschließlich der Nachbarn und des weiteren sozialen Umfelds negativ bewertet. Hier finden sich Erklärungen dafür, dass die Zufriedenheit im Betreuten Einzelwohnen insgesamt niedriger ist als in den anderen Wohnformen. Hervorzuheben ist zudem, dass die Alleinlebenden im Gegensatz zu den in Gruppen lebenden Personen von sich aus auch Aspekte der persönlichen Befindlichkeit einbringen, die sie belasten, z. B. Einsamkeitsgefühle oder Probleme mit dem Partner. Vor diesem Hintergrund wird ersichtlich, dass die häufiger geäußerte Unzufriedenheit beim Leben in einer eigenen Wohnung keine Kritik an der Wohnform ist, sondern an den Umfeldbedingungen. Ein weiterer Bedingungsfaktor für die geringeren Zufriedenheitswerte kann im Personenkreis liegen. Frauen und Männer, die im Betreuten Einzelwohnen leben, haben i. d. R. eher Vergleichsmöglichkeiten mit anderen Wohnsituationen und im Einzelfall wegen der geringeren kognitiven Einschränkungen möglicherweise einen kritischeren Blick.

Was gefällt Ihnen überhaupt nicht an Ihrer Wohnsituation? (Rangfolge nach Häufigkeit der Nennung jeweils relevanter Aspekte)		
Wohnheim (n = 19)	**Wohngemeinschaft** (n = 22)	**Eigene Wohnung** (n = 36)
Zusammenleben in der Gruppe (8) Als unangenehm werden vor allem der Lärmpegel in der Gruppe („*wenn alle Bewohner durcheinander sprechen, z. B. beim Kaffee*"), Streitereien unter den Gruppenmitgliedern und Stress mit einzelnen Bewohnern/Bewohnerinnen erlebt. Im Einzelfall wird angegeben, dass man die eigenen CDs kaum hören kann, weil ständig „*andere Mitbewohner stören*", insbesondere jüngere.	**Zusammenleben in der Gruppe** (14) Als belastend wird das ständige Zusammenleben mit anderen Leuten erlebt („*man ist nie alleine*"; „*Krach der Leute, Türen schmeißen*", „*Ruhe ist nachts nicht vorhanden*"). Im Einzelfall wird berichtet, „*dass Mitbewohner andere ärgern*" oder „*machen, was sie wollen*", „*Gegenstände kommen weg, Regeln werden nicht beachtet, Verheimlichung, Unfreundlichkeit der Mitbewohner*".	**Wohnung** (14) Negative Beurteilungen der Wohnung können mit folgenden Stichworten umrissen werden: zu klein, zu hellhörig, zu dunkel, zuviel „*altes Zeug*" in der Wohnung, Mängel (Lichtschalter, Wasserschaden, Renovierung überfällig). Eine Person hätte gern „*eine Rollstuhlrampe, damit mein Freund mich besuchen kann (wohne schon im EG)*", eine andere stören die „*Stufen zum Hochparterre*".
Verhalten von Betreuern (4) Es gefällt nicht, „*dass Betreuer ihre Meinung wechseln*", einem etwas „*unterstellen*", z. B. „*Ich soll nicht petzen.*" und „*dass mich jemand rumkommandiert, ab und zu*". Eine Person verbindet das Unbehagen am Verhalten von Betreuern und Betreuerinnen mit den Forderungen, die an sie gestellt werden: „*Alle Betreuer nerven, Forderungen nerven.*"	**Verhalten von Betreuern** (5) Hier ist im Einzelfall von „*Auseinandersetzungen mit Betreuern*", und von „*Kommandos*" der Betreuer die Rede sowie von wenig Einfühlvermögen, „*wenn die Betreuer nur rummeckern, z.B. wenn man mal was falsch macht*".	**Wohnumfeld** (12) Als belastend wird vor allem der Straßenlärm erlebt („*Hauptkreuzung des Verkehrs, Krankenhauslärm, grölende Jugendliche*" – „*Fußballplatz und Flugzeuge sehr laut. Autobahn ist so laut, dass man das Fenster nicht öffnen kann*"). Eine weitere Anmerkung bezieht sich auf die Infrastruktur: „*Um 19 Uhr werden die Bürgersteige hochgeklappt, Discounter schließen*".
Wohnung (2) z. B. „*keine Klimaanlage*"	**Wohnumfeld** (4) z. B. Straßenbahnlärm, weite Einkaufswege, unsichere Umgebung: „*Angst, dass was passiert*"	**Verhalten der Nachbarn** (7) Lärmbelastung geht auch von anderen Mietern im Haus aus, von Nachbarn, die „*abends sehr laut sind*", „*laut Musik hören*" oder „*betrunken sind*" oder „*immer wieder Ärger machen*". Eine Person bedauert, dass es „*zu wenig Kontakt zu Nachbarn*" gibt.

Tab. 8: Negative Erfahrungen im Wohnen

Was gefällt Ihnen überhaupt nicht an Ihrer Wohnsituation? (Rangfolge nach Häufigkeit der Nennung jeweils relevanter Aspekte)		
Wohnheim (n = 19)	**Wohngemeinschaft** (n = 22)	**Eigene Wohnung** (n = 36)
Sicherheit im Haus (1) *„jetzt nur noch mit Betreuer Zugang aufs Dach, wo was geklaut wurde“*.	**Wohnung** (2) *„zu kleines Zimmer“*, *„Fahrstuhl einbauen“*	**Soziales Umfeld** (5) Hier wird über Leute im Umfeld geklagt, z. B.: *„Umgebung ist stressig, viel Polizei im Bezirk und im Haus“*. Teilweise kommt es zu Konflikten: *„Die Leute, der Umgang, voll krass, die Kurden beschimpfen uns am Fußballplatz, als Spaß“* oder *„Kinder, die ärgern und hänseln“*.
	Fehlende Freiräume (2) zu starrer *„Rhythmus im Alltag“*, *„kann nicht so sein, wie ich möchte“*	**Persönliche Befindlichkeit** (4) Einige berichten, dass das Allein-Wohnen auch Pro-bleme mit sich bringt, z. B. *„dass ich manchmal ein bisschen einsam bin, aber das ist ja normal, wenn man alleine wohnt. Daran habe ich mich schon ein bisschen gewöhnt. Wohne jetzt seit 2003 hier, vorher in einer Behinderten-WG“* oder *„dass ich oftmals alleine nicht weiß, was ich mit meiner Freizeit anfangen soll“* und *„dass ich träge bin“*.
	Personalsituation (2) *„zu wenig Personal“*; *„dass die Stunden unserer Betreuer gekürzt wurden“*	**Persönliche Beziehungen** (1) Eine Frau beklagt, dass ihr Freund *„ständig betrunken“* ist.
	Haushaltstätigkeiten (1) *„Bad wischen“*	

Tab.8: Negative Erfahrungen im Wohnen (Fortsetzung)

2.2 Selbstbestimmung im Alltag

Die Leitidee Selbstbestimmung hat in der Arbeit mit Menschen mit Behinderung einen großen Stellenwert, die Realisierung ist – abhängig von der jeweiligen Wohnform – unterschiedlich ausgeprägt. Fast drei Viertel von 123 Befragten in betreuten Wohnformen geben an, dass sie selbst bestimmen können, wie sie ihren Alltag gestalten möchten (Abb. 16). Ein Fünftel hat diese Möglichkeit nur teilweise.

Erwartungsgemäß sind die Möglichkeiten zur *selbstbestimmten Alltagsgestaltung* beim Wohnen in einer eigenen Wohnung am größten (93 %) und in Wohnheimen am geringsten (56 %). In Wohngemeinschaften liegt die Quote bei 71 %. Die Befragten konkretisieren ihre Erfahrungen durch Beispiele: Die geringeren Selbstbestimmungsmöglichkeiten im *Heim* werden von einem Bewohner auf den Punkt gebracht: *„Mitarbeiter sagen, was gemacht wird. Haben was zu sagen.“* Wünsche für mehr Selbstbestimmung beziehen sich auf eigenständige Unternehmungen außerhalb des Wohnheims (*„die Zeiten, wann ich raus darf“*, *„mehr Aktivitäten, Herta + Kino“*, *„alleine spazieren gehen“)* und auf eine selbstbestimmte Tagesgestaltung, z. B. *„möchte nicht zur TSM (Tagesstrukturierende Maßnahme), muss aber, da im Wohnheim keine Betreuer sind“*. Einer ist froh, dass ihm jetzt erlaubt wurde, sein Essen in seinem Zimmer einzunehmen.

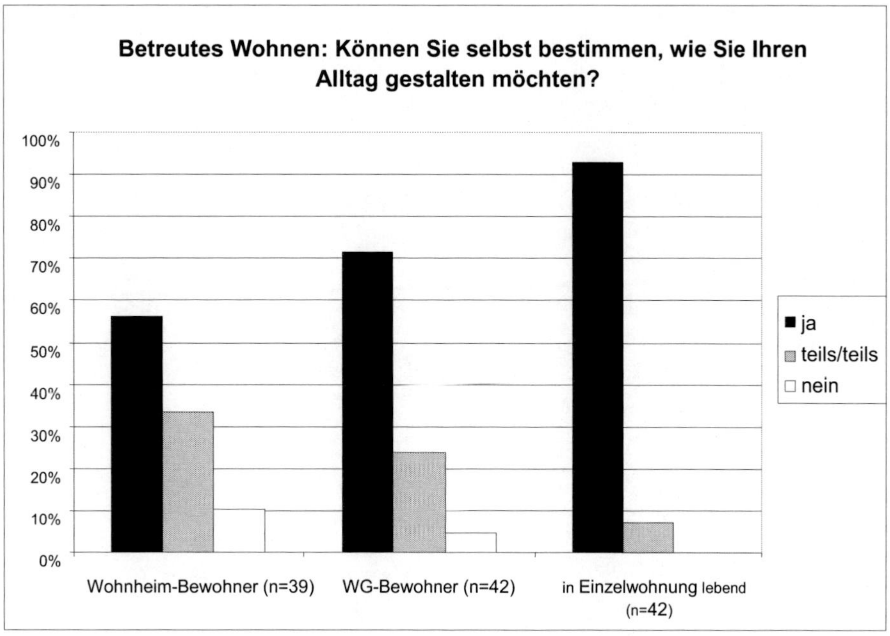

Abb. 16: Betreutes Wohnen – Selbstbestimmung

Die Bewohner/innen in *Wohngemeinschaften* schätzen, dass sie in vielen Bereichen selbst bestimmen können, wie sie ihren Alltag gestalten möchten, insbesondere in der Freizeit oder im Wohnalltag (*„größtenteils alles, bis auf Geldangelegenheiten“ – „Ich kann essen, wann und was ich will“ – ;,mit Freundin das Haus verlassen“ – „beim Freund schlafen“ – „nur durch Arbeit gibt es Grenzen“*). Für rege Diskussion sorgte in einem Gruppeninterview in einem Freizeitklub das Thema „Übernachtung von Freunden“. Obwohl die Teilnehmer/innen notwendige Absprachen in der Gruppe grundsätzlich akzeptieren, wird es als gravierende Einschränkung ihrer Selbstbestimmung angesehen, Übernachtungen von Freunden ankündigen zu müssen: *„Y. wollte eine Nacht bei mir schlafen, haben sie verboten“*. Eine Teilnehmerin, die kürzlich von einer Wohngemeinschaft in eine *eigene Wohnung* gezogen ist, schätzt ihre neue Freiheit sehr: *„Also ich finde gut, dass man sagen kann, komm, du kannst bei mir übernachten, brauchen wir keinen Betreuer mehr“*. Eine andere Frau stellt fest: *„Ich kann selber bestimmen, wenn ich einkaufen gehe, Wäsche wasche oder putze“* und *„nach der Arbeit ausruhen, hinlegen, was ich früher nicht, ja, nicht so oft machen konnte.“*

Dennoch gibt es im Einzelfall Probleme. Einzelne ältere Frauen und Männer beklagen, dass sie bei der *Selbstversorgung* eingeschränkt werden: Sie dürften nicht so selbstständig sein wie sie könnten, weil sie – nach Aussage der Gruppenbetreuer/innen – sonst den WG-Platz nicht behalten könnten und eine Nachbesetzung schwierig wäre oder weil die in der Gruppe tätige Pflegekraft sonst das Duschen nicht abrechnen könnte. Ein Mann sieht seine *Teilhabe an Entscheidungen*, die unmittelbar seinen Alltag betreffen, nicht gewährleistet. Es ärgert ihn, dass er Terminabsprachen (z. B. Arzttermine) nicht vorher weiß, und dass er die Tage, an denen seine BEW-Assistenz kommt, nicht mitbestimmen darf: *„Meist ist das so, man kann es zwar ansprechen, man möchte jetzt Montag oder Dienstag oder Mittwoch betreut werden, da sagen die meisten, das bestimmen sie eh. Das braucht man nicht vorher sagen. Angesprochen haben wir es schon öfters, aber sie machen es dann doch so, wie sie es machen wollen.“* Zudem empfindet er die drei Assistenz-Termine in der Woche als anstrengend und möchte auch mal nichts machen. Sein Unbehagen ist u. a. darin begründet, dass der zuständige Sozialarbeiter jünger als er ist und ihn in der zur Verfügung stehenden Zeit animieren möchte, was zu unternehmen, was er jedoch als Bevormundung empfindet. Er bedauert, dass er seine Betreuer nicht selbst auswählen kann (*„Jetzt haben sie mir einen gegeben, den mag ich überhaupt nicht.“)* Einmal im Monat gebe es ein BEW-Treffen, auf dem man sich über alle Dinge austauschen kann. Die Anregungen der Teilnehmenden würden jedoch nicht zufriedenstellend berücksichtigt. Auch Wünsche nach einem Hund dürfen im Einzelfall nicht realisiert werden, die Mitarbeiter hätten dies verboten.

Trotz der deutlichen Unterschiede bei der Realisierung von Selbstbestimmung geben in allen Wohnformen, mit minimalen Unterschieden, rund 85 % der Befragten an, dass sie genügend selbst bestimmen oder entscheiden können, z. B. in der Freizeit. Betrachtet man diese Aussage im Zusammenhang mit der Frage, ob die eigene Meinung im Alltag ernst genommen wird, kann der hohe Zufriedenheitsgrad bzgl. der Selbstbestimmungsmöglichkeiten als Anpassung an die Gegebenheiten gedeutet werden: Weniger als ein Drittel von 120 Befragten macht die Erfahrung, dass die *eigene Meinung* immer ernst genommen wird (Abb. 17). Etwa gleich viele erleben ihre Meinung als meistens respektiert. In Wohnheimen sind die Werte niedriger: Hier macht nur die Hälfte der Bewohner/innen die Erfahrung, immer oder manchmal ernst genommen zu werden. Der Anteil derer, die sich nur manchmal oder nie ernst genommen fühlen, beträgt insgesamt 38 %. Nach Wohnformen differenziert liegt die Spannbreite der geäußerten negativen Erfahrungen zwischen 33 % in Wohngemeinschaften und beim Wohnen in der eigenen Wohnung und 50 % in Wohnheimen.

Dieses Ergebnis offenbart, dass unter dem Paradigma der Teilhabe nicht allein die mehr oder weniger großen Spielräume für Selbstbestimmung Merkmal einer qualitätsvollen Unterstützung sind, sondern die grundsätzliche Anerkennung des behinderten Menschen als gleichwertigen Partner und die Respektierung seiner Vorstellungen. Eine Gegenüberstellung der Antworten nach *Geschlecht* zeigt, dass die Meinung von Frauen in Heimen etwas häufiger ernst genommen wird als die von Männern. Möglicherweise verhalten sie sich angepasster als ihre männlichen Mitbewohner. Umgekehrt wird in Wohngemeinschaften und im Betreuten Einzelwohnen die Meinung von Männern häufiger ernst genommen als die von Frauen. Hier könnte die größere Durchsetzungskraft von Männern eine Rolle spielen. Diese Erkenntnisse dürfen jedoch nicht überbewertet werden, weil die geringe Anzahl der jeweils Befragten keine Verallgemeinerung zulässt.

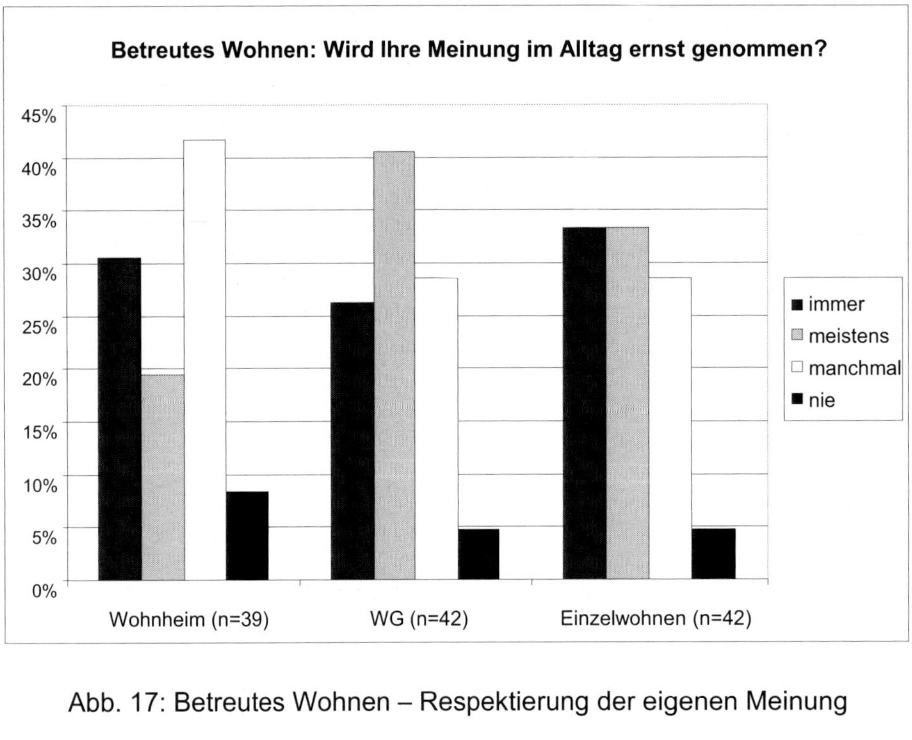

Abb. 17: Betreutes Wohnen – Respektierung der eigenen Meinung

2.3 Ansprechpartner bei Problemen

Wenn es Probleme beim Wohnen gibt, werden in allen Wohnformen am häufigsten die Mitarbeiter/innen zu Rate gezogen (86 %). An zweiter Stelle stehen die Eltern mit insgesamt 28 %. Auffällig ist, dass der Rat von Eltern in Wohngemeinschaften und beim Betreuten Einzelwohnen häufiger in Anspruch genommen wird als in Wohnheimen (Abb. 18). Vermutlich führt die systembedingte Rundum-Betreuung im Heim dazu, dass auch Probleme möglichst intern gelöst werden. Darum sind Mitbewohner/innen hier bei Problemen eher gefragt als die Eltern. Freunde oder

Freundinnen werden im Heim häufiger als Ansprechpartner/innen genannt als in den anderen Wohnformen. Die Wohnheimleitung wird von etwa einem Drittel der Heimbewohner/innen in Anspruch genommen, im Einzelfall auch von Frauen und Männern aus Wohngemeinschaften oder dem Betreuten Einzelwohnen. Hier handelt es sich möglicherweise um einen Wohnverbund mit Bereichsleitungen oder um persönliche Kontakte zum Heim, in dem der Einzelne vielleicht früher selbst einmal gelebt hat.

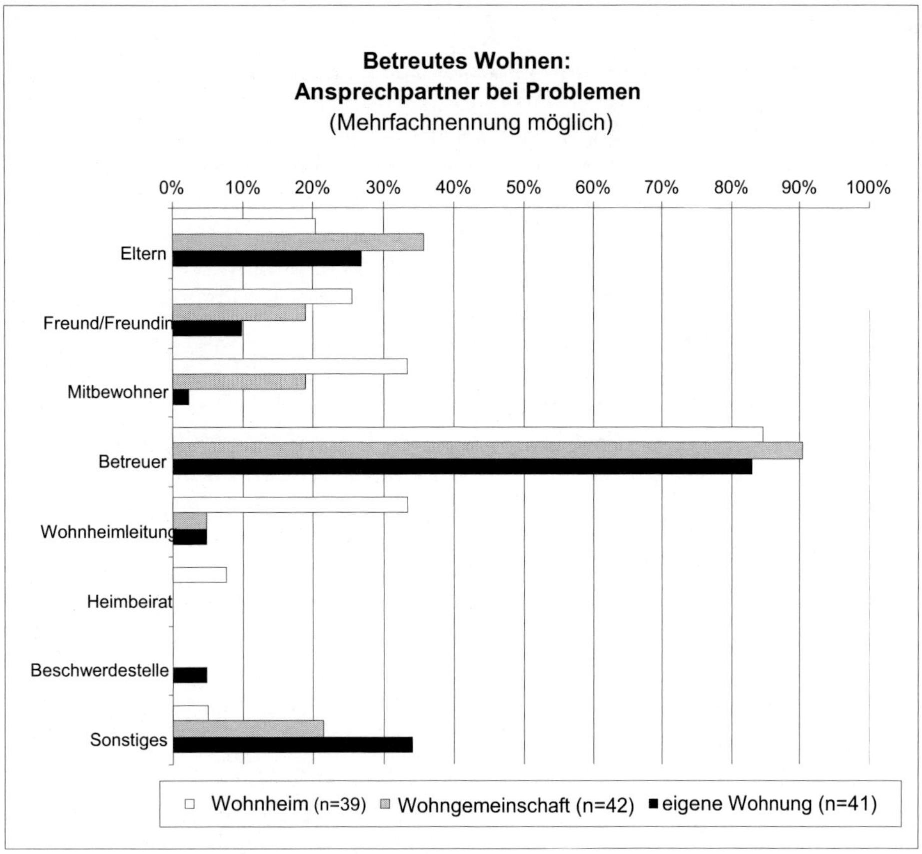

Abb. 18: Betreutes Wohnen – Ansprechpartner bei Problemen

Der Heimbeirat wird nur von 8 % der Heimbewohner/innen als Anlaufstelle bei Problemen genannt. Allerdings wird unter Sonstiges einmal der Heimfürsprecher als Ansprechpartner angegeben, der eingesetzt wird, wenn es in der Einrichtung keinen Heimbeirat gibt. Eine Person nutzt bei Problemen den heiminternen „Kummerkasten". Im Betreuten Einzelwohnen wenden sich einzelne an eine Beschwerdestelle. Den Erläuterungen ist zu entnehmen, dass damit der Hausmeister gemeint ist, der allerdings als wenig hilfreich erlebt wird *(„kann man anrufen, hilft selten", „dauert zu lange, bis was passiert")*. Als weitere Ansprechpartner werden im Betreuten Einzelwohnen Nachbarn, gesetzliche Betreuer, die ehemalige WG, der Bruder, die Polizei und der Krisendienst genannt. Eine Person wendet sich im Problemfall *„an mich selber"* (*„habe zwar einen Freund, aber seitdem der eine Freundin hat, meldet er sich nicht mehr"*).
Von WG-Bewohnerinnen und -Bewohnern werden als weitere Kontaktpersonen bei Problemen die Schwester, der gesetzliche Betreuer, der Gruppenleiter, die Wohnbereichsleitung, Zivis und Kräfte im Freiwilligen Sozialen Jahr sowie das Sozialamt genannt. In einer Wohngemeinschaft gibt es einen „Beschwerdebogen", der allen zugänglich ist. Eine Person macht alles *„mit sich selbst"* aus. In den Interviews mit Freizeitklub-Besuchern wird darüber hinaus von regelmäßig stattfindenden *Bewohnerversammlungen* des Trägers berichtet. Hier können Bewohner/innen gegenüber Betreuerinnen und Betreuern ihre Meinung sagen, Probleme können diskutiert und Lösungen gesucht werden. Allerdings machen einige die Erfahrung, dass die Diskussionen mit den Betreuerinnen und Betreuern auf solchen Versammlungen nur teilweise etwas bewirken, sie würden *„nicht so richtig hinhören"*.

In den Interviews wird der *Kontakt zu gesetzlichen Betreuerinnen und Betreuern* sehr unterschiedlich bewertet. Als hilfreich wird ein regelmäßiger Austausch gesehen, auch wenn er überwiegend telefonisch erfolgt, und gezielte Unterstützung, z. B. beim Wechsel der Wohnform: *„Ich war schon mal in einer WG, aber da musste ich nach 5 Jahren raus: Du kannst das alles, du musst hier raus, weil es nicht mehr bezahlt wurde. Ich war in der WG eigentlich unterfordert. Mit meiner gesetzlichen Betreuerin läuft gerade ein Antrag fürs BEW. Ich fände es schön, wenn mich jemand zum Einkaufen begleitet und so. Wir haben durchgesprochen, wo ich Hilfe bräuchte und sie einen Antrag stellen könnte."*

Andere berichten von weniger befriedigenden Erfahrungen. Im Workshop kritisiert z. B. ein Teilnehmer, dass sein gesetzlicher Betreuer ihn nicht ausreichend informiert und ihn zudem permanent wegen seiner Lebensweise ermahnt, z. B. wenn er bei seiner Wohnungsausstattung eigenständig Entscheidungen trifft. Eine Teilnehmerin wünscht sich von ihrer gesetzlichen Betreuerin mehr Engagement. Sie hat das Gefühl, dass sie sich nicht für sie interessiert. So komme es z. B. häufig vor, dass sie bei einem Telefonanruf darauf verwiesen wird, später noch einmal anzurufen, oder der Termin der Geldübergabe wird vergessen. Allerdings findet sie es beruhigend, dass jemand einen Überblick über ihre Finanzen hat. Beide hatten keine Mitsprache bei der Auswahl der gesetzlichen Betreuer. Sie wurden vom Gericht gestellt.

Bei Personen, die ohne professionelle Assistenz in einer eigenen Wohnung leben, übernimmt das *informelle persönliche Netzwerk* unterstützende Aufgaben: *„Hier habe ich Freunde in der Nähe, die kommen mal rüber, wenn es ein Problem gibt. Und ich habe auch meine Eltern in der Nähe. Wenn ich nicht so gut kann, ob sie mal für mich einkaufen gehen können. Oder ich bin verreist, dass sie nach der Post gucken oder die Blumen versorgen."* Manchmal wohnen die Eltern im gleichen Haus. Hier sind tägliche Kontakte keine Seltenheit. Das gibt auf der einen Seite Sicherheit, wird im Einzelfall aber auch als Einengung der eigenen Freiräume erlebt. Auch im Zusammenhang mit Geldangelegenheiten helfen oftmals Familienangehörige *„Wenn ich Rechnungen bekomme, da komme ich nicht so gut klar. Das macht mein Schwager, der hilft mir."* Besondere Bedeutung hat ein verlässlicher Freundeskreis, z. B. *„Freunde, die mich auffangen, wenn es mir schlecht geht. Als ich am Tiefpunkt war, hat mein Freund gesagt, heul dich aus und dann erzähl, was los ist, was sagen die Ärzte und so, um mich aufzurichten. Und Kollegen sagen auch, erzähl mal, um mich zu unterstützen."*

Rolle des Heimbeirats

Die Tatsache, dass sich nur drei von 39 Personen bei Problemen an den Heimbeirat wenden, wirft die Frage nach dem Stellenwert dieses Gremiums in der Einrichtung und den Möglichkeiten zur Mitwirkung auf. Im Rahmen der KUNDENSTUDIE wurden sieben Mitglieder von Heimbeiräten interviewt, teils im Einzelinterview, teils in Gruppengesprächen. Dabei ging es u. a. um die Motivation für die Mitarbeit im Heimbeirat, die Vorbereitung auf die Tätigkeit, die Schwerpunkte der Arbeit, bisherige Erfolge, Fragen der Mitbestimmung, Formen der Kommunikation mit den Heimbewohnerinnen und -bewohnern. Ein gekürzter Ausschnitt aus einem Gespräch mit einem Heimbeirat, der noch nicht lange im Amt ist und von einem Unterstützer begleitet wird, gibt exemplarisch Einblick in Sichtweisen und Erfahrungen:

Interviewer: Warum arbeiten Sie als Heimbeirat?

E.: Ich wollte irgendwas anderes so machen, außer immer nur hier zu wohnen und nichts zu tun. Zuerst habe ich überlegt, ich mach das nicht. Weil zuerst dachte ich, es wäre so anstrengend, ich müsste irgendwas schreiben, irgend so einen Papierkram machen. Aber ich muss eigentlich nur sitzen und denn ein bisschen zuhören und denn mich mal mit dieser Chefin so unterhalten. Und das ist immerhin etwas anderes anstatt nichts zu tun, dann hat man so eine Aufgabe, dann ist man etwas höher als die anderen.

Interviewer: Wie sind Sie darauf vorbereitet worden?

E.: Also wir konnten uns sozusagen zur Verfügung stellen und haben einfach gesagt: „Ja, das machen wir." Und dann nach einer Woche wurde uns das erklärt, was wir so machen, was wir so für Aufgaben haben und so weiter. Also nicht jetzt am Anfang.

D.: Aber wäre besser gewesen. Dann hätte man nochmal überlegen können, bevor man dann das wirklich wird.

Interviewer: Sie sind also gewählt worden, dann kam eine Woche später diese Information. Wie war das?

E.: Diese Heimleitung, die hat das uns nur so erklärt und hat zwar ein paar Zettel, so eben was da so drauf steht und so weiter. Dann konnten wir auch schon wieder gehen, also war jetzt nicht so großartig irgendwas.

Interviewer: Was sind denn die Hauptthemen, mit denen Ihre Mitbewohner zu Ihnen kommen, die Sie vertreten?

F.: Dass sie hier blöd angemacht werden zum Beispiel, von den Bewohnern.

D.: Dass sie beleidigt werden oder bedroht werden.

F.: Oder dass man hinter ihren Rücken lästert.

Interviewer: Dann eine Frage nach den Erfolgen. Was haben Sie schon erreicht als Heimbeirat?

E.: Noch nicht viel.

D.: Überhaupt nichts würde ich sagen.

Interviewer: Würden sie auch gerne mitbestimmen können?

E.: Ja, das wäre doch …

D.: Genial. (Lachen)

Interviewer: Was würden Sie dann bestimmen?

E.: Ah, ich würde gleich die ganze Hausordnung ändern.

D.: (lachend) Genau.

Interviewer: Sind sie zufrieden mit Ihrer Arbeit als Heimbeirat?

E.: Ja, also was heißt, hätte ein bisschen interessanter sein können oder so. Aber ist schon ganz o.k. so.

Unterstützer: Also wenn ich jetzt an eurer Stelle wäre und hier Heimbeirat wäre, wäre ich ein bisschen enttäuscht, dass die anderen mich nicht so in Anspruch nehmen, dass die nicht jetzt irgendwie ständig kommen: „Du, ich habe hier mal ein Anliegen, wir müssen uns mal zusammensetzen“.

F.: (lachend) Hier kommen eh alle, alle zu mir.

Unterstützer: Aber nicht unbedingt, weil du jetzt Heimbeirat bist, sondern die würden wahrscheinlich auch zu dir kommen, wenn du kein Heimbeirat wärst.

F.: Nee, die sagen immer: „Du bist doch Heimbeirat.“ Ich so: „Ja.“ Und dann haben die gesagt: „Ich habe ein Anliegen.“, also die fragen immer erst ob ich Heimbeirat bin.

Unterstützer: Wir haben ja auch so einen Kasten draußen zu hängen, da glaube ich war noch nie ein Zettel drin, ne?

F.: Da drauf da steht: Bitte keine Post einwerfen.

D.: Da gibt es nicht einmal einen Schlüssel für.

Unterstützter: Steht da nicht „Bitte keine Reklame einwerfen“?

F.: Nein. keine Post!

D.: Wir können ja mal aufknacken das Ding da mal!

Die Gespräche mit Heimbeiräten verweisen auf positive und negative Erfahrungen. Beispiele im Sinne von „good practice“ sind u. a. eine gute Vorbereitung auf die Tätigkeit als Heimbeirat, eine konstruktive Zusammenarbeit mit der Heimleitung, strukturelle Unterstützung der Arbeit des Heimbeirats durch Möglichkeiten der Information der Bewohner/innen und der Kommunikation, Umsetzung von Anregungen und Entscheidungen des Heimbeirats, kontinuierliche Schulungen der Beiratsmitglieder, hausinterne Weiterbildungen zur Stärkung der Persönlichkeit. Negative Beispiele beziehen sich z. B. darauf, dass Beschlüsse des Heimbeirats von Mitarbeitenden nicht beachtet werden oder dass keine Möglichkeit zur Information der Bewohner/innen zur Verfügung gestellt wird (z. B. „Schwarzes Brett“).

Erfolge der Arbeit der befragten Heimbeiräte betreffen u. a. Regeln der Hausordnung (z. B. Anklopfen vor dem Betreten eines privaten Raums, Sauberkeit, Respekt vor dem Eigentum anderer), Anschaffungen, die allen zu Gute kommen (z. B. ein Bus), oder bauliche Veränderungen oder Renovierungen. Einige sind in regelmäßigem Kontakt mit Heimbeiräten anderer Einrichtungen. Die hier dokumentierten Erfahrungen spiegeln nur einen Bruchteil der Arbeit dieses Gremiums in unterschiedlichen Einrichtungen. Detaillierte Untersuchungen zur Umsetzung des Mitwirkungsrechts wären sinnvoll, um Mindeststandards für die Stärkung der Partizipation von Menschen mit Behinderung im Bereich des Wohnens zu entwickeln. Mit Blick auf die Neuregelung des Heimrechts sind möglicherweise veränderte Aufgabenstellungen von Heimbeiräten zu diskutieren.

2.4 Soziale Beziehungen und Kontakte

Die Bewertung der eigenen Wohnsituation durch die Menschen mit Behinderung hat deutlich gemacht, welche Bedingungen sie für ein „gutes Leben“ für wichtig erachten. Die von ihnen genannten Kriterien umfassen materielle, strukturelle, personelle und interaktionale sowie ideelle Aspekte. Sie beziehen sich teils auf das Mikrosystem Wohnung bzw. Wohngruppe, teils auf das unmittelbare Wohnumfeld und das Gemeinwesen. Unter der Fragestellung der Einbindung in den Sozialraum i. S. von Teilhabe werden hier vertiefend die sozialen Kontakte in verschiedenen Lebensbereichen betrachtet. Dabei können jeweils nur einzelne Facetten des sozialen Netzwerks von Menschen mit Behinderung in den Blick genommen werden.

Positiv erlebte soziale Beziehungen stärken das psychische Wohlbefinden und die Entwicklung der persönlichen Identität. Sie sind hilfreich in belastend erlebten Alltagssituationen und psychosozialen oder gesundheitlichen Krisen und haben zudem auch eine Belastung vermeidende Schutzfunktion (vgl. BULLINGER & NOWAK 1998). Umgekehrt steigert das Fehlen tragfähiger Beziehungen das Risiko für Krisen und Krankheiten – ein Sachverhalt, der bei Menschen mit geistiger/mehrfacher Behinderung besonderer Beachtung bedarf (vgl. BECK 2008). Viele sind psychischen Belastungen und Stresserfahrungen ausgesetzt, die ihre emotionale Befindlichkeit aus dem Gleichgewicht bringen, z. B. durch Probleme in zwischenmenschlichen Beziehungen, durch Unter- oder Überforderung und ambivalente Betreuungskonzepte oder Haltungen des Betreuungspersonals sowie durch strukturell oder personell bedingte Gewalt und deprivierende Erfahrungen im Laufe ihres Lebens. Zudem können gesellschaftliche Prozesse der Entsolidarisierung und Ausgrenzung von Minderheiten zu Vereinsamung führen, die u. a. in einer Suchtproblematik oder anderen psychischen Problemen ihren Ausdruck finden kann.

Nach den Daten des SOZIO-OEKONOMISCHEN PANELS treffen sich durchschnittlich 52 % der erwachsenen Deutschen mindestens einmal die Woche mit Angehörigen, Freunden und/oder Arbeitskollegen; bei den 18- bis 34-Jährigen liegt dieser Anteil bei 79 % (West) bzw. 73 % (Ost); eine Differenzierung nach den jeweiligen Kontaktgruppen wird nicht vorgenommen (vgl. STATISTISCHES BUNDESAMT et al. 2008: Datenreport 2008. Sozialbericht für Deutschland, 376). Ein Vergleich der Pflege von Sozialkontakten bei der nichtbehinderten Bevölkerung mit den nachfolgend dargestellten Ergebnissen der Befragung von Menschen mit geistiger Behinderung macht deutlich, dass deren soziale Kontakte außerhalb des Wohnbereichs seltener sind.

Besondere Chancen zum Knüpfen von sozialen Beziehungen bietet der Lebensbereich Freizeit.

> „Freizeit ist ein unverzichtbarer Bestandteil menschlichen Lebens, leistet einen wertvollen Beitrag zur Persönlichkeitsentwicklung und trägt nachhaltig zum Gelingen von Identität bei. Freizeit spielt bei der Lebensgestaltung und beim persönlichen Erleben und Ausleben des Alltags eine große Rolle, ist Ausdruck von Lebensqualität, sozialer Anerkennung und des Integriert-Seins zugleich. Sie ist aber auch ein soziales Lackmuspapier, das Aussonderung farblich anzeigt.“ (MARKOWETZ 2008, 202)

Im System der Behindertenhilfe werden für Menschen mit geistiger Behinderung überwiegend spezielle Freizeitangebote organisiert, integrative Konzepte sind nach wie vor die Ausnahme (vgl. MARKOWETZ 2005). Der Zugang zu allgemeinen Freizeitangeboten ist für diesen Personenkreis häufig erschwert.

Lebensbereich Wohnen

In Wohngemeinschaften und Wohngruppen im Heim bestehen naturgemäß regelmäßige Beziehungen zu Mitbewohnerinnen und Mitbewohnern. Bei der Bewertung der Wohnsituation wurde deutlich, dass die Quantität der Kontakte innerhalb der Gruppe sowohl positive als auch negative Auswirkungen auf die Gestaltung der Beziehung hat. Ein Teil der Gruppenmitglieder beurteilt das Zusammenleben als angenehm, ein anderer als konfliktträchtig. Eine wesentliche Ursache für problematische Konstellationen dürfte in dem Tatbestand liegen, die sich die Frauen und Männer ihre Mitbewohner/innen überwiegend nicht selbst ausgesucht haben.

Lebensbereich Familie

Der bedeutsamste Lebensbereich ist die Familie. Nach Aussagen der Befragten weisen die Kontakte zu Angehörigen bei denjenigen, die bereits aus dem Elternhaus ausgezogen sind, eine gewisse Regelmäßigkeit auf (Abb. 19):

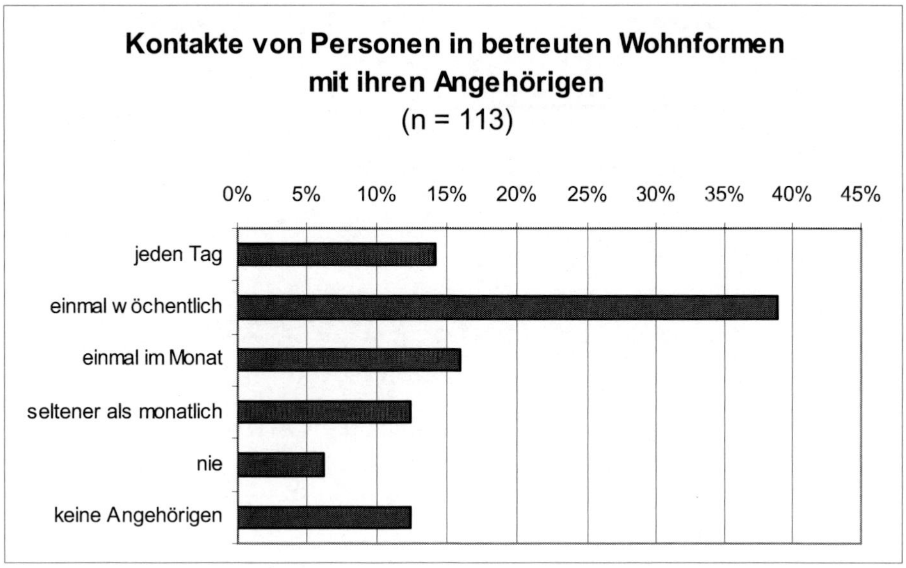

Abb. 19: Betreutes Wohnen – Angehörigenkontakte

Fast 40 % sehen ihre Angehörigen (überwiegend Eltern, im Einzelfall Geschwister) einmal in der Woche, 16 % einmal monatlich; 14 % treffen sie täglich. Hier handelt es sich überwiegend um Personen, die in einer eigenen Wohnung leben. Ein Teil von ihnen wird täglich von den Eltern unterstützt. Nur 6 % der Befragten haben keinen Kontakt zu ihren Angehörigen; bei 12 % gibt es keine Angehörigen mehr. Die Gespräche in Freizeitklubs bestätigten die große Bedeutung, die engen familiären Beziehungen beigemessen wird. Mehrfach wurde der Wunsch nach einem harmonischen Verhältnis der Familienmitglieder untereinander artikuliert, dass Eltern oder Geschwister sich wieder vertragen mögen. Eine Gesprächspartnerin lehnte dem gegenüber jeglichen Kontakt zu ihrer Familie ab, weil Erinnerungen an ihr Leben in der Familie mit Gewalterfahrungen verknüpft sind.

Lebensbereich Arbeit

Ein weiterer bedeutsamer Lebensbereich ist die Arbeit. Hier verbringen erwerbstätige Menschen viele Stunden des Tages. Gegenüber den familiären Beziehungen sind regelmäßige Freizeitkontakte zu Arbeitskolleginnen und -kollegen vergleichsweise gering (Abb. 20): 38 % der Befragten haben nie außerhalb der Arbeitszeit Kontakte zu Arbeitskolleginnen und -kollegen. Ein Fünftel trifft sie etwa einmal wöchentlich, rund ein Drittel nur einmal im Monat oder seltener. 8 % sehen ihre Kollegen und Kolleginnen jeden Tag außerhalb der Arbeit. Da diese Angaben aus dem Kreis der Wohnheimbewohner/innen stammen, ist nicht auszuschließen, dass alle in derselben Einrichtung leben und tägliche Begegnungen nahezu selbstverständlich sind.

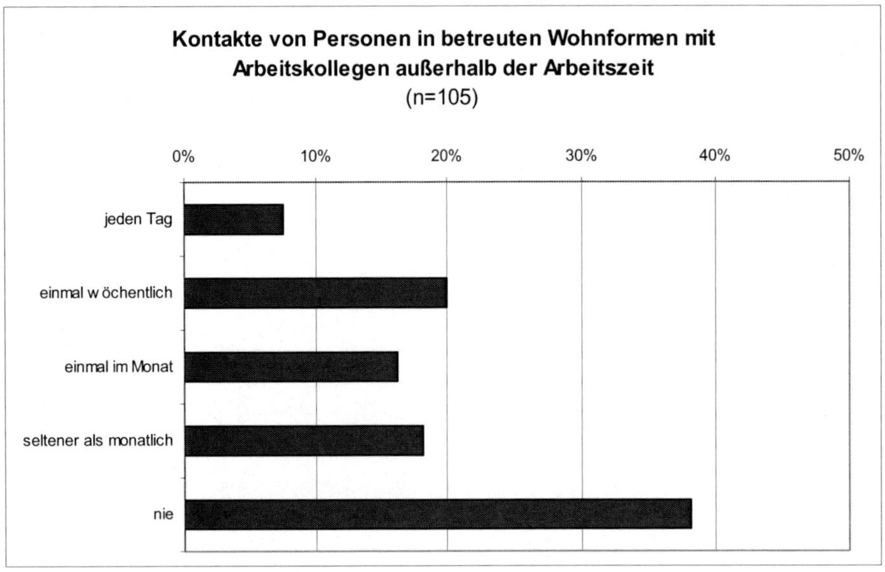

Abb. 20: Betreutes Wohnen – Kontakte mit Arbeitskollegen

Lebensbereich Schule

Zwei junge Leute, die in einem Wohnheim leben und noch zur Schule gehen, haben außerhalb der Schule nie Kontakt zu ihren Mitschülerinnen und Mitschülern. Dieser Sachverhalt kann darin begründet liegen, dass die Schüler/innen nicht in der Nähe ihrer Schule wohnen und Verabredungen dadurch erschwert sind. Denkbar ist auch, dass das Wohngruppenpersonal die Pflege von Kontakten zu Mitschülerinnen und Mitschülern nicht als seine Aufgabe ansieht.

Lebensbereich Freizeit

Bei den bevorzugten Freizeitpartnern stehen Freunde und Freundinnen an erster Stelle (54 %), gefolgt von Betreuerinnen und Betreuern (44 %) und Mitbewohnerinnen und -bewohnern (36 %) und den Eltern (29 %). Mehrfachnennung war möglich (Abb. 21).

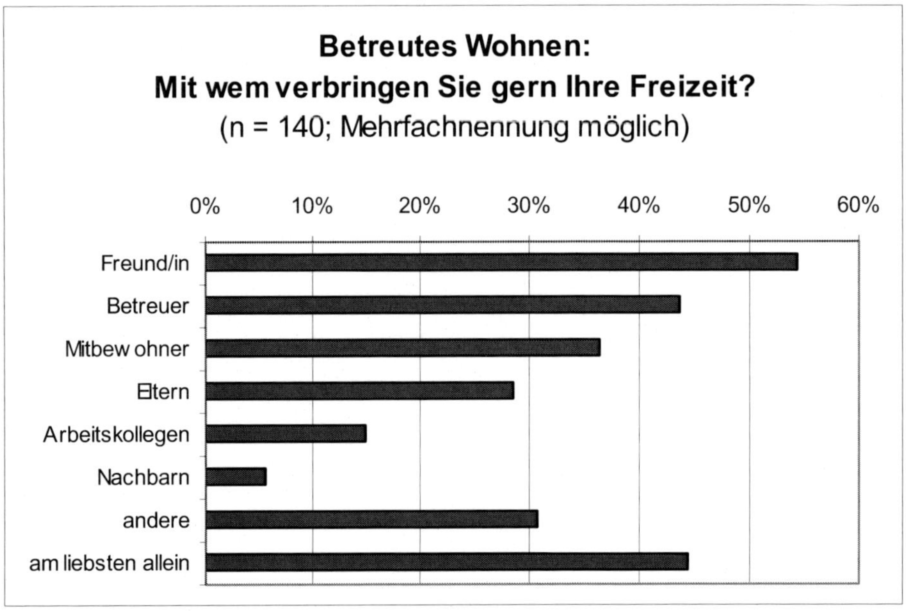

Abb. 21: Betreutes Wohnen – Freizeitpartner

Andere genannte Personen sind Verwandte (Geschwister, Tante), die/der Verlobte, der/die Partner/in, Sportkameraden, Pfarrer und Gemeindehelferin sowie ein Praktikant. Auch Tiere fungieren im Einzelfall als Freizeitpartner, z. B. eine Katze oder ein Hase. Überraschend hoch ist die Zahl derjenigen, die in der Befragung bekundeten, in ihrer Freizeit am liebsten allein zu sein: 44 %.

Unternehmungen mit Mitbewohner/innen sind nach Wohnform differenziert zu betrachten, da es im Betreuten Einzelwohnen außer ggf. einem/einer Partner/in oder einem Freund bzw. einer Freundin keine weiteren Mitbewohner/innen gibt. Die Option trifft somit nicht für alle zu. Fakt ist, dass jeweils über die Hälfte der Frauen und Männer in Wohngemeinschaften und Wohnheimen die Freizeit gern mit Mitbewohnerinnen und Mitbewohnern verbringt. Hinsichtlich der Freizeitaktivitäten mit Betreuerinnen oder Betreuern ist festzustellen, dass diese Freizeitpartner/innen in Wohnheimen mit 64 % deutlich häufiger genannt werden als in Wohngemeinschaften oder im Betreuten Einzelwohnen (38 % bzw. 32 %). Darin spiegeln sich die unterschiedlichen Kompetenzen der Frauen und Männer zur selbstständigen Gestaltung der freien Zeit in den Wohnformen wider.

Die Gestaltung der freien Zeit bietet Raum, selbstbestimmt eigenen Interessen nachzugehen und Kontakte zu pflegen. Entsprechend vielfältig sind die *Freizeitaktivitäten* der Befragten. Innerhalb der Wohnung dominieren Musikhören, Fernsehen und Computerspiele. Häufig genannt sind weiterhin Spiele unterschiedlicher Art (z. B. Gesellschaftsspiele), malen, puzzeln, lesen, basteln, mit Modelleisenbahn oder Modellautos spielen, ausruhen, Tiere versorgen (Meerschweinchen, Katzen, Hasen, Fische, Vögel, Hund) und Haushaltstätigkeiten (putzen, waschen, kochen, aufräumen). Einige der Befragten genießen Tätigkeiten wie *„faulenzen"*, *„rauchen"*, *„Bierchen trinken"*, *„telefonieren"*, *„mit Freundin rumschmusen" oder „schlafen (Sexfantasien)"*; im Einzelfall auch *„Bildschirmschoner mit Delfinen ansehen"*. Andere bemühen sich, ihre Kompetenzen zu erweitern, z. B. durch *„Buchstaben üben, Zahlen lernen"*, *„Wing Chung üben (chinesischer Kampfsport)"* oder *„Laserschwerttraining"*.

Außerhalb der Wohnung haben spazieren gehen, Freunde treffen, Verwandte besuchen, Einkaufsbummel machen, sportliche Aktivitäten (Fahrrad fahren, Joggen, Fußball spielen, Skateboard fahren, schwimmen u. a.), Kino, Cafébesuche und Disco einen hohen Stellenwert. Deutlich wird, dass vielfach allgemein zugängliche Angebote genutzt werden. Bei den sportlichen Aktivitäten wie Fußball spielen, ist oftmals nicht ersichtlich, ob es sich um ein Angebot der Behindertenhilfe oder eine Aktivität, die für alle offen ist, handelt. Discobesuche beziehen sich meist auf spezielle Angebote für Menschen mit Behinderung. Einige nennen *„fotografieren"*, *„Flaschen sammeln (Pfandgeld)"* oder *„S-Bahn fahren und Berlin anschauen"* als beliebte Aktivitäten. Ein junger WG-Bewohner beschreibt seine Vorlieben so: *„trinken, mit Freunden feiern gehen, Mädchen hinterher pfeifen, Polizisten anmachen, Spaß haben"*. Der Sonntag wird von vielen zum Ausschlafen oder Nichtstun genutzt, zum Fernsehen, für Besuche bei Leuten, die ihnen nahe stehen, für Ausflüge oder einfach *„Raus-an-die-Luft"*-Gehen oder zum Aufräumen bzw. Putzen der Wohnung.

Die genannten Aktivitäten machen deutlich, dass die Freizeitgestaltung der Frauen und Männer mit Behinderung in vielen Bereichen Parallelen zu Freizeitvorlieben von Menschen ohne Behinderung aufweist. So ist z. B. der Zeitbudgeterhebung des Statistischen Bundesamts von 2001/02 zu entnehmen, dass 92 % der Befragten in ihrer Freizeit an erster Stelle Massenmedien nutzen (und hier noch einmal an erster Stelle Fernsehen) mit einem zeitlichen Umfang von drei Stunden; an zweiter Stelle (2.26 Std.) stehen soziales Leben und Unterhaltung („mit anderen sich unterhalten"), an dritter Stelle sportliche Aktivitäten bzw. Bewegung in der Natur (spazieren gehen!) im Umfang von 1.45 Stunden.

Einige der befragten Menschen mit Behinderung nehmen in der Freizeit Angebote von Stützpunkten bzw. Treffpunkten und Freizeitklubs in Anspruch, die von Trägern der Behindertenhilfe betrieben werden. Bei Tischgesprächen in Freizeitklubs wurde deutlich, dass die Besucher/innen vor allem die gesellige Atmosphäre, die vielseitigen Angebote und die preiswerten Speisen und Getränke dieser Einrichtungen schätzen. Freizeitclubs bieten den Rahmen für Veranstaltungen unterschiedlicher Art und die Möglichkeit, eigenen Hobbies nachzugehen. Für viele sind sie ein Raum, um Freundschaften zu finden und zu pflegen, überwiegend mit anderen behinderten Menschen. Trotz grundsätzlich offener Konzeption mit integrativem Ansatz treffen sich in den Freizeitklubs jedoch fast ausschließlich Menschen mit (geistiger) Behinderung. Die Inanspruchnahme der Angebote wird nach Aussage von Freizeitklubbesucherinnen und -besuchern teilweise durch unzureichende Rahmenbedingungen erschwert, z. B. durch Nutzungsbeschränkungen des Sonderfahrdienstes, auf den insbesondere mobilitätseingeschränkte Menschen angewiesen sind. Grenzen der Teilhabechancen ergeben sich zudem durch die Organisation des Zusammenlebens in Gruppen, z. B. wegen wöchentlich stattfindender WG-Versammlungen, die nach Aussage von Befragten zu wenig zusammenhängende Zeit für aufwändigere Hobbies lassen.

Bei einzelnen Heimbewohnerinnern und -bewohnern finden Unternehmungen lediglich mit Personen aus dem Wohnheim statt, weil es keine Freunde außerhalb der Einrichtung gibt. Eine Frau, die in einer eigenen Wohnung lebt, hat nach eigenen Angaben keinerlei Freizeitaktivitäten außerhalb.

Insgesamt gesehen äußern die Befragten überwiegend *Zufriedenheit mit den Freizeitaktivitäten*: 61 % von 120 Frauen und Männern sind voll zufrieden, 37 % größtenteils; drei Personen sind nicht zufrieden (2 %). Die höchste Zufriedenheit herrscht in Wohngemeinschaften, dicht gefolgt vom Betreuten Einzelwohnen und den Wohnheimen. Allerdings fällt auf, dass beim Leben in einer eigenen Wohnung die Hälfte der Befragten nur größtenteils zufrieden ist; bei den anderen Wohnformen sind solche einschränkenden Angaben geringer. Auf die Frage, was die Beteiligten gern mal in ihrer Freizeit tun würden, wurden u. a. folgende Wünsche geäußert: *„könnte mehr sein, shoppen gehen, geht aber nur, wenn Betreuer Zeit haben", „mehr raus!", „mehr in die Stadt gehen", „tanzen gehen", „an den Strand gehen, Freibad", ins Schwimmbad gehen", „Pferdereiten, Fußballspielen in einer Mannschaft", „gerne mal nach Ungarn fahren in den Urlaub", „Go-Kart fahren", „Kegeln", „Kampfsport wieder machen, ist aber zu weit weg", „zu Musikveranstaltungen (aber zu teuer)".*

Lebensbereich Bildung

Der Besuch von Erwachsenenbildungskursen, bei denen u. a. Kontakte zu Menschen mit ähnlichen Interessen hergestellt werden könnten, gehört angesichts des eher schmalen Angebots bei vielen Menschen mit Behinderung nicht zum Alltag (vgl. ACKERMANN & AMELUNG 2009). Dennoch ist das Interesse an Weiterbildung groß. 60 % der Befragten möchten gern etwas *Neues lernen*. Der Wunsch zur Weiterbildung ist im ambulant betreuten Wohnen (BEW und WG) mit jeweils zwei Dritteln am größten. In Wohnheimen ist das Lernbedürfnis etwas weniger ausgeprägt (44 %). Die Bildungswünsche beziehen sich auf folgende Bereiche:

- Beruf: Dachdecker, Elektriker, Maurer, Tischlermeister, Marine, Bundeswehr, Rennfahrer, Zahnarzt, Bürokauffrau, Sängerin, Schauspielerin, Model;
- Kulturtechniken: Lesen, Schreiben, Rechnen, Computer, Fremdsprachen (Englisch, Japanisch, Vietnamesisch);
- Selbstständigkeit im Alltag: *„allein mit Geld umgehen"*, *„kochen"*, *„Wohntraining"*, *„trocken legen von Kindern (wickeln)"*, *„Gartenpflege"*;
- Spezielle Kompetenzen: Autofahren, Fahrradfahren, Reiten, Musikinstrument-Spielen (Gitarre, Schlagzeug, Keyboard);
- Persönliche Entwicklung: *„Rauchen aufhören"*, *„besser mit den Leuten umgehen"*, *„meine Hemmungen abbauen"*, *„wie man die richtigen Leute findet, die keine Scheiße bauen"*, *„wie man lernt, sich selber zu akzeptieren, wie man ist"* und *„lernen, eine Beziehung zu erhalten, ohne dass sie in die Brüche geht"*.
- Eine Person möchte die *„Kanäle von Berlin, Unterirdisches von Berlin"* kennen lernen.

Die Teilhabe an Bildungskursen bietet über die Aneignung von Wissen, Fähigkeiten und Fertigkeiten hinaus Chancen zum Knüpfen neuer Beziehungen. Gleiche Interessenslagen können zur Basis für eine kontinuierliche Pflege der Kontakte werden.

Sozialer Nahraum: Wohnquartier

Im Zusammenhang mit der sozialen Einbindung in das Wohnumfeld spielt die Nachbarschaft eine wichtige Rolle: Nachbarschaft als Möglichkeitsraum, dessen Ressourcen zur Stärkung der Teilhabechancen von Menschen mit Behinderung zu nutzen bzw. zu erschließen sind (vgl. FRANZ & BECK 2007; BECK 2008; DEUTSCHE HEILPÄDAGOGISCHE GESELLSCHAFT 2008).

Das Verhältnis zur Nachbarschaft hat Einfluss auf das Wohlbefinden im Bereich des Wohnens. 25 % von 139 Befragten kennen viele Nachbarn, am meisten im Betreuten Einzelwohnen; 48 % kennen nur manche, 27 % keine. Bei konkreten Erfahrungen wird das *Verhältnis zur Nachbarschaft* überwiegend positiv eingeschätzt. 63 % bezeichnen die Nachbarn als freundlich; 34 % erleben manche als freundlich, andere eher nicht. Nur 3 % geben an, dass die Nachbarn nicht freundlich sind. Ein Vergleich nach Wohnform zeigt, dass Wohnheimbewohner/innen sich am häufigsten als freundlich behandelt erleben (74 %). Frauen und Männer, die in einer eigenen Wohnung leben, nennen ihre Nachbarn häufiger freundlich (60 %) als WG-Bewohner/innen (56 %).

Die Freundlichkeit wird auf unterschiedliche Weise entgegen gebracht: Fast alle werden freundlich gegrüßt, bei mehr als der Hälfte (56 %) finden Unterhaltungen statt, 37 % werden mit Namen angesprochen, ein Drittel erhält im Bedarfsfall Hilfe (33 %), 13 % werden ab und zu in die Wohnung eingeladen, ebenso viele bezeichnen die Nachbarn als ihre Freunde. 11 % machen in ihrer Freizeit mit Nachbarn etwas zusammen, 7 % werden von Nachbarn manchmal um einen Gefallen gebeten (Abb. 22).

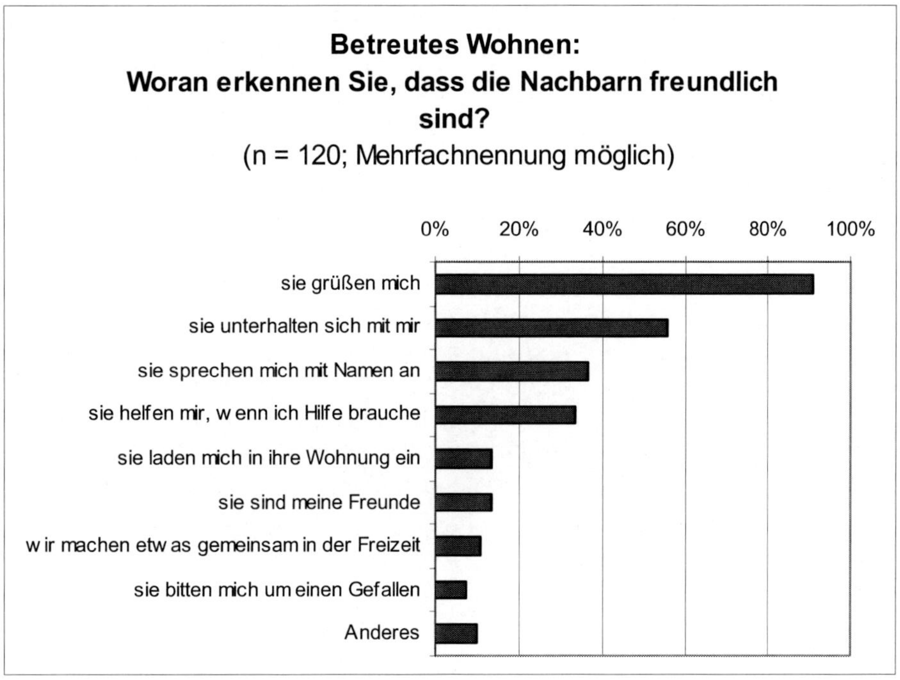

Abb. 22: Betreutes Wohnen – Verhalten der Nachbarn

Als weitere positive Erfahrungen mit den Nachbarn wurden mitgeteilt:
- *„sie lächeln" (mehrfach genannt),*
- *„halten mir die Tür auf,"*
- *„bringt mir morgens die Zeitung",*
- *„Paket/Post wird angenommen, wenn keiner da ist",*
- *„sie beschweren sich nicht über laute Musik",*
- *„laufen manchmal gemeinsam zur* Bahn".

Die hier dokumentierten Aussagen zur Qualität nachbarschaftlicher Beziehungen von Menschen mit Behinderung spiegeln nach den Ergebnissen einer demoskopischen Untersuchung offenkundig weitgehend die „Normalität" des Lebens in Nachbarschaften:

> „Hinsichtlich der Beschreibung ihrer nachbarschaftlichen Verhältnisse berichtet die Mehrzahl der Befragten (46,8 %) von Grußbeziehungen und gelegentlichen Unterhaltungen, geringfügig weniger (39,4 %) gaben an, freundschaftliche Nachbarschaftsbeziehungen zu haben und einander regelmäßig im Alltag zu unterstützen." (GÜNTHER 2009, 446)

Die Chancen, anderen Menschen zu begegnen mit der Chance, Freundschaften zu erschließen, sind nach Aussage der Befragten (n = 137) eher gering:

- 39 % haben keinen *Ort in ihrer Nähe*, an dem sie sich mit anderen treffen und gemeinsam etwas tun können. Einzelne merken an, dass sie dies nicht als Nachteil sehen. Zu beachten ist, dass der Anteil derer, die keinen solchen Ort haben, im Betreuten Einzelwohnen höher ist als in den anderen Wohnformen. 61 % nutzen Orte in ihrer Nähe, z. B. Cafés, Freizeitklubs, BEW-„Stützpunkte", Einkaufszentren, Seniorentreffs in Kirchengemeinden, Nachbarschaftszentren. Eine Person teilt mit, dass es viele Kneipen in der Umgebung gibt – „gehe aber nicht hin, bin gegen Kneipengänger".
- 46 % hätten gern mehr *Kontakte mit Leuten in der Wohngegend*. 34 % wünschen keine weiteren Kontakte und 20 % ist das egal. Der Wunsch nach mehr Kontakten wird häufiger von Männern als von Frauen geäußert.
- Knapp ein Viertel der Befragten (24 %) ist *Mitglied in einem Verein*. Dabei handelt es sich überwiegend um Sportvereine der Behindertenhilfe, einmal wird ein Kleingartenverein genannt. Fast drei Viertel (74 %) sind keinem Verein als Mitglied beigetreten; 2 % nehmen am Leben eines Vereins teil (z. B. Elternverein), ohne selbst Mitglied zu sein. Der Anteil der Vereinsmitglieder ist in Wohngemeinschaften höher als in den anderen Wohnformen.
- Rund zwei Drittel der Befragten (67 %) kennen *Einsamkeitsgefühle* aus eigener Erfahrung. 18 % von ihnen fühlen sich häufig einsam, 49 % manchmal. Nur ein Drittel (35 %) hat diese Erfahrung noch nie gemacht. Hervorzuheben ist, dass der Anteil derjenigen, die sich häufig einsam fühlen, im Betreuten Einzelwohnen deutlich höher ist als in den anderen Wohnformen: Fast ein Drittel der Personen, die in einer eigenen Wohnung leben, fühlt sich häufig einsam (32 %), in Wohngemeinschaften sind es 13 %, in Wohnheimen nur 5 %. Eine Betrachtung der Verteilung der Einsamkeitsempfindung nach Geschlecht zeigt, dass Männer sich häufiger einsam fühlen als Frauen. Nur rund ein Viertel der Männer hat sich noch nie einsam gefühlt. Bei den Frauen haben 42 % noch keine Einsamkeitserfahrung gehabt. Aus der Perspektive des Lebensalters fällt auf, dass bei den Personen zwischen 30 bis unter 40 Jahren der Anteil derer, die sich häufig einsam fühlen, am höchsten ist (30 %), gefolgt von der Gruppe der 40 bis unter 50-Jährigen (25 %). Nimmt man jeweils die Personengruppe, die sich manchmal einsam fühlt, dazu, so ergeben sich für die Altersgruppen von 21 bis unter 60 Jahre Prozentwerte zwischen 67 % und 75 %.

Auf die offene Frage „Was machen Sie, wenn Sie sich sehr allein fühlen?" gab es rund 100 Antworten. Sie lassen sich in vier *Problemlösungsstrategien* zusammen fassen:

- **Ablenken durch Beschäftigung in der Wohnung**:
  Hier wurden am meisten Beispiele genannt, z. B. sich ins eigene Zimmer zurückziehen, fernsehen, Musik hören, am Computer spielen, sich aufs Bett legen und schlafen, Beschäftigungen im Haushalt (aufräumen, sauber machen, kochen), sich um Tiere kümmern, sich mit Hobbies befassen.
- **Kontakte mit nahestehenden Personen**:
  Diese Strategie wird von vielen genutzt. Neben unspezifischen Aktivitäten wie *„unter Menschen gehen"* oder *„rausgehen und mit Kumpels treffen"* wird sehr häufig mit Freunden, Bekannten, Familienangehörigen (Eltern, Bruder, Schwester, Oma, Tante), Betreuern und Werkstattmitarbeitern (Gruppenleiter) telefoniert. Oftmals treffen sie sich mit Freunden oder gehen zu den Eltern, insbesondere zur Mutter (*„gehe zu meiner Mutti, ist immer für mich da*"). Auch Betreuer/innen werden angesprochen, z. B. *„Meistens gehe ich da zu den Betreuern und rede mit ihnen. Das hilft! Im Zimmer wird es nur noch schlimmer!"*
- **Ablenkung durch Aktivitäten außerhalb der Wohnung**:
  Dieser Kategorie sind nur wenige Aspekte zuzuordnen, z. B. bummeln, Kino gehen, Fahrrad fahren, mit dem Hund spazieren gehen, *„andere Orte angucken"*.
- **Emotional bedingte Reaktionen**:
  Mehrere Personen beschreiben ihre Gefühle in Phasen von Einsamkeit, z. B.: *„dann gehe ich raus und schließe mich ein*", *„im Bett verkriechen*", *„traurig und enttäuscht*", *„grübeln, nachden-*

ken, weinen", „*depressiv*", „*bin unzufrieden und schlecht gelaunt*", „*manchmal Gefühlsausbrüche*" oder „*Essattacken, die ich manchmal nicht bemerke*". Mehrfach wird in emotional schwierigen Situationen zum Alkohol gegriffen („*Birne zugekippt*").

Weitere Ergebnisse zur Einbindung von Menschen mit Behinderung in ihr Wohnumfeld, die in stadtteilbezogenen Praxisprojekten gewonnen wurden, werden in Kap. IX dargestellt.

2.5 Veränderungsbedarf

137 der insgesamt 142 Personen in betreuten Wohnformen haben Auskunft zu ihren Veränderungswünschen gegeben: 42 % würden gern anders als jetzt wohnen, davon sind zwei Drittel Männer und ein Drittel Frauen. 58 % sind zufrieden, wie es ist.

In der Gruppe der 21- bis unter 30-Jährigen werden Veränderungswünsche am häufigsten genannt: Nahezu die Hälfte dieser Altersgruppe würde gern anders als jetzt wohnen (48 %). An zweiter Stelle folgen die 40- bis unter 50-Jährigen: Hier wünscht fast ein Viertel Veränderungen beim Wohnen (24 %). Veränderungswünsche gibt es auch bei den Älteren: Vier Personen aus dem Kreis der 50- bis über 70-Jährigen würden gern anders wohnen als jetzt.

Betrachtet man die *Veränderungswünsche nach Wohnform*, so fällt auf, dass die Quote der Veränderungswilligen in allen Wohnformen annähernd gleich hoch ist (Abb. 23). Sie beträgt in Wohngemeinschaften 44 %, im Betreuten Einzelwohnen 41 % und in Wohnheimen 40 %.

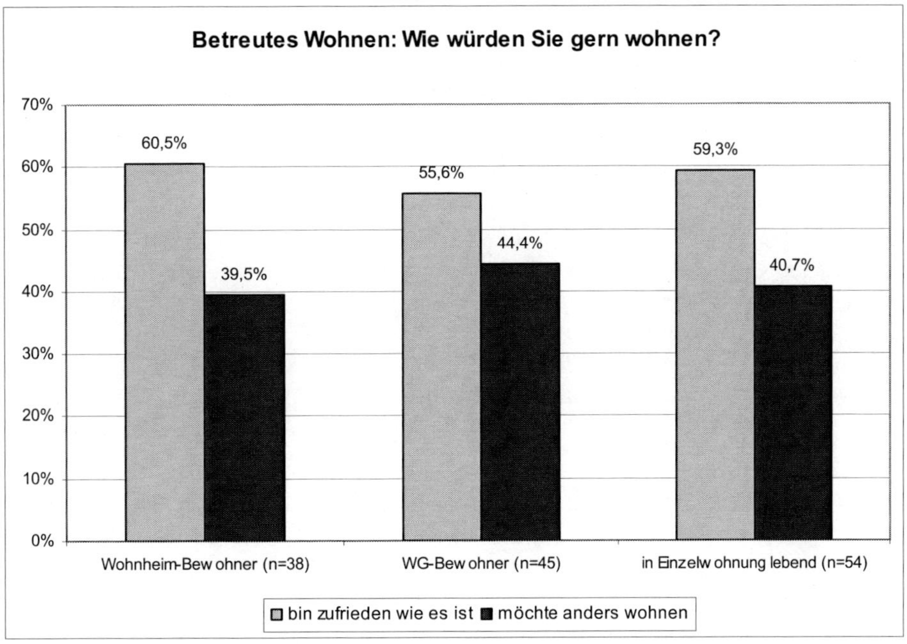

Abb. 23: Betreutes Wohnen – Veränderungsbedarf

2.5.1 Persönliche Wünsche

Die Wohnwünsche derjenigen, die sich verändern wollen, zeigen eine deutliche *Präferenz zum Wohnen in der eigenen Wohnung* (Abb. 24). Dabei stehen das Zusammenleben mit einer Freundin oder einem Freund (32 %) und mit einer Partnerin oder einem Partner (29 %) an oberster Stelle. Ein Viertel der Veränderungswilligen möchte allein in einer Wohnung leben. *Wohngemeinschaften* für Menschen mit Behinderung werden von nur 4 % der Befragten gewünscht. Integrativ zusammengesetzte WGs werden von niemandem genannt, möglicherweise weil diese Form des Zusammenlebens zum Zeitpunkt der Befragung bei Menschen mit geistiger Behinderung in Berlin noch nicht als mögliche Option bekannt ist. 9 % würden gern bei den *Eltern* wohnen. Jeweils eine Person könnte sich eine *Wohngruppe im Heim*, eine *Außenwohngruppe* oder eine *Gastfamilie* vorstellen. Mehrfachnennung war möglich.

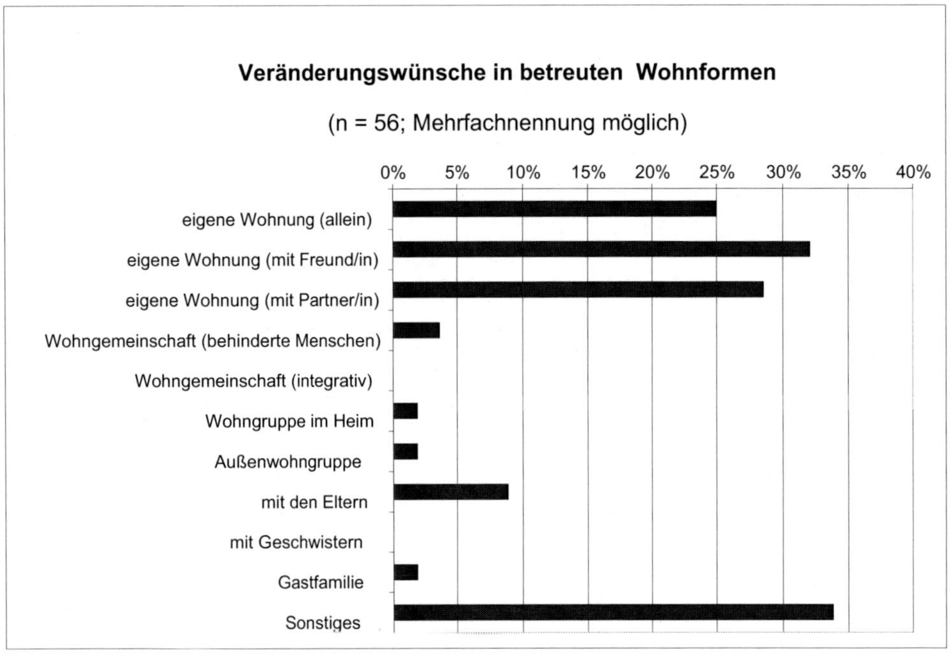

Abb. 24: Betreutes Wohnen – Veränderungswünsche

Betrachtet man die die *Verteilung der gewünschten Wohnformen nach aktueller Wohnsituation* ergibt sich unter Einbeziehung von Unterschieden nach Geschlecht und Alter folgendes Bild:

- Unabhängig von der jeweiligen Wohnform wird von allen Veränderungswilligen das *Zusammenleben mit einer Freundin oder einem Freund* als erstrebenswert angesehen. Der Wunsch wird fast viermal so häufig von Männern geäußert wie von Frauen.
- Mit einem *Partner oder einer Partnerin* zusammenzuwohnen, ist vor allem bei den Frauen und Männern gefragt, die gegenwärtig in Wohngemeinschaften oder allein in einer Wohnung leben. Der Partnerwunsch wird mehr als doppelt so häufig von Männern kundgetan wie von Frauen.
- *Allein in einer Wohnung* zu leben, wünschen sich vor allem Wohnheim- und WG-Bewohner/innen. Hier spielen vermutlich die in Abschnitt 2.1 genannten negativen Erfahrungen im Gruppenleben und der Wunsch nach mehr Eigenständigkeit eine Rolle. Der Wunsch, allein zu wohnen, wird darüber hinaus auch von einem Mann geäußert, der zurzeit mit einer anderen Person in einer Wohnung zusammen lebt.
- Die drei genannten Formen des ambulant unterstützten Wohnens in einer eigenen Wohnung werden am häufigsten in der Altersgruppe zwischen 21 bis unter 30 Jahren gewünscht – in einer Altersphase, in der Ablösungsprozesse und Identitätsbildung zu den primären Entwicklungsaufgaben jedes Menschen gehören.
- Das *Wohnen im Elternhaus* ist insbesondere bei Wohnheimbewohnern und -bewohnerinnen eine Option, verteilt über die Altersspanne von unter 21 bis fast 50 Jahren. Dieser Wunsch kann u. a. in Ablösungsproblemen oder fehlender Wahlmöglichkeit hinsichtlich der Wohnform beim Auszug aus der Familie begründet sein. Eine weitere Person, die in einer eigenen Wohnung lebt, würde auch gern wieder bei den Eltern leben. Hier könnten enge Bindungen an die Familie oder das „Umsorgt-Werden" durch die Eltern eine Rolle spielen.
- *Wohngemeinschaften* mit behinderten Menschen werden nur von zwei Männern als erstrebenswerte Wohnform angesehen. Ein Mann ist zwischen 40 und 50 Jahre alt und lebt gegenwärtig in einer eigenen Wohnung. Der angestrebte Umzug in eine WG könnte aus dem Wunsch entstanden sein, nicht immer allein sein zu wollen. Der andere wohnt im Heim, sein Alter ist nicht bekannt. Hier wäre ein Wechsel der Wohnform ein Schritt in Richtung mehr Selbstständigkeit. Integrative Wohngemeinschaften wählte niemand.
- Auch das Leben in einer *Wohnheimgruppe* wird nur von einem Mann zwischen 40 und 50 Jahren für erstrebenswert gehalten. Er wohnt zurzeit in einer eigenen Wohnung. Möglicherweise fühlt er sich durch die notwendige Selbstständigkeit in seiner Wohnung überfordert.

- Ein weiterer Mann, der gegenwärtig in einer Wohngemeinschaft wohnt, würde gern in eine *Außenwohngruppe* wechseln; die Anbindung an ein Heim könnte als Vorteil gesehen werden.
- Ebenfalls von einem Mann wurde als Alternative zur gegenwärtigen Wohngemeinschaft die *Gastfamilie* gewählt. Hier könnte der familiäre Charakter dieser Wohnform attraktiv sein, evtl. als Ersatz für die eigene Herkunftsfamilie.

Die Rubrik „Sonstiges" wurde insbesondere von Personen, die in einer eigenen Wohnung leben, genutzt. Sie streben keinen Wechsel der Wohnform, sondern *Veränderungen der gegenwärtigen Wohnbedingungen* an. Manche möchten eine *„andere Wohnung"* haben, z. B. eine größere *„mit Balkon und Dusche"* oder *„mit Abstellkammer"*. Andere wünschen sich eine bessere Ausstattung, eine *„ruhigere Wohngegend"*, *„bessere Einkaufsmöglichkeiten (bei uns ist bald Totentanz)"*, ein *„sauberes Haus mit Balkon, rücksichtsvolle Nachbarn, ohne Straßenlärm, im Grünen"* oder eine Wohnung *„neben meinen Eltern"*. Einige Heimbewohner/innen erläutern hier, dass sie beim Wechsel in eine eigene Wohnung *„gerne in einer Neubauwohnung"* oder *„im Randgebiet von Berlin"* oder in einem *„eigenen Haus"* leben möchten. Ein älterer Mann möchte *„mit anderen Leuten zusammenwohnen"*, wobei unklar bleibt, ob damit eine andere Zusammensetzung der Wohngruppe oder eine andere Einrichtung gemeint ist. Ein junger Heimbewohner träumt davon, *„in einem U-/S-Bahn-Wagen"* zu wohnen. Ein WG-Bewohner umreißt seine Wohnvorstellungen so: *„in einem tollen großen Haus, Auto, Garage, am Wasser"*. Ein anderer ist zwar zufrieden mit dem Leben in seiner Wohngemeinschaft, notiert dennoch einen Wunsch: *„HoTel würlPul"*.

Die Fragebogen-Adressaten und -Adressatinnen wurden in offener Form gefragt: *„Was brauchen Sie, damit Sie so wohnen können, wie Sie es wünschen?"* und *„Wer oder was sollte unbedingt in Ihrer Nähe sein?"* Ein Überblick über die genannten subjektiv wichtigen Aspekte zeigt – bezogen auf die jeweilige aktuelle Wohnform der Befragten – Gemeinsamkeiten und Unterschiede.

- An erster Stelle steht bei den meisten die *Beschaffenheit der Wohnung*. Die Vorstellungen beziehen sich auf die Größe des Zimmers (*„Zimmer mit Platz"*), die Ausstattung („Möbel, die mir gefallen"), persönliche Einrichtungsgegenstände (*„schöne Musikanlage"*) und die Zugänglichkeit (*„Fahrstuhl"*; *„Wohnung zu ebener Erde"*). Ein WG-Bewohner bringt das für ihn Wichtigste auf den Punkt: *„Zimmer haben + Ruhe"*. Manche wünschen sich einen Balkon (*„Balkon mit Freundin"*), einen Garten, im Einzelfall *„Haus"*, am liebsten *„Wassergrundstück, Boot, Garage"* oder *„in einer Villa später mal wohnen mit einer Freundin"*. Zur idealen *Lage der Wohnung* gibt es unterschiedliche Vorstellungen: teils Stadt, teils Land, Grünanlagen und vor allem – häufig genannt – eine *„ruhige Wohngegend"*. Einige möchten auf jeden Fall in dem Bezirk, in dem sie zurzeit wohnen, bleiben.
- Eine weitere wesentliche Bedingung für die Qualität des Wohnens ist für die meisten eine differenzierte *Infrastruktur* mit Einkaufsmöglichkeiten, Freizeitangeboten, medizinischer und therapeutischer Versorgung, guter Verkehrsanbindung und Treffpunkten (Café, Kneipe, Gemeindehaus). Der Wunsch *„keine weiten Entfernungen"* gilt für manche auch für den Arbeitsplatz.
- Wichtiger als die Wohnung sind für viele die *sozialen Kontakte*: *„Nette Leute – egal ob die Wohnung hell + groß ist oder nicht"*. Der Wunsch nach Kontakten im Wohnumfeld ist allerdings unterschiedlich ausgeprägt. Personen, die in stationären Wohngruppen leben, nennen auf die offenen Fragen spontan weniger Personen, die auf jeden Fall in ihrer Nähe sein sollten, als jene in ambulant unterstützten Wohnformen. Einzelne Heimbewohner/innen halten *„liebe ruhige nette Leute"*, eine *„gute Nachbarschaft, die einen begrüßt, wenn man hinzieht"*, Freund oder Freundin und Eltern sowie *„Oma und Opa und eine schöne Frau"* für wichtig. Dem gegenüber haben soziale Beziehungen bei den meisten Menschen, die beim Wohnen ambulant unterstützt werden, insbesondere im Betreuten Einzelwohnen, einen besonderen Stellenwert. Aussagen wie *„Ich brauche Menschen um mich"* oder *„das Gefühl, dass jemand da ist"* verdeutlichen das Bedürfnis nach Kontakt. Vielen ist es wichtig, dass die *„Kumpels"*, Freunde und Freundinnen, Eltern und Geschwister in der Nähe wohnen. Sie wünschen sich, *„mit der Freundin zusammenzuleben"*, *„dass die Verlobte in die Wohnung einzieht"* oder sind auf der Suche nach einer Partnerin. Eine WG-Bewohnerin fasst stichwortartig ihre Lieblingswünsche zusammen: *„einen gesunden Mann, schöne Arbeit, Kind, Haus-Dorf, schöner Garten, Bäcker"*.
- Die Frage nach der benötigten Unterstützung zur Realisierung der Vorstellungen von einem Wohnen nach den eigenen Wünschen wird von Personen, die in Wohngemeinschaften leben,

eher auf der alltagspraktischen Ebene beantwortet: z. B. „*Hilfe beim Zimmer aufräumen*“, „*Hilfe beim Umgang mit Geld*“, „*Betreuer, der ab und zu nach mir schaut*“. Einzelne fordern mehr Partizipation: „*dass wir unsere Meinung sagen dürfen*“, „*dass wir informiert werden, wenn es z. B. Veränderungen in der Wohngemeinschaft gibt*“, „*mehr Gespräche mit der Leiterin*“ und „*selber Einrichtung sich aussuchen*“. Im Betreuten Einzelwohnen ist vor allem die Unterstützung bei der Partnersuche ein wichtiges Thema. Ein Workshop-Teilnehmer stellt fest: „*Bin zu feige. Wenn sie sagt, dann schreib mal irgendwas auf, dann ist es ja gleich, oh, das kann ich nicht machen, das ist die Hemmschwelle wieder.*“ Er möchte gern Lesen und Schreiben lernen, hat aber noch keine für ihn geeigneten Angebote gefunden. Bei besonderen Problemlagen ist intensive Unterstützung erforderlich, z. B bei dieser Frau, die im Fragebogen vermerkte: „*Mein Freund müsste eine Therapie machen, und ich bräuchte weiterhin Hilfe, sehr viel Hilfe.*“

Bei den Gesprächen in Freizeitklubs wurden auf die Frage, *was sich ändern sollte*, vor allem folgende Aspekte genannt:
- mehr zusammen mit der WG unternehmen (→ Gemeinsamkeit erleben);
- mehr Leute kennen lernen (→ Ausbau des sozialen Netzwerks und Erhöhung der Teilhabe);
- so wohnen können, wie sie es sich wünschen und es ihren Bedürfnissen entspricht (→ Selbstbestimmung);
- das Wohnen soll auch dem Bedürfnis nach Ruhe, Stressfreiheit und Sicherheit entsprechen;
- als gleichberechtigte Personen wahrgenommen werden, die nicht wie ein Spielball der Organisation behandelt werden, was sich in der Forderung nach mehr Transparenz bzgl. der Arbeitszeiten bzw. der Anwesenheit der Betreuer widerspiegelt;
- ernst genommen werden; sie fordern die Aufmerksamkeit der Betreuer ein, wollen, dass sie mehr Zeit für sie haben und sich nicht mit arbeitsfremden Dingen beschäftigen;
- beim Erreichen ihrer Ziele (z. B. Selbstständigkeit) unterstützt werden;
- in den Bereichen Unterstützung erhalten, in denen sie es benötigen.

Teilnehmer/innen von Gruppendiskussionen erhielten nach den Gesprächen ein kurzes Protokoll (Beispiel: Abb. 25).

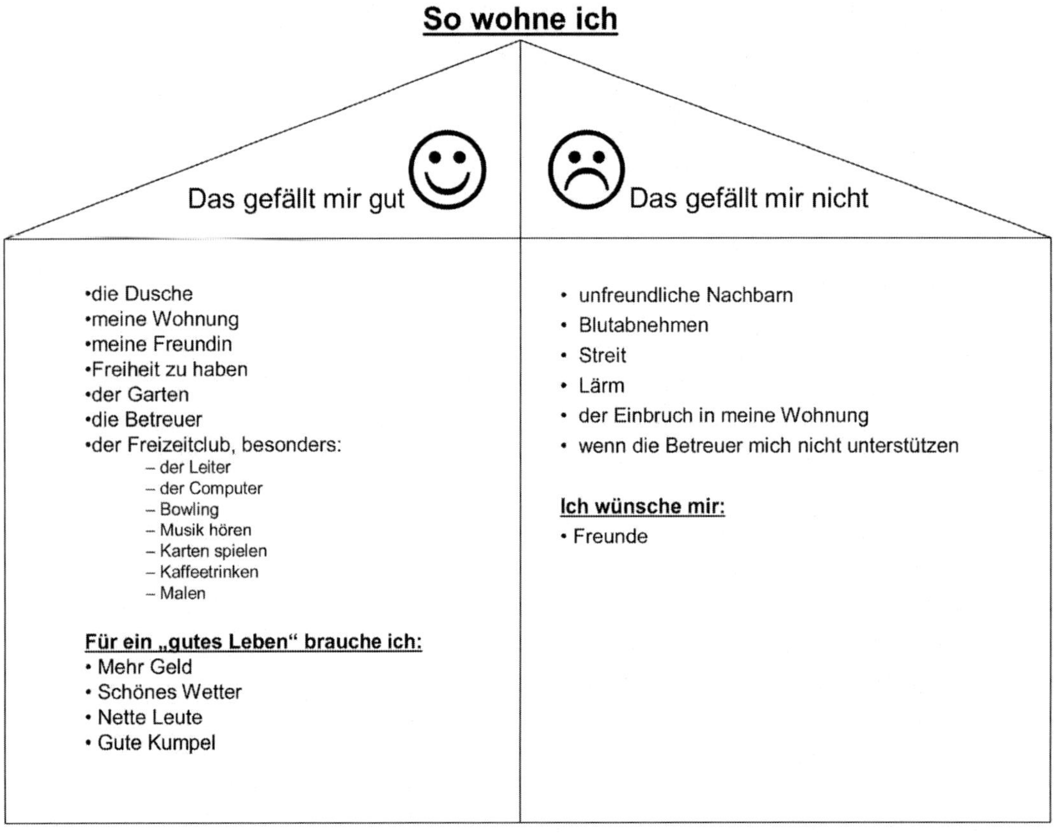

Abb. 25: Betreutes Wohnen – Workshop-Protokoll

Aspekte der *Finanzierung* spielen bei vielen Beteiligten eine wichtige Rolle. Sie werden als wichtige Voraussetzung zur Realisierung ihrer Vorstellungen vom Wohnen gesehen. In diesem Zusammenhang gewinnt u. a. das *Persönliche Budget* Bedeutung. Das Ergebnis der Fragebogenerhebung zeigt, dass 82 % von 137 Frauen und Männern in betreuten Wohnformen bislang noch nichts vom Persönlichen Budget gehört haben. Der prozentuale Anteil der „Nichtwissenden" ist erwartungsgemäß in Wohnheimen am höchsten (95 %). In Wohngemeinschaften und im Betreuten Einzelwohnen liegt er mit 76 % bzw. 78 % vergleichbar hoch. 60 % der Befragten bekunden Interesse, Näheres über diese Finanzierungsmöglichkeit personbezogener Hilfen zu erfahren. Der Anteil der „Neugierigen" ist in allen Wohnformen etwa gleich hoch.

Ein Mann, der in einer Wohngemeinschaft lebt und einen Umzug in eine eigene Wohnung plant, hat sich Informationen zum Persönlichen Budget über Mensch zuerst (People First) in Kassel besorgt. In Berlin ist die Entstehung von Selbsthilfegruppen von Mensch zuerst, die Unterstützung bieten könnten, noch in den Anfängen begriffen. In einem Interview erläutert der WG-Bewohner, welche Vorteile er im Persönlichen Budget gegenüber dem Betreuten Einzelwohnen sieht (BRAUN 2008):

> *„Ich denke, die Leistung bekomme ich auch im BEW, aber wenn ich die Leistung selber erkaufen muss, dann weiß ich, wie das geht, dann weiß ich, was ich machen muss. Und so sag ich, helf mir mal schnell. Aber so muss ich dann den Schritt gehen, an wen muss ich mich dann wenden, wenn ich die Leistung will, dass ich noch einen Schritt selbstständiger werde als wenn ich sage, du musst mir da helfen, als wenn ich die Leistung einkaufe. (…) Ich habe mit meiner gesetzlichen Betreuung darüber diskutiert, aber sie ist noch nicht dafür, weil sie noch nichts davon gehört hat." (Int-MB[46])*

Bei der Suche nach weiteren Informationen hat er im Internet Ansprechpartnerinnen gefunden:

> *„Ich weiß nur aus dem Internet, dass die beiden Damen, die in Kreuzberg-Friedrichshain arbeiten, für das Persönliche Budget zuständig sind. Aber genau, hab ich mal probiert anzurufen, kommst da nicht durch, ständig ist besetzt oder Warteschleife oder im Gespräch, weil ich mal selber wissen wollte. Dann habe ich es aufgegeben." (Int-MB)*

Im Fragebogen berichtet ein Mann, dass er mit seinem Betreuer in der Werkstatt über das Persönliche Budget gesprochen hätte: „Mein Betreuer ist da nicht sehr begeistert von. Er sagt, das ist Quatsch eigentlich. Man könnte es so lassen, wie es ist, wir haben davon trotzdem keinen Vorteil von, hat er gesagt."

Diese Mitteilungen provozieren die Frage nach der Rolle von gesetzlichen Betreuerinnen und Betreuern sowie von Mitarbeitenden in Einrichtungen und Diensten hinsichtlich der Bereitschaft zur Inanspruchnahme eines Persönlichen Budgets durch Menschen mit geistiger Behinderung. Im Rahmen der KUNDENSTUDIE wurde eine Umfrage unter Mitarbeitenden im Betreuten Einzelwohnen zu diesem Thema durchgeführt. Die Ergebnisse sind in Kap. VI dargestellt.

Die Befragung zu den *Veränderungswünschen* erfolgte überwiegend über Fragebögen und Einzelinterviews, d. h. auf individueller Ebene. Nur in den Gruppeninterviews und im Workshop bestand Gelegenheit, auch mit anderen Menschen mit Behinderung zu gleichen Fragestellungen ins Gespräch zu kommen. Hier zeigte sich vor allem im Workshop, dass die Beteiligten sich gegenseitig Mut machen, negative Erfahrungen nicht einfach hinzunehmen, sondern den eigenen Standpunkt zu vertreten und Veränderungen einzufordern. Ein exemplarischer Gesprächsausschnitt: *„Na, der Betreuer kann dir ja nicht Vorschriften machen, mit wem du dich triffst und mit wem du da oder warum du mit demjenigen ein Eis essen gehen möchtest." – „Das ist zu persönlich." – „Du gehst ja auch nicht hinter deinem Betreuer her, oh jetzt hast wieder mit 'ner anderen Frau da ..." – „Das ist Privatleben."*

Diese Erfahrungen zeigen, dass Workshops (nicht nur) für Menschen mit geistiger Behinderung ein gutes Medium sind, ihre Erfahrungen und Wünsche zu artikulieren und gemeinsam über Verbesserungsmöglichkeiten und erste Schritte ihrer Umsetzung nachzudenken – ein Prozess des Empowerment.

---

46 Int-MB = Interview mit Menschen mit Behinderung

2.5.2 Wohnen von Menschen mit Behinderung in der Zukunft

Welchen Wunsch haben Sie, wie Menschen mit Behinderung in der Zukunft wohnen sollten?

„Alle sollen so wohnen können, wie sie es sich wünschen! ohne Komplikationen"
„Keine geschlossenen Einrichtungen – Non-Stopp-Betreuung ist grausam"
„Mit 'ner schönen Frau"
„Mit anderen Menschen und Nachbarn freundlich nebeneinander"
„Sicherheit haben, wohlfühlen, nicht misshandelt werden"
„Behinderte Leute auf der Straße sollen nicht geärgert werden"

Diese Zitate aus den Fragebögen bündeln in anschaulicher Form wesentliche Orientierungspunkte für die Gestaltung des künftigen Wohnens von Menschen mit Behinderung: Leben inmitten der Gesellschaft, Selbstbestimmung, angemessene Unterstützung, Wahl- und Entscheidungsmöglichkeiten, Bedürfnisorientierung, Menschenwürde.

Hinsichtlich der *Wohnformen* wird von vielen dem Wohnen in eigener Wohnung mit der notwendigen Unterstützung oberste Priorität eingeräumt. Manche weisen darauf hin, dass es im Betreuten Einzelwohnen mehr Angebote gegen Vereinsamung geben müsse und *„mehr Hilfsmöglichkeiten, um in keine Sucht zu fallen"*. Auch Wohngemeinschaften werden mehrfach als gute Möglichkeit bewertet, im Einzelfall aber wegen der eingeschränkten Selbstorganisation des Alltags abgelehnt (*„wenn's geht allein, schlechte Erfahrungen in der WG wegen der Pflichten dort")*. Wohnheime werden eher kritisch konnotiert (z. B. *„Freunde, die im Wohnheim leben, treffe ich nicht so oft, weil die nicht so viel dürfen und bestimmte Zeiten haben, wo sie wieder zu Hause sein müssen.*"), teilweise aber für notwendig erachtet, z. B. bei schwerer Behinderung. *Barrierefreiheit* sollte gewährleistet sein (z. B. *„Wohnungsbau sollte mehr Fahrstühle einbauen, Treppengeländer auf zwei Seiten"*). Einige wünschen sich mehr und bessere *Informationen* zu Möglichkeiten des Wohnens und ein besseres Netz von *Ansprechpartnern*.

Eine gute *Qualität* des Wohnens wird – oftmals vor dem Hintergrund eigener negativer Erfahrungen – mit dem *respektvollen Umgang* mit Menschen mit Behinderung in Verbindung gebracht (*„so dass man sich wohlfühlt, und nicht mit Leuten, die einen schlagen", „wo die Betreuer einen richtig behandeln, kein Rumlästern, in diesem Haus passiert das leider", „man muss sich vertragen")*. Für wichtig wird weiterhin erachtet, mehr *Treffpunkte* für Menschen mit Behinderung einzurichten, auch *Partnerkontaktmöglichkeiten*, und mehr Anschluss an die *Nachbarschaft*. Einzelne signalisieren, dass sie gerne anderen Menschen mit Behinderung helfen würden. Einer der Befragten stellt fest, dass er *„nicht unter Ausländern wohnen"* will.

Einen breiten Raum nehmen *Wünsche an die Gesellschaft* ein. Gefordert wird u. a. die Akzeptanz von Menschen mit Behinderung, Freundlichkeit und Respekt, Gleichberechtigung, keine Ausgrenzung und Gewaltfreiheit. Exemplarische Aussagen:

- *„Man wird als Mensch mit Behinderung oft blöd angeguckt. Jeder hat das Recht, gleich behandelt zu werden."*
- *„Netterer Umgang mit Menschen mit Behinderung, sollen nicht ausgelacht werden";*
- *„Offenheit gegenüber Menschen mit Behinderung";*
- *„Ohne Gewalt sollen sie leben."*
- *„dass die normalen Menschen sie ganz normal behandeln und Respekt erweisen";*
- *„Politiker sollten nicht immer nur ihre Meinung vertreten. Sie finden, dass sie die einzigen Menschen sind die normal wären, und Menschen mit Behinderung nicht akzeptieren. Es wird am falschen Ende gespart."*

Einer der Befragten sieht Handlungsbedarf auch auf Seiten von Menschen mit Behinderung: „mehr Selbstvertrauen, akzeptieren, wie sie sind, damit umgehen können, wenn Kommentare von anderen kommen, und sich nicht davon nieder machen lassen".

Viele der Forderungen an die Gesellschaft sind im *Kontext persönlicher Erfahrungen* zu sehen. So berichtet z. B. ein Workshop-Teilnehmer, *„dass sie uns nicht akzeptieren. Alleine der Blick schon. Ich sehe es ja schon in der S-Bahn oder irgendjemand fährt U-Bahn, dann sieht man doch die Leute, wenn manche so doof gucken. Und das macht mich auch wütend innerlich und wenn man dann sagt .... Ich habe das schon mal in der U-Bahn gehört, sone [solche] blöden Weiber* *haben gesagt, ach guck mal den an, guck mal wie doof die sind. So ein Satz habe ich schon öfter mal mitbekommen.“*

Ein Freizeitklub-Besucher erklärt, dass er nur mit Hilfe der Betreuer nach draußen geht: *„kann ich nicht alleine, weil ich ein bisschen Angst habe, vor, ob da Leute sind, die uns angreifen. (...) Kann sein, dass die Messer haben oder sonst irgendwas“*. Er berichtet von einer Situation, in der er sich von fremden Leuten bedrängt gefühlt hat, und von Kindern, die einen Klingelstreich mit der WG gespielt haben, was ihn beunruhigte. Respektloser Umgang wird als diskriminierend erlebt: *„also die Leute auch von außerhalb, die uns nicht mit Respekt manchmal nicht behandeln, sone [solche] Jugendlichen, die uns manchmal so komisch angucken, erst mal angucken in der Bahn oder so und dann kommt der auf uns zu, kommen sie, na wie lebst du in deiner Dingsbums? Und dann versucht er, einen zu schlagen.“*

Über persönliche Diskriminierungen hinaus wird auch mehr Rücksichtnahme gegenüber alten Menschen gefordert: *„Ich finde es gut, dass sich ein bisschen mal verändern könnte. Autos sollten sich verändern, dass die nicht so rasen, auch aufpassen könnten, wenn ältere Menschen über die Straße laufen, dass sie nicht platt gefahren werden, das ist mir wichtig. Wenn eine ältere Dame über die Straße geht, dann helfe ich auch.“*

In den Gruppendiskussionen wurden die Teilnehmenden gefragt, was für Sie ein *„gutes Leben“* bedeutet. Folgende Aspekte wurden genannt:
- keine Arbeit mehr haben, um frei zu sein, „wie ein Vogel“, ein Leben in der Natur,
- eine bessere Arbeit, einen „guten Job“ mit gutem Verdienst, außerhalb einer WfbM,
- mehr Geld, selbst verwaltet oder mit Unterstützung,
- mit Respekt behandelt zu werden,
- Freunde und gute Nachbarn in der Wohngegend,
- Freund oder Freundin,
- mehr Betreuung,
- ein großes Haus auf dem Land, eine Villa mit Grünanlage,
- Gesundheit,
- dass die Familie sich gut verträgt.

Im letzten Teil des Fragebogens wurde die Möglichkeit für weitere Mitteilungen gegeben. Der Raum wurde genutzt für nochmalige Zufriedenheitsbekundungen, für Bitten um mehr Unterstützung oder für den Wunsch nach einem harmonischeren Zusammenleben im eigenen Wohnheim (*„zwei Mitbewohner sollten ausziehen“*). Ein Mann äußert mit Blick auf seinen Wohnbezirk einen besonderen Wunsch: *„Würde mir mehr Raum für die Rehe wünschen in Hellersdorf“*. Häufig wird der Lebensbereich Arbeit angesprochen, der im Rahmen der vorliegenden Studie nicht berücksichtigt werden konnte. Dabei geht es u. a. um Verbesserung der Bezahlung für die Werkstattarbeit, um mehr Beschäftigungsmöglichkeiten auf dem allgemeinen Arbeitsmarkt und um Zuverdienstmöglichkeiten.

Eine Frau legte dem ausgefüllten Fragebogen einen selbst geschriebenen Brief bei, in dem sie ihre Einschätzung der aktuellen Situation präzisiert. Nachfolgend ein Ausschnitt aus dem Brief:

> *Was mir bei [Trägername] gefällt.*
> *Gut finde ich die Betreuer, die Aktivitäten, Wing Chung, Sommercafé, Tanztee.*
> *Sie nehmen sich für uns Zeit.*
> *Wir fühlen uns in unserer WG und bei unseren Betreuern wohl.*
> *Sie helfen uns bei Problemen und machen Gruppenreisen mit uns.*
> *Wir waren in Köln, dieses Jahr waren wir in Polen.*
> *Die Betreuer sehn uns nicht als behindert an, sondern als Menschen.*
> *Was ich auch ganz toll finde ist, dass sie auch so viele schöne kulturelle Aktivitäten mit uns machen, ins Museum, Gemäldegalerie, zu Handycap, Dampfer fahren, in den Circus gehen, Straßenfeste, zur grünen Woche, schwimmen.*
> *Im Winter geht es in die Sauna.*
> *Was mir bei [Trägername] nicht gefällt?*
> *Dass immer die Stunden gekürzt werden.*
> *Wenn Veränderungen anstehen, werden wir gar nicht erst gefragt, weil sie denken, Behinderte dürfen oder können sich nicht äußern.*

3 Wohnerfahrungen und Wohnwünsche in der Herkunftsfamilie

65 der befragten Menschen mit Behinderung leben in der Familie, überwiegend mit beiden Eltern zusammen, im Einzelfall nur mit der Mutter, dem Vater oder der Schwester. Eine Person wohnt bei einer Dauerpflegemutter, die zugleich ihre gesetzliche Betreuerin ist. 40 % der Befragten sind Frauen, 60 % Männer. Die *Altersspanne* liegt zwischen 16 und 53 Jahren. Das Durchschnittsalter beträgt 27 Jahre. Differenzierte Angaben zur Altersverteilung zeigen folgendes Bild (Abb. 26): Mehr als ein Viertel ist unter 21 Jahre alt (26 %), nahezu zwei Drittel sind zwischen 21 und 40 Jahren (63 %). 10 % sind über 40 Jahre alt. Für eine Person liegt keine Altersangabe vor.

8 % der Befragten haben einen Migrationshintergrund (türkisch und vietnamesisch). 17 % sind auf einen Rollstuhl angewiesen, 3 % nehmen regelmäßig einen Pflegedienst in Anspruch. Der größte Teil der Befragten arbeitet in einer Werkstatt für behinderte Menschen (79 %), 5 % besuchen Fördergruppen, 15 % gehen noch zur Schule. Eine Person bereitet sich in einem Kurs auf eine Tätigkeit auf dem allgemeinen Arbeitsmarkt vor.

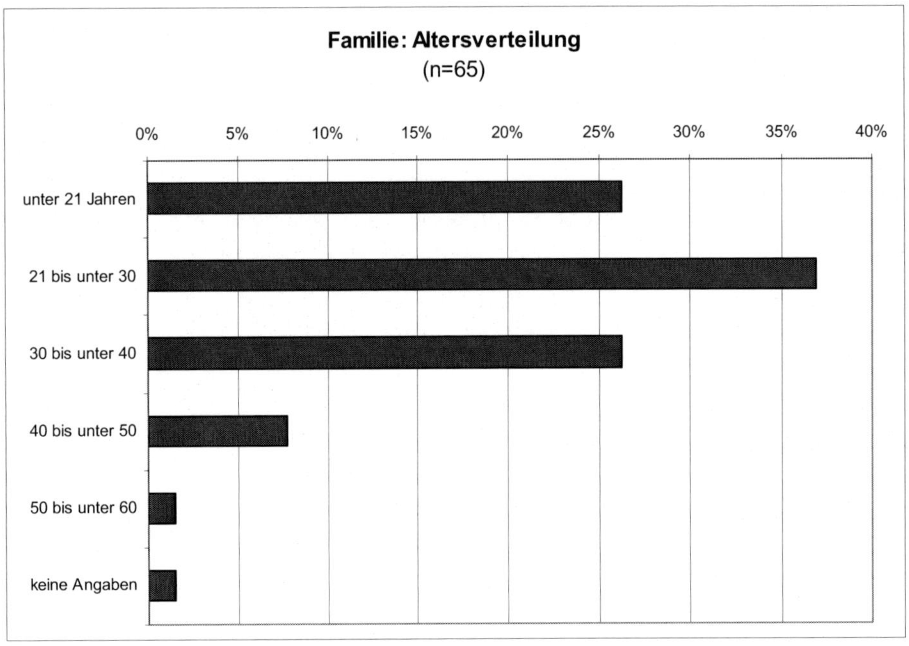

Abb. 26: Familie – Altersverteilung

3.1 Einschätzung der gegenwärtigen Wohnsituation

Was gefällt Ihnen an Ihrer jetzigen Wohnsituation gut?

„Meine Familie, mein eigener Fernseher, mein Garten, unsere Hasen"

„Wohnung mit meiner Mutter für uns beide groß genug. Unser Hase wohnt bei uns. Meine Freunde leben um mich rum. Ich bin hier groß geworden und hier fühle mich wohl."

„Alles"

Bei fast allen Befragten besteht eine *große Zufriedenheit* mit der aktuellen Wohnsituation: 83 % sind voll zufrieden, 17 % teils/teils, niemand äußert Unzufriedenheit. Um die Zufriedenheit zu konkretisieren, wurde danach gefragt, ob es etwas gibt, was den Adressatinnen und Adressaten *„richtig gut gefällt"*. 72 % der Befragten bejahten dies und nannten beispielhaft Aspekte, mit denen sie besonders zufrieden sind. Zusammenfassend ergibt sich folgende Rangfolge positiv erlebter Bereiche:

- **Wohnung** (24 Nennungen)
  Von größter Bedeutung ist das eigene Zimmer (*„kann machen was ich will"*; *„eigener Schlüssel"*). Als angenehm wird weiterhin ein Garten erlebt oder ein Balkon und eine Ausstattung, die den eigenen Bedürfnissen entspricht (*„Ich habe alles, was ich brauche"*; *„eigener Fernseher"*).

- **Selbstbestimmung** (17 Nennungen)
  Wichtige Aspekte sind hier *„die Freiheit, alles machen zu können“*, *„Freiraum von Eltern“*, *„alles allein entscheiden“*, die Freizeit nach eigenen Wünschen gestalten und Freunde selbst wählen zu können oder einfach *„ruhig gelassen“* zu werden.
- **Familiäre Beziehungen** (15 Nennungen)
  Der enge Kontakt zu Eltern und Geschwistern wird von etwa einem Drittel der Antwortenden als sehr positiv erlebt, was im Einzelfall nicht als selbstverständlich gilt (*„bei meiner Freundin läuft es nicht so, häufig Streit mit den Eltern“*). Bei mehreren spielt die Mutter eine besondere Rolle, z. B.: *„Mir gefällt es, dass ich mich mit meiner Mutter gut verstehe, wir können über alles zusammen sprechen – und lachen.“*, aber auch: *„es ist gut, dass meine Mutter nicht mehr da wohnt, die meckert so viel“*.
- **Wohnumfeld** (13 Nennungen)
  Eine gute Infrastruktur wird sehr geschätzt, z. B. *„Kino ist in der Nähe, Bus, U-Bahn, S-Bahn in der Nähe. Es gibt einen guten Döner in der Nähe und viele Supermärkte.“* Im Einzelfall wird die Nähe zu Ärzten und zur Werkstatt hervorgehoben.
- **Freizeitbeschäftigungen zu Hause** (7 Nennungen)
  Hier werden insbesondere die Beschäftigung mit dem Computer (besonders positiv: mit Internetanschluss), der DVD-Player und das Fernsehen nach der Arbeit genannt, im Einzelfall auch Puzzeln. Eine mehrfach behinderte blinde Person beschäftigt sich gern mit Bausteinen.
- **Betreuung durch die Eltern** (6 Nennungen)
  Besonders wertgeschätzt wird, dass die Eltern sich *„rund um die Uhr kümmern“* und *„alles möglich machen“* und: *„Papas gutes Essen“*.
- **Soziales Umfeld** (4 Nennungen)
  Nette und hilfsbereite Nachbarn, mit denen man im Einzelfall auch mal Kaffee trinkt, tragen zum Wohlbefinden bei. Eine Person findet es gut, seit Jahren mit netten Menschen in vertrauter Umgebung zu leben: *„Meine Freunde leben um mich rum. Ich bin hier groß geworden und hier fühle mich wohl.“*
- **Freizeitaktivitäten außerhalb** (4 Nennungen)
  Es gefällt, Zeit mit den Freunden zu verbringen oder einen Freizeitklub für Menschen mit Behinderung zu besuchen. Besonders hervorgehoben wird von zwei Personen die Freizeitgestaltung mit einer Einzelfallhelferin.
- **Haustiere** (3 Nennungen)
  Drei Personen finden es gut, Haustiere zu haben; speziell genannt werden Hasen.

Zusätzlich wurde gefragt, ob es etwas gibt, was an der jetzigen Wohnsituation *„überhaupt nicht gefällt“*. Nur bei 15 % der Befragten gibt es negative Erfahrungen. Die dazu genannten Sachverhalte beziehen sich auf das Haus (z. B. zerkratzter Fahrstuhl, kaputte Lichtschalter, unangenehme Gerüche, zu viel Lärm), die Wohnung (*„Das Bad ist zu klein. Ich dusche gerne, aber das geht nur in der Badewanne. Das ist doof.“; „dass ich das Zimmer mit meiner Schwester teile“)*, die eingeschränkte Selbstbestimmung (*„Mir gefällt nicht, dass ich mit Mutti in einem Zimmer schlafen muss“; „Ich stehe immer unter Beobachtung.“; „Mama meckert, Papa ist streng. Ich darf nicht so viel fernsehen, wie ich will“*), die familiären Beziehungen (z. B. wenn es Rivalitäten mit der Schwester gibt oder die Mutter selbst krank und hilfebedürftig ist), die Nachbarn (*„über uns die Nachbarn, Streitereien, Türschlagen, zu laute Musik“)* und die Entfernung zur Arbeit (*„dass die Werkstatt soweit weg ist von Zuhause“).* Eine Frau mit hohem Hilfebedarf (Pflegestufe III), die sich wegen einer Erkrankung der Mutter vorübergehend in einer Einrichtung in Kurzzeitpflege befindet, ist mit der dortigen Betreuungssituation sehr unzufrieden: *„Viele alte Menschen da, keine Zeit zum Rausgehen, zu wenig Mitarbeiter, am Wochenende schlimm.“*

Der Überblick zeigt, dass neben den *Wohnbedingungen* die Möglichkeiten zur *Selbstbestimmung* und die Qualität der *familiären Beziehungen* und anderer *sozialer Kontakte* hinsichtlich des subjektiven Wohlbefindens einen hohen Stellenwert haben. Die in den Zitaten dokumentierten persönlichen Erfahrungen lassen erkennen, dass insbesondere die Möglichkeiten zur Selbstbestimmung in den Familien unterschiedlich ausgeprägt sind. Neben Frauen und Männern, die ihre

Freiheit bei der Alltagsgestaltung hervorheben, gibt es andere, die entsprechende Freiräume vermissen. Mehrere Aussagen lassen Rückschlüsse auf das *Familienklima* zu: Auch hier streuen die Varianten zwischen harmonischem Miteinander, gegenseitigem Verstehen und ständig angespannter Atmosphäre.

3.2 Soziale Beziehungen und Kontakte

Neben der Familie sind die Arbeit oder die Schule wichtige Lebensbereiche, in denen Menschen der jeweiligen Lebensphase entsprechend einen großen Teil ihres Tages verbringen. Von daher interessiert die Frage, ob sich aus den alltäglichen Begegnungen Kontakte ergeben, die zu Verabredungen in der freien Zeit führen. Abb. 27 zeigt, dass über die Hälfte von 53 Befragten, die regelmäßig einer Arbeit oder Beschäftigung nachgehen, in der freien Zeit keinerlei Kontakte mit *Arbeitskolleginnen oder -kollegen* haben. 15 % treffen sie einmal in der Woche, ein Viertel einmal im Monat oder seltener. Bei den noch zur Schule gehenden zehn jungen Frauen und Männern gibt es in der Freizeit häufiger Kontakte: Die Hälfte trifft einmal wöchentlich *Mitschüler/innen*, die anderen – in etwa gleicher Verteilung – jeden Tag oder nie. Die geringe Zahl der Fälle lässt jedoch keinerlei weiter reichende Aussagen zu.

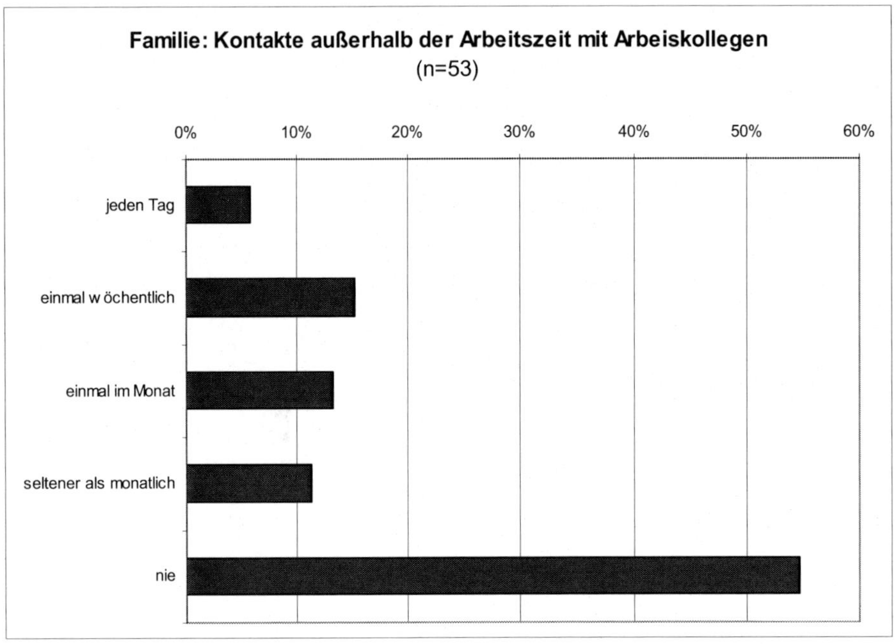

Abb. 27: Familie – Kontakte mit Arbeitskollegen

Die Frage nach beliebten *Freizeitpartnern und -partnerinnen* bestätigt die geringen Kontakte mit Arbeitskollegen und -kolleginnen außerhalb der Arbeitszeit (Abb. 28). Fast drei Viertel der Befragten verbringen ihre Freizeit gern mit den Eltern, rund die Hälfte mit Freundinnen und Freunden. 13 % unternehmen Freizeitaktivitäten mit Nachbarn. 8 % nennen Betreuer/innen als Freizeitpartner/innen, ohne zu spezifizieren, ob es sich dabei um Mitarbeitende in Freizeitangeboten oder andere Betreuer/innen handelt. Weitere Partner/innen für Freizeitaktivitäten sind Geschwister, Großeltern und andere Verwandte, Bekannte, Freunde der Eltern, Sportkameraden und Einzelfallhelfer, im Einzelfall ein Hund. 29 % verbringen ihre Freizeit am liebsten allein.

Drei Männer zwischen 30 und 50 Jahren teilen mit, dass sie außerhalb ihres Wohnbereichs „*nichts*“ in ihrer freien Zeit unternehmen („*nur zur Arbeit gehen*“ oder „*nur mit meinen Eltern*“). Einer von ihnen ist nach eigenen Angaben in seiner freien Zeit (außer Fernsehen) regelmäßig in Haushaltstätigkeiten eingebunden: „*Teppich absaugen, Spülmaschine einräumen, abwaschen*“.

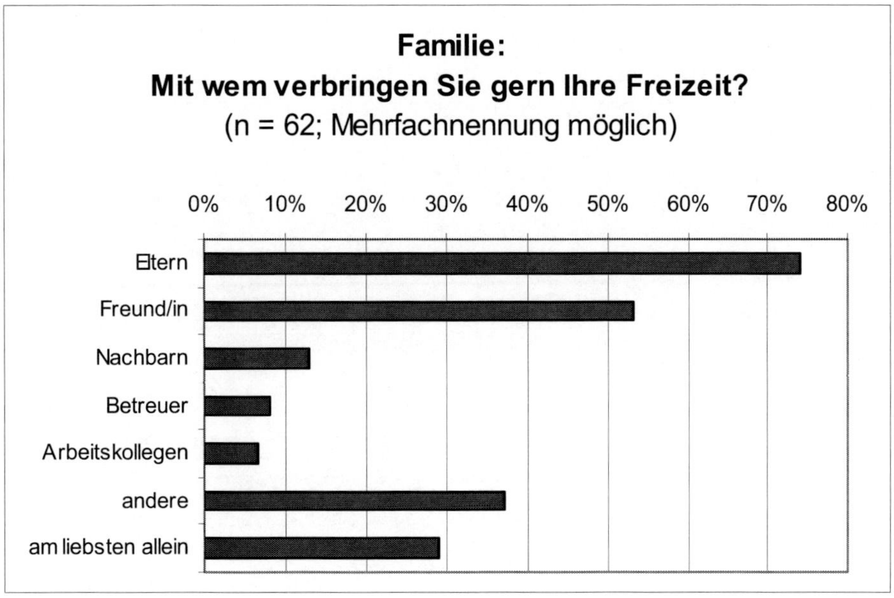

Abb. 28: Familie – Freizeitpartner

Beliebte *Freizeitaktivitäten* innerhalb der Wohnung sind: Musik hören, fernsehen, DVDs ansehen, Fußball gucken, Boxen gucken, Computer (spielen, surfen), Gesellschaftsspiele, Modelleisenbahn, puzzeln, malen, schreiben, lesen, singen, Musik machen, Gegenstände sammeln (Lastwagen, Briefmarken, Münzen, Banknoten), telefonieren, Kumpels einladen zum Kaffeetrinken, mit Tieren beschäftigen (Meerschweinchen, Hund, Katze, Hase, Fische), schlafen, ausruhen, arbeiten im Haus, Zimmer putzen, abwaschen. Außerhalb der Wohnung dominieren sportliche und kulturelle Aktivitäten sowie Kontakte mit Freunden. Die Unternehmungen werden teils eigenständig oder mit Freunden durchgeführt (*„immer unter Menschen sein“*, *„mit Freunden treffen oder zusammen bummeln und einkaufen gehen“*), teils werden Freizeitklubs für Menschen mit Behinderung besucht oder Freizeit- und Bildungsangebote genutzt (z. B. Zirkustraining, Tanzstunde, Malgruppe). Viele Aktivitäten erfolgen gemeinsam mit den Eltern oder Geschwistern (*„Freizeitgestaltung mit Mama und Papa“*, *„Angeln mit Vater“*, *„mit dem Vater spazieren gehen“*, *„spazieren fahren mit Mama und Hund“*). Konkret benannt werden – mit unterschiedlicher Häufigkeit – u. a. folgende Aktivitäten: Fahrrad fahren (z. T. Tandem), Fußball spielen, schwimmen, laufen, joggen, Karate, Fitness, Sauna, Bowling (*„falls Geld reicht“*); spazieren gehen (z. T. mit Hund), einkaufen/shoppen, Kino, Konzert, Theater, Museum, Disco (z. T. mit Einzelfallhelferin), Trödelmarkt/Flohmarkt, *„Bummeln in Kaufhäusern“*, *„S-Bahn fahren“*, Essen gehen (z. B. McDonalds, Chinesisch), *„ein Bier trinken gehen“*, Fußballklub; Nachbarn besuchen, Verwandte besuchen, *„mit Omi verreisen“*, einmal jährlich Ferienlager. Zu den Vorlieben gehört auch: *„über den Friedhof gehen und gucken, wer gestorben ist“.*

Einzelne Frauen und Männer mit hohem Hilfebedarf bedauern, dass sie zu wenig *Unterstützung bei der Gestaltung der Freizeit* haben. So wird z. B. einer jungen Frau, die auf einen Rollstuhl angewiesen ist, seit zwei Jahren die Einzelfallhilfe verwehrt (früher 10 Stunden bewilligt), was ihre Teilhabechancen stark einschränkt: *„Ich möchte mehr machen, ich möchte wieder Assistenzdienste haben.“* Ein anderer merkt an, dass er bis Mitte 2007 jeden Samstag Unterstützung von einem privaten Einzelfallhelfer hatte (ca. 5 Stunden), z. B. zum Besuch von Sportveranstaltungen. Nun begleitet ihn der Vater. An diesen Beispielen wird deutlich, dass die Barrierefreiheit von Gebäuden und Verkehrsmitteln eine wichtige, aber keinesfalls hinreichende Bedingung für eine selbstbestimmte Freizeit von Menschen mit geistiger Behinderung ist.

Ein Indikator für Teilhabe im Bereich des Wohnens ist die Akzeptanz des sozialen Umfelds und das Eingebundensein in die *Nachbarschaft.* 43 % der Befragten kennen viele ihrer Nachbarn; 46 % kennen manche. Nur 10 % kennen niemanden. 80 % bezeichnen ihre Nachbarn als freundlich. Aus der Konkretisierung der Freundlichkeit ist zu schließen, dass viele der Befragten in ihrem Umfeld akzeptiert werden. Bei etwa zwei Dritteln finden – über das bloße Grüßen hinaus gehend – im Alltag Gespräche mit Nachbarn statt (Abb. 29). Ein Viertel wird ab und zu in die Wohnung der Nachbarn eingeladen. Im Einzelfall betrachten die befragten Frauen und Männer ihre Nachbarn als Freunde, es kommt auch zu gemeinsamen Freizeitaktivitäten. Unter der Rubrik Anderes werden u. a. weitere freundliche Verhaltensweisen beschrieben (*„sie lächeln"*) und gemeinsame Aktivitäten mit den Nachbarn genannt, die auf gemeinsamen Interessen beruhen (z. B. *„wir machen etwas gemeinsam im Garten"* und *„wir tauschen DVDs")* und von daher längerfristige Kontakte erwarten lassen.

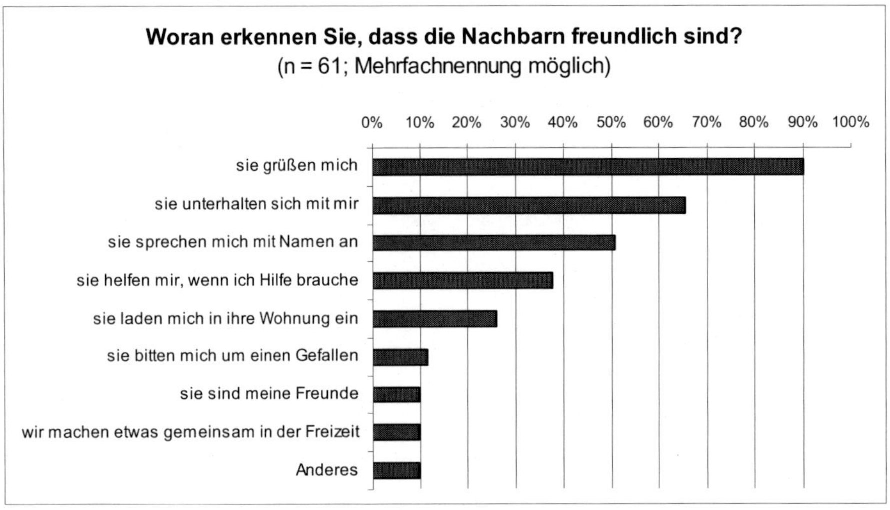

Abb. 29: Familie – Verhalten von Nachbarn

Neben der Einbindung in die unmittelbare Nachbarschaft sind *Kontakte mit anderen Leuten im Wohnumfeld* ein Indikator für Teilhabe. Solche Kontakte sind für die Befragten nicht selbstverständlich realisiert (n = 60):

- 64 % haben keinen *Ort in ihrer Nähe*, an dem sie andere Leute treffen und mit ihnen gemeinsam etwas unternehmen können. 36 % kennen und nutzen solche Treffpunkte, z. B. Cafés, Freizeitklubs und Kontakt- und Begegnungsstätten. Von Einzelnen wird der Fußballplatz, das ev. Gemeindezentrum oder das Nachbarschaftshaus genannt.
- 35 % hätten gern mehr *Kontakt mit Leuten in ihrer Wohngegend*. Etwa gleich viele wünschen keine weiteren Kontakte (37 %), mehr als einem Viertel ist es egal (28 %).
- Die Frage nach der *Mitgliedschaft in einem Verein* wurde von 75 % von 60 Befragten verneint und von 18 % bejaht. Hier werden z. B. Sportvereine, Selbsthilfegruppen und Elternvereine genannt. Vier Personen nehmen am Vereinsleben teil, ohne selbst Mitglied zu sein.
- Mehr als die Hälfte kennt *Einsamkeitsgefühle* aus eigener Erfahrung (58 %). Davon fühlen sich 17 % häufig einsam, 42 % manchmal. Ebenfalls 42 % der Befragten geben an, sich noch nie einsam gefühlt zu haben.

Einige beschreiben ihre Empfindungen in Phasen der Einsamkeit: „dann bin ich traurig", „weinen", „ich merke dann immer, wie stark ich auf Hilfe angewiesen bin, alles muss organisiert werden (Rollstuhl); denke dann, ich hätte auch gern einen Freund, aber es ist zu schwierig, jemanden zu finden, der das macht, was meine Mutter macht". Als *Problemlösungsstrategien* hat sich nach Aussage der Befragten u. a. das Ablenken durch Beschäftigungen in der Wohnung bewährt, z. B. fernsehen, DVDs ansehen, Musik hören („und vor mich hinträumen"), Computer spielen, malen, puzzeln, spielen oder „ins Zimmer gehen, Tür zu, Mutti lässt mich in Ruhe". Außerhalb der Wohnung wird spazieren gehen, Fahrrad fahren oder ein Kinobesuch als hilfreich gesehen, um auf andere Gedanken zu kommen. Sehr häufig wird in solchen Situationen der Kontakt zu nahe stehenden Personen gesucht, vorwiegend zur Mutter, aber auch zu Geschwistern, zur Oma, zur Tante, zur Freundin oder zu Bekannten. Eine Person spricht mit Kollegen oder dem Gruppenleiter in der Werkstatt über ihr Problem.

3.3 Veränderungsbedarf

48 % der insgesamt 65 in der Familie lebenden Frauen und Männer möchten gern anders als jetzt wohnen, davon sind fast drei Viertel Männer und rund ein Viertel Frauen. Mehr als zwei Drittel der Veränderungswilligen sind unter 30 Jahre alt. 52 % der Befragten sind zufrieden, wie es ist (n = 63).

Die *Wohnwünsche* der Veränderungswilligen sind breit gefächert (Abb. 30). Oberste Priorität hat das Wohnen in einer eigenen Wohnung (43 %). Fast ein Drittel würde gern mit einem Freund oder einer Freundin zusammenleben, 10 % mit einem Partner oder einer Partnerin. An zweiter Stelle stehen Wohngemeinschaften. Bemerkenswert ist, dass fast ein Viertel der Befragten mit Menschen ohne Behinderung in einer Wohngemeinschaft leben möchte. 20 % stellen sich eine Wohngemeinschaft mit behinderten Mitbewohnern und -bewohnerinnen vor. Eine Wohngruppe im Heim ist nur für zwei Personen eine Option. Jeweils gleich viele Personen würden gern mit ihren Geschwistern oder in einer Gastfamilie wohnen. Unter Sonstiges werden die Wünsche zum Leben in einer eigenen Wohnung präzisiert. Hier geht es z. B. um die Lage der Wohnung (*„sehr gern in greifbarer Nähe meiner Eltern und Geschwister“*) und um die Intensität der Unterstützung (*„mit täglichem Kontakt zu meinem Betreuer“; „allein in einer Wohnung mit 24-Stunden-Betreuung“*). Eine Person äußert den Wunsch, *„dass ich mit Vater allein wohnen kann; Mutter kommt öfter in die Wohnung und dann gibt's Streit“*.

Mit Blick auf das *Wohnumfeld* halten alle eine gute Infrastruktur für notwendig mit Anbindung an den öffentlichen Nahverkehr, Einkaufsmöglichkeiten, ärztlicher und therapeutischer Versorgung, Grünanlagen und vielfältigen Möglichkeiten zur Freizeitgestaltung. Auch die Entfernung zwischen Wohnung und Arbeitsplatz sollte gering sein. Auf die Frage nach Personen, die auf jeden Fall in der Nähe sein sollten, nennen die meisten die Eltern oder Geschwister, im Einzelfall auch Freunde sowie Hund X und Kater Y. Einige bringen das für sie Wichtigste knapp auf den Punkt: *„Nette Leute!“* oder *„Nichts, außer dem Kumpel“*. Eine Person will *„NIEMAND“* in der Nähe haben.

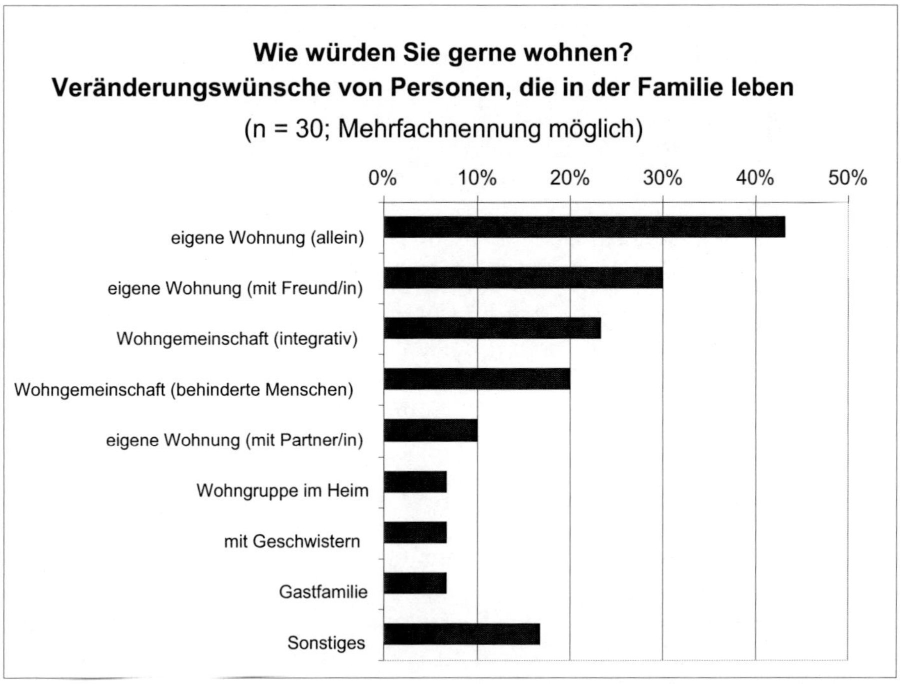

Abb. 30: Familie – wohnbezogene Veränderungswünsche

Wichtigste Voraussetzungen für eine Veränderung der gegenwärtigen Wohnsituation sind die freie Wahl (*„Es muss mir gefallen“*) und ausreichende Unterstützung im Alltag (*„Ich muss die nötige Hilfe bekommen.“*). Zur Art der benötigten *Unterstützung* machen die Frauen und Männer konkrete Aussagen: Sie brauchen Unterstützung bei der Suche nach einer passenden Wohnung, bei *„schriftlichem Kram“*, bei Geldangelegenheiten und Behördengängen sowie *„Hilfe im Leben und* *am Leben teilzunehmen*" und um eigene *„Wünsche zu erfüllen"*. Eine Person beschreibt ganz pragmatisch, was sie braucht, um den Auszug aus dem Elternhaus umzusetzen: *„Hilfe, Umzugswagen, Möbelpacker, Unterlagen, Erlaubnis meiner Mutter"*. Der letztgenannte Aspekt lässt das *Spannungsfeld zwischen Selbstbestimmung und Abhängigkeit* behinderter Menschen von den nächsten Angehörigen erkennen. Sehr häufig sind es die Eltern, die beim Auszug aus dem Elternhaus entscheiden, wo der Sohn oder die Tochter wohnen wird. Im Fragebogen merkt z. B. ein ca. 40-jähriger in der Familie lebender Mann auf die Frage nach seinen Wohnwünschen an: *„Das sagt Mutti mir schon, wir wollen Wohnheim ausprobieren"*. Eine Frau teilt mit: *„Ich habe mit meinen Eltern darüber geredet. Wenn ich über 20 Jahre alt bin, wird entschieden, ob ich ausziehe.*" Von den Möglichkeiten der Finanzierung der Hilfen durch ein *Persönliches Budget* haben 81 % von 58 Befragten noch nichts gehört. 56 % würden gern Näheres darüber erfahren.

Wohnen von Menschen mit Behinderung in der Zukunft

Die Vorstellungen der Befragten vom künftigen Wohnen von Menschen mit Behinderung zielen auf ein frei gewähltes möglichst selbstständiges und selbstbestimmtes Wohnen mit der notwendigen Unterstützung inmitten der Gesellschaft – ohne Diskriminierung. Neben der eigenen Wohnung wird auch das Zusammenleben von Menschen mit und ohne Behinderung in einer Wohngemeinschaft als gut geeignete Wohnform angesehen. Im Einzelfall wird das Leben in einem Wohnheim oder in der Familie als Möglichkeit genannt.

Welchen Wunsch haben Sie, wie Menschen mit Behinderung in der Zukunft wohnen sollten?

„Mitten drin! Nicht isoliert! Mit angemessener Hilfe, aber auch mit Freiheit!"
„Sie sollten wie alle Menschen eine normale Wohnung haben"
„Dass alles in der Nähe ist, was wichtig ist (Arzt, Freizeit, Eisdiele, nach eigenem Interesse)
„Mehr eigene Entscheidungen treffen dürfen ohne Bevormundung vom Amt!!!"
„Sie sollten selbst bestimmen können, wie sie wohnen wollen; Behindertenwohngemeinschaften leben zu sehr isoliert von normalen Menschen. Sie sollten, wenn es möglich ist, in der Nähe oder mit diesen Menschen leben, um ständig Hilfe zu haben"
„Dass behinderte und nichtbehinderte Menschen in der Nähe wohnen sollten, egal, ob in schönen Wohnungen oder Häusern oder bescheiden, so wie ich es glücklicherweise habe"
„Selbstständiges Wohnen mit Unterstützung, nicht ausgeschlossen sein"
„Menschen mit Behinderung und Nichtbehinderung sollen zusammen in einer WG leben"
„Wohngemeinschaft, Wohngruppe im Wohnheim"
„Menschen mit Behinderungen sollten in der Familie wohnen, damit sich die Angehörigen um den Behinderten kümmern können"
„Behinderte Leute auf der Straße sollen nicht geärgert werden. Reden auf der Straße mit Behinderten über Behinderung. Menschen mit Behinderung sollen nicht zusammengeschlagen werden."

Mitteilungen am Ende des Fragebogens werden für persönliche Anliegen genutzt, z. B. für einen Ausbildungswunsch (*„Ich möchte gern Reinigungskraft als Beruf mit Abschluss erlernen und später auf dem freien Arbeitsmarkt arbeiten wie meine Mutti*") und für besseres Essen in der Werkstatt (*„Die Küche macht freitags Suppe, die nicht schmeckt*").

4 Vergleich der Aussagen in betreuten Wohnformen und Familien

Die Aussagen der insgesamt 207 behinderten Menschen in Familien und in betreuten Wohnformen zeigen in vielen Bereichen Gemeinsamkeiten, aber auch bedeutsame Unterschiede. Die Unterschiede zeigen sich vor allem bei der Zufriedenheit mit der aktuellen Wohnsituation, den sozialen Kontakten, bei der Einbindung ins Wohnumfeld und bei den Veränderungswünschen,

Zufriedenheit mit der aktuellen Wohnsituation

- Die in den Familien lebenden Menschen mit Behinderung sind mit ihrer gegenwärtigen Wohnsituation zufriedener als diejenigen in betreuten Wohnformen. Am unzufriedensten sind die Personen in einer eigenen Wohnung (Abb. 31).

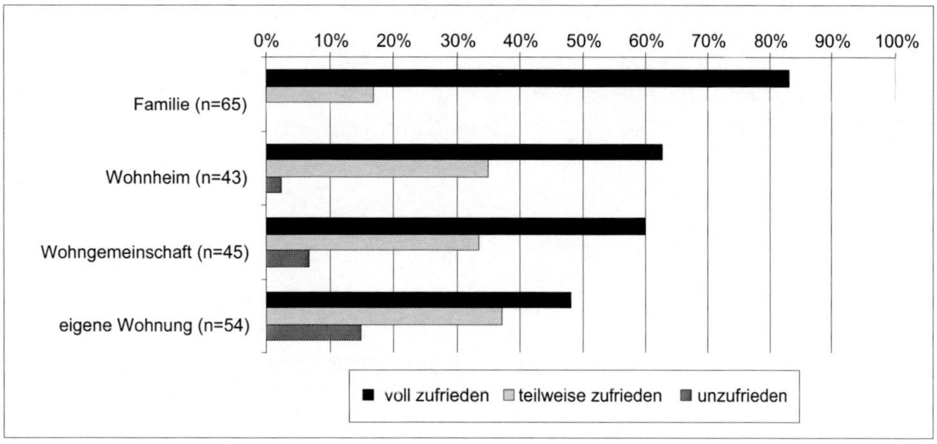

Abb. 31: Zufriedenheit nach Wohnform

- Die Möglichkeiten zur *Selbstbestimmung* werden in den Familien und im betreuten Einzelwohnen häufiger positiv hervorgehoben als in Wohnheimen oder in Wohngemeinschaften. Die Ergebnisse zur Selbstbestimmung in betreuten Wohnformen konkretisieren diesen Sachverhalt: Im Gegensatz zu den Freiheiten bei der Alltagsgestaltung in einer eigenen Wohnung (93 %) sind die Prozentwerte in Wohngemeinschafen um rund 20 % und in Wohnheimen um fast 40 % geringer.
- *Negativ erlebte Aspekte* beziehen sich in den Familien vor allem auf Beeinträchtigungen der Selbstbestimmung, in Wohnheimen und Wohngemeinschaften vorwiegend auf das Zusammenleben in Gruppen und das Verhalten der Betreuer/innen, im Betreuten Einzelwohnen überwiegend auf die Beschaffenheit der Wohnung und schlechte Erfahrungen im Wohnumfeld sowie auf Probleme mit dem Alleinsein.

Soziale Beziehungen und Kontakte

- Bei den in den Familien lebenden Menschen stehen die Eltern als *Freizeitpartner/innen* an erster Stelle, gefolgt von Freunden und Freundinnen sowie Nachbarn (Abb. 32).

Abb. 32: Freizeitpartner nach Wohnform (Mehrfachnennung möglich)

In den betreuten Wohnformen nehmen die Freunde und Freundinnen den ersten Platz ein, gefolgt von Betreuerinnen und Betreuern und Mitbewohnerinnen und Mitbewohnern. Freunde und Freundinnen werden in beiden Personengruppen von jeweils rund der Hälfte der Befragten als beliebte Freizeitpartner/innen genannt. Auffällig ist, dass der Anteil derjenigen, die in ihrer freien Zeit am liebsten allein sind, in betreuten Wohnformen höher ist als in den Familien.

- Das *Verhältnis zur Nachbarschaft* scheint bei den in den Familien Lebenden enger zu sein als in den betreuten Wohnformen. Der Anteil derjenigen, die viele ihrer Nachbarn kennen, ist in den Familien fast doppelt so hoch. Auch bezeichnen mehr Frauen und Männer in den Familien ihre Nachbarn als freundlich als in den betreuten Wohnformen. Zudem gibt es Unterschiede in der Qualität der nachbarschaftlichen Kontakte (Abb. 33).

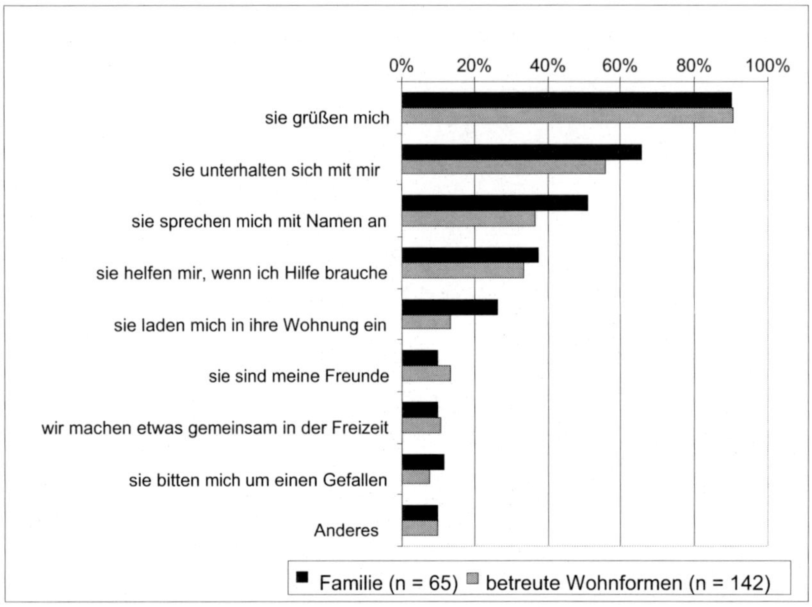

Abb. 33: Verhalten von Nachbarn nach Wohnform (Mehrfachnennung möglich)

Die Nachbarn unterhalten sich häufiger mit den Menschen mit Behinderung, die in den Familien leben, sie sprechen sie häufiger mit Namen an, helfen ihnen häufiger, laden sie öfter in ihre Wohnung ein und bitten sie häufiger um einen Gefallen als es bei den in betreuten Wohnformen Lebenden der Fall ist. Nur der Anteil derjenigen, die die Nachbarn als ihre Freunde bezeichnen, ist in betreuten Wohnformen leicht höher. Bemerkenswert ist, dass unter der Rubrik Anderes von den in der Familie lebenden Frauen und Männern gemeinsame Aktivitäten mit den Nachbarn genannt werden, die auf gemeinsamen Interessen beruhen, während die Befragten in betreuten Wohnformen an dieser Stelle eher übliche gegenseitige nachbarschaftliche Hilfen angeben, z. B. im Falle der Abwesenheit des jeweils anderen. An diesen Unterschieden zeigt sich, dass Menschen mit Behinderung, die in der Familie leben, teilweise stärker in die Nachbarschaft eingebunden sind als jene in betreuten Wohnformen. Dieser Sachverhalt kann darin begründet sein, dass die Familien selbst seit Jahren Bestandteil der Nachbarschaft sind und dass behinderte Menschen auf diese Weise leichter in Kontakte einbezogen werden.

- Die in den Familien lebenden Frauen und Männer zeichnen im Gegensatz zu Befragten im Betreuten Einzelwohnen ein eher freundliches Bild ihres sozialen Umfelds. Dennoch ist die *Einbindung ins Wohnumfeld* nur bedingt gelungen. Der Anteil derer, die keinen Ort in ihrer Nähe haben, an denen sie andere Leute treffen und mit ihnen etwas unternehmen können, ist in Familien um 25 % höher als in betreuten Wohnformen. Der Wunsch, mehr Leute in der Wohngegend kennen zu lernen, ist dennoch in den Familien um etwa 10 % geringer. Vermutlich wird das Bedürfnis nach sozialen Kontakten zu einem großen Teil durch Familienangehörige abgedeckt.
- Behinderte Menschen in Familien fühlen sich insgesamt seltener *einsam* als diejenigen in betreuten Wohnformen (Abb. 34).

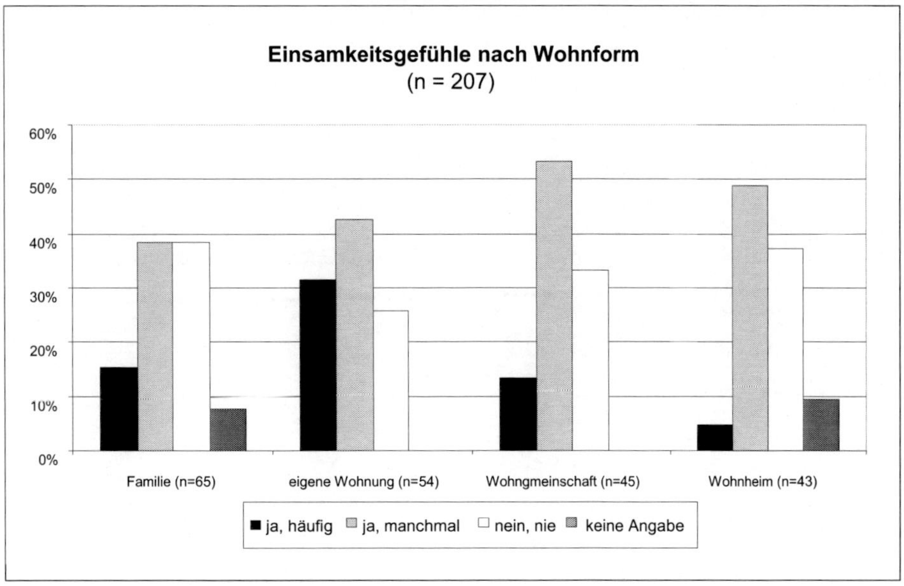

Abb. 34: Einsamkeitsgefühle nach Wohnform

Betrachtet man die Wohnformen differenziert, sind deutliche Unterschiede erkennbar: Frauen und Männer, die in einer eigenen Wohnung leben, fühlen sich am häufigsten einsam, Wohnheimbewohner/innen am wenigsten. Jeweils rund ein Drittel der Personen in Familien, in Wohnheimen und in Wohngemeinschaften haben sich noch nie einsam gefühlt.

Veränderungsbedarf

- Trotz hoher Zufriedenheitswerte mit der aktuellen Wohnsituation ist der *Wunsch nach Veränderung* in Familien mit 48 % deutlich höher als in betreuten Wohnformen (Abb. 35). Während sich die Veränderungswünsche in Familien, Wohngemeinschaften und Wohnheimen auf eine Veränderung der Wohnform beziehen, geht es im Betreuten Einzelwohnen primär um den Umzug in eine andere Wohnung oder – im Fall des Alleinlebens – um den Wunsch, mit einem nahe stehenden Menschen in einer Wohnung zusammen zu leben.

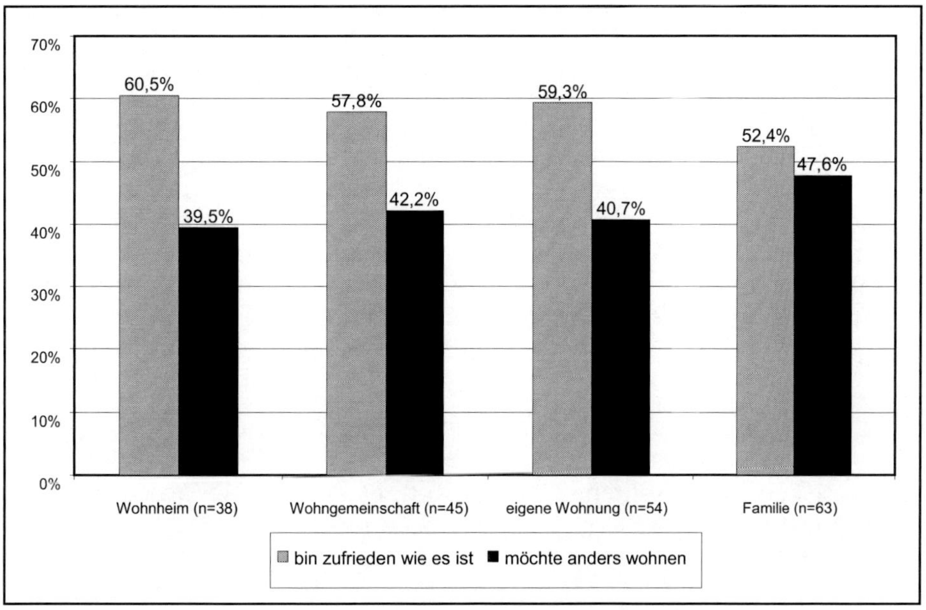

Abb. 35: Veränderungswünsche nach Wohnform

- Die *konkreten Wohnwünsche* der Veränderungswilligen zeigen Unterschiede und Gemeinsamkeiten. Bei den in Familien lebenden Personen steht die eigene Wohnung hoch im Kurs, gefolgt vom Zusammenleben mit einem Freund oder einer Freundin, seltener mit einem Partner oder einer Partnerin (Abb. 36).

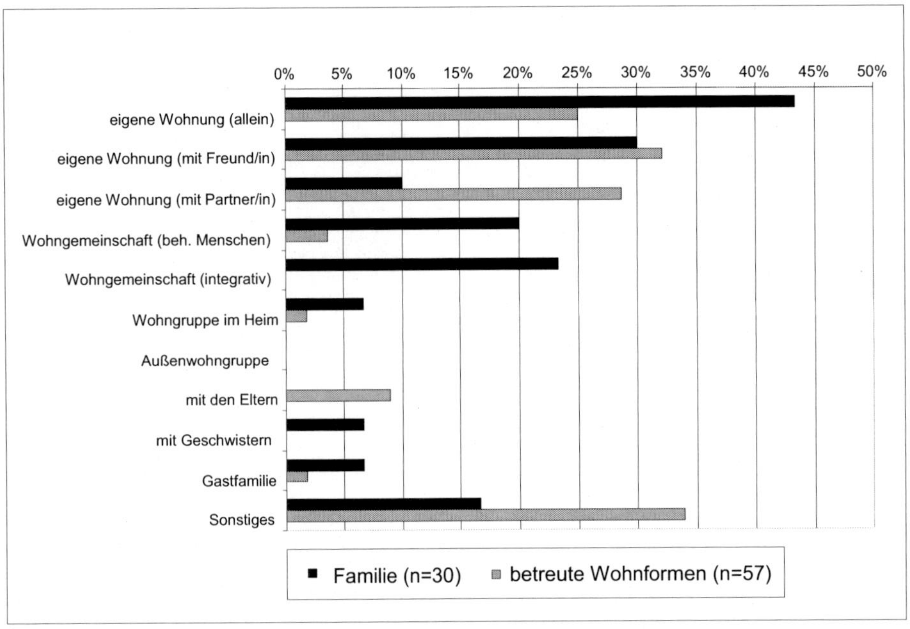

Abb. 36: Wohnwünsche nach aktueller Wohnform (Mehrfachnennung möglich)

Auch bei den Frauen und Männern in betreuten Wohnformen wird überwiegend eine eigene Wohnung gewünscht. Allerdings ist hier der Anteil derer, die die Wohnung mit nahe stehenden Menschen teilen wollen, höher. Wohngemeinschaften sind fast nur für Frauen und Männer in den Familien eine Option, im Einzelfall auch eine Wohngruppe im Heim oder das Zusammenleben mit den Geschwistern. Einige, die in betreuten Wohnformen leben, würden gern wieder ins Elternhaus zurückkehren.

5 Weitere Studien zur „Kundenperspektive“

In den letzten Jahren sind mehrere Untersuchungen zu Wohnerfahrungen und Wohnbedürfnissen von Menschen mit geistiger Behinderung durchgeführt worden, an denen die Betroffenen durch Befragungen, Interviews oder teilnehmende Beobachtungen direkt beteiligt waren. Teilweise wurden die Aussagen der Betroffenen durch mündliche und schriftliche Befragungen von Angehörigen, Trägern und Mitarbeitenden von Einrichtungen und Diensten und weiteren Personen bzw. Organisationen ergänzt. Die Studien sind teils deskriptiv, teils prozessbegleitend ausgerichtet und setzen unterschiedliche inhaltliche Schwerpunkte. Tab. 9 gibt einen Überblick über vorliegende Studien, ohne Anspruch auf Vollständigkeit. Studien zum Themenfeld Wohnen, an denen Menschen mit geistiger Behinderung nicht selbst in die Erhebungen einbezogen waren, bleiben unberücksichtigt.

Ausgewählte Ergebnisse der Studien zu den Themenfeldern soziale Beziehungen, Freizeitaktivitäten, Wohnwünsche, Ambulantisierung und Einbindung ins Gemeinwesen zeigen Gemeinsamkeiten und Unterschiede mit Erkenntnissen der KUNDENSTUDIE. Sie werden im Folgenden zusammenfassend dargestellt.

Studien zur „Kundenperspektive“ nach Wohnform der Befragten	**Anzahl der beteiligten Personen mit Behinderung**	**Verfahren**	**Forschungsansatz**
Herkunftsfamilie			
HELLMANN et al. (2007): Perspektiven alternder Menschen mit schwerster Behinderung in der Familie. (mehrere Bundesländer)	27	Interviews	deskriptiv
Ambulant betreutes Wohnen			
HANSLMEIER-PROCKL (2009): Teilhabe von Menschen mit geistiger Behinderung. Empirische Studie zu Bedingungen der Teilhabe im Ambulant betreuten Wohnen in Bayern.	89	Fragebogen	deskriptiv
WEBER et al. (2009): Veränderungen der Lebensqualität von Menschen mit Behinderungen durch Veränderung der Wohnformen. (Hamburg)	48	Fragebogen	prozessbegleitend
METZLER & RAUSCHER (2008): Wohnen in der Gemeinde. Hilfemix ehrenamtlicher und professioneller Assistenzdienste. (Baden-Württemberg)	45	Interviews	prozessbegleitend
ASELMEIER et al. (2007): Entwicklungen und Perspektiven in den Hilfen zum Selbständigen Wohnen. Eine vertiefende Studie in den Projektregionen Essen, Kreis Minden-Lübbecke, Münster und Rheinisch-Bergischer Kreis. (Nordrhein-Westfalen)	118	Interviews	deskriptiv
SEIFERT (2006): Wie lebt es sich in Wohngemeinschaften? Eine Nutzerbefragung in Berlin.	176	Fragebogen	deskriptiv
JERG (2001): Leben in Widersprüchen. Bestandsaufnahme und Erfahrungen in einer lebensweltorientierten integrativen Wohngemeinschaft. (Baden-Württemberg)	4	Gruppengespräche	prozessbegleitend
Stationäre Betreuung (inkl. Außenwohngruppen)			
SCHÄFERS (2008): Lebensqualität aus Nutzersicht. Wie Menschen mit geistiger Behinderung ihre Lebenssituation beurteilen. (Nordrhein-Westfalen; Baden-Württemberg)	129	Fragebogen	deskriptiv
DWORSCHAK (2004): Lebensqualität von Menschen mit geistiger Behinderung. Theoretische Analyse, empirische Erfassung und grundlegende Aspekte qualitativer Netzwerkanalyse. (Bayern)	143	Interview	deskriptiv
Alle Wohnformen			
Projekt „Leben im Ort“ (Baden-Württemberg): JERG & GOEKE (2008): Wege zur personenorientierten Begleitung. (Projektbericht 1); GOEKE & JERG (2009): Wohnwünsche realisieren. (Projektbericht 3); JERG & GOEKE (2009): Individuelle Beratung und Wege ins Gemeinwesen. (Projektbericht 4)		Interviews Gruppendiskussionen	prozessbegleitend
MAIR (2008): „Den Ruhestand gestalten lernen“. Erhebung von Praxiserfahrungen und Entwicklung von Perspektiven für ältere Menschen mit Behinderung.	103	Workshops	deskriptiv
WISSEL et al. (2007): Qualifizierungsmöglichkeiten zum selbständigen Wohnen in der Stadt Münster. (Nordrhein-Westfalen)	66	Interviews	deskriptiv
KNIEL & WINDISCH (2005): People First. Selbsthilfegruppen von und für Menschen mit geistiger Behinderung. (mehrere Bundesländer)	120	Einzel-/ Gruppeninterviews; Fragebogen	deskriptiv
METZLER & RAUSCHER (2004): Inklusiv wohnen. Wohn- und Unterstützungsangebote für Menschen mit Behinderung in Zukunft. (Baden-Württemberg)	931	Fragebogen	deskriptiv

Tab. 9: Studien zur „Kundenperspektive“

Soziale Beziehungen

Untersuchungen zum sozialen Netzwerk von Menschen mit geistiger Behinderung belegen, dass es hinsichtlich der Größe und der Struktur des Netzes Unterschiede zwischen ambulant betreuten Wohnformen bzw. Außenwohngruppen von Heimen und stationären Einrichtungen gibt. So hat z. B. eine Studie von DWORSCHAK (2004) zum Leben in stationären Wohnformen in Bayern erbracht, dass Bewohner/innen von Wohngruppen im Heim gegenüber Frauen und Männern, die in Außenwohngruppen leben, ein umfangreicheres Gesamtnetzwerk haben. Es wird allerdings zu 70 % durch wohngruppenabhängige Personen bestimmt: Etwa die Hälfte sind Mitbewohner/innen, der Anteil der Mitarbeiterinnen liegt bei etwa einem Viertel. In Außenwohngruppen steigt der Anteil wohngruppenunabhängiger Kontakte.

Entsprechend konstatiert die Hamburger Studie von LANGHANKY & HUßMANN (2005) bei älteren Heimbewohnerinnen und -bewohnern mit Lernschwierigkeiten ein relativ breites alltägliches Netzwerk, das jedoch zu 62 % aus Professionellen und Mitbewohnerinnen und -bewohnern besteht. 22 % sind dem familiären Umfeld zuzuordnen; nur 15 % der Kontakte bestehen zu Menschen außerhalb der Familie und der Einrichtung. Bei Frauen und Männern, die im eigenen Wohnraum betreut werden, sind die Netzwerke kleiner und der Anteil von Personen, die weder zur Familie noch zum professionell betreuten Wohnbereich gehören, größer. Eine im ambulant unterstützten Wohnen in Bayern durchgeführte Untersuchung von HANSLMEIER-PROCKL (2009) ergab einen hohen Anteil von nichtbehinderten Freunden.

Unabhängig von der Wohnform dominieren häufig Verwandte im Netzwerk von Menschen mit geistiger Behinderung (vgl. KNIEL & WINDISCH 2005) – ein Sachverhalt der auch in der Berliner KUNDENSTUDIE festgestellt wurde, vor allem bei jüngeren Frauen und Männern.

Interessant ist der von KNIEL & WINDISCH (2005) beschriebene Zusammenhang zwischen der Zugehörigkeit zu People-First-Gruppen und der Größe und Beschaffenheit des sozialen Netzwerks: Mitglieder von People-First-Gruppen haben mehr Freizeitpartner, mehr Freunde und mehr enge Freunde bzw. Vertrauenspersonen als Frauen und Männer mit kognitiven Beeinträchtigungen, die sich nicht in Selbsthilfegruppen engagieren. Gleichzeitig steigt bei den in Selbsthilfegruppen Engagierten die Zahl der Netzwerkmitglieder mit Behinderung, sie ist bei den befragten Mitgliedern von People-First-Gruppen etwa doppelt so hoch wie bei Nichtmitgliedern.

Hinsichtlich der Struktur des Freundeskreises gibt es zwischen den Ergebnissen von KNIEL & WINDISCH (2005) und HANSLMEIER-PROCKL (2009) Unterschiede zur KUNDENSTUDIE. Während in der Berliner Studie regelmäßige Kontakte zu Arbeitskollegen und -kolleginnen außerhalb der Arbeitszeit nach Aussagen der Befragten eher gering sind, besteht der Freundeskreis der an den genannten zwei anderen Studien beteiligten Frauen und Männer zum großen Teil aus Arbeitskollegen und -kolleginnen aus der WfbM. Die Ergebnisse schließen einander nicht aus, da Werkstattkollegen als Freunde bezeichnet werden können, ohne dass man sich auch in der Freizeit trifft. Dennoch ist i. d. R. davon auszugehen, dass enge Freundschaften am Arbeitsplatz in gemeinsame Aktivitäten auch außerhalb der Arbeit münden.

Hervorzuheben ist, dass der Anteil der Frauen und Männer, die sich häufig oder manchmal einsam fühlen, in der Berliner KUNDENSTUDIE mit zwei Dritteln der Befragten (alle Wohnformen) doppelt so hoch ist wie in der Studie von KNIEL & WINDISCH (2005). Bei den Personen im ambulant betreuten Wohnen in Bayern liegt der Wert bei 47 % (HANSLMEIER-PROCKL 2009). Auch wenn die Werte mit unterschiedlichen Erhebungsinstrumenten ermittelt wurden und darum nicht direkt vergleichbar sind, belegen die Studien den großen Unterstützungsbedarf beim Aufbau und bei der Pflege von informellen sozialen Kontakten. HANSLMEIER-PROCKL (2009) weist zudem darauf hin, dass die im Fachdiskurs vertretene Annahme einer geringeren Abhängigkeit von Mitarbeitenden im ambulant betreuten Wohnen nur bedingt zutreffe: Da die Unterstützer/innen im ambulanten Setting i. d. R. die einzige professionelle Bezugsperson der Klienten sind, steige die Gefahr der gegenseitigen emotionalen Abhängigkeit.

Freizeitaktivitäten außerhalb der Wohnung

Das Spektrum der Freizeitaktivitäten der an der KUNDENSTUDIE Beteiligten entspricht in weiten Bereichen den Befragungsergebnissen von HANSLMEIER-PROCKL (2009) zur Realisierung von Teilhabe im ambulant unterstützten Wohnen in Bayern. Teilhabe an allgemeinen Angeboten wird überwiegend in Form von Café- und Kinobesuchen oder Aktivitäten im Sportverein realisiert. Teilhabe an Erwachsenenbildungsangeboten im Gemeinwesen wird von den Befragten gewünscht, kann aber wegen fehlender Angebote oder mangelnder Information oftmals nicht umgesetzt werden. Überwiegend werden Bildungsangebote von Trägern der Behindertenhilfe in Anspruch genommen. HANSLMEIER-PROCKL (2009) resümiert, dass die Teilhabe am Sondersystem durch die Freizeitangebote der Dienste gefördert wird:

> „Durch das Angebot der Dienste gibt es keine Notwendigkeit für Menschen mit geistiger Behinderung, die allgemeinen Angebote des Gemeinwesens zu nutzen. Andererseits bieten die Angebote der Dienste eine Anlaufstelle zur Herstellung von Kontakten zu anderen Personen innerhalb des Sondersystems und stellen damit eine Art Stützfunktion zum selbständigen Leben dar. Denn die Assistenznehmer haben Schwierigkeiten bei der Kontaktaufnahme zum Gemeinwesen und können ihre Interessen dabei oft nicht ausreichend vertreten." (HANSLMEIER-PROCKL 2009, 180)

Die Autorin hält es unter den gegenwärtigen Bedingungen für erforderlich, dass beide Optionen zur Verfügung stehen. Freizeitangebote von Einrichtungen und Diensten der Behindertenhilfe sollten jedoch Verbindungen zum Gemeinwesen herstellen.

Wie von HANSLMEIER-PROCKL (2009) für die Situation in Bayern berichtet kommt auch die in Nordrhein-Westfalen durchgeführte Studie von ASELMEIER et al. (2007) zu dem Schluss, dass der Besuch von Freizeitstätten, die Nutzung öffentlicher Einrichtungen, der Besuch von Veranstaltungen sowie die Beteiligung an Vereinen auch im ambulant betreuten Wohnen in der Regel weiterhin gesondert und nur selten wirklich integriert stattfinden. Für die an der Berliner Studie beteiligten Frauen und Männer kann dies in Teilbereichen bestätigt werden.

Die Befragten der KUNDENSTUDIE haben sich in allen Wohnformen überwiegend zufrieden mit ihrer Freizeitgestaltung geäußert. Für den stationären Bereich kam SCHÄFERS (2009) in seinen Untersuchungen in Baden-Württemberg und Nordrhein-Westfalen zu anderen Ergebnissen. Im Vergleich mit den Zufriedenheitsbekundungen zur Wohnsituation und zur Arbeit ist die Zufriedenheit mit den Freizeitmöglichkeiten in dieser Studie am geringsten, insbesondere hinsichtlich der Optionen "Hobbies ausüben", „einkaufen/bummeln", „essen gehen" und „ins Kino gehen". Die Möglichkeiten „Sport machen" bzw. „Sportveranstaltungen besuchen" erhielten mittlere Zufriedenheitswerte; eher zufrieden waren die Befragten mit der Möglichkeit, in die „Kirche zu gehen" (SCHÄFERS 2009, 249 u. 257). Vermutlich wird bei der größeren Zufriedenheit mit der Freizeitgestaltung in Berliner Einrichtungen die Vielfalt der Möglichkeiten, die in einer Großstadt offen stehen, wirksam. Die an der SCHÄFERS-Studie beteiligten Heime gehören zu den Angeboten von drei großen Einrichtungsträgern und sind an unterschiedlichen Standorten lokalisiert.

Zu bevorzugten Freizeitaktivitäten von älteren Menschen mit geistiger Behinderung und zu Formen der tagesstrukturierenden Angebote gibt die Studie „Den Ruhestand gestalten lernen" Auskunft (vgl. MAIR 2008). Die Aussagen der befragten Frauen und Männer dokumentieren vielfältige Aktivitäten, die überwiegend in der Wohnung oder im näheren Umfeld stattfinden und den Aktivitäten von älteren Menschen ohne lebenslange Behinderungserfahrung ähnlich sind. Bei den Außenaktivitäten dominieren Spaziergänge:

> „Dabei kann das ‚Spazieren gehen' im eigentlichen Sinne mehrere Funktionen erfüllen: es kann sowohl als eine sportliche Aktivität, als kommunikative oder einfach entspannende Unternehmung angesehen werden und ist somit als idealer Kompromiss anzusehen." (MAIR 2008, 109).

Wohnwünsche

Für die Weiterentwicklung der Wohnangebote für Menschen mit geistiger Behinderung haben die Wohnwünsche und Wohnerfahrungen zentrale Bedeutung. Wohnformübergreifend kann festgestellt werden, dass in allen Studien das eigenständige Wohnen bei den Befragten einen hohen Stellenwert hat. METZLER & RAUSCHER (2004) haben im Rahmen des Projekts „Wohnen inklusiv" in Baden-Württemberg rund 930 Frauen und Männer mit geistiger Behinderung im jüngeren Erwachsenenalter zu ihren Wohnbedürfnissen und Wohnwünschen befragt. Mehr als die Hälfte der Befragten lebte bei den Eltern, die anderen in Wohngruppen oder sonstigen Wohnformen, im städtischen oder ländlichen Raum. Selbst gewählte Bewertungskriterien zur Beurteilung der eigenen Wohnsituation waren Selbstbestimmungs- und Teilhabemöglichkeiten, bauliche, räumliche und infrastrukturelle Bedingungen und Ausstattungen, soziale Kontakte im erweiterten Umfeld sowie soziales und emotionales Eingebundensein im direkten Umfeld (METZLER & RAUSCHER 2004, 19). Die genannten Aspekte entsprechen weitgehend den Beurteilungskriterien, die die befragten Frauen und Männer in der Berliner KUNDENSTUDIE für wichtig erachten, die ausschließlich im städtischen Raum leben. Daraus ist der Schluss zu ziehen, dass die genannten Kriterien grundlegende Anforderungen an Wohnangebote für diesen Personenkreis beschreiben.

Der Anteil der Frauen und Männer (alle Wohnformen), die eine Veränderung der gegenwärtigen Wohnsituation wünschen, ist in der Baden-Württemberger Studie von METZLER & RAUSCHER (2004) mit über 80 % etwa doppelt so hoch wie in der Berliner KUNDENSTUDIE. Hier wünschten 42 % eine Veränderung. In einer früheren Berliner Studie in Wohngemeinschaften lag die Quote der Umzugswilligen bei fast 50 % (vgl. SEIFERT 2006b). Möglicherweise ist die Diskrepanz der Ergebnisse in Baden-Württemberg und in Berlin in der unterschiedlichen Altersstruktur der Befragten begründet. Inwieweit qualitative Aspekte der Angebote für den Wunsch nach Veränderung eine Rolle spielen, kann auf der Basis der vorliegenden Daten nicht geklärt werden.

Bei den Wohnwünschen der Veränderungswilligen wird in beiden Studien das Leben in einer eigenen Wohnung präferiert. Allerdings steht in der Baden-Württemberger Studie das Wohnen mit Partner/in an erster Stelle, allein zu leben folgt mit deutlichem Abstand. In der Berliner KUNDENSTUDIE haben das Alleinleben und das Zusammenleben mit Freund/Freundin in einer eigenen Wohnung Priorität, gefolgt vom Zusammenleben mit einem Partner oder einer Partnerin. Wohngemeinschaften sind in Berlin weniger gefragt als in der Baden-Württemberger Studie. Deutliche Unterschiede bestehen bei den Optionen Wohngruppe im Heim und Leben in der Herkunftsfamilie: Beide Wohnformen erfreuen sich in Baden-Württemberg einer größeren Beliebtheit als in Berlin. Mögliche Ursachen für die unterschiedlichen Ergebnisse können in den infrastrukturellen Bedingungen von Stadt und Land liegen, die das Alleinleben erleichtern oder erschweren können, oder in der unterschiedlichen Altersstruktur. Auch die Befragungen von SCHÄFERS (2008) in Heimen in Nordrhein-Westfalen und Baden-Württemberg haben erbracht, dass trotz insgesamt hoher Zufriedenheitswerte mit der gegenwärtigen Wohnsituation ein Drittel der Heimbewohner/innen lieber woanders wohnen möchte, überwiegend in selbstständigeren Wohnformen. Über die Hälfte der Befragten gab an, dass es in ihrer Gruppe Mitbewohner/innen gibt, mit denen sie nicht gern zusammenleben. Entsprechende Begründungen für Unzufriedenheit gab es auch in Wohngemeinschaften und Heimwohngruppen der Berliner KUNDENSTUDIE. Ähnlich berichten HANSLMEIER-PROCKL (2009) und SEIFERT (2006) über Veränderungswünsche in Wohngemeinschaften.

Das Leben von schwer behinderten Frauen und Männern ab ca. 40 Jahren in ihrer Herkunftsfamilie war Gegenstand der Studie von HELLMANN et al. (2007). Fast alle befragten Frauen und Männer äußerten, dass sie möglichst lange im Elternhaus bleiben wollen. In Bezug auf die Zukunftsplanung zeigen sie sich in unterschiedlicher Weise aktiv: Einige benennen eigene Vorstellungen und werden hinsichtlich der Umsetzung in Kooperation mit den Eltern selbst aktiv. Andere orientieren sich an den Zukunftsvorstellungen der Eltern, möchten aber die gegenwärtige Situation nicht von sich aus verändern. Eine dritte Gruppe fühlt sich durch eine Thematisierung von Zukunftsfragen eher verunsichert. In weiteren Familien werden Gedanken an die Zukunft verdrängt; die Eltern möchten den Status quo erhalten, während ihre behinderten Angehörigen sich im Einzelfall auch ein Leben in einer Einrichtung vorstellen könnten. Die Autoren kommen zu dem Schluss, dass der Verlauf und die Ergebnisse von zukunftsbezogenen Diskussionen in den Familien in hohem Maß vom langjährigen Umgang miteinander und den dabei erworbenen Kommunikationsweisen abhängig ist (HELLMANN et al. 2007).

Ambulantisierung

Entsprechend dem aktuellen fachlichen und sozialpolitischen Diskurs der letzten Jahre nehmen Rahmenbedingungen und Ergebnisse der Ambulantisierung in mehreren Forschungsberichten einen breiten Raum ein, z. B. in den Bundesländern Nordrhein-Westfalen, Hamburg und Baden-Württemberg. Im Rahmen des ZPE-Forschungsprojekts „Selbständiges Wohnen behinderter Menschen – Individuelle Hilfen aus einer Hand“ wurden in ausgewählten Regionen von Nordrhein-Westfalen Fragebogenerhebungen und Interviews mit Nutzerinnen und Nutzern sowie Mitarbeitenden von ambulanten Diensten durchgeführt und durch eine schriftliche Befragung von Trägern wohnbezogener Dienste ergänzt (vgl. ASELMEIER et al. 2007). Schwerpunkte der Nutzerbefragungen waren die Zufriedenheit mit den ambulanten Diensten (Prozessqualität: Erreichbarkeit, Zuverlässigkeit, Konfliktmanagement u. a.) und Fragen zum Stand der Teilhabe und der Selbstbestimmung im ambulant betreuten Wohnen. Auch genderbezogene Aspekte wurden thematisiert. Im Kontext der Fragestellung der KUNDENSTUDIE ist die Teilhabe am öffentlichen Leben, die Flexibilität der Dienste und die Partizipation der Nutzer/innen von besonderem Interesse: Die Unterstützungsleistungen werden von den Befragten in Nordrhein-Westfalen insgesamt als flexibel und individuell erlebt; nur im Einzelfall wird über eine Abhängigkeit von den Zeiten, die von den Mitarbeitenden festgelegt wurden, geklagt. Auch auf die Auswahl der Unterstützer/innen könne teilweise Einfluss genommen werden. In den Interviews der Berliner KUNDENSTUDIE wurden dem gegenüber von einigen Befragten im betreuten Einzelwohnen Abhängigkeiten bei der Termingestaltung und die fehlende Beteiligung bei der Auswahl der Mitarbeitenden kritisch kommentiert; systematisch erhobene Daten liegen zu dieser Frage nicht vor. Übereinstimmung zwischen beiden Studien besteht hinsichtlich der mangelnden Partizipation von Menschen mit geistiger Behinderung an der Gestaltung der Hilfen über regelhafte Gremien.

Eine weitere Studie im Kontext des genannten ZPE-Projekts befasst sich am Beispiel der Stadt Münster mit Fragen der Qualifizierung zum selbstständigen Wohnen (vgl. WISSEL et al. 2007). Dabei stehen Erwachsenenbildungsangebote im Mittelpunkt. Es wurden Interviews mit Menschen mit geistiger Behinderung und schriftliche Befragungen von wichtigen Bezugspersonen der Teilnehmer/innen und von Mitarbeitenden der Behindertenhilfe durchgeführt. Die Teilnehmer/innen leben überwiegend in stationären Wohneinrichtungen oder Außenwohngruppen, ein geringer Teil in einer eigenen Wohnung bzw. im Unterstützten Wohnen oder im Elternhaus. Fast 40 % der Beteiligten äußerten Umzugswünsche, überwiegend in eine eigene Wohnung oder ins Unterstützte Wohnen.

Die am Projekt beteiligten Menschen mit Behinderung wurden zur Struktur-, Prozess- und Ergebnisqualität von Erwachsenenbildungsangeboten zum selbstständigeren Leben und zur Qualität von Verselbstständigungsgruppen und Wohnberatungsangeboten befragt. Hinsichtlich der Ergebnisqualität der Angebote geben mehr als drei Viertel der Befragten an, durch die Angebote selbstständiger und selbstbewusster geworden zu sein. Die Autoren kommen zu dem Schluss, dass Angebote zur Entwicklung von Regiekompetenzen und von sozialen Kompetenzen sowie zum Aufbau sozialer Netzwerke hinsichtlich der Perspektiven für ein selbstständigeres Wohnen eine zentrale Rolle spielen. Anzustreben sei ein ortsnahes, für die Menschen mit Behinderung erreichbares und trägerübergreifendes Angebot an Bildungsmöglichkeiten, wobei der Stadtteilorientierung und dem sozialräumlichen Denken eine besondere Bedeutung zukomme.

WEBER et al. (2009) dokumentieren Erfahrungen eines Hamburger Trägers mit der Umwandlung von stationären Wohngruppen in ambulant unterstützte Wohnformen, überwiegend Wohngemeinschaften und Hausgemeinschaften (vgl. auch PEIFFER et al. 2009). Ein Jahr nach dem Umzug wird die neue Wohnsituation von den meisten Nutzerinnen und Nutzern positiv bewertet. Sie sind selbstständiger geworden und schätzen die größere Entscheidungsfreiheit im Alltag und die Freizeitaktivitäten. Mit der professionellen Unterstützung sind sie überwiegend zufrieden, allerdings werden die starren Einsatzzeiten der Pflegedienste als einschränkend erlebt. Die Sozialbeziehungen haben geringfügig zugenommen, stammen aber überwiegend aus dem familiären und wohnungsbezogenen Umfeld. Als wichtigste Unterstützungsquellen erweisen sich nach wie vor die Professionellen, sowohl auf der emotionalen, instrumentellen und informationellen Ebene. Nur wenige der beteiligten Frauen und Männer äußerten den Wunsch, wieder in die alte Wohnform zurückzukehren, z. B. wegen fehlender Nachtbereitschaft.

Einbindung in das Gemeinwesen

HANSLMEIER-PROCKL (2009) stellt auf der Basis ihrer Untersuchungen im Bereich des ambulant unterstützten Wohnens in Bayern fest, dass die damit realisierte räumliche und funktionale Integration ins Gemeinwesen nur ein erster Schritt sei, der nicht automatisch die soziale Integration zur Folge habe. Die Anerkennung als gleichberechtigte Bürger/innen des Gemeinwesens sei noch eine Zukunftsvision. Entsprechend formuliert JERG (2001) als wesentliche Erkenntnis der wissenschaftlichen Begleitung einer integrativen Wohngemeinschaft in Baden-Württemberg Handlungsbedarf:

> „Die lebensweltorientierte Ausrichtung und Platzierung einer integrativen Wohngemeinschaft erlöst diese nicht automatisch aus einem gesellschaftlichen Inseldasein. Obwohl alltägliche Kontakte möglich sind, benötigt die Vernetzung im Wohngebiet personelle Ressourcen, um eine qualitativ andere Daseinsform, ein gemeindeintegriertes Leben im Stadtteil zu etablieren. (...) Folgerichtig ist es deshalb, frühzeitig die Infrastruktur des Gemeinwesens einzubeziehen.“ (JERG 2001, 122)

Zur Verbesserung der Einbindung ins Gemeinwesen gibt es in mehreren Bundesländern Modellprojekte, die teilweise wissenschaftlich begleitet wurden. Exemplarisch seien das Projekt „Leben im Ort: Teilhabe verwirklichen – Selbstbestimmung voranbringen“ (JERG et al. 2006) und das Projekt „Wohnen in der Gemeinde – Hilfemix ehrenamtlicher und professioneller Assistenzkräfte“ (METZLER & RAUSCHER 2008) genannt. Beide Projekte wurden in Baden-Württemberg durchgeführt.

Im Rahmen des Projekts „Leben im Ort“ wurden in den Bereichen Assistenz, eigenständiges Wohnen, Wohntraining für Heimbewohner/innen und Arbeiten vor Ort neue Wege erschlossen. Sie haben bei den beteiligten Anbietern von Einrichtungen und Diensten, bei den professionell Unterstützenden und im Gemeinwesen grundlegende Veränderungsprozesse eingeleitet und Impulse für die Weiterentwicklung der Hilfen gegeben (vgl. JERG & GOEKE 2008; GOEKE & JERG 2009; JERG & GOEKE 2009). Die beteiligten Frauen und Männer äußerten sich in Interviews überwiegend zufrieden mit den Entwicklungen und ihrer veränderten Situation.

Schwerpunkt des Projekts „Wohnen in der Gemeinde“ war die Einführung flexibler Hilfearrangements für Menschen mit Behinderung oder psychischer Erkrankung im Leistungsbereich des ambulant betreuten Wohnens. Die neuen Unterstützungsformen basieren auf der Kooperation verschiedener Dienste in der Gemeinde und der Vernetzung professionellen Handelns mit bürgerschaftlichem Engagement (vgl. METZLER & RAUSCHER 2008). Sie sollen ein möglichst selbstbestimmtes Leben im eigenen Wohnraum, Selbstständigkeit und Teilhabe am Leben der Gesellschaft ermöglichen, auch bei höherem Hilfebedarf. Zur Bewertung der Hilfearrangements wurden Interviews mit den beteiligten Männern und Frauen mit Behinderung oder psychischen Erkrankungen und mit Mitarbeitenden der unterstützenden Dienste durchgeführt. 80 % der befragten Klienten waren mit ihrem individuellen Hilfearrangement zufrieden. Bei vielen gab es einen Zugewinn an Selbstständigkeit, Selbstvertrauen und Selbstbestimmung.

Zusammenfassend kann festgestellt werden, dass die Aussagen von Menschen mit Behinderung zu Erfahrungen und Wünschen im Bereich des Wohnens die Priorität personzentrierter und gemeinwesenorientierter Hilfearrangements bei der Weiterentwicklung des Hilfesystems unterstreichen.

6 Zusammenfassung und Handlungsbedarf

Zur Ermittlung ihrer Wohnbedürfnisse wurden insgesamt 253 Frauen und Männer mit geistiger und mehrfacher Behinderung, die in betreuten Wohnformen bzw. in ihrer Herkunftsfamilie leben, zu ihren Erfahrungen und Vorstellungen befragt. Als Erhebungsverfahren kamen Fragebögen, Interviews und Workshops zur Anwendung. Schwerpunkte der Befragung waren die Einschätzung der aktuellen Wohnsituation und der Teilhabe am allgemeinen Leben, soziale Beziehungen und Kontakte, Wohnwünsche und Zukunftsperspektiven. An der Fragebogenerhebung, die schwerpunktmäßig in Tempelhof-Schöneberg und Marzahn-Hellersdorf durchgeführt wurde, haben sich 207 Personen im Alter von 16 bis 78 Jahren beteiligt, darunter 12 Personen mit nicht-deutscher Herkunftssprache. Fast 80 % der Beteiligten gehen regelmäßig einer Arbeit oder Beschäftigung nach, überwiegend im Arbeitsbereich einer Werkstatt für behinderte Menschen. Einzelne sind auf dem allgemeinen Arbeitsmarkt tätig. 11 % befinden sich im Ruhestand; 6 % gehen noch zur Schule (Schule mit sonderpädagogischem Förderschwerpunkt bzw. Berufsschule mit sonderpädagogischen Aufgaben). An den Interviews und Workshops nahmen 46 Frauen und Männer teil.

Rund die Hälfte der Befragten äußert volle Zufriedenheit mit der gegenwärtigen Wohnsituation; rund ein Drittel ist teilweise zufrieden, fast 10 % sind unzufrieden. Eine differenzierte Betrachtung der Antworten nach Wohnform macht Unterschiede bei den Bewertungen sichtbar: Während in Wohngemeinschaften und Wohnheimen jeweils rund 60 % voll zufrieden sind, gibt weniger als die Hälfte der Personen im Betreuten Einzelwohnen an, voll zufrieden zu sein (48 %). Selbst gesetzte Bewertungskriterien sind u. a. die Beschaffenheit und die Lage der Wohnung, das Zusammenleben in der Gruppe einschließlich des Verhältnisses zum Gruppenpersonal, die Freizeitgestaltung, soziale Beziehungen und Kontakte sowie Möglichkeiten zur Selbstbestimmung. Neben vielen positiven Erfahrungen wurde eine Reihe negativer Beispiele genannt, die bei der Weiterentwicklung der Angebote zu beachten sind. Kritische Äußerungen zum Leben in der eigenen Wohnung beziehen sich vor allem auf die jeweils gegebenen Wohnbedingungen und das soziale Umfeld, sie stellen nicht die Wohnform an sich in Frage. Dem gegenüber betreffen Kritikpunkte am Leben in Wohngruppen eines Heims oder in Wohngemeinschaften eher systembedingte Aspekte, z. B. das oftmals konfliktreiche Zusammenleben mit Menschen, die nicht selbst als Mitbewohner/innen ausgewählt wurden, und das Verhalten von Betreuerinnen und Betreuern. Bei den in den Familien lebenden Personen ist die Zufriedenheit am größten. Varianten des Zusammenlebens streuen zwischen harmonischem Miteinander, gegenseitigem Verstehen und ständig angespannter Atmosphäre.

Dem jeweiligen Wohnsetting entsprechend sind die Möglichkeiten zur selbstbestimmten Alltagsgestaltung in der eigenen Wohnung am größten (93 %) und in Wohnheimen am niedrigsten (56 %). Trotz der unterschiedlichen Spielräume für Selbstbestimmung geben vier Fünftel der Befragten in betreuten Wohnformen an, dass sie genügend selbst bestimmen oder entscheiden können. Allerdings erleben fast 40 %, dass ihre eigene Meinung nur manchmal oder nie ernst genommen wird. Ansprechpartner bei Problemen sind am häufigsten die Mitarbeiter/innen, in deutlichem Abstand Eltern, Mitbewohner/innen und Freund/in. Auffällig ist, dass der Heimbeirat nur von 8 % der befragten Heimbewohner/innen bei Problemen zu Rat gezogen wird. Dieser Sachverhalt lässt den Schluss zu, dass die Arbeit von Heimbeiräten in den Einrichtungen noch zu wenig als Instrument zur Vertretung der Interessen der Bewohner/innen bekannt ist. Eine neutrale Anlaufstelle bei Beschwerden gibt es i. d. R. nicht. Die Unterstützung bei Problemen durch nicht zur Familie gehörende gesetzliche Betreuer/innen wird häufig als unzureichend erlebt.

Die räumliche und funktionale Integration ist bei einem großen Teil der Befragten realisiert. Versorgungs- und Dienstleistungen im Wohnumfeld, öffentliche Verkehrsmittel sowie soziale und kulturelle Angebote werden genutzt. Im Bereich der sozialen Integration bestehen teilweise erhebliche Defizite. Kontakte mit Menschen mit Behinderung und Familienangehörigen überwiegen. Einzelne Heimbewohner/innen haben keine Freunde außerhalb der Einrichtung. Die Freizeitaktivitäten innerhalb und außerhalb des Wohnbereichs sind vielfältig und zeigen Parallelen zu Freizeitvorlieben von Menschen ohne Behinderung. Spezielle Freizeitangebote der Behindertenhilfe werden nur von einem kleineren Teil der Befragten als häufig genutzte Freizeitaktivität genannt. Bevorzugte Freizeitpartner/innen sind Freunde und Freundinnen bzw. Partner oder Partnerinnen, an zweiter Stelle Betreuer/innen, Mitbewohner/innen und Eltern. Einige unternehmen nichts außerhalb ihres Wohnbereichs. Von den in der Familie lebenden Frauen und Männern wird teilweise bedauert, dass zu wenig Unterstützung bei der Gestaltung der Freizeit zur Verfügung steht, weil Einzelfallhilfen nicht mehr bewilligt wurden. Das Verhältnis zur Nachbarschaft wird überwiegend positiv beschrieben. Es entspricht weitgehend der „Normalität“ des Lebens in Nachbarschaften, die durch Grußbeziehungen und gelegentliche Unterhaltungen gekennzeichnet ist. Die soziale Einbindung ins Wohnumfeld ist nur unzureichend gelungen. Fast die Hälfte der Befragten hat keinen Ort in der Nähe, an dem sie sich mit anderen treffen und gemeinsam etwas unternehmen können. Rund 40 % hätten gern mehr Kontakte mit Leuten in ihrer Wohngegend. Fast zwei Drittel kennen Einsamkeitsgefühle aus eigener Erfahrung. Bei mehreren Frauen und Männern gehören Diskriminierungen zum Alltag.

Auf die Frage „Wie würden Sie gern wohnen?“ antwortet mehr als die Hälfte der Befragten, dass sie zufrieden sind, wie es ist. Dem gegenüber gibt es in allen Wohnformen Frauen und Männer, die Veränderungsbedarf signalisieren: 42 % der Frauen und Männer in betreuten Wohnformen und 48 % der in der Familien lebenden Personen möchten anders wohnen als jetzt. Die Veränderungswünsche zielen auf das Leben in einer eigenen Wohnung mit der individuell notwendigen Assistenz, in sozialen Bezügen und einem sozialen Umfeld, das eine gute Infrastruktur bietet und nicht durch eigene Probleme belastet ist („überfordertes Wohnumfeld“). Wohngemeinschaften sind fast nur für die zurzeit in ihrer Familie lebenden Personen eine Option, vermutlich als Übergang ins selbstständige Wohnen. Nur vereinzelt werden eine Wohngruppe im Heim und das Zusammenleben mit Angehörigen als Wunschvorstellung genannt. Von den Möglichkeiten eines Persönlichen Budgets zur Finanzierung der wohnbezogenen Unterstützung haben vier Fünftel der Befragten noch nichts gehört; mehr als die Hälfte würde gern Näheres darüber erfahren. Das Interesse an Weiterbildung ist groß, vor allem im ambulant betreuten Wohnen. Die Bildungswünsche beziehen sich auf Kompetenzen, die die Chancen zur Partizipation in allen Lebensbereichen stärken können.

Wichtige Orientierungspunkte für die Weiterentwicklung des Wohnens von Menschen mit Behinderung sind nach Ansicht der Befragten: Leben inmitten der Gesellschaft, Selbstbestimmung, angemessene Unterstützung, Wahl- und Entscheidungsmöglichkeiten, Bedürfnisorientierung und ein respektvoller Umgang mit Menschen mit Behinderung. Im Betreuten Einzelwohnen sollte es mehr Angebote gegen Vereinsamung sowie Prävention bei Suchtgefahr geben. So sollten z. B. weitere Treffpunkte für Menschen mit Behinderung eingerichtet werden, auch Partnerkontaktmöglichkeiten, und ein besserer Anschluss an die Nachbarschaft geschaffen werden. Erforderlich seien zudem mehr und bessere Informationen zu Wohnmöglichkeiten und ein breiteres Netz von Ansprechpartnern. Im Einzelnen wird mehr Partizipation gefordert, z. B. Informationen über anstehende Veränderungen und Beteiligung an Gesprächen, freie Meinungsäußerung und Wahlmöglichkeiten beim Wohnen. Einige Frauen und Männer signalisieren Bereitschaft, sich für andere zu engagieren. Mit Blick auf die Gesellschaft werden vor allem mehr Akzeptanz von Menschen mit Behinderung, Freundlichkeit und Respekt, Gleichberechtigung, Integration und Gewaltfreiheit für notwendig erachtet.

Handlungsbedarf

Aus den vielfältigen Aussagen können Handlungsbedarfe in unterschiedlichen Bereichen und auf unterschiedlichen Ebenen abgeleitet werden. Notwendige Weiterentwicklungen betreffen zum einen Aktivitäten, die auf der interaktionalen Ebene den Empowerment-Prozess von Menschen mit Behinderung unterstützen, damit sie ihr Recht auf Selbstbestimmung und Partizipation in allen Lebensbereichen wahrnehmen können. Dazu gehören die Stärkung des Selbstvertrauens von Menschen mit Behinderung und ihrer Fähigkeiten zur Selbstbehauptung, das Respektieren ihrer persönlichen Meinungen und Lebensentwürfe sowie die Erweiterung der Selbstbestimmungsmöglichkeiten bei der Gestaltung des Alltags, insbesondere bei Heimbewohnerinnen und –bewohnern. Darüber hinaus sind auf der strukturellen Ebene Maßnahmen zur Verbesserung der Teilhabechancen für diesen Personenkreis zu entwickeln. In Anlehnung an die Teilhabedimensionen der WHO (ICF) werden im Folgenden wesentliche Erkenntnisse aus den Aussagen der Menschen mit geistiger Behinderung in Handlungsempfehlungen verdichtet.

➔ **Teilhabe an Kommunikation / Information / Beratung**

- *Umsetzung der Barrierefreiheit im Bereich der Information und Kommunikation durch systematische Einführung leicht verständlicher Sprache*
- *Gewährleistung der Partizipation an Information und Kommunikation in Angelegenheiten, die die Belange von Menschen mit Behinderung und das Leben im Stadtteil betreffen*
- *Weiterentwicklung der Wohnberatungsstellen zu Informationsbörsen, die über das bestehende Angebotsspektrum hinaus auch Unterstützung zur Umsetzung individueller und alternativer Wohnvorstellungen geben und über ein breites Netz von Ansprechpartnern in den Bezirken verfügen*

➔ **Teilhabe an Bildung**

- *Aufgreifen der Bildungsbedürfnisse von Menschen mit Behinderung durch Weiterentwicklung der Angebote der Erwachsenenbildung zur Stärkung der Chancen zur Partizipation in allen Lebensbereichen*
- *Entwicklung und Durchführung geeigneter Informationsangebote für Menschen mit Lernschwierigkeiten zum Persönlichen Budget (Materialien, Kurse, Beratung)*

➔ **Teilhabe an Mobilität**

- *Gewährleistung von Assistenzdiensten zur individuellen Gestaltung der freien Zeit, insbesondere für Menschen mit Behinderung, die in der Familie leben*

➔ **Teilhabe an sozialen Beziehungen**

- *Stärkung, Entwicklung und Pflege der sozialen Netzwerke*
- *Konzeptionelle, strukturelle und personelle Maßnahmen zur Prävention gegen Vereinsamung beim Wohnen in einer eigenen Wohnung und gegen Suchtgefahren*
- *Einrichtung regionaler Kontaktbörsen für Partnersuche*

➔ **Teilhabe am Leben im Stadtteil**

- *Unterstützung und Aktivierung von Menschen mit Behinderung zur Verbesserung der sozialen Einbindung ins Wohnumfeld durch Erschließen von Ressourcen in der Nachbarschaft und im Stadtteil*

- *Nutzung der Bereitschaft von Menschen mit Behinderung zum freiwilligen Engagement durch Eröffnen vielfältiger Möglichkeiten zur Umsetzung des Engagements (Freiwilligenagentur)*
- *Initiativen gegen Ausgrenzung und Gewalt gegenüber Menschen mit Behinderung*

➔ Teilhabe an Interessenvertretung

- *Förderung der Bildung von regionalen Selbstvertretungsgruppen von Menschen mit Lernschwierigkeiten und kontinuierliche Unterstützung der Arbeit der Gruppen*
- *Stärkung und Weiterentwicklung von Selbstvertretungsgremien von Menschen mit geistiger Behinderung zur Sicherung des Verbraucherschutzes*
- *Systematische Beteiligung von Menschen mit geistiger Behinderung in regionalen und überregionalen Gremien mit Gewährleistung der notwendigen Assistenz („Unterstützte Partizipation")*

➔ Teilhabe an der Qualitätsentwicklung der Dienstleistungen

- *Einrichtung von regionalen neutralen Anlaufstelle für Beschwerden*
- *Systematische Qualifizierung der Heimbeiräte und Unterstützung ihrer Arbeit als Instrument zur Vertretung der Interessen von Heimbewohnerinnen und -bewohnern*
- *Unterstützung des Aufbaus von einrichtungsübergreifenden Kooperationsstrukturen für Heimbeiräte in Einrichtungen der Eingliederungshilfe*
- *Strukturelle Verankerung der Mitwirkung von Menschen mit Behinderung bei der Evaluation von Angeboten (Ergebnisqualität)*
- *Systematische Partizipation von Menschen mit Behinderung an Planungs- und Entscheidungsgremien von Diensten und Einrichtungen mit Gewährleistung der notwendigen Assistenz*
- *Entwicklung individueller Wohnformen, die den Bedürfnissen nach Selbstbestimmung und sozialen Beziehungen tragen und mögliche Belastungen durch soziale Problemlagen eines überforderten Wohnumfelds beachten*

V Wohnvorstellungen und Erfahrungen von Angehörigen

Menschen mit geistiger und mehrfacher Behinderung, die das Elternhaus verlassen, werden bei der Wahl der Wohnform, bei der Vorbereitung des Auszugs und beim Einleben in der neuen Wohnung oder einer Wohngruppe in der Regel von den Eltern unterstützend begleitet. Sie kennen ihre Tochter oder ihren Sohn vor dem Hintergrund des oft jahrzehntelangen Zusammenlebens am besten und können vor dem Hintergrund dieser Erfahrungen einschätzen, welche Form des Wohnens und welches Umfeld den Bedürfnissen und Möglichkeiten des behinderten Angehörigen entsprechen würden. Sie nehmen in der Regel gemeinsam mit ihren Töchtern und Söhnen Kontakt mit den Leistungsträgern (Fallmanagement) und Leistungserbringern (Anbieter der Behindertenhilfe) auf. Bei einer „kundenorientierten" Weiterentwicklung der Angebote sollten daher sowohl die Vorstellungen von behinderten Menschen als auch die von Angehörigen Berücksichtigung finden.

Aus diesem Grund wurden im Rahmen der KUNDENSTUDIE auch Angehörige hinsichtlich der Weiterentwicklung der Angebote im Bereich des Wohnens befragt. Sie waren sowohl an der Fragebogenerhebung als auch an vertiefenden Interviews und Workshops beteiligt. Bei der Ergebnisdarstellung werden die Daten aus den unterschiedlichen Erhebungsverfahren themenbezogen verknüpft. Alle quantitativen Daten und ergänzenden Aussagen stammen aus der Fragebogenerhebung, die schwerpunktmäßig in Tempelhof-Schöneberg (45 %) und Marzahn-Hellersdorf (54 %) durchgeführt wurde. Qualitative Daten aus Interviews und Workshops werden jeweils entsprechend gekennzeichnet. Um die Beteiligten möglichst authentisch zu Wort kommen zu lassen, werden Zitate integriert.

1 Personenkreis

70 Angehörige von Menschen mit geistiger und mehrfacher Behinderung haben sich an der Fragebogenerhebung beteiligt, davon sind 70 % Frauen und 26 % Männer. Für drei Personen liegen keine Angaben zum Geschlecht vor. Die Angehörigen sind zwischen 25 und 83 Jahre alt, der Altersdurchschnitt liegt bei 56 Jahren. Die Fragebögen wurden überwiegend von Müttern ausgefüllt (70 %), teilweise von Vätern oder von Mutter und Vater gemeinsam, vom Bruder, vom Schwager, von einer nicht verwandten gesetzlichen Betreuerin und von einer Dauerpflegemutter, die die gesetzliche Betreuung übernommen hat, sowie von einem Freund (*„von früher, vor der Erkrankung"*). Zwei Drittel der Befragten haben die gesetzliche Betreuung für den Angehörigen bzw. die Angehörige übernommen, in der Regel für mehrere Bereiche (z. B. Vermögenssorge, Gesundheitssorge, Aufenthaltsbestimmung, Vertretung vor Behörden). In fast drei Vierteln der befragten Familien wurde zusätzlich ein Fragebogen durch den behinderten Sohn bzw. die behinderte Tochter ausgefüllt. Vier von ihnen beantworteten den Bogen selbstständig, die anderen mit Unterstützung (überwiegend durch die Mutter oder durch Projektmitarbeiter/innen, teilweise durch den Vater oder beide Eltern, im Einzelfall durch Geschwister, einen Freund, die Lehrerin, die Betreuerin oder einen Zivildienstleistenden). Die von den behinderten Menschen ausgefüllten Fragebögen wurden im vorhergehenden Kapitel analysiert.

Zur Vertiefung der Ergebnisse der Fragebogenerhebung wurden in unterschiedlichen Bezirken *Einzel- und Gruppeninterviews mit 25 Eltern* (20 Mütter, 5 Väter) und ein *Workshop mit 24 Angehörigen* durchgeführt, zum Teil zu speziellen Fragestellungen wie zur Situation von Menschen mit autistischer Symptomatik oder herausfordernden Verhaltensweisen und zum Persönlichen Budget (vgl. WENZEL 2008; FRITZSCH 2008; BRAUN 2008). Die unausgewogene Geschlechterverteilung der Interviewten spiegelt einerseits den Sachverhalt, dass viele Mütter behinderter Kinder alleinerziehend sind. Andererseits erklärten sich in den beteiligten Familien mehr Mütter als Väter zum Interview bereit. Alle Väter nahmen gemeinsam mit ihren Frauen an den Gesprächen teil. Die Interviews fanden überwiegend in den Wohnungen der Angehörigen statt, im Einzelfall in Räumen von Einrichtungen der Behindertenhilfe. Das Spektrum der behinderungsbedingten Unterstützungsbedarfe der Töchter und Söhne der Interviewpartner/innen entspricht im Wesentlichen dem in der Fragebogenerhebung von den Angehörigen beschriebenen Personenkreis.

Da die Fragebögen in über 90 % von Eltern ausgefüllt und alle Interviews mit Eltern geführt wurden, wird bei der Darstellung der Aussagen im Folgenden pauschal von „Angehörigen" oder von „Eltern" gesprochen. *Ebenso werden die Menschen mit Behinderung, über die Auskunft gegeben wird, teilweise pauschal als „behinderte Angehörige" oder als „Töchter und Söhne" bezeichnet, auch wenn im Ausnahmefall keine verwandtschaftlichen Beziehungen zu den Bezugspersonen bestehen.*

Die *behinderten Menschen*, zu deren Wohnsituation die Angehörigen mittels Fragebogen befragt wurden, sind zwischen 16 und 65 Jahren alt (Abb. 37). Der Altersdurchschnitt liegt bei 30 Jahren. 47 % von ihnen sind Frauen, 53 % Männer. Drei leben in Familien mit nicht-deutscher Herkunftssprache (Türkisch, Russisch, Albanisch).

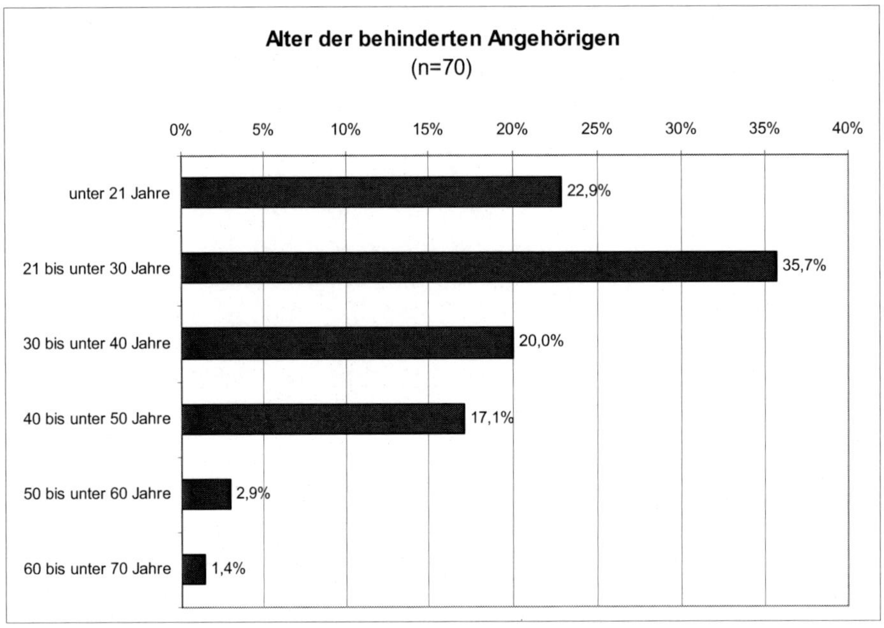

Abb. 37: Alter der behinderten Angehörigen

Bei 87 % der behinderten Menschen liegt nach Angaben der Angehörigen eine geistige Behinderung vor (Abb. 38).

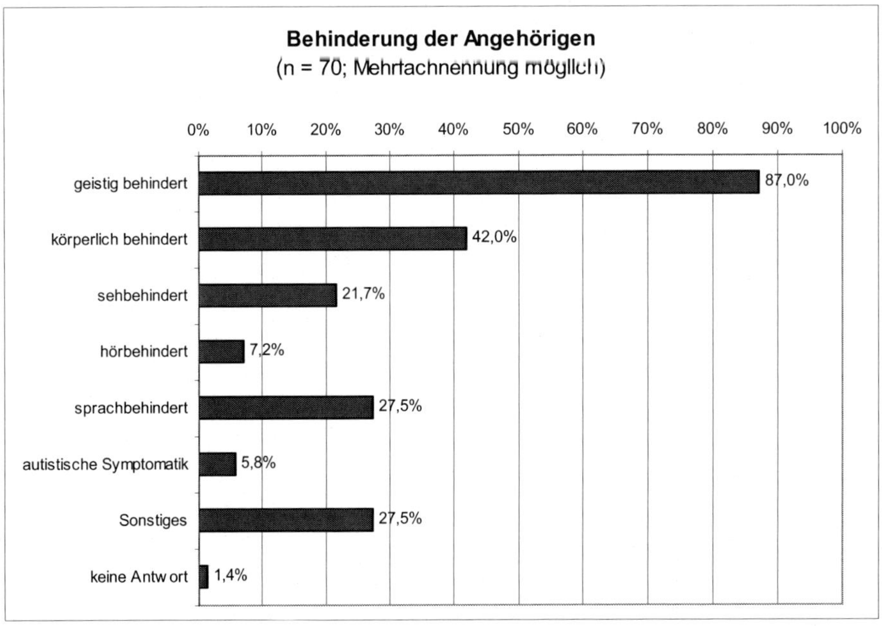

Abb. 38: Behinderung der Angehörigen

42 % haben (zusätzliche) körperliche Behinderungen, 28 % sind sprachbehindert und 22 % sehbehindert (davon sind zwei Personen blind). Seltener liegen Hörbehinderungen (7 %) und eine autistische Symptomatik (6 %) vor. Mehrfachnennungen waren möglich. Unter Sonstiges wurden chromosomal oder genetisch bedingte Schädigungen spezifiziert (z. B. Down-Syndrom, De-Grouchy-Syndrom, Noonan-Syndrom) und ergänzend chronische Erkrankungen (z. B. Epilepsie, Herzfehler, Diabetes, Darmentzündung, Allergien, rheumatoide Arthritis), zusätzliche seelische Behinderungen und ein schweres hirnorganisches Psychosyndrom nach Fahrradunfall genannt. Eine schwerst mehrfach behinderte Person wird über eine Magensonde ernährt. Bei einer anderen wird angemerkt, dass sie *„den Entwicklungsstand eines ca. 9 Monate alten Babys"* hat.

Rund ein Viertel der Menschen mit Behinderung ist der *Pflegestufe* 1 zugeordnet, die Stufe zwei liegt bei 21 % und die Stufe 3 bei 13 % vor. Einer der Befragten merkt an, dass die Zuordnung zu Pflegestufen oft unrealistisch vorgenommen werde: *„Es wird oft nur der körperliche Pflegebedarf, nicht der von Geistigbehinderten berücksichtigt."* Ein Drittel ist keiner Pflegestufe zugeordnet, bei zwei Personen ist die Pflegestufe nicht bekannt. Vier Personen (6 %) nehmen einen Pflegedienst in Anspruch.

Ein Überblick über den *Unterstützungsbedarf* im Alltag zeigt, dass der Anteil derer, die in vielen oder allen Bereichen Hilfe benötigen, überwiegt (Abb. 39): Beim Wohnen sind es zwei Drittel der Beteiligten, bei der Freizeitgestaltung rund die Hälfte, etwas mehr im Bereich der Arbeit. Am häufigsten wird größerer Unterstützungsbedarf im Bereich des Lernens angegeben (78 %) – eine Einschätzung, die größenordnungsmäßig der von den Eltern angegebenen Häufigkeit der Diagnose einer geistigen Behinderung entspricht.

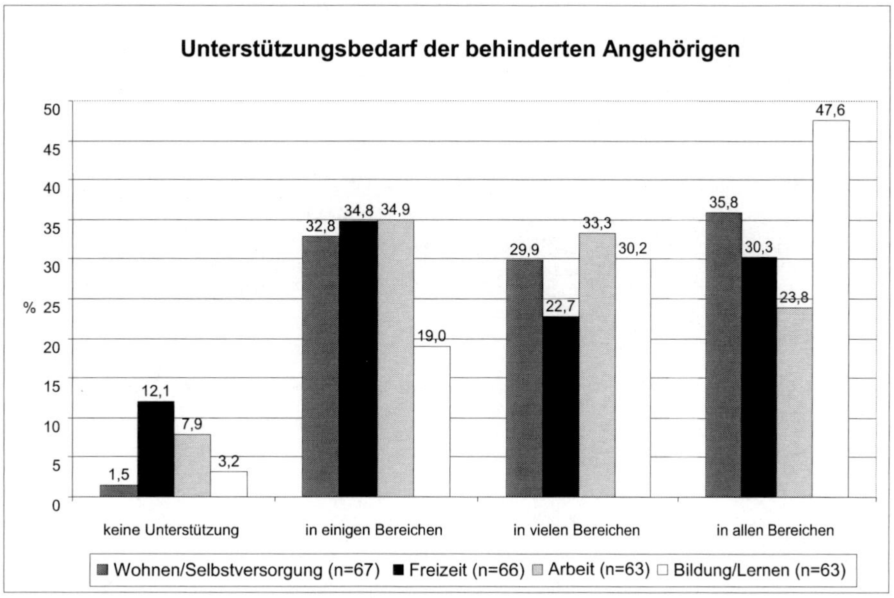

Abb. 39: Unterstützungsbedarf der behinderten Angehörigen

Abb. 40 gibt einen Überblick über die regelmäßige Tagesstruktur: Der überwiegende Teil der behinderten Angehörigen arbeitet in einer Werkstatt für behinderte Menschen (70 %). In Fördergruppen sind 17 % beschäftigt. Drei Personen besuchen eine Schule mit sonderpädagogischem Förderschwerpunkt, zwei eine Berufsschule mit sonderpädagogischen Aufgaben. Eine Person ist in einem Heim beschäftigt, eine andere absolviert gerade verschiedene Praktika, eine weitere nimmt an einem Eingliederungsprojekt für junge Menschen mit geistiger Behinderung und psychischen/sozialen Problemstellungen teil, das von einer Erwachsenenbildungseinrichtung für geistig behinderte Menschen angeboten wird. Eine Person hat keine regelmäßige Arbeit oder Beschäftigung.

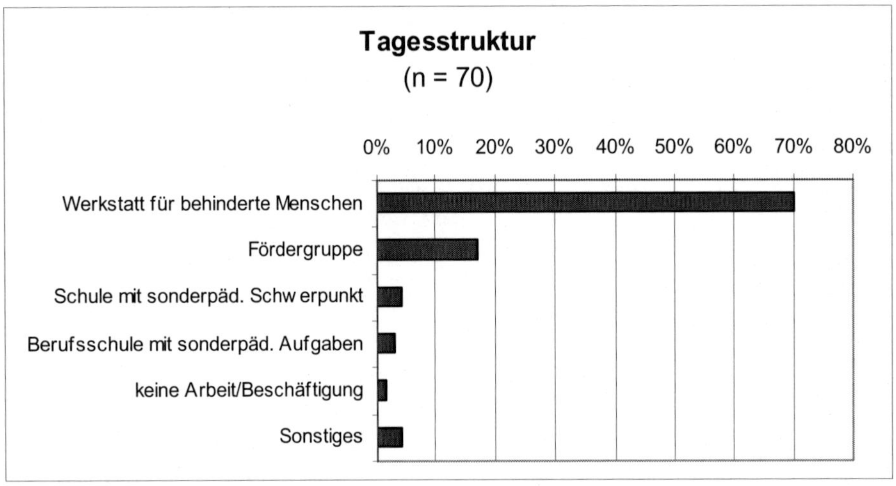

Abb. 40: Tagesstruktur

Von den insgesamt 70 Menschen mit Behinderung wohnen 79 % bei den Eltern. Eine Person lebt bei einem Cousin, eine andere bei einer Dauerpflegemutter und eine dritte bei einem mit den Eltern befreundeten Ehepaar. 17 % (12 Personen) wohnen in betreuten Wohnformen, davon fünf allein in einer Wohnung und jeweils drei in einer Wohngemeinschaft oder einem Wohnheim; eine Person lebt mit einem Partner oder einer Partnerin zusammen. Die stärkere Berücksichtigung der Angehörigen, die mit den behinderten Menschen in einem Haushalt zusammenleben, ist im Erkenntnisinteresse der KUNDENSTUDIE begründet, die ggf. besonderen Unterstützungsbedarfe der in Familien lebenden Menschen mit Behinderung zu ermitteln. Andererseits geben auch Einschätzungen von Angehörigen zur Wohnsituation ihrer Söhne und Töchter außerhalb der Familie Hinweise auf die von ihnen erwartete oder erfahrene Qualität professioneller Dienstleistungen in Wohnangeboten der Behindertenhilfe. Darum wurden exemplarisch Aussagen von Angehörigen, die diesem Personenkreis zuzurechnen sind, in die Erhebung einbezogen. Wegen der sehr kleinen Stichprobe von 12 Eltern können die jeweils exemplarisch dargestellten Aussagen keinerlei Allgemeingültigkeit beanspruchen.

2 Einschätzung der Wohnsituation

Was finden Sie an der Wohnsituation Ihres/Ihrer Angehörigen besonders gut?

„Er fühlt sich wohl in seinem Zuhause und dem Umfeld, in dem ihn alle Nachbarn kennen, zu dem auch die Katzen und der Garten gehören.“

„Tochter ist immer mit den Eltern zusammen, selten in ihrem Zimmer. Wir kümmern uns um sie und wissen, dass es ihr gut geht. Es ist besser für die Tochter, zu Hause zu sein. Sie wegzugeben, wäre Sünde.“

„Dass er bei den Eltern wohnen kann, man fragt sich nur, wie lange noch? Das Alter der Eltern ist nämlich: Vater: 84 Jahre, Mutter: 81 Jahre“

Mit einer Ausnahme sind alle Befragten der Meinung, dass die behinderten Angehörigen mit ihrer jetzigen Wohnsituation *voll oder überwiegend zufrieden* sind. Als besonders *positive Aspekte beim Leben im Elternhaus* werden das Wohlbefinden des Sohnes bzw. der Tochter, die jeweils gegebenen Wohnverhältnisse und die soziale Einbindung im Wohnumfeld sowie die Qualität der familiären Unterstützung genannt, vereinzelt auch die Möglichkeiten zur Selbstbestimmung. Exemplarische Aussagen zu positiven Aspekten des Wohnens in der Familie nach Häufigkeit der Nennungen:

- **Wohnung** (25 Nennungen):
  Größe der Wohnung, eigenes Zimmer, eigener Garten, Barrierefreiheit (ebenerdig, Fahrstuhl, Treppenlift), im Einzelfall getrennte Wohnbereiche („*'abgeschlossener' Miniwohnbereich mit Integration im Elternraum*“)

- **Wohlbefinden in der Familie** (17 Nennungen):
  Sicherheit und Geborgenheit („*mein Kind fühlt sich bei uns wohl*"; „*behütet*", „*fühlt sich sehr sicher und auch in der engeren Nachbarschaft willkommen*"), vertraute Umgebung („*alle Dinge sind ihm vertraut*"), verlässliche Bezugspersonen („*dass immer jemand für ihn da ist*"), familiäre Integration („*Er findet bei seiner Mutter und seinen Geschwistern immer ein offenes Ohr. Er und die Geschwister unternehmen viel zusammen. Der Urlaub wird gemeinsam geplant und man verbringt ihn mit ihm auch zusammen oder man fährt gemeinsam weg für 1-2 Wochen.*"), regelmäßiger Tagesablauf, Erholung nach anstrengenden Tagen. Eine Mutter sieht das eigene Wohlbefinden eng mit dem Zusammenleben der Tochter in der Familie verbunden: „*Dass ich weiß, was sie macht*".
- **Lage der Wohnung** (14 Nennungen):
  ruhiges Wohngebiet, gute Infrastruktur, Nähe zur Arbeit
- **Unterstützung** (11 Nennungen):
  individuelle Betreuung („*permanente Betreuung möglich bei eigenen Rückzugsmöglichkeiten*"; „*Betreuungsschlüssel 2:1 durch beide Eltern, absolute Liebe*"; „*Erfüllung seiner körperlichen, geistigen und seelischen Bedürfnisse. Unterstützung durch die Personen, welche ihn am besten kennen. Außerhalb der gemeinsamen Wohnung würde dies entfallen, großteils, bzw. nur durch erheblichen zusätzlichen (Zeit-) Aufwand*"; „*nach meiner Erfahrung mit einem Wohnheim: Sie wird wieder entsprechend individuell ‚gepflegt' und betreut. Ich knüpfe an der Förderung vor dem Auszug an und sie kann mehr und mehr alleine*"), Freizeitunternehmungen, Unterstützung in Alltagsangelegenheiten („*Wir können alle Besorgungen, die er nicht erledigen kann, z. B. Behördengänge, mit ihm und für ihn vornehmen.*"), Unterstützung bei Problemen und Sorgen („*wenn er Hilfe braucht, bemerken wir es sehr schnell und können eingreifen. Er fühlt sich nicht allein.*")
- **Soziale Einbindung ins Wohnumfeld** (9 Nennungen):
  vertrautes Umfeld („*wir wohnen hier fast 30 Jahre, mein Sohn ist hier groß geworden*"), Integration („*bei Geschäftsleuten bekannt und respektiert, von vielen Nachbarn geschätzt*"), vereinzelt Freundeskreis („*Freunde in der Nähe*"; „*viele Freunde mit Behinderung*")
- **Selbstbestimmung** (3 Nennungen):
  Freiraum im eigenen Zimmer („*in dem er machen kann, was er möchte*"), Wahlmöglichkeiten im Alltag („*Eingehen auf individuelle Wünsche*"; „*beim Essen kann er sich was wünschen.*")
- **Erscheinungsbild** (1 Nennung):
  gepflegtes Äußeres als Voraussetzung für soziale Akzeptanz („*Kleidung und Aussehen wird von mir besonders beachtet.*")

Der Überblick lässt erkennen, dass sehr häufig die gegebenen Wohnverhältnisse als Vorteil für den behinderten Menschen gesehen werden, insbesondere wenn sie barrierefrei und mit eigenem Garten ausgestattet und in ein angenehmes Wohnumfeld eingebettet sind. Die soziale Einbindung ins Wohnumfeld scheint vor allem dann zu gelingen, wenn die Familie seit vielen Jahren dort wohnt. Kontakte zu Freunden werden nur vereinzelt benannt. Besonderes Gewicht haben das subjektive Wohlbefinden des Sohnes oder Tochter und die damit in Wechselwirkung stehenden umfassenden Unterstützungsleistungen der Familien. Diese beziehen sich auf die individuelle, verlässliche und liebevolle Betreuung, auf Unterstützung bei Alltagsangelegenheiten und bei Problemen sowie – vereinzelt – auf Förderung der Selbstständigkeit. Die Selbstbestimmungsmöglichkeiten der behinderten Angehörigen werden von den Eltern eher selten als Positivum hervorgehoben.

In den Aussagen der Angehörigen zur Betreuungsqualität in den Familien schwingt an vielen Stellen unterschwellig oder direkt ausgesprochen eine Skepsis gegenüber den Betreuungsleistungen in betreuten Wohnformen mit. Der Sohn oder die Tochter sind nach Meinung dieser Angehörigen am besten in der Familie aufgehoben. Das oben zitierte Beispiel der inzwischen über 80-jährigen Eltern verweist – trotz der großen Lebensleistung der Eltern – auf die Problematik einer nicht rechtzeitig erfolgten Zukunftsplanung. Vor diesem Hintergrund ist von Interesse, welche *positiven Aspekte beim Wohnen außerhalb der Familie* von Angehörigen genannt werden, die den Ablösungsprozess vom Elternhaus bereits eingeleitet haben. Positiv gesehen wird, dass der Sohn oder die Tochter in der Wohngruppe mit Frauen und Männern ähnlichen Alters und ähnlicher Interessenslage wohnt und gut aufgenommen wurde, dass Gruppenaktivitäten mit den Betreuern durchgeführt werden und dass die Bewohner/innen in Haushaltstätigkeiten integriert sind (*„'Dienstplan' für Bad, Küche, Einkäufe wird 1x wöchentlich gemeinsam besprochen"*). Zudem sei die Freizeitgestaltung abwechslungsreicher als bei den Eltern (*„Da ich Witwe bin und 80 Jahr alt, war meine Tochter zu viel alleine, wenn sie nicht gearbeitet hat. Sie hat jetzt durch ihren Umzug ins Heim Umgang mit vielen Menschen, Mitbewohnern und Betreuern. Sie fühlt sich dort wohl und kann immer selbst etwas entscheiden."*) Beim Wohnen in einer eigenen Wohnung wird positiv erlebt, dass die behinderten Angehörigen mit Unterstützung von Betreuerinnen und Betreuern Selbstständigkeit erlernen und selbstbestimmter leben können (*„dass er über sein Privatleben relativ allein entscheiden kann und auf niemanden Rücksicht nehmen muss"*). Insgesamt sind die befragten Eltern zufrieden mit der Wohnsituation ihres Angehörigen: *„Ich bin öfter dort und empfinde eine angenehme Atmosphäre." – „Wir wissen, dass sie gut betreut und versorgt ist."*

Um Ansatzpunkte zur Unterstützung der Familien zu finden, wurden die Eltern danach gefragt, was ihnen beim Wohnen ihres behinderten Angehörigen in der Familie nicht gefällt. Exemplarische Aussagen:

Was finden Sie an der Wohnsituation Ihres/Ihrer Angehörigen nicht gut?

„Es gibt nichts zu bemerken, alles o.k."

„Wenig Kontakt zu Gleichaltrigen, hockt nur in der Wohnung (außer Werkstatt)"

„Vielleicht fördert man seine Selbstständigkeit nicht ausreichend, man macht es lieber (obwohl er es könnte)"

Im Gegensatz zu den positiven Aspekten, die von nahezu allen Befragten benannt wurden, werden *kritisch zu bewertende Sachverhalte* beim Wohnen in der Familie nur von gut der Hälfte der Befragten geäußert. Neben einzelnen behinderungsbedingten Problemen mit der Wohnung (z. B. zu kleine Wohnung, keine behindertengerechte Dusche, schwer überwindbare Stufen, kein Fahrstuhl) und im Wohnumfeld (*„kaum Angebote für Behinderte"*; *„viele Arbeitslose, jugendliche Chaoten"*) werden insbesondere die mangelnde Förderung der Selbstständigkeit und Eigenverantwortung im Elternhaus und fehlende soziale Kontakte genannt. Darüber hinaus werden eigene Belastungen und Probleme im Zusammenleben mit dem erwachsenen behinderten Kind thematisiert. Exemplarische Aussagen zu negativen Aspekten des Wohnens in der Familie nach Häufigkeit der Nennungen:

- **Selbstständigkeit und Eigenverantwortung** (14 Nennungen):
  „Er verlässt sich zu sehr auf uns"; „wird nicht in alle haushaltsbezogenen Arbeiten einbezogen, oft aus Schnelligkeitsgründen"; „ich erfülle ihm zu viele Wünsche bzw. nehme ihm zu viel Arbeit ab"; „hat oft ‚Hotel-Mentalität'"; „er muss keinerlei Verantwortung tragen")
- **Soziale Kontakte** (9 Nennungen):
  keine Kontakte außer mit den Eltern („Er hat als Ansprechpartner nur mich"), wenige Kontakte zur eigenen Altersgruppe („altersgemäße Isolierung"), Vereinsamung („dass er zu viel alleine ist und manchmal so gut wie keine persönliche Ansprache hat und am kulturellen Leben nicht teilhaben kann")
- **Innerfamiliäre Beziehungen** (4 Nennungen):
  kein altersgemäßes Mutter-Kind-Verhältnis („dass wir sehr aufeinander bezogen sind und so ein Mutter-Kind-Leben nicht altersentsprechend für sie ist"), Streitereien („Der Sohn nimmt zu viel Raum ein. Wir streiten viel, er will im Haushalt nichts machen, er wird immer bequemer."), Vernachlässigung eigener Bedürfnisse („Ich möchte wieder mehr Zeit für mich und für die Beziehung zu meinem Mann haben."), gestörte Beziehungen („Alte Konflikte zwischen Vater und Sohn bleiben bestehen")
- **Belastung der Familie** (4 Nennungen):
  Belastung aller Familienmitglieder rund um die Uhr („Es ist eine Belastung für mich, da ich alleine in bestimmten Zeitfenstern immer präsent sein muss."), permanente Verantwortung („Wir müssen uns immer um sie kümmern, auf sie aufpassen, z. B. dass sie nicht zu dick wird."); fehlende Freiräume für die Eltern („Wir sind gebunden, können z. B. nicht Tochter in der Schweiz besuchen.")

- **Zukunftsperspektiven** (2 Nennungen):
  Einzelnen Befragten ist bewusst, dass der behinderte Angehörige „irgendwann ein eigenes Leben starten muss“ und dass er „auf das Leben ohne ‚uns' vorbereitet werden muss“.
- **Selbstbestimmung** (1 Nennung):
  Einschränkung der Selbstbestimmung („wird leider oft bevormundet“)

Die genannten Aspekte werfen ein Schlaglicht auf die interne Situation von Familien und spezifische Belastungen, die Ansatzpunkte für Unterstützungsleistungen bieten. Zusätzlich führt in mehreren Familien die mangelnde Unterstützung im Alltag zu Problemen. Viele müssen *ohne Hilfen von außen* klar kommen. Im Einzelfall geben Verwandte oder Freunde der Eltern Unterstützung. Manchen Familien wurde vom Bezirksamt Einzelfallhilfe bewilligt. Andere finanzieren zusätzliche Unterstützung selbst (z. B. Studenten, Schüler). Mehrere Eltern von mehrfach behinderten Töchtern und Söhnen beklagen, dass für individuelle Freizeitaktivitäten, wie den Besuch von Kino, Theater oder Café, keine ausreichende Assistenz zur Verfügung steht: Es fehlen *„Assistenzdienste, die durch den Bezirk finanziert werden“*. Insbesondere am Wochenende können viele in der Familie lebende Menschen nur mit Unterstützung der Eltern etwas unternehmen, was diese nicht auf Dauer leisten können (*„zeitlich, organisatorisch und was mich betrifft auch kräftemäßig leider nicht im vollen Umfang möglich“*). Oftmals fehlt es zudem an Information über mögliche Leistungen: *„Um die möglichen behördlichen und finanziellen Unterstützungen zu kennen, fehlt eine Anlaufstelle. Oft gehen Leistungen verloren, die man beantragen muss, aber nicht kennt.“* Gefordert wird weiterhin mehr finanzielle Unterstützung: *„Erwerbsunfähigkeitsrente und Grundsicherungsbedarf sind viel zu gering.“*

Erfahrungen in betreuten Wohnformen

Die Angehörigen, deren Söhne und Töchter bereits in betreuten Wohnformen außerhalb der Familie leben, wünschen u. a. in den Gruppen eine bessere *„Personaldecke“* und *„gut ausgebildetes Betreuungspersonal, was auch liebevoll auf die Jugendlichen eingeht, nicht nur anweisend. Besonders ‚Behinderte' benötigen viel ‚Wärme', damit sie sich in einer anderen Wohnsituation/WG wohl fühlen – die Betreuer sollen ja das Elternhaus ersetzen“*. Eine Person hält das *„Verpflegungsgeld, welches nach dem Heimvertrag zur Verfügung steht, für nicht ausreichend“*. Eltern von zwei Männern, die jeweils in einer eigenen Wohnung leben, beklagen zweierlei: Einer der Söhne weiß alleine mit seiner Freizeit nichts anzufangen, beim anderen bestehen Sorgen hinsichtlich des leichtsinnigen Umgangs mit Finanzen (*„dass unsere Hilfe in Bezug auf seine finanzielle Situation nicht angenommen wird; er kann leider nicht mit Geld umgehen und es besteht die Gefahr, dass er wieder Schulden anhäuft“*).

In den Interviews mit Angehörigen werden vor allem Aspekte der Qualität der Arbeit in betreuten Wohnformen angesprochen, teils mit positivem, teils mit negativem Akzent. Eine Mutter äußert sich anerkennend über die Arbeit in einer Wohngemeinschaft (WG), die den Eltern Einblicke in den Wohnalltag gibt und bei den WG-Mitgliedern zu einem guten Zusammengehörigkeitsgefühl geführt hat:

> *„Wie diese jungen Menschen miteinander wirtschaften, wie respektvoll die sind, es sind auch sehr schwache Menschen dazwischen, wie liebevoll und aufbauend, wo man merkt, die Sozialarbeiter, Sozialpädagogen haben gute Arbeit gemacht. Die haben es geschafft, eine Gruppe zusammenwachsen zu lassen mit 'nem hohen Verantwortungsgefühl füreinander.“ (Int-A[47])*

Kritik bezieht sich u. a. auf unzureichende Gesundheitssorge, mangelnde Transparenz der Arbeit, problematische Personalsituationen (*„Meine Tochter ist in drei Jahren durch vierzig verschiedene Hände gegangen – Wechsel von festen Mitarbeitern, Ersatzmitarbeiter durch Schwangerschaften u. Ä. plus Aushilfen plus Praktikanten“*) und unzumutbare Gruppenzusammensetzungen (*„nach Behinderungsgrad homogene Gruppen = Stressfaktor für alle Beteiligten“*). Zudem werden fehlende Mitwirkungsmöglichkeiten von Angehörigen beklagt:

> *„Wenn wir als Eltern was sagen, dann wird das als Einmischung gesehen. Ich hab mittlerweile meinen Stempel weg in der Einrichtung. Und die andern Eltern haben Angst, dass ihr Kind Nachteile hat, des-*

47 Int-A = Interview mit Angehörigen

halb tut sich wenig. (...) Es gibt kein Vertretungsgremium: Heimbeirat geht nicht, weil die Menschen zu schwer behindert sind, Elternbeirat ‚arbeitet' nicht als Vertretung, sondern trifft sich nur als ‚nette Runde'. (...) Wir haben auch keine Beschwerdestelle. Ich habe den Verband gefragt, warum er nicht die Einrichtungen kontrolliert. Da hat der Vorsitzende gesagt, die Einrichtungen müssen selbst ihr Einverständnis geben, dass sie kontrolliert werden, dass sie alles offen legen, und das machen sie nicht." (Int-A)

Einige Eltern sehen die Leitideen der Behindertenhilfe nicht dem Anspruch entsprechend umgesetzt. So wird u. a. kritisiert, dass *Empowermentprozesse* teilweise nur unzureichend unterstützt werden:

„Also das war für uns auch niederschmetternd, dass ein Betreuer meinem Sohn verbietet, in einer Konfliktsituation seinen Bruder oder seine Großmutter anzurufen, mit seinem eigenen Telefon, dass der den Raum betritt und mein Sohn sagt ‚Raus hier!' und der geht nicht raus. Also für mich wäre das ein Grund für eine fristlose Kündigung (...). Dieser Mann hat sich inzwischen wunderbar entwickelt – aber auch weil man die Fassungslosigkeit geäußert hat, dass er gesagt hat ‚Das muss nicht alles nach außen getragen werden, der muss der Oma nicht alles sagen.' Doch, das muss der! Der wird doch aggressiv und gerät in Panik, wenn der keine Wahlmöglichkeit hat, dass ist doch die große Chance, diese Oma da zu haben, die ich Tag und Nacht anrufen kann, wie für jeden von uns." (Int-A)

Unzufriedenheit mit der Qualität der Betreuung wirkt sich in vielen Fällen erschwerend auf den Ablösungsprozess der Eltern aus:

„So ein schwerbehinderter Mensch bleibt das Leben lang Kind. Und trotzdem – man wird ja auch nicht jünger und muss mehr an sich selbst denken – ist das Bedürfnis, mehr loslassen zu können schon sehr stark da, aber es geht halt nicht. Und da weiß ich eben von ganz vielen anderen, dass es denen auch so geht, so diese klassische Situation: Heimerzieher sagt zur Mutter ‚Nun lassen sie doch endlich mal los!' und Mutter sagt ‚Ja würde ich gerne, wenn ich könnte, wenn die Situation entsprechend wäre. (...) Meine Theorie oder Erfahrung ist einfach: Das Loslassen gelingt dann richtig gut, wenn man das Kind gut aufgehoben weiß. Wenn man daran Zweifel hat, dann kann man nicht loslassen." (Int-A)

3 Soziales Netzwerk

Das persönliche soziale Netz von Menschen mit Behinderung, die in ihren Familien leben, ist häufig überwiegend auf Eltern, weitere Verwandte und einzelne Freunde oder Bekannte beschränkt. Wie die Kontakte im Einzelnen eingeschätzt werden, wird im Folgenden am Beispiel der Freizeitaktivitäten und der sozialen Einbindung im Wohnumfeld genauer betrachtet. Personen, die als professionell Tätige regelmäßig Kontakt mit den behinderten Menschen haben (Therapeuten, Ärzte u. a.), bleiben hier unberücksichtigt, auch wenn sie im Einzelfall im gesamten sozialen Netzwerk zu den subjektiv bedeutsamen Menschen gehören (z. B. Musiktherapie: *„Er geht sehr gerne hin, fühlt sich wohl, fühlt sich verstanden und auch ernst genommen."*)

3.1 Gestaltung der freien Zeit

Ein Großteil der behinderten Menschen beschäftigt sich in der freien Zeit innerhalb der Wohnung mit dem Computer, hört Musik, sieht fern oder spielt Spiele. Häufig werden Tätigkeiten im Haushalt, wie Aufräumen und Kochen oder auch Gartenarbeit, gerne ausgeübt. Gleichermaßen beliebt sind kreative Aktivitäten wie Malen, Handarbeiten oder Lesen und Schreiben (z. B. *„Fernsehprogramm abschreiben"*). Eine Mutter beschreibt Lieblingstätigkeiten ihrer Tochter:

„Sie schreibt selbstständig und von sich aus regelmäßig in ihr Tagebuch. Sie schreibt auch gerne Listen. Zum Beispiel, was zum Einkaufen alles benötigt wird. Sie schaut sich gerne Kinderbücher an oder blättert im Fernsehprogramm, sie tanzt gerne, schminkt sich, sie zieht sich gerne um und sie hört sehr gerne Musik. Manchmal verbringt sie zwei Stunden alleine in ihrem Zimmer und entspannt sich. Sie möchte dann alleine sein und nicht gestört werden." (Int-A)

Aktivitäten von schwer mehrfach behinderten Menschen erschöpfen sich oftmals in: *„Menschen gucken, zusehen, wenn andere was tun (mehr kann sie nicht)"*. Manche Vorlieben sind mit Bewegung verbunden, z. B. *„in Büchern blättern und in der Hand halten, etwas malen, läuft viel hin und her, macht alles auf"*. Einige der behinderten Menschen tun *„ohne Anleitung nichts"*.

Bei den Freizeitaktivitäten außerhalb der Wohnung werden neben dem Spazierengehen (teils mit Hund) häufig sportliche Aktivitäten genannt, z. B. Fahrrad fahren (u. a. Tandem und Therapierad fahren), schwimmen, tanzen, Fußball, Joggen, Bowling, Karate, reiten, Tischtennis, Minigolf und Zirkustraining. Weiterhin sind Kino-, Disco- und Konzertbesuche beliebt sowie einkaufen (shoppen, in der Stadt bummeln, Flohmarkt/Trödelmarkt) und der Besuch von Freunden, Verwandten und Bekannten. Im Einzelfall werden Freizeitklubs oder Cafés aufgesucht. Auch das Fahren mit öffentlichen Verkehrsmitteln gehört bei einigen zu bevorzugten Aktivitäten. Der Sonntag wird häufig für Familienausflüge genutzt.

Nicht in jedem Stadtteil ist eine Infrastruktur vorhanden, die Menschen mit Behinderung vielfältige Erfahrungsräume für die Teilhabe am kulturellen Leben bietet:

> *„Ich würde mir wünschen, dass es hier ein paar nette Kneipen, Cafés, schöne Läden, nette Nachbarn und ein Kino geben würde. Unser Stadtteil ist ein kleines Dorf, etwas ab vom Schuss." (Int-A)*

Ein großer Teil der Freizeittätigkeiten wird gemeinsam mit den Eltern durchgeführt, andere in Begleitung von Einzelfallhelferinnen oder -helfern. Mehrfach wird ausdrücklich darauf hingewiesen, dass ohne Motivierung nichts stattfinden würde (*„alleine gar nichts, immer in Begleitung der Eltern! Eltern gestalten Aktivitäten"*). Einzelne behinderte Frauen und Männer haben in ihrer Freizeit keinerlei Aktivitäten außerhalb der Wohnung.

Erfahrungen in betreuten Wohnformen

Beim Leben im Heim wird nach Aussagen von Angehörigen individuellen Freizeitbedürfnissen häufig nur unzureichend Rechnung getragen, insbesondere bei schweren Behinderungen:

> *„Wenn meine Tochter Glück hat, kommt sie einmal in der Woche vor die Tür – und das obwohl sie ein absolut unternehmungslustiger Mensch ist und eigentlich am liebsten jeden Tag unterwegs wäre: Einen Tag Ku'damm und am nächsten Tag Schloßstraße, dann bitte mal schwimmen und am vierten Tag ins Kino und dann in die Disco, das wäre sozusagen so ihre Traumwoche. Also ich übertreib vielleicht ein bisschen, vielleicht wäre sie am dritten Tag dann auch mal ziemlich kaputt. Aber so tendenziell stimmt das schon so, was unter anderem auch dazu führt, dass die Eltern nicht richtig loslassen können, weil die natürlich die Bedürfnisse ihrer Kinder kennen und wissen. die brauchen eigentlich mehr als unter den jetzigen Bedingungen möglich ist. Und was ist die Folge: Die Eltern fahren hin und machen selbst was mit den Kindern oder holen sie viel öfter nach Hause, als sie es machen würden, wenn ihre Kinder in einer Situation leben würden, wo das so zu sagen gegeben wäre. (...) Und das ist einfach eine Frage der personellen Ressourcen und die hängen von dem Geld ab, das zur Verfügung gestellt wird. Ganz einfach." (Int-A)*

Aber auch in Wohngemeinschaften sind nach Erfahrungen von Eltern Freizeitaktivitäten manchmal zu einseitig ausgerichtet:

> *„Das ist eine ‚Senioren-WG', das sage ich auch ganz provokant: Essen, Fernsehen gucken, sich nicht bewegen! (...) Das kann nicht sein mit 22." (Int-A)*

Als großes Hindernis für die selbstverständliche Teilhabe am Leben im Wohnumfeld wird das unzureichende sozialraumbezogene Wissen des Betreuungspersonals gesehen:

> *„Wenn die Betreuer aus allen Ecken Berlins kommen und dann in unseren Bezirk kommen, ja wie sollen die denn wissen, wie die nachbarschaftlichen Strukturen sind? Das kann nur sehr wenig gelingen." (Ws-A)*

3.2 Soziale Beziehungen und Kontakte

Bei den sozialen Beziehungen stehen Familienangehörige an oberster Stelle. Auch Arbeitskollegen und -kolleginnen gehören zum sozialen Netz, inwieweit sie auch außerhalb der Arbeit als Freizeitpartner/innen Bedeutung haben, kann den vorliegenden Daten nicht eindeutig entnommen werden. Mit Blick auf die Teilhabe an sozialen Beziehungen außerhalb der Lebensbereiche Familie und Arbeit ist die Frage nach weiteren regelmäßigen privaten Kontakten der behinderten Angehörigen von Interesse. Abb. 41 ist zu entnehmen, dass rund die Hälfte der behinderten Angehörigen regelmäßig – mindestens einmal im Monat oder öfter – Kontakt mit anderen hat, am häufigsten mit Nachbarn, Freunden und Bekannten. Einige besuchen regelmäßig Freizeitgruppen. Zu ehrenamtlich Tätigen haben nur vier Personen Kontakt, eine Person ist Mitglied einer Selbsthilfegruppe. Zusätzlich geben 10 % der Befragten Einzelfallhelfer/innen als regelmäßige Kontaktpersonen an, die mindestens einmal wöchentlich in die Familien kommen.

Rund ein Drittel der behinderten Menschen hat nach Aussage ihrer Angehörigen nur ein bis zwei Freunde und Freundinnen, die für sie besonders wichtig sind. 14 % zählen drei bis vier Personen zum engen Freundeskreis. 10 % haben mehr als fünf Freunde und Freundinnen (Maximum: 15). 14 % haben gar keinen Freund. Ein Viertel der Befragten hat zu dieser Frage keine Angaben gemacht. Hier ist zu vermuten, dass dieser Prozentsatz denjenigen zugeordnet werden kann, die keinen Freund haben – das wären insgesamt 40 %.

Ein Fünftel der behinderten Töchter und Söhne ist Mitglied in einem Verein, überwiegend Sportvereine der Behindertenhilfe. Knapp 10 % nehmen am Leben eines Vereins teil, ohne selbst Mitglied zu sein, z. B. in einem Karnevalsverein. Angehörige wünschen, dass sich Vereine stärker als bisher für Menschen mit Behinderung öffnen sollten:

„Deutschland ist für diese viele Vereinsmeierei berühmt. Da werden aber die Menschen mit Behinderungen ein bisschen außen vor gelassen. Da wird z. B. gesagt, die müssen Malkurse machen. Aber ich glaube, es gibt noch viel mehr, was die machen könnten. Also die Vereine müssten sich öffnen, sagen wir mal Sportvereine, dass die nicht so leistungsbezogen Sport machen, sondern mehr in diesem Breitensport, dass es Spaß machen kann, dass auch Spaß-Fußball gespielt wird, dass z. B. Zeiten auf einem Fußballplatz im Kiez freigehalten werden, wo einfach Menschen aus der Nachbarschaft Fußball spielen können." (Filmdokumentation „Leben im Quartier")

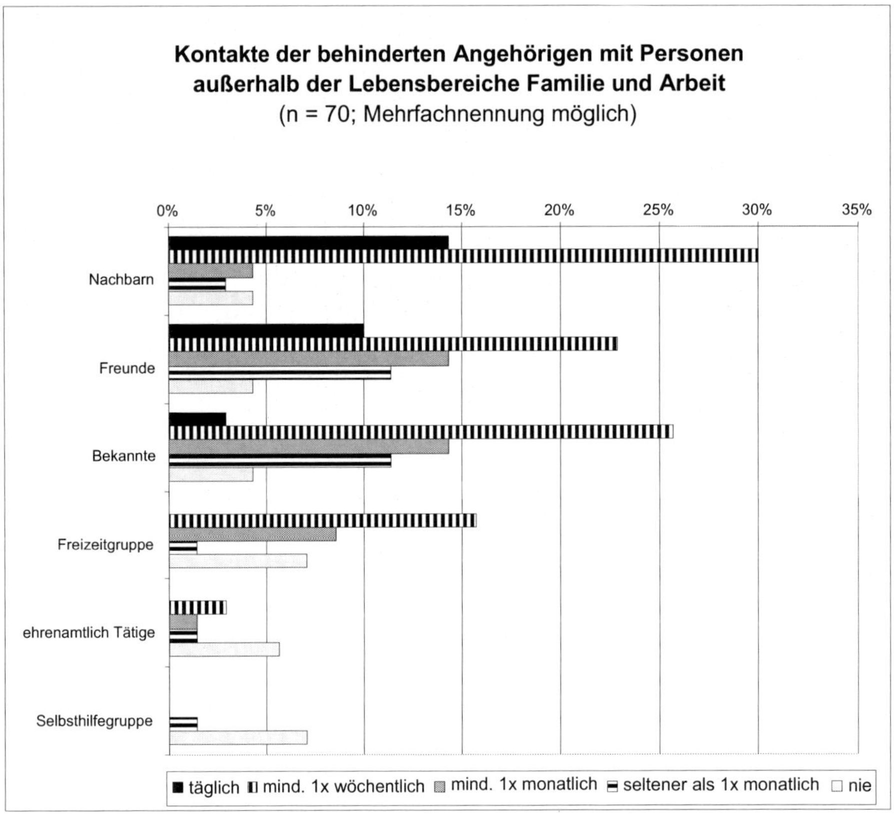

Abb. 41: Kontakte mit Personen außerhalb der Familie und Arbeit

Als regelmäßige Treffpunkte werden weiterhin die Jugendgruppe eines Trägers der Behindertenhilfe, eine Zirkusgruppe und die Teilnahme am bezirklichen Behindertenbeirat genannt.

3.3 Verhältnis zur Nachbarschaft

Rund die Hälfte der Befragten hat den Eindruck, dass die behinderten Angehörigen in ihr Wohnumfeld integriert sind; ein Viertel sieht dies als nur teilweise gegeben. Indikator für eine gelingende Integration ist das Verhalten der Nachbarschaft. Die Eltern erleben ihre Söhne und Töchter als gut integriert, wenn sie keine Sonderstellung haben („*wird behandelt wie jeder andere*"), wenn sie bekannt und beliebt sind („*weil jeder sie kennt und mag*"), wenn man sich nach ihrem Wohlbefinden erkundigt („*die Nachbarn fragen mich z. B. öfter, wie es ihm geht*"), wenn sie sich für die behinderten Menschen mitverantwortlich fühlen („*sie würden ihr immer helfen*"; „*sie achten auf ihn, wenn ich aus arbeitstechnischen Gründen nicht pünktlich zu Hause sein kann*"), wenn sie in Aktivitäten einbezogen werden („*andere Kinder und Jugendliche spielen mit ihm Fußball*"). Eine Mutter differenziert ihre Erfahrungen: „*Das Positive: Meine Tochter wird genommen, wie sie ist, nicht schief angesehen; das Negative: Die Allermeisten kommunizieren nicht direkt mit ihr, sondern über mich.*" Auf Seiten der behinderten Menschen sind Merkmale einer guten Integration, wenn sie sich im Umfeld gut auskennen („*Sie selbst kennt sich im Umfeld gut aus, sie ist allen bekannt, z. B. Ärzte, Apotheke, Kaufhalle, Garten.*"; „*Er kennt die Nachbarn, nutzt die Infrastruktur, kennt alle bekannten Plätze und nutzt die vorhandenen Angebote.*") und wenn sie bei den ortsansässigen *Dienstleistern* bekannt und akzeptiert sind („*Inhaber von Geschäften, Zeitungsladen usw., sprechen sie mit Namen an und unterhalten sich mit ihr*"). Einer der Befragten nennt dem gegenüber „*Kennzeichen für Nicht-Integriert-Sein*": „*Es fragt nie jemand aus dem Wohnumfeld nach unserer Tochter, geschweige denn, sie sehen zu wollen.*"

Zwei Drittel der Befragten erleben die Nachbarinnen und Nachbarn als freundlich gegenüber ihren behinderten Töchtern und Söhnen, die anderen als teilweise freundlich oder eher distanziert. Die Frage nach dem konkreten Verhalten bei Begegnungen lässt jedoch erkennen, dass direkte Kontaktaufnahmen nicht alltäglich sind (Abb. 42). Nur ein Viertel gibt an, dass der Sohn bzw. die Tochter gegrüßt wird, bei rund 20 % wird er/sie mit Namen angesprochen oder in eine Unterhaltung einbezogen. 7 % laden die behinderten Menschen ab und zu in ihre Wohnung ein („*oft schwierig wegen Rollstuhl*").

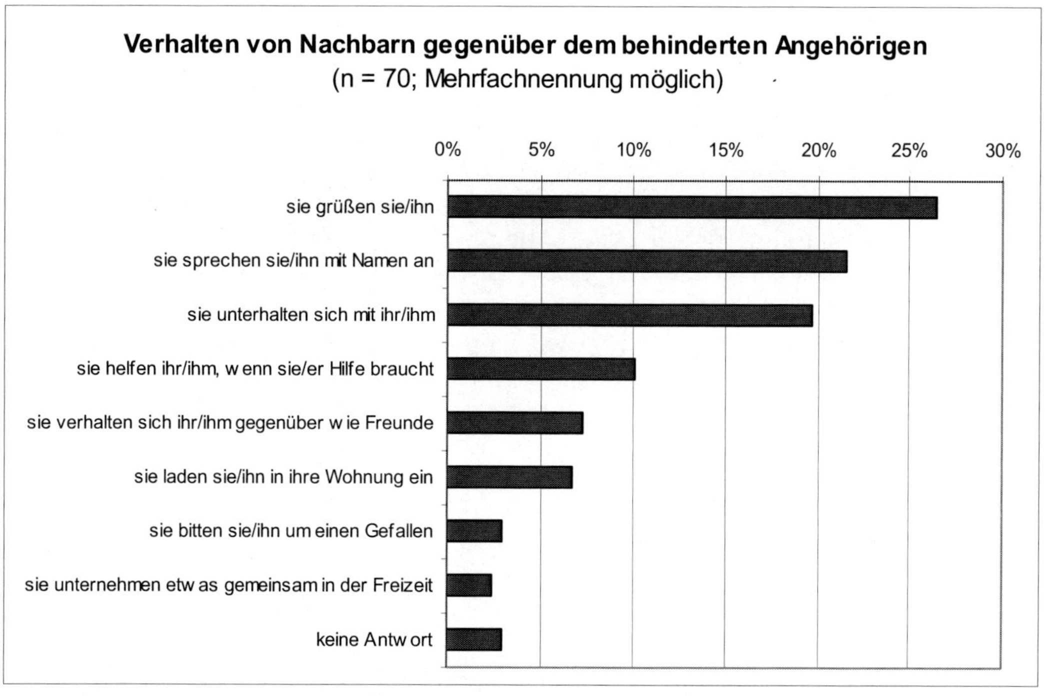

Abb. 42: Verhalten von Nachbarn

Die Einschätzung des Verhältnisses zur Nachbarschaft fällt in den Aussagen der Eltern pessimistischer aus als in den eigenen Aussagen der in Familien lebenden Menschen mit Behinderung (vgl. Kap. IV). So geben z. B. 90 % der behinderten Menschen an, dass sie von den Nachbarn freundlich gegrüßt werden, bei den Angehörigen beobachten nur 25 % ein freundliches Grüßen. Auch Unterhaltungen mit den Nachbarn oder Hilfeleistungen kommen nach Aussage der behinderten Menschen mehr als dreimal so häufig vor wie von den Angehörigen angegeben.

Mögliche Ursachen für die unterschiedlichen Beurteilungen können in den teilweise stärker ausgeprägten Beeinträchtigungen der Töchter und Söhne der befragten Eltern liegen. Nur rund ein Viertel der befragten Menschen mit Behinderung lebt im selben Haushalt wie die an der Fragebogenerhebung beteiligten Angehörigen.

Einzelne Anmerkungen der Angehörigen lassen erkennen, dass sich das Eingebunden-Sein der Familie als Ganzes auf die Integration des behinderten Menschen ins Wohnumfeld förderlich oder hemmend auswirken kann. Die Aussagen variieren von *„Ich habe viele Freunde"* bis hin zu *„Wir fühlen uns als Familie auch nur teilweise integriert."*

Auch in den Interviews mit Eltern wird deutlich, dass gute Kontakte sich vor allem dann entwickeln, wenn das behinderte Kind von Kindheit an bekannt ist:

> *„Wir haben eine tolle Hausgemeinschaft und auch die Nachbarn sind alle sehr offen gegenüber meinem Sohn, da sie ihn auch von klein auf kennen. (...) Und wenn ich Hilfe brauche, dann rufe ich irgendwo an und dann kommt auch jemand und unterstützt mich. Ich hab z. B. lange keinen Lifter gehabt im Bad und da hat mir dann jemand geholfen, meinen Sohn aus der Badewanne zu heben." (Int-A)*

Manche Nachbarn stehen für Notfälle bereit, haben z. B. einen Hausschlüssel. Neben der gegenseitigen Hilfe ist bei einigen Nachbarn auch ein Gefühl der Verantwortung erkennbar, insbesondere bei schwer behinderten Menschen. Eine Mutter berichtet, dass die Nachbarn ihre Tochter im Auge hatten, wenn sie das Gefühl hatten, dass sie bedroht ist. Ein Beispiel:

> *„In einer Zeit, in der sie die Sexualität für sich entdeckt hatte und da irgendwie gar kein Mann an ihr vorbeikam, dann hat ein Nachbar mal Jugendliche belauscht – als er am Fenster war – die so sinngemäß gesagt haben: 'Habt ihr das mitgekriegt, die ist behindert, die werden wir uns mal vorknöpfen. Mit der kann man das ja machen.' Dann hat er mir das erzählt und mir dann bei Gelegenheit auch die Herrschaften gezeigt." (Int-A)*

3.4 Einbindung ins Wohnumfeld

> *„Teilhabe – das ist natürlich (...) wovon wir alle träumen, alle die wir behinderte Kinder haben, Teil dieses Lebens zu werden, wenn sie dann doch angenommen würden von den anderen Menschen." (Int-A)*

Die Möglichkeiten der behinderten Menschen, im Alltag Leute kennen zu lernen, mit denen sie Freundschaft schließen könnten, werden von mehr als der Hälfte der an der Fragebogenerhebung beteiligten Eltern für ihre Töchter und Söhne als eher gering eingeschätzt. 18 % geben an, dass es dazu keine Möglichkeiten gibt. Weitere Aspekte konkretisieren den Sachverhalt:

- Drei Viertel der behinderten Menschen haben keinen *Ort in ihrer Nähe*, an dem sie regelmäßig andere Leute treffen, z. B. zum „Klönen" oder für gemeinsame Aktivitäten. Die anderen besuchen am häufigsten Treffpunkte oder Freizeitklubs für Menschen mit Behinderung oder Sportangebote. Integrative Cafés, Begegnungsstätten für Menschen mit und ohne Behinderung, Nachbarschaftszentren oder Kirchengemeinden werden nur im Einzelfall aufgesucht.
- Über die Hälfte der befragten Eltern hat den Eindruck, dass ihre Söhne und Töchter sich manchmal einsam fühlen. 5 % beobachten häufig *Einsamkeitsgefühle*. Nur knapp 40 % geben an, dass ihre Töchter und Söhne sich nie einsam fühlen.
- 44 % der Eltern wünschen sich für ihre Töchter und Söhne mehr Kontakte *im Wohnumfeld* bzw. im Stadtteil, 40 % sind mit der jetzigen Situation zufrieden, 6 % finden das nicht so wichtig. 10 % haben diese Frage nicht beantwortet. Auffällig ist, dass unter denen, die mehr Kontakte für wünschenswert halten, nur zwei Drittel der Eltern sind, die bei ihren behinderten Angehörigen manchmal Einsamkeitsgefühle feststellen.

Hinsichtlich des Eingebunden-Seins in das Wohnumfeld fallen die Einschätzungen der behinderten Menschen geringfügig positiver aus als die der Angehörigen (vgl. Kap. IV). Auch bei den Antworten zu möglichen Einsamkeitsgefühlen und den Wünschen nach mehr Kontakten mit Leuten der Umgebung sind die Unterschiede eher unbedeutend.

Mehrere Eltern wünschen ihren Söhnen und Töchtern vor allem Freunde und Freundinnen und mehr Kontakt zu Gleichaltrigen, mehr Möglichkeiten zur Integration ohne Altersbegrenzung (*„in unserem Stadtteil für behinderte Erwachsene nichts vorhanden"*). Weitere konkrete Wünsche beziehen sich auf das unmittelbare Umfeld, die Rückschlüsse auf mangelnde Akzeptanz zulassen (*„mehr Interesse von Mitbewohnern im Haus“* und *„mehr Kontakt zu seinem Bruder im Nachbarhaus!*“), und auf einen offeneren Umgang mit Menschen mit Behinderung (*„dass meine Kinder nicht als Exoten betrachtet werden, viele haben einfach Angst, auf sie zuzugehen“)*.

Bedingungsfaktoren

Auf die Fragen „Wie könnten die sozialen Beziehungen Ihrer behinderten Angehörigen gestärkt/erweitert werden?“ und „Was müsste gegeben sein, damit sich Ihre Angehörigen als Bewohner/innen des Kiezes, in dem sie wohnen, erleben?“ formulierten die Angehörigen Anforderungen auf unterschiedlichen Ebenen:

- Anforderungen an die *behinderten Menschen* beziehen sich auf mehr Eigenaktivität, zu deren Entfaltung sie i. d. R. entsprechende Unterstützung benötigen, und zu mehr Präsenz im Kiez:
  „Vielleicht wenn er mal öfter etwas alleine unternehmen würde“ – „mit Beteiligung bei Unternehmungen“ – „sie könnte mehr telefonieren, aber das ist schon besser geworden“ – „wenn er mehr Kontakte zur Außenwelt hätte und ihm dabei geholfen wird“ – „Er kann sich sprachlich nicht gut und verständlich ausdrücken, hat Kommunikationsschwierigkeiten deshalb; er müsste sprachlich besser geschult werden (Logopäde)“ – „Er kapselt sich aufgrund seiner persönlichen Struktur eher ab, leidet aber dennoch darunter; evtl. durch gemeinsame Wohngruppe“ – „sie müsste mehr Leute kennen und alltägliche Dinge erleben – aber die sind so verdammt schwer umzusetzen“ – „Mitorganisieren von z. B. Straßenfesten, Gemeindefesten, Treffs im Café“ – „allgemein mehr Präsenz in öffentlichen Räumen von allen Menschen mit Assistenz aus dem Kiez (positiver Ansatz in unserer Bücherei, in die wir seit 13 Jahren ca. alle 2 Wochen hingehen und uns willkommen fühlen)“
- Anforderungen an *Dritte* richten sich an Nachbarn, Freunde, Altersgenossen, Partner und bereits bestehende Gemeinschaften sowie an Assistenzdienste und vermittelnde Personen als „Brückenbauer“:
  „Mehr nachbarschaftliches Interesse aneinander“ – „Rücksichtnahme beim Einkaufen (Kunden und Verkäuferin schimpfen oft, da das Geldzählen zu lange dauert)“ – „Freunde müssten sie selber einladen“ – „Integration und Kontakte zu nichtbehinderten Jugendlichen, die ihn voll anerkennen“ – „Partner, der einen positiven Einfluss ausübt“ – „Wir müssten einen Club, einen Verein oder sonstige Gemeinschaft finden, die ihn so nimmt, wie er ist, wo es Personen gibt, mit denen er sich anfreunden kann, (was nur sehr behutsam und langsam bei ihm erfolgt – und das auch noch möglichst in der Nähe)“ – „sinnvolle Freizeitgestaltung mit Hilfen von Assistenzdiensten, insbesondere integrative Angebotsnutzungen“ – „nur mit Hilfe anderer, indem auch aufklärende Gespräche (ohne sie) geführt werden, wie und dass man mit ihr z. B. reden kann.“
- Anforderungen an *Strukturen* berühren einerseits gegenwärtige Defizite an passenden Angeboten, andererseits arbeitsbedingte zeitliche Belastungen, die die Nutzung von Angeboten einschränken:
  „Ein Ort, wo sich Behinderte treffen könnten zum Reden oder zum Gestalten ihrer Freizeit“ – „Es wäre schön, einen Treffpunkt zu finden, wo er sich angenommen fühlt“ – „Mehr Sport- und Freizeitangebote für Menschen mit Behinderung, aber auch individuelle flexiblere Angebote.“ – „weniger Arbeitsverpflichtungen, mehr Freizeit, kürzere Fahrzeit von und zur Arbeitsstelle, dann ließen sich mehr Angebote wahrnehmen“ – „Orientierungsplan auch für Behinderte lesbar“
- Anforderungen an die *Gemeinde* fokussieren die Partizipation der Menschen mit Behinderung an allen Planungen zur Stärkung der Teilhabechancen im Stadtteil:
  „Zunächst müssten die Betreffenden auch einmal gefragt werden!“
- Die Eltern sehen sich selbst Anforderungen ausgesetzt, die sie kaum erfüllen können:
  „Fühle mich häufig mit der Situation überfordert und weiß nicht, wie man helfen soll; auf Vor- und Ratschläge meinerseits reagiert er selten“ – „ich müsste mit ihr mehr unternehmen“ – „möchte, dass wir immer bei ihm sind“

Die Aussagen fordern dazu auf, stärker als bisher über Wege zur Erweiterung des sozialen Netzwerks und zur Entwicklung inklusiver Strukturen nachzudenken. Erkenntnisse über *mögliche Bedingungsfaktoren* können aus den Interviews mit Angehörigen gewonnen werden. Hier wird u. a. die bereits oben erwähnte grundlegende Bedeutung des *sozialen Netzes der gesamten Familie* hervorgehoben, das im günstigen Fall das behinderte Kind selbstverständlich integriert und die Entwicklungen persönlicher Beziehungen ermöglicht. Weiterhin scheint *das gemeinsame Le-*

ben und Lernen von Kindern mit und ohne Behinderung eine gute Basis für das Fortbestehen der dort gewachsenen Beziehungen auch im Erwachsenenalter zu sein. Dazu eine Mutter:

„Da muss man immer die gesamte Familie sehen. (…) Dadurch, dass wir so ein Netz hier haben – ausgehend damals vom (integrativen) Kindergarten, dann gemeinsame Schule – und die alle hier im Stadtteil wohnen, sind wir einfach hier eingebettet. Und es sind dann für unseren Sohn auch die Kontakte, auch wenn sie jetzt nicht intensiv sind, aber die sind sehr echt und die sind sehr liebevoll und er wird getragen. Und wenn er Unterstützung braucht oder wir, dann ist auch auf die ehemaligen Mitschüler einfach zu zählen und die laden ihn auch ein. (…) Das heißt also, dass man dann einfach diese Schiene weiterfahren muss, also die Netze, die da sind, das was unser Sohn im Moment macht, das auf jeden Fall weitermachen, auch wenn er woanders wohnt. Das heißt also, dass dann auch eine Unterstützung da in die Richtung erfolgen muss und auch Erschließen von neuen Sachen. Das halte ich für total, total wichtig." (Int-A)

Aus den Erfahrungen dieser Familie ergibt sich die Frage, ob Stadtteile, in denen integrative Einrichtungen angesiedelt sind, generell mehr Teilhabechancen bieten als andere. Eine Mutter einer schwer mehrfach behinderten Tochter, die im gleichen Bezirk lebt, sieht diesen Zusammenhang nicht zwingend gegeben:

„Rollstühle gibt es hier viele, und ich glaube es wird nicht so viel doof geguckt. Das gehört in das Bild des Bezirks hinein. Das ist angenehm. Ich glaube auch, als die Kinder kleiner waren, in der Grundschulzeit, meine Tochter und auch der Down-Syndrom-Junge in ihrer Klasse, dass die dort sehr dazu gehört haben. Das hat sich negativ entwickelt, je älter die wurden. Da darf ich auch nicht zu sehr verallgemeinern, weil ich sie selber dann in die Sonderunterbringung geschickt habe. Wäre sie mit in die integrative Oberschule gegangen, wäre es vielleicht anders gelaufen. Das kann ich nicht beurteilen. Vielleicht." (Int-A)

Ihre Hoffnungen auf selbstverständlich wachsende Integration sind inzwischen sehr gering. Ohne unterstützende Strukturen sei die gute Idee zum Scheitern verurteilt:

„Integration ist nicht selbstverständlich, überhaupt nicht, nein. Wenn man ehrlich ist: Integration mit Gleichaltrigen, das muss man organisieren und bezahlen. Dann klappt es. Ansonsten können wir froh sein, dass unsere behinderten Kinder sich gegenseitig haben. Es gibt in deren Alter, glaube ich, nicht viele junge Leute, die wirklich etwas mit behinderten jungen Menschen zu tun haben wollen, schon gar nicht mit so schwer Behinderten. (…) Wenn man etwas hätte, wie ein Forum, wo man sich regelmäßig mit behinderten und nichtbehinderten jungen Menschen gleichen Alters trifft und wo gemeinsam schöne kreative Dinge getan werden oder wo man abends zusammen grillt oder kocht oder irgendetwas, was Spaß macht, was allen Spaß macht – klar wäre das toll. Aber ich glaube, sie bekommen dort eher die behinderten Kinder ins Boot, die nichtbehinderten werden ausbleiben." (Int-A)

Eine andere Mutter, die sich von Kindheit an um soziale Kontakte für ihre Tochter bemüht hat, möchte nicht auf Dauer als Vermittlerin fungieren. Sie würde es begrüßen,

„wenn irgendwelche ‚Best Buddies' rumrennen würden, die dann sich bei Sympathie auch mit meiner Tochter anfreunden würden und wo das dann z. B. selbstverständlicher wäre oder sein müsste, dass die Initiative von den sogenannten Normalen ausgeht, die dann anrufen und fragen: ‚Hast du Lust heut Abend mit ins Kino zu kommen?'" (Int-A)

Für Eltern schwer mehrfach behinderter Töchter und Söhne stellt die Realisierung der Teilhabe am Leben in der Gesellschaft oftmals eine Herausforderung dar, die sie – neben den vielfältigen Aufgaben im Alltag – nicht auch noch leisten können:

„Ich bin froh, wenn ich Beruf, Sohn, Ehegatte alles auf die Reihe bringe, und für die Gesellschaft und für Weiteres bleibt nicht viel Zeit. Ich informiere mich schon, was vorgeht. Mein Beruf ist auch eine Herausforderung. Ich muss auch wissen, was abläuft. Ansonsten bin ich dankbar, dass der Einzelfallhelfer viel übernimmt." (Int-A)

Freiwilligenengagement

Wenn sich informelle Kontakte nicht von selbst ergeben, wird die Frage nach der Einbeziehung freiwillig Engagierter für Unternehmungen im Umfeld interessant, z. B. ins Café um die Ecke zu gehen. Fast die Hälfte der schriftlich befragten Angehörigen würde es begrüßen, wenn eine ehrenamtlich engagierte Person regelmäßig mit ihrem Sohn oder ihrer Tochter etwas unternimmt, im Einzelfall auch gegen Bezahlung. Rund ein Fünftel hat darüber noch nicht nachgedacht und rund 30 % haben daran kein Interesse.

Auf die Frage *„Was könnte das Einbeziehen des freiwilligen Engagements für Ihren Angehörigen bringen?“* wurden am häufigsten Aspekte genannt, die die Freizeitgestaltung betreffen, z. B. Abwechslung (67 %), individuelle Aktivitäten (63 %) und Teilnahme an kulturellen Veranstaltungen (51 %). Soziale Komponenten sind mit jeweils deutlich unter 50 % diesen Erwartungen nachgeordnet, z. B. die Möglichkeit, eine (zusätzliche) Vertrauensperson zu gewinnen, Unterstützung bei der Suche nach Kontakten zu erhalten und verlässliche Beziehungen aufbauen zu können (Abb. 43). Das Kennenlernen des Stadtteils wird für weniger wichtig erachtet (14 %). Möglicherweise besteht dazu bei den Familien kein Bedarf, weil viele langjährig dort wohnen und auch den behinderten Menschen das Wohnumfeld vertraut ist. 14 % der Befragten sehen keine Vorteile für ihren behinderten Angehörigen durch das Einbeziehen von freiwillig Engagierten. Mehr als ein Drittel hat die Frage nicht beantwortet.

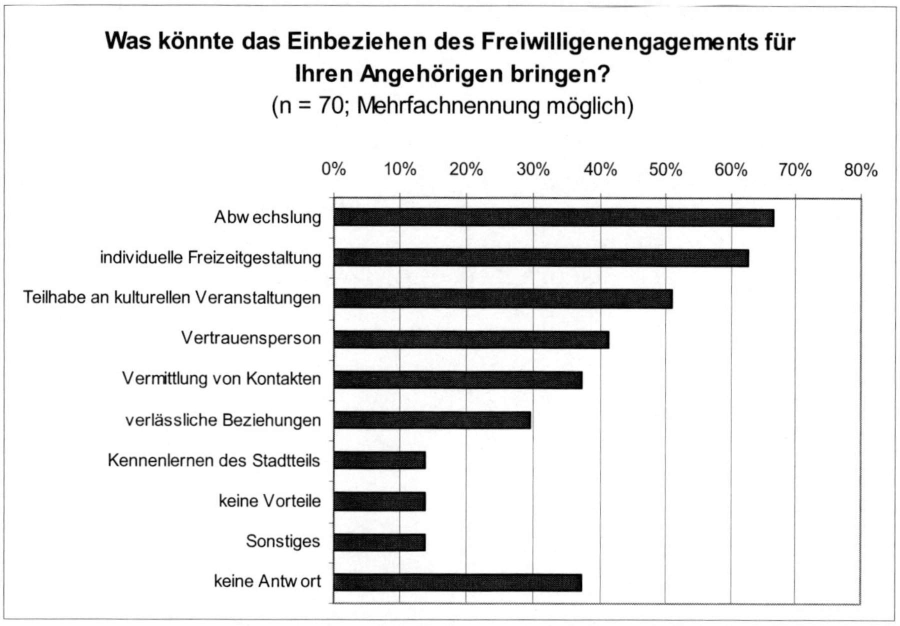

Abb. 43: Einbeziehen von Freiwilligenengagement

Im Interview gibt die Mutter eines schwer behinderten Sohnes zu bedenken, dass nicht jede ehrenamtlich engagierte Person zur unterstützenden Begleitung geeignet sei und dass eine angemessene Bezahlung der geleisteten Qualität der Assistenz zuträglich wäre:

„Ich könnte mir so etwas vorstellen, aber ich müsste davon überzeugt sein, dass der Mensch der richtige Mensch ist. Mein Sohn kann sich ja nicht selbst äußern. Es müsste dieses Gegenseitige da sein. Wobei – wenn ich aus meiner Erfahrung mit MAE-Kräften (= Mehraufwandsentschädigung, M.S.), die Ein-Euro-Jobber, spreche (…): Ich denke, viele sind sehr engagiert, aber die würden noch engagierter sein, wenn sie mehr Geld dafür bekommen.“ (Int-A)

Der Einsatz von MAE-Kräften entspricht allerdings wegen des meist größeren Altersunterschieds nicht immer den Vorstellungen von jungen behinderten Menschen, die Begleitung in der Freizeit suchen:

„Das was an MAE-Kräften zur Verfügung steht und hier im Wesentlichen eingetaktet ist im Bezirk, sind eigentlich Leute zwischen 50 und 60 – wobei das zum großen Teil reine Schiebedienste sind, also 'ne Begleitung zum Arzt, zum Einkaufen, zur Behörde oder wie auch immer, reine Schiebedienste, die in der Regel spätestens auch um 20 Uhr enden. Was gebraucht wird, ist eine Unterstützung, die vom Behinderten ausgehend ist und seinen Wünschen entsprechend. Also, das was unsere Tochter geäußert hat, ins Theater, ins Kino, spazieren, Kaffee trinken, in 'ne Disco, das sind eigentlich die Aktivitäten, die jeder Nichtbehinderte auch machen will. Warum soll die ein Behinderter nicht auch machen können. Und um das zu ermöglichen, braucht er Assistenzleistung. Von wem die jetzt erbracht werden, ist 'ne andere Frage. Ob der die erbringt 50 oder 60 ist, mag sein, dass der das kann, aber es würde nicht im Interesse des Behinderten sein. Er möchte doch auch seinen Bekanntenkreis ausweiten, und der weitet sich am besten aus, wenn nämlich die Assistenten auch in dem Alter ungefähr sind, weil dann lernt man noch ein paar Leute mehr kennen.“ (Int-A)

Menschen mit herausforderndem Verhalten

Besonderer Handlungsbedarf ergibt sich bei Menschen mit herausfordernden Verhaltensweisen. Ihre Einbindung in den Kiez ist oft schwierig, für beide Seiten:

„Ich geh mit meinem Sohn nicht raus zu Festen oder so, das mach ich nicht. Ich schaff es halt selber nicht, weil für ihn ist das alles zu viel. Er kann es dann alles nicht mehr verarbeiten. Dann will er vielleicht alleine mit seinem Rollstuhl fahren und das geht nicht, und dann fängt er an zu schreien, sich zu schlagen." (Int-A)

Aktivitäten im Stadtteil finden fast nur mit dem Einzelfallhelfer oder der Großmutter statt:

„Wenn sie mir so erzählt, z. B. wenn sie in den Supermarkt geht und mein Sohn ruft schon vorne, wenn man rein geht: ‚Wurscht!', legt hinten die Verkäuferin am Wurststand schon 'ne Wiener Wurst bereit, so ist er schon von den Leuten angenommen. Die, die ihn öfter sehen, wissen ja, dass er ein guter Mensch ist und nicht andere verletzt, aber er schreit halt mal. So ist er eigentlich über die Jahre hin auch anerkannt. Ich erlebe natürlich, dass nicht alle Menschen freundlich sind. Das macht einfach auch Angst, so ein großer behinderter Mensch, der dann komische Töne von sich gibt. Nicht immer kommt ein Lächeln rüber." (Int-A)

Eine Mutter berichtet von den Erfahrungen ihres Sohnes, der sich im Zusammenhang mit einer autistischen Symptomatik überwiegend nonverbal äußert und dessen Verhalten auf Außenstehende oft befremdlich wirkt: Wenn er z. B. Menschen lachen hört, dann lacht er gerne mit. Geschieht dies in der Öffentlichkeit, dann fühlen sich die anderen Menschen jedoch entweder durch sein lautes unkontrolliertes Lachen auf den Arm genommen oder sie fangen an, über ihn zu lachen, und ahmen ihn eventuell nach. Auch bei seiner regelmäßigen Teilnahme am Kiezturnen, gibt es teilweise Probleme:

„Manche gehen damit richtig gut um, grüßen ihn sogar auf der Straße, wenn sie ihn mal so sehen, und manche kichern und lachen ihn aus und verarschen ihn und das (...) bricht mir das Herz immer wieder." (Int-A)

Über das unmittelbare Wohnumfeld hinaus werden in einigen Berliner Bezirken die Bedingungen zum selbstverständlichen Zusammenleben von Menschen mit und ohne Behinderung als Besorgnis erregend eingeschätzt. So stellt z. B. die Mutter eines schwer geistig behinderten Sohnes mit autistischer Symptomatik, der in einer Einrichtung außerhalb Berlins lebt, fest, dass es in dieser Gesellschaft immer noch schwer sei, anders zu sein:

„Es gibt Bezirke in Berlin, wo wir nicht hingehen, weder mit meinem schwarzen Bekannten noch mit meinem schwer verhaltensauffälligen Sohn, weil ich Angst habe. Und es gibt Bereiche, wo ich nachts irgendwie nicht hin gehe als Frau. Ich habe keine Lust von irgendwelchen Leuten angepöbelt, zusammengeschlagen und bedroht und bespuckt zu werden. Das ist immer wieder eine Herausforderung in Berlin, mit meinem Sohn einkaufen und U-Bahn und... Es gibt Tage, wo ich sehr stark bin und kämpferisch bin und da durch gehe und denke: Noch immer Nazi! Und es gibt Tage, wo ich irgendwie denke: Ich kann das nicht. Wenn ich mit meinem Sohn in Holland bin, ist das ganz anders. Da können wir irgendwie im Café sitzen und wenn er irgendetwas umschmeißt oder irgendwie sabbelt oder spuckt, ist das gar kein Problem." (Int-A)

Die Mutter fühlt sich selbst nur wohl, „*wenn es meinem Sohn gut geht und wir uns sicher fühlen*". Vor diesem Hintergrund sieht sie die Zielperspektive Inklusion von zwei Seiten. Sie ist bereit, die Leitidee politisch und theoretisch zu unterstützen. In einer Metropole wie Berlin, die viele Probleme zu bewältigen habe und wo jeder seinen eigenen Weg gehe, sei die Realisierung jedoch kaum möglich.

3.5 Teilhabe am Arbeitsleben

Teilhabe bezieht sich auf alle Lebensbereiche. Das heißt: Der Kiez sollte nicht nur Ort der Freizeit, des Wohnens und der Bildung, sondern auch der Arbeit sein. Die Teilhabe am Arbeitsleben konnte aus Kapazitätsgründen im Rahmen der hier vorliegenden Studie nicht untersucht werden. Dennoch ist dieser Lebensbereich in einigen Interviews thematisiert worden, insbesondere der Wunsch nach einer Beschäftigung der Töchter und Söhne in regionalen Betrieben. Auch wenn einige Werkstattmitarbeiter/innen auf Außenarbeitsplätzen beschäftigt sind, seien viele

Ressourcen im Stadtteil noch nicht entdeckt oder werden nicht genutzt. Oftmals gebe es von Seiten der Arbeitsverwaltung Schwierigkeiten bei der Umsetzung:

„Wir sind jetzt gerade in Verhandlung mit dem Arbeitsamt. Ich fürchte das Schlimmste, muss ich einfach mal so sagen. (...) Mein Sohn will an einem Arbeitsplatz seine Ausbildung machen und wird dann vielleicht übernommen in dem Laden und der Arbeitgeber ist einverstanden damit, dann kommt das Arbeitsamt oder irgendwelche Sachbearbeiter im Arbeitsamt, die sagen: „Nein, die Werkstatt ist immer noch das Beste. Das sind erprobte Wege und die laufen gut, da sind die Leute versichert bis zum Lebensende!" Warum sollen die denn nicht in irgendwelchen Nischen ihre Arbeitsplätze finden und suchen und alle profitieren davon?" (Filmdokumentation „Leben im Quartier")

Gegenwärtig macht der Sohn ein Praktikum in einem Bioladen, die Ladenbesitzerin ist zufrieden:

„Manchmal braucht er eine gewisse Zeit, um neue Abläufe so kennen zu lernen. Wenn er die einmal kennen gelernt hat, dann ist er da aber auch sehr flexibel im Umgang damit, drapiert das Obst mit (...) und macht das auch mittlerweile total selbstständig. Was mir auch immer gefällt ist, dass die Kunden von sich aus (...) ihn ansprechen und nach was fragen und dann gibt er auch immer Auskunft und zeigt ihnen, wo die Sachen in den Regalen sind. Das freut mich immer besonders, wenn ich das sehe, wie die Kunden ihn auch einfach hier so akzeptieren als Teil des Ladenteams" (Filmdokumentation „Leben im Quartier")

Auch Freunde und Freundinnen des jungen Mannes machten zur Zeit der Befragung Praktika in normalen Beschäftigungsfeldern, z. B. in einem Nachbarschaftsheim im Café und beim Hausmeister, auch in Kindertagesstätten. Eine junge Frau absolviert ein Praktikum in einem Altenheim ihres Wohnbezirks:

„Dort hat sie unheimlich viele Aufgaben. Tische eindecken, Tische abdecken, das Geschirr in die Spülmaschine räumen, Mülleimer leeren, saugen und so weiter. Die Arbeit macht ihr großen Spaß und sie haben ihr angeboten, dass sie dort weiter arbeiten kann. Bloß macht das Amt Probleme. Die wollen sie in die Werkstatt schicken." (Int-A)

Durch Praktika in normalen Betrieben erhalten die behinderten Menschen, wie eine Mutter betont, einen *„ganz anderen und neuen Zugang zum Kiez und den Leuten"*. Auch Träger der Behindertenhilfe sollten nach Meinung von Eltern stärker als bisher Menschen mit Behinderung einstellen, z. B. im Büro- oder Reinigungsbereich.

4 Gestaltung der künftigen Wohnsituation

Was bedeutet für Ihren Sohn bzw. Ihre Tochter eine gute Lebensqualität?

„Wie für jeden Menschen: Geborgenheit, Sicherheit, Vertrauen – auch, verstanden zu werden, Liebe"

„Dass er Menschen um sich hat, die ihn lieben, mit denen er auch kann, und die ihn auch als Persönlichkeit wahrnehmen, dass er auch Rechte hat und auch was sagen darf und man dann sich auch drauf einstellt"

„In einem Kiez zu wohnen, wo eben die Strukturen ihr bekannt sind und wo man sie auch kennt und wo man ihr auch freundlich begegnet – das ist also am Ende wahrscheinlich, worauf's hinaus laufen sollte. Das wäre der Wohntraum meinerseits für meine Tochter."

Die Frage nach einer Veränderung der gegenwärtigen Wohnsituation wird von den Familien unterschiedlich beantwortet:

- Etwa ein Drittel der Eltern hat den Eindruck, dass es ihren behinderten Angehörigen gut tun würde, die jetzige Wohnsituation zu verändern. Mehr als die Hälfte (57 %) hält eine Veränderung nicht für angebracht (*„zur Zeit ist eine Wohngemeinschaft für meinen Sohn nicht relevant, da meine Frau und ich uns noch ausreichend um seine Belange kümmern können und er sich in seinem familiären Umfeld offenbar wohlfühlt"*). 10 % haben darüber noch nicht nachgedacht.
- Ein Viertel der Befragten gibt an, dass der Sohn oder die Tochter bereits den Wunsch nach einem Auszug geäußert hat. Nach Aussagen der Angehörigen würden die meisten gern in eine eigene Wohnung ziehen, entweder allein (auch mit 24-Stunden-Betreuung) oder mit einem Freund oder einer Freundin, oder in eine Wohngemeinschaft, überwiegend in einem ruhigen Bezirk mit guter Verkehrsanbindung, teilweise gern mitten in der Stadt. Bevorzugt werden Wohnmöglichkeiten im gleichen Stadtteil, in der Nähe der Eltern und der Werkstatt.
- Rund zwei Drittel der behinderten Menschen haben nach Aussage ihrer Eltern bislang keine Veränderungswünsche geäußert. Einzelne haben kundgetan, dass sie weiterhin bei den El-

tern wohnen wollen. Eine Mutter merkt an, dass ihr Sohn auch nach ihrem Tod in der jetzigen Wohnung bleiben möchte, „*weil vertraute Heimat, und ohne seine Katzen (2) würde er eingehen!!! Wie eine Primel*". Bei einem kleinen Teil der behinderten Angehörigen (6 %) ist eine Verständigung über Wohnwünsche nicht möglich.

Die von den Angehörigen angenommene geringe Veränderungsbereitschaft ihrer Söhne und Töchter entspricht nicht den Selbstaussagen der befragten Menschen mit Behinderung. Hier äußerten 48 % den Wunsch, aus der Familie auszuziehen (vgl. Kap. IV). Möglicherweise fällt es manchen Frauen und Männern aus Rücksicht auf die Eltern schwer, Veränderungswünsche zu offenbaren.

4.1 Wohnformen

Die Vorstellungen der Eltern zum künftigen Wohnen ihrer Töchter und Söhne zeigen ein breites Spektrum (Abb. 44). Für die Wahl der Wohnform war eine Rangfolge zu benennen (1., 2. und 3. Wahl); in jeder Kategorie durfte nur eine Wahl getroffen werden. Bei der *1. Wahl* wird das Wohnen mit den Eltern mit 25 % am häufigsten genannt, gefolgt mit jeweils 20 % von der integrativen Wohngemeinschaft und dem Alleinleben in einer eigenen Wohnung. An vierter Stelle steht die Wohngruppe im Heim (13 %). Mit jeweils unter 10 % werden weitere Wohngemeinschaftsformen und das ambulant unterstützte Wohnen mit einem Freund oder einer Freundin bzw. mit einem Partner oder einer Partnerin und das Wohnen bei Geschwistern genannt. Nimmt man zusätzlich die an zweiter oder dritter Stelle gewählten Wohnformen in den Blick, fällt die *Bevorzugung von gemeinschaftlichen Wohnformen* auf, insbesondere mit integrativer Zusammensetzung.

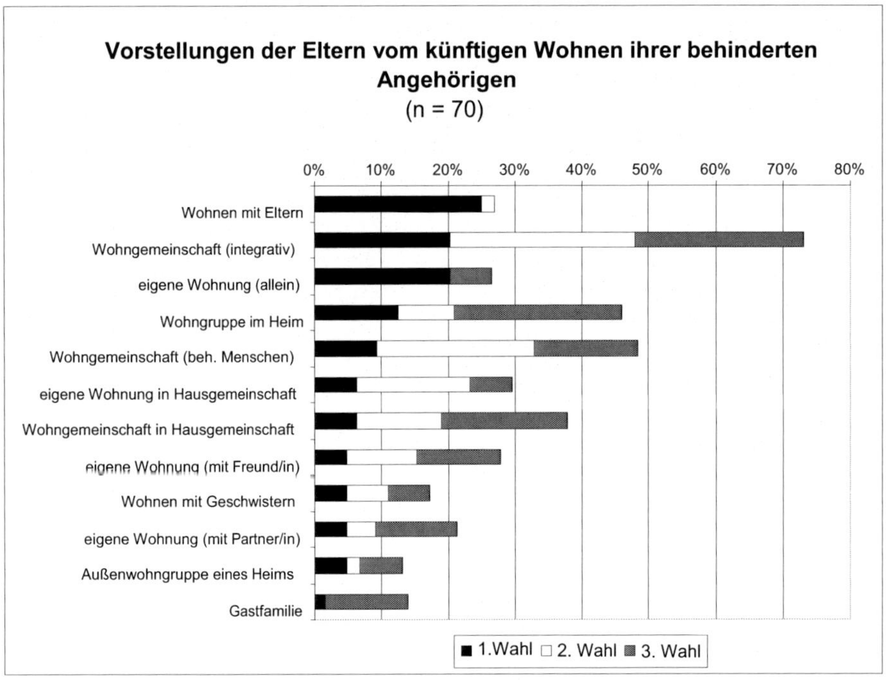

Abb. 44: Wohnvorstellungen von Eltern

Ein *Vergleich* mit den Veränderungswünschen der in der Familie lebenden Menschen mit Behinderung zeigt Unterschiede hinsichtlich der Präferenzen beim Wohnen außerhalb der Familie. Während bei einem Großteil der Eltern das Zusammenleben mit anderen einen besonderen Stellenwert hat, bevorzugen die befragten behinderten Menschen das Wohnen in einer eigenen Wohnung, ggf. mit Freund oder Freundin (Abb. 45). Integrative Wohngemeinschaften gehören bei beiden Gruppen zu den Favoriten. Das Wohnen im Heim wird von den Eltern häufiger genannt als von den behinderten Menschen; vermutlich spielen hier Aspekte der Sicherheit eine wichtige Rolle.

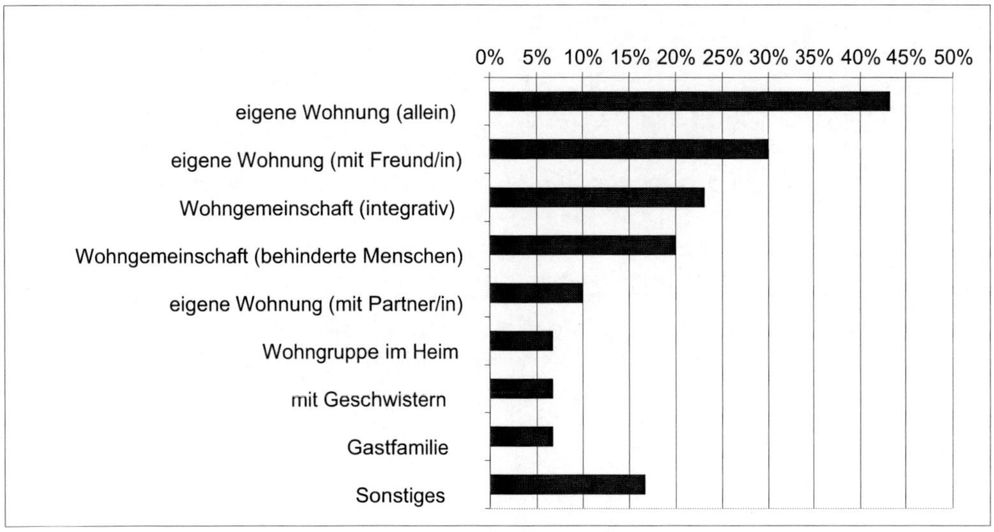

Abb. 45: Wohnwünsche von behinderten Menschen in der Familie (n = 30; Mehrfachnennung möglich)

Eine Differenzierung der *1. Wahl von Müttern und Vätern* bei der künftigen Wohnform *nach Alter der Eltern* ist in Abb. 46 dargestellt.[48]

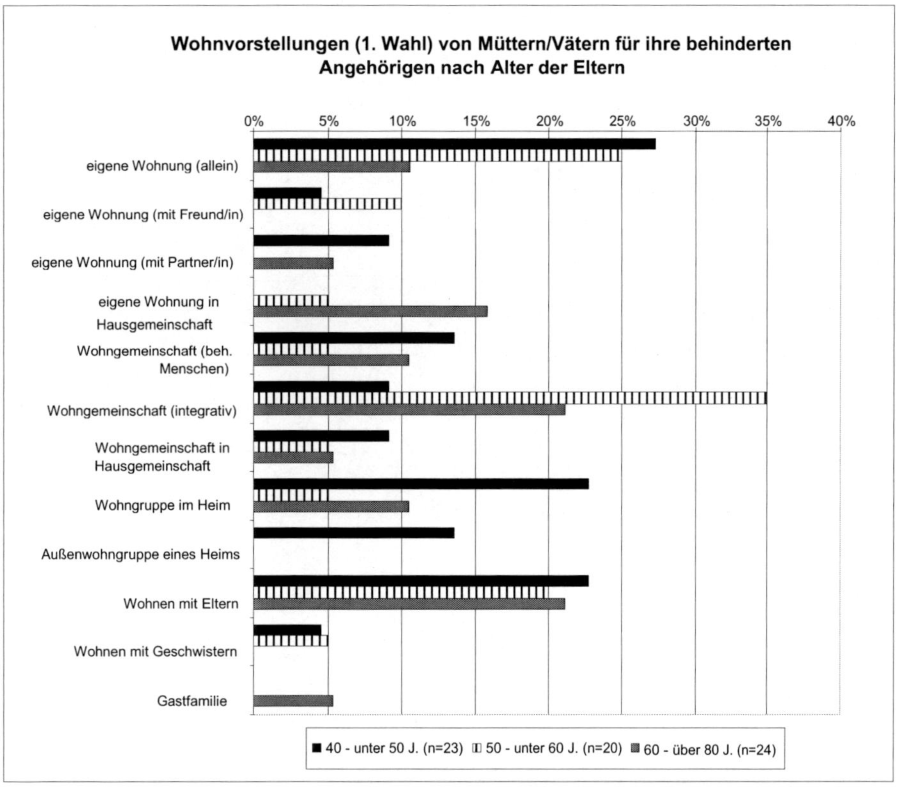

Abb. 46: Wohnvorstellungen von Müttern/Vätern nach Alter der Eltern

Auffällig ist, dass in allen Altersgruppen etwa ein Fünftel das Wohnen im Elternhaus präferiert. Das Alleinwohnen in einer Wohnung entspricht den Vorstellungen von jeweils etwa einem Viertel der Altersgruppe der 40- bis unter 50-Jährigen und der 50- bis unter 60-Jährigen. Bei den älteren Angehörigen haben nur 10 % diese Wohnform gewählt. Großen Zuspruch haben in der mitt-

48 Obwohl prozentuale Berechnungen bei kleinen Stichproben problematisch sind, wurden im Interesse der Vergleichbarkeit trotz der geringen n-Zahlen pro Altersgruppe Prozentangaben gewählt.

leren Altersgruppe integrative Wohngemeinschaften. Das Zusammenleben mit Menschen ohne Behinderung (in einer Wohngemeinschaft oder im Rahmen einer Hausgemeinschaft) entspricht auch den Vorstellungen älterer Angehörigen. Das Wohnen im Heim wird vorzugsweise von jüngeren Angehörigen gewünscht. Möglicherweise spielt hier das junge Alter der Töchter und Söhne eine Rolle, das nach Ansicht der Eltern mehr Betreuung erforderlich macht. Die Aussagen der Angehörigen pro Altersgruppe lassen wegen der kleinen Anzahl der Beteiligten keine Verallgemeinerung zu.

Exemplarisch: Ansprüche an das Wohnen von Menschen mit autistischer Symptomatik

Zur Ermittlung der Wohnbedürfnisse von Menschen mit autistischer Symptomatik wurde an acht Berliner Vereine/Verbände (darunter drei Elternvereine), vier Selbsthilfe-/Elterngruppen sowie vier Einrichtungen, die den Personenkreis betreuen, ein Kurzfragebogen geschickt (WENZEL 2009). Knapp die Hälfte der Adressaten beteiligte sich an der Umfrage (7 Rücksendungen, davon vier Vertreter/innen von Angehörigen und drei professionell Tätige). Fast alle haben bereits länger als zehn Jahre Erfahrung mit Menschen mit autistischer Symptomatik. Die sehr kleine Stichprobe lässt keinerlei Verallgemeinerungen zu. Dennoch sind die Einschätzungen von Interesse.

Als *geeignete Wohnform* für Menschen mit autistischer Symptomatik wurde von fünf Personen das Wohnheim genannt, zwei sprachen sich für die Wohngemeinschaft aus, jeweils einmal für das Betreute Einzelwohnen und das Wohnen mit Persönlichem Budget. Die Bevorzugung des Zusammenlebens in Gruppen beruht vermutlich auf der Erkenntnis, dass Gruppen gute Voraussetzungen für die Entwicklung sozialer Kontakte schaffen und so der Gefahr der Isolation entgegenwirken. Vorgeschlagene Gruppengrößen liegen zwischen 4 und 6 Personen. Hinsichtlich der Gruppenzusammensetzung tendieren die Professionellen zu Gruppen mit Menschen mit ausschließlich autistischer Symptomatik, im Einzelfall auch mit anderen Behinderungen, während die Angehörigen Gruppen präferieren, in denen Menschen mit und ohne Behinderung zusammenleben. Letztlich seien es jedoch immer – der jeweiligen Individualität entsprechend – Einzelentscheidungen. Fast alle schätzen die Einbindung in das Wohnumfeld als „sehr wichtig" ein. Die Mitarbeiter/innen sollten für den Personenkreis der Menschen mit autistischer Symptomatik fachlich qualifiziert sein und möglichst über berufliche Erfahrungen in diesem Bereich verfügen.

Als *„ideale Wohnmöglichkeit"* nennen die Angehörigen „Unterstütztes Einzelwohnen mit 1:1 24 Stunden Assistenz bei Bedarf", „eine Wohngruppe, die eng betreut wird, wo ein reger Austausch mit Mitbewohnern stattfindet, eigener Bereich auch für Hygiene, einheitliches Strukturkonzept in allen Bereichen" und das gemeinsame Leben und Arbeiten in einer Hofgemeinschaft. Die Professionellen sprechen sich für kleine Gruppen, „Wohnen im Grünem – innerhalb der Stadt", und eine „Wohngruppe mit intensiver Personalbesetzung, Haus mit Garten, verkehrsgünstig gelegen – für Einkäufe und Ausflüge". Vier der Befragten (2 Angehörige, 2 Professionelle) sehen zumindest Teile ihrer Idealvorstellung in einem Berliner Angebot umgesetzt.

Fast alle Befragten halten das *Angebot an Wohnmöglichkeiten* für Menschen mit autistischer Symptomatik in Berlin nicht für ausreichend. Es gebe sowohl zu wenig Wohnplätze für den Personenkreis als auch zu wenig spezifische Angebote: *„Bestehende Einrichtungen verfügen nicht über die Rahmenbedingungen für ein glückliches Wohnen (freie Plätze, autismuserfahrenes Personal, unterschiedliche Behinderungsarten, strukturierte und individuelle Betreuung)"*. Ein Angehöriger bedauert, dass es in Berlin bislang kein Wohnprojekt gibt, in dem mit der Symptomatik vertraute Betreuer/innen mit einer Gruppe von Menschen mit und ohne Behinderungen leben. Die Vorschläge der Angehörigen für die *Weiterentwicklung des Wohnangebots* beziehen sich auf mehr *„Kompetenz in Assistenz, wohnortbezogene Integration"*, *einen engeren Austausch mit Betroffenen und Angehörigen* sowie den *Aufbau mehrerer Arbeits- und Wohnprojekte* (den Bedarf abdeckend) nach dem Vorbild von Projekten in anderen Bundesländern, in denen Menschen ohne Behinderung, Menschen mit anderen Behinderungsarten und Menschen mit autistischer Symptomatik zusammen wohnen und arbeiten. Die Professionellen halten für die weitere Entwicklung den Aufbau *spezieller Einrichtungen für Menschen mit dem Asperger-Syndrom*, die Finanzierung der Umsetzung *einzelfallorientierter Bedarfsanalysen*, *spezielle Fortbildungen des Personals* und *kleine Wohneinheiten* sowie *Trainingseinheiten* zur Förderung der Selbstständigkeit. Ihre Forderung: *„Die Senatsvorgaben für Wohnheimgrößen müssen sich verändern/ reduzieren!"*

4.2 Wohnbedingungen

Hinsichtlich der Wohnbedingungen, die zum Wohlbefinden des Sohnes oder Tochter beitragen können, ist den Befragten neben einer guten *Infrastruktur* vor allem das *soziale Umfeld* wichtig (*„muss nette Leute in der Umgebung haben, vertraute Menschen"; „Kontakt zu Angehörigen sowie Menschen, die dort leben"*). Zudem haben die *Anerkennung* des behinderten Menschen (*„Gefühl von Respekt der eigenen Persönlichkeit"; „das Gefühl, etwas leisten zu können"; „eigene Entscheidungsfindung, relative Unabhängigkeit"*) und die *Qualität der persönlichen Beziehungen* (*„Zuwendung, Geborgenheit, Verständnis, Aktivierung"*) einen hohen Stellenwert.

Auch die Interviews mit Eltern lassen erkennen, dass mit Blick auf das künftige Wohnen das *Eingebunden-Sein in den Kiez* für viele von besonderer Bedeutung ist. Hier stellen sich vor allem im Übergang zum Erwachsenenalter, wo sich Interessen oder auch Lebenslagen verändern (z. B. die Beendigung der Schulzeit, der Eintritt in das Arbeitsleben und Auszug aus dem Elternhaus), besondere Herausforderungen:

> *„Da würde ich für meinen Sohn perspektivisch eine Einbindung in den Kiez wünschen, also wenn er jetzt hier irgendwo in der Nähe in einer WG wohnt, dass so eine Einrichtung dann auch an Stadtteilarbeit, Stadtteilzentren, an den Veranstaltungen, die dort stattfinden, mehr angebunden ist." (Int-A)*

Als besonders geeignet werden *Aktivitäten im kreativen Bereich* gesehen, z. B. ein Tanzkurs oder Treffpunkte zum gemeinsamen Malen oder Kochen. Ansprechpartner könnten *Volkshochschulen* vor Ort sein:

> *„Das müssen ja nicht alle machen, (...) sondern da, wo es eine Offenheit und eine Bereitschaft gibt, damit neue Erfahrungen für beide Gruppen zu ermöglichen. Warum sollen denn Menschen mit Behinderung und ohne Behinderung nicht zusammen in einem Atelier sitzen und malen? Wo ist denn da das Problem, also das muss quasi nur gewollt werden, irgendjemand muss es in die Hand nehmen." (Int-A)*

Soziale Netze, die vorhanden sind, sollten auch nach dem Auszug aus dem Elternhaus auf jeden Fall erhalten bleiben:

> *„Also das Kino ist in der Nähe und die Pizzeria, da geht er ja wahnsinnig gerne hin, die sind da auch unglaublich nett und kennen ihn und er wird da per Handschlag begrüßt, also so etwas findet er natürlich total spannend." (Int-A)*

Gute Erfahrungen gibt es auch mit *schwerer behinderten Menschen*, die sich nicht sprachlich äußern können. Eine Mutter berichtet über ihre Tochter:

> *„Dass der Gemüsehändler bei uns im Kiez sie inzwischen kennt und mag, dass er sich richtig freut, dass sie kommt, sie bei ihm einkaufen kann, inzwischen auch ein bisschen mit 'nem Geldstück bezahlen kann und dann ihr geliebtes Obst, ihre Möhre, ihren Apfel und ihre Apfelsine geschenkt bekommt oder eben einkaufen kann. (...) Sie kann nichts sagen, aber sie kann das Geld hinlegen und die Eisfrau weiß eben schon, was sie möchte." (Int-A)*

4.3 Präferenzen

Die Wohnvorstellungen von Angehörigen unterscheiden sich, je nach Lebensalter, Lebenssituation, Lebenserfahrungen. Auf der Basis der Interviewaussagen und der Fragebogenergebnisse können *sechs Typen* von Eltern identifiziert werden, deren Vorstellungen jeweils hinsichtlich des Dienstleistungsbedarfs zu spezifizieren sind. Hauptkriterien für die Typenbildung sind die persönliche Bewertung der gegenwärtigen Wohnsituation und die sich daraus ergebenden Konsequenzen:

- Typ I: Eltern, die das Zusammenleben in der Familie als das Modell der Zukunft ansehen (→ Präferenz **„Leben in der Familie"**);
- Typ II: Eltern, die beim Zusammenleben in der Familie externe Unterstützung in Anspruch nehmen, um dem Sohn oder der Tochter größtmögliche Selbstbestimmung im Alltag zu ermöglichen (→ Präferenz **„Familie plus"**);
- Typ III: Eltern, die Wohnangebote der Behindertenhilfe als positive Alternative zum häuslichen Leben in Anspruch nehmen (→ Präferenz **„Wohnformen der Behindertenhilfe"**);

- Typ IV: Eltern, die Wohnangebote der Behindertenhilfe in Anspruch nehmen und sich für deren Weiterentwicklung engagieren (→ Präferenz **„Wohnformen in Bewegung“**);
- Typ V: Eltern, die neue individuell passende und sozial eingebundene Wohnarrangements anstreben (→ Präferenz **„Wohnen in Nachbarschaften“**);
- Typ VI: Eltern mit Migrationshintergrund, die spezifische Unterstützungsbedarfe im Bereich des Wohnens haben (→ Präferenz **„Kultursensible Unterstützungsangebote“**).

Präferenz „Leben in der Familie“

Die Eltern, die das Zusammenleben in der Familie für das Modell der Zukunft halten, haben sich zu Hause arrangiert, die Wohnungsausstattung und ihren gesamten Alltag voll auf die Bedürfnisse des Sohnes/der Tochter eingestellt, und wünschen, dass alles so bleibt wie bisher – so lange sie es können. Konkrete Gedanken über die Zukunft sind eher die Ausnahme:

> *„Man verdrängt es, man schiebt es so vor sich her und sagt, noch ist es ja nicht so weit. Ich hab jetzt vorhin mit unserer Tochter gesprochen, als wir unterwegs waren beide, irgendwie müssen wir ja mal darüber reden, wie es später, in zehn oder zwanzig Jahren ist. Da sind wir ja dann auch schon alt in zwanzig Jahren, und da können wir sie dann auch nicht mehr tragen oder versorgen. Nur da will sie dann nichts davon wissen, das ist noch so in weiter Ferne (...) Ich sag, solange es uns noch gut geht, da muss man sich nicht ständig damit beschäftigen“. (Int-A)*

Sehr häufig sind es auch Erfahrungen oder Vorstellungen vom Leben in betreuten Wohnformen und Sorgen hinsichtlich gesellschaftlicher Entwicklungen, die Eltern davon abhalten, eine Wohnmöglichkeit für ihre behinderten Töchter und Söhne außerhalb der Familie zu suchen:

> *„Auf jeden Fall ist bei all diesen Wohnformen im Ergebnis eins festzustellen, dass die pflegerische Komponente und die persönliche Freiheit des Behinderten dabei nicht gefördert wird, um's mal vorsichtig auszudrücken. Man könnte auch sagen, sie wird echt behindert. (...) Und die finanziellen Zwänge sind inzwischen auch so, dass auch die diakonischen Einrichtungen auf den Zug aufgesprungen sind, zum Teil Alteneinrichtungen für die Behinderten nutzen zu wollen. Und das ist ein Punkt, der mir erheblich widerstrebt. (...) Es kann nicht sein, dass in diesem Land nur noch materiell gedacht wird. Also die menschliche Schiene kann nicht irgendwo völlig versagen, das geht nicht, irgendwo beißen wir uns dann selbst in den Schwanz. Dieses eiskalte Klima, wie das momentan ist, und nur noch materielles Denken – so kommen wir nicht weiter.“ (Int-A)*

Vor allem Eltern von schwer behinderten Angehörigen, die nicht für sich selbst sprechen können, haben Befürchtungen, dass deren individuellen Bedürfnisse beim Wohnen außerhalb der Familie missachtet werden. Eine Mutter, die sich bereits mit dem Gedanken befasst hat, dass ihr Sohn nicht auf Dauer in der Familie leben kann, stellt fest:

> *„Die Gedanken waren sehr nah und jetzt haben die sich wieder entfernt. Ich habe mir auch Einrichtungen angesehen. Ich kam nach Hause und meinte: ‚Wie traurig'. Einerseits sagen die, die Behinderte betreuen, je schneller von zu Hause ausziehen, desto besser. Dann können sie reinwachsen in das neue Leben. Aber ich finde die Heime, die ich mir angesehen habe, traurig. So anonym. Wenig Leute, die im pflegerischen Bereich tätig sind, wenig Geld, wenig Zeit, Verwaltung wächst – schreiben, schreiben, dokumentieren. Für die Menschen bleibt wenig Zeit. Und deswegen, so lange es geht, würde ich versuchen, meinem Sohn das Optimale zu bieten. Nicht eingeschränkt auf uns, dass Leute auch von außen kommen. Ich finde auch sehr schön, dass er die Werkstatt besuchen kann, dass er von zu Hause auch rausgeht, dass er dort seine Freunde hat. Ich finde, so etwas bietet ihm keine Einrichtung.“ (Int-A)*

Besondere Schwierigkeiten bei der Ablösung haben Eltern von Söhnen und Töchtern mit stark herausforderndem Verhalten. Als wichtigste Voraussetzung für ein Wohnen außerhalb der Familie sehen sie ein humanes Menschenbild der Betreuer/innen. Sie sollten aus Überzeugung arbeiten und zudem in der Lage und gewillt sein, persönlichen Kontakt zum schwer behinderten Menschen aufzubauen:

> *„Wenn man jetzt hier wüsste, es gibt so was, dass die wirklich nicht nur da arbeiten, sondern ein bisschen mit Herz arbeiten, wo man sagt, hier ist er gut aufgehoben, die sind ehrlich, die kümmern sich wirklich drum und versuchen, dass er sich da wohl fühlt, da wären wir ja auch beruhigt.“ (Int-A)*

Die meisten Eltern, die mit einem stark verhaltensauffälligen erwachsenen Kind zusammenleben, das rund um die Uhr Unterstützung benötigt und sich nur ansatzweise verbal äußern kann, haben erhebliche Bedenken hinsichtlich eines Wohnens außerhalb der Familie. Es fehlt ihnen die Gewissheit, dass es dem Kind gut gehen wird (*„Es ist die Angst, die einen bremst."*). Sie haben die Sorge, dass ihr Sohn oder ihre Tochter in einer Einrichtung in der eigenen Freiheit begrenzt werden könnte:

> *„Und wenn er schon so anhänglich zu Hause ist, denken wir, dass er dort auch nur Terror mit allen macht, und dann sagen die, na komm, dann gehen wir ins Zimmer, schließen wir mal die Tür zu oder was." (Int-A)*

Diese Angst wird verstärkt durch die gegenwärtigen Rahmenbedingungen in Einrichtungen:

> *„Außerdem hört man ja immer Personalmangel, Personal. Und dann denkt man denn, wenn sie dann wirklich mal in einer Wohnstätte ist, pflegen sie sie richtig. Man ist ja nicht dabei. Werden z. B. regelmäßig die Windeln gewechselt, weil sie nicht spürt, dass sie nasse Windeln hat." (Int-A)*

Vertreter von Selbsthilfegruppen weisen darauf hin, dass sich Eltern und Kinder dennoch bewusst machen sollten, dass das Zusammenleben in der Familie keine Lösung auf Dauer ist und man gemeinsam die Zukunft vorbereiten sollte, nicht erst wenn die Kräfte von Vater und Mutter nachlassen. Im Zusammenhang mit der Ablösung vom Elternhaus spielen *Elterninitiativen* eine wichtige Rolle. Eine Vertreterin einer Elterninitiative berichtet:

> *„Es ist ein unglaublich hoher Bedarf unter Eltern sich auszutauschen, also auch wieder Peergroup-Erfahrung, gleiche Ängste, Ängste aussprechen zu können. Und das ist eine ganz andere Intensität in der emotionalen Dichte, in der Solidarität füreinander, und man geht auch viel kritischer miteinander um. Also, es dürfte ein Professioneller gar nicht sagen ‚Also, jetzt lass doch mal los und verdammt noch mal, du bemutterst die ja, ich kann's nicht sehen.' (...) Es scheint auch noch um was ganz anderes zu gehen: Miteinander über das Netzwerk zu hören, was gibt es, wo gibt es was, also damit auch immer wieder am Thema zu bleiben. Also ich glaube, für den Ablösungsprozess, dass die überhaupt den Schritt tun, ist das die Basis. Ansonsten tun Eltern den Schritt aus lauter Verzweiflung, weil sie überhaupt nicht mehr klar kommen." (Int-A)*

Kennzeichen der Option „Leben in der Familie" ist das *Vertrauen in die eigenen Kräfte* zur Bewältigung der Situation. Zur Stärkung der Familien sind Unterstützungsangebote zu entwickeln, die den Bedürfnissen und Interessen der Beteiligten entsprechen.

Präferenz „Familie plus"

Die Eltern, die diesem Typ zugeordnet werden können, sind bestrebt, dem Sohn oder der Tochter beim Zusammenleben in der Familie größtmögliche Selbstbestimmung im Alltag zu ermöglichen – im Einzelfall durch Anmietung einer Wohnung in unmittelbarer Nähe mit weiterhin familiärer Betreuung. Als Vehikel für mehr Selbstbestimmung wird externe Unterstützung in Anspruch genommen, z. B. über Einzelfallhilfe oder das Persönliche Budget. Kennzeichen der Option „Familie plus" ist die *Selbstorganisation der Hilfen und der Netzwerke*. Hier sollten Strukturen entwickelt werden, die die Familien bei dieser Aufgabe stützen und zudem flexible Modelle der Unterstützungsleistungen ermöglichen (z. B. gemeinsame Organisation des Alltags für zwei oder mehrere Personen in einer eigenen Wohnung durch ihre Familien außerhalb von WG-Strukturen). Das Persönliche Budget ist für dieses Modell die Option der Zukunft.

Beispiel

Eine junge Frau mit autistischer Symptomatik, die gemeinsam mit ihrer Mutter in einer Wohnung lebt, nutzt für die möglichst selbstbestimmte Gestaltung des Alltags ein Persönliches Budget. Sie erhält zurzeit insgesamt 18,5 Stunden Assistenz, davon sechs Stunden Eingliederungshilfe, die anderen als ergänzende Pflegeleistungen. Die Assistenzleistungen werden an drei verschiedenen Tagen von drei verschiedenen Personen unterschiedlichen Alters durchgeführt. Die Tochter hat zu jeder Assistentin, der jeweiligen Persönlichkeit entsprechend, ein besonderes Verhältnis entwickelt. Morgens erhält sie Assistenz bei der Körperpflege, beim Frühstück-Machen und beim Zusammensuchen der Dinge, die sie braucht. Am späten Nachmittag zwischen 17 Uhr und 20 Uhr unterstützt sie eine Assistentin bei allen Dingen, die anstehen, z. B. Wäsche aufhängen, Wäsche abnehmen, Zimmer sauber machen, einkaufen, mit dem Hund spazieren gehen. Manchmal wird etwas Besonderes unternommen, z. B. ein Konzertbesuch. Sie lässt sich auch gern etwas vorlesen und geht regelmäßig mit einer Assistentin in die Bücherei. Am Abend erhält sie ebenfalls Unterstützung bei der Körperpflege und beim Zurechtlegen der Sachen für den nächsten Tag. Für den Sonnabend sind vier Stunden eingeplant, die u. a. für das Wegetraining zur Wohnvorbereitung genutzt werden.

Frau Y sieht das Persönliche Budget für ihre Tochter als gute Unterstützung bei allen Alltagsaktivitäten an, die sie zugleich aus der Abhängigkeit von der Mutter löst: „Die Assistentinnen kommen dreimal die Woche. Da bin ich auch meistens gar nicht da – mit Absicht, weil ich denke, das stört." Frau Y erlebt die Tätigkeiten der Assistentinnen als spürbare Entlastung: „Mit der persönlichen Assistenz oder mit dem Budget ist es jetzt auch für mich aushaltbar. Wenn ich jetzt nur Eingliederungshilfe hätte, sechs Stunden – wenn überhaupt – wäre ich wahrscheinlich schon wieder am Rande meiner Nerven, weil ich dann ja ständig für meine Tochter zuständig sein müsste." (Int-A)

Präferenz „Wohnformen der Behindertenhilfe"

Im Gegensatz zu den Eltern, die das Leben ihrer Töchter und Söhne in der Familie auch im Erwachsenenalter für die beste Lösung halten, sehen andere Mütter und Väter den Auszug aus dem Elternhaus als normalen Entwicklungsschritt – und wählen aus dem Wohnangebot, das Träger der Behindertenhilfe vorhalten, aus: Wohnheim, Wohngemeinschaft oder Betreutes Einzelwohnen. Bewährte Wohnformen verheißen Sicherheit. So gibt z. B. eine der befragten Familien an, dass sie ihre Tochter auf deren Wunsch bereits in einem Wohnheim angemeldet hat, *„um ihre Selbstständigkeit zu fördern und die Integration fürs spätere Leben zu erleichtern"*.

Die Eltern erkennen im familiären Zusammenleben eingefahrene Routinen, die die Entwicklungspotenziale des behinderten Angehörigen einengen. Zudem habe das enge Aufeinanderbezogen-Sein eine Abkapselung vom Leben in der Gesellschaft zur Folge. Sie erhoffen für den Sohn oder Tochter beim Wohnen außerhalb der Familie mehr soziale Kontakte und eine abwechslungsreichere Freizeitgestaltung. Gleichermaßen bedeutsam ist für viele Eltern die eigene Entlastung, insbesondere bei schwerer Behinderung. Auftretende Probleme bei der Betreuung des behinderten Angehörigen werden kritisch kommentiert, stellen aber nicht grundsätzlich die Entscheidung für die gewählte Wohnform in Frage. Anforderungen an das Hilfesystem sind *Transparenz der Unterstützungsleistungen und Beratung.*

Präferenz „Wohnformen in Bewegung"

Bei allen Wohnformen gibt es neben Eltern, die sich mit den jeweiligen Gegebenheiten arrangieren und insgesamt zufrieden sind, zunehmend solche, die sich in besonderer Weise für das Wohlergehen ihrer Söhne und Töchter und die Qualität der Arbeit der Mitarbeitenden einsetzen, bei stationären Wohnangeboten z. B. in Elternbeiräten. Aufgrund umfassenderer Information und gewachsenen Selbstbewusstseins haben die Ansprüche von Angehörigen an das Wohnangebot zugenommen. Sie sehen Dienstleister in der Pflicht, Bedingungen für ein möglichst selbstbestimmtes Leben inmitten der Gesellschaft zu schaffen. Ihre Kritik an personellen, strukturellen und konzeptionellen Gegebenheiten kann Motor für Veränderungen der Einrichtungen und Dienste sein.

Wichtige Qualitätskriterien sind für Eltern verbindliche konzeptionelle Grundlagen der Einrichtung, eine den aktuellen fachlichen Anforderungen entsprechende Qualifikation der Mitarbeiter/innen und eine gute Zusammenarbeit mit den Angehörigen, vor allem eine konstruktive Kritikkultur:

> *„Wir Eltern in der Gruppe sind eigentlich sehr aktiv. Wir haben uns getroffen untereinander, ohne Mitarbeiter (was sehr argwöhnisch betrachtet wurde), und haben dann versucht, im Gespräch mit den Mitarbeitern Dinge zu klären. Und das wurde immer als Angriff gesehen. Also ein mangelnder Umgang mit Kritik, es wird persönlich genommen anstatt zu sagen, wie können wir das ändern, was habt ihr denn für Vorschläge – wenig professionell finde ich das." (Int-A)*

Unzufriedenheit mit den Angeboten führt im Einzelfall zum Wechsel des Anbieters und nährt Überlegungen, sich gemeinsam mit anderen im Interesse ihrer Töchter und Söhne für die Entwicklung von Wohnprojekten zu engagieren, bei denen die individuellen Bedürfnisse im Mittelpunkt stehen. Nicht immer lassen sich die Idealvorstellungen realisieren:

> *„Mein Wunsch wäre gewesen, einen integrativen Platz zu finden, haben wir nicht gefunden, aber – und ich spreche jetzt für viele Eltern – ich sehe das als Übergang an jetzt in der Wohngemeinschaft, auch wenn ich da oft gesagt bekomme: Menschen mit Assistenzbedarf, wenn die mal zusammen ziehen, die bleiben ihr Leben lang. So will ich das nicht sehen. Meine anderen Söhne sind auch dieses Jahr zweimal*

umgezogen und haben Verschiedenes ausprobiert. Darum denke ich auch, das ist eine gute Form, das mal auszuprobieren und zu starten und zu sehen, wohin sich das entwickelt." (Int-A)

Für die Angehörigen der genannten Wohngemeinschaft sind *„hohe Mitgestaltungsmöglichkeit, Transparenz und Freiheit"* wichtige Grundprinzipien. Sie setzen sich für größtmögliche Selbstbestimmung innerhalb der Gruppe ein, die insbesondere bei eigenständigen Abendaktivitäten der jungen Leute auch mit Risiken verbunden ist, für die sie die Verantwortung übernehmen. Zur Vermeidung institutionsbedingter Vorgaben, z. B. hinsichtlich der Wochenendbesuche bei den Eltern, engagieren sie sich selbst an betreuungsfreien Wochenenden in der Gruppe. Das Einbringen freiwilligen Engagements schaffe Transparenz und Vertrauen zwischen allen Beteiligten. Bedauert wird, dass die jungen Leute bei der Auswahl der Mitarbeitenden kein Mitspracherecht haben und auch nicht Mitglied im Trägerverein werden können.

Manche inzwischen alt gewordene Eltern, die keine Kraft mehr haben, sich für bessere Bedingungen einzusetzen, stellen fest, dass sie nur einen Teil dessen erreicht haben, wofür sie sich jahrelang eingesetzt haben:

„Ich hab mit einer anderen Mutter aus der Wohnstätte gesprochen, die mir gesagt hat, bedauerlicherweise sei sie jetzt mit über achtzig in all den Jahren trotz intensiven Engagements noch nicht so weit gekommen, dass sie für ihren Sohn eine ausreichend, wirklich für sie auch befriedigende, endgültige Wohnsituation geschaffen hat." (Int-A)

Die „kritisch-konstruktiven" Eltern bilden ein wichtiges *Potenzial zur Weiterentwicklung der Angebote*, das von Anbietern genutzt und durch Möglichkeiten der Mitwirkung auf unterschiedlichen Ebenen gestärkt werden sollte.

Präferenz „Wohnen in Nachbarschaften"

Unter den befragten Angehörigen gibt es eine größere Gruppe, die das tradierte Angebot der Behindertenhilfe hinsichtlich der eigenen Ansprüche für nicht geeignet hält und nach neuen Wegen sucht, teils in enger Anbindung an Träger der Behindertenhilfe, teils in bewusster Abgrenzung. Sie präferieren für ihre Töchter und Söhne ein „Leben in Nachbarschaften", das dem Wunsch nach Individualität, Gemeinschaft, Einbindung in den Kiez und Nähe zu den Eltern Rechnung trägt. Bemerkenswert ist, dass immer auch Menschen mit hohem Unterstützungsbedarf in die Überlegungen einbezogen sind – sehr oft sind ihre Bedürfnisse sogar der Kern der Initiative (Motto: *„integrativ und heterogen"*).

Damit stehen die Überlegungen der Angehörigen in deutlichem Gegensatz zum gegenwärtigen Platzierungsmodell der Behindertenhilfe, das nach Fähigkeiten sortiert und primär fragt, wohin der behinderte Mensch „passt" und weniger, welches individuelle Arrangement er „braucht". Für schwer behinderte Menschen gibt es nach diesem Zuweisungsprinzip keine Alternative zum stationären Wohnen – eine Option, die die Mutter einer schwer mehrfach behinderten Tochter ablehnt:

„Ich halte es nicht für den normalen Gang eines Menschen in das Leben, irgendwo untergebracht zu sein, wo andere sind, die auch Probleme haben. Meine Tochter und ihr Freund träumen ganz bestimmt nicht von einer Heimunterbringung. Die wollen so etwas nicht in einer großen Organisation, jeder hat ein Zimmer, es gibt einen großen Ess-Saal. Das ist Ghetto. Es ist nicht das wirkliche Leben. Das wirkliche Leben ist: Man hat eine Wohnung, man hat einen Freund, vielleicht hat man auch eine Wohngemeinschaft, so etwas machen junge Leute auch mal. Das fühlt sich normaler an. Das ist es, worum es mir geht. (...) Was ich toll finden würde, wäre, wenn es ein Wohnprojekt wird, das wir selber auf die Beine stellen können. Meinetwegen unter dem Schutzdach eines Trägers, aber selbst sehr viel Mitspracherecht haben, sozusagen unsere Gruppe selber zusammen würfeln dürfen, und auch nicht weit weg von hier." (Int-A)

Das Spektrum der gewünschten Wohnarrangements umfasst verschiedene Formen, die untereinander jeweils Schnittstellen aufweisen:

- **Verbundsystem mit kleinen Wohneinheiten im Kiez**

  „Vor allem halte ich es für wichtig, auch Menschen mit einem hohen Pflege- und Betreuungsbedarf mitzunehmen, sonst bleiben die dann eine Restgruppe in den Wohnstätten und alle anderen wohnen alleine. (...) Die Idee von einem bunten Haus, das find ich total toll. Einerseits will man kleine Einheiten, andererseits will man wiederum ein Haus, wo Menschen auch alleine leben können, in einer WG und eben auch Leute mit einem hohen Hilfebedarf." (Int-A)

- **Integrative Wohngemeinschaft für Menschen mit und ohne Assistenzbedarf**
  „Das Reutlinger Modell gibt es noch nicht in Berlin, fehlt mir definitiv. Das wäre toll, wenn das irgendwie entstehen könnte. Ich wäre auch die erste, die da vollkommen aktiv mitwirbeln würde, wenn es irgendwie zustande kommen könnte." (Int-A) – „Auch im Verbund kann ich mir so etwas vorstellen so als Außenstelle einer anderen Einrichtung, aber eben doch möglichst integrativ wohnen, vielleicht ein größeres Haus, in dem normale Mieter wohnen, Menschen mit mehr und mit weniger Assistenzbedarf. (...) Also die Nachfrage ist alles da. Was uns fehlt ist vielleicht die Immobilie, und ich denk mir auch einen Träger zu finden, wäre nicht die große Schwierigkeit. Und dann 'ne Gruppe vielleicht mit höchstens vier Behinderten, eine Mischung aus professioneller Pflege, aus Assistenzpflege von Seiten der Mitbewohner und soweit ich noch oder Angehörige noch in der Lage sind, auch die Brüder je nach Bedarf dann auch." (Int-A)
- **Integrative Hausgemeinschaft**
  „Meine Wunschvorstellung wäre, eine integrative Hausgemeinschaft zu machen, wo Menschen mit und ohne Behinderung miteinander leben können (mit Wohnungen für einzelne Menschen, kleinen WGs und auch einer stationären kleinen Wohngruppe; Ws-A). Und die konkrete Wohnform für meine schwerst mehrfach behinderte Tochter stell ich mir so vor, dass sie in einer Gruppe lebt – ich würde es nicht für sie gut heißen, sie alleine oder zu zweit in einer abgeschlossenen Wohnung zu betreuen, für sie ist es wichtig, auch in einer Gruppe zu sein. Sie braucht einfach viel Anregung von anderen und Bewegung um sie herum, aber eben in einer kleineren Gruppe. Und ich möchte, dass sie mit leichter beeinträchtigten Menschen zusammen ist. (...) Wie das Ganze leistungsrechtlich organisiert wird, ist mir grad ziemlich wurscht, ob das über Tagessätze ambulant, stationär oder wie auch immer geht. Ich wäre auch bereit inzwischen – vor einem Jahr hab ich noch gesagt, der Aufwand wäre mir zu groß, mittlerweile bin ich verzweifelt, dass ich sage: ‚Okay, ich würde mir auch selber jetzt noch mal das Persönliche Budget ans Bein hängen, auch wenn es keine Budgetassistenz gibt.' (...) Dann könnte ich mir vorstellen, das durch kleine Stadtteilläden zum Beispiel zu ergänzen, um dann eben auch den Kontakt zur Nachbarschaft knüpfen zu können, als jetzt nur so über das reine miteinander Wohnen." (Int-A)
- **Ambulant unterstütztes Wohnen für mehrfach schwerstbehinderte Menschen**
  „Erstmal wollen wir sehen, dass sie mit Freunden zusammenwohnt. Wenn wir es schaffen, dann machen wir ein Wohnprojekt in eigener Regie und handverlesenem Personal." – „Mein Sohn ist schwerstbehindert, bekommt aber sehr viel von seiner Umwelt mit, und er ist zwangsweise auch sehr fixiert natürlich auf mich und auf meine Mutter. Ich sehe, dass er sich hier zu Hause sehr wohl fühlt. Und die Alternativen, die es heutzutage für ihn gibt, sind: Heim, da er unter die Schwerstbehinderten fällt, und die werden in Gruppen in Heimen zusammengesteckt. Und was ich bisher über Heime gehört und gesehen habe – da war für mich sofort klar, dass ich nicht möchte, dass mein Kind in einem Heim sein Leben fristen muss. (...) Ich möchte, dass er wie jeder andere die Möglichkeit hat, in einer kleinen gemütlichen Wohnung zu leben, Leute um sich zu haben, mit denen er sich wohl fühlt. (...) Ich möchte auch nicht, dass er irgendwo lebt, sondern ich möchte, dass er hier weiter lebt in diesem Quartier, weil er sich hier auskennt. (...) Und ich möchte auch nicht, dass er so weit von mir weg ist. (...) Ich möchte, dass er eine Wohnung hat, in der er sich wohl fühlt und einen Arbeitsplatz, also einen Förderplatz (ist ja im Moment nur diese Möglichkeit), wo er auch diesen Wechsel hat am Tag." (Int-A) – „Ideen gibt's, die sind auch sehr weit vorangetrieben worden, sind dann an den Kosten gescheitert: ein ambulantes Wohnen für Mehrfachschwerstbehinderte. (...) Letztendlich war's soweit gediehen (nicht in Berlin, sondern im Land Brandenburg), dass wir mehrere Etagen in einem ganz normalen Wohnhaus angemietet hätten, die behindertengerecht umgebaut werden sollten bzw. worden sind (sind jetzt als altersgerechtes Wohnen genutzt worden). Und dort sollte eine Wohnung mit 4 bis 6 Zimmern für mehrere Mehrfachschwerstbehinderte genutzt werden, die dort auch 'ne Pflege erfahren sollten, so wie es zu Hause gewährleistet wurde. Das Ganze ist letztendlich an den Kosten gescheitert, weil es nicht finanzierbar ist." (Int-A)
- **Mehrgenerationenhaus**
  „Ich träum eigentlich von einem Mehrgenerationenhaus. Es gibt so was in Berlin schon, das möchte ich mir gern mal anschauen. Ich hab Kontakt zu einem großen Träger aufgenommen (...). Ich war bei der Sparkasse und hab gefragt, ob die Immobilien fördern oder auch so vermieten. Da bin ich jetzt einfach immer mal so am Herum-Suchen. (...) Ich erlebe ja die Mehrgenerationenfamilie tagtäglich. Meine Mutter ist siebzig, aber noch fit, und möchte sich auch gern am Leben beteiligen und gefordert sein. Da bin ich, die mitten im Berufsleben steht, und Hilfe braucht, meine Tochter, die jetzt grade heranwächst. Ich habe einen Freund, der selber auch im Rollstuhl sitzt, und dessen Mutter, die auch immer wieder mithilft, ist auch alleine. Und da kam mir so der Gedanke: Warum soll es nicht möglich sein, ältere Menschen, die nicht mehr im Berufsleben stehen, in so ein Konstrukt mit einzubinden, dass sie gefordert sind, dass sie sich beteiligen können, dass sie dazugehören und dass die, die Hilfe brauchen, das auch annehmen können – und dass man eine Gemeinschaft hat, wo sich jeder einbringen kann. Aber jeder hat seinen Rückzugsraum, das sollte immer gegeben sein. Ich kann mir das sehr gut vorstellen." – „Warum

muss man immer alte Leute ausgrenzen, ins Heim stopfen? Behinderte ins nächste Heim stopfen? Warum können wir nicht mal langsam, es gibt ja schon Modellversuche mit diesem Mehrgenerationenhaus. Also diese Idee finde ich total toll. Und auch wenn es so gesunde junge Leute, die sich um Behinderte kümmern, gibt, die müssen natürlich Enthusiasten sein, das ist klar. Vielleicht lebe ich auch irgendwo in der Utopie, aber man kann ja mal so seine Vorstellungen äußern, wie man sich das so denkt.“ (Int-A)

Die Vielfalt der Wohnideen weckt bei den Eltern Hoffnung, dass eine den individuellen Bedürfnissen entsprechende Wohnmöglichkeit realisiert werden könnte. Sie trägt jedoch auch zur Verunsicherung bei. Ein *„Markt der Möglichkeiten“* – so eine Mutter – biete keine klare Orientierung für die reale Umsetzung und selbst etwas auf die Beine zu stellen, sei eine Herausforderung, der sich Familien nur im Einzelfall stellen. Eine *Unterstützung und Beratung*, die alle Bedingungsfaktoren zur Umsetzung einer Idee im Blick haben und die notwendigen Schritte einleiten, seien unabdingbar:

„Die potenziellen Mitbewohner wären erst mal die Leute aus dem Kreis, den man kennt, oder man müsste sich irgendwie finden. Wenn's jetzt irgendwo ein Konzept gäbe, Leute gesucht würden für ein bestimmtes Modell, dann könnte man sich dafür interessieren und hin gehen, mal gucken, passt das oder passt das nicht. Aber so was gibt es jetzt aktuell nicht. Alle, auch die Träger, sagen, kommt erst mal her, sagt uns, was ihr wollt, wenn ihr 'ne Gruppe seid, wir helfen euch bei der Umsetzung. Aber keiner ist da, der erst mal sagt, so da lang geht's. Deshalb auch: Diese Ideen von integrativer WG und so, find ich alles toll, aber so lange man das nicht wirklich richtig in die Hand nimmt, wird es keine integrative WG geben. Und da sehe ich bis jetzt noch niemanden, der jetzt wirklich die Zügel in der Hand hat.“ (Int-A)

Zur *Umsetzung innovativer Ideen jenseits der üblichen Strukturen der Behindertenhilfe* sind Anbieter gefordert, neue Wege der Dienstleistungen zu erproben oder bereits genutzte zu intensivieren. Wichtige Voraussetzungen sind: die Pflege von Kontakten zu Wohnungsbaugesellschaften, Offenheit gegenüber Vorstellungen von Angehörigen und ihren Töchtern und Söhnen, ein sozialraumbezogenes Denken und Handeln sowie flexible Finanzierungsmöglichkeiten.

Präferenz „Kultursensible Unterstützungsangebote“

Bei den Überlegungen zum künftigen Wohnen spielen auch *kulturbedingte Aspekte* eine Rolle. So merkt z. B. eine Familie mit albanischem Migrationshintergrund an: *„Wir haben uns gegen Heim entschieden, weil sie ein Mädchen ist. Wir haben andere Mentalität. Leute gucken in der U-Bahn, macht uns nervös.“* Äußerungen wie diese weisen darauf hin, dass bei der Weiterentwicklung der Unterstützungsleistungen kulturell bedingte Bedarfslagen besonderer Beachtung bedürfen. Dieses Themenfeld wird in Kap. VIII ausführlich behandelt.

4.4 Wohnvorbereitung

Wichtig erscheint vielen Angehörigen eine Vorbereitung ihrer Töchter und Söhne auf das Wohnen außerhalb der Familie, z. B. in regelmäßigen Treffen von Menschen, die gemeinsam etwas unternehmen und sich über die Zukunft Gedanken machen. Dabei geht es vor allem um die Sensibilisierung der behinderten Menschen für eigene Wohnbedürfnisse und die Entwicklung von Vorstellungen über Wohnmöglichkeiten, die den eigenen Ideen nahe kommen. Mehrere Träger der Behindertenhilfe und Elternselbsthilfegruppen bieten solche Treffpunkte an.

Als sehr hilfreich im Prozess der Ablösung haben sich für einige Familien „Patenmodelle“ erwiesen, bei denen z. B. Freunde der Familie nicht nur Unterstützung im Alltag geben, sondern auch in Entscheidungen über den Lebensweg der behinderten Menschen einbezogen werden. Bei einigen Familien wurden „Runde Tische“ zur Persönlichen Zukunftsplanung (z. B. Arbeit) durchgeführt, an denen Personen beteiligt sind, die für den Sohn oder die Tochter subjektiv bedeutsam sind.

Bei der Suche nach einer Wohnmöglichkeit wird u. a. die trägerübergreifende Vermittlungs- und Beratungsstelle im Bereich des Wohnens LOTSE BERLIN in Anspruch genommen. Die Vermittlung erweist sich insbesondere bei schwer behinderten Menschen mit herausforderndem Verhalten als schwierig. Eine Familie steht nach eigenen Aussagen seit vier Jahren auf der Warteliste verschiedener Träger. Vermisst wird eine Unterstützung bei der Suche nach innovativen Wohnkonzepten. So könnten z. B. die von Eltern entwickelten Projektideen, deren Bündelung und

Koordinierung die Kapazitäten der Angehörigen übersteigt, von einer unabhängigen Wohnberatungsstelle konstruktiv begleitet werden:

„Also, es fängt ja wirklich schon an in diesem Stadium, wenn man sich einem Träger zuordnen soll. Das wollen ja viele erst mal nicht. Und daher würde es schon Sinn machen, wenn es trägerübergreifend wäre. Und dann könnte man quasi die Konzepte irgendwie darlegen und mal gucken, welcher Träger wäre daran interessiert, das umzusetzen." (Int-A)

5 Bedarfsermittlung und Finanzierung

Für die Realisierung der Wohnvorstellungen und Unterstützungsbedarfe ist die Bedarfsermittlung durch die zuständigen Behörden und die Finanzierung von zentraler Bedeutung. Die Erfahrungen der Angehörigen in diesem Feld zeigen Handlungsbedarf auf unterschiedlichen Ebenen auf.

Erfahrungen mit dem Fallmanagement

Seit 2006 sind in den bezirklichen Sozialämtern sogenannte Fallmanager/innen für Maß-nahmen der Eingliederungshilfe für Menschen mit Behinderung zuständig. Sie haben die Aufgabe, gemeinsam mit dem behinderten Menschen und seinen Bezugspersonen den jeweiligen Hilfebedarf zu ermitteln, Zielvereinbarungen abzuschließen und die Finanzierung der vereinbarten Maßnahmen sicherzustellen. Da die Wohnvorstellungen der befragten Angehörigen immer auch im Kontext der Finanzierbarkeit zu sehen sind, wurde im Fragebogen auch nach den Erfahrungen mit dem Fallmanagement gefragt. Zum Zeitpunkt der Befragung hatte nur rund ein Viertel der insgesamt 70 Befragten zur Klärung des Unterstützungsbedarfs schon einmal persönlichen Kontakt mit einem Fallmanager bzw. einer Fallmanagerin des zuständigen Bezirksamts. Auf einer vierstufigen Bewertungsskala zu sieben Aspekten gaben 13 Personen eine Einschätzung ihrer *Zufriedenheit mit dem Gesprächsverlauf* (Tab. 10). Die sehr kleine Stichprobe lässt keine Rückschlüsse auf die Erfahrungen der Angehörigen insgesamt zu.

Wie haben Sie das Gespräch mit dem/der Fallmanager/in in Erinnerung?	**Mittelwert** 1: ja, völlig 2: ja, überwiegend 3: eher nicht 4: nein
Die Fallmanagerin/der Fallmanager hatte ein gutes Verständnis für die Situation sehr schwer behinderter Menschen (n = 10)	1,6
Unsere Vorstellungen wurden ernst genommen (n = 13)	1,8
Ich war mit dem Gespräch insgesamt zufrieden (n = 13)	1,8
Meine Angehörige/mein Angehöriger hat die Unterstützung bekommen, die sie/er braucht (n = 12)	1,8
Ich hatte den Eindruck, dass die Entscheidungen der Fallmanagerin/des Fallmanagers nicht in erster Linie durch Kostenaspekte bestimmt waren (n = 6)	1,8
Die Fallmanagerin/der Fallmanager zeigte sich offen für unkonventionelle Wege der Unterstützung meiner/meines Angehörigen (n = 8)	1,9
Meine Angehörige/mein Angehöriger wurde am Gespräch beteiligt (n = 10)	2,1

Tab. 10: Erfahrungen mit dem Fallmanagement

Die Mittelwerte der Bewertungen (Abstufung: 1 bis 4) liegen zwischen 1,6 und 2,1. Daraus ist zu schließen, dass die Gespräche überwiegend zufriedenstellend verlaufen sind. Besonders hervorgehoben wurde das Verständnis für schwer behinderte Menschen (1,6). Am wenigsten Zufriedenheit gab es hinsichtlich der Beteiligung des behinderten Menschen am Gespräch. Im Einzelfall wird angegeben, dass die bisherigen Gespräche unterschiedliche Verläufe nahmen.

Die überwiegend zufriedenstellenden Erfahrungen im persönlichen Kontakt mit dem Fallmanagement werden relativiert durch ergänzende Angaben zu *problematischen Erfahrungen* mit einzelnen Bezirksämtern, die aus der Sicht der Befragten überwiegend durch Arbeitsüberlastung und

Sparvorgaben bedingt sind („*Was unbedingt verbessert werden MÜSSTE: respektvoller Umgang, Vertretung der verbrieften Rechte der Klienten und nicht der Sparmaßnahmen der Ämter*"). Kritik wird u. a. an der Qualität der *Beratung* („*Engerer persönlicher Kontakt, besseres Einfühlungsvermögen in die Situationen, bessere Aufklärungsgespräche über weitere Fördermöglichkeiten und Hilfemaßnahmen*"), an langen *Bearbeitungszeiten* von Anträgen („*Schlecht zu erreichen, Anträge brauchen fast neun Monate bis zur Durchführung; meistens überlastet und keine genügende Zeit, da zu viele Fälle vorhanden sind*") und an der zu geringen *Vernetzung* der zuständigen Stellen geübt. Für Unmut sorgen zudem die unterschiedlichen *Vorgehensweisen* in den Bezirken.

> *„Wenn einer von einem Bezirk in den anderen zieht, kann es passieren, dass er Leistungen, die er vorher gekriegt hat, nicht mehr kriegt, weil dieser Bezirk sagt, gibt's hier nicht, basta, wir haben kein Geld dafür. Das betrifft nicht nur Fragen der Assistenzleistungen, das betrifft auch Fragen der Urlaubsgestaltung und Ähnliches." (Int-A)*

Mehrere Eltern berichten, dass der tatsächliche *Unterstützungsbedarf* in Familien, die mit ihrem behinderten Angehörigen zusammenleben, von den zuständigen Stellen nicht immer erkannt wird, insbesondere bei schwerer Behinderung:

> *„Die Betreuung ist sehr aufwändig, da mein Sohn auch mobil ist. Er rutscht im Sitzen und er geht auch überall hin, was ihn interessiert. Er geht viel an die Waschmaschine, Technik, drückt an den Knöpfen herum – also man muss immer aufpassen – er räumt auch die Schränke aus. Er hat auch schon mal eine Packung Oropax gegessen, wenn man weggeschaut hat, also man muss einfach 24 Stunden auf ihn aufpassen, auch nachts. Er hat außerdem epileptische Anfälle, die auch jederzeit auftreten können. Und da ist man immer sehr wachsam, dass da nicht gerade beim Essen etwas passiert. Er schläft auch mit bei mir im Schlafzimmer, auch wegen den Anfällen, dass man ihn immer da hat. Und sonst: Alles was Pflege bedeutet – baden, duschen, waschen morgens und abends, rasieren, alles was dazu gehört, wie bei einem kleinen Baby nur im Großformat" (Int-A)*

Immer wieder vorgetragene Bitten bei den Ämtern um mehr Unterstützung bei der häuslichen Betreuung führten nach Aussage der Mutter zu Ratschlägen, die ihr eigentliches Anliegen verkennen: *„Dann haben die immer gesagt: ‚Geben Sie Ihren Sohn doch endlich ins Heim.' Das war die einzige Antwort."*

Eltern eines Sohnes mit stark herausforderndem Verhalten, der gegenwärtig eine Fördergruppe besucht und zusätzlich sechs Stunden *Einzelfallhilfe* hat, wurden bei der Bitte um Aufstockung der Einzelfallhilfe vor die Alternative gestellt: entweder Fördergruppe oder mehr Einzelfallhelferstunden. Da der Besuch der Fördergruppe für den Sohn sehr wichtig ist, wollen sich die Eltern auf den Vorschlag nicht einlassen, hatten bislang aber keinen Erfolg mit ihrem Antrag auf Erhöhung der Stunden.

Höhere Stundenzahlen werden nur im Ausnahmefall bewilligt, oft erst nach Intervention durch einen Rechtsanwalt – wie bei einer jungen Frau mit herausforderndem Verhalten:

> *„Im Grunde wollen sie es uns seit Jahren ganz und gar wegnehmen. Meine Tochter hat auch noch eine Kommunikationstherapie bei einem Psychotherapeuten, der eigentlich auch nicht mehr bezahlt werden sollte. Und als die das dann alles abgelehnt haben, habe ich einen Rechtsanwalt eingesetzt. (…) und dann ging es. Seit dem haben wir keine Verlängerungsprobleme mehr gehabt. Jetzt heißt es erstmals wieder, wir sollen uns Gedanken über eine Reduzierung machen. Aber inzwischen ist es eher denkbar." (Int-A)*

Vor dem Hintergrund der als unbefriedigend erlebten Beratungssituation haben Angehörige die Idee eines *unabhängigen Assistenz-Zentrums* entwickelt, das Beratung und Unterstützung in unterschiedlichen Bereichen bieten soll:

> *„Eine Stelle, wo die Menschen sich neutral erst mal beraten lassen, was sie für Möglichkeiten haben, welche Hilfen ihnen zustehen, und dass sie auch auf diesem Weg begleitet werden, diese Hilfen zu beschaffen. (…) Das Assistenz-Zentrum soll auch dafür da sein, das Persönliche Budget bekannter zu machen, dass die Menschen das mehr nutzen und dass ein sogenannter Helferpool geschaffen wird, dass Menschen (ehrenamtlich oder Sozialarbeiter) ihre Arbeit anbieten können und die Personen, die das Persönliche Budget bekommen können, die Hilfe einkaufen, können sich selber den Helfer aussuchen auch. Jetzt ist es so, ein Helfer wird einem einfach vorgesetzt und dann ist das halt so. Man hat nicht die Wahl zwischen verschiedenen Personen." (Int-A)*

Mit Blick auf Kostendämpfungsmaßnahmen bei der Eingliederungshilfe hat die Anlage zu 5.2 D der Leistungs- und Qualitätsvereinbarung nach § 80 a SGB XI für vollstationäre Pflegeeinrichtungen unter Eltern schwer behinderter Töchter und Söhne für Unruhe gesorgt. Sie eröffnet Trägern der Alten- und Behindertenhilfe die Möglichkeit, einen Versorgungsvertrag mit der Pflegeversicherung abzuschließen und Plätze für pflegebedürftige geistig behinderte Menschen ab 18 Jahre ab Pflegestufe 1 anzubieten (vgl. Kap. II). Die Eltern befürchten eine „Abschiebung" ihrer erwachsenen Kinder ins Pflegeheim:

„Das hieß dann (...), es gibt noch irgendwo 300 Pflegebetten in Berlin, die müssen erst mal belegt werden. Und da dachte ich mir auch, wenn mein Sohn [Pflegestufe 3] zu denen gehört, die da in so ein Pflegebett kommen, dann kann er eigentlich nur ruhig gestellt werden, sonst packt das Personal das gar nicht. Und genau das ist, was wir auch nicht wollen. Er soll schon so natürlich wie möglich leben können, mit anderen normalen Menschen zusammen." (Int-A)

Inanspruchnahme eines Persönlichen Budgets

Nur vier Menschen mit Behinderung in den beteiligten Familien nutzen ein Persönliches Budget (Abb. 47). Vorteile werden u. a. darin gesehen, dass der behinderte Mensch lernt, selbst mit Geld umzugehen. Zugleich wachse die Erkenntnis, *„dass man nicht nur schöne Dinge kaufen kann, sondern zweckliche"*. Als belastend wird das *„ständige Ausfüllen von Formblättern und langen Fragebögen"* sowie die *„Offenlegung aller Ersparnisse des Betreuers"* angesehen, eine unkomplizierte und unbürokratischere Genehmigung wäre hilfreich.

19 % der Befragten ist das Persönliche Budget bisher nicht bekannt (Abb. 47).

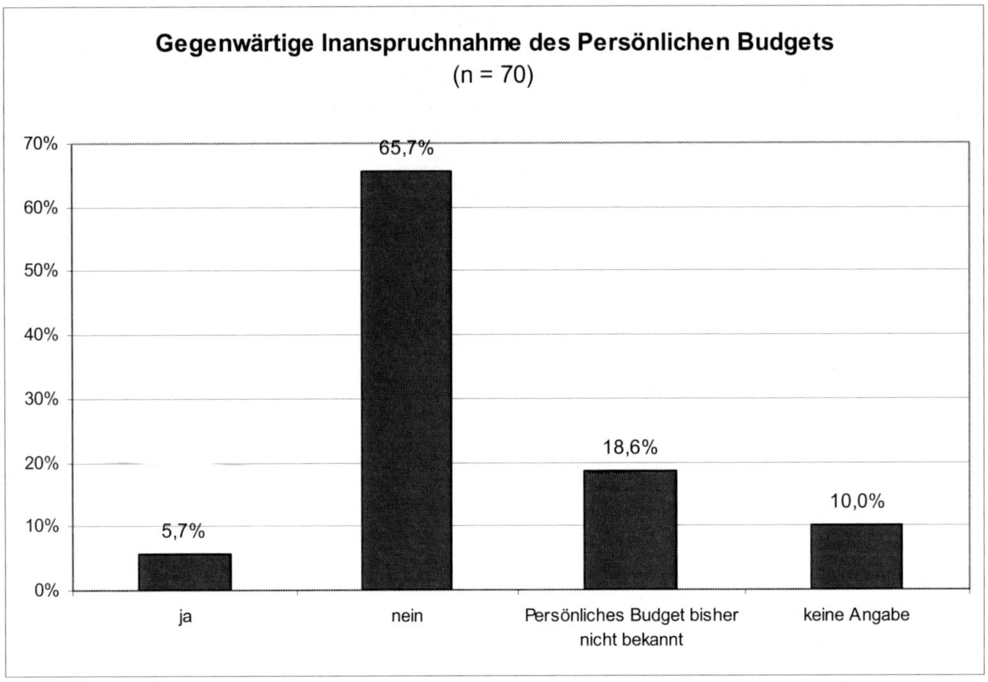

Abb. 47: Persönliches Budget – Inanspruchnahme

Dieser Befund korrespondiert mit Aussagen in Angehörigen-Interviews, die z. T. auf mangelnde Kenntnisse über diese Finanzierungsart schließen lassen (*„Nein, das wissen wir nicht. Neulich haben wir diesen Ausdruck gehört."*). Zum einen scheinen manche Eltern sich nicht selbst über Neuerungen in der Behindertenhilfe zu informieren, zum anderen erhalten sie vermutlich nur unzureichende Informationen aus den Einrichtungen, die der Sohn oder die Tochter besucht.

12 % der Befragten sind daran interessiert, künftig für die Unterstützung Ihres Angehörigen ein Persönliches Budget in Anspruch zu nehmen (Abb. 48). 34 % würden dies eventuell tun; 46 % haben kein Interesse.

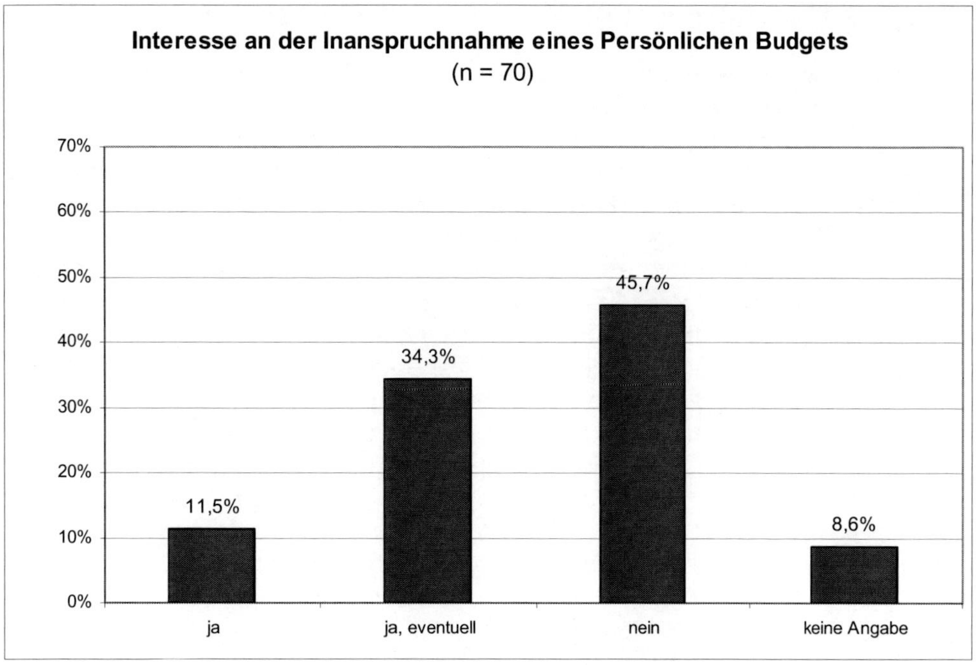

Abb. 48: Persönliches Budget – Interesse

Ein Vater, der sich mit dem Gedanken trägt, für seine Tochter das Persönliche Budget zu beantragen, merkt kritisch an: *„Auch hier geht es nicht um die Wahrung der Interessen der Klienten, sondern um Einsparungen, auch mit unlauteren Mitteln. Wir bekamen sogar rechtswidrige Auskünfte".* Für fast die Hälfte der Befragten ist diese Finanzierungsart keine Option. Viele sehen das Persönliche Budget mit zu starken *Risiken* behaftet; sie schätzen die Sicherheit, die durch einen Träger geboten werden könnte.

Auch in den Interviews bekundeten mehrere Angehörige *Interesse* am Persönlichen Budget, überwiegend Mütter schwer behinderter Söhne und Töchter, die negative Erfahrungen mit der Heimbetreuung gemacht haben. Über die Inanspruchnahme eines Persönlichen Budgets erhoffen sie mehr Individualität in der Betreuung – wenngleich die Regelung, dass das Persönliche Budget nicht höher sein darf als die gegenwärtig gewährte Sachleistung, dem individuellen Wohnen schwer behinderter Menschen Grenzen setzt.

Erwartungen von Eltern an Träger, bei der Initiierung von Wohnmodellen unter Einbeziehung des Persönlichen Budgets Unterstützung zu geben, wurden enttäuscht. Sie vermissen eine Strategie, die zügig zur Erprobung innovativer Ansätze führen könnte:

„Eltern zu suchen, ein Haus zu mieten, ein Persönliches Budget zu machen – das will und schaffe ich nicht mehr, weil der Aufwand ist einfach riesengroß. Aber was ich mir wünsche, ist ein Träger, der zum Beispiel bereit ist, an der Stelle eine Immobilie zu besorgen, zu suchen, mitmacht, der irgendwie auf die Idee kommt, seine Leistung in entsprechende budgetgerechte Module aufzudröseln, so dass man die auch ‚kaufen' kann. (…) Es wird nur darüber geredet, geredet, geredet und die machen nichts." (Int-A)

Einige der interviewten Angehörigen wären bereit, in der Anfangsphase die Verwaltung des Budgets zu übernehmen, das könne aber keine Lösung auf Dauer sein:

„Ich könnte mir das vorstellen, vorübergehend. Mit Sicherheit hab ich keine Lust mein Leben lang mich um die Arbeit und das Wohnen und quasi immer um die Belange von meinem Sohn zu kümmern, weil so schafft man keine Distanz, weder für ihn noch für einen selber. Ich denke, wenn man sich zuviel einmischt, das ist nicht gut." (Int-A)

Eine Übernahme der *Budgetverwaltung* durch Beauftragte eines Trägers wird von einer Mutter klar abgelehnt: *„Wenn das möglich ist, dann geh ich auf die Barrikaden".*

6 Zukünftiges Wohnen von Menschen mit Behinderung

Über die Wünsche für die eigenen behinderten Angehörigen hinaus wurden die Fragebogen-Adressatinnen und -Adressaten gefragt, wie nach ihrer Meinung Wohnmöglichkeiten für Menschen mit geistiger Behinderung in Zukunft gestaltet sein sollten. Hierzu gab es rund 50 Antworten. Das Spektrum der Zukunftsvorstellungen ist breit: von Wohnstätten („*wo große Gartenanlagen dazu gehören, damit sich die Behinderten relativ frei bewegen können*") über „*eigener Wohnbereich ohne Bevormundung, den betreffenden Menschen angepasst*" und das Leben in Familien bis hin zu neuen Wohnformen, z. B. „*mehrere (2-3) integrative Wohngemeinschaften in (3 Minuten-)Fußnähe, gemeinsamer Treffpunkt, an z. B. (echtes) Mehrgenerationenprojekt angeschlossen*". Die Wohnstätte und die Familie werden nur jeweils einmal genannt. Vorstellungen vom weitgehend selbstbestimmten Wohnen überwiegen, z. B. „*Jeder Behinderte sollte ein ‚kleines Reich' für sich alleine haben. ‚Nebenan' sollte es aber Personen geben, die er ohne Probleme ansprechen kann, die ihm helfen und ihm das Gefühl vermitteln, dass sie gerne mit ihm zusammen sind*". Die hier angesprochene soziale Einbindung hat für viele einen hohen Stellenwert. So soll z. B. die eigene Wohnung „*mit anderen Wohnungen <u>und</u> Gemeinschaftseinrichtungen verbunden sein*", es sollen „*kleine Wohneinheiten mitten im Kiez*" geschaffen werden, neben dem bereits genannten „*Mehrgenerationenwohnen*" auch „*Hausgemeinschaften mit nichtbehinderten Menschen*". Zudem sollte es eine „*große Akzeptanz im engeren Wohnumfeld geben, z. B. auch ‚Wohnpaten' als Ansprechpartner*".

Das möglichst eigenständige und gemeinwesenintegrierte Wohnen mit „*Freiraum für eigene Bedürfnisse*" sollte nach Aussagen der Befragten durch die jeweils erforderliche *Assistenz* im häuslichen oder pflegerischen Bereich unterstützt werden, bis hin zur „*intensiven Rundumbetreuung*". Als wesentliche Aufgaben werden genannt: „*Möglichkeiten geben, sich weiterzuentwickeln, ausreichende Hilfe zur Umsetzung anbieten, auf Wünsche des Behinderten eingehen*". Bei Planungen solle auch daran gedacht werden, „*dass Behinderte auch Rentner werden*"; für diese Personengruppe gebe es zu wenig Angebote. Eine Person bringt ihre Zielvorstellung knapp auf den Punkt: „*integriert, aber auch beschützt*".

7 Weitere Studien zur „Angehörigenperspektive"

Befragungen von Angehörigen zum künftigen Wohnen ihrer behinderten Familienmitglieder oder zu Erfahrungen mit dem Auszug aus dem Elternhaus und dem Wohnen in einer betreuten Wohnform werden entweder parallel zu Befragungen von Menschen mit Behinderung oder eigenständig durchgeführt. In den letzten Jahren wurden nur wenige Studien zu den genannten Fragestellungen publiziert. Im Zusammenhang mit den Ergebnissen der KUNDENSTUDIE werden an dieser Stelle exemplarisch die in Tab. 11 aufgelisteten Studien betrachtet. Dabei stehen die Einbindung in das Gemeinwesen und die Vorstellungen für das künftige Wohnen im Mittelpunkt. Auch hier ist im Rahmen des vorliegenden Berichts keine differenzierte Diskussion möglich.

Studien zur „Angehörigenperspektive“	Anzahl der beteiligten Angehörigen	Verfahren	Forschungsansatz
Projekt „Leben im Ort“ (Baden-Württemberg): JERG & GOEKE (2008): Wege zur personenorientierten Begleitung. (Projektbericht 1); GOEKE & JERG (2009): Wohnwünsche realisieren. (Projektbericht 3); JERG & GOEKE (2009): Individuelle Beratung und Wege ins Gemeinwesen. (Projektbericht 4)		Interviews Gruppendiskussionen	prozessbegleitend
STAMM (2008): Erwachsene Menschen mit geistiger Behinderung im Elternhaus. Zur Situation von Familien, in denen erwachsene Menschen mit geistiger Behinderung leben – eine empirische Studie im Kreis Minden-Lübbecke.	207	Fragebogen	deskriptiv
HELLMANN et al. (2007): Perspektiven alternder Menschen mit schwerster Behinderung in der Familie. (mehrere Bundesländer)	ca. 30	Interviews	deskriptiv
METZLER & RAUSCHER (2004): Inklusiv wohnen. Wohn- und Unterstützungsangebote für Menschen mit Behinderung in Zukunft. (Baden-Württemberg)	320	Fragebogen	deskriptiv
HAHN et al. (2004): Warum sollen sie nicht mit uns leben? Stadtteilintegriertes Wohnen von Menschen mit schwerer geistiger Behinderung und ihre Situation in Wohnheimen. (Berlin)	41	Interviews	prozessbegleitend
WEBER et al. (2009): Veränderungen der Lebensqualität von Menschen mit Behinderungen durch Veränderung der Wohnformen.	20	Fragebogen	prozessbegleitend

Tab. 11: Studien zur Angehörigenperspektive

Wohnvorstellungen der Angehörigen

Im Zusammenhang mit der ZPE-Studie „Selbständiges Wohnen behinderter Menschen – Individuelle Hilfen aus einer Hand“ in Nordrhein-Westfalen hat sich STAMM (2008) mit der Lebenssituation von Familien, in denen erwachsene Menschen mit Behinderung leben, insbesondere mit der Frage der gegenwärtigen oder künftigen Unterstützungsbedarfe innerhalb oder außerhalb des Familienzusammenhangs befasst. Entsprechend den Aussagen von Angehörigen in der Berliner KUNDENSTUDIE gelingt es dem überwiegenden Teil der Eltern, die Anforderungen im Zusammenleben mit dem behinderten Angehörigen zu bewältigen. Übereinstimmungen gibt es auch hinsichtlich der Wunschvorstellungen der Eltern zur künftigen Wohnsituation des Sohnes oder der Tochter: In beiden Studien hält etwa ein Viertel der Befragten das Leben im Elternhaus auch künftig für die beste Wohnform. Beim Wohnen außerhalb der Familie werden in beiden Studien gruppenbezogene Wohnformen im Heim oder in einer betreuten Wohngemeinschaft bevorzugt, allerdings haben in der Berliner Studie ambulant unterstützte Formen des Zusammenlebens ein deutlich größeres Gewicht. Auch das Leben in einer eigenen Wohnung ist für die in Berlin befragten Eltern häufiger eine Option als in der NRW-Studie. Das größere Interesse an ambulant unterstützten Wohnformen in Berlin steht vermutlich mit den seit den 1980er Jahren gut ausgebauten ambulanten Wohnangeboten in der Stadt in Zusammenhang. Der Anteil der behinderten Familienmitglieder, die nach Aussagen ihrer Angehörigen noch keinen Veränderungsbedarf beim Wohnen in der Familie geäußert haben, ist in beiden Studien vergleichbar hoch. Bei denjenigen, die bereits Auszugswünsche signalisiert haben, steht nach Aussagen der Angehörigen jeweils das Wohnen in einer eigenen Wohnung an oberster Stelle.

Bemerkenswert ist, dass vergleichbar mit den Daten in Berlin und Nordrhein-Westfalen auch in der Baden-Württemberger Studie rund ein Viertel der befragten Eltern das Leben in der Herkunftsfamilie für eine geeignete Zukunftsoption hält. Auch in Baden-Württemberg werden wie in Nordrhein-Westfalen bei möglichen Wohnformen außerhalb der Familie Heimwohngruppen deutlich häufiger genannt als in der Berliner KUNDENSTUDIE. Dieser Sachverhalt kann in stärkeren Sicherheitserwartungen der Eltern begründet oder durch teilweise weniger entwickelte ambulante Strukturen im Bereich des Wohnens bedingt sein. Möglicherweise spielt auch die Tatsache eine Rolle, dass für Menschen mit höherem Hilfebedarf unter den gegenwärtig gewährten Fachleistungsstunden ambulant betreutes Wohnen nicht realisiert werden kann. Innovative Wohnkonzepte, die neue Finanzierungsmodelle zur Realisierung individuellerer Wohnformen auch für Menschen mit höherem Hilfebedarf nutzen, werden fast nur von Berliner Eltern als Wunschvorstellung artikuliert.

Bei den gewünschten Rahmenbedingungen des Wohnens außerhalb der Familie bestehen zwischen der Studie in Baden-Württemberg (METZLER & RAUSCHER 2004, 20) und der Berliner KUNDENSTUDIE große Übereinstimmungen. Die Wünsche beziehen sich auf gute infrastrukturelle, bauliche und räumliche Bedingungen und Ausstattungen, vielfältige Möglichkeiten für Selbstbestimmung und Teilhabe, soziale Kontakte und emotionales Eingebundensein. Anforderungen hinsichtlich der pädagogischen Förderung der Töchter und Söhne werden von den Eltern in Baden-Württemberg stärker hervorgehoben als von den Berliner Eltern. Bei Letzteren kommt der Förderaspekt eher indirekt zur Sprache, indem z. B. selbstkritisch die mangelnde Förderung der Selbstständigkeit im Elternhaus thematisiert wird oder bereits vorliegende Erfahrungen im Wohnbereich kritisch kommentiert werden, insbesondere bei schweren Behinderungen. Der Unterschied in der Gewichtung der Förderung könnte in der Altersstruktur der behinderten Menschen begründet sein: Die Söhne und Töchter in der Baden-Württemberger Studie waren überwiegend jünger als die an der Berliner Studie beteiligten behinderten Angehörigen. Hervorzuheben ist, dass sich bei den „konstruktiv-kritischen" Berliner Eltern Anforderungen an die Mitarbeitenden nicht allein auf die Förderung ihrer Söhne und Töchter beziehen, sondern auf eine aktuellen fachlichen Anforderungen entsprechende Qualität der Arbeit, die neben sozialraumbezogenen Ansprüchen auch eine gute Zusammenarbeit mit den Angehörigen und Möglichkeiten der Mitwirkung impliziert. In der Angehörigenbefragung in Nordrhein-Westfalen standen mit Blick auf das künftige Wohnen außerhalb der Familie überwiegend objektive Merkmale im Vordergrund (z. B. Lage, Infrastruktur, Wohnform, Räumlichkeiten, Unterstützung, Nähe zur Familie); qualitative Aspekte wurden in Bezug auf das künftige Wohnen nicht explizit thematisiert.

Die Ergebnisse der drei genannten Studien entsprechen in Teilbereichen den von HELLMANN et al. (2007) in Familien älterer Menschen mit Behinderung gewonnenen Erkenntnissen. Auch hier gibt es unterschiedliche Familientypen:

- Familien, die eine selbstbestimmte Zukunft des Sohnes und der Tochter außerhalb der Herkunftsfamilie im Blick haben und teilweise bereits erste Maßnahmen unternommen haben,
- Familien, deren Handlungsstrategien sich eher auf die Gegenwart richten und Zukunftsplanungen zwar als notwendig erachtet werden, aber bislang kaum thematisiert wurden, und
- Familien, die keinerlei Veränderungen wünschen.

Vor dem Hintergrund der unterschiedlichen Lebenssituationen, Bewältigungsstrategien und Wertvorstellungen entwickeln die Autoren der Studie Empfehlungen für die Gestaltung der Unterstützung der Familien. Sie betreffen u. a. die Unterstützung bei der Auseinandersetzung mit Zukunftsfragen, verlässliche Rahmenbedingungen zur Gestaltung des Alltags, ein differenziertes Netz von aufeinander abgestimmten und koordinierten Unterstützungsangeboten sowie die Integration der behinderten Menschen und ihrer Familien in das soziale und gesellschaftliche Leben. Während in der Studie von HELLMANN et al. (2007) fast alle behinderten Familienangehörigen über 40 Jahre alt waren, war in der NRW-Studie von STAMM (2008) über die Hälfte der in den Familien lebenden Frauen und Männer jünger als 40 Jahre. Von daher ergeben sich teilweise unterschiedliche Unterstützungsbedarfe. Die Verbesserungsvorschläge der Befragten in Nordrhein-Westfalen beziehen sich u. a. auf das Angebot für Kurzzeitunterbringung, Wohnangebote in der Nähe der Eltern, finanzielle Unterstützung bzw. Entlastung, Freizeitangebote, Mobilität und die Integration in die Gesellschaft.

Einschätzungen eigenständiger und gemeindeintegrierter Wohnformen

Bundesweit gibt es innovative Wohnkonzepte, die auf Initiative von Eltern entstanden sind. Auch Angehörigen-Aussagen der Berliner KUNDENSTUDIE zeigen, dass ein Teil der Eltern Wohnvorstellungen entwickelt hat, die am Sozialraum orientiert sind und vom gegenwärtigen Angebot der Behindertenhilfe nicht oder erst ansatzweise abgedeckt werden. Auch für Menschen mit hohem

Unterstützungsbedarf sollen nach dem Willen der Eltern neue Wohnkonzepte entwickelt werden, die sich an der Leitidee der Inklusion orientieren.

In diesem Zusammenhang ist das von der Forschungsgruppe um Martin HAHN wissenschaftlich begleitete Berliner Projekt WISTA von Bedeutung (HAHN et al. 2004). Die Studie analysiert den Verlauf von stadtteilintegrierten Wohngruppen für Erwachsene mit schwerer geistiger Behinderung, die auf Initiative von Eltern entstanden sind. Die Eltern suchten bereits seit Ende der 1980er Jahre nach gemeindeintegrierten Alternativen zu Großeinrichtungen, die bis dahin für viele schwer geistig behinderte Menschen die einzige Wohnmöglichkeit außerhalb der Familie boten. Die zu unterschiedlichen Zeitpunkten durchgeführten Interviews mit den beteiligten Müttern und Vätern geben Einblick in die Anfänge der Initiative und in die Phasen des Ablösungsprozesses (vgl. dazu auch FISCHER 2008). Sie dokumentieren die Chancen und Schwierigkeiten der Rolle von Angehörigen nach dem Einzug ihrer Töchter und Söhne in die Wohngruppen und spiegeln positive und krisenhafte Entwicklungen der Arbeit in den Gruppen aus der Perspektive der Eltern. Hier gibt es im Einzelfall Parallelen zu Wohnheimerfahrungen von Eltern schwer behinderter Kinder der KUNDENSTUDIE.

In der Begleitforschung zum Projekt „Leben im Ort" in Baden-Württemberg (JERG & GOEKE 2008; GOEKE & JERG 2009; JERG & GOEKE 2009) wurden Angehörige u. a. zur Einschätzung von eigenständigeren Wohnformen für ihre behinderten Familienangehörigen befragt. Als gewinnbringend werden u. a. das höhere Selbstbewusstsein und die größere Selbstständigkeit, die Zunahme der Kontakte zu behinderten und nichtbehinderten Menschen und neue Vorstellungen zur eigenen Freizeitgestaltung genannt. Befürchtungen hinsichtlich eines künftigen eigenständigen Wohnens beziehen sich auf mögliche Überforderungen der behinderten Menschen, Vereinsamung und Isolation und Diskriminierungen seitens der nichtbehinderten Nachbarn (vgl. JERG & GOEKE 2008, 88f.). Aus Sicht der befragten Angehörigen überwiegen dennoch die Vorteile und Chancen des eigenständigen Wohnens. Sie zeigen sich bereit, in entsprechenden Projekten mitzuwirken.

Während im Baden-Württemberger Projekt zum Zeitpunkt der Befragung der Umzug in selbstständigere Wohnformen teilweise noch bevorstand, wurden Angehörige in der Evaluationsstudie zum Ausbau ambulanter Wohnformen in Hamburg (WEBER et al. 2009) vor und nach der Veränderung der Wohnform befragt. Hier ging es schwerpunktmäßig um Veränderungen des Hilfebedarfs und des Sicherheitsempfindens sowie um die Bewertung des Angebots für den behinderten Menschen. Die aktuelle ambulant betreute Wohnsituation wird von befragten Angehörigen trotz anfänglicher Bedenken überwiegend als Verbesserung gegenüber der Betreuung in einer Wohngruppe angesehen.

Zusammenfassend kann festgestellt werden, dass die Ergebnisse der KUNDENSTUDIE grundlegende Ansichten von Angehörigen hinsichtlich der Gestaltung des Wohnens von Menschen mit geistiger Behinderung dokumentieren, die auch außerhalb des Landes Berlin Gültigkeit haben. Was die Aussagen der Berliner Angehörigen gegenüber den Befragten in anderen Studien auszeichnet, sind die zahlreichen Impulse zur Weiterentwicklung der Wohngebote unter der Leitorientierung Inklusion. Sie haben nicht nur die individuelle Gestaltung der Wohnform, sondern auch die Einbindung ins Wohnumfeld im Blick. Die Anregungen sollten bei künftigen Planungen durch systematische Beteiligung von Angehörigen berücksichtigt werden.

8 Zusammenfassung und Handlungsbedarf

Zur Ermittlung der Wohnvorstellungen von Angehörigen, die mit ihren erwachsenen geistig behinderten Töchtern und Söhnen zusammenleben, wurden Fragebogenerhebungen, Interviews und ein Workshop durchgeführt. An der Fragebogenerhebung, die exemplarisch in Tempelhof-Schöneberg und Marzahn-Hellersdorf stattfand, waren 70 Angehörige zwischen 25 und 83 Jahren beteiligt, überwiegend Frauen. Ergänzend wurden Einzel- und Gruppeninterviews mit 25 Eltern (20 Mütter, 5 Väter) und ein Workshop mit 24 Angehörigen durchgeführt.

Fast alle Befragten sind der Meinung, dass ihre behinderten Angehörigen mit dem Wohnen in der Familie voll oder überwiegend zufrieden sind. Positiv bewertet werden vor allem die jeweils gegebenen Wohnverhältnisse, die soziale Einbindung in der Nachbarschaft und die Qualität der familiären Unterstützung. Kritische Aspekte beziehen sich auf mobilitätsbedingte Probleme hinsichtlich der Größe und Ausstattung der Wohnung und der Umfeldbedingungen, die mangelnde Förderung der Selbstständigkeit und Eigenverantwortung im Elternhaus und das Fehlen sozialer Kontakte. Teilweise werden eigene Belastungen der Eltern im Zusammenleben mit dem erwachsenen behinderten Kind thematisiert und die unzureichende Unterstützung im Alltag. Vor allem Eltern von mehrfach behinderten Töchtern und Söhnen beklagen, dass für individuelle Freizeitaktivitäten keine ausreichende Assistenz zur Verfügung steht. Eltern, deren Sohn oder Tochter bereits das Elternhaus verlassen hat, beurteilen das Wohnen in betreuten Wohnformen überwiegend positiv. Beim Wohnen in einer eigenen Wohnung wird die Förderung der Selbstständigkeit und Selbstbestimmung hervorgehoben, beim Leben in Gruppen das Zusammenleben mit Menschen gleichen Alters und ähnlicher Interessenslagen und die abwechslungsreiche Freizeitgestaltung. Kritik am Heim bezieht sich u. a. auf eine teilweise unzureichende Gesundheitssorge bei schwerer Mehrfachbehinderung, mangelnde Transparenz der Arbeit, hohe Personalfluktuation, unzumutbare Gruppenzusammensetzungen und fehlende Mitwirkungsmöglichkeiten von Angehörigen.

Das persönliche soziale Netz von Menschen mit Behinderung, die in ihren Familien leben, ist häufig überwiegend auf Eltern, weitere Verwandte und einzelne Freunde sowie Bekannte oder Nachbarn beschränkt. Freizeitaktivitäten innerhalb der Wohnung werden überwiegend allein gestaltet; Aktivitäten außerhalb finden teils gemeinsam mit den Eltern, teils in Begleitung von Einzelfallhelfern statt. Zu ehrenamtlich Tätigen besteht nur selten Kontakt. Die Integration ins Wohnumfeld ist nach Aussage der Befragten nur bei der Hälfte der behinderten Angehörigen gegeben, ein Viertel ist teilweise integriert. Nachbarn verhalten sich überwiegend freundlich, direkte Kontaktaufnahmen sind jedoch nicht alltäglich. Als günstige Bedingungsfaktoren erweisen sich das Vorhandensein tragfähiger sozialer Netze der Familie und das gemeinsame Leben und Lernen von Kindern mit und ohne Behinderung als Basis für das Fortbestehen der dort gewachsenen Beziehungen auch im Erwachsenenalter. Mehr als die Hälfte der Eltern schätzt die Möglichkeiten, Freunde zu finden, für ihre Töchter und Söhne als eher gering ein. Drei Viertel der behinderten Menschen haben keinen Ort in ihrer Nähe, an dem sie regelmäßig andere Leute treffen. Über die Hälfte der befragten Eltern hat den Eindruck, dass ihre Söhne und Töchter sich manchmal, teilweise auch häufig, einsam fühlen. Sie wünschen sich für ihre Töchter und Söhne mehr Kontakte im Wohnumfeld bzw. im Stadtteil, vor allem zu Gleichaltrigen.

Vorschläge zur Verbesserung der sozialen Einbindung beziehen sich auf Anforderungen an die behinderten Menschen selbst (mehr Eigenaktivität, mehr Präsenz im Kiez) und an Nachbarn, Freunde, Altersgenossen, Partner und bereits bestehende Gemeinschaften sowie an Assistenzdienste und vermittelnde Personen als „Brückenbauer". Strukturell seien die Entwicklung passender Angebote und die Öffnung von kulturellen Einrichtungen und von Vereinen außerhalb der Behindertenhilfe für Menschen mit Behinderung wünschenswert. Viele Eltern können sich wegen permanenter Belastungen oder altersbedingter Einschränkungen kaum selbst für die soziale Einbindung ihrer erwachsenen Kinder ins Wohnumfeld engagieren. Fast die Hälfte der Befragten würde es begrüßen, wenn ehrenamtlich Engagierte regelmäßig mit ihren Söhnen oder Töchtern etwas unternehmen. Diskriminierende Erfahrungen gehören noch nicht der Vergangenheit an; besonderer Handlungsbedarf ergibt sich bei Menschen mit herausfordernden Verhaltensweisen.

Mehrere Eltern weisen darauf hin, dass das Wohnquartier nicht nur Ort der Freizeit und des Wohnens, sondern auch der Arbeit ist. Ergänzend zu den Angeboten der Werkstatt für behinderte Menschen sollte es alternative Beschäftigungsmöglichkeiten geben, viele Ressourcen im Stadtteil seien noch nicht entdeckt oder genutzt. Auch Träger der Behindertenhilfe sollten stärker als bisher Menschen mit Behinderung innerhalb ihrer Organisation beschäftigen.

Bei den Vorstellungen der Eltern zum künftigen Wohnen ihrer Töchter und Söhne wird am häufigsten das Wohnen mit den Eltern genannt (25 %). Beim Wohnen außerhalb der Familie werden gemeinschaftliche Wohnformen mit individueller Unterstützung bevorzugt, insbesondere in integrativer Zusammensetzung, im Einzelfall auch im Heim. Neben einer guten Infrastruktur wird der Integration in das soziale Umfeld große Bedeutung beigemessen. Dabei haben die Anerkennung des behinderten Menschen und die Qualität der persönlichen Beziehungen einen hohen Stellenwert. Die Wohnvorstellungen von Angehörigen unterscheiden sich, je nach Lebensalter, Lebenssituation und Lebenserfahrungen. Auf der Basis der Interviewaussagen wurden sechs Typen von Eltern identifiziert, deren Vorstellungen jeweils hinsichtlich des erforderlichen Dienstleistungsbedarfs zu spezifizieren sind:

(1) Eltern, die das Zusammenleben in der Familie als das Modell der Zukunft ansehen
→ **Präferenz „Leben in der Familie"**;

(2) Eltern, die beim Zusammenleben in der Familie externe Unterstützung in Anspruch nehmen, um dem Sohn oder der Tochter größtmögliche Selbstbestimmung im Alltag zu ermöglichen
→ **Präferenz „Familie plus"**;

(3) Eltern, die Wohnangebote der Behindertenhilfe als positive Alternative zum häuslichen Leben in Anspruch nehmen
→ **Präferenz „Wohnformen der Behindertenhilfe"**;

(4) Eltern, die Wohnangebote der Behindertenhilfe in Anspruch nehmen und sich kritisch-konstruktiv für Weiterentwicklungen engagieren
→ **Präferenz „Wohnformen in Bewegung"**;

(5) Eltern, die neue individuell passende und sozial eingebundene Wohnarrangements anstreben
→ **Präferenz „Wohnen in Nachbarschaften"**;

(6) Eltern mit Migrationshintergrund, die spezifische Unterstützungsbedarfe beim Wohnen haben
→ **Präferenz „Kultursensible Unterstützungsangebote"**.

Mehrere Interviewpartner/innen halten eine Wohnvorbereitung für sinnvoll. Dabei geht es vor allem um die Sensibilisierung der behinderten Menschen für eigene Wohnbedürfnisse und die Entwicklung von Vorstellungen über Wohnmöglichkeiten, die den eigenen Ideen nahe kommen, sowie um das Kennenlernen von Leuten, die sich mit den gleichen Fragen beschäftigen und mit denen möglicherweise der Weg aus dem Elternhaus gemeinsam beschritten werden könnte.

Für die Realisierung der Wohnvorstellungen und der erforderlichen Unterstützung sind die Bedarfsermittlung durch die zuständigen Behörden und die Finanzierung von zentraler Bedeutung. Erfahrungen mit dem Fallmanagement werden von Angehörigen teils positiv, teils negativ bewertet. Kritik wird u. a. an der Qualität der Beratung, der Bearbeitungsdauer der Anträge und der Reduzierung der Stunden für die Einzelfallhilfe sowie an uneinheitlichen Verfahrensweisen in den Bezirken geübt. Außergewöhnliche Belastungen von Familien würden zu wenig beachtet. Zudem ist nach Meinung der Befragten die Beteiligung des behinderten Menschen an den Gesprächen teilweise verbesserungsbedürftig. Das Persönliche Budget wird in den Familien bislang kaum in Anspruch genommen. Nahezu jedem Fünften der Befragten ist die Finanzierungsform nicht bekannt. Nur ein kleiner Teil der Familien ist daran interessiert, künftig für die Unterstützung ihres Angehörigen ein Persönliches Budget zu nutzen; 38 % würden dies eventuell tun. Mehrfach wird bedauert, dass auf Trägerseite bislang nur punktuell Strategien zur zügigen Erprobung des neuen Finanzierungsmodells entwickelt wurden.

Über die persönliche Situation hinaus äußern die Befragten Vorstellungen für das zukünftige Wohnen von Menschen mit geistiger Behinderung im Allgemeinen. Unter dem Motto „integriert, aber auch beschützt" sprechen sie sich für ein möglichst eigenständiges gemeinwesenintegriertes Wohnen mit viel Freiraum für eigene Bedürfnisse und der jeweils erforderlichen Assistenz im häuslichen oder pflegerischen Bereich aus.

Handlungsbedarf

Die Aussagen der Angehörigen geben Hinweise zur Weiterentwicklung der Dienstleistungen im Bereich des Wohnens. Sie verweisen auf Handlungsbedarfe in unterschiedlichen Bereichen und auf unterschiedlichen Ebenen. Dabei kommt der Unterstützung und Beratung der Familien, der Mitwirkung von Angehörigen bei der Angebotsentwicklung, der Praxis des Fallmanagements und den Ressourcen des Stadtteils besondere Bedeutung zu:

➔ Unterstützung der Familien

Unterstützung der im Elternhaus lebenden Töchter und Söhne mit Behinderung:

- *Erweiterung des persönlichen sozialen Netzwerks*

- *Gewährleistung von Assistenzdiensten zur individuellen Freizeitgestaltung*
- *Einbindung freiwillig Engagierter bei der Gestaltung der freien Zeit im Wohnumfeld*
- *Angebote zur Persönlichen Zukunftsplanung mit Unterstützerkreisen*
- *Angebote zur Vorbereitung auf das Wohnen außerhalb der Familie*

Unterstützung der Eltern, die mit ihren behinderten Töchtern und Söhnen zusammenleben:

- *Zukunftswerkstatt für älter werdende Mütter und Väter*

➔ Beratung der Angehörigen

- *Verbesserung der Informationen und der Beratung zum Persönlichen Budgets*

➔ Mitwirkung von Angehörigen bei der Angebotsentwicklung

- *Erweiterung und Weiterentwicklung der Aufgaben bestehender trägerübergreifender Beratungs- und Vermittlungsstellen im Bereich des Wohnens durch Bündelung und Koordinierung der Projektideen von Angehörigen sowie Unterstützung und Begleitung bei der Realisierung*
- *Öffnung der Anbieter gegenüber Vorstellungen von Angehörigen zur Weiterentwicklung der Angebote*
- *Unterstützung des Engagements von Angehörigen-Initiativen bei der Entwicklung von Wohnprojekten*

➔ Realisierung von Wohnmodellen

- *Unterstützung von selbst gewählten Lebensentwürfen im Familienverband*
- *Mitwirkung von Menschen mit Behinderung bei der Entwicklung von Wohnprojekten*
- *Erproben neuer Wege bei der Entwicklung von wohnbezogenen Unterstützungsarrangements mit flexiblen Finanzierungsmöglichkeiten*
- *Erproben sozialraumorientierter Wohnprojekte in Kooperation mit Wohnungsbaugesellschaften*

➔ Erschließen von Ressourcen im Stadtteil

- *Öffnung von Freizeitangeboten, Begegnungsstätten und Vereinen für Menschen mit Behinderung*
- *Partizipation der behinderten Menschen an regionalen Aktivitäten*
- *Erschließen von Arbeits- und Beschäftigungsmöglichkeiten im Bezirk*

➔ Praxis des Fallmanagements

- *Verbesserung der Beratung und Beschleunigung der Antragsbearbeitung*
- *Berücksichtigung von besonderen Bedarfslagen bei der Bewilligung von Leistungen*
- *Verbesserung der Vernetzung der zuständigen Stellen*
- *Kundenbefragung zur Zufriedenheit mit dem Fallmanagement*

VI Entwicklungen im Bereich Wohnen – aus der Perspektive der Behindertenhilfe

Die exemplarisch ermittelten Wohnbedürfnisse von Menschen mit geistiger Behinderung und die Vorstellungen ihrer Angehörigen hinsichtlich der Weiterentwicklung der Angebote im Bereich des Wohnens erfordern zu ihrer Umsetzung Strukturen, die sich an den Leitideen Selbstbestimmung und Teilhabe am Leben in der Gesellschaft orientieren.

Vor diesem Hintergrund wurden eine schriftliche Befragung von Anbietern wohnbezogener Einrichtungen und Dienste sowie Interviews mit Experten und Expertinnen aus unterschiedlichen Verantwortungsbereichen der Berliner Behindertenhilfe durchgeführt, darunter Vertreter/innen der LIGA der Spitzenverbände der Freien Wohlfahrtspflege Berlin (Fachausschuss Behindertenhilfe) und der Träger (Bereiche Wohnen und Arbeit) sowie die trägerübergreifende Beratungs- und Vermittlungsstelle für betreute Wohnformen von Menschen mit Behinderung LOTSE BERLIN. Schwerpunkte der Fragebogenerhebung waren der Stand der Angebote im Bereich des Wohnens, künftige Veränderungen, konzeptionelle Weiterentwicklungen, regionale Aktivitäten und Perspektiven. In den Interviews standen Einschätzungen aktueller Entwicklungen der Behindertenhilfe und Vorschläge für die Weiterentwicklung im Vordergrund, teilweise fokussiert auf ausgewählte Themenfelder.

Die Ergebnisse zeichnen erstmals ein differenziertes Bild der Berliner Behindertenhilfe im Bereich des Wohnens, das nicht primär auf quantitativen Daten und strukturellen Rahmenbedingungen basiert, sondern qualitative Aspekte in den Blick nimmt und deren Relevanz im Kontext der gesetzlich verankerten Leitideen analysiert und diskutiert. An konkreten Beispielen wird das vielfältige Engagement der Anbieter erfahrbar, den Wünschen und spezifischen Bedarfslagen von Menschen mit geistiger Behinderung gerecht zu werden. Sie berichten von ihren Erfahrungen und Planungen sowie von ihren Vorstellungen und Befürchtungen hinsichtlich der weiteren Entwicklungen. Die Aussagen aus der Fragebogenerhebung werden themenbezogen mit Aussagen aus den Experten-Interviews verknüpft; Interview-Zitate werden entsprechend gekennzeichnet.

1 Adressaten der Befragung

Adressaten der Fragebogenerhebung waren 52 Träger der Behindertenhilfe, die nach Unterlagen der Senatsverwaltung für Integration, Arbeit und Soziales (SenIAS) im Jahr 2007 Einrichtungen und Dienste im Bereich des Wohnens vorgehalten haben. *36 Träger* beteiligten sich an der Umfrage, das entspricht einer *Rücklaufquote von 69 %*. Das Ausfüllen der Fragebögen erfolgte überwiegend durch leitende Mitarbeiter/innen (z. B. Regionalleitung, Fachbereichsleitung, Einrichtungsleitung), Geschäftsführungen, Qualitätsmanager und Vorstandsmitglieder, im Einzelfall durch den Sozialdienst oder die „zentrale Aufnahme".

Bis auf eine Ausnahme arbeiten alle Träger frei-gemeinnützig. Die Verteilung der Zugehörigkeit der zu den Spitzenverbänden der Freien Wohlfahrtspflege Berlin ergibt die meisten Nennungen beim Paritätischen Wohlfahrtsverband Berlin e. V. (58 %), gefolgt vom Diakonischen Werk Berlin-Brandenburg-schlesische Oberlausitz (17 %) und dem Arbeiterwohlfahrt Landesverband Berlin e. V. (11 %). Dem Berliner Roten Kreuz e. V. gehören 8 % der beteiligten Träger an, dem Caritasverband für das Erzbistum Berlin e. V. 3 %.

Der Auswahl der Adressaten entsprechend halten alle Träger *Wohnangebote* gem. § 53/54 SGB XII vor, im Einzelfall wird ergänzend eine Herberge für Kinder, Jugendliche und junge Erwachsene genannt. Mehrere Anbieter betreiben darüber hinaus weitere Einrichtungen und Dienste (Abb. 49):

- Am häufigsten werden mit jeweils 36 % **Freizeitangebote** und **Treffpunkte** für Menschen mit Behinderung genannt. Integrative Begegnungsstätten haben drei Träger (8 %) eingerichtet.
- Einige Träger bieten **Arbeit und Beschäftigung**: 8 % betreiben eine Werkstatt für behinderte Menschen (WfbM), 19 % bieten Beschäftigung in Fördergruppen an (im Einzelfall arbeitsähnliche

Beschäftigung in „*Tagesbeschäftigungszentren*“); Arbeitsassistenz gehört bei zwei Trägern zum Angebot. Einmal sind „*Außenarbeitsplätze der WfbM in die interne Tagesstruktur integriert*“.

- Eine **Informations- und Beratungsstelle** gibt es bei einem Fünftel der Träger.
- **Dienste zur Unterstützung der Teilhabe am allgemeinen Leben**, z. B. für persönliche Unterstützung und Begleitung oder für die Vermittlung von freiwillig Engagierten, gibt es mit jeweils 8 % (3 Anbieter) bzw. 6 % (2 Anbieter) nur selten. Zusätzlich werden ein Familienentlastender Dienst, Einzelfallhilfe/Familienhilfe nach SGB VIII/SGB IX und hauswirtschaftliche Hilfen bzw. Leistungen genannt. Einen Krisendienst bietet keiner der Träger an. Allerdings gibt es im Einzelfall einen ständigen Bereitschaftsdienst eines Facharztes für Psychiatrie.
- **Bildungsangebote** bieten vier Träger (11 %).
- Pflegeeinrichtungen mit **Versorgungsvertrag gem. § 72 SGB XI** werden von drei Trägern (8 %) betrieben, einen Pflegedienst gem. SGB XI hat nur ein Anbieter.

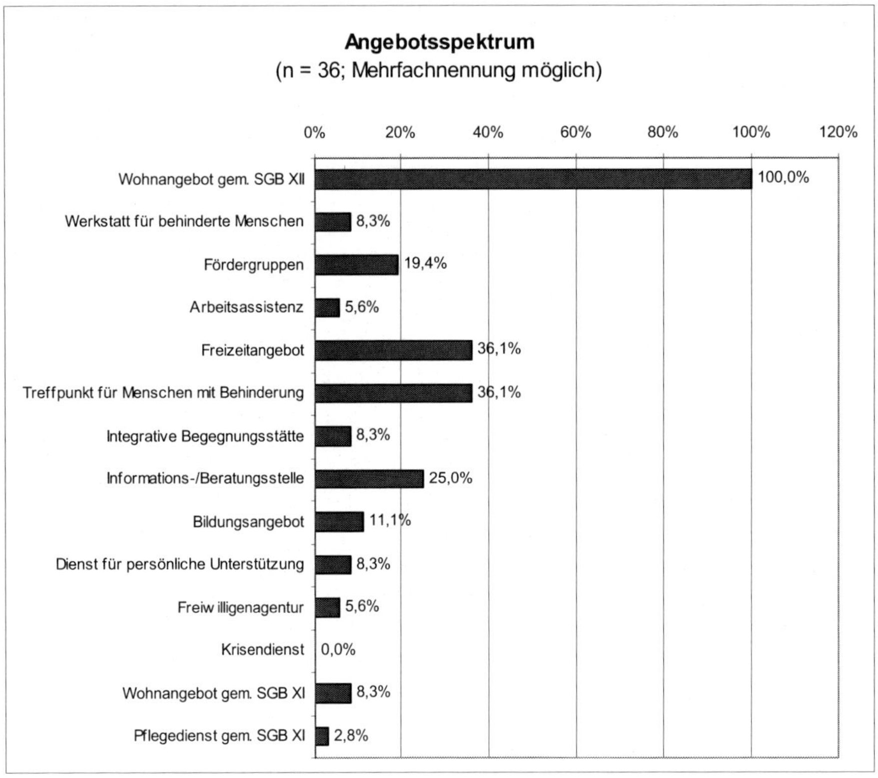

Abb. 49: Angebotsspektrum

Der Überblick macht deutlich, dass eine Reihe von Trägern über das Wohnangebot hinaus in weiteren Feldern Angebote vorhalten, die die Teilhabe von Menschen mit Behinderung stärken. Insbesondere im Freizeitbereich bieten sich Ansätze zur Vernetzung mit allgemeinen Angeboten.

2 Gegenwärtige Wohnangebote

Zum Zeitpunkt der Befragung (Stichtag: 30.06.2007) nahmen insgesamt *4.784 Erwachsene* mit geistiger und mehrfacher Behinderung Angebote der an der Studie beteiligten 36 Träger im Leistungsbereich Wohnen in Anspruch, davon *2.595 im stationären Bereich* und *2.189 im ambulanten Bereich* (Tab. 12). Im ambulanten Bereich überwiegt das Betreute Einzelwohnen (BEW) mit 1.174 Plätzen. Ein Vergleich mit der *Gesamtzahl* der Plätze im Bereich des Wohnens von Erwachsenen mit einer geistigen, körperlichen oder mehrfachen Behinderung im Jahr 2007 (vgl. Kap. II) ergibt, dass der Klientenkreis der beteiligten Träger zum Zeitpunkt der Befragung nahezu vier Fünftel dieser Personengruppe umfasst (79 %). Bezogen auf die Wohnform sind

84 % der Heimbewohner/innen und 74 % der Personen in ambulant betreuten Wohnformen bei den beteiligten Trägern vertreten (davon 65 % im Betreuten Einzelwohnen und 76 % in den Wohngemeinschaften).

Unter dem Aspekt der interkulturellen Öffnung der Behindertenhilfe ist der Anteil der Nutzer/innen mit Migrationshintergrund von Interesse. Abweichend von der weiten Definition dieses Personenkreises in statistischen Berichten, die unter dem Begriff Migrationshintergrund alle nach 1950 Zugewanderten und ihre Nachkommen subsumieren (vgl. Kap. VIII), wurde bei der Datenerhebung der KUNDENSTUDIE ein an der Praxis orientierter Begriff gewählt: *Personen mit nicht-deutscher Herkunftssprache*. Diese Beschreibung impliziert mögliche Schwierigkeiten in der Kommunikation und kulturelle Spezifika, mit denen sich die Mitarbeitenden in der Arbeit mit den behinderten Menschen und ihren Familien auseinandersetzen müssen. Im vorliegenden Bericht werden beide Begriffe synonym verwendet.

Die Angebote im Bereich des Wohnens werden von insgesamt 86 Personen mit nicht-deutscher Herkunftssprache in Anspruch genommen. Im *stationären Wohnen* liegt der Anteil bei 2,4 %. Er ist in den Heimen für Kinder, Jugendliche und junge Erwachsene mit knapp 8 % deutlich höher als in den Erwachsenenheimen (knapp 2 %). Im *ambulanten Bereich* beträgt der Anteil der Personen mit Migrationshintergrund in den Wohngemeinschaften und im Betreuten Einzelwohnen jeweils rund 1 %. Alle Angaben sind Mindestzahlen, da die Nationalitäten bei den Anbietern nicht immer zentral erfasst werden. Vergleichsdaten zum Anteil von Personen mit nicht-deutscher Herkunftssprache an der Gesamtzahl der Personen, die Wohnangebote der Behindertenhilfe im Land Berlin in Anspruch nehmen, liegen nicht vor. Über die den einzelnen Wohnformen zugeordneten 86 Personen hinaus werden von den Befragten weitere 19 Personen mit Migrationshintergrund genannt, die Angebote der Träger in Anspruch nehmen.

Wohnform	**Gesamtzahl der Personen ab 18 Jahre**	**davon Personen mit nicht-deutscher Herkunftssprache**	
		Personenzahl	**in Prozent**
Stationäre Angebote	**2.595**	**61**	**2,4 %**
Wohnheim für Erwachsene	2.348	42	1,8 %
davon Plätze in Außenwohngruppen	179	0	0
Heim für Kinder, Jugendliche, junge Erwachsene	247	19	7,7
davon Plätze in Außenwohngruppen	0	0	0
Pflegeheim m. Versorgungsvertrag nach §72 SGB XI	1	0	0
Ambulant unterstütztes Wohnen	**2.189**	**25**	**1,1**
Betreute Wohngemeinschaft	871	10	1,1
Betreutes Einzelwohnen	1.174	15	1,3
Betreutes Paarwohnen[49]	30	0	0
Betreutes Wohnen für behinderte Eltern mit Kind	114	0	0

Tab. 12: Wohnangebote der befragten Träger

Die insgesamt 105 Frauen und Männer mit nicht-deutscher Herkunftssprache stammen aus verschiedenen *Kulturkreisen*. Am häufigsten nehmen behinderte Menschen aus dem europäisch-asiatischen Raum Angebote der Behindertenhilfe in Anspruch (62 Personen), gefolgt vom europäischen Raum (28 Personen). Mit deutlich weniger Nennungen sind der asiatische Raum (10 Personen) und der afrikanische Raum (5 Personen) vertreten.

- **Europäisch-asiatischer Raum**:
  Türkisch (50 Personen); Russisch (12 Personen)

49 Angaben zu betreutem Paarwohnen sind teilweise in den Angaben zum BEW integriert, so dass die Gesamtzahl der Personen im Betreuten Paarwohnen höher ist als angegeben.

- **Europäischer Raum**:
  Serbisch/Kroatisch/Bosnisch (12 Personen); Polnisch (5 Personen); jeweils 2 Personen: Griechisch, Englisch, Französisch, Holländisch, Spanisch; Italienisch (1 Personen)
- **Asiatischer Raum**:
  Vietnamesisch (3 Personen); Thailändisch (2 Personen); jeweils 1 Person: Libanesisch, Kurdisch, Pakistanisch, Jordanisch, Israelisch
- **Afrikanischer Raum**:
  Arabisch (2 Personen); jeweils 1 Person: Algerisch, Tunesisch, Ghanaisch

2.1 Innovative Konzepte

Um einen Überblick über die Vielfalt der Angebote zu gewinnen, wurden die Träger nach Wohnangeboten gefragt, die im Land Berlin nicht zum „üblichen Spektrum" gehören, z. B. integrative Wohngemeinschaften, integrative Hausgemeinschaften, Apartmenthäuser, Generationenwohnen, Gastfamilien. Die Antworten zeigen, dass der Begriff „integrativ" meist nicht als innovatives Merkmal eines Wohnprojekts verstanden wird, sondern als Synonym für „gemeindeintegriert". So gaben z. B. vier Träger an, in mehreren Bezirken *integrative Wohngemeinschaften* mit insgesamt 181 Frauen und Männern vorzuhalten. Die Erläuterungen zum Konzept lassen jedoch erkennen, dass der Begriff integrativ unter dem Aspekt der Platzierung in der Gemeinde verwendet wird (*„Integration in das nahe soziale Umfeld"; „Wohngemeinschaften für 4 bis 7 Klienten, die in ‚normalen' Wohnhäusern integriert sind"*), nicht i. S. des gemeinschaftlichen Zusammenlebens von Menschen mit und ohne Behinderung in einer Wohnung oder einem Haus. Ein Träger verwies ähnlich auf das integrative Einzelwohnen (*„Wohnen in der eigenen Wohnung mit nachbarschaftlichem Bezug, bis zu 15 Einzimmerwohnungen in einem Haus"*). Ein weiterer Anbieter nannte eine *integrative Hausgemeinschaft* mit insgesamt 18 Menschen mit Behinderung. Den näheren Angaben ist zu entnehmen, dass es sich hier um ein gutes Beispiel für eine in der Praxis gewachsene Hausgemeinschaft handelt (*„Im Rahmen der Wohngemeinschaften gibt es eine gute Hausgemeinschaft, die über ‚normale' Nachbarschaft hinaus geht und von uns befördert wird."*) und nicht um ein konzeptionell verankertes und integrativ strukturiertes Wohnprojekt.

Apartmenthäuser wurden von zwei Trägern angegeben. In einem der Häuser wird rund 100 Menschen mit und ohne Behinderung und sozialen Problemen die Möglichkeit geboten, mit der notwendigen Unterstützung weitestgehend selbstbestimmt zu leben. Zum anderen Haus wurden keine näheren Angaben gemacht. Angebote im Rahmen von Generationenwohnen oder in Gastfamilien gab es zum Zeitpunkt der Befragung nicht. Darüber hinaus werden als „nicht üblich" Wohnangebote mit strukturellen Besonderheiten genannt, z. B. *Wohnverbünde* (*„nachbarschaftliches Wohnen auf der Basis von Mietverträgen in räumlichem Zusammenhang mit Wohnheimen"*) und eine *Lebens- und Arbeitsgemeinschaft* (*„Auf dem Gelände wohnen Bewohner und Mitarbeiter, Ziel ist gleichberechtigtes Zusammenleben"*) sowie Angebote für bestimmte Personenkreise:

- eine Wohngemeinschaft für Menschen mit geistiger Behinderung und medikoresistenter Epilepsie mit Betreuung rund um die Uhr;
- eine Wohngemeinschaft für Menschen mit „Triple-Diagnosen" (geistige Behinderung, psychische Erkrankung und Sucht);
- ein Wohntrainingsbereich für Jugendliche und junge Erwachsene, in dem Bewohner/innen eines Kinder- und Jugendheims auf ambulante Wohnformen und auf ein Leben in einer Erwachseneneinrichtung vorbereitet werden. Es ist geplant, den Trainingsbereich für Jugendliche unter 18 Jahren zu erweitern und als eigenständiges Angebot zu etablieren;
- Betreutes Einzelwohnen für Menschen mit Behinderung im Alter

  „Dieses spezielle Betreuungsangebot richtet sich an Menschen mit Behinderung, die sich im Ruhestand oder kurz davor befinden. Eine Kombination aus individueller Betreuung sowie Erhalt und Förderung sozialer Kontakte durch Integration in eine feste Gruppe Gleichaltriger. Die Senioren leben in ihrer eigenen Wohnung. Sie behalten trotz pädagogischem und eventuellem pflegerischem Unterstützungsbedarf ihre eigene Häuslichkeit und ihren sozialen Status als ‚Mieter' – mit allen Vorteilen von Autonomie und Selbstbestimmung. Die Senioren können in einer Kontaktwohnung eine gemeinsame Tagesgestaltung

wahrnehmen. Die Privatsphäre bleibt erhalten und einer sozialen Isolation wird gleichzeitig entgegengewirkt (auch bei beginnender Pflegebedürftigkeit). Das Angebot ist eingebunden in eine gut funktionierende Hausgemeinschaft mit sozialen und pädagogischen Netzwerken."

Deutlich wird, dass es nicht ausreicht, bewährte Wohnkonzepte zu praktizieren. Stärker als in den Anfängen der Wohnversorgung von Menschen mit geistiger Behinderung ist der Zielgruppenvielfalt mit jeweils unterschiedlichen Bedarfen Rechnung zu tragen.

Die *weiteren Planungen* der Träger beziehen sich zum einen auf den Ausbau des ambulant betreuten Einzelwohnens (u. a. für ältere Personen), auf die Entwicklung spezieller Wohngemeinschaften (z. B. eine ‚Demenz-WG mit pädagogischer Betreuung') und die Weiterentwicklung der Konzeption, zum anderen auf integrative Wohnkonzepte. In diesem Bereich hat ein Träger verschiedene Konzepte entwickelt:

- ***„Integrative generationenübergreifende Hausgemeinschaft**, in der alte und junge Menschen mit und ohne Assistenz- und Pflegebedarf in der eigenen Wohnung oder in Wohngruppen unter Integration auch von Menschen mit sehr schweren Mehrfachbehinderungen zusammenleben können;*
- ***Wohngemeinschaften**, die durch Ergänzung von persönlichen Pflegegeldansprüchen auch eine nächtliche Betreuung ermöglichen;*
- ***Wohnangebote in räumlichen Zusammenhängen**, in denen die Trennung von ambulanten und stationären Angeboten überwunden wird, indem ein Leben allein oder in einer sehr kleinen Gruppe bei gleichzeitiger ‚Systemsicherheit' der Heime organisiert und finanzierbar gestaltet wird;*
- ***Stärkung der Wunsch- und Wahlmöglichkeiten auch für den Personenkreis der Menschen mit schwerer Behinderung**: Verbesserung von Aspekten der Individualisierung der Hilfen, von Selbstbestimmungsmöglichkeiten, privaten Lebenszusammenhängen, Integration und Teilhabe im Wohnumfeld; Vermeiden von ‚Sonderwelten'."*

Ein anderer Träger strebt in einem Haus mit Servicepunkt und Freizeitangebot eine Vernetzung stationärer und ambulanter Angebote an, unter Nutzung des Persönlichen Budgets. Zusätzlich soll ein Freizeitangebot für Menschen mit und ohne Behinderungen im Kiez eröffnet werden.

2.2 Teilhabeleistungen bei spezifischen Unterstützungsbedarfen

Angesichts des sehr heterogenen Personenkreises der Menschen mit geistiger und mehrfacher Behinderung ergibt sich die Frage, in welcher Weise die wohnbezogenen Einrichtungen und Dienste Unterstützungsbedarfe berücksichtigen, die spezifische Kompetenzen der Mitarbeitenden und/oder spezielle Rahmenbedingungen erfordern. Darum wurden die Anbieter gebeten, gute Erfahrungen in Bezug auf strukturelle Maßnahmen und bewährte Handlungsansätze zur Stärkung der Teilhabe zu beschreiben und den jeweiligen Handlungsbedarf einzuschätzen.

Nach dem Verständnis der ICF (WHO) kommt es bei fehlender Passung zwischen der individuellen Disposition und den Umfeldbedingungen zu Einschränkungen der Teilhabe, z. B. im Bereich der Kommunikation, der sozialen Beziehungen, der Mobilität oder der Selbstversorgung sowie der Teilhabe am allgemeinen Leben (vgl. Kap. III). Exemplarisch wurden elf Personengruppen mit spezifischen Unterstützungsbedarfen ausgewählt, deren Teilhabechancen in besonderer Weise vom fachlich fundierten professionellen Handeln und den Lebensbedingungen abhängen, die ihnen gewährt werden:

Menschen mit
- stark eingeschränkter Mobilität (z. B. schwere mehrfache Behinderung, progressive Muskelerkrankung),
- hoher Pflegebedürftigkeit (z. B. Sondenernährung, Dekubitusprophylaxe, Kontrakturenprophylaxe, Refluxerkrankung, künstliche Beatmung),
- schwer einstellbarer Epilepsie,
- psychischen Erkrankungen (z. B. Depression, Psychose, Angstzustände, Zwangshandlungen),

- Verhaltensauffälligkeiten (z. B. selbstverletzendes, fremdgefährdendes, sachbeschädigendes Verhalten),
- autistischer Symptomatik,
- Migrationshintergrund (z. B. Kommunikationsprobleme, kulturell bedingtes Verhalten)

sowie Menschen

- im Alterungsprozess (z. B. Abbau der körperlichen und geistigen Fähigkeiten, instabiler Gesundheitszustand, Zunahme der Pflegebedürftigkeit, Demenz, Sterbebegleitung),
- in besonderen Lebenslagen (z. B. Suchtproblematik, Delinquenz, Gewalterfahrung, sexuelle Übergriffe),
- die blind sind,
- die gehörlos sind.

Einer der Befragten vermisste bei der Zusammenstellung den Personenkreis der Nichtsprechenden, „*da sich hier besondere Bedarfe ergeben und wir mit der Kommunikationspädagogin ein umfangreiches Unterstützungssystem geschaffen haben*“. Für diese Personengruppe wurde in der vorliegenden Studie keine eigene Kategorie gebildet, da nichtsprechende Menschen bei allen genannten Bedarfslagen vertreten sind.

Im Folgenden werden die von den Anbietern genannten bewährten strukturellen Maßnahmen und pädagogischen/therapeutischen Ansätze zusammenfassend dargestellt. Anzumerken ist, dass die im Rahmen der Fragebogenerhebung dokumentierten Erfahrungen nur einen kleinen Ausschnitt der Arbeit vor Ort wiedergeben können. Dennoch zeigt der Überblick das weite Spektrum der Aktivitäten, den jeweils spezifischen Unterstützungsbedarfen Rechnung zu tragen.

Teilhabe bei stark eingeschränkter Mobilität

Zum Personenkreis der Menschen mit eingeschränkter Mobilität gehören u. a. Frauen und Männer mit schwerer mehrfacher Behinderung oder progressiver Muskelerkrankung. Als strukturelle Maßnahmen haben sich nach Aussagen der Anbieter neben einer angemessenen Architektur und einer hinreichenden Ausstattung mit technischen Hilfsmitteln vor allem folgende Rahmenbedingungen bewährt: *„Kleinere Einrichtungs- und Gruppengrößen bei einer gleichzeitigen Durchmischung unterschiedlich intensiver Assistenzerfordernisse bei gleichzeitiger Gewährleistung einer ausreichenden Personalausstattung. Realisierung des 2-Milieu-Prinzips und der örtlich räumlichen Trennung von Wohnen und Leistungsangeboten zur Tagesstruktur insbesondere als Anregungswechsel für Menschen mit schweren Mehrfachbehinderungen“.* Im pädagogischen und therapeutischen Bereich wird von guten Erfahrungen mit einer ganzheitlich integrativen Förderung, basaler Stimulation, Ergo- und Physiotherapie, Snoezelen und Reiten mit therapeutischem Ansatz berichtet.

Teilhabe bei hoher Pflegebedürftigkeit

Hohe Pflegebedürftigkeit kann im Alter auftreten oder seit früher Kindheit bestehen. Im Alltag dieser Menschen spielen Maßnahmen wie Sondenernährung, Dekubitus-, Kontrakturenprophylaxe oder künstliche Beatmung eine Rolle, teilweise einhergehend mit chronischen Erkrankungen, z. B. einer Refluxerkrankung. In der Betreuung pflegebedürftiger Menschen haben sich die Zusammenarbeit mit Ärzten und Kliniken sowie Trägern/Einrichtungen im Bereich der Altenhilfe, Mitarbeiterschulungen und ein verstärkter Einsatz von medizinisch-pflegerischem Fachpersonal bewährt. Zur Gewährleistung einer guten Qualität der Arbeit wurden im Einzelfall Handlungsleitfäden für Pflegebeobachtungen, Pflegeerfordernisse und pflegerische Aufgabenstellungen entwickelt („*aus einem gemeinsamen Austausch und den Blickwinkeln von Pflegefachlichkeit und heilpädagogischen Sichtweisen heraus*“). Die im Zitat benannte „heilpädagogische Sichtweise“ gibt Hinweise darauf, dass pädagogisches Handeln in Pflegeprozesse integriert ist. Das bedeutet z. B. die Beteiligung des behinderten Menschen an pflegerischen Aktivitäten, das Aufgreifen von Eigenimpulsen und das Herstellen einer Interaktionsbeziehung, die die Pflegetätigkeit als gemeinsame Aktivität erleben lässt und Entwicklungsanregungen integriert. Darüber hinaus haben Physiotherapie, motorische Mobilisierung, Dekubitusprophylaxe und kognitives Training positive Auswirkungen auf die Befindlichkeit der Pflegebedürftigen.

Teilhabe bei Blindheit

Bei der Betreuung blinder Menschen mit geistiger Behinderung wird eine enge Kooperation mit dem Blindenverband und dem Oberlinhaus in Potsdam praktiziert (z. B. Mobilitätstraining, Nutzung von Begleitdiensten, Beratung des Personals). Regelmäßige Mitarbeiterschulungen (z. B. Anpassung an Wahrnehmungsfähigkeiten des blinden Menschen, Umgang mit dem Blindenstock), die Anpassung der Räumlichkeiten und Ausgestaltung der Flure zur Orientierung (Handläufe) sowie ein Bezugsbetreuersystem bieten den Rahmen für eine zufriedenstellende Arbeit mit dem Personenkreis. Im Interesse der blinden Bewohner/innen gibt es auch eine regelmäßige Zusammenarbeit mit der WfbM. Als bewährte pädagogische oder therapeutische Ansätze werden die Anleitung zur Selbstständigkeit und das Training zur Orientierung im vertrauten und fremden Umfeld in Zusammenarbeit mit dem Mobilitätstraining sowie taktile Reizvergrößerung, Reiten und Tanzen genannt. Im Einzelfall werden integrative Gruppenangebote und Gruppenreisen durchgeführt.

Teilhabe bei Gehörlosigkeit

Um den individuellen Unterstützungsbedarfen von gehörlosen Menschen mit geistiger Behinderung gerecht werden zu können, führen die Anbieter Qualifizierungen der Mitarbeiter zu speziellen Fragestellungen durch. Im Einzelfall wurde ein Kommunikationspädagoge bzw. eine Kommunikationspädagogin im begleitenden Dienst eingestellt oder eine halbe Planstelle für Unterstützte Kommunikation eingerichtet. Es gibt eine enge Kooperation mit Beratungsstellen und dem Oberlinhaus in Potsdam sowie mit Gebärdensprachdolmetschern. Auch die Arbeit mit Angehörigen besitzt einen hohen Stellenwert. Wichtigster Handlungsansatz ist die Kommunikationsförderung. Hier werden unterschiedliche Methoden angewandt bzw. kombiniert: Unterstützte Kommunikation, einfache Gebärdensprache, lautbegleitende Gebärden, selbst entwickelte Verständigungsmöglichkeiten in Anlehnung an die Gebärdensprache, Visualisierungshilfen, z. B. Symbole und bildliche Gestaltung im Alltag. In einer Einrichtung gibt es zur Förderung der Aneignung lautersetzender oder -begleitender Kommunikationsformen die *„Gebärde des Monats für alle Mitarbeitenden und Bewohner“.*

Teilhabe bei schwer einstellbarer Epilepsie

Einrichtungen und Dienste, die geistig behinderte Menschen mit schwer einstellbarer Epilepsie betreuen, setzen auf eine enge Kooperation mit Kliniken und Fachambulanzen (Epilepsie-Zentrum Berlin-Brandenburg, Ev. Krankenhaus Königin Elisabeth Herzberge – KEH) und Ärzten. Erforderlich sind eine umfangreiche Dokumentation, eine regelmäßige stationäre Kontrolle der medikamentösen Einstellung und die Gewährleistung einer medizinischen Notfallversorgung. In einer Einrichtung arbeitet ein Arzt mit spezieller epileptologischer Kompetenz. Besondere Bedeutung haben die regelmäßige Schulung der Mitarbeiter/innen, insbesondere die Weiterbildung zu Notfall-Maßnahmen, und abgestimmte Verfahren zum Verhalten bei Anfällen (*„exakte Dokumentation jedes Anfalls auf einem selbst entwickelten hochstrukturierten Formblatt sowie Führen eines Anfallkalenders“).* Im Einzelfall wird der Dienstplan an spezifische Bedürfnisse angepasst (z. B. *„Gewährleistung einer Tagesbetreuung, da je nach Tagesform der Bewohner intensive Hilfe nötig“*). Bewährt hat sich insbesondere eine langjährige Kontinuität der Bezugsbetreuung und des Betreuungssettings. Sie führen zu *„tragfähigen Kenntnissen des Klienten und seines Umfeldes im Umgang mit schwer einstellbarer Epilepsie“*. Weitere strukturelle Maßnahmen beziehen sich auf die Wohnform (z. B. eine WG für diesen Personenkreis) und die angepasste Gestaltung der Außengelände. Zielsetzungen der pädagogischen Arbeit sind *„größtmögliche Individualität und Freiheitsgrade bei der Lebensgestaltung“*, konkret: ein Leben *„so normal wie möglich“.* In der täglichen Arbeit bewähren sich eine individuelle Abstimmung der Förderplanung, die Ausschaltung von Stressfaktoren, das Anbieten von Entspannungsmöglichkeiten und regelmäßige Ruhephasen sowie ein strukturierter Tagesablauf. Von großer Bedeutung sind Gespräche mit den Betroffenen (soweit möglich) sowie den Mitbewohnern und Mitbewohnerinnen zum adäquaten Umgang mit der Erkrankung.

Teilhabe bei psychischer Erkrankung

Die Kombination von geistiger Behinderung und psychischer Erkrankung (z. B. Depression, Psychose, Angstzustände, Zwangshandlungen) wird im Fachdiskurs als „Doppeldiagnose" bezeichnet. Sie geht häufig einher mit auffälligen Verhaltensweisen, so dass eine klare Abgrenzung der Symptome einer psychischen Erkrankung von anders begründeten auffälligen Verhaltensweisen bei dem Personenkreis schwer ist. Von daher stehen die Ausführungen zum Unterstützungsbedarf bei psychischer Erkrankung und bei Verhaltensauffälligkeiten in engem Zusammenhang.

Die Aussagen der Anbieter zu Strategien des Umgangs mit psychischen Erkrankungen sind sehr umfangreich und differenziert. Dieser Sachverhalt dokumentiert eindrücklich die große Herausforderung, die die Betreuung und Begleitung dieses Personenkreises für alle Beteiligten bedeutet. Grundlegend ist aus der Sicht der Befragten eine ausreichende *medizinische und psychiatrische Versorgung*, einschließlich medizinischer Notfallversorgung und Krisenintervention durch ein interdisziplinär besetztes Kriseninterventionsteam. Es bestehen enge *Kooperationen* mit Ambulanzen, z. B. mit der Spezialambulanz des Behandlungszentrums im Ev. Krankenhaus Königin Elisabeth Herzberge (KEH), mit psychiatrischen Einrichtungen und dem Berliner Krisendienst, mit Ärzten (Psychiatern) und Therapeuten (z. B. externe Psychotherapeuten) sowie mit dem Sozialpsychiatrischen Dienst (SpD), mit Sozialpädiatrischen Zentren (SpZ) und dem Kinder- und Jugendpsychiatrischen Dienst (KJPD). Zudem wird eine regelmäßige Zusammenarbeit mit Schulen und Werkstätten für behinderte Menschen gepflegt.

Bewährt hat sich ein *internes Krisenmanagement*. Ein Träger hat eine „ausführliche unternehmensweit einheitliche Regelung zu einem differenzierten Krisenmanagement" entwickelt mit „klar strukturierten und formulierten Anleitungen für die Mitarbeiter, um als ultima ratio auch juristisch einwandfrei geregelte freiheitsentziehende Maßnahmen durchführen zu können". Zum Krisenmanagement gehört im Einzelfall u. a. die Rufbereitschaft entsprechend erfahrener Ärzte rund um die Uhr, eine ständige Leistungsbereitschaft und die regelmäßige Anwesenheit eines Psychologen oder einer Psychologin vor Ort (z. B. hausinterne Anstellung) zur Beratung und Schulung der Teams sowie für die Unterstützung der Nutzer/innen, die Durchführung von Therapien und Krisenintervention sowie Supervision für Mitarbeiter/innen und regelmäßige spezielle Fallsupervisionen. Vorzugsweise werden Psychologen und Mitarbeiter eingestellt, die bereits Berufserfahrung mit psychisch erkrankten Personen haben. Genutzt wird auch ein Sonderdienst für psychologische Psychotherapie. Als sehr hilfreich wird die Existenz einer Liste von niedergelassenen Psychotherapeuten in Berlin bezeichnet, die sich auf Menschen mit geistiger Behinderung spezialisiert haben.

Im *Bereich des Wohnens* bestehen gute Erfahrungen mit kleinen überschaubaren Wohneinheiten, kleinen Gruppen und der Bildung von Hausgemeinschaften sowie speziellen Wohngemeinschaften für Frauen und Männer mit Doppeldiagnosen, einschließlich Nachtbetreuung im entsprechenden WG-Bereich. In speziellen Wohnformen wird zugleich die Tagesbetreuung gewährleistet, wobei eine Durchlässigkeit zwischen Hausbetreuung und Tagesstruktur besteht. Die Betreuungszeiten werden bedarfsorientiert organisiert mit flexibler Einzelfallsupervision. Vereinzelt gibt es einen Krisenraum. Das Außengelände wird jeweils den Bedürfnissen der psychisch kranken Menschen angepasst.

Notwendige Voraussetzungen für die Arbeit mit diesem Personenkreis sind qualifiziertes *Fachpersonal* und interdisziplinäre Teams, die Gewährleistung von Kontinuität in der Betreuung, eine enge Zusammenarbeit zwischen Leitung und Betreuerteam bzw. Psychologen. Im Einzelfall hat es sich als sinnvoll erwiesen, auf Fachkräfte zurückzugreifen, die den Klienten schon im Kinder- und Jugendhilfebereich unterstützt haben. In einer Wohnstätte arbeitet ein Facharzt für Neurologie und Psychiatrie mit langjähriger Erfahrung mit dieser Klientel, seit Anfang 2007 ein zweiter Facharzt für Psychiatrie und Naturheilkunde, außerdem eine Dipl.-Psychologin und Dipl.-Sozialpädagogin mit besonderen Erfahrungen in diesem Bereich.

Zu den bewährten strukturellen Bedingungen gehören weiterhin regelmäßige *Fort- und Weiterbildung der Mitarbeiter* zu psychiatrischen Krankheitsbildern bei Menschen mit geistiger Behinderung. Darüber hinaus ist eine interne oder externe *Beratung der Mitarbeiter/innen* zu nennen, z. B. „*durch einen internen qualifizierenden Psychologischen Fachdienst, der auch begutachtet und im Rahmen seiner Möglichkeiten einzelne Klienten unterstützend begleitet*". Im Bereich von *Arbeit und Beschäftigung* geht es einerseits um eine kontinuierliche Begleitung bereits bestehender Arbeitsverhältnisse und um Angebote zur Hinführung auf eine Beschäftigung auf dem ersten bzw. zweiten Arbeitsmarkt (z. B. durch Nutzung arbeitsmarktpolitischer Förderinstrumente), andererseits um die Verkürzung der Arbeitszeit in der WfbM.

Gute Erfahrungen liegen mit folgenden *Handlungsansätzen* vor: individuell zugeschnittene Tagesstruktur mit ausreichenden Ruhephasen, strukturgebender Aufbau der Förderplanung, bewohnerbezogene Regeln, Ressourcenorientierung, Anpassung der Anforderungen an das derzeitige Leistungsvermögen, biographisches Arbeiten, Ursachenbezug, Kunst- bzw. Musiktherapie, geeignete Psychotherapie, Einbindung in Gruppenangebote, pädagogische Krisenintervention und Medikation. Weiterhin werden die (pädagogische) Fallarbeit, die pädagogische Beratung durch einen Fachdienst und Teamberatungen, die zu gemeinsamem Handeln führen, ein Deeskalationstraining des Personals sowie ein „*Runder Tisch aller Beteiligten*" genannt. Ein Anbieter hält eine begleitende Unterstützung der Wohngruppe für ein geeignetes Mittel: „*Förderung des Selbsthilfepotentials der Gruppe hat ausgesprochen integrativen Effekt und mildert deutlich die Ausprägung der Symptome*". In Kap. IX wird die psychosoziale Versorgung von geistig behinderten Menschen mit psychischen Erkrankungen aus sozialräumlicher Perspektive betrachtet.

Teilhabe bei Verhaltensauffälligkeiten

Die Angaben der Befragten zu strukturellen Maßnahmen und Konzepten im Umgang mit Verhaltensauffälligkeiten (z. B. selbstverletzendes, fremdgefährdendes und sachbeschädigendes Verhalten) sind in vielen Bereichen identisch mit den bei psychischer Erkrankung angewendeten Verfahren. Dies ist in den bereits erwähnten Abgrenzungsschwierigkeiten begründet. Um Doppelungen zu vermeiden, werden an dieser Stelle überwiegend ergänzende konzeptionelle Aspekte aufgeführt, die im Rahmen dieser Darstellung nur genannt und nicht näher erläutert werden können.

Basis der Arbeit ist nach Aussage der Befragten ein positives *Menschenbild*, die Akzeptanz der herausfordernden Verhaltensweisen und eine hohes Maß an Selbstreflexion. Grundsätzlich gehe es darum, die Eigenkompetenzen des behinderten Menschen zu stärken („*Beziehung ist die Basis, die soll der Klient als nicht gefährdet erleben*"). Als bewährte *pädagogisch-therapeutische Ansätze* werden die ‚Entwicklungsfreundliche Beziehung' nach SENCKEL (2001), der personzentrierte Ansatz, Körpertherapie, Bewegungsansätze, Kunst- und Musiktherapie, Psychotherapie, Snoezelen, ein modifiziertes TEACCH-Programm, das Token-System, Unterstützte Kommunikation, Biografiearbeit und Deeskalationstraining des Personals genannt. Es werden Verhaltensbeobachtungen mit genauer Dokumentation durchgeführt. Im Einzelfall kommt auch eine medikamentöse Einstellung zum Tragen. Neben gezielter Einzelförderung wird die Initiierung von Lernprozessen in der Gruppe für wichtig erachtet. Auch Sportangebote erweisen sich im Einzelfall als hilfreich.

Im *Bereich des Wohnens* haben sich kleine Wohneinheiten, flexible Dienste, nach Behinderung gemischte Gruppen und eine hohe Betreuungsdichte sowie stabile Gruppen- und Teamzusammensetzungen bewährt. Im Einzelfall wurde ein trägerinterner Standard zur Verhinderung von Gewalt und zum Umgang mit herausforderndem Verhalten entwickelt, der den Mitarbeitenden Orientierung bei ihrer Arbeit bietet. Bei Krisen bewähren sich ein standardisierter Kriseninterventionsablauf und der Einsatz eines interdisziplinären Interventionsteams. Es gilt die Maxime, dass Krisen grundsätzlich da bearbeitet werden, wo sie entstehen.

Teilhabe bei autistischer Symptomatik

Obwohl die autistische Symptomatik aus medizinischer Sicht zu den psychiatrischen Erkrankungen zählt und zudem häufig mit Verhaltensauffälligkeiten einhergeht, die den oben beschriebenen vergleichbar sind, erscheint wegen des spezifischen Unterstützungsbedarfs dieses Personenkreises eine separate Beschreibung der Ansätze bei autistischer Symptomatik angezeigt.

Gute Erfahrungen in der Betreuung basieren zum einen auf einer speziellen Konzeption der Einrichtung und intensiven Mitarbeiterschulungen zum Thema Autismus, zum anderen auf einer engen Zusammenarbeit im Team sowie zwischen Leitung und Team und der kontinuierlichen Begleitung durch einen Psychologen (intern oder extern). Beim *Wohnen* haben sich kleine überschaubare Wohneinheiten bewährt mit einer jeweils individuellen Zimmerausstattung, einer vorbereiteten Umgebung nach dem TEACCH-Ansatz und klaren Strukturen im Tagesablauf sowie eine Durchlässigkeit zwischen der Betreuung im Haus und tagesstrukturierenden Angeboten außerhalb des Hauses. Hinsichtlich der Personalausstattung ist nach Aussagen der Befragten eine *„Anerkennung der Sonderstellung (1:1-Betreuung, z. B. Begleitung zu Einzelreisen)"* und die Unterstützung durch Einzelfallhelfer notwendig. Von großer Bedeutung ist die Zusammenarbeit mit dem Verein Autismus Berlin und dem Bundesverband Autismus Deutschland e. V. sowie mit der Autismusambulanz und allen beteiligten Sozialpartnern und Angehörigen. In den Einrichtungen wird nach Möglichkeit interdisziplinär gearbeitet. Als hilfreich werden die Zusammenarbeit mit einem Neurologen und die Rufbereitschaft eines entsprechend erfahrenen Arztes rund um die Uhr erlebt. Im Einzelfall gibt es ausführliche unternehmensweit einheitliche Regelungen zum Krisenmanagement.

Bei den *Handlungsansätzen* bewähren sich individuelle Betreuungskonzepte. Insbesondere ein fester Tagesablauf mit klaren Strukturen, Regeln und Ritualen einschließlich Rückzugsmöglichkeiten, das Vermeiden von Überforderung und das Entwickeln bzw. Erhalten von Möglichkeiten der Kommunikation für die Klienten (gestützte und Unterstützte Kommunikation) werden als wichtig erachtet. Die Mitarbeiter/innen sind bestrebt, die *„eigene Welt"* zu akzeptieren, aber auch Grenzen zu setzen und Ursachen von Verhalten zu ergründen. Gute Erfahrungen liegen mit der Beteiligung an ergänzenden therapeutischen Angeboten durch externe Fachkräfte vor, insbesondere im musisch-künstlerischen Bereich. Im Einzelfall werden Psychotherapie und im Ansatz auch Verhaltenstraining durchgeführt.

Teilhabe im Alterungsprozess

Der Alterungsprozess ist geprägt durch den Abbau der körperlichen und geistigen Fähigkeiten, einen instabiler werdenden Gesundheitszustand, die Zunahme der Pflegebedürftigkeit und mit zunehmendem Alter auch das Auftreten von Demenz. Strukturelle Maßnahmen der befragten Anbieter beziehen sich u. a. auf *materielle Bedingungen* (bauliche Maßnahmen, altersgerechte Ausstattung, individuelle Hilfsmittelversorgung) und auf unterschiedliche *Formen des Wohnens*. Mehrere sprechen sich für altersgemischte Gruppen aus. Anders als in speziellen Altenwohngruppen können die alt werdenden Menschen, die i. d. R. keine eigene Familie und Kinder haben, hier auch das Zusammenleben mit Jüngeren erleben. Andere haben sogenannte Seniorengruppen konzipiert innerhalb einer ansonsten durchmischten Bewohnerschaft. Gute Erfahrungen liegen auch mit dem ambulant betreuten Wohnen in einer eigenen Wohnung als Teil eines Wohnverbunds und in Kooperation mit Pflegediensten vor. Zur *medizinischen Versorgung* ist in einigen Einrichtungen ein Hausarzt mit spezieller Erfahrung mit alten Menschen eingebunden; für die *pflegerische Versorgung* wird im Einzelfall ein vereinsinterner Pflegedienst genutzt.

Von besonderer Bedeutung ist in der letzten Lebensphase die Gestaltung der *Tagesstruktur*. Hier wird von Abstimmungen mit der WfbM über verkürzte Arbeitszeiten berichtet, vom Wechsel zu interner Tagesstruktur, von der Schaffung von Ruhephasen im Tagesablauf und von begleitender Tagesbetreuung in der Wohneinrichtung durch geeignete Kolleginnen aus der Hauswirtschaft; die den jeweils individuellen Tagesrhythmus personell abdecken helfen. Manche Anbieter haben zur Ergänzung und Entlastung der Angebote im Wohnen Betreuungsgruppen im Freizeitbereich eingerichtet. Einige ältere Menschen nehmen – je nach Wunsch – an Angeboten für Senioren teil. Im Einzelfall gibt es integrative Angebote, z. B. spezielle einrichtungsübergreifende Angebote für ältere Menschen mit und ohne Behinderungen.

Beim *Personal* haben sich neben der strukturellen Einbeziehung von Pflegepersonal (insbesondere Krankenschwestern) flexible Dienstpläne, Supervision und regelmäßige spezielle Fallsupervisionen bewährt. Mehrere Träger bieten für die Mitarbeiter/innen spezifische Fort- und Weiterbildungen zum Thema ‚Geistige Behinderung und Alter' an, z. B. zu pflegerischen Maßnahmen und spezieller Ernährung und Flüssigkeitsbilanz. Positive Erfahrungen werden mit der *Kooperation* mit der Arbeits- und Beschäftigungsstelle, mit ergänzenden sozialen Diensten, mit Amtsbetreuern und Pflegediensten sowie mit einem Altenpflegeheim (auf dem Einrichtungsgelände) und einem Hospiz gemacht. In einer Einrichtung gibt es einen wohnstätteninternen Arbeitskreis zum Thema ‚Altwerden mit Behinderung', in dem auch über zukünftige Wohn- und Beschäftigungsmodelle innerhalb des Trägers diskutiert wird.

In der *direkten Arbeit* mit den alt werdenden Menschen geht es um die Erhaltung der Vitalität, um Entwicklung und Erhalt von Alterskompetenz (entsprechend dem Kompetenzmodell des erfolgreichen Alterns) und um die Vermeidung von ‚Überförderung'. Der geistige und körperliche Abbau wird akzeptiert. In der Phase des Ausscheidens aus dem Arbeitsleben werden die alt werdenden Menschen beim schrittweisen Übergang zu interner Tagesstruktur begleitet. Innerhalb der Tagesstruktur werden individuelle Arbeitsangebote gemacht, die die Fähigkeiten des Einzelnen berücksichtigen und frei von Produktionsdruck sind. Als besonders wichtig wird eine enge Zusammenarbeit mit dem sozialen Umfeld erachtet, z. B. durch regelmäßige Begegnungen mit Freunden und Verwandten. *Konzeptionell* erweist sich die Übernahme pädagogischer Konzepte aus der Altenpflege und Demenzerkrankten-Versorgung als hilfreich, z. B. sanfte und zugewandte Methoden wie die Validation. Die Frauen und Männer werden an Verrichtungen im Haushalt beteiligt und übernehmen wichtige Rollen in der Gruppe; Rückzugsmöglichkeiten sind gewährleistet. Einen hohen Stellenwert hat die Gestaltung von Jahreshöhepunkten. Neben internen Aktivitäten wird auch die Organisation von Aktivitäten im Umfeld als Aufgabe der Betreuung gesehen. *Spezielle Handlungskonzepte* sind u. a. Physiotherapie, regelmäßige Massagen, Mobilisierung, kognitives Training, Tanztherapie, Gesprächskreise. Sehr häufig wird die pädagogische Biografiearbeit genannt, die sowohl individuell als auch gruppenbezogen durchgeführt wird (Kurse, Seminare). In mehreren Einrichtungen gehören die Sterbebegleitung und die Unterstützung der Trauerarbeit zum Alltag. Im Einzelfall wird Hospizarbeit in Anspruch genommen, z. T. mit christlichem Hintergrund.

Die Angaben zur Begleitung im Alterungsprozess beziehen sich – der Frage nach spezifischen Unterstützungsbedarfen entsprechend – überwiegend auf Personen, bei denen der altersbedingte Abbau bereits begonnen hat. Darum wird die Gruppe der *„jungen aktiven Alten"*, bei denen zunächst nur der Übergang in den Ruhestand zu gestalten ist, von den Befragten kaum in den Blick genommen. Zu diesem Handlungsfeld liegen im Bereich der Fachliteratur zum Thema Altwerden und Behinderung aus unterschiedlicher Perspektive Publikationen vor (z. B. HAVEMANN & STÖPPLER 2004; SOFTWARE AG - STIFTUNG 2009). In Kap. IX wird die Teilhabe von geistig behinderten Menschen im Alter aus sozialräumlicher Perspektive betrachtet.

Teilhabe von Menschen mit Migrationshintergrund

Die Zusammenarbeit mit behinderten Frauen und Männern nicht-deutscher Herkunft ist häufig geprägt durch Kommunikationsprobleme und kulturell bedingte Verhaltensweisen. Vor diesem Hintergrund hat sich eine Verbesserung der Sprachkenntnisse des Betreuungspersonals bewährt. Gute Erfahrungen werden mit Mitarbeitenden mit Migrationshintergrund und regelmäßigen Gesprächen mit den Eltern gemacht. Als bewährter Handlungsansatz zur Verbesserung des Dialogs mit den behinderten Menschen wird die Unterstützte Kommunikation genannt. Um den kulturellen Hintergrund auch für das Umfeld, z. B. Mitbewohner/innen, erfahrbar zu machen, werden im Einzelfall Möglichkeiten zur sinnlichen Erfahrung kultureller Besonderheiten geboten (z. B. durch Schmecken, Hören der Sprache, Rollenspiele). Die Teilhabe von Menschen mit Migrationshintergrund wird in Kap. VIII aus weiteren Perspektiven betrachtet.

Teilhabe von Menschen in besonderen Lebenslagen

Spezifische Unterstützungsleistungen sind u. a. beim Vorliegen einer Suchtproblematik, bei Delinquenz, bei Erfahrungen mit Gewalt und sexuellen Übergriffen erforderlich. Auch hier erweist sich die Zusammenarbeit mit internen und externen Beratungsstellen und Diensten (z. B. Behandlungszentrum des Ev. Krankenhauses Königin Elisabeth Herzberge – KEH, Heilpädagogische Ambulanz, „Kind im Zentrum") sowie mit Therapeuten, Ärzten und Fachkliniken als hilfreich.

Die Arbeit der Mitarbeitenden wird durch psychologische Beratung und Fortbildungen begleitet, z. B. zum Umgang mit Suchtproblematiken, zu Sexualität oder zur Verhinderung von Gewalt. Zur Bündelung von Fachwissen und Erfahrungswissen wurden in einzelnen Teams Schwerpunkte gebildet, z. B. zum Thema Sexualität (*„Erarbeitung einer speziellen Konzeption zum Umgang mit Sexualität", „Unterstützung durch eine Sexualberaterin")*. Bei Gewalt und/oder Missbrauchserfahrung haben sich Fallbesprechungen in kürzerer Abfolge bewährt. Als weitere Stichworte werden der Täter-Opfer-Ausgleich, Aufklärung, Mädchen-/Frauenarbeit, die Einbeziehung der Angehörigen und Körperarbeit genannt. Teilweise bestehen trägerintern oder trägerübergreifend Arbeitsgruppen, z. B. zum Thema Sucht. Bei Delinquenz werden eine sorgfältige Aufgabenverteilung aller Beteiligten und eine regelmäßige Abstimmung mit verschiedensten öffentlichen und privaten Einrichtungen, die im Umfeld Einfluss haben, für erforderlich gehalten.

Als *Grundprinzipien* bei der Arbeit mit Menschen in besonderen Lebenslagen werden die Strukturierung des Alltags, das Entdecken und Fördern von Ressourcen, sowie klare Grenzziehung genannt. Als weitere Aufgabe wird gesehen, *„Mitbewohner vor Ko-Alkoholismus zu schützen und in der Abgrenzung zu stärken“*. Im Einzelfall hat sich die *„andragogische und insbesondere psychotherapeutische Verhaltensmodifikation durch spezifische individuelle Förderung mit vorgegebener strukturierter Dokumentation unter Einbeziehung aller Disziplinen“* bewährt.

Im Bereich des *Wohnens* liegen gute Erfahrungen mit der Vernetzung der ambulanten Wohnangebote untereinander und mit Wohnheimen vor. Bei Vereinsamungstendenzen im Bereich des ambulant unterstützten Wohnens werden Wochenendreisen und Aktivitäten angeboten, *„damit die Klienten miteinander in Begegnung kommen und sich auch mit dem Träger im Allgemeinen identifizieren“*. Einer der Befragten stellt grundsätzlich klar: *„Betreuer sind keine Therapeuten; Therapien nur außerhalb der Wohnsituation.“*

2.3 Handlungsbedarf

Die Bewertung des Handlungsbedarfs bei spezifischen Dienstleistungen wurde anhand einer vierstufigen Skala vorgenommen: „gering“ (1) – „eher gering“ (2) – „eher hoch“ (3) – „hoch“ (4). Aus den in jeder Kategorie gebildeten Mittelwerten lässt sich eine *Rangfolge der Dringlichkeit* ableiten. Die Zahl der Nennungen variiert, da jeweils nur diejenigen Anbieter einbezogen sind, die eigene Erfahrungen mit den genannten Personenkreisen haben. Der größte Handlungsbedarf besteht nach Aussage der Befragten bei der Begleitung im Alterungsprozess, bei psychischen Erkrankungen und bei hoher Pflegebedürftigkeit (Tab. 13).

Handlungsbedarf nach Dringlichkeit Mittelwerte (Skala: 1 = gering; 2 = eher gering; 3 = eher hoch; 4 = hoch)					
Alterungsprozess	**3,4**	n = 25	**Schwer einstellbare Epilepsie**	**2,4**	n = 19
Psychische Erkrankung	**3,2**	n = 25	**Starke Mobilitätseinschränkung**	**2,4**	n = 14
Hohe Pflegebedürftigkeit	**3,0**	n = 14	**Migrationshintergrund**	**2,3**	n = 21
Verhaltensauffälligkeiten	**2,7**	n = 21	**Blindheit**	**2,0**	n = 14
Besondere Lebenslagen	**2,6**	n = 21	**Gehörlosigkeit**	**1,6**	n = 14
Autistische Symptomatik	**2,6**	n = 19			

Tab. 13: Handlungsbedarf nach Dringlichkeit

Ein tendenziell hoher Handlungsbedarf wird bei Verhaltensauffälligkeiten und autistischer Symptomatik sowie in besonderen Lebenslagen beschrieben. Es folgen mit absteigender Dringlichkeit schwer einstellbare Epilepsien, starke Mobilitätseinschränkungen und Migrationshintergrund. Am geringsten wird der Handlungsbedarf bei Blindheit und Gehörlosigkeit eingeschätzt.

Die Impulse der Anbieter zur *Verbesserung der gegenwärtigen Situation* wurden in Kategorien gebündelt und in Tab. 14 stichwortartig den jeweiligen Personengruppen zugeordnet. Ein Vergleich der von den Anbietern formulierten Handlungsbedarfe lässt erkennen, dass bei nahezu allen Personengruppen die Personalentwicklung von großer Bedeutung ist, gefolgt von Wohnangeboten, Fragen der Finanzierung, der medizinischen Versorgung und pädagogisch-konzeptionellen Aspekten. Auch das Hinzuziehen externer spezialisierter Dienstleister wird für wichtig erachtet. Angehörige werden nur bei psychisch Kranken und Migranten in den Blick genommen. Baulich-räumliche Gegebenheiten spielen vor allem bei pflegebedürftigen und blinden Menschen eine Rolle. Modifizierungen der Hilfeplanung werden bei der Gruppe der Älteren, der psychisch Kranken und der Personen in besonderen Lebenslagen für erforderlich gehalten.

Unterstützungsbedarf (Reihenfolge nach Dringlichkeit)	**Impulse von Anbietern zur Weiterentwicklung der Dienstleistungen**
Alterungsprozess	– Konzeption: Entwicklung von Konzepten für die Betreuung und Begleitung von alt werdenden Menschen mit geistiger Behinderung – Hilfeplanung: Anpassung an individuelle Bedürfnisse – Medizinisch-pflegerische Versorgung: Einbinden von Pflegediensten im ambulant-unterstützten Wohnen, Verbesserung der Zusammenarbeit mit den Pflegediensten; Krankenhäuser, Pflegeheime und ambulante Pflegedienste sind zur Zeit nicht ausreichend mit der besonderen Problematik von pflegebedürftigen Menschen mit geistiger Behinderung vertraut; zu wenig Vertragsärzte, „*die a) mit dieser Klientel vertraut sind und b) beim bestehenden EBM (= Einheitlicher Bewertungsmaßstab) und den dadurch bedingten Abrechnungseinschränkungen die notwendigen Hausbesuche machen*" – Pädagogisch begleitete Alltagsgestaltung: einheitliches Vorgehen im Team; Sterbebegleitung, Anpassung des Betreuungsablaufs – Tagesstrukturierung: Mehr tagesstrukturierende Angebote (auch extern). Schaffung einer Leistungsbeschreibung für interne Tagesstruktur im ambulanten Bereich – Wohnangebote: Ausbau bzw. Anpassung der Angebote für Senioren; Entwicklung ‚neuer' Wohnkonzepte, auch im urbanen Umfeld – Personal: Fort- und Weiterbildung in spezifischen Themenbereichen (z. B. Geistige Behinderung und Demenz); Vergütungsanpassung für Mitarbeiter/innen mit zusätzlichen Aufgaben – Bürgerschaftliches Engagement: Einbeziehung ehrenamtlich engagierter Personen – Finanzierung: Anerkennung des tatsächlichen Hilfebedarfs (z. B. erhöhter Betreuungsbedarf); Kombination von Pflegeleistungen und stationärer Eingliederungshilfeleistungen („*Erhaltung des gewohnten Lebensumfeldes und damit Anerkennung der Häuslichkeit und Finanzierung der Pflegesachleistungen*") – Rechtliche Stellung: Erhalt der Eingliederungshilfe für ältere Menschen mit geistiger Behinderung, Gewährleistung pädagogischer Betreuung auch bei hohem Pflegebedarf; lebenslanges Wohnrecht in der vertrauten Umgebung
Psychische Erkrankung	– Konzeption: allgemeine konzeptionelle Weiterentwicklung – Hilfeplanung: Verbesserung des Metzler-Verfahrens zur Abbildung des Hilfebedarfs – Medizinisch-psychiatrische Versorgung: Zusammenarbeit mit spezialisierten Einrichtungen; Qualifizierung der Fachärzte (hier vor allem der Psychiater) für Menschen mit geistiger Behinderung und psychischen Erkrankungen; „*Insbesondere im niedergelassenen Bereich (Vertragsärzte) gibt es so gut wie keine entsprechend spezialisierten Ärzte. Im niedergelassenen Bereich erweist sich auch der teilweise erforderliche hohe Medikamentenbedarf wegen der Budgetierung als sehr schwierig.*" – Psychologische Unterstützung: Psychologen „*müssen sich mehr mit den Behinderungsbildern auseinandersetzen*" – Therapeutische Behandlung: Diagnostik und Psychotherapie („*nicht nur mit Medikamenten ‚zuballern'*"); Therapeutenpool nicht ausreichend („*Es fehlen in Berlin Therapeuten für Menschen mit geistigen Behinderungen, z. B. in Form von Gesprächstherapie; Wartelisten sind lang!!" – „nicht ausreichende Angebote von Psychotherapeuten für Menschen mit schweren geistigen Behinderungen")* – Pädagogisch begleitete Alltagsgestaltung: Handlungsanweisung für Mitarbeitende im Umgang mit akuten Krisen (Krisenintervention)

Tab. 14: Weiterentwicklung spezifischer Dienstleistungsangebote

Unterstützungsbedarf (Reihenfolge nach Dringlichkeit)	**Impulse von Anbietern zur Weiterentwicklung der Dienstleistungen**
Psychische Erkrankung	– Vernetzung: Verbesserung und Ausbau der fachlichen Netzwerke und Angebote für Menschen mit geistiger Behinderung und einer psychischen Beeinträchtigung; (*„Welche Niedergelassenen, auf die besonderen Bedarfe dieser Personenkreise hin qualifizierte Therapeuten gibt es wo, in welchem Umfang? Welche Schritte werden gegangen, ein solches Angebot auf- und auszubauen?“)* – Wohnangebote: kleinere Gruppen; Sicherstellung des spezifischen Unterstützungsbedarfs (*„Wie wird strukturell sichergestellt, dass nicht Menschen mit einer ausgeprägten psychischen Erkrankung in Einrichtungen und Diensten mit ihrer Problemstellung unerkannt, un- oder fehlversorgt leben?“)* – Personal: Ergänzung des Curriculums der Ausbildung für Heilerziehungspfleger um Menschen mit geistiger Behinderung und zusätzlichen psychischen Erkrankungen; Fort- und Weiterbildung in spezifischen Themenbereichen; Austausch mit Mitarbeiter/innen aus dem Psychiatriebereich; regelmäßige Supervision; *„ständige Motivation der tragenden Mitarbeiter/innen*“; angemessene Vergütung – Angehörige: Unterstützungsleistungen für Eltern – Finanzierung: Finanzierung des erhöhten Personalbedarfs für die pädagogische/therapeutische Begleitung; (*„flexible zeitliche Betreuung ist im WG-Leistungsspektrum kaum möglich, was eine Betreuung besonders in Krisen erschwert*“); Problem: Finanzierung der Therapien
Hohe Pflegebedürftigkeit	– Konzeption: konzeptionelle Anpassung an die Bedarfe pflegebedürftiger Menschen – Medizinisch-pflegerische Versorgung: Intensivierung der Zusammenarbeit mit Ärzten und der Ernährungsberatung – Bauliche/räumliche Maßnahmen: räumliche Anpassung an die Bedarfe pflegebedürftiger Menschen – Personal: Fort- und Weiterbildung der bisherigen Mitarbeiter/innen; Einstellung von Pflegepersonal, insbesondere vor dem Hintergrund des steigenden Bedarfs an Leistungen der Behandlungspflege – Qualitätssicherung: *„Entwicklung eines Leistungskataloges zu grund- und behandlungspflegerischen Leistungen mit Verweis auf Qualifikations- bzw. Qualifizierungserfordernisse für die einzelnen Tätigkeiten; bedarfsbezogene Qualifizierungsplanungen und Nachweise für die einzelnen Mitarbeiter an ihrem jeweiligen Arbeitsplatz; Konzipierung eines flankierenden qualitätssichernden, anleitenden medizinisch-pflegerischen Fachdienstes im Rahmen der Eingliederungshilfeleistungen“* – Finanzierung: Finanzierung der Pflegesachleistungen in stationärer Eingliederungshilfe
Verhaltensauffälligkeiten	Zum Handlungsbedarf bei Verhaltensauffälligkeiten sind in vielen Bereichen auch die Angaben bei psychischer Erkrankung relevant. – Konzeption: allgemeine konzeptionelle Weiterentwicklung – Medizinische Versorgung: Qualifizierung der Ärzte für diesen Personenkreis – Pädagogisch begleitete Alltagsgestaltung: permanent hohe Fremd- und Selbstgefährdung, weitere Hilfsangebote einholen – Kooperation und Vernetzung: Zusammenarbeit von Wohnen mit Schule und Arbeit – Wohnangebote: kleinere Gruppen – Personal: Qualifizierung des Personals für diesen Personenkreis; kontinuierliche Anleitung von Mitarbeitenden; regelmäßige Supervision sowie anderweitige Beratung, speziell auf Klientel mit geistiger Behinderung und Verhaltensauffälligkeiten bezogen – Qualitätssicherung: *„Kompetentes Controlling durch Heimaufsicht“* – Finanzierung: Anerkennung des hohen Hilfebedarfs durch Kostenträger; Finanzierung des erhöhten Personalbedarfs für die pädagogische/therapeutische Begleitung; Teilhabe am Arbeitsleben durch Finanzierung einer Tagesstruktur außerhalb der Wohneinrichtung

Tab. 14: Weiterentwicklung spezifischer Dienstleistungsangebote (Fortsetzung)

Unterstützungsbedarf (Reihenfolge nach Dringlichkeit)	**Impulse von Anbietern zur Weiterentwicklung der Dienstleistungen**
Besondere Lebenslagen (Suchtproblematik, Delinquenz, Erfahrungen mit Gewalt und sexuellen Übergriffen u. a.)	– Konzeption: Ausarbeitung verschiedener Konzepte; individuelle Konzepte bei Suchtverhalten – Hilfeplanung: Berücksichtigung der nötigen speziellen Angebote in der Hilfeplanung – Medizinische Versorgung: Personal in Kliniken für Alkoholiker mit geistiger Behinderung qualifizieren – Therapeutische Behandlung: Angebot für Menschen mit geistiger Behinderung und Suchtproblematik ist unzureichend – Spezifische Beratung: Angebot für Menschen mit geistiger Behinderung und Suchtproblematik ist unzureichend; Personal in Beratungsstellen für Alkoholiker mit geistiger Behinderung qualifizieren – Pädagogisch begleitete Alltagsgestaltung: *„Im BEW den Vereinsamungstendenzen entgegenwirken."* – Kooperation und Vernetzung: bei Sucht Vernetzung aufbauen (Therapiemöglichkeiten, Selbsthilfegruppen, Beratungsstellen); die Therapiestellen, Beratungsstellen usw. öffnen für intensiven Austausch mit Wohnbetreuern; Zusammenarbeit mit Sexualassistenz – Selbsthilfeinitiativen: Selbsthilfegruppen für Menschen mit geistiger Behinderung initiieren – Wohnangebote: Angebot für Menschen mit geistiger Behinderung und Suchtproblematik ist unzureichend; besondere Gruppen bilden; Therapieangebote unterbreiten bzw. externe Hilfen einholen – Personal: Schulung der Mitarbeiter; Handlungskompetenzen der Mitarbeiter im Umgang mit Menschen mit geistiger Behinderung mit Suchtproblematik stärken (*„Entsprechend fähige Mitarbeiter sind auf dem Berliner Arbeitsmarkt sehr schwer zu akquirieren."*) – Finanzierung: Finanzierung spezieller externer Psychotherapien
Autistische Symptomatik	– Psychologische Unterstützung: *„Diagnose sehr schwierig, beruht auf Hypothesen, die bei Ärzten nur schwer anerkannt werden."* – Arbeit/Beschäftigung: unbedingt Schaffung und Finanzierung von Arbeitsplätzen – Wohnangebote: geeignete Wohnangebote für Menschen mit schwerer geistiger Behinderung und Störungen aus dem autistischen Formenkreis – Personal: Weiterqualifizierung der Mitarbeiter, fachliche Vertiefung; *„Absichern des personellen Aufwandes wegen der Bedarfssituationen bei 1:1-Betreuungen"* – Finanzierung: Finanzierung des erhöhten Personalbedarfs hinsichtlich pädagogischer und therapeutischer Begleitung; Finanzierung von individuellen Tagesstrukturangeboten außerhalb der Wohneinrichtung und von Arbeitsplätzen

Tab. 14: Weiterentwicklung spezifischer Dienstleistungsangebote (Fortsetzung)

Unterstützungsbedarf (Reihenfolge nach Dringlichkeit)	Impulse von Anbietern zur Weiterentwicklung der Dienstleistungen
schwer einstellbare Epilepsie	– Medizinische Versorgung: Qualifizierung der Ärzte für den Personenkreis der Menschen mit geistige Behinderung („*Es gibt insbesondere im niedergelassenen Bereich/Vertragsärzte so gut wie keine entsprechend geschulten Ärzte. Wünschenswert sind bei besonders schwierigen Fällen Konsiliarbesuche von besonders erfahrenen Ärzten des KEH*"); besonderer Handlungsbedarf bei als psychogen beschriebenen Ursachen – Kooperation und Vernetzung: bessere Vernetzung der Bereiche Wohnen und medizinische Behandlung – Wohnangebote: weitere Wohnangebote für diesen Personenkreis – Personal: Intensivere Schulung und Fortbildung der Mitarbeiter; weitere Dienstplananpassung, personelle Absicherung des Aufsichtsbedarfs; Organisation eines ständig zuverlässig funktionierenden Bereitschaftsdienstes – Qualitätssicherung: Entwicklung eines speziellen Handlungsleitfadens
starke Mobilitätseinschränkung	– Arbeit/Beschäftigung: Erhalt der Teilhabe am Arbeitsleben (WfbM und Förderbereich) – Assistenzdienste: Organisation und flexible Nutzung individueller Beförderungsmöglichkeiten (Fahrdienste); Begleitung zu Angeboten außerhalb der Einrichtung
Migrationshintergrund	– Wohnangebote: Spezielle Gruppen für bestimmte Kulturen; dazu auch entsprechendes Personal – Personal: Weiterqualifizierung der Mitarbeiter; Wissenserwerb zu kulturellen Hintergründen; „*Es fehlen entsprechende Sprachkompetenzen, insbesondere der andragogischen, psychologischen und ärztlichen Mitarbeiter.*" – Angehörige: Problem der widersprüchlichen Zielsetzungen
Blindheit	– Kooperation und Vernetzung: Kooperation mit Kommune bezüglich Anpassung der weiteren Wohnumgebung – Bauliche/räumliche Maßnahmen: Weitere Anpassung der Räumlichkeiten („*Was pädagogisch erforderlich ist, wird seitens der Bauaufsicht verhindert, z. B. Gestaltung der Flure"*) – Personal: Schulung des Personals
Gehörlosigkeit	– Pädagogisch begleitete Alltagsgestaltung: Erweiterung der Kommunikationsmöglichkeiten (z. B. gebärden-unterstützte Kommunikation) – Bauliche/räumliche Maßnahmen: Verbesserung der Rahmenbedingungen (z. B. Ausstattung der Räumlichkeiten mit Bildsymbolen) – Personal: regelmäßige Mitarbeiterschulungen („*Umgang mit gehörlosen Menschen, z. B. wie nähere ich mich einer betroffenen Person an?"*)

Tab. 14: Weiterentwicklung spezifischer Dienstleistungsangebote (Fortsetzung)

Der Überblick über Ansätze zur Weiterentwicklung der Dienstleistungen für geistig behinderte Menschen mit spezifischen Unterstützungsbedarfen zeigt Handlungsfelder auf, die im Hinblick auf die Entwicklung konkreter Maßnahmen jeweils einer vertiefenden Betrachtung bedürfen. Die Ergebnisse korrespondieren in Teilbereichen mit den Erkenntnissen von LOTSE BERLIN, die in ihren jährlichen Sachberichten in sehr differenzierter Form auf *Defizite im Bereich der Wohnangebote für bestimmte Personengruppen* hinweisen. Dazu gehören Menschen mit einer schwerwiegenden Verhaltensproblematik oder einer psychiatrischen Diagnose, Menschen mit einer

„erworbenen“ Behinderung sowie Menschen mit einem hohen Unterstützungsbedarf aufgrund einer schweren geistigen Behinderung und u. U. schweren körperlichen Beeinträchtigung:

> „Wünschenswert in diesem Zusammenhang wären die Weiterentwicklung der Betreuungskonzeptionen – sowohl in struktureller als auch in fachlich-inhaltlicher Hinsicht – sowie die Flexibilisierung von Kostenübernahmen für Bedarfe in besonderen Situationen. Auch darf für diese Personenkreise nicht vernachlässigt werden, wie wichtig das Vorhandensein des Zwei-Milieu-Prinzips ist, d. h. sowohl Wohnen als auch Arbeit/Beschäftigung.“ (LOTSE-Sachbericht, Berichtszeitraum: 01.01.2008-31.12.2008, 12).

3 Weiterentwicklung der Angebote

Durch den Wandel der Erwartungen an die Gestaltung und Qualität der Hilfen für Menschen mit Behinderung ist innerhalb der Behindertenhilfe der Prozess einer zeitgemäßen Weiterentwicklung der Angebote in Gang gekommen, der materielle, strukturelle, personelle, soziale und individuumbezogene Dimensionen umfasst. Die wichtigsten Veränderungen hinsichtlich der Nachfrage, des Leistungsangebots, der Personalstruktur, der Anforderungen durch das Persönliche Budget und der fachlich-konzeptionellen Zielsetzungen werden im Folgenden aus dem Blickwinkel der Anbieter dargestellt.

3.1 Veränderung der Nachfrage

Bei den Personen, die Dienstleistungen im Bereich des Wohnens nutzen, registrieren die Träger in den letzten Jahren sowohl bei den nachfragenden Personengruppen als auch bei den Ansprüchen an die Angebote eine Reihe von Veränderungen, die auf der Basis der Fragebogenergebnisse nur stichwortartig dargestellt werden können.

Personenkreis

- **Aufnahmealter**
  einerseits mehr junge Erwachsene zwischen 18 und 27 Jahren (nach der Bestands- und Bedarfsprognose von con_sens von 2005 erfolgten im Jahr 2004 rund 54 % der Zugänge vor Vollendung des 30. Lebensjahrs, das Durchschnittsalter dieser Gruppe lag bei 25 Jahren); dringende Anfragen aus Familien bereits vor dem 18. Lebensjahr, insbesondere bei Verhaltensproblemen; gegenläufige Tendenz im Kinder- und Jugendbereich: höheres Durchschnittsalter bei der Aufnahme; andererseits mehr ältere Menschen zwischen 45 und 55 Jahren;
- **Zunahme von Anfragen von Menschen mit geringerem Hilfebedarf**
- **Zunahme von Anfragen für mehrfach behinderte Menschen**
- **Zunahme von Anfragen für „Problemgruppen“**
  einerseits für Menschen mit starken Verhaltensauffälligkeiten und/oder psychischen Erkrankungen (Doppeldiagnose), insbesondere im Heimbereich; andererseits für junge Erwachsene mit leichter geistiger Behinderung oder Lernbehinderung, die zuvor in Einrichtungen für Kinder und Jugendliche betreut wurden, z. B. sozial auffällige junge Männer ohne berufliche oder schulische Einbindung, Menschen mit fehlender sozialer Kompetenz bzw. starken Verhaltensauffälligkeiten; Suchterkrankungen (z. B. Alkohol); delinquentes Verhalten; Psychiatrieerfahrungen; häufig aus sozial benachteiligten Milieus kommend; die spezifischen Unterstützungsbedarfe dieser Personengruppen sind Gegenstand des Sachberichts von LOTSE BERLIN für das Jahr 2008;
- **Konzeptionell bedingte Veränderungsanfragen**
  einerseits von Frauen und Männern, die zur Zeit in Wohngemeinschaften leben und noch stärker individualisierte Leistungen und Angebote wünschen, andererseits von Angehörigen von Menschen mit hohem Assistenz- und Pflegebedarf, die fachlich zuverlässige umsichtige Pflegeleistungen im Kontext der Eingliederungshilfe wünschen mit z. T. kleinteiligen individualisierten Angeboten und Einzelkomponenten;
- **Anfragen für spezifische Unterstützungsbedarfe**
  z. B. autistische Symptomatik, Prader-Willi-Syndrom; erworbene Behinderungen (Schädel-Hirn-Trauma); Ko-Morbidität (Nebeneinander mehrerer voneinander unabhängiger Erkrankungen);

- **Nachfrage von Menschen mit Migrationshintergrund**
  teils als ansteigend bezeichnet, teils gering.

In der trägerübergreifenden Beratungs- und Vermittlungsstelle für betreute Wohnformen von Menschen mit Behinderung LOTSE BERLIN werden zunehmend Nachfragen von Jugendlichen registriert, die in Pflegefamilien aufgewachsen sind und mit der Volljährigkeit zur Sozialhilfe/Eingliederungshilfe wechseln sollen:

> *„Mit 18 werden sie vom Jugendamt, Abteilung Pflegekinder, aufgefordert, dass sie sich einen Platz suchen sollen. Und das ist schon manches Mal dramatisch, denn die sind noch gar nicht in der Lage, diesen Schritt zu machen. Da kommen Ängste hoch, sie können nicht schlafen zu Hause, es ist wirklich schlimm, wo auch die Pflegeeltern vierteljährlich Bericht erstatten müssen, wo sie sich vorgestellt haben. Das ist ein Unterschied zu vor ein paar Jahren, da ging es noch bis 25 Jahre." (Int-E_B[50])*

In der Regel sind die Pflegeeltern bereit, die Betreuung fortzuführen. Gegenüber dem Persönlichen Budget gibt es jedoch Vorbehalte, u. a. wegen der damit verbundenen Budgetverwaltung.

Unterstützungsbedarf

- **Alterungsbedingter Mehrbedarf**
  Begleitung des Alterungs- und Sterbeprozesses; Trauerarbeit in den Gruppen; insbesondere im Heimbereich erhöhte Pflegebedarfe; zunehmender körperlicher und geistiger Abbau, häufiger Demenz;
- **Psychosozialer Mehrbedarf**
  zunehmender Hilfebedarf bei der Gestaltung sozialer Beziehungen, im Bereich der emotionalen und psychischen Entwicklung und bei der Gesundheitserhaltung; insbesondere bei jungen Menschen zunehmender Bedarf an psychologischer Unterstützung durch vermehrt auftretende psychische Auffälligkeiten;
- **Behinderungsbedingter Mehrbedarf**
  Ansteigen komplexer Hilfebedarfe insbesondere bei pflegerischen und medizinischen Leistungen; zunehmend höherer Hilfe- und Versorgungsbedarf bei Kindern und Jugendlichen mit körperlicher Behinderung;
- **Entwicklungsbezogener Mehrbedarf**
  einerseits wegen höherer Anforderungen durch Verselbstständigungstendenzen (Förder- und Trainingsbedarf); andererseits wegen geringer lebenspraktischer Fähigkeiten und Fertigkeiten bei Frauen und Männern, die – ohne Wohntraining – direkt aus den Familien kommen *(„da zu Hause durch die Familie ‚überbetreut' und wenig zu möglicher Selbstständigkeit angehalten");*
- **Abnahme des Unterstützungsbedarfs** im Kontext von individuellen Entwicklungsprozessen aufgrund der Förderung von Fähigkeiten und Fertigkeiten im Sinne der angestrebten Ergebnisqualität (Beispiel: *„gesunkener Hilfebedarf seit 2 Jahren von ca.10h auf gegenwärtig 8,3 h pro Woche"*).

Gründe für die Inanspruchnahme von Angeboten des betreuten Wohnens

- **Familiäre Gründe**
  Wunsch der Eltern (Volljährigkeit); Überforderung der Familien (z. B. Verhaltensauffälligkeiten); Altwerden oder Tod der Eltern; veränderte Familiensituation (z. B. Obdachlosigkeit);
- **Individuelle Gründe**
  Wunsch der behinderten Menschen nach Selbstständigkeit und Selbstbestimmung; Wunsch nach mehr „Service" im Alltag *(„BEW-Anwärter suchen zunehmend Dienstleister, der ihnen vieles abnimmt");*
- **Strukturelle Gründe**
  Angebote der Einrichtung, die den Vorstellungen der Nachfragenden entsprechen (z. B. Freizeit- und Gruppenangebotsorientierung, künstlerischer Schwerpunkt, teilweise bewusstes Su-

50 Int-E_B = Experten-Interview Beratungsstellen

chen nach Gemeinschaft); notwendiger Wechsel der Einrichtung (z. B. Einrichtungen der Jugendhilfe trotz weiterbestehenden Betreuungsbedarfs nicht mehr zuständig; Rückkehr aus einer Heimeinrichtung in anderem Bundesland).

Wahl der Wohnform

- zunehmend Wunsch nach Selbstbestimmung und **individuellen Angeboten** mit ambulanter Unterstützung in der eigenen Wohnung; Suche nach rollstuhlgerechter Wohnung; *(„früher: stationäres Wohnen als Zwischenstation von Elternhaus und ambulanter Wohnform; heute: verstärkt vom Elternhaus direkt in eine ambulante Wohnform“)*;
- verstärkte Nachfrage insbesondere im **Betreuten Einzelwohnen**, unabhängig vom Alter und Unterstützungsbedarf; Risiko der Vereinsamung;
- geringere Nachfrage nach **Wohngemeinschaften** (freie Plätze in WGs mit 40-jährigen Bewohnern kaum zu besetzen, junge Leute wollen mit ihrer Altersgruppe zusammenleben; WG-Plätze werden zunehmend mit Personen mit höherem Hilfebedarf belegt, geringerer Hilfebedarf wird nur noch im BEW akzeptiert);
- mäßige Nachfrage nach Betreuung im **Wohnheim**; im stationären Bereich zunehmender Verbleib von Menschen mit sehr hohem Assistenzbedarf („*Menschen, die die HBG 2 haben und zu uns ziehen wollen, dürfen nicht! Die Durchmischung von Menschen mit unterschiedlichen Fähigkeiten gelingt dadurch nicht mehr. Das finden wir sehr problematisch. Von freier Wohnwahl kann nicht gesprochen werden.“);*
- Bevorzugung von nach Behinderungsgrad **heterogenen Gruppen** (z. B. keine Schwerstbehindertengruppen)
- Einrichtung **spezialisierter Wohnangebote**, z. B. „Senioren-WG“ mit Zusatzangeboten für ältere Menschen (Pflege, erweiterte Tagesstruktur, alten- bzw. behindertengerechtes Wohnen);
- Motivation zum **Umzug in andere Wohnformen**: WS →WG; WG → BEW *(„in vielen Fällen nicht selbst vom Nutzer gewünscht, sondern auf Nachdruck des Kostenträgers“ – „Viele Bewohner/innen von WGs möchten nicht in das BEW wechseln, da sie ihr gewohntes Umfeld mit der ausgedehnten pädagogischen Unterstützung nicht missen möchten. Generell sind es eher die 20 bis Ende 30-Jährigen, die als mittelfristiges Ziel das BEW haben.“ – „BEW und eigene Wohnung hoch im Kurs“ – „Häufig ist zunächst der Wunsch nach eigener Wohnung da, der sich aber verändert, sobald die eigenen Vorstellungen realer werden“ – „Wunsch nach ausreichend auch pflegerischer Versorgung und gleichzeitiger Beibehaltung des bisherigen Wohnplatzes“).*

Konzeptionelle Vorstellungen der Nachfragenden

- Höhere Ansprüche an Wohnort und Zimmer (Einzelzimmer und eigene sanitäre Anlagen) – kleine Wohneinheiten;
- Hohe Individualität – individuelle Angebote mit der dazu gehörigen Begleitung *(„Individualisierung verdrängt im Einzelfall Gemeinschaftsaspekte“ – „Wunsch nach Teilhabe an neuen Medien: Internetzugang“);*
- Systemsicherheit (ähnlich wie im Heim) – bei verstärkter Individualisierung der Betreuung;
- Selbstbestimmung – Wahlmöglichkeiten – Gemeindeorientierung;
- Betreuungsintensität und -qualität, Kontinuität im Betreuerteam;
- „passende“ Mitbewohner/innen *'(„fittere' Menschen finden unsere Bewohner häufig zu ‚behindert'“);*
- lebenslanges Wohnrecht *(„Kann ich hier wohnen bleiben, wenn ich alt und pflegebedürftig bin?“);*
- gute Zusammenarbeit mit Angehörigen; Mitspracherecht.

Nach den Erfahrungen von LOTSE BERLIN sind für Eltern die Größe und Zusammensetzung der Gruppe, Umfang und Intensität der Betreuung sowie das Mitspracherecht in der Betreuung wichtige Kriterien bei der Suche nach geeigneten Wohnmöglichkeiten für ihre Töchter und Söhne. Auch der Bezirk, die Nähe zum Elternhaus und eine den Bedürfnissen entsprechende Infrastruktur spielen eine Rolle, manchmal auch das Weiterführen bestehender Freizeitaktivitäten, z. B. in Freizeitklubs oder Sportvereinen. Einige der Nachfragenden sehen die Orientierung am Sozialraum als weiteres Gütekriterium für die Arbeit einer Einrichtung:

„Wenn ein Anbieter das Nachbarschaftliche konzeptionell aufnimmt, das wird als Qualitätsmerkmal wahrgenommen. Es gibt Unterschiede. Die einen pflegen guten Kontakt zu Nachbarn und machen was mit Ehrenamtlichen, dass sie z. B. am Wochenende ein Café öffnen. Dann gibt es die konfessionellen Einrichtungen, wo viele Projekte auf einem Gelände sind und die Gemeindearbeit da sehr aktiv ist." (Int-E_B)

Ein Träger stellt fest, dass Eltern eher selten konzeptionelle Vorstellungen mitbringen, gefragt wird eher „*eigenes Zimmer; Besuchsrechte, Pflichten, Finanzierung*".

Anspruchshaltung von Nutzer/innen

- hohes Anspruchsdenken und Qualitätsbewusstsein, Betreuung wird als Dienstleistung angesehen; übertriebene Erwartungen;
- zunehmendes Selbstbewusstsein und höhere Anforderungen bei weniger Bereitschaft zu Eigenanstrengung
  (*„Im BEW-Bereich weniger Bedarf nach Hilfe zur Selbsthilfe" – „Nicht soviel gemeinsam machen, eher bedienen lassen statt mitzugestalten" – „Manche Bewohner nutzen ihr Selbst(mit)bestimmungsrecht insofern, dass sie jegliche Mithilfe verweigern – aus der Wohngemeinschaft wird ein ‚Hotel'." – „Bisweilen besteht ein Widerspruch zwischen selbstständigen Wohnansprüchen und Ausschluss von Lebensrisiken durch Gefahr von Fehlernährung, Medienkonsum usw." – „Jüngere Menschen wünschen stärker punktuelle, problem- bzw. themenbezogene Betreuung, weniger ‚Pädagogik'"*).

Begleitung des Übergangs vom Elternhaus in eine betreute Wohnform

- verstärktes Selbstbewusstsein bei Angehörigen, äußern klarer ihre Vorstellungen;
- längere Vorbereitung und kontinuierlicher Kontakt zur Einrichtung gewünscht
  (*„einen guten Übergang mit viel Zeit und klaren Perspektiven erarbeiten, was bieten wir und was erwarten wir"; „im Kinder- und Jugendbereich: verstärktes Interesse an intensiver Begleitung des Übergangs in Erwachseneneinrichtungen"*);
- Beratung wird gesucht;
- intensive Elternarbeit notwendig – Kommunikation, Begleitung des Ablösungsprozesses
  (*„Eltern sehen zunehmend Ablösung ihres ‚Kindes' vom Elternhaus als normalen lebensgeschichtlichen Prozess; aber auch konflikthafte Auseinandersetzung bei ‚ungesunder' Symbiose zwischen Eltern und ‚Kind'" – „BEW: Eltern aufgeschlossener"*);
- Abstimmung der Wünsche und Ansprüche mit dem Angebot
  (*„Schwierig: Häufig klaffen die Meinungen über die Selbstständigkeit bzw. die Hilfebedürftigkeit des Menschen auseinander, Anspruchshaltung wächst bei den Eltern – weniger Kompromissbereitschaft und Verständnis, wenn es darum geht zu erklären, dass ja der Einzelne in einer 8er-Gruppe lebt, d. h. die Betreuung anders als zu Hause laufen muss.");*
- Wohnvorbereitung: Elterngruppen und Treffen der potentiellen Bewohner/innen;
- Einrichtung ansehen; Gespräche, auch mit anderen Klienten; Unterstützung bei Anträgen; Probewohnen.

Mitarbeiterinnen von LOTSE BERLIN berichten, dass der Auszug aus dem Elternhaus in Familien mit schwerer behinderten Kindern lange hinaus gezögert wird. Hier ist im Vorfeld des Verlassens der Familie verstärkt über flexible Möglichkeiten der Unterstützung im häuslichen Bereich nachzudenken:

„Da habe ich in der Region einige, so jenseits der Mitte 30, 40 (...) Letztens kam die Anfrage einer Schwester: Es fehlt, dass am Wochenende Möglichkeiten sind, dass sich ihr Bruder anschließen kann zu kulturellen Veranstaltungen. Da sehe ich Bedarf, an diesen Tagen (abends, Wochenende), im Sinne von Teilhabe." (Int-E_B)

Zusammenarbeit mit Angehörigen

Es wird konstatiert, dass die Angehörigen zunehmend selbstbewusst sind. Sie werden anspruchsvoller und wollen mehr mitgestalten. Einige Anbieter haben die Zusammenarbeit mit den Angehörigen verstärkt (*„wichtig, ständig praktiziert, stete Aufgabe, häufig mühsam und manchmal unlösbare Fragen"*). Das erfordere einen deutlich höheren Zeitaufwand für persönliche Gespräche, regelmäßige Treffen, teilweise auch Schulungen, Angehörigenabende. Viele Angehörige seien kooperativer und offener gegenüber den Wohnangeboten der Behindertenhilfe, *„da es ‚normaler' wird, sein erwachsenes Kind zu Hause ausziehen zu lassen und die Wohnangebote attraktiver sind als früher"*. Im Einzelfall wird die Zusammenarbeit dennoch als *„schwierig!"* erlebt, Vorrang haben i. d. R. die Wünsche und Bedürfnisse der Klienten. Teilweise besteht eine enge Zusammenarbeit auch in rechtlichen Fragen, um Interessen bei Kostenträgern durchzusetzen. Mit zunehmendem Alter der Angehörigen verändern sich die Kontakte (*„höherer Personalaufwand z. B. bei Besuchen im Krankenhaus"*). Bei manchen Anbietern wird ein zunehmend geringeres Engagement von Angehörigen registriert. Einer merkt an, dass Elternarbeit *„vom Leistungsträger gewünscht"* wird, man habe darum eine Gruppe eingerichtet. Aus dem Kinder- und Jugendbereich wird von zunehmendem Interesse der Angehörigen an Zusammenarbeit berichtet.

3.2 Veränderungen im Leistungsangebot

„Unsere Vision: Ein Wohnangebot für Menschen mit unterschiedlichsten Hilfebedarfen in einem Haus. Fragt sich nur, wie sich eine Nachtwache finanziert." *(Aussagen aus dem Feld der Behindertenhilfe)*

81 % der Anbieter planen in den nächsten fünf Jahren *Veränderungen im Leistungsangebot „Wohnen";* 8 % haben keine Veränderungen vor, 11 % gaben keine Antwort. Als Grund für die angestrebten Veränderungen werden überwiegend fachlich-konzeptionelle Überlegungen genannt (86 %). Weitere Anstöße gaben die steigende Nachfrage (71 %) und veränderte Nachfragen hinsichtlich der Personengruppen, die Wohnangebote benötigen (57 %). Andere Beweggründe sind dem gegenüber sekundär. Dazu gehören u. a. bezirkliche Planungsprozesse, die nur bei 7 % eine Rolle spielen (Abb. 50). Als zusätzliche Motive wurden die zunehmende Zahl geistig behinderter Senioren und die Absenkung des Höchstalters in Kinder- und Jugendeinrichtungen genannt.

Der überwiegende Teil der neuen Angebote wird für bestimmte Personengruppen konzipiert:

- für *ältere Menschen* mit geistiger Behinderung (u. a. Senioren-Wohngemeinschaft und zusätzliche Gruppen-Freizeitangebote bei erhöhtem Pflegebedarf, z. B. Demenz),
- für Menschen mit *hohem Pflegebedarf* (u. a. im Rahmen von Hausgemeinschaften) und für Kinder mit schweren Behinderungen,
- ambulant unterstützte Wohnangebote für geistig behinderte Menschen mit *psychischen Erkrankungen* (darunter auch Angebote für Menschen mit Triple-Diagnosen oder mit besonders gravierenden Verhaltensauffälligkeiten, teilweise im Vorfeld oder im Rahmen der Nachbetreuung von Menschen im Maßregelvollzug),
- Angebote für Menschen mit *autistischer Symptomatik*,
- eine Wohngemeinschaft für behinderte Menschen mit *Migrationshintergrund*,
- *Trainingswohngruppe* für junge Erwachsene, die noch nicht die Voraussetzungen für das Leben in einer WG haben,
- ein Wohnangebot für erwachsene Menschen mit geistiger Behinderung in einer Einrichtung, die bislang nur Kinder- und Jugendeinrichtung ist.

Als Standorte sind – mit unterschiedlicher Häufigkeit – alle 12 Bezirke genannt. Zwei Anbieter planen *Pflegeeinrichtungen* mit Versorgungsvertrag nach § 72 SGB XI.

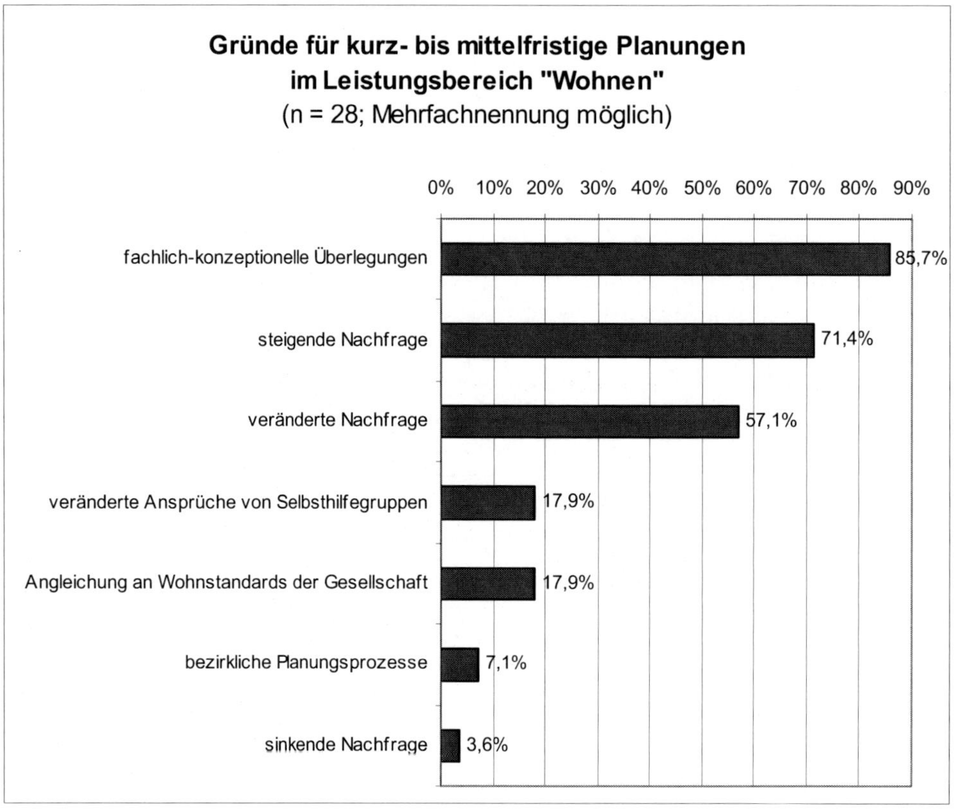

Abb. 50: Planungen im Bereich „Wohnen“

Weitere Planungen beziehen sich auf *tagesstrukturierende Angebote*. Ein Anbieter plant ein tagesstrukturierendes Angebot in Erweiterung seines Arbeitsförderbereiches für Menschen, die wegen Verhaltensauffälligkeiten weder in den WfbM noch in deren Fördergruppen ein angemessenes Angebot erhalten. Ein anderer plant tagesstrukturierende Angebote für Menschen mit psychischer Zusatzproblematik *„als Vorstufe/Übergang zu Werkstatt/Zuverdienst oder als benachbarten Baustein zur Wohnbetreuung, um Integration und ein zweites Erfahrungs-/Lebensfeld sicherzustellen“*. Zwei Träger haben vor, die interne Tagesstruktur für Menschen mit Behinderung aus der Umgebung zu öffnen. Als zusätzliches Angebot ist bei einem Träger eine *„Trauergruppe*“ für Menschen mit Behinderung vorgesehen, die ihr Kind weggeben mussten und keine Begleitung bekommen.

Bei 86 % der Befragten werden die Planungen zur *Erhöhung der Klientenzahl* führen. Wenn die gegenwärtigen Pläne realisiert werden, wird es in den Jahren *2008-2012* im *stationären Bereich* zu einer Ausweitung um rund 250 Plätze kommen. Die Erhöhung der Platzzahlen liegt bei den einzelnen Anbietern zwischen 4 und maximal 60 Plätzen (Mittelwert: 23). Im *ambulanten Bereich* ist nach den Angaben der beteiligten Träger mit einer Erhöhung der Klientenzahlen um ca. 470 Personen zu rechnen, bei den Mischformen um ca. 35 Plätze. In einem Fall werden die geplanten Veränderungen einen *Abbau* von 7 Plätzen im stationären Bereich zur Folge haben. Bei einzelnen Trägern sind die Planungen noch nicht so konkret, dass Klientenzahlen angegeben werden können.

Der zu erwartende Zuwachs der Klienten im Bereich des Wohnens bis zum Jahr 2012 um mindestens 750 Personen liegt um ca. 70 Klienten unter dem von der CON_SENS-Studie (2005) prognostizierten Bedarf. Unter Berücksichtigung der Tatsache, dass nur rund zwei Drittel der Träger von wohnbezogenen Diensten und Einrichtungen an der Befragung der KUNDENSTUDIE beteiligt waren und zudem einige der Befragten noch keine genauen Klientenzahlen angeben konnten, ist davon auszugehen, dass der Bedarf im Bereich des Wohnens auch künftig höher sein wird als erwartet.

Nur knapp ein Drittel der Befragten plant *offene Angebote* (Abb. 51), überwiegend in den östlichen Stadtbezirken. Am häufigsten sollen Dienste für persönliche Unterstützung/Begleitung, Treffpunkte für Freizeitaktivitäten und Kontakt-, Informations- und Beratungsstellen eingerichtet werden. Drei Anbieter planen Bildungsangebote für Erwachsene, zwei beabsichtigen Freiwilligenagenturen zu schaffen, jeweils einer nannte die Einrichtung einer Kontaktbörse, eines Pflegedienstes gem. SGB XI und einer Selbstvertretungsgruppe. Einen Krisendienst plant niemand.

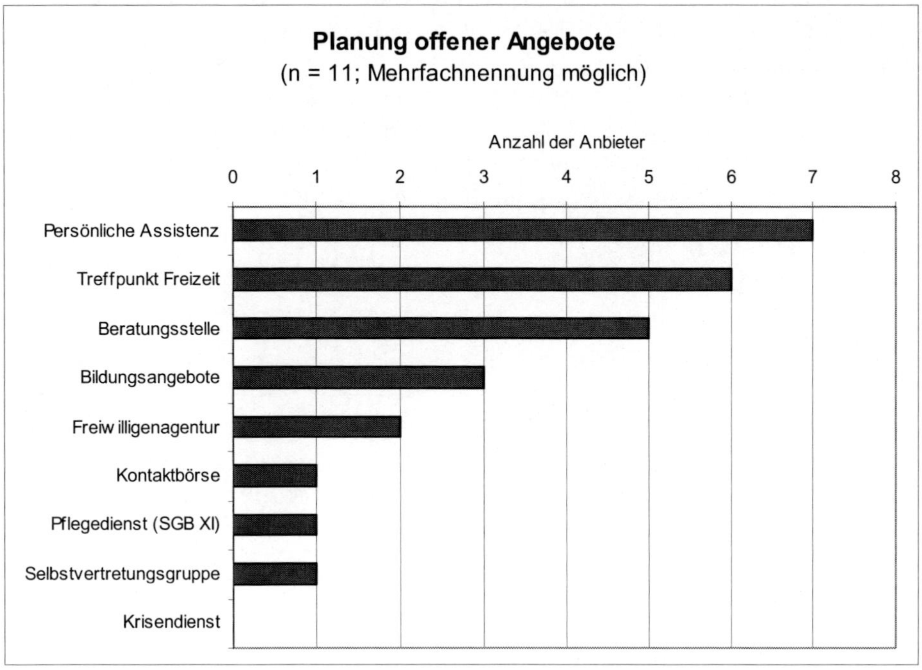

Abb. 51: Planung offener Angebote

Konkrete *Nachfrageanalysen* werden von rund einem Viertel der Befragten durchgeführt (28 %). Hinweise zum *künftigen Bedarf im Bereich Wohnen* werden u. a. über den Kontakt zur trägerübergreifenden Beratungs- und Vermittlungsstelle LOTSE BERLIN, über den Informationsaustausch mit anderen Einrichtungen, durch Aktivitäten der trägereigenen Wohnberatung, durch Befragungen von Nutzerinnen und Nutzern und Angehörigen sowie durch Gespräche mit „Angebotssuchenden“ (Menschen mit Behinderung, gesetzliche Betreuer, Eltern) gewonnen. Teilweise werden Kundenbefragungen zu speziellen Themen durchgeführt, z. B. zum Bedarf an Unterstützung und Wohnraum im Alter. Ein Träger nimmt zur Klärung künftiger Bedarfe Kontakt zu Schulen und zu Angehörigengruppen auf, arbeitet mit Bezirksämtern zusammen und wertet die Erfahrungen und Berichte von LOTSE BERLIN aus. Ein anderer plante zum Zeitpunkt der Befragung schriftliche Umfragen, u. a. bei Sozialpsychiatrischen Diensten, bei LOTSE BERLIN und beim Krisendienst. Ein Träger gibt an, die „Hammerschick-Studie“ (Bedarfsprognose 2005-2015) als Orientierung für die zu erwartende Nachfrageentwicklung zu nutzen. 42 % der Befragten führen keine Bedarfsanalysen durch, 31 % gaben keine Antwort.

3.3 Veränderungen der Personalstruktur

Nutzerbezogene Anforderungen an die Dienstleistungen und kostenbedingte Erfordernisse im Personalbereich haben in den letzten Jahren zu deutlichen Veränderungen hinsichtlich der Personalstruktur geführt. Der Einsatz von Heilerziehungspflegern (HEP) steigt, der von Sozialpädagogen in der Betreuung geht zurück – eine Entwicklung, die nach Einschätzung von Anbietern oftmals nicht primär fachlich, sondern ökonomisch begründet sei. Der Bedarf an medizinisch-pflegerischen Fachkräften habe sich erhöht. Angestrebt wird eine multiprofessionelle Mischung der Teams (Heilerziehungspfleger, Altenpfleger, Krankenschwester, Ergotherapeut etc.). Es werde allerdings immer schwieriger, qualifiziertes Personal zu finden (*„Die Besetzung von*

Nachtwachen gelingt kaum noch."). Seit Wegfall des Anerkennungsjahres (HEP und Erzieherinnen) wird ein niedrigeres Ausbildungsniveau der Berufsanfänger konstatiert. Im Gegensatz zu den beschriebenen Problemen beobachtet ein Anbieter eine „*Zunahme von Bewerber/innen mit qualifiziertem Abschluss und guter Motivationsgrundlage*".

Der *Qualifizierungsbedarf* habe sich in den letzten Jahren nahezu verdoppelt, insbesondere in den Bereichen Qualitätsmanagement und Dokumentation („*Zunahme der Dokumentation und der damit zusammenhängenden Arbeiten*" – „*zunehmende Verwaltungstätigkeit durch gestiegene Nachweisführung*"), aber auch mit Blick auf bestimmte Personenkreise, die Angebote der Behindertenhilfe in Anspruch nehmen. Mehr als drei Viertel der befragten Anbieter (78 %) gehen davon aus, dass sich durch die Weiterentwicklung der Angebote die fachlichen Anforderungen an die Mitarbeiter ändern werden. Lediglich 8 % erwarten keine neuen Anforderungen, 14 % machten dazu keine Angabe.

Fortbildungsinhalte, die für vordringlich gehalten werden, sind:

- **Leitideen der Behindertenhilfe**
  z. B. Selbstbestimmung, Teilhabe, Empowerment, Inklusion, Sozialraumorientierung, Gemeinwesenarbeit;
- **Professionelles Selbstverständnis**
  z. B. Assistenz, Kundenorientierung, Partizipation von Menschen mit Behinderung, personzentrierter und sozialraumorientierter Betreuungsansatz; Haltung gegenüber den Klienten;
- **Fachliche Kompetenzen** für die Arbeit bei spezifischen Unterstützungsbedarfen,
  z. B. im Alter, bei Pflegebedürftigkeit, psychischen Erkrankungen, Autismus, herausfordernden Verhaltensweisen, Migrationshintergrund, Suchtverhalten, Konsum illegaler Drogen, Schuldenproblematik;
- **Berufsspezifische Kompetenzen**
  - personzentrierte Hilfen; Hilfeplanung/Assistenzplanung, Zielvereinbarung; Persönliche Zukunftsplanung
  - Leitung von Gruppen; Dienstplangestaltung
  - Beratungskompetenz
  - Gesprächsführung
  - Konfliktmanagement
  - Selbstmanagement
  - Angehörigenarbeit (u. a. Begleitung von Eltern mit sozialen Auffälligkeiten)
  - interdisziplinäre Zusammenarbeit im Team
  - Vernetzung mit anderen Einrichtungen
  - Qualitätsmanagement
  - sozialrechtliche Grundlagen (z. B. Persönliches Budget)
  - Verhandlungen mit Kostenträgern
  - Umgang mit neuen Medien (z. B. PC-Kenntnisse).

3.4 Anwendung des Persönlichen Budgets

Im Rahmen der Zielvorgaben Selbstbestimmung und Teilhabe eröffnet das Persönliche Budget (§ 17 SGB IX) neue Perspektiven. Nach Aussage von Anbietern hat es jedoch bei den Beteiligten bislang kaum Bedeutung erlangt („*entgegen der Zahl der Veröffentlichungen, Fachtagungen*").[51] Die meisten Träger hatten zum Zeitpunkt der Befragung noch keine Klienten, die das Persönliche Budget in Anspruch nehmen. Manche bieten Beratung und Organisation an. Einige sind dabei, sich auf diese Leistungsform einzustellen und über Angebotsformen nachzudenken. Pläne für speziell zugeschnittene Angebote beziehen sich überwiegend auf das Betreute Einzelwohnen; im Einzelfall wurde bereits ein Angebotskatalog mit budgetfähigen Leistungen und Preisen erarbeitet. Bemängelt wird, dass die Bedarfsfeststellung für geistig behinderte Menschen noch nicht befriedi-

51 Zum Entwicklungsstand des Persönlichen Budgets im Bundesgebiet vgl. PETERS et al. 2008

gend geklärt ist. Zudem gehe jeder Bezirk bei der Umsetzung des Persönlichen Budgets eigene Wege. Es bestehe eine Tendenz zu Hilfesettings, die auf schlecht bezahlten Honorarkräften aufbauen mit erheblichen Problemen in Bezug auf die Sozialversicherung. Ein Anbieter mit Erfahrungen hinsichtlich der Inanspruchnahme des Persönlichen Budgets resümiert: *„Mit drei Versuchen nach nunmehr einem Jahr keine wirklich verbessernden Erfahrungen der Klienten."*

Insgesamt bewerten die Befragten die neue Finanzierungsform als Chance und Schwierigkeit zugleich: *„Preisdruck versus Qualität im Angebot*". Sie stelle die Anbieter vor erhebliche Herausforderungen (*„Wir halten viele Angebote vor, Einzelangebote sind aber mit dem vorgegebenen Rahmen kaum möglich."*). Auswirkungen auf die *„etablierten Angebote"* seien jedoch bislang nicht zu beobachten. Vor diesem Hintergrund setzen die Träger bei der *Weiterentwicklung ihrer Angebote* unter Berücksichtigung des Persönlichen Budgets unterschiedliche Schwerpunkte (Abb. 52). Am häufigsten wird die Fortbildung der Mitarbeitenden genannt (76 %). Fast die Hälfte plant die Entwicklung von Modulen für wählbare Leistungen. Rund ein Drittel will Angehörige und gesetzliche Betreuer stärker als bisher informieren. Jeweils 18 % planen, neue Dienste einzurichten und Informationsmaterialien in einfacher Sprache zu entwickeln. Einführungskurse für Menschen mit geistiger Behinderung werden von nur 14 % für wichtig erachtet, im Einzelfall ist ein Beratungsbüro vorgesehen. Die Rangfolge der Nennungen lässt erkennen, dass die Anbieter – ihrem Auftrag entsprechend – ihre Aufgabe vorwiegend in der Gestaltung der Rahmenbedingungen zur Umsetzung des Persönlichen Budgets sehen. Die Vermittlung der Bedeutung des neuen Finanzierungsmodells an die Klienten durch geeignete Informationsangebote, Beratung und Materialien erscheinen dem gegenüber eher nachrangig.

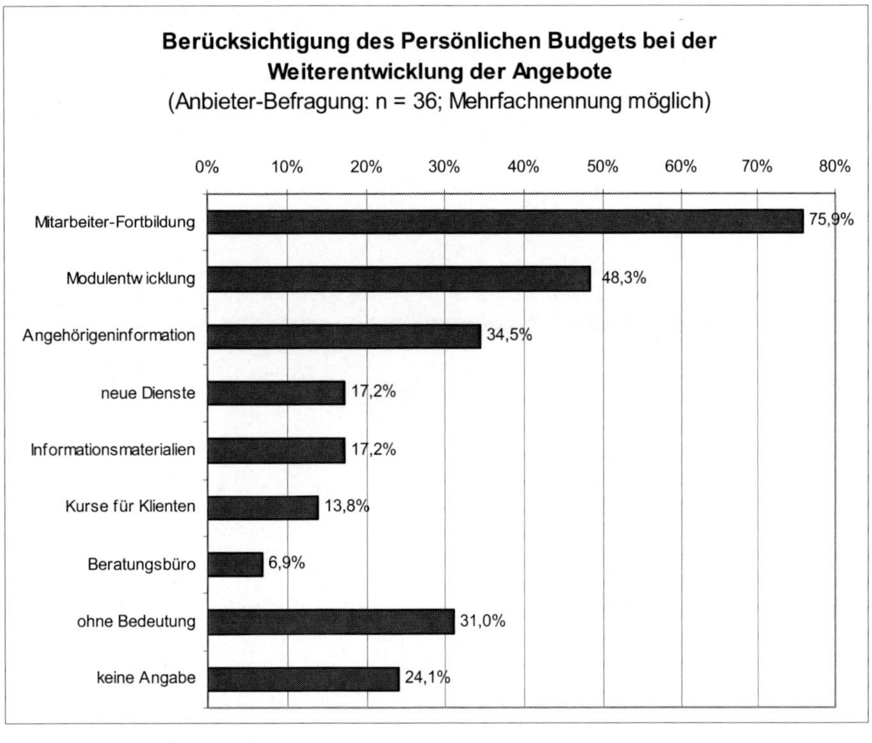

Abb. 52: Berücksichtigung des Persönlichen Budgets

Die Hervorhebung der *Fortbildung von Mitarbeitenden* unterstreicht deren Relevanz bei der Umsetzung von Reformkonzepten. Ihre Einstellung gegenüber dem Persönlichen Budget, ihre Kenntnisse und Erfahrungen sind wesentliche Bedingungsfaktoren der Qualität der Assistenz bei der Inanspruchnahme der Leistung. Vor diesem Hintergrund wurde im Rahmen der „Kundenstudie" exemplarisch eine *Umfrage unter Mitarbeiterinnen und Mitarbeitern*, die gegenwärtig im Betreuten Einzelwohnen tätig sind, durchgeführt (vgl. JANKOWSKI 2009). 163 Fragebögen für BEW-Mitarbeiter/innen wurden verschickt, 25 Bögen kamen zurück (Zeitpunkt der Befragung:

Ende 2008/Anfang 2009). Das entspricht einer Quote von 15 %. Auch wenn die sehr kleine Stichprobe keinerlei Verallgemeinerungen zulässt, sind die Aussagen von Interesse.

Die beteiligten 11 Mitarbeiter und 14 Mitarbeiterinnen sind im Alter von 22 bis 55 Jahren. Fast alle haben eine abgeschlossene pädagogische Ausbildung, die bei knapp der Hälfte der Befragten nicht länger als fünf Jahre zurück liegt. 21 Personen sind bei einem Leistungsanbieter fest angestellt, vier arbeiten als Aushilfskräfte. Die vertraglich vereinbarte wöchentliche Arbeitszeit der Beteiligten variiert zwischen 5 und 40 Stunden. Die Klientenzahl liegt zwischen 1 und 9 Personen. Schwerpunkte der Befragung waren u. a. das Wissen über das Persönliche Budget, theoretische Kenntnisse hinsichtlich des Beantragungsverfahrens, genutzte Informationsquellen und praktische Erfahrungen mit der Umsetzung des Persönlichen Budgets. Die Ergebnisse zeigen folgendes Bild:

- **Wissen zum Persönlichen Budget**:
  15 der insgesamt 25 Befragten fühlen sich „ausreichend" informiert; 9 Personen geben an, sich „kaum" oder „gar nicht" informiert zu fühlen.
- **Kenntnis der Budgetverordnung (BudgetV)**:
  Nur ein Fünftel der Befragten hat nach eigener Aussage „sehr gute" bis „ausreichende" Kenntnisse. Vier Fünftel kennen die Verordnung „kaum" oder „gar nicht".
- **Informationsquellen**:
  Am häufigsten wird das Internet als Informationsquelle genannt (Abb. 53). Bei den Personenkreisen, die für Informationen zur Verfügung standen, stehen an erster Stelle Kolleginnen und Kollegen; Teamleitung und Geschäftsführung spielen nur bei Einzelnen eine Rolle. Rund die Hälfte der Personen verweist auf Fortbildungen, wobei externe Veranstaltungen überwiegen. Auch Fachliteratur wird genutzt.

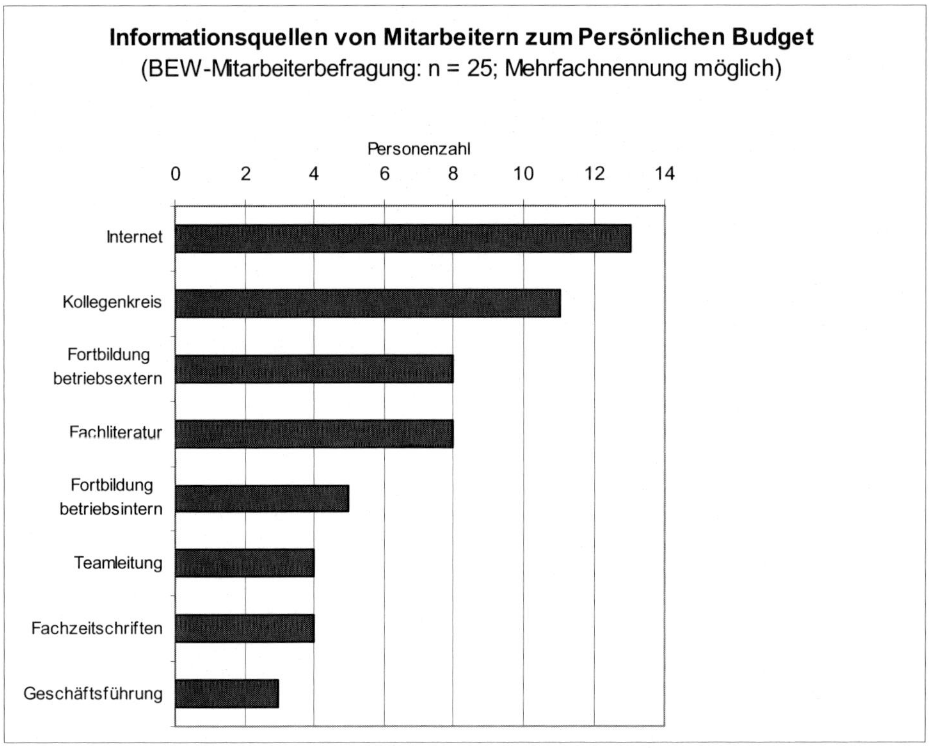

Abb. 53: Mitarbeiter – Informationsquellen zum Persönlichen Budget

Nur einer der Befragten hat persönliche Erfahrungen mit der Assistenz für einen Budgetnehmer. 16 Personen halten es für möglich, dass einer ihrer Klienten zukünftig ein Persönliches Budget in Anspruch nimmt, die anderen sehen das für eher unwahrscheinlich an. Zum Zeitpunkt der Befragung kannten nur fünf Personen ein Konzept oder Arbeitspapier ihres Arbeitgebers zum künftigen Umgang mit dem Persönlichen Budget. Teaminterne Diskurse zum Thema gab es nach Aussage der Befragten bislang nur „gelegentlich“ (4 Personen), „selten“ (12 Personen) oder „nie“ (9 Personen).

Die Einschätzung der Mitarbeitenden hinsichtlich der Einführung des Persönlichen Budgets umfasst positive und negative Aspekte: Die Chancen für eine selbstbestimmte Lebensführung von Menschen mit Behinderung werden grundsätzlich begrüßt. Die Anwendbarkeit des Finanzierungsmodells für Menschen mit geistiger Behinderung wird jedoch eher skeptisch beurteilt, da die Inanspruchnahme ein hohes Maß an kognitiven Fähigkeiten voraussetze. Zu den Auswirkungen auf die Behindertenhilfe wird von den Befragten die Erwartung geäußert, dass sich die Organisationsstrukturen verändern werden, insbesondere unter dem Vorzeichen gesteigerter Konkurrenz zwischen den Leistungsanbietern, und dass der Arbeitsaufwand mit der Umsetzung persönlicher Budgets zunehmen wird. Die Initiatoren-Rolle und die Budgetassistenz verstehen die Mitarbeiter nicht als primäre Aufgabe ihrer Berufsgruppe. Hier werden vorrangig der Mensch mit Behinderung und der gesetzliche Betreuer genannt. Nur wenige Mitarbeiter/innen sehen gegenwärtig für sich eine berufliche Perspektive im Tätigkeitsfeld der selbstständigen budgetbezogenen Dienstleistung.

Für die Weiterentwicklung der *Bedingungen zur Umsetzung des Persönlichen Budgets* werden von fast allen Mitarbeitenden an erster Stelle mehr budgetbezogene Information und Fortbildungen für erforderlich gehalten (Abb. 54).

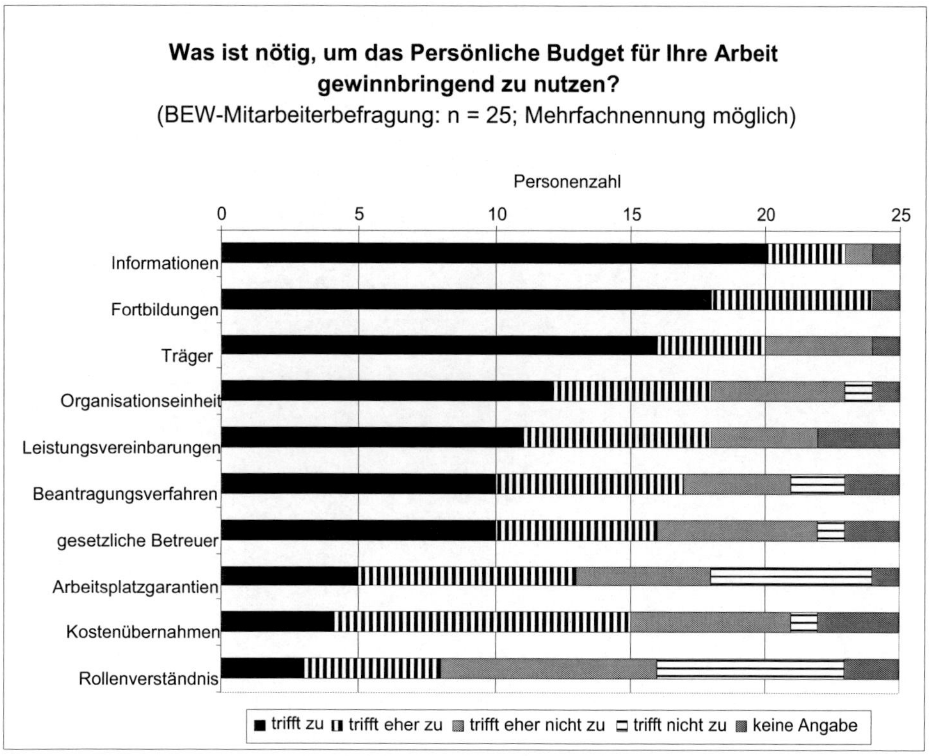

Abb. 54: Mitarbeiter – Bedingungen zur Umsetzung des Persönlichen Budgets

Leistungen, die mit einem Persönlichen Budget eingekauft werden können, sollten bekannt gemacht werden, z. B. in Form eines Katalogs. Als weitere wichtige Voraussetzungen werden die konzeptionelle Weiterentwicklung des Trägers und der für das Persönliche Budget relevanten Organisationseinheit (Einrichtung, Team, Treffpunkt u. a.) genannt. In diesem Zusammenhang halten es mehrere Befragte für notwendig, dass die Anbieter ihre Leistungen und Unterstützungsangebote modularisieren und ggf. neue budgetfähige Angebote entwickeln, damit sie Budgetnehmerinnen und -nehmern zur Auswahl zur Verfügung stehen. Um Orientierung über die Möglichkeiten des neuen Finanzierungsmodells zu geben, wird zudem eine qualifizierte Beratung und Unterstützung beim Beantragungsverfahren durch die Fallmanager als notwendig erachtet. Ein Mitarbeiter merkt an, dass er *„jedoch keine Begeisterung für das Persönliche Bud-*

get bei den Fallmanagern erkennen“ könne. Auch die Kooperation mit den gesetzlichen Betreuern und Betreuerinnen müsse intensiviert werden. Höhere Kostenübernahmen werden von einem kleinen Teil für unbedingt erforderlich, von fast der Hälfte der Befragten für möglicherweise erforderlich gehalten. Arbeitsplatzgarantien als Kompensation für mögliche berufliche Unsicherheiten durch die Einführung des Persönlichen Budgets sind nur für etwa die Hälfte von Bedeutung. Am wenigsten Handlungsbedarf wird bei der Veränderung des eigenen Rollenverständnisses gegenüber den Klienten gesehen.

Die Forderungen der befragten BEW-Mitarbeiter/innen korrespondieren in mehreren Bereichen mit den Aussagen der *Anbieter-Befragung* zu den *Auswirkungen des Persönlichen Budgets auf die wohnbezogenen Hilfen*. Auch die Träger verbinden mit dem neuen Finanzierungsmodell teils positive, teils problematische Auswirkungen auf die wohnbezogenen Hilfen für Menschen mit geistiger und mehrfacher Behinderung im Land Berlin (Abb. 55).

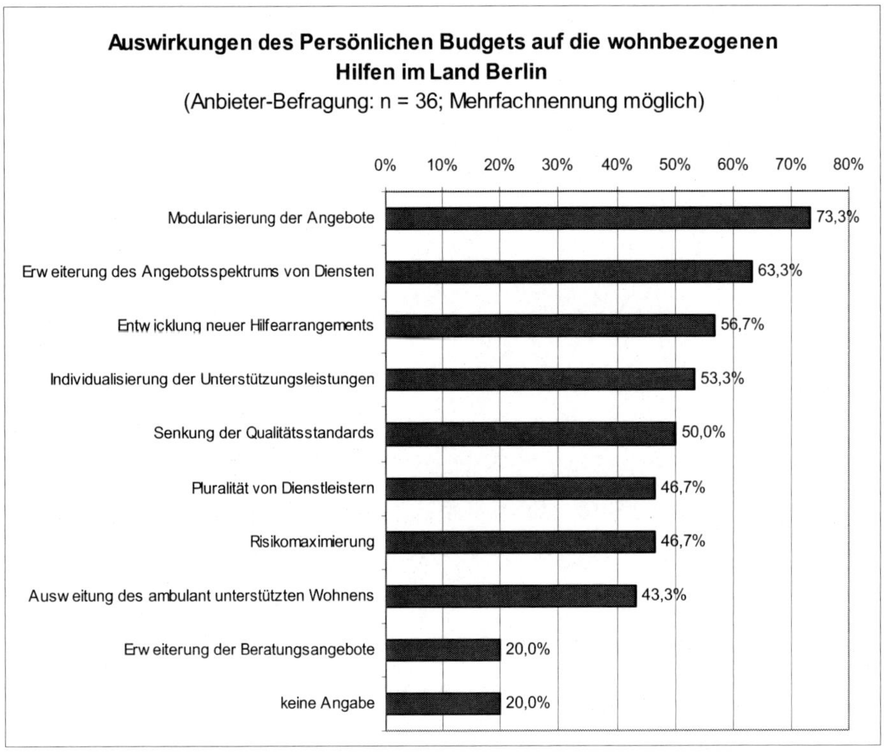

Abb. 55: Auswirkungen des Persönlichen Budgets

Fast drei Viertel der Anbieter erwarten eine Zunahme der Modularisierung der Angebote, knapp zwei Drittel eine Erweiterung des Angebotsspektrums von Diensten. Mehr als die Hälfte der Anbieter hält es für erforderlich, neue Hilfearrangements zu entwickeln und eine stärkere Individualisierung der Unterstützungsleistungen anzustreben. Eine Senkung der Qualitätsstandards wird von 50 % der Anbieter erwartet. Zudem seien eine Ausweitung der in Berlin bereits vorhandenen starken Pluralität von Dienstleistern und eine Maximierung des Risikos der Träger nicht auszuschließen (47 %). Eine Ausweitung des ambulant unterstützten Wohnens wird von nur 43 % für erforderlich gehalten, da Berlin bereits über ein breites Angebot ambulant unterstützter Wohnformen verfügt. Nur ein Fünftel der Befragten sieht bei der Erweiterung der Beratungsangebote Handlungsbedarf. Solange es keine Finanzierung für Budgetassistenz gibt, werden die genannten Auswirkungen nach Meinung einzelner Anbieter nur zögerlich eintreten. Zudem seien Menschen mit geistiger Behinderung mit der Inanspruchnahme des Persönlichen Budgets überfordert; eine Steigerung ihrer persönlichen Risiken sei vorhersehbar. Welche Auswirkungen auf ambulant betreute Wohnformen zukommen, sei zurzeit noch nicht abzusehen. Im Heimbereich könnten Probleme auftreten. Man sei insgesamt nicht genug vorbereitet auf das neue Finanzierungsmodell, das die Möglichkeit biete, neue Angebote zu kreieren. 20 % der Anbieter beantworteten die Frage nach den Auswirkungen des Persönlichen Budgets nicht.

Die Frage des Ausbaus offener Hilfen zur Umsetzung des Persönlichen Budgets wird nach Aussage der Befragten die weitere Entwicklung wesentlich beeinflussen. Bei grundsätzlicher Bereitschaft von Anbietern zur Gestaltung neuer Angebote sei gegenwärtig allerdings der „Markt der Nachfrager" noch nicht bekannt. Zudem gebe es bei den Regelungen zum Persönlichen Budget noch Lücken, vor allem im Bereich der Teilhabe am Arbeitsleben. Neben der großen Aufmerksamkeit, die der Einführung des Persönlichen Budgets zuteil wird, sollten auch *Vorzüge des bisherigen Systems* und *mögliche Gefahren* durch die neue Form der Finanzierung der Leistungen nicht außer Acht gelassen werden:

> *„Es ist ja neben allen Fragen, die man an Heime kritisch stellen kann und sicherlich auch muss, doch auch ein Erfolg immerhin, was wir heute in Heimen unter dem Gesichtspunkt umfassender Leistungen haben. Und wenn Gedankengänge sich durchsetzen, die dieses „Komplexangebot" modularisieren, das kann sich natürlich unter Kostengesichtspunkten sehr schnell auch als das Einfallstor entpuppen, wo generell wir vor die Frage gestellt werden: Na geht's nicht auch mit weniger? Wer hat dann eigentlich gewonnen?" (Int-E_T[52])*

Perspektivisch werden dem Persönlichen Budget in Berlin geringe Chancen beigemessen:

> *„Meine verlässliche These ist: Das Persönliche Budget wird aus zwei Gründen in Anspruch genommen, nämlich wenn ich mit dem bisherigen Zustand unzufrieden bin und den nur mit dem Persönlichen Budget verändern kann (also wo wohne ich, mit wem wohne ich, dieser ganze Katalog) – der Druck ist in Berlin nicht da, dazu brauche ich das Persönliche Budget nicht. Und das zweite, das wird auch nur zu 'ner geringen Inanspruchnahme führen, sind psychologische Gründe, nämlich das Gefühl, wenn ich selbst über Geld verfügen kann, dann geht es mir besser. Das haben wir insbesondere bei jüngeren Eltern, die aus der Integrationsecke kamen. Aber das wird alles nicht in die Fläche gehen. In Berlin wird das Persönliche Budget, behaupte ich, die Ausnahme sein. (Int-E_T)*

3.5 Fachlich-konzeptionelle Planungen

Neben der Orientierung an Nachfragen der Kunden wird die Angebotsplanung auch durch fachlich-konzeptionelle Zielperspektiven der Behindertenhilfe bestimmt. Die befragten Anbieter wurden aufgefordert, anhand einer vierstufigen Skala die Relevanz der nachfolgend genannten *Zielsetzungen* für ihre fachlich-konzeptionellen Planungen zu bewerten:

- Inklusion als handlungsleitende Orientierung in allen Bereichen
- Selbstbestimmung als handlungsleitende Orientierung in allen Bereichen
- Profilierung der Angebote
- Ausbau des ambulant unterstützten Wohnens
- Ausrichtung der Angebote auf Erfordernisse des Persönlichen Budgets Erproben neuer personzentrierter Unterstützungsarrangements
- Ausbau Offener Hilfen
- Strukturelle Verankerung der Partizipation von Menschen mit Behinderung in Entwicklung und Evaluation der Dienstleistungen
- Zentralisierung der Angebote

Abb. 56 zeigt einen Überblick über den Stellenwert der genannten Zielsetzungen. Das *schraffierte Mittelfeld* kennzeichnet den Anteil der Anbieter, die sich nicht eindeutig, sondern nur tendenziell für die jeweils genannten Ziele engagieren („trifft eher zu"). Er liegt bei den meisten Kategorien knapp unter oder deutlich über einem Drittel. Eine *Zusammenschau* der zustimmenden Antwortoptionen „trifft zu" und „trifft eher zu" belegt, dass die *Selbstbestimmung* als handlungsleitende Orientierung in allen Bereichen mit insgesamt 88 % den größten Stellenwert hat. Über drei Viertel der Befragten fühlen sich mehr oder weniger stark der *Zielperspektive Inklusion* verpflichtet (78 %), gefolgt von der *Profilierung der Angebote* (70 %) und dem *Ausbau des ambulant unterstützten Wohnens* (67 %) mit jeweils mehr als zwei Dritteln der Nennungen. Bei der Angebotsprofilierung sind im Einzelfall vor allem alt werdende Menschen mit geistiger und mehrfacher Behinderung und Menschen mit schwerwiegend herausforderndem Verhalten im Blick. Im

52 INt-E_T = Experten-Interview Träger

Interview erläutert eine Trägervertreterin, dass mit Profilierung nicht Konzentrierung von Menschen mit vergleichbaren Problemlagen in einer Einrichtung gemeint sein sollte:

> *„Ich will nicht, dass da die Gehörlosen und da die Blinden und Sehschwachen und so weiter, das meine ich damit nicht. Aber ich würde mir so eine Spezialisierung wünschen, dass ich weiß, jetzt habe ich den gehörlosen Herrn X und habe ein Problem mit dieser Gehörlosigkeit oder Blindheit, dass ich dann weiß, da gibt es eine Institution und die haben sich da top aktuell informiert und haben Informationen, wo ich mir Hilfe holen kann."* *(Int-E_T)*

Fast drei Viertel der 36 Befragten (72 %) streben bei der Weiterentwicklung der Angebote die *strukturelle Verankerung der Partizipation* von Menschen mit Behinderung in Entwicklung und Evaluation der Dienstleistungen an, zumindest tendenziell. Fast zwei Drittel (64 %) nennen das Erproben neuer *personbezogener Unterstützungsarrangements* als konzeptionelles Ziel (*„Angebote inhaltlich und strukturell entsprechend den Nachfragen anpassen"*); allerdings ist diese Absicht nur bei einem Fünftel der Befragten bereits konkret. Wesentliche Rahmenbedingungen für die Realisierung der genannten Ziele werden nur von einem Teil der Träger konkret vorbereitet. Rund die Hälfte hat vor, die Angebote *auf Erfordernisse des Persönlichen Budgets* auszurichten; die konkrete Umsetzung erfolgt bei etwa einem Fünftel. Dazu gehört auch das Gewinnen von Klienten für die Nutzung des Persönlichen Budgets. Der *Ausbau offener Hilfen* spielt nur bei insgesamt 36 % der Befragten eine Rolle, bei ca. 10 % ist er fest geplant. Eine *Zentralisierung der Angebote wird* – zumindest tendenziell – von 17 % ins Auge gefasst. Ein Träger nennt als weitere Zielperspektive den Ausbau des Qualitätsmanagements (Zertifizierung).

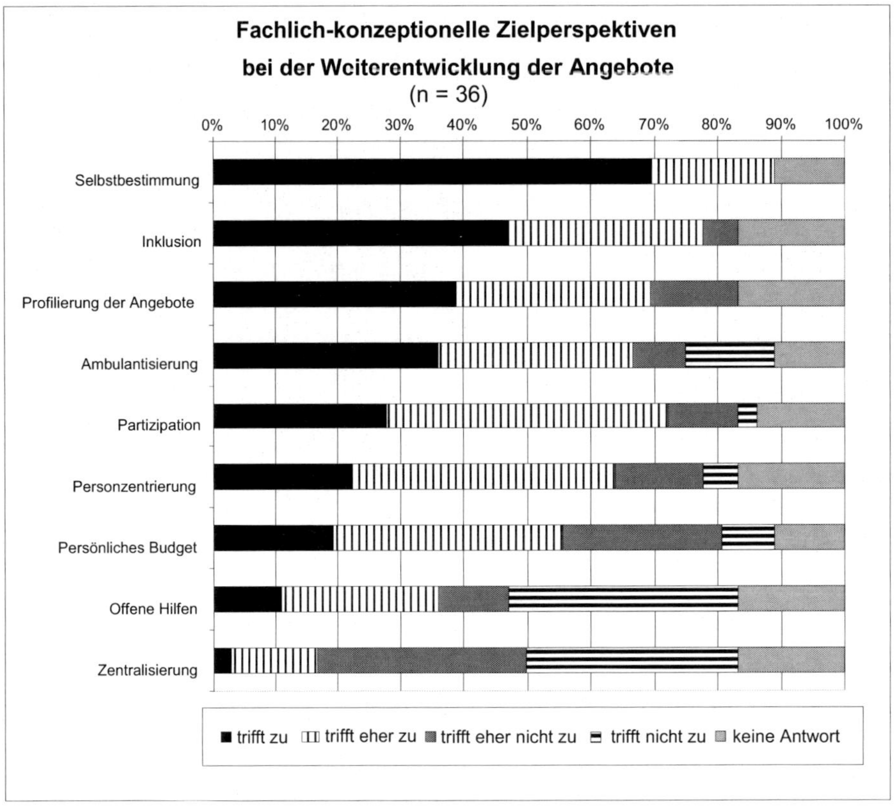

Abb. 56: Fachlich-konzeptionelle Zielperspektiven

Partizipationskultur

> *„Jedes neue Angebot entsteht gemeinsam mit den Nutzern und den Angehörigen. Wir verstehen uns nicht als Dienstleister, der alles ‚fertig' macht und die Nutzer nur einziehen müssen."*
> *(Aussagen aus dem Feld der Behindertenhilfe)*

Etwa 70 % der Anbieter geben an, dass sie grundsätzlich die Nutzer/innen in *Planungen und Entwicklungen* der Angebote einbeziehen. Zur Sondierung von Interessen, Wünschen, Bedarfslagen und Bedingungen werden u. a. Kundenbefragungen durchgeführt (z. B. als „*Grundlage für neue Gruppenangebote*"). Die Befragungen erfolgen teils schriftlich (Fragebogen), teils mündlich (Interviews). Im Einzelfall werden gesetzliche Betreuer und Eltern einbezogen, auch Mitarbeiter/innen („*als Interessenvertreter aller Bewohner/innen in Zusammenarbeit mit einem gewählten Angehörigenbeirat*"). Manche Nutzer/innen wirken in Arbeitsgruppen mit, z. B. in einer Auswertungsgruppe von Fragebögen. Weiterhin werden die Zusammenarbeit mit dem Heimbeirat, Bewohnerbesprechungen und Gruppenbesprechungen genannt, im Einzelfall eine monatliche „*Bürgerversammlung*", *(„dort kann jeder Bewohner mitsprechen, Ideen werden gesammelt, Themen besprochen – ist noch ein Übfeld. Die Schwierigkeit besteht auch darin, dass wir viele Menschen haben, die nicht oder kaum sprechen und zudem häufig stark geistig beeinträchtigt sind").* Bei einzelnen Anbietern gibt es regelmäßig Informationsveranstaltungen oder Planungsgruppen. Als Beispiel wird das Einbeziehen von Frauen und Männern einer Wohntrainingsgruppe in die Entwicklung der Perspektiven für das künftige Wohnen genannt, wobei auch individuelle Wohnbezirkswünsche berücksichtigt werden. Einige Träger haben keine strukturierten Verfahren. Sie nutzen Angehörigen- und Betreuerabende sowie informelle Gespräche mit Angehörigen und gesetzlichen Betreuern, im Einzelfall auch einen „*Stammtisch*", um Auskunft zur Zufriedenheit oder Verbesserungsvorschläge zu erhalten. Ein Träger erläutert: „*Wir gestalten Gruppenangebote und kulturelle Angebote nach Nachfrage bzw. individuellen Wünschen. In intensiven Nachbereitungen evaluieren wir im Team die jeweiligen Angebote auch mit unseren Klienten.*"

Abb. 57 gibt einen Überblick über Aktivitäten von Anbietern zur *Ermittlung der Ergebnisqualität* der von ihnen erbrachten Leistungen.

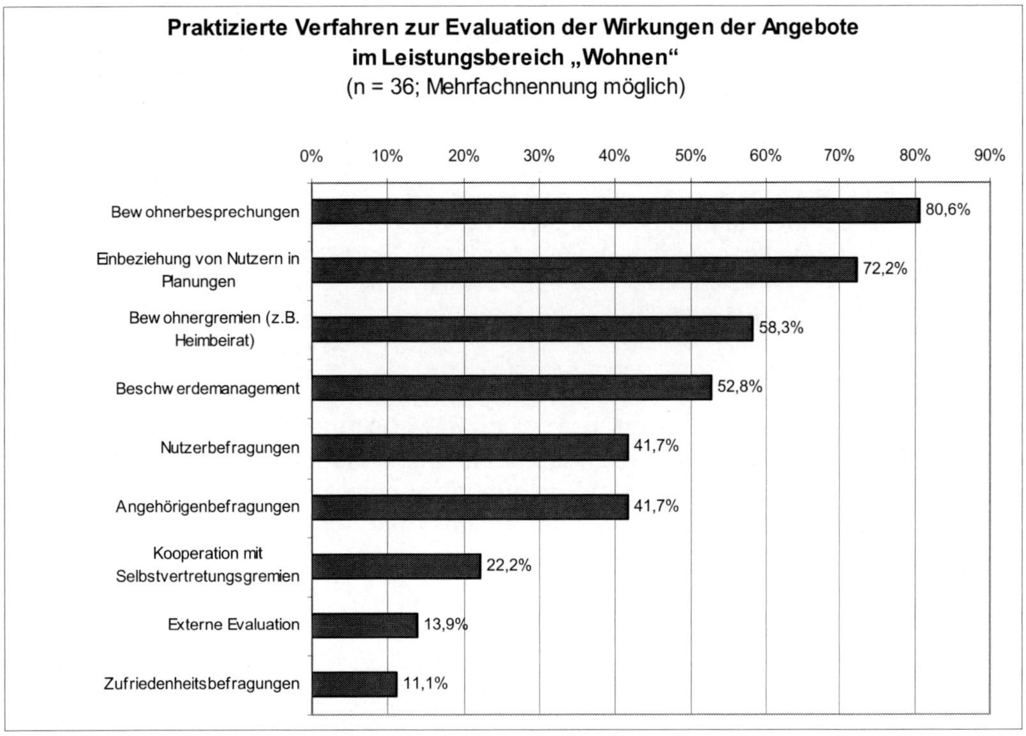

Abb. 57: Evaluation der Wirkungen der Angebote

Am häufigsten werden Bewohnerbesprechungen (81 %) und das Einbeziehen von Nutzerinnen und Nutzern in Planungen (72 %) genannt, gefolgt von der Kooperation mit bestehenden Bewohnergremien (58 %) und dem Beschwerdemanagement (53 %). Nutzer- und Angehörigenbefragungen gehören mit jeweils 42 % zum Repertoire der Erfassung der Zufriedenheit mit den Angeboten. Etwa jeder fünfte Anbieter kooperiert zur Erkundung der Vorstellungen von Menschen mit Behinderung mit Selbstvertretungsgruppen. Eher selten wird eine externe Evaluation in Anspruch genommen. Auch Zufriedenheitsbefragungen nach dem Lebensqualitäts-Index werden nur bei rund 10 % praktiziert. Einige Träger verwenden andere Verfahren zur Evaluation,

z. B. interne Auditverfahren nach DIN EN 9001:2000. Im Einzelfall durchliefen die geplanten Evaluationsverfahren zum Zeitpunkt der Befragung gerade den QM-Prozess; ein Anbieter plante Befragungen von Kooperationspartnern.

Sozialraumorientierung

„Akzeptanz schaffen, Kennenlernen befördern, Inklusion, Schutz vor Vereinsamung"
„Die Hilfeplanung wird immer auf das unmittelbare Umfeld des Klienten ausgerichtet. Nachbarschaftliche Kontakte fördern und unterstützen wir. Die Grundhaltung ist immer die, dass der Klient uns nur für eine Phase in seinem Leben benötigt, um die für ihn nötige Unterstützung seines Umfeldes finden und nutzen zu lernen."
„Wir arbeiten von Anfang an in einem überschaubaren Sozialraum. Uns ist wichtig, dass alle Angebote zu Fuß erreichbar sind und die Bewohner untereinander regelmäßig Kontakt haben können. So sollen Freundschaften und soziale Netze entstehen" *(Aussagen aus dem Feld der Behindertenhilfe)*

Mit Blick auf die Teilhabechancen von Menschen mit Behinderung gewinnen sozialraumorientierte Ansätze zunehmend an Bedeutung. Sozialraumorientierung hat nicht nur den einzelnen unterstützungsbedürftigen Menschen im Blick, sondern auch seine soziale Einbindung in das Wohnumfeld (vgl. Kap. III). Die Strukturen und Ressourcen vor Ort sollen im Sinne einer Verantwortung für die Gemeinschaft aktiviert und aufeinander abgestimmt werden. Als Ressourcen rücken neben professionellen Hilfeleistungen informelle und selbst organisierte bzw. eigeninitiierte Netzwerke und Angebote sowie sozialräumlich ausgerichtete, ressortübergreifende Dienste (z. B. Nachbarschaftszentren, Freiwilligenagenturen) stärker als bisher in den Vordergrund.

Welchen Stellenwert die Sozialraumorientierung bei den an der Studie beteiligten Anbietern hat, welche Erfahrungen in diesem Arbeitsfeld vorliegen und welche Strategien auf dem Weg zur Inklusion einzuschlagen sind, ist Gegenstand von Kap. IX.

3.6 Hemmnisse für Innovation

„Anspruch der Individualität, der Wunsch- und Wahlmöglichkeiten lässt sich angesichts vorgegebener bisher relativ ‚starrer' Leistungsformen und -vorgaben nur eingeschränkt umsetzen"
„Verschlechterung der Rahmenbedingungen bei gleichzeitiger gesetzlicher und wissenschaftlicher Weiterentwicklung, d. h. die Schere zwischen gesetzlichen und wissenschaftlichen Ansprüchen und der Praxis geht immer weiter auseinander."
„zu starres Denken in der Behindertenhilfe" *(Aussagen aus dem Feld der Behindertenhilfe)*

Die Weiterentwicklung der Angebote unter der Zielperspektive Inklusion erfordert Rahmenbedingungen, die – den jeweiligen Unterstützungsbedarfen entsprechend – Flexibilität gewährleisten, Kreativität fördern und unter Einbeziehung sozialräumlicher Ressourcen individuelle Hilfearrangements ermöglichen. In der Praxis sehen sich die Anbieter im Leistungsbereich „Wohnen" nicht nur bei der Umsetzung neuer Konzepte, sondern auch in der alltäglichen Arbeit mit den Klienten mit diversen Schwierigkeiten konfrontiert.

Gesetzliche und administrative Vorgaben

Fast die Hälfte der Befragten (47 %) erlebt die bestehenden rechtlichen Regelungen und administrativen Vorschriften als Hürden für die Realisierung innovativer Wohnkonzepte. Knapp ein Drittel der Anbieter sehen ihre Planungen durch entsprechende Vorgaben nicht eingeschränkt (31 %).

Zu den *gesetzlichen Regelungen*, die innovative Konzepte erschweren, gehören nach den Erfahrungen der Befragten Bestandteile des *Heimgesetzes*, z. B. die Heimpersonalverordnung (HeimPersV), insbesondere die Vorgaben für die Fachkraftquote, und die Heimmindestbauverordnung (HeimMindBauV). Weitere Hemmnisse ergeben sich bei der Umsetzung des Persönlichen Budgets, vor allem durch das Fehlen einer rechtlichen Absicherung einer Budgetassistenz für Menschen mit geistiger Behinderung und einer unabhängigen fachlich kompetenten Beratung. Nach wie vor scheitern neue Hilfearrangements für Menschen mit hohem Pflegebedarf an der Schnittstelle von Eingliederungshilfe und Pflege, weil es keine *„sinnvolle Verknüpfung"* zwischen *Leistungen nach SGB XII und SGB XI* gibt. In diesem Zusammenhang werden auch die

Regelungen zum §43 a SGB XI zur Pflege in vollstationären Einrichtungen der Hilfe für behinderte Menschen im Sinne des gegliederten Leistungsrechts als problematisch bezeichnet.

Hürden, die in *Vorschriften der Verwaltung* begründet sind, werden u. a. in den zu starren *Leistungstypen* gesehen („Die Wohnangebote werden in Schubladen gesteckt, individuelle Konzepte sind kaum möglich. Es gibt mehr und mehr Auflagen, die die Handlungsfähigkeit der Betreuer massiv einschränken."). Auflagen der Heimaufsicht und der Senatsverwaltung verhindern „stufenlose Übergänge zwischen stationären und ambulanten Angeboten". Es fehlen zusätzliche Finanzierungen für spezielle Angebote und für Bewohner mit besonders hohem Hilfebedarf sowie für kleine Wohngruppen. Die geplante Neuordnung/Angleichung des Vergütungssystems in stationären Einrichtungen werde zusätzliche Probleme bringen.

Problematisiert wird auch das gegenwärtige *Verfahren der Hilfeplanung*: „Pädagogische Betreuung und Förderung im Wohnbereich ist erheblich vielfältiger als eine Hilfeplanung. Die Berliner Auslegung des Metzler-Instruments reduziert die eigentlich als ganzheitliche Assistenzleistung konzipierte pädagogische Unterstützung auf inflexible und im Minutentakt zu erbringende Leistungskomplexe. Die Individualität des Menschen mit Behinderung findet hier kaum noch Berücksichtigung." – „Aus einem Instrument zur Hilfebedarfsermittlung ist unzulässigerweise ein Umrechnungsmodell geworden." Weiterhin wird der zunehmende *administrative Aufwand* beklagt, der durch die Erhöhung der Anforderungen an die Legitimation der erbrachten Leistung, an Verlaufsdokumentation und Leistungsnachweis entsteht. Im Einzelfall wird die dadurch entstandene engere Zusammenarbeit zwischen dem Leistungserbringer und dem Leistungsträger begrüßt, der „Zwang, stärker differenziert zu beobachten, eine Förderplanung zu erstellen und zu dokumentieren" habe durchaus positive Effekte.

Kostendämpfung

> *„Die Einführung des Fallmanagements bringt eine stärkere Fachdiskussion hervor."*
>
> *„Der Einzelne ist stärker als Bürger in den Blick gekommen."*
>
> *„Es geht bei fast allen Bewilligungen und Einstufungen von Kostenträgerseite her fast nur noch ums Geld, nicht mehr um Inhalte in Bezug auf den Bewohner, seine Wünsche und das, was er individuell braucht."*
>
> *(Aussagen aus dem Feld der Behindertenhilfe)*

Die drei Zitate werfen ein Schlaglicht auf die Wahrnehmung der Arbeit des Fallmanagements durch die Anbieter: Einerseits Wertschätzung der bei Einführung des Fallmanagements postulierten grundlegenden Haltung gegenüber dem Menschen mit Behinderung als Bürger, der bei der Klärung seiner Belange mitwirkt, und der konzeptionellen Einbindung des Ansatzes in den aktuellen Fachdiskurs – andererseits Probleme bei der Umsetzung, die den Anspruch der individuell „passgenauen" Leistung ad absurdum führen.

Nach den Erfahrungen der Träger wird das *Fallmanagement* in den Bezirken unterschiedlich gehandhabt. Einzelne Bezirke werden besonders positiv hervorgehoben (z. B. „*gute Kooperation und schnellere Kostenübernahmen*"), andere stark kritisiert („*fast nur noch kostenbewusst und nicht bedarfsorientiert*"). Das Kernproblem sei die Verknüpfung der Optimierung der Hilfen für den einzelnen Leistungsberechtigten mit der Maßgabe der Reduzierung von Fallkosten.

Vor diesem Hintergrund überwiegen bei der Bewertung der Auswirkung des Fallmanagements negative Voten (Abb. 58). Den Anspruch der *passgenauen Hilfen* und der *Einbeziehung der Leistungsberechtigten* bei der Hilfeplanung sehen nur 13 % bzw. 19 % realisiert; persönliche Kontakte vom Fallmanager zum Klienten seien teilweise unbefriedigend. Auch die mit der Einführung des Fallmanagements erhoffte *Verbesserung der Kostensteuerung* wird von weniger als einem Drittel als erreicht bewertet. Eine größere Zahl der Befragten hebt negative Auswirkungen des Fallmanagements hervor: Die *Bürokratisierung* habe zugenommen (42 %), z. B. „*Festhalten an alten Verfahren; lange, aufwändige Beantragungswege, starre Abrechnungssystematiken*"; „*hoher Verwaltungsaufwand geht von Betreuungszeit ab*". Zudem würden *Expertenmeinungen* bei der Entscheidungsfindung unzureichend genutzt (58 %). Kritisiert wird z. B. die mangelnde Zusammenarbeit zwischen dem Fallmanagement und den Gutachtern des Sozialpsychiatrischen Dienstes und mit Fachleuten von Einrichtungen und Diensten. Die Zuordnung der *Hilfebedarfs-*

gruppen erfolge häufig nicht dem tatsächlichen Bedarf entsprechend (61 %). Tendenziell sei ein *„Drücken' von Hilfebedarfseingruppierungen"* beobachtbar, es gebe *„weniger Verständnis für langfristige Entwicklungsprozesse bei den Bewohnern."* Als Ursache werden von drei Vierteln der Befragten unzureichende *Erfahrungen* bei der Einschätzung des Hilfebedarfs angesehen (*„zu geringe Fachkenntnisse der Fallmanager"*).

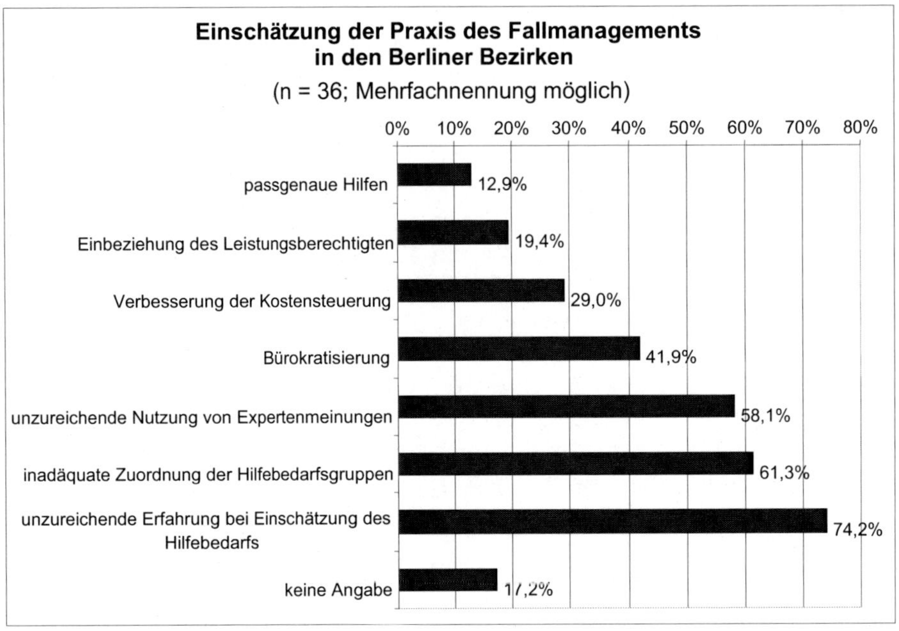

Abb. 58: Einschätzung der Praxis des Fallmanagements

83 % der Befragten stellen hinsichtlich der *Rahmenbedingungen in Einrichtungen und Diensten* in den letzten fünf Jahren Veränderungen mit negativen Auswirkungen fest, insbesondere bei der Finanzierung der Leistungen:

- Das gesetzlich verankerte *Wunsch- und Wahlrecht* werde durch begrenzte Finanzmittel konterkariert (*„innovative Wohnkonzepte können nur sein, wenn die Bewohner die freie Möglichkeit haben, dort hinzuziehen, wohin sie möchten"*).
- Fachliche Aspekte haben bei der Entscheidung über *„passende" Hilfearrangements* oftmals weniger Gewicht als Kostenaspekte (*„Wohnangebote werden zunehmend nicht mehr aus pädagogischen, sondern aus politisch-finanziellen Gesichtspunkten für zu betreuende Bewohner/innen bewilligt bzw. empfohlen."*).
- Im *Betreuten Einzelwohnen* seien die Anforderungen gestiegen, *„ohne dass das Entgelt für die Fachleistungsstunde gestiegen wäre"*. In den letzten Jahren habe es bei den *Fachleistungsstunden* eine Absenkung um ca. 20 bis 25 % gegeben. Es werde teilweise immer schwieriger, den festgestellten Hilfebedarf bei den Kostenträgern durchzusetzen, insbesondere bei höheren Stundenbedarfen. Diese Praxis führe längerfristig dazu, *„dass Menschen wieder mehr in stationäre Wohnformen gehen müssen, wenn sie ausreichend betreut werden wollen (steht absolut im Widerspruch zu dem in Berlin so laut verkündeten ‚ambulant vor stationär')"*. Auch die Bewilligungszeiträume seien kürzer geworden, z. B. auf ein Jahr.
- Im *Heimbereich* habe die Absenkung der Kostensätze zu *Qualitätseinbußen* geführt (*„durch Entgeltsenkung Reduzierung des qualifizierten Personals – oft nur noch Zeitverträge, dadurch gehen Kompetenzen in der Gruppe verloren"*).
- *Externe Tagesstrukturangebote* im Erwachsenenbereich seien zunehmend schwieriger aufrecht zu erhalten (*„Aufgrund fehlender Finanzierung von Fördergruppen für Bewohner stationärer Einrichtungen müssen zunehmend Bedingungen für interne Tagesstruktur in stationären Einrichtungen geschaffen werden"*).
- Beklagt werden weiterhin Tendenzen zur Reduzierung der *Leistungen für alte Menschen* mit geistiger Behinderung auf die Pflege und der daraus resultierende Mitarbeiterabbau, mit der

Konsequenz, dass integrationsfördernde Maßnahmen zurückgehen. Es gebe wiederholt Versuche von Kostenträgern, Eingliederungshilfeleistungen zugunsten von Pflegeleistungen einzustellen („*In einem Fall war's, dass eine Fallmanagerin aufgrund des Alters eines Bewohners uns eine Kostenübernahme geschickt hat. Sie hat den nie persönlich kennengelernt, hat auch der Empfehlung durch den sozialpsychiatrischen Dienst da keine Beachtung geschenkt, sie hat uns diese eine Kostenübernahme geschickt mit dem Ziel, innerhalb des nächsten Jahres einen Umzug in eine Altenhilfe- oder Pflegeeinrichtung umzusetzen.*“); Auseinandersetzungen mit Kostenträgern nehmen zu.

Einer der Befragten fasst den *verhängnisvollen Kreislauf* der Kostensenkungen pointiert zusammen:

„Bei Stundenkürzung im BEW: Notwendigkeit des Wechsels in WG. Bei höherem Betreuungsaufwand in WG (z. B. nachts): Wechsel in stationären Bereich. Faktische Absenkung der Vergütung: Qualitätseinbruch. Keine wirkliche Ambulantisierung, Druck in Richtung SGB XI bei zunehmendem Pflegebedarf“

Auch wenn die überwiegende Zahl der Befragten die Maßnahmen der Kostendämpfung kritisiert, gibt es auch andere Meinungen:

„Ich sehe es auf keinen Fall so, dass die Etablierung von Fallmanagern dazu geführt hat, dass das ganze Finanzierungssystem sehr stark in Frage gestellt wurde, dass Entwicklungen in Frage gestellt wurden, dass die Fallmanager leichtfertig gesagt haben: Stopp – wir geben keine Kostenübernahme. Ich habe das nicht erlebt. Im Einzelfall – und der Einzelfall kann natürlich immer so aufgebauscht werden – im Einzelfall ist es auch heute noch so, dass wir kämpfen müssen gegen einzelne Entscheidungen von Fallmanagern. Und die kann man sogar an Namen festmachen. (...) Wir scheuen uns auch nicht, Widersprüche einzulegen. Und wenn den Widersprüchen nicht in normalen Verfahren abgeholfen wird, dann gehen wir eben vor das Sozialgericht!“ (Int-E_T)

4 Künftige Strategien

„Wir haben uns darauf einzurichten, was der Mensch braucht, und nicht umgekehrt.“

„Optimale Einbindung in den Sozialraum – Sozialraum als inklusiver Lebensraum“

(Aussagen aus dem Feld der Behindertenhilfe)

Der Überblick über die gegenwärtigen Dienstleistungen im Bereich des Wohnens von Menschen mit geistiger und mehrfacher Behinderung zeigt eine hohe Differenzierung der Strukturen und ein breites Spektrum an Angeboten, das auch spezifische Bedarfe berücksichtigt. Zugleich wurden Handlungsbedarfe konkretisiert und Veränderungstendenzen präzisiert, die den Leitideen Selbstbestimmung und Teilhabe am Leben in der Gesellschaft verpflichtet sind. Abschließend geht es um die Entwicklung von Perspektiven für die Weiterentwicklung und Sicherung der Qualität der Angebote unter veränderten fachlichen, ökonomischen und gesellschaftlichen Bedingungen. Basis der Darstellung sind Aussagen von Anbietern von wohnbezogenen Einrichtungen und Diensten und weiteren Expertinnen und Experten der Berliner Behindertenhilfe. Die Vorschläge und Ideen beziehen sich u. a. auf Ziele, Qualität und Struktur der Dienstleistungen, auf Möglichkeiten zur Stärkung der Teilhabechancen, auf Kooperation und Vernetzung der regionalen Akteure sowie Eckpunkte einer Landesplanung. Fragen der Finanzierung der Hilfen, die seit Jahren die Diskussion innerhalb der Berliner Behindertenhilfe prägen, werden thematisiert, können jedoch im Rahmen dieses Berichts nicht im Detail betrachtet werden.

4.1 Stärkung der Teilhabechancen

„Personenzentriert und sozialraumorientiert – Ideal: Leben außerhalb von Heimstrukturen, der Mensch mit seinen eigenen Qualitätsmaßstäben im Mittelpunkt, Leben in der Gemeinde und nicht auf dem Einrichtungsgelände“

„Prinzipiell sollte alles möglich sein. Zentral müssen die individuellen Bedürfnisse der betroffenen Person sein. Besonders wichtig sind aber umfassende Angebote zum Knüpfen und Pflegen sozialer Beziehungen, um Vereinsamung vorzubeugen“ *(Aussagen aus dem Feld der Behindertenhilfe)*

Im Mittelpunkt des programmatischen Fachdiskurses steht die Leitidee *Inklusion*, die die bedingungslose Teilhabe von Menschen mit Behinderung als gleichberechtigte Bürger/innen am Leben in der Gesellschaft proklamiert. Sie lenkt den Blick auf Ressourcen des Sozialraums, die die Einbindung in das Gemeinwesen unterstützen. Die neue Leitorientierung wird in den Experten-Interviews teils als zukunftsweisend bewertet, teils eher skeptisch betrachtet:

- *„Ich finde auch diesen Gedanken des Sozialraumes grundsätzlich gut. Community Care ist ja sozusagen noch einmal eine inhaltliche Füllung des Ganzen. Ich würde mich freuen, wenn kiezbezogen, stadtteil- oder sozialraumbezogen eine Vernetzung wirklich auf den Weg gebracht würde (…). Ich denke wir haben auch einiges schon. Ansonsten sehe ich vom Ansatz her eigentlich keinen Konflikt zwischen der bestehenden Landschaft und der perspektivischen Landschaft, die noch mehr Selbstbestimmung impliziert, mehr Teilhabemöglichkeiten sucht, sondern ich kann mir vorstellen, dass sich das System sozusagen langsam erneuert, behutsam erneuert, neu weiter wächst und dass es nicht ein Gegeneinander der Systeme und Strukturen geben muss, wie ja oft diskutiert wird." (Int-E_VB[53])*
- *„Was auch immer man darunter versteht – als Ideal ist es toll, wäre schön, wenn wirklich die grundsätzlichen Unterschiede aufgehoben werden. Aber wichtig ist, vor lauter gesellschaftspolitischen Idealen die individuellen Bedürfnisse nicht aus den Augen zu verlieren. Nicht jeder behinderte Mensch wird glücklich, wenn er in seiner eigenen Wohnung sitzt, wo er meinetwegen auch ein Umfeld hat, aber vielleicht trotzdem vereinsamt oder wo er als armer Hilfsbedürftiger angesehen wird." (Int-E_T)*
- *„Wenn es genau so abläuft wie Integration, dann brauchen wir das nicht. Es ist wieder nur ein Wort, was definiert wird, worüber es Tausende von Tagungen gibt, und ich merke nix davon. Wir können bei den Fremdwörtern bleiben, die wir schon haben und es einmal richtig machen. Wir brauchen nicht neue Begriffe dafür. (…) Wir haben immer wieder ein Wort gehabt, was große Wellen schlug, aber ich glaube, dass es eben nicht darum geht, ein Wort zu finden, sondern es geht genau um diese Kleinarbeit." (Int-E_T)*

  „Das ist eine Welt, wahrscheinlich eine besser lebenswerte als das, was wir heute haben, wo Fragen der Integration positiv beantwortet werden für die jungen Menschen, die in Gefahr sind, missbraucht, vernachlässigt, geschlagen zu werden, wo die Alten ihren Platz haben, wo die Menschen mit Migrationshintergrund, die Behinderten und die Pflegebedürftigen, wo das alles seine positive Antwort hat. Bis auf Weiteres, glaube ich aber, wird's noch brauchen, bis wir paradiesische Zustände haben." (Int-E_VB)

Als Grundprinzipien der Dienstleistungen werden die *Individualisierung* und die *Sozialraumorientierung* genannt:

> *„Das bedeutet dann zum Beispiel, dass es mehr Menschen geben muss, die in eigenen Wohnungen leben und dort die Hilfen bekommen, die sie brauchen, dass also Wohnen und Assistenz voneinander getrennt organisiert werden. Die Individualisierung schließt auch ein die Nutzung von Angeboten im Stadtteil, die zunächst mal mit Behindertenhilfe nichts zu tun hatten, und die Integration und die Inklusion, soweit sie gewünscht ist." (Int-E_VB)*

Die Umsetzung der Leitideen für die Gestaltung von Dienstleistungen für Menschen mit Behinderung fordert Strukturen, die offen und flexibel sind und damit gute Bedingungen für personzentrierte Hilfearrangements bieten, die die Teilhabe am Leben in der Gesellschaft stärken.

Die *Strategien zur Verbesserung der Teilhabechancen* berühren unterschiedliche Handlungsfelder, die jeweils unter Einbeziehung der individuellen Bedürfnisse und Interessen der Menschen mit Behinderung zu konkretisieren und für die Umsetzung in die Praxis zu operationalisieren sind. Die Aussagen von Anbietern zur Bedeutsamkeit einzelner Strategien weisen dem *Sozialraum* eine herausragende Bedeutung zu (Abb. 59). Eine Zusammenschau der positiven Einschätzungen des Stellenwerts einzelner Strategien („auf jeden Fall" und „wichtig") ergibt, dass das Einbeziehen im Kultur- und Freizeitbereich und die Stärkung der sozialen Netzwerke mit jeweils insgesamt 86 % an oberster Stelle stehen. Auch die Stärkung der *Rolle der Menschen mit Behinderung* ist ein bedeutsamer Faktor: Die Beteiligung der Nutzer/innen an Planung und Evaluation von Angeboten wird von 44 % der Befragten als unabdingbar, von weiteren 39 % als wichtig erachtet. Als *Rahmenbedingungen* zur Verbesserung der Teilhabechancen werden die Vernetzung der Angebote, das Einbeziehen bürgerschaftlichen Engagements und die Unterstützung von Selbsthilfe-Aktivitäten von rund einem Viertel (28 %) als unbedingt notwendig bezeichnet, weitere 40 bis 50 % der Befragten erachten sie für wichtig. Auffällig ist, dass die Qualifizierung des Personals für sozialraumorientierte Aufgaben nur von weniger als einem Fünftel der

53 Int-E_V = Experten-Interview Verband

Anbieter als vordringlich gesehen wird, weitere ca. 60 % halten die Option für wichtig. Der Nachrang spezialisierter Hilfen wird von mehr als einem Drittel als weniger wichtig bzw. unwichtig bezeichnet, nur 31 % halten ihn für wichtig.

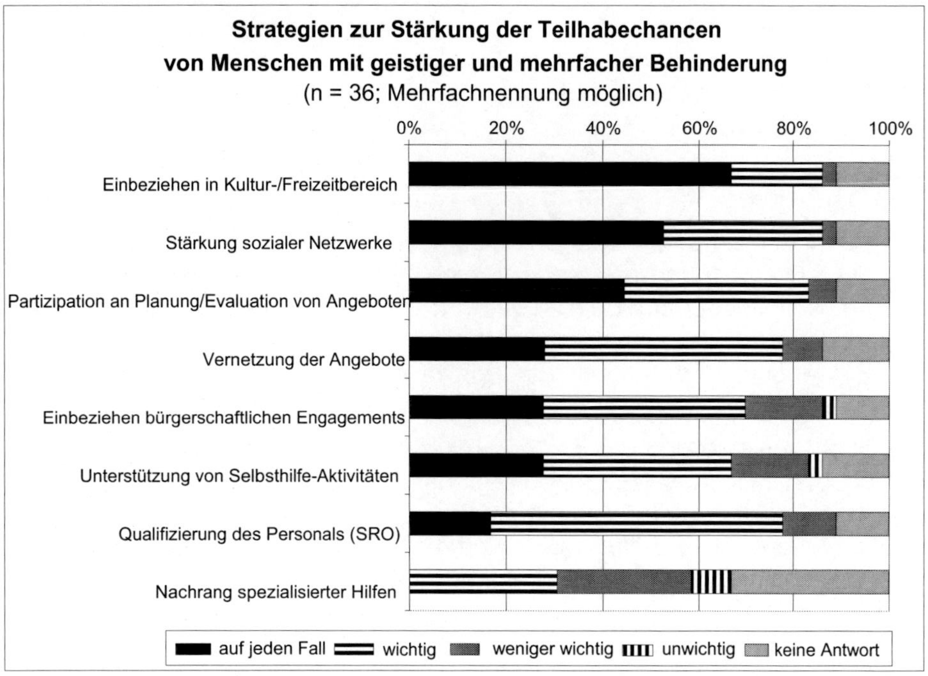

Abb. 59: Strategien zur Stärkung der Teilhabechancen

Als *weitere Strategien* zur Stärkung der Teilhabechancen wurde von den Befragten neben der Barrierefreiheit die fachliche Unterstützung der nichtspezialisierten Anbieter genannt. Auch die Voraussetzungen zur Realisierung von Teilhabe seien zu beachten, z. B. *Personal* zur Sicherstellung der Begleitung und eine ausreichende *Finanzierung* spezifischer Angebote (ggf. für einen begrenzten Zeitraum). Notwendig sei einerseits die *„Öffnung der Gesellschaft für nicht hochleistungsfähige Menschen“*, andererseits das *„Vorhalten eines gesicherten Gemeinschaftsumfeldes, das Individualität zulässt und persönliche Geborgenheit gewährleistet“.*

Mit Blick auf Menschen mit zusätzlichen psychischen Beeinträchtigungen wird im Einzelfall eher Skepsis bezüglich der gesellschaftlichen Integration geäußert. Es gebe Tendenzen, sie noch stärker auszugrenzen als bisher. Die spezifischen Bedürfnisse dieses Personenkreises sollten bei Planungen berücksichtigt werden, allerdings müsse darauf geachtet werden, *„dass hier interessen- und ideologieüberlagerte Expertenmeinungen nicht den Menschen mit Intelligenzminderung untergeschoben werden und als deren eigene verkauft werden.“*

Möglichkeiten regionaler Aktivitäten zur Stärkung der Teilhabechancen von Menschen mit geistiger und mehrfacher Behinderung und Erfahrungen im Wohnquartier sind Gegenstand von Kap. IX. Im Folgenden werden einzelne Aspekte, die teils im Rahmen der Fragebogenerhebung thematisiert wurden, teils von den interviewten Expertinnen und Experten für die *Weiterentwicklung des Systems Behindertenhilfe* als besonders wichtig erachtet werden, unter der Perspektive der Ausrichtung und der Strukturen künftiger Dienstleistungen differenzierter betrachtet.

4.2 Kundenorientierung

„Zentral müssen die individuellen Bedürfnisse der betroffenen Person sein“

„Starke Lobby für die Klienten entwickeln“ *(Aussagen aus dem Feld der Behindertenhilfe)*

Dem Selbstverständnis der Behindertenhilfe entsprechend stehen bei der Planung und Durchführung der Dienstleistungen die Bedürfnisse und Interessen von Menschen mit Behinderung im Vordergrund. Das heißt konkret: Die Diskussion über Veränderungen des Versorgungssystems darf nicht nur im Kreis von Verantwortungsträgern aus unterschiedlichen Systemebenen geführt werden, sondern muss die Zielgruppen einbeziehen. Ergebnisse der hier vorliegenden Studie zeigen, dass Nutzer/innen im Interesse der Weiterentwicklung der Angebote auf unterschiedlichen Ebenen einbezogen werden (Abb. 57). In den Experten-Interviews kamen insbesondere die Hilfeplanung, die Angebotsplanung, die Netzwerkförderung und die Evaluation der Wirkungen der Dienstleistungen zur Sprache, deren Bedeutung im Kontext von Kundenorientierung im Folgenden zusammenfassend dargestellt wird.

Hilfeplanung

„Präzise gemeinsam bestätigte Unterstützungsplanung – eindeutige Zielorientierung für den Klienten“
(Aussagen aus dem Feld der Behindertenhilfe)

Einzelne Empfehlungen aus dem Expertenkreis zielen darauf ab, das bisherige System der Hilfebedarfsermittlung in Anlehnung an das im Psychiatriebereich praktizierte Verfahren weiter zu entwickeln. Künftig solle nicht primär die Zuordnung zu Hilfebedarfsgruppen und die Berechnung von Vergütungen im Vordergrund stehen, sondern der *individuelle Teilhabebedarf*, d. h. persönliche Ziele und Planungen, zu deren Umsetzung Unterstützung benötigt wird.

Kern der Empfehlung ist die stärkere *Beteiligung der Leistungsberechtigten* an der Hilfeplanung zur Abklärung ihrer Wünsche und die *Einbeziehung weiterer relevanter Akteure*, die gemeinsam die Unterstützungsbedarfe in verschiedenen Lebensbereichen beachten. In Abstimmung mit dem betroffenen Menschen selbst und ggf. auch seinen Angehörigen bzw. seinen rechtlichen Betreuern sollten neben Defiziten auch *Fähigkeiten, Fertigkeiten und Potenziale* beschrieben werden, an denen die Menschen anknüpfen könnten. Weitere Schritte sind die Vereinbarung *kurz- und längerfristiger Ziele* und der *Maßnahmen zur Erreichung der Ziele*. In einer *Erfolgskontrolle* werden die vereinbarten Ziele und Maßnahmen überprüft und mögliche Abweichungen begründet.

Qualitätsmerkmale von Hilfeplanverfahren sollten bezirks- und landesweit einheitlich sein:

> *„Da sollte man sich eigentlich wünschen, dass Systeme etabliert werden in der Stadt, nach Möglichkeit verbindlich und auch ordentlich dokumentiert, einheitlich, und dann auch vielleicht einer einheitlichen bezirksweisen und landesweiten Auswertung zugänglich, die sicherstellt, dass erstens Informationsgesichtspunkte gesichert sind, dass der Fallmanager und alle Beteiligten wissen, wovon reden wir überhaupt, dass praktisch ein Mensch erfährt, was es alles gibt, dass er aufgeklärt wird, auch über seine Rechte.“ (Int-E_VB)*

Zum Zeitpunkt der Befragung wurde das Hammerschick-Projekt zur „Ausdifferenzierung der Leistungen in stationären Wohnheimen für geistig/körperlich behinderte Menschen“ begrüßt, da es die rein qualitative Zuordnung zu Hilfebedarfsgruppen des bisherigen Verfahrens durch einen *Zeitbezug* ergänzt, der quantitative Aussagen hinsichtlich der Hilfeorganisation ermöglicht. Das angestrebte Zeitwertesystem könne möglicherweise als gemeinsamer Nenner für die Differenzierung von Dienstleistungen fungieren (z. B. Tagesstruktur, ambulant unterstütztes Wohnen), der auch bei der Inanspruchnahme eines Persönlichen Budgets Bedeutung hat. Im neuen System würden die ermittelten Hilfebedarfsgruppen mit empirisch gestützten Zeitwerten kombiniert, die auf den jeweiligen Items aufbauen. Skepsis wird geäußert hinsichtlich personenunabhängiger Standardzeitwerte, die schematisch einzelnen Maßnahmen zugeordnet werden. Es müsse Wahlmöglichkeiten geben, abhängig von der Individualität des betreffenden Menschen und vom Setting der Betreuung. Die Verbindung der Ermittlung des Hilfebedarfs mit einer zeitlichen Dimension, wie sie z. B. im Bereich der Psychiatrie durch Angabe von Minuten praktiziert wird, dürfe bei Menschen mit geistiger und mehrfacher Behinderung nicht so kleinteilig sein:

„Wir müssen die Dinge in größeren Zusammenhängen sehen und darstellen und verstehen und auch kommunizieren. Ansonsten ist einfach die Gefahr gegeben, dass völlig unrealistische Erwartungen hinsichtlich erreichbarer Veränderungen eintreten.“ (Int-E_T)

Angebotsplanung

„Back to the roots!“ *(Aussagen aus dem Feld der Behindertenhilfe)*

Vor dem Hintergrund der Erfahrungen, dass Menschen mit Behinderung und ihre Angehörigen zunehmend Alternativen zum bestehenden System der Hilfen suchen, werden aus dem Kreis der befragten Expertinnen und Experten Wege aufgezeigt, wie die Interessen dieser Personengruppe stärker in die Angebotsplanung einfließen können. So wird z. B. eine *trägerunabhängige Anlaufstelle* vorgeschlagen, wo die Nachfragenden ihre Vorstellungen darlegen und Unterstützung bei der Realisierung erwarten können. Ansprechpartner könnte ein Verband sein, der durch seine Erfahrung und Kompetenz nicht nur beraten, sondern in Kooperation mit einem interessierten Träger zugleich bei der Umsetzung Unterstützung geben kann. Eine solche Orientierung an individuellen Bedarfen habe bereits die Anfänge der Elternselbsthilfe geprägt:

„Das hat ja alles damit angefangen, dass Eltern gesagt haben, für diese fünf Kinder machen wir jetzt mal was anderes, dass man ein Problem gehabt hat und gar keine Metzler-Verfahren hatte oder Zielvereinbarungen, einfach nur: Hier sind fünf Leute, die haben ein Problem und was machen wir jetzt? Und ich meine, nur so geht das auch. (…) Das ist eigentlich für mich die Zukunft!“ (Int-E_VB)

Ressourcenorientierung

„Schaffung von Netzwerken und Einbinden von Nutzer/innen“

„Möglichst selbstständiges Wohnen im Kiez mit guter Nutzung von Freizeitangeboten und der Einbeziehung ehrenamtlicher Mitarbeiter“ *(Aussagen aus dem Feld der Behindertenhilfe)*

Die Umsetzung sozialraumbezogener Aufgaben setzt eine Änderung des professionellen Selbstverständnisses einschließlich der Erweiterung der professionellen Kompetenzen voraus und sollte konzeptionell verankert sein:

„Es kann eigentlich nicht so sein, dass – gerade auch in den ambulanten Strukturen – immer nur so eine Art Einbahnstraße ist zwischen dem Träger und dem professionellen Betreuer und dem Klienten. Das ganze Setting ist dann viel zu schmal und führt dann auch zu Abhängigkeiten nach beiden Seiten. Und dieses ganze Konzept, dass die Betreuer eigentlich die Aufgabe haben, die Kontakte zu nichtbehinderten Menschen, zum Gemeinwesen zu schaffen und nicht selber sozusagen die soziale Eingliederung sind, sondern die woanders ermöglichen sollen, halte ich für einen der ganz zentralen Ansatzpunkt, dass sich Wohnheime oder Träger einmischen auch in den Stadtteil und gucken was es da gibt und dabei sind – oder auch ein Heim sagt: Ja, wir haben einen großen Saal, da können Sie mal reinkommen oder so.“ (Int-E_VB)

Vor diesem Hintergrund gewinnen Schnittstellen zu anderen Feldern sozialer Arbeit und zu Organisationen, z. B. im kulturellen und sportlichen Bereich, besondere Relevanz. Nicht alle Bedarfe von behinderten Menschen müssen im System der Behindertenhilfe abgedeckt werden, sondern dort, wo auch Menschen ohne Behinderung hingehen. Eine solche Schnittstelle ist der *Freizeitbereich*. Sportliche Aktivitäten von Menschen mit Behinderung sind überwiegend auf Angebote des Behindertensports beschränkt, integrative Angebote in anderen Vereinen sind eher selten und die Erfahrungen dort nicht immer gut:

„Die Erfahrung, die wir gemacht haben bei einzelnen Bewohnern, die wir immer wieder versucht haben zu integrieren über Judo, über Rudern, die sind nicht optimal gelaufen. Trotz guter Begleitung unsererseits ist es immer so etwas ganz Exotisches gewesen, wo die Bewohner sehr schnell auch für sich gesagt haben, ich will da nicht mehr hin. Der Grund war häufig, dass sie merkten, sie sind anders. Wenn dann eben nur einer in der Gruppe ist, ist das auch schwierig. Sie haben überhaupt kein Gegenüber in dem Moment.“ (Int-E_T)

Die Ursachen für das Misslingen integrativer Angebote liegen nach Einschätzung der Befragten jedoch nicht allein bei den jeweils Beteiligten. Integration müsste viel stärker als bisher bereits in jungen Jahren realisiert werden. Nach dem Übergang von den bestehenden Integrations-Kitas in die Schule hat das gemeinsame Leben und Lernen für viele keine Fortsetzung:

„Dadurch lernen die Kids ohne Behinderung einfach diesen normalen Umgang nicht. Genau da fängt es an. Wenn ich aber die Möglichkeiten in einer integrativen Schule habe, auf einem ganz normalen alltäglichen Weg in Kontakt zu kommen mit dieser besonderen Gruppe von Menschen, dann wird es auch im Ruderclub viel leichter sein, jemanden zu integrieren, auch wenn er der einzige Mensch mit Behinderung ist, weil die Kids einfach Erfahrung im Umgang damit haben.“ (Int-E_T)

Zur Verbesserung der Ausgangsbedingungen für integrative Angebote im Erwachsenenalter wird die Erarbeitung eines Konzepts zur Entwicklung einer *Infrastruktur für den Freizeitbereich* vorgeschlagen, die Vereinen, Volkshochschulen und anderen Organisationen Unterstützung bei der Integration von Menschen mit Behinderung bietet. Es sei nicht zu erwarten, dass die nichtbehinderten Teilnehmer/innen von Aktivitäten im sportlichen oder kulturellen Bereich selbstverständlich die Begleitung oder Unterstützung der beteiligten behinderten Menschen übernehmen. Hilfreich wäre ein Netzwerk von freiwillig Engagierten, die behinderte Menschen in offenen Angeboten begleiten und dafür sorgen, dass die Bereitschaft zur Integration von den Vereinen *„nicht als Belastung empfunden wird oder zusätzliche Verpflichtung“*.

Als weitere Schnittstelle ist der *Bereich der Altenhilfe* zu nennen. Hier könnten z. B. Angebote für ältere Menschen in der Stadt auch von älteren Menschen mit Behinderung genutzt werden. Allerdings seien offene Angebote der Altenhilfe, z. B. Altenklubs und Altenbegegnungsstätten im Zuge von Sparmaßnahmen in den letzten Jahren stark zurückgefahren worden, so dass in der Versorgungsstruktur die Pflege dominiere. Dennoch gebe es eine Reihe von Aktivitäten, die auch integrativ durchgeführt werden könnten, z. B. Tagesausflüge oder Reisen. Wichtige Voraussetzung der Annäherung an Inklusion in diesem Feld wäre ein Leitbild, das die Profilierung von Lebensläufen von behinderten Menschen i. S. einer Orientierung an Aktivitäten altersgleicher Menschen anstrebt unter Berücksichtigung der persönlichen Interessenslagen. Schritte auf dem Weg dorthin könnten *modellhafte Projekte* sein, die Bedingungen eines guten Gelingens der Zusammenführung beider Zielgruppen erproben. Dabei wird die soziale Akzeptanz von Menschen mit Behinderung durch andere Senioren und Seniorinnen besondere Aufmerksamkeit erfordern.

Ergebnisqualität

Im Rahmen der Expertengespräche wurde dafür plädiert, dass die Beteiligung von Nutzerinnen und Nutzern bei der Überprüfung der Standards von Dienstleistungen und der Entwicklung von Verbesserungsvorschlägen in Berlin erklärte politische Zielsetzung sein sollte.

> *„Man kann es ja durchaus verteilen auf unterschiedliche Ebenen und unterschiedliche Qualitäten, aber sich damit auseinander zu setzen und zu gucken, ob das nicht qualitätssteigernd ist, das würde ich sehr viel zielführender finden.“ (Int-E_T)*

Dabei wird davon ausgegangen, dass die Nutzer/innen der Dienstleistungen am besten beurteilen können, ob die Hilfen, die sie erhalten, ihren Bedürfnissen und Bedarfen entsprechen – ein Vorgehen, das am konsequentesten im Rahmen des in Österreich entwickelten *Evaluationsverfahrens NUEVA* umgesetzt wird, das seit Anfang 2009 auch in Berlin bei einigen Anbietern erprobt wird, verbunden mit einer Qualifizierung der hier wohnenden Menschen mit Lernschwierigkeiten. Erste Schritte in die Verankerung der Nutzermitwirkung bei Qualitätsfragen wären Regularien, die festschreiben, dass unabhängig vom Prüfergebnis der Heimaufsicht das Votum des Heimbeirats zur Qualität der Dienstleistungen einzuholen ist. Im Gegensatz zu den Werkstatträten, die sich in einer Landesarbeitsgemeinschaft der Werkstatträte organisiert haben, gibt es bei den Heimbeiräten keine oder nur gering ausgeprägte Kooperationsstrukturen, die sich stärkend auf die Arbeit dieses Gremiums auswirken könnten.

Chancen zur stärkeren *Verankerung der Nutzerperspektive* werden in der *Neugestaltung des Heimgesetzes* gesehen. Sie kann eine Verbesserung der Angebote und des Verbraucherschutzes begünstigen und sollte die Beteiligung der Betroffenen bei der Beurteilung der Qualität nicht vernachlässigen. Der Berliner Senat hat am 13. Okt. 2009 den Entwurf eines Gesetzes über Selbstbestimmung und Teilhabe in betreuten gemeinschaftlichen Wohnformen (Wohnteilhabegesetz – WTG) beschlossen. Nach erfolgtem Beschluss durch das Abgeordnetenhaus soll das Gesetz am 1. April 2010 in Kraft treten.

Außerhalb von Heimstrukturen ist die *Selbstvertretung von Menschen mit geistiger und mehrfacher Behinderung* im Land Berlin nur ansatzweise entwickelt, z. B. in Beiräten von Vereinen. Selbsthilfegruppen nach dem Vorbild von Mensch zuerst (People First) sind erst im Entstehen begriffen. Die Gründe dafür könnten im differenzierten Angebot der Behindertenhilfe liegen:

> *„Meine These ist, dass Berlin einfach auch ohne eine politische Organisation viel mehr individuelle Gestaltungsmöglichkeiten bietet. Ein Beispiel: In Berlin kann jeder behinderte Mensch relativ unkompliziert seine Wohnform wechseln. Nirgends in der Republik ist es einfacher, weil es in Berlin einfach ein ausgeprägtes System gibt. (…) Also viele Handicaps, die in anderen Teilen der Republik dazu führen, dass sich da Gruppen bilden, die die Probleme deutlich machen, dafür besteht in Berlin eine geringere Notwendigkeit.“ (Int-E_T)*

Auch im Landesbeirat für Menschen mit Behinderung sowie in den bezirklichen Behindertenbeiräten sind keine Menschen mit geistiger Behinderung selbst vertreten. Ihre Interessen werden von Verbandsvertretern wahrgenommen.

4.3 Koordination der Angebote

„Träger sollten miteinander und nicht gegeneinander arbeiten."

„Einen gemeinsamen Austausch von Pädagogik bis Kostenübernahmen finde ich richtig."

„Es kann und wird nicht jeder Bezirk alle möglichen Angebote für alle Personengruppen und Bedürfnisse abdecken." *(Aussagen aus dem Feld der Behindertenhilfe)*

Eine Koordination der Angebote im Bezirk hat positive Auswirkungen für die beteiligten Akteure und für die Nutzer/innen wohnbezogener Dienste. Hinsichtlich der Notwendigkeit von Koordinationsstrukturen vertreten die befragten Anbieter unterschiedliche Meinungen. Die *Befürworter* überwiegen: 64 % der Befragten halten dies für sinnvoll, davon 25 % zumindest teilweise. 22 % sprechen sich dagegen aus, 14 % machten keine Angabe. Die Argumente beziehen sich auf Vor- und Nachteile für die Planung von Angeboten, auf Möglichkeiten der Vernetzung und des gegenseitigen Austauschs sowie auf den Aspekt der Kundenorientierung (Tab. 15).

Nach Auffassung der *Befürworter* ermöglicht eine bezirkliche Koordination eine bessere Abstimmung der Angebote, eine Orientierung am tatsächlichen Bedarf, trägerübergreifende Planungen und einen regelmäßigen Austausch über aktuell relevante fachliche und leistungsrechtliche Fragen. *Skeptiker* halten den Ansatz einer bezirklichen Koordination im Prinzip für sinnvoll, sehen aber die Gefahr der Einschränkung der Entscheidungsfreiheit der Nutzer/innen. Voraussetzung für das Gelingen sei ein ehrlicher und transparenter Informationsaustausch zwischen den Trägern und die Unabhängigkeit eines entsprechenden Gremiums von „*Sparabsichten*". Zudem könnten Anbieter-Interessen einer Koordination entgegenstehen. Gegner der bezirksbezogenen Koordinationsidee befürchten eine zentralistische Planung, die die Bedürfnisse und Interessen der Nutzer/innen vernachlässigt und deren Wahlfreiheit beeinträchtigt, und ein eingeschränktes Angebotsspektrum. Der bereits bestehende Koordinationsdienst von LOTSE BERLIN sei in der jetzigen Form „*sinnvoll, notwendig und ausreichend*".

Einige der Befürworter machen konkrete Vorschläge zur *Umsetzung einer bezirklichen Koordination*, teils in bestehende Strukturen integriert (z. B. Psychosoziale Arbeitsgemeinschaft und LOTSE BERLIN), teils durch Schaffung neuer Gremien (z. B. Steuerungsrunde). Ein Träger weist darauf hin, dass eine bezirkliche Koordination für die Behindertenhilfe nicht neu sei: „*Gab es mal, war aber irgendwann vom Bezirk nicht mehr gewollt.*"

Stellungnahme von Trägern zu einer bezirklichen Koordination wohnbezogener Angebote			
contra (n = 8)	**teils / teils** (n = 9)	**pro** (n = 14)	**Vorschläge zur Umsetzung**
„Wir halten die auf Regionen bezogene Koordination durch LOTSE BERLIN für sinnvoll, notwendig und ausreichend." zu enges Angebotsspektrum; zu zentralistisch, eingeschränkte Wahlfreiheit; nicht nutzerorientiert; *„Zuviel Koordination bzw. Kontrolle außerhalb des einzelnen zu Betreuenden birgt immer die Gefahr, dass wir Angebote schaffen, weil wir meinen, wir kennen jetzt – die Nutzeranalyse haben wir natürlich erstellt – den Bedarf. Sozialraumorientierung muss konsequent auf der Basis des Einzelfalles erfolgen. Die Klienten leben ihr Leben."* *„Die diesbezüglichen Angebote müssen sich immer an den individuellen Bedürfnissen und Inter-essen orientieren, der Sozialraumbezug darf nicht im Vordergrund stehen."*	adäquate regionale Wohnform-Vermittlung sinnvoll, aber Entscheidungsfreiheit des Einzelnen eingeschränkt; Begrenzung auf eine Region im engen bezirklichen Rahmen nicht sinnvoll, da die Berliner Bezirke weitgehend gut erreichbar sind; *„Es kann und wird nicht jeder Bezirk alle möglichen Angebote für alle Personengruppen und Bedürfnisse abdecken."* *„Wenn es eine neutrale Koordina-tion ohne Sparabsichten gäbe, wäre dies zu begrüßen. Die Frage ist, wie könnte diese unabhängig bleiben."* *„Wenn es einen ehrlichen und transparenten Informationsaustausch zwischen den verschiedenen Trägern gibt, ist es sicher sinnvoll, Angebote für eine spezifische Klientel untereinander zu koordinieren."* *„Wenn es eine Definition von ‚Koordination' gäbe – der Bereich des stationären Wohnens ist sehr planwirtschaftlich organisiert …"*	**Planung** Bessere Abstimmung der Angebote und Kapazitäten; Abstimmung der Leistungsprofile verschiedener Träger aufeinander; Spezialisierung der Träger auf bestimmte Angebote; Orientierung der Angebote am Bedarf; *„Das Projekt LOTSE ist ein gutes Beispiel, da hier genau die Anfragen der betroffenen Personen gebündelt werden und offene Bedarfe im Überblick entstehen."* **Vernetzung** Trägerübergreifende Planung von speziellen Angeboten (z. B. interne Tagesstruktur); Gegenseitige Vermittlung von Klienten; *„Träger sollten miteinander und nicht gegeneinander arbeiten."* **Austausch** Bessere Informationen über Angebote und Bedarfe im Bezirk bzw. Sozialraum; *„Einen gemeinsamen Austausch von Pädagogik bis Kostenübernahmen finde ich richtig."* **Kundenorientierung** Übersichtlichkeit für zukünftige Nutzer, z. B. durch Website des Bezirks mit Link zu den jeweiligen Trägern und ihren Angeboten; Abstimmung zu freien Plätzen und Wartelisten **Gemeinsames Engagement** Stärkung gegenüber dem Kostenträger	**Neue Strukturen** Eine Steuerungsrunde (ähnlich der Psychiatrie) könnte für eine bessere und individuelle Versorgung der Klienten sorgen. Darüber hinaus würde mehr Transparenz bei den Vergabekriterien entstehen. Konferenzen zur Abstimmung der Anbieter; Ansprechpartner für neue Wohnkonzepte; Website des Bezirks mit Link zu den jeweiligen Trägern und ihren Angeboten. **Anbindung an bestehende Strukturen** Bezirkliche Wohnplatzbörse, die bei der PSAG Unterarbeitsgruppe ‚Wohnen für Menschen mit geistiger Behinderung' angesiedelt werden könnte; Koordination in trägerübergreifender Arbeitsgruppe (Absprachen, Austausch der Planungen etc.), wie in Neukölln; Ergänzung des überbezirklichen Ansatzes von LOTSE BERLIN; *„Gibt es bereits durch LOTSE BERLIN – freie Wohnplätze können gemeldet werden und dort bei Interessenten angeboten werden. Durch Koordination der Wohnangebote können Klienten mit bestimmtem Profil bei Trägern untergebracht werden, welche besonders auf diese Klienten konzeptionell und fachlich eingestellt sind."*

Tab. 15:: Bezirkliche Koordination wohnbezogener Angebote

Der im Zusammenhang mit der Koordination von mehreren Seiten genannte Dienst *LOTSE BERLIN*, eine trägerübergreifende Beratungs- und Vermittlungsstelle im Bereich des betreuten Wohnens von Menschen mit Behinderung, ist in vier Regionen aufgeteilt, in denen die jeweils dort zur Verfügung stehenden Wohnplätze verwaltet werden. Es besteht eine enge Zusammenarbeit mit den Anbietern. Sie melden ihre freien Platzkapazitäten und informieren sich bei der Planung neuer Projekte über die Bedarfslage. Die Zusammenarbeit hat somit auch einen wirtschaftlichen Nutzen. Darüber hinaus ergeben sich vielfältige Kontakte in der Region. Die LOTSE-Mitarbeiterinnen sind in bezirklichen und überbezirklichen Gremien vertreten (z. B. PSAG, Arbeitskreisen, Beiräten, Berliner Clearingstelle), arbeiten mit dem Fallmanagement zusammen und machen Öffentlichkeitsarbeit, um Interessierte auf das Beratungs- und Vermittlungsangebot aufmerksam zu machen. Sie haben Kontakte zu Werkstätten und Schulen und informieren auch dort in jeweils geeigneter Form über die Aufgaben der Beratungsstelle. Weitere Kontakte bestehen zu Elternvereinen, Betreuungsvereinen und Bildungsstätten, wo inzwischen ein Multiplikatoren-System entstanden ist. Sie besuchen Veranstaltungen und Tagungen, die die Wohnsituation von Menschen mit Behinderung tangieren. Kernstück der Arbeit ist die Beratung von Angehörigen und professionell Tätigen, die auf der Suche nach einer Wohnmöglichkeit für einen behinderten Menschen sind, im eigenen Bezirk oder berlinweit. Darüber hinaus erarbeiten die Mitarbeiterinnen des Dienstes jährliche Sachberichte mit Strukturdaten über ihre Tätigkeit und Falldarstellungen zur Konkretisierung von spezifischen Problemlagen. Sie zeigen Lücken im gegenwärtigen Angebot auf und geben damit Impulse an Anbieter und die Politik zur Weiterentwicklung der Hilfen. Eine gute Vernetzung zwischen allen Beteiligten wird für wichtig erachtet.

4.4 Versorgungssystem

„Individuelle, passgenaue Hilfsmöglichkeiten“

„Freie Wahlmöglichkeiten“

„Bedürfnisorientiert ohne die formale Trennung der Finanzierung ambulant und stationär“

„Nachbarschaftliche Organisationsformen, die gestaltet werden können – keine ‚Zufallslösungen' in leerstehenden bzw. verfügbaren Wohnungen in Stadtteilen“

„Qualifiziertes Personal und Kontinuität in der Betreuung“

„Aufrechterhaltung von Ansprüchen an die Qualität und Professionalität der Unterstützungsleistungen“

„Ein wirkliches Persönliches Budget mit bezahlter Budgetassistenz“

„Vermeiden von Denkweisen mit dem Primat der Ökonomie; billiger darf es gerne sein, wenn es auch besser ist – das bi-be-Prinzip!“ *(Aussagen aus dem Feld der Behindertenhilfe)*

Das Berliner Versorgungssystem für Menschen mit Behinderung hat in den Bereichen Wohnen, Arbeit und Freizeit eine Struktur, die sich in der Vergangenheit insgesamt bewährt hat, wenngleich es Angebotslücken für spezifische Unterstützungsbedarfe gibt. Dennoch zeigt sich in den letzten Jahren, dass dieses System nicht mehr den *Erwartungen jüngerer Menschen* entspricht. Eltern suchen für ihre Söhne und Töchter alternative Wohn- und Beschäftigungsformen und Möglichkeiten des alltäglichen Zusammenlebens von Menschen mit und ohne Behinderung inmitten der Gesellschaft. Sie finden dabei vom etablierten System nur unzureichend Unterstützung und müssen sich – von Ausnahmen abgesehen – häufig mangels Alternativen doch mit den vorhandenen Angeboten arrangieren, die letztlich nicht ihren Vorstellungen von einem „guten Leben“ für ihre erwachsenen Kinder entsprechen. Dieser Sachverhalt wurde in den Befragungen von Angehörigen bestätigt (vgl. Kap. V).

Auch in anderen Bereichen besteht auf struktureller und konzeptioneller Ebene Handlungsbedarf, insbesondere bei der Versorgung von pflegebedürftigen und alten Menschen sowie bei der Entwicklung offener Hilfen. Im Folgenden werden die Vorstellungen der Interviewpartner/innen aus dem Feld der Behindertenhilfe hinsichtlich der Weiterentwicklung des Versorgungssystems skizziert. Sie beziehen sich schwerpunktmäßig auf wohnbezogene Aspekte. Im Einzelfall werden auch angrenzende Bereiche wie Arbeit und Beschäftigung thematisiert, ohne dass dies vertiefend behandelt werden konnte.

Wohnen

Das System der Wohnversorgung im Land Berlin ist durch einen hohen Anteil an ambulant unterstützten Wohnformen und einen hohen Grad an Differenzierung geprägt. Um neuen Anforderungen Rechnung zu tragen, steht das System aktuell vor Herausforderungen, die mit den Stichworten demografischer Wandel, Verhältnis Eingliederung/Pflege und dem Wechsel von der angebotszentrierten zur personzentrierten Perspektive umrissen werden können. Diese Herausforderungen sind mit den bestehenden Strukturen nur unzureichend zu bewältigen, es fehlen Instrumente und Konzepte für individuellere Formen des Wohnens.

Durch stärkere Ausdifferenzierung und Spezifizierung der Angebote können nach Meinung der Befragten *passgenauere Angebote für die Nutzer/innen* erreicht werden. Als Beispiele werden *Wohnkonzepte* genannt, die außerhalb der gegenwärtig festgefügten Strukturen entwickelt werden sollten:

*„Ideal fände ich es, wenn es Möglichkeiten gäbe, **mitten im Kiez**, sei es jetzt Wohngemeinschaften, sei es Kleinstheime, seien es Wohnungen, vielleicht auch ein Wohnblock, wo mehrere behinderte Menschen zusammen wohnen, auch unterschiedlicher Behinderung, wo vielleicht auch noch in der Ecke eine Sozialstation ist oder ein Pflegestützpunkt, eine Servicestelle – das, was man so als **Vernetzung** bezeichnet. Das wäre für mich das Ideale, wo alles wirklich bunt durchmischt ist." (Int-E_VB)*

*„Vielleicht muss man mal anfangen über Übergangsformen nachzudenken, also dass man nicht nur den vollstationären Bereich hat und dann die WG und das ambulante Wohnen, sondern dass man **Wohnformen** hat, **die bis jetzt so nicht üblich sind**, z. B. Wohngemeinschaften für Ältere, die vielleicht einer Nachtbetreuung bedürfen, aber vielleicht am Tage gar nicht so einen großen Betreuungsbedarf haben, Senioren, die durchaus sich den Tag auch ein bisschen allein gestalten, aber die z. B. nicht nachts allein sein können. Oder auch eine Wohnform, wo vielleicht auch ein bisschen Pflege mit reinspielt, aber die eben nicht den ganzen Tag in einer stationären Einrichtung sein müssen." (Int-E_VB)*

*„Ich denke im Moment über ein **Mehrgenerationenhaus** nach (...) – also Freizeitbereich für Kinder, Jugendliche, Erwachsene mit und ohne Behinderungen, ist eine Überschrift. Treffpunkt von Senioren und Seniorinnen, die nicht weit laufen können, die aber irgendwie die Möglichkeit haben möchten, sich mal auszutauschen, wäre eine zweite Geschichte. Das Betreute Einzelwohnen oder die Wohngemeinschaften von uns schaffen dort Koordinierungsstellen. Wir haben möglicherweise noch Platz zu schaffen für eine Herberge." (Int-E_T)*

*„Ich glaube, dass das Wohnen in **Wohngemeinschaften** überdacht werden muss und zwar in eine bisschen andere Richtung, (...) weil das ist gerade für Jüngere, die auf dem Markt sind und nachkommen, nicht mehr das Modell. Die sagen sich: ‚Ich möchte nicht mit so einem mehrfach behinderten Menschen zusammenleben. Betreutes Einzelwohnen ist für mich auch noch nichts, aber so eine **Mischform** (...) ein anderes Angebot, das so eine Verbundgeschichte ist, passt eher: Nicht eine große Wohnung, wo sechs Menschen wohnen, sondern vielleicht zwei oder drei kleine Wohnungen in einem Haus oder in einem Nachbarhaus als **Verbund** zu machen, das schon so ein bisschen mehr wie ein Paarwohnen ist, schon eher meine eigene Wohnung, aber läuft trotzdem als WG.'" (Int-E_T)*

Eine Weiterentwicklung des bereits gut entwickelten ambulant unterstützten Wohnens für andere Personenkreise würde eine Veränderung der Strukturen voraussetzen, z. B. die Möglichkeit einer Nachtbetreuung in Wohngemeinschaften nach dem Leistungstyp 3, bei dem bislang nur eine morgendliche Betreuung vorgesehen ist. Sorgen bestehen hinsichtlich der schlechter werdenden *Rahmenbedingungen im Betreuten Einzelwohnen*. Hier gelte es zu vermeiden, dass die ambulant unterstützten Wohnbereiche über die Stellschraube Stundenzahl als *„Steinbruch für Einsparmaßnahmen*" genutzt werden: *„Ambulant wird präferiert, aber das reale Handeln entspricht nicht der politischen Präferenz." (Int-E_T)* Ein Indiz dafür sei das Festhalten an Hilfebedarfsgruppen, was dem personzentrierten Ansatz ambulanter Unterstützungsstrukturen entgegen stehe.

Bei der Entwicklung neuer Wohnkonzepte sei es wichtig, die Stadtentwicklung in die Planungen mit einzubeziehen.

„Wenn zum Beispiel in einem Wohnprojekt Wohnmöglichkeiten für Menschen mit Behinderung von Anfang an mit einbezogen werden, dann kann man davon ausgehen, dass sie als Nachbarn gewünscht und gewollt sind und willkommen sind." (Int-E_T)

Allerdings bestehe bei den großen Wohnungsbaugesellschaften oft wenig Interesse, Wohnprojekte mit Menschen mit Behinderung zu realisieren. Projekte im Sozialen Wohnungsbau gebe es nicht mehr, in anderen Häusern seien die Mieten im Rahmen der bestehenden Konditionen des Sozialamts nicht bezahlbar. Aktuell hilfreich sei der Leerstand, hier ist es leichter Wohnungen zu finden, auch für Menschen mit schweren Behinderungen.

Ein Trägervertreter weist darauf hin, dass es ungeachtet noch ungelöster Probleme bei der Umsetzung des Persönlichen Budgets im Einzelfall auch unter den gegebenen Rahmenbedingungen Möglichkeiten gibt, Betreuungspakete zu entwickeln, die dem Einzelnen besser gerecht werden können, als es bei den gegenwärtig standardisierten Leistungsformen möglich ist:

> *„Ich mach das mal konkret: Wenn man eine Wohngemeinschaft aufmacht, mit den Angehörigen vereinbaren, dass die Wohngemeinschaftsbewohner das, was wir als Wohngemeinschaftsentgelt bekommen, als Persönliches Budget in Anspruch nehmen. Und wir können dann bezogen auf diese Summe Geld eine sehr viel differenziertere Leistungserbringung planen, als das jetzt im Rahmen eines tradierten Wohngemeinschaftskonzepts der Fall wäre. Wir könnten also uns stärker auf die einzelnen Bewohner beziehen, wir könnten differenzierte Gruppenangebote machen, wir könnten mit dem Kreis der Unterstützer auch in andere Berufsgruppen gehen, wir könnten stärker Freiwillige mit einbeziehen oder unausgebildete Mitarbeiter. Wir müssen uns nicht (…) an die Formen, die uns die Leistungsvereinbarung vorgibt, halten. (…) Wir können Wohngemeinschaft und BEW-Leistungen kombinieren, wir können einen Verbund betreuen, wir können Komm-Strukturen aufbauen.“ (Int-E_T)*

Ein Teil des Geldes bleibt beim Träger für Basisleistungen, der andere Teil könne sehr individuell und sehr viel stärker auf die *Teilhabe im Stadtteil* bezogen ausgegeben werden, z. B. für den Besuch von Volkshochschulkursen oder die Teilnahme an Sportvereinen, Angeboten in Nachbarschaftsheimen.

Die Mitarbeiterinnen von LOTSE BERLIN halten *konzeptionelle und strukturelle Weiterentwicklungen* für notwendig, die den bestehenden Bedarfen besser entsprechen, z. B. an den Schnittstellen zur Psychiatrie und zur Pflege. Insbesondere Menschen mit geistiger Behinderung und psychischen Erkrankungen erhalten zu wenig fachliche Unterstützung. Durch die Trennung der Versorgungsbereiche würden bestehende Ressourcen nicht genutzt. Der Behindertenbereich sei eher pädagogisch ausgerichtet und auf psychisch bedingte Problemlagen nur unzureichend eingestellt. Zudem stoße dieser Personenkreis bei der Suche nach einem Wohnplatz in einer Gruppe mit weniger schwer beeinträchtigten Menschen oft auf den Widerstand von Angehörigen:

> *„Wir haben viel mit Eltern zu tun, die ihre Kinder gut gefördert haben, die eine Einrichtung suchen, wo es für ihr Kind im sozialen Umgang nett zugeht. Dann haben wir Eltern, deren Kinder verhaltensgestört sind, die will keiner haben. Aber die sind so verzweifelt zu Hause. Ich verstehe beide Seiten. Wenn man im Wohnbereich dann immer gestört wird durch verhaltensauffällige Mitbewohner oder geärgert, das ist kein gutes Leben. Das kann man keinem zumuten. Aber die anderen brauchen auch eine adäquate Unterstützung. Ich habe sieben auswärtige Unterbringungen.“ (Int-E_B)*

Arbeit/Beschäftigung

Hinsichtlich der Weiterentwicklung der Teilhabe am Arbeitsleben gibt es bei den Befragten unterschiedliche Schwerpunktsetzungen. Die einen möchten den Automatismus des Wegs von der Schule mit dem Förderschwerpunkt Geistige Entwicklung direkt in die Werkstatt aufbrechen, der eher selten den Übergang auf den allgemeinen Arbeitsmarkt eröffnet. Berlin habe zwar eine ganze Anzahl von Plätzen in Integrationsbetrieben und Formen der unterstützten Beschäftigung, parallel dazu seien aber in letzten Jahren zusätzliche Werkstattplätze neu geschaffen worden:

> *„Da muss noch mal eine Anstrengung unternommen werden, dass man hier gerade für die jungen Menschen, die aus den Schulen kommen, versucht, erst mal Alternativmöglichkeiten – und sei es erst mal über Praktika oder Außenarbeitsplätze oder sonst irgendwas – versuchen, einen anderen Weg zu gehen als immer gleich den in die Werkstatt. (…) Dieses neue Gesetz, das im Moment bei der Bundesregierung in einem Referentenentwurf vorliegt, Unterstützte Beschäftigung, dass da tatsächlich über einen Zeitraum von zwei bis drei Jahren Mittel gezahlt werden, dass ein Mensch mit Behinderung in einen Betrieb gehen kann und dort auch eine Assistenzperson kommt, die mit ihm sozusagen dort das Arbeitsleben einübt. (…) Das Motto bei der unterstützten Beschäftigung ist eben: Erst platzieren und dann qualifizieren.“ (Int-E_VB)*

Zur Stärkung der Chancen von Menschen mit geistiger Behinderung auf dem ersten Arbeitsmarkt seien neue Wege zu erproben, z. B. unter Einbeziehung ehrenamtlich Engagierter (Patenmodell), die sowohl das Know-how des behinderten Menschen erweitern als auch Wege ebnen zum Einstieg in jeweils geeignete Arbeitsfelder.

Trotz grundsätzlicher Befürwortung alternativer Beschäftigungsmöglichkeiten wird von anderer Seite vor romantisierenden Vorstellungen gewarnt. Die gesamte Diskussion pro und contra WfbM bzw. unterstützte Beschäftigung bedürfe einer Versachlichung:

> *„Natürlich ist es besser für den, wo's möglich ist, den Arbeitsplatz auf dem allgemeinen Arbeitsmarkt in einem Projekt oder wie auch immer zu finden, gar keine Frage. Aber man muss sich auch darüber im Klaren sein, dass das auch mit dem Risiko behaftet ist, eingegliedert zu werden in die nicht unerhebliche Zahl der Arbeitslosen. Und die Menschen, um die es hier geht, haben das Merkmal, Problemen der Konkurrenz mit den Nichtbehinderten standzuhalten. (…) Es ist der Arbeitsplatz auf dem allgemeinen Arbeitsmarkt nicht nur toll und immer schön. Das kann man nicht sagen, das darf man auch einem behinderten Menschen nicht verkaufen. Und wenn einer die angemessene Betreuung und Förderung in einer Fördergruppe hat, dann ist das so, dann ist das zu verteidigen und dann ist auch möglicherweise durch Ansprache dem Menschen mit der Behinderung die Sorge zu nehmen, dass er da etwas hat, was weniger wert wäre." (Int-E_T)*

Zudem seien Menschen mit Behinderung, die die Teilhabe am Arbeitsleben mit dem Persönlichen Budget realisieren, hinsichtlich ihrer Versorgungsansprüche aus Renten- und Sozialversicherung gegenüber den Werkstattbeschäftigten benachteiligt. Vor diesem Hintergrund sollten auch die *Möglichkeiten der Werkstätten weiterentwickelt und ausgebaut* werden, insbesondere im Bereich der Bildung, Förderung, Vermittlung nach außen, Unterstützung und Begleitung, und die Möglichkeit der Rückkehr von Menschen, die den allgemeinen Arbeitsmarkt aufgrund individueller Erfahrungen und Präferenzen wieder verlassen wollen, mit den entsprechenden Absicherungen geöffnet werden.

Tagesstruktur

Als besondere Herausforderung für die nächsten Jahre wird von den Befragten eine adäquate *Tagesstruktur für Menschen mit Behinderung in ambulant unterstützten Wohnformen*, die aus Altersgründen keiner regelmäßigen Arbeit mehr nachgehen, genannt. Hier müsse der Gefahr des *„ambulanten Isolierungsphänomens"* entgegengewirkt werden, das durch mangelnde Betreuung während der Woche nachteilige Auswirkungen auf die Persönlichkeit, auf bestehende Fähigkeiten und Fertigkeiten bis hin zur Verwahrlosung haben kann. Vorgeschlagen wird, an einigen Tagen in der Woche altersgerechte Angebote zur Verfügung zu stellen, die in Anspruch genommen werden können – unter Beibehaltung der Wohnform und der selbstbestimmten Alltagsgestaltung.

Handlungsbedarf wird auch bei der *internen Tagesstruktur für Menschen mit höherem Hilfebedarf* gesehen. Hier seien Standards und Leistungsmodule zu entwickeln, die die Qualität der Angebote zur Gestaltung des Tages sichern. Als wesentliche Eckpunkte werden genannt: die strukturelle Verankerung der Tagesstruktur i. S. einer Trennung von Wohnen und Arbeit, die an jeweils anderen Orten und in jeweils eigenen Mitarbeiterteams Chancen für neue Lebenserfahrungen eröffnet, individualisierte Konzepte und ggf. modularisierte Programme sowie flexible Betreuungszeiten. Angebote dieser Art sollten auch für Externe geöffnet sein, z. B. für junge Menschen mit gravierenden Verhaltensauffälligkeiten, die die Schule verlassen haben und noch im Elternhaus wohnen und bei denen eine Aufnahme in den Arbeitsförderbereich einer Werkstatt nicht oder noch nicht möglich ist:

> *„Unsere neue Klientel sind ja die Schwierigen, die vorzeitig aus den Geistigbehindertenschulen rausgeschmissen werden. Das ist unsere neue Anfragegruppe. (…) Das sind ja keine riesigen Zahlen, wir reden ja nie von großen Zahlen. Aber da gibt es das und ich bin inzwischen sicher, dass wenn wir für diese Gruppe, die ja dann durchaus nicht selten ein intaktes Elternhaus haben, wenn wir denen eine Entlastung anbieten, kann ich 'ne vollstationäre Heimaufnahme mindestens um zwei, drei vier Jahre verzögern – was auch volkswirtschaftlich ein immenser Vorteil wäre, weil selbstverständlich kosten die fünf Tage hier in der Woche sehr viel weniger wie 'ne vollstationäre Einrichtung." (Int-E_T)*

Pflege

Angesichts der demografischen Entwicklung ergibt sich in Einrichtungen und Diensten der Behindertenhilfe zunehmend ein höherer Pflegebedarf, der eine Anpassung der Strukturen erfordert in Bezug auf Standards, Qualifikationen, Interdisziplinarität. Strukturell bietet die Anlage zu 5.2 D der Leistungs- und Qualitätsvereinbarung nach § 80 a SGB XI für vollstationäre Pflegeeinrichtungen in Berlin die Möglichkeit, spezielle *Pflegeabteilungen bzw. -einrichtungen für Menschen mit geistiger Behinderung* mit besonderen Konditionen einzurichten. Gegenüber dieser Option gibt es unter den befragten Anbietern unterschiedliche Positionen, die im Folgenden unter Einbeziehung von Zitaten aus den Experten-Interviews beispielhaft skizziert werden.

„Eingliederungshilfe ist ein lebenslanges Recht und unabhängig von zusätzlicher Pflegebedürftigkeit“ *(Int-E_T)*

Insbesondere im Feld der Arbeit mit alt werdenden Menschen in Behindertenhilfe-Einrichtungen wird darauf verwiesen, dass die Eingliederungshilfe vom Gesetzgeber nicht mit einer Altersbegrenzung versehen ist. Trotz zunehmender Pflegebedürftigkeit seien immer Förderschwerpunkte vorhanden: *„Eingliederungshilfe ist immer ein individuelles Angebot: Es gibt Menschen, die höheren Pflegebedarf haben, und es gibt Menschen, die im sozialen Bereich einen höheren Hilfebedarf haben, es gibt andere Menschen, die im lebenspraktischen Bereich einen höheren Hilfebedarf haben. Das ist eben individuell.“ (Int-E_T)*

„Ich werde alles tun, um zu verhindern, dass diese Leute in die Pflege rein kommen.“ *(Int-E_T)*

Einige lehnen die Betreuung von schwer behinderten Menschen in Pflegeheimen aus fachlicher Sicht kategorisch ab. Im Einzelfall könne es bei extrem hoher Pflegebedürftigkeit Gründe geben, einer Betreuung im Pflegeheim den Vorzug zu geben. Hier sollte aber ein noch zu etablierendes *fachlich orientiertes unabhängiges Gremium* bei der Entscheidungsfindung einbezogen werden. Ohne eine solche Absicherung würde *„im Sinne der Deichtheorie eine Schleuse eröffnet, die dann Sachen macht, die 100 % nichts mehr mit Fachlichkeit zu tun haben, sondern nur mit 'ner optimierten ökonomischen Angebot- und Nachfrage-Geschichte*“.

„Entscheidend ist die Frage, ob Menschen mit geistiger Behinderung wirklich in Pflegesettings die notwendige Hilfe erhalten, die sie brauchen.“ *(Int-E_T)*

Träger, die bereits in der Altenhilfe Pflegeeinrichtungen betreiben, nähern sich entsprechenden Plänen eher an als solche, die bislang ausschließlich Einrichtungen der Eingliederungshilfe vorhalten. Entscheidend sei die Qualität der Betreuung, konkret: ob Menschen in Pflegeeinrichtungen unter dem Dach des SGB XI wirklich die Hilfen erhalten, die sie benötigen. Dazu gebe es noch keine Erkenntnisse. Die Befürchtung, dass die von Seiten der Kostenträger in Aussicht gestellte Aufsattelung von Eingliederungshilfe bei der Betreuung von Menschen mit Behinderung in Pflegeheimen nicht auf Dauer gewährt wird, entbehre nach Meinung eines Trägervertreters einer realistischen Grundlage, weil die zu erbringenden zusätzlichen Leistungen in jedem Fall geringer seien als bei einer Betreuung in einem Heim der Eingliederungshilfe.

„Wenn das gut gemacht ist, kann es ein brauchbares Modell sein.“ *(Int-E_T)*

Andere sind bereit, unter bestimmten Bedingungen *neue Modelle* unter Nutzung der Mittel der Pflegeversicherung zu erproben – unter der Bedingung, dass die Rahmenbedingungen den Ansprüchen genügen, „*dass nicht plötzlich 30 geistig behinderte Personen von zwei Pflegekräften in Heimeinrichtungen, so wie es ja in Pflegeheimen nicht selten ist, begleitet werden*“. Man müsse sich aber hüten, Feindbilder aufzubauen, nicht jede Pflegeeinrichtung „*stelle von vornherein die Würde des Menschen in Frage*“. Man müsse „*die Dinge aufmerksam verfolgen und auch nur einer, der gegen seinen Willen in eine Pflegeeinrichtung gedrängt wird, ist einer zu viel*“.

> *„Ich kann auch als politisch denkender Mensch mich nicht auf den Standpunkt stellen, das ist ja alles geklärt, das ist alles Eingliederungshilfe, und die Bestrebungen des Sozialhilfeträgers, sich zu entlasten, dass das geradezu unsägliche oder unerlaubte Anliegen wären. Wenn wir politikfähig sein wollen, müssen wir die Belange des andern, des Partners, auf allen Ebenen – Fallmanagement, Senatsverwaltung, politische Repräsentanz – ernst nehmen und dafür sorgen, dass wir im Gespräch miteinander bleiben.*

Die schlechteste Variante ist allemal die order mufti, die das Recht ja auch kennt, nämlich die Rechtsverordnung, die die Verwaltung anziehen kann. Die Aufgabe der Behindertenhilfe heißt logisch immer: Eingliederungshilfe betonen und vor diesem Hintergrund die Anforderung formulieren. Wenn dann Wege gefunden werden sollten oder möglich sein sollten, wo sich das eine mit dem andern verbindet, ich hätte da keine grundsätzlichen Berührungsängste, das ist 'ne Frage der Ausgestaltung." (Int-E_VB)

„Ich bin der Meinung, es müsste auch gelingen, Kombinationsmöglichkeiten zu geben." *(Int-E_VB)*

Ausgehend von der Prämisse, dass jeder Mensch mit Behinderung lebenslang das Recht auf Eingliederungshilfe hat, plädiert ein Verbandsvertreter dafür, dass Leistungen der Eingliederungshilfe nicht gegen Leistungen der Pflege aufgewogen werden dürften und ein Verschieben von Menschen aus der Eingliederungshilfe in die Pflege nicht erfolgen sollte. Dennoch seien Ausnahmen vorstellbar:

„Wir kommen immer mehr heute in Bereiche, wo es tatsächlich Menschen mit Behinderung gibt, die einen sehr hohen Pflegebedarf haben. Das könnten einerseits ältere Menschen sein, bei denen noch eine Demenz aufkommt und eine Pflegebedürftigkeit, und wir verzeichnen immer mehr Menschen mit erworbener Behinderung, Gehirntraumatiker usw., wo neben der Eingliederungshilfe ein sehr, sehr hoher Bedarf an Pflege existieren kann. Man hat das früher immer sehr sorgsam getrennt, man hat gesagt, die einen so, die anderen da. Ich bin der Meinung, es müsste auch gelingen, Kombinationsmöglichkeiten zu geben (...) z. B. in einer Einrichtung der Eingliederungshilfe eine Abteilung mit Versorgungsvertrag nach SGB XI, wo es zusätzlich aufgesattelte Leistungen der Eingliederungshilfe gibt. (...) Ich möchte nicht, dass man sagt, solche Einrichtungen darf es nicht geben. Das darf man nicht verkennen, auch hier in Berlin weiß ich, dass das immer wieder passiert, dass ein Mensch aus der Eingliederungshilfe dann in ein ganz normales Seniorenpflegeheim kommt, wo es keine Fachkräfte gibt, die eine Ahnung haben im Umgang mit einem Menschen mit Behinderung, wo teilweise so ein Mensch dann ganz alleine ist unter vielen anderen, die ihn dann teilweise auch nicht verstehen, weil die zwar alt und dement sind, aber nicht behindert." (Int-E_VB)

„Was wirklich fehlt, wäre eine Referenzeinrichtung, eine Modelleinrichtung, wo man sagt: Das ist etwas, wo Menschen mit einer geistigen mehrfachen Behinderung alt werden können, wo Pflegestandards und Eingliederungshilfestandards realisiert werden" (Int-*E_VB)*

Regionalisierung

Mit Blick auf die Wünsche der Kunden hinsichtlich des Erhalts familiärer Bezüge und der vertrauten Umgebung halten die Befragten eine Regionalisierung der Angebote für sinnvoll. Die Entwicklung gemeinsamer Planungen und Visionen erfordert auf Seiten der Träger eine bessere *Kooperation und Abstimmung der Angebote* anstelle von Paralleldiskussionen, z. B. in Bereichen Wohnen und Arbeit. In den 1990er Jahren gab es zu diesem Zweck bereits Regionalkonferenzen, die nach Aussage von damals Beteiligten nach der „*Verteilung der Pfründe*" nicht weitergeführt wurden – ein Tatbestand, der in mehreren Interviews bedauert und im Einzelfall als „*krasses politisches und verwaltungsmäßiges Versäumnis*" deklariert wird.

Hinsichtlich des Vorhaltens einer *breiten Palette von Angeboten in jedem Bezirk* gibt es unterschiedliche Meinungen. Die Befürworter halten eine Grundabsicherung in jedem Bezirk für sinnvoll, andere sehen bezirkliche Begrenzungen für Angebote der Behindertenhilfe als zu kleinteilig:

„Es ist nicht vorstellbar, so etwas wie ein Standardprogramm aufzulegen, dass man sagt, in jeder derartigen Region soll es geben so und so viel Plätze in Heimen, in Wohngemeinschaften usw. Alleine was die Heime angeht, die hängen natürlich immer an 'ner Immobilie und die sind bezogen auf die Stadt eben nicht gleichermaßen verteilt. (...) Das zweite hängt auch mit Besonderheiten der Klientel zusammen. Im Bereich der seelisch Behinderten, psychisch Kranken geht es um Sachverhalte, die doch einem relativ raschen Wandel unterliegen oder unterliegen können, während die Themen, die uns in der Behindertenhilfe beschäftigen, ja oft auch Fragen der Eingliederung oder Suche nach Hilfsangeboten über einen ganz anderen Zeitraum sind. Deswegen find ich es auch nicht von vornherein so gänzlich falsch, wenn evtl. bei der Suche nach einem Wohnplatz oder auch einem Werkstattplatz möglicherweise 'ne größere Distanz ist, also größer jetzt als im Bereich der Psychiatrie." (Int-E_T)

Denkbar wären eine *Zusammenfassung mehrerer Bezirke* und die *Entwicklung von Richtzahlen* zu Art und Umfang der vorzuhaltenden Angebote, „*verbunden mit neuen Steuerungsmodellen, also bezogen auf den Einzelnen wie das Eingangsverfahren, wo tatsächlich die konkreten Gegebenheiten, die ins Auge gefasst werden oder die schon bestehen, angeschaut werden*". Inwieweit die Bezirke zu Kooperation und Vernetzung in diesem Feld bereit sind, ist eine offene Frage. Bei einer vom Ansatz her begrüßenswerten *Versorgungsverpflichtung* in einer Region könnten sich hinsichtlich der Güte der Angebote und der Wahlfreiheit Probleme ergeben:

> *„Zumindest würde es jedem Menschen mit Behinderung garantieren, dass es ein Angebot für ihn gibt. Ein Problem entsteht danach. Dann nämlich, wenn dieses Angebot vielleicht nicht das für ihn Beste ist. (...) Wenn die Träger denn verpflichtet sind, ein Angebot bereitzuhalten, dann könnten sie im Gegenzug zu Recht aus Trägersicht verlangen, dass das Angebot auch in Anspruch genommen wird. Und wenn man das weiter denkt, entstehen daraus örtliche Kartelle, d. h. ein Verbund von Vertragspartnern, z. B. auf Bezirksebene, eine Gruppe von Trägern, die mit dem Bezirk zusammenarbeiten, die dem Bezirk garantieren, alle Klienten zu betreuen als Verbund und dafür dann aber auch die Gewähr geboten haben wollen, dass es keine weiteren Anbieter im Bezirk gibt." (Int-E_T)*

Ein solchermaßen „abgeschlossener Markt" schränke das Wunsch- und Wahlrecht ein und berge zudem die Gefahr, dass eine bedarfsgerechte Weiterentwicklung der Angebote stagniert. Eine *Profilierung in einzelnen Angebotsbereichen* wird dem gegenüber für sinnvoll erachtet. Allerdings bestehe auch hier das Risiko, dass ein Verbund von Anbietern *„den Markt unter sich aufteilt und nicht mehr befürchten muss, dass ein Kunde woanders hingeht" (Int-E_T).*

Derzeit bestehe in Berlin ein relativ ausgeglichenes Verhältnis zwischen Angebot und Nachfrage:

> *„Es gibt keinen Träger der Behindertenhilfe, der mit Leerstandsproblemen zu kämpfen hat. Insbesondere im Bereich der stationären Angebote sind nach meiner Kenntnis alle gut ausgelastet. Es gibt auch keine große Warteliste. Es gibt immer wieder mal einzelne Menschen mit Behinderung, vor allem mit schweren und mehrfachen Behinderungen, die es schwer haben, genau den Platz zu finden, den sie brauchen oder den ihre Familie wünscht. Aber im Großen und Ganzen ist Angebot und Nachfrage etwa in Balance. Das liegt auch daran, dass viele Menschen, für die kein Mensch sorgt, von den Bezirken kurzerhand auch nach außerhalb von Berlin verschubt werden." (Int-E_T)*

Abgelehnt wird eine *Regionalisierungsvorgabe*, die die Wahl- und Entscheidungsfreiheit von Menschen mit Behinderung bei der Inanspruchnahme von Angeboten einschränkt. Wer in einem anderen Bezirk wohnen oder arbeiten will, soll dies tun können. Die Bedürfnisse des Einzelnen haben oberste Priorität. Wenn diese nicht selbst artikuliert werden können, sind die Vorstellungen der unmittelbaren Angehörigen zu beachten, in Abstimmung mit der fachlichen Einschätzung.

4.5 Landesplanung

„Ich wünsche mir sozialpolitische Orientierung" *(Aussagen aus dem Feld der Behindertenhilfe)*

Trotz der vor wenigen Jahren durchgeführten Untersuchungen zum Ist-Stand und zum Bedarf der Angebote der Behindertenhilfe in Berlin sind nach Einschätzung der Befragten bislang keine klaren Konsequenzen im Rahmen der Landesplanung sichtbar. Entscheidungen erfolgen punktuell, in einem finanzbestimmten Rahmen, ohne Verankerung in einem umfassenden Strategiekonzept. Dringend notwendig sei die Definition *sozialpolitischer Schwerpunkte*, wie es in einigen anderen Bundesländern bereits praktiziert wird (z. B. Schleswig-Holstein, Hamburg, Nordrhein-Westfalen). Eine bereichsbezogene Konkretisierung der Zielvorgaben in einem Gesamtkonzept eröffne die Möglichkeit, Entwicklungen im Bereich der Eingliederungshilfe zu messen und zu beurteilen. Auch Mitarbeitenden in Einrichtungen und Diensten würde ein Strategiekonzept Orientierung für die Arbeit vor Ort geben, bei der es ja nicht allein um die Betreuung behinderter Menschen, sondern um die Erreichung von Zielen geht, die in den Leitideen der Behindertenhilfe begründet sind. Die Festlegung der Zielsetzungen sollte in einem Diskussionsprozess mit den Akteuren der Behindertenhilfe erfolgen. Als Ergebnis könnte ein *Handlungskatalog* vorliegen, der für alle *Orientierung* bietet und dessen Umsetzung von der Politik zu stützen ist, nicht nur ideell. Wenn z. B. ambulante Betreuung Vorrang hat, müsste darüber nachgedacht werden, wie man die Form der Betreuung auch für Personenkreise, die bislang nicht davon profitieren, attraktiv macht. Auch bei der zunehmenden Platzierung von behinderten Menschen außerhalb Berlins sind die Gründe zu reflektieren und ggf. Konsequenzen für das Land Berlin zu ziehen:

„Im Prinzip müsste das so was wie ein politischer Wille sein, dass Berliner Menschen mit Behinderung in Berlin ein Angebot bekommen, im weitesten, dass Gelder, die der Berliner Steuerzahler aufbringt, auch in Berlin für Arbeitsplätze sorgen, also dass der Umfang der auswärtigen Unterbringung zurückgeführt wird. Und es sieht im Moment wirklich so aus, als ob genau das Gegenteil der Fall ist. Das könnte natürlich damit zusammenhängen, dass in der Beurteilung des Einzelfalls in anderen Bundesländern eventuell günstigere Angebote gefunden worden sind." (Int-E_T)

Wenn das Vermeiden von Platzierungen außerhalb Berlins sozialpolitisch gewollt ist, müssten mittelfristig und langfristig Umsteuerungsprozesse beginnen und entsprechende Kapazitäten in Berlin vorgehalten werden. Der Vorbehalt, dass Angebote in Berlin auf der Basis der Berliner Konditionen teurer sind, sei im Rahmen einer Gesamtbetrachtung von stationärem und ambulant unterstütztem Wohnen zu relativieren. Im Interesse gleicher Chancen für Menschen mit Behinderung im Land Berlin, wird eine *einheitliche Steuerung* für erforderlich gehalten, z. B. hinsichtlich der Ziele und der für die Umsetzung eingesetzten Mittel. Die aktuelle Situation ist gekennzeichnet durch die *„Welt einer relativen Vielfalt, was bezirkliche Stellen richtig finden, und es ist in dem einen eben anders als in dem anderen"*.

5 Zusammenfassung und Handlungsbedarf

Zur Ermittlung der Einschätzungen und Erfahrungen im Feld der Berliner Behindertenhilfe wurden eine schriftliche Befragung von Anbietern wohnbezogener Einrichtungen und Dienste sowie Interviews mit weiteren Experten und Expertinnen aus unterschiedlichen Verantwortungsbereichen durchgeführt. 36 Träger haben an der Fragebogenerhebung teilgenommen, das entspricht einer Rücklaufquote von 69 % (52 Adressaten). Zum Zeitpunkt der Befragung wurden die Wohnangebote der beteiligten Träger von 4.784 Erwachsenen mit geistiger und mehrfacher Behinderung in Anspruch genommen, davon 2.595 im stationären Bereich und 2.189 im ambulanten Bereich. Die Angebote sind strukturell und konzeptionell unterschiedlich gestaltet und berücksichtigen spezifische Unterstützungsbedarfe. Besonderer Handlungsbedarf besteht nach Einschätzung der Befragten im Bereich der wohnbezogenen Hilfen für geistig behinderte Menschen im Alterungsprozess, bei psychischen Erkrankungen und bei hoher Pflegebedürftigkeit. Erforderliche Veränderungen bzw. Weiterentwicklungen betreffen insbesondere die Personalentwicklung, die Finanzierung von Leistungen, die medizinische Versorgung und die konzeptionellen Grundlagen. Zunehmend werden Wohnmöglichkeiten für junge Menschen mit fehlender sozialer Kompetenz bzw. starken Verhaltensauffälligkeiten, Suchterkrankungen, Delinquenz oder Psychiatrieerfahrungen nachgefragt, häufig aus sozial benachteiligten Milieus kommend.

Weiterentwicklungen der Angebote orientieren sich an veränderten Nachfragen hinsichtlich der zu unterstützenden Personengruppen, der Wohnformen und der konzeptionellen Ansprüche. Nutzerbezogene Anforderungen an die Dienstleistungen und kostenbedingte Veränderungen im Personalbereich haben zu deutlichen Veränderungen der Personalstruktur geführt, veränderte fachliche Anforderungen an die Mitarbeitenden lassen einen hohen Qualifizierungsbedarf erwarten. Die Realisierung innovativer Wohnkonzepte erfolgt jedoch zögerlich. Es besteht die Tendenz, strukturell eher am hergebrachten Angebot festzuhalten. Die Einrichtung teilhabestärkender offener Dienste in den Bereichen Freizeit, Bildung, Beratung und Assistenz ist nur bei einem kleineren Teil der Anbieter im Blick; nur jeder zweite orientiert die Weiterentwicklung der Angebote an Erfordernissen des Persönlichen Budgets. Nach Aussage der Befragten ist die Umsetzung innovativer Konzepte und die alltägliche Arbeit mit den Klientinnen und Klienten mit vielerlei Hemmnissen konfrontiert, die in bestehenden rechtlichen Regelungen und administrativen Vorschriften sowie in kostendämpfenden Maßnahmen begründet sind.

Bei der fachlich-konzeptionellen Zielsetzung künftiger Angebote haben die Leitideen Selbstbestimmung und Inklusion sowie das Erproben neuer personbezogener Unterstützungsarrangements Priorität. Zur Verbesserung der Teilhabe werden die strukturelle Verankerung der Partizipation von Menschen mit Behinderung in Entwicklung und Evaluation der Dienstleistungen und eine sozialraumorientierte Ausrichtung der Arbeit für wichtig erachtet. Die Umsetzung erfordere offene und flexible Hilfestrukturen und eine Koordination und Vernetzung regionaler Angebote unter Gewährleistung der Wahlfreiheit der Nutzer/innen. Unter dem Primat der Kundenorientierung wird es für erforderlich gehalten, bei der Weiterentwicklung des Versorgungssystems die Vorstellungen der Klientinnen und Klienten einzubeziehen.

Als besondere Herausforderung für die nächsten Jahre wird die Entwicklung einer adäquaten Tagesstruktur für Menschen mit Behinderung in ambulant unterstützten Wohnformen gesehen, die aus Altersgründen keiner regelmäßigen Arbeit mehr nachgehen. Zudem erfordere der zunehmend höhere Pflegebedarf in Einrichtungen der Behindertenhilfe eine Anpassung der Strukturen in Bezug auf Standards, Qualifikationen und Interdisziplinarität. Hinsichtlich der Einrichtung von Pflegeheimen oder -abteilungen mit Versorgungsvertrag nach SGB XI vertreten die befragten Anbieter unterschiedliche Positionen, von der absoluten Ablehnung über Mischformen und modellhafte Erprobung bis hin zur Zustimmung. Mehrfach wird auf die Problematik der Auswärtsunterbringung von Berliner Bürgerinnen und Bürgern mit geistiger Behinderung hingewiesen, die einer Lösung bedarf. Mit Blick auf eine Gesamtplanung für das Land Berlin wird eine Definition sozialpolitischer Zielsetzungen und Schwerpunkte gefordert, die Orientierung bei der Weiterentwicklung der Angebote bieten. Sie sollten in einem gemeinsamen Diskussionsprozess von Verantwortungsträgern und Akteuren in unterschiedlichen Bereichen erarbeitet werden. Die Frage der Kosten habe nach wie vor hohe Priorität, dürfe aber nicht programmatische Diskussionen über die Ziele in den Hintergrund drängen.

Handlungsbedarf

Die Analyse der Situation im Bereich des Wohnens von Menschen mit geistiger und mehrfacher Behinderung auf der Basis der Aussagen von Anbietern und weiteren Experten aus dem Feld der Behindertenhilfe zeigt Handlungsbedarf in unterschiedlichen Bereichen und auf unterschiedlichen Ebenen. Dabei kommt der Partizipation von Menschen mit Behinderung, der bedarfsgerechten Weiterentwicklung der Versorgungsstrukturen, der regionalen Verortung und der landesweiten Sozialplanung bzw. Teilhabeplanung besondere Bedeutung zu. Mehrfach ergeben sich Schnittstellen zu den dargestellten Aussagen der befragten Menschen mit Behinderung und der Angehörigen.

➔ Partizipation

- *Strukturelle Verankerung der Partizipation von Menschen mit Behinderung an der Planung und Evaluation von Unterstützungsleistungen mit Gewährleistung der notwendigen Assistenz*
- *Systematische Qualifizierung der Heimbeiräte und Unterstützung ihrer Arbeit als Instrument zur Vertretung der Interessen von Heimbewohnerinnen und –bewohnern*
- *Weiterentwicklung des Instruments der Hilfeplanung zur Ermittlung des individuellen Teilhabebedarfs unter Einbeziehung der Nutzer/innen und weiterer Bezugspersonen*
- *Einführung bezirks- und landesweit einheitlicher Qualitätsmerkmale der Hilfeplanung unter besonderer Berücksichtigung der Teilhabe von Menschen mit Behinderung am Prozess der Bedarfsfeststellung*

➔ Versorgungsstruktur

Wohnen

- *Entwicklung von Instrumenten und Konzepten für individuellere Formen des Wohnens, die dem Paradigma der Teilhabe verpflichtet sind*
- *Entwicklung bedarfsgerechter flexibler Unterstützungsangebote für Erwachsene mit geistiger und mehrfacher Behinderung in den Familien, unter besonderer Berücksichtigung der Stärkung ihrer Teilhabechancen*
- *Weiterentwicklung der Angebote für Menschen mit spezifischen Unterstützungsbedarfen, insbesondere für Menschen mit geistiger Behinderung im Alter, mit psychischen Erkrankungen und Verhaltensauffälligkeiten sowie hoher Pflegebedürftigkeit, autistischer Symptomatik und in besonderen Lebenslagen (z. B. Suchterkrankung, Delinquenz)*
- *Qualifizierung der Mitarbeitenden von Einrichtungen und Diensten hinsichtlich der neuen fachlichen Anforderungen bezogen auf Personenkreise mit spezifischen Bedarfen und auf innovative Ansätze in der professionellen Arbeit.*
- *Reduzierung der Unterbringung von Berliner Bürgerinnen und Bürgern mit Behinderung in Einrichtungen anderer Bundesländer und Offenlegung der Gründe für die Inanspruchnahme auswärtiger Wohnangebote*
- *Entwicklung kultursensibler Unterstützungsleistungen*

- *Modellhafte Erprobung innovativer Wohn- und Betreuungskonzepte mit sozialräumlicher Ausrichtung zur Entwicklung von Standards, die der Leitorientierung Inklusion verpflichtet sind*
- *Entwicklung alternativer Wohnkonzepte unter Einbeziehung von Menschen mit hohem Hilfebedarf*
- *Unterstützung des Engagements von Angehörigen bei der Suche nach alternativen Wohnkonzepten für ihre Töchter und Söhne, z. B. durch Einrichtung einer trägerunabhängigen Anlaufstelle zur Bündelung der Interessen, Vernetzung der Akteure und konstruktive Beratung und Unterstützung hinsichtlich der Realisierung*

Tagesstruktur

- *Realisierung des Wunsch- und Wahlrechts hinsichtlich einer internen oder externen Tagesstruktur*
- *Entwicklung von Standards und Leistungsmodulen für die interne Tagesstruktur*

Offene Angebote

- *Ausweitung offener Angebote zur Stärkung der Teilhabechancen (z. B. Assistenzdienste, Freiwilligenagentur; integratives Café)*
- *Integration der Dienste in allgemein zugängliche Angebote*

Finanzierung

- *Anpassung der Fachleistungsstunden an den tatsächlichen Bedarf (Vermeidung des Wechsels ins stationäre Wohnen)*
- *Erprobung von „Kombimodellen" zur Inanspruchnahme von Leistungen der Eingliederungshilfe und der Pflegeversicherung*
- *Finanzierung von fallunspezifischen Aufgaben zur Stärkung der Teilhabechancen von Menschen mit Behinderung*

Persönliches Budget

- *Intensivierung bzw. Entwicklung leicht verständlicher Informationsangebote zum Persönlichen Budget*
- *Weiterentwicklung der Modularisierung der Angebote und Initiierung neuer Dienste*
- *Erstellung von Katalogen, die budgetfähige Leistungen von Anbietern in leicht verständlicher Form darstellen; Veröffentlichung der Kataloge über das Internet (z. B. bei der Internetplattform für Menschen mit Lernschwierigkeiten „Kugelfisch")*
- *Erprobung von Teilbudgets*
- *Weiterbildung der Mitarbeiter/innen im Betreuten Einzelwohnen zum Persönlichen Budget (Multiplikatorenfunktion)*

➔ Regionale Verortung

- *Qualifizierung der Mitarbeitenden von Diensten und Einrichtungen der Behindertenhilfe für sozialraumbezogene Aufgaben*
- *Konzeptionelle Verankerung sozialraumbezogener Aufgaben (inkl. Aufnahme der Aufgaben in Stellenbeschreibungen)*
- *Einbindung freiwilligen Engagements als Aufgabe des professionellen Handelns von Mitarbeitenden zur Individualisierung der Angebote und Stärkung der Teilhabe am allgemeinen Leben*
- *Entwicklung eines Netzwerks von freiwillig Engagierten, die die Teilhabe von Menschen mit Behinderung in offenen Freizeit- und Sportangebotenen unterstützen und begleiten*
- *Nutzung der Ressourcen im Stadtteil durch ressortübergreifende Kooperation (Schnittstellen Jugendhilfe, Altenhilfe, Psychiatrie, Stadtentwicklung, Wohnungswirtschaft, Betriebe)*
- *Modellhafte Erprobung neuer sozialraumbezogener Ansätze*
- *Einführung einer bezirklichen Koordination der Angebote*

➔ Landesplanung/Teilhabeplanung

- *Entwicklung programmatischer Vorgabe für die Behindertenhilfe im Land Berlin*
- *Festlegung sozialpolitischer Schwerpunkte (in Kooperation mit Menschen mit Behinderung und Akteuren der Behindertenhilfe) als Orientierung für die Weiterentwicklung der Dienstleistungen*
- *Entwicklung eines Strategiekonzepts für das Land Berlin*
- *Entwicklung eines Handlungskatalogs als Orientierung für Anbieter*

VII Kundenorientierung – aus Sicht der Verwaltung

Nach der Darlegung der Wohnbedürfnisse und Unterstützungsbedarfe der Leistungsberechtigten sowie der Angebote und Einschätzungen der Leistungserbringer rückt nun die Rolle der Verwaltung in den Blick. Sie gibt den konzeptionellen und finanziellen Rahmen für die Erbringung der Leistungen vor und stellt damit Weichen, die die Lebenssituation von Menschen mit geistiger und mehrfacher Behinderung entscheidend prägen. Mit Blick auf die Fragestellung der KUNDENSTUDIE ist vor allem die Philosophie von Interesse, die die Entscheidungen leitet. Hierzu wurden bei der Einführung des Fallmanagements in der Eingliederungshilfe nach SGB XII im Jahr 2006 klare Aussagen gemacht, an denen das Verwaltungshandeln gemessen werden kann. Zur Einschätzung der vorliegenden Erfahrungen wurden Einzel- und Gruppeninterviews mit sieben Fallmanagern durchgeführt, die in den Sozialämtern von drei Berliner Bezirken tätig sind. Ergänzend wurde mit Vertretern der Sozialverwaltung des Berliner Senats gesprochen, die für Grundsatzfragen des Fallmanagements in der Eingliederungshilfe und für die Entwicklung der Angebote im Bereich des Wohnens zuständig sind. Die Aussagen geben exemplarisch Einblick in Zielvorstellungen und Erfahrungen der Akteure im Bereich der Verwaltung, ohne Anspruch auf Verallgemeinerung. Systematische Untersuchungen in diesem Feld waren im Rahmen der KUNDENSTUDIE nicht möglich.

1 Wandel der Rolle des Sozialhilfeträgers

> Das veränderte Selbstverständnis des Menschen mit Behinderung in der Gesellschaft und sein fortentwickelter Status und rechtlich verankerter Leistungsanspruch in der Sozialgesetzgebung, seine Rolle als Subjekt und Akteur, der als Experte seiner selbst die eigenen Belange am besten regeln kann, sein Abschied aus der Rolle eines „Objektes" in einem fürsorglichen, angebotsorientierten Versorgungssystem, dies alles fordert den Träger der Sozialhilfe heraus, mit veränderten, personenorientierten und individualisierbaren Beratungs- und Leistungsangeboten zu reagieren und dem Menschen mit Behinderung als gleichberechtigtem Partner zu begegnen. (HANDBUCH FÜR FALLMANAGER/INNEN DER EINGLIEDERUNGSHILFE NACH SGB XII 2006, 17)

Das im „Handbuch für Fallmanager/innen der Eingliederungshilfe nach SGB XII" festgeschriebene Leitprinzip der *Kundenorientierung* erfordert auf der Ebene der Verwaltung eine Veränderung der Rolle des Sozialhilfeträgers. An die Stelle der herkömmlichen Sachbearbeitung nach Aktenlage tritt das Fallmanagement mit erweiterter Aufgabenstellung als Berater und Sachwalter mit alleiniger Entscheidungskompetenz bei der Gewährung von Leistungen der Eingliederungshilfe. Die Fallmanager/innen sollen ihre Aktivitäten an den Wünschen der behinderten Menschen orientieren und die Kundenzufriedenheit zum Maßstab für die Qualität der eigenen Leistung machen. Damit ist der im Fachdiskurs der letzten Jahre proklamierte Wandel von der institutionsbezogenen zur *personzentrierten Hilfeplanung* eingeleitet.

Die Gestaltung und Umsetzung der individuellen Hilfen in der Eingliederungshilfe erfolgt in fünf Schritten (vgl. HANDBUCH FÜR FALLMANAGER/INNEN 2006, 27):

1. **Assessment und Hilfedokumentation**
   (Eingangsgespräch, Prüfung der sachlichen und örtlichen Zuständigkeit sowie des Leistungsanspruchs, Klärung des Einsatzes von Einkommen und Vermögen, ggf. Anforderung von Gutachten, Feststellung des ganzheitlichen und individuellen Hilfebedarfs, Ziel- und Leistungsabstimmung mit dem Leistungsberechtigten, ggf. Durchführung einer Hilfekonferenz, Dokumentation des Assessment-Ergebnisses in einem Gesamtplan)
2. **Realisierung der Leistung**
   (Auswahl des Leistungsanbieters bzw. des trägerübergreifenden Persönlichen Budgets, Bescheid-Erteilung, Kostenübernahme)
3. **Evaluation**
   (Abgleich und Überprüfung der Hilfe, Zielüberprüfung mit dem Leistungsberechtigten und mit dem Leistungserbringer, Anpassung und Fortschreibung der Ziele und Leistungen im Gesamtplan)
4. **Finanzierung**
   (Zahlungsmanagement, Zielvereinbarung, Ausgabendurchschnittssätze)
5. **Ergänzende Verfahrensschritte**
   (Widerspruch, Klage, Klagerecht der Verbände, Statistik nach SGB IX)

Im Interesse einer umfassenden Einschätzung der jeweiligen Situation wird im HANDBUCH FÜR FALLMANAGER/INNEN ein Bezug zum Klassifikationssystem ICF der Weltgesundheitsorganisation hergestellt, das person- und umfeldbezogene Kontextfaktoren der individuellen Lebenssituation und deren Wechselwirkungen in den Blick nimmt – ein Denkansatz, der innerhalb der Behindertenhilfe bislang nur punktuell Berücksichtigung findet.

Eine besondere Herausforderung für die Akteure im Berliner Fallmanagement ist die Verknüpfung des Auftrags individuell passgenauer Hilfen mit *Einsparvorgaben* des Senats, die in der angespannten Haushaltslage des Landes Berlin begründet sind. Die jährlich zu erreichenden Einsparquoten beziehen sich auf die durchschnittlichen bezirklichen Ausgaben der Eingliederungshilfe, nicht auf den Einzelfall.

Die personellen Voraussetzungen des Fallmanagements und die Organisation der Zuständigkeiten sind in den Bezirken nicht einheitlich geregelt. Teilweise liegt die Bearbeitung aller Angelegenheiten in einer Hand, teilweise sind Sachbearbeitung und Fallmanagement für die Eingliederungshilfe getrennt, teilweise gibt es unterschiedliche Zuständigkeiten (z. B. für Personengruppen). Die Fallzahlen übersteigen meist die ursprünglich vorgesehene Zahl von 75 Leistungsberechtigten pro Fallmanager.

2 Erfahrungen im Fallmanagement

Im Folgenden werden Erfahrungen in der Praxis des Fallmanagements dokumentiert, die Chancen und Probleme bei der Umsetzung der Kundenorientierung konkretisieren. Sie beziehen sich auf die Berücksichtigung der individuellen Wünsche, auf Angebote im Bereich des Wohnens und auf die Passgenauigkeit der Hilfen, auch bei spezifischen Unterstützungsbedarfen. Darüber hinaus werden subjektiv befriedigende und belastende Faktoren in der Arbeit des Fallmanagements und Verbesserungsvorschläge der Beteiligten dargestellt.

2.1 Personzentrierung

Im Gegensatz zur früheren Praxis der Bearbeitung der Fälle nach Aktenlage sind die Fallmanager/innen gehalten, zur Klärung der Wünsche der Leistungsberechtigten *persönlichen Kontakt* zum behinderten Menschen aufzunehmen, z. B. über Besuche im häuslichen Umfeld. Das gegenseitige Kennenlernen bringt eine neue Qualität in die Bearbeitung der Angelegenheiten und wird von den meisten Fallmanagerinnen und Fallmanagern trotz der damit verbundenen Mehrarbeit geschätzt:

> *„Wir versuchen sämtliche Gesichter zu den Fällen auch mal zu sehen. Entweder wir gehen selbst in die Einrichtungen oder wir laden uns die Menschen vor, um einen guten vertrauensvollen Draht zu den Menschen zu gewinnen. Das ist für mich eigentlich so die wesentliche Änderung im Fallmanagement, dass man doch mehr versucht, den Bedürfnissen auch so ein Stück weit gerecht zu werden, was sicherlich auch nur gelingen kann, wenn man die Träger und auch den SpD [Sozialpsychiatrischer Dienst] mit im Boot hat. Ohne das würde es nicht funktionieren." (Int-E_F[54])*

> *„Es ist sehr hilfreich, dass man die Hilfeempfänger kennt und so ein Bild vor Augen hat. Wenn dann irgendein Bericht kommt, kann man das einordnen und sagt, ja richtig, kann ich mir gut vorstellen bei dem. Da kommt man viel schneller und leichter zu einer Entscheidung, als wenn das wie vorher immer nur durch Berichte abgedeckt war und man selber kein Bild hatte." (Int-E_F)*

Der behinderte Mensch soll Gelegenheit haben, seine *Wünsche* selbst zu äußern und nicht ausschließlich über einen Träger Zugang zu den Leistungen zu erhalten, wie es in der Vergangenheit häufig der Fall war. Darum wird versucht, zunächst mit dem Klienten allein ins Gespräch zu kommen, ohne begleitende Betreuer oder Angehörige:

> *„Dann gehen die manchmal ganz anders aus sich raus und können mir mal so richtig sagen, was sie wirklich wollen. Und die sind auch so richtig wie frei, nicht irgendwie eingeengt, und wir unterhalten uns über alles Mögliche, es muss gar nicht immer erst mit der Maßnahme anfangen. Man versucht da immer einen Weg zu finden, um ihn kennen zu lernen, oder an ihn heran zu kommen. Und das finde ich ganz wichtig." (Int-E_F)*

54 Int-E_F = Experten-Interview Fallmanagement

Im Einzelfall komme es vor, dass der behinderte Mensch andere Vorstellungen hat als seine Eltern, aber die Eltern nicht verletzen möchte. Hier müssen Wege gefunden werden, die die Interessen beider Seiten berücksichtigen:

„Manchmal ist es auch so, dass die sicherlich sehr wohlmeinenden Angehörigen durch ihre wohlmeinenden Ratschläge und Funktionen die Selbstständigkeit des Bewohners so einschränken – ich will jetzt nicht sagen, dass wir uns da einmischen, aber wir werden dann schon manchmal eingeschaltet, sozusagen ein Stückchen in Schiedsrichterfunktion." (Int-E_F)

Bei Klienten, die verbal nicht kommunizieren können, erfolgt der Austausch über den Bezugsbetreuer oder die Angehörigen. Die Fallmanager/innen räumen ein, dass die Kontakte zu den Menschen mit Behinderung angesichts der zu bearbeitenden Fallzahlen nicht immer dem Anspruch entsprechend gestaltet werden können:

„Ich habe über hundert Fälle, es ist also wirklich von vornherein theoretisch nicht machbar, so intensiv zu arbeiten, wie man eigentlich mit 65-75 Fällen arbeiten sollte. Aber man versucht trotzdem, irgendwie immer noch für jeden das Beste zu entscheiden." (Int-E_F)

2.2 Hilfen im Bereich des Wohnens

Auf der Suche nach einem Wohnplatz wird in vielen Fällen nicht das Fallmanagement als erste Anlaufstelle für Information und Beratung genutzt. Die Familien suchen häufig zuerst den Sozialpsychiatrischen Dienst oder die Beratungsstelle für Behinderte auf. Eher selten kommt ein behinderter Mensch allein zum Fallmanagement, meist wird er vom gesetzlichen Betreuer begleitet.

Nach den Erfahrungen der Fallmanager/innen haben Eltern beim ersten Kontakt oftmals schon klare Vorstellungen, welches *Wohnangebot* ihr Sohn oder ihre Tochter in Anspruch nehmen soll. Sie lassen sich im Vorfeld von Trägern beraten oder informieren sich selbst über verschiedene Möglichkeiten. In diesem Fall gehe es bei den Gesprächen mit den Angehörigen nicht mehr um Beratung oder das Suchen nach geeigneten Maßnahmen für den behinderten Menschen, sondern nur noch um die Kostenübernahme für bereits vorab getroffene Entscheidungen, z. B. für eine Heimaufnahme:

„Wenn wir vorgefertigte Entscheidungen sozusagen, z. B. von den Eltern, bekommen, kann man ja nur noch über die Hilfebedarfsgruppe feilschen. Aber wenn die sich wünschen, mein Kind soll in dieses Heim, was können wir dagegen setzen? Dann müssten wir nachweisen, dass das Kind gar kein Heim braucht und da wären wir immer auf die Stellungnahme des SpD [Sozialpsychiatrischer Dienst] angewiesen. Der wird aber immer sagen, das ist schon besser so, es ist sicherer. Also ich habe noch keinen Fall erlebt, dass die gesagt haben, das ist jetzt überhaupt nicht notwendig." (Int-E_F)

Häufig kann das gewünschte Angebot wegen Platzmangels nicht sofort realisiert werden. Das habe bei *kurzfristig notwendig werdenden Umzügen* aus dem bisherigen Lebensbereich (z. B. wegen Eskalationen in der Familie oder Überforderung der Wohneinrichtung durch Verhaltensauffälligkeiten des Bewohners bzw. der Bewohnerin) zum Teil gravierende Folgen. Zudem können nach Aussage der Fallmanager/innen nicht alle Bedarfe in den Bezirken abgedeckt werden. Besondere *Angebotslücken* bestehen bei autistischer Symptomatik, bei sogenannten Doppeldiagnosen und bei Suchtverhalten.

Wenn kein Notfall vorliegt, wird entweder eine Wartezeit in Kauf genommen, bis in der Wunscheinrichtung ein Platz frei ist, oder ein Wohnplatz in Anspruch genommen, der nicht den eigenen Vorstellungen entspricht. Neben Familien, die kurz- oder mittelfristig einen Auszug des behinderten Angehörigen aus dem Elternhaus planen, gebe es solche, die erst dann nach einer Alternative zum Wohnen in der Familie suchen, wenn die Eltern aus *Altersgründen* der Betreuung nicht mehr gewachsen sind. Oftmals sei dann nur noch eine vollstationäre Unterbringung möglich, weil die behinderten Angehörigen zu Hause zu sehr „*verhätschelt*" wurden:

„Die sind lebensuntüchtig. die können nicht kochen, die können keine Waschmaschine bedienen, hat alles Mutti gemacht, die ist einkaufen gegangen. Und wenn man die in eine WG aufnehmen würde, da müssten sie ja schon 'ne ganze Menge bewältigen, früh aufstehen alleine – und das kriegen die nicht gebacken. (…) Die Eltern wollen ihr Kind gut versorgt wissen und sagen dann: Wenn der da alleine ist, das wird doch bestimmt nichts werden. Die steuern das oft so an." (Int-E_F)

Ein späterer Umzug in eine Wohngemeinschaft komme nur sehr selten vor.

Insgesamt gesehen orientieren sich die Wohnvorstellungen überwiegend am bestehenden Angebotsspektrum. Gegenüber *neuen Wohnkonzepten*, die von Eltern angestrebt werden, besteht grundsätzlich Offenheit:

„Das wird sicherlich auch so ein bisschen auf uns zukommen, dass sich vielleicht engagierte Eltern zusammenschließen und dann für ihre behinderten Kinder eine sogenannte Wohngemeinschaft aufmachen, die jetzt nicht so richtig eine anerkannte Wohngemeinschaft ist, wo natürlich dann auch eine Hilfe zur Pflege organisiert wird und und und ... Da kann man sich sicher Einiges vorstellen. (…) Ich persönlich bin auch der Meinung, dass man natürlich gerade den Menschen, die jetzt aufgrund ihrer Geburtsschädigung ja teilweise schon eher gezwungen sind, sich immer in betreuten Wohnformen aufzuhalten, dass man denen auch ermöglichen sollte, ein Stückchen noch eigenständigeres Leben zu führen. Das ist eine Sache, die kostet immer auch ein bisschen was, aber auf der anderen Seite kann man auch Wege überlegen, wie man das kostengünstig hinbekommt." (Int-E_F)

Forderungen von Eltern zur Unterstützung des behinderten Angehörigen im *häuslichen Bereich* seien nicht immer mit den sozialhilferechtlichen Kriterien vereinbar:

„Da werden Stunden eingefordert, das geht dann auch nicht mehr bis zu einem gewissen Grad. Wenn die erwachsenen Kinder noch zu Hause wohnen, muss natürlich eine Entlastung der Eltern da sein. Auf der anderen Seite kann der Sozialhilfeträger auch nicht für Alles entsprechend in Anspruch genommen werden. Das sind so die eher fordernden Eltern. Das kann ja auch manchmal gut funktionieren, wenn man jetzt ein Budget aufstellt und sagt: Okay, das würde jetzt so und so viel kosten, wir machen das jetzt mit den und den Möglichkeiten." (Int-E_F)

Ein *Persönliches Budget* werde nur selten in Anspruch genommen. Die meisten gesetzlichen Betreuer/innen scheuten den damit verbundenen Aufwand. Zudem seien Eltern für die Verwaltung eines Budgets nicht immer geeignet:

„Auf dem Papier sind sie Betreuer, aber die brauchen so viel Hilfe, die rufen wegen allem an – ist ja richtig, dass sie zumindest wissen, wen sie fragen, aber da kommt kein Verlängerungsantrag für eine Maßnahme oder sonst was, da kommt kein neuer Personalausweis- oder Schwerbehindertenausweis. Ist alles wirklich eine mühselige Kleinarbeit, Doppelbelastung eigentlich noch für uns." (Int-E_F)

2.3 Passgenaue Leistungen

Die Fallmanager/innen schätzen den ihnen zugestandenen Ermessensspielraum, der im Einzelfall zu individuellen Lösungen führen kann:

„Das ist wirklich hier eine der wenigen Abteilungen, wo man Ermessensspielraum hat, den man auch ausnutzen kann, dass man auch Konstellationen konstruieren kann, dass der Klient doch ein bisschen an Teilhabe mehr hat, was man sich vor fünf oder acht Jahren überhaupt nicht vorstellen konnte: ‚Geht gar nicht, brauchen Sie gar nicht abgeben die Anträge'. Und jetzt: ‚Geben Sie mal her, wir versuchen ein Konstrukt zu finden'." (Int-E_F)

Das Ziel der „passgenauen Hilfe" sei jedoch im Einzelfall schwer erreichbar, weil persönliche Wünsche im Rahmen der gegebenen Möglichkeiten oftmals nur bedingt realisiert werden können:

„Passgenau wäre für mich, auf jede individuelle Gegebenheit einzugehen. Und das geht nicht, weil da müsste es für jeden Menschen im Prinzip 'ne Betreuungsform geben und die entsprechend ausgewählten Betreuer und da werden wir niemals hin kommen. (…) Man muss ermitteln, was ist notwendig, was ist erforderlich. Und dann gibt es eine Riesenschere zu „Wünsch dir was": Persönlich verstehe ich die Leute, die dreißig Stunden die Woche BEW haben wollen, aber es ist einfach nicht erforderlich. Und dann muss ich wieder als Amtsperson handeln – und da mache ich immer so einen Spagat. (…) Bei manchen hat man auch Bauchschmerzen, wenn man es macht." (Int-E_F)

Wenn keine Leistung bewilligt werden kann, werden Möglichkeiten der Unterstützung durch freiwillig Engagierte oder Familienangehörige in Erwägung gezogen.

Ermittlung des Hilfebedarfs

Das zur Einschätzung des Hilfebedarfs verwendete HMB-W-Verfahren wird im Einzelfall kritisch kommentiert, u. a. wegen der Zuordnung zu einem abstrakten Punktesystem, die nach den Erfahrungen der Fallmanager/innen von verschiedenen Personengruppen unterschiedlich vorgenommen wird:

„Also, ich finde es immer nicht gut, Leute in so eine Tabelle zu fassen, in Zahlen eins bis vier, z. B. wie er einkaufen gehen kann. (...) Da ist auch wieder das Problem, dass jedes Heim das so ein bisschen anders sieht, was heißt „nur unter Anleitung“ und was heißt „selbstständig“? Die Definitionen sind überhaupt nicht gleich und überhaupt nicht klar. Also ich lese mir, muss ich ganz ehrlich sagen, diesen Metzler-Bogen selten durch, sondern ich bin immer der Fließtextmensch, ich lese mir den Entwicklungsbericht durch. Weil diesen Bogen finde ich unmöglich, dass da 'ne Punktzahl unten raus kommt. (...) Das stimmt auch selten mit dem Entwicklungsbericht überein, wenn man die nebeneinander legt.“ (Int-E_F)

Um zu individuell passenden Entscheidungen zu kommen, werden der unmittelbare Kontakt mit dem behinderten Menschen und Gespräche mit seinen Betreuern vor Ort für geeigneter gehalten. Sie stellen die aktuelle Situation, die im Bogen festgehalten ist, in einen Kontext. So werden bisherige Entwicklungsverläufe und mögliche Perspektiven leichter fassbar. Die Erfahrungen der Träger seien vor allem für Fallmanager/innen, die noch wenig mit der Situation von Menschen mit geistiger Behinderung vertraut sind, von Bedeutung – auch wenn möglicherweise eigene Interessen mit im Spiel sind:

„Das ist einerseits ein Interesse, möglichst gut ihre Bewohner oder ihre Klienten versorgt zu wissen, andererseits ist natürlich auch ein wirtschaftliches Interesse beim Träger dahinter. Da ist das immer so eine Gradwanderung. Natürlich kennen die die Bewohner und Klienten viel besser. Ich sehe den Klienten vielleicht einmal im Jahr oder alle zwei, drei Jahre für eine halbe Stunde oder für eine Stunde in so einem Gespräch. Dem SpD [Sozialpsychiatrischer Dienst] geht es im Prinzip auch nicht viel besser. Also muss ich mich im Prinzip darauf verlassen, was im Entwicklungsbericht steht und wie der Hilfebedarf nach Metzler bestimmt wurde. Da muss ein Vertrauen da sein. Ich bin nicht grundsätzlich misstrauisch, aber natürlich gibt es immer wieder solche Situationen, wo ich dann denke, muss der jetzt von einer Hilfebedarfsgruppe vier in die fünf wechseln? Andererseits fehlt mir auch noch die Erfahrung, weil ich in der Vergangenheit mit geistig behinderten Menschen nichts zu tun gehabt habe.“ (Int-E_F)

Hilfen bei Pflegebedürftigkeit

Bundesweit wird unter Kostendämpfungsaspekten die Frage gestellt, ob behinderte Menschen mit hohem Pflegebedarf weiterhin in Einrichtungen der Eingliederung betreut oder in einem Pflegeheim betreut werden sollen (vgl. u. a. BREMER 2009). In diesem Zusammenhang ist es von Interesse, wie die Mitarbeiter/innen im Fallmanagement, die letztlich die Weichen in die eine oder andere Richtung stellen, dieser Frage gegenüber stehen.

Nahezu einhellig treten die an den Interviews beteiligten Fallmanager/innen dafür ein, dass die Angebote für *älter werdende Menschen mit steigendem Pflegebedarf* passgerechter gestaltet werden sollten: Eine Betreuung in Einrichtungen oder Gruppen mit Versorgungsvertrag nach SGB XI sei angemessener und entlaste zudem den Sozialhilfeträger. Die Umsetzung werde jedoch im Einzelfall durch Interventionen Dritter erschwert, z. B. durch Vorbehalte des Sozialpsychiatrischen Dienstes oder den Widerstand von Trägern. So ergäben sich z. B. bei anstehenden Verlängerungen der Kostenübernahme häufiger Situationen, dass eine Person aufgrund des hohen Alters – nach Prüfung des Entwicklungsberichts – eigentlich ins Pflegeheim müsste, diese Vorstellung aber nicht umgesetzt werden könne, weil der Sozialpsychiatrische Dienst dagegen argumentiert:

„Wir alle wissen, es gibt Defizite in den Pflegeheimen. ‚Will man das den Menschen zumuten?' wird dann gesagt – natürlich, allen anderen alten Menschen mutet man es auch zu. Spätestens in der Phase [ist es] ein privilegierter Personenkreis, der eine ganz andere Betreuung bekommt als die andern, obwohl sie eigentlich auch nur noch pflegebedürftig sind.“ (Int-E_F)

Dadurch würden Plätze, die für Jüngere benötigt werden, blockiert. Wünschenswert sei eine Art *„Mischheim“*, in dem diejenigen, mit denen man *„wirklich nichts mehr machen“* kann, in einer Gruppe zusammengefasst werden mit Versorgungsvertrag nach SGB XI und die anderen weiterhin über Eingliederungshilfe finanziert werden. Einer solchen Konstruktion gegenüber seien die Träger zurückhaltend. Stattdessen würden immer wieder neue Argumente für den Verbleib von alten behinderten Menschen in der Eingliederungshilfe vorgebracht, die nach Meinung der Fallmanager/innen nicht immer überzeugend sind. Träger sollten anerkennen,

„dass behinderte Menschen einfach alt werden und damit noch stärker pflegebedürftig werden und damit natürlich auch nicht mehr so intensiv gefördert werden müssen, dass dadurch natürlich auch die Leistungen von dem Sozialhilfeträger ein bisschen günstiger werden können durch Inanspruchnahme der Pflegekasse, indem einfach ein Versorgungsvertrag mit den Pflegekassen entsprechend abgeschlossen wird. Wir wollen die Leute dadurch nicht schlechter versorgen oder sie aus ihren Einrichtungen dann rausnehmen. Aber im Behindertenwohnheim von [Trägername] oder [Trägername] gibt es Altenwohngruppen, wo man schon sagt, der könnte eigentlich auch in einem Altenheim wohnen, wo der Träger der Sozialhilfe vielleicht nur noch 1000, 1500 statt 3000 bis 5000 Euro dazu packen muss. Da würde ich mir so ein bisschen Wandel auch bei den Trägern wünschen." (Int-E_F)

Die Diskrepanz zwischen der eigenen Einschätzung und der Position der Träger erschwere die Arbeit erheblich, zumal es bislang keine gesetzlichen Grundlagen gebe, die Eingliederungshilfe aus Altersgründen einzustellen. Der Leiter eines bezirklichen Sozialamts hält Begrenzungen der Eingliederungshilfe dennoch für erforderlich:

„Es gibt keine Altersgrenze in der Eingliederungshilfe, aber es gibt irgendwann eine Grenze, wo der Pflegeaufwand den Eingliederungsaufwand überwiegt. Dem Gedanken sollte man dann auch Rechnung tragen, auch was die finanziellen Ausprägungen, was dann die Pflegekassen anbetrifft usw." (Int-E_BV[55])

Auch bei *schwerst mehrfach behinderten Menschen in jüngerem Alter* stellt sich nach Aussagen der befragten Fallmanager/innen häufig die Frage nach der Angemessenheit von Maßnahmen der Eingliederungshilfe. Durch die neue Arbeitsweise habe man bei Besuchen in *Förderbereichen* erstmals solche Menschen kennen gelernt:

„Was mich auch sehr bewegt hat, ist der Förderbereich der Werkstatt. Das sind ja diese jungen mehrfach behinderten Menschen. Und wenn sie dann sehen, der liegt eben da nur auf dem Teppich und schlägt die Hände zusammen, oder – was auch immer – liegt im Bett, guckt den Spiegel an, der da daneben hängt – und das ist der ganze Tag. Da sage ich mir auch, was ist da Eingliederungshilfe?" (Int-E_F)

Die Einschätzungen bezüglich der „Eingliederungsfähigkeit" von Menschen mit hohem Hilfe- und Pflegebedarf lassen auf unzureichende Kenntnis der international anerkannten Teilhabedimensionen der WHO und der Erkenntnisse der Schwerstbehindertenpädagogik schließen.

Entwicklung bedarfsgerechter Angebote

Für die Entwicklung bedarfsgerechter Angebote, die dennoch finanzierbar sind, hält der Leiter eines bezirklichen Sozialamts eine genaue Analyse des Nachfrageverhaltens für notwendig. Dies erfordere Aktivitäten auf der Ebene der Menschen mit Behinderung, der Träger und des Gesundheitssystems sowie der bezirklichen Verwaltung und Politik:

„Das gibt es ja ein Stück weit mehr in der Psychiatrieplanung als in der Planung für Menschen mit körperlichen und geistigen Behinderungen. Und an der Stelle sind alle gefordert. Es sind gefordert die Menschen mit Behinderungen, die sich artikulieren müssen. Da sind die Träger gefordert, bestimmte Egoismen zurückzustellen. Da sind Krankenhäuser gefordert, nicht nur die Leute rauszuschmeißen, sondern auch vorher zu sagen, hier tut sich irgendwas auf, da müssen wir mal gucken. Die verstecken sich ja immer gern hinter dem Budget und hinter den Krankenkassen, aber so einfach geht das nicht. Da sind natürlich auch die Verwaltungen und die bezirklichen politischen Gremien gefordert, diese Dinge zu transportieren." (Int-E_BV)

2.4 Rahmenbedingungen

Probleme, die bei der Umsetzung des Fallmanagements auftreten, sind einerseits durch die jeweils beteiligten Akteure bedingt, andererseits durch die Rahmenbedingungen der Arbeit. Eine wesentliche Komponente für das Gelingen des Fallmanagements ist die *Qualifikation* der Frauen und Männer, die diese Aufgabe übernommen haben. Einige waren bereits vor Übernahme der Aufgabe in der Eingliederungshilfe für Menschen mit Behinderung tätig, andere hatten in diesem Feld noch keine Erfahrungen. Die in diesem Zusammenhang durchgeführten Schulungen hatten das Ziel, ein gemeinsames Fundament für die Arbeit im Fallmanagement zu schaffen. Die an den

55 Int-E_BV = Experten-Interview Bezirksverwaltung

Interviews beteiligten Fallmanager/innen fühlen sich durch die Schulungen gut auf ihre Aufgabe vorbereitet. Ihre Sichtweise auf Menschen mit Behinderung und ihr berufliches Selbstverständnis habe sich verändert:

> *„Es ist tatsächlich nicht mehr so der Hilfeempfänger, sondern es ist schon der Klient, der mit entsprechenden Wünschen, mit Vorstellungen erscheint, wo man sich heute doch ein bisschen anders darum kümmert als früher. Ich will nicht sagen, dass wir früher schlechte Arbeit gemacht haben. Das war halt so. Aber ich denke durch diese ganzen Schulungen, und wir belegen auch noch selber andere Schulungen ergänzender Art, hat man doch schon ein anderes Bild bekommen und ein anderes Verständnis und auch ein anderes Selbstverständnis bei der ganzen Geschichte. (…) Wir sind durch die Schulungen keine Ärzte geworden, keine Sozialarbeiter geworden. Wir haben unseren gesunden Menschenverstand, den wir schon immer in unserer früheren Tätigkeit auch schon eingesetzt haben. Wir haben jetzt die Möglichkeit, eher in den Kontakt mit den Menschen zu treten, auch wirklich mal die Einrichtungen aufzusuchen, uns das mal anzugucken und zu sehen, ist der denn da wirklich richtig untergebracht?“ (Int-E_F)*

Die neue Arbeitsweise wird als insgesamt befriedigend erlebt, wenngleich der Zeitaufwand durch die erweiterte Form der Bearbeitung von Anträgen deutlich höher geworden ist. Unter den gegebenen Bedingungen können nach den Erfahrungen der ersten Jahre jedoch nicht alle Aufgaben mit der erwarteten Intensität durchgeführt werden. Die *Diskrepanz* zwischen dem fachlichen Anspruch, der mit dem Fallmanagement verbunden ist, und der Realität der Umsetzung wird überwiegend als belastend erlebt:

> *„Also der Anspruch an unsere Arbeit, der ist schon hoch. Ich erkenne auch den Freiraum und den Spielraum, den wir haben. Es ist aber so, dass vieles doch eine Idee bleibt, weil es nicht umsetzbar ist unter den Bedingungen, die herrschen, und das macht unzufrieden, die tatsächlichen Arbeitsbedingungen. Zum Beispiel die Höhe der Fallzahlen (…) und dass immer neue Aufgaben dazu kommen, die es einfach unmöglich machen, die Idee des Fallmanagement zu verfolgen. (…) Ich persönlich finde, dass die Idee wirklich sehr gut ist. Und nachdem wir diesen Kurs an der Verwaltungsakademie hatten, habe ich – mit ganz viel Energie – gedacht, das wird alles ganz wunderbar. Aber die Realität ist, dass Vieles nur ansatzweise umsetzbar ist. Und das ist natürlich bedauerlich, auch so ein bisschen demotivierend.“ (Int-E_F)*

Auch die Verknüpfung der Tätigkeit des Fallmanagements mit *Einsparvorgaben* führt im Einzelfall zu Frustration:

> *„Ich finde also ganz unproduktiv diese Budgetregelung, dass wir jetzt bei geistig und körperlich Behinderten sparen sollen, weil es einfach zu teuer ist, und wir das auch von der Senatsverwaltung vorgegeben kriegen, die dann einfach sagen, wir sind teuer, wenn wir weiter so machen, dann streichen sie uns hier drei Stellen. Und ich dann guck, also jetzt kommt ein teures Heim, ich kann ja jetzt nicht sagen: ‚So junger Mann, wir haben kein Geld mehr, jetzt ziehen Sie in 'ne eigene Wohnung und werden Sie irgendwie glücklich!' So wäre das ja. (….) Und dann sollen wir da ein bisschen was streichen, das ist wie auf dem Basar. Aber das geht total vorbei an der eigentlichen Aufgabe. Da habe ich auch irgendwann ganz ehrlich keine Lust mehr, weil da können wir uns Mühe geben, wie wir wollen, das haut einem im Prinzip von hinten die Beine weg.“ (Int-E_F)*

Der Spardruck wird nicht in jedem Bezirk in gleicher Schärfe erlebt:

> *„Wir in [Bezirksname] haben jetzt nicht so einen finanziellen Druck, dass uns gesagt wird, dass wir unbedingt einsparen müssen. Die Hilfe, die notwendig ist, soll gewährt werden. Insofern kann ich da auch mein Ermessen voll ausüben. Das ist das Schöne.“ (Int-E_F)*

Verbesserungsvorschläge

Neben verwaltungsinternen organisatorischen Angelegenheiten wird eine Reihe von Aspekten als verbesserungsbedürftig beschrieben, die unmittelbar die Arbeit des Fallmanagements betreffen. Die Vorschläge beziehen sich u. a. auf die *Vereinheitlichung der Vorgehensweise* in den Bezirken. Die gegenwärtige Praxis der unterschiedlichen Auslegung von Ausführungsvorschriften führe nicht selten für den behinderten Menschen zu Problemen, z. B. beim Umzug in einen anderen Stadtbezirk. Für die alltägliche Arbeit wird ein *internetbasierter Informationspool* für hilfreich erachtet, der einen Überblick über die im Bezirk vorhandenen Angebote für unterschiedliche Bedarfslagen enthält einschließlich aktuell freier Platzkapazitäten. Einzelne würden eine *Veränderung im Aufgabenspektrum* begrüßen:

„Ich wünsche mir, dass die Gewichtung in Zukunft eine andere ist. Der Verwaltungsaufwand ist im Moment unglaublich hoch und da, glaub ich, gibt es Möglichkeiten, uns davon ein bisschen zu entlasten. Beispielsweise nimmt es ganz viel Zeit in Anspruch, die Rechnungen für die Heime oder für alle Einrichtungen zu überweisen, zu prüfen und so weiter. Ich kann mir vorstellen, dass es da auch andere Möglichkeiten gibt, dass das nicht der Fallmanager machen muss." (Int-E_F)

Allerdings müsse eine gute Kommunikation zwischen beiden Seiten gewährleistet sein. Demgegenüber halten andere es für sinnvoll, als Fallmanager auch die Rechnungen zu bekommen und zu überprüfen, weil bestimmte Vorgänge dann besser nachvollziehbar seien, z. B. Krankenhausaufenthalte:

„Da habe ich den Überblick, wie viel Krankentage hatte der schon im Jahr, oder ist jetzt die Freihalteregelung ausgelaufen – also ich habe das ganz gerne alles in meiner Hand." (Int-E_F)

Angesichts der hohen Zahl der Fälle, die zu bearbeiten sind, wird eine Überprüfung der *Angemessenheit der Fallzahl* für erforderlich gehalten:

„Ich denke, dass es eine gute Sache wäre, wenn man wirklich mal genau überprüfen würde, wie viele Fälle denn wirklich ein Fallmanager in diesem Bereich betreuen kann. Es ist sehr arbeitsintensiv. Als Vergleichszahlen wurde herangezogen diese ominöse Größe 75, die resultiert aus dem Fallmanagement des Jobcenters der Agentur für Arbeit. Ich denke, das kann man nicht miteinander vergleichen. Es ist einfach auch ein Zeitproblem manchmal bei uns (...). Hilfe aus einer Hand heißt, ich muss mich jetzt auch wirklich drei, vier Tage hinsetzen, um meine ganzen Buchungslisten zur Regelsatzänderung und solchen Geschichten zu machen. Ich bin verantwortlich für jede Mieterhöhung, für jede Rentengeschichte, ich muss das alles eingeben ins System, alles machen, selbst bearbeiten, Bescheid erteilen. Das ist ja nur der Alltagskram. Meine originäre Aufgabe ist eigentlich auch zu gucken, in die Einrichtungen zu gehen, dann mir auch genau die ganzen Entwicklungsberichte durchzulesen und, und, und ... es genau abzustimmen. (...) Dieses Handbuch tatsächlich leben können, das geht nicht, das funktioniert einfach nicht, das ist Theorie und Praxis." (Int-E_F)

Verbesserungen werden auch in der *Kooperation mit den Mitarbeitenden von Einrichtungen und Diensten* angestrebt. Die Fallmanager/innen wünschen sich mehr Informationen über Besonderheiten des Umgangs mit dem behinderten Menschen. Damit würde falschen Entscheidungen vorgebeugt, wie sie z. B. beim Wechsel des Fahrdienstes aus Kostengründen vorgekommen seien:

„Dann rief das Heim entrüstet an, wie ich dazu käme, das ist doch so schwierig, den überhaupt an eine Person zu übergeben. Davon hatte ich noch nie was gelesen, das wusste ich nicht. (...) Seit ‚92 ist der in dem Heim, die kennen den, die sagen, das ist nicht wichtig, brauchen wir nicht zu schreiben, müssen die doch da wissen. Aber das wissen sie eben nicht. Und wenn ich das nicht weiß, dann treffe ich falsche Entscheidungen." (Int-E_F)

Weiterhin wären Informationen über Veränderungen innerhalb des Bewilligungszeitraums sinnvoll, die bei Entscheidungen zu berücksichtigen seien. Das geschehe selten und hänge vermutlich auch mit der teilweise recht hohen Personalfluktuation bei den Trägern zusammen und den Zeitkapazitäten vor Ort, als Folge des ökonomisch bedingten Abbaus von Personal. Um noch besser Einblick in die Praxis vor Ort zu erhalten, wird der Wunsch nach einer Hospitationswoche in einer Einrichtung geäußert:

„Also ich möchte gerne mal so mitlaufen. Ich habe schon durch diesen Tag der offenen Tür und viele Gespräche die Arbeit der Mitarbeiter in diesen Einrichtungen schätzen gelernt. Ich würde das gerne einfach mal miterleben (...), müsste man natürlich mit der Arbeit dann hier koordinieren, dass man die dann trotzdem noch schaffen kann." (Int-E_F)

Einzelne halten eine *Mitwirkung bei bezirklichen Planungen* für sinnvoll. Hier könnten Fallmanager/innen ihr Wissen über den Bedarf einbringen, z. B. hinsichtlich geeigneter Angebote für geistig behinderte Menschen mit einer Alkoholproblematik. Auch die *Zusammenarbeit mit dem Jugendamt* sollte verbessert werden.

3 Perspektiven

„Das Angebot müsste sich eigentlich ergeben aus der Nachfrage. Das Angebot muss so flexibel und formbar sein, formulierbar sein, dass die Nachfrage bestimmt, wie die Angebotsstruktur aussieht. Ganz schwierig, keine Frage – dies ist 'ne Umkehrung von der jetzigen Situation.“ (Int-E_SV[56])

In den Interviews mit Vertretern der Sozialverwaltung des Berliner Senats, die für Grundsatzfragen des Fallmanagements und für Entwicklungen im Bereich des Wohnens zuständig sind, wurden perspektivisch Handlungsfelder benannt, die im Rahmen dieses Berichts nur überblicksmäßig zusammengefasst, aber nicht vertiefend betrachtet werden können.

Flexibilisierung der Angebotsstrukturen

Für die Weiterentwicklung der Angebote im Bereich des Wohnens wird eine Überwindung des Schubladendenkens für notwendig erachtet. Bereits jetzt sei ein Trend zur Flexibilisierung erkennbar. So werden z. B im *stationären* Bereich neue Formen entwickelt, die mehr Privatheit und Selbstständigkeit bieten, indem z. B. innerhalb eines Verbunds von mehreren Wohnungen auch Wohnungen mit heimähnlichem Betrieb integriert sind. Auch innerhalb des *ambulanten* Bereichs gebe es Bewegungen,

„z. B. ein Wohnheim zu koppeln mit 'ner Wohngemeinschaft, mit gleich im Nebenhaus gelegenen einzelnen Wohnungen, um sichtbar zu machen, wie der einzelne Mensch auch leben kann – aber trotzdem nicht die Sicherheit verliert, indem er vereinsamt in seiner einzelnen Wohnung, sondern immer wieder Rückzugsmöglichkeiten bietet, Kommunikationswege auch aufrecht erhält und nicht nur abschneidet.“ (Int-E_SV)

Weiterentwicklung der heiminternen tagesstrukturierenden Angebote

Niedrigschwellige heiminterne Beschäftigungsangebote, die bislang nur von Heimbewohner/innen genutzt werden können, sollten zur Strukturierung ihres Alltags und zur Entlastung von alt gewordenen Eltern auch älteren Menschen zur Verfügung stehen, die noch in der Familie leben. Darüber hinaus seien Standards für die Qualität der heiminternen Angebote zu erarbeiten, die gegenwärtig große Unterschiede aufweisen.

Leistungsrechtliche Veränderungen

Für die Entwicklung individueller Unterstützungsarrangements wird die im Rahmen der Eingliederungshilfereform zu erwartende Aufhebung der Trennung zwischen stationär und ambulant nach Auffassung der Befragten geeignete leistungsrechtliche Grundlagen bereitstellen, z. B. hinsichtlich der Nutzung der Leistungen der Pflegeversicherung. Handlungsbedarf wird hinsichtlich der Inanspruchnahme eines *Persönliches Budgets* durch Menschen mit geistiger Behinderung gesehen. Die bislang geringe Nutzung wird im Zusammenhang mit unterschiedlichen Interessenslagen und unzureichenden Rahmenbedingungen gesehen, insbesondere in Bezug auf die notwendige Budgetassistenz. Im Gegensatz zu Menschen mit Körperbehinderung, die ihre Interessen in Bezug auf die Ausgestaltung des Persönlichen Budgets stark artikulieren, werden die Interessen von Menschen mit geistiger Behinderung in diesem Feld kaum wahrgenommen. Aus Sicht der Senatsverwaltung bietet sich das Betreute Einzelwohnen für Menschen mit geistiger/körperlicher Behinderung mit seinem Fachleistungssystem zur Umsetzung eines Persönlichen Budgets an,

„weil dieser Leistungskatalog das Spektrum der möglichen Teilleistungen sichtbar macht und auch klar erkennbar einen einheitlichen Preis im Land Berlin, nämlich die Fachleistungsstunde mit rund 30 Euro, beschreibt, und daraus dann der Betreffende sich seinen Anbieter auch selber suchen könnte.“ (Int-E_SV)

Für eine Inanspruchnahme des Persönlichen Budgets im stationären Bereich seien die Voraussetzungen noch nicht geschaffen, da bislang weder eine Ausdifferenzierung in einzelne Leistungsbestandteile noch eine Modularisierung der Leistungen vorgenommen wurde, die dann zu verpreislichen wären:

56 Int-E_SV = Experten-Interview Senatsverwaltung

„Das ist noch ein schwieriger Prozess. (...) Wie passen eigene Vorstellungen oder Vorstellungen eines Assistenten zu dem pädagogischen Konzept einer Einrichtung eines Trägers, der sagt, für mich ist es ganz wichtig, dass die Gruppe auch in dieser Form gemeinsam etwas wahrnimmt, wenn du dich da ausklinkst aus diesem Gruppenangebot, aus 'ner pädagogischen Reise, dann ist es nicht möglich, dich da wirklich aufzufangen innerhalb der Gruppe, dann wirst du auch von den anderen Gruppenmitgliedern nicht akzeptiert." (Int-E_SV)

Kooperation und Vernetzung

Im Interesse einer Flexibilisierung der Angebote und der Überwindung leistungsrechtlicher „Schubladen" wird eine Intensivierung der *trägerübergreifenden Zusammenarbeit* sowohl zwischen den Trägern von stationären Einrichtungen und ambulanten Diensten als auch zwischen Trägern der Eingliederungshilfe und der Pflegeversicherung für erforderlich gehalten. In einigen Feldern gebe es bereits Kooperationen zwischen Anbietern, z. B. bei der Initiierung gemeinsamer Angebote für ältere Menschen mit Behinderung. Chancen für die Weiterentwicklung von Angeboten werden auch in der trägerübergreifenden Rotation von Mitarbeitenden gesehen. *Ressortübergreifende Schnittstellen*, z. B. zum Psychiatriebereich und zum Bereich der Altenhilfe, werden in unterschiedlicher Intensität bereits genutzt. Eine ressortübergreifende Kooperation im Zusammenhang mit Menschen mit Migrationshintergrund müsse erst entwickelt werden.

Wohnortnahe Versorgung

Perspektivisch ist unter Berücksichtigung der Kundenzufriedenheit und der Bedarfsgerechtigkeit bei der Weiterentwicklung der Dienstleistungen die Frage der *Regionalisierung* der Angebote von Bedeutung. Die im Psychiatriebereich bereits praktizierte regionale Pflichtversorgung hat nach Einschätzung der Interviewpartner Vor- und Nachteile. Als Vorteil wird der regionale Überblick durch die Steuerungsgremien und die damit korrespondierende Möglichkeit einer passgenauen Platzierung in der Region gesehen. Nachteilig sei der Charakter eines geschlossenen Systems, das auch wettbewerbstechnisch fragwürdig sei. Anstelle einer regionalen Pflichtversorgung sollte eine *wohnortnahe Versorgung* angestrebt werden, die auch „Fehlplatzierungen" in anderen Bezirken überprüft (z. B. Wohnen im Süden, Arbeiten im Norden), aber im Ausnahmefall auch eine Versorgung außerhalb der Region zulässt.

Ideal wäre zudem ein öffentlich zugängliches *objektiviertes System* i. S. eines „transparenten Marktes", das neben einer Beschreibung des Angebots auch eine Bewertung der *Qualität der Dienstleistungen* bietet, wie es bereits ansatzweise im Bereich der Pflegeheime und der Krankenhäuser praktiziert wird. Ein solches System wäre sowohl für die Arbeit des Fallmanagements als auch aus *Kundenperspektive* wünschenswert:

„Das würde ich mir wünschen als Fallmanager, dass ich gucken kann, welcher Dienst, welche Einrichtung ist nicht nur vom Preis her irgendwie vergleichbar und hat irgendwelche formalen Qualifikationen erfüllt, welche Leistungsbeschreibung, Leistungstypen, sondern: Wie sind sie tatsächlich, wie gut ist die Qualität, werden da Ziele erreicht oder nicht, und wie ist das im Vergleich zu anderen Einrichtungen?" (Int-E_SV)

4 Zusammenfassung und Handlungsbedarf

Zur Klärung der Frage, in welcher Form das Leitprinzip Kundenorientierung im alltäglichen Verwaltungshandeln umgesetzt wird, wurden Interviews mit sieben Fallmanagerinnen und Fallmanagern, die in den Sozialämtern von drei Berliner Bezirken tätig sind, durchgeführt. Schwerpunkte waren die Berücksichtigung der individuellen Wünsche der Leistungsberechtigten, Hilfen im Bereich des Wohnens, die Passgenauigkeit der Leistungen, subjektiv befriedigende und belastende Faktoren in der Arbeit des Fallmanagements und Verbesserungsvorschläge. Zu weiteren Perspektiven fanden ergänzend Gespräche mit Vertretern der Sozialverwaltung des Berliner Senats statt, die für Grundsatzfragen des Fallmanagements in der Eingliederungshilfe und für die Entwicklung der Angebote im Bereich des Wohnens zuständig sind.

Der im Berliner Handbuch für Fallmanager/innen in der Eingliederungshilfe formulierte theoretische Ansatz entspricht dem aktuellen Fachdiskurs auf hohem Niveau. Er trägt dem Wechsel von der institutionsbezogenen zur personzentrierten Hilfe Rechnung. Die Aussagen der Fallmanager/innen zeigen, dass das Prinzip der *Personzentrierung* in der Praxis begrüßt wird. Die Ermittlung des Hilfebedarfs in unmittelbarem Kontakt mit dem Leistungsberechtigten bringe eine neue Qualität in die Bearbeitung der Angelegenheiten. Durch die erfolgte Schulung fühlen sich die Befragten gut auf ihre Aufgabe vorbereitet; sie habe ihnen eine andere Sichtweise auf Menschen mit Behinderung und ein anderes berufliches Selbstverständnis vermittelt.

Die *Wohnwünsche* der behinderten Menschen und ihrer Angehörigen orientieren sich nach den Erfahrungen der Befragten überwiegend am bestehenden Angebotsspektrum; häufig seien Entscheidungen hinsichtlich der Wohnform bereits vor dem Erstkontakt mit dem Fallmanagement durch anderweitige Beratung getroffen. Gegenüber neuen Wohnkonzepten besteht auf Seiten der Fallmanager/innen grundsätzlich Offenheit. Neben Familien, die kurz- oder mittelfristig einen Auszug des behinderten Angehörigen aus dem Elternhaus planen, gebe es solche, die erst dann nach einer Alternative zum Wohnen in der Familie suchen, wenn die Eltern aus Altersgründen der Betreuung nicht mehr gewachsen sind. Oftmals sei dann nur noch eine vollstationäre Unterbringung möglich, weil die Kompetenzen der behinderten Angehörigen zur möglichst selbstständigen Bewältigung der alltäglichen Anforderungen nur unzureichend entwickelt wurden. Allerdings könne nicht jeder Nachfrage Bezirk Rechnung getragen werden. *Angebotslücken* bestehen insbesondere bei autistischer Symptomatik, bei sogenannten Doppeldiagnosen und bei Suchtverhalten.

Die Fallmanager/innen schätzen den ihnen zugestandenen Ermessensspielraum, der im Einzelfall zu individuellen Lösungen führen kann. Das Ziel der *„passgenauen Hilfe"* sei allerdings schwer erreichbar, weil persönliche Wünsche im Rahmen der gegebenen Möglichkeiten oftmals nur bedingt realisiert werden können. Wenn keine Leistung bewilligt werden kann, werden Möglichkeiten der Unterstützung durch freiwillig Engagierte oder Familienangehörige in Erwägung gezogen. Die Anwendung des HMB-W-Verfahrens zur *Ermittlung des Hilfebedarfs* wird wegen der Zuordnung der Detailangaben zu einem abstrakten Punktesystem und uneinheitlicher Anwendung der vorgegebenen Einstufungskategorien von einigen Fallmanagerinnen kritisch kommentiert. Um zu individuell passenden Entscheidungen zu kommen, wird ein Austausch mit den professionellen Bezugspersonen der behinderten Menschen in den Einrichtungen und Diensten für geeigneter gehalten. Für die *Versorgung von älter werdenden Menschen mit Behinderung und steigendem Pflegebedarf* ist nach nahezu einhelliger Auffassung der Befragten eine Betreuung in Einrichtungen bzw. Gruppen mit Versorgungsvertrag nach SGB XI angemessen; sie werde der individuellen Bedarfslage gerecht und entlaste den Sozialhilfeträger. Die Umsetzung werde allerdings durch Interventionen Dritter (z. B. Sozialpsychiatrischer Dienst oder Träger) häufig erschwert und zudem durch die gegenwärtige Rechtslage nicht unterstützt. Auch bei *schwerst mehrfach behinderten Menschen in jüngerem Alter* sei die Gewährung von Eingliederungshilfe häufig nicht begründbar.

Die *Rahmenbedingungen* des Fallmanagements werden zum Teil als verbesserungsbedürftig eingeschätzt. Unter den gegebenen Bedingungen können nach den Erfahrungen der ersten Jahre nicht alle Aufgaben mit der erwarteten Intensität durchgeführt werden. Auch die Verknüpfung der Tätigkeit des Fallmanagements mit Einsparvorgaben wird von einzelnen Befragten als problematisch bezeichnet. Der Spardruck wird allerdings nicht in jedem Bezirk in gleicher Schärfe erlebt. *Vorschläge zur Verbesserung* beziehen sich u. a. auf die Vereinheitlichung der Vorgehensweise in den Bezirken. Zudem wird für die alltägliche Arbeit ein internetbasierter Informationspool für hilfreich gehalten, der einen Überblick über die im Bezirk vorhandenen Angebote für unterschiedliche Bedarfslagen enthält, einschließlich aktuell freier Platzkapazitäten. Im Einzelfall wird eine Veränderung im Aufgabenspektrum gewünscht, z. B. durch Verlagerung der Zuständigkeit für Verwaltungstätigkeiten. Auch eine Überprüfung der Angemessenheit der hohen Fallzahlen wird für erforderlich gehalten. Mehrere Fallmanager/innen streben eine Intensivierung der Kooperation mit den Mitarbeitenden von Einrichtungen und Diensten an; auch die Zusammenarbeit mit dem Jugendamt sollte verbessert werden. Darüber hinaus wird eine Mitwirkung der Fallmanager/innen bei bezirklichen Planungen als sinnvoll erachtet, bei denen sie ihr Wissen über den Bedarf einbringen könnten.

Handlungsfelder, die nach Einschätzung der befragten Senatsvertreter bei der *Weiterentwicklung der Dienstleistungen im Bereich des Wohnens* zu beachten sind, betreffen die Flexibilisierung der

Angebotsstrukturen, die Öffnung und Standardisierung der tagesstrukturierenden Angebote der Heime, leistungsrechtliche Aspekte, träger- und ressortübergreifende Kooperationen sowie die wohnortnahe Versorgung.

Handlungsbedarf

Die Aussagen der Fallmanager/innen signalisieren Handlungsbedarf im Bereich der Weiterentwicklung der Angebotsstruktur, der Ermittlung des Hilfebedarfs und der Rahmenbedingungen ihrer Arbeit.

➔ **Ermittlung des Hilfebedarfs**

- *Erweiterung des in der Praxis des Fallmanagements vertretenen Teilhabeverständnisses entsprechend den aktuellen Erkenntnissen der Behindertenhilfe und des internationalen Fachdiskurses*
- *Gestaltung der Einbeziehung der Nutzer/innen und weiterer relevanter Akteure in die Hilfeplanung nach bezirks- und landesweit einheitlichen Qualitätsstandards*
- *Entwicklung von Konzepten und Materialien zur Ermittlung der wohnbezogenen Bedürfnisse von Menschen, mit denen die Kommunikation erschwert ist*
- *Gewährleistung des Wunsch- und Wahlrechts für alle Menschen mit Behinderung, auch bei hohem Pflegebedarf*

➔ **Weiterentwicklung der Angebotsstruktur**

- *Dokumentation und systematische Auswertung der im Rahmen des Fallmanagements erkannten Angebotslücken für spezifische Bedarfslagen und des Verbleibs von Leistungsberechtigten, die im Bezirk keine Wohnmöglichkeit gefunden haben*
- *Systematische Berücksichtigung der nachfragebezogenen Erfahrungen des Fallmanagements bei der Weiterentwicklung der Angebotsstrukturen im Bezirk*

➔ **Rahmenbedingungen des Fallmanagements**

- *Reduzierung der vom einzelnen Fallmanager zu bearbeitenden Fallzahlen*
- *Verbesserung der Kooperation mit Einrichtungen und Diensten*
- *Intensivierung der Zusammenarbeit mit dem Jugendamt*
- *Entwicklung eines öffentlich zugänglichen internetbasierten Informationspool mit allgemeinen Angaben zu den im Bezirk bestehenden Angeboten und einer Bewertung ihrer Qualität als Grundlage für die Entscheidungsfindung*
- *Erstellung eines „Katalogs“ über bezirkliche Einrichtungen und Dienste in leicht verständlicher Form, einschließlich der Angebote, die über ein Persönliches Budget in Anspruch genommen werden können*
- *Aufhebung der Verknüpfung der Arbeit des Fallmanagements mit Einsparvorgaben*

VIII Teilhabe von behinderten Menschen mit Migrationshintergrund

Autorinnen: Janna Harms & Monika Seifert[57]

Fast ein Viertel der Berliner Bevölkerung hat einen Migrationshintergrund (24 %); davon sind mehr als zwei Drittel nach Deutschland zugewandert (69 %), ein knappes Drittel (31 %) ist in Deutschland geboren.[58] Der *Anteil der Bevölkerung mit Migrationshintergrund* ist in den Berliner Bezirken unterschiedlich: Den höchsten Anteil hat der Bezirk Mitte mit 44,5 %, gefolgt von Neukölln (38,7 %) und Friedrichshain-Kreuzberg (36,6 %); am geringsten ist der Anteil in Treptow-Köpenick (9,9 %) und Marzahn-Hellersdorf (12 %).[59] Auch die Betrachtung nach Lebensweltlich orientierten Räumen (LOR) zeigt, dass der Anteil der Bewohner mit Migrationshintergrund in den Quartieren innerhalb der Bezirke unterschiedlich ist. In 37 der insgesamt 447 Lebensweltlich orientierten Räumen liegt der Anteil von Menschen mit Migrationshintergrund über 50 % wie zum Beispiel im Schöneberger Norden, Nord-Neukölln oder im Wedding. Ein vergleichbar hoher Wert findet sich in den östlichen Stadtbezirken nur in einem Ortsteil von Lichtenberg (BÖMERMANN et al. 2008, 27).

Die Vielzahl der Menschen nicht-deutscher Herkunft prägt nicht nur das Zusammenleben in der Stadt, sondern ist auch für die Behindertenhilfe von Bedeutung. Aus dem Bereich der Frühförderung, der Kindertagesstätten und der Schulen mit sonderpädagogischem Schwerpunkt sind viele Familien nicht-deutscher Herkunft mit geistig behinderten Töchtern und Söhnen bekannt, die im Erwachsenenalter in unterschiedlichen Bereichen Unterstützung benötigen werden. An *öffentlichen Schulen mit dem Förderschwerpunkt „Geistige Entwicklung"* haben 34,9 % der Schüler/innen eine nicht-deutsche Herkunftssprache, das sind fast zehn Prozentpunkte mehr als an Schulen mit dem Förderschwerpunkt „Lernen" (25,5 %); an öffentlichen Schulen insgesamt liegt der Anteil bei 30,9 % (vgl. Berliner Schulstatistik für das Schuljahr 2008/2009). Im bezirklichen Vergleich bestehen an den öffentlichen Schulen mit dem sonderpädagogischen Förderschwerpunkt „Geistige Entwicklung" starke Unterschiede: Hier sind die höchsten Anteile von Schülerinnen und Schülern nicht-deutscher Herkunft in Friedrichshain-Kreuzberg (66,9 %) und Neukölln (59,0 %) zu verzeichnen, gefolgt von Tempelhof-Schöneberg (55,8 %) und Charlottenburg-Wilmersdorf (55,7 %); Marzahn-Hellersdorf steht mit 2,3 % an letzter Stelle.

Für den Bereich der Dienste der Behindertenhilfe für Erwachsene mit geistiger Behinderung liegt keine vergleichbar umfassende und detaillierte Statistik vor. Mehrfach wird jedoch von Anbietern darauf verwiesen, dass – im Gegensatz zu Angeboten für Kinder – Erwachsene mit Migrationshintergrund in Diensten der Behindertenhilfe unterrepräsentiert sind.

Vor diesem Hintergrund sehen sich die Träger von Diensten und Einrichtungen der Behindertenhilfe dem Anspruch und der Herausforderung gegenüber, ihre Angebote so zu gestalten, dass sie möglichst allen soziokulturellen Gruppen der Gesellschaft – unabhängig von ihrem sozialen Status, ihrer religiösen Orientierung oder ihrer ethnischen Zugehörigkeit – gleiche Teilhabemöglichkeiten bieten. Viele behinderte Menschen nicht-deutscher Herkunft erleben, bedingt durch die Verknüpfung der gesellschaftlich wenig geachteten Merkmale Behinderung und Migration, eine doppelte Diskriminierung. Beide Merkmale sind im bio-psycho-sozialen Modell der WHO (ICF) Kontextfaktoren, die Einfluss auf die Teilhabechancen eines Menschen haben. Dementsprechend weist die UN-Behindertenrechtskonvention explizit auf die schwierigen Bedingungen hin, denen sich Menschen mit Behinderungen gegenübersehen,

> „die mehrfachen oder verschärften Formen der Diskriminierung aufgrund der Rasse, der Hautfarbe, des Geschlechts, der Sprache, der Religion, der politischen oder sonstigen Anschauung, der nationalen, ethnischen, indigenen oder sozialen Herkunft, des Vermögens, der Geburt, des Alters oder des sonstigen Status ausgesetzt sind" (BRK, Präambel, Abs. p)

57 Das Themenfeld „Behinderung und Migration" wurde im Kontext der KUNDENSTUDIE von Janna Harms bearbeitet.

58 Statistisches Bundesamt 2010: Bevölkerung mit Migrationshintergrund - Ergebnisse des Mikrozensus 2008, 40.

59 Einwohnermelderegister Stand: 31.12.2007; Amt für Statistik Berlin-Brandenburg

Unter der Leitorientierung Inklusion sind Unterstützungsleistungen zu entwickeln, die es Menschen ermöglichen, in ihren sozialen und kulturellen Bezügen ihren Bedürfnissen entsprechend zu leben und gleichberechtigt am Leben in der Gesellschaft teilzunehmen. Mit der Fokussierung auf die lebensweltlichen Bezüge rücken die *Lebenswirklichkeiten* des Personenkreises der Zugewanderten und ihrer Familien in den Blickpunkt. Soziale Folgen der Migrationsbewegungen nach Deutschland, soziale oder identitätsbezogene Verbundenheit mit zwei Staaten, kulturelle Unterschiede der Bewertung von Beeinträchtigungen, aufenthaltsrechtlicher Status und Diskriminierungserfahrungen werden für die Gestaltung von Angeboten der Behindertenhilfe relevant.

Eine Orientierung an den lebensweltlichen Bezügen bedeutet jedoch nicht nur die Wahrnehmung von Personen mit Migrationshintergrund als potenzielle Kunden, sondern auch die Wahrnehmung, Wertschätzung und Vernetzung mit sozialen Institutionen, die von Zugewanderten in Deutschland aufgebaut wurden. Hier zeigt sich die Verknüpfung der interkulturellen Öffnung der Angebote mit dem Ansatz der Sozialraumorientierung (vgl. STRAßBURGER 2009).

Im Vergleich zu anderen Bereichen der Sozialen Arbeit, wie beispielsweise der Altenhilfe, setzt die Entwicklung von interkulturellen Konzepten und Angeboten in der Behindertenhilfe verzögert ein. Einzelne Projekte und Initiativen in diesem Bereich weisen jedoch aktuell auf eine verstärkte Auseinandersetzung hin. In der noch jungen fachlichen Diskussion gehen die Einschätzungen des Handlungsbedarfes weit auseinander: Von der Negierung einer Handlungsnotwendigkeit, die sich in der Aussage bündeln lässt: „Klienten mit Migrationshintergrund nehmen seit Jahren die Angebote der Behindertenhilfe in Anspruch. Warum sollen sie jetzt als eine besonders problematische Gruppe kategorisiert werden?“, bis zu der Position, dass behinderte Menschen mit Migrationshintergrund teilweise „unversorgt“ seien und die Dienste und Einrichtungen sie nicht erreichten, so dass Maßnahmen der interkulturellen Öffnung notwendig sind.

Um Einblick in aktuelle Entwicklungen in diesem Feld zu nehmen, wurden im Rahmen der KUNDENSTUDIE Befragungen und Interviews mit Akteuren der Behindertenhilfe, mit behinderten Menschen nicht-deutscher Herkunft und ihren Angehörigen sowie mit Vertreterinnen und Vertretern anderer sozialer Dienste und Migrantenorganisationen durchgeführt. Da der Anteil türkischer Zugewanderter im bundesweiten Vergleich in Berlin (wie auch in Nordrhein-Westfalen) am höchsten ist, stand dieser Kulturkreis bei den Befragungen im Vordergrund. Schwerpunkte waren bisherige Erfahrungen mit dem Personenkreis im System Behindertenhilfe, der Chancen und Probleme ihrer Teilhabe am Leben in der Gesellschaft und Perspektiven für die Gestaltung der Unterstützung von behinderten Frauen und Männern mit Migrationshintergrund im Bereich des Wohnens. Die Einbeziehung der Sichtweisen der Betroffenen und von Mitgliedern interkultureller Dienste und Migrantenselbstorganisationen trägt dazu bei, den in der öffentlichen Debatte vorherrschenden *Blickwinkel der Mehrheitsgesellschaft* auf die Bevölkerung mit Migrationshintergrund um *Perspektiven aus der türkischen Community auf die Mehrheitsgesellschaft* zu ergänzen.

Da die genannten Fragestellungen nur unter Berücksichtigung des gesellschaftlichen Kontexts bearbeitet werden können, werden vor der Darstellung der Untersuchungsergebnisse relevante theoretische Grundlagen und Entwicklungen im Feld der Integration von Menschen mit Migrationshintergrund dargestellt, die Impulse für die Behindertenhilfe geben können. Forschungsergebnisse zum Themenkreis „Migration und Behinderung“ und Beispiele guter Praxis ergänzen die Darstellung. Einleitend wird das der KUNDENSTUDIE zu Grunde liegende Verständnis der Begriffe Integration, Migrationshintergrund und Kultur erläutert.

Integration

Integration von Zugewanderten wird in öffentlichen Debatten häufig mit Anpassungsleistungen und deren Förderung assoziiert. Im fachlichen Diskurs wird dem gegenüber die *Wechselwirkung zwischen Aufnahmegesellschaft und Zugewanderten* fokussiert. In diesem Sinne definiert das Berliner Integrationskonzept der Senatsverwaltung für Integration, Arbeit und Soziales (2007) Integration als eine gesamtgesellschaftliche Aufgabe, die sich an den Leitideen Wertschätzung, gleichberechtigte Teilhabe und Schutz vor Diskriminierung orientiert:

> „Integration bedeutet vor diesem Hintergrund neben der Förderung kultureller Vielfalt vor allem, dass Einzelpersonen oder ganze Gruppen gleichberechtigte Möglichkeiten der Teilhabe am gesellschaftli-

> chen Leben und der Artikulation ihrer Interessen erhalten und von individueller und kollektiver Ausgrenzung geschützt werden. Integration heißt daher im Kern Herstellung von Chancengleichheit." (Berliner Integrationskonzept 2007, 3)

Migrationshintergrund

Im Laufe der Geschichte der Bundesrepublik wurden Menschen, die zugewandert sind, zunächst als „Gastarbeiter", „Ausländer", „ausländische Mitbürger" und „Migranten" bezeichnet. Diese Begriffe erfassen jedoch nicht mehr die Einwanderungsrealität. Zum einen wurden Spätaussiedler, die die deutsche Staatsangehörigkeit besitzen, jedoch Migrationserfahrungen gemacht haben, nicht erfasst; zum anderen sind viele Zuwanderer deutsche Staatsbürger. Der zunehmend verwendete Begriff Migrationshintergrund ist weiter gefasst. Er ist in erster Linie ein statistischer Begriff, der nach 1950 Zugewanderte und ihre Nachkommen umfasst. Die erstmals im Mikrozensus 2005 verwendete statistische Kategorie „Migrationshintergrund" umfasst folgende Personengruppen:

1. Ausländer/innen
2. (Spät)Aussiedler/innen (seit 1950 zugewandert)
3. Eingebürgerte
4. Kinder (auch erwachsene), von denen mindestens ein Elternteil unter die Personengruppe 1. bis 3. fällt

> „Zu den Menschen mit Migrationshintergrund zählen ‚alle nach 1949 auf das heutige Gebiet der Bundesrepublik Deutschland Zugewanderten, sowie alle in Deutschland geborenen Ausländer und alle in Deutschland als Deutsche Geborenen mit zumindest einem zugewanderten oder als Ausländer in Deutschland geborenen Elternteil'." (Statistisches Bundesamt 2010, 6).

In öffentlichen und medialen Debatten um Integration findet der Begriff Migrationshintergrund zunehmend Verwendung. Da er häufig im Zusammenhang mit sozialen Problemlagen gebraucht wird, besteht die Gefahr der Stigmatisierung einer äußerst heterogenen Personengruppe. Sie lässt außer Acht, dass Migrationshintergrund nicht per se ein Merkmal ist, das einen Unterstützungsbedarf signalisiert.

Kultur

Elementarer Bestandteil von Kultur sind kollektiv geteilte Werte und Normen, die – so BUDE – Orientierung bieten:

> „Wenn im Folgenden von Kultur die Rede ist, dann ist diese eigentümliche Realität von Weltbildern gemeint, die für Mitglieder einer Gesellschaft oder einer Gruppierung festlegen, was möglich und was unmöglich, was wahrscheinlich und was unwahrscheinlich, was real und was eingebildet ist, aber auch was freundlich und was feindlich, was nah und was fern und was anziehend und was abstoßend ist. Es geht um das Gefüge dieser informellen Urteile, welche die alltägliche und automatische Konstruktion der Wirklichkeit bestimmen." (BUDE 1995, 101)

Die jeweilige kulturelle Gemeinschaft muss nicht ethnisch oder national begründet sein.

In der Debatte um Integration wird der Begriff Kultur zur Erklärung von Verhalten von Migranten bzw. von Zugewanderten in Abgrenzung zur Mehrheitskultur gebraucht („Er verhält sich so, weil er Türke ist" bzw. „Die Deutschen sind so."). Kultur wird hier als eine statische Größe, die Verhalten determiniert, betrachtet – ein Phänomen, das als „*Kulturalismus*" bezeichnet wird:

> „Wenn man kulturelle Prägung genauso wenig ablegen kann wie seine schwarze Hautfarbe, wenn so getan wird, als sei die kulturelle Prägung nichts Dekonstruierbares, also ein unveräußerliches Personenkennzeichen, dann sind die Folgen zwangsläufig die selben wie beim Rassismus, der davon ausgeht, dass die genetischen Unterschiede zwischen Menschengruppen entscheidend, also essentiell, und nicht mehr änderbar für die Beurteilung und den Umgang eines bzw. mit Menschen sind." (FUHRER & USLUCAN 2005, 158)

In Abgrenzung zu einem solchen statischen Kulturverständnis wird in der Migrationssoziologie von einem *dynamischen Kulturbegriff* ausgegangen. Kulturen entstehen durch die Auseinandersetzung über Werte, Normen und Deutungsmuster (vgl. SCHIFFAUER 1997). Kultur wird konstruiert.

Die kulturelle Zugehörigkeit zu einer Gruppe ist eine wichtige Quelle der Identifikation und damit auch der Abgrenzung zu anderen. Die *kollektive Identität* kann dazu beitragen, Unsicherheiten in einer pluralen und kulturell vielfältigen Gesellschaft zu bewältigen (vgl. EICKELPASCH & RADEMACHER 2004). Im Kontext von Beratung plädiert MECHERIL (2004, 378) für einen reflektierten Gebrauch der Differenzkategorie „Kultur" als eine Form der *„Selbst- und Fremdbeschreibung alltagsweltlicher Handlungssubjekte"*. – Innerhalb der Interkulturellen Pädagogik besteht nach AUERNHEIMER (2005, 120/121) Konsens über folgende *Grundannahmen*:

- ein antiessentialistisches Verständnis von Kultur („Der Türke, der Deutsche ist so und so")
- die Notwendigkeit der Reflexion von gesellschaftlichen, strukturellen Ungleichheiten
- die Ablehnung der Festlegung des Interaktionspartners auf seine ethnische Zugehörigkeit
- die Notwendigkeit der Bewusstmachung des eigenen „Ethnozentrismus"

1 Einwanderungsgründe und Lebensrealitäten

Eine Studie des BERLIN-INSTITUTS (2009a) zur Lage der Integration in Deutschland benennt vier *Phasen der Zuwanderung* in die Bundesrepublik, die durch jeweils unterschiedliche Beweggründe geprägt waren:

- 1955-1973: Zuzug von Gastarbeitern (zu einem geringeren Teil auch Gastarbeiterinnen) aufgrund boomender Wirtschaft und Arbeitskräftemangels;
- 1973: In Folge des Anwerbestopps Familiennachzüge der Ehepartner und Kinder der Gastarbeiter;
- 1980-1990: Anstieg von Asylbewerbern und Asylanten; seit Änderung des Asylrechts im Jahr 1993 starker Rückgang der Zahlen;
- nach 1990: Mit dem Fall des „Eisernen Vorhangs" vermehrte Zuwanderung von Aussiedlern.

Heiratsmigration wird in der oben vorgenommenen Einteilung nach Phasen nicht erfasst. STRAßBURGER (2008) schätzt, dass bei einem Drittel bzw. der Hälfte der Familien in einigen Stadtteilen in Berlin ein Elternteil erst mit der Heirat nach Deutschland gezogen ist; verlässliche Zahlen gibt es nicht. In ihrer Forschungsarbeit zu interkulturell sozialraumorientierten Angeboten beschreibt sie, dass die Angebote in erster Linie von Frauen genutzt wurden, die durch die Heirat nach Deutschland gekommen waren (STRAßBURGER et al. 2008). AYDIN (2003) konstatiert für Migranten türkischer Herkunft Heiratsmigration als verbreitete Option. Im Zeitraum von 1998-2000 habe es bundesweit jährlich einen durchschnittlichen Zuzug von rund 16.000 Ehepartnern – zu ungefähr gleichen Teilen Frauen und Männer – aus der Türkei gegeben.

Nach Angaben der BERLIN-INSTITUTS (2009a) sind ein Viertel der Bevölkerung mit Migrationshintergrund Aussiedler (25 %), gefolgt von der Gruppe der türkischstämmigen Personen (18 %).[60] Die Studie beschreibt die *Lebenslagen* verschiedener Herkunftsgruppen anhand von sozialstatistischen Daten (BERLIN-INSTITUT 2009a, 26/27). Unter anderem wird hier der Anteil an verschiedenen familiären Wohnformen vergleichend dargestellt. Es wird deutlich, dass Menschen mit Migrationshintergrund häufiger als Einheimische in Familien leben. Hierbei ist der Anteil der *Großfamilien*[61] bei Familien aus dem Nahen Osten am höchsten (14 %), gefolgt von Familien mit afrikanischem Hintergrund (13,6 %) und Familien türkischer Herkunft (8,8 %); bei Menschen ohne Migrationshintergrund ist der Anteil der Großfamilien mit 1,9 % wesentlich geringer. Der Anteil der *Mehrgenerationenhaushalte* ist bei türkischen Familien mit 2,0 % am größten gegenüber Familien aus dem Nahen Osten mit 0,7 % und Familien afrikanischer Herkunft mit 0,2 %; bei Familien ohne Migrationshintergrund leben 0,7 % in Mehrgenerationenhaushalten. Bemerkenswert ist, dass der Anteil der Familien mit nur *einem Elternteil* in allen Herkunftsgruppen größer ist als der Anteil der Großfamilien (Familien aus der Herkunftsregion Naher Osten: 15,2 %, afrikanischer Herkunft 21,3 %, türkischer Herkunft: 11 %; einheimische Familien: 20,3 %).

60 Datenbasis: Mikrozensus 2005

61 Hier definiert als Familie mit vier oder mehr Kindern

Lebenswelten von Menschen mit Migrationshintergrund

Die Bevölkerung mit Migrationshintergrund ist keine homogene Gruppe in unserer Gesellschaft. Darauf hat u. a. die SINUS-STUDIE zu den Milieus der Menschen mit Migrationshintergrund in Deutschland hingewiesen (vgl. WIPPERMANN & FLAIG 2009). In der Studie wurden erstmals Lebensstile und Lebenswelten von Menschen mit Migrationshintergrund mit dem lebensweltorientierten Ansatz der Sinus-Milieus[62] untersucht (SINUS SOCIOVISION 2008). Dabei wurden auf der Grundlage von über 100 Tiefeninterviews acht *unterschiedliche Milieus* identifiziert, die sich zum Teil stark voneinander unterscheiden: Bürgerliche, ambitionierte, traditionsverwurzelte und prekäre Migranten-Milieus. In Tab. 16 werden Merkmale dieser Milieus nach Subgruppen erläutert (vgl. WIPPERMANN & FLAIG 2009).

Bürgerliche Migranten-Milieus		**Ambitionierte Migranten-Milieus**	
Adaptives Bürgerliches-Milieu	Die pragmatische moderne Mitte der Migrantenpopulation, die nach sozialer Integration und einem harmonischen Leben in gesicherten Verhältnissen strebt	**Multikulturelles Performermilieu**	Junges, leistungsorientiertes Milieu mit bi-kulturellem Selbstverständnis, das sich mit dem westlichen Lebensstil identifiziert und nach beruflichem Erfolg und intensivem Leben strebt
Statusorientiertes Milieu	Klassisches Aufsteiger-Milieu, das durch Leistung und Zielstrebigkeit materiellen Wohlstand und soziale Anerkennung erreichen will	**Intellektuell-kosmopolitisches Milieu**	Aufgeklärtes, global denkendes Bildungsmilieus mit einer weltoffenen, multikulturellen Grundhaltung und vielfältigen intellektuellen Interessen
Traditionsverwurzelte Migranten-Milieus		**Prekäre Migranten-Milieus**	
Religiös-verwurzeltes Milieu	Vormodernes, sozial und kulturell isoliertes Milieu, verhaftet in den patriarchalischen und religiösen Traditionen der Herkunftsregion	**Entwurzeltes Milieu**	Sozial und kulturell entwurzeltes Milieu, das Problemfreiheit und Heimat/Identität sucht und nach Geld, Ansehen und Konsum strebt
Traditionelles Arbeitermilieu	Traditionelles Blue-Collar-Milieu der Arbeitsmigranten und Spätaussiedler, das nach materieller Sicherheit für sich und seine Kinder strebt	**Hedonistisch-subkulturelles Milieu**	Unangepasstes Jugendmilieu mit defizitärer Identität und Perspektive, das Spaß haben will und sich den Erwartungen der Mehrheitsgesellschaft verweigert

Tab. 16: Merkmale von Migranten-Milieus nach Subgruppen (WIPPERMANN & FLAIG 2009)

In allen Milieus sind Menschen aus unterschiedlichen Herkunftsländern zu finden. Teilweise verbindet Menschen des *gleichen Milieus* mit unterschiedlichem Migrationshintergrund mehr als Menschen mit *gleichem Migrationshintergrund* in verschiedenen Milieus (WIPPERMANN & FLAIG 2009, 7). Abb. 60 zeigt die unterschiedlichen Milieus und deren sozialen Lage in der Gesellschaft: Je höher ein Milieu in dieser Grafik positioniert ist, desto gehobener sind Bildung, Einkommen und Status der Berufsgruppe; je weiter rechts das Milieu in der Darstellung verortet ist, desto moderner ist die Grundorientierung in diesem Milieu.

Das Schema zeichnet ein differenziertes Bild von Menschen mit Migrationshintergrund. Deutlich wird, dass ein großer Teil von ihnen sich in der Mitte der Gesellschaft etabliert hat und soziales, kulturelles und materielles Kapital beiträgt. Für diese Gruppen ist die Frage nach der Integration eher befremdlich. Soziale Probleme und Integrationsdefizite, die in der öffentlichen Debatte häufig mit dem Begriff Migrationshintergrund assoziiert sind, bestehen überwiegend im religiös-verwurzelten Milieu, im entwurzelten Milieu und im hedonistisch-subkulturellen Milieu sowie in

62 Sinus-Milieus® sind ein national wie international etabliertes Modell, in dem Zielgruppen nach ihren Lebensauffassungen und Lebensweisen identifiziert werden. Die Gruppen werden auf der Grundlage von demographischen Eigenschaften (Bildung, Beruf, Einkommen) und den Lebensauffassungen und Lebensweisen gebildet. Anwendung finden diese Milieubeschreibungen in der strategischen Ausrichtung von Dienstleistern, Markenartikelhersteller, Politik und Verbänden (siehe: http://www.sociovision.de)

Teilen des traditionellen Arbeitermilieus. Daraus ist abzuleiten, dass Integrationsproblematiken eher schichtspezifisch denn migrationsspezifisch sind: „Integrationsdefizite finden sich am ehesten in den unterschichtigen Milieus, nicht anders als in der autochthonen deutschen Bevölkerung." (WIPPERMANN & FLAIG 2009, 10)

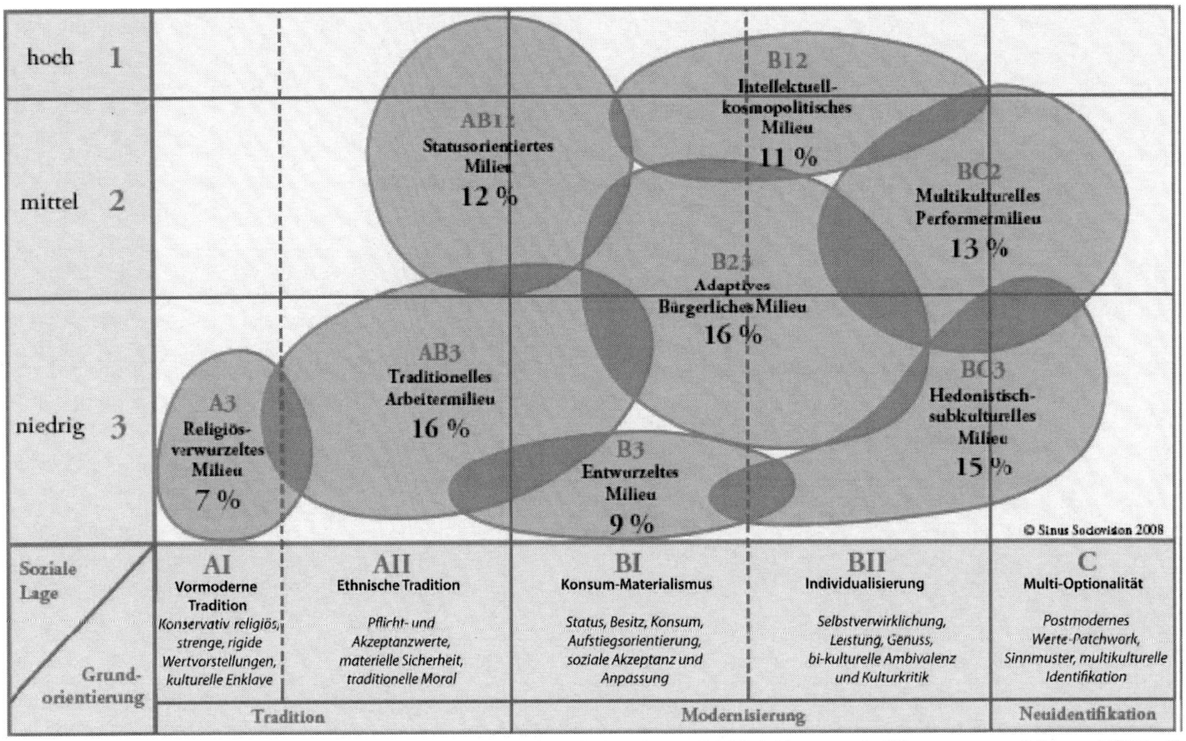

©Sinus Sociovision 2008 (zitiert nach: WIPPERMANN & FLAIG 2009, 8)

Abb. 60: Milieus von Menschen mit Migrationshintergrund (WIPPERMANN & FLAIG 2009)

2 Integrationsstrategien und -konzepte

Die Integration von Menschen mit Migrationshintergrund in problematischen Lebenslagen zählt bundesweit zu den drängendsten Politikfeldern. Im Jahr 2007 hat die Bundesregierung einen Nationalen Integrationsplan vorgelegt, der Eckpunkte und Strategien zur Verbesserung der Situation beschreibt. Parallel dazu wurden in den Bundesländern Integrationskonzepte entwickelt, die den jeweils spezifischen Handlungsbedarf in den Blick nehmen. Im Zusammenhang mit der Fragestellung der KUNDENSTUDIE ist die Frage von Interesse, inwieweit in den Integrationskonzepten die Schnittstelle Migration und Behinderung Berücksichtigung findet bzw. welche der dort vorgelegten Handlungsansätze in besonderer Weise für die Gemeindeintegration von behinderten Menschen mit Migrationshintergrund genutzt werden können.

2.1 Der Nationale Integrationsplan

Mit dem Nationalen Integrationsplan (2007) der Bundesregierung wurde erstmals in der Bundesrepublik eine politische Gesamtstrategie zur Integration von Zuwanderern verfasst. Integration wird als eine *gesamtgesellschaftliche Aufgabe* verstanden. Dabei hat das zivilgesellschaftliche Engagement einen besonderen Stellenwert. Wesentlicher Bestandteil des Nationalen Integrationsplans sind Empfehlungen zu Maßnahmen in unterschiedlichen Handlungsfeldern. Sie wurden von Arbeitsgruppen entwickelt, in denen neben Vertretern des Bundes, der Länder, der Bundesvereinigung der kommunalen Spitzenverbänden auch Akteure der Zivilgesellschaft wie Wohlfahrtsverbände und Verbände und Organisationen von Migranten vertreten waren. Ein erster Fortschrittsbericht zur Umsetzung dieser Empfehlungen liegt vor (BUNDESREGIERUNG 2008). Zur Begleitung der Umsetzung des Nationalen Integrationsplans wurde ein *Integrations-*

monitoring (2008) eingeführt, das anhand von Indikatoren Integrationserfolge und -problemlagen in den Bereichen Bildung und Ausbildung, Arbeitsmarkt, soziale und gesellschaftliche Integration, Einkommen, Wohnen, Gesundheit, Demographie, Mediennutzung, interkulturelle Öffnung der Verwaltung und der Sozialen Dienste, Rechtsstatus und Politik sowie Kriminalität, Gewalt und Fremdenfeindlichkeit beschreibt.

Schnittstelle Migration – Behinderung

Zugewanderte Menschen mit Behinderung werden im Nationalen Integrationsplan nur im Beitrag der Länder im Zusammenhang mit der Verbesserung der Teilhabe von Migrantinnen und Migranten am Gesundheitssystem genannt:

> „Die Länder setzen sich dafür ein, die Teilhabe von Menschen mit Migrationshintergrund am Gesundheitssystem auch durch dessen interkulturelle Öffnung zu verbessern. Insbesondere sollen der Zugang zu gesundheitlichen Angeboten, das Gesundheitswissen und die Gesundheitskompetenzen verbessert werden. Die Länder werden Projekte und Initiativen zum Abbau von Zugangsbarrieren unterstützen und mit Kooperationspartnern zielgruppenspezifische Angebote weiter entwickeln und umsetzen. Dies gilt auch im Hinblick auf Angebote für zugewanderte Menschen mit Behinderungen“ (Nationaler Integrationsplan 2007, 29).

Im ersten *Fortschrittsbericht der Bundesregierung zum Nationalen Integrationsplan* (2008) wird im Berichtteil der *Länder* auf die Umsetzung der Handlungsempfehlung im Hinblick auf Menschen mit Behinderung und Migrationshintergrund folgendermaßen eingegangen. Es wird klar gestellt, dass mit Blick auf die allgemeine Gleichbehandlung bei der Förderung der Teilhabe von Menschen mit Behinderungen Art und Form der Förderung grundsätzlich nicht nach der ethnischen Herkunft differenziert wird. Spezialeinrichtungen für behinderte Migrantinnen und Migranten widersprächen der Leitorientierung Inklusion:

> „Zu den allgemeinen Grundsätzen der Hilfsangebote für behinderte und von Behinderung bedrohte Menschen gehört, dass der jeweilige Lebenshintergrund des Hilfsbedürftigen berücksichtigt und seine besonderen Bedürfnisse respektiert werden müssen, um eine selbstbestimmte und gleichberechtigte Teilhabe am Leben in der Gesellschaft zu fördern, Benachteiligungen zu vermeiden oder ihnen entgegenzuwirken. Die Schaffung von Spezialeinrichtungen für behinderte Migrantinnen und Migranten wäre mit der Leitorientierung der Inklusion unvereinbar. Zudem sind die Behindertenbeauftragte der Länder und die kommunalen Behindertenbeauftragten Ansprechpartner auch für die Anliegen von zugewanderten Menschen mit Behinderungen.“ (BUNDESREGIERUNG 2008, 88)

Ein Indikator im Integrationsmonitoring für eingeschränkte Teilhabemöglichkeiten infolge gesundheitlicher Einschränkungen ist der Anteil von Personen mit amtlich festgestellter Behinderung an der Bevölkerung. Er ist bei der Bevölkerung mit Migrationshintergrund um fünf Prozentpunkte geringer (7,0 %) als in der Gesamtbevölkerung (11,9 %). Im ersten *Integrationsindikatorenbericht* der Bundesbeauftragten für Migration, Flüchtlinge und Integration (2009) wird eine Streichung des Indikators empfohlen, weil er nicht aussagekräftig in Bezug auf Integration sei:

> „Aufgrund der dargestellten Zahlen ergibt sich zudem der Schluss, dass eine Angleichung der Anteile der amtlich festgestellten Behinderungen von Personen mit Migrationshintergrund an die Gesamtbevölkerung keinen Fortschritt, sondern eine Verschlechterung darstellen würde.“ (INTEGRATIONSINDIKATORENBERICHT 2009, 120/121)

Im *Integrationsmonitoring* wird Behinderung an anderer Stelle im Zusammenhang mit einem Meldesystem zu politisch motivierten Gewalttaten als ein Merkmal neben anderen erwähnt:

> „Darin werden Straftaten erfasst, die sich gegen Personen aufgrund ihrer Nationalität, Volkszugehörigkeit, Rasse, Hautfarbe, Religion, Herkunft, ihres äußeren Erscheinungsbildes, ihrer Behinderung, sexuellen Orientierung oder ihres gesellschaftlichen Status richten oder aus derartigen Beweggründen gegen eine Institution oder Sache verübt werden.“ (ebenda, 136).

Eine Betrachtung der Behinderung zugewanderter Personen unter dem Aspekt einer möglichen doppelten Diskriminierung erfolgt nicht.

Insgesamt kann festgehalten werden, dass Behinderung im Nationalen Integrationsplan so gut wie keine Rolle spielt. Auf Landesebene wird davon ausgegangen, dass spezifische Hilfebedarfe bei der Verbesserung der selbstbestimmten und gleichberechtigten Teilhabe am Leben in der Gesellschaft im Rahmen der üblichen Verfahren erhoben werden.

Die interkulturelle Öffnung der Institutionen und sozialen Dienste wird jedoch in allen sozialpolitischen Dokumenten als ein wichtiges Handlungsfeld benannt und ist somit von Relevanz für die Teilhabe von behinderten Menschen mit Migrationshintergrund. So heißt es beispielsweise im Beitrag der Bundesarbeitsgemeinschaft der Freien Wohlfahrtspflege:

> „Migranten können sich darauf verlassen, dass sie in unseren Einrichtungen die sozialen Dienstleistungen erhalten, die für sie richtig und wichtig sind" (BUNDESREGIERUNG 2007, 83)

2.2 Das Berliner Integrationskonzept

Das Berliner Integrationskonzept „Vielfalt fördern – Zusammenhalt stärken" (SENATSVERWALTUNG FÜR INTEGRATION, ARBEIT UND SOZIALES 2007) ist auf der Grundlage des Integrationskonzeptes von 2005 in einem Anhörungsverfahren von zivilgesellschaftlichen Akteuren entwickelt worden. Es benennt für die Integrationspolitik acht zentrale *Handlungsstrategien*:

1. eine Stadt – viele Lebenswelten: Erfolgreiche Integrationspolitik nutzt die Stärken der europäischen Metropole mit internationaler Anziehungskraft;
2. eine berufliche Perspektive für jede und jeden: Erfolgreiche Integrationspolitik schafft Zugang zu Ausbildung, Arbeit und Erwerb;
3. Talente erkennen und fördern: Erfolgreiche Integrationspolitik definiert den Bildungsauftrag von Kita und Schule neu;
4. für alle Bürger/innen da: Erfolgreiche Integrationspolitik schafft eine neue Kundenorientierung in der Berliner Verwaltung und den sozialen Diensten;
5. Ausgleich und Verantwortung: Erfolgreiche Integrationspolitik stärkt den Zusammenhalt im Stadtraum;
6. Aktivierung und Teilhabe: Erfolgreiche Integrationspolitik bekämpft Diskriminierung, ist partizipativ und stärkt die Zivilgesellschaft;
7. gegen Ausgrenzung: Erfolgreiche Integrationspolitik gibt Flüchtlingen eine Perspektive;
8. gemeinsame Ziele, geteilte Verantwortung: Erfolgreiche Integrationspolitik stärkt die Kooperation zwischen Senat und den Bezirken.

(SENATSVERWALTUNG FÜR INTEGRATION, ARBEIT UND SOZIALES 2007, 6)

Analog der Entwicklung auf Bundesebene wurde auch hier ein Integrationsmonitoring eingeführt und ein erster Umsetzungsbericht (2009) vorgelegt.

Handlungsfeld „Integration durch Interkulturelle Öffnung"

Zur Darstellung des *sozialpolitischen Rahmens* zur interkulturellen Öffnung der Behindertenhilfe wird im Folgenden das Handlungsfeld „Integration durch Interkulturelle Öffnung" aufgegriffen und in knapper Form skizziert. Als *Akteure* in diesem Feld werden die Hauptverwaltung und die Bezirksverwaltungen sowie die Freien Träger der sozialen Arbeit und der Bildungsarbeit genannt. Jedem der drei Verantwortungsbereiche werden *Leitprojekte* zugeordnet, die sich schwerpunktmäßig auf die Personalentwicklung, Organisationsentwicklung, Angebote der Sprach- und Kulturmittlung und konkrete Maßnahmepläne beziehen.

Für die sozialen Dienste hat das Leitprojekt „Angebote der Sprach- und Kulturmittlung weiterentwickeln" einen besonderen Stellenwert. So wird z. B. der *Gemeindedolmetschdienst* gefördert, der für Anbieter des Sozial- oder Gesundheitswesens ausgebildete Muttersprachler vermittelt. Es wird hervorgehoben, dass die im Integrationskonzept genannten organisatorischen Schritte zur interkulturellen Öffnung der Freien Träger nicht durch Senat und Verwaltung eingeleitet werden:

> „Sie sind aber gehalten, im Rahmen ihrer eigenen integrationspolitischen Verantwortung durch Auflagen in Leistungsverträgen und Zuwendungsbescheiden sowie auch sonst durch Empfehlungen und im Rahmen des fachpolitischen Dialogs mit den Trägern, darauf hinzuwirken, dass diese zunehmend den Erfordernissen einer interkulturellen Öffnung gerecht werden." (BERLINER INTEGRATIONSKONZEPT 2007, 66).

Der Anspruch von interkulturellen Öffnungsprozessen im *System sozialer Versorgung und Unterstützung* wird folgendermaßen formuliert:

> „Erfolgreiche Integrationspolitik schafft eine neue Kundenorientierung in der Berliner Verwaltung und den sozialen Diensten: Zur langfristigen und erfolgreichen Integration gehört, dass hier lebende Migranten und Migrantinnen so in das System sozialer Versorgung und Unterstützung einbezogen werden, dass sie gleiche Entfaltungschancen haben (...) Oberziel ist der chancengleiche Zugang von Migranten und Migrantinnen zu den Leistungen der Verwaltungen und der Dienste/Einrichtungen der Infrastruktur und die gleichwertige Versorgungsqualität für Migranten und Migrantinnen wie für die Mehrheitsbevölkerung." (SENATSVERWALTUNG FÜR INTEGRATION, ARBEIT UND SOZIALES 2007, 58/59)

Das sozialpolitische Ziel des *„chancengleichen Zugangs"* zum sozialen Versorgungssystem und der *„gleichwertigen Versorgungsqualität"* ist in fünf Teilziele untergliedert:

- Interkulturelle Fortbildung im erforderlichen Umfang durchführen;
- Sicherstellung von Sprachmittlung im erforderlichen Umfang;
- Erhöhung der Beschäftigung von Migrantinnen und Migranten in Verwaltung und sozialen Diensten;
- Einführung integrationspolitischer Steuerungssysteme in den Bezirken;
- Empowerment der Migrantinnen und Migranten und ihrer Vereinigungen zur Nutzung der Dienste und Einrichtungen.

Zur Messung der Problemlagen und Integrationserfolge im Hinblick auf diese Teilziele wurden folgende *Indikatoren* festgelegt:

- Zufriedenheit von Migrantinnen und Migranten mit den Angeboten einer Einrichtung (Kundenbefragung);
- Anteil der interkulturell qualifizierten Beschäftigten;
- Anteil der Neueinstellungen von Beschäftigten mit Migrationshintergrund;
- Anteil der Beschäftigten mit Migrationshintergrund;
- Anteil der Nutzer mit Migrationshintergrund eines Dienstes im Verhältnis zum Anteil der Menschen mit Migrationshintergrund an der entsprechenden Teilgruppe der Wohnbevölkerung.

Bei der Bestimmung des letztgenannten Indikators sollen die Altersstruktur oder der Sozialstatus der Nutzer von Diensten Berücksichtigung finden. Beispielsweise werde der Sozialpsychiatrische Dienst häufiger von Personen mit niedrigem Sozialstatus genutzt. Dabei wird die Frage relevant, ob es teilweise andere Bedarfslagen bei der Bevölkerung mit Migrationshintergrund gibt als bei der Mehrheitsbevölkerung (z. B. bei der Sprachförderung oder der Unterbringung außerhalb der Familie).

Alle Maßnahmen des Berliner Integrationskonzepts zur Förderung eines chancengleichen Zugangs zum sozialen Versorgungssystem geben *Impulse für die interkulturelle Öffnung der Behindertenhilfe*, die im Kontext der gesellschaftlichen Entwicklungen unabdingbar ist:

> „Für Mitarbeiter und Mitarbeiterinnen psychosozialer und gesundheitlicher Einrichtungen wird die Kompetenz, zwischen den Anliegen der Klienten und den Aufgaben ihrer jeweiligen Institution vermitteln zu können, zu einer zunehmend bedeutsamen Aufgabe. Immer weniger können wir davon ausgehen, dass die Menschen, denen wir begegnen, gleiche Vorstellungen über die Welt, über soziale und professionelle Rollen und über Sinn und Zweck gesundheitlicher und psychosozialer Serviceeinrichtungen haben oder darüber, was eine Behinderung zu haben, (...) überhaupt bedeutet." (REMMO 2008)

Veränderungsbedarf besteht auf unterschiedlichen Ebenen (vgl. WILKENS 2008). Neben einer stärkeren öffentlichen Auseinandersetzung mit den Belangen von Menschen mit Behinderung und Migrationshintergrund sind Informationsdefizite der Zielgruppe abzubauen und die kulturelle Kompetenz der professionellen Anbieter sowie die Kooperation und Vernetzung zwischen den verschiedenen Bezugssystemen innerhalb der Hilfestrukturen aufzubauen.

3 Interkulturelle Öffnung der Behindertenhilfe

„Interkulturelle Öffnung meint die konzeptionelle Berücksichtigung der kulturellen Vielfalt in unserer Gesellschaft. Sie zielt auf die Beseitigung von Zugangshindernissen zu Einrichtungen, Diensten und Hilfeleistungen, die auf kulturellen oder ethnischen Unterschieden beruhen." (Bundesarbeitsgemeinschaft der Freien Wohlfahrtspflege – BAGFW 2000, 7).

Die interkulturelle Öffnung ist eine Herausforderung für die gesamte Organisation. Sie erfordert eine Verankerung des Prinzips im Leitbild der Institution, eine Sensibilisierung der Mitarbeitenden, die Erarbeitung von Konzepten, Leitlinien und Evaluationskriterien, die Aufnahme interkultureller Standards im Prozess der Qualitätsentwicklung und der Personal- und Organisationsentwicklung, die Förderung interkultureller Kompetenz, Kundenorientierung und Abbau von Zugangsbarrieren sowie trägerinterne und trägerübergreifende Kooperation und Vernetzung (vgl. DEUTSCHER CARITASVERBAND 2006, 17). Wie diese Kriterien in der Praxis der Behindertenhilfe umgesetzt werden können ist Gegenstand von Fachpublikationen, Forschungsberichten und Praxisprojekten, die im Folgenden – ohne Anspruch auf Vollständigkeit – vorgestellt werden.

3.1 Forschungslage

Im Gegensatz zur Altenhilfe, Jugendhilfe und Drogenhilfe, in der die Thematik der interkulturellen Öffnung bereits stärker bearbeitet wurde (BEAUFTRAGTE DER BUNDESREGIERUNG FÜR MIGRATION, FLÜCHTLINGE UND INTEGRATION 2005, 136; BUNDESMINISTERIUM FÜR GESUNDHEIT 2004, 47; EUROPÄISCHES INSTITUT FÜR MIGRATIONSSTUDIEN 2001, 92), besteht in der Behindertenhilfe in diesem Bereich ein großer Forschungs- und Handlungsbedarf. Bis vor Kurzem wurde die Thematik hauptsächlich in Fachartikeln behandelt, die auf Erfahrungen und Einschätzungen von Professionellen im Rahmen ihrer beruflichen Tätigkeit in der Familienberatung basieren (z. B. MERZ-ATALIK 1997, YENICE-CAGLAR 2003), sowie im Rahmen von Dissertationen (SKUTTA 1994) und Abschlussarbeiten (z. B. KAUCZOR 1999, KOLB & MEHRLE 2004, SAUTER 2004, HARMS 2006) zu speziellen Fragestellungen. Inzwischen liegen Ergebnisse empirischer Studien über die Inanspruchnahme von Angeboten und Zugangsbarrieren für behinderte Menschen mit Migrationshintergrund vor, deren Schwerpunkte im Folgenden skizziert werden.

Interkulturelle Barrierefreiheit von Diensten der Behindertenhilfe

In dem *Europäischen Projekt All Inclusive* (Laufzeit 2007-2009) sind Partnerorganisationen aus sechs europäischen Staaten, darunter auch die Bundesrepublik, vertreten. Ziel des Projektes ist neben der Beschreibung der sozialen Lage von behinderten Menschen mit Migrationshintergrund in den Partnerländern die Entwicklung eines „interkulturell barrierefreien Modells" für Anbieter der Behindertenhilfe (http://www.allinclusiveproject.eu). Im Rahmen dieses Projektes wurde eine Bedarfsanalyse im Hinblick auf die Inanspruchnahme von Diensten für Menschen mit Behinderung mittels Fragebogenerhebung durchgeführt. Insgesamt wurden 151 behinderte Menschen mit Migrationshintergrund befragt (33 in Deutschland); circa 31 % der Befragten insgesamt können dem Personenkreis Menschen mit geistiger und/oder mehrfacher Behinderung zugerechnet werden. Für Deutschland kommen die Autoren zu dem Schluss, dass, auch wenn die Befragten angeben, die verschiedenen Möglichkeiten der Behindertenhilfe zu kennen, sie diese nur in geringem Maße nutzen (ALL INCLUSIVE 2009, 12/13). Ein weiteres Ergebnis ist, dass die Mehrheit der Befragten ihre Freizeit mit Aktivitäten innerhalb der Wohnung verbringt, Aktivitäten außerhalb der Wohnung wurden vergleichsweise selten genannt. Die Autoren kommen aufgrund der Ergebnisse zu folgenden Empfehlungen:

- Maßnahmen zur Verbesserung des chancengleichen Zugangs zu Freizeitmöglichkeiten;
- intensivere Nutzung des Fernsehens als Informationsmedium;
- gezielte Information über Programme und Projekte von behinderten Menschen mit Migrationshintergrund;
- Verbesserung der Information über Dienste und Rechte;
- Etablierung eines Informationszentrum für Menschen mit Migrationshintergrund;
- Beseitigung von Zugangsbarrieren von Diensten der Behindertenhilfe.

Die multiperspektivische *Feldstudie „Zugangswege in der Beratung chronisch kranker/behinderter Menschen mit Migrationshintergrund“* (HEIDEN et al. 2009; STIFTUNG LEBENSNERV) untersucht Beratungsmöglichkeiten für Menschen mit Behinderung und Migrationshintergrund. Im Rahmen einer schriftlichen Befragung wurden sowohl Beratungsstellen für chronisch kranke und behinderte Menschen, Beratungsstellen für Migranten sowie Beratungsstellen speziell für behinderte Menschen mit Migrationshintergrund einbezogen. Des Weiteren wurden behinderte Menschen mit Migrationshintergrund nach ihrem Beratungsbedarf befragt. Auf Grundlage der Ergebnisse kommen die Autoren unter anderem zu Empfehlungen für eine „ideale“ Beratungsstelle und für die Organisationsentwicklung von Regeldiensten (HEIDEN et al. 2009, 94-97). Für die Regeldienste empfehlen die Autoren, dass die Angebote der Behinderten- und der Selbsthilfe sich verstärkt interkulturell öffnen sollten. Zudem benennen sie eine stärkere Vernetzung der Regeldienste mit der Selbsthilfe und Migrantenorganisationen. Als grundlegende Prinzipien im Prozess der interkulturellen Öffnung werden genannt:

- von der Integration zur Inklusion,
- vom medizinischen Modell zum menschenrechtlichen Modell,
- von der Sonderlösung zum Diversity-Prinzip,
- vom FÜR zum MIT,
- von der Fürsorge zu Ressourcenorientierung, Selbstbestimmung und Empowerment.

Unterstützungsbedarfe und Inanspruchnahme von Diensten der Behindertenhilfe

Ziel des Projekts *„Integration von Menschen mit geistiger oder psychischer Behinderung in das jüdische Gemeinwesen“* (Laufzeit 2005-2008) war, Unterstützungsbedarfe und die Inanspruchnahme von Dienstleistungen der Behindertenhilfe durch den genannten Personenkreis zu ermitteln und ihre Einbindung in das jüdische Gemeindeleben zu untersuchen (vgl. ZENTRALE WOHLFAHRTSTELLE DER JUDEN IN DEUTSCHLAND – ZWST; http://www.zwst.info/). Insgesamt wurden 128 Fragebögen ausgefüllt (90% in russischer Sprache). Die Autoren entwickeln konkrete Ansätze zur Verbesserung der Teilhabe von geistig und psychisch behinderten Menschen in den jüdischen Gemeinden (vgl. BADER & KOHAN 2009). Für den Wohnbereich resümieren sie, dass Angehörige einerseits zwar Interesse an Wohnangeboten bekundeten, andererseits jedoch so lange wie möglich gemeinsam mit ihrem behinderten Angehörigen zusammenwohnen möchten. Aufgrund der Altersstruktur der unterstützenden Angehörigen wird von einem zunehmenden Bedarf an Angeboten im Bereich des Wohnens ausgegangen.

Mehrfachdiskriminierung – Intersektionalität

Die Auswirkungen und Formen der Diskriminierung von behinderten Menschen mit Migrationshintergrund sind kaum untersucht. Häufig findet sich die These der doppelten Diskriminierung bzw. doppelten Hürde/Belastung wieder. Nach Ansicht von STUART (1997), einem Vertreter der „black disability movement“, birgt der Begriff der Mehrfachdiskriminierung die Gefahr, behinderte Menschen mit Migrationshintergrund nur noch als Opfer von Unterdrückung und Diskriminierung zu sehen und zu stilisieren. Damit würde eine kollektive Identität von „schwarzen, behinderten Menschen“ konstruiert, die individuelle Unterschiede und Erfahrungen sowie ihr Engagement für ihre Rechte vernachlässigt.

In den Disability Studies wird in den letzten Jahren das aus der feministischen Geschlechterforschung stammende Konzept der *Intersektionalität* aufgegriffen (u. a. RAAB 2007). Der Ansatz untersucht das komplexe Zusammenwirken unterschiedlicher Kategorien wie Geschlecht, ethnische Zugehörigkeit, soziale Lage und Behinderung. Mit der Gleichzeitigkeit von Behinderung und Migrationshintergrund hat sich GUMMICH (2009) unter dem theoretischen Ansatz der Intersektionalität auseinandergesetzt. Der Ansatz schärft den Blick dafür, dass eine Einteilung in „behinderte Menschen mit Migrationshintergrund“ mit eher negativ geprägten Zuschreibungen und „behinderte Menschen ohne Migrationshintergrund“ als eine implizit positive Vergleichskategorie der vielfältigen Wirklichkeit nicht gerecht wird – weder der Vielfalt der Lebenswirklichkeiten von Menschen mit Migrationshintergrund noch der von Menschen mit Behinderung. Intersektionalität lenkt auch den Blick auf Differenzen innerhalb der Gruppe der Menschen mit Behinderung.

Kultur und Behinderung

Auch zum Themenkomplex Kultur und Behinderung gibt es bislang wenige Veröffentlichungen. NEUBERT & CLOERKES (2001) untersuchen in einer Sekundäranalyse ethnologischer Studien, ob das Konzept Behinderung universell ist oder sich inter- und intrakulturell variabel zeigt. Sie unterscheiden zwischen der *Bewertung* von Behinderung – als einem in negativer Weise von Normalitätserwartungen abweichendem Merkmal – und der *Reaktion* auf Menschen mit Behinderung. Dabei kommen sie zu dem Schluss, dass die *Reaktion auf die Behinderung* sowohl inter- als auch intrakulturell überraschend einheitlich ist. Dagegen variiert die *soziale Reaktion auf Menschen mit Behinderung* erheblich:

> „Es geht um nichts weniger als den Unterschied zwischen der Einschätzung eines ‚Sachverhaltes' und der Einschätzung eines ‚Menschen'. Bei der Einschätzung eines Menschen ist eben nicht nur dessen körperlicher, geistiger oder psychischer Zustand von Bedeutung, sondern auch seine sozialen Beziehungen und vieles mehr" (NEUBERT & CLOERKES 2001, 93).

Kulturelle Unterschiede in der Art und Weise der Teilhabe von Menschen mit Behinderung liegen auch hinsichtlich der gesellschaftlichen Grundwerte, grundlegende Annahmen über Menschenwürde und Anerkennung der Person, sowie hinsichtlich der Erklärungsmodelle für Behinderung vor (vgl. INGSTAD & WHYTE 1995; KALYANPUR & HARRY 1999).

3.2 Bundesweite Initiativen

Recherchen nach Angeboten für behinderte Menschen mit Migrationshintergrund zeigen eine Dominanz von Initiativen und Projekten, die sich an Personen mit türkischem Hintergrund wenden Zudem fällt auf, dass lokale Initiativen teilweise von Angehörigen ausgingen. Im Folgenden wird ein Überblick über gegenwärtige Aktivitäten im Bereich von Angehörigen- und Selbstvertretungsinitiativen und von Migrantenorganisationen sowie im Feld der Behindertenhilfe und der Fachverwaltungen gegeben, ohne Anspruch auf Vollständigkeit. Deutlich wird, dass die Schnittstelle Migration und Behinderung zunehmend Aufmerksamkeit erfährt.

Initiativen von Migrantenorganisationen

Im Bundesgebiet gibt es bislang nur wenige Projekte von Migrantenorganisationen, die sich für die Verbesserung der Teilhabe von geistig behinderten Menschen mit Migrationshintergrund einsetzen. So wird z. B. von einem türkischen Verband ein Projekt der Maydanoz gGmbH in Köln aufgebaut. Zielgruppen der Gesellschaft sind „Menschen mit Behinderung, deren Teilhabe an einer sonstigen Beschäftigung auf dem allgemeinen Arbeitsmarkt aufgrund von Art und Schwere der Behinderung oder wegen sonstiger Umstände voraussichtlich trotz Ausschöpfens aller Fördermöglichkeiten und des Einsatzes von Integrationsfachdienstes auf besondere Schwierigkeiten stößt (§132 Abs. 1 SGB IX)". In Kooperation mit dem Rhein-Ruhr-Institut für Sozialforschung und Politikberatung an der Universität Duisburg-Essen wird gegenwärtig das *Modellprojekt „Aktion Zukunft – Wege zur interkulturellen Öffnung des Systems der beruflichen Integration behinderter Menschen"* entwickelt. Hier soll u. a. das Instrument der Integrationsfirma für behinderte Menschen mit Migrationshintergrund zugänglich gemacht werden (http://www.maydanoz-gmbh.de).

Engagement von Angehörigen-Initiativen und Selbstvertretungsgruppen

- Der *„Türkisch-Deutsche Verein zur Integration behinderter Menschen – Tim e. V."* wurde von einer türkischen Mutter eines behinderten Kindes 1987 ins Leben gerufen. Sozialarbeiterinnen unterstützten die Arbeit des Vereins. Die Homepage des in Nürnberg ansässigen Vereins hält Informationen auf Deutsch und Türkisch über die Entwicklungsgeschichte und aktuelle Angebote des Vereins bereit (http://www.imev.de). Die Angebote umfassen die Organisation von Angehörigengruppen, niedrigschwellige Beratung, Unterstützung im Umgang mit Behörden und Diensten der Behindertenhilfe, Freizeitaktivitäten, Bildungskurse sowie Hilfsaktionen für behinderte Menschen in der Türkei.
- Ein weiteres Beispiel ist der *„Verein zur Unterstützung behinderter Migranten – Umut e. V."* in Hannover, der aus einer 1990 gegründeten Selbsthilfegruppe türkischer Eltern eines behinder-

ten Kindes hervorgegangen ist. Der Verein legt auf die Absicherung der Kinderbetreuung wert, damit die Angehörigen an den Gruppenangeboten teilnehmen können. Ein weiterer Schwerpunkt liegt auch hier in der Unterstützung im Umgang mit Behörden (http://www.umut-ev.de).

- Der *„Verein zur Selbsthilfe behinderter und nichtbehinderter türkischer Mitbürger e. V.“* in Hamm wurde 2004 gegründet. Der Verein bietet Freizeitmöglichkeiten für Kinder mit und ohne geistige Behinderung an, organisiert beispielsweise Pflegekurse in türkischer Sprache für Frauen und unterstützt die Forschungsarbeit der Universität Bielefeldt „Verbesserung für Pflegebedürftige und pflegende Angehörige türkischer Migranten“.
- Als eine der ersten Vereinigungen, die die Schnittstelle Behinderung und Migration als Handlungsfeld in der Fachöffentlichkeit unter dem Aspekt der interkulturellen Öffnung benannt hat, wurde 2001 das bundesweite Netzwerk „Migration und Behinderung“ in Essen gegründet. Es ist seit 2008 als eingetragener Verein *„MerkMal ! Netzwerk Migration und Behinderung e. V.“* tätig (http://www.handicap-net.de). Der Verein fördert die Vernetzung von Selbsthilfegruppen und in diesem Feld tätigen Fachleuten und bietet Informationen und Fortbildungen an. Cornelia KAUCZOR (2007), Mitbegründerin des Netzwerks, konstatiert bei den Angehörigen große Hilflosigkeit und Informationsdefizite. Bürgerschaftliches Engagement reiche in diesem Feld nicht aus, Politik und Verwaltung müssten Verantwortung übernehmen.

Selbstvertretungsgruppen von geistig behinderten Menschen mit Migrationshintergrund bzw. die Repräsentation von Menschen mit Migrationshintergrund in Selbstvertretungsgruppen sind nicht bekannt. Vereinzelt wird im Bereich der Selbstvertretung von Menschen mit körperlichen Beeinträchtigungen die Thematik Migration durch Selbstvertreter mit Migrationshintergrund eingebracht, z. B. im *Projekt „GIB – Gesundheitliche Integration behinderter und chronisch kranker Migrantinnen und Migranten“*, das beim Zentrum für selbstbestimmtes Leben behinderter Menschen (ZsL) Mainz e. V. angesiedelt ist. Dieses bietet muttersprachliche Beratung im Sinne des „(doppelten) Peer-Support“ (vgl. HEIDEN et al. 2009, 94) durch Berater/innen mit Behinderung und Migrationshintergrund an. Im wissenschaftlichen Bereich setzt sich beispielsweise REMMO (2008) als Selbstbetroffener mit der Notwendigkeit interkulturell offener Beratung auseinander. MOHAMMADI (2008) betont, dass behinderte Menschen mit Migrationshintergrund im Prozess der Integration auf allen Ebenen partizipieren sollten, da ansonsten die Integrationsdiskurse die Gefahr laufen, bevormundend zu sein.

Projekte im Bereich der Behindertenhilfe

Die im Folgenden genannten Projekte und Initiativen sollen exemplarisch auf Entwicklungen im Bundesgebiet hinweisen; eine systematische Ermittlung der Ansätze war im Rahmen der KUNDENSTUDIE nicht möglich.

- Das *Modellprojekt „Interkulturelle Öffnung der Behindertenhilfe“* des Paritätischen Bildungswerks hat seit 2003 neben Vernetzungsarbeit vor allem Fortbildungsangebote für Anbieter der Behindertenhilfe, Selbstvertretungsgruppen und Migrantenorganisationen entwickelt und angeboten. Nach Aussagen des Tätigkeitsberichts 2008 wurde dieses Angebot überwiegend von Anbietern der Frühförderung, von integrativen Kindertagesstätten und von Förderschulen angenommen. Häufig gab es auch Anfragen von Angehörigen mit Migrationshintergrund. Bei Anbietern von Diensten und Einrichtungen für erwachsene Menschen mit Behinderung war die Resonanz gering:

  „Die ursprünglich intendierten Zielgruppen, vor allem Einrichtungen der Behindertenhilfe wie zum Beispiel Behindertenwerkstätten, Kliniken, Reha-Einrichtungen, nahmen das Angebot weiterhin überwiegend nicht an. In den Fällen, in denen es zu persönlichen Gesprächen kam, wurde deutlich, dass die Einrichtungen entweder angesichts schwieriger personeller und finanzieller Ressourcen derzeit andere Themen auf der Tagesordnung oder aber aufgrund nicht vorhandener migrantischer Klientel kein Interesse haben“ (KRIECHHAMMER-YAGMUR 2008, 7).

- Im Rahmen des bereits oben genannten Europäischen Projekts „All inclusive“ wird aktuell ein *Zertifizierungskurs zur interkulturellen Öffnung von Anbietern der Behindertenhilfe* mit dem Gütesiegel „Interkulturell barrierefreie Organisation“ entwickelt. Der erste Kursdurchlauf findet zurzeit statt. Der Qualitätsentwicklungsprozess umfasst einen Fortbildungskurs, Selbstevaluation, die Entwicklung eines Maßnahmenkatalogs und dessen Umsetzung in der jeweiligen Einrichtung. Am Ende des Prozesses erfolgt eine Evaluation durch einen externen Anbieter (ausführlich: http://www.allinclusiveproject.eu).

- Das *Hamburger Projekt „Unterstützung und Betreuung von türkischen Familien mit behinderten Angehörigen"* (Laufzeit 2007-2010) setzt an stadtteilorientierten, niedrigschwelligen muttersprachlichen Kontakt- und Beratungsstellen an. Ein Beispiel ist die im Hamburger Stadtteil Wilhelmsburg angesiedelte Anlaufstelle für behinderte Migranten und Migrantinnen und ihre Angehörigen, die durch Beratung und Unterstützung (z. B. bei Behördengängen und Maßnahmen ambulanter Unterstützung) sowie durch informelle Begegnung und Erfahrungsaustausch den Zugang zu Angeboten der Behindertenhilfe erleichtern will (http://www.bhh-sozialkontor.de). In dem Stadtteil hat ein Drittel der Bevölkerung einen Migrationshintergrund. Die Beratungsstelle wird von einer Sozialpädagogin mit türkischem Hintergrund geleitet. Ein Projektbericht wird gegenwärtig vom Institut für Sozialarbeit und Sozialpädagogik ISS Frankfurt erstellt.
- Ein *Beratungsangebot für behinderte Menschen mit türkischem oder muslimischem Hintergrund in Bremen* besteht seit 2006 (http://www.lebenshilfe-bremen.de). Auch diese Beratungsstelle wird von einer Sozialpädagogin mit türkischer Muttersprache geleitet.
- Exemplarisch für Aktivitäten in den Bundesländern sei hier auf die *Soziale und sozialpädagogische Familienberatung für türkische Familien mit einem behinderten Kind* des Jugendamts Düsseldorf hingewiesen, in der u. a. eine Sozialarbeiterin und Familientherapeutin mit türkischen Hintergrund tätig sind (http://www.duesseldorf.de).
- Die Verleihung des Paul-Lechler-Preises 2008 an zwei Projekte an der Schnittstelle Behinderung und Migration zeigt die zu nehmende Wahrnehmung der Thematik. In dem *Projekt „Willkommen"* arbeiten Laien mit und ohne Behinderung aus unterschiedlichen Kulturkreisen zusammen. Das 2008 begonnene Projekt hat eine Laufzeit von zwei Jahren. Aufgaben sind die niedrigschwelligen Beratung und die Unterstützung der Selbstorganisation der Betroffenen (http://www.lebenshilfe-tuebingen.de).

Als Ausdruck der interkulturellen Öffnung der Hilfen für Menschen mit geistiger Behinderung ist an dieser Stelle auch eine zweisprachige *Publikation der Bundesvereinigung Lebenshilfe für Menschen mit geistiger Behinderung e. V.* zu nennen, in der Familien mit türkischem Migrationshintergrund ihre Erfahrungen und Vorstellungen für das Leben ihrer behinderten Töchter und Söhne schildern (BEYER 2003). Für Menschen mit Behinderung stellt das Bundesministerium für Arbeit und Soziales ein Faltblatt mit *Informationen zum Persönlichen Budget in türkischer Sprache* zur Verfügung.[63]

Weitere Aktivitäten

In der Integrationsarbeit haben sich – mit jeweils unterschiedlicher Schwerpunktsetzung – *Lotsenprojekte* bewährt. Allen gemeinsam ist die Qualifikation von Personen mit bilingualen Sprachkenntnissen als Mediatoren zwischen der noch nicht ausreichend integrierten Bevölkerung mit Migrationshintergrund und dem deutschen Gesundheits- und Versorgungssystem. So bildet beispielsweise das bundesweit verankerte *Projekt „MiMi – Mit Migranten für Migranten – Interkulturelle Gesundheit in Deutschland"*, das 2003 vom Ethno-Medizinischen Zentrum e. V. (EMZ) in Köln entwickelt wurde, Migrantinnen und Migranten mit bilingualer Sprachkompetenz zu Multiplikatoren im Gesundheitswesen aus. Sie wirken damit der Gefahr einer Fehl- oder Unterversorgung der Bevölkerung mit Migrationshintergrund entgegen, die aufgrund sprachlicher und kultureller Barrieren Gesundheitsangebote nur unzureichend in Anspruch nehmen. Die Teilnehmer/innen des MiMi-Gesundheitsprojekts werden befähigt, selbstständig zu gesundheitlichen Themen Informationsveranstaltungen in den jeweiligen Lebensräumen ihrer Landsleute in ihrer Muttersprache durchzuführen (interkultureller Setting-Ansatz). Dabei werden lokale und regionale Netzwerke einbezogen. Des Weiteren wurde ein Gesundheitswegweiser in verschiedenen Sprachen entwickelt, der als Download zur Verfügung steht (http://www.bkk-bv-gesundheit.de/bkk-promig/). Die Zielgruppe der Menschen mit Behinderung wird im Rahmen der Lotsenprojekte nicht explizit benannt; die Projekte können jedoch Anknüpfungspunkte für Informationen und Zugänge im Bereich der Behindertenhilfe sein.

63 http://www.bmas.de/portal/30260/persoenliches__budget__flyer__tuerkisch.html

3.3 Initiativen und Projekte in Berlin

Im Folgenden werden Angebote von Migrantenorganisationen, Initiativen von Angehörigen- und Selbstvertretungsgruppen, Aktivitäten der Fachverwaltungen auf Senats- und Bezirksebene weitere Projekte im Migrationsbereich sowie interkulturelle Ansätze der Behindertenhilfe im Land Berlin dargestellt, ohne Anspruch auf Vollständigkeit.

Angebote von Migrantenorganisationen

Teilhabe von Menschen mit geistiger Behinderung gehört im Bereich der Migrantenvereine nur vereinzelt zum Tätigkeitsfeld der Organisationen. Ein Dachverband (Türkischer Bund Berlin Brandenburg) und kleinere Vereine haben sich des Themas Behinderung angenommen, wobei erworbene Behinderungen im Vordergrund stehen. Hier werden insbesondere Angebote für ältere Menschen mit Behinderung gemacht (vgl. zum Beispiel http://www.em-der.de). Im Stadtteil Neukölln sind zwei *Beratungsstellen für behinderte Menschen mit Migrationshintergrund* entstanden. Einer der Träger, der sich auch an Menschen mit geistiger Behinderung richtet, bietet neben der Beratungstätigkeit betreutes Einzelwohnen vorrangig für Personen aus muslimisch geprägten Kulturkreisen an (http://www.miges-berlin.de). Darüber hinaus ein *Wegweiser für Menschen mit Behinderung* zu nennen, den das „Interkulturelle Beratungs- und Begegnungs-Centrum IBBC e. V." u. a. in deutsch-türkischer Sprache herausgegeben hat (http://www.ibbc-berlin.de).

Initiativen von Angehörigen und Selbstvertretungsgruppen

In Berlin sind überwiegend Angehörigengruppen mit türkischem Hintergrund aktiv. Eine der ersten Angehörigengruppen, die bis heute besteht, geht auf die Initiative einer Mutter eines behinderten Sohnes zurück. Neben der Leitung einer seit 15 Jahren bestehenden *„Mutter-und-Kind-Gruppe"* ist sie in der Beratung von Angehörigen und in der Öffentlichkeitsarbeit für Familien mit türkischem Hintergrund und einem behinderten Kind aktiv.[64] Darüber hinaus bietet der *Verein „Eltern beraten Eltern von Kindern mit und ohne Behinderung e. V."* eine Gesprächsgruppe für Angehörige von behinderten Kindern mit Migrationshintergrund an und hält mehrsprachige Informationsflyer bereit (http://www.eltern-beraten-eltern.de). Eine *Gruppe für türkisch- und arabischstämmige Frauen mit behinderten Kindern und Jugendlichen* bietet die gemeinnützige Gesellschaft MIGES gGmbH an (http://www.miges-berlin.de). Hier trifft sich wöchentlich ebenfalls eine Gruppe türkisch- und arabischstämmiger Erwachsener mit körperlicher und geistiger Behinderung.

Aktivitäten der Fachverwaltungen auf Senats- und Bezirksebene

Eine Kleine Anfrage im Berliner Abgeordnetenhaus im September 2007 hat erbracht, dass es in Berlin *keine ausreichende Datengrundlage* zur Situation von Menschen mit Behinderung, die einen Migrationshintergrund haben, gibt. Auch *konzeptionelle Vorstellungen zur Zusammenarbeit* zwischen dem Berliner Integrations- und Migrationsbeauftragten und dem Landesbeauftragten für Menschen mit Behinderung mit dem Ziel der Verbesserung der Teilhabechancen dieses Personenkreises bestehen nur ansatzweise. Nach Aussage der *Senatsverwaltung für Integration, Arbeit und Soziales* werden Menschen mit Behinderung und Migrationshintergrund in der beruflichen und vorberuflichen Rehabilitation sowie in betreuten Wohnformen für Menschen mit Behinderungen regelhaft versorgt und betreut (ABGEORDNETENHAUS BERLIN 2007). In der Antwort auf eine weitere Kleine Anfrage (ABGEORDNETENHAUS BERLIN 2008) wird deutlich, dass die Senatsverwaltung inzwischen der Schnittstelle Migration und Behinderung stärkere Aufmerksamkeit widmet. Künftig soll das Merkmal Migrationshintergrund in den Statistiken der Fachverwaltungen eingeführt werden. Des Weiteren sollen durch den Landesbeauftragten für Integration die bezirklichen Integrationsbeauftragten und die Beauftragten für die Belange von Menschen mit Behinderung vernetzt werden. Zudem wird in Aussicht gestellt, im Behindertenbericht 2010 ein umfassendes Kapitel zur Situation von behinderten Menschen mit Migrationshintergrund aufzunehmen (ABGEORDNETENHAUS BERLIN 2008).

64 www1.mdr.de/selbstbestimmt/6306638.html

In einigen Berliner Bezirken mit einem hohen Bevölkerungsanteil mit Migrationshintergrund laufen bereits Aktivitäten zur Verbesserung der gegenwärtigen Situation. Beispielhaft werden im Folgenden Initiativen in Friedrichshain-Kreuzberg, Neukölln und Mitte skizziert.

Das *Bezirksamt Friedrichshain-Kreuzberg* strebt im Rahmen des Projekts „Prozessunterstützende interkulturelle Organisationsentwicklung", das vom Landesbeauftragten für Integration und Migration initiiert wurde, u. a. Verbesserungen im Bereich Hilfe zur Pflege und Eingliederungshilfe für Menschen mit Behinderungen an (Abt. Gesundheit, Soziales und Beschäftigung). Ziel ist, die Zugangsbarrieren für Migranten und Migrantinnen mit Behinderungen oder gesundheitlichen Einschränkungen zu identifizieren und geeignete Maßnahmen zur Beseitigung der Barrieren zu erarbeiten. Zudem sollen zur Bekanntmachung der unterschiedlichen Angebote der sozialen Dienste und des Gesundheitsamtes neue Informationswege beschritten werden und Vorbehalte zur Inanspruchnahme abgebaut werden.

Seit 2006 werden auf der Grundlage eines Bezirksamtsbeschlusses in den Fachverwaltungen Schulungen zur Erlangung der interkulturellen Kompetenz durchgeführt. In 2008 hat sich eine Arbeitgruppe aus Vertreterinnen und Vertretern der Verwaltung und eines Freien Trägers mit dem Themenfeld „Migranten/Migrantinnen und Behinderung" befasst, vor allem mit den Gründen der unzureichenden Information, der mangelnden Inanspruchnahme der Angebote und den tatsächlichen Bedarf. Zur Ermittlung der Ursachen der mangelnden Inanspruchnahme und des Hilfebedarfs wurde eine Umfrage in niedrigschwelligen Beratungsstellen durchgeführt. Auf der Basis der Ergebnisse sollte in Zusammenarbeit mit Trägern ambulanter und stationärer Pflege- und Behinderteneinrichtungen ein Gesamtkonzept entwickelt werden. Das Projekt wurde wissenschaftlich begleitet.

Die Behindertenbeauftragte im *Bezirk Neukölln* hat Initiativen gestartet, die sich für eine stärkere Vernetzung von Migrantenorganisationen mit Anbietern der Behindertenhilfe des Bezirkes einsetzen und Migrantenorganisationen in dem Prozess der Öffnung ihrer Angebote für Menschen mit Behinderung unterstützen.

> „Migranten, die eine Behinderung haben, benötigen nicht nur eine Beratung in der Muttersprache, sondern auch eine Begleitung zu den erforderlichen Behörden, weil sie schlecht oder gar nicht über das Hilfesystem der Behindertenhilfe aufgeklärt sind. Es werden Ortsbegehungen in verschiedenen Einrichtungen der Behindertenhilfe und Informationsveranstaltungen durchgeführt, damit Migrantenvereine die Betroffenen in ihrer eigenen Beratung anders auf entsprechende Angebote aufmerksam machen können." (Bestandsaufnahme in Berlin-Neukölln zum Analyserahmen des Europarates „10 Schritte, um eine interkulturelle Stadt zu werden" Juli 2008, 10)

In Kooperation mit dem Verein Mittenmang e. V. und dem Türkisch-Deutschen Zentrum e. V. wurde eine Beratungsstelle für Menschen mit Behinderung im Reuterkiez eingerichtet, die – neben niedrigschwelligen Angeboten (Café, Internetcafé) – Beratung in den Sprachen Deutsch, Türkisch, Polnisch und Italienisch anbietet. Darüber hinaus wurden gemeinsam mit Migrantenvereinen öffentliche Kampagnen, Aufklärungs- und Informationsveranstaltungen durchgeführt, unter anderem zu Fragen der Integration von Menschen mit Behinderungen und der kultursensiblen Altenhilfe.

Im *Bezirk Mitte* kooperiert die Fachverwaltung im Rahmen des Verbundprojekts „Zuwanderer in der Stadt" mit dem Lotsenprojekt „Die Brücke". In diesem Projekt werden Mittlerpersonen mit Migrationshintergrund durch Vertreter der Verwaltung zu Angeboten und Strukturen der verschiedenen Verwaltungsbereiche, unter anderem der Eingliederungshilfe, geschult. Sie sollen Einwohner/innen mit Migrationshintergrund in Gebieten mit besonderem Entwicklungsbedarf den Zugang zu den Leistungen erleichtern (BAYKARA 2006, 178). Eine Auswertung des Modellprojekts ergab, dass das Thema Schwerbehinderung in den Beratungsgesprächen der Mittlerpersonen nur selten thematisiert wurde.

Weitere Projekte aus dem Migrationsbereich

- Zu den Angeboten im Bereich der Migrationssozialarbeit, die von Anbietern der Behindertenhilfe genutzt werden können bzw. Anknüpfungspunkte für die Weiterentwicklung der Behindertenhilfe bieten, gehört der *Gemeindedolmetschdienst*. Hier können soziale Beratungsstellen Dienste von ausgebildeten Sprach- und Kulturmittlerinnen gegen eine geringe Aufwandsentschädigung in Anspruch nehmen (http://www.gemeindedolmetschdienst-berlin.de).

- Ein weiteres Beispiel, das Impulse für die Weiterentwicklung der Angebote geben kann, ist das *Integrationsprojekt „Stadtteilmütter in Neukölln“* (http://www.berlin.de/ba-neukoelln/verwaltung/modellprojekteimbezirk.html). In diesem Projekt werden arbeitslose Frauen türkischer oder arabischer Herkunft für die Arbeit als Stadtteilmütter ausgebildet. Schwerpunkte sind die Themen Erziehung, Bildung, Gesundheit, Sexualität, Einwanderung, Sprache, Arbeit und Recht sowie Förderung von Kindern und Jugendlichen. Mit diesem Wissen und entsprechenden Informationsmaterialien zu möglichen Unterstützungsleistungen besuchen sie bildungsferne Familien mit Migrationshintergrund, die ansonsten Angebote kaum in Anspruch nehmen (WITT 2008). Weitere Beispiele von gelingender Praxis sozialraumorientierter interkultureller Arbeit im Stadtteil finden sich bei STRAẞBURGER & BESTMANN (2008).
- Im *Projekt „Migrantenorganisationen als Träger von Freiwilligendiensten“* wird seit 2008 in Berlin die Türkische Gemeinde in Deutschland (TGD) in einem Tandemprojekt mit dem Institut für Sozialarbeit und Sozialpädagogik e. V. (ISS) als Träger von Freiwilligendiensten qualifiziert (http://www.mo-freiwilligendienste.de). Dieses Projekt kann von Anbietern der Behindertenhilfe genutzt werden, um bilinguale Mitarbeiter/innen zu gewinnen.

Interkulturelle Ansätze in der Behindertenhilfe

Innerhalb der Behindertenhilfe gehören gezielte Maßnahmen im Hinblick auf die interkulturelle Öffnung der Angebote noch nicht zum Standard. Vereinzelt werden auf organisatorischer, personeller und konzeptioneller Ebene die Voraussetzungen für adäquate Unterstützungsleistungen für Menschen mit Behinderung nicht-deutscher Herkunftssprache geschaffen. Insbesondere in der Arbeit mit Familien mit behinderten Kindern und Jugendlichen mit Migrationshintergrund werden Mitarbeiter/innen systematisch zu interkultureller Kompetenz fortgebildet. Zunehmend werden Mitarbeiter/innen mit nicht-deutscher Herkunft und bilingualer Sprachkompetenz beschäftigt.

Im Bereich des Wohnens von Erwachsenen mit geistiger Behinderung werden vereinzelt Informationsflyer in türkischer Sprache zur Verfügung gestellt, auch hier sind türkischsprachige Mitarbeiter/innen beschäftigt. Als Beispiel für eine Kooperation mit Migrantenorganisationen sei der Träger „Heilpädagogische Ambulanz Berlin e. V.“ genannt, der im Rahmen des Betreuten Einzelwohnens Unterstützung für Menschen mit geistiger Behinderung und psychischen Störungen bzw. gravierenden Verhaltensauffälligkeiten anbietet. In der Selbstdarstellung des Trägers werden Menschen mit Migrationshintergrund explizit berücksichtigt, zudem werden Fortbildungen in diesem Themenbereich angeboten. Es besteht eine Zusammenarbeit mit der Migrantenorganisation „Integrative Migrantenarbeit IMA e. V.“, zu deren Zielgruppen u. a. Großfamilien arabischer oder türkischer Herkunft zählen, in denen geistig behinderte Menschen mit Verhaltensauffälligkeiten leben, die bisher keinen Zugang zum System der Behindertenhilfe gefunden haben. In einem Positionspapier der Migrantenorganisation werden Probleme im Hinblick auf die Zielgruppe in erster Linie in traditionellen patriarchalischen Familienstrukturen, religiösen Orientierungen, Misstrauen gegenüber Institutionen der Mehrheitsgesellschaft und Abschottungstendenzen identifiziert.[65]

Ein weiteres Beispiel der interkulturellen Öffnung der Behindertenhilfe ist eine verbandsinterne Kooperation zwischen dem Bereich der Behindertenhilfe und dem Migrationsbereich. Seit Ende 2009 gibt es in einem Begegnungszentrum der AWO für Migranten in Kreuzberg ein Beratungsangebot für behinderte Migranten und Migrantinnen. Die Beratung wird in Zusammenarbeit mit Mitarbeitenden eines Trägers der Behindertenhilfe angeboten.

Vernetzung an der Schnittstelle Migration und Behinderung

Der Überblick über Aktivitäten an der Schnittstelle Migration und Behinderung zeigt, dass es auf unterschiedlichen Ebenen Projekte und Initiativen gibt, die sich mit der Situation von Menschen mit Behinderung und Migrationshintergrund befassen. HEIDEN et al. (2009, 44) stellen in ihrer

65 unveröff. Beitrag auf der Jubiläumsveranstaltung der Heilpädagogischen Ambulanz am 17. Juli 2009

Studie zur Beratung dieser Personengruppe fest, „dass diese Initiativen häufig nicht voneinander wissen und eine Vernetzung dringend erforderlich ist".

Beispielhaft werden im Folgenden Berliner Initiativen aus dem Bereich der türkischen Community und des AWO-Landesverbands Berlin vorgestellt.

- Ende 2009 hat sich die *Initiative „Biz de variz! – Wir sind auch da!*" der Türkisch-Deutschen Frauenvereinigung zu Berlin (BETAK e. V.) in Kooperation mit den Berliner Werkstätten für Behinderte GmbH (BWB) gegründet. Sie setzt sich für die aktive Teilhabe von behinderten Menschen mit Migrationshintergrund am Leben in der Gesellschaft ein. Ausgehend von den Bedürfnissen der Betroffenen bilden die Öffentlichkeitsarbeit und die Stärkung von Selbsthilfegruppen den Schwerpunkt der Initiative.
- Ende 2008 hat der Landesverband der Arbeiterwohlfahrt Berlin das *Fachforum „Menschen mit Behinderung und Zuwanderungsgeschichte in Berlin*" gegründet. Es versteht sich als ein Zusammenschluss von Vereinen, Verbänden und Institutionen der Behindertenhilfe und des Migrationsbereichs sowie von Vertretern merkmalsbezogener Selbsthilfegruppen, Migrantenorganisationen und der Fachverwaltung. Ziel des Forums ist, Impulse zu geben für die Weiterentwicklung der Qualität der sozialen Dienste für Menschen mit Behinderung und Zuwanderungsgeschichte in Berlin. Die inhaltliche Arbeit konzentriert sich auf den fachlichen Austausch und die Vernetzung an der Schnittstelle Migration und Behinderung.

Ein Baustein in der Arbeit des Fachforums des AWO-Landesverbands ist der Aufbau eines Pools von anonym erfassten Fallbeispielen. In diesem Zusammenhang wurden Menschen mit Behinderung und Migrationshintergrund sowie ihre Angehörigen nach ihrer Zufriedenheit mit ihrer momentanen Lebenslage, nach ihren Ressourcen und Problemen sowie nach ihren Wünschen und Bedürfnissen befragt. Durch die Befragungen sollen Einblicke in unterschiedliche Lebenslagen von Menschen mit Behinderung und Zuwanderungsgeschichte gewonnen werden, die Hinweise auf eine bedürfnisgerechte Angebotsentwicklung in der Behindertenhilfe geben (FREISTEIN 2009). Eine Auswertung der ersten insgesamt 13 Interviews und Fallskizzen, in denen MENSCHEN mit türkischem Migrationshintergrund und unterschiedlichen Beeinträchtigungen dominieren, verdeutlicht in anschaulicher Weise die Komplexität und Diversität der Lebenslagen. Übereinstimmend geben die Interviewpartner an, dass sie sich belastet fühlen, insbesondere durch eine schlechte soziale Lage, die durch Arbeitslosigkeit, fehlende Bildungsabschlüsse und eine unzureichende Wohnsituation geprägt ist. Teilweise werden Probleme benannt, die in direktem Zusammenhang mit ihrem Migrationshintergrund stehen, z. B. der ungesicherte Aufenthaltsstatus oder die Diskriminierung als Kopftuchträgerin.

Im Hinblick auf die Interviews mit Angehörigen von Kindern mit geistiger und mehrfacher Behinderung hält FREISTEIN resümierend fest:

> „Die Interviews mit Müttern und Vätern behinderter Kinder zeigen auf, wie wichtig ihnen die Förderung ihrer Kinder ist. Gute Betreuung, Pflege und Förderung der behinderten Kinder stellt einen hohen Wert dar, für den sie sich mit ganzer Kraft einsetzen, oft bis zur Überforderung der gesamten Familie. (…) Die eigenen Bedürfnisse und die Bedürfnisse der anderen Familienmitglieder (weitere Kinder, Ehepartner) werden stark zurückgestellt, oft dauerhaft vernachlässigt. (…) Fragen nach der eigenen Zukunft bzw. der Zukunft der behinderten Kinder, werden nur sehr zurückhaltend geäußert und scheinen in den Familien eher Sorgen und Befürchtungen auszulösen." (FREISTEIN 2009, 12)

Gefragt nach Perspektiven werden von den Beteiligten Wünsche nach Problemfreiheit benannt, nach einem „normalen" Leben ohne Aussonderung von Menschen mit Behinderung, weniger Mitleid und mehr Akzeptanz sowie der Wunsch, einen aktiven Beitrag zum gesellschaftlichen Leben leisten zu können.

Insgesamt verdeutlich der Einblick in die Forschungslage und in bestehende Projekte, dass Teilhabe von Menschen mit Behinderung und Migrationshintergrund auf unterschiedlichen Ebenen und von verschiedenen gesellschaftlichen Akteuren aufgegriffen wird. Auch hier zeigen die Aktivitäten beispielsweise aus der türkischen Community, welche gesellschaftlichen Leistungen von Zugewanderten für die Verbesserung der Teilhabe von Menschen mit Behinderung erbracht werden. Es zeichnet sich die Tendenz ab, dass die Thematik stärker von der Fachöffentlichkeit aufgegriffen wird.

4 Sichtweisen von Akteuren an der Schnittstelle Migration und Behinderung

Das Handlungsfeld Migration und Behinderung wurde im Rahmen der KUNDENSTUDIE auf unterschiedlichen Ebenen thematisiert. Es war Gegenstand der Befragung von Anbietern wohnbezogener Dienste und der Interviews mit Expertinnen und Experten aus unterschiedlichen Verantwortungsbereichen innerhalb und außerhalb der Behindertenhilfe. Da das Thema im Kontext der Studie nur ein Schwerpunkt neben anderen war, konnte das Handlungsfeld nicht systematisch und mehrdimensional untersucht werden. Eine umfassende Behandlung der Thematik erfordert eine eigenständige Studie. Dennoch haben die punktuell erhobenen Einschätzungen und Erfahrungen hinsichtlich der Weiterentwicklung der Angebote im Bereich des Wohnens Relevanz. Von besonderer Bedeutung sind die in Interviews gewonnenen Aussagen von Menschen mit Behinderung und ihren Angehörigen sowie von Akteuren im Bereich der Migration, z. B. Migrantenorganisationen oder Anbieter von sozialen Diensten. Die Perspektive aus diesem Bereich blieb im Fachdiskurs der Behindertenhilfe bislang nahezu unbeachtet. Ein Beispiel für Initiativen zur Vernetzung der Akteure im Feld von Migration und Behinderung ist eine Bezirkskonferenz, die die KUNDENSTUDIE in Tempelhof-Schöneberg durchgeführt hat (vgl. Kap. IX).

Einschätzungen der Bezirksbeauftragten

Um einen Überblick über die Problemlagen in den Berliner Bezirken zu erhalten, wurde im Rahmen der KUNDENSTUDIE eine Umfrage bei den bezirklichen Beauftragten für Migration und Integration und den Beauftragten für die Belange von Menschen mit Behinderung durchgeführt (BÖSING 2009). Acht der insgesamt zwölf Berliner Bezirke haben sich an der Umfrage beteiligt, darunter fünf Integrationsbeauftragte und sieben Behindertenbeauftragte. Damit ist eine Rücklaufquote von 50 % erreicht (n = 24).

Die Belange von Menschen mit Behinderung und Migrationshintergrund fallen in die Zuständigkeit beider Beauftragten. Beide engagieren sich für die Teilhabe der von ihnen vertretenen Personengruppe. Unklar ist, welchen Stellenwert das zum jeweils anderen Aufgabenspektrum gehörende Merkmal Migration bzw. Behinderung hat und wie die konkrete Zusammenarbeit zwischen beiden Verantwortungsbereichen aussieht. Schwerpunkte der Befragung waren Erfahrungen mit der Zielgruppe der behinderten Menschen nicht-deutscher Herkunft, eine Einschätzung der Angebotsstruktur im Bezirk und der aus der Perspektive der Beauftragten wahrgenommene Handlungsbedarf.

Mit Ausnahme von zwei Bezirken mit einem hohen Bevölkerungsanteil mit Migrationshintergrund finden *Kontakte* zu behinderten Menschen nicht-deutscher Herkunft meist seltener als monatlich statt, wobei Frauen und Männer mit körperlichen Behinderungen überwiegen. Dies kann im mangelnden Bekanntheitsgrad der Beauftragten bei den Betroffenen begründet sein oder darin, dass bestehende Probleme auf anderen Ebenen angesprochen bzw. auf andere Weise gelöst werden. In den Bezirken mit geringerem Migrantenanteil sind Kontakte mit der Zielgruppe seltener. Die Herkunftsländer variieren stark nach Bezirk. In den östlichen Bezirken werden überwiegend die ehemalige Sowjetunion und ihre Nachfolgestaaten genannt, darüber hinaus Bulgarien, das ehemalige Jugoslawien und Vietnam. In anderen Bezirken dominieren Menschen mit türkischen und arabischen Wurzeln, teilweise auch russischer und asiatischer Herkunft. Vereinzelt werden Pakistan, Syrien oder afrikanische Staaten genannt.

Als häufigste *Gründe für eine Kontaktaufnahme* mit den Beauftragten werden Informationsbedarf, aktuelle Probleme (z. B. Suche nach behindertengerechtem Wohnraum), Beschwerden, rechtliche Beratung und Weitervermittlung genannt. Bei erwachsenen Menschen mit Behinderung und Migrationshintergrund stehen Fragen der Ausbildung und Arbeit, der Pflege und medizinischen Versorgung sowie finanzielle Fragen im Vordergrund. Spezifische *Problemfelder* für den Personenkreis sind Verständigungsschwierigkeiten, Informationsdefizite, Probleme im Umgang mit Behörden (z. B. Ausfüllen von Anträgen) sowie Isolations- und Überforderungstendenzen in der Familie. Einer der Befragten merkt an, dass Problemlagen bei den Menschen mit Behinderung insbesondere dann entstehen, wenn kein Ablösungsprozess in der Familie ermöglicht wird. Die Angebote der Behindertenhilfe haben nach den Erfahrungen der Befragten häufig zu hohe Zugangsbarrieren für Familien mit Migrationshintergrund; nur bei wenigen sei eine interkulturelle Öffnung in Gang gekommen.

Alle Beauftragten kooperieren mit dem jeweils anderen Beauftragten ihres Bezirks. Fast gleich viele geben *Kooperationen* im Zusammenhang mit der Zielgruppe mit anderen Behörden an (z. B. Ausländerbehörde, Jugendamt, Integrationsamt, Gesundheitsamt, Schulamt, Sozialamt). Neben den allgemeinen bezirklichen Anlaufstellen für Menschen mit Behinderung werden als *spezielle Angebote für den Personenkreis* in den Bezirken Mitte und Neukölln die oben genannten Beratungs- und Lotsenprojekte angegeben, deren Finanzierung allerdings nicht langfristig gesichert sei. In mehreren Bezirken gibt es *Informationsbroschüren* zu Angeboten für Menschen mit Behinderung, häufig in mehreren Sprachen. Die inhaltlichen Schwerpunktsetzungen variieren, Informationen in leichter Sprache wurden nicht benannt.

Bei der *Bewertung der bestehenden Angebote* für Menschen mit Behinderung und Migrationshintergrund schneidet der Bereich Arbeit am schlechtesten, die Beratung am besten ab. Die Angebote in den Bereichen Wohnen und Freizeit werden überwiegend gut beurteilt. Jeweils mindestens ein Viertel der Befragten konnte oder wollte die Frage nicht beantworten (Abb. 61).

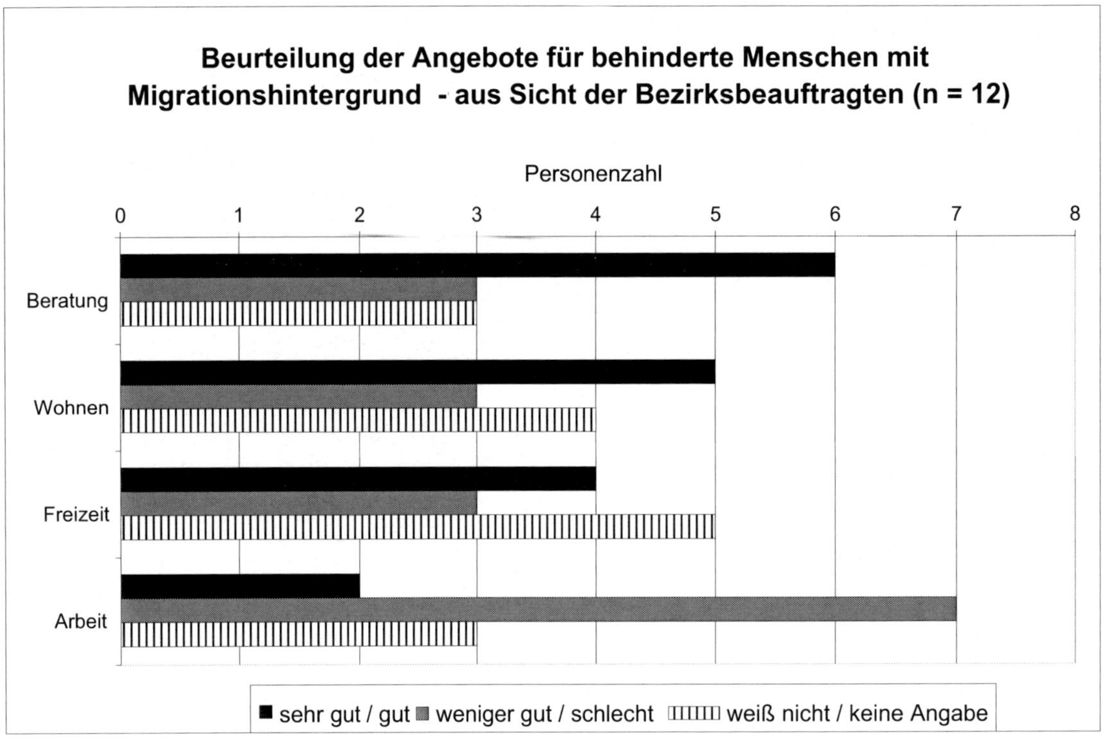

Abb. 61: Beurteilung der Angebote für behinderte Menschen nicht-deutscher Herkunft

Handlungsbedarf wird in der *interkulturellen Öffnung der Behindertenhilfe* gesehen, die in Zusammenarbeit mit den Migrantenorganisationen vonstattengehen sollte, um die Tabuisierung von Behinderung innerhalb der ausländischen Communities zu mindern. Im Einzelfall wurde die Förderung der Inklusion, Deutschkenntnisse, Ausbildung und Arbeit sowie die Anerkennung der im Herkunftsland erworbenen Abschlüsse als besonderer Handlungsbedarf genannt; vier Befragte beantworteten die Frage nicht. *Verbesserungsvorschläge* beziehen sich auf bezahlbaren behindertengerechten Wohnraum, eine Verbesserung der Informationssysteme und der Vernetzung der Träger sowie die Förderung themenzentrierter Zusammenkünfte. Ein Befragter verweist darauf, dass mehr Geld für Migrantenvereine zur Verfügung gestellt werden sollte. Auffällig ist, dass im Zusammenhang mit dem Veränderungsbedarf bei vielen Fragen keine Antworten gegeben wurden oder wegen fehlenden Einblicks nicht gegeben werden konnten („kann ich nicht beurteilen"). Der Handlungsbedarf bezüglich der Zielgruppe von Menschen mit Migrationshintergrund und Behinderung scheint für einige Beauftragte nicht erkennbar bzw. nicht vorhanden zu sein. Zwei Beauftragte geben durchgängig an, dass es bisher keine diesbezüglichen Beschwerden gab und somit auch kein tatsächlicher Bedarf zur Verbesserung der Situation dieses Personenkreises und ihres Bezugsumfelds vorliege. Vermutlich hängen Einschätzungen dieser Art auch mit der Größe der Zielgruppe in den jeweiligen Bezirken zusammen.

Als Tätigkeitsfelder, in denen die Beauftragten *selbst aktiv* werden können bzw. bereits aktiv sind, werden die Bereitstellung von Informationsflyern, die Organisation von Informationsveranstaltungen, die Multiplikation von Informationen und die Sensibilisierung für die Zielgruppe in Kooperation mit Projekten und Vereinen, die mit Menschen mit Migrationshintergrund arbeiten, genannt. Bereits eingeleitet sei die Sensibilisierung in Gremien, wie die LAG der Beauftragten für Integration und Migration oder den Behindertenbeirat des Bezirks. In einem Bezirk hat in Kooperation mit der AWO ein Dialogtisch zum Thema „Migranten mit Behinderung treffen Professionelle aus der Behindertenhilfe" stattgefunden. Andere haben ein Referat im Beirat für Menschen mit Behinderung gehalten, sich für die Verbesserung der Internetseite zum Rollstuhlbenutzer-Wohnen engagiert oder Verhandlungen mit Mietern bezüglich behindertengerechten Wohnraums geführt. Anzumerken ist, dass bislang nur sieben der zwölf Befragten etwas zur Verbesserung der Situation unternommen haben. Im Interesse einer bezirksübergreifenden interkulturellen Öffnung der Behindertenhilfe ist eine weitergehendere Kooperation und Vernetzung zwischen den Beauftragten und der Zielgruppe und den Einrichtungen der Behindertenhilfe erforderlich.

Hinsichtlich der besonderen Bedarfe von Erwachsenen mit geistiger und mehrfacher Behinderung mit nicht-deutscher Herkunftssprache hat nach Einschätzung der Beauftragten die *Einbindung der Familie* einen besonderen Stellenwert: *„Einbeziehen, Informieren auf Engste! Systemischer Ansatz – er hat am meisten Aussicht auf Erfolg!"* Dabei müsse auch das Verständnis von Behinderung thematisiert werden: *„Migranten müssen Migranten beraten. Ihnen muss klar gemacht werden, dass es keine Schande oder Fluch ist."* Weitere Aspekte sind die *angemessene Information* der Betroffenen und ihrer Angehörigen, damit sie sich im Bedarfsfall für externe Hilfsangebote öffnen. In dem Zusammenhang wird berichtet, dass Migranten Leistungsablehnungen seitens des Bezirksamts häufig auf ihren Migrationshintergrund zurückführen und sich dadurch diskriminiert fühlen.

Die Umfrage unter den Bezirksbeauftragten für Integration und Migration und für die Belange von Menschen mit Behinderung hat deutlich gemacht, dass es auf unterschiedlichen Ebenen einer *Sensibilisierung* für die Situation von Menschen mit Behinderung und Migrationshintergrund bedarf. BÖSING (2008) resümiert:

> „Die starke Einbindung in die Familien kann für viele behinderte Menschen mit Migrationshintergrund ein förderlicher Kontextfaktor für Inklusion im Sinne der ICF sein, sie bringt jedoch auch die Gefahr weiterer Ausgrenzung von der Teilhabe am Leben in der Gesellschaft mit sich. Wenn Behinderung in den Familien als Schande verstanden wird oder die Thematik tabuisiert wird, wirkt sich der Kontextfaktor Familie beziehungsweise Migrationshintergrund negativ auf die Wechselwirkung der Beeinträchtigung mit den umwelt- und personenbezogenen Faktoren aus und führt somit zur fortschreitenden Exklusion [vgl. WANSING 2005, 79]. Durch das Informationsdefizit auf Seiten der Betroffenen und ihrer Angehörigen entsteht Misstrauen gegenüber den Behörden und der Behindertenhilfe. Leistungsablehnungen werden dann auf den Migrationshintergrund zurückgeführt und als diskriminierend gewertet und die Angebote der Behindertenhilfe werden als zu hochschwellig und nicht passgenau erlebt. Kulturelle, religiöse und sprachliche Missverständnisse scheinen, aufgrund der Erfahrungen, die negative Wechselwirkung von Behinderung und Migrationshintergrund und ihre Auswirkungen auf die Inklusion noch zu verstärken. Auf der anderen Seite besteht ein Informations- und Handlungsdefizit bei den zuständigen Einrichtungen der freien Träger und zum Teil auf Seiten der Bezirksämter. Auch von den befragten Beauftragten gaben einige an, keinen Bedarf zu erkennen und bisher kaum in Kontakt mit der Zielgruppe gestanden zu haben. Den Bedarf aufgrund geringer Nachfragen und Beschwerden aber nicht wahrzunehmen, verbessert die Partizipation der Betroffenen nicht und berücksichtigt nicht, dass diese ihre Belange eventuell nicht vertreten können, da sie nicht um ihre Rechte wissen. Aus diesem wechselseitigen Informationsdefizit geht das Fehlen einer entsprechenden an den Bedürfnissen der Personengruppe orientierten Angebotsstruktur in den Berliner Bezirken für Menschen mit Migrationshintergrund und Behinderung hervor." (BÖSING 2008, 38/39)

Erfahrungen im Fallmanagement

Im Zusammenhang mit Menschen mit geistiger Behinderung und Migrationshintergrund bekommt die Frage der Passgenauigkeit der Hilfen eine kulturbezogene Dimension. In Interviews mit Fallmanagerinnen und Fallmanagern wurde dieser Sachverhalt eher am Rande thematisiert. Dabei wurde deutlich, dass einige der behinderten Menschen mit nicht-deutscher Herkunftssprache in Einrichtungen der Behindertenhilfe betreut werden. Der größte Teil lebt noch in den Familien, was in vielen Kulturkreisen im Umgang mit behinderten Menschen üblich sei. Nicht alle nehmen Leistungen der Eingliederungshilfe in Anspruch. Mehrfach wurde darauf hingewiesen, dass sich viele Eltern im Kontakt mit dem Amt überfordert fühlen, weil sie schlechte Sprachkenntnisse haben und nicht verstehen können, welche Unterstützungsmöglichkeiten es gibt.

Im Einzelfall beobachten Fallmanager/innen bei Familien eine Anspruchshaltung, der aus leistungsrechtlichen Gründen nicht entsprochen werden könne, wie im Fall der Heiratsmigration aus der Türkei:

> *„Wir hatten mit dem SpD [Sozialpsychiatrischer Dienst] gemeinsam einen Termin. Ein junger Mann, geistig behindert, geht in eine Werkstatt, wohnt zu Hause, hat jetzt eine Frau kennen gelernt, natürlich in der Türkei. Frau soll jetzt rüberkommen und geistig behinderter Mensch soll sozusagen mit der jungen Frau, die aus der Türkei kommt, eine eigene Wohnung beziehen – wo sich sowohl dem SpD als auch mir ein bisschen die Haare gesträubt haben. Wir können uns da nicht einmischen, aber unsere Vorstellungen sind da dann doch ein bisschen anders als in der Türkei. Wir sind nicht dafür da, dafür zu sorgen, dass da quasi diese anderweitigen Kulturvorstellungen auch gelebt werden können – ein Stückweit natürlich, aber wir sehen auch mit Sorge, dass man das nicht so richtig abfragen kann. Man muss auch sehr vorsichtig damit sein, man will ja auch niemanden verletzen. Aber mir stellt sich dann schon die Frage: Weiß die junge Frau überhaupt über die geistige Behinderung des jungen Mannes Bescheid? Sie kommt dann hier nach Deutschland, sie heiraten dann, dann gibt es Kinder, und wir haben dann vielleicht auch mit dem Problem zu kämpfen, dass diese junge Frau wahrscheinlich auch dringend unserer Hilfe bedarf. Man versucht dann rauszukriegen, sie wollen jetzt eine eigene Wohnung beziehen: Können sie denn auch allein wohnen? Können sie denn eine Waschmaschine bedienen? Können sie auch einkaufen gehen? Und man trifft dann auf dieses Unverständnis: Das muss ich doch alles gar nicht lernen, dafür habe ich ja meine Frau. Dann muss ich auch keine Einzelfallhilfe installieren, (...) damit der junge Mann an seine Freundin Briefe schreiben kann und hier dann entsprechende Situationen entstehen können. Da ist man dann schon ein bisschen mit Alarmsignalen so versehen." (Int-E_F)*

Die Erfahrung aus dem Fallmanagement zeigt Probleme auf, die aus unterschiedlichen kulturellen Vorstellungen hinsichtlich der Lebensplanung von und für Menschen mit geistiger Behinderung resultieren. Die Möglichkeit der sozialen Absicherung durch Heirat rangiert zumindest bei weniger schwer behinderten Menschen oftmals vor der Inanspruchnahme professioneller Unterstützungsleistungen – ein Sachverhalt, der auch in Interviews mit Angehörigen nicht-deutscher Herkunft zum Tragen kommt.

Erfahrungen in wohnbezogenen Diensten und Einrichtungen

Die Befragung von Anbietern wohnbezogener Dienste und Einrichtungen für Menschen mit geistiger Behinderung hat erbracht, dass der *Anteil der erwachsenen Nutzer/innen mit nicht-deutscher Herkunftssprache* sehr gering ist: Knapp zwei Prozent von insgesamt 2.348 Bewohnerinnen und Bewohnern im stationären Bereich, rund ein Prozent von insgesamt 2.189 Frauen und Männern im ambulant unterstützten Wohnen (Kap. VI). In Heimen für Heranwachsende ist der Anteil mit knapp acht Prozent von 247 Heimplätzen deutlich höher. Frauen und Männer mit türkischer Herkunft sind am häufigsten vertreten, gefolgt von Personen mit russischer Herkunft und aus dem serbisch-kroatisch-bosnischen Raum.

Die Erfahrungen der Anbieter mit den Nutzer/innen mit Migrationshintergrund und ihren Familien sind unterschiedlich. Positiv bewertet werden die Bereicherung durch *vielfältige kulturelle Einflüsse* (*„Bereicherung für die Wohngruppe!!!!"*) und die meist sehr *gute Einbindung in familiäre Strukturen*, *„die auch der Wohneinrichtung zugutekommt"*. Viele haben einen *„großen Angehörigenkreis und somit zahlreiche Außenkontakte"*. Besonders hervorgehoben wird die *bi-kulturelle Kompetenz* eines Bewohners: *„Bewohner gelingt das Leben in beiden kulturellen ‚Welten' gut"*. Es wird berichtet, dass sich die Klienten mit Migrationshintergrund gut integriert haben, *„aller-*

dings fällt es den Eltern schwer, die Selbstbestimmung ihres Kindes zu akzeptieren". Andere *kulturelle Werte und Gewohnheiten* werden als Herausforderung für die Mitarbeiter/innen betrachtet, die in der Zusammenarbeit mit Angehörigen viel Feingefühl erfordern. Die Nutzer/innen seien gegenüber neuen Erfahrungen aufgeschlossen. Die *sprachliche Verständigung* laufe überwiegend problemlos, nur manchmal gebe es Verständigungsschwierigkeiten. Im Übrigen sei die Muttersprache bei einem hohen Anteil nichtsprechender Menschen von untergeordneter Bedeutung. Ein Befragter stellt fest, dass sich *„Zugang und Vertrauen erhöhen, wenn man BewohnerIn in der Muttersprache anspricht."* In einigen Fällen ist es notwendig, dass Bewohner/innen durch Mitarbeitende mit russischen Sprachkenntnissen betreut werden.

Schwierigkeiten ergeben sich vor allem bei der *Kommunikation mit Angehörigen* und bei kulturell bedingten Unterschieden hinsichtlich des *Rollenverständnisses* von Männern und Frauen („*Je nach kulturellem Hintergrund ist die Akzeptanz von weiblichen Bertreuungspersonen nicht gegeben*"). Im Zusammenhang mit *religiösen oder kulturellen Regeln* komme es bei den Beteiligten häufiger zu „*Regelverstößen*" und Missverständnissen. Manchmal würden Ansprüche an die Betreuung der Töchter und Söhne gestellt, „*die mit Rahmenbedingungen der Wohnheime nicht vereinbar sind*". Zudem könne sich die Berücksichtigung kultureller und religiöser Besonderheiten problematisch auf die Integration in die Wohngruppe auswirken.

Auch im Hinblick auf *Ablösungsprozesse* von der Herkunftsfamilie gibt es Probleme in der Zusammenarbeit mit Angehörigen. Häufig werden Familieninteressen über die individuelle Entwicklung der Tochter oder des Sohnes gestellt: „*Die engen und oft symbiotischen Familienbindungen sowie sehr traditionelle Geschlechterrollen erschweren oder verunmöglichen häufig eine Verselbstständigung und Ablösung.*" Einer der Befragten berichtet von einer Klientin, die in der Übernahme von familiären Aufgaben ausgenutzt wird („*Sie hat auf Druck die Oma gepflegt, war aber völlig überfordert*"). Manchmal ist bei den Angehörigen Misstrauen zu spüren, z. T. gepaart mit Versuchen intensiverer Einflussnahme auf die Arbeit in der Einrichtung.

Zur Verbesserung der Situation liegen gute Erfahrungen mit der *Erweiterung der sprachlichen Kompetenzen von Mitarbeitenden* und der Einbeziehung von *Personal mit multikulturellem Hintergrund* sowie der konzeptionellen Verankerung einer intensiven *Zusammenarbeit mit den Eltern* vor (vgl. Kap. VI).

Im Rahmen von Experten-Interviews zum Thema Migration und Behinderung berichtet ein Verband der Freien Wohlfahrtspflege, dass er intern eine stärkere *Vernetzung* seiner Angebote im Migrationsbereich mit Diensten der Behindertenhilfe anstrebt. Die *interkulturelle Öffnung* der Behindertenhilfe stecke insgesamt noch in den Anfängen, wenngleich einige Einrichtungen bereits seit Jahren mit behinderten Erwachsenen mit Migrationshintergrund arbeiten, z. B. in einem Förderbereich für Frauen und Männer mit schweren Behinderungen:

> *„Die arbeiten mit schwer- und schwerstbehinderten Menschen, häufig aggressiven Menschen, kieznah und familiennah im Stadtteil, so dass bei den Aktivitäten des täglichen Lebens, beim Einkaufen zum Beispiel es durchaus sein kann, dass Familienangehörige auch in der Schlange stehen bei Kaisers. Was ich gehört habe (anders als es vielleicht bei vergleichbaren deutschen Gruppen der Fall ist), dass die Anbindung an die Familie eine etwas höhere ist als das üblicherweise von unseren sozialen Institutionen geleistet wird. Da wurde mir erzählt, dass man auch zu Hochzeiten eingeladen wird und solche Dinge. Das gibt auch eine gewisse Familienanbindung. Man gibt sein ‚behindertes Kind', das auch erwachsen sein kann, in eine Tagesförderstätte, aber damit verbunden ist dann auch ein etwas engerer Kontakt zur Familie als das mit Deutschen vergleichbar ist." (Int-E_VB)*

Auffallend ist bei diesem Beispiel „gelungener Integration", dass keine Anstrengungen im Sinne einer interkulturellen Öffnung unternommen wurden, um Klienten mit Migrationshintergrund zu erreichen. Konzeptionell im Vordergrund steht hier die Stadtteilorientierung, Niedrigschwelligkeit und Qualifikation der Mitarbeiter/innen an sich.

Nach Ansicht der Verbandsvertreter besteht insbesondere bei *Beratungsangeboten* Handlungsbedarf. Neben der interkulturellen Öffnung von bestehenden Diensten der Behindertenhilfe, sollten alternative Angebote für Familien entwickelt werden, deren Angehörige die bestehenden Einrichtungen nicht nutzen:

„Was brauchen die für Unterstützung, kann man etwas zum Beispiel im Rahmen der persönlichen Budgets an diesen Stellen etablieren? Weil wir eher pessimistisch sind, dass die Einrichtungen und Dienste die richtige Antwort haben. (…) Und ob die Nachfrage sich wesentlich ändert, wenn interkulturell geöffnet ist, das wissen wir nicht. In der Altenhilfe kann man ablesen, da passiert was, aber das ist quantitativ nicht in dem Umfang, wie es eigentlich sein sollte." (Int-E_VB)

Statt vorschneller Strategieentwicklung sei es notwendig, zunächst die *Bedürfnisse und Vorstellungen der Betroffenen* zu erkunden:

„Mein Ansatz ist, dass wir erst mal in Kontakt kommen müssen, ins Gespräch kommen müssen mit den Menschen, um überhaupt in Tuchfühlung zu kommen, überhaupt sich kennen zu lernen und umeinander zu wissen" (Int-E_VB)

In diesem Zusammenhang weist die Vertreterin einer Beratungsstelle am Beispiel einer Frau, die Beratung in Anspruch genommen hat, auf die besonders schwierige *Lage von allein erziehenden Müttern mit behinderten Kindern* hin, die der deutschen Sprache nicht mächtig sind:

„Diese Mutter, alleinerziehend, zwei Kinder, zwei problematische Söhne, diese Mutter sprach quasi kein Deutsch, obwohl sie ihr Leben lang hier (...). Die war allein gelassen, wie man nur allein gelassen sein kann. Überfordert mit einem Anspruch, (…) dass sie schuld ist an der Behinderung, dass sie schuld ist, dass der Mann sie misshandelt hat, und dass dieses Kind nicht mehr spricht – also all die Probleme, die Mütter mit geistig behinderten Kindern haben, in einer potenzierten Form. Und da ist ja dieses Schuldgefühl, ich habe versagt als Frau, als Mutter, in einer noch mal potenzierteren Form." (Int-E_B)

Erfahrungen stadtteilbezogener Angebote

Zu den Angeboten stadtteilorientierter Arbeit zählen Nachbarschaftsheime bzw. Stadtteilzentren und das Quartiersmanagement. In Interviews mit Vertretern dieses Bereichs wurde deutlich, dass stadtteilbezogene Dienste und Einrichtungen von Bürgerinnen und Bürgern mit geistiger Behinderung nur selten genutzt werden. Darunter sind auch Menschen nicht-deutscher Herkunft. Beispielhaft wurde ein Projekt mit behinderten Mädchen und Jungen genannt, das von der Mutter eines behinderten Kindes mit Migrationshintergrund mit Unterstützung des Quartiersmanagements initiiert wurde:

„Da gab´s mal ein Projekt mit Malen und Tanz, das ist auch mal unterstützt worden vom Quartiersmanagement, das ist dann dreimal finanziert worden und dann läuft das ja aus. Initiiert wurde das von einer Bewohnerin hier, die ein behindertes Kind hat, die selber so ´ne Gruppe mit aufgebaut hat. (…) War ein sehr schönes Projekt, war auch sehr erfolgreich und die haben dann eine Ausstellung gemacht, die ist dann in den Räumen noch mal gezeigt worden hier im Haus und vorher in der X-Straße. (…) Das waren alles migrantische Kinder, deswegen war das ein besonders wichtiges Projekt, weil wir immer eingeschätzt haben, dass das unter migrantischen Familien vielleicht noch problematischer ist, dass man da offen mit umgeht. Das fanden wir schon alleine deswegen förderungswürdig." (Int-E_Q[66])

Größerer Handlungsbedarf als bei Menschen mit geistiger Behinderung wird im Quartiersmanagement bei psychisch Kranken mit Migrationshintergrund gesehen.

Ein weiteres Beispiel der Nutzung von Teilhabechancen über eine stadtteilorientierte Einrichtung ist die Beschäftigung eines geistig behinderten jungen Erwachsenen nicht-deutscher Herkunft im Hort eines Nachbarschaftsheims: *„Der im Hort arbeitet ist Hans Dampf in allen Gassen. (…) Ich habe noch nie von einem Problem gehört.*" (Int-E_VE[67])

5 Erfahrungen von Menschen mit Behinderung und Angehörigen

Im Folgenden werden Erkenntnisse aus Interviews mit Menschen mit geistiger Behinderung nicht-deutscher Herkunft und Angehörigen dargestellt, die für die Teilhabe am Leben in der Gesellschaft Bedeutung haben. Auch wenn die Ergebnisse nur auf wenige individuelle Erfahrungen gestützt sind, sind die Hinweise für die Arbeit mit diesem Personenkreis relevant.

66 Int-E_Q = Experten-Interview Quartiersmanagement

67 Int-E_VE = Experten-Interview Vereine

Teilhabe aus der Sicht von behinderten Frauen und Männern mit Migrationshintergrund

Insgesamt nahmen fünf Frauen und Männer mit nicht-deutscher Herkunftssprache an Gesprächen zu ihrer Lebenssituation und zu ihren Zukunftsvorstellungen teil. Eine Person ist als Kind aus Vietnam emigriert. Die anderen sind in Berlin geboren; ihre Familien sind im Zuge der Anwerbung von Arbeitskräften aus der Türkei nach Deutschland eingewandert. Alle haben Kenntnisse in ihrer Herkunftssprache, können jedoch genauso gut bzw. besser auf Deutsch kommunizieren. Ein Mann mischt in der Kommunikation beide Sprachen. Die Wohnsituation der Beteiligten ist unterschiedlich: Zwei Personen erhalten Unterstützungsleistungen im Betreuten Wohnen, zwei wohnen in eigener Wohnung in der Nähe ihrer Eltern und werden durch diese unterstützt, ein junger Mann lebt in seiner Herkunftsfamilie. Alle arbeiten in Werkstätten für behinderte Menschen.

Ausgewählte Ergebnisse der Gespräche zeigen Faktoren auf, die durch den Migrationshintergrund geprägt sind und sich förderlich oder hemmend auf die Teilhabechancen auswirken:

- Die *Identifikation mit ihrem Herkunftsland* ist im Einzelfall positiv besetzt. So äußert eine Teilnehmerin den Wunsch, ihre Muttersprache zu verbessern, und den Traum, in ihr Herkunftsland zurückzukehren. Eine Weitere hat keine Verbindung mehr zu ihrem Herkunftsland. Die anderen kennen ihr Herkunftsland als „Urlaubsland". Sie haben dort für sie wichtige Verwandtschaftsbeziehungen und genießen die Zeit in diesem Land. Den Wunsch, dort zu leben, äußern sie nicht. Für einen jungen Mann ist das Spielen eines Instruments seines Herkunftslandes, das er in einer Musikschule seiner Community erlernt, sehr bedeutsam für seine Identität.
- Die *soziale Teilhabe* wird in erster Linie über die Herkunftsfamilie verwirklicht. Zwei Teilnehmerinnen berichten, dass sie nicht nur Unterstützung durch die Familie erfahren, sondern selbst auch Familienmitglieder unterstützen. Von den professionellen Unterstützerinnen und Unterstützern wird die enge Bindung an die Familie überwiegend als ein Hemmnis für mehr Teilhabe am Leben in der Gesellschaft gewertet. Allerdings zeigt sich im Alltag eines Teilnehmers, dass über die Familie weitere soziale Kontakte erschlossen werden und dass die Familienbindungen in diesem Fall Teilhabe auch in anderen Bereichen fördert.
- Die *Klassifizierung als „geistig behindert"* lehnen drei der Beteiligten für sich ab. Einer fragte im Verlauf eines Gesprächs: *„Bin ich geistig behindert?"* Zwei bringen deutlich zum Ausdruck, dass das Leben in einer Gemeinschaft von geistig behinderten Menschen bzw. die Arbeit in der WfbM für sie belastend ist, da sie sich diesem Personenkreis nicht zugehörig fühlen. Hier stellen sich im Einzelfall Fragen nach dem Begründungszusammenhang für die Zuschreibung von Merkmalen und die Zuweisung zum Hilfesystem der Behindertenhilfe.
- Mit der *Inanspruchnahme von Angeboten der Behindertenhilfe* liegen unterschiedliche Erfahrungen vor. Probleme ergeben sich, wie erwähnt, wenn sich jemand durch die Nutzung eines Angebots als geistig behindert stigmatisiert sieht. Ein Teilnehmer beschreibt eine früher erhaltene Unterstützung durch einen Einzelfallhelfer der Behindertenhilfe als nicht hilfreich: *„Der kam hier her und hat nur geredet und geschlafen"*. Ein anderer erlebt die Unterstützung durch einen Einzelfallhelfer als sehr positiv. Er nimmt zudem zahlreiche therapeutische und Freizeitangebote wahr, die für sein subjektives Wohlbefinden große Bedeutung haben.
- Bei einzelnen Personen liegen Erfahrungen mit direkter *Diskriminierung* im Stadtteil vor. So ist beispielsweise ein Mann Opfer von aggressiven Übergriffen und Beleidigungen *„als kleiner behinderter Türke"* durch Jugendliche des Stadtteils geworden. In Konsequenz dieser Erfahrungen meidet er Aktivitäten im Stadtteil.
- Für die *Zukunft* wünschen sich alle, mit einem Partner oder einer Partnerin zusammenzuleben. Eine Heirat hat dabei einen großen Stellenwert. Ein Teilnehmer verbindet eine Heirat zugleich mit einer größeren Selbstständigkeit gegenüber seiner Familie. Ein anderer verknüpft das Heiraten nicht zwangsläufig mit einem Auszug aus seiner Herkunftsfamilie.

Teilhabe aus der Sicht von Angehörigen mit Migrationshintergrund

In Gesprächen mit Angehörigen von Menschen mit geistiger Behinderung nicht-deutscher Herkunft kommen Gemeinsamkeiten und Unterschiede zur Sprache, die in der Heterogenität der Bevölkerung mit Migrationshintergrund begründet liegen. Teilweise gibt es Überschneidungen mit den Erfahrungen der behinderten Frauen und Männer. Auch die Angehörigengespräche spiegeln nur einen geringen Teil der Alltagswirklichkeit der Familien, sie sind dennoch für die Gestaltung von Unterstützungsleistungen von Interesse.

- In den Gesprächen wird deutlich, dass die in vielen Kulturen als selbstverständlich eingeschätzte *Versorgung erwachsener behinderter Kinder durch die Herkunftsfamilie* im Einzelfall als sehr belastend erlebt wird. Eine Mutter, die die Haushaltsführung für ihre in einer separaten Wohnung lebenden behinderten Söhne übernommen hat, bemerkt, dass ihr manchmal alles zu viel sei und sie sich wünsche, dass die Söhne selbstständiger werden. Sie und ihr Mann würden gerne längere Zeit in der Türkei verbringen, um dort ihren Ruhestand genießen zu können. Durch die Söhne fühlen sie sich jedoch an Berlin gebunden.
- Im Hinblick auf *Diskriminierung* liegen unterschiedliche Erfahrungen vor. Eine Mutter setzt sich gegen Beleidigungen ihres erwachsenen Kindes und tätliche Angriffe selbst zur Wehr: *„Viele Junge sind gekommt. Ich hab zwei, dreimal gekommen, habe fotografiert, war schnell weg, ich habe Anzeige gemacht, jetzt nie wieder kommt."* Eine andere Mutter hat mit ihrem Sohn keine negativen Erfahrungen in ihrem Stadtviertel gemacht. Sie beschreibt zwar, dass die Leute teilweise nicht wissen, wie sie sich ihrem behinderten Sohn gegenüber verhalten sollen, äußert jedoch Verständnis und sieht es als ihre Aufgabe zu vermitteln: *„Auch wenn bestimmte Menschen vielleicht nicht wissen, wie sie mit bestimmten Situationen umgehen – ich denke, sie müssen auch etwas lernen. Deswegen nehme ich bestimmte Sachen auch nicht so übel. Das ist, besonders bei den Migrantenfamilien, dass sie auch nicht so häufig auf den Spielplätzen und auf den Straßen auftauchen, dass andere Menschen auch lernen, mit bestimmten Situationen umzugehen. Deswegen ist es Aufgabe aller, dass alle einen Schritt vorwärts machen und auch aufeinander zu gehen."*
- Hinsichtlich ihrer Erfahrungen mit *Diensten der Behindertenhilfe* berichtet eine Interviewpartnerin über negative Erfahrungen mit der Wohnbetreuung, nicht nur bei ihrem eigenen Sohn, sondern auch in ihrem sozialen Umfeld. Sie kritisiert zum einen das fehlende Engagement eines Betreuers, den ihr Sohn zudem nicht als Begleitung akzeptiert habe. Eine andere Mutter macht gegenteilige Erfahrungen: Die Angebote der Behindertenhilfe sind für ihren Sohn von großer Bedeutung. Kritisch wird gesehen, dass sich die Angehörigen selbst erarbeiten müssen, welche Angebote es gibt, und dass sie nicht umfassend über ihre Rechte und Möglichkeiten aufgeklärt werden.
- Schwierigkeiten mit dem *Fallmanagement* werden von einer Mutter am Beispiel eines Antrags auf Einzelfallhilfe konkretisiert: *„Es war damals ein richtiger Kampf. Ich habe geklagt, ich habe Widerspruch eingelegt, aber das hat nichts genützt. Und dass mein Antrag einfach so niederschmetternd abgelehnt wurde, das hat mich sehr mitgenommen. (..) Ich denke, vielen Familien, Migrantenfamilien, geht es so, die stellen irgendwo einen Antrag und haben dann nicht nur ein Kind so wie ich, sondern haben auch mehrere Kinder, Stress zu Hause, einkaufen, kochen, vielleicht arbeiten einige ja auch, und dann so einen Stress noch mal durchmachen, viele haben dann einfach die Kraft nicht. Oder viele sagen dann, die wissen ja, wenn der Antrag abgelehnt wurde, die müssen es ja besser wissen, dann habe ich auch keinen Anspruch – dass bestimmte Sachen von den Familien dann auch so einfach akzeptiert werden, das finde ich dann richtig traurig."*
- Für die *Zukunft* wünscht sich ein Teil der Eltern, dass ihre Söhne heiraten bzw. eine Partnerin finden. Sie sehen eine Heirat auch unter dem Aspekt, dass die Unterstützung des Sohnes durch die Schwiegertochter übernommen werden würde und somit die Mutter entlasten würde: *„Wenn heiraten, ist besser, wenn eine Frau zu Hause dann, die Mutter kann nicht immer seine eigene Frau machen."* Bei der Suche nach einer Partnerin zeigt sich jedoch auch Unsicherheit. Ein Elternpaar bzw. die Verwandtschaft versucht, in der Türkei eine Partnerin für den behinderten Sohn zu finden. Neben dem Aspekt der beschränkten Zuzugsmöglichkeiten für

Partner aus der Türkei beschäftigt die Eltern auch die Frage, ob es nicht kulturelle Schwierigkeiten bei einer Heirat mit einer Türkin geben könnte, da der Sohn in Deutschland geboren und aufgewachsen sei. Hingegen ist für die zweite Interviewpartnerin die soziale Absicherung ihres Sohnes durch Heirat nicht von Bedeutung. Sie wünscht sich für ihren Sohn eine Liebesbeziehung: *„Er ist ja eigentlich immer mit dabei. Aber was mir fehlt ist, dass er eine Freundin hat. Das wünsche ich mir so sehr, dass er irgendeine kennen lernt, die in seinem Niveau ist, wo er eben sagt, ja mit der würde er bestimmte Sachen unternehmen, schwimmen gehen, regelmäßig, und dann vielleicht auch, dass sie sich ineinander verlieben. Küsschen da, Küsschen hier. Also das stelle ich mir bei ihm vor, dass das geht.“* Die Unterstützung ihres Sohnes bei der Alltagsbewältigung sieht sie in Zukunft durch eine Wohnbetreuung gesichert: *„Ich möchte eben, dass er für sich eine Familie aufbaut, dass er eine Freundin hat, dass er in ein betreutes Wohnen oder in eine WG kommt, mit Leuten, mit denen er sich gut versteht.“*

Im Hinblick auf die *Inanspruchnahme von Wohnangeboten* kommt HARMS (2006) in der Auswertung ihrer Befragung von Müttern mit türkischem Migrationshintergrund, die gemeinsam mit ihrer geistig behinderten erwachsenen Tochter bzw. mit ihrem Sohn leben, zu dem Schluss, dass türkische Frauen, die im Zuge der Arbeitsmigration oder in Folge des Familiennachzuges (Gastarbeitergeneration) zugewandert sind, Wohnangebote nicht als eine Möglichkeit zur Selbstständigkeitsentwicklung ihres Kindes sehen. Auch in diesen Interviews wird deutlich, dass sich die Mütter für ihre Söhne mit leichter geistiger Behinderung für die Zukunft wünschen, dass sie heiraten.

Die Mütter äußern, dass sie häufig einen „Druck von außen“ empfinden, ihr behindertes Kind in eine Wohneinrichtung zu geben. Sie interpretieren dieses zum Teil als Ausdruck der vorurteilsvollen Einschätzung, dass ihr Kind in der Familie nicht gut betreut werde. Andererseits sehen sich Frauen, die einen Auszug ihres Sohnes bzw. ihrer Tochter in ein Wohnangebot erwägen, in Widerspruch mit den Rollenerwartungen an sie als Mütter. Der Auszug könnte von ihrem sozialen Umfeld als Vernachlässigung ihrer Pflichten gewertet werden.

Der Stand der Information über Wohnangebote ist äußerst gering. Häufig fehlen grundlegende Informationen:

> *„Meine Frage ist, in diesen Häusern sind Erzieher, Pädagogen, die selber auch gesund sind, keine Behinderten sind? (...) Ja, ob die Pädagogen genau alles übernehmen, die ganze Organisation, sämtliche Tagesabläufe? (...) Also explizit zum Beispiel, Probleme meiner Tochter sind, dass sie ungern ihre Haare wäscht und solche Schwachpunkte werden, denke ich, doch übernommen von solchen Plätzen? (...) Die Lebenshilfe zum Beispiel bekommt eine Förderung vom Staat? (...) Kleidung? Alles was Mensch braucht, oder?“*

Angehörige von Töchtern mit geistiger Behinderung äußern die Furcht vor sexuellem Missbrauch in gemischtgeschlechtlichen Wohngruppen:

> *„Es ist eher der Beschützerinstinkt eines Vaters, der nun mal in unserer Kultur vorhanden ist, explizit gegenüber den Töchtern. Auch eine gesunde Tochter ist einem Schutz von dem Vater oder dem Bruder bedürftig und daher ist es eher die Seite von ihm, die hochkommt, gerade auch explizit weil sie behindert ist, sie nicht entscheiden kann, ob sie es jetzt gerade will oder nicht, und dass sie dann vielleicht benutzt wird für gewisse Dinge.“*

Selbstvertretung von Angehörigen mit Migrationshintergrund

Eine der Interviewpartnerinnen leitet seit mehreren Jahren eine türkischsprachige *Selbsthilfegruppe*, die trotz großer Wertschätzung durch Außenstehende kaum finanzielle Unterstützung erhält. Das Selbstverständnis ihrer Arbeit beinhaltet die *Beratung von Familien mit Migrationshintergrund*, vor allem sie in einer *positiven Sichtweise* auf ihr Kind zu unterstützen und sie *aus der Isolation herauszuholen*:

> *„Ich denke, gerade bei den Migrantenfamilien mit Behinderungen, dass man diesbezüglich viel Öffentlichkeitsarbeit machen soll, um auch Leute zu erreichen, dass man ihnen sagt, es ist keine Schande, ein behindertes Kind zu haben, im Gegenteil, es kann sehr schön sein, dass man positive Sachen zeigt, weil viele sehen das gar nicht. Sie sehen nur, was die eigenen Kinder nicht können. Bei bestimmten Familien kann ich es auch nicht übel nehmen, weil sie haben es nicht gelernt.“ (Int-A)*

Besonders wirksam sei der Ansatz der *Peer-Beratung*:

> *„Es muss richtige Stellen geben, wo die Familien Vertrauen haben, und die Leute müssten auch die gleiche Sprache sprechen, am besten sollten sie auch ein behindertes Kind haben. Dann ist der Zugang noch mal anders." (Int-A)*

Große Defizite bestehen in Migrantenfamilien hinsichtlich des Wissens um Rechte und Möglichkeiten. Sie benötigen in diesem Bereich mehr Unterstützung als viele deutsche Familien. Im Prinzip fordert sie Unterstützung, die am Konzept der Integrationslotsen angelehnt ist:

> *„Deutsche Familien, das ist meine Beobachtung, haben bestimmte Fragen im Kopf und kommen, nehmen dann bestimmte Aktivitäten oder bestimmte Angebote selber in die Hand, kümmern sich dann darum, während türkische Familien, die müssen ziemlich lange begleitet werden. Erstens, dass Vertrauen aufgebaut wird, zweitens, dass sie bestimmte Schritte auch machen können. Es ist nicht so wie bei den Deutschen, dass man sagen kann, gehe mal da und da hin, stell den Antrag. Das können die meisten gar nicht. Erstens sind sie der Sprache nicht mächtig, sie haben Angst, dass sie etwas Falsches machen. Sie fühlen sich vielleicht auch nicht ernst genommen." (Int-A)*

Weiteren großen Handlungsbedarf sieht sie bei der *Aufklärung von Mitarbeitenden der Behindertenhilfe*. Sie erlebt häufig, dass Mitarbeiter/innen Probleme in der Zusammenarbeit mit Migrantenfamilien äußern, und wünscht sich, dass die Familien von den Professionellen nicht „abgestempelt" werden. Man solle sich um eine Verständigung bemühen und sich über kulturelle Hintergründe informieren.

6 Einschätzungen aus der türkischen Community

Wie bereits dargestellt, werden die Leistungen von Migrantenorganisationen in der integrationspolitischen Debatte zunehmend als Ressource wahrgenommen. Damit wird der Blick darauf gelenkt, dass professionell und freiwillig Tätige mit Migrationshintergrund die Angebotslandschaft für Menschen mit Migrationshintergrund in Berlin mitprägen und dass die Bevölkerung mit Migrationshintergrund nicht nur unter dem Blickwinkel von potenziellen Nutzern und Adressaten von Angeboten gesehen werden kann.

Vor diesem Hintergrund wurden Experten-Interviews innerhalb der türkischen Community[68] geführt.[69] Die türkische Community wurde gewählt, weil sie in Berlin statistisch die größte Gruppe bildet und über eine gut ausgebaute soziale Infrastruktur verfügt. Die Einbeziehung weiterer Communities ist vertiefenden Studien vorbehalten.

Erkenntnisinteresse und Vorgehensweise

Zielsetzung der explorativen Interviewbefragung ist die Beschreibung und Bewertung der Teilhabemöglichkeiten von geistig behinderten Erwachsenen mit türkischem Migrationshintergrund durch Experten aus der sozialen, kulturellen, politischen und religiösen Arbeit der türkischen Community in Berlin. Dabei waren die *Teilhabemöglichkeiten und Exklusionserfahrungen* bezogen auf die folgenden sozialen Systeme von Interesse:

- Teilhabemöglichkeiten innerhalb der jeweiligen Institution des Interviewpartners bzw. der Interviewpartnerin;
- Thematisierung von Behinderung innerhalb der türkischen Community;
- Lebenslagen von geistig behinderten Menschen mit Migrationshintergrund in der Gesellschaft unter dem Aspekt der „mehrfachen Diskriminierung".

---

68 Der aus der Migrationssoziologie stammende Begriff wird konstruktivistisch verstanden. TASCI (2006) führt in Anlehnung an BARTH hierzu aus: „Der ausschlaggebende Faktor für die Bestimmung ethnischer Gruppen ist (...) das Merkmal der Grenzziehung. Das heißt, nur wenn Akteure in Interaktionszusammenhängen sich selbst und den anderen Akteuren solche ethnischen Identitäten zuschreiben, ist es erlaubt von ethnischen Gruppen zu sprechen. Ferner sind objektive kulturelle Gemeinsamkeiten und Differenzen von sekundärer Bedeutung. Sie sind nur insofern bedeutsam, als sie in konkreten Handlungskontexten von den Akteuren selbst als gewichtig betrachtet und als Symbole einer ethnischen Differenz eingesetzt werden" (TASCI 2006, 61).

69 Die Interviews wurden von Dipl.-Heilpäd. Janna HARMS geführt.

Der Schwerpunkt des Interviews lag auf der *Einschätzung der Lebensplanung* von geistig behinderten Erwachsenen mit türkischem Migrationshintergrund unter den Aspekten

- Familie,
- spezifische Bedarfslagen,
- Anforderungen an unterstützte Wohnangebote,
- Barrieren der Inanspruchnahme von Angeboten der Behindertenhilfe,
- Lebensplanung bzw. Zukunftswünsche.

Ein weiteres Anliegen der Befragung war, eine Einschätzung des Handlungsbedarfes und Handlungsansätze für den *Prozess der interkulturellen Öffnung der Behindertenhilfe* zu erhalten.

Interviewpartner/innen

Insgesamt konnten sieben Interviewpartner/innen, die in unterschiedlichen Tätigkeitsbereichen der türkischen Community in Berlin tätig sind, befragt werden. Die Spannbreite der Tätigkeitsfelder reicht von der Öffentlichkeitsarbeit für einen muslimischen Dachverband und einem Dachverband der politischen Interessenvertretung über Kontakt- und Beratungsstellen sowie Begegnungsstätten, die türkischsprachige Freizeit- und Bildungsangebote speziell an Frauen richten, bis hin zu einem Pflegeheim für türkische Senioren. Zwei Interviewpartnerinnen arbeiten im Bereich von Angeboten, die sich speziell an behinderte Menschen mit Migrationshintergrund richten. Alle Interviewpartner/innen haben eigene Migrationserfahrungen oder Eltern, die aus der Türkei zugewandert sind. Daher fließen teilweise – neben Erfahrungen aus der beruflichen Tätigkeit – auch persönliche Erfahrungen in die Interviews mit ein. Alle Gesprächspartner/innen nehmen leitende und koordinierende Aufgaben wahr bzw. sind Mitglied im Vorstand des Vereins.

6.1 Teilhabe von Menschen mit geistiger Behinderung in den Vereinen

Übereinstimmend stellen die Interviewpartner/innen fest, dass Behinderung in der Öffentlichkeit der türkischen Community eher verdrängt bzw. tabuisiert ist:

> *„Es ist ein schwieriges Thema. Da unterscheidet sich das nicht von vielen anderen Gesellschaften. Wenn man darauf drückt und wenn man darauf zeigt, wird auch hingeguckt. Aber es ist auch ein Thema, das man gerne verdrängt, weil man möchte nicht gerne hingucken, weil das mit Verhaltensveränderung zu tun hat, mit sozialer Umorientierung, weil man die Barriere im Kopf dann auch wegnehmen muss. Und deswegen guckt man, glaube ich, nicht gerne in die Richtung." (Int-E_M_VPI[70])*

Diese Tabuisierung führe dazu, dass Angehörige von Menschen mit geistiger Behinderung sich zurückziehen.

Im *Verband der Interessenvertretung der Bevölkerung mit türkischem Hintergrund* wird Behinderung als ein – wenn auch randständiges – Thema aufgegriffen. So werden z. B. im Ressort „Alter, Gesundheit und Pflege" auch Anfragen zum Thema Migration und Behinderung bearbeitet. Bedingt durch die demographische Entwicklung der Einwanderer aus der Türkei gewinnt die Teilhabe im Bereich des Wohnens von geistig behinderten Erwachsenen mit türkischem Familienhintergrund an Bedeutung. Familien der ersten Einwanderergeneration, die bislang die Unterstützung und Pflege von Angehörigen mit einer Behinderung zum großen Teil innerhalb der Familie geleistet haben, sind aufgrund des zunehmenden Alters der primären Unterstützungspersonen hierzu nicht mehr in der Lage.

Als *Nutzer von Angeboten der befragten Organisationen und Vereine* sind geistig behinderte Erwachsene selbst kaum vertreten. In den *Moscheen* gehören jedoch nach Aussage des türkisch-muslimischen Dachverbands Menschen mit geistiger und körperlicher Behinderung zu den regelmäßigen Besuchern. Sie kommen zum Freitagsgebet, manchmal auch zu den täglichen Gebeten, einige sind „*Stammkunden*". Problematisch sei die mangelnde Rollstuhlgerechtigkeit

70 Int-E_M_VPI = Experten-Interview (Migrationsbereich) Dachverband politische Interessenvertretung

der Moscheen. Die Beseitigung von baulichen Zugangsbarrieren werde angestrebt, brauche aber Zeit, da sich die Moscheen über Spenden finanzieren.

Die Angebote der *Beratungs- und Begegnungsstellen für Frauen* werden nicht von geistig behinderten Frauen genutzt. Gründe sind zum einen die Ausrichtung auf die Zielgruppe älterer Frauen, zum anderen negative Erfahrungen mit einem Integrationsversuch, der von Mitarbeitenden eines Wohnheims initiiert wurde:

> *„Wir haben monatlich Frühstück, da kam von so einem Heim, Wohnheim, eine Gruppe durch die deutsche Betreuerin. Sie war mit denen zum Frühstück gekommen, so vier bis fünf. Die Frauen waren aufgeschreckt, weil: Die benehmen sich anders, haben nur sofort das ganze Büffet aufgegessen und so. Vielleicht braucht man auch spezielle Ausbildung dazu. Ein, zwei zur Beratung, das kann ich noch, aber direkt mit der Gruppe zu arbeiten? Inwieweit die Teilnehmer bzw. die anderen Dozenten dafür offen oder zu öffnen sind, erfordert Arbeit. Das ist, glaube ich, schwierig." (Int-E_M_BF[71])*

Hingegen werden die Beratungsstellen von älteren Frauen mit psychischen Beeinträchtigungen genutzt. Eine Mitarbeiterin beschreibt, dass andere Kursteilnehmerinnen teilweise abwertend reagieren:

> *„Ich hatte ein paar ältere Frauen mit psychischer Behinderung hier. Sie sind erkrankt, so wie sie sich ein bisschen komisch benahmen oder was weiß ich. Dann haben die anderen hinterher gelästert, so dass ich sehr sauer reagiert und das gestoppt habe, dass ich das nicht dulde „die Doofe" und „Dumme" und solche Sachen." (Int-E_M_BF)*

Die Beratungsstelle für ältere Frauen wird von mehreren Frauen mit psychischen Beeinträchtigungen wahrgenommen. Hier zeigt sich, dass ähnliche Erfahrungen mit psychischen Beeinträchtigungen verbindend wirken – auch unabhängig von Sprache und nationaler Zugehörigkeit:

> *„Eine Dame, die zu uns kommt,(...) sie leidet unter einer Psychose. Es ist eine Deutsche, sie kommt hierher und das ist es auch, was ich sehr schätze. Meistens reden sie Türkisch untereinander, aber sie versuchen und sie wird immer umarmt. (...) Also ich denke, diese körperliche [Tröstung], die von den Besuchern an sie gegeben wird, das ist eine Selbstverständlichkeit. Was sie dabei unterscheidet ist, also die eine spricht eine andere Sprache (...) aber die fühlen sich so nah (...). Manche Frauen haben auch die gleiche Krankheit, die hier kommen, und fühlen sich mit körperlicher Tröstung, einfach umarmen." (Int-E_M_BF)*

Auch bei *Beratungsstellen speziell für Menschen mit Behinderung und Migrationshintergrund* wird deutlich, dass Menschen mit körperlicher Beeinträchtigung dominieren:

> *„Wir trennen die Geschichte ein bisschen, weil Menschen mit geistiger Behinderung ist doch etwas ganz Anderes. Das muss ich leider dazu sagen. Und die machen wirklich etwas für Menschen mit geistiger Behinderung und wir machen eben für Menschen mit körperlicher Behinderung was." (Int-E_M_KB[72])*

Eine andere Beratungsstelle bietet insbesondere Selbsthilfegruppen von Menschen mit Behinderung und türkischem und arabischem Hintergrund Raum. Dieses Angebot wird auch von Menschen mit geistiger Behinderung genutzt. Bemerkenswert ist, dass in beiden Beratungsstellen für Menschen mit Behinderung *Mitarbeiter mit körperlichen Beeinträchtigungen* tätig sind. Durch die Zusammenarbeit wurden auch bei den Mitarbeiterinnen Lernprozesse und ein Abbau von Berührungsängsten angestoßen:

> *„Also ich habe hier auch selber einen Mitarbeiter, der hat eine körperliche Behinderung. (...) Für uns war es auch schwierig, wir haben ja auch diese Berührungsängste: Wie gehe ich mit T. um? Der T. ist sehr unkoordiniert im Gehen zum Beispiel und wir dann zum Anfang immer: Oh Gott, T! Und er hat uns dann eigentlich beigebracht, wie schlimm das für ihn ist, weil wir ihm die Selbstständigkeit wegnehmen. (...) Und mittlerweile ist es so, dass der T. von hinten nach vorne rennt und keiner guckt mehr hin." (E_M_KB)*

Nach Aussagen der Vereine sind es eher *Angehörige von Menschen mit geistiger Behinderung*, die Angebote zur Beratung nutzen. Die Vereine erfüllen hier häufig eine *Brückenfunktion*, in dem

71 Int-E_M_BF = Experten-Interview (Migrationsbereich) Beratungs-/Begegnungsstellen für Frauen

72 Int-E_M_KB = Experten-Interview (Migrationsbereich) Beratungsstelle für Menschen mit körperlicher Behinderung

Behinderung in allgemeinen Beratungssituationen vereinzelt thematisiert wird und eine Weitervermittlung erfolgt. Viele Angehörige sprechen die Behinderung nicht offen an:

„Vor so 12, 13 Jahren (...) ich bin damals zum Büro der Ausländerbeauftragten, (...) das hatte Bücher herausgebracht ‚Mein Kind hat eine Behinderung' in türkischer Sprache. Ich habe das in unseren Räumen ausgelegt. Ich wusste nicht, welche Frauen das genommen haben, die waren so schnell weg."(Int-E_M_BF)

Von Anfragen aus Familien mit geistig und mehrfach behinderten Kindern berichtet ein türkisches Pflegeheim für Senioren, obwohl die Einrichtung nicht für diesen Personenkreis zuständig ist:

„In dem ersten Eröffnungsjahr hatte ich einige Eltern, deren Kinder so 10 oder 17 waren und die uns wirklich die Bude heiß gerannt haben, dass wir ihre Kinder aufnehmen. Geistige, körperliche, mehrfache Behinderung. Das habe ich abgelehnt. Das ist etwas, für das wir nicht eingerichtet sind. Und ich bin dann der Meinung, dass da ein anderes Konzept sein muss." (Int-E_M_P[73])

Zusammenfassend ist festzuhalten, dass Möglichkeiten von Vereinen eher von Menschen mit körperlichen oder psychischen Beeinträchtigungen wahrgenommen werden. Allerdings bestehen einzelne Berührungspunkte mit Menschen mit geistiger Behinderung. So wird z. B. innerhalb der Interessenvertretung der türkischen Bevölkerung Teilhabe von geistig behinderten Erwachsenen als zukünftiges Thema mit Handlungsbedarf erkannt. Ein Angebot wurde speziell für Erwachsene mit Behinderung – auch geistiger Behinderung – mit türkischem und arabischem Hintergrund entwickelt. Auch sind unter den Besuchern von Moscheegemeinden häufig Besucher mit geistiger Behinderung. Angehörige von Menschen mit geistiger Behinderung nehmen allgemeine Beratungsangebote in Anspruch und werden von den Mitarbeitern weitervermittelt.

Als *günstige Bedingungen* zur Realisierung der Teilhabe von Menschen mit Behinderung in den Vereinen erweisen sich:

- Menschen mit Behinderung leisten einen aktiven Beitrag für den Verein,
- gegenseitiges Verständnis durch Gemeinsamkeiten in der Erfahrung mit Beeinträchtigungen,
- eine Atmosphäre der Offenheit.

Als *Barrieren* bzw. Beispiele misslungener Integration wurden benannt:

- bauliche Barrieren,
- Integration von Menschen mit Behinderung in eine gewachsene Gruppe eines bestehenden Angebots;
- Menschen mit Behinderung als nehmende bzw. passive Teilnehmer;
- Abwertung durch andere Teilnehmer aufgrund einer Beeinträchtigung.

6.2 Unterschiedliche Bedeutung von Behinderung

Die Aussagen der Interviewpartner/innen verdeutlichen, wie unterschiedlich Behinderung bewertet wird und dass ein inklusionstheoretischer Behinderungsbegriff, der auf Beeinträchtigung der Teilhabe beruht, nicht vorausgesetzt werden kann. Gleichzeitig zeigen die Sichtweisen der Befragten, wie unterschiedlich eine Beeinträchtigung innerhalb der türkischen Community bewertet wird. Die Einstellungen reichen von einer Ablehnung von Kategorisierungen und der Achtung von Vielfalt bis zu vorurteilsgeprägten Abwertungen von Menschen mit Behinderung und ihren Angehörigen. Die Interviewpartner/innen veranschaulichen die theologische Haltung des Islam zu Beeinträchtigungen wie auch verbreitete volksreligiöse Deutungen zu Ursachen von Behinderung. Sie beschreiben auch Unterschiede zwischen traditionellen und modernen Gesellschaften im Hinblick auf die Unterstützung von Menschen mit Beeinträchtigung und plädieren für die Wertschätzung der Vielfalt der Menschen.

Die *religiöse Bedeutung* von Behinderung wird von einem der Befragten folgendermaßen erläutert:

73 Int-E_M_P = Experten-Interview (Migrationsbereich) Pflegeheim

„Es ist im Islam sehr stark betont, dass jegliche Art von Krankheit und Behinderung eine besondere Art von Zuneigung des Schöpfers an diesen Menschen ist, dieser also besonders geprüft wird und je nach Prüfung eben auch auf Ebenen im Paradies kommen kann, wo ein gesunder Mensch niemals kommen könnte. Und Gott lastet eben keinem Menschen die Last auf, die er nicht fähig ist zu tragen. Deswegen sagt man eben auch, dass der, der geistig stark ist, kann sein, dass er eben auf dieser Ebene auch Prüfungen bekommt, wie zum Beispiel Krankheit oder Behinderung. Vorbild ist in dieser Hinsicht übrigens der Prophet Hiob, der mit Krankheiten und Katastrophen geprüft wurde." (Int-E_M_MD[74])

Im Gegensatz zu der theologischen Deutung von Behinderung schildern Gesprächspartnerinnen, die in der Beratung tätig sind, dass sie häufig erleben, dass die Ursache der Behinderung als Strafe Gottes für moralische Verfehlungen der Mutter interpretiert wird:

„Ich erlebe es oft, dass Behinderung als eine Strafe Gottes gesehen wird und häufig auch den Frauen die Schuld gegeben wird, dass sie in ihrer Jugend irgendwelche Sünden begangen haben. Ich habe zum Beispiel eine Frau mit hoher Bildung gehabt, die von ihren Angehörigen so unter Druck gesetzt worden ist, so von wegen, das ist das Kind des Teufels, dass sie selbst das Kind nicht annehmen konnte." (Int-E_M_KB)

Mehrfach benennen die Interviewpartner/innen kulturelle Unterschiede in der Verwendung *des Begriffs Behinderung in traditionellen und modernen Kontexten* und verweisen darauf, dass ein Großteil der Einwanderer aus der Türkei aus einem traditionellen-ländlichen Kontext stammt. Der Behinderungsbegriff moderner Gesellschaften ist an ein differenziertes Unterstützungssystem gebunden, das in traditionell geprägten sozialen Kontexten in der Form nicht existiert. Daher benennen viele Frauen, die eher traditionell geprägt sind, in der Beratung die Beeinträchtigungen ihres Kindes nicht mit dem Begriff Behinderung. Dazu einige Beispiele aus der Beratungsarbeit:

„Mittlerweile denke ich, je aufgeklärter, je gebildeter, desto eher ist die Zugabe: ‚Ja, es ist so, es ist behindert', wie Krankheit umschreiben sie es. Aber wenn ich so an meine Kindheit, so aus meinem Umfeld denke, es gehört dazu, ist halt so, wird in der Familie normal weiter gelebt, es gibt nicht spezielle Angebote, spezielle Förderung." (Int-E_M_BF)

„Dann habe ich eine Frau, die sagt: ‚Meine Söhne wohnen nah bei mir, die sind behindert, die sind erwachsen.' Inzwischen hat sie es angenommen, aber sie spricht kaum aus, dass die Kinder behindert sind, man sieht es anhand der Unterlagen, wenn sie kommt." (Int-E_M_BF)

„Bei der jungen Dame, also da ist das Kind behindert und ist von der Behindertenhilfe versorgt. (...) aber trotzdem, sie kann heute noch nicht sagen, wie alt ist das Kind, so vier, fünf, hat sie Schwierigkeiten." (Int-E_M_BF)

„Bei einem Fall habe ich ein bisschen beobachten können. (...) Ich habe es ein paar Mal in Gemeinschaft gesehen, aber der Mutter kannst du das überhaupt nicht näher bringen. Sie wollte das nicht akzeptieren. Wenn sie noch klein sind, dann titeln sie es so für sich ab, in der Hoffnung, das ist nicht so." (Int-E_M_BF)

Eine Interviewpartnerin beschreibt und analysiert *Unterstützungsstrukturen für Menschen mit Beeinträchtigungen in traditionellen und gesellschaftlichen Kontexten*. In ihrem Vergleich greift sie auch auf eigene Erfahrungen zurück:

„Ich bin sowohl in der Stadt aufgewachsen und meine Großeltern lebten im Dorf. Deshalb kann ich sehr gut immer vergleichen. Es gibt so eine Verklärung, ja die Dorfgemeinschaft, ja der Verrückte oder die Verrückte, der Kranke wird von der Gesellschaft aufgehoben, was auch stimmt. Der soziale Druck ist da, man wird kontrolliert. (...) Solidarität funktioniert da anders und intensiver. Ich kann mich erinnern, eine Dorfbewohnerin hatte, als ich Kind war, man hatte gesagt ‚verrückt', aber nach herein denke ich, sie hat Psychose gehabt. Aber man hatte, weil sie aus einer heiligen Familie kam, also nicht nur heilige Familie, ich komme aus einer alevitischen Familie, allein dieses Verrückt-Sein, man hatte Angst und Respekt gegenüber dieser Frau. Es war also, wenn bei der Feldarbeit, bei der Weizenernte, man hat immer diese Frau mitgetragen, immer, das war bis sie gestorben ist. Das kann im Dorf passieren. Auf der andren Seite gab es dann auch bettlägerige Alte, nur beim Waschen hat man gesehen, ob die Familie auf den alten Menschen aufgepasst hat oder nicht. (...) Dieser soziale Druck ist sehr positiv, aber das heißt nicht, dass es auch perfekt gemacht wird." (Int-E_M_BF)

74 Int-E_M_MD = Experten-Interview (Migrationsbereich) Muslimischer Dachverband

„Sie wissen ja auch, diese Einrichtungen in den 60er Jahren, dass Behinderte einfach ‚versorgt' worden sind. Man muss die sozusagen rehabilitieren und sagen, die sind auch Menschen, auch und auch. (...) Ich sag mal einfach so, in einer Rehabilitationsphase, dass wir das akzeptieren und wer weiß – philosophisch gefragt – bin ich nicht auch behindert? Was ist denn behindert, was ist nichtbehindert?" (Int-E_M_BF)

Hier wird eine Haltung gegen die Dichotomie „behindert" vs. „nichtbehindert" bzw. „Migranten" vs. „Deutsche" und für den *Respekt der Unterschiedlichkeit* der Menschen vertreten. Die Konsequenz daraus ist, eine Gesellschaft zu entwerfen, die Vielfalt anerkennt:

„Wir, die Nichtbehinderten, müssen lernen, diese Menschen in unserem Alltag zu akzeptieren, wir können sie nicht wegdrängen. Alte drängen wir weg, Behinderte drängen wir weg, psychisch Kranke drängen wir weg, am besten so weit weg wie möglich. Das geht nicht. Die sind ein Teil der Gesellschaft und ich denke, wir müssen als Mehrheitsgesellschaft, als eine vielfältige Gesellschaft auch mit diesen Menschen sehen, wie man ein gesellschaftliches Leben entwerfen kann. (...) Das sind die Bezirksämter, die Quartiersmanagements, die Gemeinde selber, dann, denke ich, kann es auch wieder eine bessere Perspektive geben." (Int-E_M_VPI)

6.3 Kulturelle Unterschiede in den Lebensentwürfen

Kulturelle Unterschiede in den Lebensplanungen und Zukunftsvorstellungen der Bevölkerung mit türkischem Hintergrund und der deutschen Mehrheitsgesellschaft beschreiben die Befragten zum *Zeitpunkt des Auszugs* aus dem Elternhaus. In türkischen Familien sei es die Norm, dass junge Erwachsene bis zur Heirat bzw. der Beendigung des Studiums oder einer Ausbildung im Haushalt ihrer Eltern wohnen, während in Deutschland der Auszug mit Erreichen der Volljährigkeit üblich sei. Auch werde in der türkischen Bevölkerung häufig ein *Auszug mit der Gründung einer eigenen Familie* verbunden:

„Ich glaube, die Selbstständigkeit erreicht man, trotz allem dass man eigentlich im Jahre 2008 lebt, wirklich mit der Heirat erst. Da ist man dann trotzdem wieder behütet, da ist die Ehefrau da, da ist der Ehemann da." (Int-E_M_KB)

Die Interviewpartner/innen identifizieren einen *Wertekonflikt zwischen Mitarbeitenden der Behindertenhilfe und Angehörigen.* Während sich die Unterstützungsstrukturen am Wert der Selbstständigkeitsentwicklung orientierten, sind vielen Angehörigen Werte wie Bindung und Schutz durch die Familie wichtiger:

„Dann kommen noch diese kulturellen Geschichten mit rein, ich meine: ‚Wir sind eine große Familie und wir behalten alles schön im goldenen Käfig.' Das gilt nicht nur für behinderte Jugendliche, das gilt genauso für gesunde Jugendliche, das ist das gleiche Thema, aber bei Behinderten ist es natürlich noch ein Stückchen schwieriger." (Int-E_M_KB)

Angehörige wünschen sich häufig eine *Heirat* für ihre behinderte Tochter bzw. den Sohn:

„Natürlich sagt die Mutter, mein Sohn wird heiraten, aber das ist eher der Wunsch der Eltern. Ja, du musst eine Frau haben, die wird dich versorgen und solche Sachen. Das ist wirklich der nächste Wunsch der Eltern, dass – egal wie viel Hilfe sie von außen bekommen – dass sie nicht glauben können, dass ein behinderter Mensch sein Leben bis Lebensende allein verrichten kann und deswegen ein Partner, der gesünder ist natürlich und ihn sozusagen verwaltet und ihm Kinder ... wo dann im Alter die Kinder für diesen Menschen dann da sind." (Int-E_M_BF)

In einigen Familien kommen Ehepartner aus der Türkei nach Deutschland. Beispiele aus der Beratungspraxis machen deutlich, dass im Falle einer geistigen Behinderung Eltern teilweise Zweifel haben, ob eine Heirat angezeigt ist, eine Partnerschaft könne auch eine Überforderung sein.

Eine *selbst bestimmte Lebensplanung* ist nach Einschätzung der Befragten bei einem großen Teil der geistig behinderten Erwachsenen aus zugewanderten Familien eher unwahrscheinlich:

„Also, dass sie selber Lebensplanung machen ohne Anleitung, das glaube ich nicht. Dazu sind sie in der Familie zu sehr versorgt, behütet." (Int-E_M_BF)

„Dass diese Leute ihr Leben selbst in die Hand nehmen können, das ist wirklich noch sehr, sehr weit weg. Bis wir da mit unseren Migranten ankommen, das dauert noch eine Weile und das selbstbestimmte Budget ist wirklich noch ein Thema, wo wenig Migranten sich rantrauen." (Int-E_M_KB)

Die *Entwicklung von Zukunftsperspektiven* sei im Zusammenhang mit dem Bildungsstand und den Zukunftschancen der Eltern zu sehen:

„Ich habe so die Erfahrung gemacht und auch so beobachtet, dass sehr viele ältere Migranten mit behinderten Kindern, letztendlich auch selber ja auch nicht so richtig an dem Leben teilhaben können, weil sie selber mit den geistig und körperlich behinderten Kindern so eingeschränkt sind. Was können denn dann solche Menschen für eine Lebensplanung für ihre behinderten Kinder haben? Dazu sind sie völlig unfähig und da gehört ja auch eine ganze Portion Bildung zu. Das heißt, solche Menschen müssen Unterstützung erhalten, müssen gefördert werden. Und viele kommen ja nicht aus gebildeten Familien, wenn sie dann zum Beispiel selber keine Arbeit haben, keine Ausbildung haben.“ (Int-E_M_P)

„Also die, die etwas mehr gebildet sind und die auch hier einen Platz in der Gesellschaft gefunden haben, die können dann auch, glaube ich, mit den behinderten Kindern mehr anfangen, dass sie mit den Kindern mal schwimmen gehen oder einen Kurs machen. Ich habe eine Mitarbeiterin, die hat eine behinderte Tochter, und sie hatte es auch am Anfang sehr schwer, sagt sie. Aber als Familie haben sie sehr viel gekämpft. Es ist ein sehr aufgewecktes Mädchen, das ist taubstumm, aber total am Leben teilhabend, von ihrer Persönlichkeit. Aber es ist eine Seltenheit, dass Familien so dahinter stehen und die Kraft haben. Und sie ist Sozialarbeiterin und hat eine gewisse Vernetzung und eine gewisse eigene Entwicklung, so dass sie das für ihre behinderte Tochter letztendlich machen kann.“ (Int-E_M_P)

6.4 Diskriminierungserfahrungen

Im fachlichen Diskurs zum Thema Migration und Behinderung wird häufig die These der „doppelten Diskriminierung“ aufgrund der Merkmale „Behinderung“ und „Migration“ aufgestellt. Die Interviewpartner/innen wurden gebeten, diese These vor dem Hintergrund ihrer Erfahrungen einzuschätzen. Dabei wird deutlich, dass der Begriff der „doppelten Diskriminierung“ zu stark vereinfacht, um die Wechselwirkungen und Ebenen von Diskriminierung beschreiben zu können. Die Befragten benennen neben der unmittelbaren Diskriminierung auch institutionelle und strukturelle Formen. Sie weisen zudem darauf hin, dass subjektive Diskriminierungserfahrungen von objektiven Tatbeständen abweichen können, und erwähnen Diskriminierungen von behinderten Menschen und ihren Angehörigen innerhalb der türkischen Community.

Unmittelbare Diskriminierung durch einzelne Personen des sozialen Umfeldes ist nach den Erfahrungen der Befragten in Wohngebieten mit einem hohen Anteil von Migranten kein Problem. Sie komme eher in Stadtteilen mit einem geringen Anteil von Bewohnern und Bewohnerinnen mit Migrationshintergrund vor. Inwiefern behinderte Menschen von rassistischen Äußerungen oder Übergriffen in besonderer Weise betroffen sind, sei noch zu untersuchen:

„Wohnt diese Familie in (...) bestimmten Stadtteilen, weil diese Familie vielleicht einen Asylbewerberhintergrund hat, (...) da wäre ich mir der Sache nicht so sicher. Denn Rassismus gibt es überall und da weiß ich nicht, ob die Personen, die sowieso etwas gegen Migranten haben, sich da nicht hineinsteigern und denken ‚Ah, Migrant und dann auch noch behindert, der wird vom Staat dann noch mehr versorgt‘ sozusagen, dass dann doppelte oder noch mehr negative Energie in Richtung dieser Menschen geht. Das ist eine spannende Sache, das zu untersuchen.“ (Int-E_M_VPl)

Im Hinblick auf *strukturelle Benachteiligung* wird darauf verwiesen, dass die Teilhabe von Menschen mit Migrationshintergrund im stärkeren Maß durch das Leben in benachteiligten Stadtquartieren und durch häufig schlechtere finanzielle Bedingungen erschwert ist. Dieses wirkt sich auch auf die Teilhabechancen von behinderten Menschen mit Migrationshintergrund aus. Beispielhaft werden die geringe Verfügbarkeit von barrierefreiem Wohnraum in bestimmten Wohnquartieren und die fehlenden finanziellen Möglichkeiten für einen Umzug genannt.

Formen und Auswirkungen *institutioneller Diskriminierung* beschreiben die Interviewpartner/innen mit unterschiedlichen Konnotationen. So beeinflusse z. B. Angst vor Diskriminierung in Behörden den Zugang zu diesen, wodurch die Inanspruchnahme von Leistungen auf gesellschaftliche Teilhabe erschwert werden kann:

„Vielleicht ist das auch ein Aspekt, warum die Migranten weniger zu den deutschen Behörden gehen, weil sie vielleicht auch die Scheu haben vor Rassismus. Ich würde schon sagen, dass es Ängste gibt.“ (Int-E_M_MD)

„Das ist wirklich ein Problem. Viele türkische Frauen, wenn die auch nur ein Kopftuch tragen: ‚Wie werden die auf mich reagieren, wenn ich da auftauche?' (...) Die haben Ängste, die wissen, wenn ich da hin gehe, sehen die erst mal nur die türkische Frau in mir." (Int-E_M_KB)

Möglicherweise haben ältere Migranten aufgrund eigener Diskriminierungserfahrungen Misstrauen gegenüber deutschen Einrichtungen aufgebaut und vermuten eine verschärfte Diskriminierung ihres behinderten Kindes:

„Wenn sie selber auf verschiedenen Ebenen Diskriminierungserfahrungen schon als gesunde Menschen erfahren haben, dann haben sie vielleicht nicht das Vertrauen, das behinderte Kind, das sich vielleicht nicht wehren kann, abzugeben. (...) Und ältere Migranten können schon diffuse Diskriminierungserfahrungen durch ihr ganzes Leben, immer wieder, gemacht haben. Das gibt es auf jeden Fall, Diskriminierung ist manchmal sehr versteckt."(Int-E_M_P)

Dem gegenüber wird berichtet, dass Angehörige speziell im Bereich der Behindertenhilfe die Unterstützung wertschätzen, weil sie sie nicht als selbstverständlich ansehen und weil die subjektiven Diskriminierungserfahrungen hier geringer sind als in anderen Bereichen. Allerdings herrsche insgesamt eine *gesellschaftspolitische Stimmung*, die Migranten als Problemgruppe stigmatisiere:

„Natürlich, es ist doppelte Diskriminierung oder dreifach (...). Aber ich denke, da bewegt sich was inzwischen. Ich bin sehr zuversichtlich, obwohl in der politischen Landschaft, die ganze politische Atmosphäre gegen Migranten oder Menschen mit Migrationshintergrund, wenn Sie dann die Zeitung aufmachen, ja, Neukölln und auch an allem sind die Migranten schuld, als ob alle Deutschen mit einem Uni-Abschluss zur Welt kommen würden. Es ist schrecklich, es gibt so eine Antistimmung, eine Diskriminierung." (Int-E_M_BF)

Eine Interviewpartnerin wendet sich explizit *gegen Diskriminierung durch eine Kategorisierung* von „Behinderten" oder „Migranten" im interkulturellen Diskurs. Viele Probleme würden vorschnell ethnisiert, dieser Blickwinkel sei diskriminierend.

„Eine humane Gesellschaft wünsche ich mir und dafür kämpfe ich auch, ob sie Migranten sind oder Deutsche sind, ist mir egal." (Int-E_M_BF)

6.5 Fremd- und Selbstbilder von Familien türkischer Herkunft

Die Interviewpartner/innen zeigen auf, dass das Fremdbild der türkischen Großfamilie mit hohen Unterstützungspotenzialen der Realität vieler Familien nicht entspricht. Sie beschreiben weiterhin kulturelle Unterschiede, die sie zwischen deutschen und türkischen Familien wahrnehmen und geben eine Einschätzung der Akzeptanz der Inanspruchnahme von Wohnangeboten.

Unterstützungspotenziale

Die geringe Inanspruchnahme von Angeboten des unterstützten Wohnens wird häufig mit größeren Unterstützungsressourcen von Familien mit türkischem Migrationshintergrund begründet. Die Interviewpartner/innen gehen übereinstimmend davon aus, dass familiäre Unterstützungspotenziale von Fachleuten überschätzt werden:

„Man hat bestimmte Idealvorstellungen, türkische Familie und Auffangbecken, alle sorgen und kümmern sich. Ist nicht!" (Int-E_M_BF)

„In Krankenhäusern, wo sehr viele Migranten tagtäglich rein und raus gehen, denken die, dass alle in der Familie gepflegt werden. Das ist ein großes Vorurteil, das nicht stimmt, das hindert auch Sozialarbeiter daran, solche Fälle wahrzunehmen." (Int-E_M_P)

Aus soziologischer Perspektive unterliegt die Familie in der Türkei durch Modernisierungs- und Migrationsprozesse einem starken Wandel:

„Die ganze Anonymisierung, die ganze Auflösung der Familie hat auch in der Türkei oder in traditionellen Gesellschaften auf eine turboartige Art und Weise eingedrungen. Die Familien sind genauso aufgelöst und genauso anonymisiert, genauso entfremdet und die sind einmal von der Heimat entwurzelt und haben zweitens auch hier nicht richtig Wurzeln schlagen können." (Int-E_M_BF)

Während die Interviewpartnerinnen aus der Sozialen Arbeit eher mit Frauen zusammenarbeiten, die wenig familiäre Unterstützung haben und u. a. einen Fall schildern, in dem Verwandte der Mutter eines behinderten Kindes vorwerfen, sie habe kein gesundes Kind zur Welt gebracht, geht der Vertreter der muslimischen Community davon aus, dass nach wie vor auch großfamiliäre Unterstützungsstrukturen bestehen. In diesem Zusammenhang sei es für zugewanderte Familien mit türkischem Hintergrund schwer mit dem familiären Selbstverständnis zu vereinbaren, sich aufgrund der demografischen und gesellschaftlichen Entwicklung erstmals mit der Inanspruchnahme von Altenheimen auseinandersetzen zu müssen:

„Es ändert sich in der muslimischen Community. Vor Kurzem war es undenkbar und eine Form der Respektlosigkeit, dass man ein Elternteil in ein Altenheim ‚abschiebt'. Und bei Behinderten ist es dasselbe, dass man als Familie sich verantwortlich fühlt, besonders um den Behinderten, das ist in jeder Familie denke ich, sich zu kümmern."(Int-E_M_MD)

Die Auseinandersetzung mit der Inanspruchnahme eines Wohnangebots für den behinderten Sohn oder die behinderte Tochter wird von den Interviewpartner/innen als schwierig für die Familien, insbesondere für die Mütter beschrieben. Mütter sehen es als ihre Verpflichtung, ihr behindertes Kind in der Familie zu unterstützten, der soziale Druck sei hoch:

„Wenn man internalisiert hat, das ist meine Pflicht, ein Leben lang, dann suchen sie auch keine Alternative. Dann sind sie auch nicht offen. ‚Was werden meine Angehörigen sagen?' Dieser soziale Druck ist sehr groß, das ist ja ein Tabu."(Int-E_M_BF)

Der moralische Druck, als Frau die Unterstützung leisten zu müssen, führt häufig zu Überforderungssituationen. Permanente Überforderung wirkt sich nachteilig auf die Qualität der Unterstützung durch die Familie aus. Darum sei eine Abkehr von der Idealisierung des Lebens in der Familie und von der Abwertung von Wohnformen für Menschen mit geistiger Behinderung außerhalb der Familie erforderlich:

„Also, wir idealisieren auch: Eltern bedeutet immer gute Betreuung. Da ist für mich ein Fragezeichen. (...) Das ist mit der Zeit ein Rotieren, mein Kind, mein Mann, für die Familie auch!"(Int-E_M_BF)

„Viele Familien, die sind emotional. Aber im gesellschaftlichen Leben wissen sie nicht, was entspricht dem Bedürfnis, vielleicht malt er oder guckt er einen Baum ... Ich will weder die Familie verurteilen noch, aber er hat das Recht, nicht nur an seiner Ecke zu sitzen, er hat das Recht, Natur zu beobachten, frische Luft, einen See, Herbst, Winter oder auch Kino. Und ich denke, gut eingerichtete Einrichtungen entsprechen den Bedürfnissen. Es gibt keine perfekte Lösung, aber es gibt."(Int-E_M_BF)

Gleichzeitig dürfe auch ein Leben in Wohnangeboten nicht idealisiert werden. Menschenrechte können auch hier beschnitten werden:

„Ja, zum Beispiel in der Einrichtung haben die ihr gesagt, sie soll sich nicht verlieben, sie ist geistig retardiert und hat eine spastische Lähmung (...) Und ich denke, sie hat sich verliebt, und die Mitarbeiterin kam zu ihr und hat gesagt, sie darf keine Liebesbeziehung haben, ich habe gesagt, wo leben die denn?" (Int-E_M_BF)

Unabhängig von einer Behinderung oder vom Unterstützungsbedarf eines Familienmitglieds konstatieren die Interviewteilnehmer/innen einen kulturellen Unterschied zwischen türkischen und deutschen Familien: Die *familiäre Verbundenheit* sei in türkischen Familien enger:

„Familien mit türkischem Migrationshintergrund, da ist der familiäre Zusammenhalt ganz anders. Ich will das nicht werten, ob das besser ist oder schlechter ist. Es ist in der Regel so, dass es nicht typisch ist, dass die Kinder mit 18 ausziehen sollen. Es gibt natürlich Familien, die aufgrund der Sozialisation, aufgrund der Migrationsgeschichte, dass es auch moderne Lebensweisen gibt und nicht den Traditionen und Klischees entspricht. Aber man muss von einer sehr großen Zahl ausgehen, die immer noch danach lebt, dass die Kinder bis sie ein eigenes Leben gründen, eine eigene Ehe gründen, bis sie ihre Schule, ihr Studium abgeschlossen haben und ihren Lebensunterhalt selber finanzieren können, dass sie in der Familie leben. Auch danach ist das Familienleben, wenn man ausgezogen ist, es ist ganz bezeichnend für diese Familien, dass sie sich dann mehrmals in der Woche sehen zum Essen oder auch so bei der Mutter bei der Familie sind." (Int-E_M_VPI)

6.6 Bedarf an unterstützten Wohnangeboten

Die Erfahrungsberichte und Einschätzungen der Interviewpartner/innen weisen auf einen *zukünftigen Bedarf an unterstützten Wohnangeboten* für Erwachsene mit geistiger Behinderung hin, deren Eltern als Teil der „Gastarbeitergeneration" aufgrund ihres Alters die Betreuung nicht mehr gewährleisten können. Allerdings werde der Bedarf von den Familien teilweise (noch) nicht benannt. Es gebe Beispiele von Personen mit Behinderung, die völlig vom System der Behindertenhilfe ausgeschlossen sind. Unabhängig von Aktivitäten der Eltern müsse dennoch das Recht auf Teilhabe gewährleistet sein.

Eltern der ersten Einwanderergeneration, die einen behinderten Sohn oder eine Tochter pflegen oder unterstützen, sind wegen ihres Alters oder auch wegen gesundheitlicher Einschränkungen zunehmend weniger in der Lage, die Unterstützung zu gewährleisten. Die befragten Vertreter/innen der türkischen Community prognostizieren, dass von dieser Personengruppe in Zukunft aus „versorgungsorientierten Gründen" verstärkt Wohnangebote in Anspruch genommen werden. Diese Einschätzung beruht auf vermehrten Anfragen von Behörden nach ‚geeigneten' Wohnprojekten für behinderte Menschen mit türkischem Migrationshintergrund, auf der Einschätzung eines türkischen Arztes und auf Anfragen von Angehörigen selbst:

„Der Austausch mit Fachkreisen und Kollegen, die in diesen Bereichen arbeiten, wo sie diese Beratungen anbieten, und die diese Anträge bearbeiten, dass das zunimmt, im Vergleich zu 20 bis 30 Jahren. Man muss sich auch vorstellen, wenn eine Familie vor 20, 30 Jahren einen Angehörigen mit Behinderung bekommen hat, dass die Familie nicht mehr die jüngste ist. (...) Das bekommen sie immer so vermittelt über diese Beratungsstellen in den Ämtern, über die Versorgungsämter, über das Sozialamt und dass immer wieder geeignete Projekte gesucht werden, wo ich auch angerufen werde: ‚Ich habe hier so einen Fall, haben Sie da nicht eine Einrichtung, kennen Sie jemanden, an den ich mich wenden kann?'" (Int-E_M_VPI)

„Dann haben wir sehr viele Anrufe die ganzen zwei Jahre gehabt, wo Eltern anrufen, die behinderte Kinder haben, inzwischen auch ältere behinderte Kinder haben, also wo die Kinder keine Kinder mehr sind, also 30 Jahre alt, 35 Jahre alt sind." (Int-E_M_P)

„Da war auch ein türkischer Arzt eingeladen, der hat das letztendlich auch bestätigt, dass ganz viele Migranten, jetzt türkischstämmig in diesem Fall, ihre behinderten Kinder haben, die zwischen 30 und 40 sind, und dass es super schwer ist, weil sie älter werden jetzt und ihre Kinder einfach noch haben." (Int-E_M_P)

Trotz der größer werdenden Belastung haben sich Eltern häufig (noch) nicht mit der Zukunft ihres erwachsenen Sohnes bzw. ihrer Tochter und einer eventuellen Inanspruchnahme eines Wohnangebotes aktiv auseinandergesetzt:

„Wenn die Eltern dann nicht mehr da sind, darüber denken die Eltern noch gar nicht nach, weil es bleibt in der Familie. Wir denken aber, wir müssen da ganz viel Aufklärungsarbeit machen: Was passiert, wenn ihr sterben tut? Heute seid ihr vielleicht noch da, morgen vielleicht nicht mehr, was passiert mit eurem Kind? Und da kommen wir nur in minimalen Schritten voran." (Int-E_M_KB)

Unabhängig von der Benennung eines Unterstützungsbedarfs durch die Angehörigen müsse das Recht auf Teilhabe gewährleistet sein. Ohne Unterstützung können Familien in Überforderungssituationen geraten, in denen dieses nicht mehr gewährleistet ist:

„Einerseits würde ja die Familie durch Wohnangebote entlastet und durch diesen Druck, ich weiß es nicht, ob ich dann eine gute Betreuung mache oder nicht. Ich möchte eine transparente Betreuung dieser Familie für die Behinderten. Er hat ja Rechte."(Int-E_M_BF)

Es wird davon ausgegangen, dass es auch Familien mit behinderten Angehörigen gibt, die keinen Zugang zum System der Behindertenhilfe haben:

„Nur die Familie Öztürk, die hinter verschlossenen Türen lebt, die den Ämtern nicht bekannt ist, der nicht die Frage gestellt wird oder das Angebot gemacht wird, die erreichen wir natürlich auch nicht. (...) Ich denke, die Dunkelziffer ist wesentlich höher, Familien, die in ihrem eigenen Saft und völlig überfordert sind, die auch nicht so erzogen sind, dass der Staat da eingreifen sollte." (Int-E_M_VPI)

„Ich kenne auch einige Eltern, die wirklich ganz allein gelassen sind, wenn wir wirklich die jüngeren Menschen mit Behinderung in den Blick holen, dann gibt es auch so wenig Angebote, wo sie am Tag hingehen können." (Int-E_M_P)

Trotz der beschriebenen Schwierigkeiten erwarten die Interviewpartnerinnen einen hohen Bedarf an zielgruppengerechten Angeboten:

„Wir machen unsere Beratung, wenn es sein muss natürlich auch in Türkisch oder Arabisch, da haben wir gemerkt, dass die Leute wirklich Hilfe brauchen und für uns war das wirklich so ein Boom.(...) Vor einem Jahr haben wir gemerkt, die Leute rennen uns hier die Bude ein." (Int-E_M_KB)

„Ich denke, wenn man neue Projekte macht: Man muss auch wirklich die Leute berücksichtigen, dass man multikulturelle Teams bildet, und Angebote machen. Dann müsste man ganz klar davon ausgehen, dass die Leute kommen werden, wenn Angebote da sind." (Int-E_M_P)

6.7 Barrieren des Zugangs und der Inanspruchnahme

Zugangsbarrieren zu Wohnangeboten der Behindertenhilfe identifizieren die Interviewpartner/innen in folgenden Bereichen, wobei einige der Einstellungen bzw. Barrieren nur auf Teilgruppen der Bevölkerung mit türkischem Migrationshintergrund zutreffen:

- Negatives Image der Inanspruchnahme von Wohnangeboten der Behindertenhilfe („Versorgungsinstitutionen")
- Kulturelle Unterschiede zwischen Professionellen und Familien mit Migrationshintergrund
- Informationsdefizite, Sprachbarrieren, finanzielle Lage, bürokratische Hürden, fehlende Interessenvertretung, Behörden als Kontrollinstanz
- Diskriminierung

Im Folgenden werden diese Barrieren mit verschiedenen Aspekten und Beispielen veranschaulicht.

Negatives Image der Inanspruchnahme von Wohnangeboten der Behindertenhilfe

Wohnangebote werden eher als Versorgungsinstitutionen, wenn die Familie nicht für ihre Tochter oder ihren Sohn angemessen sorgen kann, denn als Institutionen, die Teilhabe ermöglichen, bewertet. Zudem befürchten viele türkische Familien nach Aussage einer Interviewpartnerin, dass ihnen von der deutschen Gesellschaft Inkompetenz unterstellt werden könnte, wenn sie Probleme benennen:

„Türkische Familien haben sowieso ein Problem damit, Probleme oder Versorgungslücken, Forderungen nach außen zu stellen, weil man ihnen unterstellen könnte oder sie das als Versagen empfinden könnten, als wenn sie das nicht selber lösen könnten." (Int-E_M_VPI)

Das schließe nicht aus, dass es auch „selbstbewusste" Familien gibt, die Bedarfe benennen können. Somit handele es sich nicht um ein kulturell-ethnisch begrenztes Problem, auch unter „Nicht-Migrantenfamilien" gebe es solche, die soziale Probleme und Anforderungen an den Staat erfolgreicher artikulieren können bzw. wollen als andere,

„die auch nicht so erzogen sind, dass der Staat da eingreifen soll. Familiäre Probleme offen zu machen hat mit Illoyalität zu tun, man macht seine Familie nicht nackt nach außen und wenn man Hunger hat, dann sagt man nicht nach außen, dass man Hunger hat. (...) Es gibt natürlich auch die Selbstbewussten, die das benennen, die das sich auch einfordern oder zumindest offen machen, wie der Stand der Dinge ist. (...) Aber da nimmt sich die türkische Gesellschaft oder die deutsche Gesellschaft nicht viel voneinander."(Int-E_M_VPI)

Übereinstimmend schildern die Interviewpartner/innen, dass türkische Familien negative Reaktionen ihres sozialen Umfeldes befürchten, wenn ihre Tochter oder ihr Sohn ein Wohnangebot in Anspruch nimmt:

„Es ist ein Kulturkreis, die Menschen sind so abhängig von dem, was von außen gesagt wird. Bei Deutschen ist es eher egal, was der Nachbar sagt, (...) in kleinen Dörfern ist es immer noch so. Aber bei den Türken ist es, obwohl in der Großstadt, immer noch so, wenn sie ihre Pflegebedürftigen in ein Heim oder sonstwohin abgeben, dass sie immer noch Angst haben, das ist nichts Gutes, was sagen die anderen? Verliere ich mein Gesicht?" (Int-E_M_KB)

Familien, die aus traditionellen ländlichen Gebieten der Türkei nach Berlin zugewandert sind, haben Institutionen für bestimmte Gruppen wie ältere oder behinderte Menschen zu Beginn der Migration zunächst als etwas kulturell extrem Fremdes, als etwas spezifisch Deutsches empfunden. Inzwischen vollzieht sich jedoch auch hier ein Wandel der Einstellungen:

„Viele kommen aus ländlichen Gebieten hierher in die Großstadt und sind erst mal schockiert, dass das hier eine Welt gibt, ja keine Familie und für die Alten gibt es Altenheime. Inzwischen sagen unsere Leute, die Migranten aus der Türkei: ‚Gott sei Dank, dass es Altersheime gibt'. Vor 30 Jahren hätte man gesagt: ‚Oh, nur die Deutschen haben das erfunden, das ist was spezifisch Deutsches.', aber es ist eigentlich nur spezifisch für diese ‚entwickelten' Gesellschaften, die immer für Alte, Behinderte Schubladen haben, Einrichtungen." (Int-E_M_BF)

„Es ist immer mehr die Diskussion, wie die Familien damit umgehen sollen, wenn sie älter werden, selber mehr Krankheiten haben, wie dann die Versorgung gewährleistet ist und in den Fällen ist dann notgedrungen, dass sie dann ihre Kinder an die Einrichtungen auch orientieren und auch wenn es ihnen dann überhaupt nicht passt, dass ihr Kind in einer Einrichtung lebt." (Int-E_M_VPI)

Kulturelle Unterschiede zwischen Professionellen und Familien mit Migrationshintergrund

Als weitere Zugangsbarriere werden soziokulturelle Unterschiede zwischen mittelschichtorientierten Professionellen und Migranten, die aus einem Arbeitermilieu kommen, beschrieben:

„Diese Einrichtungen werden eher von den Mittelschichtsfrauen, den Deutschen (...) oder Angestellten, einem gewissen Klientel, betrieben, dass für die türkischen Leute, die aus einer Arbeiterklasse kommen, eine schwierige Barriere schafft, rein zu gehen."(Int-E_M_BF)

Häufig haben Familien mit türkischem Migrationshintergrund das Gefühl, anders zu sein, sich erklären zu müssen und nicht verstanden zu werden:

„Wir gehen dann wirklich mit den Leuten da auch hin (...) Denn was habe ich denn davon, wenn ich einen Vater hier berate auf Türkisch und dann schicke ich ihn zu einer Stelle, wo er wieder nicht reden kann, wieder nicht sprechen kann, wo er wieder diese Hemmung hat: Ich bin so anders und ihr seid so anders und ich muss mich schon wieder erklären. Davon hat der Mann nichts, im Gegenteil der taucht da wahrscheinlich gar nicht auf." (Int-E_M_KB)

Auch unterschiedliche religiöse Zugehörigkeiten können ein Hemmnis sein, ein Wohnangebot in Anspruch zu nehmen:

„Also, diese eine Mutter, die immer wieder gekommen ist und gesagt hat, ich bin schon 60, ich kann ihn nicht mehr pflegen (...) und es gibt kein einziges Haus, wo ich mein Kind hinbringen kann, wenn irgendwas ist, weil die sind überhaupt nicht muslimisch. (...) Ihr war das wichtig. Und deswegen hat sie auch aus diesen Gründen ihr Kind nirgendwo abgegeben." (Int-E_M_P)

Im Einzelfall führen unterschiedliche Vorstellungen des Ratsuchenden und der Beraterin hinsichtlich der Zukunftsperspektiven des erwachsen gewordenen geistig behinderten Kindes zu einem Abbruch der Beratung:

„Ich glaube, es gibt sehr große Barrieren, überhaupt ein Beratungsangebot in Anspruch zu nehmen. Zum Beispiel, einmal hatte ich einen Vater hier, der hat so leise geflüstert, der wusste nicht, was er machen sollte, ob er seine Tochter, die auch geistig behindert ist, verheiraten soll oder nicht. Ich hab ihm gesagt, dass ich das für keine gute Idee halte und habe ihm dazu geraten, dass sie vielleicht in einer betreuten Wohnform wohnt. Aber er war nur einmal da und dann habe ich nie wieder was von ihm gehört." (Int-E_M_KB)

Informationsdefizite

Der Grad der Information über (Wohn-)Angebote der Behindertenhilfe ist niedrig:

„Es gibt da ein Beispiel, da habe ich richtig Gänsehaut bekommen, auch weil es für mich das erste Mal war. Ich hatte einen türkischen Vater hier, der sich hier geöffnet hat, ein super moderner, muss ich dazu auch noch sagen, und er sprach auch sehr gut Deutsch und hat uns dann erzählt, über andere Geschichten sind wir dann darauf gekommen, dass er ein körperlich und geistig behindertes Kind hat, das mittlerweile 23 Jahre alt ist und immer nur in der Familie drinnen war. Und mit diesem Vater sind wir zu einer Behindertenwerkstatt gegangen (...) und er war so erstaunt, was behinderte Menschen alles ma-

chen können. Nach eineinhalb Stunden saß der Vater beim Kaffeetrinken, total überfordert saß er da, mit Tränen in den Augen: ‚Und ich habe 23 Jahre mein Kind zu Hause eingesperrt. (...) Ich möchte sofort eine Anmeldung machen.' Der war so begeistert." (Int-E_M_KB)

Ein Interviewpartner schildert den Kreislauf von Informationsdefiziten, Hemmungen, auch aufgrund der Sprache, sich nach Möglichkeiten zu erkundigen, und dem Sich-Einrichten in der Situation bis zu einem Punkt, an dem externe Hilfe in Anspruch genommen werden muss:

„Was wir zum Beispiel erleben, ist auch sehr oft Unkenntnis. Man weiß gar nicht, zu wem man gehen soll. Man hat Hemmungen zu fragen, weil die Sprache fehlt, und man kümmert sich dann gar nicht drum. Und irgendwann ist es dann egal, dann ist es Gewöhnungssache geworden. Aber so weiter geht es dann ja doch nicht, irgendwann muss man doch an irgendeine Stelle gehen." (Int-E_M_MD)

In Notsituationen werden die Familien umfassend, auch unter der Zuhilfenahme von Dolmetschern, über Wohnangebote informiert und beraten:

„Da finde ich, dass Familien, (...) die dieses notgedrungen erfahren haben über den Angehörigen, über das Kind, die werden schon gut informiert. Da habe ich nicht das Gefühl, dass die Ämter da defizitär arbeiten." (Int-E_M_VPI)

Allerdings kann eine Vermittlung von reinen Fakten zu kurz greifen. Es gehe um Beratung und Bildung eines gesellschaftlichen Verständnisses von Behinderung, dass sich am Recht auf Teilhabe orientiert:

„Wir machen sehr viel Überzeugungsarbeit, sehr viel Bewusstseinsarbeit vor Ort, bis die Leute überhaupt bereit sind zu sagen: ‚Ich habe diese Rechte?' – ‚Was, hier gibt es Werkstätten, wo ich meinen Sohn mit körperlicher Behinderung reinstecken kann und der arbeitet für Mercedes?' Das ist wirklich Unwissenheit hier." (Int-E_M_KB)

„Es gibt inzwischen sehr viele Untersuchungen über geistig Behinderte, was heißt geistig behindert?! Es gibt immer graduelle Unterschiede. Und was für Fähigkeiten die haben, es gibt ja Teilhabemöglichkeiten. Ich denke, (...) das ist in der Migrantengesellschaft noch nicht angekommen. (...) Ich weiß nicht konkret, wie weit diese Familien auch fortgebildet werden." (Int-E_M_BF)

Die Unübersichtlichkeit, der Konkurrenzkampf und die Kurzlebigkeit vieler bestehender Angebote, Projekte und Einrichtungen werden als Zugangsbarrieren benannt, die nicht nur für die Bevölkerung mit Migrationshintergrund bestehen:

„Was generell schwierig ist, es gibt ja kein einheitliches Projekt. Hier bietet einer was für 10 Leute an, da bietet jemand was für 100 Leute an, und dann wird es nur noch ein Dienstleistungskampf, (...) wo ich dann denke, dass es am Konzept vorbei geht, dass die eigentliche Idee, der Grundgedanke auf der Strecke bleibt. (...) Etwas Langfristiges fehlt, wo man nicht immer bangen muss, in zwei Jahren ist die Finanzierung weg, dann wissen wir nicht, wie es weitergeht." (Int-E_M_VPI)

Sprachbarrieren

In vielen Fällen verstärken sprachliche Barrieren die Informationsdefizite. Insbesondere bei sensiblen Themen wie bei der Inanspruchnahme von Wohnangeboten sei eine niedrigschwellige Beratung in der Muttersprache wichtig:

„Für viele, die vielleicht schon viele Jahre in solch einer Beratungssituation sind, diese ganzen Formulare vor sich haben und Schema haben und wie beim Sozialamt stempeln, ausfüllen, kommen Sie in drei Wochen wieder – so geht das nicht. Gerade dieses Thema ist ja sehr, sehr sensibel. Viele Migranten haben auch Schamgefühle. Wenn man sich darauf einlässt, sie zu verstehen, dann kommt man doch dahinter, warum sie nicht kommen." (Int-E_M_P)

Finanzielle Lage

Eine Interviewpartnerin weist auch auf prekäre finanzielle Bedingungen einiger Familien mit türkischem Migrationshintergrund hin: Wenn Familien abhängig sind von Mietzuwendungen, kann ein Auszug eines Familienmitgliedes aus der gemeinsamen Wohnung einen Umzug der Familie in eine kleinere Wohnung zur Folge haben.

Bürokratische Hürden

Eine weitere Hürde ist das Ausfüllen von Formularen und Anträgen, z. B. bei der Inanspruchnahme von ambulanten Leistungen, die über die Pflegeversicherung finanziert werden:

„Denn viele Eltern sind auch überfordert, mit diesen ganzen hunderttausend Papieren, wie viele Minuten haben sie gebraucht, ihn zu waschen, wie viel Minuten haben sie gebraucht, ihn zu füttern. Das muss alles schriftlich festgehalten werden, alles muss protokolliert werden, alles muss geschrieben werden. Es ist ja auch wieder Deutschland, das Land der Bürokratie, wo man wirklich die praktische Arbeit verliert in der Bürokratie." (Int-E_M_VPI)

Fehlende Interessenvertretung

Inwieweit Vorstellungen von Familien Gehör finden, hängt in großem Maß vom Bildungsstand der Familie und der Fähigkeit, eigene Interessen gegenüber sozialen Diensten vertreten zu können, ab:

„Jemand, der einen bestimmten Bildungsgrad erreicht hat und Wünsche und Bedürfnisse gut benennen kann, definieren kann, der kriegt auch ein Gehör und man versucht mit seiner Dienstleistung, was diese Einrichtungen ja sind, dem zu entsprechen." (Int-E_M_VPI)

Behörden als Kontrollinstanz

Einige der Befragten machen die Erfahrung, dass türkische Mütter den Gang zu Behörden scheuen, weil sie negative Konsequenzen befürchten:

„Eine türkische Mutter geht nicht gerne zu deutschen Behörden, das muss man auch mal benennen, weil: ‚Ich gehe doch nicht zum Jugendamt, da nehmen die mir vielleicht noch das Kind weg'. Diese Ängste sind da, dieses falsch Vermittelte ist da." (Int-E_M_KB)

Diskriminierung

Der Aspekt von befürchteter oder früher erlebter Diskriminierung als Zugangsbarriere zu Institutionen wurde im Abschnitt 6.4 beschrieben.

6.8 Ansätze zur Verbesserung der Teilhabechancen

Die Interviewpartner/innen beschreiben aus ihrer Sicht, welche Faktoren und Ansatzpunkte förderlich sind, um Erwachsenen mit geistiger Behinderung und Migrationshintergrund einen „chancengleichen Zugang" und „gleichwertige Versorgungsqualität" zu ermöglichen. Dabei geht es um die Gestaltung von Wohnangeboten, um zielgruppenspezifische Beratungs- und Informationsangebote, um niedrigschwellige Kontakt- und Begegnungsstellen, um Ressourcen der türkischen Community und um Vernetzung.

6.8.1 Gestaltung der Wohnangebote

Nach Erfahrungen in Beratungssituationen ist es den meisten Familien am wichtigsten, dass sich ihr Angehöriger beim Wohnen außerhalb der Familie *wohl fühlt*:

„Und was macht dieses Wohlgefühl aus? Wenn ich die Muttersprache spreche und vielleicht auch das Fernsehprogramm habe in meiner zugehörigen Kultur, auch so geschult ist oder auch so diese Kompetenz hat,... Es fängt ja bei der Nahrung an, von Schlafgewohnheiten, bis Gebetsverrichtungen, es sind ja ganz unterschiedliche Themen, die ganz anders sind." (Int-E_M_VPI)

Zudem sei die *Öffnung der Einrichtungen in das Gemeinwesen* wichtig, auch um einem negativen Image entgegenzuwirken:

„Also Heim ist etwas Negatives, aber ich finde, es ist auch so nicht lebendig, wenn man in Heime geht. Hier ist es lebendig. (...) Ich finde es sehr wichtig, wenn viele Einrichtungen so offen wären und für die Öffentlichkeit auch zugänglich wären und man nicht immer Angst hätte, die Ruhe bewahren zu müssen, Ruhe in den Altenheimen, das mögen die Türken nicht. Die haben auch sehr gerne Gesellschaft. (Int-E_M_P)

Ethnische Ausrichtung – pro und contra

Wohnanbieter stellen sich zunehmend die Frage, ob sie ethnisch ausgerichtete Wohnangebote, z. B. spezielle Wohngruppen für Personen mit Migrationshintergrund, aufbauen sollten. Gleichzeitig besteht Unsicherheit, ob hierfür Bedarf besteht bzw. ob dieses mit dem Leitgedanken Inklusion zu vereinbaren ist. In den Interviews zeichnet sich zu dieser Frage ein breites Meinungsspektrum ab. So gebe es Mütter, für die es leichter wäre, ihren Sohn oder ihre Tochter in einer muslimischen Einrichtung betreuen zu lassen, wenn sie selbst nicht mehr für ihr Kind sorgen können. Eine Interviewpartnerin bringt dem gegenüber zum Ausdruck, dass sie selbst ihren pflegebedürftigen Angehörigen bewusst nicht in eine türkisch-muslimisch Pflegeeinrichtung geben würde:

„Es gibt auch hier türkische Einrichtungen. Ich würde nicht, das ist mir zu … Mein Verwandter hat auch extra eine evangelische Einrichtung ausgesucht. (…) Ich habe mehr Vertrauen als zu einer muslimischen Einrichtung.“ (Int-E_M_BF)

Andererseits wirbt sie in ihrem Tätigkeitsfeld dafür, dass *Initiativen zu neuen Wohnprojekten* bzw. Wohngemeinschaften aus der türkischen Community heraus entwickelt werden:

„Man kann in diesen Einrichtungen auch innerhalb Forderungen haben oder auch selbst Projekte entwickeln. (…) Eine Deutsche, die wollte ihren Vater nicht in ein Altenheim geben. Sie hat selbst eine Initiative, sie hat selbst eine Wohngemeinschaft gegründet und leitet sie. (…) Ich versuche, sie so warm zu machen, was diese Gesellschaft, deutsche Gesellschaft durch Studentenbewegung auch, andere Wohnformen auch geöffnet hat (…) ich sag mal Wohngemeinschaften. Es gibt auch unter den älteren Menschen, psychisch kranken Menschen solche Wohnformen. Schwule und Lesbische, viele haben von der eigenen Community Wohnformen, alternative Wohnformen zur klassischen Familie. Ich hoffe, dass diese Wohnformen auch innerhalb der Migranten-Community Resonanz finden.“ (Int-E_M_BF)

Als Beispiele werden *Initiativen aus der Altenhilfe* genannt, die sich bereits verstärkt mit der interkulturellen Öffnung ihrer Einrichtungen auseinander gesetzt hat. Ein Interviewpartner schildert die Vernetzung eines Altenheims mit der benachbarten Moschee.

„Bis vor Kurzem gab es beispielsweise noch kein Altenheim für Türkischsprachige oder für Muslime. Und da hat zum Beispiel die Moschee in der X-Straße diese älteren Menschen in das evangelische Altersheim nebenan weitergeleitet. Da kam es dann sogar dazu, dass viele Leute türkischer Abstammung waren und in diesem Altersheim gewohnt haben und dass der Imam zu islamischen Festtagen die dann auch besucht hat.“ (Int-E_M_MD)

Eine Interviewpartnerin lehnt eine Sonderbehandlung von Randgruppen – seien es „türkische Frauen“ oder „behinderte Kinder“ – ab und plädiert für eine *Öffnung der Regeldienste für alle*:

„In jeder Integrationsgeschichte finde ich es gefährlich, wenn es immer solche Gruppierungen gibt. Ah, du bist eine türkische Frau, du sprichst kein Deutsch, du gehörst da hin. Und so ist es auch mit den behinderten Kindern. Es gibt Kindergärten für behinderte Kinder, warum kann man das nicht mischen? Alle Lehrer sollten von vornherein eine Zusatzqualifikation haben, (…) da gehören behinderte Kinder selbstverständlich dazu. Würde ich viel einfacher finden als immer aus bestimmten Randgruppen noch größere Randgruppen machen.“ (Int-E_M_KB)

Dem gegenüber werden zumindest für alt werdende Frauen und Männer Vorteile in speziellen Angeboten für ältere Menschen mit dem gleichen kulturellen Hintergrund gesehen:

„Durch die Sprache sind die Menschen hier auch ganz anders psychosozial aktiv. (…) Also hier verbinden sich die Leute mit den anderen, anders als im mehrheitsbedingten Heim, wo sie dann wieder Fremde sind. (…) Es ist eben so, dass sie viele Gemeinsamkeiten haben, das ist dann eben einmal die Migrationsgeschichte, dann auch kulturell – obwohl da können sie auch Abweichungen sehen – aber es ist trotzdem etwas Bekanntes, wo sie sich auskennen.“ (Int-E_M_P)

Diese Erfahrungen könnten nach Meinung der Befragten jedoch nicht einfach auf die Behindertenhilfe übertragen werden, da Erwachsene mit geistiger Behinderung und türkischem Migrationshintergrund meist in Deutschland geboren und aufgewachsen sind und häufig auch die deutsche Staatsangehörigkeit haben:

„Also, wenn wir jetzt von Türken sprechen, die sind ja auch schon über 40 Jahre hier. Von daher wurden die Kinder hier geboren, das heißt sie sind auch genau auf dieser Linie hier, dass sie diese Angebote der Behindertenhilfe, Integrationsschule, Integrationskita, Behindertenwerkstätten und so weiter in Anspruch nehmen und dem entsprechen.“ (Int-E_M_BF)

In den Interviews wird deutlich, dass eine ethnische Ausrichtung von Wohnangeboten nicht automatisch den Zugang zu Klienten mit Migrationshintergrund eröffnet. So mussten z. B. in einem türkischen Pflegeheim zunächst Zugangsbarrieren gezielt abgebaut werden:

„Inzwischen kennt uns ja jeder, sozusagen in der Community sind wir bekannt. Wir haben die ersten zwei Jahre viel für die Bekanntmachung und Darstellung dieses Hauses, dieses Angebotes gemacht, weil das war ja gar nicht bekannt. Von daher hat das auch eine ganze Weile gedauert, unser Haus konnte sich auch erst mal nicht so schnell füllen, weil es ja erst mal kommuniziert werden musste. Was ist das? Wie kommt man hier hin? Was bedeutet das? Kann ich das machen, ohne ein schlechtes Gewissen zu haben? Was sagen die Nachbarn, wenn ich das mache?" (Int-E_M_P)

Für den *Bereich der Behindertenhilfe* wird von Plänen berichtet, ein spezielles Wohnangebot für die Klienten einer Kontakt- und Beratungsstelle für Menschen mit überwiegend türkischem oder arabischem kulturellen Hintergrund aufzubauen. Zum Zeitpunkt des Interviews war es allerdings schwer, Personen für dieses Wohnangebot zu interessieren.

Die Aussagen der Befragten machen deutlich, dass es sich bei potenziellen Klienten mit Migrationshintergrund um *keine einheitlich Zielgruppe* handelt. Das Spektrum der Interessen reicht von klarer Priorität muslimisch ausgerichteter Angebote bis hin zur bewussten Bevorzugung nicht muslimisch ausgerichteter Angebote. Die unterschiedlichen Prioritäten sollten durch Bereitstellung unterschiedlicher Wohnmöglichkeiten bei der Planung von Angeboten der Behindertenhilfe berücksichtigt werden. Dabei ist zu beachten, dass bei generellen Vorbehalten gegenüber betreuten Wohnangeboten auch ein explizit ethnisch ausgerichtetes Angebot nicht ausreicht, um die Vorbehalte auszuräumen. Die Entscheidung, ein Wohnangebot nicht in Anspruch zu nehmen, ist vielschichtiger begründet.

Einbeziehung der Familien

Aufgrund des kulturellen Verständnisses von Familie, das eher die emotionale und soziale Verbundenheit der Familienmitglieder als die Selbstständigkeitsentwicklung des Einzelnen betont, wird es für wichtig erachtet, dass die Eltern „mit integriert werden":

„dass diese familiäre Stärke, was ich auch als Stärke bezeichnen möchte, dass diese Ressourcen genutzt werden können. Eine Mutter würde sich freuen, (...) ich glaube, sie wäre sehr interessiert, wenn man sie in die Arbeit mit dem Kind integrieren würde. Ob es die Ehefrau ist, die Schwester oder ob es die Mutter, der Vater ist, (...) das ist ein sehr wichtiger Punkt, dass die Familie mit integriert wird." (Int-E_M_VPI)

In der Türkei sei es z. B. üblich, dass ein Angehöriger zur Begleitung im Krankenhaus bleiben kann. Insbesondere Pflegeleistungen, die den Intimbereich der Person betreffen, würden häufig von den Angehörigen geleistet.

Interkulturelle Kompetenz der Mitarbeiter/innen

Für eine gleichwertige Versorgungsqualität sind nach Ansicht der Interviewpartner/innen die Einstellungen, Haltungen und das Wissen der Mitarbeitenden wichtige Faktoren. Darum sollte in den Curricula der Ausbildungs- und Studiengänge Wissen über andere kulturelle Zugänge zu den Themen Pflege und Behinderung berücksichtig werden. So könne perspektivisch das gegenwärtig in Einrichtungen teilweise vorhandene Unverständnis des Personals für andere Einstellungen und Umgangsformen von Migranten abgebaut werden. Mit Bezug auf Zugewanderte mit türkischem Hintergrund sollten vor allem verallgemeinernde Vorstellungen über „die Türken" differenziert werden und Mitarbeiter/innen geschult werden, sensibel für die eigenen „Stereotypen und Klischees" zu sein:

„Auf jeden Fall Background-Information, woher stammt die Familie, welcher kulturelle Hintergrund, welche Religion. Türkei ist nicht nur Islam oder es gibt auch verschiedene Minderheiten oder verschiedene Konfessionen innerhalb des Islam." (Int-E_M_VPI)

Allerdings dürfe Wissen um kulturelle Hintergründe nicht dazu führen, Personen lediglich unter dem Blickwinkel der kulturellen Zugehörigkeit zu begegnen. Die Ethnisierung von Problemen erschwere die Zusammenarbeit.

Als weiterer wichtiger Faktor wird die Fremdsprachenkompetenz der Mitarbeiter/innen genannt. Insbesondere in psychologischen Beratungssituationen mit Angehörigen der ersten Generation sei „Gleichsprachigkeit" eine wichtige Voraussetzung, um Zugang zu Teilhabemöglichkeiten für Menschen mit Behinderung zu eröffnen.

> *„Ich möchte den Spieß gar nicht umdrehen und auch nicht sagen, dass Migranten nicht Deutsch lernen müssen. Nur die Situation ist so, die Leute sprechen kein Deutsch, sie brauchen ihre eigene Muttersprache, um den Schritt nach draußen hin zu machen." (Int-E_M_KB)*

Stadtteilbezug

Wohnangebote für behinderte Menschen mit Migrationshintergrund sollten in dem Stadtteil lokalisiert sein, in dem die Personen ihr soziales Netz haben. So können sich Eltern und ihre Söhne bzw. Töchter gegenseitig besuchen und bestehende soziale Kontakte im Stadtteil gepflegt werden:

> *„Also, wenn jetzt eine Mama in Kreuzberg wohnt, dann ist es absurd, dass sie nach Wannsee fahren muss, um ihr Kind zu sehen. Das muss in der Gemeinde, im Kiez stattfinden, dass das möglich ist, dass das Kind die Eltern besuchen kann und umgekehrt, dass der Angehörige in das soziale Umfeld oder Netz noch Kontakt hat, zum Nachbarn, der Bäcker und der Kioskhändler." (Int-E_M_VPl)*

Neben der räumlichen Verortung der Angebote im Stadtteil wird für den Abbau von Zugangsbarrieren eine Vernetzung der Institutionen der Behindertenhilfe mit Institutionen der türkischen Community für unabdingbar erachtet.

Freizeitangebote

Vor dem Hintergrund der Erfahrung, dass viele Familien selbst die Betreuung ihrer erwachsenen Töchter und Söhne mit Behinderung leisten und dem Wohnen außerhalb der Familie eher ablehnend gegenüber stehen, sollten nach Einschätzung der Befragten mehr niedrigschwellige Angebote entwickelt werden, die behinderten Erwachsenen die Möglichkeit eröffnen, Aktivitäten außerhalb ihrer Familie wahrzunehmen.

6.8.2 Zielgruppenspezifische Beratungs- und Informationsangebote

Nach den Erfahrungen der Interviewpartner/innen ist es wichtig, dass in der Kommunikation über bestehende Wohnmöglichkeiten kein Druck auf Familien ausgeübt wird, Wohnangebote für ihre behinderten Töchter und Söhne in Anspruch zu nehmen. *Unterstützte Wohnformen* sollten als eine Möglichkeit neben anderen Formen der Unterstützung zur Verfügung stehen:

> *„Deswegen sollte man das vielleicht gar nicht so an die große Glocke hängen, sondern dieses Angebot machen, ohne mit dem Daumen drauf zu drücken, weil sie das nicht selber hinbekommen, sondern als Entlastung anbieten, als eine andere Form des Lebenskonzeptes."(Int-E_M_VPl)*

Gute Erfahrungen liegen mit Beratungs- und Informationsveranstaltungen in der Muttersprache vor. Zu bedenken sei auch, dass die türkische Community eigene Kommunikationswege und Medien hat:

> *„Die deutschen Einrichtungen nutzen ja die Medien der Migranten nicht, wie sollen sie denn auf sie aufmerksam werden. Das ist schon mal etwas, was sie viel zu wenig einsetzen. Sie gehen davon aus, dass Migranten genauso denken und handeln wie die Deutschen, das machen sie aber nicht." (Int-E_M_P)*

Grundsätzlich sei ein *„Strategiewechsel"* in der Beratungs- und Informationstätigkeit der Behindertenhilfe notwendig. Diese sei bislang eher durch eine Komm-Struktur geprägt. Bestimmte Gruppen mit Migrationshintergrund seien jedoch besser zu erreichen, wenn die Beratung im Sozialraum der betreffenden Personen stattfindet:

> *„Da kann man auch von Bezirk zu Bezirk gehen, hier bin ich, ich mache eine Beratung. (...) Also man muss einfach ein bisschen kreativ sein und man darf es auch nicht als Last empfinden, es ist für die eigene Arbeit letztendlich etwas Kreatives. (...) Viele wären dankbar, aus ihren vier Wänden einfach mal raus zu kommen und einfach auch mal anders mit Menschen zu kommunizieren, dann wird die eigene Arbeit auch viel interessanter." (Int-E_M_P)*

Um möglichst alle betroffenen Personen, mit oder ohne Migrationshintergrund, zu erreichen, wird von einer Vertreterin des Interessenverbands der Bevölkerung mit türkischem Migrationshintergrund eine *zentrale unabhängige Anlaufstelle* für sinnvoll erachtet, die an existierende Angebote und Projekte vermittelt. Die Angebotslandschaft in der Berliner Behindertenhilfe sei unüberschaubar und vom Konkurrenzdruck der Anbieter geprägt. Sie sieht hier die Verantwortung des Staates:

> *„An den Punkten ist es wichtig, was Festes zu installieren, wie eine Leistung in diesem Bereich, die ganzheitlich arbeitet, vielleicht auch für ganz Berlin zuständig ist, eine Stelle, wo alle einmal gewesen sein müssen, von dort auch aus weiter verwiesen werden können in unterschiedliche Projekte und Einrichtungen, aber dass das so zentral verläuft. Ich habe so das Gefühl, hier verliert sich jemand, da verliert sich jemand, aber so die gesamte Verantwortung – ich glaube, die Regierung macht es sich da auch einfach, der ganze Versorgungsapparat macht es sich da einfach, (…) sind froh, wenn (…) sich die Migranten selber um ihr Migrantenproblem kümmern, die Drogenabhängigen sich selber um ihr Drogenproblem kümmern. Und da finde ich, jetzt überspitzt gesagt: Etwas Ganzheitliches, etwas Festes, etwas Langfristiges fehlt, wo man nicht immer bangen muss, in zwei Jahren ist die Finanzierung weg.“ (Int-E_M_VPI)*

6.8.3 Niedrigschwellige Kontakt- und Begegnungsstätten

Wichtige Anlaufstellen für Familien behinderter Töchter und Söhne mit Migrationshintergrund sind stadtteilintegrierte niedrigschwellige Angebote, die sozialraumorientiert arbeiten und Beratung in den *jeweiligen Muttersprachen* anbieten. Wichtig sei eine *wertschätzende Atmosphäre*, in der die Familien sich verstanden und angenommen fühlen:

> *„Wir sind da für euch, wir hören euch zu, wir reden in eurer Muttersprache, wir können euren kulturellen Background verstehen, weil ich bin selber Türkin.“ (Int-E_M_KB)*

Mitarbeiter/innen in niedrigschwelligen Beratungsangeboten sollten möglichst aus dem *gleichen Stadtteil* wie die Ratsuchenden kommen:

> *„Ich achte da sehr darauf, dass meine Mitarbeiter vom X-Kiez sind, weil mir diese Beziehungsarbeit super wichtig ist. Vielleicht ist es der Nachbar, vielleicht ist es die Freundin oder es ist die Frau vom Bäcker, aber man kennt sich halt, die habe ich schon mal gesehen. Dann ist so eine Vertrautheit gleich da. Deswegen haben wir auch so einen großen Erfolg und so einen Boom hier drinnen gehabt.“ (Int-E_M_KB)*

Eine muttersprachliche Beratung und Vermittlung an Regeldienste reicht allein oftmals nicht aus. Darum versuchen manche Berater/innen die *Ratsuchenden zu den entsprechenden Stellen zu begleiten*, zumindest beim Erstkontakt:

> *„Wir achten schon darauf, dass die Beziehungsperson, also wir als Berater immer dahin begleiten. Das ist super wichtig, weil wir gemerkt haben, wenn wir den Leuten einfach eine Adresse in die Hand geben, ist ja wieder diese Hemmung da, ist ja wieder die Angst vor etwas Neuem da. Und deswegen haben wir relativ schnell beschlossen: Das machen wir nicht. Wir haben Außendienst, (…) wir gehen dann wirklich mit den Leuten da auch hin. Es ist schwierig, es ist auch immer so eine finanzielle Geschichte.“ (Int-E_M_KB)*

Niedrigschwellige Anlaufstellen sollte es nach Einschätzung der Befragten in jedem Berliner Bezirk geben:

> *„Wir wollen das auch berlinweit machen. Wir wollen das nicht auf Neukölln begrenzen, weil ich denke, es gibt auch in Buckow, in Moabit diese Probleme. Wir möchten wirklich alle erreichen. Wir sind so peu à peu in der Arbeit dabei, uns zu professionalisieren, damit auch andere Träger und andere Vereine da anstoßen.“ (Int-E_M_KB)*

6.8.4 Ressourcen der türkischen Community

Eine Stärkung der Teilhabechancen von Menschen mit geistiger Behinderung und Migrationshintergrund kann nicht einseitig durch Aktivitäten der Behindertenhilfe vorangebracht werden. Um Zugang zu dieser Personengruppe zu erhalten, müssen Ressourcen der türkischen Community erschlossen und genutzt werden. Wichtige Ansatzpunkte bilden die bilinguale Kompetenz von Angehörigen der türkischen Community, die auch in anderen Feldern sozialer Arbeit genutzt wird, und das Freiwilligenengagement.

Bilinguale Kompetenz

Die bilinguale Kompetenz von Frauen und Männern mit Migrationshintergrund wird innerhalb der Behindertenhilfe nur ansatzweise genutzt. Sie kann die Türen zu den Familien öffnen, aber perspektivisch auch eher integrationshemmend wirken:

„Ich bin da so zwiegespalten. (...) ich finde es auch nicht toll, wenn die Leute dann gar kein Deutsch mehr sprechen müssen. Aber speziell in dieser Behindertengeschichte brauchen wir ausländische Mitarbeiter. Und ich sage immer, eigentlich ist jetzt genau die richtige Zeit, um diese Zweisprachigkeit, (…) das sollte eigentlich als Ressource gesehen werden. Zu fitten Leuten sage ich oft: ‚Du sprichst drei Sprachen, von mir aus: Deutsch, Türkisch und Kurdisch, mach was daraus.' Und ich finde einfach, dass die Wirtschaft oder die Politik oder wer auch immer sich auch dafür öffnen muss." (Int-E_M_KB)

Um dieses Potenzial ausschöpfen zu können, sei es wichtig formelle Zugangsbedingungen wie Bildungsabschlusse für Personen mit Migrationshintergrund zu lockern.

Freiwilligenengagement

In einigen Bereichen der sozialen Arbeit ist es durch Öffentlichkeitsarbeit gelungen, *Freiwillige* aus der türkischen Community zu gewinnen. Erfahrungen in einem türkischen Pflegeheim machen deutlich, dass die Einbeziehung von Freiwilligen mit Blick auf das jeweilige Einsatzfeld nicht nur einer guten Schulung und Begleitung bedarf sondern auch eine Reflexion der jeweiligen Motive:

„Wir können uns eigentlich kaum retten vor Ehrenamtlichen, (…) helfen wollen ganz viele, die Zeit haben. Aber ob sie das dann machen oder wie kontinuierlich sie das machen, das stellt sich immer später heraus. (…) Man muss die Leute, die hier arbeiten wollen, auch in kleinem Rahmen schulen, man muss sich auch um sie kümmern. Da muss ich dann auch immer schon bremsen und sagen: ‚Sie können nicht einfach kommen. Ich komme auch nicht einfach zu Ihnen in die Küche und gucke, wie Sie essen oder wie Sie Ihren Tag verbringen, das dürfen Sie nicht.' Die Leute sind hier trotzdem Menschen, die selber entscheiden, ob sie Besuch haben wollen, wildfremde Leute. Sie können nicht einfach kommen, nur weil sie denken, sie müssten jetzt mal einen Gefallen tun. Dieses auch sich selber einen Gefallen tun, man entlastet sich, man ist wieder ein guter Mensch oder man hat wieder etwas Gutes gemacht. Das finde ich dann eigennützig. Da bin ich immer sehr hellhörig, so etwas gefällt mir dann nicht." (Int-E_M_P)

6.8.5 Kooperation und Vernetzung

Eine Vernetzung zwischen Personen und Organisationen, die in unterschiedlichen Handlungsfeldern im Bereich Migration und Behinderung tätig sind, steckt noch in den Anfängen. Auf Seiten der türkischen Community wird Offenheit für eine stärkere *Kooperation mit der Behindertenhilfe* signalisiert. In einzelnen Bereichen ist es bereits zu einer Vernetzung gekommen. So berichten z. B. Mitarbeiter/innen eines Beratungsangebots für behinderte Menschen mit Migrationshintergrund, dass inzwischen eine gute Zusammenarbeit mit Behörden und Angeboten der Behindertenhilfe besteht. Beim Aufbau der Vernetzung habe die Bezirksbeauftragte für die Belange von Menschen mit Behinderung eine entscheidende Rolle gespielt. Der Anstoß zum *Informationsaustausch* sei von Migrantenorganisationen ausgegangen und von der Behindertenhilfe aktiv aufgegriffen worden:

„Da kamen 150 verschiedene Themen auf und wir mussten uns erst mal so peu à peu fit machen. Und da danke ich auch der Behindertenbeauftragten unheimlich, weil sie bereit war, eigene Zeit zu investieren, um uns Rechtsgrundlagen beizubringen, um uns die Behindertenstruktur erst mal zu erklären. Wir haben viele verschiedene Behindertenwerkstätten besucht, wir haben uns so viel informiert, wir waren bei jedem Tag der offenen Tür, wir haben viel gelesen. (…) Wir haben auch tolle Anlaufstellen. Mittlerweile ist es so, wir können auch das Jugendamt anrufen und direkt fragen (…) oder verschiedene Behindertenhilfeträger, die uns da auch wirklich Information weitergeben. Toll. Und das war so unsere eigene Initiative und mittlerweile ist es auch so, dass wir Informationen auch von überall zugesteckt bekommen." (Int-E_M_KB)

Eine Vermittlung an Organisationen der Behindertenhilfe über Mitarbeiter/innen der allgemeinen Sozialberatung sei leichter, wenn sie die Arbeitsweise der Einrichtungen kennen:

„Wo ich vermitteln möchte, da wird nicht gefragt, wird mir da geholfen oder sind die da sachkundig, sondern: Kennst du sie? Wer sitzt da? (…) Vertrauen spielt eine große Rolle. Und wenn ich genau sage, ja der sitzt dort, den kenn ich, der ist gut, dann kein Problem. Andererseits, sonst denkt sie, wo schickt sie mich dahin, ist noch mal diese Angst, diese Hemmschwelle." (Int-E_M_BF)

Anders als bei den Beratungsstellen ist es im Bereich der Moscheevereine bislang kaum zu Kontakten mit Vertretern der Behindertenhilfe gekommen:

> *„Es fehlt sehr stark eigentlich an Kooperation. Gerade die Moschee ist auch eine Auflaufstelle für Behinderte und das könnte man als Kooperation nutzen. Ich wüsste auch gar nicht, mit wem man kooperieren sollte, ehrlich gesagt. Und ich glaube, die Moscheen wüssten das auch nicht so genau. Also, das wäre schon eine Nachfrage auch."(Int-E_M_MD)*

Ausgangspunkt für tragfähige Kooperation sind nach Auffassung des Vertreters des türkisch-muslimischen Dachverbands persönliche Kontakte. Er wünscht sich:

> *„dass der Kontakt stärker ist zwischen den Vereinen und den Anlaufstellen, dass man sich auch auf einer persönlichen Ebene kennt, dass man weiß, welche Person in der Behörde oder im Krankenhaus oder wo auch immer vielleicht jemand vom Vorstand kennt, das gibt es ja auch sehr oft. Aber das würde man sich wünschen, dass das noch häufiger ist." (Int-E_M_MD)*

Darüber hinaus sollte die Situation von Menschen mit Behinderung auch innerhalb der Moscheevereine stärker thematisiert werden, z. B. in der Freitagspredigt durch den Imam.

Neben der *Vermittlungsfunktion*, die Migrantenorganisationen zwischen der türkischen Community und den Wohnangeboten der Behindertenhilfe übernehmen können, wird in den Interviews als weitere Ansatzmöglichkeit die *Vernetzung mit Ärzten* genannt. Hier könnten Migrantinnen und Migranten frühzeitig über Rechte und Beratungsmöglichkeiten informiert werden.

Eine wichtige Rolle zur Verbesserung der Teilhabe von behinderten Menschen nicht-deutscher Herkunft spielen nach Ansicht der Interviewpartner/innen *Wohnungsbaugesellschaften*. Es gebe zu wenig behindertengerechte Wohnungen in den Stadtteilen:

> *„Wo gibt es denn diese Behindertenwohnungen? Gibt es die hier gleich in der Nachbarschaft? Nee, gibt es nicht. Das ist auch noch mal so ein Ding. Und ich möchte auch noch mal sagen, die Nachbarschaften müssen sich verändern, die Wohnungsbaugesellschaften vor Ort müssen sich verändern, auch die Hausbesitzer müssen sich verändern, die müssen sich auch öffnen." (Int-E_M_KB)*

6.8.6 Öffentlichkeitsarbeit

Die Befragten sind sich einig, dass die Lobbyarbeit für die Teilhabe von Menschen mit geistiger Behinderung und Migrationshintergrund verstärkt werden muss und die Kommunikation mit den Betroffenen Ausgangspunkt und Ziel aller Anstrengungen sein sollte:

> *„Also, was diesen Menschen fehlt ist: Lobby. Also dass es überhaupt, dass es sie gibt. Man müsste sie sichtbar werden lassen, mit ihnen reden, man müsste sie einfach mal sammeln, sie einladen und sich anhören, was haben sie für Sorgen, was brauchen sie für Hilfen, wie stellen sie sich das vor. Das müsste man auf jeden Fall machen." (Int-E_M_P)*

Zu Initiierung der Kommunikation mit den Betroffenen sind verschiedene Herangehensweisen vorstellbar:

> *„Ich kann mir da vorstellen, dass man vielleicht andere Wege geht, die Leute in Türkisch oder der Muttersprache mal einlädt, niedrigschwellige Angebote macht, Kontakt aufnimmt, auch wirklich so diese kleinen Schritte so unermüdlich, immer wieder macht, um sie überhaupt da wieder hinzubekommen, so eine bestimmte Gruppe vielleicht, um überhaupt mit ihnen zu reden." (Int-E_M_P)*

Hilfreich sei das Gewinnen von Schlüsselpersonen als Multiplikatoren in den verschiedenen Communities.

Zur Verbesserung der gegenwärtigen Situation sehen einige Interviewpartner/innen konkrete Ansatzpunkte in ihrer eigenen Tätigkeit, vor allem in der Öffentlichkeitsarbeit. Eine Teilnehmerin beschreibt notwendige Aktivitäten als Integration in zwei Schritten: Zunächst sei innerhalb der Community die Tabuisierung von Behinderung zu durchbrechen; in einem zweiten Schritt sei die Mehrheitsgesellschaft für die spezifische Lebenslage von behinderten Menschen mit Migrationshintergrund aufzuklären.

7 Zusammenfassung und Handlungsbedarf

Rund ein Viertel der Berliner Bevölkerung hat einen Migrationshintergrund. Die Vielzahl der Menschen nicht-deutscher Herkunft prägt nicht nur das Zusammenleben in der Stadt, sondern erfordert die interkulturelle Öffnung von Einrichtungen und Diensten. Träger der Behindertenhilfe stehen vor der Herausforderung, bei der Gestaltung der Angebote die kulturelle Vielfalt zu berücksichtigen und Zugangshindernisse, die auf kulturellen oder ethnischen Unterschieden beruhen, zu beseitigen. Unter der Leitorientierung Inklusion sind Unterstützungsleistungen zu entwickeln, die es Menschen ermöglichen, in ihren sozialen und kulturellen Bezügen ihren Bedürfnissen entsprechend zu leben und gleichberechtigt am Leben in der Gesellschaft teilzuhaben.

Das Teilhabepostulat der Behindertenhilfe entspricht im Kern den Zielperspektiven des Nationalen Integrationsplans der Bundesregierung und dem Berliner Integrationskonzept für Menschen mit Migrationshintergrund. In diesem Konzept bedeutet Integration „neben der Förderung kultureller Vielfalt vor allem, dass Einzelpersonen oder ganze Gruppen gleichberechtigte Möglichkeiten der Teilhabe am gesellschaftlichen Leben und der Artikulation ihrer Interessen erhalten und von individueller und kollektiver Ausgrenzung geschützt werden“. Integration ist somit gleichbedeutend mit Chancengleichheit. Im Vergleich zu anderen Bereichen der sozialen Arbeit setzt die Entwicklung von interkulturellen Konzepten und Angeboten in der Behindertenhilfe verzögert ein. Um Einblick in aktuelle Entwicklungen in diesem Feld zu gewinnen, wurden im Rahmen der KUNDENSTUDIE Befragungen und Interviews mit Akteuren im Feld der Behindertenhilfe und anderer sozialer Dienste sowie mit geistig behinderten Menschen nicht-deutscher Herkunft und ihren Angehörigen und mit Migrantenorganisationen geführt. Dabei standen behinderte Menschen türkischer Herkunft im Vordergrund. Die Einbeziehung der Sichtweisen der Betroffenen, sowie von Mitgliedern sozialer Dienste für Migranten und Migrantenselbstorganisationen trägt dazu bei, den in der öffentlichen Debatte vorherrschenden Blickwinkel der Mehrheitsgesellschaft auf die Bevölkerung mit Migrationshintergrund um Perspektiven aus der türkischen Community auf die Mehrheitsgesellschaft zu ergänzen. Dadurch wird stereotypen Vorstellungen über Familien mit türkischem Migrationshintergrund entgegengewirkt.

In der bundesweiten Debatte um die interkulturelle Öffnung von Einrichtungen und Diensten ist die Situation von Menschen mit geistiger Behinderung bislang kaum thematisiert. Auch bei Migrantenorganisationen gibt es nur wenige Projekte, die sich für die Verbesserung der Teilhabe dieses Personenkreises einsetzen. In Berlin engagieren sich einzelne Beratungsstellen von Migrantenvereinen und Angehörigenselbsthilfegruppen in diesem Feld. Interkulturelle Ansätze in der Behindertenhilfe befinden sich in der Entwicklung, vereinzelt kommt es zu Kooperationen mit Akteuren im Bereich der Migration. Als Keimzelle für weitere Vernetzungen arbeitet seit 2008 das Fachforum „Menschen mit Behinderung und Zuwanderungsgeschichte in Berlin“ des Berliner Landesverbands der Arbeiterwohlfahrt, an dem Vereine, Verbände und Institutionen der Behindertenhilfe und des Migrationsbereichs sowie Vertreter von Selbsthilfegruppen, Migrantenorganisationen und der Fachverwaltungen beteiligt sind.

Die Aussagen der befragten Akteure der türkischen Community geben Hinweise für die Entwicklung von kultursensiblen Angeboten für Menschen mit geistiger Behinderung und ihre Familien, die die Vielfalt der Lebensentwürfe und die Unterschiedlichkeit der Werte respektieren und zugleich die Teilhabechancen der behinderten Menschen stärken – ein Unternehmen, das nur in Kooperation mit den Betroffenen und den Migrantenorganisationen und -verbänden gelingt. Zu beachten ist, dass türkische Familien keine einheitliche Gruppe darstellen. So ist z. B. die Zusammenarbeit mit Familien der Gastarbeitergeneration durch unterschiedliche Werthaltungen geprägt: Während die Arbeit der Behindertenhilfe eher an Werten wie Individualität und Selbstbestimmung orientiert ist, legt ein Teil der Familien türkischer Herkunft, die traditionell orientiert sind, eher Wert auf familiäre Verbundenheit und Fürsorge. Diese Einstellung hat Auswirkungen auf die Lebensgestaltung und Lebensplanung. Zum Selbstverständnis vieler Familien gehört, dass Menschen mit Behinderung auch im Erwachsenenalter innerhalb ihrer Herkunftsfamilie betreut werden, was mit zunehmendem Alter des Kindes nicht selten zur Überforderung der Familie führt, insbesondere der Frauen. Die Suche nach Entlastung durch externe Hilfen kann in erheblichem Maß durch befürchtete soziale Sanktionen von Seiten der Community und der Familie erschwert sein. Ein Auszug in eine betreute Wohnform wird eher selten in Betracht gezogen. Vor allem bei leichterer Behinderung richten sich Zukunftsgedanken häufig auf eine Heirat, die dem behinderten Menschen eine Versorgung durch den Partner oder die Partnerin sichert.

Bedingt durch die demografische Entwicklung bahnen sich in den letzten Jahren Veränderungen an. Zuwanderer der ersten Generation können mit zunehmendem Alter immer weniger die Betreuung des behinderten Angehörigen leisten. Hier ist nach Aussagen der Vertreter/innen der türkischen Community in den nächsten Jahren eine große Nachfrage an Anbieter der Behindertenhilfe zu erwarten. Um die Inanspruchnahme von wohnbezogenen Hilfen zu erleichtern, sind auf unterschiedlichen Ebenen Zugangsbarrieren abzubauen, vor allem Informationsdefizite, Sprachbarrieren und bürokratische Hemmnisse. Notwendig sind zielgruppenspezifische Beratungs- und Informationsangebote, niedrigschwellige Kontakt- und Begegnungsstätten und die Einbeziehung von Ressourcen der türkischen Community (z. B. bilinguale Kompetenz, Lotsendienste, bestehende Netzwerke im Stadtteil). Die Aktivitäten erfordern eine enge Zusammenarbeit zwischen der Behindertenhilfe und den Migrantenorganisationen. Auch die Gestaltung wohnbezogener Hilfen ist im Austausch mit den Familien und unterstützenden Vereinen und Verbänden aus dem Migrationsbereich vorzunehmen. Ausgangspunkt sind die Bedürfnisse und Interessen der behinderten Menschen und ihrer Familien. Dabei ist der familiäre Zusammenhalt eine Ressource, die im Interesse der sozialen Teilhabe in der professionellen Arbeit zu berücksichtigen ist.

Die interkulturelle Öffnung ist eine Herausforderung für die gesamte Organisation. Sie erfordert die Verankerung des Prinzips im Leitbild der Institution, eine Sensibilisierung der Mitarbeitenden, die Erarbeitung von Konzepten, Leitlinien und Evaluationskriterien, die Aufnahme interkultureller Standards im Prozess der Qualitätsentwicklung und der Personal- und Organisationsentwicklung, die Förderung interkultureller Kompetenz, Kundenorientierung und Abbau von Zugangsbarrieren sowie trägerinterne und trägerübergreifende Kooperation und Vernetzung (vgl. DEUTSCHER CARITASVERBAND 2006).

Handlungsbedarf

Die Integration von Zugewanderten ist ein Prozess, der alle Akteure der Behindertenhilfe betrifft. Gleichzeitig bedeutet die sozialpolitische Leitidee der Inklusion auch die Öffnung von sozialen Institutionen der Migranten-Communities für Menschen mit geistiger Behinderung. Aus den Aussagen der Befragten ergibt sich Handlungsbedarf hinsichtlich der Objektivierung der Integrationsdebatte in der Behindertenhilfe, der konzeptionellen Verankerung der interkulturellen Ausrichtung von Diensten, der lebensweltlichen Orientierung der Arbeit und auf der Ebene der Vernetzung.

➔ **Objektivierung der Integrationsdebatte in der Behindertenhilfe**

- *Weiterentwicklung der Datenlage zum Personenkreis der Menschen mit Migrationshintergrund in Diensten für Erwachsene mit geistiger und mehrfacher Behinderung durch die Fachverwaltung*
- *Orientierung der Behindertenhilfe an den Zielen und Indikatoren des Integrationsmonitoring des Berliner Integrationskonzeptes*
- *Durchführung von Kundenbefragungen zur Zufriedenheit von Migranten mit Angeboten im Bereich Beratung, Wohnen, Arbeit und Freizeit der Behindertenhilfe*

➔ **Konzeptionelle Verankerung der interkulturellen Ausrichtung von Diensten der Behindertenhilfe**

- *Verankerung der interkulturellen Öffnung im Qualitätsmanagement*
- *Weiterentwicklung von interkulturellen Öffnungsprozessen der Dienste*
- *Finanzielle Förderung von Pilotprojekten der interkulturellen Öffnung von Angeboten*
- *Weiterentwicklung der interkulturellen Kompetenz der Mitarbeitenden, insbesondere in der Zusammenarbeit mit Angehörigen*

➔ **Anknüpfung an den Lebensrealitäten**

- *Abbau von stereotypen Vorstellungen über Familien mit türkischem Migrationshintergrund*
- *Berücksichtigung des Wandels der Familien durch Modernisierungs- und Migrationsprozesse*
- *Bewusstseinsentwicklung für kulturell andere Konzepte von Erwachsenwerden*

- *Verbesserung der Möglichkeiten der in der Familie lebenden behinderten Erwachsenen zur Teilhabe am sozialen Leben, z .B. durch niedrigschwellige Kontakt-, Beratungs- und Begegnungsstellen im Stadtteil unter Nutzung der Ressourcen stadtteilorientierter Angebote*
- *Stärkung der Entscheidungskompetenz von Menschen mit Behinderung und ihrer Angehörigen durch muttersprachliche Information und Beratung zu Möglichkeiten des Wohnens außerhalb der Familie*
- *Unterstützung von (älteren) Eltern, die sich für ein gemeinsames Wohnen mit ihrem geistig behinderten erwachsenen Sohn bzw. ihrer Tochter entschieden haben, z. B. durch stadtteilnahe Angebote der Kurz- und Verhinderungspflege*
- *Beratung und administrative Unterstützung bei der Inanspruchnahme des Persönlichen Budgets als flexible Leistungsform für Familien mit Migrationshintergrund*

➔ **Bewusstseinsbildung**

- *Gemeinsames Memorandum der Träger der Behindertenhilfe zur interkulturellen Öffnung und zur Wertschätzung der Vielfalt der Kulturen in Berlin*
- *Gemeinsame Entwicklung von Zukunftsperspektiven zum Thema Wohnen in Zusammenarbeit von Anbietern der Behindertenhilfe, Migrantenorganisationen und Erwachsenen mit geistiger Behinderung und ihren Angehörigen*
- *Organisation von Fachtagungen und Konferenzen*

➔ **Vernetzung der Behindertenhilfe mit dem Migrationsbereich**

- *Initiierung und Koordination der Vernetzung von Anbietern beider Tätigkeitsfelder auf bezirklicher Ebene (z. B. durch die Integrationsbeauftragten und Behindertenbeauftragten und die PSAG)*
- *Erschließen von Ressourcen aus dem Migrationsbereich für die Behindertenhilfe, z. B. Inanspruchnahme des Gemeindedolmetschdienstes, Kooperation mit bestehenden Integrationslotsenprojekten und mit Freiwilligenprojekten der Communities*
- *Unterstützung von Anbietern des Migrationsbereichs durch Einbringen von Ressourcen der Behindertenhilfe, z. B. fachspezifische Beratungsangebote in Migrantenorganisationen, Schulungen von Multiplikatoren, Eröffnen von Zugängen zu Möglichkeiten der finanziellen Förderung für rollstuhlgerechte Umbaumaßnahmen*

➔ **Stadtteilorientierung und interkulturelle Öffnung zusammen denken**

- *Vernetzung der Anbieter der Behindertenhilfe mit Angeboten der Communities*
- *Weiterentwicklung aktiver Teilhabemöglichkeiten in Stadtteilzentren und Nachbarschaftsheimen, z. B. über Beschäftigung*

➔ **Stärkung der Selbstvertretung**

- *Sicherstellung der Teilhabe von Selbstvertretern bzw. ihren Angehörigen in Fachgruppen und Gremien*
- *Vernetzung der Behindertenhilfe mit bürgerschaftlichen Initiativen (wie „Biz de Variz – Wir sind auch da“)*
- *Öffnung von regionalen „Mensch zuerst“-Gruppen für Menschen mit Migrationshintergrund, z. B. durch Kooperation mit bereits bestehenden Gruppen aus den Communities*

➔ **Landesweite Vernetzung der Aktivitäten**

- *Verstetigung des Fachforums „Menschen mit Behinderung und Zuwanderungsgeschichte in Berlin“*
- *Fachlicher Austausch*
- *Entwicklung von Informationsmaterialien zu bestehenden Initiativen*
- *Förderung von gemeinsamen Projekten*

➔ **Diskriminierung bzw. Exklusion sichtbar machen**

➔ **Interkulturelle Kompetenz in der Ausbildung verankern**

IX Teilhabe aus sozialräumlicher Perspektive

Kern des Paradigmenwechsels in der Behindertenhilfe ist die Orientierung am Begriff der *Teilhabe*. Er thematisiert nicht mehr allein den Zugang zu erforderlichen fachspezifischen Unterstützungsangeboten, sondern vor allem die Einbindung von Menschen mit Behinderung – als Bürgerinnen und Bürger – in das Gemeinwesen. Damit rücken einerseits *Chancen und Hindernisse in den jeweiligen Sozialräumen*, in denen die Menschen leben, in den Vordergrund, zum anderen Fragen nach den Wünschen und Bedürfnissen von Menschen mit Behinderung, d. h. ihre *subjektive Interpretation von Teilhabe*. Beide Fragestellungen haben die Untersuchungen der KUNDENSTUDIE in den drei exemplarisch ausgewählten Bezirken Tempelhof-Schöneberg, Marzahn-Hellersdorf und Pankow bestimmt.[75]

1 Der städtische Raum

Der städtische Raum bietet durch die Vielfalt an Lebensformen Chancen zur Integration und Partizipation, aber auch Risiken, die mit den Stichworten Anonymität und Vereinsamung umrissen werden können:

> „Hier leben viele Menschen in unterschiedlichen Lebensverhältnissen und Lebensformen nebeneinander. Hier gibt es Handel, Arbeit, Verwaltung und Kultur, hier gibt es die Öffentlichkeit, in der sich die Menschen unterschiedlichster Lebensformen, aus unterschiedlichen Schichten, Berufen und Nationen in Formen einer „verbindlichkeitsarmen Kommunikation“ begegnen; hier gibt es politische Zirkel, gibt es nebeneinander Reichtum und Elend, geordnetes Leben und Rotlichtviertel; hier gibt es die Anonymität, in der man sich nach gescheiterten Unternehmungen verstecken oder zu neuen Anfängen wieder aufraffen kann. (...) In die Urbanität, wie sie Stadt in ihrer Größe und Vielfältigkeit charakterisiert, sind engere, überschaubare Sozialräume einzelner Quartiere eingelagert, also überschaubare Lebensräume mit eigener Lebenskultur, unterschiedlich strukturiert (nach verfügbaren Ressourcen, nach Zusammensetzung der Bevölkerung, nach Ausgrenzung und Abgrenzung anderen Quartieren gegenüber, nach Zugänglichkeit zu anderen Quartieren und zum Zentrum).“ (THIERSCH 2005, 116)

Hans THIERSCH (2005) beklagt, dass die in der Urbanität und im Zusammenspiel von allgemeiner Öffentlichkeit und Quartierskultur liegende integrative Kraft von Stadt zunehmend zerbricht:

> „Die die moderne Gesellschaft bestimmenden Ungleichheiten und funktionellen Differenzierungen, die Macht von Banken, von Konsum und Gewerbe prägen die Stadt ebenso wie der Primat des Verkehrs und – neuerdings in den Zentren – die Erfordernisse der Event-Kultur. Straßen und Plätze werden Verkehrs- und Parkraum und damit für urbane Kommunikation unbrauchbar. In den Zentren entwickelt sich die Konzentration auf Verwaltung, Geschäft und Kultur; die Quartiere bieten vor allem Wohngelegenheiten und reduzieren den Sozialraum auf den Wohnraum. Das Ineinander von Wohnen, Kaufen und Arbeiten zerfällt. Indem so der Sozialraum Stadt verarmt und sich zugleich seine integrative Kraft verliert, bietet die Stadt gleichsam den Nährboden dafür, dass die in der Moderne angelegten Probleme der Lebensbewältigung sich hier mit besonderer Drastik entfalten.“ (THIERSCH 2005, 117/118)

Die beschriebenen Entwicklungen tangieren die Teilhabechancen von Menschen mit Behinderung unmittelbar, wenngleich in unterschiedlicher Intensität – abhängig vom Wohnquartier, in dem sie leben, und den sozialen Bezügen, in die sie eingebunden sind. Städtische Wohnquartiere haben ein jeweils eigenes Gesicht. Bauliche Gegebenheiten, die Infrastruktur, die Zusammensetzung der Bevölkerung, die ökonomische Situation und soziale Problemlagen kumulieren zu einem Geflecht von Bedingungsfaktoren, das Einfluss auf die Lebensgestaltung und Lebensqualität hat (vgl. FRANZ & BECK 2007).

Das Spezifische eines Bezirks lässt sich nicht allein durch Daten der öffentlichen Statistik beschreiben. Im Interesse der sozialen Inklusion von Menschen mit Behinderung sind darüber hinaus „teilhaberelevante Kriterien“ zu betrachten, wie die Sozialstrukturdaten des Bezirks, die soziale Infrastruktur, die Aufenthaltsqualität des öffentlichen Raums (kommunikationsfördernd oder -hemmend), Aktivitäten bürgerschaftlichen Engagements, die Partizipationskultur (aktive Beteili-

75 Die strukturbezogenen Teile des Kapitels wurden im Rahmen der KUNDENSTUDIE überwiegend von Birgit Steffens bearbeitet.

gung von Bürgerinnen und Bürgern in Angelegenheiten des Stadtteils), das Engagement für innovative Projekte und die Kooperationsbereitschaft der Akteure.

Dahinter steht die Annahme, dass in Quartieren mit einem *aktiven lokalen Gemeinwesen* vorhandene Strukturen i. S. der Stärkung der Teilhabechancen von Menschen mit Behinderung weiterentwickelt werden können. Hier besteht ein großer Fundus an „Sozialkapital", d. h. an gesellschaftlichen Ressourcen, die „von Vertrauen und wechselseitiger Unterstützung, von Kooperation und alltagspraktischer Effektivität geprägt sind" (MENZL 2007). Bewohner/innen in „funktionierenden Stadtteilen" sind meist in vielfältige formelle und informelle soziale Netze eingebunden, z. B. in Kirchengemeinden, Vereinen, Bürgerinitiativen oder Nachbarschaftstreffs sowie in Lokalitäten „um die Ecke", wie Kneipen, Wochenmärkte oder Läden für den alltäglichen Bedarf.

Dem gegenüber stehen Quartiere, die als „*soziale Brennpunkte*" bezeichnet werden, als Stadtteile mit besonderem Entwicklungsbedarf. Sie sind durch komplexe Problemlagen gekennzeichnet, z. B. durch Defizite in der Infrastruktur, durch den Rückgang der wirtschaftlichen Aktivitäten, steigenden Leerstand an Gewerbe- und Wohnräumen und hohe Arbeitslosigkeit sowie durch einen hohen Grad an Abhängigkeit von Transfereinkommen, große Anteile von Menschen mit Migrationshintergrund und den Wegzug von einkommensstärkeren Haushalten und Familien (vgl. http://www.quartiersmanagement-berlin.de):

> „Als Konsequenz nimmt die soziale Ungleichheit zu, es gibt Anzeichen von Verwahrlosung und eine zunehmende Gewaltbereitschaft innerhalb des öffentlichen Raums, die Kriminalität steigt an. Das Image dieser Gebiete verschlechtert sich. Die vielfältigen Problemlagen konzentrieren sich in diesen Stadtteilen und führen zu einer insgesamt negativen Entwicklung. Es fehlt an Kommunikations- und Selbstorganisationsstrukturen. Dabei gibt es ungenutzte Chancen und Potenziale der Menschen und der Örtlichkeiten in den Stadtteilen." (http://www. quartiersmanagement-berlin.de)

Das seit etwa zehn Jahren laufende Bund-Länder-Programm „Soziale Stadt", an dem das Land Berlin beteiligt ist, reagiert auf die Problemlagen durch gezielte *Förderung der Quartiersentwicklung*, durch Maßnahmen und Projekte, die versuchen, die „Abwärtsspirale" zu stoppen und die Lebensbedingungen vor Ort zu verbessern. Schwerpunkte liegen vor allem in den Bereichen Integration von Zuwanderern, Beteiligung von Bürgern, Schule und Bildung, nachbarschaftliches Zusammenleben und andere soziale Aktivitäten.

2 Sozialraumanalyse

Die Verbesserung der sozialräumlichen Einbindung von Menschen mit Behinderung in ihr Wohnumfeld, die Gestaltung flexibler bedarfsgerechter Unterstützung und die Schaffung tragfähiger Beziehungen und sozialer Netzwerke erfordern ein *Leitkonzept*, das auf der Analyse des jeweiligen Sozialraums mit seinen Ressourcen und auf erprobten Praxiskonzepten basiert. Darum wurden in drei Berliner Bezirken stadtteilbezogene Untersuchungen durchgeführt, die eine vertiefende Analyse von Wohnbedürfnissen und einen Überblick über bestehende Angebote und Ressourcen einschlossen und die Realisierung sozialräumlicher Einbindung von Menschen mit Behinderung im Rahmen von Praxisprojekten erkundeten.

Erkenntnisleitendes Interesse war die *Erschließung des Sozialraums unter dem Aspekt der Teilhabe* als Basis für eine regionale Teilhabeplanung, die die Umsetzung der UN-Behindertenrechtskonvention zum Ziel hat. In diesem Zusammenhang galt es auszuloten, welche Daten zur Bevölkerungsstruktur und zur Angebots- und Versorgungsstruktur vorliegen, auf welche sozialräumlichen Strukturen, Ansätze und Ressourcen zurückgegriffen werden kann, wie der Stand der Teilhabe von Menschen mit Behinderung in ihrem jeweiligen Wohnbezirk ist und welche Wünsche von Menschen mit Behinderung hinsichtlich ihrer Teilhabe geäußert werden.

2.1 Kerndimensionen

Einen geeigneten Rahmen für eine *teilhabebezogene Sozialraumanalyse* bietet das von Lothar STOCK (2004) vorgestellte Verfahren, das sowohl auf der individuellen Ebene als auch auf der Ebene der Sozialplanung angewendet werden kann. Durch die *Kombination von quantitativen und qualitativen Aspekten* liefert es ein differenziertes Bild von den Lebens- und Wohnverhältnissen im jeweils untersuchten Sozialraum, von der Interaktion und Kommunikation der dort lebenden Menschen und der Zusammenarbeit der dort agierenden Träger von Einrichtungen und Diensten mit jeweils unterschiedlichen Aufgabenfeldern.

Ausgangspunkt einer teilhabebezogenen Sozialraumanalyse ist die Erkenntnis, dass individuelle Problemlagen jeweils in ihrem *lebensweltlichen Kontext* zu betrachten sind, entsprechend dem Konzept der Lebensweltorientierung, das von Hans THIERSCH entwickelt wurde und in der Jugendhilfe bereits etabliert ist:

> „Lebensweltorientierung bedeutet konsequente Hinwendung zu und Orientierung an den Lebenslagen und Lebensverhältnissen sowie den Deutungsmustern und Sichtweisen der Adressatinnen und Adressaten. (...) Damit werden, entgegen einem expertenhaft-distanzierten Handeln, verstärkt die Ressourcen der Beteiligten einbezogen und ihre Eigenverantwortung und ihre Teilhabemöglichkeiten gestärkt." (11. JUGENDBERICHT DER BUNDESREGIERUNG 2001, 63)

Die lebensweltliche Orientierung richtet den Blick auf *kleinräumige überschaubare Gebiete*, deren teilhabeförderndes Potenzial mehrperspektivisch zu analysieren ist: aus der subjektiven Wahrnehmung der Forschenden (durch Stadtteilbegehungen), auf der Basis sozialstatistischer Merkmale (durch Erfassung und Interpretation vorliegender Daten) und aus der Sicht lokaler Akteure (über Expertengespräche mit dort lebenden Menschen oder dort tätigen Professionellen, ggf. ergänzt durch standardisierte Befragungen). Der *mehrperspektivische Ansatz* ermöglicht Aussagen zur Relevanz vorhandener Angebote für die tatsächlichen oder potenziellen Nutzer/innen und zur Qualität der Zusammenarbeit zwischen den Akteuren sowie zur Partizipation der Wohnbevölkerung in Angelegenheiten, die ihren Stadtteil betreffen (z. B. in politischen Gremien).

> „Die Sozialraumanalyse umfasst also eine Ausstattungsanalyse (was ist in welcher Qualität vor Ort vorhanden?), eine Austauschanalyse (wer kommuniziert bzw. kooperiert im Stadtteil mit wem [nicht]?) und eine Machtanalyse (wer hat im und über das Wohngebiet das Sagen?)." (STOCK 2004, 385)

Sozialraumanalysen können auch Antwort auf *zielgruppenspezifische Fragestellungen* geben:

> „Wenn räumliche Erfahrungen und räumliches Handeln in sozialen Zusammenhängen erfolgen, dann kommen in ihnen auch sozialstrukturell Wahrnehmungen und Aneignungsmuster zum Ausdruck. Hieraus ergeben sich Fragen nach den je spezifischen Beziehungen von sozialen Schichten, Gruppen, Milieus im und mit Raum." (RIEGE & SCHUBERT 2005, 25)

Eine Betrachtung von Raumperspektiven nach Gender, Lebensalter, Behinderung oder Migrationsaspekten zeigt jedoch, dass die Unterscheidung nach jung – alt, männlich – weiblich, behindert – nichtbehindert, deutsch – nicht-deutsche Herkunft jeweils durch eine differenziertere Betrachtung der heterogenen Wohn- und Lebensverhältnisse und der Wohnbedürfnisse zu ergänzen ist. Zielgruppenübergreifend kommt der sozialen Dimension ein besonderer Stellenwert zu, z. B. der Entwicklung sozialer Netzwerke und dem nachbarschaftlichen Zusammenleben.

Analysekriterien für eine mehrperspektivische Untersuchung kleinräumiger Sozialräume wurden von STOCK (2004, 387-389) in einer Checkliste zusammengefasst, die im Folgenden auszugsweise dargestellt wird. Je nach Fragestellung der Analyse sind die beispielhaft genannten Aspekte zu ergänzen bzw. zu modifizieren:

Stadtteilbegehung

- **Erscheinungsbild**
  z. B. baulicher Zustand, Grünanlagen, Sauberkeit, Brachflächen, Verkehrsdichte
- **Versorgung/Infrastruktur**
  z. B. Verkehrsanbindung, Einkaufsmöglichkeiten, Ärzte/Apotheken, Kindergärten/Schulen, Beratungsstellen, Kirchen, Freizeiteinrichtungen, kulturelle Angebote u. a.
- **Ökonomische Struktur**
  z. B. Einfamilien-/Reihenhäuser, sozialer Wohnungsbau, Fachgeschäfte, Discounter, Wochenmarkt, Marken parkender Autos u. a.
- **Segregation**
  z. B. trennende Straßenführung, ökonomische Trennungslinien, ethnische/kulturelle Segregation, Mobilitätshindernisse für spezielle Bewohnergruppen

- **Kommunikation**
  z. B. öffentliche Orte (Kiosk, Bushaltestelle, Park etc.), halböffentliche Räume (Eingangsbereich der Mietshäuser etc.), Nutzung öffentlicher und halböffentlicher Räume, nicht-öffentliche Treffmöglichkeiten (Gaststätten, Stadtteilzentrum etc.), Vereine/Verbände

Sozialstatistisches Datenmaterial

- **Allgemeine Daten**
  z. B. Einwohnerzahl/-dichte, räumliche Ausdehnung, Wanderungserscheinungen, Geburten-/Sterberate
- **Bevölkerungsstruktur**
  z. B. Altersaufbau, Haushaltssituation (Singles, Haushalte mit/ohne Kinder, allein Erziehende etc.), Migranten und Migrantinnen, Aussiedler/innen
- **Einkommenssituation**
  z. B. Erwerbstätigkeit, Arbeitslosigkeit, Sozialhilfebezieher/innen, Rentner/innen
- **Ökonomische Situation**
  z. B. Anzahl/Art der Gewerbetreibenden, Wegzug des Einzelhandels/Geschäftsschließungen, Bautätigkeit/Wohnungsbestand, Entwicklung der Immobilienpreise, Wohnfläche je Kopf der Bevölkerung, Bestand an privaten Kraftfahrzeugen
- **Soziale Infrastruktur**
  z. B. Kinderbetreuungsplätze, weiterführende Schulen, Freizeiteinrichtungen, Beratungsstellen, Altentreffs
- **Soziale Problemlagen**
  z. B. Jugenddelinquenz, Langzeitarbeitslosigkeit, Drogendelikte, Vandalismus, Zahl der Polizeieinsätze
- **Sonstiges**
  Wahlverhalten der Bevölkerung

Expertengespräche
(einzubeziehende Personen/Personengruppen)

- **Bewohner/innnen**
  aller Altersgruppen, aller Bevölkerungsgruppen, in besonderen Lebenssituationen, aus dem gesamten Sozialraum
- **Professionelle im Wohlfahrtssektor**
  z. B. Mitarbeiter/innen der sozialen Einrichtungen, Schulleitung bzw. Lehrer/innen, Pfarrer/in, zuständige Mitarbeiter/innen in der Verwaltung
- **Professionelle außerhalb des Wohlfahrtssektors**
  z. B. Einzelhandel, fliegende Händler, Gewerbetreibende, Hausmeister/in, Postbote/Postbotin, zuständiges Polizeirevier
- **Sonstige**
  z. B. Hausbesitzer/innen, Vereinsvorstände, Interessenvertreter/innen, örtlich zuständige Kommunalpolitiker/innen

2.2 Sozialstatistische Daten

Um die Relevanz von Sozialraumanalysen für die Behindertenhilfe deutlich zu machen, wurden in Teilbereichen der KUNDENSTUDIE exemplarisch bezirksbezogene sozialräumliche Analysen integriert (Stadtteilbegehungen, Erfassung sozialstatistischer Daten, Expertengespräche und zielgruppenspezifische Befragungen von Menschen mit geistiger Behinderung und Angehörigen). Als *Quellen* für sozialstatistische Daten wurden das STATISTISCHE JAHRBUCH 2008 des Amtes für Statistik Berlin-Brandenburg, der SOZIALSTRUKTURATLAS BERLIN 2008 (Senatsverwaltung für Gesundheit, Umwelt und Verbraucherschutz) und das MONITORING SOZIALE STADTENTWICKLUNG BERLIN 2008 (Senatsverwaltung für Stadtentwicklung) genutzt. Die Berichte zur Sozialstruktur und zur Sozialen Stadtentwicklung sind fortlaufende Instrumente einer vornehmlich quantitativen Sozialraumanalyse, die gebietsbezogen Entwicklungsbedarf induzieren und damit den besonderen *Stellenwert der Sozialraumorientierung in Politik und Planung* unterstreichen. In Ergänzung zu bevölkerungsstatistischen Angaben bilden die Daten die *Profile der Bezirke* ab: Sie decken innerbezirkliche Disparitäten auf, ermöglichen sozialräumliche Aussagen und zeigen Entwicklungstendenzen auf.

- Der Bericht *MONITORING SOZIALE STADTENTWICKLUNG BERLIN 2008* versteht sich als ein Beobachtungsinstrument der sozialen Entwicklung der Stadt Berlin, auf dessen Grundlage rechtzeitig und gezielt stadtentwicklungspolitische Maßnahmen unternommen werden. In Fortführung der vor zehn Jahren begonnenen regelmäßigen wissenschaftlichen Beobachtung der „Sozialen Stadtentwicklung" liefert der Bericht kleinräumige Aussagen zur Veränderung der sozialstrukturellen und sozialräumlichen Entwicklung in Teilgebieten der Stadt Berlin (Basis: Verkehrszellen) und ist Grundlage der Bestimmung von „Stadtteilen mit besonderem Entwicklungsbedarf" im Bund-Länder-Programm „Soziale Stadt".
- Die sozialräumliche Berichterstattung des *SOZIALSTRUKTURATLAS BERLIN 2008* ist Teil der integrierten Gesundheits- und Sozialberichterstattung, die die gesundheitlichen und sozialen Verhältnisse der Menschen anhand differenzierter Indikatoren beschreibt (vgl. § 5 GDG 2006 – Gesetz über den öffentlichen Gesundheitsdienst in Berlin). Der Atlas umfasst eine Sozialstrukturanalyse und einen anwendungsbezogenen Teil, in dem Senats- und Bezirksverwaltungen fachpolitische und miteinander verflochtene sozialraumorientierte Handlungsfelder, Programme, Projekte bzw. Planungsverfahren aus den Bereichen Soziales, Wohnen, Pflege, Teilhabe, Integration, Arbeitsmarkt- und Berufsbildung, Gesundheitsförderung und Prävention, Psychiatrie und Wirtschaft darstellen.

Hervorzuheben ist, dass die räumliche Analyse und Darstellung im Berliner SOZIALSTRUKTURATLAS 2008 auf der Basis der „*Lebensweltlich orientierten Räume (LOR)*" erfolgt, die – mit Bezug auf die von der Jugendhilfe bereits definierten Sozialräume – per Senatsbeschluss seit 2006 als neue räumliche Grundlage für Planung, Prognose und Beobachtung demografischer und sozialer Entwicklungen im Land Berlin festgelegt worden sind:

> „Ziel war die Abbildung lebensweltlicher Homogenität bei gleichzeitiger Wahrung einer Vergleichbarkeit der Planungsraumeinheiten. Kriterien für die Abgrenzung der 'Lebensweltlich orientierten Räume' waren daher unter anderem einheitliche Baustrukturen bzw. Milieubildung, große Straßen und Verkehrstrassen sowie natürliche Barrieren, aber auch eine Begrenzung der Einwohnerzahl oder die Vorgabe, keine statistischen Blöcke zu schneiden. Die bisher für die kleinräumige Statistik allein verfügbare Raumhierarchie war sehr stark von der Verkehrsplanung ('Verkehrszellen') dominiert, die vor allem die Verkehrsstraßen als Mittelpunkt und nicht als Grenze von Räumen ansah und damit für sozialräumliche Planung eher ungeeignet war." (http://www.stadtentwicklung.berlin.de)

3 Sozialraum als Struktur

Befragungen von Menschen mit Behinderung und Angehörigen wurden in zwei Bezirken mit sehr unterschiedlicher Sozialstruktur durchgeführt: Im Süden der Stadt in *Tempelhof-Schöneberg*[76], im Osten in *Marzahn-Hellersdorf*[77]. Die unterschiedliche Sozialstruktur sollte sicherstellen, dass Menschen mit verschiedenen sozialräumlichen Erfahrungen in die Befragung einbezogen sind.[78] Ein Vergleich der Wohnsituation in beiden Bezirken war nicht angestrebt; dies hätte andere methodische Herangehensweisen gefordert. Weitere Untersuchungen wurden in *Pankow*[79] durchgeführt. Hier standen *Expertengespräche zur Teilhabe von alt werdenden Menschen mit geistiger Behinderung* im Mittelpunkt. Abb. 62 zeigt die geografische Lage der der ausgewählten Bezirke.

Im Folgenden wird zunächst ein Überblick über die Bevölkerungsstruktur in den drei Bezirken gegeben. Es folgen sozialräumliche Bezirksbetrachtungen und eine Darstellung der Angebotsstruktur für Menschen mit Behinderung sowie stadtteilbezogener Strukturen. Vertiefende Analysen der Relevanz von Bezirksprofilen für die Wohn- und Lebenssituation von Menschen mit geistiger Behinderung konnten im Rahmen der KUNDENSTUDIE nicht vorgenommen werden; sie sind weiteren sozialräumlichen Untersuchungen vorbehalten.

---

76 Ortsteile von Tempelhof-Schöneberg: Friedenau, Mariendorf, Marienfelde, Lichtenrade, Schöneberg, Tempelhof

77 Ortsteile von Marzahn-Hellersdorf: Biesdorf, Hellersdorf, Kaulsdorf, Mahlsdorf, Marzahn

78 Eine Zuordnung der Aussagen der Befragten zu den Ortsteilen, in denen sie leben, wurde bei den relativ kleinen Untersuchungsgruppen in beiden Bezirken aus Datenschutzgründen nicht vorgenommen.

79 Ortsteile von Pankow: Blankenburg, Blankenfelde, Buch, Buchholz, Heinersdorf, Karow, Niederschönhausen, Pankow, Prenzlauer Berg, Rosenthal, Malchow, Weißensee, Wilhelmsruh

Abb. 62: Ausgewählte Bezirke

3.1 Bevölkerungsstruktur

Tab. 17 gibt anhand ausgewählter Aspekte einen Eindruck von den unterschiedlichen Profilen der drei Bezirke.

Einwohnerzahl – Gebietsfläche – Bevölkerungsdichte

Pankow ist mit 363.601 Einwohnern der einwohnerstärkste und zugleich der am schnellsten wachsende Bezirk in Berlin (positive Veränderung des Bevölkerungswachstums von 1,5 % zum Vorjahr). Zugleich stellt Pankow mit einer Fläche von 10.307 Hektar den zweitgrößten Bezirk Berlins dar (nach Treptow-Köpenick), mit einer vergleichsweise niedrigen Bevölkerungsdichte von 3.528 Einwohnern/km^2. Dem gegenüber gehört *Marzahn-Hellersdorf* mit 249.351 Einwohnern zu den einwohnerschwächeren Bezirken, mit einer negativen Veränderung des Bevölkerungswachstums von 0,2 % zum Vorjahr (gesamtstädtischer Bevölkerungszuwachs: 0,4 %). Mit einer Fläche von 6.178 Hektar und einer Bevölkerungsdichte von 4.036 Einwohnern/km^2 liegt der Bezirk im mittleren Bereich. *Tempelhof-Schöneberg* verfügt im Vergleich zu den beiden anderen Bezirken über eine kleinere Gesamtfläche (5.310 Hektar) mit relativ hoher Bevölkerungsdichte von 6.249 Einwohnern/km^2 und liegt damit deutlich über dem gesamtstädtischen Wert von 3.831 Einwohnern/km^2.

Bevölkerungsstruktur				
	Tempelhof-Schöneberg	**Marzahn-Hellersdorf**	**Pankow**	**Berlin**
Allgemeine Daten[80] [Stand: 31.12.2007]				
Einwohner	331.790	249.351	363.601	3.416.255
Fläche in Hektar	5.310	6.178	10.307	89.167
Bevölkerungsdichte (Einwohner/km²)	6.249	4.036	3.528	3.831
Altersdurchschnitt der Einwohner	43,9	41,6	40,4	42,6
davon unter 6	*4,7 %*	*4,8 %*	*5,7 %*	*5,0 %*
6 bis unter 15	*7,2 %*	*6,2 %*	*5,9 %*	*6,9 %*
15 bis unter 20	*4,4 %*	*6,6 %*	*4,0 %*	*4,8 %*
20 bis unter 45	*35,1 %*	*35,5 %*	*47,4 %*	*38,3 %*
45 bis unter 65	*29,2 %*	*31,8 %*	*21,5 %*	*26,7 %*
65 und mehr	*19,3 %*	*15,1 %*	*15,6 %*	*18,4 %*
Haushaltsstruktur – in Prozent[81]				
1-Person-Haushalt	51,0	41,1	59,7	52,7
2-Personen-Haushalt	31,0	35,1	26,5	29,5
3-Personen-Haushalt	10,9	15,9	8,8	10,1
4-und Mehr-Personenhaushalt	7,1	8,0	5,1	7,7
Ausländeranteil in Prozent	15,6	3,6	07,3	13,8
Bevölkerungsanteil mit Migrationshintergrund[82] – in Prozent[83]	30,2	12,0	14,1	25,7
Arbeitslosenquote in % (Durchschnitt 2007)	15,3	18,5	15,4	17,9
Haushalte mit Sozialhilfebezug/je 1.000)	6	5	6	7
Schwerbehinderte Menschen[84] [Stand: 31.12.2005][85]	33.167	19.704	25.552	308.765
davon Anteil nach Grad Behinderung – in %				
50	*34,1*	*31,7*	*30,4*	*32,6*
60	*18,4*	*17,2*	*16,9*	*17,8*
70	*13,1*	*12,7*	*12,9*	*13,1*
80	*12,4*	*13,5*	*13,3*	*12,8*
90	*05,2*	*05,6*	*05,7*	*05.5*
100	*16,8*	*19,4*	*20,9*	*18,3*
Anteil an der fortgeschriebenen Bevölkerung (2005)	10,0	7,9	7,0	9,1
Eingliederungshilfeempfänger[86]	1.401	1.214	2.272	20.119
Anteil Eingliederungshilfeempfänger an Einwohnerzahl – in Prozent	0,4	0,5	0,6	0,6

Tab. 17: Bevölkerungsstruktur der ausgewählten Bezirke

80 Quelle: Statistisches Jahrbuch Berlin 2008, sofern nicht anders angegeben.

81 Mikrozensus 2006

82 Merkmal „Migrationshintergrund“: (1) Ausländer (Personen ohne deutsche Staatsangehörigkeit), (2) (Spät-) Aussiedler, (3) Eingebürgerte und (4) Kinder (auch erwachsene), von denen mind. ein Elternteil unter Kat. 1-3 fällt

83 Zeitschrift für amtliche Statistik Berlin-Brandenburg 3/3008, 20-28; Datenquelle: Melderechtlich registrierte Einwohner

84 mit Schwb-Ausweis; Senatsverwaltung für Gesundheit, Umwelt und Verbraucherschutz: Tab. 3.2.36 a / 3.2.36 b/ [online] unter: http://www.gsi-berlin.info/gsi_suchen.asp/ Datenquelle: AfS Berlin-Brandenburg/Berechnung SenGesUMV-IA

85 Daten für 2007 liegen nicht nach Bezirken gegliedert vor.

86 Statistischer Bericht: Sozialhilfe im Land Berlin 2007. Empfänger von Leistungen nach dem 5. und 9. Kapitel SGB XII.

Altersstruktur – Haushaltsstruktur – Anteil von Menschen nicht-deutscher Herkunft

Der *Altersdurchschnitt* in den drei Bezirken liegt zwischen 40 und 44 Jahren und bewegt sich damit im Bereich des gesamtstädtischen Altersdurchschnitts von 43 Jahren. Hinsichtlich der *Verteilung der Altersgruppen* gibt es in Pankow die größten Abweichungen zum Berliner Durchschnitt: Hier liegt die Gruppe der *20- bis unter 45-Jährigen* mit 47 % der Bezirksbevölkerung um rund neun Prozentpunkte höher als der Berliner Durchschnitt; der Abstand der Altersgruppe zu den anderen beiden Bezirken beträgt ca. zwölf Prozentpunkte. Dieser Sachverhalt spiegelt vermutlich den nach der Wende starken Zuzug jüngerer Menschen in den südlichen Ortsteilen Pankows. In der Gruppe der *45- bis unter 65-Jährigen* liegen Tempelhof-Schöneberg und Marzahn Hellersdorf mit fast drei bzw. fünf Prozentpunkten über dem Berliner Durchschnitt, Pankow befindet sich mit rund 5 % darunter. Den im Vergleich mit den beiden anderen Bezirken höchsten Anteil an Personen, die *65 Jahre und älter* sind, hat Tempelhof-Schöneberg.

Hinsichtlich der *Haushaltsstruktur* entsprechen die Werte in Tempelhof-Schöneberg mit relativ geringen Abweichungen dem Berliner Durchschnitt. In den beiden anderen Bezirken gibt es große Abweichungen hinsichtlich des Anteils der *1-Person-Haushalte*: Hier liegt Pankow sieben Prozentpunkte *über* dem Berliner Durchschnitt gegenüber Marzahn-Hellersdorf mit fast zwölf Prozentpunkten *unter* dem Landesdurchschnitt. Bei den *2-Personen-Haushalten* und den *3-Personen-Haushalten* liegt Marzahn-Hellersdorf mit jeweils nahezu 6 % über dem Berliner Durchschnitt, Pankow befindet sich in beiden Bereichen mit 1 % bzw. 3 % darunter. Die *4- und Mehr-Personenhaushalte* entsprechen in Marzahn-Hellersdorf in etwa dem Berliner Durchschnitt, in Pankow liegt der Wert fast 3 % darunter. Eine Zusammenfassung der 2- und 3-Personenhaushalte ergibt im Berliner Durchschnitt 40 %. Im bezirklichen Vergleich liegt Tempelhof-Schöneberg mit 42 % dem Durchschnittswert am nächsten, Marzahn-Hellersdorf befindet sich mit 51 % um neun Prozentpunkte darüber, Pankow mit 35 % um fünf Prozentpunkte darunter. Analog der Verteilung der Altersgruppen nimmt der Bezirk Pankow auch bei der Verteilung der Haushaltsgrößen in Bezug auf die Dominanz der 1-Person-Haushalte aus den genannten Gründen eine Sonderstellung ein.

Der *Ausländeranteil* ist in Tempelhof-Schöneberg mit 16 % am höchsten, er liegt fast zwei Prozentpunkte über dem Landesdurchschnitt (14 %). Die Werte in Marzahn-Hellersdorf (4 %) und Pankow (7 %) sind dem gegenüber sehr gering. Der Unterschied zwischen den Bezirken verringert sich jedoch, wenn man den Bevölkerungsanteil nicht deutscher Herkunft nach dem Merkmal „Migrationshintergrund“ betrachtet, das weitere Personengruppen umfasst: Ausländer (Personen, ohne deutsche Staatsangehörigkeit), (Spät-)Aussiedler, Eingebürgerte und Kinder (auch erwachsene), von denen mindestens ein Elternteil unter die ersten drei Kategorien fällt. Der *Anteil von Personen mit Migrationshintergrund* ist auch unter diesem Aspekt in Tempelhof-Schöneberg mit 30 % am höchsten (Berliner Durchschnitt: 26 %), in Pankow liegt er bei 14 %, in Marzahn-Hellersdorf bei 12 %.

Sozialstruktur

Die *Arbeitslosenquote* liegt in Marzahn-Hellersdorf mit 19 % um vier Prozentpunkte über dem Berliner Durchschnitt (18 %), in den beiden anderen Bezirken liegt sie mit jeweils 15 % um drei Prozentpunkte darunter. Die Zahl der Haushalte mit *Sozialhilfebezug* ist in allen drei Bezirken etwas geringer als der Berliner Durchschnitt (7 Haushalte pro 1000 Einwohner). Der Anteil von *Schwerbehinderten* mit Schwerbehinderten-Ausweis liegt in Tempelhof-Schöneberg leicht über dem Berliner Durchschnitt von 9 %, in den beiden anderen Bezirken um einen bzw. zwei Prozentpunkte darunter. Der Anteil der *Empfänger von Eingliederungshilfe für Menschen mit Behinderung* entspricht in Pankow mit 0,6 % dem Landesdurchschnitt (0,6 %). In Marzahn-Hellersdorf liegt er bei 0,5 %, in Tempelhof-Schöneberg ist er mit 0,4 % am geringsten.

3.2 Sozialräumliche Bezirksbetrachtung

Aus sozialräumlicher Perspektive gewinnen sozialstrukturelle Daten auf der Ebene lebensweltlich orientierter Räume Kontur. Einen ersten Überblick zur *sozialen Lage* in den ausgewählten Bezirken bieten die *Sozialstrukturindizes* im SOZIALSTRUKTURATLAS BERLIN 2008. Sie beschreiben durch Zusammenführung von Einzelindikatoren den Stand sozialer und gesundheitlicher Problemlagen:

- **Sozialindex I: Beschreibung verfestigter sozialer und gesundheitlicher Problemlagen** (Aspekte der sozialen Existenzsicherung: z. B. hohe Anteile an Personen mit geringem Einkommen, fehlender Erwerbsfähigkeit, ausländischer Herkunft, schlechtem Gesundheitszustand und Sozialhilfeabhängigkeit, hohe Arbeitslosenquote, hohes Wanderungsvolumen, einfache Wohnlagen),
- **Sozialindex II: Vorstufe sich manifestierender sozialer und gesundheitlicher Problemlagen** (hohe Korrelation mit Indikatoren des Arbeitsmarkts; z. B. hoher Anteil an Erwerbstätigen, jugendlichen Arbeitslosen, Langzeitarbeitslosen, erwerbsfähigen Hilfebedürftigen, geringe Ausländeranteile),
- **Statusindex**, primär durch Schul- und Ausbildungsabschlüsse geprägt, weitere Aspekte: hohe Wanderungsbewegung, geringe Haushaltsgröße, geringer Anteil von Kindern zwischen 6 und 17 Jahren, hoher Anteil von Personen zwischen 18 und 34 Jahren, hoher Anteil an Angestellten und Selbstständigen.

Tab. 18 macht deutlich, dass die Bezirke im Kontext unterschiedlicher Fragestellungen jeweils verschiedene Positionen einnehmen. So nimmt z. B. *Tempelhof-Schöneberg* hinsichtlich verfestigter und sich tendenziell manifestierender sozialer und gesundheitlicher Problemlagen (Sozialindizes I und II) einen mittleren Rang ein, beim Statusindex, der u. a. durch Schul- und Ausbildungsabschlüsse bestimmt wird, liegt der Bezirk dem gegenüber deutlich unter dem Durchschnitt. Umgekehrt befindet sich *Marzahn-Hellersdorf* in Bezug auf den Statusindex gegenüber Tempelhof-Schöneberg in einer etwas besseren Position; bei den Sozialindizes I und II ist die Lage des Bezirks deutlich schlechter. Hinsichtlich sich tendenziell manifestierender Problemlagen bildet Marzahn-Hellersdorf das Schlusslicht (Sozialindex II). *Pankow* wiederum hält beim Statusindex den ersten Platz, steht aber hinsichtlich der Vorstufe für sich manifestierende Problemlagen (Sozialindex II) hinter Tempelhof-Schöneberg.

Sozialstrukturelle Belastung und Entwicklung

Nach Angaben des SOZIALSTRUKTURATLAS 2008 haben 47 % von insgesamt 417 in die Berechnung einbezogenen Planungsräumen bereits verfestigte soziale und gesundheitliche Problemlagen; rund 54 % der Bevölkerung sind davon betroffen. Zur Differenzierung der Gebiete nach *sozialstruktureller Belastung* wurde ein Kategoriensystem von sieben Schichten angewendet, das von *gering belasteten Gebieten* (Schicht 1) bis zu *hoch belasteten Gebieten* (Schicht 7) reicht. Anhand dieser Schichten lassen sich auf der Basis kleinräumiger Planungseinheiten *innerbezirkliche Disparitäten* der drei ausgewählten Bezirke abbilden (Tab. 19).

Der größte Teil der Bevölkerung der drei ausgewählten Bezirke ist den Schichten 4, 5 und 6 zugeordnet. Dies entspricht der Verteilung der Bevölkerung im gesamten Stadtgebiet, wenngleich die den sieben Schichten zugeordneten Anteile gesamtstädtisch gleichmäßiger verteilt sind. In *Pankow* ist der größte Bevölkerungsanteil der Schicht 4 zugeordnet (44 %), die hinsichtlich der sozialstrukturellen Belastung im Mittelfeld liegt. Weniger als ein Drittel der Pankower Bevölkerung (31 %) lebt in den höher belasteten Gebieten (Schicht 5 – 7). In *Tempelhof-Schöneberg* liegt der Anteil der Bevölkerung in höher belasteten Gebieten bei 50 % (davon 35 % in Schicht 5). In *Marzahn-Hellersdorf* leben zwei Drittel der Bevölkerung (66 %) in sozialstrukturell höher belasteten Gebieten (davon 28 % in Schicht 6 und 24 % in Schicht 7). Bemerkenswert ist, dass in diesem Bezirk auch ein relativ großer Bevölkerungsanteil in der am geringsten belasteten Schicht 1 angesiedelt ist (rund 20 %).

Sozialstruktur[87]			
Sozialstruktur (Berliner Durchschnitt: 0) / Bezirk	Tempelhof-Schöneberg	Marzahn-Hellersdorf	Pankow
Sozialindex I verfestigte soziale und gesundheitliche Problemlagen *(Indikatoren: hohe Anteile an Personen mit geringem Einkommen, fehlender Erwerbsfähigkeit, ausländischer Herkunft, schlechtem Gesundheitszustand und Sozialhilfeabhängigkeit, hohe Arbeitslosenquote, hohes Wanderungsvolumen, einfache Wohnlagen u. a.)* Günstigste Sozialstruktur: Steglitz-Zehlendorf Ungünstigste Werte: Mitte	Rang: 5 (Wert: 0,3114)	Rang: 9. (Wert: -0,3923)	Rang: 4 (Wert: 0,5234)
Sozialindex II Vorstufe sich manifestierender sozialer und gesundheitlicher Problemlagen *(Indikatoren: hoher Anteil an Erwerbstätigen, jugendlichen Arbeitslosen, Langzeitarbeitslosen, erwerbsfähigen Hilfebedürftigen, geringe Ausländeranteile u. a.)* Günstigste Sozialstruktur: Charlottenburg-Wilmersdorf Ungünstigste Werte: Marzahn-Hellersdorf	Rang: 5 (Wert: 0,5962)	Rang: 12 (Wert: -0,0262)	Rang: 8 (Wert: -0,5153)
Statusindex *(Indikatoren: Schul- und Ausbildungsabschlüsse, hohe Wanderungsbewegung, geringe Haushaltsgröße, geringer Anteil von Kindern zwischen 6 und 17 Jahren, hoher Anteil von Personen zwischen 18 und 34 Jahren, hoher Anteil an Angestellten und Selbstständigen u. a.)* Günstigste Sozialstruktur: Pankow Ungünstigste Werte: Reinickendorf	Rang: 9 (Wert: -0,3650)	Rang: 7 (Wert: 0,0891)	Rang: 1 (Wert: 1,7574)

Tab. 18: Sozialstruktur der ausgewählten Bezirke

Ein längsschnittlicher Vergleich der aktuellen Daten mit Werten der Sozialstrukturanalyse von 2003 zeigt *Entwicklungstendenzen* auf, die in vier Kategorien eingeteilt wurden (Tab. 19). Die Kategorien markieren die Position der Bezirke zwischen den Polen sozialstrukturelle Entwicklung und sozialstrukturelle Belastung und geben damit Auskunft über die Stärke der sozialen Betroffenheit der Räume (vgl. SOZIALSTRUKTURATLAS BERLIN 2008, 334f.):

- Kategorie I: Gebiete mit überdurchschnittlichen Werten bei den Sozialindizes und bei der Verbesserung bzw. Konstanz der sozialen Lage.
- Kategorie II: Gebiete mit überdurchschnittlichen Werten bei den Sozialindizes und unterdurchschnittlichen Werten bei der Verbesserung bzw. Konstanz der sozialen Lage.
- Kategorie III: Gebiete mit unterdurchschnittlichen Werten bei den Sozialindizes und überdurchschnittlichen Werten bei der Verbesserung bzw. Konstanz der sozialen Lage.
- Kategorie IV: Gebiete mit unterdurchschnittlichen Werten bei den Sozialindizes und bei der Verbesserung bzw. Konstanz der sozialen Lage.

87 Quelle: SOZIALSTRUKTURATLAS BERLIN 2008, 257 und 335f.

Sozialstrukturelle Belastung und Entwicklung[88]			
	Tempelhof-Schöneberg	Marzahn-Hellersdorf	Pankow
Sozialstrukturelle Belastung Bevölkerungsverteilung nach Gebieten – in Prozent: gering belastete Gebiete (1) – hoch belastete Gebiete (2)			
– Schicht 1 Landesdurchschnitt: 10,39	1,59	19,49	4,53
– Schicht 2 12,25	17,72	7,15	7,41
– Schicht 3 12,86	12,59	-	13,51
– Schicht 4 16,26	17,94	07,64	43,60
– Schicht 5 16,32	35,20	13,97	22,58
– Schicht 6 16,31	10,14	27,59	8,37
– Schicht 7 15,61	4,81	24,16	-
Sozialstrukturelle Entwicklung (seit 2003) *Kategorie I: überdurchschnittlich, ohne Rangverschlechterung* *Kategorie II: überdurchschnittlich mit Rangverschlechterung* *Kategorie III: unterdurchschnittlich mit Rangverbesserung* *Kategorie IV: unterdurchschnittlich ohne Rangverbesserung*	Kategorie I	Kategorie IV	Kategorie I

Tab. 19: Sozialstrukturelle Belastung und Entwicklung der ausgewählten Bezirke

Die Zuordnung der sozialstrukturellen Entwicklungen in den drei Bezirken zu den Kategorien bescheinigt Tempelhof-Schöneberg und Pankow eine überdurchschnittliche soziale Lage (Kategorie I), die seit 2003 keine Veränderungen erfahren hat (Tab. 19 und Abb. 63). Dem gegenüber gehört Marzahn-Hellersdorf zu den sozialstrukturell stark belasteten Bezirken (Kategorie IV), deren Lage sich seit 2003 weiter verschlechtert hat (SOZIALSTRUKTURATLAS BERLIN 2009, 335).

Abbildung 4.55:
Zusammenhang von Sozialstruktur und ihrer Veränderung - Ebene Berliner Bezirke 2008

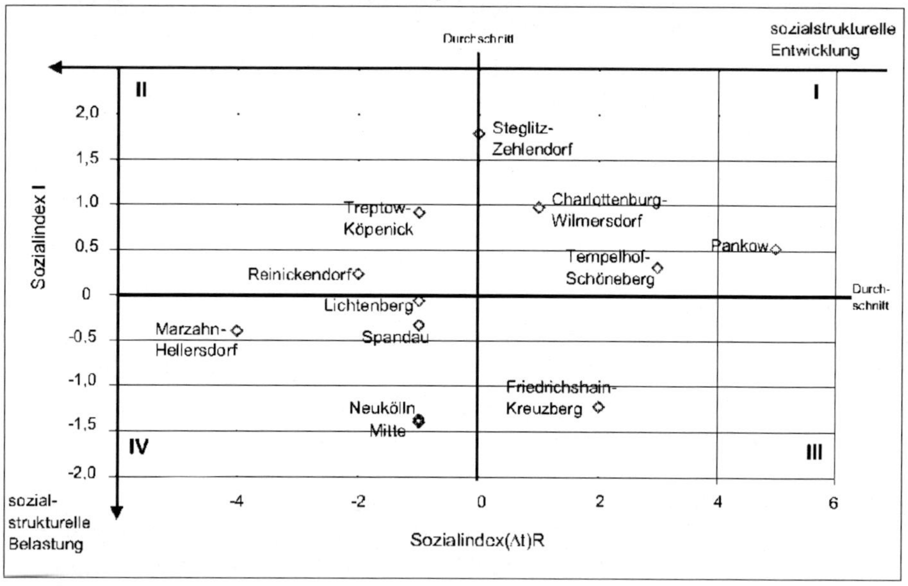

(Datenquelle / Berechnung und Darstellung: SenGesUmV - I A -)

Abb. 63: Zusammenhang von Sozialstruktur und ihrer Veränderung

88 Quelle: Sozialstrukturatlas Berlin 2008, 257 und 335f.

Abb. 64 visualisiert in einem *Gesamtüberblick* die innerbezirklichen Disparitäten nach Schicht in allen Berliner Bezirken (SOZIALSTRUKTURATLAS BERLIN 2009, 300):

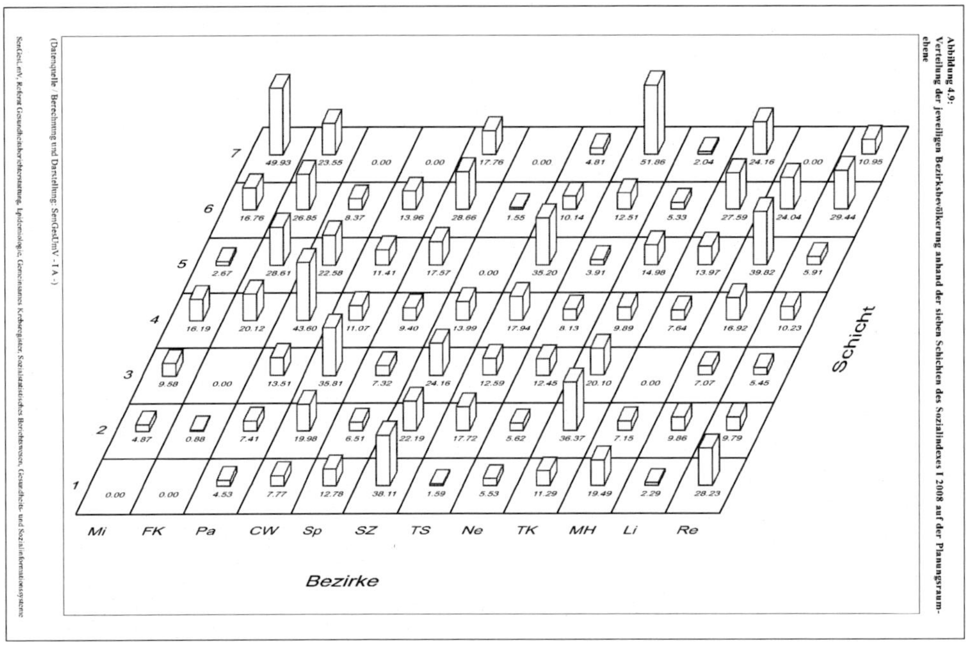

Abb. 64: Innerbezirkliche Disparitäten im gesamtstädtischen Überblick

Relevanz kleinräumiger Betrachtung von Bezirksregionen für den Sozialbereich

Nach Erfahrungen in Marzahn-Hellersdorf kann eine kleinräumige Betrachtung von Bezirksregionen hinsichtlich der sozialen Belastung neue Erkenntnisse bringen. So haben z. B. kleinräumige Daten zum Migrationshintergrund erbracht, dass der Anteil älterer Menschen mit Migrationshintergrund im Bezirk insgesamt und insbesondere in einzelnen Planungsräumen (Stadtteilen) höher als erwartet ist:

> „So liegt beispielsweise der Ausländeranteil im Stadtteil Marzahn-Nord bei den Älteren ab 65 Jahre lediglich bei 2 %. Der Anteil der Menschen mit Migrationshintergrund liegt in dieser Altersgruppe jedoch bei 25 %. Dass jeder vierte ältere Bewohner dieses Stadtteils einen Migrationshintergrund hat, wurde nicht vermutet. Ein Grund dafür liegt möglicherweise darin, dass ältere Migranten und Migrantinnen eher zurückgezogen leben, in der Öffentlichkeit unauffällig sind und auch seltener Hilfebedarf artikulieren bzw. Unterstützung in Anspruch nehmen." (SOZIALSTRUKTURATLAS BERLIN 2009, 489)

Neben den positiven Auswirkungen sozialräumlicher Analysen im Bereich von *Planung und Berichterstattung* spielt die Sozialraumorientierung in Marzahn-Hellersdorf auch in anderen Feldern des Gesundheits- und Sozialbereichs eine wichtige Rolle, z. B. bei der sozialraumorientierten *Arbeit vor Ort* (Stadtteilzentren, Jugendhilfezentren, Jugendfreizeiteinrichtungen, Stadtteilkonferenzen, Einwohnerversammlungen, Quartiersmanagement) und hinsichtlich der fachübergreifenden *Vernetzung und Zusammenarbeit* der regional aktiven Träger:

> „In Marzahn-Hellersdorf gibt es ergänzend zum senatsfinanzierten Stadtteilzentrum bezirksfinanzierte Stadtteilzentren, die gemeinsam ein flächendeckendes Netz zur Sicherung der Nachbarschafts- und Gemeinwesenarbeit bilden und im Rahmen einer Verbundstruktur mit gemeinsamen Zielen und Aufgaben zusammenarbeiten. Dabei ist in jedem Stadtteil jeweils ein Stadtteilzentrum in Kooperation mit anderen Trägern und Einrichtungen im Stadtteil für die bedarfsgerechte Absicherung von Betreuungs-, Beratungs- und Unterstützungsleistungen, die Förderung von Nachbarschaftsarbeit, Ehrenamt und Selbsthilfe zuständig. Die Stadtteilzentren haben sich zu Orten der Integration, des bürgerschaftlichen Engagements und gesellschaftlichen Teilhabe etabliert." (SOZIALSTRUKTURATLAS BERLIN 2009, 491)

Inwieweit Menschen mit geistiger Behinderung bei der Arbeit von Stadtteilzentren Berücksichtigung finden, kann nach Aussage des Sozialamtsleiters von Marzahn-Hellersdorf Bestandteil bezirklicher Vorgaben sein, z. B. im Rahmen von Zielvereinbarungen, die das Sozialamt mit den Stadtteilzentren abschließt. Dabei spielen *niedrigschwellige Angebote*, die gebietsbezogen umzusetzen sind, eine wichtige Rolle:

„Ein Ziel kann z. B. sein die Integration von behinderten Menschen in das Umfeld des Stadtteilzentrums – oder in Bereichen mit großem Migrantenanteil, wie in Marzahn Nord-West, wo eine Gruppe von vietnamesischen Jugendlichen irgendwo sich trifft, die einfach zu integrieren in die Allgemeinheit. Das könnte man jetzt beliebig fortsetzen. Das sind Ziele, die speziell stadtteilbezogen erarbeitet werden, weil es unterschiedliche Ausprägungen in den Stadtteilen gibt." (Int-E_BV)

Betrachtung des Sozialraums aus subjektiver Perspektive

Die Darstellung innerbezirklicher Disparitäten auf der Basis von Sozial- und Gesundheitsdaten kann nur bedingt ein konkretes Bild der jeweiligen Bezirke zeichnen. Zur Auslotung von Teilhabechancen in einem Stadtteil sind die quantitativen Daten durch qualitative Erhebungen zu ergänzen, z. B. durch Bewohnerbefragungen in den Quartieren oder Stadtteilbegehungen (vgl. Abschnitt 2 dieses Kapitels). Im Rahmen der KUNDENSTUDIE wurden exemplarisch in Schöneberg-Nord[89] *Stadtteilbegehungen* durchgeführt. Diese Bezirksregion zählt seit 1999 zu den Gebieten des Quartiersmanagements, durch dessen sozialraumorientierte Arbeit Strukturen und Verfahren zur besseren Einbindung der Bürger in das Gemeinwesen etabliert wurden. Ein Auszug aus den Protokollen unterstreicht die Bedeutung subjektiver Betrachtungen des Sozialraums:

Scheinbar wohlhabende Gegenden, in denen die Fassaden von Wohnhäusern prunkvoll instandgesetzt, die Tore zu Hinterhöfen verschlossen und über Nacht auffallend viele neue oder sehr gut erhaltene Autos geparkt sind, gehen nach jeweils kurzen Distanzen unmittelbar in Straßenabschnitte über, die durch Armut und Tristesse geprägt sind. So erweist sich zum Beispiel die nördliche Begrenzung dieses Sozialraums, die berühmt-berüchtigte Kurfürstenstraße, in der Nähe des "Gleisdreiecks" im Osten als Wohngebiet mit wenig öffentlichen Räumen, wenn man einmal von vereinzelten Treffpunkten wie dem wenig frequentierten Bistro "Endlich" absieht. Hier treffen sich nur wenige Menschen. Zu keiner Zeit kann hier von „Straßenleben" gesprochen werden. Es ist nicht verwunderlich, dass der angrenzende Nelly-Sachs-Park an der nach Südwesten führenden Sackgasse Dennewitzstraße derzeit mit hohem finanziellen und stadtplanerischen Aufwand zu einer sogenannten „Erholungsfläche" umgebaut wird (geplante Bauzeit: bis Mitte Juli 2008). Geht man auf der Kurfürstenstraße in Richtung Westen, durchquert man nach wenigen hundert Metern eine – unabhängig von Tageszeit und Wetterlage – überaus belebte Gegend: Hier gibt es Zeitungsläden, die fast immer geöffnet sind, und davor spielt sich ein Leben ab, das von Prostitution und Drogenhandel bestimmt ist. Im Gegensatz zum Osten der Kurfürstenstraße tummeln sich hier ständig viele Menschen. Ein Großteil zieht vorbei, einige halten sich hier wiederum scheinbar dauerhaft auf und sind bei wiederholten Stadtteilbegehungen immer wieder anzutreffen. (...) Nachdem man an einem Getränkemarkt und einem Imbiss vorbeigegangen ist, dessen Bebauungsstruktur vergleichsweise provisorisch anmutet (die Architektur erinnert an eine "Wagenburg"), trifft man wenige hundert Meter weiter nach Westen auf ein weiteres Extrem, nämlich auf gut erhaltene oder topsanierte allein stehende Altbauten. Bei einem dieser Gebäude handelt es sich um das prächtige Stammhaus eines traditionsreichen Berliner Kaffeehauses, in dem Menschen ein- und ausgehen, die, ihrem Habitus nach zu urteilen, der Schauspieler- und Künstlerszene zugeordnet werden können. Weiter geradeaus, nach der viel befahrenen Kreuzung „An der Urania", folgen Restaurants und Hotels in großen Häuserkomplexen aus den 1960er-Jahren. Nunmehr ist unklar, ob man sich überhaupt noch in einer Gegend befindet, die als Wohngebiet zu bezeichnen ist. Nachbarschaftlichkeit im weitesten Sinne kann hier jedenfalls nicht mehr beobachtet werden. (...) Südlich des Nollendorfplatzes herrscht internationales Flair. So tragen viele Läden nicht-deutsche Namen. Neben Türken nehmen hier auch viele Asiaten am Leben teil. Darüber hinaus boomt hier die sogenannte „Schwulenszene": Gay ist ein Wort, das beim Vorbeilaufen nahezu jede Minute zu lesen ist. Zudem sind ständig Regenbogenfahnen auszumachen und in den Parallel- und Querstraßen der

89 Die Region wird im Norden durch die Kurfürstenstraße vom Bezirk Mitte, im Westen durch die Nürnberger Straße, Bamberger Straße und Ettaler Straße vom Bezirk Charlottenburg/Wilmersdorf, anschließend im Süden von der Hohenstaufenstraße über die Martin-Luther-Straße, Grunewaldstraße, Langenscheidtstraße und Monumentenstraße bis zur Bezirksgrenze von Kreuzberg/Friedrichshain, die die östliche Abgrenzung bildet, eingefasst.

Maaßenstraße verteilen sich Bars, Stundenhotels, Lederbekleidungsgeschäfte, Videotheken etc. Der Winterfeldplatz, in den die kurze Maaßenstraße mündet, kann als "das Herz dieses Quartiers" bezeichnet werden, und dies besonders zweimal in der Woche, wenn hier der "Winterfeldmarkt" aufgebaut ist. Aber auch zu Zeiten, zu denen der Winterfeldplatz eine große Freifläche bietet, auf der sich Erwachsene und Kinder mit Rollschuhen bewegen und Kinder Fahrradfahren lernen, ist die Gegend belebt und selbst nachts nur selten menschenleer. Wird an einem der Markttage eine Kamera für zehn Minuten auf die Südseite des Platzes gerichtet, so ist der Mensch in all seinen Facetten zu sehen, sei es weiblich oder männlich; homo- oder heterosexuell; jung oder alt; mit oder scheinbar ohne Migrationshintergrund oder Behinderung usw. Besonders an Markttagen entgleitet dem Beobachter die Möglichkeit einer Einschätzung der Anwohnerstruktur dieses Teils des Sozialraums, zumal dann zu vermuten ist, dass viele Menschen, die hier am Leben teilnehmen, nicht in der unmittelbaren Umgebung wohnen. (F. Kiuppis, Auszug aus dem Protokoll der Stadtteilbegehung vom 01.09.2007)

3.3 Unterstützende Strukturen

Wesentliche Elemente der bezirklich lokalisierten unterstützenden Strukturen sind Angebote der Behindertenhilfe, Kooperationsstrukturen von sozialen Organisationen und Interessenvertretungen für Menschen mit Behinderung. Sie werden im Folgenden überblicksmäßig dargestellt, unter besonderer Berücksichtigung der drei ausgewählten Bezirke. Da sich die Strukturen in einem permanenten Veränderungsprozess befinden, erhebt die Darstellung keinen Anspruch auf Vollständigkeit.

3.3.1 Angebote für Menschen mit Behinderung

In den Berliner Bezirksämtern stehen *Informationsmaterialien* für Menschen mit Behinderung in unterschiedlicher Struktur und Ausführlichkeit zur Verfügung. Bei den Internetauftritten der Bezirksämter haben die *Bezirksbeauftragten für Menschen mit Behinderung* teilweise eigene Seiten, die hinsichtlich des Zugangs zu angebotsbezogenen Informationen unterschiedlich gestaltet sind. In *Marzahn-Hellersdorf* sind auf der Seite des Bezirksbeauftragten Anschriften von Angeboten für Menschen mit Behinderung im Bezirk aufgeführt, in *Tempelhof-Schöneberg* wird auf Beratungsstellen für Menschen mit Behinderung innerhalb und außerhalb des Bezirksamts hingewiesen einschließlich überbezirklich relevanter Links. In *Pankow* hat der Bezirksbeauftragte gegenwärtig keine eigene Seite. In diesem Bezirk steht jedoch eine Broschüre mit einer Übersicht zu Angeboten für Menschen mit geistiger Behinderung in Pankow zur Verfügung (BEZIRKSAMT PANKOW, ABT. GESUNDHEIT, SOZIALES, SCHULE UND SPORT 2009). Die Übersicht wurde unter Federführung der Psychiatrie- und Suchtkoordinatorin gemeinsam mit der Psychosozialen Arbeitsgemeinschaft (PSAG) erarbeitet. Angebote für Erwachsene mit geistiger, körperlicher und mehrfacher Behinderung, die in den Bezirken Tempelhof-Schöneberg, Marzahn-Hellersdorf und Pankow in den Bereichen Wohnen, Arbeit und Beratung vorgehalten werden, sind in Tab. 20 zusammengestellt. Dabei werden – aus sozialräumlicher Perspektive – nur die Angebote genannt, die im Bezirk angesiedelt sind; Angebote, die bezirksübergreifend in Anspruch genommen werden, bleiben unberücksichtigt.

Angebote für Erwachsene mit geistiger, körperlicher und/oder mehrfacher Behinderung in ausgewählten Bezirken												
	Tempelhof-Schöneberg				Marzahn-Hellersdorf				Pankow			
WOHNANGEBOTE[90]	Anzahl	Platzzahl	Nutzer	Träger	Anzahl	Platzzahl	Nutzer	Träger	Anzahl	Platzzahl	Nutzer	Träger
Wohnheim	5[91]	7 – 39	111	3	5	24 - 72	217	4	17[92]	10 - 76	571	12
Wohngemeinschaft	24[93]	4 - 6	109	11	16	5 – 6	87	5	25[94]	4 - 7	127	10
Betreutes Einzelwohnen[95]	-	-	59[96]	6	-	-	101[97]	8	-	-	458[98]	12
Nutzer/innen gesamt			**279**				**405**				**1.156**	
ambulant : stationär			**60 : 40**				**46 : 54**				**49 : 51**	
Arbeit/Beschäftigung	Anzahl		Träger		Anzahl		Träger		Anzahl		Träger	
Arbeitsagentur/JobCenter	1/ 1		-		1/ 1		-		1/ 1		-	
Integrationsfachdienst	1		-		-		-		2		-	
WfbM/Betriebsstätten[99]	3		3		4		2		15		8	
Förderbereich	-		-		3		2		8		5	
Beratung	Anzahl		Träger		Anzahl		Träger		Anzahl		Träger	
Allgemeine Beratung	5		5		4		3		4		3	
Psychosoziale Beratung	1		1		1		1		2		2	
Betreuungsverein	1		1		1		1		1		1	

90 Quelle der Daten zu Wohnheimen und Wohngemeinschaften: Senatsverwaltung für Integration, Arbeit und Soziales (Vergütungen der Leistungstypen gemäß SGB XII, Stand: 2009)

91 davon zwei Wohnheime vorw. für Menschen mit Körperbehinderung

92 davon ein Wohnheim vorw. für Menschen mit Körperbehinderung

93 davon zwei Wohngemeinschaften vorw. für Menschen mit Körperbehinderung

94 davon eine Wohngemeinschaft vorw. für Menschen mit Körperbehinderung

95 Bezirksbezogene Daten zum Betreuten Einzelwohnen für Menschen mit geistiger/mehrfacher Behinderung liegen bei der zuständigen Senatsverwaltung nicht vor.

96 Mindestzahlen; Quelle: Befragung Anbieter BEW (05/08)

97 Mindestzahlen; Quelle: Befragung Anbieter BEW (05/08)

98 Quelle: BA Pankow, Abt. Gesundheit, Soziales, Schule und Sport, Psychiatrie- und Suchtkoordination: Menschen mit geistiger Behinderung. Eine Übersicht (2009)

99 Quelle der Daten zu Werkstätten/Förderbereichen: Angaben der LAG Werkstätten für behinderte Menschen Berlin e. V. (2009); Platzzahlen werden nicht dargestellt, da das Angebot nicht regional konzipiert ist

Tab. 20: Angebote für Erwachsene mit Behinderung in den Bezirken

Wohnangebote für Erwachsene

Mit 17 Einrichtungen von zwölf verschiedenen Trägern ist die Anzahl der *Wohnheime* in Pankow – historisch gewachsen – am größten gegenüber jeweils fünf Einrichtungen in den beiden anderen Bezirken. Die höchste *Platzzahl* einer Einrichtung findet sich ebenfalls in Pankow (76 Plätze), dicht gefolgt von Marzahn-Hellersdorf (72 Plätze), in Tempelhof-Schöneberg betragen die Platzzahlen maximal 39. Die hohen Platzzahlen beziehen sich auf ältere Einrichtungen; sie übersteigen die im Berliner Behindertenbericht von 2002 angegebene Regelgröße von 40 Plätzen. Die *Träger* der Wohnheime sind teilweise identisch mit den Anbietern ambulant betreuter Wohnformen. Die *Zahl der Nutzer/innen* von Wohnangeboten ist in *Pankow* am größten: Von den insgesamt 1.156 Nutzer/innen leben 571 Personen in Wohnheimen und 127 Personen in Wohngemeinschaften. In einer eigenen Wohnung werden 458 Personen ambulant unterstützt. In *Marzahn-Hellersdorf* nehmen insgesamt 405 Personen Wohngebote in Anspruch, davon 217 in Wohnheimen, 87 in Wohngemeinschaften und mindestens 101 im Betreuten Einzelwohnen. In *Tempelhof-Schöneberg* ist die Zahl der Nutzer/innen mit 279 am geringsten: Hier leben 111 Personen im Heim, fast gleich viele in Wohngemeinschaften (109 Personen) und mindestens 59 im Betreuten Einzelwohnen.

Das *Verhältnis ambulant : stationär* zeigt in allen drei Bezirken einen im bundesweiten Vergleich gut ausgebauten ambulanten Bereich. Es liegt in *Tempelhof-Schöneberg* bei 60:40 und damit deutlich über dem Landesdurchschnitt (54:46 ohne auswärts untergebrachte Personen). In *Pankow* (49:51) und *Marzahn-Hellersdorf* (46:54) liegen die Werte jeweils unter dem Berliner Durchschnitt. Während die stationären Einrichtungen überwiegend überregional in Anspruch genommen werden, sind die Wohngemeinschaften und das Betreute Einzelwohnen stärker auf den Bezirk ausgerichtet.

Weitere Angebote

In allen drei Bezirken werden *Arbeitsangebote* in Werkstätten für behinderte Menschen angeboten, mit jeweils überregionalem Einzugsgebiet: in *Pankow* an 15 Standorten, in *Marzahn-Hellersdorf* an vier Standorten, in *Tempelhof-Schöneberg* an drei Standorten. *Förderbereiche* gibt es nur in *Pankow* (acht Standorte) und in *Marzahn-Hellersdorf* (drei Standorte).[100] In jedem Bezirk stehen eine Dienststelle der *Arbeitsagentur* und ein *JobCenter* zur Verfügung. Einen *Integrationsfachdienst* (IFD) als Vermittlungsstelle für Tätigkeiten auf dem allgemeinen Arbeitsmarkt gibt es nur in Tempelhof-Schöneberg und Pankow (mit zwei Standorten); für Marzahn-Hellersdorf ist der in Pankow gelegene IFD Ost zuständig. Zu den *allgemeinen Beratungsangeboten* zählen das Fallmanagement für die Eingliederungshilfe im Bezirksamt, die Pflegestützpunkte und die Servicestellen für Rehabilitation. Die Servicestellen haben in Marzahn-Hellersdorf und Pankow keinen Standort. *Psychosoziale Beratung* wird durch den Sozialpsychiatrischen Dienst der Bezirksämter und den Berliner Krisendienst geleistet. Der Berliner Krisendienst hat nur in Pankow einen Standort im Bezirk, für Tempelhof-Schöneberg ist die Steglitz-Zehlendorfer Zweigstelle „Region Süd-West", für Marzahn-Hellersdorf die Lichtenberger Zweigstelle „Region Ost" zuständig.

Lokalisierung der Angebote

Zur Lokalisierung der in Tab. 20 dargestellten Angebotsstruktur wird nachfolgend für jeden der drei Bezirke ein geografischer Überblick über die Standorte der Angebote für Menschen mit Behinderung in den Bereichen Wohnen (ohne Betreutes Einzelwohnen), Arbeit/Beschäftigung und Beratung gegeben.[101] Da der öffentliche Nahverkehr in Berlin in allen Bezirken gut ausgebaut ist, wird auf Angaben zur Erreichbarkeit der einzelnen Standorte verzichtet. Auch eine Beschreibung der Infrastruktur in den einzelnen Bezirksregionen, die nach den Aussagen der befragten Menschen mit Behinderung ein wichtiger Bedingungsfaktor für die Wohnqualität ist, muss vertiefenden bezirksbezogenen Untersuchungen zur sozialräumlichen Verortung von Wohnangeboten vorbehalten bleiben.

---

100 Quelle: LAG Werkstätten für behinderte Menschen Berlin e. V.

101 Alle Bezirkskarten wurden mit German Microsoft MapPoint 2006 (Copy manufactured by Fujitsu Siemens) erstellt.

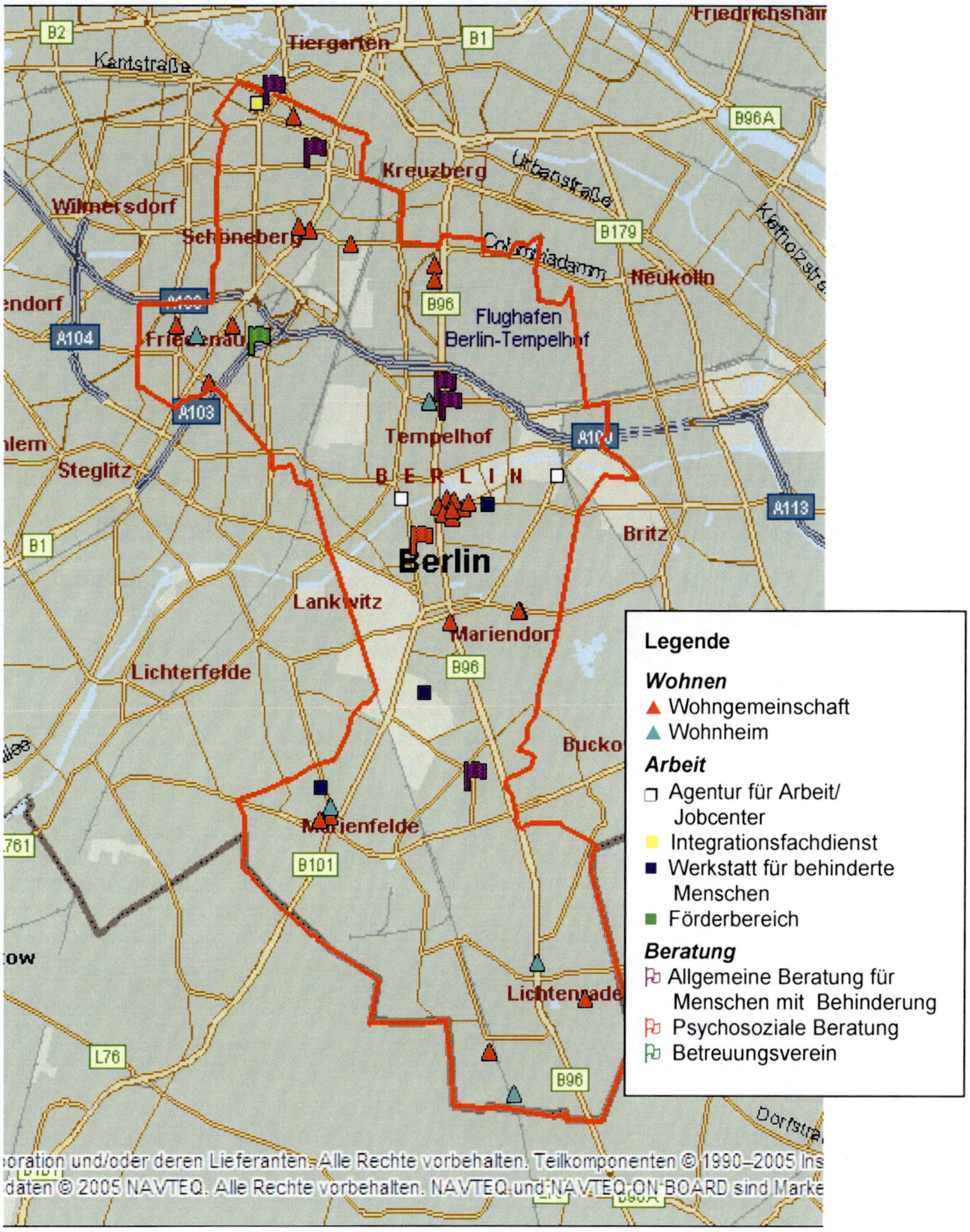

Abb. 65: Tempelhof-Schöneberg: Angebote für Menschen mit Behinderung

Die geografische Verteilung der Angebote im *Bezirk Tempelhof-Schöneberg* (Abb. 65) zeigt eine Konzentration von Wohngemeinschaften im Süden Tempelhofs, einem Stadtteil mit hohem Anteil an Park- und Erholungsflächen, jedoch kaum ausgeprägter sozialer Infrastruktur. Die fünf Wohnheime befinden sich – über das Bezirksgebiet verteilt – in vier verschiedenen Ortsteilen (Friedenau, Tempelhof, Marienfelde, Lichtenrade). Die drei Werkstattstandorte sind im mittleren Teil des Bezirks platziert. Im *Bezirk Marzahn-Hellersdorf* (Abb. 66) sind die meisten Wohnangebote im mittleren Teil des Bezirks lokalisiert, wobei im Ortsteil Marzahn-Süd eine Konzentration von Wohngemeinschaften zu verzeichnen ist. Die Werkstattstandorte sind im mittleren bis nördlichen Teil des Bezirks angesiedelt. Im *Bezirk Pankow* (Abb. 67) wird deutlich, dass es eine Konzentration von Wohnheimen in Weißensee und Niederschönhausen gibt, in Stadtteilen mit Grün- und Erholungsflächen und – zumindest in Weißensee – ausgeprägter sozialer Infrastruktur. Im Norden des Bezirks sind nur vereinzelt Wohnangebote lokalisiert. Die Werkstattstandorte sind über den ganzen Bezirk verteilt.

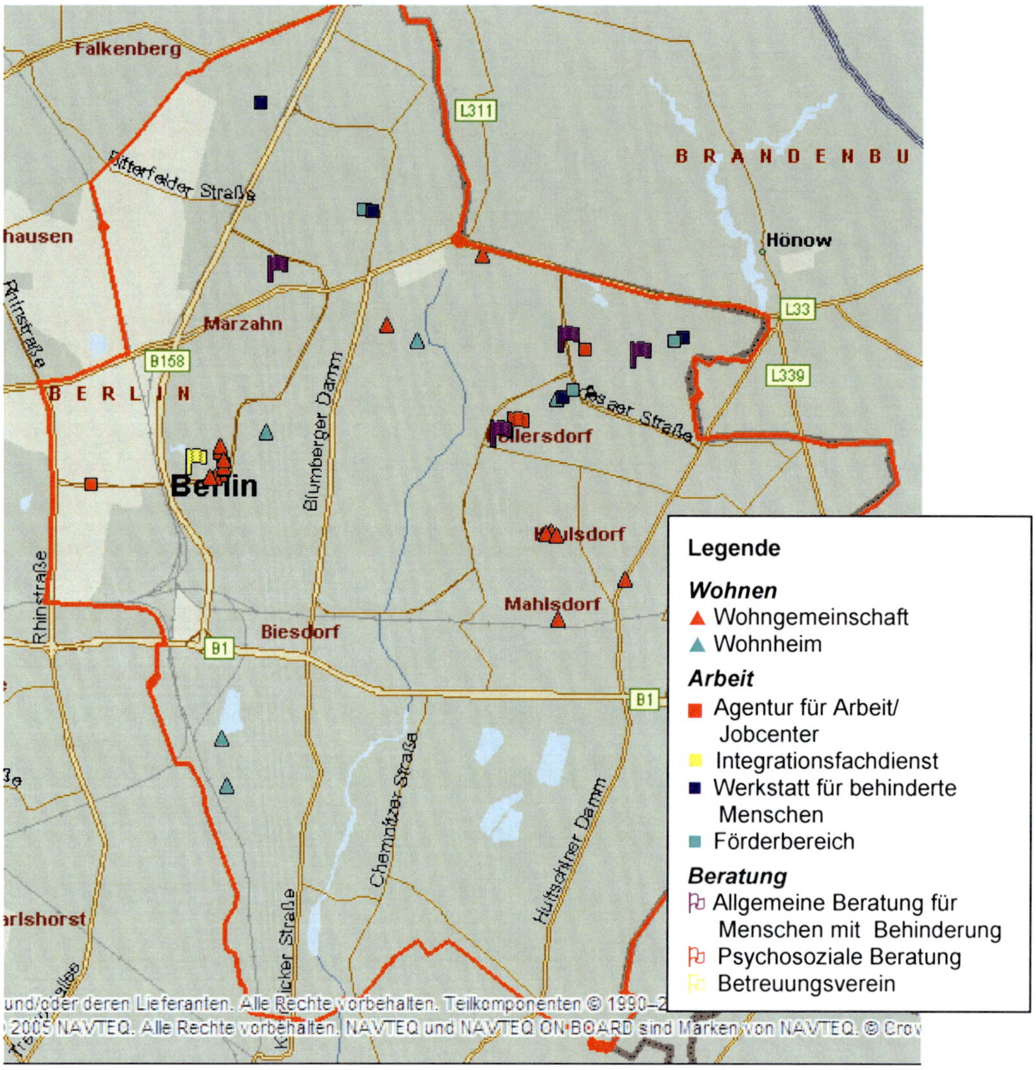

Abb. 66: Marzahn-Hellersdorf: Angebote für Menschen mit Behinderung

Möglichkeiten für *Freizeitaktivitäten* werden für Menschen mit Behinderung überwiegend von den Trägern der Behindertenhilfe angeboten. Im Bezirk Pankow sind darüber hinaus die künstlerischen Angebote des Vereins Sonnenuhr e. V. zu nennen. In Marzahn-Hellersdorf bietet das Bürger-Begegnungs-Zentrum KIZ Marzahn, das sich als Treffpunkt für Menschen mit Behinderungen, Vorruheständler und Senioren sowie als Anlaufpunkt für Selbsthilfegruppen versteht, regelmäßig Veranstaltungen an. Die Liga der Spitzenverbände der freien Wohlfahrtspflege in Berlin gibt in einem gemeinsamen Internetauftritt einen Überblick über Freizeiteinrichtungen und deren Angebote, der bezirksbezogen abgerufen werden kann (http://www.freizeit-behinderte.de). Zu nennen ist in diesem Zusammenhang auch die Internetseite für Menschen mit Lernschwierigkeiten „*Kugelfisch*“ (http://www.kugelfisch-berlin.de). Eine Differenzierung der Veranstaltungshinweise nach Bezirken wird hier bislang nicht vorgenommen.

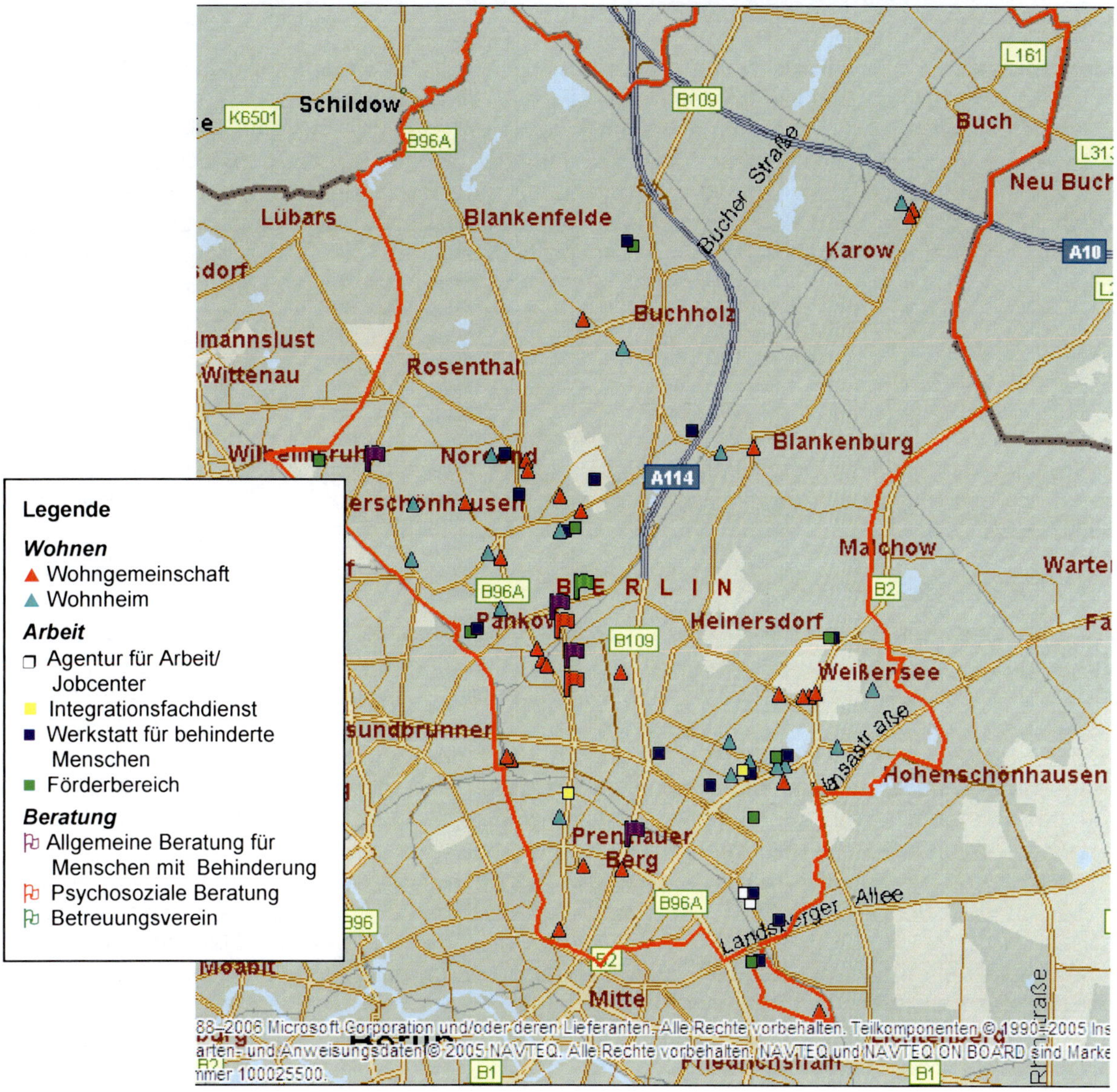

Abb. 67: Pankow: Angebote für Menschen mit Behinderung

Bildungsangebote für Erwachsene mit geistiger Behinderung werden überwiegend von den Werkstätten für behinderte Menschen sowie von Wohneinrichtungen und Freizeitstätten der Behindertenhilfe angeboten, vereinzelt von Bildungsgesellschaften einzelner Träger oder einem auf Kurse für diesen Personenkreis spezialisierten Anbieter. Allgemein zugängliche Einrichtungen für Erwachsenenbildung, wie die Volkshochschulen (VHS), berücksichtigen den Adressatenkreis nur punktuell (vgl. ACKERMANN & AMELUNG 2009). So werden z. B. an der VHS Tempelhof-Schöneberg in Kooperation mit Trägern der Behindertenhilfe spezielle Kurse für Menschen mit geistiger Behinderung angeboten, sie sind jedoch auf die Nutzer/innen der Angebote dieser Träger beschränkt. Offene Kursangebote der Volkshochschulen für Menschen mit Behinderung existieren lt. Programmübersicht der Berliner Volkshochschulen 2009/2010 unter der Rubrik „Angebote für Menschen mit Behinderung“[102] nur in den Bezirken Reinickendorf, Steglitz-Zehlendorf, Neukölln, Lichtenberg und Pankow, wobei das letztgenannte Angebot ausschließlich für Schüler/innen der Panke-Schule gilt.

102 vgl. http://www.berlin.de/vhs/spezielle-angebote/behinderte/ [letzter Zugriff:12.12.2009]

Kooperation und Vernetzung

Möglichkeiten für Vernetzungen von Akteuren im Feld der Behindertenhilfe bieten die bezirklichen *Psychosozialen Arbeitsgemeinschaften* (PSAG). Sie haben teilweise Unterarbeitsgruppen für die Belange von Menschen mit geistiger Behinderung gebildet. Als Beispiel sei die thematische Arbeitsgruppe „Menschen mit geistiger Behinderung" im Bezirk *Pankow* genannt, in der seit mehreren Jahren unter Leitung der Psychiatrie- und Suchtkoordinatorin Träger der Behindertenhilfe, Vertreter des Sozialamts, des Sozialpsychiatrischen Dienstes und Beratungsstellen zusammenarbeiten. Auch in *Marzahn-Hellersdorf* besteht eine PSAG-Arbeitsgruppe „Menschen mit geistiger Behinderung", die von den Trägern als Forum zum fachlichen Austausch genutzt wird. In *Tempelhof-Schöneberg* war die PSAG in der Vergangenheit überwiegend auf Menschen mit psychischen Beeinträchtigungen ausgerichtet. Erst in 2009 wurde – angestoßen durch die Bezirkskonferenz der KUNDENSTUDIE (Abschnitt 6.1) – auch hier eine Unterarbeitsgruppe gebildet, die sich mit den Belangen von Menschen mit geistiger Behinderung befasst. Seit mehreren Jahren besteht in diesem Bezirk eine „AG Fallmanagement", an der Träger der Behindertenhilfe, Fallmanager/innen in der Eingliederungshilfe und die Psychiatrie-Koordinatorin beteiligt sind. Die Arbeitsgruppe trifft sich in regelmäßigem Turnus im Bezirksamt, um gemeinsame Anliegen zu diskutieren.

3.3.2 Interessenvertretung

Auf politischer Ebene sind die *Bezirksbeauftragten für Menschen mit Behinderung* und die *bezirklichen Behindertenbeiräte* zu nennen, die sich – in Kooperation mit anderen Gremien – für die Rechte von Menschen mit Behinderung engagieren. Die Aufgaben der Gremien und die Bereiche zur Umsetzung der Gleichberechtigung sind im Landesgleichberechtigungsgesetz (LGBG) festgeschrieben. Unter den Mitgliedern der Behindertenbeiräte in den drei Bezirken sind Menschen mit Lernschwierigkeiten nicht selbst vertreten. Ihre Interessen werden durch Vertreter der Behindertenhilfe oder Angehörigen-Initiativen wahrgenommen, z. B. durch die überbezirklich aktiven *Selbsthilfevereine* Eltern-beraten-Eltern e. V. (Sitz: Steglitz-Zehlendorf) und Eltern-helfen-Eltern e. V. (Sitz: Lichtenberg; in Pankow besteht ein Elternkreis). In Marzahn-Hellersdorf engagiert sich der Behindertenverein Marzahn-Hellersdorf für die Belange behinderter Menschen und ihrer Angehörigen. Bezirksbezogene Selbsthilfegruppen von Menschen mit Lernschwierigkeiten unter dem Dach von „Mensch zuerst – Netzwerk People First Deutschland" existieren bislang nicht.

3.3.3 Fokus: Psychosoziale Versorgung

Die im Rahmen der KUNDENSTUDIE befragten Anbieter von wohnbezogenen Einrichtungen und Diensten beschreiben den Handlungsbedarf bei der psychosozialen Versorgung von geistig behinderten Menschen mit psychischen Erkrankungen und/oder auffälligen Verhaltensweisen als dringlich.[103] Zur Vertiefung der Fragestellungen wurden Experten-Interviews mit Vertreterinnen und Vertretern von psychosozialen Angeboten sowie Einrichtungen und Diensten der Behindertenhilfe geführt, die Erfahrung mit diesem Personenkreis haben. Dabei ging es schwerpunktmäßig um aktuelle Probleme und Empfehlungen für die Weiterentwicklung der Angebote.

Die meisten Anbieter, die den Personenkreis betreuen, arbeiten mit den bestehenden regionalen und überregionalen *psychosozialen Diensten und Kliniken* zusammen:

- Sozialpsychiatrische Dienste der bezirklichen Gesundheitsämter,
- Berliner Krisendienst (regionale und überregionale Standorte),
- Heilpädagogische Ambulanz (Angebote für Menschen mit geistiger Behinderung und zusätzlichen psychischen Störungen bzw. gravierenden Verhaltensauffälligkeiten; überregional, zwei Standorte),

103 vgl. ergänzend: Abschlussbericht des Modellprojekts der Berliner Clearingstelle für Menschen mit geistiger Behinderung (VOß et al. 2009)

- Behandlungszentrum und die Spezialambulanz für psychisch kranke Erwachsene mit geistiger Behinderung im Ev. Krankenhaus Königin Elisabeth Herzberge – KEH (überregional),
- Berliner Clearingstelle (Unterstützung einer bedarfsgerechten Betreuung und Behandlung durch Unterstützung des Helfersystems, Erarbeitung von Empfehlungen, Optimierung der Zugangssteuerung in Wohneinrichtungen und Vernetzung der Beratungsangebote),
- Kliniken und Ambulanzen in den Bezirken,
- trägerübergreifende Beratungs- und Vermittlungsstelle für betreute Wohnformen von Menschen mit Behinderung – Lotse Berlin.

Die im Rahmen der psychosozialen Versorgung tätigen Dienste leisten entweder die Beratung und Unterstützung selbst oder verweisen an andere Dienste. Das Angebotsspektrum unterscheidet sich im Detail: Einige Dienste werden vorzugsweise in akuten Krisensituationen in Anspruch genommen (Krisenintervention, einschließlich Prävention und Nachsorge), andere sind vor allem Ansprechpartner bei festgefahrenen Situationen, die ggf. einer Neubewertung bedürfen, weitere arbeiten mit den bei ihnen angemeldeten Personen in längeren Zeiträumen, im häuslichen Umfeld der Klienten oder in den eigenen Räumen (z. B. Einzel- und Gruppenangebote, therapeutische Angebote).

Nach Aussagen der Befragten werden die Beratungsstellen und ambulanten Dienste teilweise von behinderten Menschen, die in ambulant betreuten Wohnformen oder bei den Eltern leben, selbst aufgesucht. Ihre Anliegen stehen meist mit alltäglichen Erfahrungen in ihrem jeweiligen Lebensumfeld in Zusammenhang, z. B. Stress mit der Freundin oder der Mutter oder Ärger in der Werkstatt. Manche rufen an, wenn sich ihre Mitbewohner/innen heftig streiten und sie sich Sorgen über den weiteren Verlauf machen: *„Was kann ich denn jetzt tun? Kann mal jemand kommen?“ (Int-E_B)*. Auch Angehörige gehören zu den Rat Suchenden, z. B. bei Verhaltensproblemen des Sohnes oder der Tochter oder bei Konflikten im Ablösungsprozess. Bei einem ambulanten Dienst kommen die Anfragen überwiegend über Werkstätten, den Sozialpsychiatrischen Dienst oder den Krisendienst:

> *„Im Vordergrund stehen häufig Aggressionen, fremdaggressive Verhaltensweisen, dass jemand in der WG, zu Hause oder in der Werkstatt anfängt, mit Dingen zu schmeißen oder zu schreien, sich verweigert oder andere angreift. Aber genauso haben wir eine große Palette von Menschen, die vielleicht sehr traurig sind, sehr einsam sich fühlen, sehr unzufrieden sind mit ihrer Lebenssituation. Was wir haben, sind Menschen, die vorbestraft sind oder Täter waren oder sind, also sexuell auffällig waren und vielleicht auch verurteilt wurden. Ein Großteil hat auch eine ICD-Diagnose, also 'ne psychiatrische Diagnose, zur geistigen Behinderung noch dazu.“ (Int-E_B)*

Die Kooperation mit den Einrichtungen wird insgesamt als gut bezeichnet. Schwierigkeiten gebe es in der *Zusammenarbeit mit den bezirklichen Krankenhäusern*, die nach den Erfahrungen vor Ort meist nicht auf den Personenkreis eingestellt sind:

> *„Jeder Bezirk hat ja 'ne eigene psychiatrische Versorgung. Und da muss quasi auch der Patient, der in der Region wohnt, in die Klinik, wo er wohnt. (...) Wo man klar sagen muss, dass die sich sehr schwer tun, die aufnehmenden Kliniken, Krankenhäuser und Psychiatrien, Menschen mit geistiger Behinderung überhaupt aufzunehmen und zu versorgen und dann immer an die Spezialambulanz in Herzberge verweisen. Also das finde ich oft sehr konfliktträchtig, weil sie eigentlich die Verpflichtung haben. Eigentlich sollten die viel mehr tun in den Bezirken, die Krankenhäuser, um zu gewährleisten, dass auch Menschen mit geistiger Behinderung stationär aufgenommen werden können. Nur da scheinen sie überfordert zu sein.“ (Int-E_B)*

Die Inanspruchnahme des Behandlungszentrums und der Spezialambulanz des KEH in Lichtenberg ist für die meisten mit weiten Wegen verbunden, oft auch mit langen Wartezeiten. Darum wird eine psychiatrische Spezialabteilung, die für die Belange von Menschen mit geistiger Behinderung qualifiziert ist, an mindestens einem der Krankenhäuser jedes Bezirks für notwendig erachtet.

Im Vergleich zur Situation vor einigen Jahren kommt es nach den Erfahrungen der Befragten heute bei Menschen mit geistiger Behinderung seltener zur *Einweisung in Psychiatrische Kliniken*. Dies hänge mit dem weiterentwickelten einrichtungsinternen Krisenmanagement und der Unterstützung durch ambulante Dienste und Experten aus unterschiedlichen Disziplinen zusammen. Ein Trägervertreter, der auf ambulanter Ebene mit den Kliniken zusammenarbeitet, spricht sich grundsätzlich gegen eine Einweisung in die Psychiatrie aus, weil eine Krise *„da gelöst werden muss, wo sie entstanden ist – und auch durch die begleitenden Personen und nicht fremdbestimmt in irgendeiner Abteilung, die dafür da ist, um Krisenintervention zu machen" (Int-E_T).*

Nach Meinung einer Krisendienst-Mitarbeiterin wäre im akuten Fall, z. B. wenn eine Person für Personal und Mitbewohner nicht mehr tragbar erscheint, eine Zwischenlösung zwischen dem Wohnen in einer Einrichtung bzw. im ambulant betreuten Wohnen und der Aufnahme in der Psychiatrie sinnvoll – z. B. in Form einer *Krisenpension*. Sie könne – auch bei nicht psychiatrischen Krisen – genutzt werden *„wenn der Konflikt so hoch geschaukelt ist an dem Abend, wo man denkt, da kann man den eigentlich nicht länger lassen; da würde ich manchmal schon gerne jemanden rausnehmen, wer das möchte" (Int-E_B)*. Hier könnte der Einzelne außerhalb seiner alltäglichen Lebenssituation, in der Verhaltensweisen sich bereits verfestigt haben, durch pädagogische und therapeutische Maßnahmen neue Strategien zur Problembewältigung entwickeln.

Auch bei der Versorgung durch niedergelassene Ärzte gibt es Probleme:

> *„Also im Geistigbehindertenbereich da hapert´s schon an allen Ecken, wie werden die hausärztlich betreut, sowohl neurologisch-psychiatrisch als auch mit vielen anderen Erkrankungen. Ganz oft kann ich mich da an Situationen erinnern, wo Kollegen aus Einrichtungen sagen: ‚Mensch, jetzt kriegen wir hier 'ne junge Frau, können Sie mir nicht 'ne Gynäkologin für die geistig behinderte Frau nennen (...), weil es braucht 'ne andere Sensibilität, wie mit der umgehen, das braucht mehr Zeit. Da kann man ja nicht so eben schnell, weil man ja schon langsamer reden und Sachen aufmalen muss.'" (Int-E_B)*

Hausärzte haben nach den Erfahrungen der Befragten häufig wenig Interesse, Menschen mit geistiger Behinderung zu betreuen, vermutlich wegen des größeren Zeitaufwands. Nur wenige gehen als Hausarzt regelmäßig in Einrichtungen, um z. B. Medikamenteneinstellungen zu überprüfen. Gravierende Defizite bestehen hinsichtlich der *medizinisch-psychiatrischen Versorgung*:

> *„Es gibt zu wenig qualifizierte Ärzte, es gibt zu wenig Möglichkeiten, eine fundierte Diagnostik zu bekommen, die Wartezeiten für Ärzte sind zu lang, die Zeit, die Ärzte sich damit auseinander setzen können, ist zu gering. Häufig wird da nur eine wahllose medikamentöse Behandlung eingeleitet, ohne eine qualifizierte Diagnostik zu machen. Und es ist noch immer so, dass im stationären Bereich Patienten aufgenommen werden, die jahrelang mit inhaltlich überhaupt nicht nachvollziehbaren Medikamentendosen ruhig gestellt werden und deren Verhalten sich überhaupt nicht verbessert und die betroffenen Angehörigen, aber auch Betreuer, erst dann kommen, wenn sich diese Zustandsbilder chronifiziert haben, und dass dann natürlich auch die Prognose einer jeglichen Behandlung viel schlechter ist." (Int-E_B)*

Ein weiteres großes Problem ist nach den Erfahrungen von Trägern die *psychotherapeutische Versorgung*. Die Zahl der Therapeuten, die Menschen mit geistiger Behinderung und Verhaltensauffälligkeiten behandeln, sei sehr gering; in einigen Bezirken stehe niemand dafür zur Verfügung. Zudem gebe es lange Wartezeiten. Das bedeutet im Einzelfall, dass Empfehlungen einer Klinikstelle hinsichtlich einer speziellen therapeutischen Unterstützung über Monate nicht realisiert werden können, obwohl die Unterstützung dringend notwendig wäre und gute Erfahrungen damit vorliegen:

> *„Wir haben einer Menge Bewohner bei uns in den letzten Jahren eine Psychotherapie zugute kommen lassen können und haben das auch von der Krankenkasse finanziert bekommen, nach einer Menge Streiterei. Aber da sind wir hartnäckig und haben gute Erfahrung damit gemacht, die wirklich für die Entwicklung der Bewohner ein echter Gewinn war. Aber es gibt wenig Therapeuten, die sich damit auskennen, mit geistiger Behinderung oder womöglich auch noch was Speziellem, z. B. Autismus." (Int-E_T)*

Auch Angebote für Menschen, bei denen keine psychiatrische Störung vorliegt und aufgetretene Probleme eher interaktional oder einrichtungsbedingt sind und von daher andere methodische Vorgehensweisen erfordern, seien lückenhaft. Wünschenswert wäre nach Meinung eines Vertreters eines ambulanten Dienstes ein *regionales Fachzentrum als Anlaufstelle*, das das breite Spektrum der Möglichkeiten abdeckt und auch kürzere Bearbeitungswege ermöglicht. Dort könne man relativ schnell längerfristige Hilfe leisten, *„ohne ein aufwändiges Verfahren und Verhandlungen, weil das, was wir machen, wir machen 'ne Hilfeplanempfehlung und dann prüft der So-*

zialpsychiatrische Dienst und dann prüft das Fallmanagement, das kann manchmal noch sehr lange dauern, bevor 'ne Kostenübernahme kommt" (Int-E_B). Zunehmend größer werdender Handlungsbedarf bestehe bei *Suchterkrankungen*. Den Betroffenen sollte ein bezirksnaher Zugang zu entsprechenden Hilfeangeboten eröffnet werden. Auch sexuelle Probleme seien häufig Ursache von Verhaltensauffälligkeiten und sollten durch entsprechende Aufklärung und Unterstützung begleitet werden.

Durch die Trennung der konzeptionellen und finanziellen Zuständigkeiten einerseits für Menschen mit Behinderung (Sozialverwaltung), andererseits für psychisch Erkrankte (Gesundheitsverwaltung) entstehen im Einzelfall Schwierigkeiten, z. B. wenn nicht eindeutig geklärt werden kann, ob die Person eher dem Bereich der Psychiatrie oder dem Bereich der Behindertenhilfe zuzuordnen ist. Ein Beispiel sind Menschen mit einer sogenannten Triple-Diagnose (leichte geistige Behinderung – psychische Störung – Suchtverhalten). Bei einer Zuordnung zum Bereich der Behindertenhilfe können die im Psychiatriebereich vorhandenen *Ressourcen* kaum genutzt werden. Der Behindertenbereich sei jedoch durch seine überwiegend pädagogische Ausrichtung darauf nicht eingestellt.

Beklagt wird weiterhin das Fehlen von *Freizeitangeboten*, die von geistig behinderten Menschen mit herausfordernden Verhaltensweisen genutzt werden können. In Anlehnung an Angebote für psychisch Kranke hält eine Krisendienst-Vertreterin die Einrichtung von *Kontakt- und Beratungsstellen* für sinnvoll, wo z. B. offene Kaffeerunden stattfinden und auch individuelle und gruppenbezogene pädagogische Angebote wie Entspannung durch Musik, selbstständiges Musizieren, kreatives Arbeiten wahrgenommen werden können.

Zudem sollten im *Bereich des Wohnens* weitere Angebote entwickelt werden, die den Bedürfnissen der Personengruppe entsprechen. In vielen Einrichtungen besteht nach Aussagen der Befragten bei den Mitarbeitenden ein hoher Bedarf an *Qualifizierung* für den Umgang mit Menschen mit geistiger Behinderung und zusätzlichen psychischen Störungen oder problematischen Verhaltensweisen sowie an *fachlicher Unterstützung* bei Problemen in der Praxis. Nach wie vor ist es schwierig, *geeignete Wohnmöglichkeiten* zu finden – teils wegen einer unzureichenden fachlichen Ausrichtung von Einrichtungen auf den Personenkreis oder fehlenden Platzkapazitäten, teils auch wegen der geringen Akzeptanz verhaltensauffälliger Menschen durch Eltern von Söhnen und Töchtern mit geringerem Hilfebedarf:

> *„Wir haben viel mit Eltern zu tun, die ihre Kinder gut gefördert haben, die eine Einrichtung suchen, wo es für ihr Kind im sozialen Umgang nett zugeht. Dann haben wir Eltern, deren Kinder verhaltensgestört sind, die will keiner haben. Aber die sind so verzweifelt zu Hause. Ich verstehe beide Seiten. Wenn man im Wohnbereich dann immer gestört wird durch verhaltensauffällige Mitbewohner oder geärgert, das ist kein gutes Leben. Das kann man keinem zumuten. Aber die anderen brauchen auch eine adäquate Unterstützung." (Int-E_B)*

Wenn in Berlin kein geeigneter Platz gefunden wird, müssen *Angebote im Umland* in Anspruch genommen werden, mit häufig schlechteren Rahmenbedingungen.

Einige der interviewten Trägervertreter/innen kommentieren kritisch, dass für den genannten Personenkreis zunehmend *Wohnen und Arbeiten unter einem Dach angeboten* wird. Das Zwei-Milieu-Prinzip sei gerade für Menschen mit psychischen Problemen von großer Bedeutung. Andere sehen in der internen *Tagesstruktur* mit angepassten Arbeitsangeboten für diesen Personenkreis in separaten Gebäuden deutliche Vorteile gegenüber externen Fördergruppen, vor allem wegen der größeren Flexibilität:

> *„Wir haben die Freiheit zu sagen: ‚Sie arbeiten eine Stunde am Tag, Sie zwei, Sie arbeiten früh und nachmittags oder Sie kommen erst um zehn', weil der braucht einfach so lange morgens, um fertig zu werden, oder einer, der eben um sechs schon da rumtrippelt – warum soll der um sechs nicht frühstücken und warum soll der um halb acht nicht arbeiten gehen?" (Int-E_T)*

Vor dem Hintergrund der geschilderten Erfahrungen ist eine *Verbesserung der medizinischen, psychiatrischen und psychotherapeutischen Versorgung für diesen Personenkreis* dringend notwendig. Eine Ambulanz für die ganze Stadt Berlin reicht nach den Erfahrungen der Befragten nicht aus. Es sollten in mehreren Regionen weitere Angebote geschaffen werden. Notwendig sei eine *Erarbeitung von Konzepten* für die Gestaltung der Versorgungsstrukturen und die Entwicklung von Standards für die Qualität der Betreuung von behinderten Menschen mit psychischen Erkrankungen oder Verhaltensauffälligkeiten, u. a. auch für den *Umgang mit Psychopharmaka*. Zur letztgenannten Problematik hat HENNICKE (2008) eine Untersuchung in Berliner Einrichtungen für Menschen mit geistiger Behinderung durchgeführt, die großen Handlungsbedarf signalisiert: Der Einsatz entsprechender Medikamente gehe in den Einrichtungen mit einem hohen individuellen Risiko der Klienten einher. Es fehlen Standards zur Durchführung einer Psychopharmakotherapie und Festlegungen der Zuständigkeiten und Verantwortlichkeiten sowie grundlegende Kenntnisse über Indikationen für einen Psychopharmaka-Einsatz.

Vorgeschlagen wird weiterhin ein *interdisziplinär besetzter Fachdienst* zur Beratung und Unterstützung der Mitarbeitenden in Einrichtungen und Diensten, z. B. durch externe Supervision, Schulung von Mitarbeitern, kontinuierliche fachliche Begleitung. Höhere Entgelte sollten mit einer Überprüfung der Qualität der Angebote gekoppelt sein („Gütesiegel"). Zudem sei über ein *Anerkennungssystem für Mitarbeitende*, die sich in dem Arbeitsfeld durch hohe Kompetenzen auszeichnen, nachzudenken – etwa über finanzielle Anreize, spezifische Freizeitregelungen, Formen von Weiterbildung und Mitgestaltungsrechten am Arbeitsplatz.

Zur Beobachtung der aktuellen Situation und Weiterentwicklung der psychosozialen Versorgung sollte es nach Meinung der Befragten in jedem Bezirk ein Gremium geben, das sich kontinuierlich mit der Situation der Menschen mit geistiger Behinderung befasst, wie die Unterarbeitsgruppen „Geistige Behinderung", die bereits einigen Sozialpsychiatrischen Arbeitsgruppen (PSAG) angegliedert sind. Einige PSAGs seien zu einseitig auf Menschen mit psychischen Erkrankungen ausgerichtet. Eine mangelnde *Regionalisierung der Angebote* für psychosoziale Versorgung kann nach Meinung der Befragten dazu führen, dass der Personenkreis nicht als Teil der Gemeinde erlebt wird, die selbstverständlich adäquate Unterstützungsstrukturen und -leistungen vorhalten muss – im Sinne einer Versorgungsverpflichtung:

> *„Also ein geistig Behinderter, der in Charlottenburg geboren wird, der hat auch ein Recht, in Charlottenburg zu wohnen, so er und seine Familie das möchten. (...) Und dass man sagt, jeder Bezirk hat ein Zentrum für Menschen mit besonderen Bedürfnissen, wie man es dann auch immer nennt, das gehört eben dazu, so wie ein Schwimmbad dazu gehört oder ein Bürgeramt oder eine Schule." (Int-E_B)*

Zusammenfassend ist festzustellen, dass die Teilhabe von Menschen mit geistiger Behinderung und psychischen Erkrankungen und/oder Verhaltensauffälligkeiten am Gesundheitssystem der Bezirke unter den gegebenen Bedingungen nur punktuell gewährleistet ist. Bei vielen Vertreter/innen der medizinisch-psychiatrischen, pflegerischen und therapeutischen Berufe besteht Qualifikationsbedarf für den Umgang mit diesem Personenkreis.

3.4 Stadtteilbezogene Strukturen

Neben der Angebots- und Versorgungsstruktur für Menschen mit Behinderung sind unter der Zielperspektive Inklusion ergänzend stadtteilbezogene Strukturen hinsichtlich ihrer Potenziale zur Stärkung der Teilhabe zu betrachten. Die stadtteilbezogenen Strukturen sind im Land Berlin vor allem durch die *Nachbarschaftshäuser und Stadtteilzentren*, die *Freiwilligenagenturen* und –dienste und das *Quartiersmanagement im Rahmen des Bund-Länder-Programms „Soziale Stadt"* geprägt. In Experten-Interviews wurde der Frage nachgegangen, wie in diesem Feld Kooperation und Vernetzung gefördert werden könnten, um Menschen mit Behinderung Beteiligungsstrukturen zu erschließen, in der sie als Bürger/innen des Gemeinwesens anerkannt und aktiv an der Gestaltung des Stadtteils mitwirken können.

3.4.1 Beteiligungsstrukturen im Bezirk

Im Folgenden werden am Beispiel von Tempelhof-Schöneberg vorhandene stadtteilbezogene Strukturen und Ansätze benannt, die potenzielle Anknüpfungspunkte für Menschen mit Behinderungen darstellen, ohne Anspruch auf Vollständigkeit.

Quartiersmanagement

Das Quartiersmanagement-Gebiet im Schöneberger Norden besteht seit 1999. Die Mitarbeiter/innen sind bestrebt,

> „hier lebende und arbeitende Menschen zu erreichen und einzubinden, Verantwortung zu wecken und abzugeben, Vorhandenes zu nutzen, zu verknüpfen und zu verbinden, Neues möglich zu machen, Altes, Bewährtes aufzupolieren, neu zu ölen und gängig zu machen. Wichtig ist, dass alle im Stadtteil an einem Strang ziehen: Frauen und Männer, alte und junge Bewohner, Politikvertreter, Bezirks- und Senatsverwaltungen, Schulen, Kitas, Vermieter, Gewerbetreibende, Kirchen, Polizei, freie Träger und viele andere mehr.“ (http://www.schoeneberger-norden.de).

Aufgabe des Quartiersmanagement (QM) ist somit, Bedarfe im QM-Gebiet aufzuspüren und hieraus Projekte zu entwickeln:

> *„Es ist ausdrückliches Ziel des Landes Berlin, wir sollen keine Sozialarbeit machen, wir sollen Projekte entwickeln, wir sollen vernetzen, wir sollen die Akteure zusammenbringen, die Bewohner aktivieren. Insgesamt soll das Gebiet vorangebracht werden. Das ist ja ein benachteiligtes Gebiet, hier wohnen viele Leute, die benachteiligt sind, verschiedene Formen der Benachteiligung. Und es kommt darauf an, Projekte zu entwickeln und dieser Benachteiligung, schrittweise, was entgegenzusetzen.“ (Int-E_Q)*

Die Bewohner/innen des Quartiers werden durch das Quartiersmanagement-Team im Vor-Ort-Büro unterstützt, indem sie deren Vorschläge, Hinweise und Kritiken aufgreifen und mit ihnen gemeinsam neue Ideen entwickeln und umsetzen sowie Kontakte zu lokalen Akteuren knüpfen. Hierbei können sie auf bürgergetragene Strukturen wie den Quartiersrat und stadtteilbezogene Fördermittel unterstützend zurückgreifen. Erfahrungen mit *Menschen mit geistiger Behinderung* gibt es nach Aussage eines Mitarbeiters bislang noch nicht, aber eine grundsätzliche Offenheit, sich auch Problemlagen in diesem Bereich zu stellen – vorausgesetzt, dass die notwendigen Ressourcen dafür zur Verfügung stehen:

> *„Wenn jetzt hier ein Träger wäre, der sich diesem Problem widmet, oder wenn Ideen herangetragen werden, dann hätten wir sicherlich so eine Idee auch aufgegriffen und auch versucht, da ein Projekt zu entwickeln. Das bisher einzige Projekt, das hier war, war mit behinderten Kindern, die sind vielleicht auch geistig behindert, da gab's mal ein Projekt mit Malen und Tanz, das ist auch mal unterstützt worden vom QM, das ist dann dreimal finanziert worden und dann läuft das ja aus. (…) Wenn ein Träger gerade auch neue Sachen erproben will, wir würden da nicht abseits stehen. Es muss einfach ein Bedarf sein, es muss sich aus dem Gebiet ergeben, wir dürfen nur was fördern für Leute, die hier wohnen. Und dann müsste sich nur jemand finden, der dieses Projekt dann formuliert.“ (Int-E_Q)*

Die bestehenden Kontakte des Quartiersmanagements im Stadtteil und deren Erfahrungswissen in der Projektentwicklung und -begleitung könnten genutzt werden. Zudem fördere ein gemeinsames Engagement zugleich die Vernetzung der Akteure der Behindertenhilfe im Stadtteil. Umgekehrt bieten gemeinsame Projekte die Chance des gegenseitigen Kennenlernens:

> *„Man muss vielleicht mit anderen, mit Leuten, die nicht behindert sind, mal was zusammen machen, mal backen oder so einfache Tätigkeiten, dass die anderen auch sehen, dass solche Menschen trotzdem auch irgendwelche Potenzen haben, die man irgendwie anerkennen muss. Es ist ja oft so, dass die sogenannten Normalen sich das nicht vorstellen können, dass es da eine Welt gibt, die durchaus auch was Interessantes haben kann, dem man sich stellen muss, von dem man auch profitieren kann. Aber das sind eben Erfahrungen, da muss man behutsam vorgehen, nicht im Großen, nur so kann ich mir das vorstellen. Wir haben hier auch ganz klein angefangen. Man muss probieren. Manche Sachen klappen, manche klappen nicht.“ (Int-E_Q)*

Nachbarschafts- und Stadtteilzentren

Eine Schlüsselfunktion kommt den Nachbarschafts- und Stadtteilzentren zu, deren *Ziel* es ist, sozialpädagogische und kulturelle Angebote und Dienstleistungen zu schaffen, die im Stadtteil fehlen und an denen ein Bedarf besteht. Diese auf den Sozialraum ausgerichtete Aufgabe geschieht durch Flexibilität in den Angeboten, Übernahme von Trägerfunktionen, institutionelle Vernetzungen und Absprachen sowie Instrumentarien der Sozialraumanalyse.[104] So sind die Nachbarschaftszentren u. a. Träger von Freiwilligenagenturen und Selbsthilfekontaktstellen, auch von Kindertagesstätten (wie das Nachbarschaftsheim Schöneberg e. V.), oder bieten den Rahmen für stadtteilbezogene Initiativen und Gremien sowie für interessenbezogene Gruppenangebote.

Nach Aussage des Verbands für sozial-kulturelle Arbeit e. V. besteht eine große *Offenheit der Stadtteilzentren gegenüber der Behindertenhilfe*. Die Infrastruktur der Nachbarschaftshäuser könne von allen genutzt werden:

„Bei Organisationen wie [Name eines Behindertenhilfe-Trägers] hat ja ein Umdenkungsprozess begonnen. Die haben sich immer ihre eigene Infrastruktur geschaffen, so wie früher für alles immer Sondereinrichtungen geschaffen wurden. Das Nachbarschaftsheim ist ein Gegenprogramm zu solchen Separierungseinrichtungen. (...) Aber das Gegenprogramm funktioniert nur dann, wenn es genutzt wird. (...) Wenn die sagen, wir möchten jetzt ,ne lokale Einrichtung nutzen und wir möchten die Möglichkeiten, die Infrastruktur des Nachbarschaftsheims mit der lokalen Ausrichtung nutzen und mit 'ner bestimmten Anforderung an uns herantreten, dann bin ich mir sicher, dass wir so ein Programm umsetzen könnten, dass wir auch zeigen könnten, dass es geht." (Int-E_VE)

Es wird für wichtig erachtet, dass Menschen mit Behinderung bereits im Kindes- und Jugendalter in ihrer Freizeit „normale" Jugendeinrichtungen aufsuchen. Manche würden sich möglicherweise wegen des ständigen „Konkurrenzkampfes" in Gruppen mit anderen behinderten Menschen zusammenfinden:

„So wie sich Interessengruppen oder Freizeitgruppen formieren, so würden sich da auch Gruppen formieren. Aber es gehört in das sozusagen 'normale' Haus und nicht in die Sondereinrichtung. Da sind alle Stadtteileinrichtungen in meinen Augen drauf vorbereitet, dass sie da den Freiraum bieten würden, die Tür öffnen würden, Voraussetzungen schaffen würden, dass es geht. Wir sind ja hochflexibel, wir sind nicht festgelegt auf irgendetwas. Das muss man organisieren. (...) Ich bin mir sicher, unseren Mitarbeitern, der ehrenamtlichen Mitarbeit, denen würde was einfallen, wo die mitmachen können. Ich hab' das ja teilweise auch schon gesehen, wo die in Musikgruppen dabei sind, die könnten ohne Weiteres integriert werden." (Int-E_VE)

Der für Bezirksangelegenheiten zuständige Vertreter des Paritätischen Wohlfahrtsverbands LV Berlin betont, dass Menschen mit Behinderung als Bürger/innen gebraucht werden, um den Stadtteil weiter zu entwickeln:

„Wenn man dann mal analysiert, in wie weit ist unser Stadtteil denn behindertengerecht, nicht nur von der Zugänglichkeit, sondern auch von der Versorgung der Bürger, wie wird denn umgegangen mit behinderten Menschen in unserem Stadtteil? (...) Dieser Gedanke muss sozusagen in die Planung und Entwicklung, in den Stadtteil, ständig mit hineingebracht werden. Und Stadtteilzentren transportieren diese Gedanken. Auch das Bewusstsein der Bürger ist ja vielleicht auch weiterzuentwickeln, wie sie mit Behinderten umgehen, wie sie sie sehen. Wir haben ja eine Million Bürger in etwa im Jahr in den Stadtteilzentren, das ist eine große Masse, da kann man viel bewirken, wenn man das bewusst macht. Also in dem Sinne aufeinander zugehen, aber die Professionalität der Behinderteneinrichtungen, die braucht ein Stadtteilzentrum." (Int-E_VB).

Die Unterstützung durch Akteure der Behindertenhilfe setzt bei den Einrichtungen und Diensten eine Offenheit für neue *Kooperationsstrukturen* voraus, die noch nicht selbstverständlich ist. Eine Annäherung vollzieht sich, wie ein Träger bestätigt, erst seit wenigen Jahren:

„Früher in der Tat, wir waren ein großer Träger im Bezirk, aber die Strukturen des Bezirkes haben eigentlich bei uns in unserer Arbeit fast keine Rolle gespielt. Jetzt erst orientieren wir uns: 'Aha, neben unserer Einrichtung gibt es das Soziokulturelle Zentrum, wir könnten doch mal Kontakte aufnehmen!' Also, so etwas ist jetzt in Bewegung gekommen." (Int-E_T)

Perspektivisch sollten Einrichtungen und Dienste der Behindertenhilfe nicht nur zielgruppenspezifisch agieren, sondern auch etwas für die *Zivilgesellschaft* tun:

„Sie leben auch in einer Kommune, auch in einem Gebiet, wo Probleme sind, wo der Einkauf nicht klappt, zu wenig Kultur ist, die Bänke kaputt sind, der Park verschludert ist. Das sind auch Dinge, die haben

104 vgl. Handreichung zur Qualitätsentwicklung in Nachbarschaftseinrichtungen, erarbeitet vom Qualitätszirkel des Verbandes für sozial-kulturelle Arbeit, Landesgruppe Berlin e. V.; http://stz.spinnenwerk.de/stz.asp?client=stz&cat1id=56&cat2id=370

nichts im engen Sinne mit der Zielgruppe Behinderte zu tun, sondern was mit dem Gemeinwesen. Und das ist mein Anspruch an die Verbände, dass sie sich auch selber öffnen, über ihre Zielgruppe hinaus, weil sie eben Geld bekommen, weil sie eine Struktur haben, weil sie Gebäude haben, weil sie Räume haben, weil sie kompetente Mitarbeiter haben, sozusagen mehr zu tun als nur diese Zielgruppe hier im Blick zu haben, sich ein bisschen auch zu öffnen für die Weiterentwicklung der Gemeinschaft." (Int-E_VB)

Dieser Ansatz gelte für alle, z. B. auch für den Altenbereich:

„Die Heime, die stehen irgendwo in einem Territorium und haben dort für das Territorium nicht nur die Pflicht mitzuwirken, sondern sozusagen auch was Aktives zu tun, was nicht bezahlt wird, also im Prinzip auch ein ehrenamtlicher Anteil dieser Mitarbeiter und Bewohner, die da drinnen sind. Da sind wir aus meiner Sicht ganz am Anfang, weil bisher ja eher die letzten Jahre die Entwicklung war: viel Fachlichkeit, viel Fortbildung, Entgelte, Leistungsbeschreibungen, genau zuzuordnen, wofür das Geld ist. Für was anderes war dann wenig Raum – und das muss jetzt passieren." (Int-E_VB)

Umgekehrt sollten auch lokale Initiativen Menschen mit Behinderung, die sich engagieren wollen, als Akteure in ihren Netzwerken aufnehmen.

Exkurs: Community Organization

Außerhalb von Tempelhof-Schöneberg sind an dieser Stelle als eine weitere Form der Aktivierung von Bürgern zur Weiterentwicklung des Stadtteils die *Bürgerplattformen* zu nennen, die in den Treptow-Köpenick und Wedding auf Initiative von Leo PENTA (DICO – Deutsches Institut für Community Organization) entstanden sind. Sie orientieren sich an dem in Amerika seit Jahrzehnten praktizierten Ansatz des Community Organizing (vgl. PENTA 2007):

„Community Organizing ist ein parteipolitisch und konfessionell unabhängiger Ansatz, um lösungsorientiertes, zivilgesellschaftliches Engagement auf breiter gesellschaftlicher Basis von unten aufzubauen. Organizing zielt darauf, Menschen zu befähigen, ihr eigenes Leben, das gesellschaftliche Zusammenleben und damit das öffentliche Leben (wieder) gemeinsam mit anderen zu gestalten, gegebenenfalls zu verändern, zu entwickeln, d. h. persönlich und öffentlich-politisch handlungsfähig zu werden. Organizing schöpft daher die Möglichkeiten der formalen Demokratie aus, um die Demokratie lebendiger und relevanter vor Ort zu gestalten. So funktioniert Organizing als Schule der Demokratie für Menschen, die sich vom öffentlichen Engagement verabschiedet oder ein solches Engagement noch nicht gewagt haben. Dies erfolgt dauerhaft mit Menschen und nicht einfach für sie. Mittels der durch CO [Community Organizing] aufgebauten Bürgerplattformen erreichen Menschen vor Ort sowohl Handlungskompetenzen auf Augenhöhe mit anderen gesellschaftlichen Akteuren als auch konkrete Ergebnisse zur Behebung von Missständen und zur qualitativen Verbesserung in ihrer Umgebung." (http://www.impulsmitte.de/resources/CO+PentaSander+5S.pdf; Letzter Zugriff: 01.01.2010)

Die Zusammensetzung der Bürgerplattformen soll ein Abbild des Stadtteils sein, ein Zusammenschluss von unterschiedlichen zivilgesellschaftlichen Gruppen, die sich für eine gemeinsame Sache engagieren. So hat sich z. B. die in Treptow-Köpenick bestehende Bürgerplattform „Menschen verändern ihren Kiez – Organizing Schöneweide" u. a. zum Ziel gesetzt, dem Arbeitsplatzabbau in Berlin-Schöneweide (einem traditionellen Industriestandort im Ostteil Berlins) durch vielfältige Aktionen zur Stärkung des Wirtschaftsstandorts entgegenzuwirken (http://www.organizing-berlin.de). Sie werden dabei von Akteuren aus der Wirtschaft unterstützt.

Kommunale Ebene

Auch auf kommunaler Ebene setzen sich bürgeraktivierende Bemühungen und Konzepte immer mehr durch. Durch Änderung des Bezirksverwaltungsgesetzes am 15. Juli 2005 wurden die *Beteiligungsmöglichkeiten für die Bürger/innen* des Bezirks an den kommunalpolitischen Entscheidungen der Bezirksverordnetenversammlung Tempelhof-Schöneberg (BVV) und des Bezirksamtes erweitert. Ein Element der erweiterten Mitwirkungsmöglichkeiten ist neben dem *Bürgerhaushalt* die *Einwohnerfragestunde*, die im Rahmen der öffentlichen Sitzungen der BVV eingerichtet wurde. Bürger/innen haben zu Beginn der Sitzung für 30 Minuten die Gelegenheit, ihre Fragen oder Anregungen an das Bezirksamt oder die BVV zu richten.

Mit der Initiierung des *Projekts „Demographischer Wandel – Strategien für Berliner Bezirke"* hat Tempelhof-Schöneberg einen ressortübergreifenden Planungsprozess mit dem Ziel eingeleitet,

Tempelhof-Schöneberg als attraktiven Wirtschafts- und Wohnstandort mit hoher Lebensqualität für alle Bevölkerungsgruppen zu profilieren. Ziel des Projektes ist es, sich proaktiv mit den Herausforderungen der demographischen Entwicklung (Alterung, „Schrumpfung", höherer Migrantenanteil, Abnahme der Zahl der Erwerbsfähigen) auseinander zu setzen und frühzeitig Handlungskonzepte zur Erhaltung und Stärkung der Lebensqualität und der Zukunftsfähigkeit des Bezirks zu entwickeln. Kernfragen sind u. a.: Wie werden Alt und Jung zusammenleben? Wie kann die Integration von Migranten gefördert werden? In diesen Diskussionsprozess sollten auch die Belange von Menschen mit geistiger Behinderung einbezogen werden. Bislang wenig genutzte Möglichkeiten hinsichtlich der Verbesserung der Teilhabechancen behinderter Menschen bestehen an den Schnittstellen zur Jugend- und Altenhilfe, z. B. auf der Ebene der Information über Aktivitäten im Bezirk, die von Menschen mit und ohne Behinderung genutzt werden könnten.

Neben den benannten stadtteilbezogenen Strukturen bieten zahlreiche *andere Einrichtungen* in Tempelhof-Schöneberg für Menschen mit Behinderung potenziell Möglichkeiten zur Teilhabe. Beispielhaft seien Bildungs- und Kultureinrichtungen, Kirchengemeinden, Volkshochschulen, Bürgerinitiativen und Vereine genannt. In welcher Weise Ressourcen dieser Art bereits von Menschen mit Behinderung genutzt werden, ist Gegenstand von Kap. IV.

3.4.2 Ressortübergreifende Strukturen

Ressourcen des Stadtteils können nur genutzt werden, wenn sie auch bekannt sind. In diesem Zusammenhang stellt der *Kiezatlas* eine wichtige Informationsquelle dar (www.kiezatlas.de). Er ist als ein geografisches Content-Management-System[105] angelegt, das Berliner Bezirkskarten mit adressbezogenen Informationen verknüpft und so Angebote sozialer Dienste in ihrem sozialräumlichen Zusammenhang sichtbar macht (Abb. 68), z. B. Nachbarschaftseinrichtungen, Selbsthilfekontaktstellen, Mehrgenerationenhäuser oder Freiwilligenagenturen. Die Angebote werden auf den Karten angezeigt und mit Kontaktdaten, Veranstaltungshinweisen u. Ä. verknüpft. Sie richten sich sowohl an soziale Dienste im Sinne einer besseren regionalen Vernetzung der Angebote als auch an Nutzer/innen der Angebote und die breite Öffentlichkeit zur Orientierung und Information über Angebote im Stadtteil (vgl. GODULLA & SCHERER 2009). Der Kiezatlas wurde in Zusammenarbeit mit dem Bezirksamt Tempelhof-Schöneberg vom Verband für sozial-kulturelle Arbeit e. V. im Rahmen einer Qualifizierungsreihe zur Sozialraumorientierung im Jahr 2003 aufgebaut. Als Ressource für *regionale Informationssysteme* für Verwaltung, Träger und Bevölkerung ist er von einzelnen Bezirksämtern eingerichtet und weiterentwickelt worden. Auch sozialen Diensten ist es möglich, mit ihren Informationen in den einzelnen Kiezatlas-Regionen aufgenommen zu werden. Seit 2009 gibt es eine weitere Funktion, mit der die sozialräumlichen Daten der Bezirke bzw. Bezirksregionen aus dem SOZIALSTRUKTURATLAS mit den geografischen Bezirkskarten gekoppelt sind – ein wichtiger Meilenstein für die kleinräumige Sozialraumanalyse der Bezirke.

Weitere wichtige Informationsquellen für soziale Einrichtungen und Angebote sind Datenbanken wie der HILFELOTSE oder MOBIDAT, die landesweit tätig sind, aber bezirksbezogene Abfragen ermöglichen. Der *HILFELOTSE* ist eine internetgestützte Informationssoftware, die als eine stets aktuelle *Plattform für die vernetzte Beratung und Koordination im Sozial- und Gesundheitswesen* im Rahmen der Koordinierungsstellen „Rund ums Alter" angeboten wird. Träger des Projektes ist der psychosoziale Verein Albatros e. V., der in der Aufbauphase mit Projektmitteln des Bundesministeriums für Gesundheit unter Beteiligung des Bezirksamtes Reinickendorf von Berlin unterstützt wurde. Das ebenfalls von Albatros e. V. konzipierte Projekt *MOBIDAT* ist eine kostenlose *Informationsplattform für ein barrierefreies Leben* in Berlin, das Nutzungs- und Zugangsmöglichkeiten zu öffentlichen und privaten Einrichtungen recherchiert und über Internet (in sieben Sprachen) bzw. Telefon zugänglich ist. Ziel der von MOBIDAT ständig aktualisierten Auskünfte zum barrierefreien Zugang von Museen, öffentlichen Einrichtungen, Hotels und Sehenswürdigkeiten der Stadt ist, Orientierung für die Planung von Aktivitäten zu geben und Möglichkeiten zur Vernetzung zu bieten.

105 Ein Content-Management-System ist eine Software, die die Erstellung, Verwaltung und Publizierung von Websites ohne besondere Programmierkenntnisse ermöglicht.

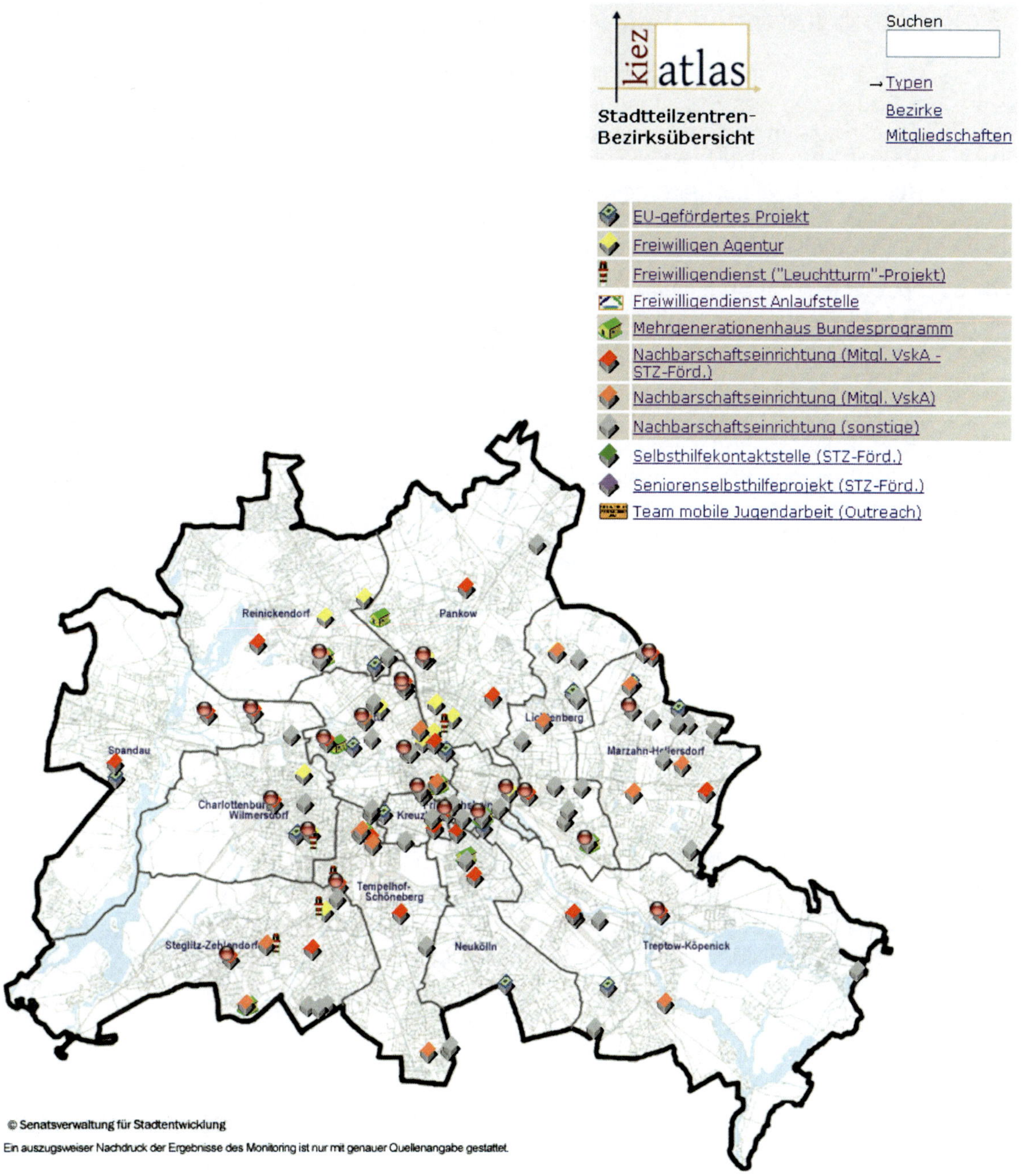

Abb. 68: Kiezatlas

In diesem Zusammenhang ist auch die von der *Wohnberatungs- und Vermittlungsstelle* LOTSE BERLIN angelegte Datenbank zu nennen, die bezirksbezogen Überblick über Angebote für Menschen mit Behinderung in den Bereichen Wohnen, Arbeit, Freizeit, Bildung und Beratung gibt. Zur Optimierung der vorhandenen Datei könnte eine Verknüpfung mit dem oben genannten Projekt Kiezatlas des Verbands für sozial-kulturelle Arbeit e. V. sinnvoll sein, das die soziale Infrastruktur in den Berliner Bezirken in Karten visualisiert und mit Kontaktdaten und -möglichkeiten hinterlegt hat, z. B. zu den oben genannten Einrichtungen sowie zu Seniorenselbsthilfeprojekten, Freiwilligendiensten (Leuchtturmprojekte) und weiteren Projekten.

4 Sozialraum als individueller Erfahrungsraum

Nach der Charakterisierung der bezirklichen Sozialräume anhand quantitativer Daten geht es nun um die Bedeutung des Sozialraums aus subjektiver Perspektive. Hier haben die sozialen Netzwerke, in die das Individuum eingebunden ist, und das konkrete Wohnumfeld (Wohnquartier) besondere Relevanz (vgl. FRANZ & BECK 2007).Zur subjektiven Bedeutung des sozialen Nahraums für Menschen mit geistiger Behinderung gibt es bislang nur wenige Erkenntnisse. Darum wurden im Rahmen der KUNDENSTUDIE *Wohnquartiere als Möglichkeitsräume für Teilhabe* in den Blick genommen. Zentrale Fragen waren:

- Wie sind Menschen mit Behinderung aktuell in ihrem Wohnquartier eingebunden?
- Welche Bedingungsfaktoren sind für eine gelingende Teilhabe bedeutsam?
- Wie können die Teilhabechancen gestärkt werden?

In Anlehnung an das Fachkonzept Sozialraumorientierung (vgl. HINTE 2009) war vor allem von Interesse, wie Menschen mit Behinderung ihre Lebenslage einschätzen, welche Ziele sie bezogen auf ihre derzeitige Wohn- und Teilhabesituation haben, wie ihre eigenen Kräfte zur Realisierung der Ziele gestärkt werden können, welche Ressourcen genutzt werden können und welche Strategien geeignet sind, die Teilhabechancen zu stärken. Zur Annäherung an die subjektiven Sichtweisen wurden verschiedene *Erhebungsverfahren* gewählt, z. B. Gespräche im häuslichen Umfeld, Workshops, Tischgespräche in Freizeitklubs, Kiezbegehungen und schriftliche Befragungen, die im Kontext einer Face-to-Face-Kommunikation mit Unterstützung durchgeführt wurden.

4.1 Soziale Integration

Die Aussagen der befragten Menschen mit Behinderung zu ihren Erfahrungen im Bereich des Wohnens und im Wohnumfeld wurden in Kap. IV bezirksübergreifend dargestellt. Im Rahmen der *sozialräumlichen Betrachtung* ist zu fragen, ob es Gemeinsamkeiten und Unterschiede hinsichtlich der Erfahrungen in den Bezirken Tempelhof-Schöneberg und Marzahn-Hellersdorf gibt. Eine systematische Untersuchung auf Bezirksebene war nicht angestrebt. Darum können die exemplarisch erhobenen Daten nur zu ausgewählten Fragestellungen miteinander verglichen werden.

In Tempelhof-Schöneberg haben sich 96 Personen an der Umfrage beteiligt, in Marzahn-Hellersdorf 105 Personen. Eine Betrachtung der vergleichbar großen *Untersuchungsgruppen* zeigt, dass der Anteil der Männer bei den Befragten in Marzahn-Hellersdorf mit 66 % fast doppelt so hoch ist wie der Anteil der Frauen (34 %). In Tempelhof-Schöneberg ist der Anteil beider Geschlechter mit 47 % bzw. 53 % der Befragten relativ ausgeglichen (Abb. 69).

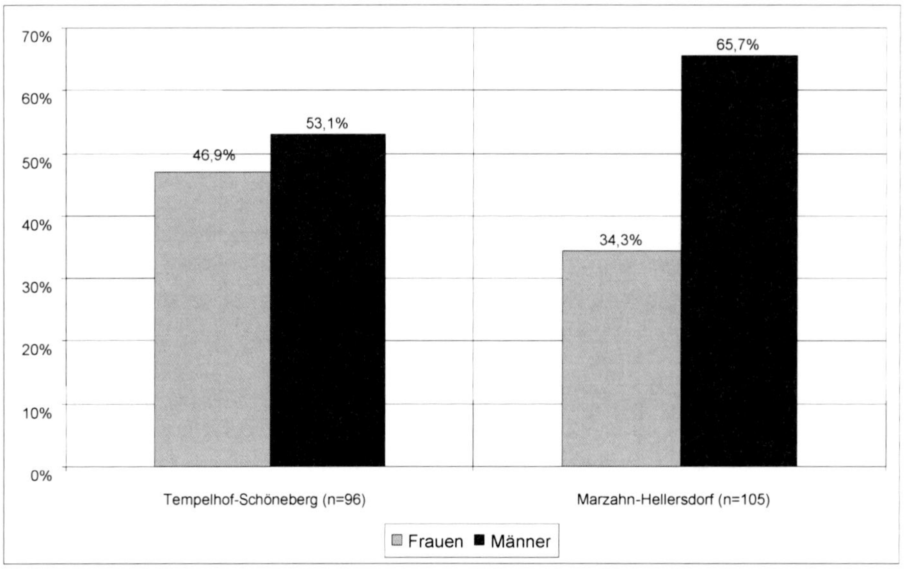

Abb. 69: Geschlecht der Personen mit Behinderung nach Bezirk

Unterschiede gibt es auch bei der *Altersverteilung*: In Marzahn-Hellersdorf ist der Anteil der unter 30-Jährigen, die an der Studie beteiligt waren, deutlich größer als in Tempelhof-Schöneberg. In Tempelhof-Schöneberg sind unter den Befragten die über 40-Jährigen am stärksten vertreten (Abb. 70).

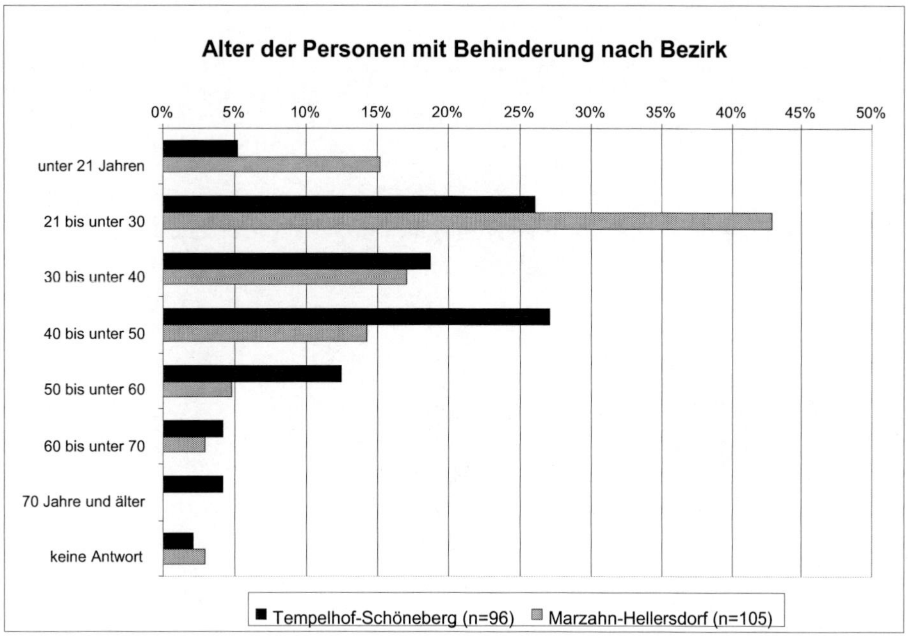

Abb. 70: Altersverteilung der Personen mit Behinderung nach Bezirk

Die Verteilung der *Wohnformen* ist bei den in der Familie lebenden und bei den ambulant betreuten Personen der Fragebogenstichprobe in beiden Bezirken jeweils vergleichbar (Unterschied: max. drei Prozentpunkte). Nur bei den Wohnheimen überwiegt der Anteil der Bewohner/innen in Tempelhof-Schöneberg gegenüber Marzahn-Hellersdorf deutlich (Abb. 71).

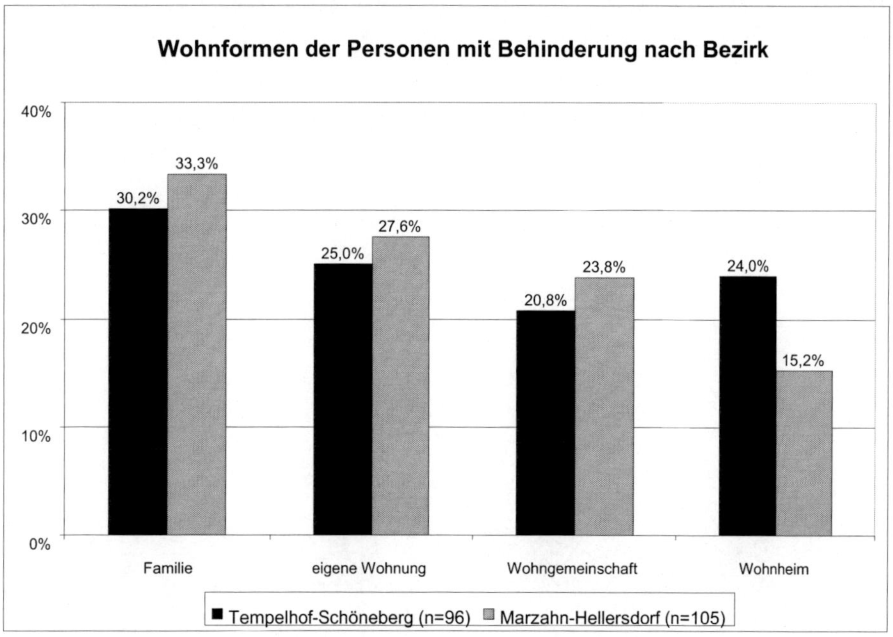

Abb. 71: Wohnformen der Personen mit Behinderung nach Bezirk

Trotz der Unterschiede bei personenbezogenen Merkmalen (Verteilung von Alter und Geschlecht) und bei den oben skizzierten Bezirksprofilen sind die Erfahrungen im Wohnumfeld in mehreren Bereichen sehr ähnlich. In beiden Bezirken sind die *Freizeitaktivitäten* innerhalb und außerhalb des Wohnbereichs vielfältig und in Teilbereichen mit den Aktivitäten von Menschen ohne Behinderung vergleichbar. Das *Verhältnis zur Nachbarschaft* wird sowohl in Tempelhof-Schöneberg als auch in Marzahn-Hellersdorf überwiegend positiv beschrieben, intensivere Kontakte sind jedoch eher die Ausnahme. Die *Einbindung ins Wohnumfeld* und die *Entwicklung sozialer Netze* sind in beiden Bezirken nur teilweise gelungen:

- 48 % der befragten Personen in Tempelhof-Schöneberg und 42 % der Personen in Marzahn-Hellersdorf haben keinen *Ort in ihrer Nähe*, an dem sie sich mit anderen treffen und etwas unternehmen können (Abb. 72).

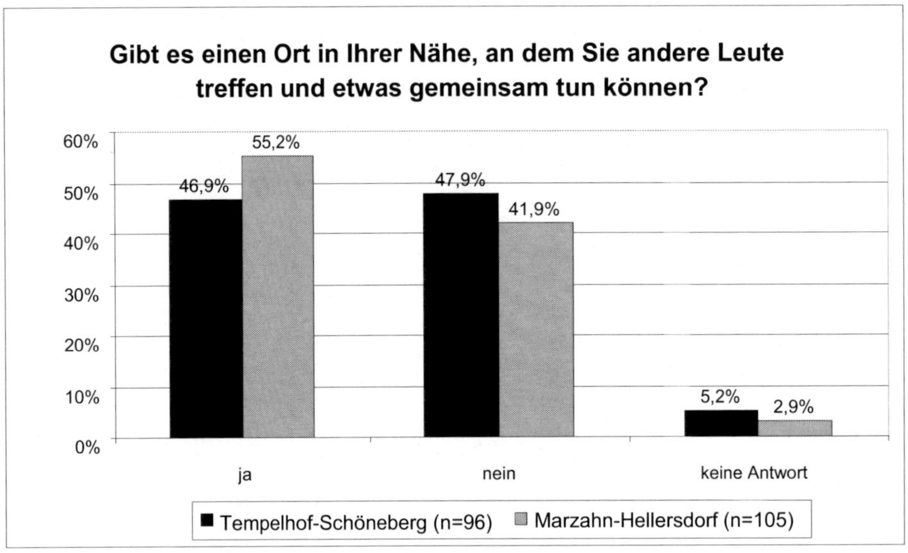

Abb. 72: Orte in der Nähe nach Bezirk

- 43 % der Befragten in Tempelhof-Schöneberg und 40 % der in Marzahn-Hellersdorf lebenden Personen wünschen sich *mehr Kontakte* mit Leuten in ihrer Wohngegend; jeweils einem Fünftel sind weitere Kontakte egal (Abb. 73).

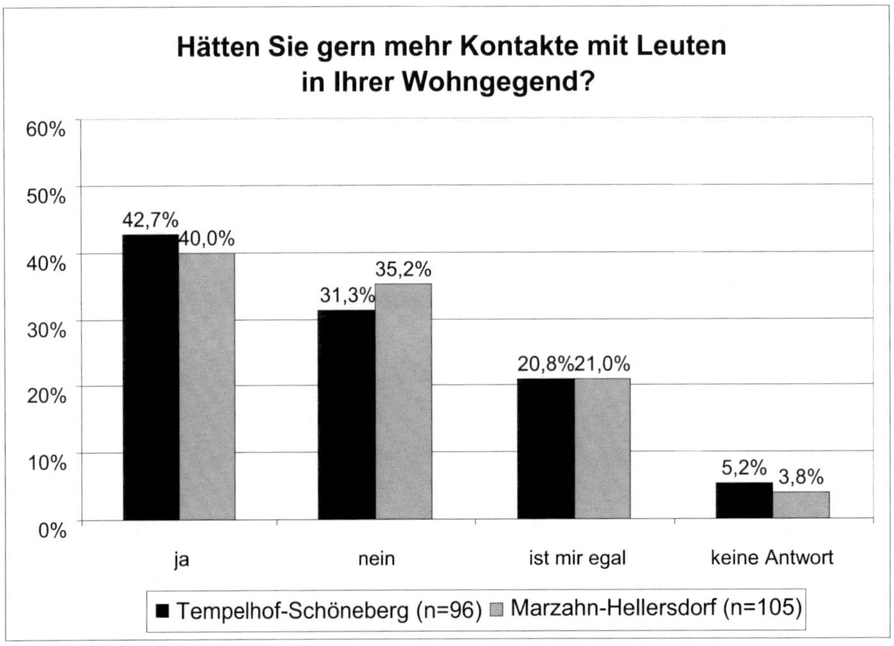

Abb. 73: Kontakte im Umfeld nach Bezirk

- Auch der Anteil derjenigen, die sich häufig oder manchmal *einsam* fühlen, ist in beiden Bezirken nahezu gleich hoch: 64 % in Tempelhof-Schöneberg und 62 % in Marzahn-Hellersdorf. Allerdings ist der Prozentsatz derer, die sich häufig einsam fühlen, in Marzahn-Hellersdorf etwas höher als in Tempelhof-Schöneberg (Abb. 74).

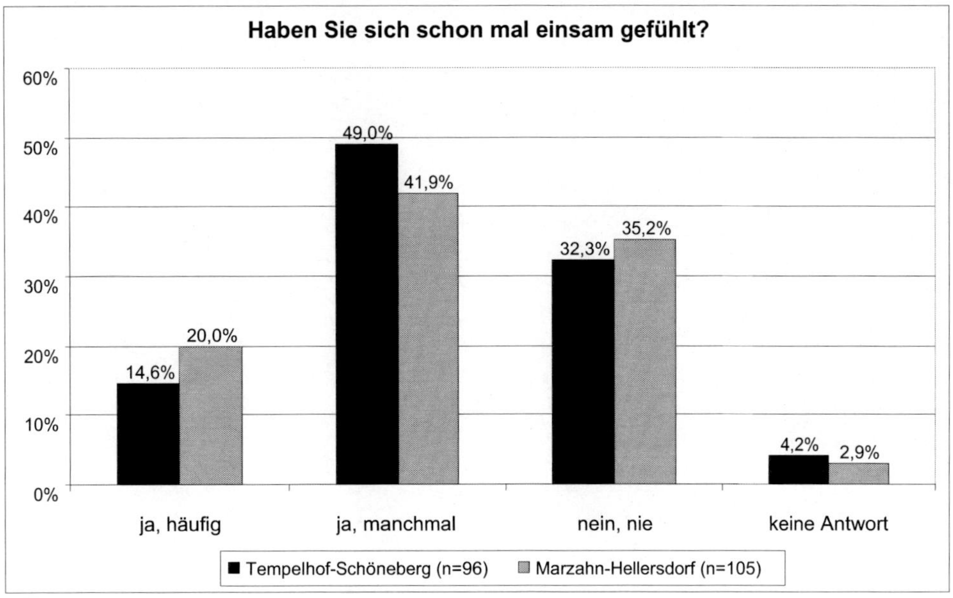

Abb. 74: Einsamkeitsgefühle nach Bezirk

- Vergleichbare Verteilungen bestehen auch bei der *Vereinszugehörigkeit*: 24 % der Personen in Tempelhof-Schöneberg und 19 % in Marzahn-Hellersdorf sind Mitglied eines Vereins (Abb. 75).

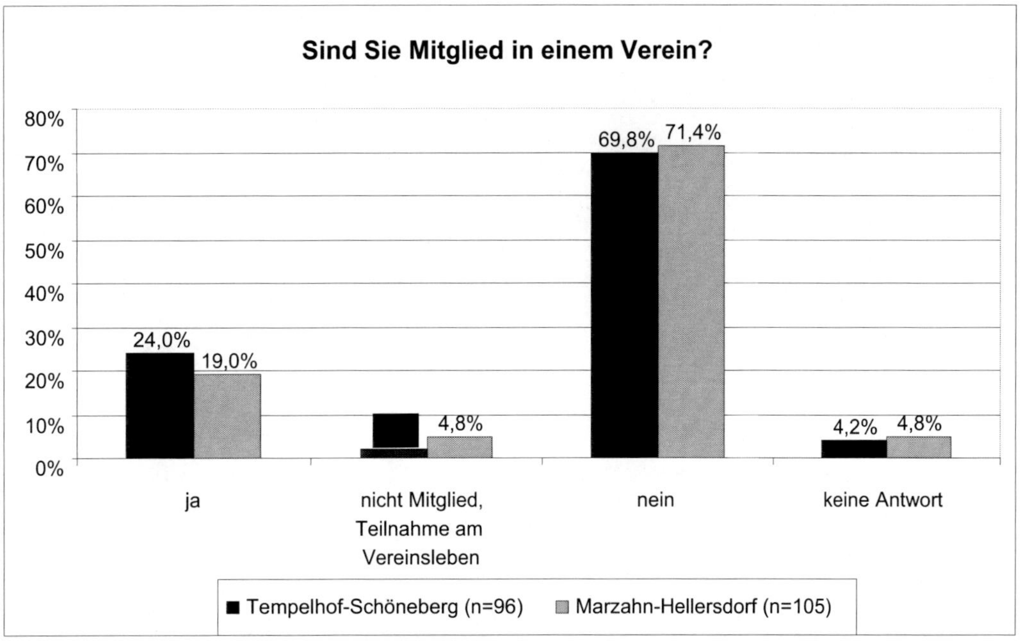

Abb. 75: Vereinsmitgliedschaft nach Bezirk

- *Diskriminierende Erfahrungen* werden aus beiden Bezirken berichtet.

Vor diesem Hintergrund können die differenzierten Angaben zu den Alltagserfahrungen von Menschen mit geistiger Behinderung, die in Kap. IV detailliert beschrieben wurden, tendenziell als für beide Personengruppen zutreffend interpretiert werden.

4.2 Zufriedenheit mit der Wohnsituation

Befragungen von Menschen mit Behinderung zur Zufriedenheit mit ihrer Wohnsituation sind in den Berliner Bezirken nicht die Regel. Hervorzuheben ist eine im Jahr 2004 durchgeführte Sozialstudie in Marzahn-Hellersdorf, bei der auch subjektive Befindlichkeiten der behinderten Menschen einbezogen wurden. Schwerpunkte der Untersuchung lagen in den Bereichen Arbeit, Wohnen, Freizeit, Gesundheit, Unterstützungsleistungen, gesellschaftliche Partizipation und Integration sowie Lebenszufriedenheit. Die Untersuchungsstichprobe umfasste *alle* Behinderungsarten und ist somit nicht mit der Stichprobe der KUNDENSTUDIE vergleichbar, bei der Menschen mit geistiger Behinderung im Mittelpunkt stehen.

Ein bezirksbezogener Vergleich der Aussagen der in der KUNDENSTUDIE Befragten zur *Zufriedenheit* mit der gegenwärtigen Wohnsituation zeigt folgendes Bild: 69 % der Frauen und Männer in Tempelhof-Schöneberg sind *voll zufrieden*, in Marzahn-Hellersdorf sind es 61 %. In beiden Bezirken ist der Anteil derjenigen, die *teils zufrieden, teils unzufrieden* sind, mit jeweils rund 30 % nahezu gleich. Der Anteil der *Unzufriedenen* ist in Marzahn-Hellersdorf um acht Prozentpunkte höher als in Tempelhof-Schöneberg (Abb. 76). Interessant ist, dass der in Marzahn-Hellersdorf ermittelte Zufriedenheitswert von 61 % dem Zufriedenheitswert von Menschen mit geistiger Behinderung, die im Jahr 2004 an der Marzahn-Hellersdorfer Sozialstudie beteiligt waren, sehr nahe kommt (64 % zufrieden).

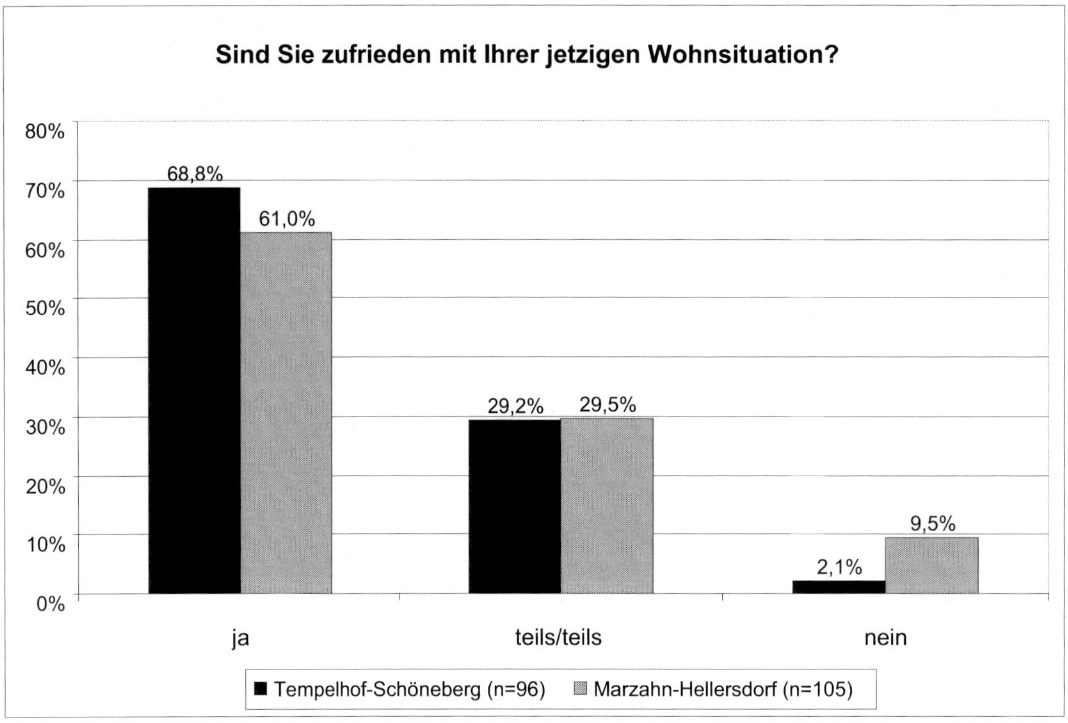

Abb. 76: Zufriedenheit nach Bezirk

Die grundsätzliche Zufriedenheit differenzierend äußerten in Marzahn-Hellersdorf mehr als die Hälfte der befragten Frauen und Männer den *Wunsch nach Veränderung* (53 %); in Tempelhof-Schöneberg ist der Anteil der Veränderungswilligen mit 31 % deutlich geringer (Abb. 77). Die gegenüber Tempelhof-Schöneberg höheren Werte finden sich in Marzahn-Hellersdorf bei *allen* Wohnformen: Sie sind in den *Familien* fast doppelt so hoch und in den *Wohngemeinschaft* mehr als doppelt so hoch wie in Tempelhof-Schöneberg.

Mögliche Erklärungen für diesen Sachverhalt können den Aussagen zur offenen Frage *„Was gefällt Ihnen überhaupt nicht?“* entnommen werden (Tab. 21).

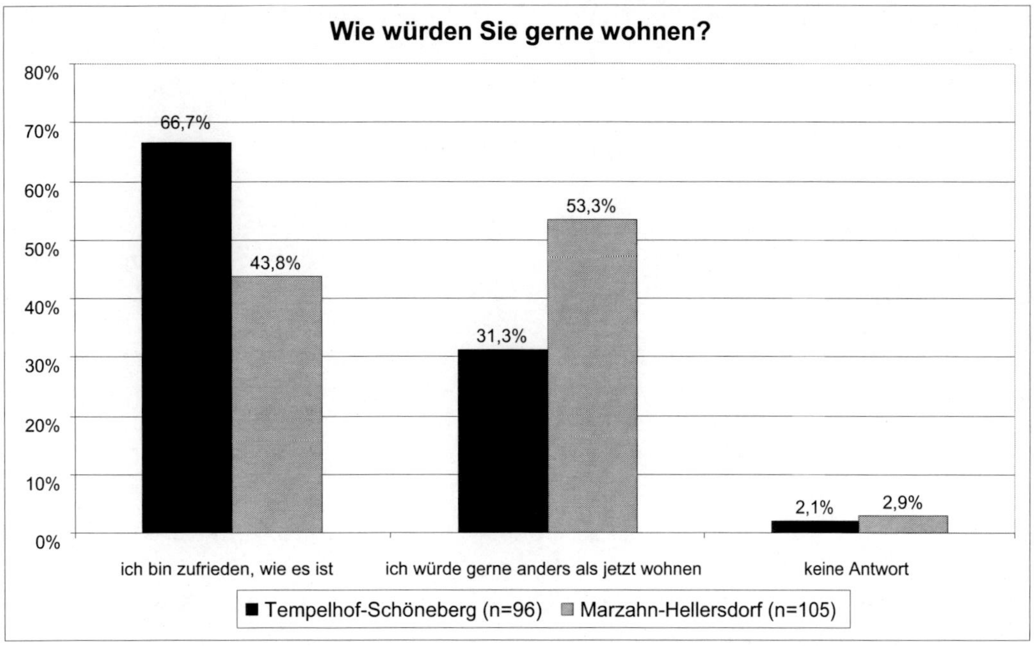

Abb. 77: Veränderungswünsche nach Bezirk

Wohnen: Kritikpunkte	**Marzahn-Hellersdorf** (64 Aspekte)		**Tempelhof-Schöneberg** (39 Aspekte)	
	Anteil (%)	Beispiele	Anteil (%)	Beispiele
Lage der Wohnung, soziales Umfeld, Infrastruktur	34	Lärm (Autoverkehr, Straßenbahn, Krankenhaus); Konflikte mit Menschen im Umfeld, Krach, grölende Jugendliche, Nachbarn betrunken, „*Angst, dass was passiert;* Einkaufsmöglichkeiten weit entfernt; keine guten Freizeitangebote"	23	Lärm (Flugzeuge, Autobahn, Fußballplatz); „*Kinder, die ärgern und hänseln*"; „*die Kurden beschimpfen uns*"; Einkaufsmöglichkeiten zu wenig bzw. weit entfernt; schlechte Verkehrsanbindung"
Zustand von Wohnung und Haus, Nachbarn	28	Wohnungsgröße, Hellhörigkeit, Wohnungsmängel, fehlender Fahrstuhl; Mieter laut, machen Ärger; zu wenig Kontakt zu Nachbarn	33	Zimmergröße, Hellhörigkeit; Mängel im Treppenhaus; fehlende Rollstuhlrampe; Mieter zu laut, Streitereien
Wohngruppe, Betreuer/innen	30	fehlende Freiräume im Alltagsrhythmus; Stress durch ständiges Zusammenleben in Gruppen; Mitbewohner zu laut, oft Streitereien; „*zu viele Leute umeinander, Ruhe ist nachts nicht vorhanden*"; „*Gegenstände kommen weg, Regeln werden nicht beachtet, Verheimlichung, Unfreundlichkeit der Mitbewohner*"; „*die Mitbewohner machen, was sie wollen*" Auseinandersetzungen mit Betreuern, „*Rumkommandieren*" der Betreuer, „*Rummeckern, wenn man mal was falsch gemacht hat*"	28	„*man ist nie allein*"; „*alle sprechen durcheinander (z. B. beim Kaffee)*"; lautes Gestreite, „*mein Mitbewohner ärgert mich*"; „*soll immer sofort was machen*"; „*Betreuer wechseln ihre Meinung*"; zu weinig Personal, „*zu wenig Spaziergänge, veränderte Bettzeiten*", „*Ich darf meine Waffe nicht hier haben und mein Haustier (Spinne, Schlange)*"
Soziale Beziehungen	3	„*bin manchmal ein bisschen einsam*"; „*mein Freund ist ständig betrunken*"	8	alleine zu wohnen; nicht wissen, was man mit seiner Freizeit anfangen kann
Leben in der Familie	5	„*Ich stehe immer unter Beobachtung (meine Eltern)*"; „*muss mit Mutti in ein Zimmer schlafen*"	8	„*Mama meckert, Papa ist streng; ich darf nicht so viel fernsehen wie ich will*"; „*dass ich das Zimmer mit meiner Schwester teile*"

Tab. 21: Kritik an der gegenwärtigen Wohnsituation

Bei den *Kritikpunkten* nehmen in Marzahn-Hellersdorf die Lage der Wohnung, das soziale Umfeld und die Infrastruktur mit rund einem Drittel aller Aspekte den größten Raum ein. In Tempelhof-Schöneberg umfassen diese Aspekte nur knapp ein Viertel der Nennungen, hier sind Kritikpunkte an der Wohnung und dem Wohnhaus sowie am Verhalten von Mietern am häufigsten. Bei den anderen Kategorien ist der prozentuale Anteil der Gesamtzahl der Nennungen in beiden Bezirken vergleichbar hoch.

Auch in der oben erwähnten Studie zur sozialen Lage und subjektiven Befindlichkeit von Menschen mit Behinderungen in Marzahn-Hellersdorf (2004) wurde der *Einfluss der Wohngebietsbedingungen* auf die Zufriedenheit mit der Wohnsituation deutlich. Während 72 % der Befragten (alle Behinderungsarten) mit ihrer Wohnung zufrieden waren (8 % waren unzufrieden), verringerten sich bei der Auswertung der Aussagen nach Wohngebietsbedingungen die Zufriedenheitswerte auf eine Spanne zwischen 33 % (Marzahn-Nord) und 62 % (Hellersdorf-Süd). Hier wird die Bedeutung der oben skizzierten sozialräumlichen Bezirksbetrachtung hinsichtlich innerbezirklicher Disparitäten evident. Im Rahmen der KUNDENSTUDIE konnten wegen der kleinen Untersuchungsgruppe keine Auswertungen nach Wohngebieten vorgenommen werden.

Die *Wohnwünsche* der Veränderungswilligen lassen in beiden Bezirken Prioritäten für das Wohnen in der eigenen Wohnung erkennen, allein oder mit Freund/in oder mit Partner/in.

Das Wohnen in Wohngemeinschaften oder einer Außenwohngruppe ist in Tempelhof-Schöneberg stärker gefragt als in Marzahn-Hellersdorf, auch familienbezogene Wohnformen haben hier einen höheren Stellenwert. Das Wohnen im Heim passt am wenigsten zu den Vorstellungen der befragten Menschen mit Behinderung, nur einzelne Personen wählten diese Option.

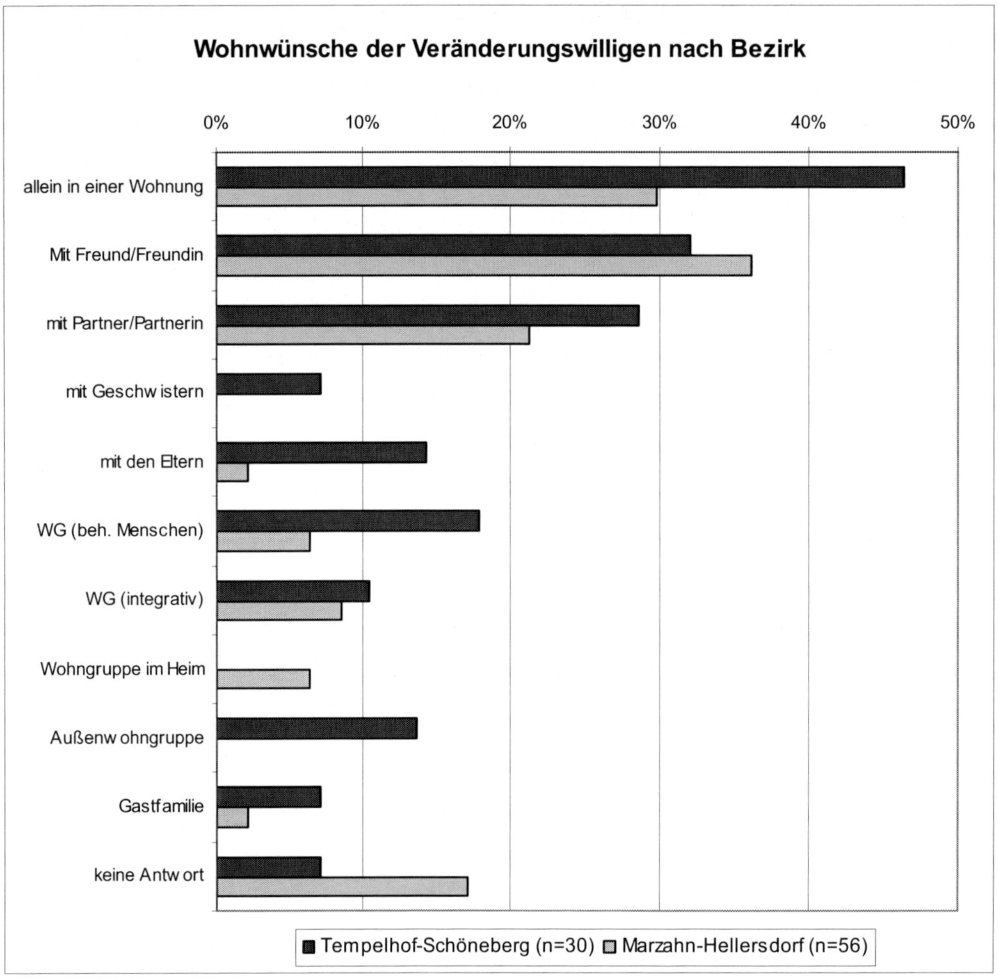

Abb. 78: Wohnwünsche nach Bezirk

4.3 Leben im Quartier

Um den individuellen Erfahrungen durch konkrete Anschauung des sozialen Nahraums und differenzierte Betrachtung der Netzwerkstrukturen noch näher zu kommen, wurde das stadtteilbezogene *Praxisprojekt „Leben im Quartier“* in die Studie integriert, an dem 22 Frauen und Männer mit geistiger Behinderung beteiligt waren. Angaben zu Alter, Geschlecht, kulturellem Hintergrund, Wohnform, Arbeits- und Beschäftigungssituation und Wohnbezirk sind Tab. 22 zu entnehmen.

Nach Auftaktveranstaltungen in den Wohnbezirken der Projektteilnehmer/innen wurden die Frauen und Männer über mehrere Wochen von Studierenden der Katholischen Hochschule für Sozialwesen Berlin in ihrem Alltag begleitet. Ziel war, über Gespräche und gemeinsame Kiezgänge den *Stand ihrer Teilhabe* an sozialen Beziehungen und am Leben im Wohnquartier sowie *Vorstellungen für die weitere Entwicklung* aus ihrer subjektiven Perspektive zu ermitteln. Die meisten waren in der Lage, ihre Erfahrungen und Vorstellungen verbal zu kommunizieren. Bei drei Personen war die Kommunikation erschwert; hier wurden teilweise unterstützende Medien eingesetzt (z. B. Bildkarten).

Praxisprojekt „Leben im Quartier“[106]

Beteiligte:	22 Personen
Geschlecht:	9 Frauen; 13 Männer
Alter:	19 – 77 Jahre
Mobilität:	1 Mann ist altersbedingt auf einen Rollstuhl angewiesen.
Migrations-hintergrund:	5 Personen
Wohnform:	Familie (4 Personen); eigene Wohnung (5 Personen); Wohngemeinschaft (6 Personen); Wohnheim (7 Personen) *Die ambulante Unterstützung in einer eigenen Wohnung erfolgt bei drei Personen durch Mitarbeiter der Behindertenhilfe, bei zwei Personen ausschließlich durch Familienangehörige.*
Arbeitsplatz:	WfbM (11 Personen); allg. Arbeitsmarkt (1 Personen); Sonstiges (2 Personen)
Berufsschule:	3 Personen
Ruhestand:	5 Personen
Wohnbezirk:	Tempelhof-Schöneberg (13 Personen); Marzahn-Hellersdorf (5 Personen), Pankow (4 Personen)

Tab. 22: Teilnehmer/innen am stadtteilbezogenen Praxisprojekt

Grundlage der Gespräche war ein Leitfaden mit *fünf Kernfragen* zum Tagesablauf, zu Unternehmungen im Stadtviertel, zu subjektiv bedeutsamen Menschen, zu Freizeitaktivitäten und zu Zukunftswünschen (Tab. 23). Die Fragen wurden im Gesprächsverlauf jeweils individuell ausdifferenziert. Die Aussagen wurden in persönlichen *Netzwerk-Karten* visualisiert. Sie waren Grundlage für gemeinsame Kiezgänge, die in persönlichen *Kiezkarten* dokumentiert wurden. Anregungen für das methodische Vorgehen boten Ansätze aus dem Feld der Sozialen Arbeit in der Jugendhilfe, insbesondere das „Eco-Mapping“ und die „Subjektive Landkarte“ (vgl. FRÜCHTEL et al. 2007). Die persönlichen Karten geben jeweils einen Überblick über Personen, Orte und Aktivitäten, die für den Einzelnen *wichtig* sind. Sie sind *kein* Abbild des gesamten Netzwerks und des

106 Die Verwendung des Logos im Praxisprojekt „Leben im Quartier“ erfolgt mit Zustimmung der Urheberin Sindy Zimmermann.

insgesamt genutzten sozialen Raums. Einzelne Phasen des Praxisprojekts wurden in dem Film „Leben im Quartier“ dokumentiert.[107]

Im Folgenden werden die Aussagen der Projektteilnehmer/innen lebensphasenbezogen analysiert. Nach Lebensalter zusammengefasst ergibt sich folgende Gruppierung:

- 8 junge Erwachsene: 2 Frauen und 6 Männer (19 – 27 J.)
- 8 Personen im mittleren Alter: 4 Frauen und 4 Männer (31 – 48 J.)
- 6 alte bzw. alt werdende Menschen: 3 Frauen und 3 Männer (59 – 77 J.)

Die sehr kleine Untersuchungsgruppe lässt keinerlei Verallgemeinerung hinsichtlich der Alltagserfahrungen von Menschen mit Behinderung im Wohnquartier zu. Auch Vergleiche mit der allgemeinen Bevölkerung sind auf der schmalen Datenbasis nicht möglich. Dennoch gibt der Ausschnitt aus der Alltagswirklichkeit der ausgewählten Personen exemplarisch Hinweise auf förderliche und hemmende Faktoren bei der Einbindung ins Wohnquartier.

Gespräche mit den Projektteilnehmer/innen	
Kernfragen	*Mögliche Aspekte*
Einstiegsfrage: Erzählen Sie bitte, wie ein normaler Tagesablauf bei Ihnen aussieht.	
Stellen Sie sich vor, Sie bekommen Besuch. Der Besuch möchte wissen, was Sie in Ihrem Stadtviertel gern unternehmen, z. B. wo Sie gern hingehen, wen Sie gern treffen. Was würden Sie ihm erzählen?	*z. B. subjektiv bedeutsame Orte und Akteure, Einbezogen-Sein in Situationen, Vorlieben für Aktivitäten im Stadtviertel, Lieblingsplatz, Meideorte*
In Ihrem Alltag gibt es viele Menschen, die Sie kennen. Mit wem sind Sie besonders gern zusammen?	*z. B. subjektiv bedeutsame Personen (Mit wem unternehmen Sie gern was gemeinsam? Wen fragen Sie, wenn Sie Rat brauchen? Wenn Sie sich mal schlecht fühlen, zu wem gehen Sie dann? Wem gehen Sie lieber aus dem Weg?), Rolle der Nachbarschaft, enge Freunde, Lieblingspersonen*
Was machen Sie gern in Ihrer freien Zeit?	*z. B. bevorzugte Aktivitäten (Natur, Erholung, Sport, Spaß; Kultur, Konsum, Vereine, Interessensgruppen u. a.); wer begleitet? (Betreuer, Freunde, Familie, freiwillig Engagierte, andere); Unternehmungen in Gruppen oder allein/zu zweit? Wahl- und Entscheidungsmöglichkeiten; allgemeine Angebote/spezielle Angebote?*
Schlussfrage: Jeder wünscht sich ein „gutes Leben“. Wenn Sie drei Wünsche frei hätten: Was würden Sie sich wünschen, damit Sie mit Ihrem Leben ganz zufrieden sind?	

Tab. 23: Leitfaden Praxisprojekt

4.3.1 Unterstützungsnetzwerke

Die Forschung zur sozialen Unterstützung (social support) befasst sich mit strukturellen Aspekten der sozialen Integration und mit funktionalen Aspekten sozialer Beziehungen (vgl. SCHWARZER & LEPPIN 1991). Die für die soziale Integration und Netzwerkstruktur am häufigsten verwendeten Indikatoren sind die Größe und Dichte des Netzwerks und die Frequenz sozialer Interaktionen. Die Größe des sozialen Netzwerks gibt an, wie viele Personen *potenziell* zur Unterstützung zur Verfügung stehen; Kennzeichen der Dichte ist der Grad der *tatsächlich* vorhandenen Beziehungen einer Person. Die Frequenz sozialer Interaktion gilt als Maß für soziale Nähe.

Quantitativ-strukturelle Aspekte sagen jedoch nichts über die *Qualität der sozialen Beziehungen* aus. Von daher sind bei der Einschätzung der subjektiven Bedeutung von Netzwerkbeziehungen ergänzend *inhaltlich-funktionale Aspekte* zu betrachten (vgl. BULLINGER & NOWAK 1998). Auch

107 Produktion: elementarfilm Berlin

Fragen nach dem *Entstehen der Beziehung* (frei gewählt und oder nicht frei gewählt) und nach *Abhängigkeitsverhältnissen* spielen eine Rolle. Ein soziales Netzwerk kann positive oder negative Auswirkungen auf das soziale Wohlbefinden haben; es kann *Unterstützung* bieten oder *Stress* erzeugen. Beck (2008) fasst wesentliche *Funktionen der sozialen Unterstützung* für Menschen mit Behinderung in fünf Punkten zusammen:

- Praktische Unterstützung im Alltag;
- Kognitive Unterstützung durch Vermittlung von Informationen, Wissen und Ratschlägen;
- Soziale Kontakte im Bereich von Freizeit und Geselligkeit;
- Identitätsentwicklung durch Unterstützung bei der Übernahme von Rollen, z. B. als Nachbar, als Arbeitskollege, als Kunde;
- Emotionale Unterstützung, die Gefühle der Geborgenheit, Zuneigung, Zugehörigkeit und Anerkennung weckt oder stärkt.

Die genannten Formen der sozialen Unterstützung korrespondieren mit den *Teilhabedimensionen des bio-psycho-sozialen Modells der WHO*, z. B. im Bereich der Kommunikation und des Lernens, der Selbstversorgung und des häuslichen Lebens sowie der zwischenmenschlichen Interaktionen und Beziehungen, des Gemeinschafts- und sozialen Lebens und in bedeutsamen Lebensbereichen (z. B. Arbeit). Darum werden die im Praxisprojekt erstellten Netzwerkkarten als *Teilhabenetze* bezeichnet: Die in diesem Netz agierenden Personen unterstützen auf unterschiedliche Weise die Teilhabe der behinderten Menschen in den von der WHO genannten Bereichen. Sie sind Mitglieder des *primären Netzwerks* (Familie, Verwandte, Freunde, Nachbarn), des *sekundären Netzwerks* (Geschäfte, Dienstleistungsbetriebe, Freizeiteinrichtungen, Arbeitsstelle) oder des *tertiären Netzwerks*, das zwischen den beiden anderen angesiedelt ist. Hierzu gehören u. a. das professionelle Hilfesystem, das Menschen mit Behinderung Beratung und Unterstützung bietet, Verbände und soziale Organisationen sowie Selbsthilfegruppen.

4.3.1.1 Persönliche Teilhabenetze

Ausgangspunkt der Darstellung des Persönlichen Teilhabenetzes ist die *subjektive Perspektive* der befragten Frauen und Männer, d. h. die Fokussierung auf Personen, die von ihnen selbst als bedeutsam erlebt werden. Die Aussagen wurden gemeinsam visualisiert, jeweils den individuellen Wünschen und Möglichkeiten entsprechend. Zur *Kennzeichnung von Sympathiewerten standen z.* B Klebepunkte in unterschiedlichen Farben zur Verfügung (grün = mag ich sehr; gelb = mag ich; rot = mag ich nicht); bei anderen waren die Punkte mit Smileys versehen (lachendes, neutrales, trauriges Gesicht). *Nähe und Distanz* konnten durch die Platzierung der Punkte auf der Netzkarte deutlich gemacht werden, in deren Mittelpunkt der Teilnehmer bzw. die Teilnehmerin stand (= ICH).

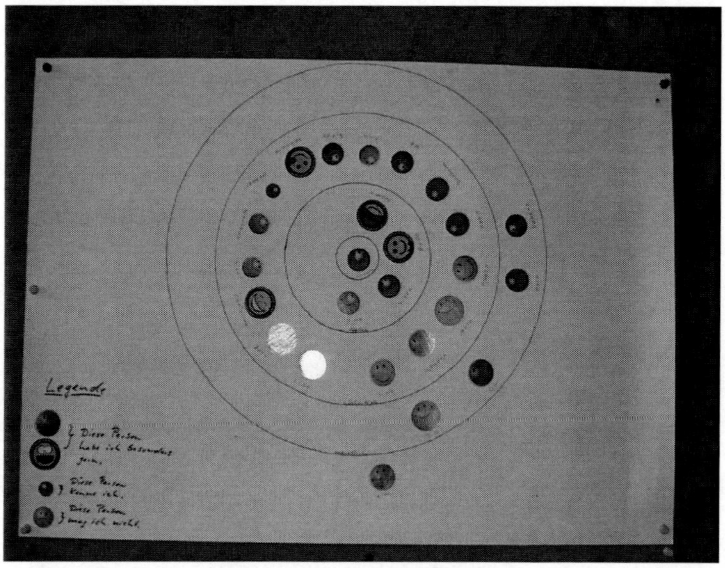

Abb. 79: Teilhabenetz (1)

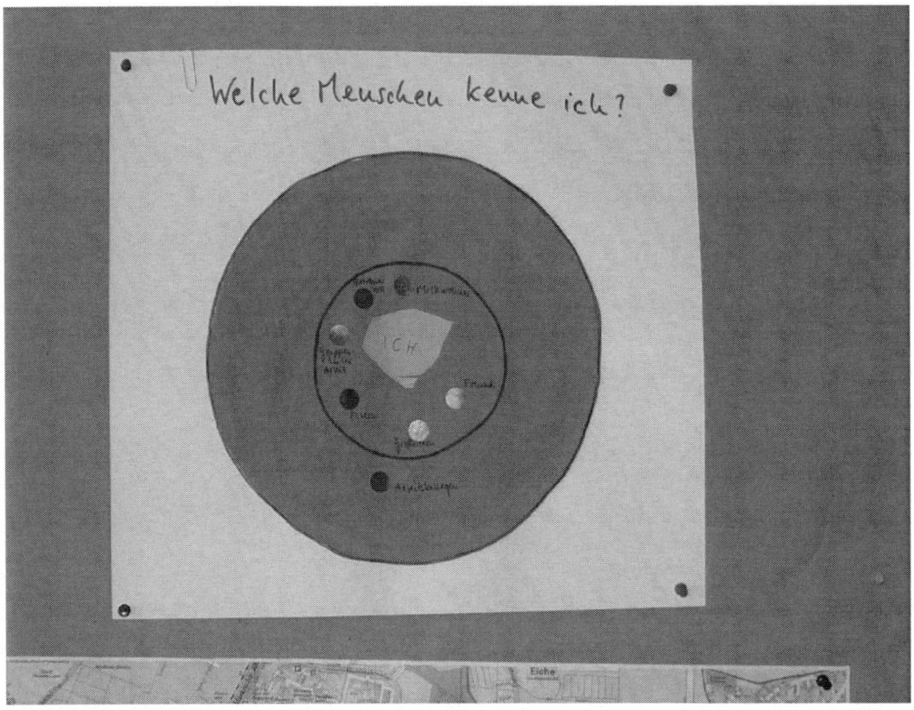

Abb. 80: Teilhabenetz (2)

Zur *Strukturierung des Netzwerks* wurden die genannten Personen in Gruppen zusammengefasst und unter Beibehaltung der Platzierung folgenden *acht Feldern* zugeordnet (Abb. 81): Familie – Verwandtschaft – Wohnung/Wohngruppe – Freundeskreis – Nachbarschaft – Stadtviertel – Arbeitsstelle/Schule – professionelles Hilfesystem.

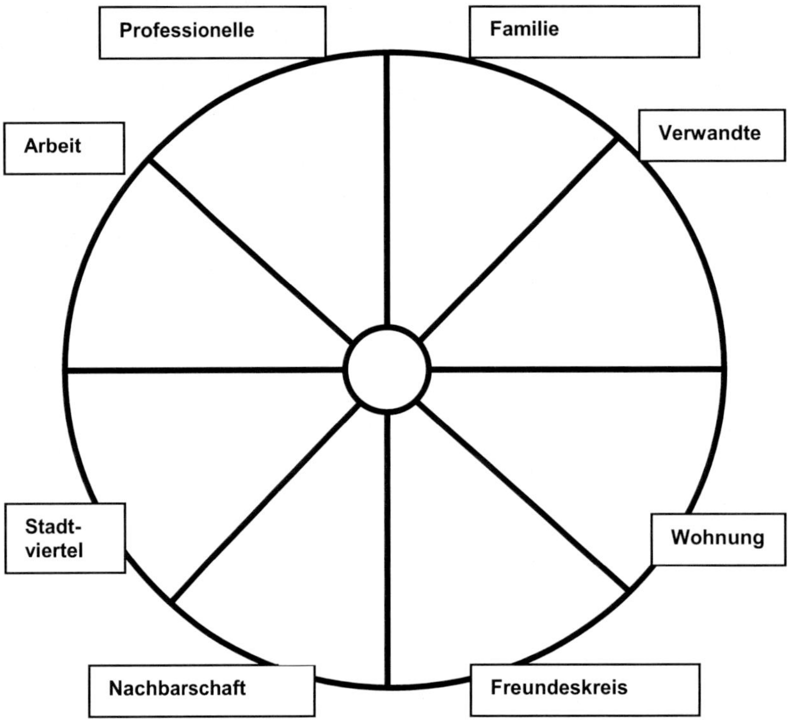

Abb. 81: Acht-Felder-Karte

In der *vergleichenden Analyse* der Netzwerkstrukturen und der funktionalen Bedeutung der Netzwerkmitglieder wurden lebensphasen- und wohnformbezogene Merkmale einbezogen, nach Möglichkeit auch Genderaspekte und kulturell bedingte Merkmale. Eine differenzierte Betrachtung der Teilhabenetze hinsichtlich ihrer unterstützenden Funktion ergibt folgendes Bild:

Familie

Die familiären Beziehungen haben bei den jungen Erwachsenen große Bedeutung, vor allem im Hinblick auf die emotionale und identitätsstärkende Unterstützung. Die Beziehungen zu Vater, Mutter und Geschwistern sind emotional befriedigend und verlässlich. Die Familienmitglieder unterstützen ihre behinderten Angehörigen in allen Angelegenheiten ihres Alltags, sind Zuhörer, Ratgeber und Vermittler, insbesondere bei der Teilhabe an sozialen Beziehungen und Aktivitäten außerhalb des Elternhauses. Bei den noch in der Familie lebenden Personen ist insbesondere die Funktion von Müttern als Teilhabe-Agentinnen hervorzuheben. Mit zunehmendem Alter bleiben die Kontakte zum engeren Familienkreis wichtig, der Zusammenhalt der Familie hat einen hohen Stellenwert. Nur im Einzelfall sind die Kontakte zur Familien seit Jahren abgerissen. In der letzten Lebensphase sind die familiären Beziehungen naturgemäß stark ausgedünnt. Eltern und teilweise auch Geschwister sind verstorben, eigene Kinder existieren nicht. Für Frauen und Männer mit Migrationshintergrund haben die familiären Beziehungen (einschließlich der weiteren Verwandtschaft) einen herausragenden Stellenwert.

Verwandtschaft

Als nahe stehende Verwandte nennen die jungen Erwachsenen Großeltern, Tanten, Onkel, Cousins und Cousinen; letztere werden im Einzelfall zugleich als Freunde bezeichnet. Die Kontakte sind weniger häufig, aber teilweise intensiv, und werden u. a. über regelmäßige Telefongespräche oder Besuche gepflegt. Bei einzelnen Verwandten wird das Verhältnis als belastend beschrieben. Die Personen mittleren Alters erleben Verwandte nur im Einzelfall als subjektiv bedeutsam. Die Älteren haben teilweise Nichten, Neffen und Cousins, zu denen jedoch keine engeren Beziehungen bestehen.

Wohnung

In *gruppenbezogenen Wohnformen* hat vor allem im jungen Erwachsenenalter die Gemeinschaft eine wichtige Bedeutung. Die Mitbewohner/innen werden als Freizeitpartner/innen geschätzt, im Einzelfall als Freunde bezeichnet. Auch die Frauen und Männer mittleren Alters bewerten das Zusammenleben mit anderen überwiegend positiv, auch wenn es mit einzelnen Mitbewohnern oder Mitbewohnerinnen Konflikte gibt. Wo die Angehörigen verstorben sind, ist die Gruppe zum Familienersatz geworden, mit engen Beziehungen zu den Gruppenmitgliedern. Im Alter scheint sich klarer abzuzeichnen, welche Personen für den Einzelnen bedeutsam sind und mit welchen ihn nichts verbindet, mit entsprechenden Konsequenzen für die persönliche Alltagsgestaltung. Die in einer *eigenen Wohnung* lebenden Personen haben teilweise Lebenspartner, die in der gleichen Wohnung, im gleichen Haus oder etwas weiter entfernt wohnen. In einer Wohnung leben zwei Brüder zusammen, beide bezeichnen den jeweils anderen als wichtige Person in ihrem Leben.

Freundeskreis

Der Freundeskreis ist bei den jungen Leuten vielfältiger als bei denen im mittleren Alter. Bei den Jüngeren spielen soziale Kontakte für gemeinsame Freizeitaktivitäten eine wichtige Rolle; einzelne enge Freunde, die man regelmäßig trifft, sind eher die Ausnahme. Einige haben noch Kontakt zu früheren Schulfreunden, sehen sie z. B. auf der gemeinsamen Arbeitsstelle, selten privat. Im Einzelfall besteht mit Schulfreunden am früheren Wohnort außerhalb Berlins Telefonkontakt. Mit zunehmendem Alter verfestigen sich die Strukturen. Regelmäßige Kontakte mit bestehenden Freundeskreisen (überwiegend aus den Wohnbereichen des Trägers) werden weiterhin gepflegt. Wo solche Kreise fehlen, beschränken sich die sozialen Kontakte auf unregelmäßige Unternehmungen mit einzelnen Freunden oder Bekannten. Manche haben keine Freunde außerhalb des Wohnbereichs.

Nachbarschaft

Für die meisten ist die Nachbarschaft von geringer Bedeutung. Man begegnet sich überwiegend freundlich. In ambulant unterstützten Wohnformen wird im Einzelfall von gegenseitiger Hilfeleistung (z. B. Entgegennahme von Post, Versorgung von Haustieren oder Blumen in Urlaubszeiten) oder gegenseitiger Unterstützung in Haushaltsangelegenheiten berichtet. Gemeinsame Interessen, die verbindend wirken können, gibt es eher selten. So hat sich z. B. bei einer Frau über die Kinder einer benachbarten Familie eine „Kontaktbrücke“ zu deren Eltern ergeben; bei einem Mann führen gemeinsame Technikinteressen zu regelmäßigen Kontakten mit einem Nachbarn. Eine ältere Frau pflegt seit mehreren Jahren in unregelmäßigen Abständen den Kontakt zu einer Frau in ihrer Wohnanlage.

Stadtviertel

Im Stadtviertel dominieren überwiegend positive Kontakte zu Dienstleistern, z. B. zum Kellner in der Pizzeria, zu Verkäufern im Dönerladen oder in der Eisdiele, zum Friseur, der regelmäßig zum Haarschneiden aufgesucht wird, oder zum Inhaber eines Fahrradladens, der bei Problemen mit dem Rad berät. Insbesondere die jungen Erwachsenen fühlen sich in diesen Läden als Kunden willkommen, es finden Gespräche statt. Die Übernahme der Kundenrolle wirkt sich identitätsstärkend aus. Ein junger Mann macht sich bei einem Imbissverkäufer, den er sehr schätzt, nützlich (z. B. Tische abräumen). Persönliche Kontakte zu anderen Leuten sind eher selten und stehen meist mit bereits bestehenden sozialen Bezügen der Familien in Zusammenhang. So erlebt z. B. ein junger Mann „Mamas Freunde“ und seine frühere Lehrerin als wichtige Personen im Wohnumfeld. Die Frauen und Männer mittleren Alters nennen keine Personen im Stadtviertel, die für sie eine besondere Bedeutung haben. Eher oberflächliche Begegnungen finden beim Einkaufen, beim Spazierengehen oder in öffentlichen Verkehrsmitteln statt. Nur im Einzelfall werden freundliche Verkäufer/innen erwähnt, deren Laden man gerne aufsucht. Drei Personen berichten von diskriminierenden Erfahrungen, z. B. dass sie von Jugendlichen auf offener Straße beschimpft und angespuckt wurden. Bei den älteren Frauen und Männern erweist sich das langjährige Wohnen mitten im Stadtviertel als wesentlicher Bedingungsfaktor für vielfältige Kontakte. So ist z. B. eine Frau, die in ihrer Wohnung ambulant unterstützt wird, in den Läden gut bekannt und wird von einigen Dienstleistern ab und zu zum Kaffee eingeladen (z. B. beim Friseur und im Eisladen). Dem gegenüber nennen die Heimbewohnern und -bewohnerinnen fast keine Personen im Wohnumfeld, die für sie eine besondere Bedeutung haben. Ein Heimbewohner pflegt persönliche Kontakte zur Kirchengemeinde.

Arbeitsstelle

Arbeitskolleginnen und -kollegen werden als überwiegend freundlich beschrieben, private Kontakte finden i. d. R. nicht oder nur zu besonderen Anlässen statt. Nur eine ältere Frau berichtet von engen freundschaftlichen Kontakten zu drei Kolleginnen aus der Werkstatt. Sie besuchen sich gegenseitig, telefonieren regelmäßig und unternehmen etwas gemeinsam. Ein Mann geht manchen Arbeitskollegen wegen diskriminierenden Verhaltens lieber aus dem Weg. Für ihn ist allein der Gruppenleiter als Vertrauensperson bedeutsam, als Ratgeber und Unterstützer in schwierigen Situationen. Ein anderer nennt den Werkstattleiter als eine Person, an die er sich vertrauensvoll wenden kann.

Professionelles Hilfesystem

Als Vertreter des professionellen Hilfesystems sind einzelne Mitarbeiter/innen im Wohnbereich für die Frauen und Männer wichtige Bezugspersonen. Sie geben praktische Unterstützung im Alltag, sind Begleiter bei Freizeitaktivitäten sowie Ratgeber und Ansprechpartner in allen Angelegenheiten, geben Sicherheit und Rückhalt in Krisen. Von den in der Familie lebenden Personen werden teilweise Einzelfallhelfer und Therapeuten als regelmäßige professionelle Kontaktpersonen genannt, zu denen – mit wenigen Ausnahmen – keine besondere persönliche Beziehung besteht.

Erinnerungen

Bei den Gesprächen mit den älteren Frauen und Männern wurden an vielen Stellen *Erinnerungen* wach, z. B. an Freunde von früher oder an inzwischen verstorbene Familienmitglieder. Auch Aktivitäten, die in jüngeren Jahren zu ihren bevorzugten Beschäftigungen gehörten und heute aus gesundheitlichen oder personellen Gründen nicht mehr möglich sind, wurden thematisiert. In der persönlichen Teilhabekarte eines älteren Mannes wurden Personen sowie Aktivitäten und Orte, die inzwischen der Vergangenheit angehören, durch Schwarz-weiß-Darstellungen von den farbig gestalteten aktuellen Bezügen und Tätigkeiten abgegrenzt (Abb. 82). So sind z. B. die früher vielfältigen Unternehmungen im Stadtviertel auf den Besuch beim nahe gelegenen Kiosk geschrumpft.

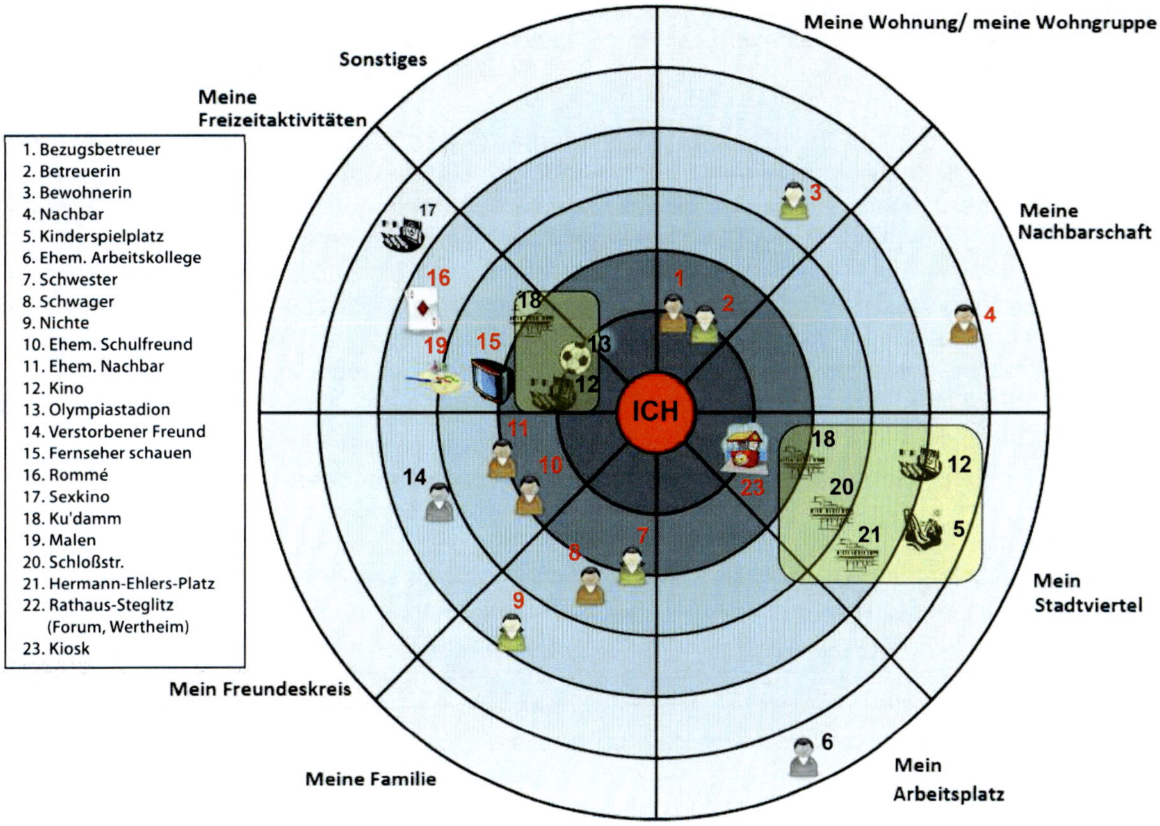

Abb. 82: Netz- und Aktivitätenkarte

4.3.1.2 Erkenntnisse

Die Aussagen der Teilnehmer/innen am Praxisprojekt zeigen, dass positiv erlebte soziale Beziehungen überwiegend im primären Netzwerk lokalisiert sind. Hier spielen insbesondere familiäre Beziehungen und Kontakte zu Freunden und Bekannten eine wichtige Rolle; soziale Beziehungen zu Nachbarn und Menschen im Stadtviertel gehören nicht zum engeren Teilhabenetz. Mitglieder des sekundären Netzwerks, wie Arbeitskollegen und Dienstleister im Wohnumfeld, haben dem gegenüber geringere Bedeutung. Wichtige Bezugspersonen sind – als Mitglieder des tertiären Netzwerks – die professionellen Unterstützer/innen im Wohnbereich.

Lebensphasenbezogene Unterschiede lassen erkennen, dass es im Laufe der Jahre zu einem Wandel der Bedeutung von Netzwerkmitgliedern kommen kann. Mit zunehmendem Alter gewinnen die professionellen Unterstützer/innen als Vertrauenspersonen stärker Gewicht. Ein Vergleich nach Wohnform macht deutlich, dass Bewohner/innen von Wohnheimgruppen in Bezug auf ihre sozialen Kontakte stärker auf die Personen im Wohnbereich konzentriert sind als Frauen und Männer in ambulant unterstützten Wohnformen. Zu geschlechtsspezifischen Unterschieden hinsichtlich der Struktur und Funktion des persönlichen Netzwerks können wegen der sehr kleinen Untersuchungsgruppe keine tragfähigen Aussagen getroffen werden. Sowohl bei den Frauen als auch bei den Männern gibt es Personen mit größerem oder eher kleinem Netzwerk und solche, die außerhalb ihres Wohnbereichs keinerlei soziale Beziehungen haben. Auf der Basis von Einzelbeobachtungen scheinen bestehende freundschaftliche Beziehungen bei den beteiligten Frauen intensiver gepflegt zu werden als bei den Männern. Bei den Frauen und Männern mit Migrationshintergrund haben die Beziehungen zu Familienmitgliedern, auch im Heimatland, einen besonderen Stellenwert.

4.3.2 Aneignungsräume

„Wenn ich für Z. in die Bücherei gehen würde, wäre dass für ihn wahrscheinlich auch okay. Aber wenn er es dann tut, dann ist er auch stolz. Also es bringt natürlich was für sein Selbstbewusstsein, ganz klar. Er erschließt sich die Sachen selber, er lernt gewisse Sachen dabei und fühlt sich auch akzeptiert: Er macht das Gleiche, was die anderen Leute auch machen. Das ist eben auch Teilhabe, dass er das auch merkt, dass er Teil dieser Gesellschaft ist, dass die Bücherei auch für ihn da ist und dass er es auch in Anspruch nehmen kann." (Int-MA)

Die Fokussierung auf das *Mikrosystem Wohnquartier* (Kiez) bedeutet, die dort lebenden Menschen nicht nur als Individuum in den Blick zu nehmen, sondern in ihren jeweils gegebenen Lebensverhältnissen, in ihrer „Bezogenheit auf andere" und ihrem „Eingebettet-Sein in die materiellen, sozialen und symbolischen Strukturen der Lebenswelt", in der sie sich befinden (BRÜCKNER & THIERSCH 2005, 142). In seinem Kiez, da kennt man sich aus, Leute und Straßen sind vertraut. Das Vertraut-Sein ist Ergebnis eines meist jahrelangen Prozesses, in dem sich vielfältige Erfahrungen zu einem Konglomerat von Bedeutungen verdichtet haben, die Orten, Menschen, Geschichten und Situationen zugeschrieben werden. Die jeweilige Konstellation von personellen, materiellen und strukturellen Bedingungsfaktoren kann sich förderlich oder hemmend auf das Zusammenleben auswirken.

Wechselwirkungsprozesse zwischen objektiv gegebenen Bedingungen und subjektiven Bedürfnissen machen den sozialen Nahraum zu einem *Aneignungsraum*, zu einem Erfahrungs- und Lernfeld, in dem eine bestmögliche Balance bzw. Passung zwischen den eigenen Interessen und den Möglichkeiten des Quartiers herzustellen ist. Vor diesem Hintergrund wird das Wohnquartier von den Bürgerinnen und Bürgern je nach Lebensalter und Lebenserfahrung, nach Geschlecht und kultureller Zugehörigkeit unterschiedlich genutzt. Es hat im Kontext eigener Interessen und Vorlieben für jeden eine unterschiedliche Bedeutung. Viele Anregungen zur Erkundung der subjektiven Bedeutung von Wohnquartieren bieten Projekte der Jugendhilfe und der Altenhilfe sowie des Bund-Länder-Programms „Soziale Stadt" (vgl. u. a. DEINET 2009; RIEGE & SCHUBERT 2005).

4.3.2.1 Persönliche Kiezkarten

Die für die Projektteilnehmer/innen wichtigen Orte im Stadtviertel wurden im Rahmen von Kiezgängen aufgesucht und anschließend gemeinsam in einer persönlichen Kiezkarte dargestellt. Dabei wurde – je nach den Wünschen und Möglichkeiten der Beteiligten — unterschiedlich vorgegangen (Beispiele: Abb. 83, Abb. 84). Teilweise wurden Straßen und Plätze im Wohnquartier selbst gemalt und mit Fotos illustriert. Einem Teilnehmer wurde eine Einwegkamera zur Verfügung gestellt, mit der er seine Lieblingsorte fotografierte, auf dem Stadtplan aufklebte und mit Symbolen hinsichtlich der Beliebtheit bewertete (z. B. Herzen). Selbst zu fotografieren war für ihn eine neue Erfahrung, die er in der Folgezeit als Hobby weiterführen kann. Eine Teilnehmerin machte auf einer Abbildung des Berliner Verkehrsnetzes deutlich, dass ein Teil ihrer Unternehmungen außerhalb ihres Wohnquartiers stattfinden. Für eine ältere Frau, die vor einigen Jahren erblindete, aber dennoch ihre Lieblingswege im Kiez zeigen konnte, wurde als persönliche Dokumentation der gemeinsamen Unternehmungen ein Hörbuch mit Ausschnitten aus den Gesprächen angefertigt.

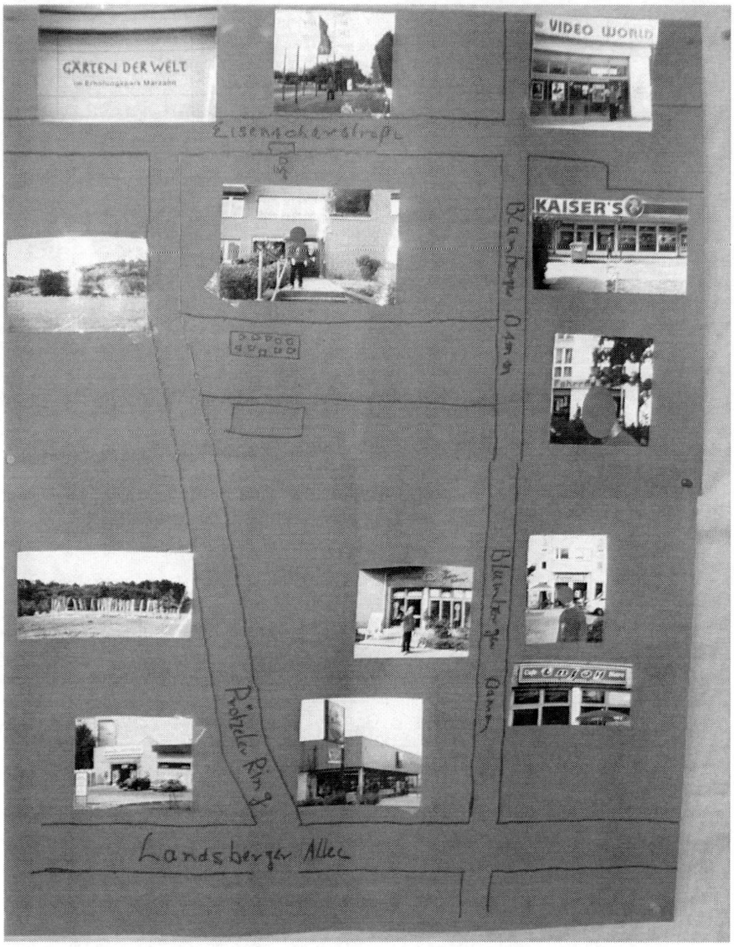

Abb. 83: Persönliche Kiezkarte (1)

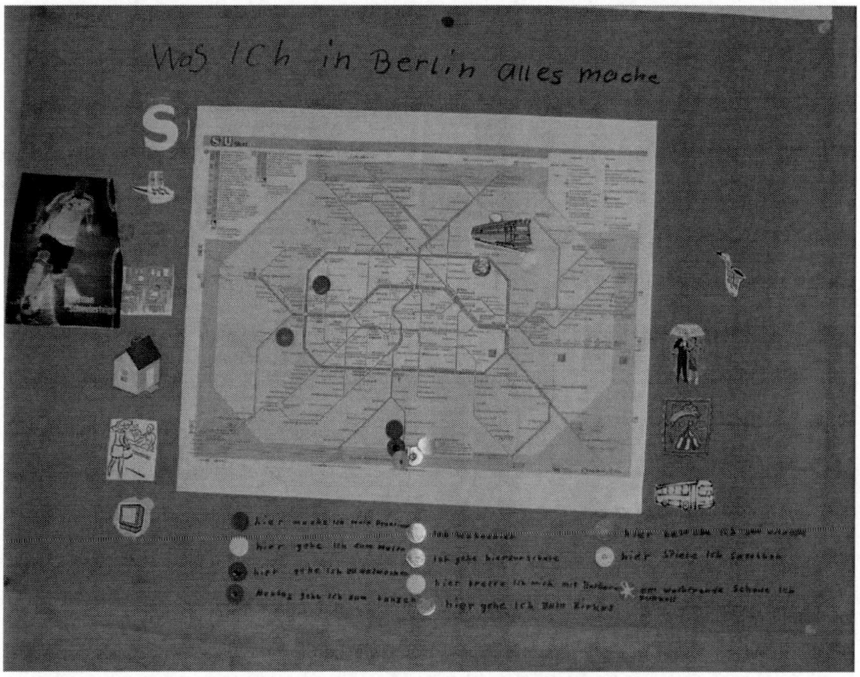

Abb. 84: Persönliche Kiezkarte (2)

Zur *vergleichenden Analyse* der persönlichen Bedeutung der Ressourcen im Stadtteil und angrenzenden Bezirken wurde der Sozialraum in Anlehnung an PREIS & THIELE (2002) durch drei *Dimensionen* strukturiert: *sozialräumliches Zentrum, sozialer Nahraum, sozialräumliche Peripherie*. Jeder Dimension werden *potenzielle Funktionen* zugeschrieben, die bei der Analyse der tatsächlichen Nutzung des Raums hinsichtlich ihrer Bedeutung für das Individuum bewertet und ggf. modifiziert oder ergänzt werden können:

- Das *sozialräumliche Zentrum* ist als kleinste Raumeinheit ein Ort, an den man sich zurückziehen kann, z. B. die Wohnung. Die Wohnung bietet Schutz, Geborgenheit und Vertrautheit, Privatheit und Intimität. Sie ist ein Raum für Erholung und für die Gestaltung eines individuellen Lebensstils.
- Der *soziale Nahraum* bezeichnet das Wohnumfeld, den Stadtteil bzw. die Gemeinde. Er ist gekennzeichnet durch die dort lebenden *Menschen*, die *Infrastruktur* und *zeitliche Aspekte*, wie Häufigkeit, Zeitpunkt oder Dauer der Nutzung. Der soziale Nahraum bietet Raum zur *Versorgung* (z. B. Einkaufszentren, Dienstleistungen, Verwaltungen, Ärzte), Raum für *Begegnung* (z. B. Straßen, Plätze, Nachbarschafts- und Gemeindezentren), Raum für *Aktionen* (z. B. Treffpunkte, Kneipen, Disco) und *Versammlungs- und Demonstrationsräume* (z. B. Plätze, Straßen, Gaststätten).
- Der *sozialräumlichen Peripherie* werden Aktivitäten zugeordnet, die nicht alltäglich stattfinden, aber durch die Befriedigung spezifischer Bedürfnisse für den Einzelnen eine besondere Bedeutung erlangen. Hier sind u. a. *Freizeit- und Erholungsräume* (z. B. Naherholung, Kurzurlaub), *Bildungs- und Kulturräume* (z. B. Volkshochschulen, Konzerte, Theater) sowie *Spaß- und Erlebnisräume* (z. B. Freizeitparks, Stadtfeste, Spaßbäder) und *Natur- und Besinnungsräume* angesiedelt.

Die Unterscheidung zwischen dem Nahraum und der Peripherie orientiert sich somit nicht allein an der geografischen Lage des genutzten Raums, sondern vor allem an der *Häufigkeit* der *Nutzung des Raums*. Räume, die alltäglich genutzt werden, sind dem sozialen Nahraum zugeordnet. Nicht alltäglich genutzte Räume gehören eher zur sozialräumlichen Peripherie.

FRANZ (2008) ergänzt die drei Dimensionen durch eine Zwischenebene, den sogenannten *Verflechtungsbereich*, in dem Verbindungen zu anderen Lebensbereichen entstehen, z. B. zum Lebensbereich Arbeit oder Schule. Diese Bereiche gehören zum Alltag und haben eine wichtige Funktion im Leben jedes Menschen, können jedoch im Rahmen dieser Studie nicht näher betrachtet werden. Im Folgenden werden die sozialräumlichen Erfahrungen der beteiligten Frauen und Männer in den drei genannten Dimensionen zusammenfassend dargestellt.

Sozialräumliches Zentrum

Die Wohnsituation der *in der Familie* lebenden Frauen und Männer ist für alle ein positiv besetzter Erfahrungsraum. Die Wohnung oder das Haus bietet Schutz, Geborgenheit und Vertrautheit, Privatheit und Intimität, Raum für Erholung und Entspannung und für individuelle Gestaltung des eigenen Wohnbereichs. Auch das Wohnen in einer *eigenen Wohnung* wird überwiegend als angenehm erlebt. Als belastend werden im Einzelfall der Verkehrslärm und Störungen durch Jugendliche genannt, die Steine gegen die Fenster werfen und Schimpfwörter rufen, oder ein schlechter Wohnungszustand. Das Wohnen in einer *Wohngemeinschaft* oder der *Wohngruppe* im Heim ist durch den Wechsel zwischen dem Rückzug ins eigene Zimmer als privatem Raum und dem Aufenthalt in den Gemeinschaftsräumen geprägt. Die Vorteile eines eigenen Zimmers werden von den meisten intensiv genutzt, manche ziehen die Gemeinschaft mit den anderen vor. Gegenüber dem Einzelwohnen, bei dem die Befriedigung der grundlegenden Wohnbedürfnisse und die Eigenverantwortung im Vordergrund steht, haben Gruppenwohnungen weitere Funktionen bzw. Teilhabeoptionen: Sie sind Ort der Begegnung und Kommunikation sowie des Gebens und Nehmens in Gemeinschaft (z. B. Verteilung von „Ämtern"), bieten Raum für gemeinsame Aktivitäten und können auch als Versammlungsraum genutzt werden, z. B. bei Bewohnerbesprechungen. Berichte der Beteiligten lassen erkennen, dass das Zusammenleben in Gruppen auch zum Ort konflikthafter Entwicklungen werden kann, die zu permanentem Stress führen. Bemerkenswert ist, dass für einzelne Projektteilnehmer/innen das sozialräumliche Zentrum (z. T. auch die Werkstatt für behinderte Menschen) zu einem „Meideort" geworden ist, den sie – soweit möglich – verlassen möchten. Diese Personen fühlen sich nach eigenen Aussagen im Kreis geistig behinderter Menschen nicht wohl, weil sie sich selbst nicht dazu rechnen.

Sozialer Nahraum

Ausschnitte aus Projektprotokollen zur Teilhabe am Leben im Quartier

„Das Leben von Frau X. spielt sich vor allem zwischen zwei S-Bahnstationen ab." (Alter: Anfang 20 J., im Elternhaus lebend, in der Nachbarschaft von Kindheit an bekannt und akzeptiert, fühlt sich im Kiez zu Hause)

„Frau W. unternimmt in ihrer Freizeit sehr viel. An jedem Wochentag nutzt sie ein anderes Angebot. Deshalb trifft sie täglich viele unterschiedliche Menschen und wird oft zu Geburtstagen und Feiern eingeladen. Frau W. hat zu vielen Menschen mit Behinderungen Kontakt, aber sie nutzt auch allgemeine Angebote, wie zum Beispiel einen Malkurs, die auch von Menschen ohne Behinderung besucht werden." (Alter: Anfang 20 J., im Elternhaus lebend)

„Herr C. wird durch die WG motiviert, seine Freizeit abwechslungsreich zu gestalten: Entweder durch gemeinsame Unternehmungen, wie Kino, Eis essen, Tierparkbesuche oder indem er ermutigt wird, an bestimmten Aktivitäten außerhalb der WG teilzunehmen (z. B. Besuch eines Freizeitklubs)." (Alter: Ende 20 J., in WG lebend)

„Frau Z. ist sehr gut in ihrem Umfeld eingebunden. Sie wohnt seit vielen Jahren in ein und demselben Kiez und in derselben Wohnanlage, wodurch sie viele Wege und Bekannte kennen gelernt hat und sich frei und unbefangen bewegen kann. Es besteht eine vielfältige Teilhabe, mit unterschiedlichen Intensitäten und Qualitäten." (Alter: Ende 50 J., in eigener Wohnung lebend)

„Das Stadtviertel von Frau Y. besteht aus einer Ladenzeile am Ende der Straße." (Alter: Anfang 70 J. alt, über 30 Jahre im Heim lebend)

Die meisten der am Praxisprojekt beteiligten Frauen und Männer kennen sich gut in ihrem Wohnquartier aus. Als sozialer Nahraum wird es von ihnen überwiegend für die *Versorgung* mit Waren oder die Inanspruchnahme von Dienstleistungen genutzt. Häufig aufgesuchte Orte sind Einkaufszentren, Kaufhäuser, Supermärkte und Einzelhändler. Entsprechend den eigenen Vorlieben haben bestimmte Läden und allgemein zugängliche Angebote einen besonderen Stellenwert, z. B. Bäcker, Schreibwaren, Fahrradladen oder die Stadtbibliothek. Besonders beliebte Orte sind die Pizzeria, der Dönerladen und die Eisdiele. Auch gesundheitsbezogene Anlaufstellen werden genannt, z. B. die Praxis von Ärzten, Therapeuten oder Fußpflegekräften.

Ein weiteres Feld sind Räume der *Begegnung und Kommunikation*. Hier ist u. a. der Innenhof einer Wohnanlage zu nennen, der für nachbarschaftliche Treffen genutzt wird, an denen sich einzelne der Projektteilnehmer/innen beteiligen. Sie werden von den Nachbarn akzeptiert, vereinzelt auch in Alltagsangelegenheiten unterstützt. Einem Mann geht es beim Gang zu den Geschäften vor allem um *soziale Kontakte* und Gespräche mit anderen Leuten. Auch Orte, die für sportliche Aktivitäten genutzt werden, können Räume der Begegnung sein, z. B. der Fußballplatz in der Nähe oder die Tischtennisplatte im Hof. Ein Teilnehmer pflegt Kontakte zu Kirchengemeinden, wo er Gleichgesinnte trifft. Für einige Frauen und Männer ist die Wohnung der Eltern ein wichtiger Ort der Begegnung mit Familienangehörigen und Verwandten.

Aktionsräume, die von Projektteilnehmer/innen genutzt werden, sind vor allem Freizeitklubs der Behindertenhilfe. Gemeinsame Aktivitäten mit Menschen ohne Behinderung spielen im Alltag der beteiligten Frauen und Männer so gut wie keine Rolle. Einzelne Personen besuchen ab und zu eine Kneipe, um dort Billard oder Darts zu spielen. Häufiger wurde mitgeteilt, dass Kinos, Discos oder Schwimmhallen, die man bislang gerne aufgesucht hat, inzwischen geschlossen wurden, so dass für entsprechende Aktivitäten weitere Wege in Kauf genommen werden müssen. Mehrere ältere Frauen und Männer nehmen fast ausschließlich Angebote auf dem Heimgelände in Anspruch.

Zur *Erholung* machen einige in nahe gelegenen Parks Spaziergänge oder nutzen diesen Raum für sportliche Bewegung (Inline skating; Fahrrad fahren). Bei anderen steht die *Erkundung von Räumen* im Mittelpunkt. So bummelt ein Mann gern über Marktplätze, beobachtet Leute und schaut sich an, was es alles so gibt – ohne Kaufabsicht. Zur Lieblingsbeschäftigung dieser Person gehört auch das Fahren mit öffentlichen Verkehrsmitteln, vorzugsweise allein. Ein anderer, der sich nur eingeschränkt verbal äußern kann und auf Begleitung angewiesen ist, erkundet gern neue Orte in seinem Wohnquartier. Einzelne betrachten *Orte der Erinnerung*, mit denen sie positive Erfahrungen verbinden, auch heute noch als subjektiv wichtige Orte in ihrem Stadtteil, z. B. die Grundschule oder der Schülerladen.

Einige Frauen und Männer haben eine starke *Identifizierung mit ihrem Stadtteil* entwickelt. Dies ist u. a. daran erkennbar, dass sie sehr aufmerksam durch ihren Kiez gehen und Veränderungen bemerken, die bei ihnen Freude auslösen (z. B. neue Steinplatten auf einem zentralen Platz), oder Zustände entdecken, die sie ärgern. Da geht es z. B. um die Abfälle, den Leute achtlos in den Teich im Park werfen, oder den Hundekot auf den Fußwegen oder um Müllecken, die die Gegend verschandeln. Solche Erfahrungen könnten Ansatzpunkte für gemeinsame Aktionen mit anderen Kiezbewohnerinnen und -bewohnern werden. Mehrere Projektteilnehmer/innen berichten von *Meideorten* in ihrem Wohnquartier. Dazu gehören ein Park sowie Straßen und Plätze, die sie wegen Diskriminierungserfahrungen in schlechter Erinnerung haben. Mehrmals wurden Beschimpfungen durch betrunkene Jugendliche erwähnt, die Angst auslösen.

Sozialräumliche Peripherie

Im Bereich der nicht alltäglichen Aktivitäten stehen insbesondere bei Frauen und Männern in betreuten Wohnformen *Freizeit- und Erholungsräume* an erster Stelle. Hier werden u. a. sportliche Aktivitäten (z. B. Schwimmen, Bowling, Nordic-Walking) oder der Besuch von Fußballveranstaltungen, Kino- und Discobesuche, Freizeit-Treffpunkte, Spaziergänge, Ausflüge (Dampferfahrt, Zoobesuch u. a.) und Urlaubsreisen genannt. Im Einzelfall werden auch therapeutische Behandlungen als erholsame Aktivität erlebt (z. B. im Zusammenhang mit Musik oder im Kontakt mit einem Therapiehund). Die Teilnahme an jahreszeitbezogenen Festen gehört zu *Spaß- und Erlebnisräumen*. Die genannten Aktivitäten finden überwiegend in Gruppen, meist in Begleitung von Mitarbeiterinnen und Mitarbeitern statt.

Bildungs- und Kulturräume werden überwiegend von jüngeren Frauen und Männern genutzt, insbesondere von jenen, die in der Familie leben oder enge Familienbeziehungen haben. Einzelne beteiligen sich an einem Tanzkurs und am Zirkustraining, erlernen an einer Musikschule den Umgang mit einem Instrument oder besuchen einen integrativen Malkurs. Ein junger Mann nimmt gemeinsam mit seinem Vater an einem Kurs zum Bogenschießen teil. Auch die Stadtbücherei wird von einigen regelmäßig aufgesucht, z. B. zum Ausleihen von DVDs. Bei den in betreuten Wohnformen lebenden Personen bezieht sich die Teilhabe an Kultur u. a. auf gelegentliche Konzertbesuche. – Weitere nicht alltäglich aufgesuchte Orte, die subjektiv bedeutsam sind, sind die Wohnungen der Eltern oder Geschwister oder der Friedhof, auf dem der Vater begraben wurde.

4.3.2.2 Persönliche Teilhabepläne

Auf der Basis des ermittelten aktuellen Stands der Teilhabe am Leben im Quartier wurden die Beteiligten nach ihren *Wünschen und Zielen in naher Zukunft* gefragt. Nicht alle konnten diese Frage beantworten. Die Ziele, die genannt wurden, verweisen auf Defizite bei der Realisierung von Teilhabe in mehreren Bereichen. Die Frauen und Männer wollen mehr

- Teilhabe an sozialen Beziehungen – z. B. einen Freund/Partner finden;
- Teilhabe an Arbeit – z. B. auf dem allgemeinen Arbeitsmarkt (statt Werkstatt);
- Teilhabe an Bildung – z. B. Haushaltstätigkeiten erlernen, Umgang mit Geld;
- Teilhabe an sportlichen Aktivitäten – z. B. Teilnahme an einem Turnverein;
- Teilhabe an Kultur – z. B. Besuch einer Varieté-Show (hier: Eisrevue).

Danach wurde – in Anlehnung an das PATH-Modell der Persönlichen Zukunftsplanung (KAN & DOOSE 2000) – überlegt, auf welche Weise er oder sie dem selbst gesetzten Ziel näher kommen kann. Die Ergebnisse wurden in einem *persönlichen Teilhabeplan* festgehalten, der in kleinen Schritten einen möglichen Weg zum Erreichen des Ziels vorzeichnet. Dabei lag besonderes Gewicht auf der *Eigenaktivität* des behinderten Menschen, auf der Frage, was er *selbst* tun kann. Zur Stärkung müssen *Ressourcen im Stadtteil* gesucht und entdeckt werden, z. B. bei lokalen Akteuren (die wiederum eigene Netzwerke haben, die vielleicht nützlich sein könnten) oder durch Einbeziehen bürgerschaftlichen Engagements.

Die Praxisprojekte wurden in jedem Bezirk durch eine *Abschlussveranstaltung* beendet. Hier stellten die Teilnehmer/innen selbst ihre Kiezkarten vor (Abb. 85). Zudem wurden sie gebeten, anhand von farbigen Punkten den Verlauf des Projekts zu bewerten (Abb. 86). Die Einschätzungen waren mit wenigen Ausnahmen positiv.

Abb. 85: Projektabschluss: Präsentation

Rückblickend ist festzustellen, dass sich die im Praxisprojekt angewendeten sozialraumbezogenen Methoden als Instrument zur Darstellung und Reflexion des Stands der Teilhabe im Wohnumfeld bewährt haben. Sie sind ein geeignetes Medium, auf der Basis der subjektiven Wahrnehmung des behinderten Menschen die Kontextfaktoren für eine gelungene oder unzureichende soziale Einbindung zu reflektieren und Möglichkeiten zur Veränderung der Situation zu diskutieren.

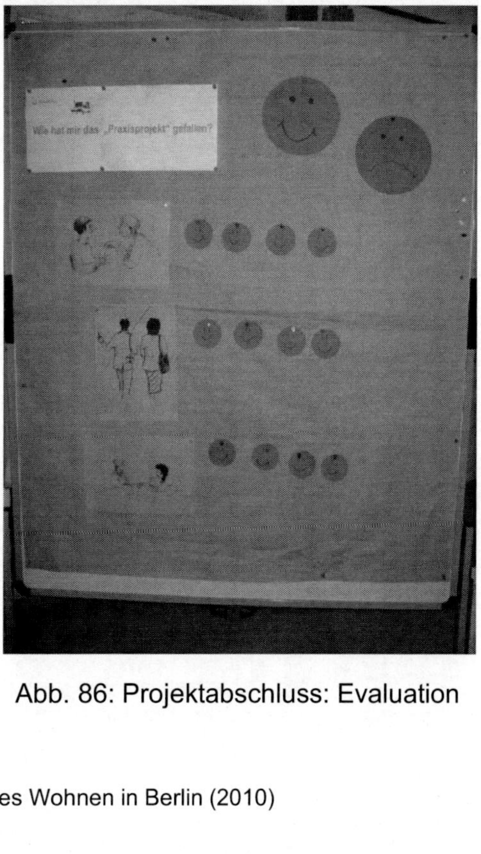

Abb. 86: Projektabschluss: Evaluation

4.3.2.3 Erkenntnisse

Die Aussagen der Projektteilnehmer/innen zeigen, dass der persönliche Wohnbereich als sozialräumliches Zentrum einschließlich der dort gelebten sozialen Beziehungen für das individuelle Wohlbefinden von größter Bedeutung ist. Der Alltag im unmittelbaren Wohnumfeld ist hinsichtlich der Art der Aktivitäten in vielen Bereichen dem Alltag nichtbehinderter Menschen vergleichbar, insbesondere im Bereich der Nutzung von Geschäften und Dienstleistungen und der Erholung. Unterschiede bestehen in den sozialen Kontexten von Kommunikation und Interaktion. Intensivere Kontakte bestehen überwiegend zu anderen Menschen mit Behinderung, mit denen gemeinsam Aktivitäten unternommen werden. Alltägliche Begegnungen mit Menschen im Kiez sind eher oberflächlich, aber meist freundlich, im Einzelfall auch diskriminierend. Bildungsangebote und kulturelle Angebote werden überwiegend von jüngeren Frauen und Männern genutzt, insbesondere von jenen, die in der Familie leben oder enge Familienbeziehungen haben, wobei der Aktionsradius bei den in der Familie lebenden Personen in starkem Maße vom Engagement der Eltern abhängig ist. Aktivitäten im Bereich von Freizeit und Bildung finden häufiger außerhalb des Bezirks statt, da die Infrastruktur im Wohnbezirk entweder wenig Möglichkeiten bietet oder noch nicht für den Personenkreis erschlossen ist.

Altersbedingte Veränderungen führen – wie bei nichtbehinderten Menschen – zu einer Abnahme der in jüngeren Jahren gepflegten Aktivitäten und zu einer Begrenzung der Räume, die im Alltag genutzt werden. Wohnformspezifische Unterschiede beziehen sich u. a. auf den Grad der Selbstständigkeit bei Unternehmungen, können aber nicht verallgemeinert werden. Die Häufigkeit und Vielfalt von Aktivitäten im Quartier steht primär mit persönlichen Interessen, der persönlichen Konstitution und den Freiräumen, die gewährt werden, in Zusammenhang. Männer suchen teilweise bewusst Geselligkeit im Umfeld, andere ziehen es vor, ihre nähere und weitere Umgebung zu erkunden. Bei einigen der beteiligten Frauen haben freundschaftliche Beziehungen zu anderen behinderten Menschen im sozialen Nahraum einen besonderen Stellenwert. Frauen und Männer mit Migrationshintergrund bevorzugen Aktivitäten mit der Familie oder Freunden.

Die Teilhabewünsche der Projektteilnehmer/innen zeigen beispielhaft den Handlungsbedarf in den Bezirken auf: Es werden mehr Möglichkeiten für Arbeit- und Beschäftigung außerhalb der Werkstatt und mehr Bildungsangebote zur Stärkung eines selbstbestimmten Lebens gewünscht sowie Möglichkeiten für Partnersuche und die Öffnung von Vereinen, die den eigenen Interessen entsprechen. Anzumerken ist, dass die kleine Zahl der Projektteilnehmer/innen keine Verallgemeinerungen der Ergebnisse zulässt. Zudem waren keine Menschen mit höherem Hilfebedarf beteiligt, deren Alltagserfahrungen sich vom Alltag der aktiveren Frauen und Männer deutlich unterscheiden.

Nur wenige Forschungsprojekte haben sich bislang in differenzierter Form mit der sozialen Integration von *Menschen mit hohem Hilfebedarf* (schwere Behinderung, herausforderndes Verhalten) befasst. Exemplarisch seien an dieser Stelle zwei Studien genannt, die in Berlin und in Nordrhein-Westfalen durchgeführt wurden. Im Berliner Projekt WISTA[108] wurden über mehrere Jahre hinweg stadtteilintegrierte Wohnprojekte für Erwachsene mit schwerer geistiger Behinderung wissenschaftlich begleitet (vgl. HAHN et al. 2004; SEIFERT 2006c). Die Untersuchungen zeigen Integrationsbereitschaft der nichtbehinderten Menschen im Wohnumfeld, weisen aber zugleich auf spezifische fachliche Anforderungen an die professionelle Unterstützung zur Verbesserung der Teilhabechancen und auf die Verantwortung von Trägern bei der Konzipierung und fachlichen Begleitung stadtteilbezogener Wohnprojekte für Menschen mit hohem Hilfebedarf hin. Im Rahmen der Kölner Lebensqualität-Studie wurde die Lebenssituation von Menschen mit schweren Behinderungen in ausgewählten Heimen der Behindertenhilfe in Nordrhein-Westfalen untersucht. Die Studie kommt zu dem Schluss, dass das Ziel der Partizipation an subjektiv bedeutsamen Lebensbereichen für den größten Teil der an der Untersuchung beteiligten schwer behinderten Frauen und Männer nur punktuell realisiert ist: „Die Normalisierung der Lebensbedingungen bezieht sich in erster Linie auf institutionelle Strukturen, die soziale Integration in die Gesellschaft ist für die meisten noch in weiter Ferne – auch bei gemeindenaher oder gemeindeintegrierter Wohnlage." (SEIFERT et al. 2001, 348)

108 WISTA = Wohnen im Stadtteil von Erwachsenen mit schwerer geistiger Behinderung

5 Sozialraum als professioneller Handlungsraum

Unter der Zielperspektive Inklusion ist die Unterstützung der Einbindung von Menschen mit Behinderung ins Wohnquartier integraler Bestandteil der professionellen Arbeit von Mitarbeitenden der Behindertenhilfe. Sie findet ihren Niederschlag u. a. im Feld von Kooperation und Vernetzung, bei der Nutzung von Ressourcen im Stadtteil, im Engagement für Angelegenheiten im Wohnquartier und im Rahmen von Öffentlichkeitsarbeit.

5.1 Leitorientierung Inklusion

Was verstehen Sie unter dem Begriff TEILHABE?

„Ich verbinde den Begriff Teilhabe mit Integration. Das heißt, ein Miteinander-Leben von behinderten und nichtbehinderten Menschen." (Int-MA)

„Teilhabe gibt es auf unterschiedlichen Ebenen. Einmal ganz allgemein gesellschaftlich: Teilhabe am normalen Leben so wie wir das haben, Teilhabe zum Beispiel am Geldverkehr, genug Geld zu haben, sich Dinge leisten zu können. Teilhabe heißt, an kulturellen Angeboten teilnehmen zu können, auch dazu das Geld zu haben. Teilhabe heißt auch zum Beispiel Barrierefreiheit in öffentlichen Verkehrsmitteln. Teilhabe heißt auch wählen zu gehen, was ja tatsächlich auch möglich ist, weiter – die Möglichkeit zu haben zum Beispiel auch Partner zu finden, Freunde zu finden. Also es ist breit gefächert." (Int-MA)

Was verbinden Sie mit dem Begriff SOZIALRAUMORIENTIERUNG?

„Wir orientieren uns am normalen Leben" (Int-MA)

Training der Selbstständigkeit im Sozialraum (z. B. sicherer Umgang im Straßenverkehr, Wegetraining, allein einkaufen gehen lernen)

„Orientierung am Sozialgefüge der Behinderten" (Int-MA); „Soziale Kontakte müssen einfach vorhanden sein" (Int-MA)

„neue Räume erschließen – Räume, die auch passend sind" (Int-MA)

„Sozialraum heißt, sich wohl fühlen, sich geborgen fühlen, Kontakt mit andern haben" (Int-MA)

„Sozialraumorientierung – das heißt, sich um den Menschen zu kümmern und dabei den sozialen Raum sich näher anzuschauen: Welche Möglichkeiten gibt es an sozialen Netzwerken in der Umgebung, wo sind Anknüpfungspunkte in den Sozialraum, also in den Kiez, solche Sachen." (Int-MA)

Welchen Stellenwert hat die Sozialraumorientierung in Ihrer Arbeit?

„Ehrlich gesagt spielt die Sozialraumorientierung in unserer Arbeit keine besonders große Rolle. Eben nur indirekt. Ich glaube, dass das auch noch ein ziemlich neues Feld in unserem Bereich ist. In unserer Konzeption ist auf jeden Fall festgeschrieben, dass die Selbstständigkeit der Bewohner so weit wie möglich gefördert werden soll. Insofern gilt das natürlich auch für den Sozialraum." (Int-MA)

„In unserer Arbeit ist es enorm wichtig, dass die Fähigkeiten der Bewohner gefördert werden. Das heißt, dass die Selbstständigkeit, eben auch im Sozialraum, trainiert wird. Das betrifft zum Beispiel den sicheren Umgang mit dem Straßenverkehr, damit die Bewohner sich in ihrem Kiez so selbstständig wie möglich bewegen können." (Int-MA)

„Ich habe vorhin schon erzählt, dass Teilhabe auch sehr stark von Finanzen abhängig ist. Es läuft alles über Finanzen. Kulturangebote, man muss diese bezahlen können. Es wäre günstig, wenn man starke Vergünstigungen, zum Beispiel bei Kulturangeboten bekommt. Es wäre auch günstig, dass es kulturelle Angebote wirklich direkt in diesem Kiez stärker gibt. Also zum Beispiel das Kino, das ist wirklich äußerst bedauerlich, dass es zugemacht hat. Es müsste auch mehr Werbung da sein, könnte ich mir vorstellen, in Briefkästen, dass man auch diese Angebote konkreter erklärt, weil wir müssen uns das selbst immer wieder heraussuchen." (Int-MA)

„Wir haben da auch Möglichkeiten, das als Teilaspekt unserer Arbeit gegenüber dem Sozialamt oder dem Fallmanagement zu sagen, das ist wichtig für ihn, dass wir ihn begleiten. Dann kann man schon Möglichkeiten bekommen zeitlicher Art und finanzieller Art, hier auf der Ebene. Dies könnte klarer sein mit einem Leitfaden oder einer Übersicht oder so. Jetzt ist es so, man muss sich das alles erarbeiten und teilweise auch mühsam, wenn man neu ist." (Int-MA)

(Aussagen aus Mitarbeiter-Interviews)

Die *Aussagen von Mitarbeitenden* im Bereich des Wohnens machen deutlich, dass die mit der Zielperspektive Inklusion verbundenen Begriffe Teilhabe und Sozialraumorientierung mit konkreten Vorstellungen verbunden sind, einschließlich möglicher Barrieren bei der Umsetzung. Die Mitarbeitenden sind sich der Rolle, die ihnen auf dem Weg in die Gemeinde zukommt, bewusst.

Ein Blick auf den Stellenwert sozialraumorientierter Aufgaben in wohnbezogenen Einrichtungen und Diensten aus der *Perspektive der Anbieter* zeigt, dass entsprechende Ansätze noch keinen selbstverständlichen Platz in der Arbeit haben (Abb. 87). Nur bei einem Viertel der Befragten werden sie bereits praktiziert (teilweise trägerintern als Beispiele von „good practice" gewürdigt), bei 22 % sind sie konzeptionell verankert. 11 % geben an, dass entsprechende Ansätze Gegenstand von Mitarbeiterfortbildungen sind. Bei 6 % der Anbieter sind sozialraumorientierte Aufgaben Bestandteil der Stellenbeschreibungen von Mitarbeitenden. Ein regelmäßiger Erfahrungsaustausch mit externen Fachleuten zu Themen sozialraumbezogener Arbeit findet kaum statt (6 %), nur 3 % setzen entsprechende Ansätze in Kooperation mit regionalen Anbietern um. Das breitere Feld der weniger eindeutigen Antworten („trifft eher zu": in Abb. 87 schraffiert markiert) kann ein Hinweis darauf sein, dass sozialraumbezogene Aufgaben entweder nicht klar definiert sind oder – mangels fallunspezifischer Finanzierung – nicht im gewünschten Maß durchgeführt werden können.

Vorteile der *Umsetzung sozialraumorientierter Aufgaben* sehen die Anbieter auf unterschiedlichen Ebenen:

- **Eigenaktivität der Menschen mit Behinderung**
  „Erhöhung der eigenen Kompetenzen, Eigenstrukturierung des Alltags, Vereinsamungstendenzen entgegenwirken" – „Menschen mit Behinderung in ihren Teilhabemöglichkeiten stärken"
- **Rolle der Menschen mit Behinderung in der Gesellschaft**
  „Menschen mit Behinderung als Teil der Gesellschaft etablieren" – „'normales', selbstverständliches Miteinander von Menschen mit und ohne Behinderung" – „voneinander lernen" – „Menschen mit Behinderung haben der Gesellschaft etwas zu bieten"
- **Teilnahme am gesellschaftlichen Leben**
  „Soziale Einbindung in das Wohnumfeld als Teil des selbstbestimmten Lebens" – „Nachbarn als Partner und Freunde" – „präsent sein in allen alltagspraktischen Aspekten, z. B. Einkauf, Freizeit" – „Gemeinsame Aktionen starten – gemeinsame Interessen entwickeln"
- **Strukturelle Aspekte**
  „Spezialisierte Zuständigkeit von Fachpersonal für die Betreuung auflösen bzw. auf Notwendigkeit überprüfen" – „Verbesserung der gesundheitlichen Versorgung vor Ort"
- **Öffnung der Behindertenhilfe**
  „Die ‚offene Einrichtung' als Konzept bei gleichzeitiger Wahrung der Privatsphäre in den Wohngruppen und Bewohnerzimmern selbst"
- **Qualität der professionellen Arbeit**
  „Prioritätensetzung. Nur wenn Mitarbeiter eindeutig kommunizieren können, dass das Ziel für die Klienten in einer selbstständigen Lebensweise im konkreten Lebensumfeld besteht, entwickeln sie auch die nötige Kreativität und Kompetenz dieses Ziel mit dem Klienten erreichen zu können" – „Kooperation und Vernetzung mit Angeboten anderer Träger" – „Nutzung des bürgerschaftlichen Engagements" – „Kontrolle unserer Arbeit durch die Öffentlichkeit"

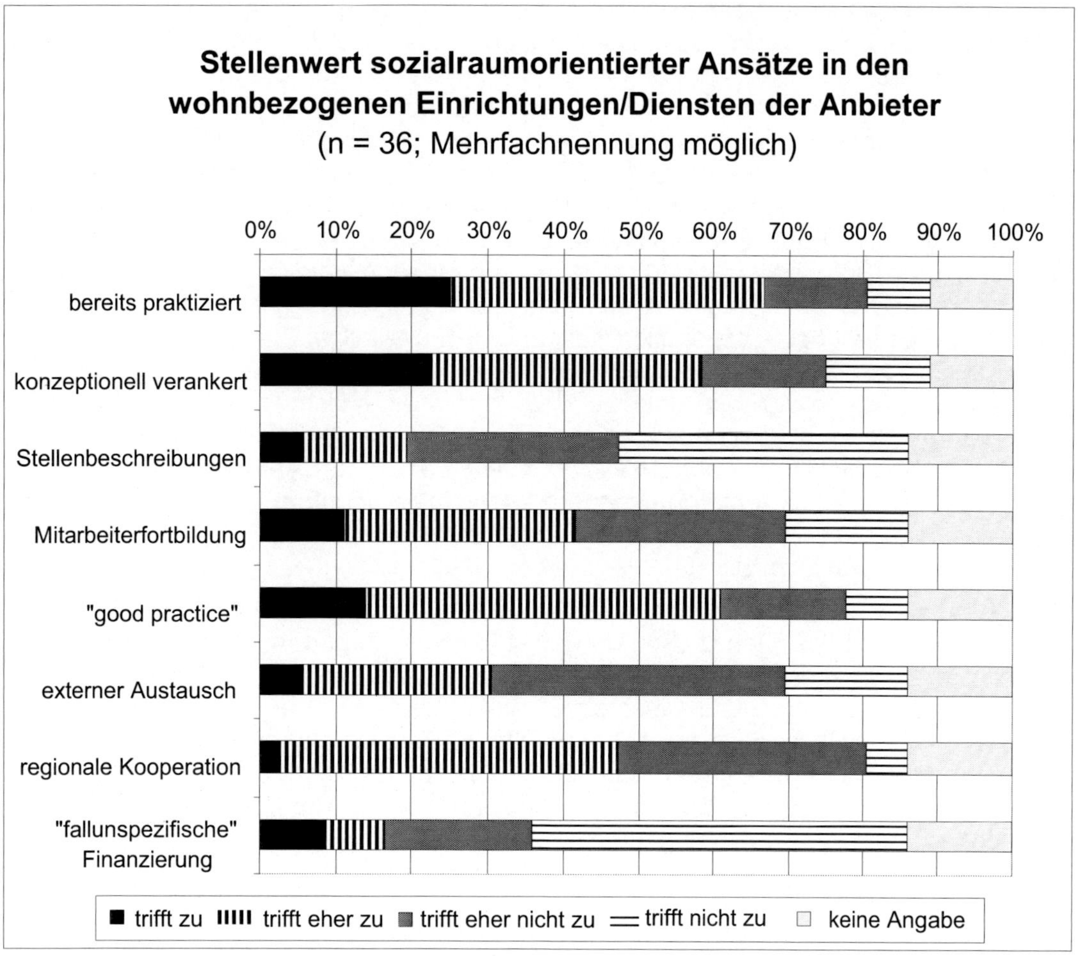

Abb. 87: Stellenwert sozialraumorientierter Ansätze

Beispiele für bereits praktizierte Handlungsansätze belegen, dass die Einbindung in den Sozialraum in vielen Bereichen der Behindertenhilfe bereits gelebt wird – auch wenn manche Ressourcen in der Gemeinde noch ungenutzt sind. Die Befragten berichten von gelingenden nachbarschaftlichen Kontakten, von der Zusammenarbeit mit Kirchengemeinden (z. B. Konfirmandenunterricht, Gruppenreisen, Feste), Schulen, Trägern, Einrichtungen und Vereinen vor Ort (z. B. Mitgliedschaft in einem Chor, Wahrnehmen der Angebote von Senioreneinrichtungen), von der Nutzung von Dienstleistungen und Freizeitangeboten im Umfeld, von der Beteiligung am Gemeinwesen bei Straßenfesten und der Einbeziehung von Freiwilligenengagement. Einige öffnen ihre Einrichtungen für den Sozialraum (offene kulturelle Angebote, Diskussionsforen, Nutzung der Wohnstätten für Veranstaltungen, Kieztreff als Beratungsstelle und Begegnungsstätte). Im Einzelfall besteht eine enge Kooperation mit Kulturschaffenden in der Gemeinde (gemeinsame Ausstellungen, aktive Teilnahme) und mit dem Quartiersmanagement (kooperatives Angebot von Kursen für Menschen mit geistiger Behinderung). Das Engagement ist allerdings in hohem Maße abhängig von der Motivation einzelner Personen in unterschiedlichen Funktionsbereichen.

5.2 Freiwilligenengagement

„Ein hauptamtlich beschäftigter Mitarbeiter sollte die freiwilligen Mitarbeiter durchaus auch als Objekte seines beruflichen Handelns sehen und die Zielsetzung verfolgen, sie so weit es irgend geht mit einzubeziehen, und sich selber dabei als Garant von Qualität und Kontinuität sehen."

(Aussagen aus dem Feld der Behindertenhilfe)

Im Kontext der sozialraumbezogenen Arbeit mit Menschen mit Behinderung kommt dem Engagement freiwillig Engagierter eine besondere Bedeutung zu. Durch gemeinsame Aktivitäten im näheren und weiteren Wohnumfeld können neue Kontakte geknüpft und Ressourcen zur Einbindung in die Gemeinde entdeckt werden (vgl. ZENTNER 2005). Diese Chance wird bei der Weiterentwicklung der Angebote von vielen Trägern gesehen (Abb. 88). 60 % bezeichnen die mit ihnen zusammen arbeitenden freiwillig Engagierten als „*Türöffner in die Gemeinde*". Bei fast der Hälfte der Befragten ist die Einbeziehung freiwilligen Engagements konzeptionell verankert, z. B. zur Wegebegleitung; im Einzelfall engagieren sich auch Eltern ehrenamtlich. Ein Drittel hat innerhalb der eigenen Organisation eine Freiwilligenkoordination installiert. Allerdings gibt es auch gegenläufige Tendenzen: 37 % der Anbieter konstatieren *Vorbehalte* auf Seiten hauptamtlicher Mitarbeiter/innen gegenüber ehrenamtlich Tätigen. Im Einzelfall wird im Rahmen der Arbeit mit behinderten Menschen kein Tätigkeitsfeld für freiwillig Engagierte gesehen. In ergänzenden Anmerkungen bewerten einige die Einbeziehung von ehrenamtlich Tätigen bei dem von ihnen betreuten Personenkreis als „*sehr schwierig*". Zudem sei das freiwillige soziale Engagement „*keine verlässliche Größe, daher nur zusätzlich einplanbar*", in der Vergangenheit seien „*Versuche, ‚Freiwillige' mit Menschen mit Behinderung zusammenzubringen, an fehlender Verbindlichkeit bzw. Kontinuität gescheitert.*" Einer merkt an: „*Praktikanten regelmäßig im Einsatz, ansonsten ist dieses Thema wenig im Blickpunkt.*"

Trotz der genannten Vorbehalte sehen viele Anbieter im Kontext der Leitidee Teilhabe am Leben in der Gesellschaft das Einbeziehen bürgerschaftlichen Engagements als geeigneten Weg. Vorbehalten von Mitarbeitenden sei entgegen zu halten, dass freiwillig Engagierte die professionelle Arbeit von Einrichtungen und Diensten ergänzen und z. B. bei der Individualisierung der Freizeitgestaltung sinnvoll eingesetzt werden könnten. Mitarbeiter/innen sollten es daher als ihre Aufgabe ansehen, unter Wahrung der Qualität der Dienstleistungen freiwillig Engagierte gezielt in ihre Arbeit mit einzubeziehen. Einzelne Anbieter äußern die Befürchtung, dass die stärkere Betonung des bürgerschaftlichen Engagements als Instrument zur *Kostenreduzierung* genutzt werden könnte, was insbesondere in der Arbeit mit schwer behinderten Menschen Qualitätsverluste zur Folge haben würde.

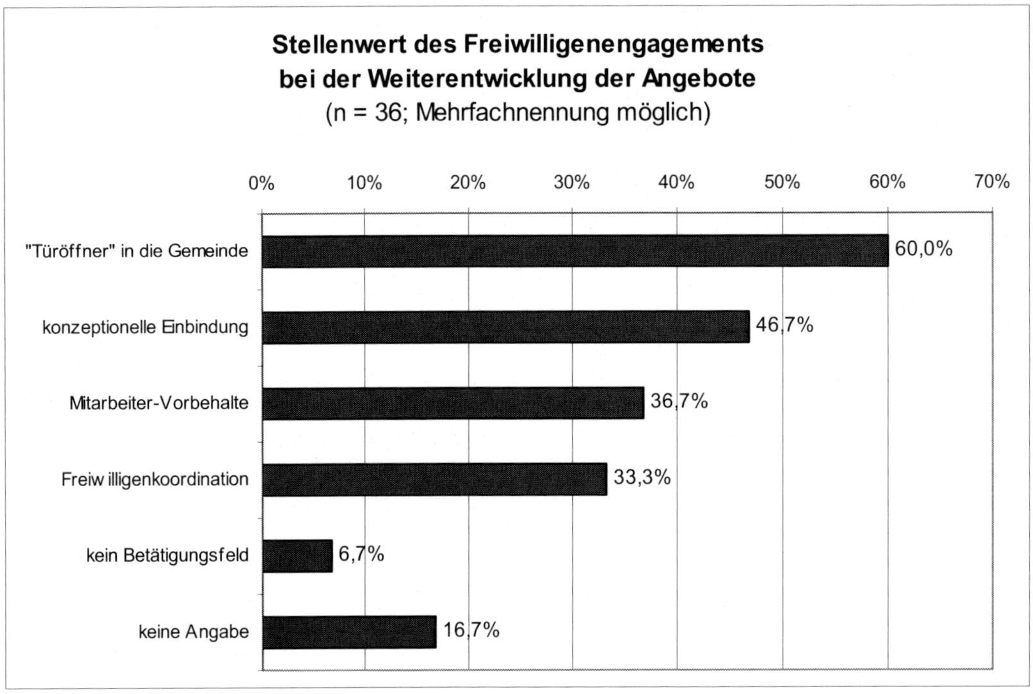

Abb. 88: Stellen des Freiwilligenengagements

5.3 Soziale Akzeptanz

„Wenn ich sehe, wie viele Schwierigkeiten wir haben, wenn unsere Bewohner draußen im Garten sind und unsere Nachbarn sich hinstellen und sagen: ‚Wir haben doch nicht hier unser Haus gekauft, damit wir hier nebenan eine Einrichtung haben.'" *(Aussagen aus dem Feld der Behindertenhilfe)*

Hinsichtlich der sozialen Akzeptanz werden in der unmittelbaren Nachbarschaft unterschiedliche Erfahrungen gemacht. Vor allem im Hinblick auf Menschen mit schweren Behinderungen zeigt sich, dass sich das Zusammenleben umso schwieriger gestaltet, je größer der Unterschied des Lebensstandards zwischen den Menschen mit Behinderung und den Nachbarn ist:

„Wir versuchen sehr, die Nachbarn einzubinden, dann merke ich schon im Umgang, dass das relativ schwierig ist. Wir haben inzwischen eine WG in einem großen Neubaugebiet, da ist der Ansatz ganz anders. Da gehen die Leute viel offener auch damit um. Da sind viele ‚exotisch'. Hier ist es dann eher so: ‚Ach Gott, die Armen, die leben ja im Heim.'"(Int-E_T)

Im Einzelfall entwickeln sich dennoch Kontakte, die positive Veränderungen erwarten lassen:

„Die Nachbarin von nebenan ist eigentlich sehr wohlwollend. Die sagt einerseits schon deutlich, wenn es ihr zu laut wird, tritt aber gleichzeitig wirklich in Kontakt mit den Leuten. Es gibt da einen, der hilft ihr auch ab und zu im Garten oder so. Die verstehen sich eigentlich ganz gut, darüber ist es wirklich so ein Geben und Nehmen." (Int-E_T)

Die Öffnung von Einrichtungen der Behindertenhilfe nach außen durch Kooperation mit benachbarten Institutionen, z. B. Schulen, gelingt nach vorliegenden Erfahrungen am besten, wenn sich Interaktionen zwischen den Menschen mit und ohne Behinderung aus konkreten Situationen heraus ergeben, die für beide Seiten bedeutsam sind, weniger durch Absprachen zwischen Einrichtungen, die eher künstlich initiiert werden. So kommen z. B. Schülerinnen und Schülern von sich aus in die Einrichtung, wenn sie im Sommer beim Sport ihre Wasserflasche mal auffüllen wollen oder wenn sie bei Sommerfesten auf dem Einrichtungsgelände „*Luftballons klauen*". Kooperationen auf institutioneller Ebene ergeben sich u. a. durch die gemeinsame Organisation von Straßenfesten, das Anbieten von Räumlichkeiten bei besonderen Gelegenheiten oder durch Mitwirkung bei Unterrichtsprojekten zum Thema Behinderung. Der Plan, Praktika in der Einrichtung durchzuführen, konnte nicht realisiert werden, weil sich die Schüler/innen in der direkten Begegnung mit schwer behinderten Menschen überfordert sahen.

Um die soziale Akzeptanz von Menschen mit geistiger Behinderung im Bezirk zu verbessern und ihre Teilhabechancen in der Region zu stärken, betreiben 56 % der Befragten gezielt *Öffentlichkeitsarbeit*. Ein Viertel unternimmt keine entsprechenden Aktivitäten (19 % machten keine Angabe). Das Spektrum der Aktivitäten umfasst unterschiedliche Bereiche:

- Öffnung der Einrichtung nach außen:
  z. B. Einladung der Nachbarn zu (jahreszeitbezogenen) Festen und Veranstaltungen („Tag der Offenen Tür"); Disco, Café
- Präsentationen in der Gemeinde
  z. B. Kunstausstellungen, Theatergruppe, Trommelgruppe, Krippenspiel
- Gemeinsame Aktivitäten mit der Gemeinde
  z. B. aktive Mitgestaltung bezirklicher Veranstaltungen
- Aktionen in der Gemeinde
  z. B. Blaues Kamel[109]; Aktion Mensch
- Angebote für die Gemeinde
  z. B. Konzerte, „Integrationsgespräche"
- Teilnahme an Veranstaltungen im Stadtteil
  z. B. Stadtteilfeste, Märkte, Trödelmärkte, Informationsveranstaltungen

109 Im Aktionsbündnis Das Blaue Kamel haben sich Berliner Träger der Behindertenhilfe in Form einer nicht-institutionalisierten, aktionsbezogenen Initiative zusammengeschlossen, um die Interessen von Menschen mit Behinderungen öffentlich zu vertreten und in den Vordergrund der gesellschaftspolitischen Diskussion zu stellen. (http://www.das-blaue-kamel.de/)

- Pressemitteilungen
  z. B. Artikel in Regionalblättern und im kirchlichen Gemeindeblatt; Eintragungen in Publikationen zu regionalen Angebotsstrukturen
- Verbreitung von Publikationen des Trägers
  z. B. Faltblätter, Aushänge, Jahresbericht
- Öffnung der Einrichtung für Politik und Verwaltung
  z. B. Einladung von Ausschüssen in die Einrichtungen

5.4 Zusammenarbeit

„Der einzelne Träger darf genauso wenig wie der Klient in seinem Lebensumfeld eine isolierte Stellung im Angebotsbereich einnehmen. Kooperation ist so wichtig wie zwischenmenschliches Erleben."

(Aussagen aus dem Feld der Behindertenhilfe)

86 % der Befragten halten eine *Kooperation zwischen Anbietern* im Bereich des Wohnens und anderen sozialen Einrichtungen und Diensten in der jeweiligen Region für erstrebenswert, davon 14 % zumindest teilweise (14 % machten keine Angabe). Vorteile werden u. a. im gegenseitigen Kennenlernen und einem fachlichen Austausch gesehen. In fachlicher Zusammenarbeit könnten z. B. gemeinsam Qualitätsstandards entwickelt werden oder fachspezifische Beratungen durchgeführt werden. Grundsätzlich sei die Entwicklung von Netzwerken jeglicher Art ein *„effektiver Einsatz von Ressourcen zum Nutzen der Menschen mit Behinderung"*. So wäre u. a. ein Abgleich der Angebote möglich: Man könne *„bestehende Angebote ausnutzen, bevor neue entstehen"* und *„Angebote öffnen, Angebotsdoppelungen vermeiden, dafür die Angebotspalette ergänzen, gemeinsame Projekte initiieren"*. Durch die gegenseitige Nutzung von Angeboten, die ein einzelner Träger nicht vorhält oder vorhalten kann, wäre der Ausbau und die Spezialisierung in einzelnen Bereichen besser möglich. Zudem könnten durch Bündelung von Aktivitäten ergänzende Hilfs- und Freizeitangebote zur trägerübergreifenden Nutzung geschaffen werden. Durch die Zusammenarbeit mit Anbietern außerhalb der Behindertenhilfe ließen sich auch integrative Angebote leichter realisieren. Schließlich böte ein Zusammenschluss auf regionaler und überregionaler Ebene eine tragfähige Basis für sozialpolitisches Engagement.

78 % der Befragten pflegen bereits *Kooperationen mit anderen sozialen Einrichtungen und Diensten* innerhalb der Regionen, in denen sie als Anbieter aktiv sind (6 % verneinen dies, 17 % gaben keine Antwort). Die bestehenden Kooperationen stehen teilweise mit der Unterstützung einzelner Personen in Zusammenhang (Einzelfallebene), teilweise sind sie eingebunden in organisationsbezogene Vernetzungsstrukturen (Systemebene). Kooperationspartner auf der *Einzelfallebene* sind nach Aussage der Befragten Beratungsstellen, Familien unterstützende Hilfen, Schulen, Werkstätten für behinderte Menschen, Tagesförderstätten für psychisch Kranke, Betriebe (berufliche Integration), die Heilpädagogische Ambulanz (HpA), kulturelle und künstlerische Begegnungsstätten, Kirchengemeinden, Einrichtungen für Freizeit- und Bildungsangebote (z. B. Jugendfreizeitheime, Volkshochschule, Musikschule), Vereine (z. B. Sportverein), Freiwilligenagenturen, Begleitdienste, Sozialstationen, ambulante Pflegedienste und Kliniken. Die Kooperationsbeziehungen auf der Einzelfallebene finden nach Aussagen von beteiligten Akteuren meist sporadisch statt, häufig informell; nur vereinzelt erfolgen sie systematisch oder in standardisierter Form.

Auf *Systemebene* bestehen einerseits Kooperationen mit Mitgliedern *bezirklicher Gremien* (Psychosoziale Arbeitsgemeinschaft, teilweise mit Unterarbeitsgruppe „Geistige Behinderung", Steuerungsrunden; vereinzelt: Behindertenbeirat, Psychiatriebeirat, Ausschüsse der Bezirksverwaltung, Anhörungen, Stadtteilkonferenz), andererseits mit anderen *Trägern der Behindertenhilfe* (Zusammenarbeit bei therapeutischen, pädagogischen und freizeitbezogenen Angeboten wie Hippotherapie, Snoezelen; sexualpädagogische Angebote; trägerübergreifende Gremien auf der Ebene der Geschäftsführer, des Qualitätsmanagements und der Heimbeiräte), in *Facharbeitsgruppen* (z. B. zu den Themen „Interkulturelle Altenhilfe" und „Sozialraumorientierung") sowie mit anderen *Trägern sozialer oder kultureller Angebote* (z. B. Bildungsträger, Freizeit- und Begegnungsstätten, Nachbarschaftszentren, Quartiersmanagement). 72 % der Befragten nutzen zur Kooperation mit anderen Organisationen und mit lokalen Akteuren die *Möglichkeiten des Internet*, davon 31 % zumindest teilweise.

5.5 Interkulturelle Öffnung

In Kap. VIII wurde die Kontaktaufnahme und Kooperation mit Menschen mit Migrationshintergrund und ihren Organisationen als zentraler Aspekt der interkulturellen Öffnung der Behindertenhilfe dargestellt. Zur Konkretisierung möglicher *Anknüpfungspunkte und Vernetzungsmöglichkeiten* werden an dieser Stelle aus sozialräumlicher Perspektive am Beispiel des Bezirks Tempelhof-Schöneberg Vereine und Dienste, die im Bereich Zuwanderung und interkulturelle Angebote tätig sind, geografisch dargestellt, ohne Anspruch auf Vollständigkeit (Abb. 89)[110].

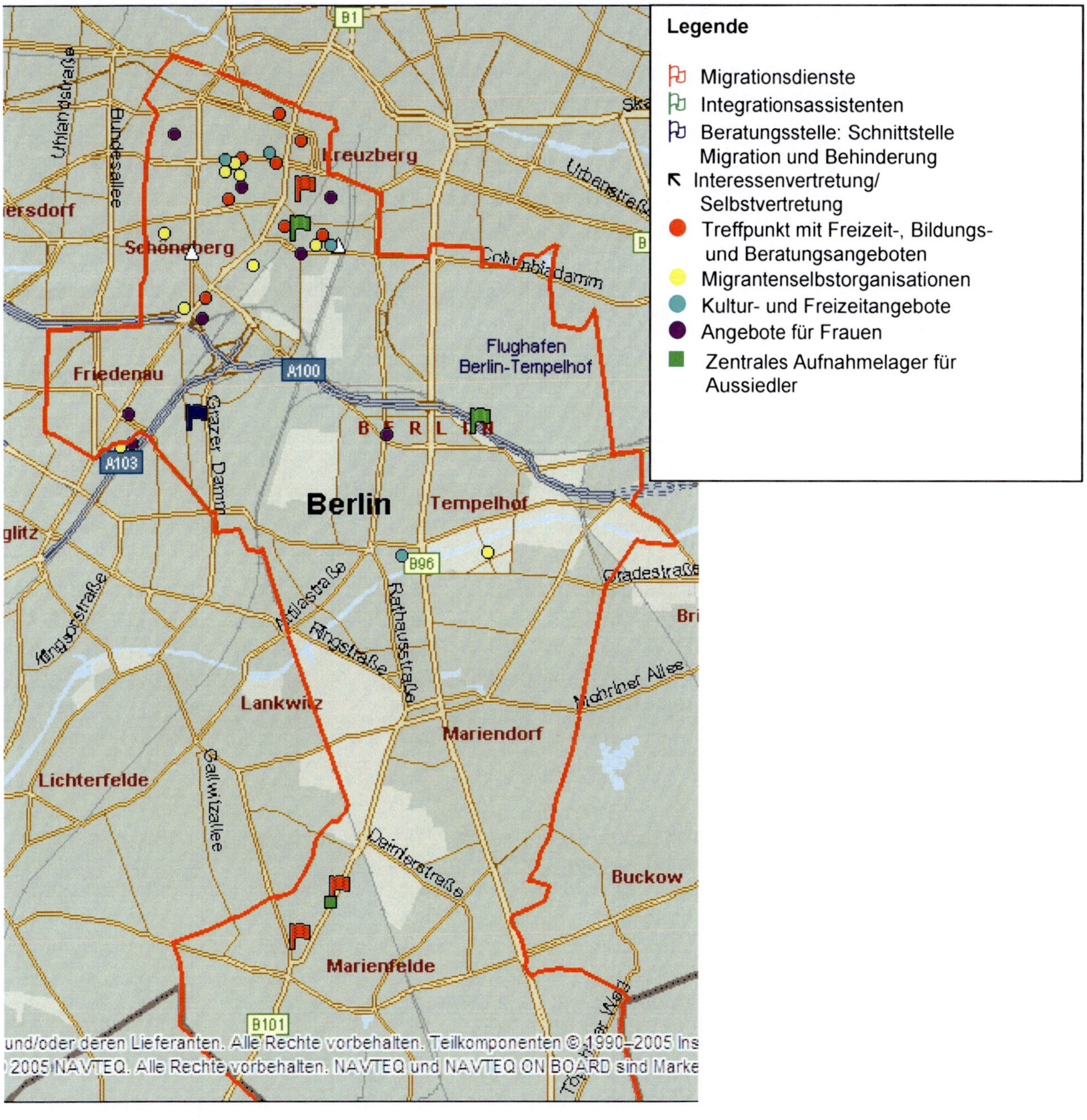

Abb. 89: Tempelhof-Schöneberg: Vereine und Dienste für Migrantinnen und Migranten

Migrationsdienste sind an drei Standorten im Bezirk angesiedelt, wobei sich ein Standort in Schöneberg und zwei in Marienfelde, auf dem Gelände bzw. in Nachbarschaft des Zentralen

110 Die Angaben sind einer Broschüre der Integrationsbeauftragten (2009) entnommen (http://www.berlin.de/ba-tempelhof-schoeneberg/beauftragte/integration/index.html). Weitere Recherchen erfolgten über den KIEZATLAS (http://www.kiezatlas.de).

Aufnahmelagers für Aussiedler des Landes Berlin (ZAB) befinden. Neben der Beratung und Weitervermittlung von Zugewanderten gehört u. a. die Vernetzung mit sozialen Diensten sowie ein „Hinwirken auf Interkulturelle Öffnungsprozesse" zum Aufgabenspektrum der Migrationsdienste (vgl. zum Beispiel http://www.caritas.de/2062.html). Sie sind somit in ihrem Selbstverständnis auch Anlauf- und Beratungsstellen für Organisationen der Mehrheitsgesellschaft.

Seit 2009 sind insgesamt 36 *„Integrationsassistenten"* in Tempelhof-Schöneberg tätig. Sie fungieren als Mittlerpersonen zwischen Einwandererfamilien und der aufnehmenden Gesellschaft. Sie informieren über bezirkliche Angebote, unterstützen bei der Kontaktaufnahme und beim Ausfüllen von Antragsformularen. Eigene Migrationserfahrungen und die Sprachkompetenz der Integrationsassistenten schaffen die Basis für eine niedrigschwellige Kontaktaufnahme, um Zugang zu sozialen Diensten zu ermöglichen. Die Integrationsassistenten sind im Stadtteil Schöneberg und Tempelhof jeweils mit einer Anlaufstelle vertreten.

Als eines der wenigen *Beratungsangebote*, die explizit behinderte Menschen mit Migrationshintergrund ansprechen, ist das Projekt „IdeM-Informationszentrum für dementiell und psychisch erkrankte sowie geistig behinderte MigrantInnen" des Sozialverbands VdK zu nennen. Auch wenn es sich vorrangig an ältere Migranten und Migrantinnen mit Behinderung wendet, steht es prinzipiell geistig behinderten Menschen mit Migrationshintergrund und ihren Angehörigen zur Verfügung. Das Projekt bietet sozialen Dienstleistern und Einrichtungsträgern Unterstützungs- und Kooperationsleistungen an und entwickelt zielgruppenspezifische Informationsmaterialien.

Institutionen der *Interessenvertretung* von Zugewanderten und ihrer Familien im Bezirk sind die Integrationsbeauftragte des Bezirkes sowie die Vereinigung der Tempelhof-Schöneberger ImmigrantInnen und Flüchtlingsprojekte (T-SAGIF). Diese Vereinigung übernimmt in Tempelhof-Schöneberg die Funktion des Integrationsbeirates. Es besteht eine enge Zusammenarbeit mit der Integrationsbeauftragten. Die T-SAGIF befindet sich im Interkulturellen Haus in Schöneberg, unter dessen Dach sich auch drei weitere Vereine (Assyrische Union, Café interkulturell, Ausländer mit uns e. V.) befinden.

Im Schöneberger Norden, einem Stadtteil, der stark durch Zuwanderung geprägt ist, befinden sich mehrere niedrigschwellige sozialraumorientierte Angebote, die in der Karte unter der Kategorie *Treffpunkte mit Freizeit-, Bildungs- und Beratungsangeboten* zusammengefasst sind. Sie bieten eine breite Palette von Angeboten in den Bereichen Bildung, Erziehung, Beratung, Kultur und Information an. Auch die hier angesiedelten *Angebote für Frauen mit Migrationshintergrund* zeichnen sich durch Niedrigschwelligkeit und ein breites Angebotsspektrum aus. Einige der Angebote richten sich an Frauen eines bestimmten Herkunftslandes bzw. einer bestimmten Herkunftsregion: drei an Frauen mit türkischem Hintergrund, eines an Frauen arabischer Herkunft und eines an Frauen aus Osteuropa.

Im Schöneberger Norden sind auch *Migrantenselbstorganisationen*, die ihre Angebote an Zuwanderer eines bestimmten Herkunftslandes richten, vertreten. Viele der Vereine verstehen ihre Aufgabe auch in der Förderung des interkulturellen Dialoges. Weiterhin zeigt die Bezirkskarte Vereine an, die *kulturelle Aktivitäten* fördern. Diese Angebote reichen von Vereinen zur Pflege von folkloristischen Traditionen, über kulturspezifische Musikvereine bis zu einem internationalen Kulturzentrum in Tempelhof, das neben kulturellen Angeboten auch soziale Projekte organisiert (z. B. die Organisation von Freiwilligenarbeit).

Ergänzend zu den Angaben auf der Bezirkskarte ist die *Redaktion des deutsch-türkischen Stadtmagazins „Merhaba"* zu nennen, die sich ebenfalls in Tempelhof-Schöneberg befindet. In einigen Ausgaben des Magazins finden sich Berichte über türkische Familien mit einem geistig behinderten Kind in Berlin. Zudem sind fünf *Moscheevereine* Teil des religiösen Lebens in Tempelhof-Schöneberg. Die Islamische Gemeinschaft deutschsprachiger Muslime und Freunde des Islam e. V., die einen aufgeklärten Islam vertritt, führt Seminare, Workshops und Veranstaltungen durch, mit dem Ziel Vorurteile und Missverständnisse abzubauen. In Marienfelde liegt das *Zentrale Aufnahmelager für Aussiedler* des Landes Berlin. Hier erfolgt die zentrale Unterbringung von zumeist Spätaussiedlern aus Russland, Kasachstan und der Ukraine. Die durchschnittliche Aufenthaltsdauer beträgt vier Monate. Insgesamt hat das Aufnahmelager eine Kapazität von 270 Bettenplätzen. Zwei der Wohneinheiten sind rollstuhlgerecht gestaltet. Der Sozialdienst des Landesamtes für Gesundheit und Soziales berät die zugewanderten Familien unter anderem zum Thema Behinderung.

5.6 Fokus: Teilhabe im Alter

> „Die Teilhabemöglichkeiten älterer Menschen mit Lernschwierigkeiten am gesellschaftlichen Leben und in lokalen lebensweltlichen Zusammenhängen ist wesentlich geprägt von ihren Biografieverläufen. Die während des Lebens angehäuften sozialen Erfahrungen, Verbindungen und Kompetenzen (soziales Kapital), der Zugang zu finanziellen Ressourcen, Hilfsmitteln und Besitz (ökonomisches Kapital) sowie ihre Bildung, ihre Erfahrung im Umgang mit kulturellen Bedeutungen (kulturelles Kapital) bestimmen wie bei älteren Menschen ohne Lernschwierigkeiten ihre Positionierung im sozialen Raum (vgl. BOURDIEU 1987/ KRONAUER 2002). Bei genauer Betrachtung lässt sich jedoch feststellen, dass Menschen mit Lernschwierigkeiten in allen drei Kapitaliensorten extrem minderausgestattet sind und damit einer Reihe objektiver Schwierigkeiten im Zugang zu gesellschaftlichen und gemeinschaftlichen Austauschprozessen ausgesetzt sind." (LANGHANKY & HUßMANN 2005, 12)

Im Kontext der demografischen Entwicklung rücken in den letzten Jahren auch in der Behindertenhilfe immer stärker die alten bzw. alt werdenden Menschen mit geistiger Behinderung in den Blick. Zentrale Themen sind der Übergang aus der Werkstatt in den Ruhestand, strukturelle und konzeptionelle Aspekte der Tagesstruktur, Erwachsenenbildung im Alterungsprozess, neue Wohnkonzepte, gesundheitliche Prävention und die Qualität der Pflege in Einrichtungen der Behindertenhilfe sowie Fragen der Kooperation und Vernetzung von Behindertenhilfe und Altenhilfe und die Abgrenzung von Eingliederungshilfe und Pflege sowie Fragen der Sozialplanung. Zu diesen Themen- und Handlungsfeldern liegt eine Fülle von Publikationen vor, u. a. zu praxisbezogenen Modellprojekten und Forschungsprojekten sowie zu fachlichen, administrativen und rechtlichen Fragestellungen. Dabei ist zu beachten, dass die Gruppe der alt werdenden Menschen – unabhängig vom Vorliegen einer geistigen Behinderung – keine homogene Gruppe, sondern einen sehr heterogenen Personenkreis mit unterschiedlichen Fähigkeiten, Wünschen und Interessen darstellt.

Die Vielfalt der Erfahrungen und Ansprüche von Menschen mit Behinderung in der letzten Lebensphase wurden im Rahmen des Forschungsprojekts „Den Ruhestand gestalten lernen" im direkten Austausch mit älteren Frauen und Männern mit Behinderung aus unterschiedlichen Bundesländern erhoben (MAIR 2008). Ergänzend wurden Mitarbeitende zu ihren Erfahrungen und den in ihren Einrichtungen praktizierten Konzepten sowie zum Handlungsbedarf in diesem Feld befragt. Die Ergebnisse sind im Handbuch „Segel setzen. Aufbruch zum selbstbestimmten Ruhestand von Menschen mit Behinderung" (SOFTWARE AG - STIFTUNG 2009) dokumentiert und geben Anregungen zur Weiterentwicklung der Unterstützungsleistungen auf der Mikro-Ebene (Grundprinzipien der Begleitung), der Meso-Ebene (Anforderungen an die Institutionen) und auf der Makro-Ebene (Gemeinwesenorientierung).

Nach Einschätzung der im Rahmen der KUNDENSTUDIE befragten Anbieter von wohnbezogenen Einrichtungen und Diensten besteht bei der Betreuung von geistig behinderten Menschen im Alterungsprozess im Land Berlin der dringlichste Handlungsbedarf. Die Anforderungen in diesem Feld erfordern konzeptionelle, personelle, strukturelle und finanzielle Rahmenbedingungen, die dem Anspruch an eine fachlich adäquate Unterstützung genügen. Die Befragten benannten Handlungsansätze, die sich in ihrer Arbeit mit dem Personenkreis bewährt haben, und gaben Impulse zur Weiterentwicklung der Dienstleistungen in diesem Bereich (vgl. Kap. VI).

Zur Vertiefung der Fragestellungen wurde exemplarisch im *Bezirk Pankow* eine *schriftliche Befragung* in Wohneinrichtungen durchgeführt, in denen alt werdende Menschen mit geistiger Behinderung (über 55 Jahren) betreut werden. Sieben Träger haben sich mit 12 ausgefüllten Fragebögen für verschiedene Wohnformen beteiligt. Die Wohnangebote der Träger werden von insgesamt 555 Menschen mit geistiger und mehrfacher Behinderung in Anspruch genommen, davon sind *153 Personen über 55 Jahre alt* (90 Frauen, 63 Männer). Das sind 28 % der Gesamtzahl der Bewohner/innen. Die Hälfte der älteren Frauen und Männer ist der Hilfebedarfsgruppe IV zugeordnet, rund ein Fünftel der Hilfebedarfsgruppe V. Fast alle leben in Wohnheimen (85 %); 5 % werden in Wohngemeinschaften und 10 % in einer eigenen Wohnung ambulant betreut. – Ergänzend wurden fünf *Experten-Interviews* geführt, davon zwei Interviews mit jeweils zwei Gesprächspartnern. Schwerpunkte der Befragungen waren u. a. konzeptionelle Grundlagen und Anforderungen in der Arbeit mit alt werdenden Menschen und Vorschläge zur Weiterentwicklung der Angebote.[111]

Im Kontext der Fragestellung dieses Kapitels sind insbesondere die *Ergebnisse zu sozialraumbezogenen Aspekten* von Interesse. Abb. 90 ist zu entnehmen, dass die Gemeinwesenorientierung nur bei einem Drittel der beteiligten Einrichtungen einen besonderen Stellenwert hat, wenngleich die grundsätzliche Bedeutsamkeit von allen unterstrichen wird. Die Leitidee Inklusion steht an letzter Stelle. Oberste Priorität hat bei allen Befragten die *individuelle Lebensqualität* der alt werdenden Menschen, dicht gefolgt von den im SGB IX festgelegten Leitideen Selbstbestimmung und Teilhabe. Mit etwas Abstand werden die Orientierung am Normalisierungsprinzip, zu dem auch das Mehr-Milieu-Prinzip gehört, und die Einbindung des sozialen Bezugssystems als relevant bezeichnet. Die vorgenommene Gewichtung macht deutlich, dass in der Arbeit mit dem Personenkreis die Berücksichtigung der individuellen Bedürfnisse, als Grundlage einer subjektiv guten Lebensqualität, an oberster Stelle steht.

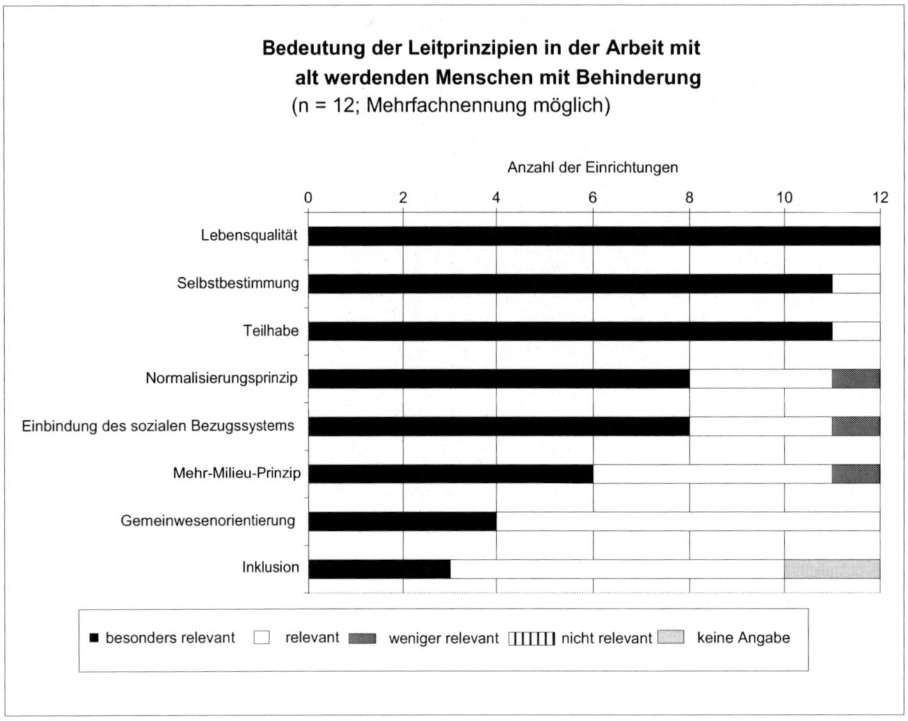

Abb. 90: Stellenwert der Leitprinzipien

Tagesstrukturierende Angebote stehen für diesen Personenkreis *ausschließlich im System der Behindertenhilfe* zur Verfügung. Die Angebote finden überwiegend innerhalb der Einrichtung statt, häufig innerhalb der Wohngruppe (Abb. 91). In drei Einrichtungen werden tagesstrukturierende Angebote einrichtungsübergreifend angeboten, bei einer weiteren wird ein trägerübergreifendes Angebot für alt werdende Menschen genutzt. Fünf Einrichtungen geben an, dass die älteren Frauen und Männer eine Werkstatt für behinderte Menschen besuchen, drei Einrichtungen nennen den Förderbereich als Ort der täglichen Beschäftigung.

111 Die Fragebogenerhebung in Pankow und die Interviews wurden von Dipl.-Heilpäd. Michael Komorek durchgeführt.

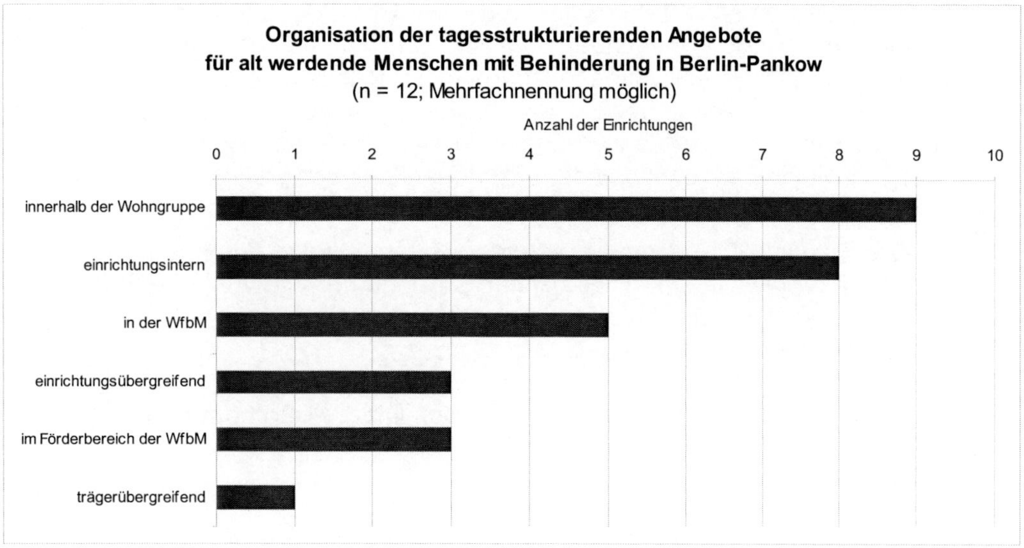

Abb. 91: Organisation der tagesstrukturierenden Angebote

Die in der Arbeit mit alt werdenden Menschen angewendeten *Methoden* sind überwiegend *individuumbezogen* (Abb. 92).

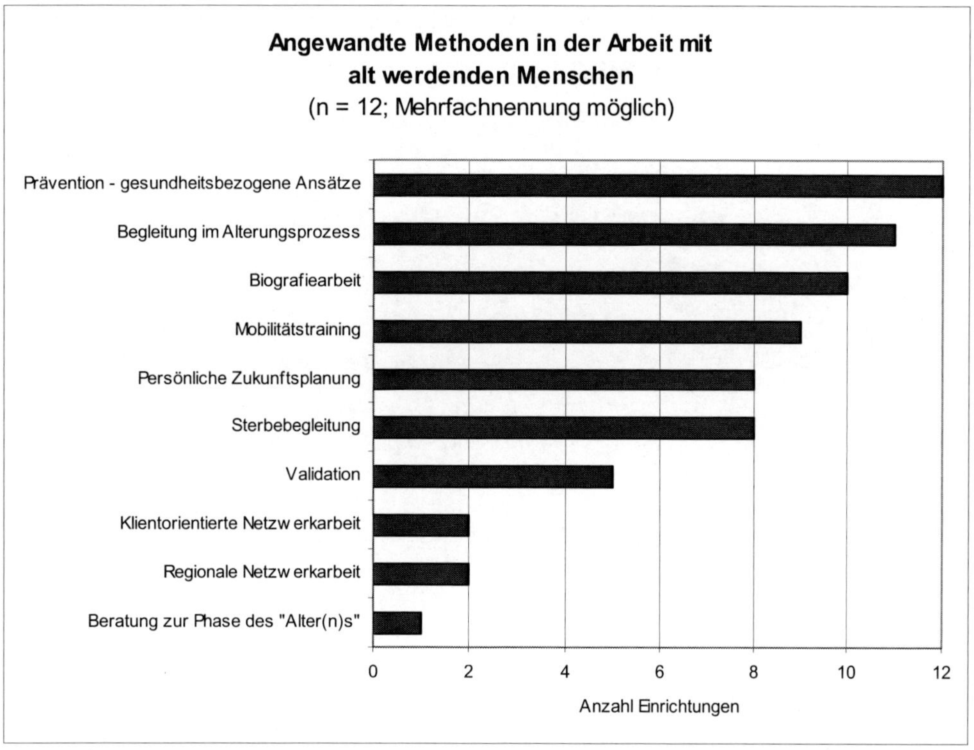

Abb. 92: Methoden in der Arbeit mit alt werdenden Menschen

Dem Alterungsprozess entsprechend stehen Angebote und Maßnahmen der Gesundheitsförderung an oberster Stelle. Fast gleich häufig werden die pädagogische Begleitung und die Biografiearbeit genannt. Im Zusammenhang mit der Zielperspektive Lebensqualität ist auch die Persönliche Zukunftsplanung von Bedeutung, die darauf abzielt, persönliche Wünsche und Ziele der beteiligten Frauen und Männer herauszufinden und deren Realisierung zu unterstützen. Die Methode der Validation, die sich u. a. in der Arbeit mit demenzkranken Menschen bewährt hat, wird in fünf Einrichtungen praktiziert. In zwei Dritteln der Einrichtungen gehört die Sterbebegleitung zu den Aufgaben der Mitarbeitenden. Der *Sozialraum* hat gegenüber den individuumbezogenen Handlungsansätzen eher geringe Bedeutung. Netzwerkarbeit spielt bei den befragten Einrichtungen nahezu keine Rolle. Sowohl die klienten- als auch die gemeinwesenbezogene Netzwerkarbeit werden nur von jeweils zwei Einrichtungen praktiziert. Auch das *Einbeziehen von ehrenamtlich Tätigen* wird in der Arbeit mit dem Personenkreis von weniger als der Hälfte der Einrichtungen als bewährter Ansatz genannt (5 Einrichtungen).

Ein Überblick über *Häufigkeit und Lokalisierung von tagesstrukturierenden Angeboten* zeigt, dass alle Angebote – mit jeweils unterschiedlicher Gewichtung – sowohl innerhalb als auch außerhalb der Einrichtung stattfinden (Abb. 93).

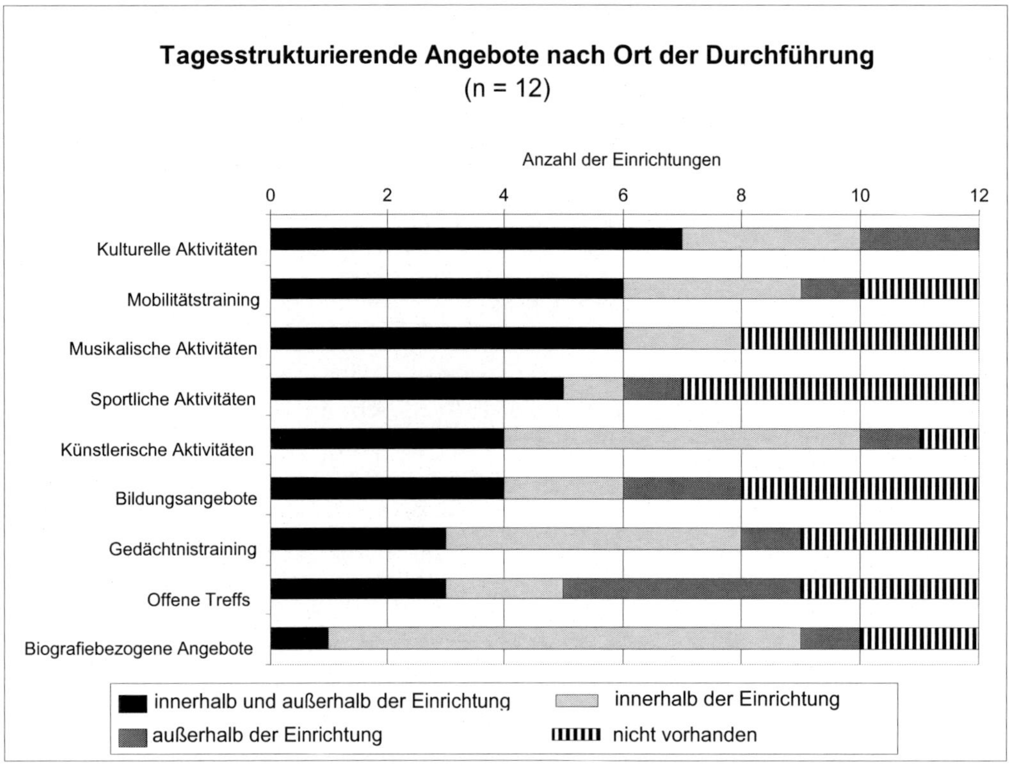

Abb. 93: Tagesstrukturierende Angebote nach Ort

Am häufigsten vertreten sind kulturelle und künstlerische Aktivitäten, gefolgt vom Mobilitätstraining und biografiebezogenen Angeboten. Letztere finden überwiegend innerhalb der Einrichtung statt. Sportliche Aktivitäten werden nur von rund der Hälfte der beteiligten Einrichtungen angeboten. Bildungsangebote und musikalische Aktivitäten sowie Gedächtnistraining und der Besuch offener Treffs werden jeweils gleich häufig genannt.

Es wird berichtet, dass es bei der *Inanspruchnahme von tagesstrukturierenden Angeboten* unter den älteren Frauen und Männern zwei Gruppen gibt: Die einen verlassen sich darauf, dass ihnen Angebote gemacht werden. Sie fühlen sich in der Einrichtung zu Hause und äußern eher selten eigene Wünsche:

„Das ist auf der einen Seite gut, dass sie sich hier zu Hause fühlen, auch mit den Mitarbeitern lange Jahre zusammen sind und da eine ganz enge Bindung auch besteht. Auf der anderen Seite fehlt manchmal auch die Eigeninitiative, Alternativen zu suchen oder auch Alternativen einzufordern. Wenn man jahrzehntelang innerhalb eines bestimmten Rahmens gelebt hat und eigentlich nicht andere Möglichkeiten kennengelernt hat, dann ist es schwierig, die im Alter rauszufinden, so dass die Bedürfnisermittlung sich meistens darauf beschränkt, von den vorhandenen Angeboten zu profitieren." (Int-E_T)

Die anderen wollen den Tag lieber individuell gestalten, vorzugsweise außerhalb der Einrichtung. Bei diesen Frauen und Männern handele es sich um einen Personenkreis, der seit Jahrzehnten in den Heimen lebt, aber eigentlich dort fehlplatziert sei:

> *„Die sind in DDR-Zeiten hier gelandet, hatten keine andere Möglichkeit, irgendwo unterzukommen, und haben sich mit den Lebensverhältnissen hier arrangiert, aber immer einen ganz großen Drang nach draußen gehabt. Sie nutzen das jetzt auch, sind quasi vor- und nachmittags unterwegs, nehmen hier ihre Mahlzeiten ein, nutzen so'n bisschen den Hotelcharakter der stationären Einrichtung und sehen zu, dass sie selber für sich das ranziehen, was sie brauchen, das aber eher außerhalb suchen und auch 'ne ganz starke Abwehr dagegen haben, dass hier für sie nochmal ein Angebot geschaffen wird. Das ist so: Das will ich gar nicht, lass mich in Ruhe, ich mach mein Ding. Ich will zwar hier wohnen bleiben – das ist manchmal auch Angst, die damit verbunden ist, gerade auch bei den älteren Menschen, wo man theoretisch noch überlegen könnte, besteht da für die 'ne Möglichkeit, in 'ne andere Wohnform umzuziehen, dass die das abwehren und sagen: Ich bin jetzt hier vierzig Jahre, fünfzig Jahre in dem Haus, und ich hab hier schon so viel mitgemacht, ich will jetzt hier bleiben.'" (Int-E_T)*

Zu den *bevorzugten Freizeitaktivitäten* zählen neben *internen* Beschäftigungen, wie Fernsehen, Beteiligung an Haushaltstätigkeiten und handwerklichen Aktivitäten, auch Unternehmungen *außerhalb*. Hier werden das Treffen von Angehörigen und Freunden, Spazierengehen, Ausflüge, Kinobesuche, Cafébesuche und Tanztees genannt.

Das *allgemeine Angebot für ältere Menschen* ist in Pankow vielfältig. Beispielhaft seien Begegnungsstätten genannt, die sowohl von freien Trägern (8 Einrichtungen) als auch von Seiten des Bezirksamts (9 Einrichtungen) vorgehalten werden. Zudem gibt es ein Mehrgenerationenhaus, das über das Bundesprogramm des Bundesministerium für Familie, Senioren, Frauen und Jugend „Mehrgenerationenhäuser" gefördert wird, und Möglichkeiten zur Interaktion und Kommunikation zwischen Menschen verschiedenen Alters bietet. Auch die drei im Bezirk bestehenden Volkshochschulen haben Angebote für Senioren in ihrem Programm.

Dennoch werden die *Ressourcen des Stadtteils* in der Arbeit mit alt werdenden Menschen nur teilweise erschlossen (Abb. 94).

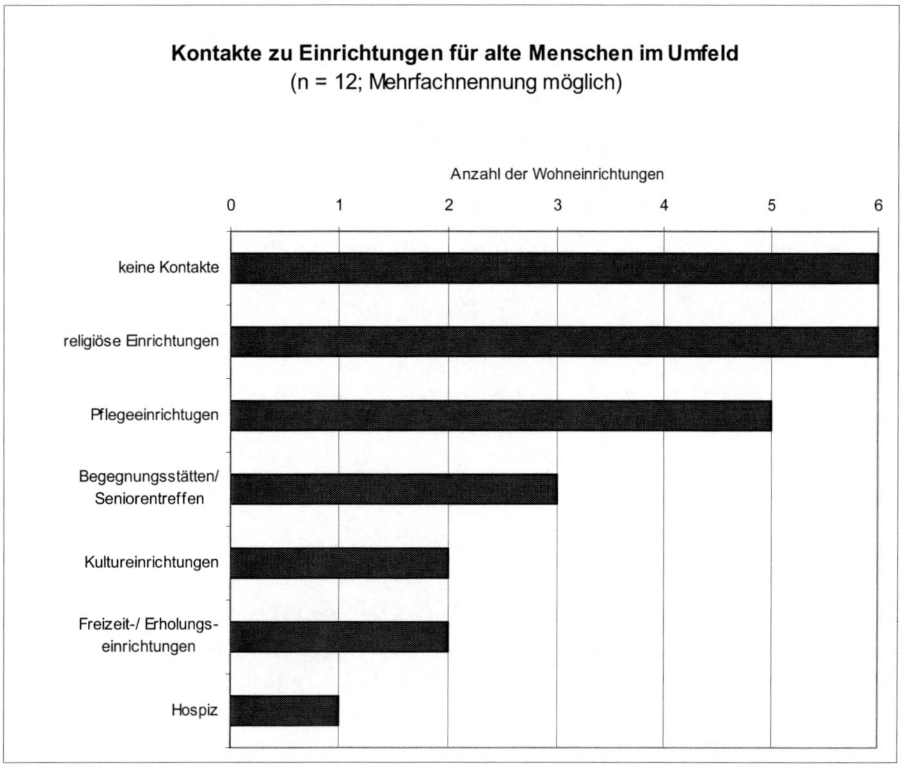

Abb. 94: Kontakte zu Einrichtungen im Umfeld

Die Hälfte der beteiligten Einrichtungen hat keinerlei Kontakte zu Einrichtungen für alte Menschen im Umfeld. Bei den anderen haben Kirchengemeinden einen besonderen Stellenwert, in deren Strukturen sich Menschen mit Behinderung als *„normaler Teil der Gemeinde“* erleben können, z. B. bei der Teilnahme am Gottesdienst oder am Frauenkreis oder beim Zuhören beim Posaunenchor. Fast gleich häufig werden Pflegeeinrichtungen genannt, als Austauschpartner für alters- und gesundheitsbezogene Fragen; eine Einrichtung arbeitet mit einem Hospiz. Kultur- und Freizeiteinrichtungen im Umfeld werden nur vereinzelt genutzt.

Kontakte zu Begegnungsstätten für Senioren, Kultureinrichtungen sowie Freizeit- und Erholungsstätten sind eher die Ausnahme. Es wird berichtet, dass sich die Suche nach *stadtteilintegrierten Alternativen zu internen Angeboten* oft schwierig gestaltet:

> *„Man kann sich sicherlich die Informationen besorgen, übers Bezirksamt oder über diese Bezirks-Ratgeberhefte, kann dann Kontakt aufnehmen und da ist auch generell eine recht große Offenheit, dass jemand hier aus dem Haus da an Angeboten teilnehmen kann, oder man guckt, wie kommt das zusammen. Aber wenn jemand im Alter, mit zusätzlicher geistiger Behinderung, in so ein Angebot reingeht, ist immer noch die Akzeptanzfrage offen. Das wird von beiden Seiten nicht immer unbedingt so gut angenommen.“ (In-E_T)*

So sei z. B. die Toleranz der älter werdenden „normalen“ Bürger/innen nur sehr eingeschränkt vorhanden, weil sie oftmals selbst Verständigungsschwierigkeiten haben, z. B. Hörprobleme, und unter diesen Bedingungen kaum auf einen Menschen mit (schwerer) geistiger Behinderung einzugehen in der Lage sind. Neben den Fragen der Akzeptanz erweisen sich auch personelle Fragen als *Hemmnis* für die Vernetzung mit Angeboten außerhalb der Behindertenhilfe. Die für die Teilnahme an den Veranstaltungen notwendige Begleitung kann in der Regel nicht abgedeckt werden. Zudem entsprechen die Angebote in Seniorentreffpunkten oder ähnlichen Einrichtungen meist nicht den Interessen der geistig behinderten Menschen:

> *„Da kann man Gitarre lernen, man kann Englisch lernen, Computer kann man lernen – passt alles nicht auf unsere Leute. Das ist was für fit Gebliebene, die jetzt in Frührente sind, wie auch immer, geht leider nicht.“ (Int-E_T)*

Manche Einrichtungen *öffnen sich nach außen*, indem sie Räume anbieten, z. B. zum Turnen für Kindergartenkinder aus dem Kiez oder auch für Seniorenveranstaltungen von Parteien. Im Einzelfall kommen Jugendliche aus der Nachbarschaft zur Fußball-AG der Einrichtung. Zum Teil werden mit benachbarten Senioreneinrichtungen gemeinsam Feste veranstaltet. Perspektivisch sei durch Einbeziehung des freiwilligen Engagements von Menschen mit Behinderung auch eine Zusammenarbeit mit der Altenhilfe vorstellbar, die für beide Seiten Gewinn bringend ist, z. B. durch Besuche bei Menschen, die sich allein fühlen:

> *„Vielleicht gibt's auch Menschen, die Grenzgänger sind, die vereinsamen, die aufgrund von irgendwelcher Erkrankung nicht mehr so geistig auf der Höhe sind, vielleicht würden die sich ja wohlfühlen. Oder unsere Leute, die gut zu Fuß sind, können ja für irgendjemand einkaufen gehen. Man kann ja gucken, ob man sowas hinkriegt – das sind so Zukunftsideen, die ich jetzt nur sehr vage im Kopf habe. Aber in die Richtung sollte es für mich dann schon gehen, dass man so eine gegenseitige Befruchtung hat, einen gegenseitigen Austausch, weil ich denke, auch unsere Leute haben eine Menge zu bieten, was vielleicht erst mal nicht ersichtlich ist für die andern. Aber ich denke, die können ganz viel. Und das jetzt auch andern Menschen zur Verfügung zu stellen, die nicht so viel können in dem Bereich, wäre ja 'ne Möglichkeit, um sich auch gebraucht zu fühlen zum Beispiel.“ (Int-E_T)*

Umgekehrt gebe es sicherlich auch nichtbehinderte Menschen im Kiez, die z. B. einen geistig behinderten Menschen zu Ämtern oder bei anderen Gelegenheiten begleiten würden. Die Bereitschaft von freiwillig Engagierten sollte stärker als bisher genutzt werden.

Das Verhältnis zur *Nachbarschaft* ist nach den Erfahrungen der Befragten unterschiedlich. Einige sehen ihre Einrichtung im Wohnquartier gut akzeptiert, andere berichten von Konflikten. Ein Träger hat eine Stelle für einen *Sozialraumkoordinator* eingerichtet, der sich zunächst einen Überblick über den Ist-Stand der Einbindung der Bewohner/innen im Wohnquartier verschafft, um darauf aufbauend Aktivitäten zur besseren Vernetzung im Wohnumfeld zu entwickeln und bestehende Hemmschwellen abzubauen. Durch gezielte Nachbarschaftsarbeit soll gegenseitiges Kennenlernen ermöglicht und diskriminierenden Verhaltensweisen gegenüber Menschen mit Behinderung entgegengewirkt werden.

Viele Anregungen für eine *sozialraumorientierte Kooperation zwischen Behindertenhilfe und Altenhilfe* bietet das Hamburger Projekt „Kommunikations- und Begegnungsmöglichkeiten älterer Menschen mit und ohne Behinderungen in der Begegnungsstätte Bergstedt" (LANGHANKY & HUßMANN 2005). An dem Projekt waren 23 Frauen und Männer mit kognitiven Beeinträchtigungen zwischen 47 und 71 Jahren beteiligt. In der wissenschaftlichen Begleitung des Projekts kamen sozialraumorientierte Methoden zur Anwendung, z. B. Interviews zu eigenen Wünschen, Vorstellungen und notwendigen Veränderungen, Netzwerkkarten und Elemente einer Zukunftswerkstatt. Eine wesentliche Erkenntnis der Studie ist, dass Menschen mit Behinderung in Kooperationsprojekten nicht den fachlich begründeten Interessen der Initiatoren entsprechend „funktionieren", sondern Raum für ihre eigenen Wege der Annäherung brauchen und vor allem in die Planung entsprechender Projekte als Experten in eigener Sache eingebunden werden müssen:

> „Die Ziele des Projekts waren durch Professionelle der sozialen Arbeit und ihre Sicht auf die Notwendigkeiten strukturiert. Das Projektziel der Integration von Menschen mit Lernschwierigkeiten und jenen ohne war ohne die Partizipation der Adressatengruppe gesetzt und ohne die Stakeholder des Gemeinwesens angestrebt worden. Der Projektverlauf hat gezeigt, dass Menschen mit Lernschwierigkeiten im Alter sehr deutlich sagen können, was sie wollen, und dies im Alltag deutlich werden lassen. Betrachtet man die reale Umsetzung des Projekts, so wird deutlich, dass ältere Menschen mit Lernschwierigkeiten, wie alle anderen Menschen auch, sich nicht einfach mit anderen ‚verbinden lassen', sondern **einer** *Logik der Begegnung* folgen, die wir in vier Schritte unterteilt haben: Spreizung der Lebenswelt, Ko-Präsenz im Gemeinwesen, Überlappung der sozialen Kontakte und Kooperation. - Projekte mit stadtteilbezogener Teilhabe älterer Menschen mit Lernschwierigkeiten sollten die Zeit und Geduld aufbringen, diese Stufen der Begegnung zwischen Menschen geschehen zu lassen, und auf die wundersamen Verwicklungen, die sich zwischen Menschen in diesem Prozess ergeben, gespannt sein, hoffen und sie unterstützen. Es hat sich im Projekt gezeigt, dass Überlappungen mit ganz anderen Menschen als der eigentlichen Zielgruppe der Initiatoren entstanden und noch entstehen. Eine zweite Empfehlung leitet sich aus dieser ersten ab: Projekte müssen offen sein für ein ‚Reframing', eine neue Adaption, sein, wie es in diesem Modellprojekt der Fall war. Anders ist Partizipation im Prozess nicht zu sichern." (LANGHANKY & HUßMANN 2005, 57/58)

Die Autoren empfehlen weiterhin, offene Serviceangebote mit sozial-räumlichem Bezug als kommunale Versorgungs- und Unterstützungsangebote zu entwickeln, die eine breite Gruppe von älteren Menschen mit Teilhabebedarfen ansprechen, und weder der Behindertenhilfe noch der Altenhilfe zugeordnet sind.

> „Es hat sich gezeigt, dass ein dritter Weg, der nach Trägerschaft durch Stadtteil- und Gemeinwesenprojekte sucht, erfolgversprechender ist. Ohne die Begegnungsstätte in ihrer puren Präsenz als Ort, aber auch durch ihre Menschen und Professionellen, wäre das Projekt sicherlich zur ergotherapeutischen Nische jenseits einer Einmischung in den Stadtteil geworden." (LANGHANKY & HUßMANN 2005, 59)

Die im vorliegenden Bericht der KUNDENSTUDIE bereits als „Möglichkeitsräume" dargestellten Stadtteilzentren und Mehrgenerationenhäuser könnten dafür Raum bieten.

6 Sozialraum als Planungsraum

> „Eine kleinräumlichere Sozialplanung, die sich an den Handlungsräumen und persönlichen sozialen Netzwerken von Menschen mit Behinderung in verschiedenen Lebensphasen orientiert, setzt eine Vernetzung der Dienste und Angebote (nicht nur) der Behindertenhilfe in den kommunalen Planungsräumen voraus. Diejenigen, die Leistungen finanzieren, erbringen und in Anspruch nehmen, müssen eng zusammenarbeiten." (DIECKMANN & KATZER 2008, 81)

Unter der Zielperspektive Inklusion wächst der Anspruch an die lokalen Akteure, bei allen Planungen und Entwicklungen die Interessen von Menschen mit Behinderung zu berücksichtigen und ihre Partizipation an entsprechenden Gremien sicherzustellen. Die Entwicklungen im Bezirk sind kontinuierlich zu beobachten, um im Bedarfsfall Impulse einbringen zu können. Die bezirksübergreifende Befragung der Träger von Einrichtungen und Diensten der Behindertenhilfe ergab, dass nur knapp zwei Fünftel (39 %) der Anbieter in *bezirklichen Planungsgremien* mitarbeiten (22 % gaben an, dies nicht zu tun, 39 % beantworteten die Frage nicht). Einem Drittel der Befragten sind *bezirkliche Planungen*, die das Wohnen von Menschen mit geistiger und mehrfacher Behinderung tangieren, bekannt. Als Beispiele werden *Baumaßnahmen* zum Abbau von Barrieren oder Gefährdungen (Straßenausbau, Fußgängerüberwege, rollstuhlgerechte Umbaumaßnahmen), die Suche nach geeigneten *Wohnungen* (z. B. rollstuhlgerechte WG-Wohnungen für junge Menschen mit geistiger Behinderung), *Sparmaßnahmen* (z. B. Kürzung der Mittel für einen Freizeitklub, dessen Angebote auch von behinderten Menschen in Anspruch genommen werden, Einsparungen im Bereich der Eingliederungshilfe) und eine *Arbeitsgruppe* des Behindertenbeirats zur Tagesstruktur für Menschen mit Behinderung genannt. Der Hälfte der Befragten sind entsprechende Planungen nicht bekannt; 17 % machten keine Angabe.

6.1 Forum: Bezirkskonferenzen

Planungsprozesse setzen eine Analyse des gegenwärtigen Stands voraus. Auf lokaler Ebene können Bezirkskonferenzen ein Forum bieten, einen ersten Überblick über die Bedarfe zu gewinnen. Darum wurden im Rahmen der KUNDENSTUDIE exemplarisch in den drei ausgewählten Bezirken Bezirkskonferenzen durchgeführt. Wesentliches Anliegen der Konferenzen war, lokale Akteure zusammenzubringen, um Ideen und konkrete Möglichkeiten zu entwickeln, wie Menschen mit geistiger und mehrfacher Behinderung stärker als bisher am Leben im Bezirk teilhaben können. Neben Menschen mit Behinderung und Angehörigen sowie Anbietern der Behindertenhilfe nahmen Verwaltungsvertreter auf Landes- und Bezirksebene aus den Ressorts Eingliederungshilfe, Jugendhilfe und Stadtentwicklung, Vertreter der Fraktionen und Vertreter stadtteilbezogener Arbeit und migrantenspezifischer Angebote teil. Die Teilnehmerzahlen lagen in Tempelhof-Schöneberg bei ca. 100 Personen, in Pankow bei rund 40 Personen und in Marzahn-Hellersdorf bei über 20 Personen. An der Konferenz in Tempelhof-Schöneberg war die Sozialstadträtin des Bezirks, Frau Dr. Sybill Klotz, beteiligt. An der Konferenz in Marzahn-Hellersdorf hat die Bezirksbürgermeisterin, Frau Dagmar Pohle, teilgenommen. Im Folgenden werden die Ergebnisse der Konferenzen skizziert.

Bezirkskonferenz in Tempelhof-Schöneberg:
Wohnen und Leben von Menschen mit geistiger Behinderung in Tempelhof-Schöneberg. Realitäten – Visionen – Umsetzung
(11. März 2009 im Rathaus Schöneberg)

Schwerpunkte der Konferenz in Tempelhof-Schöneberg waren das Aufspüren konkreter Ansatzpunkte zur Stärkung der sozialen Einbindung von Menschen mit Behinderung im Stadtteil, der Austausch über notwendige Rahmenbedingungen für ein individuell gestaltetes und in Nachbarschaften eingebettetes Wohnen, Arbeits- und Beschäftigungsmöglichkeiten im Quartier, die interkulturelle Öffnung der Behindertenhilfe und strategische Planungen zur Verbesserung der Teilhabe im Bezirk.

Aktive Teilhabe am Leben im Stadtteil

- Menschen mit geistiger Behinderung sind ein selbstverständlicher Teil der Gesellschaft und dürfen nicht durch Rahmenbedingungen als behindert stigmatisiert werden.
- Sie sollen die Möglichkeiten haben, aus eigener Initiative und selbstständig an Aktivitäten im Stadtteil teilzuhaben. Die Rolle der Betreuer sollte weniger darauf ausgerichtet sein, Aktivitäten zu veranstalten, sondern vielmehr auf die Motivation der Beteiligten und die Organisation der Bedingungen, die eine selbstständige Teilhabe an Aktivitäten im Stadtteil ermöglicht.
- Angesichts der unzureichenden Freizeitangebote im Bezirk sollen neue Möglichkeiten erschlossen werden – z. B. eine Disco in der Ufa-Fabrik, die für alle gut erreichbar ist und durch das dort angesiedelte Stadtteilzentrum hohes Potenzial bietet.
- Zugangsbarrieren zu Vereinen sind abzubauen, z. B. durch Bereitstellung von Ressourcen der Behindertenhilfe für Personen, Vereine oder Initiativen des Stadtteils.
- Menschen mit Behinderung sollen sich durch Arbeit und durch die Übernahme von gemeinschaftlichen Aufgaben in den Stadtteil einbringen.

Unterstütztes Wohnen

- Hinsichtlich der Umsetzung individueller Wohnvorstellungen besteht Handlungsbedarf auf konzeptionell-organisatorischer, finanzieller und wohnraumbezogener Ebene.
- Die Möglichkeiten zur Ausdifferenzierung und Individualisierung von Wohnangeboten durch das Persönliche Budget werden bislang kaum zur Entwicklung neuer Wohnmodelle genutzt.
- Zur Koordinierung der innovativen Wohnvorstellungen verschiedener Initiativgruppen und der Interessen möglicher Umsetzungspartner ist eine neutrale Anlaufstelle notwendig (z. B. Nachbarschaftshäuser); auch ein Online-Angebot zur Übersicht von bestehenden sozialen Wohnprojekten sei nützlich (http://www.wohnprojekte-berlin.de).
- Die Schaffung regionaler Strukturen ist eine wichtige Voraussetzung zur Verbesserung der Teilhabechancen im Bezirk.
- Die Entwicklung neuer Wohnmodelle muss politisch gewollt sein und entsprechend unterstützt werden.

Arbeit und Beschäftigung im Stadtteil

- Es gibt Schwierigkeiten bei der Umsetzung gesetzlicher Ansprüche auf Förderung eines Beschäftigungsverhältnisses auf dem freien Arbeitsmarkt.
- Beratung und Vernetzung sowie Information über verschiedene Möglichkeiten der beruflichen Integration und über neue Möglichkeiten der beruflichen Qualifikation und Fortbildung, auch neben den bestehenden Angeboten der WfbM, sind wichtige Voraussetzungen zur Verbesserung der Situation.
- Es gibt viele Ansatzpunkte zur Erschließung und Vermittlung von Arbeits- und Praktikumsplätzen im Stadtteil, angefangen beim Ausbau ausgelagerter Arbeitsplätze der WfbM bis hin zur Einrichtung einer Praktikums- und Stellenbörse.
- Die Einrichtung einer Beratungsstelle i. S. von „Peer-Counseling“ wird für sinnvoll erachtet, mit integrierten Arbeitsplätzen für Menschen mit Behinderung.

Interkulturelle Öffnung

- Vernetzung und Kooperation zwischen Vertretern der Behindertenhilfe und Trägervertretern aus dem Migrationsbereich können Potenziale zur Verbesserung der Teilhabe von geistig behinderten Menschen mit Migrationshintergrund erschließen.
- Es sind Strukturen zu etablieren, die den Austausch zwischen Migrantenorganisationen und Organisationen der Behindertenhilfe intensivieren; besonders geeignet sind Kooperationsstrukturen in der unmittelbaren Nachbarschaft.
- Die interkulturelle Kompetenz in Wohnbereichen der Behindertenhilfe ist weiterzuentwickeln.
- Angehörige mit Migrationshintergrund wollen in der Zusammenarbeit mit Mitarbeitern der Behindertenhilfe nicht auf die kulturelle Zugehörigkeit reduziert werden.
- Zur Entwicklung eines Orientierungsrahmens für die Praxis sind Forschungsvorhaben zur interkulturellen Öffnung zu initiieren.
- Öffentlichkeits- und Informationsarbeit haben einen wichtigen Stellenwert.

Lokale Teilhabeplanung

- Menschen mit geistiger Behinderung und ihre Belange sollen als festes Thema im Bezirk etabliert werden.
- Es sind Strukturen zu entwickeln, die einen Austausch über bestehende Angebote und die Bedarfslage im Bezirk sichern und durch systematische Vernetzung gemeinsame Aktionen ermöglichen.
- Die Psychosoziale Arbeitsgemeinschaft (PSAG), die sich vorwiegend mit den Belangen von Menschen mit psychischen Problemlagen befasst, soll durch die Einrichtung einer Unterarbeitsgruppe für die Belange von Menschen mit geistiger Behinderung erweitert werden.
- Es soll ein Runder Tisch eingerichtet werden, an dem neben Vertretern der Verwaltung und der Behindertenhilfe auch Vertreter der sozialen Dienste im Bezirk sowie Menschen mit Behinderung und ihre Angehörigen beteiligt sind.

Die Bezirkskonferenz hat Wirkung gezeigt: Es wurde eine *Unterarbeitsgruppe zur PSAG* etabliert, die sich schwerpunktmäßig mit den Angelegenheiten von Menschen mit geistiger Behinderung befasst. Zudem hat im September 2009 ein erstes Treffen des auf der Konferenz geplanten *Runden Tisches* „Lokale Teilhabeplanung“ stattgefunden (s. Kasten). Laut Protokoll will der Runde Tisch ein Forum für alte und junge Menschen mit und ohne Behinderung und für bezirkliche Akteure sowohl der Behindertenhilfe als auch der Verwaltung, des Handels, für Anbieter sozialer und kultureller Dienstleistungen, Schulen, Träger sozialer Einrichtungen etc., Bezirkspolitiker/innen u. a. sein. *Ziel* ist, einen Prozess einzuleiten, mit dem die Forderungen der UN-Konvention für die unterschiedlichen Lebensbereiche auf der kommunalen bzw. bezirklichen Ebene miteinander umgesetzt werden können. Teilnehmer/innen des ersten Treffens waren Angehörige, Vertreter von Trägern, Schulen und Verwaltung, Vertreter der Seniorenvertretung, Nachbarschaftsheime, Integrationsfachdienste und Behindertenorganisationen sowie Vertreter der Bezirksverordnetenversammlung. Mit der Installierung des Runden Tisches und der Unterarbeitsgruppe zur PSAG sowie der zugesagten Unterstützung seitens der Verwaltung und der Politik sind wichtige Schritte zur Etablierung *nachhaltiger Strukturen im Bezirk* gegangen worden.[112] Bei der zweiten Sitzung des Runden Tisches im März 2010 standen die Themenfelder Arbeit, Schule/Bildung und Freizeit/Sport im Mittelpunkt. Die für die Bereiche zuständigen Stadträte hatten ihre Beteiligung zugesagt. Weitere Zusammenkünfte sind geplant.

112 Protokolle der Sitzungen des Runden Tisches stehen auf der Homepage der Beauftragten für Menschen mit Behinderung im Bezirksamt Tempelhof-Schöneberg zum Download zur Verfügung (http://www.berlin.de/ba-tempelhof-schoeneberg/beauftragte/behinderung/rundertisch.html)

Einladung zum Runden Tisch „Lokale Teilhabeplanung“

Wie kann unser Bezirk ein Ort werden, an dem sich alle BürgerInnen miteinander wohl fühlen – ganz egal ob sie jung oder alt, behindert oder nichtbehindert sind?

Was können wir als BürgerInnen dieses Bezirkes, als VertreterIn einer Initiative oder Einrichtung oder Schule oder der Behörde, als PolitikerIn, als Kirchengemeinde gemeinsam auf den Weg bringen, dem Zusammenleben in unserem Bezirk ein menschliches Gesicht zu geben?

Wir, eine Initiative Runder Tisch zur lokalen Teilhabeplanung von Menschen mit geistigen Beeinträchtigungen und Lernschwierigkeiten, laden Sie zum ersten Treffen des Runden Tisches ein.

Seit diesem Jahr ist weltweit und auch in Deutschland die UN-Konvention über die Rechte von Menschen mit Behinderung in Kraft. Die UN-Konvention fordert uns auf, alles dafür zu tun, die volle Teilhabe von Menschen mit Behinderung an allen Angeboten und am gesamten Leben im Bezirk zu ermöglichen.

Wir stellen fest: Dazu gibt es auch in unserem Bezirk noch Einiges zu tun.

Lassen Sie uns gemeinsam eine Bestandsaufnahme machen, was Sie bisher bereits getan haben, um Menschen mit Behinderung in Ihre Angebote einzubeziehen.

Lassen Sie uns gemeinsam beraten, welche Lücken es gibt und welche Schritte nötig sind, diese Lücken zu schließen.

Wir wollen in dieser Stadt mit unserem Bezirk Vorreiter sein und Sie sind dabei:

Beim Runden Tisch zur lokalen Teilhabeplanung von Menschen mit geistigen Beeinträchtigung und Lernschwierigkeiten.

Kommen Sie zu unserem ersten Treffen des Runden Tisches am

15. September 2009 um 17.30 – 19.30 Uhr
Raum 213-218 (Casino – linker Aufgang)
Rathaus Schöneberg
John-F.-Kennedy-Platz
10825 Berlin

Wir freuen uns auf Sie.

Initiative Runder Tisch Tempelhof-Schöneberg
in Kooperation mit der Beauftragten für Menschen mit Behinderung im Bezirksamt Tempelhof-Schöneberg, Franziska Schneider, Tel: 90277-7255

Bezirkskonferenz in Marzahn-Hellersdorf: Wohnen und Leben mit geistiger Behinderung in Marzahn-Hellersdorf

(20. Mai 2009 im Rathaus Hellersdorf)

Auf der Konferenz in Marzahn-Hellersdorf wurden zur Verbesserung der Teilhabechancen die Aktivierung von Menschen mit geistiger Behinderung, die Verstärkung der Öffentlichkeitsarbeit zur Schaffung von mehr Toleranz und der Einsatz von Freiwilligen für wichtig erachtet. Es wurde ein gemeinsames Projekt von Menschen mit und ohne Behinderung im Beschäftigungs- bzw. Freizeitbereich in Aussicht genommen (z. B. Restaurierung eines Traktors). Zwei weitere Vorschläge bezogen sich auf den Bereich des Wohnens und auf einen Workshop für Menschen mit geistiger Behinderung:

Ausdifferenzierung und Flexibilisierung der Angebote des unterstützten Wohnens

- Einbindung von Betroffenen in die Arbeit der „Kommission 75“;
- Entwicklung neuer Konzepte;
- Kooperation mit Wohnungsbaugesellschaften;
- Kooperation und Vernetzung von Wohnträgern der Behindertenhilfe untereinander;

- Förderung der Nutzung des Persönlichen Budgets, wodurch die Position der Nutzer/innen und damit auch die Konkurrenz unter den Wohnanbietern gestärkt werde, was wiederum zu einer Differenzierung der Angebote führen könnte.

Organisation eines Workshops für Menschen mit geistiger Behinderung

- Ermittlung der Wohnvorstellungen;
- Gemeinsame Suche nach Möglichkeiten der Realisierung.

Der geplante Workshop zum Thema „Wohnen und Leben in Marzahn-Hellersdorf" soll im Jahr 2010 realisiert werden.

Bezirkskonferenz in Pankow:
Lebensentwürfe von Menschen mit geistiger Behinderung im Alter. Eine Herausforderung für Hilfesysteme und den Stadtteil"
(2. April 2009 in der Brotfabrik in Pankow)

In Pankow stand die Situation alt werdender Menschen mit geistiger Behinderung im Mittelpunkt der Konferenz, insbesondere die aktive Teilhabe am Leben im Stadtteil, die Bedürfnisorientierung und Möglichkeiten zur Gestaltung des Tages:

Aktive Teilhabe am Leben im Stadtteil

- Es gibt bereits gelingende Ansätze der Teilhabe am sozialen und kulturellen Leben.
- Teilhabe von geistig behinderten Menschen im Alter muss immer individuell und damit unterschiedlich gestaltet werden.
- Eine Intensivierung der Zusammenarbeit mit den im Bezirk ansässigen Freiwilligenagenturen kann personelle Probleme hinsichtlich der individuellen Begleitung bei Aktivitäten im Stadtteil mindern.
- Eine strukturelle Vernetzung könnte weitere Ressourcen für sozialraumorientierte Arbeit eröffnen. Ein Vertreter eines Nachbarschaftshauses signalisiert Offenheit für gemeinsame Projekte und benennt hierfür mögliche Förderquellen.

Bedürfnisorientierte Angebote

- Um den unterschiedlichen Bedürfnissen und Wohnvorstellungen von alt werdenden Menschen mit Behinderung entsprechen zu können, hat die Bereitstellung eines breit gefächerten Angebotes höchste Priorität.
- Voraussetzung ist die Schaffung förderlicher politischer, struktureller und finanzieller Rahmenbedingungen.

Tagesgestaltung im Alter

- Zur Erweiterung des Spektrums der Tagesgestaltung wird eine Verknüpfung von Angeboten der Behindertenhilfe mit Angeboten für ältere nichtbehinderte Menschen für sinnvoll erachtet.
- Ausgangspunkt weiterer Aktivitäten sollte eine Bestandsaufnahme der bestehenden Angebote sein, die in einem Katalog gebündelt und als Broschüre in leichter Sprache zugänglich gemacht werden sollte.
- Zur Realisierung der Idee müssten Umsetzungspartner gewonnen werden, z. B. die Koordinierungsstelle rund ums Alter (jetzt: Pflegestützpunkt), Beratungsstellen oder das Bezirksamt.

6.2 Lokale Teilhabeplanung

Regionale Planungen der Hilfen für Menschen mit Behinderung haben in der Behindertenhilfe keine Tradition. Die Angebotsentwicklung der Träger orientiert sich überwiegend an den gesetzlich verankerten individuellen Unterstützungsleistungen; darüber hinausgehende Aktivitäten wie die Entwicklung von Netzwerken oder die Schaffung inklusiver Strukturen werden nicht finanziert. Vor diesem Hintergrund sind – so ROHRMANN (2009) – die Kompetenzen zur Gestaltung eines inklusiven Gemeinwesens in vielen Kommunen noch wenig ausgeprägt:

> „Planungen finden punktuell und anlassbezogen statt. Die Aktivitäten der Kommunen und die Organisation ihrer Aufgabenwahrnehmung sind stark geprägt von der Verantwortung als Kostenträger für die Eingliederungshilfe. In diesem Feld verhält sich die Kommune reaktiv und gestaltet als nachrangiger Sozialleistungsträger seine gesetzliche Verpflichtung aus. Dem neuen Steuerungsanspruch, der mit der Hilfeplanung einhergeht, und der neuen Verantwortung gegenüber Leistungsberechtigten, die sich mit dem Persönlichen Budget verbindet, stehen geringe Steuerungsmöglichkeiten hinsichtlich der Angebotsentwicklung gegenüber. In den meisten Kommunen sind die Fachplanungen hinsichtlich der Angebote für Menschen mit psychischen Erkrankungen, für ältere Menschen und für Menschen mit Behinderungen unterschiedlichen Ressorts zugeordnet. Durch die Zuordnung der Hilfen für behinderte Kinder zum SGB XII sind Kinder mit Behinderungen und deren Familien in der Regel nicht im Blickfeld der Jugendhilfeplanung." (ROHRMANN 2009, 21).

Die neuen Zielperspektiven der Behindertenhilfe und die Anforderungen der Gleichstellungsgesetze des Bundes und der Länder erfordern Planungsansätze, die über eine an individuellen Bedarfen orientierte Angebotsplanung hinausgehen und die Teilhabe von Menschen mit Behinderung zum Ansatzpunkt der Aktivitäten machen. Grundlegende Voraussetzung für eine teilhabeorientierte sozialräumliche Planung sind die *Vernetzung der lokalen Akteure* und *verbindliche Kooperationsstrukturen*, in die Menschen mit Behinderung und ihre Interessenvertreter systematisch eingebunden sind. Vernetzung und Kooperation werden allerdings nur dann wirksam, wenn alle Beteiligten in der Zusammenarbeit einen Nutzen erkennen und die erwarteten Gewinne überwiegen.

Vor diesem Hintergrund gewinnt das *Netzwerkmanagement* an Bedeutung (vgl. MENNEMANN 2006). Seine Aufgaben umfassen den Aufbau von Strukturen verlässlicher Zusammenarbeit (Koordination) und die Form der Kooperation innerhalb der Strukturen. Je nach Handlungsfeld ist der Grad der Zusammenarbeit mehr oder weniger standardisiert. Das Spektrum reicht von frei bestimmten, teilweise informellen Kontakten bis hin zu elaborierten, für alle verbindlichen Vorgaben. In der Praxis ist der Aufbau von Netzwerken auf Systemebene manchmal durch personen- oder trägerbedingte Faktoren sowie gesetzliche Regelungen, denen nur zum Teil entgegengewirkt werden kann, erschwert:

> „Während viele hinderliche Bedingungen wie etwa (verstecktes) Konkurrenzdenken, fehlende Kooperationseinsicht, (unausgesprochene) schlechte Meinung über den Partner und misslingende Kommunikation gezielt bearbeitet werden können, stellen gesetzliche Regelungen, wie beispielsweise Datenschutz mitunter unüberbrückbare Hürden dar." (GREUÈL & MENNEMANN 2006, 110/111)

BECK (2009) verweist im Kontext grundlegender Anforderungen an eine Teilhabeplanung auf die Verflechtung der Verteilung von Lebenschancen mit gesellschaftlichen Spannungsfeldern:

> „Auch in strukturschwachen Regionen ist gelingende Lebensbewältigung – Teilhabe – möglich, wenn man Vernetzungen in der Region herstellt und wenn verpflichtende Kooperationen bestehen; wenn über Sozialraumanalysen die kommunalen oder regionalen Bedarfslagen, Ressourcen und Barrieren erschlossen werden; wenn die sozialen Netze der Adressaten gestützt und gefördert werden und eine umfassende Orientierung an der individuellen Bedarfssituation mit Blick auf Bildung, Förderung der Identität und der Kompetenzen erfolgt. Makrostrukturelle Fragen dürfen darüber aber nicht ausgeblendet bleiben, denn Teilhabe – die Verteilung von Lebenschancen – ist und bleibt gebunden an gesellschaftliche Spannungsfelder von Macht und Abhängigkeit, Hilfe und Kontrolle, Gleichheit und Gerechtigkeit." (BECK 2009, 337)

In der vom Zentrum für Planung und Evaluation Sozialer Dienste der Universität Siegen (ZPE) erstellten „Arbeitshilfe zur Qualifizierung von örtlichen Netzwerken Offener Hilfen für Menschen mit Behinderungen" (AQUA-NetOH) werden *Gestaltungsfelder einer regionalen Teilhabeplanung* beschrieben (vgl. ROHRMANN et al. 2001). Sie beziehen sich auf die Planungsstrukturen, Bestandteile des Planungsprozesses und die Darstellung und Umsetzung der Planungsergebnisse. An dieser Stelle seien in Anlehnung an ROHRMANN (2009, 22/23) exemplarisch drei grundlegende *Prinzipien einer Teilhabeplanung* hervorgehoben, die auch für künftige Planungen im Land Berlin Bedeutung haben:

- **Prozessorientierung**: Ausgehend von einer gemeinsam erarbeiteten und politisch unterstützten Zielperspektive wird eine Strategie für einen kontinuierlichen Planungsprozess entwickelt, der offen ist für die Integration von auftretenden Veränderungen vor Ort. Im Interesse einer möglichst selbstbestimmten Lebensführung der behinderten Bürger/innen können Anforderungen hinsichtlich der Gestaltung der Infrastruktur, der Zugänglichkeit von regulären Angeboten, und der notwendigen Unterstützung bei der Inanspruchnahme von Angeboten formuliert werden. Eine Orientierung am Lebenslauf der behinderten Menschen stellt sicher, dass den Bedürfnissen und Bedarfen in unterschiedlichen Lebensphasen Rechnung getragen wird.

- **Beteiligungsorientierung**: Zur Ausrichtung der Teilhabeplanung an den Bedürfnissen und Interessen der Menschen mit Behinderung ist eine Beteiligung der Betroffenen an Planungsprozessen unabdingbar. Für Menschen mit kognitiven Beeinträchtigungen sind Verfahren zu entwickeln, die ihnen auf der Basis ihrer Kompetenzen Teilhabe ermöglichen (z. B. durch Gewährleistung der notwendigen Assistenz bei der Teilnahme an Gremien oder über die Durchführung von „Zukunftswerkstätten").
- **Mainstreaming**: Die Unterstützung der Teilhabe ist Aufgabe aller politischen Akteure im Gemeinwesen. Sie sollen sicherstellen, dass die Belange von Menschen mit Behinderung in den Planungsprozessen ihrer Verantwortungsbereiche systematisch berücksichtigt werden. Die Planungsprinzipien basieren auf gesetzlichen Vorgaben oder auf Vereinbarungen wie der Behindertenrechtskonvention der Vereinten Nationen.[113]

6.2.1 Bezirkliche Orientierung

Perspektivisch sollte jeder Bezirk – in Orientierung an einer gesamtstädtischen Leitidee – eine eigene *Bedarfsplanung* für behinderte Menschen vornehmen, unter besonderer Berücksichtigung der sozialräumlichen Perspektive. Das bedeutet, die Angebotsstruktur und die Kooperation der Träger der Behindertenhilfe stärker regional auszurichten und mehr an den persönlichen sozialen Netzwerken von Menschen mit Behinderung zu orientieren.

Ausgangspunkt einer bezirklichen Bedarfsplanung ist eine differenzierte Beschreibung des Ist-Stands, die sowohl quantitative als auch qualitative Aspekte umfasst. Das Institut für Stadtteilbezogene Soziale Arbeit und Beratung (ISSAB) hat eine *Checkliste* vorgelegt, die als Rahmen für eine *lebensweltlich orientierte Beschreibung von Stadtteilen* genutzt werden kann. Dabei ist vorab zu klären, welche der dort genannten Sachverhalte für die jeweilige Fragestellung relevant sind. Es geht nicht um eine vollständige Erhebung von stadtteilbezogenen Daten, sondern darum, „die eigene Wahrnehmung für die wichtigen Aspekte einer fremden Lebenswelt zu schulen" (FRÜCHTEL et al. 2007, 131; Fieldbook).

Zentrale Kategorien der ISSAB-Checkliste, denen jeweils zahlreiche Unterpunkte zugeordnet sind, beziehen sich auf folgende Bereiche (vgl. FRÜCHTEL et al. 2007, 131-133; Fieldbook):
- Geschichte des Stadtteils, baulich-räumliche Struktur, Verkehr und Mobilität,
- Bewohner, Bild/Image des Gebiets,
- Infrastruktur: Gewerbe, Dienstleistungen, Sozialarbeit, Selbstorganisation von Stadt/Staat, NGOs und Initiativen, Kirchen, Wirtschaft,
- Administrative Intervention, Macht- und Einflussstruktur und politische Struktur,
- Statistisches.

Die Liste hat viele Schnittstellen zu der in Abschnitt 2 skizzierten Sozialraumanalyse nach STOCK (2004) und bietet hinsichtlich der Teilhabechancen von Menschen mit Behinderung eine Reihe von Ansatzpunkten. Neben Fragen der Zugänglichkeit durch eine barrierefreie Gestaltung von Räumen sind die Kultur des sozialen Miteinanders, die Macht- und Einfluss-Struktur sowie die politische Struktur im Stadtteil wichtige Bedingungsfaktoren.

Die Anpassung des BERLINER SOZIALSTRUKTURATLAS und (künftig) des MONITORING SOZIALE STADTENTWICKLUNG BERLIN auf lebensweltlich orientierte Räume (LOR) ermöglicht eine kleinräumige Sozialraumanalyse, die innerbezirkliche Disparitäten abbildet. Allerdings sollte die bislang im Rahmen der Berichtspflicht erbrachte rein quantitative Sozialraumanalyse in Form des SOZIALSTRUKTURATLAS durch qualitative Daten ergänzt werden, die anhand von Stadtteilbege-

113 Ein Beispiel zur konkreten Umsetzung von Vereinbarungen bietet die Agenda 22, die sich auf die 22 UN-Standardregeln bezieht. Eine entsprechende Agenda zur Umsetzung der UN-Konvention über die Rechte von Menschen mit Behinderungen ist in Vorbereitung.

hungen, Interviews oder aktivierenden Befragungen erhoben werden. Wichtige Aussagen betreffen die Angebots- und Versorgungsstruktur der Behindertenhilfe (welche Leistungsmodule bieten die Träger an, welche können trägerübergreifend angeboten werden, sich gegenseitig ergänzen?), die regionale Vernetzung der Träger sowie die Wohnvorstellungen und den Stand der Teilhabe von Menschen mit Behinderung im Bezirk. Hier sind Menschen mit Behinderung, ihre Angehörigen und Vertreter der Behindertenhilfe als Experten aktiv einzubeziehen.

Die durch die Analyse des Ist-Stands zusammengetragenen Daten sind Grundlage für die *Identifizierung von bereits bestehenden Ressourcen* im Stadtteil, die – zielgruppenübergreifend – zur Stärkung der Teilhabe genutzt werden könnten – z. B. Persönlichkeiten, die in der Bevölkerung Wertschätzung genießen, oder Initiativen, Vereine und Organisationen sowie das Freiwilligenengagement. Unter der Prämisse, dass Teilhabe nicht nur eine soziale Dimension, sondern auch eine politische Dimension hat (Mitwirkung, Mitbestimmung, Übernahme von Verantwortung für das Gemeinwohl) kommt den *Beteiligungsstrukturen im Bezirk* besondere Bedeutung zu (vgl. Abschnitt 3.4.1). Beispielhaft sei auf den Bezirk Lichtenberg verwiesen, der im Frühjahr 2009 eine Konzeption zur Gemeinwesenentwicklung („Auf dem Weg zur Bürgerkommune") vorgelegt hat, in der innovative Ansätze zur Bürgerbeteiligung einen zentralen Stellenwert haben.

6.2.2 Soziale Stadt(teil)entwicklung

Die im Rahmen der KUNDENSTUDIE durchgeführten Bezirkskonferenzen in drei Berliner Bezirken waren ein erster Schritt, unter Einbeziehung lokaler Akteure den Stand der Teilhabe von Menschen mit Behinderung in einzelnen Stadtteilen genauer zu betrachten und den Handlungsbedarf zu beschreiben. Auf der Ebene der für diesen Personenkreis zuständigen Verwaltungen sind sozialraumbezogene Analysen und Planungen bislang eher die Ausnahme. Gute Ansätze mit positiven Auswirkungen auf die Teilhabechancen von Menschen mit Behinderung bietet die *„Rahmenstrategie Soziale Stadtentwicklung"*[114] der Berliner Senatsverwaltung für Stadtentwicklung. In diesem Planungskonzept wird unter Bezugnahme auf die Erfahrungen im Bund-Länder-Programm „Soziale Stadt" und der Jugendhilfe die *Sozialraumorientierung* zum handlungsleitenden Prinzip der sozialen Stadtentwicklung erklärt:

> „Sozialraumorientierung als innovatives Strukturkonzept der Berliner Verwaltung trägt der Tatsache Rechnung, dass die Gesellschaft sich immer stärker ausdifferenziert und es daher Strukturen bedarf, die den Zusammenhalt fördern. Gleichzeitig wird auf die ebenfalls neuere Entwicklung innerhalb der Zivilgesellschaft reagiert, dass sich eine steigende Anzahl kompetenter Akteurinnen und Akteure als Partnerinnen und Partner für die Verwaltung bei der aktiven Gestaltung ihrer Lebenswelten anbieten." (PROJEKTGRUPPE RAHMENSTRATEGIE SOZIALE STADTENTWICKLUNG 2009, Teil A, 5)

Die Rahmenstrategie ist ein *gesamtstädtischer, ebenen- und ressortübergreifender Ansatz*, der auf der Basis eines Senatsbeschlusses vom 20.05.2008 Grundlage für die fachbezogenen Planungen und Maßnahmen der Senats- und Bezirksverwaltungen ist. Sie wurde von allen Senatsverwaltungen gemeinsam mit den vom Rat der Bürgermeister bestimmten Pilotbezirken (Reinickendorf, Friedrichshain-Kreuzberg, Pankow) erarbeitet. Mit dem Ansatz der Sozialraumorientierung wird das Ziel verfolgt, „über eine fachübergreifende intensive Zusammenarbeit unter Einbindung lokaler Interessengruppen und lokaler Akteure Synergie-Effekte zu Gunsten einer Sozialen Stadtentwicklung, insbesondere einer Erhöhung der Chancengleichheit, zu erzielen" (PROJEKTGRUPPE RAHMENSTRATEGIE SOZIALE STADTENTWICKLUNG 2009, Teil B, S. 5). Eine differenzierte Beschreibung des neuen Struktur- und Handlungskonzepts steht im *Handbuch zur Sozialraumorientierung* (Teil B des Ergebnisberichtes) zur Verfügung, das der Senat am 24.11.2009 als Grundlage der integrierten Stadt(teil)entwicklung Berlin beschlossen hat.

> Der Begriff „Sozialraumorientierung" wird in der Rahmenstrategie durch drei Grundprinzipien definiert:
>
> „Sozialraumorientierung ist eine neue Strategie, die von den Bedürfnissen und Ressourcen der Bewohnerinnen und Bewohner eines Stadtteils ausgeht.

114 Die Rahmenstrategie Soziale Stadtentwicklung ist ein Projekt des Modellvorhabens im ExWoSt-Forschungsfeld „Nationale Stadtentwicklungspolitik" im Rahmen des Experimentellen Wohnungs- und Städtebaus des Bundes (ExWoSt) und wird gefördert durch das Bundesamt für Bauwesen und Raumordnung und das Bundesministerium für Verkehr, Bau und Stadtentwicklung.

> Sozialraumorientierung verfolgt das Ziel, die besonderen Potenziale der unterschiedlichen Stadtteile zu stärken und Bürgerinnen und Bürger weiter zu befähigen, an der Stadtgesellschaft aktiv teilzuhaben.
>
> Sozialraumorientierung unterstützt die aktive Mitwirkung der Bürgerinnen und Bürger am Gestaltungsprozess im Stadtteil. Sie ist raumbezogen und fachübergreifend und vernetzt die Akteure von Verwaltung und Zivilgesellschaft. Damit umfasst Sozialraumorientierung ein Handlungs- und Strukturkonzept, welches die Stadtteile als Planungs- und Gestaltungsraum begreift, zu deren Entwicklung Verwaltung, Bürgerinnen und Bürger, Institutionen vor Ort und Politik auf Augenhöhe zusammenarbeiten."
>
> Rahmenstrategie Soziale Stadtentwicklung – Ergebnisbericht 2009, 6

Neben der Entwicklung von Grundsätzen einer Sozialen Stadt(teil)entwicklung wurden im Rahmen des Programms „Quartier nach vorn" in den genannten Pilotbezirken lokale Projekte angestoßen, die beispielhaft die Bedeutung der Sozialraumorientierung in unterschiedlichen Fachgebieten konkretisieren. Als gut geeignet für eine *ressortübergreifende und sozialraumorientierte Arbeit* wurden die Handlungsfelder Bildung/Erziehung/Betreuung, Arbeit/Lokale Ökonomie/Integration und Wohnen/Soziale Nachbarschaft/Sport/Sicherheit identifiziert. Mit Blick auf die Fragestellung der KUNDENSTUDIE ist das *Handlungsfeld „Wohnen – Soziale Nachbarschaft – Sport – Sicherheit"* von besonderem Interesse. Dem Handlungsfeld wurden vier Themenschwerpunkte zugeordnet:

- Aktivere Einbindung der Wohnungswirtschaft,
- Stärkung der Rolle der sozialen Treffpunkte im Stadtteil,
- Erhöhung der objektiven und subjektiven Sicherheit,
- Integration durch Sport.

Exemplarisch soll an dieser Stelle der Schwerpunkt *„Stärkung der Rolle der sozialen Treffpunkte im Stadtteil"* hinsichtlich seiner Relevanz für die soziale Einbindung von Menschen mit geistiger Behinderung näher betrachtet werden. Die Projektskizze für diesen Bereich wurde auf der Basis eines Dialogs mit verschiedenen Senatsverwaltungen und Bezirken, lokalen Akteuren, Verbänden, Wissenschaftlern und Wirtschaftsunternehmen unter Federführung der Senatsverwaltung für Integration, Arbeit und Soziales erstellt (vgl. PROJEKTGRUPPE RAHMENSTRATEGIE SOZIALE STADTENTWICKLUNG 2009, Teil D, 50ff.). Sie umfasst die Entwicklung der Grundkategorien und Standards sowie der Ziele und Maßnahmen.

Nach einer Analyse des gegenwärtigen Stands sozialer Treffpunkte, der Rahmenbedingungen für bürgerschaftliches Engagement, der Entwicklung zielgruppenspezifischer Einrichtungen zu sozialen Treffpunkten, der Rolle der Stadtteilzentren, der Bürgerbeteiligung und sozialer Treffpunktarbeit wird in der Projektskizze der *vordringliche Handlungsbedarf* in sieben Punkten benannt (PROJEKTGRUPPE RAHMENSTRATEGIE SOZIALE STADTENTWICKLUNG 2009, Teil D, 54):

- stärkere Vernetzung gesamtstädtisch geförderter Stadtteilzentren mit bezirklich regionalen Initiativen und Institutionen,
- Herstellung von Transparenz in Bezug auf Bestand/Förderpraxis sozialer Treffpunkte,
- Benennung eines fachübergreifenden Ansprechpartners für soziale Treffpunkte im Bezirk,
- Förderung der Bildung einer flächendeckenden Grundstruktur an sozialen Treffpunkten in den Stadtteilen, vorrangig unter Ausschöpfung und Ausgestaltung vorhandener Ressourcen,
- Verbesserung der Kultur von Kommunikation und Zusammenarbeit in den Stadtteilen,
- Weiterentwicklung, Stärkung und Akzeptanz der sozialräumlichen Kompetenzen der sozialen Treffpunkte, darunter insbesondere der Stadtteilzentren und deren aktivere Einbeziehung in Stadtteilentwicklungsprozesse,
- Verbesserung der Rahmenbedingungen sozialer Treffpunktarbeit.

Es folgt eine Fülle von *Maßnahmen*, die sowohl die Stärkung bestehender sozialer Treffpunkte und ihrer Rolle in den Stadtteilen als auch die Schaffung neuer sozialer Treffpunkte zum Ziel haben. Die Maßnahmen enthalten viele *Schnittstellen zur Behindertenhilfe*, die zur Verbesserung der sozialen Einbindung von Menschen mit geistiger Behinderung genutzt werden können. Konkret benannt wird diese Zielgruppe innerhalb der Projektskizze nicht. Nur an zwei Stellen wird der Aspekt Behinderung thematisiert (S. 52 und S. 58): einmal im Zusammenhang mit der Herausgabe von Leitlinien zum Ausbau Berlins als behindertengerechte Stadt, zum anderen im Zusammenhang mit der Unterstützung der Öffnung, Misch- und Umnutzungen bestehender bislang zielgruppenbezogener Einrichtungen (z. B. Behindertenfreizeitstätten) für Seniorinnen und

Senioren und die Nachbarschaft, mit Einschränkung auch der Öffnung und Mischnutzung von Einrichtungen (z. B. Behinderteneinrichtungen).

In der Beschreibung der Ziele der Fachpolitiken und deren Umsetzung in der integrierten Stadtentwicklung (PROJEKTGRUPPE RAHMENSTRATEGIE SOZIALE STADTENTWICKLUNG 2009, Teil D) werden Menschen mit Behinderung punktuell erwähnt. Die Beispiele lenken überwiegend den Blick auf behindertengerechte Ausstattung oder Infrastruktur i. S. von Barrierefreiheit. Soziale Aspekte, die das Miteinander von Menschen mit und ohne Behinderung betreffen, spielen dem gegenüber eine geringere Rolle. Zu den Projekten, in denen die Belange von behinderten Menschen Berücksichtigung finden, gehören u. a. ein *Tanzprojekt* für Schüler/innen, Angebote für Senioren (z. B. die *behindertenfreundliche Ausstattung einer Wohngemeinschaft für Demenzkranke*), ein Projekt zur Unterstützung „einer *barrierefreien Infrastruktur* im Märkischen Viertel zur Sensibilisierung der Bürgerinnen und Bürger und *Erhöhung der sozialen Teilhabe Behinderter*“, ein Projekt der Wohnungsbaugesellschaft GESOBAU AG („Netzwerk Märkisches Viertel e. V. iG, Verbesserung und Optimierung der Unterstützung älterer, pflegebedürftiger und/oder behinderter Menschen“) und ein Projekt zur Belebung von Stadtplätzen als Kiezmittelpunkte und Begegnungsorte, bei dem u. a. *behindertengerechte Zugänge* eine Rolle spielen.

Der Verzicht auf zielgruppenspezifische Angebote entspricht dem Ansatz des Fachkonzepts Sozialraumorientierung (vgl. HINTE & TREEß 2007), sollte jedoch nicht dazu führen, dass spezifische Bedarfe von Menschen mit (geistiger) Behinderung nicht im Blick sind oder vernachlässigt werden. Darum ist es erforderlich, dass Vertreter/innen der Behindertenhilfe bei der Umsetzung der Rahmenstrategie Soziale Stadtentwicklung in allen Bereichen aktiv beteiligt sind – damit die Gleichstellung von Menschen mit Behinderung, auch derer mit intellektuellen Beeinträchtigungen, im Sinne des Disability Mainstreaming als Querschnittsaufgabe verstanden wird, als integraler Bestandteil von Prozessen in Politik, Verwaltung und Gesellschaft (vgl. GRÜBER 2007).

Viele Grundprinzipien der Arbeit mit Menschen mit Behinderung finden sich im Ansatz der sozialen Stadtentwicklung wieder. Die gleichberechtigte Teilhabe und die Partizipation auf unterschiedlichen Ebenen sind auch hier zentrale Dimensionen und können Basis für die Zusammenarbeit zwischen Behindertenhilfe und Stadtentwicklung sein (s. nachfolgenden Kasten).

Im Rahmen des hier vorliegenden Berichts kann auf die vielfältigen Möglichkeiten zur Verbesserung der Teilhabe von Menschen mit Behinderung in einer Stadt wie Berlin nur punktuell eingegangen werden. Weitere Anregungen sind der Dokumentation der Fachtagung zur KUNDENSTUDIE zum Thema „Unterstütztes Wohnen im Gemeinwesen der Zukunft“ zu entnehmen, die im Oktober 2009 in Berlin stattgefunden hat.[115]

Soziale Integration und gleichberechtigte Teilhabe der Bewohnerinnen und Bewohner an der Stadt

Gleichberechtigte Teilhabe an der Stadt bedeutet den gleichberechtigten Zugang zu Bildung und Beschäftigung, Kultur, Gesundheit und Wohnen, zu den politisch-administrativen Systemen. Aufgabe einer sozialen und integrierten Stadtentwicklung ist es, diese Zugänge für benachteiligte Gruppen – vor allem für Kinder, Jugendliche und Familien – zu erleichtern und deren Teilhabechancen an der gesellschaftlichen Entwicklung zu stärken. Alle Ebenen der Verwaltung und der Institutionen vor Ort müssen dazu ihren fachlichen und kooperativen Beitrag leisten (Querschnittsaufgabe), die Menschen zur Teilhabe befähigen (Empowerment) und bürgerschaftliches Engagement in ihren Aufgabenfeldern ermöglichen und fördern.

Kooperations-, Mitwirkungs- und Teilhabemöglichkeiten auf der lokalen Ebene

Teilhabe an der Stadt heißt auch konstruktives Mitgestalten und Mitentscheiden bei Veränderungsprozessen auf der lokalen Ebene. So wird in zunehmendem Maße die infrastrukturelle Versorgung durch ein Netz professioneller und bürgerschaftlich engagierter Akteure gewährleistet. Dieses gilt es im Zusammenwirken mit Initiativen und Vereinen, freien Trägern, privatwirtschaftlichen Unternehmen, Migrantenorganisationen etc. sowie den Bürgerinnen und Bürgern auszubauen. Auch bei anderen Themen und Planungen sollen sie beim Ausgleich von Interessen mitwirken, über Ziele des Quartiers und die Verteilung von Ressourcen mitentscheiden. Selbstorganisation und Netzwerkbildung müssen unterstützt werden. Dies kann insbesondere über soziale Treffpunkte unterschiedlicher lokaler Akteure erfolgen.

(PROJEKTGRUPPE RAHMENSTRATEGIE SOZIALE STADTENTWICKLUNG 2009, Teil C, 3)

115 erhältlich über: Verein für Rehabilitation Behinderter e. V. DIE REHA – WOHNEN UND FREIZEIT (http://www.verein-die-reha.de)

7 Zusammenfassung und Handlungsbedarf

Am Beispiel ausgewählter Bezirke wurden im Rahmen der KUNDENSTUDIE Aspekte von Teilhabe aus sozialräumlicher Perspektive betrachtet. Zugangswege waren neben vorliegenden sozialstrukturellen Daten Befragungen von Menschen mit Behinderung und von Anbietern der Behindertenhilfe sowie Interviews mit Mitarbeitenden von Einrichtungen und Diensten, weiteren Experten der Behindertenhilfe und der Sozialen Arbeit sowie mit Vertretern stadtteilorientierter Dienste. Kernstück waren stadtteilbezogene Praxisprojekte in drei Bezirken, bei denen die individuellen Erfahrungen von Menschen mit geistiger Behinderung in ihrem Wohnquartier im Mittelpunkt standen. Darüber hinaus haben aus sozialräumlicher Perspektive die Handlungsfelder „Psychosoziale Versorgung“ und „Teilhabe im Alter“ besondere Beachtung erfahren.

Der Blick auf den Sozialraum eröffnet für die Behindertenhilfe neue Perspektiven, die beispielhaft auf mehreren Ebenen konkretisiert wurden. Schwerpunkte waren die Bedeutung des Sozialraums als Struktur, als individueller Erfahrungsraum, als professioneller Handlungsraum und als Planungsraum. Die Analysen zeigen die Komplexität des Bedingungsgefüges auf, das für die Stärkung der Teilhabechancen von Menschen mit Behinderung relevant ist. Handlungsfelder bestehen in unterschiedlichen Bereichen: angefangen bei der Entwicklung von Quartieren über Unterstützungsstrukturen für Menschen mit Behinderung, Kooperation und Vernetzung von Anbietern sozialer Einrichtungen und Diensten und anderen Organisationen, Beteiligungsstrukturen und ressortübergreifende Aktivitäten bis hin zu individuellen Vorstellungen zur Verbesserung der Teilhabe in subjektiv bedeutsamen Lebensbereichen sowie Qualifizierungsbedarfen bei den professionell Tätigen und Anforderungen an die Bezirke zur Entwicklung lokaler Teilhabepläne.

Deutlich wird, dass der städtische Raum durch die Vielfalt seiner Quartierskulturen und Beteiligungsstrukturen gute Chancen zur sozialen Einbindung von Menschen mit Behinderung bietet, die jedoch teilweise ungenutzt bleiben, weil sich das System der Behindertenhilfe als eigenständiger Raum entwickelt hat, der Separationstendenzen begünstigt. Vorhandene Beteiligungsstrukturen in den Bezirken sind für Menschen mit geistiger Behinderung kaum erschlossen, obwohl auf Seiten der stadtteilbezogenen Einrichtungen Offenheit für gemeinsame Projekte zur regionalen Einbindung des Personenkreises besteht. Die politische Dimension von Teilhabe i. S. von Mitwirkung in Angelegenheiten, die für behinderte Menschen selbst und für andere bedeutsam sind, z. B. im Rahmen bürgerschaftlichen Engagements oder in Gremien, wird Menschen mit geistiger Behinderung bislang nicht zugestanden.

Im Bereich des Wohnens gibt es viele Aktivitäten von Akteuren der Behindertenhilfe zur Verbesserung der sozialen Integration im Wohnumfeld und zur Erschließung von sozialen und kulturellen Angeboten, sie werden aber nicht systematisch umgesetzt. Bedingt durch leistungsrechtliche Vorgaben und die mangelnde Finanzierung von fallunspezifischer Arbeit ist die Arbeit mit Menschen mit Behinderung nach wie vor auf die Unterstützung von Individuen fokussiert, die Ressourcen des Sozialraums und teilhabefördernde Aktivitäten auf Systemebene sind dabei weitgehend ausgeblendet. Vorhandene fachliche Konzepte der Behindertenhilfe, die den Leitideen Selbstbestimmung, Empowerment und Gemeindeintegration verbunden sind, werden nur punktuell mit dem Fachkonzept Sozialraumorientierung verknüpft, das in der Sozialen Arbeit als Grundprinzip der Gemeinwesenarbeit gilt und viele Ansatzpunkte für inklusive Prozesse in der Region bietet. In Interviews mit Menschen mit geistiger Behinderung wurde deutlich, dass sie sich mit ihrem Bezirk identifizieren, wenn sie Gelegenheit zur Aneignung von Räumen und zur Entwicklung sozialer Kontakte haben und gesellschaftlich anerkannte Rollen übernehmen können. Sie sind von innerbezirklichen Disparitäten hinsichtlich sozialstruktureller Belastungen unmittelbar oder mittelbar betroffen und bedürfen der Unterstützung beim Umgang mit diskriminierenden Alltagserfahrungen.

Handlungsbedarf

Die Ergebnisse der Befragungen von Menschen mit Behinderung, Anbietern und Mitarbeitenden von Einrichtungen und Diensten, Experten und Expertinnen im Feld der Behindertenhilfe und lokalen Akteuren sowie der sozialräumlichen Analysen in den ausgewählten Bezirken zeigen

Handlungsbedarf im Bereich der Angebotsentwicklung, der Stadtteilressourcen, der Kooperation und Vernetzung, des Engagements für das Gemeinwesen und der regionalen Teilhabeplanung.

➔ Angebotsentwicklung

- *Berücksichtigung teilhaberelevanter innerbezirklicher Disparitäten bei der Planung von Wohnangeboten*
- *Konzeptionelle und strukturelle Verankerung der Sozialraumorientierung in Einrichtungen und Diensten der Behindertenhilfe*
- *Verbesserung der regionalen medizinischen und psychosozialen Versorgung von Menschen mit geistiger Behinderung (u. a. Qualifizierung des medizinischen/therapeutischen Personals; Einrichtung regionaler Anlaufstellen; Ausbau des ambulanten Versorgungssystems mit psychotherapeutischen sowie präventiv und nachsorgend therapeutischen und pädagogischen Angeboten; Verbesserung der bezirklichen psychiatrisch-stationären Versorgung)*

➔ Erschließen der Ressourcen des Stadtteils für Menschen mit geistiger Behinderung

- *Öffnung von Freizeit- und Begegnungsstätten*
- *Öffnung der Angebote der Volkshochschulen*
- *Zusammenarbeit mit Nachbarschafts- und Stadtteilzentren und dem Quartiersmanagement*
- *Anwendung sozialraumorientierter Methoden in der Arbeit mit Menschen mit Behinderung*
- *Ausbau der Schnittstellen zur Jugendhilfe, zur Altenhilfe und zum Bereich Migration*
- *Verknüpfung der LOTSE-Datenbank mit dem Projekt KIEZATLAS, das die soziale Infrastruktur in den Bezirken visualisiert und mit Kontaktdaten hinterlegt*

➔ Interessenvertretung

- *Mitwirkung von Menschen mit geistiger Behinderung in den bezirklichen Behindertenbeiräten*
- *Unterstützung der Initiierung von bezirklichen Selbsthilfegruppen von Menschen mit geistiger Behinderung*
- *Bezirksbezogener Ausbau bestehender Internetseiten für Menschen mit Lernschwierigkeiten*

➔ Engagement für das Gemeinwesen

- *Öffnung von Einrichtungen und Diensten der Behindertenhilfe für das Gemeinwesen*
- *Beteiligung der Behindertenhilfe an zielgruppenübergreifenden stadtteilbezogenen Projekten*
- *Engagement von Menschen mit Behinderung für das Gemeinwohl*
- *Kooperation mit Freiwilligenagenturen*
- *Verstärkung der regionalen Öffentlichkeitsarbeit zur Entwicklung einer Kultur der Anerkennung*

➔ Kooperation und Vernetzung

- *Intensivierung der Kooperation mit Anbietern der Behindertenhilfe und anderer sozialer Organisationen*
- *Erweiterung der bezirklichen Psychosozialen Arbeitsgemeinschaften um Unterarbeitsgruppen für die Belange von Menschen mit geistiger Behinderung*

➔ Lokale Teilhabeplanung

- *Beteiligung der Behindertenhilfe an bezirklichen Planungen*
- *Initiierung von Bezirkskonferenzen zur Verbesserung der Teilhabechancen von Menschen mit geistiger Behinderung in allen Lebensbereichen*
- *Einführung einer bezirklichen Teilhabeplanung, die den Grundsätzen der UN-Behindertenrechtskonvention verpflichtet ist*
- *Vernetzung mit Projekten der ebenen- und ressortübergreifenden „Rahmenstrategie Soziale Stadtentwicklung", die das Konzept der Sozialraumorientierung zum handlungsleitenden Prinzip der sozialen Stadtentwicklung erklärt hat*

X Erkenntnisse und Konsequenzen

Die Ergebnisse der KUNDENSTUDIE zeichnen ein differenziertes Bild von der Zufriedenheit der Nutzer/innen mit den Unterstützungsleistungen im Bereich des Wohnens von Menschen mit geistiger und mehrfacher Behinderung und ihren Wünschen zur Veränderung der gegenwärtigen Situation. Deutlich wird, dass das Leben in sozialen Bezügen und den individuellen Bedürfnissen entsprechende Wohnarrangements inmitten der Gesellschaft einen zentralen Stellenwert haben. Im Verbund mit den Aktivitäten von Leistungserbringern der Behindertenhilfe, ihren Planungen und Einschätzungen der aktuellen Situation sowie der Sichtweise von Vertreterinnen und Vertretern der Sozialleistungsträger und weiterer Expertinnen und Experten in unterschiedlichen Verantwortungsbereichen lässt sich der Handlungsbedarf für die Weiterentwicklung des Systems Behindertenhilfe in wohnbezogenen Bereichen beschreiben. Er bildet die Grundlage für ein Strategiekonzept.

Zentraler Bezugspunkt ist das *Postulat der Teilhabe*, dem durch die Behindertenrechtskonvention der Vereinten Nationen eine normative Bedeutung zukommt, an der sich regionale Planungen zu orientieren haben. Teilhabe realisiert sich auf der individuellen, der kollektiven, der strukturellen und der politischen Ebene. Strategien zur Weiterentwicklung der Dienstleistungen müssen darum sowohl die individuelle Ebene als auch die Systemebene und die ethischen Grundprinzipien des Zusammenlebens in der Gesellschaft in den Blick nehmen. Wegweisend ist der Ansatz des *Disability Mainstreaming*, der gesamtgesellschaftlich ein Bewusstsein für das Recht auf Gleichstellung und Teilhabe von Menschen mit Behinderung schaffen will:

> „Disability Mainstreaming heißt (...), dass das Anliegen von Menschen mit Behinderung zum wichtigen Bestandteil von Prozessen in Politik, Verwaltung, Gesellschaft und Wissenschaft wird – von Beginn an und nicht erst, nachdem die Entscheidungen gefallen sind. Deshalb ist Disability Mainstreaming einerseits ein Instrument zur Umsetzung der Gleichstellung von Menschen mit Behinderung und andererseits ein Konzept, weil es eine andere Vorgehensweise und ein grundlegendes Umdenken bzw. einen Perspektivenwechsel erfordert.“ (GRÜBER 2007)

1 Zusammenführung der Ergebnisse der KUNDENSTUDIE

Im Folgenden werden zentrale Erkenntnisse der KUNDENSTUDIE zusammengefasst und zu einem Anforderungsprofil für künftige Entwicklungen der Behindertenhilfe im Land Berlin verdichtet.

1.1 Das wohnbezogene Unterstützungssystem unter qualitativen Aspekten

Das gegenwärtige System der Wohnversorgung für Erwachsene mit geistiger und mehrfacher Behinderung im Land Berlin bietet eine geeignete Grundlage für eine Weiterentwicklung der Unterstützungsleistungen unter der Leitorientierung Inklusion. Es zeichnet sich aus durch einen *kontinuierlichen quantitativen Ausbau* der Angebote, einen *großen Anteil an ambulant unterstützten Wohnformen* und einen *hohen Grad an Differenzierung*, der auch spezifischen Unterstützungsbedarfen Rechnung trägt. Eine hohe Trägerpluralität gewährt Chancen für Vielfalt und Flexibilität bei der Gestaltung der Angebote.

Struktur der Angebote

- Im Jahr 2009 nahmen rund 7.200 Erwachsene mit geistiger/körperlicher Behinderung *Wohnangebote der Berliner Behindertenhilfe* in Anspruch, über die Hälfte von ihnen erhielt ambulante Unterstützung in Wohngemeinschaften oder im betreuten Einzelwohnen. Mit dem hohen Anteil des ambulant betreuten Wohnens steht das Berliner Versorgungssystem bei der Umsetzung des *Grundsatzes „ambulant vor stationär“* bundesweit an der Spitze. Für geistig behinderte Menschen mit hohem Hilfebedarf ist das ambulant unterstützte Wohnen unter den gegebenen Rahmenbedingungen (Fachleistungsstunden) keine Option. Nur im Einzelfall wurden für diesen Personenkreis unter Einbeziehung des Persönlichen Budgets Alternativen zur stationären Betreuung geschaffen. In Heimen für behinderte Kinder, Jugendliche und junge

Erwachsene wurden rund 380 Heranwachsende betreut. 90 Menschen mit geistiger und körperlicher Behinderung erhielten Leistungen in *Pflegeheimen bzw. Pflegeabteilungen mit Versorgungsvertrag nach SGB XI*.

- Die Angebote im Land Berlin sind strukturell und konzeptionell unterschiedlich gestaltet, entsprechend der *Vielfalt der Zielgruppen*. Besonderer Handlungsbedarf besteht im Bereich der wohnbezogenen Hilfen für geistig behinderte Menschen im *Alterungsprozess*, bei *psychischen Erkrankungen* und bei *hoher Pflegebedürftigkeit*. Erforderliche Veränderungen bzw. Weiterentwicklungen in diesen Bereichen betreffen insbesondere die Personalentwicklung, die Finanzierung von Leistungen, die medizinische Versorgung und die konzeptionellen Grundlagen. Zunehmend werden Wohnmöglichkeiten für junge Menschen mit fehlender sozialer Kompetenz bzw. starken Verhaltensauffälligkeiten, Suchterkrankungen, Delinquenz oder Psychiatrieerfahrungen nachgefragt, häufig aus sozial benachteiligten Milieus kommend. Die Versorgung von *Personengruppen mit eher sozial bedingten Problemlagen* stellt das System der Behindertenhilfe vor erhebliche Herausforderungen, die nicht durch spezielle Angebote gelöst werden können. Hier sind Formen einer interdisziplinär und multiprofessionell ausgerichteten Integrierten Versorgung zu entwickeln (vgl. GREUÈL & MENNEMANN 2006). Die Voraussetzungen für eine professionsübergreifende Vernetzung der Behindertenhilfe, der Jugendhilfe und dem Psychiatriebereich sind durch die Versäulung der Hilfesysteme gegenwärtig erschwert.
- *Kooperationsstrukturen* mit Einrichtungen und Diensten der Region sind in den Bezirken bereits entwickelt. Eine Intensivierung der Zusammenarbeit wird seitens der Träger überwiegend für sinnvoll erachtet, z. B. durch gegenseitige Nutzung von Angeboten und die Bündelung von Aktivitäten zur Schaffung trägerübergreifender ergänzender Angebote, integrativer Projekte oder Spezialisierungen in einzelnen Bereichen.
- *Weiterentwicklungen der Angebote* orientieren sich an den Unterstützungsbedarfen der nachfragenden Personengruppen und veränderten konzeptionellen Ansprüchen. Neue Anforderungen an die Behindertenhilfe, die mit den Stichworten Wechsel von der angebotszentrierten zur personzentrierten Perspektive, demografischer Wandel und Verhältnis Eingliederung/Pflege umrissen werden können, sind jedoch mit den bestehenden Strukturen nur unzureichend zu bewältigen. Rechtliche Regelungen, administrative Vorschriften und kostendämpfende Maßnahmen erschweren die *Umsetzung innovativer Ansätze*. Es fehlen Instrumente und Konzepte für individuellere Formen des Wohnens. Das Festhalten an bestehenden Strukturen überwiegt. Neue Wege werden nur punktuell erprobt, häufig auf Initiative von Eltern, die für ihre Töchter und Söhne Alternativen zum tradierten Angebotsspektrum suchen. Die Einrichtung teilhabestärkender *offener Dienste* in den Bereichen Freizeit, Bildung, Beratung und Assistenz ist nur bei einem kleineren Teil der Anbieter im Blick. Jeder zweite orientiert die Weiterentwicklung der Angebote an Erfordernissen des *Persönlichen Budgets*; die Stärkung der Fähigkeiten von Menschen mit geistiger Behinderung zur selbstbestimmten Inanspruchnahme eines Budgets ist jedoch nur teilweise integraler Bestandteil der Maßnahmen. Mit Blick auf die Unterstützungsbedarfe von geistig behinderten Menschen mit *Migrationshintergrund* hat in einigen Einrichtungen und Diensten der Berliner Behindertenhilfe ein Prozess der *interkulturellen Öffnung* begonnen. Vordringlicher Entwicklungsbedarf besteht aus Anbietersicht bei Angeboten zur *Tagesstruktur* für Menschen mit Behinderung in ambulant unterstützten Wohnformen, die aus Altersgründen keiner regelmäßigen Arbeit mehr nachgehen. Zudem erfordere der zunehmend höhere *Pflegebedarf* in Einrichtungen der Behindertenhilfe eine Anpassung der Strukturen in Bezug auf Standards, Qualifikationen und Interdisziplinarität.
- Als überfällig wird die Auseinandersetzung mit der *Auswärtsunterbringung* von Berliner Bürgerinnen und Bürgern mit Behinderung angemahnt, die durch die langjährige „Insel-Lage" von Westberlin bedingt und nach dem Fall der Mauer bis heute fortgesetzte Praxis ist. Im Jahr 2009 nahmen rund 1.900 Eingliederungshilfeempfänger/innen mit geistiger/körperlicher Behinderung Einrichtungen in anderen Bundesländern in Anspruch, überwiegend in Heimen. Die Zahl hat seit der Wende um 50 % zugenommen. Eine *systematische Erfassung der Gründe* für die Auswärtsunterbringung, die Aufschluss über bestehende Versorgungsdefizite geben könnte, findet nicht statt.

- Mit Blick auf eine *Gesamtplanung* für das Land Berlin erwarten die Anbieter eine Definition *sozialpolitischer Zielsetzungen und Schwerpunkte*, die Orientierung bei der Weiterentwicklung der Angebote bieten. Sie sollten in einem gemeinsamen Diskussionsprozess von Verantwortungsträgern und Akteuren in unterschiedlichen Bereichen erarbeitet werden.

Fachlich-konzeptionelle Ausrichtung

- Grundlage für die Arbeit mit Menschen mit geistiger und mehrfacher Behinderung sind die im SGB IX verankerten Leitideen *Selbstbestimmung* und *Teilhabe/Partizipation*. Sie werden nicht nur auf *interaktionaler Ebene*, sondern auch auf *Systemebene* wirksam. Fast drei Viertel der befragten Träger geben an, dass sie die Nutzer/innen ihrer Angebote in Planungen und Entwicklungen der Angebote einbeziehen, z. B. durch Kooperation mit Bewohnergremien oder Nutzerbefragungen. Außerhalb der Einrichtungen wird Teilhabe überwiegend als *soziale und kulturelle Teilhabe* verstanden. Die *politische Dimension von Teilhabe* i. S. von Mitwirkung in Angelegenheiten, die für Menschen mit Behinderung selbst und für andere bedeutsam sind, z. B. im Rahmen bürgerschaftlichen Engagements oder in Gremien, findet dem gegenüber weniger Beachtung.
- Zunehmend finden die Leitideen *Sozialraumorientierung* und *Inklusion* Berücksichtigung. Inklusives Denken ist jedoch noch nicht selbstverständlicher Bestandteil der Planung und Realisierung von Angeboten. Positive Beispiele beruhen auf dem Engagement einzelner Träger oder Personen. Ein Teil der Anbieter nimmt regelmäßig an *regionalen Planungen* teil. *Gemeinwesenbezogene Aktivitäten* werden in vielseitiger Art und Weise bereits praktiziert, teilweise unter Nutzung von Schnittstellen zur Altenhilfe oder zum Jugendbereich. Um die Abhängigkeit der Aktivitäten von der Motivation der jeweils Beteiligten aufzubrechen, bedürfen sozialraumorientierte Aufgaben der *strukturellen Verankerung* und der *fachlichen Weiterentwicklung* i. S. des Fachkonzepts Sozialraumorientierung. Erschwerend wirkt sich die leistungsrechtlich begründete Fokussierung der Arbeit auf die Unterstützung von Individuen; *fallunspezifische Arbeit* im Sozialraum wird in der Behindertenhilfe nicht finanziert.
- Zur *Stärkung der Teilhabechancen* werden *freiwillig Engagierte* in die Begleitung von Menschen mit Behinderung im Alltag eingebunden. Bei etwa der Hälfte der befragten Anbieter ist die Einbindung des Freiwilligenengagements konzeptionell verankert. Vorbehalte auf Seiten hauptamtlicher Mitarbeiter/innen gegenüber ehrenamtlich Tätigen erschweren die Nutzung freiwilliger Ressourcen bei der Integration in die Gemeinde. *Stadtteilbezogene Beteiligungsstrukturen*, wie Nachbarschaftsheime oder Stadtteilzentren, sind für Menschen mit geistiger Behinderung kaum erschlossen. Vertreter allgemeiner sozialraumbezogener Einrichtungen signalisieren Offenheit für die Nutzung ihrer Angebote durch Menschen mit Behinderung. In Interviews mit Vertreterinnen und Vertretern der türkischen Community wurde die Bereitschaft geäußert, bei der Entwicklung kultursensibler Angebote für geistig behinderte Frauen und Männer nichtdeutscher Herkunft und ihre Familien mit der Behindertenhilfe zu kooperieren.
- Die Aussagen der Träger zu *fachlich-konzeptionellen Zielsetzungen künftiger Angebote* lassen den Willen zur Neuausrichtung erkennen. Priorität haben die Leitideen *Selbstbestimmung* und *Inklusion* sowie das Erproben neuer *personbezogener Unterstützungsarrangements*. Zur Verbesserung der Teilhabe werden die strukturelle Verankerung der *Partizipation* von Menschen mit Behinderung in Entwicklung und Evaluation der Dienstleistungen und eine sozialraumorientierte Ausrichtung der Arbeit für wichtig erachtet. Die Umsetzung erfordere *offene und flexible Hilfestrukturen* und eine *Koordination und Vernetzung* regionaler Angebote unter Gewährleistung der *Wahlfreiheit* der Nutzer/innen. Unter dem Primat der *Kundenorientierung* wird es für erforderlich gehalten, bei der Weiterentwicklung des Versorgungssystems die Vorstellungen der Klientinnen und Klienten einzubeziehen. Die qualitative Weiterentwicklung bzw. Neuausrichtung der Hilfen soll durch eine entsprechende *Qualifizierung des Personals* flankiert werden.

Bedarfsermittlung

- Grundprinzip der Bedarfsermittlung durch das Berliner Fallmanagement der Eingliederungshilfe nach SGB XII ist die *Personorientierung*: Die Wünsche des behinderten Menschen stehen im Mittelpunkt, Maßstab für die Qualität der Leistungen ist die Kundenzufriedenheit. Durch den unmittelbaren Kontakt mit den behinderten Menschen erhält die Arbeit der Fallmanager/innen gegenüber der früheren Fallbearbeitung nach Aktenlage eine neue Qualität.

- Im Interesse einer umfassenden Einschätzung der jeweiligen Situation wird ein Bezug zum Klassifikationssystem ICF der Weltgesundheitsorganisation hergestellt, das personen- und umfeldbezogene *Kontextfaktoren* der individuellen Lebenssituation und deren Wechselwirkungen in den Blick nimmt. Damit ist der im Fachdiskurs der letzten Jahre proklamierte Wandel von der institutionsbezogenen zur personzentrierten Hilfeplanung eingeleitet.
- Die Umsetzung des Ziels der *„passgenauen Hilfen“*, die sich an den Wünschen des einzelnen Leistungsberechtigten orientieren, wird durch die Verknüpfung mit der Maßgabe der Reduzierung der durchschnittlichen Fallkosten erschwert. Insbesondere bei geistig behinderten Menschen mit hohem Hilfe- und Pflegebedarf wird nach Erfahrungen von Angehörigen und Trägern der Teilhabebedarf oftmals geringer als erforderlich eingeschätzt und teilweise die Eingliederungshilfe in Frage gestellt. Zudem führen uneinheitliche Vorgehensweisen der Fallmanager/innen zu Problemen beim Wechsel des Bezirks.

1.2 Impulse zur Weiterentwicklung aus der „Kundenperspektive“

Wohnen ist ein Raum, in dem sich *Lebensqualität* realisiert, in dem in einem dynamischen Prozess der Wechselwirkung zwischen individuellen Bedürfnissen und den jeweils gegebenen sozialökologischen Bedingungen ein Fundament für *Lebenszufriedenheit* geschaffen werden kann. Das Wohnen ist der Ausgangspunkt für Aktivitäten im Wohnquartier oder im Stadtteil. Wohnen heißt Dazugehören, *Bürger oder Bürgerin des Gemeinwesens* zu sein. Aufgabe der Behindertenhilfe ist, Unterstützung für ein möglichst selbstbestimmtes Leben und zur Teilhabe am Leben in der Gesellschaft zu leisten. Beide Leitideen sind im Alltag der befragten Menschen mit geistiger und mehrfacher Behinderung wirksam, allerdings in unterschiedlicher Ausprägung und Qualität.

Zufriedenheit

Rund die Hälfte der Befragten ist mit der gegenwärtigen Wohnsituation voll zufrieden. Etwa ein Drittel ist teilweise zufrieden, fast 10 % sind unzufrieden. Selbst gewählte Bewertungskriterien sind die Beschaffenheit und die Lage der Wohnung, das Zusammenleben in der Gruppe einschließlich des Verhältnisses zum Gruppenpersonal, die Freizeitgestaltung, soziale Beziehungen und Kontakte sowie Möglichkeiten zur Selbstbestimmung. Neben vielen positiven Erfahrungen wurden negative Beispiele genannt, die bei der Weiterentwicklung der Angebote zu beachten sind. Unzufriedenheit wird am häufigsten von Frauen und Männern geäußert, die in einer eigenen Wohnung ambulant unterstützt werden. Die Kritikpunkte beziehen sich nicht auf das eigenständige Wohnen, sondern vor allem auf die Beschaffenheit und Lage der Wohnung in einem durch soziale Probleme belasteten Wohnumfeld sowie den Mangel an sozialen Beziehungen. Dem gegenüber betreffen Kritikpunkte am Leben in Wohngruppen eines Heims oder in Wohngemeinschaften eher systembedingte Aspekte, z. B. das oftmals konfliktreiche Zusammenleben mit Menschen, die nicht selbst als Mitbewohner/innen gewählt wurden, und das Verhalten der professionellen Betreuerinnen und Betreuer.

Selbstbestimmung

Dem jeweiligen Wohnsetting entsprechend sind die Möglichkeiten zur selbstbestimmten Alltagsgestaltung in der eigenen Wohnung am größten und in Wohnheimen am niedrigsten. Trotz der unterschiedlichen Spielräume für Selbstbestimmung sind die meisten Frauen und Männer in betreuten Wohnformen der Meinung, dass sie genügend selbst bestimmen oder entscheiden können, z. B. in der Freizeit. Die eingeräumte Selbstbestimmung ist jedoch nicht identisch mit einer grundsätzlichen Anerkennung des behinderten Menschen als gleichwertigen Partner. Fast 40 % der Befragten machen die Erfahrung, dass ihre eigene Meinung nur manchmal oder nie ernst genommen wird. Neutrale Anlaufstellen bei Problemen sind nicht institutionalisiert; der Heimbeirat wird nur von wenigen in seiner Funktion als Vertreter der Interessen von Heimbewohnerinnen und Heimbewohnern wahrgenommen und ist nach Aussagen von Heimbeiratsmitgliedern im Einzelfall nur unzureichend auf diese Aufgabe vorbereitet.

Teilhabe am Leben in der Gesellschaft

Die räumliche und funktionale Integration in die Gesellschaft ist bei einem Großteil der Befragten realisiert. Versorgungs- und Dienstleistungen im Wohnumfeld, öffentliche Verkehrsmittel sowie soziale und kulturelle Angebote werden genutzt, Freizeitaktivitäten sind vielfältig und werden überwiegend positiv bewertet. Die soziale Einbindung ins Wohnumfeld ist jedoch nur punktuell gelungen, abhängig vom Engagement von Mitarbeitenden von Einrichtungen und Diensten und von Angehörigen. Das soziale Netzwerk von Menschen mit Behinderung ist außerhalb wohnbereichsbezogener Kontakte und verwandtschaftlicher Bezüge eher gering. Vielfach wird der Wunsch nach Erweiterung der sozialen Beziehungen geäußert, insbesondere mit Blick auf einen Freund/Partner oder eine Freundin/Partnerin. An mehreren Aussagen wird deutlich, dass Menschen mit Behinderung bereit sind, sich selbst für andere zu engagieren. Diskriminierungserfahrungen gehören zum Alltag.

Veränderungswünsche

Nahezu die Hälfte der befragten Frauen und Männer in betreuten Wohnformen und in Familien möchte die gegenwärtige Wohnsituation verändern.

- ➔ Das *Interesse an Weiterbildung* ist groß, insbesondere hinsichtlich der Entwicklung von Kompetenzen, die die Chancen zur *Partizipation in allen Lebensbereichen* und zum *selbstständigen Wohnen* stärken können.
- ➔ Wohnbezogene Veränderungswünsche zielen auf das *Leben in einer eigenen Wohnung* mit der individuell notwendigen Assistenz, in sozialen Bezügen und einem sozialen Umfeld, das eine gute Infrastruktur bietet und nicht durch eigene Probleme belastet ist („überfordertes Wohnumfeld"). Wohngemeinschaften, Wohnheime und das Zusammenleben mit Angehörigen sind für den größten Teil der Veränderungswilligen keine Option.
- ➔ Wichtige *Orientierungspunkte* für die Weiterentwicklung des Wohnens von Menschen mit Behinderung sind nach Ansicht der Befragten: Leben inmitten der Gesellschaft, Selbstbestimmung, angemessene Unterstützung, Wahl- und Entscheidungsmöglichkeiten, Bedürfnisorientierung und ein respektvoller Umgang mit Menschen mit Behinderung.
- ➔ Die *Informationen* über Möglichkeiten des Wohnens und über die Finanzierung der Unterstützungsleistungen durch ein Persönliches Budget sowie das *Netz von Ansprechpartnern* werden als verbesserungs- bzw. als erweiterungsbedürftig erachtet.

Vorstellungen von Eltern zum künftigen Wohnen ihrer behinderten Töchter und Söhne

Die Vorstellungen von Eltern zum künftigen Wohnen ihrer behinderten Angehörigen weichen in Teilbereichen von den Wünschen der Betroffenen ab. Ein Viertel hält das *Wohnen im Elternhaus* für am besten geeignet, da hier den individuellen Bedürfnissen Rechnung getragen werden könne. Beim Wohnen außerhalb der Familie werden *gemeinschaftliche Wohnformen* mit individueller Unterstützung bevorzugt, insbesondere mit integrativer Zusammensetzung, im Einzelfall auch im Heim. Neben einer guten *Infrastruktur* wird der *Integration in das soziale Umfeld* große Bedeutung beigemessen. Die Analyse der Aussagen ergibt Präferenzen für folgende Wohnformen:

1. Zusammenleben im Elternhaus;
2. Leben in der Familie mit externer Unterstützung zur Realisierung größtmöglicher Selbstbestimmung;
3. Inanspruchnahme von Wohnangeboten der Behindertenhilfe als positive Alternative zum häuslichen Leben;
4. Nutzung von Wohnangeboten der Behindertenhilfe mit kritisch-konstruktivem Engagement für Weiterentwicklungen;
5. neue individuell passende Wohnarrangements in Nachbarschaften;
6. kultursensible Unterstützungsangebote für Menschen mit Migrationshintergrund.

Als teilhabefördernde Bedingungen werden flexible *Assistenzdienste* und das Einbinden von *freiwillig Engagierten* als „Brückenbauer in die Gemeinde" für erforderlich gehalten. Eltern können und wollen nicht auf Dauer für das Erschließen von Kontakten im Gemeinwesen zuständig sein. Frauen und Männer mit schweren Behinderungen sind nach den Erfahrungen ihrer Angehörigen in besonderer Weise von Ausgrenzung bedroht.

1.3 Zukunftsweisende Konzepte

Die Aussagen der Befragten zur Weiterentwicklung der wohnbezogenen Unterstützung haben einen gemeinsamen Kern: Sie zielen auf die *Teilhabe von Menschen mit geistiger Behinderung am Leben in der Gesellschaft*. Grundlegende Elemente sind die (nicht nur verbale) Anerkennung des Personenkreises als gleichberechtigte Bürger/innen in allen Lebensbereichen und die soziale Einbindung in Wohnquartiere. Die Vorstellungen der Befragten lassen sich in elf Punkten zu einem Profil verdichten, das Wohnkonzepte der Zukunft kennzeichnet:

Wohnkonzepte der Zukunft ....

- zielen auf ein möglichst selbstbestimmtes Leben in einer eigenen Wohnung im Verbund mit tragfähigen sozialen Bezügen innerhalb und außerhalb des Wohnbereichs,
- grenzen niemanden aus,
- trennen die Zuständigkeiten für die Wohnung und die Unterstützungsleistungen,
- nehmen bei der Planung und Umsetzung des Vorhabens die Strukturen des Sozialraums in den Blick,
- sind integraler Teil des nachbarschaftlichen Zusammenlebens,
- nutzen das Wohnumfeld als ein Quartier, dessen Ressourcen zu erschließen sind,
- unterstützen die Menschen mit Behinderung bei der Wahrnehmung ihrer Rolle als Nachbarn und Bürger/innen der Gesellschaft,
- benötigen Finanzierungsformen, die die Leistungen der Eingliederungshilfe und der Pflegeversicherung integrieren,
- profitieren von einem „Hilfe-Mix“, das freiwilliges Engagement, professionell Tätige und anders Tätige integriert,
- erfordern ein hohes Maß an Flexibilität und Kreativität bei der Organisation der Unterstützungsleistungen,
- verankern die Partizipation von Menschen mit Behinderung als integralen Bestandteil von Prozessen zur Weiterentwicklung von Strukturen und Unterstützungsleistungen.

Notwendige Meilensteine auf dem Weg zu einem *inklusiven Gemeinwesen* sind die Weiterentwicklung der Strukturen und die Befähigung aller Beteiligten zur Realisierung inklusiven Denkens und Handelns i. S. des Ansatzes „enabling community“ (HAAS & TREBER 2009).

2 Maßnahmen zur Stärkung der Teilhabe

Die Analyse der Ergebnisse der KUNDENSTUDIE hat wesentliche *Ansatzpunkte für die strukturelle und konzeptionelle Weiterentwicklung der Unterstützungsleistungen* im Bereich des Wohnens von Menschen mit geistiger und mehrfacher Behinderung erbracht. Der Handlungsbedarf wurde in den vorangehenden Kapiteln differenziert beschrieben. An dieser Stelle werden notwendige Konsequenzen zusammenfassend dargestellt, ohne Anspruch auf Vollständigkeit.
Tab. 24 gibt einen Überblick über notwendige Maßnahmen in den Handlungsfeldern Individuum/Lebenswelt und Hilfesystem/Sozialraum. Im Handlungsfeld *Individuum und Lebenswelt* geht es um die Stärkung der individuellen Ressourcen der behinderten Menschen, um die Erweiterung ihres persönlichen Netzwerks, das Erschließen von Ressourcen im Stadtteil zur Verbesserung der Teilhabechancen und die Mitwirkung an Hilfeplanverfahren und an Gremien, die sich für die Interessen von Menschen mit Behinderung, die Weiterentwicklung von Angeboten und das Zusammenleben im Stadtteil engagieren. Im Handlungsfeld *Hilfesystem und Sozialraum* stehen die Organisationsentwicklung, die Entwicklung von Unterstützungsstrukturen, die die Teilhabe fördern, die Kooperation und Vernetzung der lokalen Akteure sowie die Steuerung und Finanzierung der Hilfen im Vordergrund.

Handlungsfelder im Überblick	
Handlungsfeld: **Individuum und Lebenswelt**	Handlungsfeld: **Hilfesystem und Sozialraum**
➔ Individuelle Ressourcen • Individuelle Teilhabeplanung • Erwachsenenbildung • Selbstvertretung • Beratung und Unterstützung	**➔ Organisationsentwicklung** • Leitkonzept • Personalentwicklung • Organisationsstrukturen • Qualitätsmanagement • Regionale Verortung • Öffentlichkeitsarbeit
➔ Persönliches Netzwerk • Kontakt- und Begegnungsstätten • Nachbarschaftliches Zusammenleben	**➔ Unterstützungsstrukturen** • Inklusionsfördernde Infrastruktur • Teilhabestärkende Wohnkonzepte
➔ Ressourcen im Stadtteil • Individuelle Erfahrungen und Interessen • Lokale Infrastruktur • Gemeinsame Projekte • Bürgerschaftliches Engagement • Öffentlichkeitsarbeit	**➔ Kooperation und Vernetzung** • Ressortübergreifende Aktivitäten • Zusammenarbeit zwischen Behindertenhilfe und anderen sozialen Organisationen • Stadtteilkonferenzen
➔ Partizipation • Barrierefreie Information und Kommunikation • Handreichung „Unterstützte Partizipation“ • Mitwirkung in Einrichtungen, Diensten, Gremien der Behindertenhilfe • Mitwirkung auf Bezirks- und Landesebene • Rolle der Angehörigen	**➔ Steuerung und Finanzierung** • Örtliche Teilhabeplanung • Neue Steuerungsmodelle • Leistungsvereinbarungen • Individuelle Hilfeplanung • Inklusionsfördernde Leistungen • Kombimodelle für innovative Wohnprojekte • Individuelle Unterstützungsarrangements im Familienverband
➔ Flankierende Maßnahmen Öffentlichkeitsarbeit – Verbandsaktivitäten – Ausbildung, Weiterbildung, Organisationsberatung – ressortübergreifende Vernetzung – Monitoring, Dokumentation, Evaluation	

Tab. 24: Handlungsfelder im Überblick

Im Folgenden werden die Schwerpunktbereiche erläutert und durch Maßnahmen konkretisiert. Dabei werden jeweils *mögliche Indikatoren* benannt, die zur Überprüfung des Ist-Stands und zur Bestimmung des Handlungsbedarfs genutzt werden können. Sie bilden die Basis für die Eckpunkte eines *Strategiekonzepts*, das abschließend vorgestellt wird.

Der Fragestellung der KUNDENSTUDIE entsprechend stehen bei allen Maßnahmen zur Gewährleistung der Teilhabe von Menschen mit Behinderung spezifische Unterstützungsbedarfe von *Menschen, die leistungsrechtlich als geistig behindert bezeichnet werden*, im Mittelpunkt, auch wenn dies nicht immer explizit genannt wird. Mitglieder der Selbsthilfegruppen „Mensch zuerst“ (People First) wenden sich gegen die Bezeichnung „geistig behindert“:

> „Wir von *Mensch zuerst* finden den Begriff "geistig behindert" abwertend. Wir finden, das macht uns schlecht. Immer mehr Menschen lehnen diesen Begriff ab. Wir von *Mensch zuerst* wollen nicht "geistig Behinderte" genannt werden. Wir wollen den Begriff "geistig behindert" abschaffen. Das hat die Lebenshilfe Österreich zum Beispiel schon getan. Wir finden den Begriff "*Menschen mit Lernschwierigkeiten*" besser. Bitte unterstützen Sie uns, dass in Deutschland der Begriff "geistig behindert" abgeschafft wird.“ (http://www.people1.de)

Vor diesem Hintergrund wird bei den Empfehlungen zur Stärkung der Teilhabechancen dieses Personenkreises überwiegend der Begriff *Lernschwierigkeiten* verwendet. Dabei muss nicht eigens betont werden, dass inklusionsfördernde Maßnahmen für Menschen mit Lernschwierigkeiten auch anderen Menschen mit Beeinträchtigungen der Teilhabe zugute kommen.

2.1 Handlungsfeld: Individuum und Lebenswelt

Der Handlungsbedarf auf der Ebene der Individuen kann auf die *Teilhabe-Formel* verdichtet werden: Individuelle Ressourcen stärken – Soziale Netzwerke entwickeln – Ressourcen im Stadtteil erschließen – Partizipation realisieren.[116]

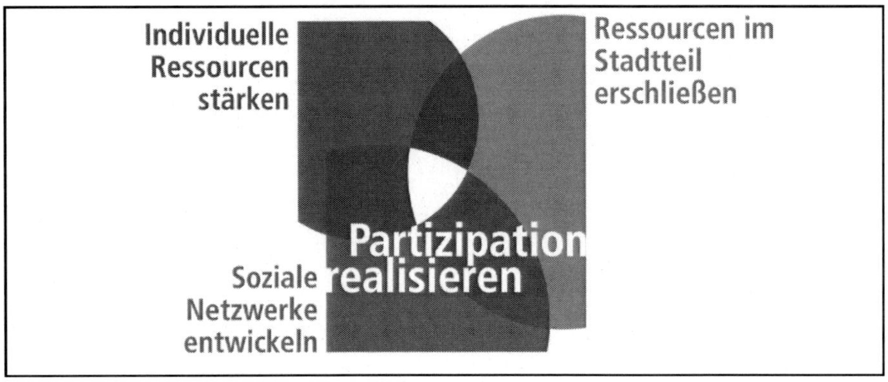

2.1.1 Individuelle Ressourcen stärken

Menschen, die als geistig behindert bezeichnet werden, haben vielfach ein Selbstbild entwickelt, das ihre Einschränkungen in den Vordergrund stellt. Ihre Biografie ist geprägt durch Erfahrungen der Fremdbestimmung, des Nicht-Verstanden-Werdens, der Ablehnung und Ausgrenzung und des Anders-Seins. Eine Schädigung ihrer *Identität* ist jedoch kein zwangsläufiges Ergebnis negativer Erfahrungen, der der behinderte Mensch passiv ausgeliefert ist (vgl. SCHUPPENER 2009). Entwicklungsverläufe sind im Kontext der sozialökologischen Bedingungen zu sehen, die eine positive Identitätsbildung fördern oder hemmen können.

Identitätsstärkende Sozialisationsbedingungen bieten die Basis für ein selbstbestimmtes Leben. Professionelles Handeln hat in diesem Zusammenhang eine aktivierende Funktion i. S. einer Ermöglichungspädagogik. Die Ergebnisse der KUNDENSTUDIE lassen im Bereich der Stärkung des Selbstwertgefühls erheblichen Handlungsbedarf erkennen. Viele Frauen und Männer berichten, dass ihre persönliche Meinung im Wohnalltag nicht respektiert wird, dass ihre Probleme in Bewohnergremien nicht lösungsorientiert diskutiert werden, dass sie nur unzureichend über neuere Entwicklungen bei den Unterstützungsleistungen informiert werden und bei der Planung von Veränderungsprozessen sowie bei der Ermittlung der Qualität der Unterstützungsleistungen nur punktuell einbezogen werden. Sie benötigen im individuellen *Empowerment-Prozess* Unterstützung.

Empowerment-Prozesse finden auf der Ebene des Subjekts oder in Gruppen sowie in Beteiligungskontexten auf der Ebene von Organisationen und Politik statt, überwiegend in sozialraumbezogenen Zusammenhängen (vgl. RÖH 2009). Auf der individuellen Ebene schlägt MARKOWETZ (2008, 212) zur Förderung der Emanzipation von Menschen, die z. B. im Lebensbereich Freizeit bislang nur ungenügend integriert sind, unabhängige regional arbeitende „Inklusionsagenturen für persönliche Lebensplanung und Gestaltung von Lebenszeit" vor. Zur Stärkung der Kompetenzen zur Selbstvertretung und Partizipation haben *Erwachsenenbildungsangebote* eine zentrale Bedeutung. Die gegenwärtige Situation im Bereich der Erwachsenenbildung für Menschen mit Lernschwierigkeiten ist in Berlin unbefriedigend (vgl. ACKERMANN & AMELUNG 2009). Bildungskurse für diese Zielgruppe werden überwiegend in Einrichtungen der Behindertenhilfe vor-

116 Das Signet zur Teilhabe-Formel wurde von Ralf Mischnick (www.elementarfilm.de) gestaltet.

gehalten. Die bezirklichen Volkshochschulen nehmen sie nur punktuell als Adressaten von Bildungsangeboten wahr – ein Tatbestand, der den weitgehenden Ausschluss von Menschen mit sogenannter geistiger Behinderung vom tertiären Bildungssektor dokumentiert. Zur Verbesserung der Situation hat sich in 2009 ein „Berliner Aktionsbündnis Erwachsenenbildung und Behinderung (BAEB)“ konstituiert, an dem Volkshochschulen, Bildungsträger, Vertreter/innen von Anbietern und Verbänden der Behindertenhilfe und der Verwaltung, Hochschullehrer, Menschen mit Behinderung, Elterninitiativen und andere Personen beteiligt sind.

Seit Mitte der 1990er Jahre gibt es erste Ansätze für People-First-Gruppen (Mensch zuerst) in Berlin, deren Existenz bis heute jedoch nicht ins Bewusstsein der Öffentlichkeit gelangt ist. Mitglieder von Selbstvertretungsgruppen von Menschen mit Lernschwierigkeiten sind kaum in bezirklichen Gremien vertreten, die sich für die Belange von Menschen mit Behinderung engagieren.

Exemplarische Maßnahmen zur Stärkung der individuellen Ressourcen betreffen die individuelle Teilhabeplanung, die Erwachsenenbildung, die Selbstvertretung sowie Beratung und Unterstützung.

Selbstvertretung

➔ In jedem Bezirk bildet sich eine People-First-Gruppe als Interessenvertretung von Menschen mit Lernschwierigkeiten. Das Engagement bezirklich lokalisierter People-First-Gruppen eröffnet die Chance einer wirksamen Partizipation bei der Weiterentwicklung der Bezirke zu inklusiven Stadtteilen. Sie werden in ihrer Arbeit durch Assistenten unterstützt. Mögliche Aktivitäten:

  - Entwicklung von Informationsmaterialien, die Menschen mit Lernschwierigkeiten die Orientierung im vielfältigen Angebot des Stadtteils erleichtern.
  - Stadtteilbegehungen zur Identifizierung von Ansatzpunkten zur Verbesserung der Teilhabe.
  - Kooperation mit Freiwilligenagenturen zur Gewinnung eines Unterstützerkreises für die Umsetzung von stadtteilbezogenen Aktivitäten.
  - Auszeichnung von Personen, Organisationen, Dienstleistern und Behörden, die Inklusion praktizieren (vgl. das Berliner Signet „Barrierefrei“).
  - Gemeinsame Aktionen mit Bürgerinitiativen, die sich für die Belange des Wohnquartiers engagieren – z. B. im Rahmen von Bürgerplattformen oder des Quartiermanagements.
  - Erarbeitung von Indikatoren für einen bezirksbezogenen „Index für Inklusion“ (vgl. bereits bestehende Handreichungen für Kindertagesstätten, für Schulen und für Kommunen).

Erwachsenenbildung

➔ An den bezirklichen Volkshochschulen werden Erwachsenenbildungskurse für Menschen mit Lernschwierigkeiten angeboten. Die bezirkliche Anbindung eröffnet die Chance, an den lebensweltlichen Erfahrungen der Kursteilnehmer/innen anzusetzen und interessensgeleitet Lernprozesse zu initiieren, die nachhaltige Wirkung entfalten können. Sie bietet zudem Raum zur Entwicklung von Interessensgruppen, die in unterschiedlichen Bereichen in gemeinsame Aktivitäten münden können. Die Bildungskurse werden über ein Sonderprogramm des Berliner Senats gefördert.

➔ Integrative Erwachsenbildungsangebote, die sich an Standards der Erwachsenenbildung für Menschen mit Lernschwierigkeiten orientieren, werden an den bezirklichen Volkshochschulen initiiert bzw. erweitert.

Beratung und Unterstützung

➔ In jedem Bezirk gibt es – angegliedert an allgemein zugängliche stadtteilbezogene Einrichtungen bzw. Dienste – eine unabhängige niedrigschwellige Anlaufstelle für Menschen mit Behinderung für Angelegenheiten ihres Alltags („Büro für alle Fragen“). Das Angebot umfasst in Abstimmung mit bereits vorhandenen Angeboten im Bezirk zum Beispiel: Treffpunktcafé, Information und Beratung im Bereich Wohnen, Arbeit, Bildung, Freizeit; Peer Counseling; Vermittlung von Assistenz-, Begleit- und Hilfsdiensten; Persönliche Zukunftsplanung; Beschwerdestelle; Informationsveranstaltungen.

Individuelle Teilhabeplanung

➔ An einer neutralen Beratungsstelle im Bezirk wird die Durchführung von Persönlichen Zukunftskonferenzen für Menschen mit Behinderung angeboten, insbesondere an Übergängen in ihrem Lebenslauf (z. B. Übergang ins Arbeitsleben; Auszug aus dem Elternhaus).

➔ Im Rahmen der Persönlichen Zukunftsplanung werden Verfahren verwendet, die unter Einbeziehung eines Unterstützerkreises (circle of friends) auch Menschen mit schweren Behinderungen eine aktive Rolle bei der Ermittlung ihrer persönlichen Ziele und der Realisierung der zur Umsetzung notwendigen Schritte zuweisen (vgl. BOBAN & HINZ 1999; BOBAN 2008).

➔ In Anlehnung an die bereits praktizierten Berufswegekonferenzen finden für Schüler/innen mit Behinderung gemeinsam mit ihren Familienangehörigen und anderen relevanten Akteuren sogenannte „Wohnplanungskonferenzen" statt, bei denen individuelle Wohnvorstellungen von Menschen mit Behinderung ermittelt und Schritte zur Realisierung diskutiert und initiiert werden.

➔ Bei der Ermittlung des Unterstützungsbedarfs durch das Fallmanagement wird ausgehend vom Willen des behinderten Menschen und seiner Lebenswelt auch die sozialräumliche Dimension einbezogen. Daraus können Impulse für die Weiterentwicklung der Angebote im Bezirk gewonnen werden (vgl. ROHRMANN 2009).

➔ Für die Ermittlung des Unterstützungsbedarfs durch das Fallmanagement werden Materialien und Verfahren entwickelt, die Menschen mit Lernschwierigkeiten die Teilhabe an der individuellen Hilfeplanung und die Artikulation ihres Teilhabebedarfs erleichtern, auch bei nonverbaler Kommunikation. Die Qualitätsmerkmale der Verfahren sind bezirks- und landesweit einheitlich.

Praxisbeispiele

- Im Rahmen des Kooperationsprojekts HIP (Hilfe bei der Hilfeplanung) wurde im Auftrag des Landschaftsverbands Rheinland ein Materialienkoffer entwickelt, der die individuelle Hilfeplanung mit einem sehr heterogenen Personenkreis erleichtert (vgl. WEBER 2008).
- Die Volkshochschule Berlin Mitte (City VHS) hat in Kooperation mit einem Berliner Träger der Behindertenhilfe für das Jahr 2010 ein Kurs-Programm für Menschen mit Lernschwierigkeiten vorgelegt.
- Der Dachverband „Mensch zuerst – Netzwerk People First Deutschland e. V." in Kassel bietet zahlreiche Anregungen für regionale Aktivitäten von Selbsthilfegruppen (http://www.people1.de).

2.1.2 Persönliches Netzwerk erweitern

Tragfähige soziale Beziehungen sind eine zentrale Dimension von Lebensqualität. Ergebnisse der KUNDENSTUDIE zeigen, dass der Wunsch nach einem Freund/Partner oder einer Freundin/Partnerin sowie nach mehr Kontakt mit Leuten im Stadtteil einen großen Stellenwert hat. Exemplarische Maßnahmen zur Erweiterung des persönlichen Netzwerks umfassen die Einrichtung von Kontakt- und Begegnungsstätten und Aktivitäten in der Nachbarschaft.

Kontakt- und Begegnungsstätten

➔ Zur Stärkung und Erweiterung des persönlichen Netzwerks gibt es in jedem Bezirk Gelegenheiten für Begegnung, Kommunikation und gemeinsame Aktivitäten von Menschen mit und ohne Behinderung. Dazu gehören Treffpunkte im Wohnquartier, z. B. integrative Cafés und Begegnungsstätten mit kulturellen Angeboten, in denen auch Arbeitsplätze für Menschen mit Behinderung geschaffen oder Kontaktbörsen zur Vermittlung von Partnerschaften eingerichtet werden.

➔ Zur Stärkung der sozialen Beziehungen von Menschen mit *schweren* Behinderungen werden Patenschaften initiiert.

Nachbarschaftliches Zusammenleben

➔ Menschen mit Behinderung beteiligen sich an gemeinsamen Aktionen der Nachbarschaft, z. B. im Rahmen von Mieterinitiativen.

➔ Wohnungsbaugesellschaften entwickeln Konzepte und Strukturen zur Stärkung der Teilhabe von Menschen mit Behinderung am nachbarschaftlichen Zusammenleben.

Praxisbeispiele

- Bürgertreff „Gemeinsam im Kiez leben“ der Spastikerhilfe Berlin eG für Menschen mit und ohne Behinderung; Treffpunkte im Stadtteil der Stiftung Alsterdorf in Hamburg.
- Nachbarschaftsetage der GESOBAU AG in Berlin (Integrationsprojekt „Gut miteinander wohnen“), in Kooperation mit freien Trägern.

2.1.3 Ressourcen im Stadtteil erschließen

Die Einbindung von Menschen mit Behinderung in den Stadtteil gelingt am ehesten, wenn sie in sozialen Rollen wahrgenommen werden, die die Gemeinsamkeiten von Menschen mit und ohne Behinderung dokumentieren. Exemplarische Maßnahmen umfassen die Öffnung der lokalen Infrastruktur, gemeinsame Projekte, die Einbeziehung und das Einbringen bürgerschaftlichen Engagements sowie öffentliche Aktionen zur Stärkung der sozialen Akzeptanz. Basis der Aktivitäten im Stadtteil sind individuelle Interessen und Erfahrungen.

Individuelle Erfahrungen und Interessen

➔ Menschen mit Behinderung dokumentieren ihre individuellen Erfahrungen im Wohnquartier (z. B. in Form von persönlichen Teilhabenetzen, persönlichen Kiezkarten und persönlichen Teilhabeplänen) und werten sie gemeinsam mit ihren Unterstützerinnen und Unterstützern hinsichtlich der Konsequenzen aus.

Lokale Infrastruktur

➔ Menschen mit Lernschwierigkeiten sind in sozialen, kulturellen und sportlichen Angeboten, die allen Bürgerinnen und Bürgern offen stehen, und weiteren allgemeine Einrichtungen und Dienstleistungen willkommen.

➔ Kontakte von Menschen mit Behinderung zu Kirchengemeinden, Vereinen, Bürgerinitiativen oder Nachbarschaftstreffs werden initiiert bzw. intensiviert.

➔ Erwachsene mit Lernschwierigkeiten und Migrationshintergrund, die in ihren Herkunftsfamilien leben, werden bei der Teilhabe an Freizeit- und Bildungsangeboten im Stadtteil unterstützt.

Gemeinsame Projekte

➔ Projekte der Stadtentwicklung und der Wohnungswirtschaft bieten Anknüpfungspunkte für zielgruppenübergreifende Aktivitäten, an denen Menschen mit Behinderung mitwirken.

Bürgerschaftliches Engagement

➔ Die bezirklichen Freiwilligenagenturen vermitteln freiwillig Engagierte zur Begleitung und Unterstützung von Menschen mit Behinderung bei Aktivitäten im Stadtteil.

➔ Die Bereitschaft von Menschen mit Behinderung zum Engagement für das Gemeinwohl wird bei Aktivitäten im sozialen, kulturellen und sportlichen Bereich genutzt.[117]

117 vgl. CBP-Handreichung 2008

➔ Zur Verbesserung der Lebensbedingungen im Stadtteil beteiligen sich Menschen mit Behinderung an zivilgesellschaftlichen Aktionen, z. B. im Rahmen des Quartiersmanagement oder von Bürgerplattformen (Community Organizing). Sie erhalten dabei Assistenz.

Öffentlichkeitsarbeit

➔ Es werden Diskriminierungsrisiken im Stadtteil identifiziert und Strategien zur Steigerung der sozialen Akzeptanz entwickelt.

Praxisbeispiele

- Projekt Bridge „Brücken bauen in die Gemeinde" in Baden-Württemberg (http://www.bridge-lebenshilfe.de)
- Freiwilligenprojekt der Lebenshilfe Berlin
- Bürgerplattform Impuls-Mitte in Hamburg

2.1.4 Partizipation realisieren

Das Motto des Europäischen Jahrs der Menschen mit Behinderung 2003 „Nichts über Menschen mit Behinderung ohne Menschen mit Behinderung" ist das Kernstück von Inklusion. Auf *Landes- und Bezirksebene* ist ihre Mitwirkung auf der Basis des Berliner Landesgleichstellungsgesetz (LGBG) strukturell verankert. Der Landesbeauftragte und die 12 Bezirksbeauftragten für Menschen mit Behinderung werden durch einen Landesbeirat und 12 Bezirksbeiräte unterstützt, deren Mitglieder aus dem Kreis der Berliner Behindertenverbände und -initiativen kommen. Darüber hinaus wurden bei allen Senatsverwaltungen Arbeitsgruppen eingerichtet, an denen neben Vertreterinnen und Vertretern der Verwaltung und der Bezirksbeauftragten der Landesbeauftragte für Menschen mit Behinderung und mehrere Menschen mit Behinderung mitwirken. Menschen mit Lernschwierigkeiten sind in diesen Beiräten i. d. R. nur indirekt vertreten. Auch in Gremien von Verbänden der Behindertenhilfe sowie in Einrichtungen und Diensten gehört die Partizipation von Menschen mit Lernschwierigkeiten noch nicht zum Standard, wird aber zunehmend angestrebt.

Um Menschen mit Lernschwierigkeiten eine wirksame Beteiligung zu ermöglichen, müssen Barrieren abgebaut werden, die die Partizipation erschweren. Exemplarisch werden Maßnahmen empfohlen, die die assistierende Begleitung, die Teilhabe an Information und Kommunikation durch Gestaltung von Materialien und Medien in leichter Sprache und die systematische Beteiligung des Personenkreises in Gremien, die Angelegenheiten von Menschen mit Behinderung und ihres Stadtteils betreffen, unterstützten. Zudem werden Anregungen zur Beteiligung von Angehörigen gegeben, die sich für die Interessen ihrer behinderten Töchter und Söhne engagieren.

Barrierefreie Information und Kommunikation

➔ Informationen von Verwaltungen und Organisationen werden in leichter Sprache verfasst. Die Internetauftritte von Verwaltung, Anbietern und Verbänden werden so gestaltet, dass jeder sich darin orientieren kann.

➔ Vertragliche Vereinbarungen, z. B. Wohnverträge, werden in leichter Sprache verfasst und vor dem Vertragsabschluss in angemessener Form erläutert.

➔ Behinderte Menschen mit Migrationshintergrund erhalten muttersprachliche Informationen über Unterstützungsmöglichkeiten zur Teilhabe am Leben in der Gesellschaft und im Bereich des Wohnens.

➔ Die in Berlin bereits bestehende Internetseite für Menschen mit Lernschwierigkeiten „Kugelfisch" wird als Instrument der bezirklichen und überbezirklichen Kooperation und Vernetzung von Selbsthilfeinitiativen von Menschen mit Lernschwierigkeiten genutzt (http://www.kugelfisch-berlin.de).

Handreichung „Unterstützte Partizipation"

➔ In Anlehnung an die Konzepte des „Supported Living" und „Supported Employment" werden bezirksübergreifend Eckpunkte für das Konzept „Unterstützte Partizipation" („Supported Participation") entwickelt, das Menschen mit kognitiven Beeinträchtigungen und Erschwernissen in der Kommunikation durch spezifische Verfahren Chancen zur wirksamen Partizipation an Gremien und bei der Planung und Evaluation von Angeboten eröffnet. Elementarer Bestandteil eines solchen Konzepts sind Unterstützer/innen, die – den Wünschen des Einzelnen entsprechend – in der inhaltlichen Vorbereitung der Teilnahme an Gremien sowie in der Begleitung und Auswertung der Ergebnisse tätig sind und Möglichkeiten zur Weiterqualifizierung im Bereich Partizipation vermitteln.

Mitwirkung in Einrichtungen, Diensten und Gremien der Behindertenhilfe

➔ Die Mitglieder von Selbstvertretungsgremien im stationären und ambulanten Bereich werden nach landesweit einheitlichen Kriterien auf ihre Aufgabe vorbereitet.

➔ Es werden bezirkliche Kooperations- und Kommunikationsstrukturen entwickelt, die die Arbeit der Delegierten (z. B. Heimbeirat) auf eine breitere Basis stellen.

➔ Anbieter entwickeln Verfahren zur Mitwirkung von Menschen mit Behinderung in Planungs- und Evaluationsprozessen. Es wird sichergestellt, dass alle relevanten Informationen in leichter Sprache aufbereitet werden.

➔ Menschen mit Behinderung werden als Experten und Expertinnen in eigener Sache für die Evaluation von Angeboten der Behindertenhilfe qualifiziert und in Evaluationsprozesse der Anbieter eingebunden.

Mitwirkung auf Bezirks- und Landesebene

➔ Vertreter/innen der Menschen mit Lernschwierigkeiten wirken in den Behindertenbeiräten der Bezirke mit. Die notwendige Assistenz bei der Vorbereitung, Teilnahme und Nachbereitung der Sitzungen wird i. S. einer „unterstützten Partizipation" gewährleistet.

➔ Menschen mit Lernschwierigkeiten wirken in bezirklichen Ausschüssen mit, die ihre Angelegenheiten tangieren.

Rolle der Angehörigen

➔ Die Arbeit von bezirklichen Angehörigen-Initiativen wird unterstützt.

➔ Anbieter von Einrichtungen und Diensten der Behindertenhilfe entwickeln Beteiligungsstrukturen zur Einbindung von Angehörigen.

➔ Es werden Veranstaltungen für älter werdende Angehörige durchgeführt, deren behinderte Söhne und Töchter im Elternhaus leben (Zukunftsplanung).

➔ Bei der interkulturellen Öffnung von Einrichtungen und Diensten wird die Zusammenarbeit mit Angehörigen von behinderten Menschen mit Migrationshintergrund konzeptionell verankert.

2.2 Handlungsfeld: Hilfesystem und Sozialraum

Der Handlungsbedarf auf der Ebene des Hilfesystems und im Sozialraum umfasst Aspekte der Organisationsentwicklung, der Einrichtung teilhabefördernder Unterstützungsstrukturen, der Kooperation und Vernetzung sowie der Steuerung und Finanzierung.

2.2.1 Organisationsentwicklung

Die Umsetzung der Leitidee Inklusion erfordert von den Anbietern der Behindertenhilfe eine Neuorientierung im Bereich der Dienstleistungen und der Strukturen. Eine gemeinsam getragene Philosophie i. S. einer Corporate Identity ist Motor für die Entwicklung innovativer Konzepte. Von zentraler Bedeutung ist der Wandel der Rolle der Mitarbeitenden im System sozialer Unterstützungsleistungen (vgl. SCHABLON 2009a; LOEKEN & WINDISCH 2010). Eingebunden in eine

Anerkennungskultur werden gemeinwesenbezogene Strategien und Projekte entwickelt, die die Teilhabe von Menschen mit Behinderung fördern. Wesentliche Maßnahmen betreffen das Leitkonzept, die Organisationsstrukturen, Personalentwicklung, das Qualitätsmanagement und die regionale Verortung.

Leitkonzept

- ➔ Zur Umsetzung der aktuellen Herausforderungen entwickeln die Anbieter von wohnbezogenen Diensten und Einrichtungen der Behindertenhilfe ein mit allen Organisationseinheiten abgestimmtes Leitkonzept, das unter der Zielperspektive Inklusion den Rahmen für die Arbeit im Interesse der Menschen mit Behinderung bietet.

Organisationsstrukturen

- ➔ Anbieter von wohnbezogenen Einrichtungen und Diensten der Behindertenhilfe benennen einen Beauftragten für Sozialraumorientierung, der Konzepte zur Weiterentwicklung der Angebote aus sozialräumlicher Perspektive erarbeitet und die Umsetzung in der Praxis begleitet und unterstützt.
- ➔ Die Koordination des Freiwilligenengagements ist verbindliche Aufgabe der Organisation.[118]
- ➔ Die Mitwirkung von Menschen mit Behinderung in Einrichtungen und Diensten der Behindertenhilfe ist in allen relevanten Bereichen konzeptionell und strukturell verankert.
- ➔ Die interkulturelle Öffnung ist konzeptionell verankert.
- ➔ Dienste und Einrichtungen der Behindertenhilfe öffnen ihre Angebote für das Gemeinwesen.

Personalentwicklung

- ➔ Die Mitarbeitenden von Diensten und Einrichtungen der Behindertenhilfe werden für sozialraumbezogene Aufgaben qualifiziert (Gemeinwesenarbeit, „Networking").
- ➔ Sozialraumbezogene Aufgaben sind Bestandteil der Stellenbeschreibungen der Mitarbeitenden.
- ➔ Die Einbindung freiwilligen Engagements wird als Aufgabe des professionellen Handelns von Mitarbeitenden deklariert.
- ➔ Mitarbeitende von Einrichtungen und Diensten werden hinsichtlich der neuen fachlichen Anforderungen in der Arbeit mit Personenkreisen mit spezifischen Bedarfen qualifiziert (z. B. Menschen mit psychischen Erkrankungen, mit Verhaltensauffälligkeiten und mit hohem Pflegebedarf).
- ➔ Die Mitarbeitenden werden durch Fortbildungen zur interkulturellen Kompetenz auf die Arbeit mit Menschen mit Migrationshintergrund vorbereitet.

Qualitätsmanagement

- ➔ Maßstab für die Qualität der Dienstleistungen ist die Stärkung der Teilhabe am Leben in der Gesellschaft.
- ➔ Es werden Verfahren für die Arbeit mit Menschen mit Behinderung entwickelt, die Grundprinzipien des Fachkonzepts Sozialraumorientierung integrieren.
- ➔ Die Einbeziehung von Menschen mit schwersten Behinderungen und herausforderndem Verhalten in inklusive Prozesse ist in den Maßnahmen zur Qualitätsentwicklung verankert.
- ➔ Kern der Qualitätssicherung ist die Orientierung an der Ergebnisqualität und der Nutzerzufriedenheit sowie am Verbraucherschutz.
- ➔ Es werden regelmäßig Evaluationen der Angebote durch Nutzer/innen durchgeführt (Konzept NUEVA); die Ergebnisse werden in jährlichen Berichten bezirksbezogen zusammengefasst.

118 vgl. CBP-Handreichung 2008

Regionale Verortung

- ➔ Die Anbieter der Behindertenhilfe sind kontinuierlich an bezirklichen Planungsgremien beteiligt.

Öffentlichkeitsarbeit

- ➔ Es werden Aktionen, Informationen und Publikationen zur Verbreitung der Inklusionsidee in der Bevölkerung initiiert.

2.2.2 Unterstützungsstrukturen

Basis der Entwicklung von Unterstützungsstrukturen sind kleinräumige Sozialraumanalysen, die innerbezirkliche Disparitäten abbilden. Die Analysen zeigen Ansatzpunkte für Maßnahmen zur Weiterentwicklung der Infrastruktur und der Wohnangebote unter inklusiver Perspektive.

Inklusionsfördernde Infrastruktur

- ➔ Freizeit- und Bildungsangebote, Vereine, Initiativen, öffentliche Institutionen und Dienstleistungen sind für alle Menschen mit Behinderung zugänglich.
- ➔ Einrichtungen der Behindertenhilfe öffnen sich der allgemeinen Bevölkerung, indem z. B. Räume oder Sport- und Spielanlagen zur Nutzung durch Dritte zur Verfügung gestellt werden.
- ➔ An allgemein zugänglichen Stellen werden Dienste zur Stärkung der Teilhabechancen von Menschen mit Lernschwierigkeiten angeboten (z. B. Assistenzdienste, Freiwilligenagentur).
- ➔ Die ärztliche und psychosoziale Versorgung von Menschen mit Lernschwierigkeiten wird im Bezirk sichergestellt.
- ➔ In Kooperation mit Stadtteilzentren und Anbietern der Altenhilfe werden trägerübergreifend Angebote zur Gestaltung des Tages für alt werdende Menschen mit Behinderung entwickelt. Menschen mit Behinderung können wählen, ob sie interne oder externe tagesstrukturierende Angebote in Anspruch nehmen wollen.
- ➔ Es werden Strategien zur Erschließung von Arbeits- und Beschäftigungsmöglichkeiten für Menschen mit Behinderung im Bezirk entwickelt.

Kundenorientierte Information und Beratung

- ➔ Integriert in bestehende Strukturen werden unabhängige und niedrigschwellige Beratungsangebote für Menschen mit Lernschwierigkeiten eingerichtet; hier werden u. a. Möglichkeiten zur Persönlichen Zukunftsplanung mit Unterstützerkreisen vermittelt.
- ➔ Bestehende bezirksbezogene Beratungs- und Vermittlungsstellen im Bereich des Wohnens erweitern ihre Arbeit durch Bündelung und Koordinierung der Projektideen von Angehörigen und Menschen mit Lernschwierigkeiten. Sie bieten Unterstützung und Begleitung bei der Realisierung von Projekten; die Mitarbeiter/innen verfügen über ein breites Netz von Ansprechpartnern im Bezirk.
- ➔ Es wird ein öffentlich zugänglicher internetbasierter Informationspool zu Angeboten der Behindertenhilfe im Land Berlin erstellt. Die strukturellen Angaben zu den Angeboten werden durch qualitative Daten ergänzt (z. B. Ergebnisse der NUEVA-Evaluation). Die Informationen werden in leicht verständlicher Form in einem Katalog zusammengestellt, der auch budgetfähige Leistungen von Anbietern erhält. Der Katalog wird als Broschüre und über das Internet zur Verfügung gestellt (z. B. bei „Kugelfisch").

Teilhabestärkende Wohnkonzepte

- ➔ Die Inklusionsbereitschaft von Menschen im Wohnquartier wird durch Aktivitäten gestärkt, die das Gemeinsame von Menschen mit und ohne Behinderung in den Vordergrund stellen und die Interessen beider Seiten berücksichtigen (win-win).
- ➔ Die Vermittlung von Wohnangeboten für Menschen mit Behinderung erfolgt wohnortnah. Soziale, räumliche und biografische Kontinuitäten werden berücksichtigt.

- ➔ Es werden konzeptionelle Standards für Angebote im Bereich des Wohnens entwickelt, die dem Inklusionsgedanken verpflichtet sind. Dabei hat der Quartiersbezug als sozialer Lebensraum einen besonderen Stellenwert.
- ➔ Menschen mit Lernschwierigkeiten werden bei der Entwicklung neuer Wohnkonzepte beteiligt. Dabei werden verschiedene Beteiligungsformen praktiziert (z. B. Workshops, Methoden der „Unterstützten Partizipation").
- ➔ In Kooperation mit Wohnungsbaugesellschaften werden alternative Wohnmodelle entwickelt, die Individualität, Leben in Gemeinschaft und Einbindung ins Wohnquartier miteinander verbinden. Die Entwicklung der Modelle wird mit einer Analyse des Sozialraums verknüpft.
- ➔ Für die in Familien lebenden Menschen mit Lernschwierigkeiten werden flexible Unterstützungsarrangements entwickelt.
- ➔ Integrative Wohnprojekte haben Priorität, z. B. in Form von Hausgemeinschaften, Mehrgenerationenhäusern oder Wohnanlagen i. S. einer „Vielfaltsgemeinschaft".
- ➔ Die wohnbezogene Unterstützung der Menschen mit Lernschwierigkeiten erfolgt in einem „Hilfe-Mix" aus professionellen und informellen Hilfen (z. B. familiäre, nachbarschaftliche, ehrenamtliche, vor- und nebenberufliche Hilfen).
- ➔ Für Menschen mit Lernschwierigkeiten und hohem Hilfebedarf werden modellhaft Alternativen zur stationären Betreuung entwickelt.
- ➔ Wohnbezogene Dienstleistungen, die von Menschen mit Migrationshintergrund genutzt werden, werden kultursensibel gestaltet (z. B. Anknüpfen an den Lebensrealitäten der Familien, Berücksichtung der Sprache und der kulturellen Wohngewohnheiten, Einbeziehen der Familie).
- ➔ Wohnbezogene Angebote, die spezifischen Unterstützungsbedarfen Rechnung tragen, werden weiter ausgebaut, insbesondere für behinderte Menschen im Alter, mit psychischen Erkrankungen und Verhaltensauffälligkeiten sowie hoher Pflegebedürftigkeit, autistischer Symptomatik und besonderen Lebenslagen (z. B. Suchterkrankung, Delinquenz). Dabei haben integrierende Konzepte Priorität. Grundlegende Voraussetzung ist, dass die Rahmenbedingungen zur adäquaten Versorgung des Personenkreises den Anforderungen entsprechend gestaltet und finanziert werden. Neue Wege werden mit wissenschaftlicher Begleitung modellhaft erprobt (Referenzprojekte).
- ➔ Erfordernisse des Persönlichen Budgets finden bei der Weiterentwicklung der Angebote Berücksichtigung, einschließlich der Erprobung von Teilbudgets[119].
- ➔ Auswärtsunterbringungen in Einrichtungen anderer Bundesländer erfolgen nur auf eigenen Wunsch oder im begründeten Ausnahmefall. Der Prozess der Entscheidungsfindung wird in standardisierter Form dokumentiert und systematisch ausgewertet. Lücken im Angebot werden bei weiteren Planungen kontinuierlich berücksichtigt.

Praxisbeispiele

- Der Landschaftsverband Rheinland hat unabhängige **Ko**ordinierungs-, **Ko**ntakt-, und **Be**ratungsstellen (KoKoBe) für Menschen mit geistiger und mehrfacher Behinderung im Rheinland eingerichtet; als gemeinwesenorientierte niedrigschwellige Angebote geben sie Unterstützung bei der individuellen Lebensgestaltung und bei der Suche nach geeigneten Wohnmöglichkeiten und Hilfeangeboten (vgl. ASELMEIER & SCHWARTE 2006).
- Im Projekt „Wohnen in der Gemeinde" wurden in Baden-Württemberg Formen des Hilfe-Mix erprobt und wissenschaftlich begleitet (vgl. METZLER & RAUSCHER 2008).

2.2.3 Kooperation und Vernetzung

Die Entwicklung eines inkludierenden Gemeinwesens ist gemeinsame Aufgabe verschiedener Fachbereiche. Zur Abstimmung bzw. Verzahnung von Aktivitäten und Planungen im Bezirk sind Maßnahmen zur Entwicklung von Kooperations- und Vernetzungsstrukturen und zur Einrichtung

119 vgl. WACKER et al. 2005

von stadtteilbezogenen Foren, die die Weiterentwicklung inklusiver Ansätze im Bezirk zum Ziel haben, erforderlich.

Ressortübergreifende Aktivitäten

➔ Es werden Kooperationen mit sozialraumorientierten Projekten der Integrationspolitik, der Stadtentwicklung und der Jugendhilfe realisiert.

➔ Spezifische Bedarfe von Menschen mit Lernschwierigkeiten, die von der „Aktion Barrierefrei" bislang noch nicht ausreichend berücksichtigt werden, werden dokumentiert und für weitere Maßnahmen ausgewertet.

➔ Das Fallmanagement bringt seine in der individuellen Hilfeplanung gewonnenen Erkenntnisse zur Weiterentwicklung der lokalen teilhabefördernden Strukturen in bezirklichen Planungsgremien ein.

Zusammenarbeit von Anbietern der Behindertenhilfe und anderer sozialer Organisationen

➔ Die Kooperation zwischen den Anbietern der Behindertenhilfe einer Region wird intensiviert. Zur Koordination der Angebote wird in Bezirken mit unzureichenden Kooperationsstrukturen in diesem Feld ein Gremium eingerichtet.

➔ Zur kontinuierlichen Berücksichtigung der Belange von Menschen mit Lernschwierigkeiten werden in den bezirklichen Psychosozialen Arbeitsgemeinschaften – soweit noch nicht geschehen – Unterarbeitsgruppen eingerichtet.

➔ Zur Stärkung der Teilhabechancen des Personenkreises werden gemeinsame zielgruppenübergreifende Projekte von Anbietern der Behindertenhilfe und anderen sozialen Organisationen in der Region durchgeführt.

➔ Es werden Kooperationsbeziehungen mit Migrantenselbstorganisationen angebahnt bzw. ausgebaut, um niedrigschwellige Zugänge zu Menschen mit Lernschwierigkeiten, die bislang keinen Kontakt zum System der Behindertenhilfe haben, zu erschließen.

➔ Selbstvertretungsgruppen von Menschen mit Behinderung nicht-deutscher Herkunftssprache und ihrer Familien werden unterstützt, z. B. bei der Artikulation ihrer Interessen in der (Fach-)Öffentlichkeit.

Stadtteilkonferenzen

➔ Durch stadtteilbezogene Zusammenarbeit der Akteure aus unterschiedlichen Verantwortungsbereichen und interessierten Bürgerinnen und Bürgern werden Strategien zur Verbesserung der Teilhabechancen von Menschen mit Lernschwierigkeiten diskutiert und auf den Weg gebracht.[120]

Praxisbeispiel

- Im Tempelhof-Schöneberg wurde mit Unterstützung der Behindertenbeauftragten des Bezirks ein Runder Tisch eingerichtet, der inklusive Prozesse in den Bereichen Freizeit, Bildung, Arbeit und Wohnen anstoßen und unterstützen will.

2.2.4 Steuerung und Finanzierung

Die im Fachdiskurs der Behindertenhilfe angestrebten personzentrierten Leistungen sind im gegenwärtigen System der Behindertenhilfe kaum realisierbar. Notwendig ist eine grundlegende Erneuerung der Finanzierungssysteme und eine Novellierung der gesetzlichen Rahmenbedingungen des SGB XII. Bemühungen, unter den gegebenen Bedingungen erste Schritte in Richtung einer inklusiven Stadt zu machen, stoßen darum schnell an Grenzen (vgl. STEINHART 2007). Vordringliche Maßnahmen sind

➔ Durchführung örtlicher Teilhabeplanungen in den Bezirken;

120 http://www.berlin.de/ba-tempelhof-schoeneberg/beauftragte/behinderung/rundertisch.html

- ➔ Ergänzung der Berichterstattung zum Thema Behinderung (z. B. Behindertenbericht) durch bezirksbezogene Darstellungen;
- ➔ Entwicklung neuer Steuerungsmodelle, die über individuelle Unterstützungsleistungen hinaus auch fallunspezifische Arbeit im Gemeinwesen berücksichtigen (Entwicklung inkludierender Strukturen im Stadtteil, Stärkung der Inklusionsbereitschaft der Bevölkerung, „Networking");
- ➔ Integration sozialraumbezogener Aufgaben in Leistungsvereinbarungen;
- ➔ Berücksichtigung inklusionsfördernder Leistungen bei der individuellen Hilfeplanung; Vereinheitlichung der Vorgehensweisen des Fallmanagements in den Bezirken;
- ➔ Entwicklung von „Kombimodellen" (Finanzierungsmix) zur Realisierung innovativer Wohnkonzepte, die Menschen mit hohem Unterstützungsbedarf integrieren;
- ➔ Entwicklung von individuellen Unterstützungsarrangements im Familienverband;
- ➔ Verbesserung der Rahmenbedingungen des Fallmanagements (z. B. Fallzahlen);
- ➔ Weiterentwicklung der partizipativen Gestaltung der Bedarfsfeststellung durch Entwicklung von Verfahren, die die Mitwirkung von Menschen mit Lernschwierigkeiten erleichtern.

2.3 Flankierende Maßnahmen

Die skizzierten Prozesse bedürfen der Unterstützung durch berlinweite Maßnahmen, z. B. auf der Ebene der Öffentlichkeitsarbeit, der Verwaltung, der Verbände und der Ausbildung, sowie der fachlichen Begleitung.

Öffentlichkeitsarbeit

- ➔ Durchführung von Kampagnen zur Implementierung des Inklusionsgedankens in der Bevölkerung.
- ➔ Öffentliche Würdigung von gelungenen Inklusionsprojekten.

Verbandsaktivitäten

- ➔ Konzeptionelle und finanzielle Unterstützung inklusionsfördernder Aktivitäten in den Stadtteilen durch die Fachverbände der Behindertenhilfe.
- ➔ Einrichtung eines verbandsübergreifenden Inklusionsbüros zur Unterstützung des Entwicklungsprozesses auf dem Weg zur Inklusion durch Stärkung der Selbstvertretung von Menschen mit Behinderung, Beratung und Vernetzung von Inklusionsprojekten sowie Information und Öffentlichkeitsarbeit (vgl. Inklusionsbüro in Schleswig-Holstein; DILLENBERG 2008)

Ressortübergreifende Vernetzung

- ➔ Einrichtung eines „Kompetenzteams für Inklusion" auf Senatsebene zur Förderung und Koordinierung von Aktivitäten zur Umsetzung der UN-Behindertenrechtskonvention.
- ➔ Unterstützung der Rahmenstrategie Soziale Stadtentwicklung der Senatsverwaltung für Stadtentwicklung unter Einbeziehung der Belange von Menschen mit Behinderung.
- ➔ Gemeinsame Erklärung der Träger der Behindertenhilfe, dass sie die Ziele des Berliner Integrationskonzepts aktiv verfolgen.
- ➔ Intensivierung des fachpolitischen Dialogs zur interkulturellen Öffnung von Einrichtungen und Diensten (vgl. AWO-Fachforum „Menschen mit Behinderung und Zuwanderungsgeschichte in Berlin").

Ausbildung, Weiterbildung und Organisationsberatung

- ➔ Verankerung inklusionsfördernder Konzepte und Qualifikationen in der Aus- und Weiterbildung an Fachschulen, Hochschulen, Universitäten und Fortbildungsinstituten (vgl. SCHABLON 2009a, LOEKEN & WINDISCH 2010).

- ➔ Einrichtung einer unabhängigen Beratungsstelle für Organisationen, die ihre Arbeit inklusiv ausrichten wollen.

Monitoring, Dokumentation und Evaluation

- ➔ Der Prozess der Inklusion in den Stadtbezirken Berlins wird – auf der Basis der Behindertenrechtskonvention der Vereinten Nationen – durch ein Monitoring begleitet, das die beschriebenen Empowerment-Prozesse auf Seiten der Menschen mit Lernschwierigkeiten, die Stärkung der Teilhabechancen und laufende Inklusionsprozesse im Gemeinwesen beobachtet. Dabei ist eine Zusammenarbeit mit der unabhängigen Monitoring-Stelle zur Umsetzung der UN-Behindertenrechtskonvention am Deutschen Institut für Menschenrechte anzustreben.
- ➔ Der Landesbeauftragte für die Belange von Menschen mit Behinderung dokumentiert bezirksbezogen beispielhafte Projekte zur Umsetzung der UN-Konvention (Beispiel: Rheinland-Pfalz).
- ➔ Innovationsprozesse mit der Zielperspektive Inklusion werden wissenschaftlich evaluiert.

3 Eckpunkte für ein Strategiekonzept

Die Ergebnisse der KUNDENSTUDIE machen deutlich, dass trotz gemeindeintegrierter Wohnangebote und vielfältiger gemeinwesenbezogener Aktivitäten und Projekte die soziale Einbindung von Menschen mit geistiger und mehrfacher Behinderung in den Stadtbezirken unterschiedlich entwickelt ist. Sozialraumbezogene Aktivitäten basieren in der Regel auf dem Engagement einzelner Träger oder Personengruppen, die neue Wege erproben. Ein *fachlicher Diskurs* über mögliche bzw. notwendige Strategien für eine inklusive Ausrichtung der Arbeit mit Menschen mit Behinderung findet bislang nur ansatzweise statt. Was fehlt, ist ein auf Konsens basierender *Orientierungsrahmen* für die Zielsetzung und Gestaltung der Hilfen unter der Zielperspektive Inklusion einschließlich der Verankerung der *Partizipation* von Menschen mit Behinderung als integraler Bestandteil des Prozesses.

Zur strukturellen und konzeptionellen Weiterentwicklung der gegenwärtigen Unterstützungsleistungen im Bereich des Wohnens werden im Folgenden *Eckpunkte eines Strategiekonzepts* vorgestellt, das die *Ziele des Veränderungsprozesses* und *Maßnahmen der Umsetzung* beschreibt (Abb. 95).

Es ist mit Verfahren verknüpft, die die Prozesse auf den Weg bringen, transparent und überprüfbar machen und auf Nachhaltigkeit angelegt sind.

Ausgangspunkt ist eine *politische Beschlussfassung*, die sich an den *Vorgaben der UN-Behindertenrechtskonvention* orientiert und als *Querschnittsaufgabe* der Berliner Verwaltungen umzusetzen ist (horizontale Achse). Sie umfasst Maßnahmen auf Landes- und Bezirksebene (vertikale Achse), die im Rahmen eines Senatsberichts für den Zeitraum von fünf Jahren begründet und im nächsten Behindertenbericht in einer *Handlungsstrategie* konkretisiert werden sollten.

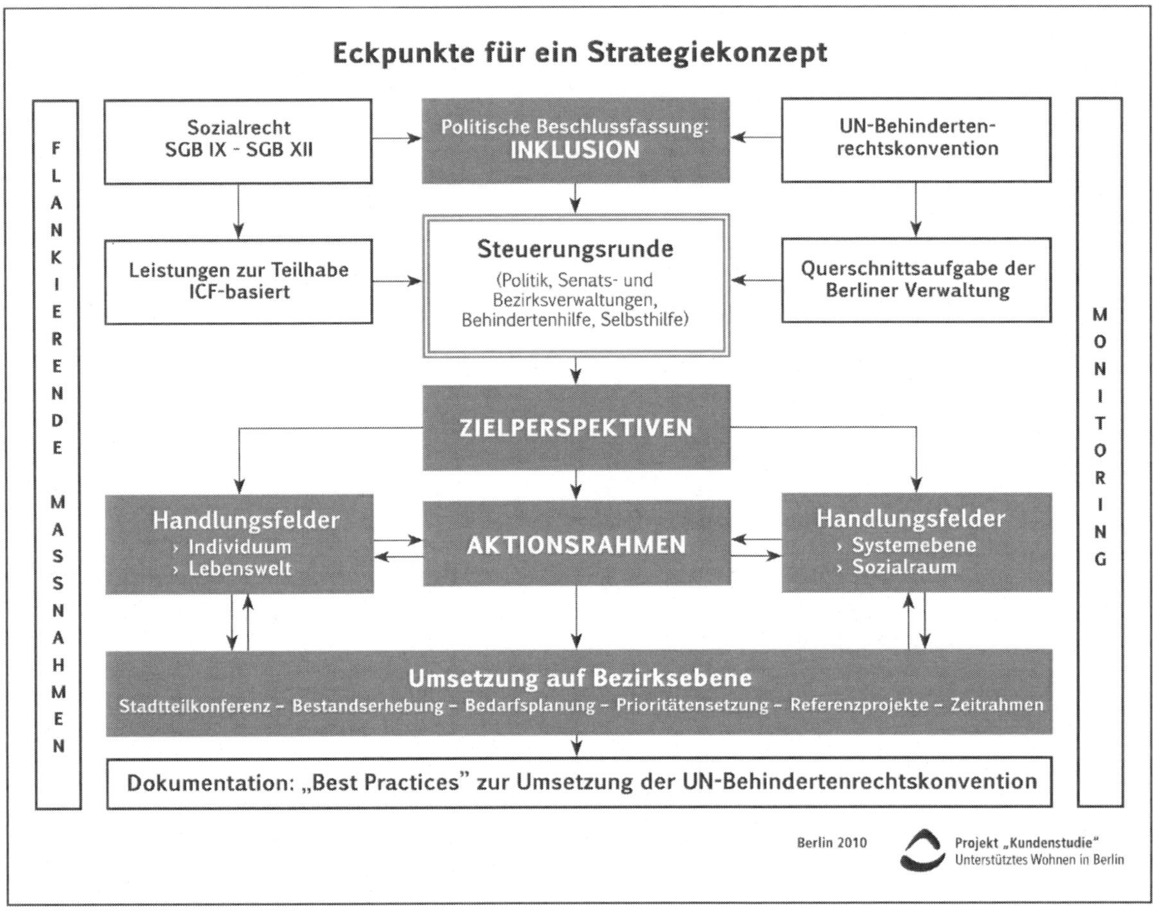

Abb. 95: Eckpunkte für ein Strategiekonzept

Maßnahmen auf Landesebene

1. Bildung einer ressortübergreifenden *Steuerungsrunde* zur gemeinsamen Strategieentwicklung (Politik, Senats- und Bezirksverwaltungen, Träger und Verbände der Behindertenhilfe, Selbsthilfeinitiativen von Menschen mit Behinderung und Angehörigen u. a.);
2. Formulierung von *Zielperspektiven*;
3. Festlegung von *Handlungsfeldern*, die auf der Ebene der Individuen und ihrer Lebenswelt sowie auf Systemebene unter Einbeziehung des Sozialraums teilhabebegünstigende Strukturen, Verfahren und Konzepte zusammenführen;
4. Festlegung von *Zielsetzungen* und *Maßnahmen* in jedem Handlungsfeld einschließlich der Definition von *Erfolgskriterien*;
5. Erstellung eines *Aktionsrahmens* in ressortübergreifender Verantwortungspartnerschaft, der den Akteuren bei der Umsetzung des Inklusionskonzepts Raum für Modifizierungen und Veränderungen lässt, um eine Passung zu den jeweiligen Gegebenheiten vor Ort herzustellen; dabei geht es weniger um die Erstellung eines Plans, der umzusetzen ist, sondern um die „Institutionalisierung von Planung als kontinuierlichen Veränderungsprozess" (vgl. ROHRMANN 2009);
6. Entwicklung von *Anreizsystemen* zur Umsetzung des Inklusionskonzepts.

Jedem Handlungsfeld sind *Schwerpunktbereiche* mit exemplarischen *Maßnahmen* zugeordnet, die auf der Basis der Ergebnisse der KUNDENSTUDIE für die Umsetzung der Leitorientierung Inklusion besondere Bedeutung haben. Die Maßnahmen wurden oben konkretisiert (Tab. 24). Bei der weiteren Bearbeitung des Strategiekonzepts sind *Indikatoren* zu definieren, die die Umsetzung der Maßnahmen messbar machen.

Um die Vielfalt der Berliner Bezirke und gewachsene Strukturen angemessen berücksichtigen zu können, ist eine *regionale Ausrichtung* der Aktivitäten erforderlich. Die Beteiligung am Strategiekonzept zur lokalen Teilhabeplanung sollte durch *Bezirksamtsbeschlüsse* und *Beschlüsse der Bezirksverordnetenversammlung* festgelegt werden.

Maßnahmen auf Bezirksebene

- Einrichtung von *Planungskonferenzen* (Stadtteilkonferenzen) mit den Aufgabenfeldern Bestandserhebung, Bedarfsplanung, Prioritätensetzung, Beschließen von Referenzprojekten, Festlegung eines Zeitrahmens;
- Entwicklung und Durchführung von *Referenzprojekten* in jedem Bezirk;
- Dokumentation von „*Best Practices*" zur Umsetzung der Behindertenrechtskonvention;
- *Berichterstattung* gegenüber dem Senat.

Die den *Schwerpunktbereichen* zugeordneten Maßnahmen können als Kriterien zur Überprüfung des Ist-Stands in der Region verwendet werden. Aus den Ergebnissen werden *Handlungsstrategien* entwickelt, die bereits bestehende Ressourcen integrieren. Dabei sind spezifische Aspekte aufgrund des Lebensalters, des Geschlechts, der Art und des Umfangs des Unterstützungsbedarfs sowie des kulturellen Hintergrunds zu berücksichtigen. Anregungen zur Gestaltung der Umsetzung bieten sozialraumbezogene Ansätze der Sozialen Arbeit und Erkenntnisse der Stadtsoziologie sowie bereits bestehende inklusive Praxisprojekte.

Ergänzend sind landesweit *flankierende Maßnahmen* durchzuführen, z. B. im Rahmen von Öffentlichkeitsarbeit, Verbandsaktivitäten, Qualifizierungsmaßnahmen und Organisationsberatung. Die Umsetzungsprozesse in den Bezirken werden indikatorengeleitet durch ein *Monitoring* begleitet.

Ressortübergreifende Maßnahmen

In einigen Bereichen des hier vorgeschlagenen Konzepts ergeben sich *Schnittstellen zu sozialraumbezogenen Ansätzen der Berliner Verwaltungen*, die für die Stärkung der Teilhabechancen von Menschen mit Behinderung nutzbar gemacht werden könnten. Hier ist insbesondere die ressortübergreifende „Rahmenstrategie Soziale Stadtentwicklung" zu nennen, die auf eine integrierte, am Sozialraum orientierte Bedarfsplanung und Stadtentwicklungspolitik zielt, bei der auch Akteure der Zivilgesellschaft wie Vereine, Unternehmen oder Schulen in zu erarbeitende Stadtteilkonzepte und -projekte eingebunden werden (PROJEKTGRUPPE RAHMENSTRATEGIE SOZIALE STADTENTWICKLUNG 2009). Weitere Impulse bieten das Berliner Integrationskonzept „Vielfalt fördern – Zusammenhalt stärken" (SENATSVERWALTUNG FÜR INTEGRATION, ARBEIT UND SOZIALES 2007) und das Konzept der Sozialraumorientierung in der Berliner Jugendhilfe (vgl. BRÜNJES 2006). Ressortübergreifende Kooperationen können zielgruppenübergreifend den Prozess der Inklusion im Land Berlin befördern. Menschen mit Behinderung werden in den genannten Konzepten nur vereinzelt am Rande erwähnt, sind aber im inklusiven Ansatz immer mitgedacht.

Spezifische Unterstützungsbedarfe

Inklusion schließt niemanden aus. In diesem Zusammenhang ist dem Personenkreis der Menschen mit spezifischen Unterstützungsbedarfen besondere Aufmerksamkeit zu widmen. Das betrifft im Feld der Behindertenhilfe vor allem Menschen mit schwerer mehrfacher Behinderung, mit psychischen Erkrankungen und mit herausforderndem Verhalten:

> „Wesentlich erscheint uns bei diesem Gesamtprozess, dass niemand aus dem aktuellen Hilfesystem ‚vergessen' wird oder gar zu Schaden kommt, dass also keine Exklusion im Rahmen der Inklusionsbewegung erfolgt. Besonders gefährdet sind diejenigen, die einen besonders hohen Unterstützungsbedarf haben, wie etwa Menschen mit schwersten und mehrfachen Behinderungen oder Menschen mit herausforderndem Verhalten, auch Systemsprenger genannt. Der Perspektivwechsel hin zu einer gleichberechtigten Teilhabe, sollte auch vor Ort, z. B. in der konkreten Arbeit in einer gemeinwesenintegrierten Wohngemeinschaft für Menschen mit schwersten Behinderungen und in einer fakultativ geschlossenen

Gruppe, spürbar und messbar werden. Wir schlagen daher zur Qualitätssicherung des Inklusionsprozesses vor, dass diese beiden Zielgruppen als ‚System-Tester' Teil eines Qualitätssicherungskonzeptes für die Arbeit am Entwicklungsprozess zu einer inklusiven Gesellschaft werden." (STEINHART 2008, 33/34)

4 Perspektiven

Das Zukunftsprojekt Inklusion ist eine gesamtgesellschaftliche Aufgabe, die das Zusammenwirken aller Akteure erfordert: Menschen mit Behinderung und ihre Angehörigen und Freunde, engagierte Bürger/innen, Selbstvertretungsorganisationen, Vereine und Initiativen, die Leistungserbringer und Leistungsträger sowie Verantwortungsträger in der Kommune, in Politik, Wohnungswirtschaft und Stadtentwicklung. Unter der Prämisse „das Gemeinwesen mitdenken" müssen die Erfahrungen und das Wissen aus unterschiedlichen Bereichen in Praxis, Verwaltung und Theorie miteinander verzahnt und wirksam werden. Nur so kann eine tragfähige Basis für einen gelingenden Alltag von Menschen mit Behinderung inmitten der Gesellschaft entstehen.

Die Ergebnisse der KUNDENSTUDIE geben Impulse, wie die Stadt – als lernendes System – sich dem Ziel einer inklusiven Stadt annähern kann, einer Stadt, in der sich alle Menschen willkommen fühlen, in der Verschiedenheit wertgeschätzt und individuelle Interessen und Bedürfnisse beachtet werden, eine Stadt, in der die Bürgerrechte für jeden gesichert sind, unabhängig vom Alter, vom Geschlecht, vom kulturellen Hintergrund oder einer Behinderung.

Das vorgelegte Strategiekonzept zur qualitativen Weiterentwicklung der Dienstleistungen im Bereich des Wohnens von Menschen mit geistiger und mehrfacher Behinderung ergänzt die Arbeit der „Ressortübergreifenden AG UN-Behindertenkonvention", die im Juli 2009 auf Initiative der Senatsverwaltung für Integration, Arbeit und Soziales eingerichtet wurde. Aufgabe der Arbeitsgruppe ist die Ermittlung eines konkreten Umsetzungs- und Handlungsbedarfs im Land Berlin unter Beteiligung aller Senatsressorts und von Vertreterinnen und Vertretern der Menschen mit Behinderung. Die Ergebnisse zu erforderlichen Änderungen bei Gesetzen und Regelungen sind Gegenstand des Berichts des Senats über die Umsetzung der UN-Konvention (Drs. 16/2109) an das Abgeordnetenhaus, der Ende März 2010 eingereicht werden sollte.

Um der im Rahmen der KUNDENSTUDIE erarbeiteten Inklusionsstrategie eine politische Basis zu geben, sollten zentrale Erkenntnisse in die zu erwartenden Gesetzesänderungen und Ausführungsvorschriften einfließen. Nur so können die dargestellten Ansätze zur Verbesserung der Teilhabe von Menschen mit geistiger und mehrfacher Behinderung nachhaltige Wirkung entfalten.

XI Verzeichnisse

1 Literatur

A

ABGEORDNETENHAUS BERLIN (2007): Kleine Anfrage: Zur Situation von Menschen mit Behinderung, die einen Migrationshintergrund haben. (Drucksache 16/11177).

ABGEORDNETENHAUS BERLIN (2008): Kleine Anfrage: Menschen mit Behinderung, die einen Migrationshintergrund haben. Berlin. (Drucksache 16/12263).

ABGEORDNETENHAUS BERLIN (14.10.2009): Vorlage zur Beschlussfassung – Gesetz über Selbstbestimmung und Teilhabe in betreuten gemeinschaftlichen Wohnformen. (Wohnteilhabegesetz).

ACKERMANN, Karl-Ernst; AMELUNG, Mathis (2009): Gutachten zur Situation der Erwachsenenbildung von Menschen mit geistiger Behinderung in Berlin. Eine quantitative Studie. Humboldt-Universität zu Berlin, Institut für Rehabilitationswissenschaften. Berlin.

AHMAD, Waqar; ATKIN, Karl (Hg.) (1997): ´Race, and Community Care. Buckingham, Philadelphia: Open University Press.

ARBEITERWOHLFAHRT e. V. (Hg.) (2006): Die Umsetzung der interkulturellen Öffnung in unterschiedlichen Handlungsfeldern der Sozialen Arbeit. Eine Arbeitshilfe für die Praxis. Ergebnisse einer Fachtagung vom 13.-15.April 2005 in Remagen-Rolandseck. Bonn: Eigenverlag (Schriftreihe Theorie und Praxis).

ARBEITS- UND SOZIALMINISTERKONFERENZ (ASMK) (2009): Beschluss der 86. Arbeits- und Sozialministerkonferenz 2009 am 25./26. November 2009 in Berchtesgaden zu TOP 5.2. „Weiterentwicklung der Eingliederungshilfe für Menschen mit Behinderungen".

ARBEITSGEMEINSCHAFT DER FREIEN WOHLFAHRTSPFLEGE HAMBURG e. V. (Hg.) (2007): Ambulantisierung in der Behindertenhilfe und Stadtteilentwicklung. Wie sieht das ideale Quartier aus? Dokumentation des Fachtags am 31. August 2006.

ASELMEIER, Laurenz (2003): Supported Living. Offene Hilfen für Menschen mit geistiger Behinderung in Großbritannien. Siegen: Eigenverlag (ZPE-Schriftenreihe, 14).

ASELMEIER, Laurenz (2008): Community Care und Menschen mit geistiger Behinderung. Gemeinwesenorientierte Unterstützung in England, Schweden und Deutschland. Wiesbaden: VS Verlag für Sozialwissenschaften.

ASELMEIER, Laurenz; SCHWARTE, Norbert (Hg.) (2006): „Das Gemeinwesen mitdenken". Dokumentation des Workshops zu den Koordinierungs-, Kontakt- und Beratungsangeboten im Rheinland am 12. Dezember 2005. Siegen.

ASELMEIER, Laurenz; STAMM, Christof; WEINBACH, Hanna; WISSEL, Timo (2007): Entwicklungen und Perspektiven in den Hilfen zum Selbständigen Wohnen. Eine vertiefende Studie in den Projektregionen Essen, Kreis Minden-Lübbecke, Münster und Rheinisch-Bergischer Kreis. Projekt „Selbständiges Wohnen behinderter Menschen – Individuelle Hilfen aus einer Hand" (IH-NRW-Projektpapier Nr. 12). Herausgegeben vom Zentrum für Planung und Evaluation Sozialer Dienste (ZPE) der Universität Siegen. Siegen.

AUERNHEIMER, Georg (2005): Einführung in die Interkulturelle Pädagogik. Darmstadt: Wissenschaftliche Buchgesellschaft.

AUSLÄNDERBEAUFTRAGTE DES SENATS VON BERLIN (Hg.) (1997): Die Ehre in der türkischen Kultur – Ein Wertesystem im Wandel. Berlin.

AYDIN, Hayrettin (2003): Heiratsmigration bei Türkinnen und Türken. In: Halm, Dirk; Sauer, Martin (Hg.): Migrationsbericht der Stiftung Zentrum für Türkeistudien ´03. Münster, Hamburg, London: LIT, 227-299.

B

BADER, Michael; KOHAN, Dinah (2009): Strategiepapier zur ZWST-Behindertenhilfe auf der Grundlage der zentralen Ergebnisse der Fragebogenaktion „Zur Situation jüdischer Menschen mit Behinderung“. Unveröffentlichtes Dokument. Zentralwohlfahrtsstelle der Juden in Deutschland e. V.

BASENER, Dieter; HÄUßLER, Silke (2008): Bamberg bewegt. Integration in den Arbeitsmarkt: Eine Region wird aktiv. Hamburg: 53° Nord Agentur und Verlag.

BAYKARA, Fahri (2006): Untersuchung zur flächendeckenden Implementierung des Erfolgsmodells „Die Brücke“ in allen Gebieten mit besonderem Entwicklungsbedarf im Bezirk Mitte von Berlin. Berlin.

BECK, Iris (1999): Der „Kunde“, die Qualität und der „Wettbewerb“: Zum Begriffschaos in der Qualitätsdebatte. In: Jantzen, Wolfgang; Lanwer-Koppelin; Schulz, Kristina (Hg.): Qualitätssicherung und Deinstitutionalisierung. Niemand darf wegen seiner Behinderung benachteiligt werden. Berlin: Edition Marhold, 35-47.

BECK, Iris (2002): Bedürfnisse, Bedarf, Hilfebedarf und -planung: Aspekte der Differenzierung und fachlichen Begründung. In: Greving, Heinrich (Hg.): Hilfeplanung und Controlling in der Heilpädagogik. Freiburg im Breisgau: Lambertus, 32-61.

BECK, Iris (2008): Personale Orientierung und Netzwerkförderung. In: Deutsche Heilpädagogische Gesellschaft e. V. – DHG (Hg.): Sozialraumorientierung in der Behindertenhilfe. Dokumentation der DHG-Tagung Dezember 2007, Bonn. Bonn/Jülich: Eigenverlag DHG, 45-53.

BECK, Iris (2009): Sozialer Raum. In: VHN – Vierteljahresschrift für Heilpädagogik und ihre Nachbargebiete, Jg. 78, H. 4, 334-337.

BECKER, Martin (2006): Sozialraumorientierung als Handlungskonzept Sozialer Arbeit. In: Theorie und Praxis der Sozialen Arbeit, H. 4, 30-36.

BERLIN-INSTITUT FÜR BEVÖLKERUNG UND ENTWICKLUNG (Hg.) (2009a): Ungenutzte Potenziale. Zur Lage der Integration in Deutschland. Unter Mitarbeit von Franziska Woellert, Steffen Kröhnert und Lilli Sippel et al. Berlin. Online verfügbar unter http://www.berlin-institut.org/fileadmin/user_upload/Zuwanderung/Integration_RZ_online.pdf, zuletzt geprüft am 07.07.2009.

BERLIN-INSTITUT FÜR BEVÖLKERUNG UND ENTWICKLUNG (Hg.) (2009b): Alt und behindert. Wie sich der demografische Wandel auf das Leben von Menschen mit Behinderung auswirkt. Unter Mitarbeit von Ylva Köhncke. Berlin.

BEYER, Ina (2003): „Çocuğumuz Bize Bir Armağan.“ „Unser Kind ist ein Geschenk.“. Almanyada Zihinsel Özürlü Çocuklu Türk Aileleri. Türkische Familien mit einem geistig behinderten Kind in Deutschland. Marburg: Lebenshilfe-Verlag.

BEZIRKSAMT NEUKÖLLN VON BERLIN (Hg.) (2008): Bestandsaufnahme in Berlin-Neukölln zum Analyserahmen des Europarates „10 Schritte, um eine interkulturelle Stadt“ zu werden. Berlin.

BLOß, Juliane (2008): Zur psychosozialen Versorgungsstruktur für Menschen mit geistiger Behinderung und auffälligem Verhalten im Berliner Bezirk Tempelhof-Schöneberg. Diplomarbeit. Katholische Hochschule für Sozialwesen Berlin.

BOBAN, Ines (2008): Bürgerzentrierte Zukunftsplanung in Unterstützerkreisen. Inklusiver Schlüssel zu Partizipation und Empowerment pur. In: Hinz, Andreas; Körner, Ingrid; Niehoff, Ulrich (Hg.): Von der Integration zur Inklusion. Grundlagen – Perspektiven – Praxis. Marburg: Lebenshilfe-Verlag, 230-247.

BOBAN, Ines; HINZ, Andreas (1999): Persönliche Zukunftskonferenzen. Unterstützung für individuelle Lebenswege. In: Behinderte in Familie, Schule und Gesellschaft, Jg. 22, H. 4, 13-22.

BÖMERMANN, Hartmut; REHKÄMPER, Klaus; ROCKMANN, Ulrike (2008): Neue Daten zur Bevölkerung mit Migrationshintergrund in Berlin zum Stand 31.12.2007. In: Zeitschrift für amtliche Statistik Berlin Brandenburg, H. 3, 20-28.

BÖSING, Christian (2009): Behinderung und Migration – Gefahr doppelter Exklusion? Untersuchung der Angebotsstruktur für Menschen mit Migrationshintergrund und Behinderung. Bachelor-Thesis. Katholische Hochschule für Sozialwesen Berlin.

BOULET, Jaak J.; KRAUSS, E. Jürgen; OELSCHLÄGEL, Dieter (1980): Gemeinwesenarbeit als Arbeitsprinzip. Eine Grundlegung. Bielefeld: AJZ – Druck und Verlag.

BRAUN, Heike (2008): Das trägerübergreifende Persönliche Budget – Mehr Selbstbestimmung und gleichberechtigte Teilhabe für Menschen mit geistiger Behinderung? Diplomarbeit. Fachhochschule für Sozialarbeit und Sozialpädagogik "Alice Salomon" Berlin.

BREMER, Fritz (2009): Hilfeplanung - Verbesserung der Hilfen? Oder Instrument der Ökonomisierung? In: VHN – Vierteljahresschrift für Heilpädagogik und ihre Nachbargebiete, Jg. 78, H. 2, 94-102.

BRONFENBRENNER, Urie (1981): Die Ökologie der menschlichen Entwicklung. Natürliche und geplante Experimente. Stuttgart: Klett.

BRÜCKNER, Margit; THIERSCH, Hans (2005): Care und Lebensweltorientierung. In: Thole, Werner; Cloos, Peter; Ortmann, Friedrich; Strutwolf, Volkhardt (Hg.): Soziale Arbeit im öffentlichen Raum. Soziale Gerechtigkeit in der Gestaltung des Sozialen. Wiesbaden: VS Verlag für Sozialwissenschaften, 137-149.

BRÜNJES, Volker (2006): Der sozialräumliche Umbau der Berliner Jugendhilfe: Innenansichten eines Projekts. In: Budde, Wolfgang; Früchtel, Frank; Hinte, Wolfgang (Hg.): Sozialraumorientierung. Wege zu einer veränderten Praxis. Wiesbaden: VS Verlag für Sozialwissenschaften, 73-108.

BUDDE, Wolfgang; FRÜCHTEL, Frank (2005): Fall und Feld. Oder was in der sozialraumorientierten Fallarbeit mit Netzwerken zu machen ist. Das Beispiel Eco-Mapping und Genogrammarbeit. In: Sozialmagazin, Jg. 30, H. 6, 14-23.

BUDDE, Wolfgang; FRÜCHTEL, Frank; HINTE, Wolfgang (Hg.) (2006): Sozialraumorientierung. Wege zu einer veränderten Praxis. Wiesbaden: VS Verlag für Sozialwissenschaften.

BUDE, Heinz (1995): Die Rekonstruktion kultureller Sinnsysteme. In: Flick, Uwe; Kardorff, Ernst von; Keupp, Heiner; Rosenstiel, Lutz von; Wolff, Stephan (Hg.): Handbuch Qualitative Sozialforschung. Grundlagen, Konzepte, Methoden und Anwendungen. 2. Aufl. Weinheim: PsychologieVerlagsUnion, 101-112.

BULLINGER, Hermann; NOWAK, Jürgen (1998): Soziale Netzwerkarbeit. Eine Einführung für soziale Berufe. Freiburg im Breisgau: Lambertus.

BUNDESARBEITSGEMEINSCHAFT DER FREIEN WOHLFAHRTSPFLEGE (Hg.) (2000): Integrationspolitisches Memorandum. Partizipation und Chancengleichheit. Bonn.

BUNDESARBEITSGEMEINSCHAFT DER ÜBERÖRTLICHEN TRÄGER DER SOZIALHILFE – BAGÜS (2010): Entwicklung der Fallzahlen in der Eingliederungshilfe. 3. Erhebung der überörtlichen Träger der Sozialhilfe. Münster

BUNDESMINISTERIUM FÜR FAMILIE, SENIOREN, FRAUEN UND JUGEND (Hg.) (2000): Sechster Familienbericht. Familien ausländischer Herkunft in Deutschland. Leistungen – Belastungen – Herausforderungen. Drucksache 14/4357. Berlin, Bonn.

BUNDESMINISTERIUM FÜR FAMILIE, SENIOREN, FRAUEN UND JUGEND (Hg.) (2005): Freiwilligenengagement in Deutschland 1999-2004. Berlin.

BUNDESMINISTERIUM FÜR FAMILIE, SENIOREN, FRAUEN UND JUGEND (Hg.) (2006): Erster Bericht über die Situation der Heime und die Betreuung der Bewohnerinnen und Bewohner. Berlin. Online verfügbar unter http://bagso.de/fileadmin/Aktuell/Aus_den_Ministerien/erster_heimbericht_bmfsfj.pdf, zuletzt geprüft am 02.04.2010.

BUNDESMINISTERIUM FÜR GESUNDHEIT UND SOZIALES (Hg.) (2004): Bericht der Bundesregierung über die Lage behinderter Menschen und die Entwicklung ihrer Teilhabe. Bundestags-Drucksache 15/4575.

C

CAGLAR, Gazi (2004): Die Selbstorganisationen von Migrantinnen und Migranten. Akteure der Zivilgesellschaft und der Sozialen Arbeit. In: Treichler, Andreas; Cyrus, Norbert (Hg.): Handbuch Soziale Arbeit in der Einwanderungsgesellschaft. Frankfurt am Main: Brandes & Apsel, 329-349.

CANDUSSI, Klaus; FRÖHLICH, Walburga (2005): Nueva – Nutzerinnen evaluieren Dienste. Evaluation von Dienstleistungen im Wohnbereich für Menschen mit Lernschwierigkeiten. In: Geistige Behinderung, Jg. 44, H. 3, 204-208.

CON_SENS: Kennzahlenvergleich der überörtlichen Träger der Sozialhilfe. Eingliederungshilfe Berlin 2007.

CYPRIAN, Gudrun; FRÜCHTEL, Frank; BUDDE, Wolfgang (2007): Sozialer Raum und Soziale Arbeit. Textbook: Theoretische Grundlagen. Lehrbuch. Wiesbaden: VS Verlag für Sozialwissenschaften.

D

DAHME, Heinz-Jürgen; WOHLFAHRT, Norbert (2009): Zwischen Ökonomisierung und Teilhabe. Zum aktuellen Umbau der Eingliederungshilfe für behinderte Menschen. In: Teilhabe, Jg. 48, H. 4, 164-171.

DEINET, Ulrich (Hg.) (2009): Methodenbuch Sozialraum. Wiesbaden: VS Verlag für Sozialwissenschaften.

DER PARITÄTISCHE WOHLFAHRTSVERBAND, LANDESVERBAND BERLIN e. V.; KATHOLISCHE HOCHSCHULE FÜR SOZIALWESEN BERLIN; VEREIN FÜR REHABILITATION BEHINDERTER e. V. DIE REHA – WOHNEN UND FREIZEIT (Hg.) (2010): Unterstütztes Wohnen im Gemeinwesen der Zukunft. Dokumentation der Fachtagung zur „Kundenstudie“. Berlin, 8. Oktober 2009. Berlin.

DEUTSCHE HEILPÄDAGOGISCHE GESELLSCHAFT e. V. – DHG (Hg.) (2008): Sozialraumorientierung in der Behindertenhilfe. Dokumentation der DHG-Tagung Dezember 2007, Bonn. Bonn/Jülich: Eigenverlag DHG.

DEUTSCHER CARITASVERBAND e. V. (Hg.) (2004): Brücken bauen – Fäden spinnen. Interkulturelle Öffnung der Caritas und die Rolle der Migrationsdienste. Freiburg.

DEUTSCHER CARITASVERBAND e. V. (Hg.) (2006): Vielfalt bewegt Menschen – Interkulturelle Öffnung der Dienste und Einrichtungen der verbandlichen Caritas. Eine Handreichung. Freiburg.

DEUTSCHER LANDKREISTAG (2007): Weiterentwicklung der Eingliederungshilfe für behinderte Menschen. Online verfügbar unter http://www.kreise.de/landkreistag/dlt-aktuell/veroeffentlichungen/eingliederungshilfe_fuer_behinderte_online_version.pdf, zuletzt geprüft am 02.04.2010.

DEUTSCHER VEREIN (2007): Verwirklichung selbstbestimmter Teilhabe behinderter Menschen. Empfehlungen des Deutschen Vereins zur Weiterentwicklung zentraler Strukturen in der Eingliederungshilfe. Baden-Baden.

DIE BEAUFTRAGTE DER BUNDESREGIERUNG FÜR MIGRATION, FLÜCHTLINGE UND INTEGRATION (Hg.) (2005): Bericht der Beauftragten für Migration, Flüchtlinge und Integration über die Lage der Ausländerinnen und Ausländer in Deutschland. Berlin.

DIE BEAUFTRAGTE DER BUNDESREGIERUNG FÜR MIGRATION, FLÜCHTLINGE UND INTEGRATION (Hg.) (2007): Gesundheit und Integration. Ein Handbuch für Modelle guter Praxis. Berlin.

DIE BEAUFTRAGTE DER BUNDESREGIERUNG FÜR MIGRATION, FLÜCHTLINGE UND INTEGRATION (Hg.) (2009): Integration in Deutschland. Erster Integrationsindikatorenbericht. Erprobung des Indikatorensets und Bericht zum bundesweiten Integrationsmonitoring. Erstellt vom Institut für Sozialforschung und Gesellschaftspolitik und dem Wissenschaftzentrum Berlin für Sozialforschung gGmbH. Online verfügbar unter http://www.bundesregierung.de/Content/DE/Artikel/2009/06/2009-06-10-erster-integrationsindikatorenbericht.html, zuletzt geprüft am 14.07.2009.

DIE BUNDESREGIERUNG (Hg.) (2007): Der nationale Integrationsplan. Neue Wege – neue Chancen. Baden-Baden. Online verfügbar unter http://www.bundesregierung.de/Content/DE/Publikation/IB/Anlagen/nationaler-integrationsplan,property=publicationFile.pdf, zuletzt geprüft am 07.07.2009.

DIE BUNDESREGIERUNG (Hg.) (2008): Nationaler Integrationsplan. Erster Fortschrittsbericht. Berlin.

DIECKMANN, Friedrich; KATZER, Michael (2008): „Vernetzung“ und kommunale Teilhabeplanung. Eine Evaluation der Kooperation in den Gremien zur Weiterentwicklung der Lebenswelten von Menschen mit geistiger Behinderung in Münster. In: Deutsche Heilpädagogische Gesellschaft e. V. – DHG (Hg.): Sozialraumorientierung in der Behindertenhilfe. Dokumentation der DHG-Tagung Dezember 2007, Bonn. Bonn/Jülich: Eigenverlag DHG, 81-89.

DIMDI (Hg.) (2005): ICF – Internationale Klassifikation der Funktionsfähigkeit, Behinderung und Gesundheit. Genf: World Health Organization.

DÖRNER, Klaus (2006): Leben in der „Normalität“ – ein Risiko? In: Theunissen, Georg; Schirbort, Kerstin (Hg.): Inklusion von Menschen mit geistiger Behinderung. Zeitgemäße Wohnformen – Soziale Netzwerke – Unterstützungsangebote. Stuttgart: Kohlhammer, 97-102.

DÖRNER, Klaus (2007): Leben und sterben, wo ich hingehöre. Dritter Sozialraum und neues Hilfesystem. Neumünster: Paranus.

DRABENT, Ralf (2002): Infrastruktur soziales Engagement. In: Thimm, Walter; Wachtel, Grit (Hg.): Familien mit behinderten Kindern. Wege der Unterstützung und Impulse zur Weiterentwicklung regionaler Hilfesysteme. Weinheim: Juventa, 173-212.

DWORSCHAK, Wolfgang (2004): Lebensqualität von Menschen mit geistiger Behinderung. Theoretische Analyse, empirische Erfassung und grundlegende Aspekte qualitativer Netzwerke. Bad Heilbrunn: Klinkhardt.

E

EICHNER, Kurz (2007): Sozialraumorientierung – Integration durch Patenschaft. Das Bamberger Modell. In: Bundesvereinigung Lebenshilfe für Menschen mit geistiger Behinderung (Hg.): Werkstatt-Handbuch. 1. Auflage Grundwerk 2000 – Ergänzungslieferungen. Marburg: Lebenshilfe-Verlag .

EICKELPASCH, Rolf; RADEMACHER, Claudia (2004): Identität. Bielefeld: Transcript Verlag.

EMRICH, Carolin; GROMANN, Petra; NIEHOFF, Ulrich (2006): Persönliche Zukunftsplanung. Mehr Lebensqualität ist das Ziel! In: Geistige Behinderung, Jg. 45, H. 3, 188-199.

F

FISCHER, Ute (2008): Autonomie in Verbundenheit. Ablöseprozesse in Familien mit erwachsenen Angehörigen, die als schwer geistig behindert gelten. Deskription und Analyse von Ablöseprozessen aus bindungstheoretischer Perspektive. Dissertation. Berlin. Humboldt-Universität zu Berlin, Institut für Rehabilitationswissenschaften.

FISCHER, Ute; HAHN, Martin Th.; KLINGMÜLLER Bernhard, SEIFERT, Monika (Hg.) (1996): Urbanes Wohnen für Erwachsene mit schwerer geistiger Behinderung. Herausforderung – Realität – Perspektiven. Reutlingen: Diakonie-Verlag.

FLIEGER, Petra (2003): Partizipative Forschungsmethoden und ihre konkrete Umsetzung. In: Hermes, Gisela; Köbsell Swantje (Hg.): Disability Studies in Deutschland. Behinderung neu denken. Dokumentation der Sommeruni. Kassel: bifos, 200-204.

FRANZ, Daniel (2008): Umfeld- und Sozialraumorientierung in der Behindertenhilfe. In: Deutsche Heilpädagogische Gesellschaft e. V. – DHG (Hg.): Sozialraumorientierung in der Behindertenhilfe. Dokumentation der DHG-Tagung Dezember 2007, Bonn. Bonn/Jülich: Eigenverlag DHG, 23-31.

FRANZ, Daniel; BECK, Iris (2007): Umfeld- und Sozialraumorientierung in der Behindertenhilfe. Empfehlungen und Handlungsansätze für Hilfeplanung und Gemeindeintegration. Hamburg, Jülich.

FREISTEIN, Marianne (2009): Im Fokus: Menschen mit Behinderung und Zuwanderungsgeschichte und deren Angehörige. Unveröffentlichtes Dokument des Fachforums „Menschen mit Behinderung und Zuwanderungsgeschichte in Berlin“ (marianne-freistein@awoberlin.de). Berlin.

FRITZSCH, Silke (2008): Wohnbedürfnisse und Wohnbedarfe von Menschen mit geistiger Behinderung und Verhaltensauffälligkeiten – aus Sicht der Angehörigen. Diplomarbeit. Katholische Hochschule für Sozialwesen Berlin.

FRÜCHTEL, Frank (2010): Zur Diskussion der Sozialraumorientierung in der Eingliederungshilfe. In: Der PARITÄTISCHE Wohlfahrtsverband, Landesverband Berlin e. V.; Katholische Hochschule für Sozialwesen Berlin; Verein für Rehabilitation Behinderter e. V. DIE REHA – WOHNEN UND FREIZEIT (Hg.): Unterstütztes Wohnen im Gemeinwesen der Zukunft. Dokumentation der Fachtagung zur „Kundenstudie“. Berlin, 8. Oktober 2009, 87-97.

FRÜCHTEL, Frank; BUDDE, Wolfgang; CYPRIAN, Gudrun (2007): Sozialer Raum und Soziale Arbeit. Fieldbook: Methoden und Techniken. Wiesbaden: VS Verlag für Sozialwissenschaften.

FRÜCHTEL, Frank; CYPRIAN, Gudrun; BUDDE, Wolfgang (2007): Sozialer Raum und Soziale Arbeit. Textbook: Theoretische Grundlagen. Wiesbaden: VS Verlag für Sozialwissenschaften.

FUHRER, Urs; USLUCAN, Haci-Halil (Hg.) (2005): Familie, Akkulturation und Erziehung. Migration zwischen Eigen- und Fremdkultur. Stuttgart: Kohlhammer.

G

GODULLA, Reinhilde; SCHERER, Herbert (2009): Kiezatlas – Virtueller Stadtplan. In: Deinet, Ulrich (Hg.): Methodenbuch Sozialraum. Wiesbaden: VS Verlag für Sozialwissenschaften, 281-285.

GOEKE, Stephanie; JERG, Jo (2009a): „Ich hoffe, dass es weitergeht“. Wege zur Teilhabe am Arbeitsleben. Projekt „Leben im Ort“, Projektbericht Teil 2. Stuttgart, Ludwigsburg.

GOEKE, Stephanie; JERG, Jo (2009b): „Darauf habe ich schon lange gewartet“. Wohnwünsche realisieren. Projekt „Leben im Ort“, Projektbericht Teil 3. Stuttgart, Ludwigsburg.

GREUÈL, Marius; MENNEMANN, Hugo (2006): Soziale Arbeit in der Integrierten Versorgung. München: Reinhardt.

GRÜBER, Katrin (2007): Disability Mainstreaming. In: IMEW konkret, H. 10.

GUMMICH, Judy (2009): Migrationshintergrund und Beeinträchtigung – eine vielschichtige Herausforderung. Unveröffentlichter Vortrag. Diversity-Training zum Schwerpunkt Menschen mit Behinderung und Migrationshintergrund für die Landesstelle für Gleichbehandlung – gegen Diskriminierung Berlin und die AWO LV Berlin. 02./03.11.2009.

GÜNTHER, Julia (2009): Nachbarschaft und nachbarschaftliche Beziehungen. In: Lenz, Karl; Nestmann, Frank (Hg.): Handbuch Persönliche Beziehungen. Weinheim, München: Juventa, 445-464.

H

HAAS, Hanns-Stephan; TREBER, Monika (Hg.) (2009): Enabling Community – Gemeinwesen zur Inklusion befähigen! Elf Empfehlungen für innovatives Handeln in Kommunalpolitik, Verwaltung und Sozialer Arbeit. Ein Positionspapier der Evangelischen Stiftung Alsterdorf und der Katholischen Hochschule für Sozialwesen Berlin. Berlin, Hamburg.

HAGEN, Jutta (2007): Und es geht doch! Menschen mit einer geistigen Behinderung als Untersuchungspersonen in qualitativen Forschungszusammenhängen. In: VHN – Vierteljahresschrift für Heilpädagogik und ihre Nachbargebiete, Jg. 76, 22-34.

HAHN, Martin Th.; FISCHER, Ute; KLINGMÜLLER, Bernhard, LINDMEIER, Christian; REIMANN, Bernd; RICHARDT, Michael; SEIFERT, Monika (Hg.) (2004): Warum sollen sie nicht mit uns leben? Stadtteilintegriertes Wohnen von Erwachsenen mit schwerer geistiger Behinderung und ihre Situation in Wohnheimen. Reutlingen: Diakonie-Verlag.

HALM, Dirk; SAUER, Martin (Hg.) (2003): Migrationsbericht der Stiftung Zentrum für Türkeistudien ´03. Münster, Hamburg, London: LIT.

HAMMERSCHICK, Jochen (con_sens) (2005): Bestands- und Bedarfserhebung Wohnen für Menschen mit einer Behinderung in Berlin. Hamburg.

HANSLMEIER-PROCKL, Gertrud (2009): Teilhabe von Menschen mit geistiger Behinderung. Empirische Studie zu Bedingungen der Teilhabe im Ambulant betreuten Wohnen in Bayern. Bad Heilbrunn: Klinkhardt.

HARMS, Janna (2006): Contra Inklusion? – Eine explorative Untersuchung zum Phänomen der Nichtinanspruchnahme von Wohneinrichtungen durch Erwachsenen mit geistiger Behinderung und türkischem Migrationshintergrund in Berlin-Neukölln. Master-Thesis. Hochschule Magdeburg-Stendal.

HÄUßERMANN, Hartmut; SIEBEL, Walter (2004): Stadtsoziologie. Eine Einführung. Frankfurt/Main: Campus.

HAVEMAN, Meindert; STÖPPLER, Reinhilde (2004): Altern mit geistiger Behinderung. Grundlagen und Perspektiven für Begleitung, Bildung und Rehabilitation. Stuttgart: Kohlhammer.

HEIDEN, H.-Günter; SRNA, Christiane; FRANZ, Katarina (2009): Zugangswege in der Beratung chronisch kranker/ behinderter Menschen mit Migrationshintergrund. Eine Feldstudie. Lebensnerv-Stiftung zur Förderung der psychosomatischen MS-Forschung. Berlin. Online verfügbar unter http://www.lebensnerv.de/misc/Feldstudie-Zugangswege in der Beratung.pdf, zuletzt geprüft am 22.12.2009.

HEITMEYER, Wilhelm; ENDRIKAT, Kirsten (2008): Die Ökonomisierung des Sozialen. Folgen für „Überflüssige" und „Nutzlose". In: Heitmeyer, Wilhelm (Hg.): Deutsche Zustände. Folge 6. Frankfurt/Main: Suhrkamp, 55-72.

HELLMANN, Michaela; BORCHERS, Andreas; OLEJNICZAK, Claudia (2007): Perspektiven alternder Menschen mit schwerster Behinderung in der Familie. Abschlussbericht. Institut für Entwicklungsplanung und Strukturforschung GmbH an der Universität Hannover. Hannover. Online verfügbar unter http://www.ies.uni-hannover.de/fileadmin/download/Behindert_in_Familie_01.pdf, zuletzt geprüft am 02.04.2010.

HENNICKE, Klaus (2008): Psychopharmaka in Wohnstätten der Behindertenhilfe – Vermutungen über eine zunehmend unerträgliche Situation. In: Hennicke, Klaus (Hg.): Psychopharmaka in der Behindertenhilfe – Fluch oder Segen? Berlin: Eigenverlag der DGSGB (Materialien der DGSGB, 17), 4-22.

HINTE, Wolfgang (2009): Eigensinn und Lebensraum – zum Stand der Diskussion um das Fachkonzept „Sozialraumorientierung". In: VHN – Vierteljahresschrift für Heilpädagogik und ihre Nachbargebiete, Jg. 78, H. 1, 20-33.

HINTE, Wolfgang; TREEß, Helga (2007): Sozialraumorientierung in der Jugendhilfe. Theoretische Grundlagen, Handlungsprinzipien und Praxisbeispiele einer kooperativ-integrativen Pädagogik. Weinheim, München: Juventa.

I

IMA (Integrative Migrantenarbeit) (Hg.) (2009): Welche Möglichkeiten gibt es, um Großfamilien für eine Zusammenarbeit zu gewinnen? Unveröffentlichtes Positionspapier. Berlin.

INGSTAD, Benedicte; WHYTE, Susan (Hg.) (1995): Disability and Culture. Berkley, Los Angeles, London: University of California Press.

J

JANKOWSKI, Markus (2009): Einschätzung der Einführung des Persönlichen Budgets im Arbeitsfeld des Betreuten Einzelwohnens aus Sicht von Mitarbeiter/innen. Eine quantitative Untersuchung auf der Grundlage der ökosystemischen Theorie Urie Bronfenbrenners. Bachelor-Thesis. Katholische Hochschule für Sozialwesen Berlin.

JANTZEN, Wolfgang (1999): Geistige Behinderung ist ein sozialer Tatbestand. Bemerkungen zu der Frage, an welchen anthropologischen Maßstäben sich die Eingliederung geistig behinderter Menschen zu orientieren hätte. In: Jantzen, Wolfgang; Lanwer-Koppelin; Schulz, Kristina (Hg.): Qualitätssicherung und Deinstitutionalisierung. Niemand darf wegen seiner Behinderung benachteiligt werden. Berlin: Edition Marhold, 197-215.

JERG, Jo (2001): Leben in Widersprüchen. Lebensweltorientierte integrative Wohngemeinschaften. Reutlingen: Diakonie-Verlag.

JERG, Jo; BAEHRENS, Heike; RAICHLE, Ulrich (Hg.) (2006): Leben im Ort. Teilhabe verwirklichen – Selbstbestimmung voranbringen. Bestandsaufnahme und erste Erfahrungen auf dem Weg in die Gemeinde. Ev. Fachhochschule Reutlingen-Ludwigsburg; Diakonisches Werk Württemberg; Ev. Fachverband Behindertenhilfe im DWW. Reutlingen: Diakonie-Verlag.

JERG, Jo; GOEKE, Stephanie (2008): „Auf das Erreichte bin ich stolz". Wege zur personenzentrierten Begleitung. Projekt „Leben im Ort", Projektbericht Teil 1. Stuttgart, Ludwigsburg.

JERG, Jo; GOEKE, Stephanie (2009): „Ich will einfach so eine Zukunft haben wie jetzt meine Schwester". Individuelle Beratung und Wege ins Gemeinwesen. Projekt „Leben im Ort", Projektbericht Teil 4. Stuttgart, Ludwigsburg.

K

KALYANPUR, Maya; HARRY, Beth (1999): Culture in special education. Building reciprocal family-professional relationship. Baltimore, London, Sydney: Paul H. Brookes.

KAN, Peter van; DOOSE, Stefan (2000): Zukunftsweisend. Peer Counseling und Persönliche Zukunftsplanung. 2. Aufl. Kassel: bifos.

KAUCZOR, Cornelia (1999): Türkische Familien mit geistig und körperlich behinderten Kindern: psycho-soziale Situation, Bewältigungsmuster und Beratungskonzepte. Abschlussarbeit. Wuppertal.

KAUCZOR, Cornelia (2003): Die deutsche Behindertenhilfe steht vor einer großen Herausforderung: Migration und Kultur. In: IZA, Jg. 8, H. 1, 35-38.

KAUCZOR, Cornelia (2007): Das Netzwerk Migration und Behinderung, Essen. In: Beauftragte der Bundesregierung für Migration, Flüchtlinge und Integration (Hg.): Gesundheit und Integration. Ein Handbuch für Modelle guter Praxis. Berlin, 263-269.

KAUCZOR, Cornelia; LORENZKOWSKI, Stefan; AL MUNAIZEL, Musa (Hg.) (2004): Migration, Flucht und Behinderung. Vorträge und Ergebnisse des Symposiums im Arbeitnehmerzentrum Königswinter (23.-25.Mai 2003). Essen: Eigenverlag.

KEUPP, Heiner (2000): 25 Jahre Gemeindepsychiatrie – Erfahrungen für Community Care? In: Ev. Stiftung Alsterdorf (Hg.): Ev. Stiftung Alsterdorf: Selbstbestimmung von Menschen mit Behinderung. Dokumentation des Kongresses Community Care. Hamburg, 12-15.

KNIEL, Adrian; WINDISCH, Matthias (2005): People First. Selbsthilfegruppen von und für Menschen mit geistiger Behinderung. München: Reinhardt.

KNUST-POTTER, Evemarie (1998): Behinderung – Enthinderung. Die Community Living Bewegung gegen Ausgrenzung und Fremdbestimmung. Köln: Klaus-Novy-Institut.

KOLB, B.; Mehrle, (2002): Familien ausländischer Herkunft mit Kindern, die Assistenz benötigen. Reutlingen. Ev. Fachhochschule Reutlingen-Ludwigsburg.

KOMMUNALVERBAND FÜR JUGEND UND SOZIALES BADEN-WÜRTTEMBERG (KVJS) (2008): Heime für junge Menschen mit geistigen und mehrfachen Behinderungen in Baden-Württemberg. Ergebnisse einer Umfrage zum 31.12.2007 und der Fachtage „Ortstermin – Kind im Heim".

KRIECHHAMMER-YAGMUR, Sabine (2008): Projekt „Interkulturelle Öffnung der Behindertenhilfe". Bericht. Berichtszeitraum 16.11.2007 bis 15.12.2008. Online verfügbar unter http://www.ikb.paritaet.org, zuletzt geprüft am 21.12.2009.

KUCHINKE, Elke (2008): Wohnen mit Behinderung im Land Berlin. Aus Sicht der Menschen mit geistiger Behinderung. Diplomarbeit. Katholische Hochschule für Sozialwesen Berlin.

L

LAMNEK, Siegfried (1989): Qualitative Sozialforschung. Methoden und Techniken. München: PsychologieVerlagsUnion.

LANDSCHAFTSVERBAND RHEINLAND (Hg.) (2009): Analyse zur Entwicklung der Eingliederungshilfe nach SGB XII zum selbstbestimmten Wohnen 2002-2006. Eine Expertise von „transfer-Unternehmen für soziale Innovation" im Auftrag des Landschaftsverbandes Rheinland. Unter Mitarbeit von Thomas Schmitt-Schäfer und Eva-Maria Büch. Köln.

LANGHANKY, Michael; HUßMANN, Marcus (2005): Kommunikations- und Begegnungsmöglichkeiten älterer Menschen mit und ohne Behinderung in der Begegnungsstätte Bergstedt. Berlin.

LINDMEIER, Bettina (2006): Soziale Netzwerke. Ihre Bedeutung für ein differenziertes Verständnis von Unterstützerkreisen in der persönlichen Zukunftsplanung. In: Geistige Behinderung, Jg. 45, H. 2, 99-111.

LINDMEIER, Bettina; LINDMEIER, Christian (2001): Supported Living. Ein neues Konzept des Wohnens und Lebens in der Gemeinde für Menschen mit (geistiger) Behinderung. In: Behinderte in Familie, Schule und Gesellschaft, Jg. 24, H. ¾.

LINDMEIER, Christian (2005): Das Konzept „supported living“ als neues Schlüsselkonzept für die Behindertenhilfe. In: Rauscher, C.; Metzler, Heidrun (Hg.): Wohnen inklusiv. Wohnen und Leben in der Gemeinde. Workshop am 13./14.11.2002 in Leinfelden-Echterdingen im Rahmen des Projekts „Weiterentwicklung von Wohnformen von Menschen mit Behinderung“, 15-26.

LOEKEN, Hiltrud; WINDISCH, Matthias (2010): Gemeinwesenorientiertes Unterstützungsmanagement. Vernetzung professioneller und informeller Unterstützung und Kompetenzanforderungen an professionelle Kräfte. In: Stein, Anne-Dore; Krach, Stefanie; Niediek, Imke (Hg.): Integration und Inklusion auf dem Weg ins Gemeinwesen. Möglichkeitsräume und Perspektiven. Bad Heilbrunn: Klinkhardt, 97-107.

LÜPKE, Klaus von (1994): Nichts Besonders. Zusammen-Leben und Arbeiten von Menschen mit und ohne Behinderung. Essen: Klartext-Verlag.

LÜPKE, Klaus von (2008): Aktion Menschenstadt – für eine inklusive Stadtentwicklung. In: Hinz, Andreas; Körner, Ingrid; Niehoff, Ulrich (Hg.): Von der Integration zur Inklusion. Grundlagen – Perspektiven – Praxis. Marburg: Lebenshilfe-Verlag, 153-162.

M

MAIR, Helmut (2008): „Den Ruhestand gestalten lernen“. Erhebung von Praxiserfahrungen und Entwicklung von Perspektiven für ältere Menschen mit Behinderung. Abschlussbericht des Projekts. Unter Mitarbeit von Jutta Hollander, Sören Roters-Möller und Anne-Katrin Klein et al. Westfälische Wilhelms-Universität Münster.

MARKOWETZ, Reinhard (2005): Inklusion – Neuer Begriff, neues Konzept, neue Hoffnungen für die Selbstbestimmung und Partizipation von Menschen mit Behinderung. In: Kaiser, H.; Kocnik, E.; Sigot, M. (Hg.): Vom Objekt zum Subjekt. Inklusive Pädagogik und Selbstbestimmung. Klagenfurt: Hermagoras-Mohorjeva, 17-66.

MARKOWETZ, Reinhard (2008): Inklusion im Lebensbereich Freizeit durch Freizeitbildung und Freizeitassistenz. In: Hinz, Andreas; Körner, Ingrid; Niehoff, Ulrich (Hg.): Von der Integration zur Inklusion. Grundlagen – Perspektiven – Praxis. Marburg: Lebenshilfe-Verlag, 201-217.

MAYRING, Philipp (2008): Qualitative Inhaltsanalyse. Grundlagen und Techniken. 10. neu ausgestattete Auflage. Weinheim, Basel: Beltz.

MECHERIL, Paul (2004): Beratung in der Migrationsgesellschaft. Paradigmen einer pädagogischen Handlungsform. In: Treichler, Andreas; Cyrus, Norbert (Hg.): Handbuch Soziale Arbeit in der Einwanderungsgesellschaft. Frankfurt am Main: Brandes & Apsel, 371-387.

MENNEMANN, Hugo (2006): Case Management auf der Systemebene – Aufbau von Netzwerken. In: Case Management, H. 1, 12-17.

MENZL, Marcus (2007): Allgemeine Thesen zur Sozialen Stadtteilentwicklung. In: Arbeitsgemeinschaft der Freien Wohlfahrtspflege Hamburg e. V. (Hg.): Ambulantisierung in der Behindertenhilfe und Stadtteilentwicklung. Wie sieht das ideale Quartier aus? Dokumentation des Fachtags am 31. August 2006, 25-32.

MERZ-ATALIK, Kerstin (1997): Aspekte der Beratung türkischer und kurdischer Eltern von Kindern mit Behinderungen. In: Gemeinsam leben, Jg. 5, H. 1, 16-21.

METZLER, Heidrun; MEYER, Thomas; RAUSCHER, Christine; SCHÄFERS, Markus; WANSING, Gudrun (2007): Begleitung und Auswertung der Erprobung trägerübergreifender Persönlicher Budgets. Abschlussbericht. Tübingen, Dortmund, Reutlingen.

METZLER, Heidrun; RAUSCHER, Christine (2004): Wohnen inklusiv. Wohn- und Unterstützungsangebote für Menschen mit Behinderungen in Zukunft. Projektbericht. Stuttgart.

METZLER, Heidrun; RAUSCHER, Christine (2008): Selbstbestimmte Teilhabe sichern. Projekt „Wohnen in der Gemeinde – Hilfemix ehrenamtlicher und professioneller Assistenzkräfte“. Projektbericht. Zentrum zur Interdisziplinären Erforschung der Lebenswelten behinderter Menschen (Z.I.E.L.) der Universität Tübingen. Tübingen.

MOHAMMAD, Haji Jamal (2008) (2008): Behinderung und Migration. Hamburg. Online verfügbar unter http://www.zedis.uni-hamburg.de/wp-content/uploads/haji-mohammadi_behinderung_migration.pdf, zuletzt geprüft am 22.12.2009.

MÖLLER, Kurt (2002): Bürger(gesell)schaftliches Engagement als Herausforderung für Soziale Arbeit. Theoretische Grundlegungen. In: Möller, Kurt (Hg.): Auf dem Weg in die Bürgergesellschaft? Soziale Arbeit als Unterstützung bürgerlichen Engagements. Opladen: Leske + Budrich, 29-50.

N

NEUBERT, Dieter; CLOERKES, Günther (2001): Behinderung und Behinderte in verschiedenen Kulturen. Eine vergleichende Analyse ethnologischer Studien. Heidelberg: Winter.

P

PEIFFER, Stephan; WEBER, Petra; JAHNCKE-LATTECK, Änne-Dörte; RÖH, Dieter (2009): Wohnen wie andere – Menschen mit Behinderungen verändern ihre Lebensbedingungen. Zwischenergebnisse vom Ambulantisierungsprozess in Hamburg. In: NDV, 393-397.

PENTA, Leo (2007): Community Organizing. Menschen verändern ihre Stadt. Hamburg: edition Körber-Stiftung.

PETERS, André; GREIF, Ralf; SCHÄFFLER, Ferdinand (2008): contec-Umfrage: Entwicklungsstand Persönliches Budget. Ausführliche Ergebnisdarstellung. Herausgegeben von contec Gesellschaft für Organisationsentwicklung mgH. Bochum.

PREIS, Wolfgang; THIELE, Gisela (2002): Sozialräumlicher Kontext Sozialer Arbeit. Eine Einführung für Studium und Praxis. Chemnitz: RabenStück.

PROJEKTGRUPPE RAHMENSTRATEGIE SOZIALE STADTENTWICKLUNG (2009): Rahmenstrategie Soziale Stadtentwicklung – auf dem Weg zu einer integrierten Stadt(teil)entwicklung in Berlin. Ergebnisbericht 2009. Unter Mitarbeit von Reiner Nagel, Thorsten Tonndorf und Kurt Nelius et al. Senatsverwaltung für Stadtentwicklung Berlin. Online verfügbar unter http://www.stadtentwicklung.berlin.de/soziale_stadt/rahmenstrategie/#ergebnis2009, zuletzt geprüft am 02.04.2010.

R

RAAB, Heike (2007): Intersektionalität in den Disability Studies. Zur Interdependenz von Behinderung, Heteronormativität und Geschlecht. In: Waldschmidt, Anne; Schneider, Werner (Hg.): Disability Studies, Kultursoziologie der Behinderung. Erkundungen in einem neuen Forschungsfeld. Bielefeld: Transcript Verlag, 127-150.

REMMO, Farag (2008): Interkulturelle Beratung zu allgemeinen Fragen und Einzelfallfragen im Kontext Migration und Behinderung. Fachvortrag anlässlich der Paul-Lechler Preisverleihung. Online verfügbar unter http://www.paul-lechler-stiftung.de, zuletzt geprüft am 04.01.2010.

RIEGE, Marlo; SCHUBERT, Herbert (2005): Zur Analyse sozialer Räume. Ein interdisziplinärer Integrationsversuch. In: Riege, Marlo; Schubert, Herbert (Hg.): Sozialraumanalyse. Grundlagen – Methoden – Praxis. 2. Aufl. Wiesbaden: VS Verlag für Sozialwissenschaften, 7-68.

RIEGE, Marlo; SCHUBERT, Herbert (Hg.) (2005): Sozialraumanalyse. Grundlagen – Methoden – Praxis. 2. Aufl. Wiesbaden: VS Verlag für Sozialwissenschaften.

RÖH, Dieter (2009): Soziale Arbeit in der Behindertenhilfe. München: Reinhardt.

ROHRMANN, Albrecht (2009a): Teilhabe planen. Ziele und Konzepte kommunaler Teilhabeplanung. In: Teilhabe, Jg. 48, H. 1, 18-25.

ROHRMANN, Albrecht (2009b): Regionale Teilhabeplanung. In: Gemeinsam leben, Jg. 17, H. 3, 147-155.

ROHRMANN, Albrecht; MCGOVERN, Karsten; SCHÄDLER, Johannes; SCHWARTE, Norbert (2001): AQUA-NetOH. Arbeitshilfe zur Qualitätsentwicklung von örtlichen Netzwerken Offener Hilfen für Menschen mit Behinderungen. Siegen: Eigenverlag (ZPE-Schriftenreihe, 9).

RÖSNER, Martin: Dialog Inklusion – Teilhabe erreichen – in Gemeinschaft leben. In: Ministerium für Soziales, Gesundheit Familie Jugend und Senioren Schleswig-Holstein (Hg.): Materialien zur Politik für Menschen mit Behinderung. 2. Dialog Inklusion „Leben in der Gemeinschaft". 25. Juni 2007. Kiel.

ROß, Paul-Stefan (2006): Bürger sucht Gesellschaft. Auf dem Weg zur Teilhabe für alle. In: Fachdienst der Lebenshilfe, H. 3, 1-9.

ROß, Paul-Stefan (2007): Bürgerschaftliches Engagement – ein Baustein auf dem Weg zur Inklusion. 12 Leitsätze. In: Lebenshilfe Berlin (Hg.): Leben im Quartier – Inklusion konkret. Tagungsbericht zum Fachtag „impulse 2007" am 16. April 2007. Berlin, 20-36.

S

SASSE, Christoph (2008): Mitwirkung von Menschen mit geistiger Behinderung in Wohneinrichtungen der Behindertenhilfe. Diplomarbeit. Katholische Hochschule für Sozialwesen Berlin.

SAUTER, Andreas (2004): Migration und Assistenz. Zur Lebenssituation von Migrantenfamilien, in denen Kinder mit Assistenzbedarf leben. Diplomarbeit. Evangelische Fachhochschule Reutlingen-Ludwigsburg.

SCHABLON, Kai-Uwe (2009a): Veränderung fängt in den Köpfen an! Anforderungen an Aus- und Weiterbildung. In: Orientierung, H. 1, 34-35.

SCHABLON, Kai-Uwe (2009b): Community Care – Spurensuche, Begriffsklärung und Realisierungsbedingungen eines theoretischen Ansatzes zur Gemeinweseneinbindung erwachsener geistig behinderter Menschen. In: VHN – Vierteljahresschrift für Heilpädagogik und ihre Nachbargebiete, Jg. 78, H. 1, 34-45.

SCHABLON, Kai-Uwe (2009c): Community Care: Professionell unterstützte Gemeinweseneinbindung erwachsener geistig behinderter Menschen. Analyse, Definition und theoretische Verortung struktureller und handlungsbezogener Determinanten. Marburg: Lebenshilfe-Verlag.

SCHÄDLER, Johannes; ROHRMANN, Albrecht (2009): Szenarien zur Modernisierung in der Behindertenhilfe. In: Teilhabe, Jg. 48, H. 2, 68-75.

SCHÄDLER, Johannes; ROHRMANN, Albrecht; GREBE, Katharina; STAMM, Christof; WEINBACH, Hanna; WISSEL, Timo (2008): Selbständiges Wohnen behinderter Menschen. Individuelles Wohnen aus einer Hand. Abschlussbericht. Zentrum für Planung und Evaluation Sozialer Dienste (ZPE) der Universität Siegen.

SCHÄFERS, Markus (2008): Lebensqualität aus Nutzersicht. Wie Menschen mit geistiger Behinderung ihre Lebenssituation beurteilen. Wiesbaden: VS Verlag für Sozialwissenschaften.

SCHIFFAUER, Werner (1997): Zu dieser Broschüre. In: Ausländerbeauftragte des Senats von Berlin (Hg.): Die Ehre in der türkischen Kultur – Ein Wertesystem im Wandel. Berlin, 5-9.

SCHUPPENER, Saskia (2009): Muss die Identität bei Menschen mit sogenannter geistiger Behinderung beschädigt sein? In: Deutsche Gesellschaft für seelische Gesundheit bei Menschen mit geistiger Behinderung e. V. – DGSGB (Hg.): Identität, geistige Behinderung und seelische Gesundheit. Dokumentation der Arbeitstagung der DGSGB am 14.11.2008 in Kassel. Berlin: Eigenverlag der DGSGB (Materialien der DGSGB, 19).

SCHWANDT, Josephine (2008): „Wie wohne ich? – Wie möchte ich wohnen?". Einschätzung der Wohnsituation von Menschen mit Behinderung in Berlin aus Sicht von Menschen mit geistiger Behinderung. Diplomarbeit. Katholische Hochschule für Sozialwesen Berlin.

SCHWARZER, Ralf; LEPPIN, Anja (1991): Soziale Unterstützung und Wohlbefinden. In: Abele, Andrea; Becker, Peter (Hg.): Wohlbefinden. Theorie – Empirie – Diagnostik. Weinheim, München: Juventa, 175-189.

SEIFERT, Monika (1993): Zur Wohnsituation von Menschen mit geistiger Behinderung in Berlin unter besonderer Berücksichtigung der Personen mit hohem Betreuungsbedarf. Bestandsaufnahme und Perspektiven. Freie Universität Berlin: Berlin-Forschung (12. Ausschreibung).

SEIFERT, Monika (1994): Über 1000 Menschen mit geistiger Behinderung fehlplaziert. Ergebnisse einer Studie zur Wohnsituation von Menschen mit geistiger Behinderung in Berlin. In: Geistige Behinderung, Jg. 33, 4-17.

SEIFERT, Monika (2000): Auffälliges Verhalten – eine Zumutung für die Nachbarschaft? Probleme der Akzeptanz beim gemeindeintegrierten Wohnen. In: Theunissen, Georg (Hg.): Verhaltensauffälligkeiten – Ausdruck von Selbstbestimmung? Bad Heilbrunn: Klinkhardt, 125-152.

SEIFERT, Monika (2002): Menschen mit schwerer Behinderung in Heimen. Ergebnisse der Kölner Lebensqualität-Studie. In: Geistige Behinderung, Jg. 41, H. 3, 202-222.

SEIFERT, Monika (2006a): Teilhabe von Menschen mit schweren Behinderungen. Ein Bürgerrecht. In: Bundesvereinigung Lebenshilfe für Menschen mit geistiger Behinderung (Hg.): Schwere Behinderung – eine Aufgabe für die Gesellschaft! Teilhabe von Menschen mit schweren Behinderungen als Herausforderung für Praxis, Wissenschaft und Politik. Marburg: Lebenshilfe-Verlag, 303-318.

SEIFERT, Monika (2006b): Wie lebt es sich in Wohngemeinschaften? Eine Nutzerbefragung in Berlin. In: Geistige Behinderung, Jg. 45, H. 3, 200-212.

SEIFERT, Monika (2006c): Inklusion ist mehr als Wohnen in der Gemeinde. In: Greving, Heinrich; Mürner, Christian; Rödler, Peter; Dederich, Markus (Hg.): Inklusion statt Integration? Heilpädagogik als Kulturtechnik. Gießen: Psychosozial-Verlag, 98-113.

SEIFERT, Monika (2006d): Pädagogik im Bereich des Wohnens. In: Wüllenweber, Ernst; Theunissen, Georg; Mühl, Heinz (Hg.): Pädagogik bei geistigen Behinderungen. Ein Lehrbuch für Studium und Praxis. Stuttgart: Kohlhammer, 276-393.

SEIFERT, Monika (2007): Das Konsulentenprojekt der Heilpädagogischen Heime des Landschaftsverbandes Rheinland. In: Dieckmann, Friedrich; Haas, Gerhard (Hg.): Beratende und therapeutische Dienste für Menschen mit geistiger Behinderung und herausforderndem Verhalten. Stuttgart: Kohlhammer, 41-64.

SEIFERT, Monika (2008a): Schritte zur Inklusion im sozialen Nahraum bei schwerer Behinderung. In: Hinz, Andreas; Körner, Ingrid; Niehoff, Ulrich (Hg.): Von der Integration zur Inklusion. Grundlagen – Perspektiven – Praxis. Marburg: Lebenshilfe-Verlag, 163-175.

SEIFERT, Monika (2008b): Inklusion – neue Herausforderungen für Behindertenhilfe, Stadtentwicklung und andere lokale Akteure. In: Friebe, Stephan; Link, Rudolf (Hg.): Leben mitten in der Gesellschaft. Wird die Zukunft heimlos sein? Mosbach: Eigenverlag, 123-158.

SEIFERT, Monika (2010): Das Gemeinwesen mitdenken – Herausforderungen für die Behindertenhilfe. In: Stein, Anne-Dore; Krach, Stefanie; Niediek, Imke (Hg.): Integration und Inklusion auf dem Weg ins Gemeinwesen. Möglichkeitsräume und Perspektiven. Bad Heilbrunn: Klinkhardt, 32-50.

SEIFERT, Monika; FORNEFELD, Barbara; KOENIG, Pamela (2001): Zielperspektive Lebensqualität. Eine Studie zur Lebenssituation von Menschen mit schwerer Behinderung im Heim. Bielefeld: Bethel-Verlag.

SEIFERT, Monika; STEFFENS, Birgit (2009): Das Gemeinwesen mitdenken. Die Inklusionsdebatte an der Schnittstelle zwischen Behindertenhilfe und Sozialer Arbeit. In: Teilhabe, Jg. 48, Ausgabe 01/09, 2009, 11-18. Online verfügbar unter http://www.lebenshilfe.de, zuletzt geprüft am 23.06.2009.

SENAT VON BERLIN (2009): Erster Umsetzungsbericht zum Berliner Integrationskonzept 2007-2009. Berlin. Online verfügbar unter http://www.berlin.de/imperia/md/content/lb-integration-migration/publikationen/berichte/umsetzungsbericht_ik_2007_bf.pdf?start&ts=1261580483&file=umsetzungsbericht_ik_2007_bf.pdf, zuletzt geprüft am 22.12.2009.

SENATSVERWALTUNG FÜR BILDUNG, JUGEND UND SPORT (Hg.) (2006): Bildung für Berlin. Blickpunkt Schule. Schuljahr 2005/2006. Berlin.

SENATSVERWALTUNG FÜR BILDUNG, JUGEND UND SPORT (Hg.) (2009): Bildung für Berlin. Blickpunkt Schule. Schuljahr 2008/2009. Berlin.

SENATSVERWALTUNG FÜR GESUNDHEIT, SOZIALES UND VERBRAUCHERSCHUTZ BERLIN (2006): Handbuch für Fallmanager/innen der Eingliederungshilfe nach SGB XII. Version 2.0. Herausgegeben von Soziales und Verbraucherschutz Berlin Senatsverwaltung für Gesundheit. Online verfügbar unter http://www.berlin.de/imperia/md/content/sen-soziales/downloads/handbuch_fallmanagement_eingliederungshilfe.pdf, zuletzt aktualisiert am 15.03.2006, zuletzt geprüft am 23.04.2007.

SENATSVERWALTUNG FÜR GESUNDHEIT, SOZIALES UND VERBRAUCHERSCHUTZ (Hg.) (2007): Bericht zur Lage der Menschen mit Behinderung und ihrer Teilhabe in Berlin – Behindertenbericht 2006. Berichtzeitraum 2003-2006. Berlin. Online verfügbar unter http://www.berlin.de/imperia/md/content/sen-soziales/menschenmitbehinderung/behindertenpolitik/behindertenbericht_2006.pdf, zuletzt geprüft am 14.07.2009.

SENATSVERWALTUNG FÜR INTEGRATION, ARBEIT UND SOZIALES (Hg.) (2007): Vielfalt Fördern – Zusammenhalt stärken. Das Berliner Integrationskonzept. Online verfügbar unter http://www.berlin.de/lb/intmig/integrationskonzept.html, zuletzt geprüft am 10.07.2009.

SENCKEL, Barbara (2001): Die Entwicklungsfreundliche Beziehung. Ein Angebot für Menschen mit schwerer Verhaltensauffälligkeit. In: Geistige Behinderung, Jg. 40, H. 4, 337-349.

SINUS-SOCIOVISION (Hg.) (2008): Zentrale Ergebnisse der Sinus-Studie über Migranten-Milieus in Deutschland. Online verfügbar unter http://www.sociovision.de/uploads/tx_mpdownloadcenter/MigrantenMilieus_Zentrale_Ergebnisse_09122008.pdf, zuletzt geprüft am 01.12.2009.

SINUS-SOCIOVISION (Hg.) (2009): Migranten-Milieus in Deutschland. Problemgruppe Deutschtürken? Vorsicht vor Schubladendenken. Online verfügbar unter http://www.sociovision.de/uploads/tx_mpdownloadcenter/Aktuell_30012009_Deutschtuerken_Hauptdokument.pdf, zuletzt geprüft am 01.12.2009.

SKUTTA, Sabine (1994): Versorgungslage und psychosoziale Situation von Familien mit behinderten Kindern in der Türkei. Ein Führer für die Beratung von rückkehrenden Migrantenfamilien mit behinderten Kindern. Frankfurt am Main: VIK.

SOFTWARE AG - STIFTUNG (Hg.) (2009): Segel setzen. Aufbruch zum selbstbestimmten Ruhestand von Menschen mit Behinderung. Ein Handbuch mit Erfahrungen und Praxisanleitungen aus dem Modellprojekt „Den Ruhestand gestalten lernen“ / Westfälische Wilhelms-Universität Münster. Unter Mitarbeit von Jutta Hollander, Anne-Katrin Klein und Konrad Lampart et al. Darmstadt.

STAMM, Christof (2008): Erwachsene Menschen mit geistiger Behinderung im Elternhaus. Zur Situation von Familien, in denen erwachsene Menschen mit geistiger Behinderung leben – eine empirische Studie im Kreis MInden-Lübbecke. Siegen (ZPE-Schriftenreihe, 21).

STARK, Wolfgang (1996): Empowerment. Neue Handlungskompetenzen in der psychosozialen Praxis. Freiburg im Breisgau: Lambertus.

STATISTISCHES BUNDESAMT (Hg.) (2009): Bevölkerung mit Migrationshintergrund. Ergebnisse des Mikrozensus 2006. Wiesbaden. (Fachserie 1 Reihe 2.2).

STEIN, Anne-Dore (2007): Was ist Community Living? In: Maas, Theodorus; Bayer, Wolfgang; Götz, Dagmar; Heimler, Joachim; Kraft, Wolfgang; Nernheim, Kay; Schulz, Birgit; Schulze Steinmann; Lisa (Hg.): Community Living. Bausteine für eine Bürgergesellschaft. Hamburg: alsterdorf verlag, 16-25.

STEINHART, Ingmar (2007): Praxis trifft Inklusion. In: Verhaltenstherapie & psychosoziale Praxis, Jg. 39, H. 4, 793-797.

STOCK, Lothar (2004): Sozialraumanalysen als planerische und diagnostische Verfahren. In: Heiner, Maja (Hg.): Diagnostik und Diagnosen in der Sozialen Arbeit. Ein Handbuch. Berlin: Eigenverlag des Deutschen Vereins für Öffentliche und Private Fürsorge, 375-389.

STRAßBURGER, Gaby (2008): Sozialraumorientierte interkulturelle Arbeit. Theoretische Überlegungen zum Abschluss. In: Straßburger, Gaby; Bestmann, Stefan (Hg.): Praxishandbuch für sozialraumorientierte interkulturelle Arbeit. Bonn: Stiftung Mitarbeit, 150-163.

STRAßBURGER, Gaby; BESTMANN, Stefan (Hg.) (2008): Praxishandbuch für sozialraumorientierte interkulturelle Arbeit. Bonn: Stiftung Mitarbeit.

STUART, Ossie (1997): ,Yes, we mean black disabled people too,: thoughts on community care and disabled people from black and minority ethnic communities. In: Ahmad, Waqar; Atkin, Karl (Hg.): 'Race, and Community Care. Buckingham, Philadelphia: Open University Press, 89-104.

T

TASCI, Hülya (2006): Identität und Ethnizität in der Bundesrepublik Deutschland am Beispiel der zweiten Generation der Aleviten aus der Republik Türkei. Berlin: LIT.

THEUNISSEN, Georg (2000): Wege aus der Hospitalisierung. Empowerment in der Arbeit mit schwerstbehinderten Menschen. 2. Aufl. Bielefeld: Psychiatrie-Verlag.

THEUNISSEN, Georg; SCHIRBORT, Kerstin (Hg.) (2006): Inklusion von Menschen mit geistiger Behinderung. Zeitgemäße Wohnformen – Soziale Netzwerke – Unterstützungsangebote. Stuttgart: Kohlhammer.

THEUNISSEN, Georg; SCHWALB, Helmut (Hg.) (2009): Inklusion, Partizipation und Empowerment in der Behindertenarbeit. Best-Practice-Beispiele: Wohnen – Leben – Arbeit – Freizeit. Stuttgart: Kohlhammer.

THIERSCH, Hans (2005): Lebensweltorientierte Soziale Arbeit im städtischen Milieu. In: Projekt „Netzwerke im Stadtteil“ (Hg.): Grenzen im Sozialraum. Kritik eines Konzepts – Perspektiven für die Soziale Arbeit. 1. Aufl. Wiesbaden: VS Verlag für Sozialwissenschaften, 109-123.

THIMM, Walter (2005): Tendenzen gemeinwesenorientierter Hilfen. Gesellschaftliche Ausrichtung und fachliche Konsequenzen. In: Thimm, Walter (Hg.): Das Normalisierungsprinzip. Ein Lesebuch zu Geschichte und Gegenwart eines Reformkonzepts. Marburg: Lebenshilfe-Verlag, 219-236.

THIMM, Walter; WACHTEL, Grit (Hg.) (2002): Familien mit behinderten Kindern. Wege der Unterstützung und Impulse zur Weiterentwicklung regionaler Hilfesysteme. Weinheim: Juventa.

TREICHLER, Andreas; CYRUS, Norbert (Hg.) (2004): Handbuch Soziale Arbeit in der Einwanderungsgesellschaft. Frankfurt am Main: Brandes & Apsel.

W

WACKER, Elisabeth (Hg.) (2005): Personenbezogene Unterstützung und Lebensqualität. Teilhabe mit einem Persönlichen Budget. Wiesbaden: Deutscher Universitäts-Verlag.

WALDSCHMIDT, Anne (2007): Existenzsicherung – ein soziales Recht? Überlegungen zur Theorie der Behindertenpolitik unter besonderer Berücksichtigung von Menschen mit schwerer Behinderung. In: Dederich, Markus; Grüber, Katrin (Hg.): Herausforderungen. Mit schwerer Behinderung leben. Eine Veröffentlichung des Instituts Mensch, Ethik und Wissenschaft (IMEW). Frankfurt/Main: Mabuse-Verlag, 61-74.

WALDSCHMIDT, Anne; SCHNEIDER, Werner (Hg.) (2007): Disability Studies, Kultursoziologie der Behinderung. Erkundungen in einem neuen Forschungsfeld. Bielefeld: Transcript Verlag.

WANSING, Gudrun (2005): Teilhabe an der Gesellschaft. Menschen mit Behinderung zwischen Inklusion und Exklusion. Wiesbaden: VS Verlag für Sozialwissenschaften.

WEBER, Petra; JAHNCKE-LATTECK, Änne-Dörte; RÖH, Dieter (2009): Veränderungen der Lebensqualität von Menschen mit Behinderungen durch Veränderung der Wohnformen. Eine Evaluationsstudie zum Ausbau ambulanter Wohnformen bei LEBEN MIT BEHINDERUNG HAMBURG SOZIALEINRICHTUNGEN gGmbH. Zwischenbericht April 2009. Hochschule für Angewandte Wissenschaften Hamburg.

WENZEL, Stefanie (2009): Wohnen für Menschen mit autistischer Symptomatik – aus der Sicht von Angehörigen. Bachelor-Thesis. Katholische Hochschule für Sozialwesen Berlin.

WILKENS, Ingrid (2008): Migrantinnen mit Behinderung. Ein Problemaufriss. In: Migration und Soziale Arbeit, Jg. 3, H. 4, 203-211.

WINGENFELD, Klaus; BÜSCHER, Andreas; GANSWEID, Barbara (2008): Das neue Begutachtungsassessment zur Feststellung von Pflegebedürftigkeit. Abschlussbericht zur Entwicklung eines neuen Begutachtungsinstruments. Studie im Rahmen des Modellprogramms nach § 8 Abs. 3 SGB XI im Auftrag der Spitzenverbände der Pflegekassen. Bielefeld. Online verfügbar unter http://www.uni-bielefeld.de/gesundhw/ag6/projekte/begutachtungsinstrument.html.

WIPPERMANN, Carsten; FLAIG, Bertold Bodo (2009): Lebenswelten von Migrantinnen und Migranten. In: APuZ – Aus Politik und Zeitgeschichte, H. 5, 3-11.

WISSEL, Timo; GREBE, Katharina; ASELMEIER, Laurenz; OBERSTE-UFER, Ralf; SCHÄDLER, Johannes; SCHWARTE, Norbert (2004): Netzwerke Offener Hilfen II (NetOH II). Abschlussbericht des Forschungsprojekts. Herausgegeben von Zentrum für Planung und Evaluation Sozialer Dienste (ZPE) der Universität Siegen. Siegen.

WISSEL, Timo; KATZER, Michael; DIECKMANN, Friedrich; GREVING, Heinrich (2007): Qualifizierungsmöglichkeiten zum selbständigen Wohnen in der Stadt Münster. Projekt „Selbständiges Wohnen behinderter Menschen – Individuelle Hilfen aus einer Hand“ (IH-NRW-Projektpapier Nr. 15). Herausgegeben von Zentrum für Planung und Evaluation Sozialer Dienste (ZPE) der Universität Siegen. Siegen, Münster.

WITT, Tabea (2008): Der Name ist Programm. Das Projekt Stadtteilmütter. In: Straßburger, Gaby; Bestmann, Stefan (Hg.): Praxishandbuch für sozialraumorientierte interkulturelle Arbeit. Bonn: Stiftung Mitarbeit, 83-90.

WITZEL, Andreas (1982): Verfahren der qualitativen Sozialforschung. Überblick und Alternativen. Frankfurt: Campus.

Y

YENICE-CAGLAR, Yüksel (2003): Konzeptentwurf zur Sozialpädagogischen Familienberatung für türkische Familien mit behinderten Kindern. Unveröffentlichtes Manuskript. Landeshauptstadt Düsseldorf/Sozialamt, Koordination der Behindertenhilfe. Düsseldorf.

YENICE-CAGLAR, Yüksel (2004): Kultursensible Beratungs- und Begleitungsangebote in kommunaler Trägerschaft am Beispiel der Koordination der Behindertenhilfe Düsseldorf. In: Kauczor, Cornelia; Lorenzkowski, Stefan; Al Munaizel, Musa (Hg.): Migration, Flucht und Behinderung. Vorträge und Ergebnisse des Symposiums im Arbeitnehmerzentrum Königswinter (23.-25.Mai 2003). Essen: Eigenverlag, 139-148.

Z

ZENTNER, Judith (2005a): Freiwilliges soziales Engagement. Eine Perspektive für Menschen mit Beeinträchtigungen und für das sonderpädagogische Hilfesystem? – Teil 1. In: Geistige Behinderung, Jg. 44, H. 2, 139-155.

ZENTNER, Judith (2005b): Freiwilliges soziales Engagement. Eine Perspektive für Menschen mit Beeinträchtigung und für das sonderpädagogische Hilfesystem? – Teil 2. In: Geistige Behinderung, Jg. 44, H. 3, 186-203.

ZIMMERMANN, Ralf-Bruno; BINNER, Ulrich; ORTMANN, Karlheinz (2009): Datenbasierte wissenschaftliche Expertise zur Einzelfallhilfe „Trägermodell versus Honorarmodell“. Abschlussbericht. ISG – Institut für Soziale Gesundheit; Katholische Hochschule für Sozialwesen Berlin (KHSB). Berlin.

ZINNER, Georg (2004): Stadtteilzentren und Nachbarschaftshäuser als Partner lokaler Politik und bürgerschaftlichen Engagements. In: Odierna, Simone; Berendt, Ulrike (Hg.): Gemeinwesenarbeit. Entwicklungslinien und Handlungsfelder. Neu-Ulm: AG SPAK, 175-184.

2 Abbildungen

3 Tabellen